梵高传

[美国]
史蒂文·奈菲
格雷戈里·怀特·史密斯
——著

沈语冰 等
——译

译林出版社

图书在版编目（CIP）数据

梵高传／（美）奈菲（Naifeh, S.），（美）史密斯（Smith, G. W.）著；沈语冰等译．—南京：译林出版社，2015.10（2026.1重印）
（传记译林）
书名原文：Van Gogh: the life
ISBN 978-7-5447-5388-3

Ⅰ.①梵… Ⅱ.①奈… ②史… ③沈… Ⅲ.①梵高，V.（1853~1890）－传记 Ⅳ.①K835.635.72

中国版本图书馆 CIP 数据核字（2015）第 059195 号

著作权合同登记号 图字：10-2025-276 号

梵高传［美国］史蒂文・奈菲 格雷戈里・怀特・史密斯／著 沈语冰 宋 倩 何卫华 匡 骁／译

责任编辑 於 梅
责任印制 颜 亮

原文出版 Random House, 2011
出版发行 译林出版社
地　　址 南京市湖南路 1 号 A 楼
邮　　箱 yilin@yilin.com
网　　址 www.yilin.com
市场热线 025-86633278
排　　版 南京展望文化发展有限公司
印　　刷 苏州市越洋印刷有限公司
开　　本 718 毫米 × 1000 毫米 1/16
印　　张 57
插　　页 20
版　　次 2015 年 10 月第 1 版
印　　次 2026 年 1 月第 23 次印刷
书　　号 ISBN 978-7-5447-5388-3
定　　价 158.00 元

本书献给

我们的母亲玛莉安·奈菲和凯瑟琳·怀特·史密斯

——我们艺术的启蒙者

也献给朱利亚德学院的全体艺术家们

——我们愉悦生活的源泉

目录

梵高和卡本特斯家家谱

简・梵高
约1530/1540—?

格里特・梵高
约1590/1600—1648

文森特・梵高
1634—?

格里特・梵高
1636/39—1714

文森特・梵高
1674—1746

大卫・梵高
1697—1740

文森特・梵高
(雕塑家)
1720—1802

简・梵高
1722—1784

约翰内斯・梵高
1763—1840

文森特・梵高
1789—1874

伊丽莎白・休伯塔・弗蕾达赫
1790—1857

格里特・卡本特斯
1697—1756

赫尔曼纳斯・卡本特斯
1732—1800

格里特・卡本特斯
1761—1797

威廉・卡本特斯
1792—1845

安娜・科妮莉亚・范・德・加格
1792—1855

亨德里克（海因）・文森特・梵高
1814—1877

老约翰内斯（简）・梵高
1817—1885

威廉米娜（伊利莎）・布鲁因斯
1819—1864

威廉・丹尼尔・梵高
1818—1872

马格达莱纳・苏珊娜・范・施托库姆
1828—1904

文森特（森特）・梵高
1820—1888

科妮莉亚（科妮莉）・卡本特斯
1829—1913

康纳利斯（科尔）・马里努斯・梵高
1824—1908

玛利亚（米特耶）・乔安娜・梵高
1831—1911

提奥多洛斯（多洛斯）・梵高
1822—1885

安娜・科妮莉亚・卡本特斯
1819—1907

威廉米娜（米娜）・凯瑟琳娜・杰拉尔蒂娜・卡本特斯
1816—1904

约翰内斯・保卢斯・斯特里克
1816—1886

克拉拉・阿德里亚娜・卡本特斯
1817—1866

阿里・卡本特斯
1826—1875

索菲（菲儿）・科妮莉亚・伊丽莎白・范・贝梅尔 1828—1897

约翰内斯（简）・鲁特格雷斯・卡本特斯
1827—1875

科妮莉亚（科妮莉）・卡本特斯
1829—1913

文森特（森特）・梵高
1820—1888

亨德里克·雅各布·厄利希·梵高
1853—1886

小约翰内斯·梵高
1854—1913

文森特·梵高
1852—1852

文森特·威廉·梵高
1853—1890

安娜·科妮莉亚·梵高
1855—1930

乔恩·马吕斯·范·豪滕
1850—1945

提奥·梵高
1857—1891

乔安娜(乔)·戈兹娜·邦格
1862—1925

文森特·威廉·梵高
1890—1978

伊丽莎白(利兹)·休伯塔·梵高
1859—1936

让·菲力浦·西奥多·杜·奎斯恩·范·布鲁彻姆
1840—1921

威廉米娜(惠尔)·雅库布·梵高
1862—1941

康纳利斯(科尔)·文森特·梵高
1867—1900

科妮莉亚·阿德里亚娜·斯特里克(“凯·沃斯”)
1846—1918

克里斯托弗尔·马丁努斯·沃斯
1841—1878

约翰内斯(简)·保卢斯·沃斯
1873—1928

艾利亚特（婕特）·索菲亚·珍妮特·卡本特斯
1856—1894

安东·莫夫
1838—1888

完整的家谱请参见www.vangoghbiography.com。

梵高游历时期的北欧
（1853年—1890年）
北海
韦林
泰晤士河
特纳姆格林
彼得舍姆
艾尔沃思
伦敦
里士满
拉姆斯盖特
博士山
多佛
英格兰
多佛海峡
南安普顿
布莱顿
加来
里尔
库里耶尔
莱斯
英吉利海峡
法　国
瓦兹河
塞纳河
巴黎
巴比松
枫丹白露
森林
0
英里
50
0
公里
50

格罗宁根
德伦特
兹韦洛
霍赫芬
新阿姆
斯特丹
维诺德
须得海
哈勒姆
阿姆斯特丹
莱顿
席凡宁根
海牙
荷 兰
鹿特丹
多德雷赫特
斯海尔托亨博斯
北布拉班特
布雷达
埃因霍温
南布拉班特
安特卫普
德 国
布鲁塞尔
斯海尔德河
比利时
尔奈
博里纳日
蒙斯
沙勒罗瓦
后有插页地图
巴黎地区
夏彭瓦尔
奥威尔
蓬图瓦兹
瓦兹河
阿让特伊
塞纳河
阿尼埃尔
大碗岛
蒙马特
帕西
巴黎
塞纳河

布拉班特与
博里纳日
多德雷赫特
斯海尔托亨博斯
泽文伯根
北布拉班特
赫尔瓦特
普林森哈赫
布雷达
蒂尔堡
埃滕
纽南
津德尔特
荷　兰
埃因霍温
卡尔姆特豪特
南布拉班特
安特卫普
吉尔
梅赫伦
布鲁塞尔
比利时
斯海尔德河
图尔奈
博里纳日
沙勒罗瓦
蒙斯
瓦姆/小瓦姆
奎斯梅
夫拉姆利
法　国
0
英里
20
0
公里
20

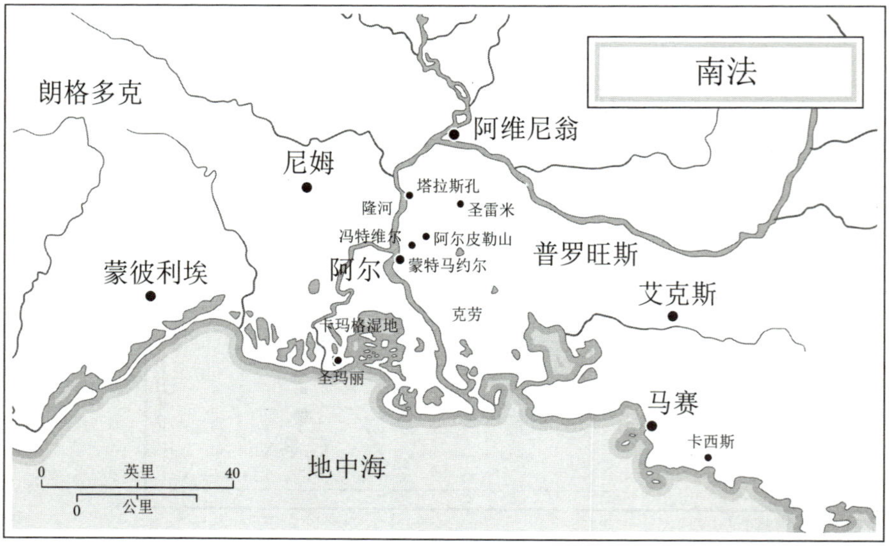
南法
朗格多克
阿维尼翁
尼姆
塔拉斯孔
隆河
圣雷米
冯特维尔
阿尔皮勒山
普罗旺斯
阿尔
蒙特马约尔
蒙彼利埃
艾克斯
克劳
卡玛格湿地
圣玛丽
马赛
卡西斯
地中海
0
英里
40
0
公里

梵高传

《自画像》，纸上铅笔和墨水，1887年，$12^{1}/_{8}$英寸×$9^{5}/_{8}$英寸。

序言

狂热的心

提奥作了最坏的打算。消息只说文森特“弄伤了自己”。提奥赶往车站搭下一班开往奥威尔的火车，途中思绪万千。上一次收到这样可怕的消息还要追溯到高更发来的一封电报，通知他文森特“病得很重”。那一次，赶到南部小城阿尔的提奥在医院的发热病房找到了哥哥。他头上缠着绷带，意识模糊。

这一次，火车之旅的尽头又会有什么在等待他？

每当此时，提奥脑中总会浮现出那个他曾经熟识的文森特：这个兄长热情、好动、爱闹腾、同情心泛滥、喜欢刨根究底。童年时代，两人去荷兰小镇津德尔特附近的乡野和林子里远足，是文森特令他领略到了大自然的神秘和魅力。冬天，文森特教他滑冰、玩雪橇；夏天，和他在沙地上堆城堡。在周日的教堂里、客厅的钢琴旁，文森特的歌喉自信又清亮。他还爱在他们时常密谈的阁楼上高谈阔论，直至深夜。这一切催生了弟弟心头一份独特的情感，这种情感被他们的兄弟姐妹戏称为“情愫”，而提奥，即使是数十年以后，仍骄傲地称之为“仰慕”。

文森特陪伴提奥一起长大：领他去冒险，给予他启迪甚至是奚落和责骂。他是无所不知的狂热分子、逗趣的挑刺者、幽默的玩伴、称职的保姆。这样的文森特，他的文森特，竟已在饱受痛苦了？

提奥认为自己知道答案：荼毒文森特的是他那颗狂热的心。“在他的说话方式中，有某种东西，让人要么喜欢他，要么厌恶他，”提奥这样解释，“他总是不遗余力，不惮挑衅任何人。”当人们早已将那令人窒息的青春狂热抛诸脑后时，文森特却仍沉溺其中。巨大、无法平息的激情席卷了他的人生。“我是个狂人！”文森特于1881年宣布，“我感到内心有一股力量……一团熊熊燃烧、无法熄灭的火焰。”不论是在津德尔特的河滩里捉甲虫，收集画册，传播基督福音，还是废寝忘食地阅读莎士比亚或巴尔扎克，他做任何事都出于热切、孩童般的盲目与率直。甚至连报纸都能令他激情澎湃。

热情的狂澜使得一个令人费解的狂热男孩变得任性和伤痕累累：他成了这个世上的陌生人，被家庭抛弃的流亡者，自己的敌人。没有人比提奥更了解——上千封通信让他对哥哥的艰难历程一清二楚——他对自己和他人无可妥协的要求，以及由此产生的无休止的麻烦。没有人能了解文森特在孤寂、失望中付出的代价，以及他孤注一掷的自我毁灭，也没有人更清楚介入干预的徒劳。“我讨厌人们告诉我出海很危险，”文森特曾对试图劝阻他的提奥表明心迹，“最危险的何尝不是最安全的？”

谁还会讶异一颗狂热的心能创造出如此狂放不羁的艺术？提奥听过关于哥哥的那些流言和议论。人们叫他“疯子”。早在阿尔的那次意外之前，文森特还没进精神病院时，人们就已将他的艺术视为疯子的作品。一位评论家曾将其扭曲的造型、夸张的色彩描绘为“疯癫的产物”。提奥也曾花费多年时间试图驯服文森特脱缰的画笔，却以失败告终。要是他可以少用一点颜料——而不是浓墨重彩，要是他可以画得慢一点——而不是肆意挥洒，那该多好（“有时，我确实快得过分，但这有错吗？我完全情不自已。”文森特抗议道）。提奥一遍遍地告诫说，收藏家喜欢细致、光洁的作品，而不是狂放不羁的作品。而文森特却用“色彩充沛”为它们辩护。

随着火车的起伏颠簸，最近一次的惨祸历历在目，这些年来忍受的奚落和嘲笑也萦绕于耳边。很长一段时间，出于家庭尊严和手足之情，提奥极力阻止人们将文森特称为“疯子”。在他看来，文森特不过是个“异类”——一个爱在风车前折腾的堂吉诃德式的怪人——也许并不疯癫，只是高贵得反常。但阿尔的那一个意外改变了一切。“很多画家疯了以后才开始创作出真正的艺术，”提奥后来写道，“天才沿着神秘的轨迹成长。”

文森特徜徉其间的这条道路就诡异得史无前例：作为画商短暂而失败的开始、不光彩的神职经历、迷惘的福音传道使命、偶然的杂志插画工作，以及最后短暂绚烂的画家生涯。没有什么比那些数目庞大的画作更能说明他桀骜不驯、极具爆发力的性情了。在他多舛的一生中，它们被源源不断地创作出来，却永远不会被家人、朋友或债主的橱窗、阁楼或客房接纳。

到现在，仍有人将文森特的画——或他的信——视作一个可怜人的咆哮。提奥相信，只有通过窥探这种性情，追溯这段血泪历程，我们才能真正读懂文森特源自内心的艺术，读懂他那份近乎固执的坚持。这是提奥对

《澡堂花园》，纸上铅笔和墨水，1888年8月，$23^7/_8$英寸×$19^1/_4$英寸。

那些人的回答。只有用“心”去发现文森特，才能见其所见。就在这趟宿命之旅之前的几个月里，提奥向第一位敢于赞赏文森特作品的评论家这样表达了感激之情：“要知道，他的画就是他本人的写照。”

如提奥所述，19 世纪末的艺术批评专注于传记批评。作为这种批评方法的先驱，爱弥尔·左拉倡导艺术必须“有血有肉”，画作须与画家合一。左拉表示：“我想在画中率先发现的是作画之人。”没有人比文森特 · 梵高更笃信传记的重要性。“左拉对于艺术有过一段精辟的论述，”他在1885年写道，“在艺术作品中，我找寻的和我爱的是人——艺术家本人。”没有人比文森特更热衷于收集艺术家的传记——从卷本文献到“传说故事”，再到“街头巷尾人们的议论”，甚至只言片语的流言，无一遗漏。文森特与左拉不谋而合，他悉心洞察“藏在画布背后的人”。在艺术生涯的初期，也就是1881年，他曾向朋友表示：“画家和画作对我而言同等重要。”

艺术就是文森特人生的诠释，甚至比穿插其间的海量信件更为真实、透彻、发人深省。他相信，不论是“宁静和喜悦”，还是痛彻心扉的战栗，都在他的艺术中得以释放；以画写心伤，以画载我情。在提奥抵达奥威尔数小时后，文森特结束了他的一生。“作我所感，感我所作”是文森特终其一生的写照。倘若没有读过他的故事，也就无法读懂他的艺术。“我，就在我的画中。”文森特这样昭告世人。

早年岁月

1853年—1880年

荷兰岁月

1880年—1886年

法国岁月

1886年—1890年

文森特·梵高，13岁

PART ONE

第一部分

早年岁月

1853年—1880年

第一章　堤坝

文森特·梵高一生手不释卷。在他所读的浩如烟海的故事中，有一则备受青睐：汉斯·克里斯蒂安·安徒生的《母亲的故事》。每每和孩子们在一起，他便会反反复复地讲述这则阴郁的童话：慈爱的母亲宁愿让孩子死去也不愿冒险让他面对痛苦。文森特把它记得滚瓜烂熟，还能用几种语言来讲述，包括他那口带浓重口音的英语。对于生活不幸、痴迷文艺的文森特来说，安徒生的这则母爱童话天然有一股独特的魔力。而他对这则故事执拗的反复述说，申明了他不为人知的渴求和非同寻常的伤痛。

文森特的母亲安娜从未理解过她最年长的儿子。他的古怪，从幼年起，就挑战着她世俗且根深蒂固的世界观。他那自由不羁的才气挑战了她有限的理解和视野。在母亲眼里，儿子总有那么多怪异和不切实际的念头；在儿子眼里，母亲总那么心胸狭隘和冷漠无情。渐渐地，母亲对儿子的喜爱越来越少——从最初的不解到后来的不耐烦，继而演变成难堪，以至最后的恼怒。文森特成年时，母亲几乎已对他不抱一丝希望。文森特的宗教情结和艺术抱负被鄙夷为"没有未来的不务正业"。他出格的生活被视为家庭的劫难。母亲控诉儿子有意给双亲带来"苦痛和不幸"。就像处理垃圾似的，她一件件地丢掉了儿子留在家中的所有画作（他童年所有的涂鸦簿早就被她一概丢弃）。至于他后来送她的一些作品，她几乎不屑一顾。

安娜死后，在她的遗物中只能找到少量的文森特的来信和画作。在他生命的最后几年（她比他多活了 17 年），母亲给他的信越来越少。他最后入院时，母亲尽管与其他家庭成员来往频繁，却没有来探视他一次。即便文森特死后终于实至名归，她也没有懊悔半分，仍旧冥顽不改，断定他的艺术"荒谬可笑"。

文森特无法理解来自母亲的拒绝。有时，恼怒之下，他将母亲痛斥成“铁石心肠的乖戾妇人”。有时，他责备自己是个“既奇怪，又令人生厌，只能带来不幸和厄运的人”。但他从未停止努力赢得她的认可。在生命的最后岁月里，文森特临摹了她的肖像（根据一张照片），并附上了一行诗，也是一句哀伤的诘问：“透过诽谤的摧残和冷酷的责难 / 谁会是我灵魂追寻的女子？”

安娜 · 卡本特斯

1851 年 5 月一个晴朗无云的日子，安娜 · 科妮莉娅 · 卡本特斯在海牙与牧师提奥多洛斯·梵高结为连理。海牙是荷兰皇室的居住地，被誉为“世上最宜人的地方”。海底的泥土由于包含了比例完美的沙与黏土，适宜种花，所以到了 5 月，海牙就成了一个名副其实的伊甸园：繁花烂漫无际地绽开在路边和沟渠、公园和花房、阳台和游廊、窗槛花箱和门阶壶罐，甚至开在悄然滑过的驳船上。深深为之迷醉的游客记录道，池塘和沟渠上林荫满覆，袅袅而起的水雾“似乎每一天都会被绘上一层更新、更浓稠的翠意”。

婚礼当天，新人途经的小径已被安娜的家人撒上花瓣，各个站点也扎上了绿枝蓓蕾织就的花环。新娘从王子河畔的卡本特斯家出发，来到海牙修道院教堂。这是一座 15 世纪建成的宝库，坐落在皇城的中心大道上，两侧菩提树林立，恢弘的别墅群环抱四周。马车穿过的街道会令每一个来自肮脏大陆的人羡艳：每栏窗格都掸得清清爽爽，每扇门都刷了新漆，门廊上的每个铜罐都抛过光，钟塔上的每柄长矛都刚刚镀了金。“连屋顶都好像每天清洗。”一位外国人颇为惊讶，街道“干净得像是室内走廊”。另一名游客写道，这样的地方“会令所有人都羡慕那些居住在这里的幸福人们”。

田园有如此地，诗意有如此时，叫人感恩，却无法让人摆脱往昔的阴影——这种复杂的情绪萦绕了安娜·卡本特斯的一生。她很清楚，对于她的家庭和国家而言，好景不会常在。

1697 年，卡本特斯家族命悬一线：历经战争、洪水、大火以及持续了 150 年之久的瘟疫，最后得以幸存的只有格里特·卡本特斯一人。格里特的先人们全都在喋血的八十年战争中丧生。这是一场由低地国 17 省发起的、反抗西班牙残暴统治的战乱。据载，这场战争始于 1568 年，海牙等地的新教徒凭借“洪潮般极端的愤懑”揭竿而起。人们被溺死、斩首、焚烧，尸体被绑成一团从高窗投下。西班牙宗教法庭伺机报复，声讨尼德兰的每一个男人、妇女和儿童。300 万人像异教徒一样被迫害致死。

在荷兰广袤的大地上，军队相争，异教相残，阶级互斗，邻里相欺，民兵混战。各类思想派别激斗的状况，持续了 80 年之久。访客来到哈勒姆，只见“许多人被吊死在树上、支架上，以及随处可见的横梁上”。房屋被焚毁殆尽，家家户户被处以火刑，尸横遍野，无一幸免。

偶尔，暴乱暂时平息下去（1648 年荷兰诸省宣布从荷兰王国独立，宣布战争结束），但很快，新一轮的暴行开始在这片土地上肆虐。1672 年被称为灾年，较八十年战争末期更为惨淡。另一场狂怒点燃了原本安宁且完美无瑕的海牙街头。人群涌入市中央，猎获了曾经的国家首领。在海牙修道院前，他们像牲口一样被屠宰。多年后，安娜·卡本特斯就在这儿举行了她的结婚典礼。

但给卡本特斯家族带来致命重击的并非战争，也并非不时爆发的暴乱。像国人一样，格里特·卡本特斯一辈子都难摆脱遭洪水灭顶的命运。情势一直以来都这么糟糕。冰河世纪终结后，莱茵河口的环礁湖开始堵满丰沃的淤泥，第一批定居者束手无策。慢慢地，定居者们筑堤修坝防止海域扩散。他们广挖沟渠，排尽堤坝后的淤滩。16 世纪至 17 世纪，风车的发明令大片大片的积水得以排干，农田开垦也由此开始。1590 年至 1740 年，以商业贸易征服了世界的荷兰商人们，在遥远的另一半球建立了富庶的殖民地。荷兰的艺术家和科学家们创造了一个足以匹敌意大利文艺复兴的黄金时代。与此同时，尼德兰的疆域也扩大了 30 余万英亩，可耕种的大陆面积增加了三分之一。

但是没有什么可以阻挡海水。尽管 1000 年来付出了巨大努力，洪水仍和死亡一样不可避免。这样的恐怖场景无论如何也无法预见：有时海浪会攀上坝顶，有时堤坝会崩塌在浪头之下，有时又兼而有之，海水侵入内陆，向平坦的乡野进军。有时，海水又完全撤去，露出退潮后的大陆。仅 1530 年的一天夜晚，就有 20 余个村庄淹入深渊，水面隐约只见教堂尖顶和牲畜死尸。

像所有命途多舛的国人一样，格里特·卡本特斯继承了一种水手般的精准的直觉——对于灾难逼近的直觉。17 世纪八九十年代，在与海神的抗争中丧命的千千万万人里，就有格里特的叔父。他和格里特的父母、兄弟姐妹、堂侄、第一任妻子及其娘家人统统在格里特未过而立之年时就丢了性命，长眠于列克河中。

格里特·卡本特斯生在大洪水末期；他的孙子继承了祖父的名字，降生在了另一个乱世。从 18 世纪中期开始，自由选举、扩大公民权利、废除苛税的呼声与启蒙运动的乌托邦精神汇成了一股洪流横扫欧洲大陆。这股力量如战争和海浪一般，势不可挡。

革命的炽火很快燃及了卡本特斯家族。1795 年，新法兰西共和军的武装力量进入荷兰。他们以革命者自居，却如征服者一般驻扎下来。士兵被安置到每家每户（包括卡本特斯家），货品和财产（如私人的金银钱币）充公，贸易萎缩，利润锐减，商户停业，价格飞涨。皮匠格里特·卡本特斯，三个孩子的父亲，就此失掉了生计。更糟的是，1797 年 1 月 23 日，格里特离开海牙去邻镇讨生活。当晚 7 点，人们发现了躺在通往赖斯韦克的道路边的格里特。他遭遇了抢劫，被暴打一顿，奄奄一息，还没被抬进家门，就撒手人寰。据卡本特斯家世代相传的家史记载，格里特的母亲“疯了一般地抱着冷冰冰的身体，泪如雨下”。格里特·卡本特斯抛下了一个有孕在身的老婆和三个年纪尚小的孩子。其中有五岁的威廉，他便是画家文森特·梵高的外祖父。

19 世纪的第一个十年，随着拿破仑大军的撤退，荷兰人开始着手治理千疮百孔的国家。出于对国家再度滑入混乱的忧虑，政治、宗教、科学、艺术领域均被施以温和的改革政策。史学家写道 ：“对于革命的恐惧滋生了反对改革的情绪。”“举国满足”成为了定义这个年代的关键词。

在国家逐渐摆脱变革动乱的阴影之后，威廉·卡本特斯开始重新编织支离破碎的人生。他 23 岁结婚，在接下来的 12 年里生育了九个儿女——令人吃惊的是，他们全部活了下来。政治稳定和“举国满足”当然还有其他益处。对荷兰语突如其来的狂热催生了人们对于书籍的极大渴求。从阿姆斯特丹到小山村，从经典到说明书，人们的阅读热情被鼓舞着，他们无所不读。抓住了这个时机的威廉将自己拿手的皮革制作手艺应用到了书籍装订中。他在海牙的主商业区史佩街开了一家商铺。30 年后，店铺发展成了大买卖，一大家子生活无忧。1840 年，政府需要一位装订工装订屡经修订的《宪法》最新版，这个活计自然而然地落在了威廉头上。之后，他一直自称为“皇家书籍装订工”。

通过温和守旧的作风来恢复元气对这个国家和威廉来说有效，却并非意味着每个人都能从中受益。在威廉所有的儿女中，老二克拉拉患有癫痫，这个名词在当年等同于无尽的精神折磨。她一生未嫁，家人唯恐有损声誉，对她避之不及。克拉拉一辈子都生活在嫌弃与冷落中，后来只有外甥，也就是画家文森特·梵高才认为她是在患病。威廉的儿子约翰内斯“一辈子都没有走寻常路”（他的妹妹隐讳地如此写道），之后他结束了自己的生命。最后，连事业有成的威廉本人也受到了命运的嘲弄。据家史里一则罕见的记载，威廉于 1845 年，也就是 53 岁那年死于“某种精神疾病”。这则正式声明将死因含糊地记述为“卡他热病毒”。这是一种农村地区周期性爆发的牛瘟，一般只感染牲畜。症状包括过度兴奋、痉挛、口吐白沫，直至死亡。这些症状也许成为了官方诊断的依据。

目睹周遭的种种不测，威廉的三女儿安娜在成长中形成了对未来充满恐惧的晦暗人生观。不论走到哪里，似乎都有这样或那样的莫名力量将从动乱中侥幸逃脱的卡本特斯家族再一次投入另一场浩劫，就好像村庄终究会在瞬间被大海吞没一样。因此安娜的童年充满了恐惧与宿命感 ：她总感到生命和幸福岌岌可危。就像她自己述说的那样，她的世界是个“麻烦与烦恼横生的地方”；这个地方“失望无尽”，只有傻瓜“才会对生活有过多的期许”。她说我们只能“学着忍耐”，她意识到“没有人是完美的”，“梦想实现的过程中必然有诸多不完美”，人们“即便有诸多缺点”也应该被爱。人性纷繁复杂，永远处于激变的边缘，是最靠不住的。“我们如果为所欲为，”她这样警告孩子们，“却毫发无损，不受惩罚——那我们不是会愈来愈误入歧途吗？”

安娜背负着这种阴郁的世界观进入了青年时代。在与家人朋友的交往中，安娜十分古板，极易陷入忧郁，喜欢为无端的小事伤脑筋，常常无事生非，或是感伤韶华易逝：她的爱情会不会一下子溜走，爱人会不会突然死去。即使丈夫只离开了一小会儿，她也会想象丈夫突然死去，以此来折磨自己。安娜自述，在结婚典礼上，当马车驶过林荫大道和精心装扮的花海时，她却在脑中反反复复想着某位重病不能出席的亲戚。“婚礼，”她总结道，“也总伴随着许多痛楚。”

为了让那些阴郁的念头平息下去，安娜尽量让自己忙碌起来。她很小就学会了编织，家史上说，在之后的岁月里，她一直“飞针走线”。她写信的时候“极有耐心”——信里都是一些混乱的句法以及错综复杂的插入语，最后的内容往往与要说的主题相去甚远。她弹钢琴，她阅读，因为“这些事让你忙碌，分散你的注意力”。作为母亲，她近乎偏执地抓住每个机会给孩子们灌输此类想法。“把注意力转移到别的事儿上。”她曾给其中一个心情抑郁的孩子提供这样的建议。（这个方法被她的儿子文森特，历史上最抑郁也是最多产的艺术家，掌握得极为娴熟，甚至是过于娴熟。）如果这些都行不通，安娜会大肆打扫一番。“亲爱的妈妈正忙着打扫，”她的丈夫一边记录，一边暗自质疑妻子所有这些策略的有效性，“可她的脑子里却装满了一切烦心事儿。”

安娜“闲不住的手”也伸向了艺术。她至少和妹妹科妮莉亚一起学过绘画，尤其是水彩画，这在当时被新兴资产阶级视作既能怡情养性，又能打发闲暇的乐事。安娜最为心仪的是当时家居艺术惯用的主题：各式各样的鲜花——紫罗兰花束、豌豆花、风信子、勿忘我。在对这项传统艺术的追求中，卡本特斯姐妹也许受到了他们古怪的伯伯，赫尔曼纳斯的鼓励。他曾一度自称为画家。她们还受到了一个显赫的艺术家庭，巴库曾一家的支持和指点。安娜的每次造访堪比一场艺术洗礼。巴库曾家的父亲亨德里克，一个受人尊敬的风景画家，不仅给自己的孩子上课（其中两个后来还成为了知名艺术家），同时还不断地指点卡本特斯姐妹。他培养的一大批学生日后发起了一场纯荷兰的新兴艺术运动，形成了海牙画派。就是这场运动，在安娜上门学艺的 35 个年头后，成就了她的艺术家儿子短暂却惊天动地的事业。

自然而然地，这个忧心忡忡的孩子安娜投入了宗教的怀抱。

除了婚礼和洗礼，卡本特斯家族的家史中并没有过早地出现宗教行为的记载：1795 年，法国革命军进驻海牙，家史将每家必须安置的士兵和充公的钱财斥为由“难堪的上帝之手”导致的。两年后，愤怒的狂潮淹没了赖斯韦克镇，格里特·卡本特斯就惨死在通往该镇的道路上。此时家史中却弥漫着哀伤、虔诚的口吻：“愿主赐予我们仁慈，以顺从的心接受他的旨意。”这是动乱年代的典型宗教情感，不单单在卡本特斯家族，还在整个国家生发蔓延。伤痕累累、精疲力竭的人们开始厌弃只能集结虔诚者的旧信仰，转而投身于能够安慰弱小者的新救世主。安娜这样概括了新信仰带来的温和的福音：“维系、支持和抚慰。”

余下的日子里，随着矛盾愈演愈烈，心生绝望的安娜开始在宗教中寻求庇护。生活稍有不顺，或是孩子们一个捣蛋的行为，都会让安娜心中激荡起虔诚之心。大到工作申请小到学校考试，每每遇到危机安娜便会祈求主的宽容慈悲。在给儿子提奥的升职贺信上，她写道：“愿主令你永远诚实。”从诱惑、坏天气、失眠到债主上门催债，安娜一应祈求主庇佑她的孩子们逢凶化吉。但至关重要的是，她祈求主帮助她抵御内心的魔鬼。她的渴求——就好像她儿子文森特在世俗主题与宗教主题之间的疯狂变换——意味着她渴求一种安全感，而这种安全感却永远无从被满足。即便她不断地试图从信仰中找寻安慰，阴魂不散的魔咒仍步步逼近——这个魔咒便是文森特。

不止从宗教上，安娜还试图从生活的点点滴滴中寻觅庇佑。“好好学习过正常生活才能让你们的人生之路笔直平坦。”这是她给孩子们的建议。在一个发生过革命和遭受过创伤的社会，一个会对随波逐流给予褒奖，甚至施以强迫的社会，这本质上是人人追求的理想。维持普通寻常的生活是每个荷兰女人的职责，相比之下，没有谁比安娜·卡本特斯显得更为尽责。

1849 年，安娜年过 30 却依然未婚，她急着寻找归宿。除了患癫痫的克拉拉、麻烦不断的约翰内斯和她最年幼的妹妹科妮莉亚，所有的兄弟姐妹都已成家。唯有一位堂姐甚至晚于安娜，直到 31 岁才嫁了一位鳏夫——这样的命运对于老姑娘来说再平常不过。兢兢业业、严肃古板、长着一头红发的安娜似乎注定要忍受更糟糕的命运：孤老终生。

转机出现在 1850 年 3 月，比安娜小十岁的科妮莉亚宣布与海牙的一位画商订婚。他姓梵高，家境殷实，他住在史佩街自己的画廊里，离卡本特斯家的店铺不远。这位画商疼爱科妮莉亚，还有个晚婚的兄弟：28 岁，名叫提奥多洛斯，是个牧师。三个月后，提奥多洛斯和安娜见上了一面。多洛斯英俊纤弱，五官精致，栗色的头发已有些许灰白。虽不如他哥哥健谈，倒也安静沉稳。他住在格鲁特－津德尔特，一个靠近比利时边境的小村庄，远离皇城海牙的繁华与精致。但这一切都无关紧要。家庭尚可，别无他人可以婚配。两人都有心达成这项安排，于是见面后不久，两人便闪电订婚。

1851 年 5 月 21 日，提奥多洛斯·梵高与安娜·卡本特斯在修道院教堂成婚。仪式过后，新婚夫妇动身前往南部信奉天主教的格鲁特－津德尔特。多年后，安娜这样回忆新婚前夜的心情：“准新娘对于未来的家忧心忡忡。”

第二章　石楠丛中的村庄

从精致的海牙初来乍到，津德尔特的城镇恐怕就和荒郊野岭没什么两样。多数地方也确实如此。方圆几里稀稀落落的一些房屋就组成了格鲁特－津德尔特（也称“大津德尔特”，为了与附近的克莱恩－津德尔特，即“小津德尔特”相区别）的全景。镇区的大半被沼泽和荒野侵吞：视线中几乎看不到一棵树，只有被疾风刮得东倒西歪的野草和肆意生长的灌木。除了赶着羊群偶尔经过的牧羊人、挖煤或摘石楠草扎扫把的农民，没什么可以打破笼罩在空旷地平线上的死寂。在那个时代的编年史家笔下，这是一片“无人涉足的土地”。

只有一条拿破仑时代修建的大公路将格鲁特－津德尔特与外面的世界联系在了一起。公路从比利时引来了陆上贸易，穿过尘土飞扬的小村庄，通往南部。笔直挺立于两旁的橡树和山毛榉一字排开，趋向无尽的远方。这儿，客栈、酒馆、马厩及贸易商店林立，数量几乎超越了容纳小镇1200人的126户人家。

商贩竞争令津德尔特成了一个脏兮兮、布局混乱、毫无规划可言的小镇。尤其在新婚的梵高夫妇刚刚抵达之后的节日时节，城镇广场上的小客栈、小酒馆嘈杂不已，里面挤满了喝酒、唱歌、跳舞的年轻人，寻滋闹事时有发生。这样的“寻乐子”场面是布鲁盖尔式的公共狂欢（布鲁盖尔就出生在附近），其中是典型的荷兰乡村人物。他们浑身上下的粗野习气向来被阿姆斯特丹、海牙等文明社会所诟病。

一旦下了公路，格鲁特－津德尔特便与来往的商贸毫无瓜葛。安娜来到这里的1851年，也就是滑铁卢事件的40年后，拿破仑公路依然是镇上唯一一条柏油马路，啤酒与制革家庭作坊依然是唯一的产业。多数农民依然靠耕种勉强糊口——种植的通常是土豆，依然用牲口犁田。津德尔特最有利可图的“作物”依然是不毛之地里舀来的精细白沙。这种“作物”销遍荷兰，能将家具和地板打磨得如牛奶般光滑。多数家庭仍旧和牲口分享着他们的一间房，仍旧买不起新衣裳。只有极小部分的津德尔特居民担负得起人头税，享有投票权，却有四分之一的贫困儿童需要接受免费教育。通常情况下，人们从北部的城市（如海牙）来到津德尔特的唯一目的就是掠夺除了沙子外最丰沛的资源：廉价劳动力。

对于像安娜·梵高这样体面的荷兰城里人而言，津德尔特不单是贫穷、粗俗的农村，它压根就不是荷兰！几个世纪以来，不论是在领土归属上，还是在身份认同上，津德尔特及其附属镇区都亲近南部的布鲁塞尔和罗马，而非北部荷兰共和国的城邦。比利时北部与荷兰南部的城邦曾隶属于布拉班特，一个中世纪的公国，在 13 世纪到 14 世纪曾有过一段短暂的辉煌岁月。但随着国力的衰落，它的边界也在周边帝国的兴衰流变中愈来愈模糊。直到 1581 年，荷兰宣布独立于西班牙的统治，布拉班特才发现自己与北部邻邦在经济、政治，尤其是宗教上，存在着一道道无法逾越的鸿沟。17 世纪至 18 世纪一系列的流血冲突，更是让奉行天主教与君主制的布拉班特坚定地选择站在其对立面上。

1815 年，拿破仑败北滑铁卢，比利时与荷兰各旧省一道并入荷兰联合王国，南北的紧张关系一度升级。布拉班特人憎恶北部的政治和经济霸权，抵制它的文化操纵，甚至拒绝使用它的语言；而在北部人眼里，布拉班特人是那么愚蠢、浅薄和不可信任。1830 年，比利时与荷兰联合王国关系破裂，宣布独立，这些盘根错节的积怨一触即发。毗邻荷兰与比利时边境的布拉班特的人民结成联盟数十年，致使许多荷兰人都相信，整个南方的三分之一都在趋于分裂。

一份签署于 1839 年的条约将布拉班特一分为二。这对于津德尔特这样的边境地区是致命的：道路关闭，农民与土地分离，教会脱离教堂，津德尔特及其他边境镇区在海牙的荷兰政府眼里似乎成了被占领的敌方领土。城镇周边大片漫无边际的荒野只设有一个过境站。农民必须长途跋涉，才能从石楠丛中带回土地给予的唯一物资——泥煤，而每一件过境的货品还要被边界守卫征以重税。武装部队控制了新的边境，每日巡逻以防非法移民。面对贫瘠的土壤，走投无路的津德尔特的居民只能开始猖獗的走私活动。

比利时的反叛和随后的“侵占”导致了天主教徒和新教徒矛盾的激化。两个世纪以来，军队来来回回横扫着津德尔特飞沙漫天的荒野，不是迎来了这派宗教，就是要驱逐那派宗教。每逢天主教势力北上，或新教势力南下，整个教会便整理铺盖逃之夭夭。那时候，教堂或遭大肆破坏，或被非法侵占。政治形势也如疾风骤雨般以极快的速度重新洗牌：新当局挺进，旧教堂被改造，旧账重算，异教徒被施以新的压迫政策。

在比利时叛乱的最后一轮混战中，天主教徒砸烂了格鲁特－津德尔特所有的小教堂，新教势力一蹶不振，一时无蓄势反扑之力。梵高夫妇20年后来到这里时，荒野上只有56户家庭是教会会众，只占人口的三十分之一。天主教势力开始大肆抵制新教商业，将新教斥为“侵略者的信仰”。自知大势已去，新教决定按兵不动，避免与天主教势力的正面冲突。

津德尔特市集，文森特出生于市集中央的牧师公馆里

安娜的新家，津德尔特牧师公馆，就面对着津德尔特市集这个剑拔弩张的前沿“战地”。

在津德尔特，大大小小的稀奇事都发生在市集：仆人们在水井边推推搡搡，蜚短流长，长官在闹哄哄的人群中执法，驶入的驿马车和邮车在附近的马厩改组。周日，新闻在镇公所的台阶上被高声宣读。居民们得把窗子关得严严实实，才能躲避来往货马车飞扬的尘土。一到雨天，广场没有铺柏油的部分就成了一摊摊无法逾越的泥浆。

这片不起眼的牧师公馆区可以追溯到17世纪早期。近两个半世纪以来，它一直是一长溜牧师住宅，有过小规模的扩建，但至今没有任何修缮。在两侧民居的围堵下，只有窄窄的砖墙面向广场。公馆的门通向一条狭长、阴暗的走道。走道前端的一间正室被用来进行宗教活动，后端有个漆黑的单间供人居住。径直走到底，有个小小的厨房、一个洗漱间和一个谷仓，所有建筑呈连续的一字型，且暗无天日。安娜并不需要像津德尔特的其他居民一样使用公厕，因为在谷仓后边就建有一个旱厕。

面对海牙的娘家人，安娜把牧师公馆美化成了一个享受质朴和牧歌式田园生活的“乡下地方”。美丽的谎言终究掩盖不了事实：长期在海牙过着精致、体面的生活，而今却置身这个陌生的荒野之地，这个封闭、宗教斗争激烈的边陲小镇，语言不通，民风冷漠，无人值得信赖，安娜的寂寞是那么真切，她甚至都不情愿独自上街。于是，她开始招待一拨又一拨的娘家来客，夏末，索性回到了海牙，开始长住。

对安娜来说，先前生活的种种已经一去不返，但有一点却变得愈发重要，那就是声誉。她向来活在世俗观念下。如今，在这个矛盾一触即发的是非之地，一个外乡人要摆脱孤立和敌意，“规矩”二字就显得格外重要。首先，规矩要求牧师的妻子们必须膝下有子——多多益善。上下有十几口人的家庭不在少数。这则教律无疑保障了这个边陲小镇能够世代延绵——虽然大龄成婚的安娜·梵高晚了一步，但于夏末时节返回海牙的她终于能骄傲地向家人宣布：“是上帝给予我们希望，让小生命及时来临。”

1852 年 3 月 30 日，安娜产下一名男性死婴。因为这个无名的生命，小镇医师的登记本上又增添了新的条目——“第 29 号死婴”。世事无常，恐怕在津德尔特——或是荷兰的任何地方——没有任何一个家庭能躲开命运的嘲弄，卡本特斯家族尤其如此。卡本特斯家族的家谱记下了那一个个还未出世便已夭折的生命。

早年，早夭的孩子一般无法享受丧葬之礼，产下死胎便更讳莫如深。在这样一个时代，新兴资产阶级不会容忍任何一个宣扬人性、肯定人性的机会在眼前溜走：再没有什么能比为一个纯真的孩子哀悼更能俘获普罗大众的同情心了。某一荷兰作家将此种伤痛视为“人间最揪心、最残酷的痛楚”。哀叹早夭、感怀伤逝题材的诗集销量急剧攀升。在狄更斯的不朽之作《老古玩店》中，小耐尔奄奄一息的凄楚之景，令多少人潸然泪下。当不幸降临于安娜的身上时，她也不可免俗地做足了所有文章。坟墓挖在了津德尔特教堂旁新教徒的小小墓地里（对于一个死婴来说，这是史无前例的第一次），一块刚好刻得下《圣经》铭文的墓碑盖于其上，刻有当时最受欢迎的诗文：“容许那些小孩子到我跟前……”碑上没有刻父母的名字，只刻有 1852 这一年份，以及早夭婴孩的名字：文森特·梵高。

对安娜来说，取名字不能单凭个人喜好，要依规矩办事，她生活中的其他事件莫不如此。所以，1853 年 3 月 30 日，也就是一年之后，当安娜诞下第二个儿子时，他顺理成章地沿袭了祖父和外祖父的名字：文森特和威廉。

文森特·威廉·梵高恰好出生在他的哥哥死去的那一天，梵高家对这一巧合似乎不以为然，安娜继续以发条般规律的步调繁衍着子嗣。1855 年，也就是文森特出生两周年后，女儿安娜·科妮莉亚来到人世；又两年（1857 年），迎来了次子提奥多洛斯；再两年，二女儿伊丽莎白呱呱落地，接着是 1862 年临门的三女儿威廉米娜。最终，五年后的 1867 年，47 岁高龄的安娜生育了最后一个孩子，小儿子科纳利斯·文森特。这一步调如此紧凑，以至于七个孩子中有六个出生在 3 月中旬到 5 月中旬，三个出生于 5 月，两个生日仅隔了一天（除了生于同一天的两个文森特）。

这就是安娜·梵高的家庭。接下来的 20 年，她生活在津德尔特，将全部的心血、对秩序的偏执以及对规矩的唯命是从，都倾注到对六个孩子的教养中。“在走上社会之前，”她写道，“是家庭造就了我们。”

一心一意扑在家庭上的安娜不仅是个称职的主妇，同时也恪守着阶级身份。此时，被史学家称为“胜利家庭的时代”刚刚启幕。孩子不只是成人的雏形，而且是一种独特而珍贵的存在——被称为“圣洁的孩童”，为人父母也成了一项神圣的事业。有如当时最风靡的一本育儿指南所示：“社会痼疾半点都不能殃及儿童。”成百上千本类似的书籍都在迎合、引导新兴中产阶级家庭的顽念：“来日方长，却无法弥补童年的创伤。”安娜当然也深谙此理：外面的世界很险恶；只有家，才是最终的港湾。

安娜将狭隘、保守的世界观烙在了孩子们的心头。生性不喜棍棒策略，也不擅以情动人，安娜采取了苦口婆心的说教：不厌其烦地述说血脉联系、手足情义，不遗余力地表露舐犊之爱，又悄悄暗示为人父母的奉献与牺牲。日复一日，这些说教已悄然渗进了梵高一家人的日常生活。安娜认为他们的家庭生活快乐异常，同时坚信，“家庭快乐是所有快乐的根本”，否则，未来只能充斥着“孤寂和不安”。安娜的说教效仿了当时教义倡导的“家庭一体”的神谕——史学家称之为“家庭集权主义”。在礼节上，它要求温柔地表达出对于家庭的关爱，并辅之以隐隐的啜泣。在给 17 岁儿子提奥的信中，安娜这样写道：“没有彼此，我们甚至无法在世上存活下去。对彼此的爱让我们不能分离，总能敞开心扉。”

在牧师公馆这个幽闭而又情绪化的空间里（有人用“怪异、敏感”来形容这里的氛围），安娜的说教似乎显得过于成功了。家庭在孩子们的成长中俨然成了海难幸存者眼中的木筏。“噢！难以想象有一个要离开我

文森特的弟弟妹妹（顺时针方向）：安娜、提奥、利兹、科尔与惠尔

们，”16 岁的伊丽莎白写道，“我觉得我们今生注定相守，我们是一体的……如果少了一个，那就是不完整的。”不论哪一个成员的离开，都会给一家子带来肉体和精神上的折磨。团聚则常伴有欢欣的泪水和治愈的魔力。

在接下来的岁月中，当分离变得不可避免时，安娜所有的孩子都在承受着离别之苦。为了尽最大努力维持家庭联系，信件（不单单是文森特的信件）往来频繁。据一位姻亲所述，梵高家的孩子们成年后还是被“无以名状的乡愁”所困扰，他们依然惧怕外面的世界，宁愿在书本里借别人的温馨生活温暖自己，也不愿面对眼前的现实世界。对他们来说，人生最大的乐趣就在于一家人团聚在港湾般的牧师公馆里，人生最大的忧虑就是那份欢乐从眼前溜走。“家庭与手足之情何等强烈，”文森特多年后写道，“我们怀着虔诚的心向上帝祈祷：‘主啊，不要让我们迷途太远，太久。’”

毫不奇怪，对小文森特·梵高影响最大的一本书是《海角乐园》，书中讲述的是牧师一家遭遇海难漂流到一个热带岛屿，被迫相互依靠才能在险恶的世界里生存下去的故事。

通过在家人身上施加严格的纪律和规矩，安娜·梵高热忱地回应了荒野生活的考验。

每天，母亲、父亲、孩子与家庭女教师都会绕小镇漫步一小时，沿途有花园，有田地，也有尘土飞扬的街景。安娜相信这样的漫步可以强健家人的体魄，让他们精神焕发。这些日常仪式不仅透露了这家人的中产阶级地位——劳动阶层没有闲工夫这样打发掉一小时——还令这一家子充满了活力。

安娜打理着一个花园。几个世纪以来，有赖于肥沃的土壤和花园果实免税的政策，荷兰人一直将料理家庭花园视作一项传统。对无须为生存发愁的 19 世纪的资产阶级来说，花园是悠闲和富足的标志。富人兴建乡村别墅，中产阶级青睐小块的城市地皮，而穷人也能在窗台上摆弄花盆和壶罐。1845 年，阿方斯·卡尔的《花园徜徉》以维多利亚时期的感伤风格，再度唤醒了荷兰人对私家花园的未了情愫，并迅速成为卡本特斯与梵高这样的家庭最爱阅读的图书。（卡尔认为：“情若赋予花草，则最为无私。它们争相盛放，尽展欢颜。”）随后的岁月里，安娜坚信“田园劳作，聆听草木生长的声音”最能颐养身心。

津德尔特的花园恰好坐落于谷仓的后面，依城里人安娜的标准，面积并不算小。它又窄又长，与牧师公馆的形状颇为相似，被一排山毛榉篱笆齐整地圈住，边缘的缓坡一路延伸到远处的黑麦地和小麦地。安娜仔细地将它分为几个区块，临近房舍的一面栽种花木。很快，蔬菜的领地被漫天盛开的花朵侵占，被排挤到了靠近墓地的一隅。那里是牧师公馆种庄稼、割干草、培育树苗的地方。安娜忠实于维多利亚时期的品味，更青睐精巧、小丛的花木——金盏花、木犀草、天竺葵、栾树，它们可以拼成缤纷的花床。她认为气味比色彩来得重要，却又很喜欢红色和黄色。越过花床是一列列蓝莓、覆盆子丛和果树，有苹果、梨、梅和桃，一到春天，就将整个花园装点得色彩斑斓。

整个漫漫冬日都困在阴暗的牧师公馆里的安娜一家，像欧椋鸟和雏菊一样对季节的变化体察入微。一觉察春天的来临，他们便如同被释放的囚徒一般倾巢而出。自那时起，家庭的活动中心也转到了花园。多洛斯在那儿研习和创作布道词。安娜在遮阳篷下读书。儿子们在收割完的庄稼丛中嬉戏，在津德尔特精细的沙道上搭建城堡。梵高家的每位成员都担负起了培育花园的重任。多洛斯栽培果树和藤蔓（分别是葡萄和常青藤），安娜种花，孩子们也被一一分配了属于他们自己的用来耕种和收获的小块土地。

受卡尔的防虫诀窍和悉心耕种理念的启发，安娜利用花园向孩子们传授自然中蕴藏的人生奥秘。四季的更替预示着生命的轮回，而这样的轮回能在花开花落间清晰地被捕获：紫罗兰预示着春天与年少的勇气，常青藤在冬季也不会枯萎。文森特后来写道："即便花黄叶落，鲜活的生命也能绝境逢生。"树木——尤其是树根——预示着生生不息。（就像卡尔所说的那样，某些树，例如丝柏，"在墓地里反而长得更加生机勃勃"。）在安娜的花园里，太阳就像赐予我们"内心和平"的上帝，堪称"甜蜜的造物主"，给植物的生长带来阳光，而星星则预示着太阳在清晨会重返人间，"从黑暗中孕育光明"。

象征主义传达的所有教诲都被文森特融入了画作——不论是基督教神话，还是艺术和文学，所有的一切都在母亲的花园中萌芽。

梵高一家在牧师公馆的后屋用餐。依照安娜一贯的风格，吃的食物也得按规矩来。她认为，规律、适度的饮食对塑造健康的体格和健全的道德感至关重要。但面对有两个厨子的小小厨房，倘若恰巧又时值周末，安娜便会渴望一顿精致的中产阶级大餐。如果说晚餐是"家庭祭仪"中的日常敬拜，那么周日的晚膳就是大弥撒。四五道餐点的低调奢华，叫孩子们难以忘怀，尤其是文森特，他一生都在与食物抗争，曾多次尝试短暂断食，他与家人的复杂关系也从中被折射出来。

晚餐后，大家会围坐在火炉旁进行另一项仪式：学习家庭历史。父亲多洛斯在这方面尤为擅长。据女儿利兹*回忆，爸爸会给他们讲祖先的种种辉煌经历，他们曾以这样或那样的方式报效国家。昨日的辉煌将安娜重新带回了她曾经的阶级与文化，给荒野上这颗孤独的灵魂带去了些许抚慰。事实上，和这一代的其他人一样，安娜和多洛斯对他们国家的过去抱有深切的怀旧之情——在17世纪的那个"黄金时代"，一个滨海城邦统治了世界全部的海域，孕育了一个帝国，在科学与艺术上领跑西方文明。梵高一家不仅因为这样的炉边教诲而着迷于历史，还开始对这个失落的伊甸园心生出朦胧的向往。

安娜和多洛斯的孩子们都继承了对往日的国家和家庭的眷恋，但大儿子文森特尤为强烈地感受到了爱恨交织。文森特形容自己"在往昔的魔咒中迷了心窍"。即便成年后，他还是如饥似渴地阅读历史和历史小说——在他眼里，往昔总比现世来得美好、纯净。从建筑到文学，他哀悼昔日的辉煌（那些岁月"艰难却高贵"），哀悼眼前这个时代的庸碌、麻木和淡而无味。文森特认为，文明永远处在"衰退"的状态，社会也总在"腐朽"。"我的空虚感与日俱增，"他后来表示，"这种空虚无法用这个时代的东西填补。"

在艺术喜好上，文森特一直偏爱怀才不遇的艺术家、陈旧的艺术主题和过时的流派。一旦谈及当代艺术和艺术家，他便唉声叹气，大发牢骚，满怀愁思地赞美那一个个昙花一现的艺术伊甸园。像母亲安娜一样，他深深感到欢乐易逝——"现代生活的转瞬即逝令人绝望"，他深信只有回忆才能抵挡时间的残酷。一生中，文森特的思绪多少次偷偷拜访往昔岁月。在恍惚中，在蓦然间，他置身于昔日的辉煌之中。有时，他陷入其中，数周萎靡不振；有时，某些追忆又能奇迹般给予他无穷的力量。"生命中有一些时刻，你的心可以平静如水，"他后来写道，"我们的生活有时好比一条必须穿越荒原的小道，但并不总是那样。"

梵高一家消磨夜晚的方式几乎一成不变：阅读。全家围坐，大声朗读，阅读不再是一种孤独、封闭的体验，也让这一家子和周围无数目不识丁的乡野教徒们相区别。一开始，安娜和多洛斯互读或给孩子们读，大的给小的读；后来，孩子们给父母读。大声朗读抚慰了病中人，让忧心者忘记忧愁，给无知者带去智慧，给无所事事者带去欢乐。不论是在花园的遮阳篷下，还是在油灯的微光前，阅读声成为了（也总会是）令人欣慰的声音，讲述

* "利兹"即"伊丽莎白"的昵称。

着家庭的和谐统一。多年后，孩子们天各一方，却仍热衷于交换和推荐书籍，好像只有全家人都读过，这本书才算被消化完毕。

除了被视为“最佳读品”的《圣经》之外，牧师公馆的书架上还藏有众多教诲人心的经典：譬如席勒、歌德、乌兰德和海涅的德国浪漫主义，莎士比亚（荷兰语版），甚至一些法国作家（如莫里哀和大仲马）的作品。而诸如歌德的《浮士德》，巴尔扎克、拜伦、乔治·桑的作品，以及后来左拉的现代主义作品，皆因思想超前、扰人心绪而被安娜排除在外，她认为以上各家“胸怀虽然博大，心灵实为污秽”。当时最伟大的作品《马克斯·哈韦拉尔》（又名《荷兰贸易公司的咖啡拍卖》，由爱德华·德克以穆尔塔图里为笔名所撰写）也受到了安娜的谴责，因为它猛烈地抨击了荷兰帝国对印尼的殖民统治，以及荷兰中产阶级的虚伪和自命不凡。至于那些种类繁多的儿童流行读物，尤其是产自美国、讲述印第安人与牛仔的故事的书籍，以正统的教育标准看来，显然“过于激进”。

像维多利亚时期欧洲的其他书香门第一样，梵高一家对感伤小说怀有一份特殊的情感。人们都争先恐后地阅读狄更斯和爱德华·布尔沃·利顿的新作，后者也是那个时代举足轻重的文人（“这是一个风雨交加的漆黑夜晚……”便是出自他手）。斯托夫人所著的《汤姆叔叔的小屋》在美国完成连载后仅一年，荷兰语版便已经在津德尔特面市，此时恰逢文森特出世。这部小说不出意料地在牧师公馆受到了推荐和赞赏。

梵高家的孩子们可以经由两条途径进入由父母精挑细选、严格把关的文学世界：诗歌和童话。诗歌简单易记，朗朗上口，教导孩子要善良、忠诚和敬重父母。童话则单指安徒生的童话。安娜新婚时，《丑小鸭》、《豌豆公主》、《皇帝的新装》和《小美人鱼》等故事已经风靡世界。安徒生的故事没有明显的宗教意味，也不刻意说教。维多利亚时期的父母开始认为童年应当是充满幻想的，安徒生的童话迎合了父母的需求。书中不露声色地揭露了人性的丑恶，结局也常常并不圆满，而对于这些牧师却未加注意。

文森特可不会受制于父母的喜好。他一生的阅读习惯可在早年的经历中窥得一二。文森特的阅读速度飞快，这一习惯保持了终身。首先，他会挑选一个喜爱的作家，然后花上一周一口气读完他的全部作品。他一定很享受早年的诗歌训练。后来的日子里，他仍继续背诵成卷的诗篇，偶尔在信件中引用三两句，或者花费数天的工夫将它们分毫不差地誊写整齐，并装订成册。安徒生也是他保留的嗜好之一。我们能在文森特异想天开的世界中清晰地找寻到安徒生的影子：饱含灵性的植物、人格化的抽象、放大了的情绪和唐突的意象。多年后，文森特依然认为安徒生的童话“万般真实，又美妙至极”。

面对孤立和逆境，梵高一家利用假日这一特殊机会来展示家庭团结。在津德尔特，模范新教家庭的日历上总是挤满了各种庆典：教堂日、国庆、生日（父母的兄弟姐妹的，甚至是仆人的）、周年日，以及“命名日”（与本人同名的圣徒的纪念日）。安娜在牧师公馆操办着各种节日，为了家庭团聚的时刻挥霍着她的精力，沉浸在乡愁中。绿色植物、旗帜、时令花束装点着黑漆漆的屋子。除了鲜花和成串的水果，桌上还陈列着特殊的糕点和糖果。后来的岁月里，不管旅途多么艰险、漫长，安娜的孩子们都会团聚在这样的庆典上。要是不能成行，信件便会飞至每个人手中。喜气洋洋的节日里，家庭成员会互道祝福——正是由于这项荷兰传统，每一个节日都成了一场家庭盛典。

日历上一长串的节日中，数圣诞节最为重要。12 月 5 日的圣尼古拉斯节前夜，就有圣诞老人上门分发糖果和礼物，一直到 26 日的节礼日，梵高一家都沉浸在神圣家族及自己家庭团聚的氛围中。在这几周里，牧师公馆的前屋总会萦绕着阅读《圣经》的声音、圣诞颂歌，以及小圣会的成员在扎满花环的壁炉前品尝咖啡时的欢声笑语。在安娜的叮嘱下，孩子们将巨大的圣诞树缀满了金银二色的彩带、气球、水果、坚果、蜡烛，还有一把把糖果。孩子们的礼物都堆在树下。安娜认为：“圣诞节是居家最美的时刻。”圣诞节那天，多洛斯会领着文森特和他的弟弟们走访病中的教友——为他们“带去圣尼古拉斯”。

每个圣诞节，一家人都会依偎在后屋的火炉边，从狄更斯的五部圣诞小说中选一部来读。其中两部一直烙印在文森特的脑海中：《圣诞颂歌》和《着魔的人》。一年又一年，文森特反复读着这些故事，其中有浮士德式的神秘来访，有陷于危难的孩童，有家庭和圣灵给予的魔力。文森特认为这些书“每次读来，都历久弥新”。津德尔特炉火边的那个小男孩永远也意料不到，将来的某一天，他的心也会经历狄更斯笔下的纷扰回忆和母子疏离的折磨苦痛。那个时候，他只知道，圣诞与家庭有着一种不解之缘。在随后的日子里，这种感觉愈来愈清晰强烈。“我觉得，”就像《着魔的人》中那个饱受痛苦记忆折磨的吝啬鬼雷德劳所说的那样，“主的降生，就意味着所有我曾为之喜悦、为之忧伤的人也一道降生了。”

没有互赠礼物，节日庆祝就算不上圆满。从记事起，梵高家的孩子们就被要求自己动手为生日和周年制作礼物。每个人都懂得如何包扎花束和摆放食篮。日复一日，所有人都被训练得一手为节日添彩的好技艺。姑娘们懂刺绣、钩边、打结和编织，男孩子们会陶艺和木工。

同时，在母亲的监督下，每个孩子都会画画。他们掌握了拼贴、摹图、上色等装饰艺术，以便于装饰他们总在交换的礼物和便签。一个简单的盒子上也许绘有彩绘花卉，一首摘抄的诗篇旁可能点缀着一枚剪贴花冠。他们给喜欢的故事加上插画，模仿寓意画册给图像搭配文字。虽然那些曾装饰了梵高家节日礼庆的拼贴和刺绣最终无可避免地被各式印刷品和商店购得的礼物替代，自制的礼物还是会被视作对家庭奉上的最虔诚的献礼。

要在环境严苛的荒野生存，安娜的孩子们必须要像前线的战士一般服从纪律。无数友好、不友好的眼睛都在虎视眈眈。牧师公馆的律令就在于两个字：责任。就好像安娜声明的那样："责任高于一切。"

这样的训诫承载了加尔文教义和荷兰百年国情的积淀。饱受洪水滋扰的荷兰人民对于加尔文教的口号"无责任即是罪"格外感同身受。早年，海坝一旦决堤，每人的责任都清晰明了：手执铁锹冲向缺口。夙怨被搁置，"堤防和平协议"迅速达成。质疑者和忤逆者遭到驱逐，破坏者予以处决。倘若一家失火，这家主人有责任立即扑灭，以免殃及邻里。责权的明确有效避免了灾祸的蔓延。而到了安娜这一代，责任一词已被奉若神明。在某种意义上，在梵高这样的荷兰家庭心目中，责任、庄重和坚强就是家训。

维持家庭的社会地位无疑位列各项责任之首。

当时，一位著名的历史学家曾经断言："在欧洲，不会有哪国民众比荷兰人在生活方式、社交圈等方面更饱含阶级意识。"跻身上流阶层几乎全无可能，阻力极大。与下层为伍则被视为人生最大的错误。城乡阶级差距显著，没有什么比一辈子要定居在津德尔特这样的乡下地方更叫人泄气了。就是在这样的一个时代，安娜以海牙中上层小姐的身份换取了津德尔特牧师妻子的生活。

牧师夫妇在津德尔特小小的精英圈子中声望颇高。几个世纪以来，多洛斯·梵高这样的神职人员扮演着道德和智识楷模，一刻不停地为这个国家疗治精神痼疾。至今，担任神职仍是两种出人头地的途径之一（另一途径是出海）。多洛斯薪水微薄，但教会为他配备了必要的生活设施——一栋住宅、一个仆人、两个厨子、一个园丁和一辆马车——这一切都让他们的生活看起来殷实富足，也缓解了他们内心的拮据感。午后，父亲戴着大礼帽，家庭教师领着孩子们散步的情景进一步维持了这样的假象。凡此种种，暂时缓和了安娜来到津德尔特的不甘之心。她顽固地依赖着声望给她带来的种种慰藉。“我们贫穷，”她总结道，“但所幸我们还有好名声。”

为了保护这仅有的好名声，安娜在孩子们的脑中灌输了一项训诫：只能与“上流圈子”的人社交。她认为，与出身良好的人为伍，幸福与成功源源不断；而一旦交友不慎，失败与罪恶便会紧随其后。在孩子们的一生中，安娜总是不遗余力地鼓动他们结识显贵，殚精竭虑地避免他们和“下层阶级”来往。要是哪个孩子被请到“大户人家”去做客，她会乐得咯咯直笑，然后就如何延续这层关系给出具体的指示。

在津德尔特，“上流圈子”只包括几户来避暑的显赫人家和一些新教家庭。这个圈子之外和之下的领域，安娜绝不允许孩子们涉足半步。这个圈子之外，只有天主教家庭；而在这个圈子之下，则生存着津德尔特的劳动阶层——他们拥挤在黑压压的节日市集，不论你是新教徒还是天主教徒，只要和他们在一起，便能将形形色色的野蛮举止和低劣行径尽收眼底。“与上层社会交往更为妥当，”她建议道，“同下层阶级打交道则意味着将自己暴露在各种诱惑之下。”

更底层的是劳工和农民，他们灰头土脸，无名无姓，无地无产，永远不会进入小姐绅士们的视线。在安娜这类上层人士的眼中，他们不但愚昧低俗到无可救药，更缺少“一颗丰盛的心”（敏感度与想象力），面对死亡都十分麻木。梵高一家读的一本育儿书这样形容这一阶层：“他们不过只有小学文化，为赚得土豆糊口终日精疲力竭。他们的心与他们的头脑一样贫瘠，全然丧失了爱与忧伤的能力。”

为了确保不逾越阶级的界限，梵高家的孩子们被禁止上街玩耍。于是，多数时间里，他们待在牧师公馆或者花园里，好像被隔绝在了一座孤岛上，唯有彼此相伴。

即便是在津德尔特这样偏远的小地方，想要跻身上流圈子，也得衣着得体。“整洁示人，”像安娜教导的那样，“也是一项本分。”长久以来，荷兰人对衣着独有一种偏执。他们向来将此视为一个展示阶级微妙差别的舞台。多洛斯这样的绅士通常戴礼帽，劳工阶层（及孩子们）则戴无檐帽。绅士通常穿挺括的长衫，雇工们则着罩衫。只有像安娜这样享有闲暇的妇女才会不厌其烦地将笨拙的有箍衬裙武装在身上。衣着同每日午后的散步一样，是显示他们中上阶级身份的标志。

梵高家的孩子们无可避免地感受到了衣着的魔力。每得到自顶级商店购得的一项礼帽、一套西装或是一件大衣，家庭地位和尊严仿佛也有了飞跃。后来的日子里，父母源源不断地给孩子们灌输在津德尔特日间散步的各式礼仪："在公众前亮相的时候，要确保他们看到的是一个绅士。"无疑，整洁的外表和精巧的装扮有时比阶级地位更能说明问题：它们彰显的是有序的心灵。"外在的穿着是内心世界的反映。"安娜和多洛斯这样教导孩子们。衣服上的污渍好比心灵上的污点；而一顶昂贵的帽子不光塑造了一个良好的外部形象，同时也在不言而喻中呈现了一个光鲜的内在自我。

津德尔特的午间散步还有其他的礼仪规范：得体的衣着展示了良好的行为和高尚的道德感。在孩子们的余生里，在公共场所的任何步行都被孩子们看作是一次心灵的时尚游行。多年以后，安娜依然叮嘱提奥穿着高级西装去散步，"好叫人们知道你是牧师梵高的儿子"。当文森特离家 20 年后出现在阿尔的医院（他因精神失常割耳自残而被囚禁于此）时，他首先关心的是："该有一身新的行头以供出行使用。"

在津德尔特的牧师公馆，心灵也有必须履行的规约。荷兰人称之为德性。安娜认为这是"幸福生活的基础和源泉"。作为圣三位一体的最后一项处世神谕，德性召唤荷兰人振奋心神，抵御情绪风暴的致命袭击。历史已经告诉我们，胜利过后总有失败，富足过后总有贫瘠，安宁过后总有动荡，黄金时代总会被世界末日所取代。面对命运的残酷沙漏，心灵要找寻一处坚固的中间地带。不论面对顺境还是逆境，不论意气风发还是丧气绝望，不论是衣食还是艺术创作，荷兰人总竭力遵循一条黄金法则：小心翼翼地保持骄奢与俭省之间的平衡。

维多利亚时期的人们从不在公共场合外露不合时宜的情绪。德性说不仅与这一价值观不谋而合，也与新教对于加尔文式狂热教义的拒绝相匹配。安娜保守多虑的性情再一次与时代精神结成了联盟。在她反复计算和不停谋划的忧郁小世界中，她早已对如何平衡正负两种情绪得心应手。她自然而然地将自己视为保障牧师公馆免受情绪风暴蹂躏的舵手。"美好之后总有不幸，"她告诫孩子们，"困难和麻烦之后总有安慰与希望。"欢愉过后，安娜总不忘叮嘱家人欢愉背后的代价——那些被遮蔽了的"阴暗面"。但过度的忧虑也不被允许。"方寸不乱，泰然自若，才能成为一个快乐的人。"安娜总结道。

梵高家的孩子们成长在一个被抽干了情绪的世界里，一个被抹去了色彩的世界里。这个世界好比一架恒久水平的天平，一头托起的是骄傲与激情，而另一头则沉淀着冷漠和自省。一旦失衡，德性便会即刻令天平恢复原位。这是一个积极总会被消极中和的世界；这是一个赞美总会被期许冲淡，鼓励总被预兆折损，热忱总被谨慎浇灭的世界。离开牧师公馆这座孤岛后，没有哪个孩子能摆脱极端情绪。对此，他们麻木迟钝，毫无经验，只能手足无措，眼睁睁望着失控的情绪毁掉他们的生活。

正如安娜告诫的那样，责任、庄重和坚强，是幸福生活的真谛，是道德生活的指南。否则，“就算不上一个正常的人”。无法遵从这些律令将是对生灵、阶级和社会秩序的亵渎，会使家庭蒙羞，甚至更糟。当时的书籍中充斥着“糟糕的生活”如何导致声名俱裂的故事，以此警醒世人。而近在眼前，就有多洛斯的侄儿如何因为不光彩的行为使得他的寡妇母亲惨遭排挤，如家史中记载的那样，最终“在穷困中死去，使家庭蒙了羞”。

时时被这样的噩梦惊扰的梵高夫妇给孩子们灌输了世上幸福稀缺、艰险重重的观念。走错一小步就会导致惨痛的后果，跌进多洛斯所指的“无尽的深渊”。于是，孩子们在成长历程中最为惧怕的便是“功亏一篑”。据记载，失败的“愁云笼罩在他们心头”，自怨自艾的情绪一直存在于离开牧师公馆之后的漫长岁月里。“我们该有多爱爸爸妈妈呢？”一个孩子在给另一个孩子的信中哀怨地写道，“我对他们来说还不够好。”

每到新年前夜，梵高家的孩子们便会围在一起祈祷：“愿主为我们免去内疚之苦。”文森特往往是其中最虔诚的那一个。

第三章　怪男孩

如果你在 19 世纪 50 年代来到津德尔特牧师公馆，兴许会见到从阁楼窗口探出的小小脑袋在张望着熙熙攘攘的市集。你首先会注意到那个长着一头浓密的红色鬈发的小家伙。底下的那张脸甚是怪异：椭圆形的脸蛋，眉头高耸，下巴突出，双颊肿胀，大鼻子，浅眼窝，下嘴唇永远一副往外撅起的样子。若是与他有过一面之缘，牧师深居简出的大儿子多半会给人留下这样的印象。

见过他的人会立马意识到他与母亲何其相似：一样的红头发，一样粗犷的容貌，一样结实的体格。文森特的脸上布满了密密麻麻的雀斑，一双小眼睛泛着蓝色或绿色。它们时而锋芒毕现，时而空洞茫然。在陌生人面前，他拘谨而敏感，脑袋总那么不自然地耷拉着，还不时出于紧张而摇晃两下。待母亲忙碌地张罗茶点招呼客人、闲聊着海牙皇室的近况时，文森特会笨拙地离开客厅，退回阁楼窗台前自己的领地，或者孤单地继续做些其他的事。在客人们眼中，他是个怪男孩。

那些更亲近、更熟识的人也许会觉察到端庄的母亲与怪异的儿子之间还有其他一些相似之处——一些比红头发和蓝眼睛更深刻的东西。他遗传了她忧郁的人生观，以及她那狐疑的眼神。两人在生活情趣和精巧之物上都颇有品味——比如插花、编织和家庭装饰（包括后来对画笔、钢笔、纸和颜料的喜好）。儿子继承了母亲对阶级特权的迷恋，基于阶级和出身对自我和他人有近乎严苛的期待。文森特性情躁动，不擅交际，却爱开玩笑，还像母亲一样讲话迂腐，带点儿势利习气。和母亲一样，他常感到孤单无助，忧心忡忡。他是个严肃焦虑的孩子——确切说来，压根就不像个孩子。

两人都一样闲不住，雷厉风行。自从母亲教会文森特写字，他手中的笔就没有停歇半刻。早在识字之前，他就习惯了在纸上涂涂画画。写字从来都可以带给他纯粹的书写快乐。他写字的状态也同母亲的一样亢奋，仿佛眼前最大的敌人是懒散，最莫名的恐惧是虚度人生。“要么大干一场，要么去死。”文森特时刻警醒自己。

他永不停歇的双手追随着母亲接触了艺术。安娜希望孩子们能像自己一样拥有良好的教养——这在津德尔特这个偏僻的小镇里确实是个挑战。艺术的熏陶当然是不可缺少的。女孩子们像妈妈一样学钢琴。每个人都上了声乐课。安娜还决定让大家接触绘画——不是小孩子的小打小闹，而是真正的艺术训练。那么，一切就从文森特开始。有那么一段时间，安娜还拿出自己的业余画作来指导和激励儿子。有时，安娜艺术圈里的朋友巴库曾姐妹来到津德尔特，三人还会结伴去镇上写生。

《谷仓和农舍》，1864年2月，纸上铅笔，$7^7/_8$英寸×$10^5/_8$ 英寸。

那些写生的日子，文森特也许并没有尾随三人之后，但之后的种种都清晰地表明，他尾随母亲的步子踏入了艺术的世界。学习诗歌时，他埋头于一遍又一遍的誊写。而今，他仍一如往常地苦心钻研，试图用手中的绘画指导读物和油彩创作出人生第一批作品，其中包括一幅他在 1864 年 2 月为父亲的生日而作的农田风景。安娜用自己的作品让文森特描线、上色：

大多是一些她喜好的装饰性花束。有时候，他也会拾上铅笔和画板走出门外，试着徒手勾勒他眼中的世界。他最早的模特之一是家里的一只黑猫。他想要捕捉它攀上一棵光秃秃的苹果树的样子。但据母亲回忆，这张素描画得如此糟糕，以至于完成伊始便被失望透顶的文森特毁掉，从此他再不愿在牧师公馆尝试徒手创作。后来的文森特总用一个词嘲笑自己童年时代的作品——“一团乱麻”，并解释道：“只要艺术灵感没有积淀流淌起来，一切作品都是荒唐可笑的。”

文森特对母亲的情感深邃而细腻。后来的日子里，一见到妇人和孩子，文森特承认，他就会“双眼湿润，心像要融化一般”。任何与母亲有关的活动或场景——插花、缝纫、摇摇篮，甚至依偎炉火而坐——总隐隐闪现在他的脑海和他的艺术中。文森特对于母亲孩童式的依恋一直延续到了青年时期。他总间歇地被想要赢得或者赢回母亲青睐的念头所困扰。他对母亲的形象倍感亲切，还渴望在别人的生活中扮演母性的角色。在他去世两年以前，他曾凭“记忆中的影像”为母亲创作了一幅肖像。与此同时，他用同一个调色板里的油彩，为自己绘制了一幅自画像。

除了这份特殊的依恋，或者因依恋而招致的必然的失落，文森特成了一个顽劣和坏脾气的孩子。家史上特别提到，他不时脾性大发。文森特的某次爆发搅得他的祖母（她曾一手养育了 11 个孩子）心烦意乱，忍无可忍，竟在打了他一耳光之后将他撵出了门。事隔多年，连安娜也抱怨说：“再没有比文森特更磨人的孩子了。”家史本该慎重措辞，现在却是通篇的批判，记录着文森特的累累“劣行”。在家人眼里，他“乖戾”、“任性”、“刚愎自用”、“极难相处”，他就是个“怪里怪气”、“性子暴躁”的“异类”。甚至在 60 年后，他家的女佣还能清楚地记起文森特那副“爱找麻烦”、“硬要跟你作对”的样子，认为他是“梵高家最不好对付的小孩”。

文森特很聒噪，像公鸡一样好斗。一位亲属抱怨他的字典里从没有“规矩”二字。他常漠视母亲组织的（拜访镇上有钱人家的）出行，而是花上大量的时间与仆人们待在一起（他们同住一间阁楼）。事实上，文森特多数的顽皮行为似乎是冲着他那位阶级意识强烈、喜好规矩的母亲去的。一旦她称赞了他捏的泥像，他偏要将它砸个粉碎。安娜和多洛斯也尝试过给儿子一些惩罚，但是收效甚微——不论你如何查阅家史，文森特都被认为是受到最多也是最严厉惩罚的那一个孩子。“好像他有意添乱，”多洛斯只能哀叹，“真让我们伤透脑筋。”

文森特的挫败感和疏离感与日俱增——如同父母的虔诚和顺从，他的这些情绪也伴随了他的一生。离开津德尔特多年后，他依然抱怨：“家庭就是一群兴趣相左的人的致命组合。个个貌合神离。只有当其中的两个或多个需要联合起来妨碍别人时，他们才会暂时抱作一团。”

尽管文森特仍一如既往地对他的家庭及其繁杂的日常琐事抱有深情，想要逃离的念头却日渐强烈。家庭之外，自然在召唤着。相比牧师公馆空间的狭隘、氛围的幽闭，周遭的田地和旷野是如此诱人。自记事起，文森特就会出门四处游荡，穿过谷仓，穿过雨水井，越过山谷，穿过家里晒衣服的场地，穿过花园大门，径直来到地里。津德尔特的多数农田面积都不大。但对于梵高家的孩子来说，它们是一个小小的花园，被黑麦和玉米垛包围着，一望无垠。梵高家的孩子们把这些花园叫作“欲望的土地”。

文森特走的那条小路穿过草地之后通向一条名叫格罗特比克的溪床，里面淤积着厚厚的泥沙。一到酷暑，冰凉的溪水沁人心脾，他就会赤脚踩在柔软、精细的泥沙上。出门散步的父母偶尔会跋涉至此，但孩子们是坚决被禁止靠近水源的。文森特却百无禁忌，他甚至能往西往南走到田地的尽头，走进荒野的怀抱：在那儿，覆盖着石楠与金雀花的沙地沼泽延绵不断，低洼的湿地上长有密密麻麻的灯心草，以及孑然挺立的松木。

也许就是在这些行至旷野的远足中，文森特发现了祖国独特的天空与光线：那海洋水汽与变幻云朵的奇异组合令世代的艺术家迷醉不已。“这是世上最和谐的国家，”1887 年，一位美国画家这样形容荷兰，“绿松石般纯净的天空下，一切都披上了柔和的太阳赋予的橙黄。”

除了天空和光线，荷兰人长久以来都以好奇心和观察力闻名（荷兰人发明了望远镜和显微镜）。津德尔特多风的沼泽地为文森特特有的观察力提供了无尽的视野。当年通过临摹母亲的画作而练得的一丝不苟，而今完全倾注在了上帝的杰作上。他细细凝视着荒野上生命流转的瞬间：一朵野花的绽放，一只昆虫的生产，一只鸟儿的筑巢。据利兹回忆，他的日子就这样流逝在了对“灌木丛中小生命的观察和学习中”。他可以坐在格罗特比克的沙堤上，几小时几小时地观察着水虫的经过。麻雀从教堂塔飞过玉米捆，落脚在黑麦掩映的巢穴里，他一路紧跟着。他也穿过高高的麦田，沿途“不折断一根茎秆”。他当然也会巴巴地在鸟巢边看上半天。就像利兹说的那样：“他的脑袋瓜就是为观察和思考而生的。”多年后，文森特在给提奥的信中写道：“我们都喜欢在幕后窥视眼前的风景……也许这种癖好自布拉班特的童年就已扎根在我们心中。”

然而，即便在这些孤身一人的路途中，文森特仍有法子违抗，甚至激怒他的父母。

安娜·梵高与多洛斯·梵高也同样热爱大自然——以 19 世纪典型的

闲暇阶层那种寻找舒适和抚慰的方式。一本他们喜欢的书籍曾这样承诺：“如果你无所保留，敞开心扉，你会发现自然是个称心如意、可以倾诉的友人。”他们在有150年历史的哈勒姆森林度蜜月。那儿的春天鸟语花香，有着神奇的治愈力量。在津德尔特，他们俩会去草地上散步，一路指点如画的风景：云朵的形状、池塘中树的倒影、水面折射的旖旎光亮。在繁琐的日常生活中，他们时常为落日停顿片刻，或者偶尔出门看看风景。他们信奉那个时代盛行的自然与宗教的神秘结合：自然之美与永恒的“弦外之音”交相呼应，需要用心膜拜聆听。

但文森特不论四季、无视天气、孤身一人长时间地消失在旷野则另当别论了。虽然他总有这样或那样的理由或借口，最令父母担惊受怕的还是雨夜的远行。文森特偏偏对草地散步或者花园小憩毫无兴趣。他总是偏离寻常道路，潜入体面人士绝不敢涉足的无人之境——天晓得，在这些地方你只能碰上零星几个挖泥煤和收石楠的穷苦农民，或者放牧的牧羊人。一想到要和下层人等接触，就足以让安娜与多洛斯惊恐起来。有一次，他一直走到了卡尔姆特豪特，一个离比利时只有六英里远的边境小镇——只有走私贩才会走这条路——深夜才到家的文森特衣服脏得不成样子，鞋子破烂不堪。

最糟糕的是他总孤身一人上路。当时一本热门的家教指南坚决抵制任何没有监护的“郊区远行”，一不留心，“孩子们就消失在了林间，发现了那些能够荼毒他们思想的东西”。然而，文森特却越来越频繁地穿越乡野独自跋涉，越来越少地与玩伴嬉闹。在同学们眼里，他“很孤僻”、“是个异类”、“与其他孩子从来没有交集”。在某个同学的印象中：多数时间里，“文森特都是一个人待着，会离开镇子在外游荡几个小时”。

他把孤僻带回了拥挤的牧师公馆。

在津德尔特牧师公馆挤满婴儿和孩童的岁月里，文森特必定是体验到了某种乐趣，并由此催生了他后来对婴孩的喜爱。他与他们分享阁楼房间，与他们一起游戏，给他们读书，无疑在某些方面还扮演了家长的角色。即便当时他在父母眼里是个捣蛋的孩子。但当弟弟妹妹不再年幼，纷纷摆出一副大人的架势时，亲密的关系就慢慢不复存在了。大妹安娜，不论长相还是行事越来越像他们的母亲：严肃、苛刻和冷酷（其中一个儿子形容她像“北极”一样冷酷）。当少年叛逆的文森特把家庭搅得一团糟时，小他六岁的妹妹利兹出落成了一个多愁善感的姑娘。她喜欢音乐，喜欢自然，写的信十分情绪化，充斥着“啊，唉”等哀伤的字眼，常常含着热泪感慨家庭的温馨团结。这样的利兹当然无法原谅威胁家庭团结的文森特。最小的妹妹威廉米娜（小名惠尔）比文森特小九岁，降生在牧师公馆最拥挤的那段岁月里。在这群“金丝雀”般的手足中，惠尔是文森特唯一的安慰。这个小蹄子还在牙牙学语时便爱在他膝边耍闹。孩童时甚为乖巧的惠尔在成年后颇具艺术天分和远见。在所有的妹妹中，她是唯一能欣赏文森特艺术的那一个。

文森特早年最亲密的伙伴无疑是弟弟提奥。1857年，文森特刚过四岁，提奥呱呱坠地了。提奥的出生令文森特感受到了无私父性的萌动。兄弟俩一道玩耍，难舍难分。文森特教他打弹弓，堆沙塔。冬天，他们滑雪，玩雪橇，在炉火边对弈。夏天，他们玩“跳沟壕”或者其他文森特为哄弟弟开心而自创的游戏。

在一个从来都将爱意藏着掖着的家庭里，文森特在弟弟身上花费的大把心思赢来的是后者的依恋，不，照妹妹利兹的说法，简直算得上是“仰慕”。在提奥眼里，哥哥“简直不是普通人”。几十年后，提奥在信里回忆道：“我对他的崇拜难以想象。”从小，兄弟俩合住在二楼的小卧室里，甚至可能是同床而眠。在后来的日子里，这个贴着蓝色墙纸的秘密空间仍能清晰地浮现在提奥眼前。也许就在这里，面对一双崇敬的眼睛，文森特口若悬河，神采飞扬，一副技巧娴熟的演说家的模样。

但无论怎么努力，文森特也无法让提奥变成另一个自己。随着年岁的增长，两人的差异越来越大。提奥像父亲，是个面容精致的小个子。而文森特的身板和容貌都越来越粗犷。提奥的金发和文森特一头狂乱的红发形成了鲜明的对比。他俩都有一双忧郁的眼睛，但在提奥精致的脸庞上，这样的忧郁并不慑人，反倒增添了几分柔情。提奥的身板并没有文森特的壮实。同其余几个兄弟姐妹一样，他小小年纪就常常感冒生病，还染上过几次时疫。

差别最大的还是兄弟俩的性情。一个忧郁多疑，一个阳光外向；一个羞涩，一个像父亲一样“热心”（利兹形容提奥“生来就是一副热心肠”）。一个整日忧心忡忡，另一个从来都“欢乐如雀”。多洛斯说，即使遇上了不顺心的事，提奥还是和往常一样快活——快活得能“对着高歌的鸟儿吹起口哨来”。俊俏开朗的提奥身边自然有许多朋友。而在朋友们眼里，文森特总是那么孤傲，那么郁郁寡欢，而弟弟却总是那么逗趣。连梵高家的仆人都觉得哥哥“甚是怪异”，弟弟“还算正常”。

与哥哥截然不同，提奥十分信奉使命说。不论在厨房还是在花园里，他很快成为了母亲的特别助手。母亲昵称他为“我天使般的提奥”。在文森特惹是生非，给家庭制造麻烦之前，善解人意的提奥早已扮演着和事佬的角色。（“你不认为我们应该取悦每一个人吗？”提奥发表了这番最不像“文森特”的感慨。）多洛斯也倾注了一生的精力将这个与他同名的儿子教导成了他口中的“骄傲和欢喜”。在信中，更是将他唤作“我们的向日葵”。

提奥·梵高，13岁

兄弟间的情义终究弥合不了分歧。当文森特与家人渐行渐远时，提奥却成了家中的宠儿。（“亲爱的提奥，”母亲总在信中说，“要知道你就是我们的宝。”）文森特试着联合弟弟反叛父母——在未来的日子里，他一直执拗地尝试了多年，但并没有说服弟弟。小兄弟俩激烈地争吵起来，像学校里其他闹别扭的男孩子们一样，稍有不合就会引发一场斗嘴。（“我没有逞能，你才逞能！”“太过分了！”）眼见两人越来越合不来，父亲生气地训斥他们是《圣经》中为长子继承权反目的雅各和以扫。

兄弟俩的关系已不如往常。少年文森特开始了他深入旷野的孤独之旅。他们还记得，文森特甚至不和他们“打个招呼”就溜出花园，提奥也不会问一句：“能带上我吗？”就像利兹说的那样：“形同陌路。”

孤独定义了文森特·梵高的童年。他后来写道：“这是一段阴郁荒芜的岁月。”与父母、妹妹、同学，甚至提奥越来越疏离的文森特转而投向了自然的怀抱。他的行动诠释了他之后的宣言：“我要接受自然的洗礼，涤荡身心。”在文学中，他找到了自然的治愈力量。他读过很多浪漫主义作家的作品，譬如海因里希·海涅和约翰·乌兰德。他尤其喜欢比利时作家亨利·康西安斯。康西安斯曾有一文引起了文森特的强烈认同:“我心灰意冷，跌入深渊。在荒野游荡三月，抛开世俗的牢笼，挣脱社会的锁链，沐浴在上帝完美的造物中，我的青春再次绽放，焕然一新。”

然而，像所有文森特仰慕的浪漫主义者一样，他还在自然的广阔与疏离中品尝到了危险。在这片无垠中，除了满足，还有自我无限的渺小；除了闪现的灵光，还有无尽的迷失。文森特的自然总给他带来双重效应：流连其中，让他得以整顿身心，但又时刻提醒着他与这个世界格格不入——在这个世界中，自然好比家庭，家庭好比自然，何其形似。究竟是他选择了与上帝的造物相伴，还是世界选择了将他抛诸脑后？终其一生，渴望被大自然抚慰的文森特反而被更深的孤独感包围。伸向自然的手终究还是挣扎着指向了他的家庭，指向了现实世界，即使这个现实世界自童年起就对他避之唯恐不及。

为了填补空虚，文森特开始收藏——这项活动不间断地跟随了他颠沛流离的一生。似乎是为了捕捉和留住这份自然的陪伴，文森特开始搜集各式生长在溪坝和草地上的野花，并加以归类。他还利用对候鸟的知识来搜集鸟蛋。等鸟儿飞去了南方，他就搜集鸟巢。搜集甲虫是他热衷的第一个颇具破坏力的爱好。他用渔网把它们从溪里捞出来，用水把它们从灌木丛里冲出来，灌在小瓶子里带回牧师公馆，任妹妹们对着他的战利品发抖尖叫。

文森特一生中最为痴迷、最为孤独的爱好诞生在阁楼。在那儿，他彻夜研究他的收藏，并将其归类：识别各类野花，并记录最稀奇的那朵野花的生长地；研究画眉和八哥，雀类和鹪鹩的巢穴的区别（“像鹪鹩和黄莺这类真正的鸟儿堪称艺术家。”他最后总结）。他做了许多小盒子来展示他的甲虫收藏，小心翼翼地在每个盒子里钉上标本，然后齐整地贴上每个种类的拉丁语名字——“那些长得可怕的名字，”利兹回忆道，“文森特一个不漏全记了下来。”

1864 年 10 月的一个雨天，多洛斯·梵高与安娜·梵高将他们气愤、孤僻的儿子架上了自家的黄色马车，往北 13 英里来到了泽文伯根镇。那儿，在一所寄宿学校门口的台阶上，他们与 11 岁的文森特道别后便驱车离开了。

安娜与多洛斯曾打算让他们的大儿子在津德尔特接受教育，最终却以失败告终。文森特七岁时，他们径直将他送到了市集对面新成立的公立学校。就像一位愤怒的家长指责的那样，新学校大楼建成以前，津德尔特的教育状况简直“惨不忍睹”，布拉班特省的其他地区亦是如此。多数本地家庭甚至不准备将孩子送去学校（津德尔特的文盲率一直居高不下），或者索性送孩子去上开办在私人场所的托班，那儿只能接受天主教教育，上课时间也要随农忙随时调整。

但在安娜眼里，教育和散步、衣着一样，是特权，是应该履行的阶级义务，也是成功进入上流圈子的必要准备。安娜与多洛斯有理由相信文森特会成为一个好学生。他不仅聪明，而且准备充分（七岁已经能读会写）。但文森特的顽皮立马冲撞了严厉的校长简·德克斯。顽劣的孩子都会吃到他的耳光。同班同学们还记得，文森特“一淘气就会挨揍”。于是，他开始长期逃学。

安娜与多洛斯花尽心思挽救儿子岌岌可危的学业：家庭教师、夜校，甚至是暑期班。但无一见效。1861 年 10 月底——文森特入学仅两年零四个月后——他就从津德尔特公立学校退学了。学校没有教他规矩和纪律，反而纵容了他的顽劣。他偶尔露面，愈发桀骜不驯。安娜开始埋怨学校。她坚持认为，是“乡下男孩们带坏了她的儿子”。她断定，那些下等的天主教蛮子和身为天主教徒的校长德克斯——所有“这些坏榜样”——要为文森特与日俱增的叛逆行为负责。

接下来的三年里，挫败的父母尝试在家教育文森特。他们高价聘请了一名家庭教师，并将她安置在了二楼。由每天给当地所有新教家庭的孩子们上宗教课的多洛斯来设定课程。每天有一部分时间，文森特会在父亲的阁楼书房里学习一些索然无味的宗教诗歌（却是多洛斯的最爱）。在别处，宗教诗歌几乎已经在荷兰教育中绝迹。哪怕极有耐心的牧师本人还是对付不了自己这个难以管教的儿子。1864 年，梵高夫妇决定将文森特送往寄宿学校。

普罗维利寄宿学校占据了镇公所与泽文伯根新教教堂中间的窄街。赞德街两旁排列着比津德尔特的任何楼房都更精致的宅邸，但独属A40号楼最为出类拔萃。前门和一楼的窗户饰有精致的彩色玻璃窗格。墙面用了石头——一种在津德尔特罕见的建筑材料——来装饰：压顶石、石柱、石花彩、石雕水果、石制阳台。石檐深处探出六只石狮子的脑袋。当安娜和多洛斯将儿子丢在学校宏伟的大厅里时，两人深信他们终于将文森特带上了正道。

在文森特富丽堂皇的新住处，大批教员负责照料一小群学生：20个男孩和13个女孩，都是布兰班特省高官、乡绅、富商和磨坊主的子女。除64岁的创立人简·普罗维利及妻子克里斯蒂娜、儿子皮特，还有两名校长、四名助理教师和从伦敦引进的一名家庭女教师。学校在小学和中学两个分部均开设了丰富的课程。作为一名神职人员，多洛斯显然享受了特殊待遇。文森特的学费给一个日渐庞大的家庭和贫穷教会带来了沉重负担。

但文森特只有一种被抛弃的感觉。父母驾着马车离开的那一刹那，他的心中就填满了孤独。之后的日子里，他会时不时地回想起学校门前那个挥泪道别的场面。“我站在普罗维利寄宿学校的台阶上，”12年后他在给提奥的信中提道，“天下着雨，道路两旁依稀有几棵树，我望着小小的黄色马车驶过草坪，消失在路的尽头。”然而，再多的不舍与感伤也掩盖不了一个事实。11年来这个家庭一直在强调团结的重要性，文森特这下却被牧师公馆这座小岛抛弃，从此漂泊无依。多年后，他把泽文伯根的自己比作被弃于客西马尼园的基督，迫切需要父亲的拯救。

在普罗维利寄宿学校的两年里，文森特的恐惧成为了现实。对于一个人前沉闷、私下情绪化的敏感男孩来说，没有什么比毫无情感隐私的寄宿学校更令他六神无主的了。即使作为年纪最小的学生，11岁的文森特也没有受到任何特殊优待。作为新来的那个带乡村口音、脾气暴躁、行为怪异的红发佬，文森特在青春期的忧郁中越陷越深。在生命的最后日子里，文森特仍认为寄宿学校的经历比精神病院的禁闭岁月更痛苦。在圣雷米的精神病院里，他曾这样写道：“我感到格格不入，就好像回到了12岁那年在寄宿学校的日子。”

为了扭转被放逐的局面，文森特开展了激烈的“斗争”——就像他在未来的日子里经常干的那样。于是，几周以后，多洛斯赶来学校安抚这个郁郁寡欢的儿子。文森特这样记录了这场泪眼汪汪的重逢：“我兴高采烈地搂住了父亲的脖子，这个时刻我好像觉得父亲来自天堂。”但多洛斯没有把儿子带回津德尔特。文森特只有等到圣诞节才能和家人相聚。十年后，妹妹利兹还清楚地记得文森特假日回到牧师公馆时欢呼雀跃的样子。在 1875 年给提奥的信中，她这样写道：“还记不记得文森特从泽文伯根回来的日子？那堪称最最美好的时光。”

最终，文森特还是被迫回到了泽文伯根。接下来的两年里，多洛斯不时前去探望，文森特也依然在假日回津德尔特与家人团聚。最终，在 1866 年的夏天，面对雪花般飞来的思乡信，面对跃然纸上的歇斯底里和黯然神伤，文森特的父母终于心生怜悯，束手妥协。文森特终于可以离开泽文伯根这个富丽堂皇的牢笼。

但旅程的终点依然不是津德尔特的家。

安娜与多洛斯决定将这个自闭的孩子从普罗维利寄宿学校转移到蒂尔堡学校的原因至今仍不得而知。也许多洛斯在蒂尔堡通过亲戚找到了路子。当然，学费也是一个重要因素。不像普罗维利寄宿学校，蒂尔堡学校享受了高等资产阶级学校的特权。这是一所受新法律保护、由政府出资建立、以传播世俗资产阶级价值观为宗旨的公立学校。

尽管学费低廉，蒂尔堡学校的校舍比普罗维利寄宿学校的校舍更宏伟。1864 年，荷兰国王捐赠了城镇中心的王宫和花园，用以建造中学。学校建筑本身就是男孩们的噩梦。一座怪异、森严、矮胖的建筑，四面有角楼和雉堞状的堡垒，与其说是宫殿，不如说是监狱。作为一所全新的高等资产阶级的学校，蒂尔堡学校聘请了大批杰出的教员。由于多数教员并非全职，所以学校的课程从天文学到动物学应有尽有，甚至还吸引了一些声名显赫的学者纷纷从莱顿、乌特勒支和阿姆斯特丹远道而来。

但这些对文森特来说并没有什么两样。不论泽文伯根还是蒂尔堡，不过都是在延续他的流放。如果一定要找出有什么不同，只能说他将保护壳越垒越厚，把怨恨之火发泄到了家庭作业中（就像后来发泄在艺术中一样）。尽管文森特抗议说在普罗维利寄宿学校“没有学到任何东西”，他还是被蒂尔堡学校的一年级顺利录取，而不必像多数申请者一样从预科开始读起。1866 年 9 月 3 日一开学，学校密集的课程立马耗尽了他富余的精力。他必须把曾经的狂躁都花在荷兰语、德语、英语、法语、代数、历史、地理、植物学、动物学、几何学和体操的学习上。

最后一门课程由步兵团的一名中士执教，包括队形操练和“手势发令表演”。不过即便当文森特肩扛国家提供的学员枪，从有如城堡一般的校门口向威廉广场行进时，他满脑子想的依然是格罗特比克荒野里的甲虫和黑麦丛中的雀窝。

蒂尔堡的日子似乎都在恍惚与出神中溜走了。文森特一生的信件里对此没有只言片语的提及。当他的同学们都在为繁重的学业挣扎时，文森特却用背诵长篇的法语、英语和德语诗歌来打发他的孤独时光。到 1867 年 7 月，排名第四的文森特升入了二年级（总共五个年级）。然而，无论课业多么优异，似乎没有哪门功课曾打搅过文森特的内心世界。

连美术课都没有。

执教美术课的康斯坦丁·于斯曼魅力非凡，是蒂尔堡的明星教员。作为荷兰颇有威望的艺术学者，于斯曼编写的艺术教育课本首屈一指，能让投身艺术的年轻人更好地应对新工业时代的挑战。他 55 岁才在蒂尔堡担任教职，并致力于推进学校的美术教育，但那时文森特还没出世。在 1840 年出版的一本小小的绘画手册的影响下，一场成熟的运动应运而生，风靡一时。于斯曼认为，荷兰的黄金时代取决于美术教育：通过艺术的辉煌推进经济的腾飞。他声称，受过绘画训练的学生不仅“眼光更为精准”，头脑“更为专注”，而且具备了“一双发现美的眼睛”。

文森特于 1866 年秋天第一次走进的课堂便展示了于斯曼对美术教育一生的思考。每个学生的工作台和绘画板都排列在教室中央的大台子上，那儿展示着每日的最佳作品——可能是一个鸟类或松鼠标本，也可能是一只石膏手或石膏脚。于斯曼在教室里四处走动，以独特的方式轮流关注每位学生。在过去枯燥沉闷、以讲台为中心的教育体制中，这种新的教育模式惊世骇俗。于斯曼宣称：“教师必须能够随时调整以适应课程需要和因材施教。”学生们都觉得他的课程“启发良多”、“鼓舞人心”。

于斯曼将他在著作中倡导的从新视角思考艺术的理念践行到了课堂上——看待艺术要用新的视角，创造艺术亦是如此。传统艺术教育注重的绘画“技艺和技巧”遭到了于斯曼的炮轰。他敦促学生们致力于寻找“表达的力量”。谙熟实用艺术的于斯曼引导学生们认清周遭司空见惯的意象中所包含的所谓“艺术”，譬如植物学图谱和地图。他轻巧地避开了技术性的精准，而是鼓励他的学生们“描画物体给人的印象而非物体本身”。“比如画一面墙，”他说，“一个画家如果绘出每一块石头上涂上的每一抹石灰，那么他就大大背离了艺术精神：他至多是个砌砖匠。”

讲到喜爱的风景画，于斯曼不免要带领学生们出门写生。在他看来，

“造物主壮丽的自然”是“一切美的源泉”。于斯曼同样强调艺术透视的精神维度。他认为，艺术教育的首要目的在于“培养敏锐的观察力”。没有什么比这个目的更为重要——我们需要放眼去“看”，而不是机械地去“透视”。研习其他种类的艺术品也是于斯曼教学方法的重点。他在用作课堂讲解的大批复制品上花费了大量时间。他还鼓励学生多去博物馆和展览馆，培养“艺术嗅觉”。他认为：“没有这种嗅觉，就不可能创造出美与高尚。”

学生们随时可以找到他，因为于斯曼就在学校附近安了家。家里摆满了他收藏的书籍、期刊，还有他的画作——大多是一些阴郁的布拉班特乡村风景画和黑漆漆的农舍内景。在学生们的要求下，这个快活的老单身汉总时不时地讲起他年轻时在巴黎画风景画的岁月，讲起他如何在沙龙大获成功，讲起他与一大批显赫艺术家的友谊，以及他旅居法国南部的日子。

如果你有好奇心，那么他会和盘托出。但文森特却对所有这些不感兴趣。他再没有提及于斯曼和他的美术课。多年后，他甚至抱怨：“要是当时有人告诉我什么是透视，我就可以少走些弯路。”即便在他试图回忆早期的艺术熏陶时，他也没有提及于斯曼的课和自己在蒂尔堡创作的作品。

凭着惊人的记忆力，多年后，封藏在岁月深处的那些所见所闻无疑会在不知不觉中重新浮现在文森特的脑海里：编辑复制品的快乐、被忽略的日常意象中所蕴含的艺术、阴郁的布拉班特风景画和内景画、对艺术实用价值的坚持、表达重于技巧的信条，以及对于真正的艺术亦可以靠勤勉实现的笃信。所有的这一切坚持在沉睡20载之后，都会再次显现在他的脑海。

文森特的几个同学（到了二年级，人数锐减到了九个）也许还算符合安娜“理想同伴”的标准。但九个人中，似乎没有哪个能与这个只活在自己世界中的乡村怪男孩成为朋友。同学们都生在蒂尔堡，长在蒂尔堡，唯独文森特来自他乡；同学们都与家人住在一起，唯独文森特孑然一身。当放学铃声响起，只有文森特需要冒着雨雪回到一个不属于他的家里。文森特寄居在汉尼克夫妇家里。可想而知，一个闷闷不乐的13岁男孩介入一对年过半百的夫妇的生活，会是什么样的情形。文森特此后再也没有提到过他们。

情感依托的阻断让文森特坠入了越来越深的乡愁和怨恨中。蒂尔堡和津德尔特之间20英里的路途——比泽文伯根远两倍——让家人的探望和回乡之旅都变得颇为艰难。当他抵达布雷达的火车站时，要是黄色马车没有出现——这种情况时有发生，那么文森特就必须跋涉三小时才能回到牧师公馆。即便是在短暂的假期里，弟弟妹妹能见到文森特的机会也越来越少，因为疏离感驱使着他踏出牧师公馆的大门，或者索性在书堆中埋头不起。

但每次一回到学校，思乡病又会袭来。即使回了家，也终究要告别离开，这成了一个残酷的恶性循环。在一张摄于蒂尔堡学校的照片上，文森特坐在第一排，双手环抱，双脚紧紧交叉在一起。他耸着肩，身体前倾，将军帽护在膝头。其他同学则靠在台阶上，摊开四肢，舒展身体，随意地张望着两旁。而文森特不是这样。他永远垂头噘嘴，一副愠怒的样子，他蹲坐在自己的地盘内，闷闷地望向镜头，好像正从一个隐秘、孤独的堡垒里暗中侦察眼前的世界。

文森特·梵高，于蒂尔堡学校的台阶上

1868 年 3 月，学期结束的两个月前，还有数周就满 15 岁的文森特走出了蒂尔堡学校。

也许，他在中途并没有搭乘火车，而是全程徒步回到了津德尔特。如果是这样，那便是他初次开始那些漫长、孤独、自我惩罚式的出走，这成为了他生命的转折点。当他提着包出现在牧师公馆的门口时，家人们报以何种欢迎并无记载。对于出走，文森特并没有合理的解释。不论父母如何疼惜他们所花费的心血——学费、寄宿费、差旅费——以及失败的羞耻和他人的嘲笑，文森特却只是满脸固执，无动于衷。毕竟，他达到了他的目的。他回家了。

接下来的16个月里，文森特在牧师公馆休养。一岁的小弟弟科尔的降临再次点燃了文森特的希冀。他拒绝为未来作打算，将连月来虚度时光的罪恶感置之脑后，一味地把时间奉献给了格罗特比克的旷野，以及阁楼上的那个庇护所。他那富有的海牙画商伯伯兴许给他提供过一些工作，但被他一一拒绝了。他仍继续孤独地追求。

他一定也知道，他的将来和由此生成的内疚感无法永远回避，无法搁置。无论他多么坚决地跋涉在旷野之中，多么忘我地埋首于书和藏品之间，他迟早要面对家人的失望。尤其是父亲的沮丧。

第四章　上帝和金钱

每个周日，梵高一家都会身着肃穆的黑色服装，从津德尔特牧师公馆来到附近的教堂。然后，他们会挑又高又窄的讲道坛前方一排特殊的位置就坐。文森特坐在讲道坛脚下的位置，从那儿可以看到整个仪式。脚踏式风琴奏出尖声的和弦，将四五十个礼拜者召唤到跟前。音乐还召来了身着黑色长袍、面容冷酷、踱着步子进场的执事，最终，牧师出现在了眼前。

这是个小个子男人，在人群中几乎不显眼。但在这儿，仪式令他出类拔萃。灯光反射在他的银发上，脸庞在黑袍的映衬下熠熠发光。硬领上颠倒的 V 字将他的身体衬托得像是一支箭。

接着，他登上讲道坛。

顶上罩着锈迹斑斑的扩音板的讲道坛悬在半空，四周围有护栏，勉强能够容下一个人。整个讲道坛看起来就像一个众目期待的贵重盒子，刚刚被打开，展示着其中的宝物。每个周日，多洛斯・梵高都会隆重地登上陡峭的阶梯步入讲道坛。文森特离得那么近，以至于必须仰着脖子才能看着他的父亲登上讲道坛。

高高在上的多洛斯掌控着整个仪式：颂赞美诗，指挥奏乐，引导圣会进行祷告。在布道时——这是整个仪式的核心，他用的是高地荷兰语，在布拉班特这类小地方鲜有人使用这种语言。如果他沿用本地风俗进行布道，那么小小的教堂里就会回荡着维多利亚式华丽的辞藻和戏剧性的夸张手势：慷慨激昂的演说、抑扬顿挫的音调、急缓不一的语速、强迫性的反复、雷鸣般的高潮。他的手势比平日里的幅度更大，更夸张：每一次摆臂或每一个手势都因巨浪般翻滚的袖口而得到了戏剧性的无限放大。

在津德尔特的新教徒眼里，多洛斯·梵高不仅是上帝派来的使者，还是他们的领袖。不像其他教区的牧师，在这个边区村落，多洛斯担负起了小小新教群体的精神向导和领路人的双重角色。新教圣会已经与周围的天主教全体信众割裂了所有必要的联系，牧师公馆就成了会众社交的场所和精神的寄托。梵高家的前屋每天都挤满了阅读、学习或到访的教徒。

提奥多洛斯（多洛斯）·梵高

多洛斯还扮演着使节的角色，负责与大型天主教团体斡旋商谈。当然，他的任务并非劝说津德尔特的天主教徒，而是避免在这个是非之地形成一教垄断的局面。每当有什么公众庆典，文森特总会看到他的父亲与镇上显赫的大人物们站在台上，身边是刚当选的官员以及天主教的牧师。尤其是像公众筹款、洪水赈灾之类的活动，多洛斯责无旁贷地主持大局，地位举足轻重，比镇长捐赠的荷兰盾还更受欢迎。这些公众活动，和他戴着礼帽、拖着家小在镇上漫步的情形，统统是在向津德尔特的天主教徒们宣示：新教徒们在这里占据了一席之地。

对于居住在广袤又偏远的镇外的乡村教徒来说，多洛斯还扮演着一个至关重要的角色。这些被禁止与信奉天主教的邻里来往的宗教先锋们，不但仰仗着牧师每周为他们带来上帝的眷顾，更期盼另一样更为重要的东西的到来：救济金。连年的歉收给这个地区的农户带来了沉重的打击。食不果腹的农民只能依靠领取教堂的救济金过活。作为匮乏的救济金的配发者，多洛斯·梵高手中执掌着这些偏远子民的生死大权。当文森特跟着父亲来到乡下时，农民们不只报以崇敬的目光，他们往往感激涕零，几乎要叩头言谢。

当生存本身都成问题的时候，多洛斯基本上抛弃了不必要的繁文缛节。尤其是在津德尔特这个边陲之地，重要的是男人的斗志、女人的多产，而不是教义的纯洁与否。“我们都知道，现在讨论宗教与道德已经没有多大意义。”安娜·梵高表示。教区成员的名单，从路德会、门诺会到抗辩派，说明了一个真理：牧师和教会的存在需要具备实际的功用。多洛斯虽然不看重教条，却对纪律要求甚严。只要没有正当理由缺席一次礼拜，那么生气的牧师会立马找上门来。人们戏称他为“名副其实的新教小教皇”。对于懒散的教徒，他坚决严肃处理，痛斥那些敢于挑战权威的“渣滓”。职位给他带来的权力却也让他常常声泪俱下地向教会控诉与自己的身份不相匹配的微薄薪水。

多洛斯也不知不觉地把领袖作风带回了牧师公馆。在梵高家，礼拜似乎永远不会结束，它只不过转移到了前厅。那儿的碗柜里堆满了圣餐饼盘、圣杯、《圣经》及各类赞美诗。衣柜顶端放有一尊耶稣像。门厅上悬着用成双的玫瑰装饰的十字架。整整一周内，梵高家的孩子们都要听父亲用怪异的教堂腔调讲道。前厅圣坛的声音可以抵达小小牧师公馆的每个角落。每晚在餐桌前，他们都能听到同样的祷告：“主，让我们团结一心。让我们因对你的爱而更亲密无间。”

不讲道和不祷告的时候，多洛斯总远远地离开他日益拥挤的家庭。情绪化且不喜热闹的多洛斯总爱把自己关在书房里阅读和准备布道，只与他的猫做伴。爱好填补了他的孤独：他爱抽烟斗、雪茄，还爱小酌几口。几小时的独处之后，他会“轻松地散会儿步”。这些漫步在他看来是“大脑的滋养品，最能启发人心”。多洛斯时常生病。一旦病倒，他会变得更情绪化，拒人于千里之外，因为他笃信“少露面，病就去得快”。自我监禁的日子让多洛斯变得“烦躁、古怪”，他甚至拒绝食物，一心认为禁食可以加速他的康复。

就像那个年代多数的父亲一样，多洛斯自视为“上帝的化身”，在家“可以行使等同于上帝的权力”。不论是管辖的教区还是家庭，他的眼里容不下“分歧”的存在。一旦他的权威——上帝的权威——被挑战，多洛斯二话不说，便“勃然大怒”。文森特很早就知道，让父亲失望就意味着让上帝失望。多洛斯认为：“赋予天下父亲以荣耀，与上帝恩宠万物如出一辙，天经地义。”冒犯了前者就等于冲撞了后者，拒绝了其一就好比拒绝了全部。后来的日子里，当文森特试图为自己的罪孽找寻救赎时，他无可救药地将“父亲（father）”与“主（Father）”混为一谈，并发现无法得到任何一方的救赎。

然而，除了“教皇般”威严的一面，多洛斯·梵高也会循循善诱，让孩子们规规矩矩。这个多洛斯不会“怀疑”，或者“评头论足”，他只会提供“支持和鼓励”。倘若不小心伤害了孩子们的感情，这个多洛斯会主动赔不是。倘若孩子们病了，他会陪伴在他们床头。这个多洛斯宣称他“人生的目标便是与我的孩子们相伴，为我的孩子们而活”。

文森特有“两个”父亲。因为在那个时代，父性本身就面临着危机。19世纪中叶，法国大革命挑战了世俗世界与教会世界等各个领域的权威，深入到了以社会契约为本质的家庭的核心。当时最流行的父亲手册上说，“像奥林匹斯山的众神一般的”主宰家庭的传统父权形象，已成为了旧体制的化石和遗骸。现代家庭应该像现代城邦一样“拥抱民主”，应基于“对他人的尊重”，而非等级观念或恐惧。书中建议，父亲应该走下他们的“宝座”——和圣坛，“多参与孩子们的生活”，“聆听他们，做他们的朋友”。

多洛斯·梵高牢牢记住了这些。在信中，他告诉九岁的儿子提奥：“爸爸希望成为你的兄弟。”

边陲小镇津德尔特要求他做一个严父，而他所属的社会阶层却期望他成为一个现代的父亲，多洛斯在两个角色间摇摆不定。面对文森特危机四伏的童年，多洛斯的为父之路格外曲折。热切的示爱中总隐藏着猛烈的批判（“倘若你们阴云笼罩，还叫我们如何安心”），苦口婆心、好意奉劝之后总有一番疾风骤雨的谴责（“我只想让你知道有些事情必须由你自己去解决……如果我们不坦白我们的想法或者隐瞒事实，那就毫无忠诚可言”）。他声称尊重儿子的“自由”，但却不遗余力地对其加以声讨，以“胡闹”责备儿子让父母“伤心难过”。

对于一个孤独和需要抚慰的孩子来说，这是一个无以抗拒的陷阱。文森特开始情不自禁地效仿这个每逢周日便登上讲道坛的遥不可及的人物。

他用同样婉转迂回的方式说话，用双重标准看待问题。在公众场合，他同样会感到羞怯，而私下里，他同样会被理性主义误导，试图一一剖析自己的情感。一如父亲多洛斯，他小小翼翼地接近外面的世界，笨拙地应对挑战，一旦觉察到藐视，便同样偏执地愤恨相对。儿子的孤僻内向源自父亲的深居简出，父亲的多愁善感导致了儿子的喜好沉思。和父亲一样，文森特急于弥补自己的挫败。后来的收藏和绘画都说明文森特下意识地模仿多洛斯长年在阁楼书房的独处。父亲雪中送炭，替人解忧——因而被敬重爱戴，这成了成年后的文森特梦寐以求的形象。这样的形象也成了他的生活和艺术抱负的驱动力。他曾由衷地表示："像爸爸那样生活该有多么荣耀。"

千方百计试图赢得父亲眷顾的文森特面对的却是一个苛刻顽固的多洛斯。多洛斯坚称快乐来源于"纯真信仰"，一个像文森特那样闷闷不乐的儿子注定无法得到上帝的厚爱。多洛斯笃信"与人结交，才能成人"，文森特的自闭让他永远只能做一个游离的流浪者。多洛斯竭力敦促他的孩子们"为团结与相聚而独立"，但文森特的倒行逆施只能不断成为家庭和谐的绊脚石。多洛斯劝诫孩子们"总对生活保持热情"，但文森特在学校，甚至牧师公馆里表现出的孤僻像是摆出了一副否定生活的姿态。

发自内心想要为儿子提供帮助的多洛斯还是没能在心底接受文森特。他总忘记他的承诺，忍不住不苛责他那个随心所欲、古怪执拗的儿子。父亲一次次违反诺言让父子俩不断被激怒，不断否定与自责。文森特不论如何挣扎，都难以逃脱这样的状况。

在被家庭占据了一切的童年中，只有另一个人物有分量匹敌多洛斯在文森特心中的地位，那便是他的伯伯，画商文森特·梵高。其他的亲戚要不是经常来访，就是在外过着精彩的生活（比如伯伯简就曾环球航行，还曾在东印度群岛服役）。但"森特伯伯"有双重理由来占据文森特内心的位置。首先，他娶了安娜·卡本特斯的妹妹科妮莉亚，让梵高家与卡本特斯家亲上加亲；其次，由于某些至今仍不得而知的原因，他与妻子并未生育子女。这些因素让森特把兄弟的孩子们视为己出，也让他和小文森特，这个同名的侄儿，如父子般亲密。

文森特小的时候，住在海牙的森特伯伯时常来访。分别两载，森特和多洛斯的相貌还是这么相似（一样矮小的身板，一样沙褐色的头发）。但两人的相似也仅止于此。与不苟言笑的父亲多洛斯比起来，森特伯伯整天一副俏皮快活的样子。多洛斯喜欢引经据典，而森特伯伯有一肚子故事。

他们选择的妻子也性格迥异。母亲安娜实施严格的棍棒政策，而姨妈科妮莉亚却把本该留给自己孩子的溺爱统统倾注到了姐姐的孩子们身上。

伯伯森特·梵高

两个家庭最大的区别——这个区别在每次碰面时总格外醒目——就是钱。森特伯伯很富有。夫妇俩总打扮得一丝不苟。他们的故事中充斥着国王、王后、贸易大亨，绝不会有农民、商贩的影子。他们住在海牙一座豪华的宅邸里，而不是乡下拥挤的牧师公馆。文森特九岁时，森特搬往巴黎，连续购置了多处能让他们不停吹嘘的漂亮公寓和别墅，与几乎从未走出津德尔特这个贫瘠岛屿的父亲相比，森特伯伯似乎踏足过全世界。在父母骄傲地给孩子们读的一封又一封来信中，文森特跟随伯伯的足迹一一走过了意大利的古城、瑞士的山川（少年文森特一直向往山川），以及南法的沙滩。森特在里维埃拉过夏天，每个圣诞节，他会从一个个“迷人”的地方给冰冷的牧师公馆捎来问候。在那儿，“随处可见”各种只能在荷兰大棚里生长的奇珍异果。

文森特一定很想知道，为什么形貌相似的父亲和伯伯会过上如此不同的生活，为什么同一个家庭会哺育了两个截然不同的男人。

这样的矛盾深深扎根于梵高家族的历史。15 世纪，定居于威斯特法利亚一个名叫“高”的小村庄的先民们走出了莱茵河谷，开始了他们的神职生涯。梵高家族的后人们呈扇形散布在了各个低地国家的修道院里。据家史记载，一个世纪后，他们中的一些人传教过于狂热，以至于“挑起了争端”——在一个饱受宗教战争蹂躏的世纪里，这算得上是一项相当严厉的指控。

这些早期的传教士身处在一个对上帝和金钱抱有复杂矛盾情绪的社会里。初来乍到的加尔文教徒们对“肮脏的不义之财”的谴责显然与这片需要依靠资金来维持产业与贸易的贫瘠土地格格不入。但是，独出心裁的荷兰人总能将追逐利益的本能与精神抱负奇妙地相结合：富人们会为他们的“财富”而略感惭愧，同时又宣称这是上帝的恩赐；生意失败或者破产则被视为不可饶恕的大罪。

17 世纪定居海牙的梵高家族同样嗅到了荷兰独有的商机。他们率先做起了裁缝生意，利用自己的技术来满足对奢侈品的新兴需求。既要保持新教徒式的质朴，又要竞相卖弄精致的财富，黄金时代的荷兰市民们纷纷指望他们的裁缝想到好办法。肃穆得体的黑色荷兰礼服上开始跳跃着金线和银线。17 世纪中叶，梵高家族已经不再致力于塑造人的心灵，而是开始摆弄贵金属。备受褒奖的裁缝大师格里特·梵高将无数沉甸甸的金线绣进背心、披肩和夹克。自大卫·梵高出世的 1697 年起（同年出世的还有格里特·卡本特斯），梵高家族已经完全开始专注于他们的贵金属买卖：从制服到尿布，他们制造的金线已经遍及荷兰上流资产阶级文化圈的每个角落。

梵高家族的另一些成员则将精神与世俗追求结合起来：有的成为了修道院律师，有的同时担任医生和牧师二职，在治疗身体的同时疗愈心灵。更常见的情况是，一个家庭的儿子们扮演不同的角色。大卫·梵高的小儿子简继承了家族的贵金属买卖，哥哥文森特则成为了一名艺术家。这位文森特于 18 世纪 40 年代的某个时候来到了法国首都。也许就在那时，巴黎人记住了“梵高”这个名字。与其他同名的祖先一样（每一代都有那么几个文森特），这位画家文森特一生坎坷，走过了一段非比寻常的人生道路。闯荡欧洲大陆之后，画家文森特又自诩为雕塑家。他有过四次婚姻却无子无女。弟弟简的儿子约翰内斯继承了家族利润丰厚的金线生意，最终却全身而退，专注于福音布道——至此，绕了一个大圈子后的梵高家族又回到了起点。

约翰内斯用他无后的艺术家伯伯的名字文森特来命名自己的独子。64年后，这位文森特又将同样的名字传给了自己的孙子，也就是画家文森特·梵高。

约翰内斯的儿子文森特选择跟随父亲的脚步成为一名牧师。但他依然陷入了选择金钱还是选择宗教的矛盾之中。这种矛盾情绪萦绕了他的家族足足两个世纪。同父亲一样，文森特娶了个家境殷实的妻子，并且只在富裕的圣会物色职位。布雷达是拿骚王室的旧址，在天主教管辖的布拉班特的北部。在那儿，文森特为一位前程似锦，又对物质生活极有品味的牧师谋得了一个理想的职位。他把自己的大家庭（最终有13位成员）安置在了城市主干道凯瑟琳大街上的一幢大房子里。

这个体面的差事让文森特很快进入了教会在天主教管辖的南部的传教组织“繁荣社”的领导阶层。繁荣社将其职责定位为投资，而非传统的慈善。它在天主教区域内秘密地——为了避免与天主教势力冲突——购置农场和宅地，然后安排有需要的新教徒来经营。像所有投资者一样，繁荣社期望投资带来回报——租金以及人口的回报，为布拉班特岌岌可危的新教教会输送新鲜血液。42年以来，文森特一直扮演着教会“出纳员”的角色，以经济回报和精神救赎的双重许诺成功招募了成百上千名农民。

梵高牧师鼓励他的孩子们努力工作，勤于祷告，认真生活，但也在不经意间向他们灌输了自己的资产阶级理想。打开家史，可以看到满是对瓷器、银器、家具和地毯的热切描述，薪水增加和支付开销的种种细节，对错失的晋升机会和挥霍的遗产的惋惜，以及对拥有胜过租借的赞颂。

然而，不足为奇的是牧师的六个儿子没有一个对神职抱有兴趣。接二连三地，他们一个一个雄心壮志地开始了他们的社会或者金融事业。大儿子亨德里克（昵称海因）在图书市场发现了商机，并在21岁时在鹿特丹开了一家自己的书店。他也娶了一位有钱人的女儿为妻。二儿子约翰内斯（昵称简）在荷兰海军服役。三儿子威廉成为了一名军官，小儿子康纳利斯（昵称科尔）则成为了一名公务员。

继承衣钵的愿望至此落在了与牧师同名的文森特（昵称森特）身上。但森特的身体很快被猩红热击垮。他虚弱的身体已经无法应对成为牧师需要付出的学习努力。我们已经无法得知到底是如他所述的他那“剧烈的头痛”，还是他对父亲宗教事业的冷漠，让他立即终止了学业。在鹿特丹给兄长海因当了很短一段时间的学徒后，他前往海牙，在那儿的一间颜料店里工作，过着击剑、社交和玩弄女人的单身汉生活。

这样看来，提奥多洛斯成为了唯一的人选。

在 40 年的布道生涯中，多洛斯·梵高赞颂过上千个意象、诗篇和寓言。但只有一个意象对他而言有着特殊的意义：播种者。“因为人种什么，”保罗曾在《加拉太书》中写道，“就会收什么。”对多洛斯而言，保罗的收获不仅指世俗的欢乐，更意味着精神上的回报。每当他给在津德尔特的盐碱地里劳作的农民讲述这个故事时，播种者便成了面对困难坚持不懈的楷模。他那徒劳的努力，和他们的一样，彰显了克服任何阻挠、战胜任何挫折的坚持的力量。“只管想一想被那些目光短浅的人们拒绝的土地，”多洛斯讲演道，“终究因为播种者辛勤的劳动结出了美好的果实。”

如果说坚韧的播种者的故事确实对多洛斯·梵高有某种特殊意义的话，那只能说他本人便是这样一个播种者。

多洛斯的整个童年可以说是一场挣扎。根据妹妹米特耶在家史中的记载，他自 1822 年出生，便“身体羸弱”，之后似乎再没有恢复过健康或精力。他直到两岁多才学会走路。一辈子都顶着一副矮小的身材。作为 11 个孩子中的老七，六个儿子中的第五个儿子，他几乎不了解他的父母。他遗传了父亲“英俊姣好的容貌”，却没有继承他机敏的头脑。学业上的体面和成功来自他的勤奋练习而非卓著的能力。多洛斯向来以“有条不紊”和勤奋著称——他是个每天清晨 5 点便开始学习的“好学生”。

疾病是多洛斯童年时代的常客，他甚至曾想过当一名医生。1840 年，对于一个内心萌动着完美主义的上进男孩，一个家教甚严、父亲的职业仍处于上升变动期、无法获取安定感的牧师之子来说，医生是个理想的职业。他甚至考虑去东印度群岛应征入伍，因为在那儿他可以享受免费的医学训练。但当父亲将希望最后寄予在了多洛斯身上时，他无法违抗父命。

神职决不是多洛斯的第一选择。像哥哥森特一样，多洛斯很享受加拉太人曾沉溺于其中的世俗快乐。多洛斯曾引用他最喜爱的一首诗歌来形容他的青春年代，其中的措辞洋溢着荷尔蒙的味道。青春被他比作了“一块赏心悦目的麦田，在清晨的风中咆哮、扭动和膨胀”。他承认，学生时代充斥着种种“亲密关系”和“疯狂之举”。多年后，面对被荷尔蒙打败的儿子们，多洛斯也不禁承认：“我在年轻的时候何尝不也是这样。”

他在乌特勒支的大学生活过得十分孤僻。但在冥冥之中，他被赋予了这项责任，不论这片理想的土地多么贫瘠，多么毫无希望，他也立志要干出一番事业。“选择成为一名牧师我很高兴，”抵达乌特勒支后他这样写道，“我发现这是一份美丽的职业。”他在学业上呕心沥血，以至于屡次病倒，有一年甚至还生命垂危。

在19世纪中叶的荷兰，只有少数怀有盲目理想的人会将神职视为一份“美丽的职业”。事实上，1840年，荷兰归正会正经历剧变。在革命和科技的双重浪潮下，神学已经渐渐不被视作真理。仅仅五年前，德国神学家出版了《耶稣的一生》一书，书中不仅将《圣经》视为历史书籍，更宣称耶稣不过是肉体凡胎，这给西方基督教带来了致命的一击。

津德尔特教堂

多洛斯开始牧师学习之际，神学对荷兰的思想垄断渐趋瓦解。强大的新兴资产阶级要求一个少惩罚、多宽容的宗教——一个能够允许他们一面沐浴上帝的恩泽，一面享受新积累的财富的现代宗教。由此，新型的荷兰新教应运而生。自称为格罗宁根运动（名称来源于多数支持者在荷兰北部接受教育的大学的名称）的荷兰新教以《圣经》中伊拉斯谟式的人文主义为典范，拒绝旧教条。它信奉的是新型的基督，将历史上的基督（譬如他曾在 1800 年前生活在地球上）与作为精神象征的基督合二为一，后者使得“人类更接近上帝的形象”。作为对《耶稣的一生》毁灭基督神话的反击，格罗宁根人重新推出了托马斯·厄·坎佩斯的《效仿基督》，这是一本创作于 15 世纪、指导世俗世界的人们如何像基督一样生活的袖珍指南。“在世俗世界渴望永恒。”《效仿基督》这样建议。这就意味着，只要在心中“与基督合为一体”，那么即便是富人也能受到神佑。

即便是多洛斯的家人也曾认为他没有公众演讲的“天赋”。他的布道长篇大论，令人费解，充满了格罗宁根人的枯燥沉闷——一如他的字迹，像儿子提奥形容的那样，“精美却难以辨认”。更糟的是，他的声音也不平稳，还常常忘词甚至混淆词义。在早年的一次布道中，多洛斯为了清嗓，含了一粒糖，搞得大伙十分费解，圣会甚至“以为他的发声器官出了问题”。

但多洛斯坚持了下来。最终，在 1849 年 1 月，在经历了三年的拒绝后，他获得了靠近比利时边境一个叫作津德尔特的偏远镇区的职位。这位即将就职的牧师把他的教区称为“充满希望的土地”，但事实上，坚韧的农民已经找不出比这更为贫瘠的土壤了。家史的字里行间都透露着乐观，将这份新工作称为多洛斯的“理想职位”，并附上了一首名篇赞颂古朴的乡村教区。但津德尔特的现实与诗人浪漫的遐想相去甚远。这个新教区被虎视眈眈的天主教重重包围，势单力薄。家人的欢欣雀跃也掩盖不了津德尔特教区处于荷兰归正会最底层且前途未卜的残酷事实。“这个群体一开始就势单力薄，”多洛斯不无忧虑地写道，“近两个半世纪以来都没有起色。”

未来似乎更加灰暗。连年的土豆疫病和庄稼歉收让农户们穷困潦倒，甚至食不果腹。如果能找到喂牲口的粮食充饥已是幸事。去教堂的路上，总能遇上成群绝望的破产农民游荡在乡野，他们乞讨或偷盗。小小的教区还多次被伤寒侵袭，无论是新教徒还是天主教徒都没有逃过疾病的肆虐。面对死亡和贫困，津德尔特少量的新教人口在十年内就萎缩了一半。

1849 年 4 月，多洛斯开始在这片毫无希望的荒野之上耕耘。他带来了从海牙迎娶的妻子安娜·卡本特斯，表现出了对未来的信心。他从津德尔特一小拨富有的新教徒那儿筹措资金，买进一架风琴。在繁荣社自助精神的指引下，他安排布雷达的地毯制造商为教区寡妇提供纺车，后者按生产出的纱线数量获得酬劳。尽管百般艰难，他还是削减了教堂的福利救济金——要把农民从教堂所有的土地上驱逐出去，必要时还须使用武力，结局通常很悲惨。

对多洛斯·梵高来说，播种与收获并不仅仅只是隐喻。像父亲一样，除了没有亲自去耕地，多洛斯一直在为布拉班特奔波忙碌。作为教会的行政首领，他确定要购置的土地和田产，评估土壤、排水系统和牧场，协商租约，指导农民如何排水、播种和施肥（对津德尔特的盐碱地而言，这些都至关重要）。他还是个严格的经理人，根据租户的技能、举止、清洁度和勤奋程度将他们划定等级。他的老婆是否愚蠢、轻浮或者邋里邋遢？他是有太多的孩子要养育，还是没有足够的牲口堆肥？对于那些表现良好的农户，他会帮助他们免于贫困和债务。作为代表，多洛斯还向致富委员会——“布雷达的大人物们”，他这样称呼他们——申辩教会有特殊的职责来庇佑“这一小群在生死关头的同胞”。

但即使是生死关头的士兵们也需要先接受审判。荷兰上帝善解人意，但他的耐心和钱袋都是有限的。倘若一位农民去世，他的妻子无法过活，那么多洛斯就会驱逐他的妻子，公开拍卖他的财产。感染伤寒的家庭也逃不过同样的命运。在教会的指示下，多洛斯驱逐了死者的遗孀和十个子女。有个寡妇恳求说，她无力养育五个孩子，除非走上卖淫之路。“大人物们”也依然无动于衷。在多洛斯以工代赈的计划中，当地毯商埋怨寡妇们生产的纱线质量低劣时，教会二话不说便将合同终止。士兵和寡妇统统属于无利可图的群体，所以他们只能自寻活路。况且正如津德尔特的镇长所说的：“教会的仁慈只会养出一群懒人。”

不论事关上帝还是金钱，在荷兰人眼中，成功的核心在于自给自足。荷兰人的精神追求与世俗抱负在这个基本层面上取得了一致。不论是这一世还是下一世，单有虔诚或者虔诚的劳作——用“眉间的汗水”挣得“一日三餐”——还远远不够。没有起码的世俗成功，又谈何真正意义上的精神成功呢？

这就是多洛斯对他的佃户和儿子文森特的教诲：“顶天立地便能光耀门楣。”不能自立就不能获得自尊。“一定要学习独立，”提奥·梵高在给弟弟科尔的信中写道，“否则会给你自己和他人带来痛苦。”多年后，在圣雷米精神病院，文森特从病房装有铁条的窗口望着荒野中的播种者——那个在他的画作中永恒不朽的播种者，他也不禁要悲悼呈现在他眼中的懒惰与荒芜。在一封家信中，他曾责备农夫们的懒散。他写道：“要是他们耕种得更勤快一点儿，这些农田完全可以产出三倍的收成。”

文森特和多洛斯一样，认为世俗世界空无一物：没有自然，没有宗教，没有艺术。一切人和事，都只有在这一世取得成功，才能在下一世获得希望。

多洛斯·梵高继承了祖先的神职工作，他的哥哥森特则投身于这个家庭的另一项传统追求：发财致富。海牙两年奢华的单身汉生活已经引起了父母的极度不满。家史曾隐晦地记载："他们有众多不满。"显然在父母的坚持下，森特离开了家，也不再继续给他荒淫的堂兄工作。他在1841年在离史佩街几个街区的地方开了一家卖颜料及美术用品的商店。

光顾商店的客人大多像他一样是来自富裕家庭的年轻人。他们属于锦衣玉食的资产阶级，有时间和闲暇来享受艺术。魅力十足、擅长交际、机智爽朗的森特自如地出入于海牙艺术圈里的顶级画室和一个个烟雾缭绕的艺术家酒馆。他白天练剑，晚上参加派对。他打扮帅气，在业余戏剧演出中崭露头角，还爱好歌唱。他的某个伙伴这样回忆："我们这一伙是多么欢快，多么神采飞扬。"

也许正是在资产阶级社交圈里的如鱼得水让森特发现了致富的商机。19世纪中叶，荷兰乃至欧洲的中产阶级正争相买进艺术品。欧洲人广泛持有巨额资金，喜好攀比的人口不断拥入，不论是廉价的木版画还是昂贵的蚀刻铜版画，奢侈艺术品的销量剧增。资产阶级新贵的家中堆满了古典历史人物画、自然风光画、静物画和宗教画。

在尼德兰，同一波怀旧的浪潮不但导致了成百上千本荷兰历史书籍的出版，同时也催生了一大批奇诡、瑰丽、自我陶醉的荷兰历史风俗画。以黄金时代的胜利与辉煌为题材的作品（尤其是伦勃朗的作品）炙手可热，被挂在客厅的墙上。荷兰人，像欧洲其他地区的人们一样，也感受到了从南方辐射而来的这股狂热潮流。这些流行画作不是营造了一个个神话般的场景，就是塑造了一个个盛装的骑士。报纸和杂志不遗余力地吹捧年度巴黎沙龙评选出的画家和画作，推波助澜地刺激了对艺术品的需求。而资产阶级新贵们纷纷争先恐后，不遗余力地在这波新兴的潮流中大肆购买。

19世纪中期，森特·梵高的小颜料店成了海牙为数不多的几个出售艺术品的场所。1846年，店铺生意蒸蒸日上。当年3月，森特前往巴黎拜访画作的供应商——准确说来，几乎全欧洲出售的画作都由他供应——阿道夫·古庇尔。这个高个、刻板的法国男人很快喜欢上了这个身材矮小、伶牙俐齿的荷兰年轻人，后者身上散发出来的逼人的青春气息尤其令人折服。古庇尔本人也是年纪轻轻白手起家。从1827年蒙马特大道上的一家小店面开始，他已经创建了一个艺术品的帝国：在他的垄断体系中，除了巴黎的几家店铺、伦敦的一个分行和纽约的一个代理，还有一个庞大的艺术品生产机构。在那儿，各个等级的雕刻师和画家给他的店铺——以及全欧洲像森特·梵高这样的经纪人——提供任何尺寸、主题和价位的画作。

从巴黎回来的森特有了新想法。同年，多洛斯成为了一名准牧师。

1846年，森特·梵高立志发财致富。结束了浪荡生活的森特终于在30岁时，选择了与另一位生意蒸蒸日上的荷兰商人，书籍装订师格里特·卡本特斯的小女儿科妮莉亚·卡本特斯结为连理。当发现妻子无法生育时，他便让妻子也加入自己的生意，以便节省开支（对精明的森特来说，开源节流向来是件要事）。

凭借足以打败虚弱身体的活力，以及有如他那位法国导师般敏锐的经纪人头脑，森特很快在荷兰复制了阿道夫·古庇尔的成功（一位朋友形容他是个“细心……聪明……深谋远虑的商人”）。他的座右铭是：“没有什么是卖不出去的。”

森特很快领会了古庇尔精神的精髓：画作是商品，而非独一无二的艺术品。一个成功的画廊经纪人只有摸准了大众的品味，才能寻找到与之匹配的画作。古庇尔对流行画作的眼光是惊人的。森特很快练就了同样的本事。不久以后，巴黎对海牙的单向供货变成了巴黎与海牙间双向的互补：古庇尔送来模仿法国油画的最新潮作品，森特向古庇尔的复制工厂输送他认为“有销路的”荷兰艺术家的作品。在马不停蹄的传输中，他向欧洲大陆输送了画作、画家，甚至整个流派，满足了对抚慰、感伤、时髦、装饰等各类艺术源源不断的需求。像古庇尔一样，他出售各种形式、尺寸和价位的油画。19世纪50年代中期，照相复制技术的发展使两人得以利用廉价又不限量的凹版印刷扩大存货，他们开发了面向中产阶级群体的庞大市场。50年代末期，古庇尔已经建立了一整个工厂来满足大众的新需求。

当森特不遗余力地购入和在橱窗中展示热门艺术家的畅销作品时——譬如阿里·谢弗的宗教喜剧和罗莎·博纳尔的动物画作，他也在不断提携那些尚不知名，但他认为潜力无限的荷兰、法国与德国艺术家。他在店内陈列（有时甚至买入）他们的作品。他时常向年轻的、有前途的艺术家提供物资（甚至金钱）并以此而出名。但这算不上施舍。像“布雷达的大人物们”一样，森特将这些视为额外投资。他一定会收入他们的作品作为交换。他从不买入、售出或支持那些风格不入眼的艺术家。最终，这些艺术家还得像那些寡妇一样，依靠自己过活。

森特的努力得到了荷兰商业之神的眷顾。1848年，另一场法国革命爆发，铁路设施大肆兴建，殖民帝国危机四伏，欧洲大陆的经济风雨飘摇。面对世事无常，人人似乎都开始向往艺术。海因·梵高受到弟弟成功的鼓舞，开始在自己的书店里出售油画。1849年，他最小的弟弟科尔也在阿姆斯特丹开起了售卖书籍和油画的店铺，并因此发财致富。40年代末，森特位于史佩街的小店被冠上了新名号：梵高国际艺术馆。从此，在荷兰内外，梵高这个姓氏成了画商的代名词。

随着生意的兴隆与扩张，森特迟早会与阿道夫·古庇尔抗衡较量或通力合作。1861 年 2 月，在会面以后第 15 个年头，两人坐在古庇尔位于夏普塔尔大街气势恢弘的酒店中的新巴黎总部签署了一项合作协议。多年来，与森特相比，古庇尔变化更大。几十年来红红火火的生意带来了巨额的利润。但没有什么比夏普塔尔大街 9 号更能彰显他的成功。这座五层的石灰岩建筑，沿袭了豪斯曼男爵重建巴黎时的宏伟气势与帝国式的精致风格。里面有堪比皇家博物馆的画廊，有为声名显赫的艺术家准备的画室及绘画设施，还有供参观的显贵小憩片刻的富丽堂皇的休息室。

不能不说这桩买卖是布拉班特 40 岁的牧师之子的人生转折点。虽然严格说来，森特将扮演合伙人的角色（古庇尔持有 40% 的绝对股权，森特持有 30%，剩余的 30% 在古庇尔的合伙人利昂·波索手上），但事实上，这项协定免除了森特所有的经纪人职责，为他创造了一生享受特权的机遇，并迅速将他推上了新贵的宝座。

当年年底，海牙的店铺从窄小的史佩街搬往繁忙的普拉茨大街奢华的新店面，并且有了新的名字——“古庇尔和西”。新店铺名义上由梵高家的一位亲信打理（海因已于 1858 年卖掉了鹿特丹的书店，现在为他成功的弟弟工作），并引进了大量法国油画——热罗姆的东方幻想和布格罗眼神悲伤的女孩，与价格低廉的荷兰风景画和风俗画一道成为了主打产品。当然，画廊会提供“画作的完整目录库存清单”，森特在感谢信中对客户这样保证。新店开张的几个月后，森特就与夫人离开海牙，前往古庇尔在巴黎的高级寓所。

他周游各地，似乎肩负起了古庇尔帝国国际大使的职责。在 1867 年的世界博览会上，古庇尔的印刷品获得金奖，并由森特作为礼物赠送给荷兰国王威廉三世。维多利亚女王也对油画颇有兴致，森特来到巴尔莫勒尔堡，代表古庇尔公国面圣。只是虚弱的身体使他不能前往公司位于纽约最繁忙的分行。但不论公事还是家事让他回到荷兰，他都会坐镇普拉茨的新店。人们也继续称那儿为“梵高大本营”。1863 年，他说服新合伙人在布鲁塞尔开设了另一家分店，并任命海因为经理。

坐享财富的森特生活得越来越闲适。像那些让他发迹的上流阶层那样，他也开始了自己的艺术收藏。一开始，他购置油画只是为了支持艺术家朋友，稳固版权，或仅仅为了增加库存。而现在，收藏对他而言，纯粹象征着占有的乐趣，成为了炫耀的资本。他忙着悬挂日益增多的藏品，乐此不疲地在一间间富丽堂皇的藏室里变换着藏品的摆放方式。1865 年，他在堪称巴黎最为时髦的漫步道（女王大街旁的马拉科夫大街）觅得一处宫殿般的城市住宅。森特的新宅坐落在高耸的凯旋门与布洛涅森林之间，可以近距离俯瞰来往游人的环湖之旅。在巴黎生活得最为“精致”的人们，每天也在此川流不息。

但巴黎也不是每个季节都如此完美。因此，1867 年到 1868 年的冬季，森特动身前往南部过冬——侄子文森特在 20 年后也是如此，同时也躲开了妨碍他享受闲暇的呼吸道疾病。他在尼斯外的海滨小镇芒通安顿下来。从那儿，可以俯瞰蔚蓝海岸的蓝色海水。20 年来，他和科妮莉亚几乎每个冬季都会来到这里。镇上大饭店的服务让人如此着迷，他们也就不再需要花费心思购置宅邸了。

夏天，森特会回家乡避暑。在普凌桑那格，他建造了一栋甚至比津德尔特镇公所更为坚固宏伟的别墅。里面有一个英式大花园，除了温室、马厩和马车夫的居室，眼下最时髦的贵族装饰品一应俱全。除此之外，还有一个“画廊”，令那些旧式大宅黯然失色。

1867 年 11 月，未老先衰、气喘吁吁的森特在 47 岁那年摘取了国家最高荣誉。奥兰治王储之子，威廉三世国王授予了金线商之后文森特·梵高橡树桂冠骑士的爵位。

森特受封四个月之后，他那桀骜不驯的同名侄子就从蒂尔堡学校出走，毫不光彩地回到了津德尔特牧师公馆。对他的父母来说，荣与辱之间的落差尤为难以接受。文森特如果不能延续家族的良好名声，不能肩负效忠上帝的使命——事实越来越说明他不能或者不愿去做，那么唯有在商业上大展宏图才能顾全体面，光耀门楣。

文森特本人十分犹豫不决。“我必须要选择一份职业，”他这样回顾这段岁月，“但毫无头绪。”接下来的大半年（1868 年）里，他都在无所事事中度过（“离开太可怕了。”他表示）：他对牧师公馆，对家百般留恋。父母则一次又一次试图将他推往外面的世界。他却流连在旷野，搜集甲虫，在阁楼上把玩“藏品”，充耳不闻街坊教徒对这个古怪、懒惰的男孩的议论与闲话。

森特伯伯愈是事业有成，安娜夫妇对文森特就愈加期待。膝下无子的伯伯一生揽得无数荣誉，他的财产也雪球一般越滚越大——长久以来，人们自然而然地认为继承权会落在文森特身上，文森特却拒绝抓住这个机会，这不得不让人匪夷所思。无疑，大家都认为森特一定对自家人格外慷慨。

这一点早在文森特开始田园游荡之前就已明确了。那时，海牙总店的经理意外去世，森特将这个炙手可热的职位给了一个 23 岁的外姓职员。显然，对这个年轻、活力四射的外姓人的任命给大家传递了一个再清晰不过的信息——唯有文森特似乎还茫然未觉：森特伯伯早就决定，他要提拔的第一个梵高家的后辈必须实至名归。

最终，在 1869 年 7 月，在离开学校 16 个月后，文森特妥协了。是因为羞辱的压力、大家的哄劝，还是因为善于游说的森特的干预（在这 16 个月期间，森特频繁造访津德尔特），或许连文森特本人也弄不清楚。为了确保他那倔强、反复无常的儿子不会出尔反尔，多洛斯陪伴他搭上了去往海牙的火车。在那里，刚过 16 岁的文森特成为了“古庇尔和西”公司的一名“职员”。父亲留下几句祝愿后便匆忙离开。当然，这祝愿中除了鼓励和告诫，分明还夹杂着些许的疲惫和忧虑。

第五章　通往赖斯韦克之路

一旦木已成舟，文森特也就很快拥抱了他的新生活。似乎想要为多年的孤僻和懒散赎罪，他百般努力，一门心思扮演好他的新角色。昨天，这个邋遢粗野的乡下男孩还穿着破鞋，手中提着爬满臭虫的渔网。而今，他摇身一变成了荷兰最耀眼的大都市中前程似锦的明日商业之星。他换上了年轻绅士们的夏日行头（白袜、草帽）。他的周末不再浪费在格罗特比克，而是与其他时髦的人们一起在附近北海的海滨浴场席凡宁根的沙滩上度过。工作时，他埋头扮演好公司卓越的领导者森特伯伯的"门徒"（他这样自称）。他承认，与伯伯同名这个事实让他不禁油然而生一份"恰如其分的自豪"。

如果文森特需要一个崇拜的偶像——或者看见未来的自己，那么他只需要望一望他的上司赫曼努斯·海斯贝特·泰斯提格（人称 H. G.）。泰斯提格英俊、勤奋，有与他 24 岁的年龄不符的镇定与自若。他年纪轻轻就攀上了事业的高峰，并非依赖家庭背景，完完全全是个人成就的体现。早在少年时期在阿姆斯特丹书店当学徒的时候，泰斯提格就已经展现出了荷兰人所赞赏的毫不感情用事的经世致用的态度，以及冷静机智的头脑。而且，他懂穿衣打扮。所有这些特质，与非凡的记忆力、对细节的敏锐、儒雅的举止一起，迅速赢得了森特·梵高的赏识和信任。在这个圆滑机敏的年轻人身上，他无疑看到了自己的影子。仅仅六年以后，泰斯提格就晋升为了总店的经理。

年轻的上司对这位公司的新职员显出了特殊的关怀。他邀请文森特前往画廊附近他的家中一起喝咖啡。泰斯提格与年轻的妻子玛利亚，以及尚在襁褓中的女儿贝琪一起居住。新上司身上有太多让文森特仰慕的地方。

和文森特一样，泰斯提格识得多种语言，饱读各国作品。作为海牙活跃的文学团体的领导者，泰斯提格喜欢讨论书籍——据文森特所述，他“充满了诗情”。文森特喜爱聆听他的谈话。“他给我留下了深刻的印象，”文森特后来回忆，“我将他视为奋斗的目标。”

H.G.泰斯提格

以泰斯提格为榜样的文森特将身心都扑在了他的新工作上。在给提奥的信中，他这样写道：“我很忙碌，并且喜欢这种状态，因为这就是我想要的。”消失在公众视线之中的文森特把大把的时间都花费在了库房里。画廊的巨额生意都在这儿一锤定音，完成的油画订单也变成了大部分的利润。在大量的库存中找到所需的复制品之后，文森特会小心翼翼地将它们叠在一起，打包邮寄。偶尔，他也会帮忙装箱上船或者在直供艺术家作品的店铺（森特的原始产业）里招呼客人。

作为一个提供全方位服务的艺术“百货公司”，画廊还拥有修复工作室，甚至提供竞拍服务，所有这些业务也需要一个学徒。在奢华的公共画廊内，总有展览，画作被挂上去、取下来和被买走供私人欣赏。为了缩减开支，泰斯提格雇用了最精简的员工以维持画廊的正常运作（森特就是这样做的）。文森特是在岗的两位学徒中的一个，多数时候都需要起早贪黑地工作，周六也不例外。当然，画廊雇有仆人（这在当时很常见）做一些擦洗打扫的下等活。但忙碌的日子里，像文森特这样的学徒也免不了要做一些给画框除尘、摆放橱窗之类的杂活。

在对新工作的热情中，文森特对一个全新的领域突然产生了狂热的兴趣，那就是艺术。他如饥似渴地阅读关于荷兰及各地艺术家、艺术史和艺术收藏的书籍。他埋首于最新的艺术杂志——在海牙这样的国际大都会，这些读物应有尽有，令人目不暇接。他经常去参观莫里斯皇家美术馆。那儿离普拉茨只有几步的路程，在满墙的黄金时代的画作中，有维梅尔的《台夫特风景》和伦勃朗的《解剖课》。他怀着朝圣之心去阿姆斯特丹瞻仰佛兰斯·哈尔斯的《快乐的酒徒》，当然还有伦勃朗的《夜巡》，去布鲁塞尔一睹伟大的佛兰芒“原始人”（文森特喜欢这样称呼扬·范·艾克和汉斯·梅姆林一类的画家）的珍品，去安特卫普看鲁本斯。“尽可能多去博物馆，”文森特这样建议他的弟弟，“多看些古董画是件好事。”

他也研究“新生代”的画家——比如他伯伯偏爱的荷兰当代艺术家安德里亚斯·谢夫霍特和康纳利斯·施普林格。他不仅在古庇尔的墙壁上，还在其他画廊里、当地艺术市集的一堆乱糟糟的古董和小古玩间、离他寄宿的地方几个街区远的新开的现代艺术博物馆里见到他们的作品。

也许就是在这些地方，文森特感受到了即将兴起的艺术革命的征兆。随处可见的成排的风车、城镇风景、狂风中颠簸的渔船和从田野里经过的滑冰场景一个世纪以来一直是荷兰艺术家创作的素材，但这些新生代艺术品——多数是风景画——有着模糊的构图、随意的笔触、柔和的色调、薄透的光线，与当时占主导地位的、讲究细节精准和浓墨重彩的绘画风格相去甚远。在文森特那双新奇的眼睛中，当时的许多此类风格的画作似乎有一种尚未完成的感觉。然而，不久以后，泰斯提格开始将它们购入。此类风格的艺术家也开始来到店里采购原料。一来二去，他们经常能碰上这位姓氏出名的学徒工。19 世纪 70 年代初期，文森特就已经见到了约瑟夫·伊斯雷尔、雅各布·玛丽斯、亨德里克－威廉·梅斯达赫、简·魏斯勃鲁赫本人及其画作。他们都以新的风格作画——人称“海牙画派”，是他们最终从黄金时代的桎梏中解放了荷兰艺术。

文森特无疑对这场新兴的运动早就有所耳闻：它诞生于荷兰乡村一次又一次的远足中，对室外与自然极端推崇。一个偏远、山林掩映、名为巴比松的法国小山村点燃了伊斯雷尔等艺术家竭力捕捉“对自然的第一印象”的热情。文森特热切地将这些荷兰的“新生代”艺术家，以及他们的法国同行卡米尔·柯罗和查尔斯·雅克的作品纳入了自己拥挤的头脑博物馆中。泰斯提格则谨慎地检验着它们的市场。

然而，巴比松画派终究没有壮大到可以在古庇尔繁花似锦的展示墙上占据显要位置。在荷兰艺术革命风起云涌的关头，没有人注意到另一批法国画家已经登上了艺术舞台。他们吸取了巴比松画派的教训，重新调整了对光线和印象的处理。也没有人知道，1871 年秋天，一位名叫克劳德·莫奈的年轻法国画家悄悄出现在了荷兰，出现在了普拉茨。

即便文森特亲眼见证了一场新兴艺术运动的萌发，古庇尔库房还是他最重要的课堂。每天，各种画作在他的办公桌前经过——有木刻画、版画、蚀刻画、平版印刷画、照片、艺术家作品集、插图册、杂志、目录、专题著作及特殊出版物。那时，古庇尔已经垄断了市场销售的艺术。一旦一幅画作大获成功，它的复制品往往也会大卖。热销的画作通常被定制成各种尺寸、形状、价位及材质——有时甚至就与原作并肩排列。

在古庇尔，各式画作应有尽有：有长于细节的保罗·德拉罗什的历史奇幻，也有乌格斯·默尔的本土肖像；有伦勃朗利用明暗对照再现的《圣经》故事，也有阿里·谢弗的耶稣圣像（一个世纪以来，谢弗塑造的耶稣形象已经深入人心）；有布格罗迷人的牧羊女，也有热罗姆笔下诱人的东方女郎；有激动人心的战争场面，也有细腻的意大利乡村生活装饰画；有浪漫的威尼斯河道，也有 17 世纪荷兰的怀旧风情；有非洲的猎虎图，也有英国议会议政的场面；有扑克游戏，也有无垠的海战；有新大陆的木兰，也有埃及的棕榈；有美洲平原的野牛，也有宝座上的维多利亚女王。所有这些作品都被富有强烈求知欲望的文森特尽收眼底。有人说，古庇尔的大量存画确实能“持续地激发想象。在想象中，天知道我们踏遍了多少土地，历经多少奇遇，挥手描绘下多少传世之作”。

文森特对每天流经案头的画，保持着一名销售员应有的开放态度。即便是在后来的日子里，他也没有批判过任何一幅作品或任何一位画家。他没有窒息在这片艺术品的汪洋里，反倒被激励鼓舞着。“尽情地赞美吧，”他建议提奥，“太多人过于吝惜他们的赞美。”他的“心头好”组成了长长一串名单——出现在上面的知名不知名的画家有 60 余位，包括了荷兰浪漫派、法国东方派、瑞士风景派、比利时乡村画家、英国前拉斐尔派、海牙风格派、新兴的巴比松画派、沙龙新宠，以及“那些老大师们”。“我还可以把它拉得更长。”他叹道。然而，十余年后，文森特爽快地承认，他喜欢的是那个年代意大利和西班牙画家创作的愚蠢而俗丽的乡村画。“我当时觉得那些艳丽的孔雀羽毛，”他在 1882 年不无难堪地回忆道，“漂亮极了。”

曾几何时，文森特似乎已将年少的脆弱和挫败决然抛在了脑后，似乎也放下了渔网和那些瓶瓶罐罐。但某种意义上说来，那些年的愠怒、自闭与孤独却让他具备了许多适应新工作的绝佳技能。通过观察鸟巢和甲虫腿练就的细致的洞察力，而今被用来发现印象派后期难以觉察的堕落或不同的雕刻家处理同一件作品的百变风格。搜集与归类的无限精力，以及惊人的记忆力帮助他摸清了库房的海量存画，帮助他熟记下绘画部大量艺术家作品的清单。不论是在包装室，还是在展示柜，他独自一人对待甲虫收藏的小心翼翼和谨慎认真，全都有了用武之地。

作为一个天生的橱窗设计师，文森特尤其擅长发掘作品之间的联系：不单单看它们是否表现了同一主题，是否出自一位艺术家之手，他还能清晰地判断它们的才智、风格、氛围，以及“重量”。(他观察到，麦斯达格的油画若是摆放在柯罗的油画旁边，便显得特别“笨重”)。他建议朋友们(当然还有客户们)制作当下时髦的剪贴簿——可以在空白的本子上收集喜欢的画作。“剪贴簿的优点在于你可以随心所欲地排列布置它们。”他解释道。文森特也有一本剪贴簿(最初收集的是意大利的“孔雀羽毛”)，在未来的人生里，可以供他随意地编辑和布置，精细地排序和布局。

不知是出于文森特的学识和热情，还是那层特殊的关系，他很快便被允许来到古庇尔会客室一般的奢华画廊，与戴着高帽在土耳其睡榻上小憩的绅士们交流。几年后，文森特已经着手打理一些最重要的客户。对于价值与稀有，时髦与需求，文森特显示出了一种与生俱来的悟性，对于要售出的画作，他总那么胸有成足，志在必得。1873 年，他踏上了去往布鲁塞尔、安特卫普、阿姆斯特丹等地维系客户和展示古庇尔新产品的年度销售之旅。他还歪打正着地学习了会计。对自己新角色颇为自信的文森特，坚信他的父母不会再因为要为他找一个合适的位置而伤神。

但成功或者成功的希望都不能抚去文森特的孤独。十余年后，他视自己在海牙的早年岁月为“痛苦的日子”。一开始，他也许可以将自己的闷闷不乐归咎于他无时无刻不在恐惧的离别的悲伤。“万事开头难，”他在提奥 1873 年离家开始工作时这样告诫提奥，“你感受到的陌生我十分了解。”但两年以后，他意识到问题并非思乡那么简单。即便都市绮丽诱人，即便身边的照应不少，偶尔能带来家一般的抚慰，即便一天劳作之后身心俱疲，文森特身上还是带着津德尔特荒野的那份坚不可摧的孤独。

古庇尔画廊，海牙

在一个极度缺乏人手的工作环境中，即便八面玲珑的人也会发现交际变得异常艰难。作为仅有的两名学徒，文森特和陀伊纳斯·范·伊特森不能同时休假。文森特怪异、带刺的性格却没有让人们疏远他，由于森特的频繁巡视，暴露在众目睽睽之下的这层裙带关系，也自然而然地让文森特受到了其他员工的排挤与孤立。森特变得越来越像是个挑剔、严苛的工头。他要是即将离开前往巴黎或里维埃拉，泰斯提格常常能暂时松一口气。其他员工莫不如此。“他是个难搞、暴戾的老板，”泰斯提格后来回忆道，“总爱揪住一件事喋喋不休。”

1870 年冬天，森特害病，几乎奄奄一息。泰斯提格全权掌控了普拉茨。几乎在一夜之间，他对上司侄子的态度有了 180 度的大转变。办事利落、气度不凡的泰斯提格对文森特的拖泥带水和怪异举止早就骨鲠在喉。他把这归咎于文森特的乡野习气（他常不怀好意地将文森特的父亲与世故的森特进行比较）。而现在，这种蔑视赤裸裸地显露在怒气冲冲的谩骂和脱口而出的诽谤中。文森特则以痛苦的、对待父亲一样的矛盾心态应对：一旦他的老板在场，他会一面退缩于顺从和“胆怯”之中（“我开始保持距离。”他回忆道），一面忍受着被拒绝。这是一道永远无法愈合的伤疤。

1870 年临近圣诞节时，在海牙待了一年半的文森特依然痛苦不堪。他租住的地方离画廊不远，里面挤着房东卢斯一家。他们的几个孩子都和文森特一般大（包括他的同事伊特森）。但似乎没有哪个可以交心。他又一次陷入了习惯性的孤单，宁愿一个人孤独地徜徉在附近的城郊，而不愿和室友们参加溜冰派对。不论有多么丰富的活动可供选择，不论大家如何鼓励他，文森特还是在海牙“再次落单”了，父母和森特伯伯对此有无数怨言。但社交需要钱，文森特微薄的薪水几乎都担负不了他的食宿，于是父亲只好“倾囊相助”。后来，文森特用“赤贫”来形容当时的境况。圣诞节期间回津德尔特的车票通常很昂贵，而且泰斯提格也有可能取消他的圣诞节假期——他确实也这么做了，因为假期通常是画廊生意最为红火的时候。

1870 年 11 月，一个爆炸性的消息从家中传来：全家人即将离开津德尔特。坚守岗位 22 年后，多洛斯接受了距离布雷达以东 25 英里的赫尔瓦特的任命。那儿有一个濒临衰落的布拉班特圣会正等着这个坚毅的播种者去拯救。那一年，梵高一家一起庆祝了在津德尔特的最后一个圣诞节。1871 年 2 月，他们永远告别了牧师公馆、花园、溪流和荒野。

在搬家带来的感伤中，文森特只与他在牧师公馆的唯一盟友提奥取得了联系。

想要唤醒曾经的亲密无间并不容易。提奥在赫尔瓦特的朋友们，也就是劝说多洛斯与安娜离开津德尔特的贵族的子弟们，无一例外地认为文森特这个“一根筋的怪胎”，想必是个“软蛋”。他一旦出现，他们就在背后取笑捉弄。多年后，这些子弟们依然还能记得提奥如何跟他们一起嘲笑他的哥哥——有人回忆：“他都说得那么大声，那么肯定。两人的关系一定不怎么样。”

1872 年 8 月，也许是在文森特的百般劝说下，提奥来到海牙探望哥哥。他现在 15 岁了，差不多是文森特离家的年纪。他待了一段时间——差不多足以让文森特重新习惯他的陪伴。他们去了莫里斯皇家美术馆，在那儿，文森特可以炫耀他获得的惊人的新知识。但大多数时候，他们就是这样走着。有一天，他们突发奇想来到了席凡宁根的海滩。两人没有走两侧建有别墅的时髦大道，而是由文森特选了一条需要穿越树林（他称之为“我的林子”）的神秘小径。还有一次，他们决定朝反方向行进：往东，往赖斯韦克的方向，也许是去参加某个家庭聚会。

赖斯韦克运河旁，兄弟俩走在堤坝顶的牵道上。不经意间，一艘扬帆的驳船悄然滑过。无风的日子，马匹依然会利用牵道运送水上货物。在堤坝以内一座建造于 17 世纪、用于牧场排水的风车前，他们停了下来。一个直径 20 英尺的水轮还在无休无止地劳作着。磨坊主在风车房的窗口售卖烤鳗鱼和一个铜板一杯的牛奶。两人喝完后便走进运河岸边的一座屋舍中参加派对。当宾客们围在一起照相时，他们紧挨着站在后排：在按下快门之前长时间的等待中，提奥还是那么乖巧老实，文森特则像前排调皮的孩子一样焦躁不安。

去往赖斯韦克那天的经历和席凡宁根雨天的告别一样，给文森特留下了不可磨灭的回忆。多年后，他还能对当天的点点滴滴如数家珍。“很久以前……我们一起走在去往赖斯韦克的路上，在磨坊喝了牛奶。”他哀叹道，“那天美好得无法用语言来形容。”后来的日子里，他将那天称为“失落的伊甸园”。在这个伊甸园里，兄弟俩不分你我，惺惺相惜，“仿佛合为了一体”。无论文森特的感受是否真实，无论提奥是否真的抛开了伙伴们的轻视和嘲弄，这些都已不再重要。被同事孤立、被父母嫌弃、被童年的故土驱逐流放的文森特需要相信，他最终找到了一个心灵伴侣。

去往赖斯韦克的经历成为了一个模式，这个模式在文森特之后的人生中再也没有改变过：用怀旧来安抚孤独，用过去来弥补现在。提奥一离开，文森特就提笔给他写信：“亲爱的提奥，一开始的那几天我很想念你；傍晚我回到家发现你不在，让我浑身不自在。”正是从这封信开始，大沓的信件像文献一样在风云流变中沉积下来，默默记述着这段动人的人性体验。

去往赖斯韦克的路上兄弟俩必定会讨论的话题是女人——特别是一个名叫卡罗琳·汉尼贝克的女孩。这个漂亮的金发女孩也参加了当日的派对。派对上，梵高家与卡本特斯家的亲戚人头攒动。文森特就这样遇上了卡罗琳。大家以昵称相称，备显亲近，但并不足以催生任何罗曼蒂克的想法。卡罗琳的父亲卡尔·阿道夫·汉尼贝克打理着一份兴旺的产业。他们一家住在史佩街角一栋令梵高家与卡本特斯家都艳羡的别墅里。这一切都让安娜·梵高的心怦怦直跳。她称汉尼贝克一家为“可靠的好人”，并恳请他们多多关照儿子文森特。“多与他们来往对你的事业发展有好处。”

文森特并不需要母亲的鼓励才会发现 19 岁的卡罗琳·汉尼贝克十分可人。这个外向、大大咧咧、无忧无虑的女孩与我们古板的学徒文森特性格截然不同（从之后她的信中，你会发现这一点）。她喜欢音乐——

不是那种惯常在客厅里弹奏以显示教养的沉闷调子，而是《笑吧、笑吧，我的爱人》这类欢快的流行曲子——但从使用的语言，就能感到曲子里对规矩、礼仪的嘲弄。她爱玩，与男人交往时直截了当，在海牙这样的一个保守的社会中，似乎看起来有点儿轻浮狐媚。连多洛斯·梵高也称赞她“是最娇嫩的花朵”。事实上，聚会上的卡罗琳确实头戴着从赖斯韦克堤岸边采来的野花。

远远观望的文森特也许确实被她迷住了。后来，他曾含糊地将她影射为纯洁的初恋对象。他将自己的热情描述为“柏拉图式的”，而非“肉欲的”。“脑海中的两个‘我’一个幻想着爱情，”他写道，“而另一个，已经陷入了爱情。”倘若他敞开心扉，表白了爱意，那么这一定不是一吐为快的爱的絮语，而是一个交杂着迫切与矛盾的声音——在这个声音的劝说下，（文森特和他人的）激情往往沦为了投降与顺从。这个声音中散发着孤独与绝望。“我试图付出一切，”文森特回忆道，“不求回报。”没有人知道文森特究竟有没有表露心意，但他的一片痴心必定付诸东流。他与提奥一到派对上，必定就已经知道今天是卡罗琳与他们的表兄弟威廉·范·施托库姆订婚的日子。在合照上，她紧挨在范·施托库姆身旁，朝镜头摆着手，仿佛在炫耀手上的戒指。

文森特对于这场订婚的反应再“文森特”不过了。他告诉提奥：“如果我得不到一个好女人，那么找个坏女人也不错。坏女人总比孤老一生要好。”出于孤独，而非力比多（“那时，我的身体欲望并不强烈。”他后来承认）的驱使，他开始招妓。

在海牙，不难找到妓女。在古庇尔画廊几个街区以外一座名叫盖斯特的中世纪木结构大杂院里，只要不挑剔，文森特就可以找到任何他想要的。尽管在19世纪六七十年代改革浪潮的影响下，所有妓院都被要求注册，所有妓女都要接受正规的医疗检查，性服务这门古老的生意还是在街头遍地开花。迫于管制压力，每间妓院都掩映在“提供女性服务”的酒馆或烟草店之后。后来，当提奥搬到海牙时，文森特曾告诫他不要去招惹这种地方：“除非你实在无事可做——但偶尔尝试一次也无伤大雅。”

文森特最早去盖斯特似乎是在1872年秋天。当时他19岁，生平第一次摸到码头边的黑巷子里去寻找其他地方无法得到的慰藉。每到一个新的城市，文森特便会去寻找妓院。有时，他只去那儿坐坐，喝一杯，玩会儿扑克，聊聊天——“人生、烦恼、痛苦，或是其他的一切东西。”如果被妓院撵出门，那么他会站在门口看客人们进进出出。他后来承认，他会听其他嫖客讲下流的桃色笑话，也能以同样的下流笑话巧妙接上话茬。但他对“这些该死的坠入风尘的女人”的兴趣，似乎始终出于同病相怜、惺惺相惜和交谈的需要。他承认对她们有种“特殊的怜爱”，并嘱咐提奥要选那些“有感觉的”。

文森特后来记录道，经过了痛苦的第一年后，他在海牙的日子于1872 年左右变得“越来越快乐”。但一颗敏感的心和无人做伴的孤独叠加在一起往往会让事情变糟。我们只能猜测文森特到底是惹上了何种麻烦，但据说，文森特对于父母的反应“极为害怕”，甚至恐慌到完全不能自已。绝望中，他决定向他年轻的老板求助。泰斯提格给了一个直截了当的答复：文森特必须禁止这种行为——他似乎与文森特的家人结成了一个或一系列的联盟。如果再犯，那就是对“家庭责任”的践踏。如果文森特没有遵守此项协定，那么家人就有权将他置于合法监护之下。泰斯提格的反应在文森特的回忆中是个深深的背叛，他写道：“向他开口，我万分懊悔。”

到了圣诞节，这事已经传遍了梵高家。文森特总怀疑泰斯提格通风报信了。“我现在很肯定，”多年后他写道，“很久以前，是他让我处于难堪的境地。”不论是不是泰斯提格大肆张扬，这件丑闻很快带来了可怕的后果。评价文森特的工作表现成为了最棘手的问题被摆上了台前。1872 年 10 月，家史的撰写者，森特伯伯的妹妹记录了他们对侄子文森特的质疑——这些疑虑只能来自森特本人。“有时，文森特让人觉得非他莫属，”她写道，“有时，又恰恰相反。”

纷至沓来的流言将赫尔瓦特牧师公馆的警报拉响。文森特这个沉重的负担不但会让前所未有的紧迫的家庭经济状况雪上加霜，邻里异样的眼光更叫人不寒而栗。凡此种种，让如何保住文森特的工作成为了当务之急。“你可以想象，”多洛斯在家信中写道，“文森特让我们多么焦头烂额。”

同时，家人与文森特的交流也变得“越来越不愉快”。多洛斯给不懂事的儿子寄去信件、诗歌和小册子，动之以情，晓之以理，告诫他“不要和自己作对”,“承认弱点”,“将内心与罪恶诀别”。也许是因为父亲的坚持，文森特开始学习《圣经》，但仍对它态度冷漠。但在他的室友面前，他表现得像是个无神论者。对父亲的那一套罪恶说和悔改说不以为然的文森特总爱在提倡自我完善的资产阶级世俗文学中找寻安慰。而母亲则连他闷闷坐着的照片都看不顺眼（说他“一副苦瓜脸”）。

战线已经拉开。文森特和梵高夫妇重新开始了敌对关系。这一定是个气氛紧张、怨恨满满的圣诞节——但只是第一个。除夕夜，当他回到海牙时，室友看到文森特坐在壁炉边“平静地撕着父亲给他的宗教小册子，并将它们一页一页丢进了炉火之中”。

文森特命途多舛，首当其冲的受害者便是弟弟提奥。赫尔瓦特牧师公馆已经陷入了经济危机。文森特很有可能会丢掉工作，需要家里供养。而且，一旦文森特到 1873 年 3 月年满 20 岁，他很有可能会上征兵名单。到那时，多洛斯只能把他送上去苏门答腊岛镇压殖民起义的航船，或者花钱赎出他的服役期限，那又将是一大笔费用。而只有提奥能提供家里需要的另一份经济来源。多洛斯和森特商量之后，给提奥在布鲁塞尔的古庇尔分店找了一个学徒的职位——与文森特曾经的工作一样。提奥起初不愿意。不像哥哥，他喜欢上学，不想离开他在赫尔瓦特的朋友们。但责任摆在眼前。“上帝召唤你去承担这份工作。”多洛斯这样告诉他。1873 年 1 月初，只有 15 岁的提奥搭上了开往布鲁塞尔的火车，开始了他的职业生涯。

安娜与多洛斯鼓励这位古庇尔的新职员“变得和文森特一样聪明”。但私下里，他们殚精竭虑，唯恐提奥步任性哥哥的后尘。他们将他寄养在一位牧师家里，这位牧师可以给他施坚信礼。同时，夫妇俩还让他加入了一个“青年俱乐部”来结交恰当的朋友，充实他的空闲时间（“以免受到教唆”）。他们苦口婆心地鼓励他去做礼拜，服从上司，打扮得体，多吃肉（“好变得强壮”）。当然，在性与宗教这两个文森特栽跟头的领域，夫妇俩三番五次给出最严厉的警告。“时时刻刻都要坚持你的原则，”多洛斯写道，“只有保持得体，坚持信仰，幸福才会随之而来。”

尽管要默默忍受孤独和对牧师房东的不满，提奥在布鲁塞尔干得有声有色。还不满一个月，画廊不苟言笑的经理托拜厄斯·维克多·施密特递交报告称赞提奥很适合艺术品交易这一行，并预测了他最后的成功。多洛斯对儿子表示了祝贺（“能有这样一个良好的开端真是太棒了”），还称赞他“勇气可嘉”——来自这位坚韧的播种者的最高褒奖。提奥白天学记账晚上学法语。施密特经理对这位年轻的助手偏爱有加，甚至邀请他搬至画廊二楼的公寓同住。提奥与哥哥的差别并没有逃过众人的眼睛。母亲写道：“和文森特相比，你干得太出色了。”

文森特也许早就怂恿过弟弟加入他的艺术品买卖行业，但他没有料到会这么快，两人又会离得这么远。当家里决定把提奥送往布鲁塞尔时，文森特感到很意外。“我刚在父亲的信中得知好消息，”他于 1873 年新年前后写信给提奥，“衷心祝你好运！”很快，意外被雀跃所取代。“我多么高兴我俩能在同一家公司工作。”几周后他又迫不及待给提奥去了一封信。在文森特心里，提奥就职古庇尔会将去年夏天培养的兄弟情义再次推向高潮。“我们还有好多好多话可以讲。”他兴奋地写道。狂热地陶醉在手足情感中的文森特开始给亲爱的弟弟各种建议，指导和鼓励他。他一面抚慰提奥最初的不适，一面回味自己当日的孤独；他祝贺他的成功，又同情一个学徒工地狱般忙碌的一天。他谈论各种各样的艺术家，反复要求提奥给他讲“他看到的、他最喜欢的画”。

对文森特来说，提奥的新角色实现了他在通往赖斯韦克的路上的愿景：兄弟二人“不分你我，惺惺相惜，仿佛合为了一体”。被这些念头激励着的文森特满怀热情进入了新年。他开始进行商业旅行，拜访客户，从不错过任何见识更多画作的机会。他与家人重修旧好，也再次投入了划船派对等社交活动。每有新鲜事，他都会赶忙提笔与提奥分享。有时，重燃的工作热情近乎癫狂。对于他在布鲁塞尔的门徒来说，文森特扮演着拉拉队长和榜样的双重角色。“古庇尔真是个好地方，”他写道，“在这儿越久，你就会收获越多的抱负。”

而此时，文森特却必须离开海牙。

也许是在制订来年计划的会议上，森特和泰斯提格作出了这个决定。向来会为儿子的利益挺身而出的多洛斯想必也参与了这个决策。1 月底，泰斯提格通知文森特他“可能很快会被”调往古庇尔伦敦分行。调动的原因没有确切的记录。显然，文森特对此一无所知，或者不想与他的弟弟分享。他只说：“上头决定，我必须要离开。”

他的调离与“不端的品行”不无联系。如果他仍不知悔改，那么必定会让家庭蒙羞，甚至会毁掉家族生意。当然也可能有其他因素导致了他的调离。文森特与父母的紧张关系也加重了森特对这个同名侄子的不信任感。在 12 月的照片中，文森特一副邋遢又苦恼的样子——与他精神抖擞、衣冠楚楚的伯伯和他善于交际的弟弟形成了强烈反差。妹妹利兹后来回忆道：“笨拙和羞涩是文森特事业上的绊脚石。”

但从未想过将他开除。因为这不仅会让家庭难堪，让多洛斯背负沉重的经济负担，也会浪费文森特的一项无可争议的特长：对古庇尔的庞大库存了如指掌。综上所述，将其调往伦敦似乎是最佳选择（也显示了老道的泰斯提格的手腕）：伦敦分店主营批量业务，那边没有画廊。它主要和经销商而非零售的客户打交道。这样一来，文森特与外界的接触就变得十分有限——确切说来，将他限制在了说英语的圈子里。“他们把他调到伦敦，”妹妹回忆道，“看看让他和说英语的人打交道是否会容易些。”

但在一个以售卖立足，用销售来实现增值和定义成功的产业里，被调往遥远的库房只能说是一种羞辱。但是，梵高一家仍然决定冒险一试。作出决定的那一刻，每个人都参与到对真相的暂时隐瞒中。新年伊始，还没得知调动一事的文森特经历了一次加薪——从此足以摆脱家庭的资助，还拿到了一个月的薪水作为奖金。这笔 55 荷兰盾的巨款中的一大部分被文森特上缴给了他的父亲——如家人期待中的一样。安娜知道消息后，自称“很吃惊”。但无论如何，她都会把这视为一次晋升。表面宣称这是来自“上帝的赐福与引导”的多洛斯极有可能了解全部真相。但事后他只能黯然地承认：“我只能佯装不知。”而泰斯提格则以一封违心的表扬信“圆满”地完成了这场阴谋的策划。“他给了文森特最高的赞赏，”多洛斯将内容告诉了提奥，“还说来到画廊的爱好者、买家、画家，几乎每个人都围着文森特转。失去他，他很遗憾。但他表示文森特肯定能走得很远。”

但他们的话都没能糊弄或者抚慰文森特。调离的消息对他的打击如此之大，以至于他拖了一个月才把实情告诉他远在布鲁塞尔的“门徒”。“想必你应该已经知道我马上要去伦敦，”他最终在 3 月中旬提笔给提奥写信，“要离开这里，我很遗憾。”他开始抽烟斗——他的父亲每当有不顺心的事，就会来上两口——并建议提奥也这么干。“这能让你忘却忧愁，”他发誓，“凡事不会较真。”他还坚强地向母亲保证：“我会过得快活，接受一切。”但调离的具体安排一直没能确定，他的情绪越来越不稳定。离开的日期从一开始敲定的夏天蓦地提前到了“马上”。之后，原来商定的 5 月再一次被提前——好像森特和泰斯提格迫不及待地想要他消失在他们的视线之中。在路线上，一开始他被安排直达伦敦；后来，又改成了经由巴黎去往伦敦。最后一周，细节才最终被全部敲定：他会在 5 月 12 日搭上去往巴黎的火车。

离开前的一个月，文森特被持续的恐惧所笼罩。因为他总忍不住设想自己即将被孤独和乡愁所折磨。“我也许会孤独一生，”他悲观地想，“要知道我是多么不愿意离开。”他漫步穿过城市，拿着画板来到郊外，缅怀着他即将要离开的“家园”。他提起铅笔迅速描画着什么。将成品呈给父母和弟弟看之前还仔细地用钢笔描上线，用软芯铅笔打上阴影。画画好似一种仪式，能给他带来心灵的慰藉：有的画再现了古庇尔画廊外的街景，有的画描绘了他和提奥去赖斯韦克途经的运河和牵道，还有的画只表现了远处有辆马车驶离的长长的路——就像父母驾着马车离开泽文伯根所走的那条长长的路。

文森特还是一如往常地工作着。复活节短暂的休假后，还有两天他便要离开。他只带了很少的行李（把大量物品遗弃在了身后，好像他很快就会回来）。接着，他去往赫尔瓦特与家人作了最后的道别。但在那儿，他没有寻到任何安慰。只有一大堆关于牧师公馆的回忆等着他。妹妹安娜已经离开家去了寄宿学校，提奥远在布鲁塞尔。他只看到忧心的父亲。多洛斯最惧怕的噩梦居然成了现实：文森特不幸被抽中去服兵役，而这位牧师不得不从自己干瘪的钱袋中掏出625弗罗林——几乎是他一年的薪水——去寻一位砖匠，代替他的儿子上战场厮杀。

凑巧的是，文森特在赫尔瓦特度过的那个周末恰好是圣约伯日——这是纪念《旧约》中饱受苦难的族长约伯的日子。多洛斯抽出时间与儿子进行了短暂的交谈。安娜只问了一句："你真的打算什么也不带走吗？"眼见儿子近乎哽咽，她惊呆了，之后便再没说什么。

文森特只在巴黎待了几天，但足以见识了这个万花筒一般的城市。他后来回忆道，巴黎给他的唯一印象便是："太大了，简直让人炫目。"这些日子，他一口气消化了成千幅作品：有新开沙龙中的400余幅油画，卢森堡宫大批的鲁本斯画作，当然还有卢浮宫，里面的很多画作在最近四年里文森特都细细地包装过。他还领略了森特伯伯的世界：他在夏普塔尔大街上气派的石灰岩公馆、珍品荟萃的画廊、颜料店、大库房，蒙马特大道上的旧店铺，以及新巴黎歌剧院之下的面积庞大的新店铺（"比我想象的还要大。"他向提奥汇报道）。他还在森特优雅的别墅里用了餐，见了一些艺术家和他伯伯艺术圈里的朋友。

接着他便离开了。去巴黎的唯一原因便是森特伯伯和伯母可以护送文森特去英国——家庭团结的又一次体现。因此当他们离开时，文森特也跟着离开了：先乘火车到迪耶普，再坐船到布莱顿，最后乘火车去伦敦。

对文森特来说，那几天都在迷迷糊糊中一晃而过——给提奥的信中，他只能想到用"愉悦"这个词来形容这趟旅程，他心中充满了疏离感和自责。他后来表示："当我第一眼见到巴黎，心中首先升起的是一种难以驱散的神秘感。"森特让他见识了很多，参加了很多奢华的宴会，与众多卓越的画家会面攀谈。但人们对他高贵的姓氏赞叹得越多，他却越发落寞悔恨。

当文森特环顾四周时，他很清楚，这里不再意味着他的未来。他再不可能成为森特从未有过的那个儿子。那个梦已经失落在了海牙或是巴黎，无论如何也不可能重现在伦敦库房处理订单的办公桌上。他已经被驱逐出局。漫长的流放正要开始。

第六章　流放

1873年，伦敦是当时世界上最大的城市。它有450万人口，面积是巴黎的两倍，海牙的45倍。当代评论家将它形容为一个“巨大的黑点”，往乡村方向输送着让制图家都感到噩梦连连的盘绕交错的窄街。在海牙，距离房东家门阶几分钟的路程，文森特就能找到一片未垦殖的牧场；而在伦敦，按照一位游客的说法，想要去趟郊外，得乘上“几天的马车”。四年前造访伦敦的亨利·詹姆斯觉得自己“快要被碾碎”。当然，文森特不是没有见识过城市：他去过阿姆斯特丹、布鲁塞尔，甚至巴黎。但这些短暂的旅程远不足以让这个布拉班特的乡村男孩自如应对眼前这个詹姆斯认为“大得不可思议”的世界之都。

如果说海牙街头井然有序，那么伦敦街头则一片混乱。下了河岸街，就到了位于南安普顿街的古庇尔办事处。去那儿报到的第一天，毫无心理准备的文森特就感觉被甩入了一片人海。交通拥堵，几乎要双脚离地才能穿过街道。尤其在傍晚，一列列蜿蜒的行人将人行道、桥梁和广场堵得水泄不通。快速移动的人流不时会被乞丐、擦鞋匠、妓女、小丑，或者另一拨横穿的人流打断。当然，你还能看到翻着筋斗想你施舍一个便士的赤脚男孩，以及操着文森特听不懂的语言大声叫卖各式货品的小贩。

但最令文森特震惊和不习惯的是糟糕的卫生状况。与有着明亮的窗户和古朴的街道的海牙相比，伦敦就像个巨型垃圾场——约翰·罗斯金曾称它为“全身都在冒毒的肮脏城市”。从南安普顿街前的古庇尔办事处到圣保罗大教堂与大英博物馆，一切都被覆盖上了油腻的黑烟灰。尤其是在文森特抵达的夏天，一股尿液的恶臭弥漫在全城的排水沟槽旁，把富人赶到了郊外，其他人只能饮用这样的水源。

城市变得越来越不宜居住。像成千上万无法忍受的新居民一样，文森特来到郊区寻找庇护。但那儿的乡村生活再也不货真价实。那时，一栋栋拔地而起的别墅（都是外观一致、整齐排列的房子），已将城市重重包围。在其中的一个新社区（也许是在东南面，格林威治附近）里，文森特找了一户寄宿的人家。他称邻里们是“那么亲近祥和，以至于你都几乎要忘掉你身处伦敦”。这栋时髦的哥特式建筑有着“怡人的花园前庭”，足以容纳房东太太、她的两个女儿以及四位租客。享受乡村生活的代价便是，文森特早晨 6 点半就必须出门。他先步行至泰晤士河边的码头，乘一个小时的蒸汽船，然后再穿过拥挤的街道来到古庇尔办事处。

有一次在城里，他被满眼的绿地所吸引。“随处可见迷人的公园。”在给提奥的信中他写道。午休或者下班后，他会来到这些宁静和人烟相对稀少的迷你乡村中整顿身心。他尤其爱去海德公园，那儿的古树、羊儿吃草的草地、鸭子嬉戏的池塘，都让他好像回到了格罗特比克的浅滩。

没有摆脱海牙事件阴影的文森特努力重新开始。父母和伯伯的耳提面命让他在伦敦的日子始于一系列的社交。森特伯伯开始邀请文森特参加宴请古庇尔大客户的晚宴。他花了一个“愉快”的周六与画廊的同事在泰晤士河上游船。他还坐在客厅的钢琴前与室友们——三个热诚的德国人——分享那些“赏心悦目的夜晚”，或与他们花上一整个周末去郊外散步。

6 月，文森特的新老板卡尔·阿巴赫邀请他这位交际广泛的新职员周日一同去博克斯希尔远足。这是城南的一片陡峭的白垩悬崖。这是个晴朗的日子，微风习习，从峭壁往下望去，这头是伦敦，那头是英吉利海峡，英格兰东南部的全貌尽收眼底——从家乡低地至此奇诡的地貌一览无余。“这儿的郊外很美，”在给提奥的信中，他写道，“与荷兰完全不同。”

文森特在家信中说，他又开始做礼拜，这终于让父母安下了心。他还寄去了伦敦一座荷兰归正会教堂奥斯汀隐修院的铅笔画以示证明。但最让赫尔瓦特牧师公馆欣喜的消息当属文森特买的一顶礼帽。安娜得意洋洋地说：“在伦敦，人人都戴这样的礼帽。”

再一次，文森特竭尽全力跻身母亲渴望他进入的阶层。他屏着呼吸报告他的罗登道之行。罗登道是海德公园一条骑马专用的林荫道。每到傍晚，伦敦的骑手们便会身着最时髦、最精良的装备现身。“是我见过的最壮观的一幕。”文森特写道。他对艺术的品味也被全新的标准引领着。在兼收并蓄的四年之后，他的嗅觉越来越精准，越来越符合商业的需求。在他发掘的所有英国艺术家中，只有两位深深地将他俘获：乔治·鲍顿和约翰·埃弗雷特·米莱——这两位都是商业上极为成功的画家，作品十分符合大众的品味。（其实，鲍顿当时已是古庇尔的签约画家。）他还对其他几位艺术家表示了一般的赞许，对他们作品的感染力、卖相和“利润回报”——也就是销售前景——表示了肯定和赞赏。

对有争议的作品，譬如对流落街头的母亲、蜷缩的穷人、弃婴，或者悲伤的寡妇的现实主义描绘，文森特一律没有兴趣。他在家信中描绘的都是符合古庇尔核心价值观及生活方式的作品。当然，这也符合梵高家族的期望：《蜜月》中表现时髦夫妇闺房秘事的画面，《受洗》里描绘雍容华贵的年轻母亲温柔地抱着孩子做礼拜的场景，或者《德文郡的房子》里刻画身着精致晚礼服的年轻女士悄悄来到豪华楼梯旁分享秘密的瞬间。文森特强调，这样的作品才“真实地表现了现代生活”。

他参加了皇家艺术学院的夏季展，却一反常态地带着不屑的态度离开了那里。几幅作品被他嘲笑得厉害。英国艺术也被他鄙夷成了“劣质与无趣”的艺术。《绘画》和《伦敦新闻画报》正在倡导对大规模生产的木版画进行改革。这场运动已在比邻的河岸街开展得如火如荼，却没能吸引文森特的商业眼光。每周，他都得挤进围观报社印刷间的人群以便一睹新品。但通过窗户看到的突兀的黑白画让他感觉十分“糟糕”。他后来承认：“我打心底讨厌它们。”

从国家美术馆回来以后，他只对那儿的一幅荷兰风景画发表了看法。敦达利齐画廊展出的一些约翰·康斯特布尔的所谓“优秀”作品，不过只达到了他在海牙偏爱的巴比松画派的水准而已。一组流动展出的熟悉的比利时画家似乎才真正触动了他（“能见到这些比利时作品真是一件乐事。”他写道）。然后，他急切地央求提奥给他讲讲关于巴黎沙龙的新鲜事儿。

但这一切还是镌刻在了文森特的心底。国家美术馆的列奥纳多·达·芬奇和拉斐尔，多维茨画廊的盖恩斯伯勒和凡·戴克，南肯辛顿博物馆（维多利亚与艾伯特博物馆的前身）的透纳——所有这些人的作品都在文森特无垠的大脑博物馆中找到了安身之处。即便多年以后文森特召唤它们时，那些细枝末节也会令人惊讶地再次浮现在他的脑海。比如，《绘画》上满是乞丐和弃婴的插图十年后不仅会再次浮现在文森特的脑海，还会成为他深深为之痴迷的东西。然而那个夏天，文森特满脑子只有鲍顿画中的那个意象：一个年轻的绅士和一个看着像是他母亲的女人走过家族的宅地。这幅画名叫《继承人》。文森特非常喜欢它，照样子画了一幅素描寄回了家。

当文森特试图妥协时，他的疏离感也与日俱增。眼前的所有东西都让他想起昨日时光。在周日的漫步中，他“怀念”起海牙的周日漫步。寄宿的房子让他想起以前在卢斯家的日子。“我没有忘记他们，”他写道，“要是再能去那儿待上一晚该多好。”他在现在的房间里挂了一幅一样的画。他渴望收到家里的消息，每到一个家庭节日，便热切地询问所有事件的小细节。一段时间的好天气也能引发一阵阵思乡的惆怅。“你在家一定很愉快，”他写道，“我如何才能亲自体验到呢？”

文森特在社交上的最初努力统统付诸东流。和阿巴赫培养出的那一点点友谊也消耗殆尽。他承认，语言不通也许是个原因。文森特能听得懂英语，却说不好。刚来伦敦时，他戏称，连房东的鹦鹉英语都说得比他溜。然后，他流利的德语也没有能阻止他那些德国室友将他遗弃。面对总是为他的内向而担心的父母，他谎称是自己不想与他们为伍，而不是遭到他们的嫌弃。他解释说：“他们花钱毫无节制。”

但显然，这里面还有其他原因。孤僻的老毛病又开始纠缠文森特。“在这儿，我完全没有存在感可言。”文森特后来这样描述他的伦敦时光。像在海牙时一样，他有意避开人群（由此错过了譬如伦敦塔、杜莎夫人蜡像馆等再寻常不过的旅游景点）。独处的时间越来越长——“散步、阅读和写信。”一位于8月前来探望的昔日海牙同事认为他十分“悲观厌世”，被“巨大的孤独感”折磨着。多年后，文森特这样描述他在伦敦的心绪：“冷漠、绝望……对人不再敏感，麻木不仁。”父母揣着他那些“沉重愁苦”的家信百般焦急。“怪”这个字眼一次又一次出现在他们忧心的谈话中。

工作让文森特垒起了一堵与外界隔绝的墙。现在给印刷商填写订单的单调工作令他分外想念海牙工作内容多样的岗位。他向提奥抱怨：“这儿比那儿无趣得多。”伦敦分店没有画廊，只与经销商和匆匆赶来又匆匆离开的办事员打交道。他们没有时间谈论艺术，也没有一间可供艺术家浏览、交流技巧和闲聊的颜料店。库房很忙（每天要处理上百幅印刷品），但存品实为有限。文森特对每天经手的大多画作并无好感。他向提奥发牢骚：“好画太难找了。”身边的一切都提醒着他，他被从欧洲大陆上最为辉煌的艺术品天堂流放至此。“你尤其得和我说说最近看到的画，”他央求弟弟，“或者新近推出的蚀刻画和平版画。你最好畅所欲言，我这儿已经很久看不到这样的作品了。”

每日的单调乏味好像是一种羞辱（他称之为“发霉腐烂”）——时刻提醒着他那些从指缝溜走的机会，那些未能涉足的道路。“我最初以为一切都会很美好。”他写道。但一闪而过的念头又告诉他：“也许是我的错。”偶尔，他也会禁不住偷偷遐想——“未来”。“我或许会成为某个人物”，但他也很清楚，目前自己已经掉了队。文森特的伦敦境遇意味着他的自信心岌岌可危，自卑感与日俱增。当他与信中仰慕的乔治·鲍顿不期而遇时，他却没有“同他交谈的勇气”。当荷兰画家马蒂斯·玛丽斯造访古庇尔时，文森特却“腼腆得一言不发”。

语言让他与社交绝缘，金钱则加深了他的罪恶感——在他的余生中，情形依然如此。他翻了一番的薪水还是不能应付他的开支。“为了省下几个便士”，他不再搭蒸汽船进城，而是全程步行，走某座疯人院中的桥横穿泰晤士河。他发誓要找更便宜的公寓。家信中通篇立志节俭的字眼和在一些小花销上的一味自责透露出文森特已陷入了更深和更强烈的罪恶感。更糟的是，父母还不时寄来家信报告赫尔瓦特正经历的极端经济困难。尽管如此，他们却一再声明会毫不犹豫地为孩子们作出牺牲。“我们紧衣缩食，”安娜写道，“但坚信在你身上投资是件明智的事儿。这难道不是我们所能想到的最有回报的事吗？”

8月，乡愁、孤独和自责一并化作了忧愁。几个月来，文森特一直试图让父母相信他对一切都“很满意”，他“过得很好”，对于新工作“倍感满足”。然而对提奥，他则更为坦诚，但也并非畅所欲言。6月，他告诉提奥：“看现在的光景，我一切都还不错。”7月：“我可能会习惯起来的。”8月：“这样的生活，我也许还得忍受一段时间。”

为了不再消沉下去，文森特与已婚的卡罗琳·汉尼贝克开始了亲密的通信。在一颗狂热心灵的驱使下，他给她寄去了大量讨人喜欢的、暗示性的画像及诗歌，有年轻的金发女孩，也有姿势迷人的乡村少女。他誊写了一首济慈的诗歌来赞美“有着瀑布般亮丽长发的美丽少女”，还建议她去读济慈另一首具有挑逗意味的长诗。他给她寄去了朱尔斯·米什莱创作的法国流行恋爱手册《爱》的节选，里面讲述了一位男子如何迷恋一位女子的容颜：“她俘获了我的心，如此真切……她的面容在我心上挥之不去。”他用来形容他们的旧交情的言语，似乎更适合用在分别的恋人而非远方的朋友身上。他还建议卡罗琳去读朗费罗的《伊凡杰琳》，里面描绘了一位年轻的阿卡迪亚男子如何为真爱心伤的故事。

在对婚姻幸福的卡罗琳的这番引诱中，文森特期望得到什么？这是一生失意的文森特第一次试图说服别人回心转意。他尝试着在文学和艺术中幻想一段不存在的情感来找寻安慰，检视这段虚幻的情感能让自己支撑多久——好让自己在充满敌意的现实和对幸福的渴求中找到一个中立点。他告诉卡罗琳，他在寻找“一片故土……能让我们在世上立足的哪怕一小块地方”。“但我还没有抵达那个地方，”他写道，“虽然我一直在追寻，也许有一天我能将它抓在手心。”

1873 年秋天，文森特的父母感到伦敦的大儿子在信中口气有所变化。“我们收到的都是些愉快的信。”多洛斯有些吃惊。但原因并不在于将文森特一口回绝的卡罗琳·汉尼贝克。

一切都是因为文森特的新房东。

在之后的 17 年里，背井离乡的文森特曾一次又一次地试图亲近他人的家庭。在海牙，他不止一次地企图取得小贝琪·泰斯提格的爱慕，好让他在这个亲密的小家庭中有个容身之处。在伦敦也一样，他多次来到新老板阿巴赫的家中拜访他的妻儿。这些年来，他似乎更容易被那些失去父亲或者丈夫的残缺家庭，或者只有单亲母亲的家庭所吸引。他很乐意挺身而出，填补空缺。这样一来，他起码能感受到欢迎，或者说，交换到欢迎。

对文森特来说，厄休拉·罗伊尔和女儿尤金妮娅看起来就像是这样的一家，她们经营着一间小型的托儿所。就这样，文森特成为了布里克斯顿海克福德路 87 号的租客。这儿的租金更低，走路去古庇尔也只需要一小时。很早开始，文森特就觉得 55 岁的厄休拉和 19 岁的尤金妮娅是自己的同类：她们都有一颗受伤的心，迷失了方向，却向往“故土”。连她们的姓氏都有背井离乡的意味——这原本是个可爱的法国字眼（loy-yay），一旦用呆板的英语发音，似乎就成了 lawyer。

厄休拉的父亲是个船长，她有着所有海上女人都有的坚忍。“她饱经风霜”，文森特观察到，她像个“一只脚已经踏在棺材里的人”。消瘦矮小、五官深陷的厄休拉饱经风霜，却仍未被生活击垮。她的外孙后来将她形容为“心地善良，却十分不幸”。而尤金妮娅却是个令人畏惧的姑娘。她长着一颗大脑袋，容貌粗犷，结实健壮，一头蓬乱的红发，尤其与文森特的妹妹有几分相似（受了他母亲的遗传）。多年来没有父亲和兄弟姐妹，尤金妮娅浑身上下像个男人，总爱一意孤行，“又专横跋扈，又十分难搞，脑子灵活，脾气火爆”。

给了一家子姓氏的父亲让-巴蒂斯特·罗伊尔已经去世多年，也是个流离失所的男人。当年，他只身一人来到伦敦，娶了厄休拉，生下一个孩子便患肺痨病死了。传说，他的遗愿便是能回家乡咽气。于是，他与妻女一起回到法国，在海边一座小屋里住下。每个傍晚，亲友们都会把他抬到海滩上去看夕阳。当死神降临的那一刻，他作了最后的忏悔，“在场的人们无不为这个男人纯洁、正义的一生流下泪水”。

厄休拉·罗伊尔与
尤金妮娅·罗伊尔

而记述这些事件的文件最终落到了文森特手里。不论真假，流放与回归的故事让文森特感动至极，以至于多年之后，他还留着副本，抄写并寄给家人。文件上最后是这样总结的："他是这个世上的异乡人，他热爱自然，他最后望见了上帝。"

文森特对厄休拉和尤金妮娅的印象无可避免地受到这个伤感故事的影响。别人眼里枯萎干瘪的房东老太和她坏脾气的女儿（文森特从未向提奥提起过她们），在文森特眼里成了一个勇敢承担人生悲痛的小家庭。他告诉妹妹安娜："我没见过如此相亲相爱的母女。"从进驻那个狭小的三楼房间时起，文森特就将这个残破却温暖的家庭视为了自己破碎心灵的绝佳港湾。"现在，我有了梦寐以求的卧室。"他写道。在他眼里，这个新居好比津德尔特的阁楼。为了让梦想更完整，他急切地召唤提奥的加入："噢！我的伙伴，我多么盼望你也能来到这里。"

这儿的每个地方都能让文森特重拾童年的记忆：罗伊尔一家会在花园栽种花木和植物，屋里全是蝴蝶和鸟蛋的标本，白天充满了孩子们上学下学的嘈杂声。他还为这个房子创作了素描给“新家人”和“旧家人”观赏。1873 年圣诞节，文森特帮忙用冬青装饰屋子，并以“英国人的方式”，吃着布丁和唱着颂歌庆祝了节日。这是他度过的第一个不受乡愁滋扰的圣诞节。他还向提奥吹嘘：“希望你的圣诞节也过得和我一样快乐。”

被全新归属感支撑的文森特鼓起勇气决心重新赢得他在家中的地位。现在的家信中不再需要用虚假的快乐来掩饰落寞的心。他勤奋地埋头苦干，多次受到嘉奖（好消息当然也马上传到了赫尔瓦特）。他洋洋得意地将新年加薪寄给了家人，数额多得让双亲担忧他“过度节省”。他甚至又与前老板，古庇尔的大红人泰斯提格有了接触。

家庭复兴计划的核心是将妹妹安娜带到英格兰安置。文森特若能帮妹妹找到一份家庭教师的优越职位，就既能缓解牧师公馆的经济压力，也有利于他赢回家庭的青睐。1 月，他开始了这场一箭双雕的行动。他极力向父母游说这一尝试的可行性：安娜亲自去面试可以赢得更多的职位，还能练习英语。他开始在报上登广告，找合适的职位，起草求职信。他甚至提出回家陪伴妹妹漂洋过海。“我们亲爱的文森特，”母亲写道，“多么热心。”

对安娜，文森特又换了一番说辞，一番能够吸引孤独少女之心的说辞。他强调了罗伊尔一家的善良和好客——与一本正经又冷冰冰的寄宿学校截然不同——也会使这一家成为她的第二个家庭。文森特还写道，他“与尤金妮娅已情同兄妹”，安娜“也应该视她为姐妹”。“看在我的分上，对她友好一些。”他最后总结道。厄休拉也给安娜去了一封热情洋溢的信，让她把海克福德路的房子“当成自己的家”，同时邀请她前来参加尤金妮娅与一位“懂得如何怜惜她的温厚男士”的订婚典礼。

迫于经济压力，文森特的父母接受了这个计划。6 月，文森特会来到赫尔瓦特，陪伴安娜前往英国。在那儿，他会帮助她找工作（并在此期间提供资助）。文森特兴奋异常。“我们的安娜要来了，”他告诉提奥，“多么美妙。我都不敢相信这是真的了。”

不论文森特如何迫切地希望利用这一计划赢回在家中的地位。可惜的是，这个位置早已被取代。11 月，也就是在文森特被调离仅仅六个月后，提奥被调至了古庇尔海牙分行。他搬进了文森特先前寄住的公寓，承担了兄长曾经打理的工作。就像文森特曾经经历的那样，泰斯提格也邀请提奥来到古庇尔楼上的寓所品尝咖啡。

兄弟俩的差别再明显不过。提奥有着赏心悦目的容貌和温和的举止，不费吹灰之力就能进入状态。客户们认为他“老练又细心”——却从来没将这两个词用在文森特身上。提奥不仅在外貌上与他声名显赫的伯伯更相似，还有堪比森特的“好口才”。据说，16 岁的提奥已经知道“如何与客户们周旋”，“如何提升他们的眼力”，从而巧妙地令他们“以为这就是他们自己的选择”。很快，提奥不但得到了他那严厉的老板的赏识（“你生来就是做这一行的材料”），也赢得了他那将一切都默默看在眼里的伯伯的认可。从那以后，他再也听不得“旁人说他侄子的不是”。

文森特让大家伤心失望，提奥却以自己的成功让赫尔瓦特牧师公馆欢呼雀跃。他们终于可以松一口气了。提奥不仅让全家再次燃起向森特伯伯提供一个继承人的希望，而且令人欣慰的是，他在 17 岁的年纪就已经能够养活自己了。文森特可是花了多年工夫才做到这一点。多洛斯在信中写道：“你小小年纪就有能力赚取高薪，这真让我骄傲。”“这真了不起！”在海牙，提奥担负起了文森特无力承担的家庭责任。提奥成为了人人钦佩的榜样，父母也对他极尽感激、鼓励和毫无掩饰的偏爱。在给提奥的信中，他们写道：“好好照顾自己，永远成为我们欢乐的源泉和心中的第一！”

提奥的成就既然已被“昭告天下”，当然也没有逃过文森特的耳朵。他已经从泰斯提格那儿听说了弟弟的破格晋升。听到这个消息，文森特没有表现出他嘴上说的“高兴”。尽管二人平时通信极为频繁，这一次，文森特拖延了很久才动笔。信的内容简短又敷衍。沉默两个月后，文森特以“最近太忙”为由作了唐突的解释。那些不停央求“把你的见闻都告诉我”的日子已经到了尽头。现在的文森特只会冷酷地建议提奥“想一想有什么关于艺术的问题想问我”。很快，提奥成为了回信拖拖拉拉的那一方，经常隔几周才回复哥哥的来信，而文森特则通常在一两天内便把回信给解决了——未来他们一直处于这样的不平衡状态。

6 月，文森特回到赫尔瓦特接妹妹去伦敦。兄弟间的关系跌至冰点。没有热烈的欢迎，也没有感激涕零。大家不仅对他的新生活和新家庭毫无热情，却反倒疑虑重重。这也许得怪妹妹安娜。文森特循循善诱，企图说服安娜，最终却适得其反。自收到哥哥关于罗伊尔家的那封信起，这个姑娘便开始浮想联翩。那头文森特刚告诫她“我们的关系仅此而已”，这头安娜已经向提奥猜测，文森特和尤金妮娅之间“不止是兄妹之情那么纯粹”。不论文森特如何否认，如何希望她“不要在家里提起此事”，安娜还是含沙射影地把“两人的暧昧关系”搞得人尽皆知。接下来，原本能“矫正视听”的尤金妮娅订婚的消息却让事情变得更糟：牧师公馆开始因这件事变得更为困惑和担忧。因为他们早就听说了文森特对卡罗琳·汉尼贝克展开的书信攻势，也对文森特的动机更为狐疑。

像以往一样，梵高夫妇开始责备文森特交友不慎。文森特与尤金妮娅被曲解的暧昧关系让他们对厄休拉也没有任何敬意，鄙夷地称她为“那个老女人”。哪个母亲会让女儿的名声置于这样的不明不白之下？让文森特如此着迷的罗伊尔一家却让梵高夫妇不无忧虑，他们觉得这个残缺的家庭“很反常”。“这一家子都不像正常人。”安娜提醒提奥。多洛斯则理所当然地认为法国人素来自由奔放，从不被道德感约束。他们作出了最可怕的猜测：尤金妮娅是个没有父亲的“私生女”。对于海克福德路上这栋“藏有众多秘密”的房子，两人抱怨良多，并开始担心文森特在罗伊尔家“不会有什么好结果”。

文森特在他的新家庭里越来越欢欣愉快——“那感觉很棒，”他表示，“好像从生活中的麻烦中解脱了似的。”梵高夫妇却担心这不过是他们古怪的儿子脑中“又一个终会落空的幻想”。他越是细细描绘在那儿感受到的爱的包围，两人就越忧虑他在那房子里的生活“太过孤单，与世隔绝”。文森特兴高采烈地讲述他在外面的世界找到的家庭温暖，安娜隐隐有些不快。安娜绝对容不下他如此热切地与陌生人称兄道弟，把那些外人视作家人。因为在她心里，家人间的血肉联系是唯一且不可侵犯的。多洛斯也和妻子一样对此忧心不已。

接下来，提奥出现了。

提奥人还没回来，他的成就早已传到了赫尔瓦特。6月中旬，他有幸一睹荷兰王后索菲亚的真容。当天，她刚好莅临普拉茨的店铺。不久，森特伯伯就把他介绍给了古庇尔最尊贵的人物：阿道夫·古庇尔。提奥的才能受到了极大的赏识，他的时间也都被占用，以至于他必须在文森特在家的这段时间取消回家的安排。兄弟俩一年后的重逢至多只能算得上彬彬有礼。谈话内容除了店铺事宜，一概没有涉及其他。提奥第二天一早就要赶回海牙，自尊心受伤的文森特竟不愿陪伴左右。

家人的不信任和忽视，让文森特渐行渐远。在赫尔瓦特的那些日子里，他把全部的心思都放在了用来记录伦敦“剪影”的小素描簿上。提奥离开以后，他继续忙于手头的活计。他按照赫尔瓦特牧师公馆的样子画了素描，并送给了妹妹利兹和惠尔。至于父母，他创作了一幅海克福德家中的窗景画送给他们，公然藐视父母对那里的偏见。让文森特意外的是，母亲竟然支持他继续这项颇有益处的闲暇活动。她告诉提奥：“对此我们都很高兴，这兴许是项可以给他带来好处的才能。”

文森特坚持要离开，就像他曾经坚持不愿离开一样。随着返程日期的逼近，他也变得越来越敏感孤立。每每提到伦敦，他除了抱怨那儿的雾，便不再多说什么。“他很不自在。”安娜后来向提奥抱怨。多洛斯则因为父亲5月的离世身心俱疲，习惯性地陷入了情绪上的归隐，淡出了牧师公馆的日常生活。最后一周，文森特几乎见不上父亲几面。眼见假期即将结束，文森特却给老板去信恳求延长休假时间。他也取消了顺路去海牙看望弟弟的计划，把剩余的时间统统献给了一阵突如其来的、癫狂的绘画欲望——好像多画一幅作品就能感化那一颗颗与他敌对的心。

但这并不管用。他赢回家人的努力最终宣告失败。7月14日，火车载着文森特和妹妹驶离赫尔瓦特火车站。梵高夫妇把拯救文森特的希望寄托在了妹妹身上，这与文森特的初衷恰恰相反。

回到伦敦不到一个月，文森特就搬离了海克福德路的寓所。他没有解释原因。从赫尔瓦特回来后，他与罗伊尔一家的关系一直很和睦。厄休拉和尤金妮娅对安娜拥抱欢迎。“她们都很善良，”她向家里报告，“她们变着法子让我们住得舒服。”一开始，有妹妹的陪伴文森特乐得不行。“可以在一起叫人多么开心。”他告诉提奥。上班路上，安娜会陪他走一段路。两人还一起在罗伊尔家的客厅弹钢琴。她去了文森特工作的地方，还与他的老板吃了饭。周末，他们去博物馆或者在公园里野餐。文森特还学会了游泳。

夏日的悠闲为什么就此戛然而止了？不关心原因的梵高夫妇只是暗暗庆幸，之前的不祥预兆八成是真的。“罗伊尔家的事看起来并不顺利，”多洛斯写道，“我终于松了口气。因为他们住在那儿让我很不安。”安娜对此很赞同：“文森特继续待在那里让我很不放心，现实比你想象得要难得多。”多年后，关于文森特的突然离开，开始流传出一个无望的爱情故事。提奥未来的妻子乔安娜·邦格猜测文森特爱上了尤金妮娅·罗伊尔——这个猜测和安娜先前的浪漫想象不谋而合。此后许多传记作家纷纷作出猜测。“他试图说服她解除婚约，”邦格写道，“但他没有成功。”邦格添油加醋地强调，“这初恋的伤痛”永远改变了文森特，“让他善于捕捉别人的痛苦”。

无疑，现实总是乏味无奇，意味深远。文森特的拼凑家庭注定无法长久维持下去。文森特不知道他青春期的妹妹安娜已经长成了一个挑剔、多疑的19岁姑娘。也许更关键的是，她不了解文森特。求职几周以来没有任何收获，安娜觉得谋到一份工作的希望越来越渺茫。“我认为会有一些困难，”文森特向提奥解释道，“几乎人人都说她年纪太小了。”文森特承诺要供养妹妹直到她找到差事为止。8月房租到期，文森特手头也开始紧张起来——8月对他来说总是危机连连。文森特的罪恶感、安娜的不耐烦和尤金妮娅的坏脾气必然会让火药桶一触即发。

8 月 15 日，文森特在方圆一英里内找到了新的寄宿地，结束了他在罗伊尔家的生活。人生中第一次强烈的依恋就此无疾而终。“他对人总抱有幻想，”对这一个月来的相处，安娜只作了这一评论，“当他们辜负了他的最初判断，他会失望至极。从那时起，他们便在他的心里枯萎腐烂。”

不论文森特因什么原因离开，这一事件又让文森特陷入了长期的抑郁。也许命运就是如此，没几天，安娜便在离伦敦五个小时车程的韦林找到了工作，之后便搬离了文森特在肯宁顿的新寓所。一年来，文森特头一次独自生活。很快，文森特又拾起了童年爱沉思、好独处的习惯。他放下了画笔，在文学和艺术中舔舐伤口。他不思饮食，蓬头垢面，远离人群，也无心工作，遭到了远在普凌桑那格的森特伯伯的严厉批评，他希望文森特“出门见人”。母亲也认为，这“对他的未来十分必要”。文森特似乎将“新家庭”的解体迁怒在了他的家人身上。他已经不再给家里去信。“文森特渺无音讯，这让我们很伤心，”多洛斯向提奥诉说着自己的担忧，“这说明，他的情况很不好。”

伦敦没有可供文森特逃离的荒野。但这儿有在格罗特比克找不着的花样和乐子。他后来告诉一位朋友，特别在晚上，结束一天劳碌的工作后，他会“久久流连于那些后街小巷中”。

文森特不善交际，却渴望与人接触，且早就丧失了悔恨之心。很快，他发现自己置身于一个可以花钱买陪伴的天堂。八万余名妓女，其中多数还是未成年人，在伦敦这个法定结婚年龄为 12 岁的城市经营着她们的生计。在文森特频繁出入的某些地区，机会更是召之即来。“你还没走上 100 步，就有 20 来个妓女上前搭讪。”一位走在河岸街上的游客抱怨道。3000 家在政府注册的妓院支撑起了这项产业，还有一半数量的非法妓院打着酒馆、雪茄铺、跳舞沙龙和“夜店”的旗号揽客。还有一些妓女会“成群”聚集在指定的地点（譬如牛津街、圣詹姆斯广场或者科芬园），有些地方离古庇尔非常近。她们大胆地勾搭路人，麻痹他们的警惕心。人们叫她们妓女、荡妇、失足姐妹、风尘女子、小姐、婊子，甚至“堕落的魂灵”。文森特则称她们为“爱意泛滥的女孩们”。

8 月，在给提奥的信中，文森特大胆坦露了自己在伦敦的新生活：“心灵的纯洁和肉体的堕落可以不矛盾。”以此为指导原则的文森特，再次发起了一项猛烈的行动来结束自己的“流放状态”。如果不能让父母回心转意，他至少也要赢得弟弟的心。还有什么能比自由享受性的诱惑来得更有效呢？

文森特很清楚，自提奥15岁离家，多洛斯就想尽一切办法防止他误入歧途。大城市布鲁塞尔诱惑良多可以理解，但即便提奥被调到了相对安全的海牙（也许是出于多洛斯的精心安排），也阻止不了赫尔瓦特飞来的各种苦口婆心的告诫——“要提高警惕”,“躲开诱惑”,“不能成为浪荡子”。这些颇为隐晦的警告其实都在暗指性。当提奥着魔一般沉溺在盖斯特的暗巷的时候，文森特及时抓住了机会。

这边是多洛斯教诲的纯洁和规矩，那边是文森特鼓吹的宽容和肉体的欢愉。多洛斯曾建议提奥买一本《圣经年鉴》，每天早上做祷告，以便驱除内心的“兽性”。文森特用诸如“你们以外貌判断人，我却不判断人”，“你们中没有罪过的人第一个向她投石头吧”之类的《圣经》训诫作为反击。相比基督，文森特选择引用人类心灵的福音书，朱尔斯·米什莱的《爱》来教唆提奥“坚持自己的想法”，违抗父命。在多洛斯的警告中，海牙这个城市成了厉鬼横行的可怕噩梦，让提奥不寒而栗，而文森特则以歌德笔下标致的怀春少女和《泉边的玛格丽特》来诱惑他。

就像文森特对卡罗琳发起的攻势一样，在这场拉拢提奥的浮士德式的战役中，他使用了各种各样他擅长的手段。他给提奥寄去迷人的农家少女像（那个年代经典的男性幻想的对象），以及卡米尔·柯罗作的肖像（他的情人和他的作品一样出名），还叮嘱他将它们“放在房间”。他向提奥推荐柯罗撩人的女性木刻画（《仲夏前夜》），和朱尔斯·布莱顿笔下围着篝火欢快起舞的性感乡村姑娘（《圣约翰的夏娃》）。在那年的皇家艺术学院画展中，他只喜欢詹姆斯·蒂索笔下那些时髦的年轻女子。

在文学上，除了德国的浪漫主义者歌德和海涅（众人皆知他与女店员的一段私情），他也没有遗忘那些法国作家，如在十四行诗中将对自然的敬畏和对完美女性的欲望合二为一的查尔斯·圣-伯夫、用文字将乡村女人“深似大海的心灵”和“衬托胸型的束身衣”刻画得入木三分的阿曼德·西尔维斯特、失恋文学中的“桂冠诗人”埃米尔·苏维斯特（“我爱的姑娘不爱我，我将心碎神伤”），还有浪漫主义焦虑的化身阿尔弗莱·德·缪塞，他因与乔治·桑跌宕起伏的情事而闻名。

文森特充满激情的论辩升级成为对弟弟全方位、一意孤行的攻势——多年来，这还是头一次。对性权利的辩护只是开始。他的声辩很快涉及爱、归属、忧郁和向往——这些主题与他深深的疏离感相缠绕。单薄的信件显然无法承载这些沉甸甸的情感。1875年初，他为提奥买了一本相簿，用细小、整洁、毫无差错的字迹在空白页上誊满了这个或者那个作家的名言警句。一本写完了，又买来第二本，在煤气灯下一直抄写到深夜。

没人知道文森特到底写了多少封这样的慷慨激昂的信。1874 年 8 月到 1875 年 2 月这半年间的通信没能保留至今，但有确凿的证据证明一定有过这样的通信。文森特所有的努力都浓缩在了两本彩纸封面的小小相簿中。1874 年冬天，为挽回去往赖斯韦克途中的特殊情义，73 个条目，上百个页码见证了文森特声嘶力竭的呐喊——即使他与所有其他人的关系正慢慢滑向深渊。

10 月，文森特和家人的战役正式打响。他已有近两个月没有给家里去信——这对家庭责任是种史无前例的忤逆。他连母亲 9 月的生日都忽略了，其中的敌对意味自然不言而喻。“重要的日子也等不来文森特的信了，”安娜绝望起来，“噢，提奥！这太让我们伤心了。”没有消息才是最坏的消息。夫妇俩开始设想各种各样的状况：文森特伙食不好，文森特交际不够多（他需要多和上流阶层打交道），文森特太孤僻，伦敦的氛围“容易让人抑郁”。他们甚至认为，他需要多读些东西（“来转移注意力”）。他们担心文森特会不会不再去做礼拜了。安娜埋怨他在上帝安排的幸福之路上“故意掉队”。

10 月，还是没等来任何消息。夫妇俩有史以来第一次担忧情况会不会更糟。“可怜的孩子，”他们写道，“总是折磨自己……倘若我们对自己不满时，我们总会很难过。”9 月的某一天，森特伯伯造访赫尔瓦特，多洛斯与安娜累积多日的焦虑终于得以倾吐。之后不久，文森特就从古庇尔的“大人物”那儿接到指令，他将被调往巴黎一段时间。

这样的干预惹怒了文森特。哪里还顾得上言辞委婉和尊重父母之类的家庭教诲，他立马去了一封火药味十足的信。他尤其谴责父亲干预自己的生活，而多洛斯只能含糊其词（“这不是我的主意”），他强调：“是伯伯的决定。”事实上，敲定调离之前的两周，多洛斯见了森特和他的合伙人利昂·波索。连提奥也早于文森特得知此事。文森特试图相信父亲关于森特伯伯“想要他去总部工作，熟悉相关事宜”的说法。但他仍旧怒气十足。他没有去韦林和妹妹告别，只去了一个便条要回了自己的箱子。父母那边，他连巴黎的地址和离开的日期都没有告知。他们只能从提奥那儿得到一点消息。

10 月 26 日，文森特启程前往法国。多洛斯和安娜依然只是默默等待和静静期盼。“我们不想就此绝望。”他们坚持道。他们反而更虔诚地祈祷：“这场调离有上帝相助，可以让文森特回心转意，继续快快乐乐。”然而，当冬天降临，文森特还是固执地保持沉默时，他们也免不得悲观失望，开始胡思乱想起来。妹妹利兹担心文森特“永远都不会变回原来的样子”，还预测“再看到他，不知道还要多久”。多洛斯认为儿子的行为“很不正常”，并告诫道：“这不会有什么好结果。”安娜的看法最为尖锐。“他已经关上了自己与社会，与世界之间的那扇门，”她写道，“他假装我们不存在……他就像一个陌生人。”

文森特就这样失去了家人的欢心——这样的风波会在未来的日子里重复上演。曾几何时，在津德尔特牧师公馆，文森特失掉了他应有的位置——但那段记忆却没有因离开而烟消云散。他想要重新获得家人的欢心，所以想要为安娜找工作。文森特因为孤独而沉沦在伦敦的声色世界里，只能依靠文学和艺术捍卫与提奥的情义。没人能预料到，未来，他仍继续与父母反目，他的自暴自弃将愈演愈烈，与家人撕扯出更深的裂痕。

未来，这一切都将连番上演。

圣诞节逼近，对家庭温暖充满渴望的文森特打破了沉默。梵高夫妇将最近的风波称为“那些情绪”，给了善意的回复，并且开始计划节日的家庭团聚。被工作和天气拖延了的文森特，戏剧性地在梦幻的圣诞节前夜从巴黎赶回了家。他后来回忆：“村子里张灯结彩，教堂尖顶被白雪皑皑的白杨簇拥在中心，赫尔瓦特那晚看起来美极了。”星光熠熠、月色朦胧的夜晚，文森特坐着一辆敞篷马车回家——这在文森特心中有如奇迹，要知道几个月前他才痛苦地离开伦敦，对家庭的向往这会儿迅速地在他心中复苏了。

1 月，再次回到英国的文森特开始埋头苦干。他的信件已摆脱了六个月以来的耿耿于怀和愠怒，洋溢着对店铺和新画廊开张的欣喜，以及从此他可以售卖真正的油画，而不是印刷品的期许与展望。“我们的画廊已经就绪，而且十分有看头，”他向提奥吹嘘道，“我们有很多了不起的作品。”他也给父母去了一些“不错的信”，信里“满是豪言壮语”。在伦敦见过文森特后，妹妹安娜让父母安心，因为他看起来“十分不错”，胃口大好，也开始注意穿着。

他也没有像错过母亲的生日那样错过父亲 2 月的生日。多洛斯记得，文森特的生日祝愿“深情满溢”。文森特给父母寄了些钱作为礼物，好让他们去拍照，洗出照片寄给兄弟姐妹们，这个主意源自文森特用肖像来进行艺术创作的最初念头。这个家庭的成员们分布在天南海北，惯于交换照片来寄托对亲人的思念。这个念头后来让他痴迷了一生。

3月，文森特试图说服古庇尔的大鳄们将提奥从海牙调往伦敦，这样他们就可以待在一起了，但是没有成功。“你如果能来这儿的话我一定很高兴，”他很肯定地说，“有朝一日，我们一定得这么干。”

然而，不论是文森特还是他的家庭，都不可能这么快就摆脱过去的阴影。他们完美的圣诞节也将在文森特兵役替补费即将要付清、全家要面临经济寒潮的阴影下度过。利兹回忆，文森特在家期间，多洛斯对文森特善意的言辞和“了不起的想法”置若罔闻。“如果，爸能听进去一句，”利兹惋惜道，“那么他对文森特的看法就会大为改观。”新年伊始，文森特继续用不定期的短信来折磨多洛斯和安娜。

文森特对工作燃起了新的热情。但这样的热情显然掩盖不了自海牙时期就给他带来麻烦的那些问题：他缺少“优雅的风度”，也不是做销售的材料。新画廊即将推出年度展览，到时，这些缺陷一定会让阿巴赫经理越来越感觉碍眼。两人剑拔弩张到时有正面冲突。文森特后来辛辣地嘲弄阿巴赫的“物质主义”和保守思想。古庇尔有人开始质疑文森特是否称职。而文森特则不以为然：“他们看到的只是我的表面。”

3月中旬，新画廊开张的前一天，文森特接到消息，他将立即被调往巴黎。这一次的调离仍是“短暂”的，但其中的信息很明显：“大人物们”已经对他失去了信心。他不可能被委以重任。他的职位被另一位英国学徒替代。他再也回不来了。

在赫尔瓦特，父母作好了最坏的打算。“我希望他能坚强一些。”多洛斯十分焦急。提奥也担心“那儿的人对文森特毫无同情心”，“没人能知道他心里会想些什么”，“他总那么善意，却没人相信他”。一个有如哥哥一般敏感的人会如何面对人生的低谷？

巴黎的信终于来了。多洛斯说，这是一封“奇怪的信”，却没有解释原因。也许是因为信尾附上的这首《流放》：

为什么要将他
从一个泊岸驱逐到另一个……
他，是这片热土的
荒凉之子。
让我们赐予一片家园
一片家园
给这卑贱的流放者。

读完信后，多洛斯自我安慰道，也许是这些“热情和付诸东流的努力，过度地刺激了文森特”。但他无法遏制那些可怕的念头。“天知地知，你知我知，”他只向提奥倾吐了心事，“不论是关乎身体还是灵魂，我想文森特是病了。”

第七章 效仿基督

巴黎一片喧嚣。1875 年冬，一群标新立异的青年画家将巴黎的艺术界搅得天翻地覆。他们以“无名者”自居。但保守派给他们安上了各种各样的名号，包括“印象派”和“疯子”。他们声称用新的眼光去看世界，还荒谬地宣称：他们使用的亮色和松散的笔法能以更科学的方式捕捉形象——所以，“即使是最精明的物理学家也难以找出他们的纰漏”。虽然仅有寥寥几名支持者，但他们声称能“画出”光线——前提是拒绝使用暗影，抛弃在物体反射上做花样的传统手法。这些宜人通透的画作被他们称为“尘世之镜的万千碎片”，或仅仅是“一些瞬间”而已。

印象派刮起的“新风潮”引来了巴黎多数艺术人士的嘘声和嘲笑。这些艺术元老拘泥于文艺复兴时期学院派的作画与造型方式，固守沙龙垄断化的运作机制。他们认为印象派的作品是“罪恶”、“荒诞”的，是“一摊烂泥”，指责克劳德·莫奈等先锋发起了一场“审美的战争”。愤怒的评论者们也把这些新画比作“猴子摆弄一堆颜料”的结果。“一群疯子，”《费加罗报》愤愤地表示，“惨不忍睹。”

高潮爆发在 1875 年 3 月，一群穷困潦倒的前卫画家（包括莫奈和雷诺阿）计划在巴黎的拍卖中心德鲁奥酒店拍卖他们的争议作品。这一事件激起了众怒。人们讽刺艺术品，辱骂艺术家。每呈上一件作品，他们就报以嘘声；当画作卖得几个铜板时——一幅莫奈的风景卖 50 法郎，他们更是手舞足蹈，百般嘲弄。“一个画框都不止这个价！”有人喊道。拍卖师回忆道，当时他很担心自己会被这群发疯一般的观众“捉到疯人院”。“当我们是傻子吗！”场面越来越难看，主办方只能报警，以免这伙暴徒拳脚相向。

两个月后，文森特抵达巴黎。

那时，这场风暴一定已经席卷了孤立闭塞、谣言四起的巴黎艺术界的角角落落。这也一定是蒙马特酒馆里年轻艺术家和画廊工作人员热议的话题。而文森特的新寓所就坐落在这个区域。处于风口浪尖的画家们会在晚上聚集在酒馆。一开始，他们去盖尔波瓦咖啡馆，后来又成了新雅典咖啡馆的常客——距离文森特供职的古庇尔画廊所在的夏普塔尔大街仅仅几个街区。在距离文森特的寓所不远处的煎饼磨坊里，雷诺阿支起画板捕捉斑驳的光线下迈着华尔兹般轻快舞步穿过连片树荫的情侣们。任何一个夜晚，在距离文森特住处几步之遥的音乐厅、酒吧，或是簇拥着年轻舞女的本地廉价咖啡馆里，一定有德加手持画板的身影。

文森特去古庇尔的另一家分店时，也常经过雷诺阿和马奈的画室。在马奈的作品被 1875 年的沙龙一一拒绝后，他开始将公众请进自己的画室，让他们亲眼目睹作品诞生的过程——当时，有数千人这样做了。在古庇尔画廊附近的歌剧院大街旁，谁会愿意错过杜兰-鲁埃画廊拉起横幅邀请大众见证印象派新丑闻的时刻：德加《棉花交易所》中描绘工作场面的奇怪构图，以及莫奈的妻子穿着亮红和服的惊人构图？ 6 月，文森特去了臭名昭著的拍卖暴乱事发地德鲁奥酒店，那儿就在古庇尔蒙马特大道分店的附近。在这条路上，他一定不止一次遇到过一个名叫保罗·高更的年轻股票经纪人（也是早期的印象派收藏家）。他供职于附近的股票交易所，闲暇时画画。

但所有这一切都与文森特全然无关。不论艺术之争如何在他身边闹得沸沸扬扬，不论闲言碎语如何充斥着饭桌和酒吧，不论守旧者和创新者如何针锋相对，不论巴黎如何“硝烟弥漫”——骚乱逮捕频频发生，大字报触目惊心，在文森特暂居巴黎的那段日子里，他从没提到过印象主义或是印象派画家。十年后，当弟弟试图培养他对“新兴艺术家”的兴趣时，他只回答道:“我完全没有留意到他们的存在。”“你对我提起的‘印象主义’，”文森特在 1884 年的信中给这个生疏的名词加上了引号，“我不太清楚它到底是什么。”

文森特当时在哪儿呢？这场艺术论战发起于他工作过的画廊、光临过的咖啡馆、阅读过的报刊、走过的街道，他怎么可能熟视无睹呢？他怎么可能如此置身事外呢？答案就在他抵达巴黎后给父母发去的一封“奇怪”的信中：文森特遇见了宗教。

每周四晚上和周末的两个时间段，上千名朝圣者会将巨穴似的音乐礼堂挤得水泄不通，连庭院外都人满为患。他们从各地拥来：伦敦、乡下，甚至加利福尼亚和澳大利亚。他们大多来自新兴的小康阶层：职员、书店店员、官僚、主妇。异化的资产阶级总渴望逃避事无巨细、斤斤计较的世俗生活。有的全因一时兴起，有的出于幻想，有的则出于好奇。但他们都因一个目的而来：聆听查尔斯·哈登·司布真的布道。

1874 年和 1875 年冬天，朝圣者中总有一个孤独的荷兰男人，那便是文森特·梵高。

离开罗伊尔家之后，文森特搬进了一处新的公寓，那儿离司布真神坛巨大的科林斯柱廊只有几个街区。这位浸信会传教士令整个维多利亚时期的英格兰都臣服于他（传言维多利亚女王本人也曾乔装出席）。长久以来，在公众眼里，司布真从一个 20 岁出头、情感充沛的"娃娃牧师"，成长为了年逾 40 岁的宗教领袖。他的帝国包括一所学院、一家孤儿院，以及一座巨型的公共图书馆。然而他成功的关键在于一个人在讲坛上每周三次的讲演。他在纽因顿为自己定制了这个高高在上的讲坛。在由 4000 余名信徒围成的虔诚海洋中，司布真立于小如戒盒、四周设有扶手的平台上，散布着救赎的承诺：这样的承诺"能救人于水火深渊"，能"施人以慰藉欢愉"。

司布真是个身材敦实、长相亲切的大胡子。他在台上不停走动，像一位可爱的叔叔一般生动活泼地讲述着他所谓的"常理"。他说起神祇的方式亲密得让人吃惊。他宣扬基督"真正的人性"。"感受他与你近在咫尺，"他说，"他是你的骨中之骨，肉中之肉。"他也用上了文森特的父亲同样用过的芥菜子、播种者和"迷途羔羊"的寓言。他经常谈及家庭，宣扬无条件的父爱就是基督的化身。他还用自己蹉跎的青春来证明没有什么罪过得不到天父的——或者父亲的——赦免。

对于一个远离家乡、任性不羁却又满心愧疚的年轻人来说，没有什么比这样的布道更能击中他的软肋，合乎他的胃口。

同时，在肯宁顿路附近的小屋里，文森特踏上了另一条朝圣路——通往令他无比自在的唯一国度的心灵的朝圣路。历史学家彼得·盖伊认为，"这是一个寻求建议的年代"，在那个时代，"焦虑的资产阶级们"通过"重新遨游在书籍的世界里"，来逃离这个时代的社会、科技以及经济的剧变。文森特就是其中之一。"我现在经常读书。"他在信中告诉提奥。文森特饥渴地寻找信仰，却又极力抗拒从小被灌输的信仰。于是，他便广撒渔网，来者不拒：他读诗集、大部头的哲学书、自然手册、奋斗史、乔治·艾略特的小说和俗套的情爱故事，他还涉猎枯燥的历史书。传记则是他的新欢——他需要在渐趋乏味的世界中找寻新的神话源泉。

堪称新文学体裁大师的米什莱是文森特最早的领路人。文森特一开始就对他以个性化视角撰写的自然史和动物史颇为痴迷。《鸟》和《昆虫》都令这个自童年时代起便搜罗鸟巢和甲虫的收藏家分外着迷。更让文森特欲罢不能的是充斥着米什莱奇特论调的性爱手册（核心之一便是探讨恋血癖）。这些极端的论调伴随文森特走过了沉沦于性爱和浪漫的早年岁月。

但米什莱首先是个历史学家。在这个法国人撰写的一卷卷浩繁的历史书中，文森特趟入了更为深刻而危险的信仰之海。米什莱用他的朋友维克多·雨果写小说的方式写历史：强有力的叙事、大量的修辞和宏大的视野。在米什莱的历史中，文森特第一次见识到了一个基督教无力干预的世界：一个人民，而非上帝，创造历史的世界；在这个世界中，只有真正的信仰才能引领人类的精神。在这个焦虑的、无神论的时代，米什莱认为法国大革命而非基督的生平才是人类历史的发端。法国大革命是自由对压迫，生存对死亡的终极胜利。

对宗教抱有狂热之心的文森特还开始潜心研究了 1789 年的事件。除了一些史料，他还阅读了取材于“那些难忘日子”的小说。米什莱的生动描写和狄更斯《双城记》的夸张再现，引发了文森特的无限遐想。后来的日子里，除了父爱，他还极其渴望这段失落在记忆深处的自由时光。但他相信，时光还可以倒转。

在 1874 年底调往巴黎的这段日子里，文森特开始研究以法国大革命为背景的油画。他认为一幅描绘一位戴红色软帽的革命青年的油画有种“不可名状的美丽，叫人难忘”。他仿佛看到了“大洪水时代”基督的影子。1875 年回到伦敦以后，他也在肯宁顿的寓所挂了一幅同样的画，对它有如神明一般供奉。在未来的日子里，他一次又一次将其视为希望与救赎的承诺。他认为，“里面有种重生的意味”。

他还读伊波利特·丹纳。这位试图调和科学与宗教分歧的法国历史学家更是将文森特在津德尔特建立起的价值观推向了瓦解的边缘。丹纳认为，宗教不过是人类的脆弱在不可见和不可知之物上的幼稚的投射。人只能获知可观察和可体验的真相，在丹纳看来，最有效的思维模式便是科学模式。除了观察和分类，在别的领域人类都无能为力。拥抱无垠与从不拒绝诗歌和浪漫主义文学的文森特理应会抵制丹纳这样的轻视超验真理的观点。但丹纳的另一些观点给像文森特这样内向、恐惧社交的书呆子提供了类似于救赎的东西。丹纳宣称“内在现实”远比表面来得重要。只有“独自沉思”——与不可知展开激烈的个人斗争——才能获取终极生命的神秘真相。所有美与真理，所有“超验的暗示”都来自这样的慎独。

但另一位浪漫主义者托马斯·卡莱尔用缜密的辩论和智慧的格言重塑了文森特的信仰。卡莱尔认为，人类注定要走上朝圣之路，要消除疑惑，要抛弃旧的教条和寻找对于“未知世界”的洞见。卡莱尔的一则奇喻深深引起了文森特的共鸣。他把摈除旧思想比作脱去旧衣。卡莱尔《衣服哲学》中的主人公和文森特颇有几分相似：背井离乡，与家人疏离，没有朋友，被爱人唾弃，被迫独自面对世界（“芸芸众生中的孤身只影”）。经历了自我质疑的苦难和危机后，他像基督一样，在信仰中重生了。

在令文森特欲罢不能的《论英雄》中，卡莱尔更深入地探索了如何像基督一样生活。耶稣是“伟大的英雄”，但绝不是唯一的英雄。英雄可以是先知（穆罕默德或路德），可以是君王（拿破仑），可以是但丁、莎士比亚、歌德那样的诗人，也可以是艺术家。成就英雄的不是他们对世界的作用，而是他们看待世界的眼光和方式。卡莱尔曾有一个篇章让这个总爱在津德尔特的溪岸凝视着什么的男孩热血沸腾。他认为这些英雄般的诗人具备一种洞察力：能“识得事物的可爱之处”，能领略它们的“内在和谐”。“解放我们的思想，睁开我们的双眼，孤星点点，芳草依依，哪里没有上帝的显灵呢？”

卡莱尔的英雄们也不是完美的。像文森特一样，他们一直在同自我质疑和挫折抗争。他笔下的但丁是个“微不足道、迷惘、哀伤的男人”。他笔下的莎士比亚多年来“深陷悲怆的深海”，“一直奋力游出自己的人生”。他的英雄们狂放不羁，不拘小节，“蔑视世俗的虚伪和体面”。人们，包括他们的家人被他们的怪异之处所蒙蔽，看不到他们的真正价值。卡莱尔表示，只需要“一颗诚挚的心”和“一双清澈的眼睛”，不管多么无可救药的年轻人都能在自己身上找到“神性”。

这就是文森特的终极安慰：他身上有基督的影子。他的苦痛从此被赋予了圣洁的光辉，孤独中也多了一份英雄气质。父亲一本正经的指责也不那么刺耳了。这个安慰仿佛给了文森特一个救赎的承诺——承诺他的漂泊与流放终将结束。

但冬天读过的另一本书真正让文森特觉察到了心中的神性——这种认同感如此强烈，以至于多年后，这股幻念还在不时地荡涤他癫狂的心。这本书的名字叫《耶稣的一生》，是厄内斯特·勒内对基督教起源的人性化再现。勒内的这本传记对文森特影响巨大。他于 1875 年 2 月给弟弟寄去一本，还有整个冬天埋头抄写的诗集。在信奉天主教的法国，勒内声称基督只是个凡人，圣餐不过是个“隐喻”，圣迹也只是迷信头脑中的幻觉。但对于一个从小受到《耶稣的一生》和格罗宁根的圣经人文主义熏陶的荷兰新教徒来说，这些言论并没有什么出奇之处。令他着迷的是勒内对人如何找到自我的动人刻画。

像文森特一样，勒内的耶稣“来自乡下”，是个加利利人。自然既是他“无比情投意合”的对象，又是提供慰藉的源泉。勒内笔下的耶稣是家中的长子，一生未婚。他避开了家庭，因为比起“血脉的联系”，他更看重“思想的共鸣”。像文森特一样，勒内笔下的耶稣性情反复无常：时而愤怒，时而狂喜，时而因忧伤而无力。他几乎可以说是个无可救药的男人。挫折常将他激怒。他竭力地争辩，仿佛生命就是同虚伪和狭隘的抗争。饱受放逐之苦的耶稣蔑视规约，喜好嘲弄那个时代的成规旧俗。用勒内的话说，耶稣“活在一个厌恶他、让他痛苦的世界”。最后，他将“生存、爱、观察和感受的乐趣”统统遗忘。

然而，这些折磨和考验只是通往终极救赎的必经之路：并不意味着字面意义上的救赎（文森特对耶稣的受难毫无兴趣），它指向获得新生的旅程。对于人类来说，那个终点才是最终的乌托邦，才是米什莱的大革命的圆满终结。对同耶稣一样放浪形骸的人们（譬如文森特）来说，在心灵深处的某个地方，他们总能找到安慰与归属。

1874 年到 1875 年的整个冬天和春天，在肯宁顿路的孤独小屋里这些念头一直在酝酿。偶尔收到只言片语的梵高夫妇对此略有耳闻。圣诞节的时候，妹妹利兹惊叹于文森特那些“了不起的想法”。2 月，连多洛斯也在儿子的生日祝福中觉察到了“一些睿智的思想”。在遗失了的六个月的信件中，文森特一定已将这些“想法”向提奥和盘托出。他饱含热情地将丹纳、卡莱尔和勒内的作品片段添加到为弟弟准备的诗歌簿中。这样一来，整本诗歌簿变得十分不伦不类，有让人心醉神迷的情诗，也有反映他狂躁内心的哲学思考。文森特既需要深刻的思想，又需要粗浅的情感。所以，他既信奉卡莱尔晦涩的“无限神性”和勒内极富争议的基督形象，也喜爱司布真慈祥讲述着的那些简单的真理。

然而，当文森特来到巴黎时，他对答案的渴求已经化作了一道律令。“敬畏上帝，守持戒律。”他在 1875 年夏天告诫他的弟弟，“因为这是我们应当尽的本分。”

福音派狂热压倒存在性焦虑——司布真压倒卡莱尔——始于文森特那个春天去往布莱顿的朝圣之旅。布莱顿是南部海岸的旅游胜地。每年5月和6月，福音派的基督徒们就从欧洲各地赶来集会，该集会象征着19世纪70年代的精神复兴。尽管文森特本人错过了这次集会，但他后来回忆，看到“上千信徒成群集结听福音传道”，没有人不会为之“动容”。

不论出于何种原因，文森特的转变已经完成。在巴黎，他突然变得虔诚。他每晚狂热地阅读《圣经》，写信时字里行间透露着《圣经》的智慧。他开始了苦行僧一般的生活：日出而作，日落而息（违背了他平时的生活习惯）。在给提奥的信中，他用一条古老的宗教箴言来总结目前的生活状态：工作之余不忘祷告。他戒除了肉腥，对面包产生了神圣的兴趣（这是“生命的食粮”）——同时也是种自我惩罚。他开始给家人和朋友寄去大量说教式的信件：满篇都是经文、赞美诗和鼓舞人心的格言警句。大量信件如雪花般飞来，连虔诚的多洛斯都不安起来。他向提奥抱怨道：“文森特凡事太过认真。”从不信赖过度激情的多洛斯也许已经意识到，儿子新萌生的激情本质上并非某种新的信仰，而是逃离旧恶魔的绝望。“今天早上我聆听了一个精彩的布道。”9月，文森特向提奥报告道。“不要纠缠在回忆中，”牧师说，“要有更多的希望。”

急于挣脱过去的文森特决心把曾经紧紧攥在手心里的一切都抛诸脑后——有的他几个月前还深信不疑。多年来，文森特一直鼓励提奥猎艳。而今，他告诫提奥“要学会抵御一切诱惑”。多年来，文森特一直渴望成为一名成功的画商。而今，他开始鄙夷追求世俗成功的种种想法，一心只想像上帝那样有一颗“丰盛的心”。几乎连艺术本身都要被他否定。“不要再夸大艺术给你带来的感觉，”他这样提醒提奥，“不要把自己完全交给艺术。”卡莱尔和丹纳的那些费了文森特一整个冬天来琢磨的新思想如今统统被他驳斥为“谬论”。同时，他不鼓励提奥“想得太多”，以免让智力荼毒了信仰。文森特对童年的不羁也幡然悔悟，不断叮嘱弟弟力争踏上“那座独木桥”（他借用了父亲的词汇）。多年来，文森特并不是教堂的常客。而今，他几乎用命令的口吻敦促提奥“不管布道多么枯燥”，“每个周日都得去做礼拜”。

当然，最让提奥吃惊的变化便是文森特对他长久以来视为英雄的米什莱的否定。9月，提奥在信中提到他很喜欢一年前文森特强烈推荐的一本书《爱》。而文森特却草草写了一封警告信——“别再读米什莱了”——并立马寄了出去。几周以后，他寄出另一封言辞同样焦急的警告信：“我已经毁掉了所有米什莱等人的书。我希望你也这样做。”一个月后，他还是很担心：“我说的你做了吗，丢掉所有米什莱的书？”一周后他又催促道：“我希望你丢掉所有的书，现在就动手，照我说的做吧。”

文森特为什么会如此急切？在文森特被罪恶感占据的心中，米什莱就是性的代名词。摈弃法国人的情爱作品和抵制性的诱惑是文森特清心寡欲的生活的一部分。对文森特来说，必须时时警惕此类诱惑，因为它潜藏在每个角落。（他的守戒生活包括阅读《圣经》，晚上尽可能多地拜访朋友。）很快，文森特的道德狂热让他否定了其他书籍。他很肯定地要求弟弟除了《圣经》之外什么也不要读，而这种肯定只能反映他内心的不安与不确定。其他的书籍一概“令人厌恶”。他告诫提奥，像海涅和乌兰德这样的浪漫主义者统统都是“危险的陷阱”，“千万要小心，不要与他们同流合污”。至于勒内的《耶稣的一生》，文森特断然让提奥“丢掉它”。

1875年秋，米什莱、勒内等人的作品相继遭到文森特的排斥。之后，他又热情地向弟弟推荐了自己最喜爱的书：托马斯·坎佩斯的《效仿基督》。这本创作于15世纪的新教徒精神指南刻画了比《圣经》还栩栩如生的基督形象——基督并没有被刻画成一个传记人物，而似乎是个亲密的朋友。不像卡莱尔和勒内笔下身负千年使命、遥不可及的“英雄”，坎佩斯的耶稣用“心灵的语言”直接和读者对话：分外真诚，通情达理，对人间疾苦饱含怜悯。他时而建言献策，时而厉声斥责，时而循循善诱。《效仿基督》中经典的智慧和老式的甜蜜极大地抚慰了孤独的文森特。坎佩斯的《效仿基督》让他的信徒们确信“不论成功还是失败，上帝都一如既往地爱我们”，以及孤独是忠诚的徽章而非诅咒。他表示，所有真正的信徒们全都“在世上如陌生人一般地行走在朝圣之路上”，“他们都很乐意忍受流亡之苦”。

在那个秋天一封接一封的信中，文森特在18岁的弟弟面前扮演起了坎佩斯笔下给人带来福音的基督的角色。几个朋友接连去世、工作不愉快和生病卧床不起的提奥成了文森特进行福音传播实践的理想对象。文森特没有采用惯常的那种煽动性的讲道方式，而是以安静鼓励的方式让提奥认识到，青春期动荡的本质是空虚，“不必过于在意”，“不要把挫折看得太重”，“不要对世上的事抱有过多期待”，甚至“不要做太多梦”。“只要心灵皈依上帝，那么一切都会好起来。”对提奥受伤的脚踝，他这样表示。“拿出一点勇气来，孩子，”他富有哲理地总结道，“前进的路上时而晴朗，时而阴雨——对，就是这样。”对于一个反复无常的、生活已被狂躁的内心和痛苦的失望撕裂的年轻人来说，这不能不说是想象的巨大飞跃——在现实中抓不到的宁静终于在此刻被紧紧握在了手中。

文森特不仅给提奥，而且给妹妹惠尔和安娜寄去了《效仿基督》，人人都表示收到了他“善意的信件”。但那个秋天，感受到文森特巨大热情的人并不是提奥，或者任何一个梵高家的亲人，而是文森特的室友，哈利·格拉德威尔。

文森特在古庇尔位于夏普塔尔大街的办事处遇上了这个年轻的英国人。他是画商父亲送来古庇尔受训的学徒。在巴黎这个大都市中，这个长着一对招风耳和讲一口蹩脚法语的乡下年轻人看起来很滑稽。“一开始，每个人，包括我，都笑他。”文森特报告道。但宗教让两人走在了一起。10月，他们不仅合住一间公寓，而且还拥有共同的信仰。每个晚上，他们都会大声“从头到尾”朗读《圣经》。文森特说，周末他们会早出晚归，“访遍每间教堂”。文森特热情地将坎佩斯的《效仿基督》讲给他18岁的年轻伙伴听，禁止他“过于眷恋家庭”——因为这违背了坎佩斯归隐和寻找孤独的指示。格拉德威尔与父亲的亲密关系也一度受到了文森特的指责。他认为这“很危险”，也“不健康”——“这是盲目崇拜，不是爱。”文森特坚持道，坎佩斯曾说，父母的爱应该被打上悲伤与懊悔的烙印——至少在这一世。

但在哈利·格拉德威尔身上，文森特忽略了坎佩斯关于“切断所有情感联系”的告诫，长久以来一直渴望有人陪伴的文森特在笨拙和遭到排挤的格拉德威尔身上看到了自己的影子。他很快将自己喜欢的诗歌列入了他的夜读书目（两人有如家人一般亲密）。他纠正格拉德威尔的饮食计划，让他尝试领略收集画作的乐趣，领他到博物馆参观他“最喜欢的画”。格拉德威尔正是提奥的年纪，无亲无故，欣然接受了这个顺从、细心的弟弟的角色，这个早已被提奥遗弃的角色。每天早上，他来到房间叫醒文森特，给他做早餐。他们一起步行上班，一起围着文森特房间的小炉子吃饭（文森特称之为“我们的房间”）。他们一边谈心，一边走过巴黎的大街小巷。“我喜欢和哈利在曙光初照的塞纳河边散步，”多年后，文森特高兴地回忆道，“我想念他棕色的眼睛。那双眼睛会发光。”

沉浸在新鲜友谊和虔诚信仰中的文森特对外界的一切都漠不关心。不论身边的巴黎艺术世界如何风起云涌，不论青年画家如何在咖啡店和酒馆谋划艺术革命，保守派如何撰写愤怒的评论，不论莫奈和雷诺阿的阿让特伊河畔的风景如何受到羞辱嘲笑——或者拥护支持，文森特却把自己与他年轻的追随者关在蒙马特的小屋内，阅读《圣经》，效仿坎佩斯笔下的基督：“将你的心从可见的美好中收回，去放眼不可见的事物。”

文森特即使放弃艺术也不愿放弃他的新伙伴，但艺术反而为他获得了新的友情。去年还在伦敦的时候，他就已明确地将库房中的宗教画列入了最爱。1874 年 8 月，他还特意前往大英博物馆专程去看伦勃朗的基督像。整个冬天，文森特墙上频频更换的画作无意中记录下了他的精神朝圣之旅，司布真、米什莱、卡莱尔、勒内，都是他曾经仰慕的对象。撩人的女士和表现资产阶级生活的画像被撤下，阅读《圣经》、洗礼、宗教英雄、虔诚典礼的场景被换上。受到卡莱尔自然神性观的影响，墙上便出现了一系列宁静的落日、若隐若现的曙光、翻滚的天空和低垂的云彩（尤其是法国风景画家乔治·迈克尔的作品）——构筑了自然与宗教永恒的联系。

但卡莱尔的自然神性很快被勒内的基督所取代。在最为杰出的巴比松风景画纪念展中，文森特只挑选了一位画家的作品，那便是卡米尔·柯罗的《橄榄树园》。在老大师的作品展中，他对伦勃朗的《基督下十字架》倍加赞赏。在卢浮宫和卢森堡宫画廊的丰富宝藏中，他向提奥推荐了另一幅反映耶稣生活的作品，那就是伦勃朗的《以马忤斯的晚餐》。他寄去两幅版画庆祝母亲 9 月的生日：《耶稣受难日》和《圣奥古斯丁像》。来到巴黎几个月后，小屋的墙上多了一幅耶稣诞生像、一幅修道士像和一幅名为《效仿基督》的画作。

文森特超凡脱俗的爱好给他的工作带来了种种问题。6 月，当他得知不能如愿回到伦敦的时候，这股新鲜的劲头马上无影无踪了。他对基督的虔诚不但没能抚平他的失望，也没能让他在夏普塔尔大街结交除了格拉德威尔之外的第二个朋友。在阿道夫·古庇尔的国际商业堡垒中，没有什么比《效仿基督》中宣扬的疏离和苦行更不合时宜的了。文森特的追随者，商人的儿子又怎么可能履行坎佩斯谆谆教诲的律令呢？“不要对富人谄媚，也不要成为权势之人。”如果文森特试图说服身边的人——他当然很想这么做，那么他们一定会像森特伯伯那样不耐烦地断然拒绝：“我对迷信的事情毫无兴趣。”

文森特后来将他在古庇尔的销售工作戏称为“娱乐顾客”。这从某种程度上体现了文森特卑下的职位和他惨不忍睹的销售业绩。作为一名销售员，他天生的缺陷在夏普塔尔大街显得更为惹眼：粗犷的外形、不安的眼神、尴尬的举止。巴黎的太太们来到古庇尔石灰岩建成的艺术大殿里，都称他为“那个荷兰乡巴佬”，并对服侍她们的文森特多加苛责。在文森特眼里，她们不是需要招呼的顾客，而是需要教导的无知之徒（这正中他的下怀），或者说是需要被惩戒的俗人。据说，一些顾客的“愚蠢”曾激怒了文森特。当另一些顾客指着新买下的作品称“这才是潮流”时，他会因为震惊或生气而不予迎合。顾客们便愤愤不平地表示这个陌生的职员“胆敢挑战他们的品味”。面对这样的挑战，坎佩斯对于诚实说话和做事的要求让文森特更为固执地说一不二。他的无礼不止一次惊动了上级。文森特时常受到惩戒，以防成为同事的坏榜样。

更糟的是，坎佩斯崇尚的“简约与质朴”也让文森特在艺术品味上显得更加怪异。他对一位风格怪异和压抑的荷兰画家马蒂斯·玛丽斯产生了莫名的兴趣。玛丽斯是巴黎公社的前社员，住在文森特的寓所附近。这又是一个资产阶级出身的堕落之子。他曾为古庇尔工作，与他成功的艺术家兄弟雅各布和威廉一样，创作迎合大众口味的作品。但是，有一天，他突然一反常态，将自己从前的作品鄙夷为“粗制滥造”的作品。他开始以怪诞的象征主义风格作画，过起自我放逐的隐士生活。当文森特在父母面前表露出对玛丽斯“才华”的倾慕时，多洛斯叹惜道：“文森特对玛丽斯那些黑压压的画很热衷，我希望他的口味能转移到那些颜色更强烈更明亮的作品上去。”

尽管他们近在咫尺，文森特却没有告诉家人他曾去拜访过隐逸的玛丽斯。他终于找到了一颗惺惺相惜的心。他们有着同样超凡脱俗的诉求，同样与家庭疏离，同样有着叛逆的热情，同样有过格格不入、惨遭拒绝和消极避世的经历。那个秋天，文森特开始为这位老人准备诗歌簿。在扉页上，他援引了坎佩斯的话：“在你处处受到排斥时，有一个真心的朋友该有多幸运。”

坎佩斯的教诲、玛丽斯的榜样和古庇尔接二连三的麻烦逐渐改变了文森特的世界。旧的想法烟消云散——不仅是曾经对伯伯的仰慕，还有他对财富和特权的态度。对他曾渴望成为其中一员的阶级，他萌发了前所未有的敌意——在这个阶级中，从来都不存在能容纳他的位置。现在的文森特认为讨价还价就是“想占别人的便宜”，艺术品交易“不过是合法的偷窃”。“一切的一切，”文森特后来写道，“本质上都是金钱的交易。”文森特控诉着，出离的愤怒和漂泊无依致使他再次用烟斗来拂去心头的愁云。他不断徜徉在巴黎街头，避开一个又一个博物馆，却在坟墓前久久驻足。他将自己的古庇尔生涯鄙夷为“在地狱的日子”，蔑视自己对老板森特应尽的家族责任。也许，他内心的反叛最为明显地体现在对严格的着装规范的藐视上。坎佩斯曾说，你的虔诚“不因华丽的霓裳增加半分，也不因破烂的衣衫减少半分”。

眼前虽然有基督的引领，文森特依然无法放弃人世的种种浮华，其中之一便是对家庭的向往。圣诞节的临近再次点燃了回家的渴望。由于父亲接受了新的职位，一家人会在布雷达的市郊小镇埃滕庆祝节日。由于埃滕离津德尔特只有四英里，所以这在某种程度上可以算是双重意义上的回归。文森特早在 8 月就已经订好了圣诞计划。9 月，他写信给提奥表达自己对圣诞节的期盼，还让会计每月在自己的薪水中扣留一部分，因为“在圣诞节我会需要一大笔钱”。12 月初，写了一大堆信的文森特一遍遍地修改着他的返程计划。每当画廊收到绘有银装素裹的乡村景致的画作时，文森特便会想象这就是即将到来的圣诞团聚景象。他满怀希望地写道：“冬天很寒冷，但是人心很温暖。”

12 月 23 日从巴黎开出的通宵火车不但载着启程的文森特，还载着几乎要将他压垮的失败感与罪恶感。连月来似箭的归心更是让这种感觉仿佛有千斤重。因为他的消息会毁掉这个最为美好珍贵的假日：他不能在古庇尔待下去了。

关于文森特被解雇的记载并不完整，也很含糊，但有一点大家都很确定：文森特已经预见到了这个后果。在之后给提奥的信中，他称他并不是“突然”被撵走的，也模糊地承认他“干了一些从某种意义上来说也许很糟糕的事”。原因之一必定是文森特擅自离店度假。事实上，文森特的假期常被取消，而且是在最后一刻——在画廊的旺季，这并不稀奇。但连月来的计划和向往让文森特公然顶撞上司，擅自离开。也许在为争取假期的争辩中，文森特“突然爆发，愤然离去”（多年后他这样向提奥坦白道）。一开始，家人一无所知。直到假期临近结束，提奥也已经去了海牙，文森特才和父亲坐下来进行了一场“坦诚的对话”。

即便那时，他也没提自己擅自离开极有可能会被解雇，只是以煽情的方式含糊其词地描绘了自己的困境。这场谈话后，多洛斯告诉提奥：“文森特很不快乐。我想现在的职位并不适合他……也许有必要改变他现在的处境。”即便在 1 月 3 日，文森特登上了从布雷达开往巴黎的火车时，他还是没有告诉父母实情。与家人告别之后，多洛斯告诉提奥："文森特决定还是应该留在古庇尔。"安娜也记录下了儿子临别时的话："我还是期望能继续这份工作。"

像文森特担忧的那样，1月4日他返回古庇尔的第一天便接到了解雇通知。是利昂·波索，森特的合伙人之一带来了这个消息。文森特形容这次碰面"极不愉快"。当面对留店察看期间擅离职守的罪名，还有一连串的顾客投诉时，文森特陷入了沉默。"我没有理直气壮地还嘴。"他告诉提奥。因为他一定知道，这是高层的决定，波索也没有选择的余地。1月，梵高家史将此事一笔带过："文森特接到了他被解雇的消息……大人物们早就察觉他不是经营生意的材料。看在他伯伯的分上才让他待了这么久。"

文森特似乎仍然想为自己的遭遇辩解。那天在给父亲的信中，他终于承认了自己擅离职守的事实，但仍将自己的被解雇说成了似乎是为了维护尊严而不得不辞职。面对提奥，他把自己诗意地比作了一个"微风一吹就会从树上掉落的成熟苹果"。在余生中，这个令他饱尝羞辱的插曲不时会在他脑海中浮现。他一面懊恼自己像基督一样"默默忍受"，一面讲述自己当时面对波索的指控完全可以反驳和辩护，但他没有这样做。"如果当时我想的话，我完全可以辩解，我也完全可以继续留在古庇尔。"多年后，他仍试图向提奥辩解。

但文森特当时的种种努力却没能将羞辱减弱半分。"他把事情搞得一团糟，"多洛斯哀号道，"这简直是桩丑闻！让我们蒙了羞！……太令人伤心了。""真叫人心痛，"安娜也恸哭了起来，"谁会料到这种结局？……我们看不到一点希望……真叫人绝望。"再也顾不上矜持和礼仪，夫妇俩在一封又一封给提奥的信中尽情倾吐着他们"无法言说的痛心"和"失望的苦痛"。他们认为文森特的耻辱是"天父让我们背负的一个十字架"，只希望丑闻不要传到埃滕。

他们对文森特尚存的一点同情也在此刻消失殆尽。他们确信文森特这是自食其果，却要让家庭蒙羞。多洛斯责备文森特毫无上进心，抱有"病态的人生观"，无能到"连自己都照顾不了"。几个月前，约翰内斯的自杀（基于某种不明的宗教信仰）刚刚让安娜遭受丧弟之痛。她认为文森特的遭遇源自他对家庭和阶级责任的拒绝。提奥表示，文森特"不论在哪里都会惹出乱子"，试图以此宽慰父母。家史则总结了大家的观点："文森特总是那么让人捉摸不透。"

牧师和他的妻子尽一切努力封锁消息。他们命令提奥及任何知情人士不得在巴黎宣扬此事。他们在信中写道，每个人都应该"装作什么也没发生”。如果有人问起，提奥只消说：“文森特想换个工作。”与此同时，多洛斯让弟弟科尔在他阿姆斯特丹的书店给文森特安排一个职位。如果文森特能在最后的离职期前从梵高家的一份产业转到另一份产业（波索给的期限是4月1日），他们也许就可以免于蒙羞。多洛斯还一度以为自己可以让巴黎的“大人物们”回心转意。他焦急地给文森特去了一封又一封信，以最严厉的口吻催促他重新去见波索，赔礼道歉，诚心悔过，挽回工作。

但一切都无济于事。波索的立场很坚定。科尔叔叔对这一家子的困境表示了同情，却不愿给这个令人头疼的侄子提供一份差事。森特伯伯也没有一句安慰——他的态度最终在家史中可窥得一斑。“伯伯失望至极，”家史撰写人，文森特的姑妈写道，“他曾多么希望这个与自己同名的侄子挣得一份好前程。”

埃滕的多洛斯犹如失去了儿子一般哀痛万分。他躲在书房中写下了周末的布道：“愿主保佑悲痛之人。”

多洛斯和安娜决定不惜一切代价维护森特对他们仅剩的一点眷顾。为了保护提奥不受哥哥丑闻的影响，两人可谓用心良苦。他们督促提奥保持与古庇尔的良好关系（特别是与泰斯提格的）。他们告诫提奥，“文森特在这点上的疏忽”才导致了今天的局面。从前那个在津德尔特牧师公馆口口声声要求孩子们团结一心的安娜现在却给提奥寄去了一些尖锐的提醒：“我们大家都得学着独立，不能再相互依靠。”如果提奥对文森特产生了任何兄弟间的同情，他们会立即将其扼杀。必须让文森特得到教训，他们写道：“再不要把他的好放在心上。”两人时不时地以“伤透了心的爸妈”的落款给提奥寄去告诫信，唯恐提奥会忘掉他的哥哥曾给这个家庭带来的伤害。

在蒙马特的寓所里，被悔恨击垮的文森特开始检视自己残破的人生。他后来把这次解雇事件称为“一场灾难”——“仿佛一下子掉进了黑洞”，“苦心积累的一切轰然倒塌”。在古庇尔六年的心血化为泡影。他曾为自己的名字骄傲，却亲手将它抹黑；他渴望弟弟的仰慕，却把弟弟推到了困窘的境地；他向往家庭的团聚，却生生给家庭蒙上了耻辱。在这迟来的悔悟之心的驱使下，文森特给家人和朋友寄去了一连串的信件和礼物，但统统只得到了礼貌的回应——或者，像森特伯伯那样压根没有回应。提奥也只有零星的几封来信。文森特向提奥打听最近的新鲜事：“很久没有你的消息了……给我讲讲你的生活吧。”从其他途径得到提奥的消息让他更为伤心：提奥又升职了，完成了一趟成功的春季销售之旅，森特伯伯对他大加赞赏，给了他大幅的加薪。文森特则出于愧疚，退回了父亲给他寄来的40弗罗林。

1月底，哈利·格拉德威尔也搬出了文森特的寓所。孤独只能让自责雪上加霜。格拉德威尔选择这个时机让文森特心生疑惑，毕竟他与波索翻脸才几周。沉沦在妄想中的文森特开始责备格拉德威尔与波索合谋排挤他。这个英国人的偶尔来访并不能阻止文森特陷入曾经的自怜自艾。“我们不时会感到孤单，渴望朋友，”他提笔给提奥写信（他一贯的作风便是用上复数“我们”来掩饰自己的痛楚），“如果我们能找到那个‘知音’，也许一切都会不同，我们也会更快乐。”在格拉德威尔淡出文森特生活的那些日子里，文森特开始依恋画廊的另一位职员，弗朗斯·苏卡——另一个愁苦的荷兰青年。苏卡与妻子、岳母同住。文森特还拜访了他们的家。文森特称两人“心心相印”，还曾一度有过在他们家寄居的念头。

但他必须要离开。这桩丑闻让他无法继续在巴黎立足。出于责任，父母让他前往埃滕，但在那儿无疑也躲不过羞辱。文森特“执意”回到英国，至于原因，他并没有披露。然而，一个人生存的前提是一份谋生的差事。多洛斯紧张的经济状况已经容不得他闲散度日——即使文森特愿意让父亲接济。但文森特对于要干什么一无所知。突然“被撵出”（他的原话）古庇尔让他士气低落，漫无目标，一想到新工作就一筹莫展，倍感窘迫。“人们只会当你是个‘失业的人’，总会对你疑神疑鬼。”父母则建议他去当会计，或者基于他的优势或经验在博物馆找一份差事。或者，如果说他真的“热爱这份职业”，为何不像他的伯伯一样成为一名画商，自己开创一份事业呢？

但文森特对艺术已经丧失了热情。他只关心如何修缮与弗朗斯·苏卡及哈利·格拉德威尔的关系，他们还是每周来到文森特的小屋朗诵诗歌。他觉得他“喜欢指导别人”，给父亲的信中他对此有过模糊的表述，只是希望“能在这方面积累热情”。他读了乔治·艾略特的《菲利克斯·霍尔特》，此书讲述的是主人公通过教导年轻的男孩子们来维持自己和寡妇母亲生活的故事。他也梦想着能成为这样的人。抱着这个念头的文森特开始在英语报纸上寻找老师和家庭教师的工作。父母认为他的希望很渺茫。“这样的工作需要长时间的学习和努力才能获得的必要的资质和能力，”他们担忧道，“显然，他并没有作好准备。”

文森特所有的求职信不是遭到拒绝就是杳无音讯。随着离职期限的逼近，他变得越来越焦虑，4 月 1 日似乎成了审判日。“我的日子快要到了。”他在给提奥的信中写道。不顾父母的反对，他决定一离开古庇尔就去伦敦——不管有没有工作。路上，他会在埃滕稍作停留。同时，为了与苦苦折磨他的焦虑和自责对抗，他决定再一次向坎佩斯的基督求助。“当人们蔑视你，审判你的时候……你会感到巨大的安慰。”坎佩斯承诺道。基督不也“遭到朋友和熟人的背叛了”吗？

离开的日子一天天逼近，文森特却埋首投入了另一项历时更久、意义更深远的兴趣之中。虽然近乎赤贫，文森特还是不断地买入画作，他的收藏日益壮大。在巴黎的最后几周里，他没有忙着和朋友们道别，也没有去自己喜爱的地方走走，却只是一门心思完成他为马蒂斯·玛丽斯制作的剪贴簿。屋外风起云涌的新艺术革命与他无关，业已崩塌的前程也已没有那么重要，他独自坐在阁楼上，一页一页地抄写着孩童时代就耳濡目染的词句——安徒生、海涅、乌兰德、歌德，用钢笔和墨水召唤着他最诚挚的朋友们；他忙碌地记下一行又一行细密的笔记；脑中反复放映着那些熟悉的画作——夜雾、银色的月光、死去的爱人、孤独的流浪者，它们对高尚之爱的执着抚慰了文森特的心灵。

文森特在3月31日周五，他23岁生日的第二天，离开了巴黎。文森特向来讨厌告别，在后来的一生中，他都用紧急的行程来避免这一场面，所以这一次的离开也十分平静。格拉德威尔去火车站为他送行，之后，顶替了他的职位，搬进了他的房子——三年前发生在提奥身上的事情而今在他身上重演。临行前的最后一刻，文森特接到了拉姆斯盖特一所小小的男子学校的聘任信。拉姆斯盖特是英国海边的度假胜地。这个消息给了文森特一个全新的开始，让他的结局不至于太糟糕。这虽然算不上是份好差事（一开始没有薪水），但它起码提供食宿，让他可以避羞疗伤。

埃滕的短暂停留又激起了一些旧日的热情。文森特为家里的新屋子、埃滕教堂和牧师公馆画了一幅铅笔素描。每一处篱笆、每一根木桩、每一扇窗框，以及每一笔轮廓，都仔仔细细、一丝不苟地用钢笔描画加粗。他还搭火车去了一趟布鲁塞尔看望病中的伯伯海因。他也许还去了一趟津德尔特。父母称他在埃滕的这些日子“很是美好”，并饱含希望地坚信“他是个好孩子”。文森特对家留恋了起来。原本只住“几天”的计划逐渐延长到了几周。4月8日，提奥也回来了，虽然只是因春季销售旅行绕道经过埃滕。

但文森特不能留下来。艺术这个话题无可避免，而每次提起，他的父母就会不自然地掩饰他们的失望。他们的儿子丢掉了一份他那么熟悉的工作，却要去从事一份他一无所知的职业。安娜哀叹："他曾那么热爱艺术。现在要将它们统统抛弃不知该有多感伤。""希望他找到的是份好工作，一所有 24 个男孩子的寄宿学校毕竟也非同小可。"提奥的到来更是让大家都忘记了不愉快。接下来，提奥会返回海牙，协助古庇尔搬往普拉茨另一个更新、更奢华的画廊。

《埃滕的牧师公馆与教堂》，1876年4月，纸上铅笔和墨水，$3^1/_2$英寸×$6^7/_8$英寸。

文森特的火车定于复活节的前两天，4 月 14 日的下午两点开往鹿特丹的港口。直到孤身一人站在月台的那一刻，文森特才最终意识到自己做了什么：他在放逐自己。但他很快克服了这个念头，并胡乱写下了一个字条。"我们常要面对别离，"他这样写道，"但这是最让人悲伤的一次。"上了火车之后，他还不停写着，对下一次的归来抒发见解。"神的保佑让我们的希望更坚定，也给予了我们更多的勇气。"在接下来的五年里，他用言行（之后是画作）检验了这一信念：只要对主足够虔诚，家庭也会重新接纳他。

就在几个月前，当火车驶离文森特童年的草地和溪岸时，思乡、愧疚和愤懑一股脑儿全涌上了文森特的心头。当时，他恰巧发现了一首能够完美捕捉当时心情的诗歌。他把这首诗寄给了提奥，表示"它深深打动了我"：

> 一个受伤的魂灵跌撞在……
> 人生第一个逍遥谷，在那儿，年少无忧的你，
> 总爱聆听自己沉默中的歌唱。

我的心，你是怀着怎样苦痛的热忱迷醉在
给予你生命的家园……
但妄念，你总生生把我们欺骗！

在你斑斓的幻境中，一个五彩的未来
正生成一张滑轮织就的网，好似一个灿烂的夏日，
那震颤的耳朵不就是无数个太阳吗？

你撒了谎。但这样的魅力谁人能挡，
透过泪水织就的棱角，在宝石红的远方，
依稀可见闪耀着霓虹的鬼魅。

第八章　天路历程

12 年后在阿尔，文森特·梵高为等待保罗·高更彻夜不眠。他常在被他称为“夜行者”的流浪汉们经常光顾的酒馆待到深夜。他觉得自己也是一名“夜行者”——被迫永远在 24 小时营业的酒馆橙黄的煤气灯中穿行，追逐海市蜃楼般的“家园和故土”，而它们只存在于无家可归者渴望的幻想中。“我是个旅人，”他写道，“只在路上，没有到达。”

1876 年 4 月前往英国的文森特就此踏上一段这样的旅程。

接下来的八个月里，他几乎没有停下。从一地辗转到另一地、换了一份又一份工作、在英伦大地上行走了几百英里的文森特一直“在路上”。他坐过船，乘过火车，搭过巴士和卡车，甚至地铁。但他多半走路。即便在这个铁路交通廉价到女店员都能担负得起一张三等座票的时代，文森特依然在一直行走。不论天气，不论时间，他一如既往地走着，在荒野歇息，在田地间觅食，在小旅店填饱肚皮，或者有时候，什么也不吃。他行走着，直到衣衫褴褛，皮肤灼裂。他以从容的步调行走（据他自己测算，三英里一小时），好像目的地并不重要，好像行走本身——纯粹的里程积累、鞋底鞋带的磨损、隆起的水疱——才是衡量一个人虔诚与否的标准。

在拉姆斯盖特，他走在点缀着“更衣车”的沙滩上。他走在码头边，防波堤向他家乡的方向延伸。他走在白垩崖巅旁的小径上，周围长满粗糙的山楂丛和被风吹弯的树木。他走过错落在海岸边的峡谷和水湾，走过山崖边海平面以上的玉米地，那儿如津德尔特的郊野一般诱人，而且离他执教的学校只有几分钟路程。

仅仅两个月后，学校从拉姆斯盖特搬往伦敦，文森特也尾随步行前往——在夏日的酷暑中他跋涉了 50 英里。这是他在英国只身上路的最长行程。“真叫我好走。”他向提奥吹嘘道。如果搭蒸汽船穿过泰晤士河，只要几个小时和一把便士。有一晚，他睡在了教堂的台阶上。他在继续赶往目的地之前，还两夜不休，绕道30英里去韦林看望妹妹安娜。第二天，他走完了最后的25英里来到了艾尔沃思，伦敦远侧的一个小镇。那儿就是寄宿学校的新址。

坐落在泰晤士河湾的艾尔沃思风景优美，也许会是文森特理想的落脚点。然而，对文森特来说，这里成了一个他反复顺流而下步行进城的起点（这里离城有十英里）。他一趟又一趟地上路，无视车次频繁的火车，无视天气，不论日夜，早出晚归，有时还在一天内往返两三次。每次去伦敦文森特都能办很多事：穿过伦敦令人崩溃的交通和迷宫般的街道重访原来工作过的地方，拜访某个老友，找找工作，甚至去看看某座地标性的教堂——或者能让他在路上耽搁的任何事。

7月，他换了工作。新职位在艾尔沃思的另一所学校，学校让他去伦敦和其他地方追讨生了病的学生或家长拖欠的学费——这让他走遍了城市最偏远的郊外。9月，他考虑去利物浦或赫尔——重新找一份工作，他说。他还曾说起想乘船去南美。“他们有时候会问，什么时候我才能抵达我的目的地。”

究竟是什么驱使着文森特走下崎岖的乡村公路和繁忙的城市街道，奔向海角天涯的怀抱？也许是逃避的诉求催促着他远离巴黎和埃滕。夏天和秋天，他的信中满是挣脱枷锁和驶向“安全”之地的字眼。他大肆谈论着从罪恶和之前生活的“虚假平静”中的解脱。他读罪犯亡命天涯的书。这样的故事抚平了他的焦虑，让他整日空想如何从终结的死亡中解脱。

无疑他也在折磨着他的父母。他在信中不是详细地讲述自虐式的旅行，就是陷入可怕的沉默——即便不是出于有意，这两点都足以惩罚忧心的父母。“他总是几小时几小时地长途跋涉，”多洛斯在给提奥的信中写道，“我怕会让他的形象受损，那样他就更见不得人了……这些都是多余的行为……让我们很遭罪。”

但谈到文森特“多余”的行为，没人会比他本人更遭罪。“那些年，”文森特后来回忆道，“我没有朋友也得不到帮助，十分痛苦。”也许，自我惩罚才是他苦行的真实目的。显然，他走出的每一步都承载了沉重的罪恶感。抵达英国后，他即刻写道：“这能让我忘记自己是一个只能让家人蒙羞的儿子。”在一封又一封的信中，他倾吐着“不满足”、“不完美”和“无价值”的感觉。他承认他“憎恨自己的整个人生”，期盼他能忘记“自己年少罪恶”的那一天。“谁能永远地将我从这具不堪的躯体中带走？”他发出了哀怨的诘问，“我还需要与自己抗争多久？”

连月来，自我惩罚式的行走中还伴随着如潮水般涌入脑中的抚慰人心的画作。过去那些关于旅行、告别、归家、苦恋的徘徊和道德追寻的意象总能激发文森特的想象力。现在，它们成了救生索。他又对朗费罗的《伊凡杰琳》和《迈尔斯·斯坦狄什的求婚》重新燃起了热情。这两个故事都讲述了流亡给人带来的改变。还有朗费罗的《亥伯龙神》，它讲述了在后拿破仑时代欧洲一位忧郁的诗人在末日般的大地上寻找自我的故事。朗费罗的《路边客栈的故事》成为了文森特新的信条。背井离乡的女作家伊丽莎白·韦瑟尔的《世界之广》令他感触颇深。他除了读给学生们听，还给提奥寄去了一本。

他收集了绘有噙泪离别和欢乐团聚场景的作品，譬如亨利·康西安斯的《征召》。他仔细地将其逐页抄写了下来。（“离别的时刻已经到来！……母亲紧握着手……他把头埋在手心掩住沿面淌下来的泪，用含糊的声音说出了两个字：‘再会。’”）他还在古斯塔夫·布利昂的画作《永别》中找到了同样令人心碎的画面：青年满面泪水与父母告别的画面。曾有一段时间，这幅画在他的所有收藏中占据了无可比拟的地位。在夏天和秋天的游历中，他不知道想了什么法子，竟一直将其随身携带。3月，他还给父母寄去了一幅作为他们结婚周年的礼物。

路，不论是在文森特的想象还是在他的日常生活中，都是一个永恒的意象。他成长的乡村布满了条条如铁轨一般笔直的小径，它们一直延伸到远方树木的尽头。母亲很早就开始教他“人生如路”，父亲珍藏着一幅送葬队伍行进在麦田小径上的画。在文森特的成长历程中，每条路都是一段旅程，每段旅程都蕴含了一个人生。这双寻找风景的眼睛也总在摸索前路。文森特在自己房中也挂了一幅画作，类似父亲的那幅，画中是一条通向远方的崎岖山路。他最喜欢的诗节讲述了一个疲惫旅人的乞求：“这条路一直是上坡吗？ / 是的，一直到尽头都是。/ 这段旅程要走上一整天吗？ / 从日走到夜，我的朋友。”

在文森特眼里，每条路都意味着一段旅程，每个旅人都是一个朝圣者。“如果你想变得坚韧，获得精神的升华，那么就把自己视作大地上的流亡者和朝圣者吧。”坎佩斯如是说。重新开启孤独之旅的文森特在讲述虔诚的旅人为了抵达超脱的彼岸而饱受现世跋涉之苦的故事中找到了共鸣。在为玛丽斯准备的诗歌簿上，他抄写了乌兰德以前往圣城为主题创作的《朝圣者》的开篇章节。在父亲寄来的荷兰诗集中，文森特只圈出了一首名为《朝圣之旅》的诗歌（还抄写了一份给提奥），这又是一个关于“攀登精神高峰”的故事。

在许许多多的朝圣路中，只有约翰·班扬的《天路历程》给文森特留下了至深的印象。他告诉弟弟:“这本书十分值得一读。”和文森特一样，班扬笔下的基督徒抛下亲人，踏上了艰险的旅程，一路上历经形形色色人性的脆弱、愚蠢和诱惑。和文森特后来的艺术一样，《天路历程》1678年甫一问世，其虚拟的寓言世界弥漫着的强烈的道德诉求就令世人震惊，也立即赢得了读者的心。两个世纪以来，《天路历程》广受赞誉，成了英国家庭除《圣经》外的必备书籍。“我极其喜爱这本书。”文森特写道。

但班扬的基督徒必须要和文森特心中另一个旅人的形象一争高下。他读到了旧货商——“收破烂的男人”——的故事。旧货商回收破烂，在荒野小径上讨生活。文森特在诗歌簿上完完整整地抄下了这个故事：“一见到他，人们就紧锁大门……他在这个村子受洗，却也是这儿的陌生人……对于自己家中发生着什么，他一无所知。”

走过的路越来越长，鞋袜渐渐磨破，这个形象也镌刻在了文森特心中。“他走着，走着，收破烂的男人，就像流浪的犹太人。没人喜欢他。”

文森特的旅程始于拉姆斯盖特一所杂乱、有虫子出没的房子。他当时一定高兴地以为自己闯入了狄更斯阴郁小说中的某个场景。在文森特的印象中，威廉姆·波斯特·斯托克开办的学校完全算不上一所正规的、资金充裕的学校。24个10岁到14岁的男孩拥挤在皇家路6号一幢狭窄的独栋住宅里。那里距离直坠入海、令人眩晕的山崖只有几百码远。腐烂的木质楼梯、破损的窗户、昏暗的灯光和漆黑的走道都是文森特抱怨的理由，被他说成是“一派惨状”。他写道，晚饭大抵是面包和茶。漫漫长夜，孩子们往往饥肠辘辘。

在这样的境况下，文森特就像狄更斯笔下的主人公一般，被繁重和似乎没有尽头的工作压得喘不过气来。从早上6点到晚上8点，他和另一个“助教”担负起了所有学生的责任。他说，他“什么都教他们一点”，法语、德语、数学、背诵和“听写”。他带他们去散步和去教堂，他监管他们跳蚤成灾的宿舍，安置他们就寝。他至少给他们洗过一次澡。空闲的时间，他做一些修缮工作和零星活计。“真是累人的活。”文森特故作轻松地说道。

斯托克一手造就了这一幕幕狄更斯式的阴郁场景。斯托克是个秃脑袋、满脸络腮胡子、身材魁梧的男人。他像操持一份买卖一样经营着这所学校。当时，政府开设的公办学校为了满足新兴中产阶级的教育需求，已经不堪重负。于是，任何拥有一所房子和假装博学的人都可以开办一所学校。文森特后来写道，斯托克办学“只有一个目的，那就是钱”。据文森特所述，他对操持这份营生的来龙去脉“十分保密，从来不谈论过去；他常突然离开又突然到来，让人猝不及防”。太多的秘密让斯托克成了一个喜怒无常的校长：前一秒还与学生们玩玻璃弹珠，下一秒就因他们的吵闹勃然大怒，罚去他们的晚餐，勒令他们立马上床睡觉。文森特来了两周后，斯托克突然宣布学校要搬到艾尔沃思。在那儿，他母亲经营着一样的营生。

有关工作的话题很快在文森特的信中销声匿迹。他开始和家人们谈论狂风暴雨中的小镇，或者透过学校前窗能看到的“海景”(“令人难忘。”他这样表示)。无疑，他有限的词汇和浓重的口音让这份原本就甚是艰难的工作变得更为艰难。“我的工作常常收效甚微。”他坦诚地写道。斯托克的贪婪吝啬让文森特“厌恶”。一个月的试用期满之后，文森特向斯托克索要他曾承诺的微薄工资，却遭到了拒绝。斯托克肆无忌惮地说：“我这儿的教师只供食宿。”

6 月中旬，学校搬迁，文森特决定离开。这，也许就是朝圣者的命运。“我们必须继续静静地上路。”文森特写道。

当老师还没两个月，他就决定成为一名传教士。

将他人引向真理的抱负深深扎根在文森特的本性中。多年来的疏离和过于自我的独自沉思让他迫切地渴望劝诫他人。他认为，激情只有分享才能被充分利用。对于琐碎世事的成功劝诫更能深入人心。于是，1876 年夏天萌发的传教热忱除了让文森特再次着手为提奥准备诗歌簿外，还促成了他与教徒格拉德威尔之间的友谊——两人都誓将生命奉献给惩恶扬善和宣扬真理的事业和理想。

受到新感召的文森特在乔治·艾略特的小说中找到了鼓舞，甚至灵感。那年冬天，他把《菲利克斯·霍尔特》、《亚当·比德》、《织工马南》以及《教区生活场景》统统寄给了父母。这些书籍也把文森特从坎佩斯的宗教说教拉回了他喜爱的小说世界。《菲利克斯·霍尔特》讲述了一个年轻男人“走向荒野”的故事。他拒绝了父母的遗产，努力追求被工人阶级拥护的政治和宗教生活，试图以此来重新定义“失败”。《亚当·比德》和《教区生活场景》都讲述了背负污点、受罪恶感折磨的男主角通过向穷人传道和过上苦行僧一般的生活最终殉道重生的故事。文森特在这些故事中抛开了艾略特对宗教的嘲讽，只把眼光放在主人公福音传道的热情上。他甚至在艾略特对灯笼广场可怕的宗教审判场景的描绘中获取了灵感。他写道，“大城市中的人们对宗教怀有一种信仰”，灯笼广场这样的地方“恰恰是一个人间的信仰乐园”。

为了实现心中的“向往”，文森特开始为自己寻找新职位。读过的这些故事影响了他对理想工作的设想。他这样向提奥形容道：“这应该是介于牧师和传教士之间的一个角色”，应该“主要面向工人阶级”传教，工作地点应该在“伦敦郊区”。他十分艰难地准备了一份简短的自我陈述（或者说是一份生活剪影），其中掺杂着充满罪恶感的半真半假的陈述、满怀希望的自夸，以及卑下的恳求：“主啊……允许我成为您的奴仆。请对我这个罪人发发慈悲。”6月，还身在拉姆斯盖特的文森特就已经将这番陈述呈给了伦敦的一位牧师。“我在伦敦时，常去听您的布道，”他写道，“现在我正在找工作，希望能得到您的引荐。”

事实上，伦敦已经有了太多的神职人员。本世纪初期，宗教世俗化的浪潮给维多利亚时期的英国带来了极其负面的影响。于是，宗教再度被视为有效去除社会痼疾的手段。到19世纪70年代，资产阶级达成了共识，激增的犯罪率和顽固的贫困并非是美好新世界潜在缺陷的反映，而是精神空虚匮乏的恶果。难以驾驭的工人们缺少的是信仰，而不是权益；慈善和宗教带来的益处敌得过任何社会问题。因此，资金大量涌向新教区和像查尔斯·司布真这样领导宗教复兴的牧师与福音传教活动——尤其是面向穷人和工人阶级的。每年，500余个慈善团体捐赠的巨款超过700万英镑。圣经公会每年也会贡献50余万本免费的福音书。

人们狂热相信分发《圣经》益处多多，于是一项全新的宗教“使命”应运而生：宗教书刊的贩卖。司布真甚至创建了一个专门的学校来训练叫卖《圣经》的小贩——男男女女拿着《圣经》在“难以接触到宗教思想的阶层中”挨家挨户地叫卖。所谓的“圣经车厢”载着大声朗读着《圣经》的人们和成捆的《圣经》驶过繁忙的街道。在拥挤的街角，户外布道协会的成员启发着每一个路人。在地铁站，外国旅行者对在候车区里发现的大本《圣经》讶异不已。在公园，大批非神职传教者一手持《圣经》，一手提伞，艰难地阅读着。

同时，1000余名雇佣传教士蜂拥而出。从拥挤的市区到被新兴工人阶级覆盖的郊区，他们占据了整个伦敦。司布真式的福音教堂挺进了异教区。但在那儿，庞大的多教派组织，例如伦敦城市传教团，派出了大量人员向贫民传播福音。众多救助团体相互竞争，争相拯救酗酒者、妓女、不规矩的仆人和受虐的儿童。1875年，在文森特回到伦敦之前，一个名为威廉·布斯的非神职传教者刚刚领导了一个新的传教团队通过街角传播福音，军队形式和渗透心灵的音乐“俘获”了工人阶级的心。他称他的团队为救世军。

尽管身边上演着轰轰烈烈的传教风暴，文森特还是没能找到工作，或者说，压根不可能找到工作。自6月中旬以来，文森特多次往返伦敦“看是否有机会成为”一名传教士。为了让求职更顺利一些，他声称自己已经在巴黎和伦敦“与下层阶级的人民建立了血肉联系”，而且作为一名外国人，他能更好地帮助“处境困难的外国人找工作”。但结果仍是竹篮打水一场空。求职的失败也许证明了他的语言技巧有限，他的交流方式毫无说服力，甚至叫人扫兴。连文森特悲观的父母都对此感到吃惊。“大家都以为在大城市找份工作应该不是什么难事。”安娜写道。

他的失败让他开始对前方的路不再确定。“我曾那么清晰地看到远处的光明，”他向提奥承认，“但它现在却时有时无。”没能找到任何合适职位的文森特给了一个毫无说服力的简单理由：“传教士的年龄须在24岁以上。”他这样告诉提奥和他的父母。对于一个害怕继续遭到拒绝的人来说，这成了一个无懈可击的借口。“看样子我在这个行业不会再有什么进展。”在受挫仅仅几周后，他就作出了这样的论断。

文森特没有继续坚持，也没有再找其他的正经差事，却成天想着另一番他有生以来从未接触和从未经历过的景象。也许报纸新闻上对于矿场困苦生活的夸张报道（通常配有黑白插图）触动了文森特。他考虑去英格兰西部的矿区，为矿工布道。他甚至燃起了加入南美传教团的念头。但这些念头却无一实现。文森特立志成为一名传教士的念头只维持了一月有余。

6月初，他隐居在艾尔沃思的房间里，独饮遭拒的凄楚，但心底仍期盼着“远处的光明”。他认为自己的教师生涯令人沮丧，“是种羞辱”。索要工资失败后，文森特离开了斯托克的学校。（他告诉父母是自己主动辞职的，但后来又暗示是斯托克开除了他——或者即将开除他。）与此同时，他又在几百码以外的另一所男子学校谋得了同样的职位。7月8日，他搬进了霍姆庭，这是托马斯·斯莱德－琼斯创办的一所学校，同时还在斯托克的学校里做兼职。一开始，当文森特宣称斯莱德－琼斯的学校“更为时髦”时，梵高夫妇颇为欣喜。但对这个突然的决定，两人又疑惑起来。多洛斯断言：“现在下定论还为时过早。”

然而，有一点很清楚：文森特并不开心。给父母去的信中满是对工作、学校和孤独处境的抱怨（学生们都放暑假了）。“他不太好受，”两人告诉提奥，“他的生活很艰难。”“想必是因为面对一群男孩子，他不想把事情搞砸吧。”安娜总结道。她斩钉截铁地认为文森特“不可能在那一行干很久”。他需要一个新的方向来“规划他的日常生活”，并“让他变得更平静快乐”。她甚至提议：“我希望他能找一份可以亲近自然或者艺术的工作——那样会更有希望。”

到了8月，文森特终于又找到了方向，不过并不合母亲的意。此时的哈利·格拉德威尔和他的家人正在伦敦郊外避暑。就在他与文森特约好会面的两天前，传来了哈利17岁的妹妹坠马身亡的噩耗。于是，文森特立马启程步行六小时从伦敦的“一头穿越到另一头”。他到达的时候，悲伤的一家人刚办完葬礼。“场面”几乎让文森特窒息。他感到在这个屋子中，有一种“难以名状的神圣感”，并渴望抓住它，却身不由己。“我感到莫名的害羞与惭愧，”第二天，他向提奥敞开心扉，“我想安慰他们，却只觉得尴尬。”

只有在他的老朋友哈利面前，文森特才能自若地扮演在他内心蠢蠢欲动的角色。文森特写道，长路漫漫，他俩“什么都能说”，他们“谈上帝的王国，谈《圣经》”，仍像在巴黎一样。当他们在月台上走上走下时，文森特突然道出了一番饱含情绪的、布道式的告白。在那一刻，他感到“这个平凡的世界”突然“被那些不平凡的思想点亮”。

自那以后不久，他就决定要做一位牧师。

对文森特来说，传教只有一个诉求：给人送去慰藉。天主教将罪与罚视为其神学理论的核心，而荷兰归正会则将安抚人心奉为最高原则。教会的纲领文献《合一式》塑造了一个关心信徒疾苦、“只默默散布福音”的上帝的形象。牧师的第一要务便是安抚而非吸引新教徒。多洛斯·梵高就需要为他危难中的教民们提供精神和经济方面的支持。一旦疾病和死亡降临，多洛斯就要给他们带去抵御此生孤独的良药，以及死后获得上帝眷顾的承诺。在日常生活中，他抚平他们的忧虑和平息他们的恐惧。他的布道并不以教化或启迪为目的，而是善于引用《圣经》和通俗故事中“宽慰人心的言辞”，春风化雨。

显然没人比文森特更需要宗教的宽慰。从孩提时代起，基督在他心里不仅是一个受难者，更是一个抚慰者。悬挂在津德尔特牧师公馆的阿里·谢弗的《安慰者基督》一直被文森特奉若珍宝。这幅画再现了《圣经》中受难的圣洁片段（“我必须要治愈那些破碎的心”），成为了这个世纪最受欢迎的宗教形象。画上，光芒四射又满脸悲悯的基督以坐姿示人，身边围绕着被悲痛、压迫和绝望压垮，匍匐在地的信徒。

他摊开双手，展示出基督五伤。那意味着：磨难让你更接近上帝。“悲伤没有坏处，”多洛斯写道，“只会让你饱含悲悯之心。”文森特则表示，忧郁堪比“真金”。

早先的浪漫主义阅读给谢弗笔下的圣象赋予了新的形象与意义，为文森特呈现了全新的苦难形式、全新的救赎神话、全新的关于希望的悖论，以及通往高尚的新窗口——所有这些都被他收入了剪贴簿或抄写在了墙上。早在传播福音之前，文森特就在赞颂自然“静谧的悲伤”，并用画作或诗中的意象聊以自慰。在卡莱尔和艾略特现代精神生活语境下的救赎主题中，他看到了基督的影子。艾略特在《亚当·比德》中这样写道：“不可言喻的苦难往往是种洗礼和重生，是新境界的起点。”

阿里·谢弗，《安慰者基督》，1836年—1837年，布面油画，$72^{1}/_{4}$英寸×$97^{5}/_{8}$英寸。

当流亡者文森特于1875年在肯宁顿路的小屋里重新发现了耶稣时，首先闪现在他脑中的是童年记忆中那个给人带来抚慰的基督。勒内认为，他为“烦恼的人世带去安慰，给心灵带去欢乐”。坎佩斯的基督也许诺：“你的忏悔赎罪终将化为快乐。”《哥林多后书》中的只言片语抚慰了文森特的内心：“似乎忧愁，却是常常快乐的。”文森特发现，在这字里行间，宗教带来的幸福的魔力得以完美展现（后来，他寄予了艺术同样的期盼）。“我在忧愁中找到了快乐，”他写道，“忧愁好过任何欢笑。”

化悲为喜的文森特甚至买了一双新靴子——“为新的旅途整装待发”，同时还说服了他的老板，斯莱德－琼斯牧师让他去里士满的卫理公会帮忙。从艾尔沃思穿过泰晤士河就能到那儿。斯莱德－琼斯会在那儿主持每周的祷告会，文森特开始在那儿“和人们交谈”。没过多久，他被邀请前去为会众“说上几句”。在学校，斯莱德－琼斯同意文森特主要负责宗教引导而非知识讲授的课程。文森特的圣经课有 21 名学生。早晨和傍晚，他和他们一起祷告。晚上，他坐在黑漆漆的宿舍里讲各种启迪人心的圣经和文学故事。

被文森特的宗教热忱感动的斯莱德－琼斯邀请他去特纳姆格林的公理教会帮忙。他也在那儿布道，从艾尔沃思出发沿泰晤士河下游走约三英里便可抵达这个小型宗教团体的所在地。文森特为这个小小的铸铁教堂筹备祷告会和仪式，同时在主日学校上课。同事们对这个陌生的荷兰男人表示欢迎，只是常常把他的名字叫成了“梵高夫先生”。文森特索性让他们称自己为“文森特先生”。除了负责主日学校的课程，他还为年轻人组织周二的晚间仪式和探访生病、缺课的学生。不久以后，斯莱德－琼斯还将他满怀热情的年轻助理送往位于上游两英里远处的彼得舍姆的另一座卫理公会小教堂主持周日的晚间仪式。

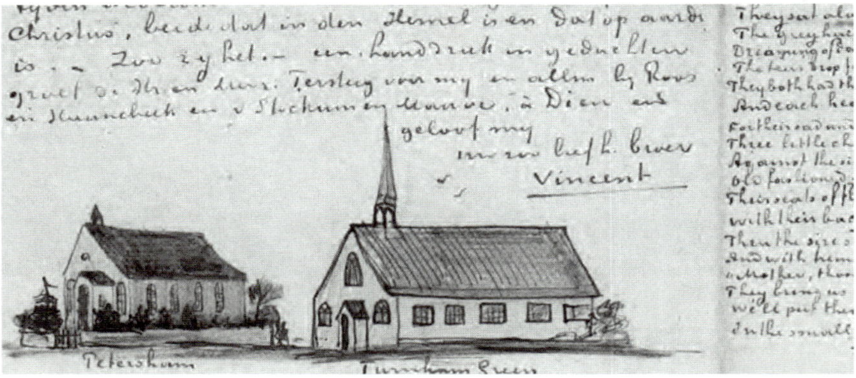

《彼得舍姆和特纳姆格林的教堂》，信中速写，1876年11月，

纸上墨水，1$^{5}/_{8}$英寸×3$^{7}/_{8}$ 英寸。

穿梭于这些虔诚仪式之间的文森特终于得到了斯莱德－琼斯的认可，可以亲自主持一场布道。兴高采烈的文森特开始风风火火地筹备了起来。他在里士满的每周祷告会和圣经课上练习演讲。（他承认，他讲故事的时候学生们有时会睡着。）他列出了所有喜欢的韵文、故事、吟唱曲和诗歌，并把它们编成了一部“布道集”。那个秋天文森特给提奥寄去的长信，也与这个集子有着千丝万缕的联系。从那些信件来看，这本集子一定充满了狂热和抚慰人心的幻想，远远不同于他之前的任何一本剪贴簿——他对未来牧师生活的憧憬在此不言自明。“如果你想传播福音，那么福音应先在你心中，”他摸着胸口说道，“噢！它不就在这儿嘛。”傍晚，他总会蹒跚回到霍姆庭，手里攥着一部《圣经》，在墙头《安慰者基督》的凝视下入睡。

10 月 29 日，文森特踏进了里士满卫理公会的讲道坛，做他的第一次布道。两天后，他像写小说似的把当天的情形一五一十地告诉了提奥：

> 这是个爽朗的秋日。从这儿沿泰晤士河走到里士满，一路上让人十分愉快。清丽的蓝天倒映在河中，透过栗子树密密的黄叶，你可以看到山头上里士满的房屋：红色的屋顶、模糊的窗子、绿色的庭院，还有它们灰色的尖顶；下面，是灰色的长桥，两边立着高大的杨树，黑色的小小人影来往穿行着。

在讲道坛下，他停了下来，低下头祷告起来：“天父啊天父，让我们以你的名义开始。”他说当他缓缓登上讲道坛时，似乎感到自己“脱离了地底的黑洞”，陶醉在了“行走世界，传播福音”的憧憬中。

他从《赞美诗》中选择了一段：“我是这个世上的陌生人……”

他说道：“古老的信仰告诉我们，人生就是一条朝圣路，这是个真理。”

很难得知去做礼拜的教徒们对于当天布道的感想。他们能理解多少也不得而知。文森特能够准确地讲英语，但他的语速总是很快，并带有浓重的口音。在祷告会上听过他演讲的信徒或许已经懂得如何适应他磕磕绊绊的语言。但一定没人预料到能听到如此激情澎湃的演讲。

> 但是如果你想要脱胎换骨，永恒不朽，如果你想要活在信仰、希望和仁慈中——想要生命长青，想要像基督一样生活，那么把自己奉献给上帝吧，献身基督的事业——全身心地和孤注一掷地，让我们用心耕耘，让我们再次全力以赴……

在文森特充满激情、言辞恳切的布道中，一段段晦涩的经文、一首首生僻的诗歌、一则则拗口的格言纷至沓来。一开始的劝勉激励逐渐变成了后来的慢慢品读，一开始的泛泛而谈到后来也演变成了一系列怪异的类比（“即便我们有时会觉得自己像个寡妇或者孤儿，但因为天父的恩赐，我们的快乐和富足往往比悲伤来得多”）。阵阵袭来的热情中穿插着各种各样的隐喻。那些陈词滥调让人昏昏欲睡，时不时突发的自白式祈祷又大为出人意料：“主啊，与我们同在吧。我们誓成为你的样子——我们誓成为你的信徒。我们需要天父，需要天父的爱和庇佑。”

文森特曾表明在布道中，他力求“简洁明了”、“诚心诚意”。没有一个聆听过他布道的人会怀疑他的诚心。即便是他的父亲也批评他解读《圣经》的方式太过复杂晦涩，虽然他父亲本人的布道也称不上是清晰精练的典范。在收到文森特描述自己布道的长信后，多洛斯向提奥抱怨道：“他要是能像孩子一般简简单单的多好。不要总是夸张地把整本《圣经》都往信里搬。”不论文森特有没有接受这个批评，可以肯定的是，他本人也认识到了这个问题。“我说话总是过于晦涩，”他反省道，“我不是很确定英国人的耳朵受不受得了。”几周后，他忍不住提醒他的教友们：“你们的耳朵要遭罪了。”

但他依然我行我素，把这视为人生历程的另一次挫败。“如果我不能继续福音布道，那很不幸，”11 月初，他写下了这些不祥的文字，“如果布道不是我的宿命……那么不幸就是我的宿命。”

确实有一种东西能让文森特得到最纯粹的抚慰，但却求之不得。

从童年起，他就感受到了赞美诗的魔力。每个周末，津德尔特教堂总会传出肃穆的吟唱，夹杂着他母亲尖锐的风琴声。文森特的弟媳表示，自从文森特 1873 年来到伦敦，他就痴迷于英国教堂里传出的“甜美的乐声”和“悦耳的唱词”，它们与他年少时听到的加尔文式的忏悔调子截然不同。“他最喜欢管风琴和唱诗班。”文森特去了英格兰一个月后，多洛斯这样告诉大家。在司布真坐落于大都市的临时礼拜堂中，文森特也一定曾加入过千人合唱——有人曾把这种体验形容为漂浮在“巨大的乐海上，起起伏伏，汹涌澎湃，横扫万物”。他让提奥给自己寄来一本荷兰语赞美诗和两本英语赞美诗。他还将一本颇受欢迎的赞美诗随身携带，爱不释手，随口就能报出自己喜爱的章节。

文森特来到艾尔沃思后，赞美诗成为了他的慰藉。每个清晨和傍晚，他都和学生们在圣经课上吟唱。走过霍姆庭的前厅，他要是听到一个孩子“哼了一会儿赞美诗的调子”，就会觉得“过去的信仰”又在他心头冉冉升起。晚上在房里，听到楼下教室飘来的琴声，他就会感到一阵肃穆的暖流化作了说不清道不明的泪水。在无尽的旅途中，当他走过城市街道的煤气灯下，当他跋涉在空旷的乡村小道上，他承认，要是“周围没人”，他会轻轻地给自己唱上一段。

一遍又一遍，一曲又一曲，一英里又一英里。“总有那么多美妙的曲子。”他写道。

文森特喜欢这些歌词：时而撩人，时而肃穆，时而柔和，时而欣喜，时而恳切，时而静谧，时而欢快，时而忧伤。这些歌词在他眼里就是一首首诗歌，他一字一句地将它们抄写在信件以及诗歌簿中。但让他身心愉悦的还是那些曲子。天然的嗓音配上量身剪裁的旋律，还有街头乐队最擅长的和声，这些朗朗上口的曲子着实会令人着魔。“若是你经常听它们，”文森特写道，“你会迷上它们的。”人人都像文森特一样，虔诚地歌唱着，祈祷着。他最喜欢的赞美诗《请对我讲主福音》，仿佛一个孩子执着地祈求一个睡前童话带来的终极安慰：

简单讲说主福音，像对儿童讲说，
我软弱又愚笨，满是污秽罪过。

请对我讲主福音，讲那古老的福音，
能救罪人免沉沦，使我得一新心。

请对我讲主福音，讲那古老的福音，
讲说耶稣爱罪人，讲说耶稣恩情。

数十年后，当文森特写道，他希望他的画作“表达的是某种同音乐一样能够抚慰人心的东西……某种永恒的东西”时，这就是他的意旨所在。回顾文森特的成长历程，倘若要从中追寻即将震惊世界的新艺术的诞生迹象，那么不妨在这儿驻足聆听，聆听霍姆庭三楼的屋子里飘扬而出的赞美诗，体味其中深沉的情感、纯粹的诉求和不朽的追寻。

10 月，文森特的父母来信说，提奥病得很重。多洛斯立即奔赴海牙，来到了儿子床头；安娜紧随其后，并索性住了下来静待儿子康复。文森特在第一时间寄去了雪花般的信件和画作。“我多想再见到你，”对高烧卧病在床的弟弟，他这样写道，“噢！我太想见你了。”不堪思念之情的折磨，他向斯莱德－琼斯牧师恳求三天的假期，这样他就可以回荷兰一趟。“除了盼望坐在提奥床前，”他说，“我还十分想念我的母亲，如果可以的话，还可以回埃滕看看父亲，和他说说话。”

自从 4 月离开埃滕后，文森特饱受思乡之苦。1876 年的跨海之旅让 1874 年发生的一切历历在目。那一年，他狼狈地与安娜一起返回了伦敦。拉姆斯盖特学校凸窗外的风景让他想起了对岸的家乡。透过这扇窗，他看到学生们和家长道别。他的心同他们的一样痛。文森特画下了这“忧伤”的一幕，将它寄回了家，还附上了一张伤感的字条：“无论如何也无法忘记窗外的这一幕。”

拉姆斯盖特和艾尔沃思的每个学生都令他想起提奥。他在给弟弟的信中写道，每当与他们一起散步，堆沙堡，给他们讲解画作，或者组织他们就寝时，“我都希望那些不是学生，而是你”。去海滩的路上，他捡了两束沙滩苔藓，寄给了提奥作纪念品。6 月去汉普顿宫的路上，他从白嘴鸦的巢穴中得来了一根羽毛，将它夹在了下一封信中。7 月，他曾一度幻想过与弟弟团聚，甚至让提奥帮他在海牙找一份“与教堂有关的”工作。

他写了大量的信寄给家人、亲戚和朋友，包括韦林的妹妹安娜、巴黎旧友弗朗斯·苏卡和哈利·格拉德威尔，甚至泰斯提格。在频繁出入伦敦的日子里，他多次拜访了那儿的故人：他的前老板阿巴赫，以及埃尔伯特·简·范·韦瑟林、乔治·里德、亨利·沃利斯等古庇尔的旧同事。在文森特心中，融入格拉德威尔家的渴望尤为强烈，虽然这一家子还沉浸在痛失爱女的悲伤中。每次去伦敦，他都要去哈利父亲的店里看看，或者绕道去看看这一家人，甚至还为他们誊写了一本象征家庭联结的剪贴簿。

文森特似乎对他的雇主，斯莱德－琼斯牧师和他的妻子安妮也怀有同样的希冀。牧师的六个孩子及其本人牧师式的生活方式似乎能够完美地填补文森特心中的缺口。和津德尔特牧师公馆一样，霍姆庭是个自给自足的孤岛。大树掩映着庭院，墙上藤蔓交错，谷仓前的空地上满是牲畜。文森特努力让自己在这儿舒坦一些，就像在海克福德路上的罗伊尔家里一样。他在园中劳作，给斯莱德－琼斯的孩子们上课，给他们讲睡前故事。思乡心切的文森特在假日用绿色植物装饰了屋子。访客有时会留下一些书，安妮将它们保留了下来，于是看书成了文森特消磨白天时间的主要方式。每一页的边边角角都被注上了各种注释和感悟。在躁狂式的渴望中，他抄写着喜爱的赞美诗、《圣经》经文、诗歌和散文——不论它们是法语、德语、荷兰语还是英语。

对家庭的向往还驱使着他来到了罗伊尔家。11月，文森特不顾尴尬，在伦敦严酷的冬日跋涉到海克福德路，给厄休拉带去生日祝福。

最终，不论是格拉德威尔、斯莱德－琼斯还是罗伊尔都没能填补文森特心中的缺口。只有一个家庭能做到这一点。10月，提奥的病和临近的圣诞节又在文森特心中激起了波澜。“噢！津德尔特！”他呼唤道，“让人禁不住对你的思念。”每到一个地方，文森特都觉得有家的影子。在伦敦的画廊里，他会满怀喜悦地流连在荷兰风景画前。他和学生们讲述“那些没有山的平原”，在那儿“屋子和街道干干净净，一尘不染，就像《格列佛游记》中那些巨人的玩具”。他在脑中一遍遍畅想着“沿着泰晤士河乘船而下，跨过海峡”。他写道：“看着远处那些亲切的荷兰海滨和教堂尖顶该有多么快乐。”他一次又一次读着童年的诗歌，把喜欢的朗费罗等人的作品抄写成册，沉浸在回忆与向往中：

我看到村庄的亮光
在雨雾中闪烁
悲伤涌上心头
难以抵挡

就是这样的幻想驱使着文森特恳求斯莱德－琼斯牧师准自己几天假期去海牙看望生病的提奥。第一次，他的要求被拒绝了，但是经不住文森特的软磨硬泡，牧师终于表示：“如果你母亲同意，那么我就同意。”

但安娜没有同意，仿佛晴天霹雳一般，安娜要求文森特等到圣诞节再回家——“愿上帝赐予我们愉快的团聚。”在给提奥的信中，文森特对此只字未提（因为他知道母亲会看到），却将心中的愤懑全都倾注在了下周的布道中：“我们一生的旅程始于母亲粗暴的爱，终于天父的臂膀……谁人能忘记温馨的童年时光，直到我们离开家的港湾——因为我们总有一天要启程。”

自从母亲拒绝了他回家的恳求，文森特对一切都失去了热情。在霍姆庭、彼得舍姆教堂和特纳姆格林的铸铁教堂间的来回穿梭已经失去了意义，对文森特来说，这已成了一个负担。连他钟爱的徒步也成为了家信抱怨的理由。在文森特眼里，路上的自己不再是一名朝圣者。他自嘲地称自己为斯莱德－琼斯的“跑腿小弟”。这些“非人的旅程”让他不得不麻木不仁地跋涉在乡间。即使校长指派文森特去贫困的学生家中收讨学费也不能提起他的兴趣。（斯莱德－琼斯本人经常拖欠文森特那点儿可怜的工资，理所当然地表示“上帝自然会照料为他工作的人”。）

对思乡心切的文森特来说，繁杂的日子过得太过缓慢。“我多么向往圣诞节能和你们团聚，”他告诉提奥，“这几个月我像老了好几岁。”晚上，他精疲力竭地坐在房间里，望着墙上双亲的照片，回味从前圣诞节的欢乐时光：尤其是两年前他回到赫尔瓦特的那个圣诞夜（在巴黎被解雇之前），月光洒满了白雪皑皑的白杨树，黑夜中闪烁着村子的亮光。

那个秋天和冬天，最令文森特痴迷的是回头浪子的形象。在布道中，他不止一次讲起收破烂的流浪商贩的故事。他“不配做一个儿子”，但父亲还是接纳了他：“我的儿子已经死了，却再一次活了过来，我失而复得。”这则故事曾出现在文森特的人生故事里，而今它贯穿在他的整个布道中。他的屋子里挂着一幅阿里·谢弗的《不寻常的命运》，上面画着上帝般慈爱的父亲正拥抱着一个满脸忏悔、眼含泪水的年轻人。文森特将这幅画寄给母亲作为生日礼物。凭借内心特殊的偏执，文森特在文学、诗歌和艺术中找到了妥协和救赎。他细细研究着，一遍遍讲述着，甚至将其用作学生睡前故事的素材。

在文森特心底对抚慰人心的圣象的渴望中，现实和想象的界限越来越模糊。受到艾略特文章的启发，他的信中充斥着能让每天成为永恒的“生动描绘”。在行进的火车上见到的落日在文森特眼中“是真正的复活节太阳”，教堂司事雨中的屋子成了信仰的避难所，静静的河堤成了救赎的承诺：“栗树、清澈的蓝天和早晨的太阳倒映在泰晤士的河水中；草地绿得发亮，附近的教堂钟声隆隆响起。”在类似的意象中，文森特将现实的观察和心灵的想象糅合在一起创造出了一番更为美好和更为慈悲的现实。他将矛盾的事物并置，引发幻象，压缩时空，用喜欢的修辞装点修饰，随心所欲地略去一切不符合他期望的东西。他对伦敦平民窟的贫穷、罪恶、拥挤和污秽只字未提，而是再现了这样一番景象：熙熙攘攘的虔诚的穷人们沐浴在周六夕阳的余晖里，热切地盼望安息日的到来——“在这个日子里，贫困地区的人们终于可以松口气了。”

文森特随心所欲地将文学和艺术中的意象进行再创造。他修改了诗歌和画作的名字。他无视权威和冲突。就像对待童年的插画簿一样，他将诗句和画作任意搭配，乐此不疲地将它们修改得更有人情味。他为图片配上诗歌，似乎还直接将文学作品和《圣经》中的原句摘抄在他收藏的画上，形成了一幅幅安抚人心的拼贴画。将文字与画作相匹配的过程极大地满足了他躁狂式的想象和对安慰的追寻。从此，这成了文森特看待世界和应对世界的首要方式。

常去里士满卫理公会教堂做礼拜的信徒们一定很早便察觉到了文森特独特的处理方式，虽然这种方式无疑常令他们不知所措。文森特曾用他喜爱的“一个非常美丽的画面”来完结他的第一次布道。文森特给它起了个名字叫《天路历程》。但他形容的这个画面与他两年前（1874年）在皇家艺术学院看到的乔治·鲍顿的手笔截然不同。在文森特的描述中，鲍顿平直的视野和朦胧的天空消失了，取而代之的是浪漫主义风格的壮美落日和由山峰组成的耀眼远景（“还有镶着金边、银边和紫边的灰云”）。文森特用班扬的天国——在那高山顶上“旭日洒下万丈光芒”——替换了鲍顿设有防御工事的低矮城镇。在鲍顿笔下，身着白色束胸外衣的女子正为满身尘土的朝圣者倒水。在文森特的版本中，这个女子摇身一变，成了安徒生童话中一身黑色的天使。

除了将艺术、文学与《圣经》进行杂糅，文森特还添加了自己的主观感受。在文森特的想象中，天使并不为一个群体服务，而只为某个孤独、“长途跋涉后筋疲力尽”的朝圣者带去慰藉。他们用文森特最喜爱的诗句交谈，“似乎忧愁，却是常常快乐的”朝圣者继续踏上前路。

只有透过真实、艺术和想象的三棱镜，才能窥见文森特伤痛的本真，才能触及解开文森特心结的东西：他的家庭。他把自己想象成鲍顿画中的朝圣者，想象成谢弗笔下被父亲一次次搂在怀中的浪子。他不断地在布道和睡前故事中重温这些形象。文森特将家庭成员及自己的形象与艺术和文学中的形象随意交错叠加。提奥成为了年轻的革命英雄，森特伯伯则生活在了黄金时代，多洛斯和安娜也成为了乔治·艾略特诗中善解人意的父母。津德尔特牧师公馆是每幅画中的幸福之家。而文森特本人，时而是康西安斯笔下被迫离家的被征召的士兵，时而是《菲利克斯·霍尔特》中虽有诸多缺陷，但堪称典范的牧师，或是班扬朝圣路上的基督徒。

从本质上来说，在文森特的幻想中，艺术和宗教具备了同样安抚人心的特质：在这片天地中，在连番的救赎意象中，文森特可以肆意重构他原本失败的人生。这是一种神奇的魔力。信徒们一定会惊讶于文森特对《圣经》的熟悉程度。“妇人焉能忘记她吃奶的婴孩，”他用以赛亚的原话声嘶力竭道，“不怜恤她所生的儿子。”在文森特的幻想中，天父与父亲，圣子与儿子的形象不断地交错，一个个圣经场景俨然是一张诠释文森特人生历程的油画布。

宗教与家庭的联结一直让文森特魂牵梦萦。这不仅是文森特艺术的永恒主题，也与他的精神失常休戚相关。《圣经》中救赎的承诺让文森特深信自己与家人终将和解。“神，”他向提奥这样保证，“会庇佑我们。”这样的承诺带来的安慰形成了文森特宗教体验的核心。文森特常因宗教、文学和艺术而感动落泪。一个个宗教典故中蕴含着爱与希望。“这样的爱，”在《亚当·比德》中，艾略特这样写道，

> 与宗教热情几乎无异。哪一种深沉和叫人珍惜的爱不是这样呢？伉俪之情、天伦之乐、亲切的抚触、温柔的言语、文艺的广袤、音乐的丰盛，莫不如此。不论是晚秋落日或圆柱走廊，还是庄严肃穆的塑像或贝多芬交响乐带来的宁静喜悦，我们觉得这一切不过是那个深不可测的爱与美之海里的一些细浪微波而已。我们最热烈的喜怒哀乐从表达转入沉默。爱可不同，到达最高潮的时候，它往往超过它的对象，进入一种神圣的神秘境地。

当然，其中的危险就在于，这种种经过梦想加工的爱会让文森特陷入迷惑：他常常把想象当作真实。他的绝望和热忱已经到达妄想的边缘，他所谓的真实也往往披上了幻想的蝉翼。圣诞节临近时，文森特似乎越来越难以分辨脑中的想象和生活中的现实。他望着墙上双亲的照片，一遍一遍地念诵着津德尔特牧师公馆的祷词：“噢，主，让我们紧紧团结在一起，愿我们对你的爱能让我们靠得更近。”在离开前的最后一次布道中，他又讲起了那个浪子回头的故事：“父亲看到他远处的身影，就动了慈心。”

圣诞节前夜，他完全沉迷在了这个意象中——好像这就是他在埃滕即将要受到的款待。“我们听到主的名字时，必定心怀感动，”他感叹道，“是的，就像离家的游子见到父亲的那一刻。”相较于这些令人愉悦的幻想，谁还会愿意回到残忍的现实？文森特一心想着回到家中“与父亲能如兄弟一般推心置腹”。他仿佛能听到父母正吟唱着他熟悉的那首赞美诗：

> 归家吧，归家！你已身心疲惫，
> 前路黑暗而凄茫；
> 回头的浪子！
> 归家吧，归家！忘掉悲伤与责备，

忘掉罪孽与羞愧，忘掉讪笑的魔鬼；
回头的浪子！
归家吧，归家！

第九章　噢，耶路撒冷！噢，津德尔特！

文森特在埃滕即将受到的款待与他墙头的任何一幅油画或任何一曲赞美诗描绘的场景都相去甚远。徒步没能平息他的羞辱之心，只让境况更糟。自从文森特 4 月离开以来，数月间断断续续的来信中天马行空的内容只让双亲对文森特越来越不理解。接二连三没有报酬、“没有前景”的工作一次又一次揭开了家庭的旧伤疤。“我们对他的担忧与日俱增，”9 月多洛斯在给提奥的信中这样写道，“我们担心他会越来越不适应现实生活。这真让人忧心。”他们打算和他理智地谈一次。他们认为，如果文森特决心当牧师，那么他就得学习——同时找一份有报酬的工作。但他们的提议显然被搪塞了过去，或者压根没有得到任何回应。文森特的逃避被他们视为缺乏信心——或者说，胆怯。“他没有足够的勇气着手系统地学习。”安娜这样断定。“我无法想象他能当成牧师，”多洛斯也这样认为，“他没法靠这个谋生。”

一筹莫展的梵高夫妇开始反省文森特的人生——确切地说，到底哪儿出了差错，要让他们承担这样的后果。如往常那样，他们责备他没有结交上流圈子和他邋邋遢遢的穿着打扮。但最让他们难以忍受的还是他的态度：他“病态的本性”，他“动不动就陷入忧郁”。“一本正经没有错，”多洛斯在信中说，“但也需要活力和勇气。”安娜也这样哀叹，要是他有颗“欢快的心”该有多好，他就不会“胡思乱想”，而是“成为一个更正常、更务实的人”。

但出乎他们意料的是，文森特竟然提出要去南美传教。他的父亲把这叫作“愣头愣脑”和“犯傻”——“这完全是个代价巨大、没有好结果的差事。”一开始他们怀疑文森特的决心，现在他们担心他的能力。“荒谬至极，”多洛斯十分痛苦，“你知不知道你的决定让我们多难过。”

12月21日，文森特回到了埃滕。迎接他的不是温暖的臂膀和喜悦的泪水，而是“铺天盖地的斥责”。

圣诞庆祝还是严格按照牧师公馆的习俗进行着：同样的糕点、红桌布和绿色植物。安娜依然弹着风琴，多洛斯依然去抚恤病弱，但却完全没了往日的氛围。“爸妈为这个儿子操碎了心，”文森特的妹妹利兹写道，“你只需看看他们满面的愁容。”利兹责备文森特的不负责任、他谋不到一份差事的无能，尤其是他的宗教狂热（“虔诚烧坏了他的脑子。”她曾这样说）。在一片谴责声中，只有提奥挺身为文森特辩护。他告诉他的手足们文森特是个“天赋异禀”的人——对于这一点，利兹不屑一顾地表示，任何人都比文森特有天赋。但提奥的迟迟归来和早早启程本身就是一种惩罚。当梵高一家在森特伯伯普凌桑那格的大房子里过圣诞节时，可以想象，文森特将要承受何种责难。

像回头的浪子一样，文森特渴望家人的宽恕和救赎，却只得到了奚落和指责。“做什么都是错的。”他哀号道。那个圣诞节后，曾有人回忆文森特“看起来似乎大病了一场——浑身上下透露着寂寥”。他抱怨他感到“疲惫”，“开始厌倦一切”。夜深人静，在福音式的忏悔中，他声泪俱下。在恶劣的气候中，他不顾严寒在雪地里不回头地走着，似乎是在自我惩罚。他向提奥倾吐了心声，表示自己“很压抑，因为我几乎一事无成”。

只有罪恶感才能解释文森特为什么会在12月底突然放弃宗教的召唤，安然接受了父母的安排：他不能再“为所欲为”了，他需要“回归正道”。他答应在附近找份差事。多洛斯允诺，未来他还可以追求宗教事业，但那时他必须“认真对待”，并且作好准备“接受八年的专业训练”。但多洛斯并不鼓励他走上这条路。他提醒文森特，不论他从事何种职业，都要“务实，坚持德行”，因为“宗教即是生活”。

事实上，多洛斯已经为文森特安排好了一份工作。也许是因为森特伯伯的出面，文森特才能在埃滕20英里外的多德雷赫特的一家书店谋得一份售书员的工作。接受父亲的计划之后才过了几天，文森特就搭上了去多德雷赫特的火车。古庇尔的常客皮埃特·布拉特对他进行了面试。回来的路上，多洛斯要求文森特前往普凌桑那格作最后的悔过：对森特伯伯提供的新机会再次表示感激。在去伯伯家的火车上，文森特用当时的天气来形容自己的心情。“这是个风雨交加的夜晚，”他回忆道，“只能看到镶着金边的乌云。”

在多德雷赫特市集广场的“包乐史和范·布兰姆书店”，24岁的文森特终于突然变得温顺又懂事，开始一心一意埋头工作。新年一过，他就开始上工，连“试用期”过了都浑然不知。英国的行李都还没有寄到，他便已经搬进了广场对面的寓所。他给斯莱德－琼斯去了一封长信，告诉他自己不准备回去了。“我希望他们能记住我，”他告诉提奥，“记住我的好。”

舍菲尔广场，多德雷赫特的市集广场；文森特曾供职的书店在中间位置

在最繁忙的销售季，书店的账目经常让文森特忙到深夜。“但我喜欢这种感觉，”他写道，“使命感让我们的心智合一，让一切都变得神圣。在责任面前，一切琐碎都变得微不足道。”接受了新的生活逻辑的文森特向父母讲述着“回家让他多么快乐”。他还向提奥解释，“使命感”如何让他决定放弃牧师的职位，做一名售书员，“因为在人的后半生，仅有精神的支撑还远远不够”。他还对一名同事说他“很高兴可以不再成为父母的负担”。

对于一个能够让人重新开始的工作地点来说，文森特也许再找不到比多德雷赫特更合适的地方了。多德雷赫特是荷兰最古老的城市，它坐落在四条河流的交汇口。1421 年的大洪水以来，它就四面环水。几个世纪以前，这儿开始对往来的商品和物资征收通行税，从而敛得巨额的财富。商人们在运河沿岸建起奢华的房子来宴请皇室和酝酿荷兰的独立。这片“诱人的土地”——植被茂盛的码头、闪闪发光的海岸、神奇的河流吸引着黄金时代的画家，克伊普、戈因、梅斯、雷斯达尔蜂拥而至。

然而当文森特来到多德特（人人都这样称呼多德雷赫特）时，它一洗往日的光辉，变得分外清贫古朴。你只能在琥珀色的回忆中缅怀曾经的辉煌与荣耀。但旧日的黄金塑像，那些褪去瑰丽后的残迹仍然让多德特在人们对荷兰的想象中占据了一个特殊的地位。所以，当文森特走在蜿蜒曲折的街道上，看到周围随处可见的歪斜的楼梯、黑色的栏杆、红色的屋顶和银色的水波时——在巴黎和伦敦，这些景致都曾让思乡心切的文森特潸然泪下，他一定有一种归家的感觉：这种感觉他无论如何也不可能在陌生的埃滕感受到。这种感觉只有在另一个地方，在另一个时空的孤岛才能找到：津德尔特。

但这些远远不够。徜徉于画境和想象之中，都不是真正的归家。对父亲唯命是从也不能让他获得回头浪子渴望的那个怀抱。他再次陷入了一贯的阴郁沉默之中。“他似乎不和任何人打交道，”老板的儿子德克·布拉特回忆道，“他似乎从来不说话……他在多德雷赫特没有一个熟人。”他的房东也表示文森特“异常沉默，总想一个人待着”。

布拉特说，闲暇的日子他总会——“一个人”——去徒步，同时用阅读来打发漫漫长夜。他的房东是个名叫艾肯的谷商。有时，他夜里3点起来检查谷仓时仍会看到文森特房里“鬼魅的影子”：他正在门灯下缓缓曳步。艾肯拒绝负担供文森特刻苦夜读的油灯钱，文森特就自己买来了蜡烛——紧张兮兮的艾肯又怕文森特弄出一场火灾。白天，叮叮当当的声音从文森特房里传出来，房东知道他又在往墙上敲钉子了。“我实在难以忍受他往墙上挂那么多这样的玩意。”几十年后，艾肯对一名采访者这样说道，“钉子就这样把好好的墙纸毁了”。

在同事和室友眼里，文森特一方面在回避着别人，另一方面也在被人回避着。像所有职员一样，文森特要在桌前从早上8点站到午夜（其间有两个小时的午饭时间）。但布拉特表示，大部分时间里，文森特都在“混时间”，或者因为那一个个通宵达旦的夜晚而“昏昏欲睡”。布拉特很快意识到，文森特在这儿只是因为他的父母“不知道拿他怎么办好”。就像在巴黎一样，文森特无法取悦客人们。“太太们或者其他客人需要从他那儿得知画作的信息，”一位书店同事这样回忆，“但他压根就无视他们的兴趣，一味口无遮拦地发表自己的观点。”最后，他只能卖信纸和向孩子们卖半个铜板一张的画片。“他几乎一无是处，”布拉特说，“因为他对图书交易一无所知，他也完全不想学。”尽管在古庇尔待了六年，同事们觉得他在“做买卖方面像一张白纸”。

只有一次例外。当城镇在半夜被洪水淹没，人们在第一时间冲到岸边去挽救任何可以挽救的财物时，文森特才第一次感受到了他与周遭人们的心手相连。“人声鼎沸，一片喧嚣，”他激动地向提奥报告，“站在底楼的人们都忙着把他们的东西往楼上搬，还有一条小船漂在街道上。”第二天在店里，他把湿透了的书本和账本都扛到了楼上。同事们对他的勤奋和体力颇为赞赏。“用双手劳作一天能让人忘记一切烦恼。”他的字眼中透露出难得的满足。

然而对于那些没有像他的家人那样见证过他的避世而无法包容他的异常，甚至读不懂他的宗教狂热的外人来说，文森特的古怪与内向确实会让人不安。人们觉得他的表情怪异，令人不快。多年后，他们还能记起他“长相普通、满是雀斑的脸”，“歪歪的”嘴，“小小的、总是怔怔望着你的眼睛”，以及他那浓密的、“硬生生竖着的”头发。“他算不上一个吸引人的小伙子。”德克·布拉特说。文森特坚持戴一顶破旧的礼帽——这样的帽子现在已经成了可笑的东西，只有昔日初来伦敦闯世界的年轻人才会戴这样的帽子。“那样一顶帽子！”布拉特惊呼道，“如果你看到它，你就会有把那帽檐撕扯下来的冲动。”

文森特奇怪的打扮和孤僻的性情招来了人们的嘲笑。室友们讥讽他太一本正经，故意制造噪音打搅他读书。想寻清静的文森特只能做夜猫子。他们叫他“怪人”、“奇怪的家伙”和“神经病”。然而，文森特的噩梦不仅仅来自与他合住的那一群粗暴的年轻人，还来自房东太太。她总那么严厉地训斥文森特那些怪异的习惯。连艾肯也将文森特的行为总结为：“不太正常。”

只有一个人，他的室友保卢斯·格尔利茨向文森特伸出了友谊之手。格尔利茨是个助教（像文森特曾经在英国时那样），还在书店做兼职。他在同意与文森特合住前对其人一无所知。所幸的是，正在为取得教师资格证而努力的格尔利茨也和文森特一样内向，一样书卷气十足。“晚上，文森特到家的时候，”格尔利茨回忆，“他通常会发现我在学习……接着，再对我说完一番鼓励的话后，他也开始了工作。”他们有时一起散步。文森特会和在穷人子弟学校工作的格尔利茨分享斯莱德－琼斯牧师及那些“伦敦贫民窟的孩子们”的“劲爆故事”。但大多数时候，格尔利茨只是听着他的室友一个人喋喋不休。格尔利茨这样形容说话时的文森特："他饱含激情"，脸色也"变得鲜亮起来"。

文森特越来越多地谈到了宗教。

文森特的孤独和向往无可避免地再次被赋予了宗教色彩。来到多德雷赫特之后不久，他似乎发誓要忘掉福音传道的狂热，接受父亲的建议：一个人即使不担任神职也可以从事"宗教工作"。但文森特的怪癖和他对超验的渴望显然让他一次次偏离了这条中间路线。终于，在多德雷赫特与他一起生活或共事的人们都能觉察到，那股驱使他在英国踏上一段又一段朝圣之路的宗教狂热又在他心中熊熊燃烧了起来。格尔利茨写道："绝对虔诚是他生活的宗旨。"德克·布拉特回忆道："他对宗教有着过度的热情。"在巴黎时，文森特就致力于研读《圣经》。这一次，他更一门心思扑在了《圣经》上。"《圣经》给我带来抚慰，是我生活的支柱，"他这样告诉格尔利茨，"这是我读过的最美的书。"他重申了在蒙马特许下的诺言："我会每日熟读，直到牢记在心。"

工作时，他会用荷兰语抄写《圣经》长长的经文，然后把它们翻译成法语、德语和英语，整理出了像账本条目一样齐整的四大卷。"如果他脑中突然闪过一段美妙的经文，或者一个虔诚的念头，"格尔利茨回忆道，"他会马上记录下来，并且乐此不疲。"文森特痴迷于抄写的场景总会刺激到书店老板老布拉特。"天哪！"他抱怨道，"这孩子又站那儿翻译起来了。"在家里，文森特会阅读《圣经》直到深夜，抄写经典的段落，并把它们背诵下来。多少个这样的夜里，他读着读着就昏睡过去，格尔利茨"第二天早上发现他的'生命之书'还落在他的枕边"。据格尔利茨回忆，他的墙上挂满了一幅幅圣经故事的插图，多数是基督像，"四面墙都贴了个遍"。在每一幅画像上，他写了同样的题词："似乎忧愁，却是常常快乐的。"复活节时，他将每一幅基督像都框上了棕榈枝。"我本人并不虔诚，"格尔利茨表示，"但他的虔诚令人动容。"

内心涌动的宗教热情让文森特又过起了僧侣式的生活。在蒙马特，他曾与哈利·格拉德威尔过过一段这样的日子。据格尔利茨所述，文森特的"日子像圣人、隐士一般清苦"，"吃得像个悔过中的修士"。他只在周日吃肉，并且只吃一点点，他对嘲笑他的室友们解释道："物质生活对人来说是次要的；素食对我来说已经足够，其他的便是多余。"当房东抱怨他那些不健康的习惯时，他像坎佩斯一般淡然地答道："我不介意饥肠辘辘，我不介意一夜露宿。"他自己动手缝补衣服，有时还饥一顿饱一顿，这样就能省下钱来给流浪狗买食物。他只会在一件事上放纵自己：抽烟斗。抽着烟斗他可以一直伏案抄写《圣经》到天亮。

像在巴黎一样，文森特每个周末都会怀着虔诚的心访遍每座教堂。不论是路德派还是归正派，荷兰教堂还是法国教堂，天主教堂还是新教教堂，在文森特心中并无二致，他有时一天会听上三四场布道。当格尔利茨对文森特不分教派表示吃惊时，他答道："我能在每座教堂中看到上帝……重要的不是教条，而是福音精神，在每座教堂中我都能发现这样的精神。"当然，文森特最重要的目的是去聆听布道。在信中，他向提奥描述了天主教神父如何激励围在他身旁的穷人和落魄的农民，新教牧师如何用"火与激情"让他身边洋洋得意的市民们醍醐灌顶。

无疑，这些见闻重新燃起了文森特做一名牧师的雄心壮志。回到家里，他一面钻研迄今为止最启迪人心的查尔斯·司布真的作品，一面在夜深人静的时候学着起草布道词。他会心血来潮地读上一段鼓舞人心的经文来"款待"他的那些狂傲的室友们，任凭他们嘲笑他和冲他做鬼脸。他在晚餐前的冗长祷告考验了每个人的耐心，包括格尔利茨。当格尔利茨劝他不要在那群室友身上浪费时间时，文森特打断了他："让他们嘲笑吧……总有一天他们会学着去欣赏这些东西。"

那个冬天，只有一个教会，但也是当时最举足轻重的教会接受了文森特的神职申请。

提奥因为一个女人而痛苦不堪。他爱上了"一个出身不佳的女孩"（文森特这样描述她）。他也许还让她怀了孕。为了对女孩和她的家庭负责，提奥把情况告知了父母，并准备向女孩求婚。人们还没有淡忘文森特给家族带来的羞辱，如今这场丑闻必定会在埃滕激起一场轩然大波。但安娜与多洛斯这一次却对小儿子表现出了截然不同的态度。他们只是温和地指责了提奥（"仁慈的主不会一味谴责，他会宽容地谅解"），认为他对女孩的情感只是种"错觉"，同时要求提奥答应再也不见她。

三个月后，食言的提奥让多洛斯大动肝火。他称这段感情"糟糕可憎"——"建立在贪婪与肉欲之上"，不会受到神的祝福，如果提奥坚持这样做，前程将毁于一旦。"睁开你的眼，"安娜央求，"千万不要陷进去……上帝会帮你找到一个体面的……一个我们乐意视之为己出的女孩。"被爱与责任折磨的提奥十分绝望。他想离开这个国家，认为他待在这儿会给每个他爱的人带来伤痛。"我那么孤单，那么痛苦，"

他在信中告诉他的哥哥，“我真希望可以远离一切。这件事因我而起，我只能给大家带来痛苦。”

急需安慰的提奥激发了文森特的传道热情，让他再次决心要拯救提奥。

像去年秋天提奥病倒时那样，文森特把之前那一股脑儿的痴迷劲全放在了提奥身上，发起了一场“轰轰烈烈”的拯救攻势。提奥现在就是他的教会里唯一的教徒，需要他全力以赴。里士满的布道化作了一封封长信。他劝说提奥从基督那儿找寻抚慰。文森特说道，只有通过“他”，悔恨的眼泪才能化作“感激的泪水”，“疲惫的心”才能再次迸发“无穷的力量”。埋头抚慰提奥的文森特不知不觉地把自己的孤独感和罪恶感融合在了弟弟的孤独感和罪恶感中。有时，让人难以分辨到底谁是真正的抚慰者，谁又真正地得到了抚慰。他写道：“人生中会有那么一些时刻，你感觉厌倦一切，感到自己做什么都不对，也许确实如此。”

文森特给弟弟的长信中有诗歌、经文、赞美诗、教义问答，还有讲道词。就像他的布道一样，在信里他不断赞美天父、圣母，还有田园诗般的青春岁月。文森特试图通过回忆他们的童年时光来安抚提奥。他劝说提奥去读他们小时候喜欢的诗人，譬如吉奈斯泰特和朗费罗。他企图用一幅速写——描绘暮光中教堂院落的杂志插图——让提奥重温津德尔特牧师公馆的时光。如果别的画作起不了作用，文森特就自己动笔。提奥才来过不久，他就幻想他们重聚的情景。就像他曾经把鲍顿的作品变成《天路历程》那样，他天马行空地想象各种生动而感伤的镜头：

> 我们相聚的时光那么快就溜走了。我想起站台后面的那条小路，我们在那儿看着夕阳坠入大地。还有映照在沟渠中的夜空，沟渠旁矗立着长满苔藓的老树干。远处有一个小风车磨坊。我一定会经常来这儿，想想你。

文森特重新燃起的宗教热情并不被家人看好。多洛斯和安娜唯恐这预示着文森特又会“想太多”——意味着新一轮没有前途的流浪又要开始，正常的生活不复存在。他们认为，一个人要经受常年刻苦的训练才能肩负神职。否则，文森特永远不能成为一名合格的牧师，只能庸庸碌碌地在某个边缘宗派（如卫理公会）坐落于不毛之地的边缘教区做一些琐碎的传教工作。“我真心希望他不要再去国外了，”安娜十分焦躁，“我希望他可以把现在这份工作好好干下去。”为了文森特的出路问题，多洛斯已经几天没合眼了。

决心阻止儿子再走上歪路的多洛斯似乎对文森特在多德雷赫特的古怪行为已经有所警觉。于是，他安排文森特去阿姆斯特丹探望科尔叔叔。如果文森特能在叔叔的店铺里帮自家人打理生意，那么他也许会更坚定地走现在这条路，万一有什么差错，也好有人盯着他。况且，另一位伯伯简，显赫的海军上将，海军船厂司令，也在阿姆斯特丹。

在父亲的坚持下，文森特提前给科尔叔叔写了一封信，含糊地为“最近的挫败”表示歉意，并小心翼翼地讨一份差事。

如果多洛斯期待 3 月 18 日的这场会面会让文森特回心转意，那么他最后一定失望至极。伴随着全新的宗教热忱，文森特上路了。提奥刚刚被勒令抛弃他爱的女孩，文森特满怀热情地抚慰他。整个冬天的密会、忏悔告白的信件和兄弟间的许诺，都将文森特心中的手足情义和宗教热情推到了狂热的最高点。文森特没有默默接受父亲的安排，而是固执地表示“要成为一名基督徒，奉献一生”。一场充满争执的会面最终不欢而散。

第二天，出乎大家的意料，文森特急匆匆地想要约见他的姨父，德高望重的牧师约翰内斯·斯特里克，也许他觉得后者可能更能理解他的选择。但在另一番劝阻之后，文森特几乎是怀着轻松、决然而又笃定的心情于第二天离开了阿姆斯特丹。这趟行程不仅没有让文森特过上正常人的生活，反正更坚定地把他推进了上帝的怀抱。

而这一次，文森特为自己的壮志雄心赋予了新的内涵。离开阿姆斯特丹仅几天之后，他郑重地向提奥宣布：“我热切地祈祷，我能继承父亲和祖父的精神。”

文森特已经打定主意要成为像父亲那样的牧师。“如果有一天，我有幸成为一名牧师，并和我们的父亲一样为使命鞠躬尽瘁，”他写道，“那么，我将感恩于天父。”

这一路，文森特走得十分艰辛。从肯宁顿的孤单小屋到人潮涌动的都市临时礼拜堂到布莱顿“重生”的热望，从对米什莱顿悟式的痴迷到卡莱尔的基督教启蒙。荷兰乡村牧师公馆从小灌输的理念无法在《效仿基督》——文森特的第二本《圣经》——上找到。坎佩斯倡导的“出世”与多洛斯对教区居民的政治、社会和经济干预恰恰背道而驰。坎佩斯的耶稣又怎会驱逐交不上地租、无法营生的寡妇？父亲的教堂又如何能给文森特一席之地，允许他像在里士满卫理公会和特纳姆格林公理教会里一样自由地福音布道？又有哪里能激起文森特内心弥赛亚式的热情，将其引上寻找心灵的旅途，即使奔赴南美或者矿区都在所不惜？这段旅程引领文森特一路进入了一个独特的圣殿。在这个圣殿里，心灵的呼唤永远比理智更重要，激情往往比知识更有召唤力；在这个圣殿里，一位来自异国他乡的无名行者，怀着难以名状的热情，尽情倾诉着心声——而在他父亲的教会里，几个世纪以来的厮杀已经让那儿的人们习惯沉默内敛。

事实上，不论一路上遭遇了多少挫折，文森特的朝圣路一直向前延展。从在海牙烧毁父亲的宗教小册子时起，文森特就肯定宗教会是让他们父子走向和解的唯一途径。不论是当他心中燃起最初的宗教热情的时候，还是在他抛弃米什莱的《爱》，谴责格拉德威尔太过迷恋父权的时候，每当他提笔写信，信中都流露出伤痛和对父亲的仰慕。“我们都要努力成为像父亲一样的人。”到达巴黎后，他曾这样告诫提奥。他祈祷，有一天他也许能搭乘父亲信仰的“翅膀”，这样他也能“乘风破浪，超越地狱和死亡”！即使当他用去地球的另一端传教来恐吓父母时，他也还是在霍姆庭的小房间里，向上帝祈祷“愿我能成为父亲的兄弟手足”。

多德雷赫特则大大拉近了文森特和父亲的距离。他和父亲此时甚至比他小时候还亲近。多洛斯答应文森特，他每个周末都可以回埃滕。搬家后才几天，文森特就已经计划好回家的事。“他在家待着十分愉快，十分舒适。”后来安娜这样告诉大家。几天后，在去海牙的路上，多洛斯在多德雷赫特稍作停留。多年来的渴望浓缩在了“灿烂”冬天让人屏息的四个小时里。文森特与父亲散步，喝啤酒，领他参观自己的房间，参观谢弗的《安慰者基督》。文森特丰富的艺术知识令多洛斯惊叹不已（“他对博物馆简直了如指掌”），同时也劝说他接受科尔叔叔店里的工作，远离宗教道路。“他最好不要陷得太深。”在给提奥的信中，他这样写道。但文森特只听到了离开多德雷赫特的多洛斯表达的另一番赞许：“他真是一个好小伙。”

接下来的整个冬天，文森特都沉醉在与家人和解的愿景中。父亲喜欢鸟，文森特就和他聊鸟，譬如，多洛斯哪天看到了第一只燕八哥，文森特又在什么时候看到了第一只鹳。他们还在一起看到了春天来临后的第一只云雀。文森特有意迎合父亲对于植物的喜爱——在牧师公馆，种植心叶蛇葡萄向来是多洛斯的任务。文森特用心研读父亲喜欢的诗歌，把它们贴在墙头德洛罗什的《圣母玛利亚》旁边。曾经在津德尔特，他父亲的书房里也有这样一幅画。在写给提奥的安抚信中，他用上了父亲温暖又权威的口吻——“让我们敞开心扉”，还严肃地告诫提奥父亲的爱就像“纯金”一般珍贵：“不论在天国还是在人间，还有谁比父亲更可亲呢？”

为了庆祝父子关系重修旧好，文森特送给父亲一本艾略特的《教区生活场景》作为生日礼物——并安排提奥送上了另一本牧师故事《亚当·比德》。当德克·布拉特批评梵高牧师一辈子待在像埃滕这样的小教区，永远没有长进时，文森特出离地愤怒。“那是梵高唯一一次生气，”布拉特回忆，“他的父亲绝对适得其所，他是个真正的牧羊人。”也许是在多德雷赫特，文森特开始穿上了多洛斯的一件旧牧师袍子。

文森特去阿姆斯特丹见科尔叔叔的时候，他要成为父亲的愿望几乎已是妄想。“追溯我们家族的历史，”他这样对提奥写道，“在我们这个彻头彻尾的基督教家族中，一代又一代，总有人肩负起福音传道的责任。”他表示，现在他就是那个“响应召唤的人”，所以“我的人生轨迹会越来越向父亲的人生靠近”。尽管来自埃滕的反对意见很明确，文森特还是声称父亲打心底里希望他成为一名牧师。“我很清楚，他心底里希望发生些什么，好让我继承他的事业，”在提奥和叔叔伯伯们面前，文森特显然很坚定，“我知道父亲其实支持我的决定。”与此同时，在给提奥的信中，多洛斯表示：“我们都希望他能继续现在的工作，这让我们很担忧。”

在外人看来，尤其是在父母眼里，文森特对现实的无视和对抗压倒性的反对意见的决心，似乎只是一种叛逆——一种肆意妄为的、自我摧毁的任性。好像父母越是坚定地把他推向艺术品买卖这一行当，他就越是执拗地要追随父亲。甚至当一位位高权重的牧师试图重新激发文森特的传教热情时，也遭到了他的拒绝。他坚持：“我想成为父亲那样的牧羊人。”也许除了提奥，没有人能理解文森特的决心有多么坚定。“噢！提奥，我的好弟弟，可能上天注定我一定会走这条路呢，”文森特的心被阵阵狂热灼痛，他写道，“我希望，也相信，在某种意义上，我的人生会有所改变，我能与主同在。”他幻想着，如果他能“坚持这条道路”，那么过去的悲剧带来的“种种压抑”会从他的肩上卸下，他耳边的种种责备也会即刻停止。哪怕为了这些，他说：“我和父亲都会对主满怀感激。”

有时候，文森特的倔强和据理力争会让人十分难堪。他人眼里的任性源于他那份挥之不去的坚持：他执着的信仰只靠想象支撑，却足以颠覆整个敌对的世界。

很快，我们就能看到这场惊心动魄的交战。4 月初，文森特回到了津德尔特。

这趟行程因一封家信而起。家里来信说，多洛斯要回津德尔特探望一位老农。他曾是这个教区的居民，现在奄奄一息。“他央求我去看看他，”多洛斯写道，“我们穿过荒野来到他家。这个老家伙被痛苦折磨得厉害。我希望他能尽快解脱！”一读完信，文森特就向格尔利茨借了点钱飞奔出了书店。“我很喜欢他，”他上气不接下气地向格尔利茨说起这个奄奄一息的农民，“我很想再见他一面，送他一程。”

事实上，津德尔特之旅已经筹划了多年——每当思乡之情在心中冉冉升起，他脑中就会一次次上演返乡的场景。“噢，津德尔特！”他在英格兰就已呼唤着，“对你的思念总那么强烈。”他原本计划圣诞节期间走上去往津德尔特的朝圣路——这是一个完美的时机，却被家人的阻挠和找工作等事耽搁了。而现在，他离家不远，而且与父亲史无前例的亲密都再次唤起了他心中的向往。幻想中夹杂着层层回忆和新的期望，他赞美起了自己想象中的津德尔特：

> 旧时回忆袭上心头……那时，我们常随父亲一起漫步……黑土地上结着嫩玉米，云雀叽叽喳喳，亮眼的蓝天上白云朵朵，山毛榉排列在铺平的道路两旁。噢，要赞美耶路撒冷，不如赞美津德尔特!

并非是这个仅有几面之缘、饱受痛楚的老农，驱使文森特不惧黑夜，要回到这个他最初的流放之地，而是他心中对津德尔特和幻想中的家园抱有的愿景。“我的心早已飞到了津德尔特，”他向提奥解释道，“我也渴望回到那里。”

他先搭火车，然后步行走完了剩下的 12 英里。“荒野十分美丽，”第二天他告诉提奥，“虽然天很黑，但你还是能分辨出荒野、松林和远处广阔的沼泽。”他用希望和浪漫装点着这幅画面，期待新的生活在眼前展开：“天暗下来了，但晚星透过云层闪烁着，不经意间，你的头顶又多了一些星星。”他不仅要回到童年的那片荒野，还要重访父亲曾走过的路、造访过的小村庄、抚慰过的农人，以及那个他曾作过布道的教堂。“当我来到津德尔特的教堂时，”他写道，“一切都是那么静悄悄的。我一一走过这些亲爱的老地方。”接着他在教堂边的墓地里坐了下来，等待日出。

第二天早上，他得知病人已在夜里去世。

但文森特还可以安慰生者。这样的场景，他曾在父亲那儿目睹过上百次——在这个小镇，为这些教徒。“他们如此悲伤，心却如此充实，”他回忆道，“和他们在一起我很高兴，我能理解他们的感受。”很快，这个常常沉默不语的新手出现在了苏珊娜·格拉德威尔的葬礼上，他与他们一起祷告，给他们读《圣经》——就像父亲做的那样。他走访了死者的家人，在遗体前默哀。

在死亡面前，文森特却表现出了前所未有的生气。“嗬！那场景太美了，”他回忆道，“躺在枕头上的高贵脑袋是那么令人难忘：脸上略有痛苦，但却透露着安详，甚至是一丝神圣。”后来，他一直评论着：“和我们这些活人比起来，死者似乎更为沉静、肃穆、有尊严。”抱着对往日生活的遐想，文森特看望了小时候曾在牧师公馆照顾他的仆人们：一个园丁和一个女佣。“我们曾经的愉快相处再次涌上心头，”离开那儿后，他这样记录道，“他们好像没有死去而是睡着了，让人倍感珍贵。”

同一天，文森特还得接着走四英里回到埃滕的牧师公馆，完结一年前就已经开始的归家旅程。耶稣受难日那天，他放纵了自己；复活节后才一周，他回到了津德尔特；24 岁生日之后的第九天，他又回家了。文森特将回津德尔特的旅程看作一段新的开始。在向提奥讲述当天情形的信中，文森特向他描述了迄今最令他震撼的重生景象。他写道：“那个清晨在墓地的情形让我想到了耶稣的重生。”

从津德尔特回来之后，像父亲一样成为牧师的念头在文森特脑中久久挥之不去。当激情之火熊熊燃烧时，所有艰难困苦仿佛都烟消云散了。然而最棘手的还是父母长久以来都坚持文森特应该像他父亲和祖父一样花个七八年光景在神学研究上。而文森特从未妥协——一方面，他自己没有这个耐性，另一方面，这样一来原本经济紧张的父亲就更会捉襟见肘。就在几周前，他还义正词严地重申了自己的立场。“对神职，我无限向往，”他向提奥谈论着自己全新的理想，“但我如何才能如愿？要是我能经历冗长、艰难的学习过程并最终成为一名福音传道者，那该多好。”

现在，仍沉浸在津德尔特之旅的喜悦中的文森特似乎将预期中的艰苦学习视为了某种骄傲与尊严。德克·布拉特还记得，多德雷赫特的一位牧师曾劝阻他说：“前期的学习会让他觉得非常吃力，因为他甚至都没上过初中。”但据室友格尔利茨的回忆，文森特打定主意要通过父亲所经历的考验。他几乎开始“痴迷于这个想法”。

对他的父母来说，文森特在津德尔特的夜行完全是胡闹。几周之前，被文森特的坚定感动的多洛斯和安娜已经决定要将自己的不信任暂时搁置。3月末，格尔利茨来了一趟埃滕，让他们有机会洞悉了儿子心底的痛楚。安娜问道：“文森特在那儿还好吗？还适应吗？”格尔利茨平静地答道：“夫人，请允许我告诉您实情，文森特并不钟意他现在的职业。他只有一个热切的愿望：成为一名牧师。”之后不久，多洛斯便向姐夫约翰内斯·斯特里克询问文森特需要为大学入学考试作哪些准备——这是入读阿姆斯特丹神学院的第一步。但复活节过后一周，在文森特长途跋涉，并且独自在津德尔特墓地待了一晚，头发蓬乱，一脸疲惫地现身之后，多洛斯先前所有的想法都烟消云散了。“提奥，文森特这次出格的行为你怎么看？”他警惕地写道，“他应该更小心一些。”

但文森特一旦同意了父母提出的备考计划，多洛斯和安娜除了支持也别无他法了。当多洛斯要求其他兄弟姐妹们都伸出援助之手时，他们的反应十分一致——虽然对此抱有疑惑，但出于手足之情都纷纷表示支持。对文森特的过去了解最少的斯特里克姨父最为热心，不止为文森特安排了最好的老师指导他备考（尤其是拉丁文和德语），还自告奋勇监督进展，并亲自指导他的神学学习。作为一名学识渊博、备受推崇、影响力巨大的牧师，斯特里克虽然观点较为保守，但仍可以轻而易举地将文森特推入阿姆斯特丹自由派牧师的圈内。

曾在神职授任考试中落第的斯特里克准备全力帮助文森特实现他的雄心壮志。他快活地表示：“我主总爱给我们的人生来点儿小惊喜。”海军上将伯伯简的宽敞宅子能俯瞰阿姆斯特丹港，四周被复杂的军事建筑围绕。丧偶并且子女不住在家里的简不但能给文森特提供食宿（有仆人服侍起居），还给了他进入上层社会的入场券——这着实让安娜激动兴奋。“如果文森特想成为一名教区牧师，”她写道，“除了要面对生活简朴的人，他还需要学会和上流阶级打交道。”虽然简拒绝监管这个总爱惹麻烦的侄子，他还是帮文森特找了一份“体面的工作”来贴补他的吃穿用度。“看来这事还是有点希望的。”安娜写道。科尔叔叔提供了文森特的学费，以及一大沓供其书写的优质纸张，但仅此而已。

在所有亲戚中，只有最了解文森特的森特伯伯拒绝再对侄子提供任何帮助。森特“不赞同文森特的做法”，森特的拒信很快到了文森特和他父母的手上。安娜告诉提奥：“伯伯不认为这主意会有什么好结果，他觉得文森特眼下急需的是一个踏实的着落。”至此，他不再过问此事，对这个沿用了自己的名字，却软弱无能的侄子彻底撒手不管。“他不认为再通信谈论此事会有什么帮助，”文森特告诉提奥，“因为在这件事情上，他完全无能为力。”提奥试着安慰父母——“森特伯伯没有看到文森特的变化”，但他对于哥哥的同情却激起了强烈的反应。“伯伯很了解文森特是个好孩子，”安娜辩驳道，“他只是不认同这么干罢了；我指望他在文森特的问题上能够对他坦率明言。”她又闷闷不乐地坦白道：“但这样的结果还是让我们心里不好受。”

最后，全家只得摆出观望与期许的姿态，又一次幻想文森特最终能从荒野中走出来。“如果能看到他的梦想成真，”利兹写道，“那该有多好。”安娜使用的仍是屡试不爽的那个法子：她让上帝来决定一切。“看到你们一个个都长大成人，肩负起你们的使命，尤其是老大，”在给提奥的信中，她写道，“我们就欣慰了。”多洛斯像他儿子通常会做的那样，通过布道来缓解自己的焦虑。这一次，他的主题是：“人生来注定受苦”——“困难和忧虑如何铸就了我们的心灵，带来抚慰和希望。”临别之际，夫妇俩送给文森特的礼物代表着他们一直以来对儿子的终极希望：一套新西装。

文森特一路向前，丝毫没有被身边人们的种种疑惑所困扰。他动手疯狂地抄写教义问答书，十分专心致志，将自己的未来抛到了九霄云外。多年后，他承认，对于这份他即将开始的事业，他其实深表怀疑，极为焦虑。那时，在急于成为一名牧师的强烈欲望的驱使下，他只能一遍一遍地祷告（“主，我怀着无限的热忱献身于你”），在画片边缘写满潦草的自我鼓励的话，并更频繁地去聆听布道。他还跑去博物馆最后看了一次《安慰者基督》，并且以自己独特的方式构思画作：用文字生动地描绘教堂墓地、草坪小径和夜空光亮。他用迷醉人心的经文和警句来鼓励自己不要退缩。“我希望得到我爱的人的认可，”在悲伤的时候，他会向提奥袒露心事，“如果这是神的旨意，那我一定能做到。”

5 月 2 日离开多德雷赫特后，文森特在埃滕逗留了一周，享受最后的家庭温暖。在去阿姆斯特丹的路上，他在海牙稍作逗留。在父母的坚持下，提奥带着他哥哥去理了发。（“做件好事吧，”多洛斯指示道，

“海牙的理发师总能理出像样的头发吧。”）之后，文森特便启程去了阿姆斯特丹，立志要“发愤努力”。

当文森特着手开始新生活时，播种与收获的景象一直在他脑海中挥之不去。还在多德雷赫特时，他给提奥寄出的最后几封信里，有一封说到他想成为“世上的播种者”——“就像在地里播种麦子的农民一样”。多洛斯一辈子扑在福音传道上，他的儿子也即将投入这一事业。儿子离开前的那个周日，多洛斯又从他最喜欢的《加拉太书》中挑出了这段文字：“因为人种什么，就会收什么。”他说：“上帝就在我们身边，帮我们解答疑惑，给我们带来意外和福音。我们耕种，收获，我们并不是孤军奋战；上帝在支持、祝福着我们，为我们的幸福铺路。”

对辛勤的播种者多洛斯·梵高来说，这就是他能给予儿子的最好的信条。当然，这个信条也与另一段文字遥相呼应。那便是父子俩新近阅读的、文森特最喜欢的《教区生活场景》：

> 她试着守护着自己的希望和信念，尽管我们很难相信，眼前撒下的种子未来一定能长成丰收的果实。总有一些种子不是悄然遗落就是飘散在天涯，也总有一些种子你没有付出汗水却在不经意间开花结果。我们收获我们播种的。但上苍有眼，它怀着悲悯之心，给予我们庇护，赐予我们意外的食粮。

第十章　驶向风中

日子一天天过去，在伯伯那俯瞰阿姆斯特丹港的大房子里，文森特每天都可以看到壮观的军队操练。每个清晨，工程兵部队拥进海军造船厂——人数那么多，以至于他们的靴子踩在步道上的声音，听起来“好像大海的呼啸声”（文森特写道）。从清晨升起第一缕光线（夏令时间的5点）到灯火亮起，他们夜以继日地工作着。有的人在造船厂制造从装甲舰到高杆帆船在内的一切东西，但大多数人要到码头报到。在那儿，他们光着膀子操作着蒸汽挖土机和起重机，与倔强而无情的大海搏斗着。

文森特把他们的每日拼搏称为“壮观的景象”，接下来便观察他们每日戏剧般的劳作。他写道：“想要知道该如何工作，那么请看看这些工人。”只有“耐心、坚持”和对“上帝的相助”抱有信仰才能完成伟大的任务。他看到他们不仅与阿姆斯特丹轻软的“泥土”斗争——水多于泥，需要更多的沙山来填补，还要提防各种不可预见的危险。此地离西边浩瀚的北海仅有20英里，东临乖戾的须得海，一不小心，风暴就能吞噬几条生命，淹没堤坝工事，掐断防线，冲撞临时码头，将沙子一扫而空，毁掉几周以来的工作。但第二天，工人们还得回来收拾残局，挽回损失，重筑堤坝，重新挂好吊杆，再建脚手架。接着，如果情况允许的话，把大海围得再远一点，把堤坝建得再高一点。

这就是文森特目睹的荷兰历史。从13世纪在阿姆斯特尔河筑起第一座大坝起，这个被称为阿姆斯特丹的文明机器就一直在与自然进行着抗争。历史学家称它为“不可能存在的城市”。在黄金时代，当荷兰与生俱来的致命缺陷令人一筹莫展时，阿姆斯特丹开始了筑堤修坝的计划，形成了一个个形如嵌套碗、同心半圆状的独特运河水道结构。富有的阿姆斯特丹商人们将木桩打入软基地面来支撑他们气派的联排别墅。但任凭他们多么努力地挖沟造渠，满是泥塘的低洼地从未真正干涸。不论他们往大堤背面填了多少沙子和表层土，建筑仍会下沉：人行道分离，地基开裂，房屋东倒西歪。

海港的生成也违背了逻辑和常理。海港并非濒临大海，与大海之间隔着迷宫般的小岛屿和浅滩。由于海峡两边的狭长地带被圈地开垦，浅滩上堆满了淤泥和瓦砾。喜怒无常的沙洲和劲风让船只在驶进港口之前必须离岸搁浅几日，等待合适的天气。自知城市无可救药的阿姆斯特丹人从不像欧洲其他城市骄傲的市民们一样忙于为自己的城市树碑立传：他们没有修建气派的林荫大道和盛大的公共广场，也没有为昨日的荣光立起纪念碑。有批评指责他们只注重物质，缺乏信仰，但显然，在沙地上大肆动土既算不上好买卖也不是什么好兆头。

但他们终归还是开始动工了。1876 年，通向北海的新运河通航后，阿姆斯特丹经历了另一轮不可思议的辉煌。文森特在伯伯家中目睹的日夜苦干只是上百项工程中的一项。还昏睡在 17 世纪的城市自此醒来，驶向新的工业时代。海港被扩建，新的码头拔地而起，新的岛屿纷纷出现，阿姆斯特丹的港口艾湾和铸钢打铁、蒸汽机的引擎的声音一起轰鸣。轰隆而来的铁路带来了全新的巨型码头火车站。运河消失了，新的城市中心出现了。至此，阿姆斯特丹人有了树碑立传，甚至建博物馆来赞颂属于他们的黄金时代的念头。文森特每到一处建筑工程，就能看到立于其旁的沙山——阿姆斯特丹人用于记录辉煌和不朽的纪念碑。每一座都是希望压倒成见、理想压倒现实的见证。

每一个街角都为即将开启奋斗历程的文森特传递着灵感和希望。“有时候，不论付出什么代价，”他这样宣布，“都应该以坚定的信仰完成一件事。”放下了工作的文森特（他没有接受伯伯安排的工作）可以毫无保留地将精力投入眼前的事业。但，这是一项棘手的重任。要想学习神学，他需要先被大学录取。即便对于上过预科的高中生来说，这也是一项挑战（尤其是拉丁语，高等学府均用拉丁语授课）。只有少部分的高中毕业生有幸能进入阿姆斯特丹的三所大学。文森特九年前离开蒂尔堡学校时还是个初二的学生，通过大学入学考试对他来说几乎是个不可能完成的任务。之前人们就告诫他，准备这些考试可能要两年。

文森特决心提前将它完成。“愿主赐予我智慧，尽早完成学业，”他焦躁地写道，“让我能成为一名称职的牧师。”他为自己安排了紧凑的学习计划，从黎明的拉丁语和德语到深夜的算学和代数。白天，他集中学习文学、历史和地理。学习时，他总手握一支铅笔，挑灯夜读，将学习内容总结成大段大段的摘要，直到眼睛酸痛。他常常机械地抄写课文，有时把整本书都照抄下来。“我不知道还有什么比这更好的学习方式了。”他坚持道。大多数晚上，他都在客厅学习，在煤气灯下奋笔疾书，直到伯伯（做了一辈子水手，他已经习惯早起）催他就寝。回到阁楼房间后，他试图继续学习，但发现“到了晚上，睡眠的诱惑力如此之大”。

《圣经》并不是考试的科目之一，但将它束之高阁，文森特做不到。很快，他又开始翻来覆去地学习《圣经》，在忙碌的学习中挤出时间摘抄了一个个长长的寓言和奇迹故事，然后以年代为顺序用英、法、荷三语将其编排起来。他向提奥解释道：“毕竟《圣经》是必不可少的。”

文森特在这些科目上花费的心思甚至远远超过了他对未来事业的向往和热情。他笑称自己好比“一只啃着肉骨头不放的小狗”。他在信中骄傲地宣誓着“坚定”和“毅力”，保证“在上帝的恩德下”，“打场漂亮的仗”。文森特不顾伯伯的“宵禁”政策，黎明便起床，“深夜”才入睡。“我必须尽可能地珍惜时间。”他告诉提奥。偶尔去亲戚家串门，别人在玩牌，他却一直捧着书。即便走在阿姆斯特丹迷宫般的街道和运河边，他也还是在阅读。在此期间，他从未出过城，即便提奥给他提供路费，让他去海牙看画展也没能让他动摇。

但每周他会休息一次。确切来说，不算是休息。像在多德雷赫特一样，他会空出周日去听布道——甚至听一整天（有种说法是一天听“六七场”）。他 6 点离开伯伯的宅子到最近的东教堂去参加早间仪式，伯伯简在那儿有一张坐席。接着，他会沿着河滨走一英里赶往老城区。那儿建于 15 世纪的奥德瓦兹礼拜堂有着酷似船只的格子房梁，椽子上雕刻着的异教徒的脸异常狰狞。这座教堂现在已被环境更好、更时兴的教堂所代替。通常，在这个古老教堂的长凳上，只有老水手、海军学校的学生和周围孤儿院的孤儿给文森特做伴。但斯特里克姨父经常在这儿布道，文森特也时常到他家串门。文森特仰慕姨父“热切、真挚”的布道，有时甚至大老远地从其他教堂赶来听他的讲演。

礼拜堂往西几英里，就是西教堂。这是荷兰最大的归正教堂之一。全阿姆斯特丹都能隐约听到里面钟塔的报时声。在那儿，文森特能聆听到另一位他敬仰的牧师波斯都茂斯·耶利米亚·迈依杰斯的讲道。多洛斯已将文森特引荐给了迈依杰斯的父亲。他本人也是一名牧师。当文森特见到“个子高高、一表人才”的小迈依杰斯时，他仿佛见到了未来的自己：是牧师，也是牧师之子。从西教堂出发再往北沿着王子运河走半英里，就来到了北教堂。斯特里克和老迈依杰斯偶尔都会在那儿讲道。

四座教堂——东教堂、西教堂、北教堂与奥德瓦兹礼拜堂就是文森特周日行程的坐标。仅在一个周日来回，不论寒风酷暑，不惧黑夜暴雨，他总能出人意料地往四面八方走上七八英里，无人能够阻挡。连欠缺幽默感的文森特都向提奥自嘲道：“经过我眼皮底下和脚下的石门槛和教堂简直不计其数。”

文森特的老师毛里茨·本杰明·门德斯·达·科斯塔目睹了文森特的热情渐渐熄灭的过程。文森特叫他“门德斯”。门德斯是葡萄牙籍犹太人，与亲人们一起住在海军码头半英里外的东阿姆斯特丹旧犹太区。他看起来并没有26岁的样子，一脸大胡子，一副典型的西班牙裔犹太人的模样。5月初，从斯特里克那儿对文森特的“怪异行为”有所耳闻的门德斯将文森特收入门下，在俯视乔纳斯·丹尼尔·梅耶广场的家里对其进行指导。门德斯发现这个学生不像其他同龄人，倒是“沉默得出奇”。“他的模样倒不是很糟糕。”门德斯在30年后回忆道。在别人眼里，文森特的红发、雀斑、“平淡无奇的脸”和“扭捏、局促不安的手”处处透露着乡下人的“粗野”。但在门德斯看来，“这样的怪异似乎有点可爱”。

因为老师的眷顾，文森特对老师报以极大的仰慕。面对提奥，他称门德斯为“非凡的人”，还说“也许这世上天才很多，但我不会轻易称人为天才”。他在早课时带去了书籍、画作和鲜花作为礼物，感激门德斯对他的“善意”。他关心老师的盲人弟弟和智障阿姨。即便在阿姆斯特丹，犹太人依然遭受着社会歧视。为了表明心迹，文森特赠送给了门德斯一本书，上面写着“在上帝心中，没有人种、贵贱、性别之分”。一旦门德斯表扬了他，文森特就会迫不及待地告诉父母。“门德斯告诉文森特，他有信心能让他完成学习任务。”7月，松了一口气的安娜把好消息告诉了大家。

为了不辜负老师的期望，文森特更是加倍努力。门德斯这样生动地描述通过书房窗子看到文森特迈着坚定的步子来上课的样子：“我看到他……衣着单薄……穿过宽阔的广场……书紧紧地夹在右手臂下面，头高扬在风中。”

但麻烦似乎一开始就存在。凡事不会因为文森特的热情而进展顺利。“一切并不是那么如我所愿。”他承认。他安慰自己“不要心急”，“熟能生巧”。他也开始寻找借口。“这些年来一如既往地坚持学习也实属不易。”他向提奥解释。但几周后，他向家人汇报情况时的心情从乐观转为了沮丧。多洛斯很怀疑他的决心。他祈祷能出现什么转机好让他再次振作。“失望和痛苦的阶段过后，”他想象着，“人们通常一下子又能回到热情高涨的阶段。”然而，这个转机终究还是没有出现，文森特成功的希望也越来越渺茫。“但通常情况下，”他也坦言，“这不太可能发生。”他把自己比作先知以利亚，等待洞穴里传来上帝“轻柔、笃定的声音”。“人类做不到的，”他安慰自己和提奥，“主可以做到。”

但时间一天天过去，奇迹还是没有发生。上帝的声音也没有等到。挫败的文森特变得心不在焉。他开始踌躇地、一路慢悠悠地晃过热闹的犹太人聚居区，去门德斯家上课。散步时，他越走越偏，越走越远。他走到海堡区的海边，来到城郊的犹太人墓地，走到更远的“农场和草地”。他总跑去书店买一些鲜有人读的书籍。他承认，“我总会制造一些借口跑去书店”，因为书店“总让我觉得这个世上还是有好事存在的”。文森特开始向提奥抱怨夜读《圣经》时的不满：“等读完后，我想我会看些更值得看的东西。”他给提奥和父母的信也变得越来越长，越来越频繁。（有时甚至一天去两封信。）字里行间透露着不安，在自我安慰的自省和誓言中反而更加难以自控。

仲夏，热浪灼烤着城市，干涸的运河发出了恶臭。文森特曾经的热情已被消磨成频繁的抱怨。他痛苦地写道：“想一想，还有什么比在阿姆斯特丹，在犹太区，在令人窒息的烈日下午学习希腊语，同时，博学而精明的教授们安排了一大堆艰难的考试等着你，更让人绝望的呢？”他抱怨：“长时间的乏味学习丝毫没有效果。”他开始因自己的痛苦而埋怨别人，愤愤地说着如何讨厌自己的工作。第一次，他想到了失败。“那么多人对我寄予了希望，”他写道，

> 如果我失败了，谁又会在意真正的原因是什么？人们只会摆出这样一番姿态：我们尽全力支持你。但是你呢？真的努力了吗？我们的付出又得到了什么样的回报？

现在，“尽管诸事不利”，当他自问继续坚持下去的理由时，答案似乎让他绝望：“这样我就知道该如何回应那些指责与责备。”

然而，斯特里克姨父在8月对文森特进行考核后，大家一致认为按文森特现在的状况他应该继续坚持下去。虽然文森特不再有往日的激情，但就像他说的那样，斯特里克和门德斯认为情况“没那么糟”。

在阿姆斯特丹，文森特还是一如既往地孤僻和离群。“我希望他能给自己找找乐子，”多洛斯写道，“他不应该游离于正常生活之外了。”仅仅学习了几周以后，文森特便抱怨“自己很沮丧”。他坦言：“我常常会低落和恐惧。”一想到等待着他的一堆令人厌烦的挑战，他就会觉得头痛。“我的头有时觉得很沉，有时又烧得难受，让我不知所措。”这是他记录下来的即将引发未来灾难的第一个噩兆。

海军上将约翰内斯·梵高（伯伯简）

和伯伯同住的文森特越来越觉得自己是个陌生人。据一位家庭成员所述，海军上将约翰内斯·梵高是个一头长灰发、方颌、腰板直挺、“过度注重规矩”的男人。“不论是在公共还是私人场合，他都讲究军队式的纪律。”曾在世界那头的战场上厮杀、历经常年航行的艰险、与家人分离长达五年的伯伯简，对这个阴晴不定的侄子的耐心少得可怜。他在战场上指点江山，他在不知名的海域挥斥方遒，当蒸汽还是一种稀罕的动力时，他已经率领了海军的第一批蒸汽船。即便是在暴风骤雨中，简也能精准地驾驶航船，他在灾难前的“笃定和勇猛”早已声名远播，赢得了部下的景仰、上级的尊重以及国家的荣誉。

妹妹利兹表示，年逾六旬、结束了戎马生涯的简当初接纳文森特纯粹是“看在他父母的分上”。尽管他偶尔会在公务外出和走亲访友时带上侄子，但事实上，两人连用餐都不在一起。只有当文森特的奇怪行为惹恼了这位司令员时，他才会留意到侄子的存在。（“我再也不能熬夜了，”文森特在10月给提奥的信中提到，“伯伯对此严厉禁止。”）家史上说，简从来都是自信满满，“看准了，就会一往无前”。文森特的自我怀疑和摇摆不定对于简来说更是可憎。对于这个沮丧的侄子，他显然只有一个建议：“像士兵那样勇往直前。”

那个秋天，不论文森特走到哪里，亲人们似乎都乐此不疲地扮演起了监管人的角色，总殷切地叮嘱他要好好努力。斯特里克姨父扮演着参谋的角色，把握大局。他邀请外甥一同用餐，参观他的书房，在那儿，文森特可以欣赏到牧师的巨量藏书，以及阿里·谢弗作的加尔文像。年逾六旬的斯特里克是个机敏、和蔼的老头，长着一双悲悯的眼睛，下巴上一把板刷胡，对《圣经》有种独特的品味。（他曾摘抄了《圣经》中所有带有“施肥”或“施粪”字眼的段落。）尽管以“新”神学的拥护者而闻名，斯特里克不论是在理智上还是在情绪上都颇为保守，所以他并不能接受文森特歇斯底里式的福音传道和自虐式的反省。斯特里克还掌管着他的经济大权：多洛斯将文森特的开销交到了斯特里克手上——父亲的不信任虽然让文森特颇有怨言，但倒也合情合理。

曾有一段时间，西教堂的迈依杰斯牧师成了文森特的知音。这位46岁的牧师被他形容为“一个充满信念、十分有才的男人……他给我留下了很深的印象”。他常去迈依杰斯的书房，在那儿他们一起讨论英格兰，以及老牧师“给工人和工人妻子”布道的经历。迈依杰斯的家离教堂不远，文森特还见到了他的家人。“他们都很和善。”他告诉提奥。但不知出于什么原因，两人渐渐疏远起来。可能是文森特过分的热情让迈依杰斯决定主动抽身：开始是渐渐忽视，接着索性有意回避。

就在文森特身边，还有一个家庭更容易让文森特排遣心中的寂寞。斯特里克姨父有一个名叫科妮莉亚·沃斯的女儿，家人都叫她凯。她与丈夫和四岁的儿子住在西教堂附近，周末，文森特常去串门。长相普通、书卷气十足，但性情沉静的凯现年 31 岁，把所有精力都花在照顾生病的丈夫克里斯托弗尔和儿子简身上。因为身患肺病，凯的丈夫无法再做牧师。文森特再一次迷上了这个他理想中的完美家庭。“他们真挚地相爱着，”他写道，“你看到傍晚，他们依偎在小小起居室柔和的灯光下。不远的卧房中，不时从熟睡中醒来的儿子唤着母亲。这是多么温馨的一幕。”

沃斯一家像所有触动文森特心灵的家庭一样，充满了悲剧。但这正是令文森特着迷的地方，他们也因悲剧而显得格外高贵。文森特到来之前的两个月，他们一岁的小儿子夭折了。至今仍笼罩着这个家庭的悲伤氛围很对文森特的胃口。谈到夭折的婴孩和病中的父亲时，他说：“他们已经忍受了很长时间的焦虑，度过了数个无眠的夜晚，一直处于忧虑之中。”这个悲伤的家庭既吸引着文森特，又把他拒之门外。冬天临近，克里斯托弗尔的病越来越严重，悲痛的家人整日围着他转。最终，沃斯一家，就像迈依杰斯一家一样，不再在文森特的信中出现。但不同于后者，多年以后，沃斯一家会再次出现在文森特的人生中，并带来巨大的灾难。

沉闷的气氛终于被哈利·格拉德威尔的到访打破。“听到格拉德威尔在门厅的声音真让人高兴。”文森特写道。自从他们在伦敦火车站分别，两人已有一年未见。格拉德威尔还在古庇尔巴黎分行供职。他来海牙出差，并应提奥的要求特地来阿姆斯特丹看望文森特。他们游览教堂，造访牧师，度过了两天无忧无虑的日子。晚上，他们倾吐心事，一同阅读《圣经》（文森特挑了播种者的寓言）。文森特劝说他的朋友一起为成为一名牧师而努力：离开古庇尔，选择“贫困和基督的爱”。但 19 岁的格拉德威尔选择无视他的游说。离开后，格拉德威尔再没与文森特通信，此后六个月完全从文森特的生活中消失了。

1877 年冬天，孤独驱使文森特去寻找自己唯一的伙伴：过去。星夜，他遛着伯伯的狗来到码头边，船只的焦油气味让他想起了家里的“松木林”，那些回忆也像被打开闸门的河水统统涌上心头。“过去的往事好像又在我眼前重演，”心中隐痛的文森特诉说着对 24 岁的小伙来说意义非凡的那些回忆，“那么多东西都叫人喜欢。”不只是津德尔特（“我不会忘记最后一次来到这里的情形”），还有伦敦和巴黎（“一想起它们，心头就忧伤暗涌”），回忆里的每个地方都成了失落的伊甸园。即使是海牙，这个让他遭遇“滑铁卢”的地方，经过岁月的淘洗，也充满了纯洁无瑕的青春回忆。

但最销魂的莫过于英格兰。每一个雨天、每一处常青藤、每一条中世纪的窄街，身边的一切时时刻刻都让他想起这个地方。他读英语书籍和杂志，时常出现在讲英语的地方。其中之一就是英国教堂。当时阿姆斯特丹实行著名的宗教宽容政策，异教被允许在暗地里活动。这座建于 17 世纪、隐藏在远郊一个隐蔽庭院里的教堂便成了天主教的堡垒。这座掩映在林荫中的神秘的英国教堂宛若出自艾略特的小说，为文森特提供了一个绝佳的去处——在这个避世的天堂里，文森特可以做一个完整而绵长的旧梦。“在暮色中，它就这样静静地躺在被山楂树篱包围的院落中，好像在说，在这个地方，我能得到安宁与平静。”在这片异国的幻境中，在这座与故土隔绝的神秘教堂里，说着异国的语言，在其他外来者身旁，文森特似乎找到了某种归属感。“我喜欢那座小教堂。”他这样告诉提奥。

随着第二次考核的临近，为逃避无可避免的失败，文森特只能依赖幻想。他甚至把格拉德威尔的冷淡理解成自己追随父亲脚步的一次胜利。哈利离开后，他立马给提奥去了封信，里面写道：“噢，弟弟，能像爸爸那样该多让人骄傲。愿主让我们早日成为追随他的子民。”读了荷马的《奥德赛》之后，文森特又将自己臆想为那位举世皆知、漂泊在外的王。他有他的不满，他的粗野，他的不安的心；他也同他一样经历了挫败和生死，他的内心也和他的一样“似海一般深”。他将自己刻画成尤利西斯的模样，即将结束漫长的旅程，即将“抵达渴求的彼岸”。

但 10 月底考核的结果却使得这些希冀都幻灭了。门德斯向斯特里克报告，他的学生看起来没有能力掌握希腊语。“不论我怎么努力，”门德斯后来回忆，“尽管我想尽办法让课程不那么枯燥，结果都收效甚微。”斯特里克曾将文森特召来“长谈”，其间，文森特表示这些课程“非常难”，但辩解道，他本人已经“尽了十二分的努力”。又一次被文森特的真挚感动的斯特里克和多洛斯决定“再给他一次机会”。是否继续会在 1 月的考核之后再作决定。

文森特十分清楚胜败在此一举。“这是不折不扣地为人生而战。”他写道。

他将接下来的岁月形容为“人生中最黑暗的日子”。一方面迫切想要成功，另一方面又唯恐失败，文森特陷入了绝望与臆想。无论如何，他都要加倍努力——无视伯伯的宵禁，通宵作战，秉烛夜读，喝大量的咖啡，极度依赖烟斗，以至于拮据得需要提奥接济，才能在教堂做礼拜时有钱可以放入奉献盘里。他也加倍祷告，比从前更确信只有上帝才能给他“需要的智慧”。诗歌、经文和那些用于自勉的万应灵药（“我什么时候软弱，什么时候就刚强了”；“转脸向着耶稣”；“改变不了现实就要面对现实”）被他用于武装自己——这些话，虽然是写给提奥的，却明明白白地袒露了文森特心中的风暴。“我不会绝望。”他一遍又一遍在心中默语——话虽如此，据门德斯多年后回忆，每每走进他的课堂，那时的文森特还是一脸“莫名的悲伤和绝望”。

文特森一直未能摆脱过去的挫败。他承认他“给自己和他人造成了痛苦”。他为古庇尔之耻羞愧，为一直以来的优柔寡断懊悔。“如果我当时全力以赴，”他哀叹道，“对，如果我坚持了，我一定能比现在走得更远。”而眼前，另一场挫败即将来临，这些罪恶感几乎将文森特压垮。父母从牙缝里挤出了几百荷兰盾作为他的食宿费和学费。倘若这次努力失败，也就意味着一切都打了水漂。“钱不是从树上掉下来的，”多洛斯曾这样指出，“我们几个孩子的教育费用一个比一个昂贵。”某个周末去教堂朝圣时，在忏悔之心的驱使下，文森特竟把自己的银表放进了奉献盘里。“当我想到这一切，”他写道，“想到悲伤、失望、耻辱……我希望我能远离这一切。”他祈求上帝让他“这一生至少干成一件大事”。

文森特的信件披露了他那被懊悔和自责浸润的内心。“世上有很多罪恶，”他警告道，“在我们心里，也有很多丑陋的东西。”他谈论着“人生的阴暗面”，还有他那“邪恶的自我”曾逃避工作，屈服于诱惑。他为那些神秘的“黑暗日子”而自我惩罚。他坚持“要认识自己，必须先鄙夷自己”——这是他从基督和坎佩斯那儿学来的自我厌憎的修习方法。当门德斯辩驳说这样的理解太过偏颇时，文森特激烈地回应道：“看到别人比我们做得多，做得好，我们就会憎恨自己的生活，因为和别人的相比，它太不尽如人意了。”

怎么可以容忍自己背负着众多罪恶而不受到惩罚呢？白天，他又恢复了往日苦行的激情。遵照以利亚和基督登山宝训的教导：“不要忧虑，说，吃什么，喝什么。”他只吃面包，“一种黑麦硬面包”。阴冷的雨天，他不穿外套就出门。夜里，他靠大量的烟叶和咖啡撑过去（“把自己浸润在咖啡里让人感觉很好。”他说）。然后，他靠着徒步杖沉沉睡去，以此来剥夺自己仅有的一点舒适的休息。

门德斯表示，有的晚上，文森特会在锁门前溜出寓所，“没有床，没有毯子”，在附近的棚屋里就地而眠。文森特向门德斯坦白这是一种自我惩罚的仪式，因为“他感觉自己已经被剥夺了在床上安眠的权利”。1877年到1878年的冬天，风雪凛冽，天气格外恶劣，但门德斯说，“他尤其喜欢在冬天这么干”，“好让惩罚……更为严酷”。门德斯回忆道，当文森特觉得有必要再惩罚自己时，他会在床上用徒步杖抽打自己的背部。

自我施压和睡眠的剥夺造成了极其负面的影响。据家史记载，那年冬天，文森特经历了一次“精神崩溃”。父母和亲人们惊恐地目睹文森特信中的字迹与他的脑子一起恶化。“他的信中全是没有逻辑的胡言乱语。”他给提奥的信不是咆哮痛骂就是不知所云——也许那时候，他就已经开始酗酒，或者已经患上某种更深层和无法诊断的疾病。随着内心的自责和自虐的念头愈演愈烈，他的头痛也越来越严重。“当你有很多事想要做时，”他抱怨，“你有时会变得很迷茫：‘我在哪里？我在干什么？我又要去向哪里？’大脑也开始眩晕。”

他第一次有了自杀的念头。“早饭只吃了一块干面包和一杯啤酒，”8月，他耍起了黑色幽默：“这是狄更斯给那些濒临自杀的人的建议，好叫他们暂时放弃他们的念头，一会儿也好。”12月，黑色幽默被对坟墓的迷恋所取代，他渴望着“上帝拭去所有眼泪”的那一天的来临。整个冬天，他都在口袋里揣着一本葬礼致辞，翻来覆去把书都读烂了。他开始羡慕津德尔特那个死去的农民：“他卸下了生活的重担，我们却还要负重前进。”

圣诞节的到来却让情况好转起来。文森特没有任何时候比此时更强烈地期盼这个节日。他向提奥描述着心中的圣诞节：风雪夜，“屋顶上出现了一道慈爱的光。为了等待这一道光芒，不得不走过圣诞节前那些绵长、黑暗的日子”。开始学习以来，他就没回过家。自从10月不尽如人意的考核之后，他也没见过他的父亲。不到一个月，第三次关键性的考核即将来临，他希望这个圣诞季能焕发魔力将自己心中的烦扰拂去。“我无法表达我多么期待圣诞节，”他告诉提奥，“我希望主能满意我所做的一切。”

面对提奥和其他的弟弟妹妹，他假装一切安好。回家的前夜，他还这样安抚他们：“我现在已经开始学拉丁语和希腊语”，声称他的学业“总体上看来不错”。一大早，他便起身前往埃滕，一直逗留到圣诞节结束后数周才返回，其间扮演着虔诚、懂事的好儿子。他花大量的时间陪父母散步，领10岁的科尔去滑雪橇。他跟母亲一起上缝纫课（“太可爱了，简直跟画一样漂亮。”他说），陪伴在忙于圣诞探访的父亲左右。作为最后的赎罪，他还去普凌桑那格探访了病重的森特伯伯。

但这一切瞒不过梵高夫妇的眼睛，他们也没有因此而欣慰半分。1月，文森特终于离开了家，多洛斯苦叹道：“这孩子什么时候能让我省省心。”为这个让她操碎了心的儿子，安娜也作了一个绝望的新年祷告：“希望他能回归正道……我们还在为他担忧：他还是那么奇怪。”至于文森特决心继承父亲事业的勇气，从妹妹利兹的满口抱怨中也许能窥得家人对此的埋怨。她用“头脑发热的疯子”，用 kerkdraver 一词鄙夷他的宗教抱负。在荷兰语中，这个词指的是没有什么信仰却热衷于参加礼拜作为炫耀的那一类人。“瞧他现在多自以为是，”假期过后，她这样写道，“我才不想变成那样。”

2 月初，文森特抵达阿姆斯特丹备考。圣诞节期间的一切已经让他对父亲的态度心知肚明。多洛斯不仅惩戒了他那些自虐式的习惯和“不健康的生活方式”，还指责他对工作缺乏真正的信仰。他还特意来到了文森特小小的书房里，指出他的作业和练习中的“诸多错误”。文森特离开后，多洛斯告诉提奥：“文森特根本无心学习。”

现在，只有一个办法了。为了不再让自己和家庭蒙羞，文森特只能更努力地学习。多洛斯坚定地说道：他“已经长大成人”，他设下了目标，那么实现这个目标就是他的职责。他为文森特的学习制定了新的、更为严格的饮食作息规则，还安排斯特里克姨父一周两次监督他的学习和作息。最终，他触到了文森特最为敏感的神经。多洛斯表示，钱已经成为了“一个严重的问题”，从今以后，文森特必须自己养活自己。他必须要找一份差事。

离开之前，多洛斯带着文森特一一拜访了在阿姆斯特丹短短八个月间对他的儿子渐渐疏远的人们：门德斯、斯特里克、科尔叔叔，以及迈依杰斯牧师。四天后，多洛斯不安地离开了阿姆斯特丹。向来害怕离别的文森特站在月台上，浑身瘫软，目送父亲的火车消失在视线之中。之后，他回到了伯伯的大房子里，凝视着书桌上父亲检查过的书本和作业，凝视着父亲曾坐着垂泪的空椅。“哭得像个孩子。”他这样告诉提奥。

父亲离开阿姆斯特丹两周后，文森特·梵高展出了他的第一幅艺术作品，“用红粉笔在蓝色厚纸板”上创作的一幅画。它挂在一所主日学校的地下教室里。在那儿，即使在白天也需要点上煤气灯才看得见那幅作品。“我兴许应该不时地尝试一下创作，”文森特写道，“没准我还能成功……即使没成功，我也可以留下些印记。”

第十一章　“就是它了”

文森特需要艺术来逃避世界，重构现实。尽管他离经叛道，满心虔诚，但宗教从来都不能填补他心中的缺口。1876 年，在巴黎归隐苦行的文森特曾给父母去了一封信，信里“几乎都在谈论艺术”。在英格兰乡村的“天路历程”中，他参观了汉普顿宫的皇家收藏，观摩了霍尔拜因和伦勃朗作的画像，以及那儿的意大利画家画廊，其中还有一幅达·芬奇的作品。“再次看到这些作品真让人高兴。”他这样告诉提奥。在多德雷赫特，当文森特情绪高涨，决心追随父亲的事业时，他一次又一次探访了那儿的艺术馆。在抵达阿姆斯特丹之前几日，他还绕道参观了收藏着这个城市黄金时代“宝藏”的特里普房。

不论走到哪里，他都用艺术来驱散孤独。屋子的墙上贴满了画像。在阿姆斯特丹开始学业之前，他曾勇敢地发誓要戒掉收集画作的嗜好。但很快，他又时常在门德斯家门口成排的书摊和画店前徘徊。“在那儿很有可能淘到便宜货。”他向提奥解释。他需要它们来“给我的小房间制造点气氛，清醒头脑，激发灵感”。除了福音传道、牧师、教堂和洗礼等主题外，他还买入了“拉丁和希腊主题”的画作，声称它们能促进学习。他用宗教典故为这些古老的、描绘世俗主题的“宝贝”重新命名，让它们适应自己的需求。

然而宗教意象却无法像感伤意象那样为文森特营造一个乌托邦式的异想世界。那些描绘了受难者、圣经故事、伊甸园中的基督、噙着泪水的圣母玛利亚、上学路上的小男孩、从教堂蹦蹦跳跳回家的小女孩、在雪地中跋涉的老人和取煤的古板母亲们的画作布满了他书房的墙壁。

虽然父亲和斯特里克姨父奚落他懒散，“学艺不精”，文森特却已然沉浸在了另一个世界。教堂里，靠着长凳打盹的妇女让他联想到伦勃朗的蚀刻画。书房中，滑铁卢战役在他脑海里成了一幅描绘莱顿之围的画作。看书的时候，他总想象着艺术家会为这些文字配上什么样的插图。

为了激发灵感，他在书桌前支起了历史人物的画像。一本《旧约故事》能让他想到同一个作者撰写的《艺术家的故事》。在码头边散步，他谈论的不是布道，而是艺术。在门德斯的课堂上，他总会带上颜料。门德斯回忆，课后他常讲起"从前的职业艺术品交易"。他在信中提到，在阿姆斯特丹结交了唯一一个新朋友：科尔叔叔画廊的职员。即使他再次立誓要不懈努力，即使日日夜夜过着苦行僧般的生活惩罚着自己，他仍然会溜到叔叔的店铺，在一堆堆艺术期刊里埋头读起来。他承认，那一刻，他"有种重遇故人的感觉"。

1877 年夏天，有两件事最终将文森特一生中的狂热追求联结起来：一是通过宗教促成家庭和解，二是借由艺术抚慰心灵。

其一是文森特于 6 月 10 日早晨在奥德瓦兹礼拜堂参加的布道。当天的主讲牧师不是斯特里克，而是一个光头、满脸络腮胡的活泼的年轻人伊莱扎·劳里劳德。他是新一代荷兰牧师的代表。这些牧师试图将新的资产阶级文化融入自己的事业。和他的畅销书比起来，他的布道显然知道的人并没有那么多。劳里劳德带来的启示令人感觉似曾相识，又令人感觉焕然一新。他以一则播种者的寓言开始了自己的布道："耶稣踏上刚播下种子的土地。"

恰恰是这个"自然布道法"让劳里劳德成为了荷兰最炙手可热的牧师。劳里劳德用简单生动的意象描绘了一个身处自然、与自然的交替轮回（耕种、播种、收割）亲密无间、与自然的美不可分割的基督的形象。多洛斯·梵高和查尔斯·司布真也曾赞颂过生气勃勃的种子，果实累累的葡萄园和"富有治愈力量的"阳光。卡尔和米什莱能在花床和树枝上找到上帝。卡莱尔也曾宣扬"自然的神性"。但劳里劳德等人却提出，发现自然的美并非认识上帝的一种方式，而是唯一方式。能够捕捉这种美，并将之完美表达的人——作家、音乐家、艺术家——乃是上帝最信赖的使者。

这种对艺术和艺术家的新解读让文森特颇为振奋。从无处不在的给予儿童道德引导的寓意画册，到悬挂在每位梵高家族成员房中的宗教画，艺术似乎一贯为宗教服务。但在劳里劳德宣扬的"宗教美学"中，上帝、自然和美三者合一。艺术家化身为传教士，艺术则成为了被顶礼膜拜的对象。这样一来，艺术就成了宗教本身。"他给我留下了深刻的印象，”文森特一次又一次地回去听劳里劳德的布道，“他似乎成了一个艺术家，他的作品都是高雅的艺术品。”劳里劳德已经与文森特心目中的偶像安徒生和米什莱享有了同等的地位。在给提奥的信中，他这样写道：“他浑身散发着真正的艺术气质。”

文森特将劳里劳德比作安徒生和米什莱，是因为安徒生和米什莱也是弟弟提奥仰慕的对象，同时也回应了1877年夏天另一件影响深远的事件：提奥宣布自己准备成为一名艺术家。

在经历了第三段灾难式恋情后的那个冬季，刚过20岁，却已饱受抑郁折磨的提奥陷入了生存危机。5月，拒绝断绝恋爱关系的提奥让父亲勃然大怒，提奥觉得只能离开海牙到别处去开始新生活。但这个计划似乎让埃滕甚为警惕。倘若再发生一桩丑闻，那就是灾难。匆匆赶往海牙劝阻提奥停止“疯狂”计划之前，多洛斯草草写下了一笔：“这又是个大乱子，千万不要冲动……千万等我们谈谈之后再作决定。”

提奥早在春天父母得知他的恋情之前就已经把自己将要离开古庇尔的计划向文森特透露过。在此期间，他萌生了当艺术家的想法。曾唾弃文森特的古庇尔，现在却遭到了弟弟的鄙夷，这让文森特异常兴奋，他像往常那样对提奥的事业报以无限的支持：除了赞美他们热爱的艺术家（布莱顿、米什莱、伦勃朗）那令人向往的“生活和工作”，还寄去了一本《艺术家的故事》。5月中旬，在回阿姆斯特丹的途中，他在海牙暂作逗留。兄弟俩拜访了表姐妹的丈夫安东·莫夫。他是一名功成名就、饱受赞誉的画家。

提奥近来常去拜访莫夫在城里的家和他在席凡宁根海滩的画室。事业有成、优雅迷人的莫夫拥有一个年轻的家庭，过着舒适的资产阶级生活。提奥无疑梦想着像莫夫那样成就一份成功的艺术事业。文森特的到来最终促成了提奥的决定。启程前往阿姆斯特丹时，提奥便告知了父母自己准备离开古庇尔的计划。一想到弟弟也要像自己一样摒弃世俗，走上新的人生道路，文森特就激动无比。“一想到你的未来，我的过去也突然豁然明朗起来。”他写道。

眼见自己多年前在去往赖斯韦克途中的愿景恰如他想象的那样即将实现——兄弟俩不分你我，惺惺相惜，“仿佛合为了一体”。对于传教事业和艺术工作的联姻，文森特有着比劳里劳德更为大胆的设想。在米勒、伦勃朗等艺术家的作品中与“牧师的工作和生活中”，文森特发现了“某种相似性”。他宣称在提奥的新事业与自己追求的牧师事业中都蕴含着一种催化力量："当我看到雷斯达尔或者扬·范的画作时，"他写道，"我会一遍遍地想到这些字眼：'似乎忧愁，却是常常快乐的。'"

但提奥却没有坚持到最后。宣布这个重大决定之后才没几天，他就退缩了。还没等父亲到来，他便回到了埃滕。不知是因为没有说服家人还是出于责任感，提奥最终决定留在古庇尔。他本想调往外地——巴黎或者伦敦。但在多洛斯的劝说下，他连这个念头都放弃了。森特伯伯建议这个胸怀大志、"口才了得"的侄子不要"就这么轻率地毁掉自己的前程"。森特还建议，提奥应该"专心让自己变得无可替代"。在甜言蜜语和威逼恐吓的轮番攻势下，提奥默默搁浅了他的计划。他那不堪一击、转瞬即逝的反叛精神也随着这个短暂的职业理想一起，默默地烟消云散了。

而文森特却不会如此轻易地放过自己的理想。在劳里劳德的理论和完美手足情义的鼓舞下，即使提奥早已放弃了曾经的壮志雄心，文森特却依然不遗余力地试图再次点燃弟弟心底的那团火焰。1877 年夏天短短一周的温情和夭折的理想令文森特一生都隐隐作痛。

在劳里劳德的引导下，执迷于理想的文森特利用强大的想象力让艺术与宗教能联系得更紧密。他说它们不仅都以自然为源泉，而且从星空到写满内容的眼睛，它们几乎存在于所有浪漫主义的意象中。文森特认为，这些意象不仅诉说着失落的爱，更诉说着"上帝的爱"。它们同根同源——"都深深蕴藏于我们的灵魂中。"这个源泉游离于理性和智力之外，它总能让你焕然一新，带给你"破茧重生的生命力"。

同卡莱尔倡导的神性一样，它栖居在现世，而非完美却遥不可及的彼生：在驮马耐心等待下一轮重负的凹背上，在扭曲的树枝上，在残破不堪的步行靴上，都有它的踪影。文森特笃信，一切都"那么高贵，蕴含着独特、不可思议的美"。一切诉说着同一种语言，享有同一种表达模式——不论是在米什莱的著作中，还是在《列王传》中都不可能找到"这种感性和精神的真纯体验"。这种语言也并非需要多年的苦读才能习得。他坚信，"每个人都能读懂它，每颗心都能轻而易举地感受到它的力量"，因为"它正源自心灵"。

艺术和宗教最终成为了文森特想象世界的两大源泉，给他带去抚慰和光明，将苦楚化作安慰，将忧愁化为快乐。他宣称："这就是艺术的力量，让你欣喜，令你充实。"这就是看几篇经文，读一则安徒生童话，望一望"黄昏日光与绿叶嬉戏缠绵"的景致，往往就能让文森特潸然泪下的力量。当文森特感受到这种力量时，他立马意识到，这更多的是一种直觉，而非知觉。他兴奋地喊道："就是它了（Dat is het）！"

多年前在海牙，文森特从莫夫那儿第一次听到这种说法。它指的是画家灵光闪现、捕捉到一个贴切的意象，或者悟出某个不可言喻的真理的瞬间。而现在，文森特用它来形容任何能激发艺术与宗教神秘结合的体验。"你会发现'它'无处不在，"他说，"充满了世界的每个角落。"东教堂后面小广场上的一排旧房子——构成了待艺术家发掘的卑微一景——能让这种感觉在文森特心头冉冉升起。在一个孩子葬礼的布道中，他也会突然惊呼："就是它了！"不论是一场布道还是一幅画作，都会给文森特带来愉悦。这种感觉不仅点亮了人生——艺术素来拥有这种力量，而且像宗教一样，生命虽然困于无可避免的苦难和难以逃脱的死亡，却能从这种体验中汲取意义和希望。文森特提出，牧师和艺术家都能提供这种抚慰，只要他们"虔诚地奉上自己的心智和灵魂"。父亲当然能称得上是一个这样的人。在文森特艺术与宗教合一的范畴中，森特伯伯也当属这样的人物："有着难以言表的魅力，或者说，有种精神上的光辉。"

每一个平凡的日子，他都能被这种感觉拥抱。"有时，再普通不过的事物也能让你惊艳，"他写道，"给你留下深刻的印象和别样的滋味。"花市上，在卖壶罐的农民父亲身边做编织的小女孩会触动文森特："小小的黑色软帽下含笑的眼睛是那么明亮，那么纯粹。"老人，譬如东教堂形容枯槁的教堂司事也能让文森特心中泛起涟漪。他观察到，他们之间有着一个相同点，那便是"他们都有着某种'灵魂'"——这个词常被文森特等同于生活中的重担、苦难，或是悲伤（譬如贫困和衰老）。这让他们与死气沉沉、毫无美感的沙龙作品和教堂长椅截然不同。对自己粗犷的容貌颇为敏感的文森特越来越倾向于把丑陋视作"内涵"的象征。在欣赏完热罗姆的一幅撩人的裸女之后，他说道："一具美丽的躯壳又有什么意义？还不如一个平凡的女人。"

在文森特纷繁的视觉想象中总有一个影子。多年来对《圣经》的痴迷让这个影子深深镌刻在了他的大脑中：天使的形象。"想一想，天使从未离开过那些悲伤的人们。"他在信中这样鼓励低谷中的提奥。在英格兰，他发誓说在父亲讲道时他见到了"一位天使的面容"。在阿姆斯特丹，他沉浸在以利亚睡梦中"被天使抚触"的故事中。在给提奥的信中他写道，天使曾告诉保罗"不要害怕"，也曾来到客西马尼园造访耶稣，"给他那悲伤至极的心带去了力量"。他买下一件伦勃朗的《天使离开托拜厄斯的家》的蚀刻版画，此画描绘了治愈托拜厄斯失明双目的大天使拉斐尔在光芒万丈中升天显灵的戏剧性一幕。

在文森特眼里，天使就是上帝的信使，时不时捎来上帝的慰藉：他们总悬停着，“悬停在我们周围，悬停在黯然心伤的人儿左右”。尽管信仰世界已被现代怀疑论和无神论侵蚀，尽管文森特胆大而迫切地臆造了一种“本真论”来抗衡父亲信奉的那套苛刻的信仰，但他对这些神迹的先兆，这些崇高的使者依然深信不疑。一直到他人生的尽头，他们仍然悬停在他的想象中，象征着他与这位从未赐予他眷顾的天父和解的最后希冀。在圣雷米精神病院，除了播种者、丝柏树和星夜，文森特还创作了圣光四射的大天使拉斐尔的画像。

在阿姆斯特丹，文森特立马着手实践脑中的新想法。他认为：“只有真理，只有本真，而不是捉摸不透的语言才能叫人愉悦。我们需要还原事物的本真。”除了搜集画作，摘抄段落，在散步时记录样例，他还试图从语言这一绝妙载体中捕捉“本真”。在给提奥的信中，文森特摒弃了长久以来单纯性的描述。他竭力唤起的不仅仅是意象，更是完整的瞬间：充满着深邃的意义、充满着本真的经验碎片。12 月，文森特将这种全新的设想实践在了对窗外码头的描绘中：

> 暮色降临……小小的白杨道——那柔弱的形态和细细的枝干在灰色的夜空下显得那么纤巧；……不远处有个小花园，四周围着蔷薇丛篱笆，园子里挤满了工人们的黑色身影，还有一条小狗……远处码头上的船桅依稀可见……一瞬间，这儿那儿的灯统统亮了，铃声也响了起来，工人们都向大门拥去。

文森特清楚地认识到，这样的创作非但新颖且意义重大。在当月里，他收集了自己的“一些创作”，还把它们交到了书商手上。

文森特已经学会组合堆叠文字和意象，力图令它们实现“最精妙的表达”。他收集的画作边缘满是密密麻麻的笔记，上面有《圣经》经文、赞美诗和诗歌。但对本真的追寻——对“深远的意义和诸态”的追寻——让这些意象的杂合像他的文字实验一样成为了具有深度创造性的探索。

在对艾湾黄昏散步经历的描述中，他头一次试图竭力表达夜空带给他的抚慰。从“明亮的月光”和“那片深沉的寂静”入手，他引经据典，加入了诗句（“在星光下聆听上帝”）、文学（狄更斯的“神圣的暮色”和经文（“暮色中，有两三人以主的名义”）。他一面回忆着一幅曾经见过的画像，一面将夜空想象成伦勃朗作品中的圣经场景：“在洒入窗内的夜色中，我主的身影高贵鲜明，肃穆深沉。”在文森特眼里，救赎的可能就潜藏在真理，即本真的抚慰中，也存在于每一个月夜和每一方星空下。

> 我永远不会忘记那幅画好像在诉说着："我是世界的光，跟从我的，就绝不在黑暗里行，还会拥有生命之光……只有有心的人才能懂得暮色传达给了我们什么讯息。"

在这双追寻本真的眼中，那些肖像画似乎也起了变化。一幅旧版画中一位17世纪荷兰海军上将那愤怒的表情，令他想起了自己心目中的那位宗教英雄奥利弗·克伦威尔。另一幅《布列塔尼的安妮》则唤起了文森特记忆中许许多多表现"海与岩石堤岸"的画作。挂在墙上多年的那幅法国大革命时期装扮的小男孩肖像，突然再次浮现在他脑海里。那是张疲惫气馁的脸，但你从中读出的却是满腹的热情和信仰的挫败，一如文森特自己的信仰历程。（"连他都讶异自己能度过这许多磨难。"）在文森特那双善于杂糅组合的眼中，这张杰出的肖像画，这个头戴激进分子的红帽子的男孩与米什莱、卡莱尔、狄更斯以及所有关于大革命的读物一起"浑然而成一个美妙的整体"。

那个冬天在文森特"刻画"的一个个肖像中，兴许只有他描绘自己的那一个片段最为传神。在叔叔的书店中，文森特随意翻看着艺术杂志，一幅名为《一杯咖啡》的蚀刻版画映入了他的眼帘。他向提奥描绘了当时的场景：

> 这位年轻人形容甚为怪异，神色肃穆凝重，看起来像是在为《效仿基督》的某一段苦苦思索，又像是在筹划着某项神圣却无比艰难、只有一颗饱受痛楚的心灵才能胜任的使命。

文森特又为这个定格画面般的自画像加上了预先想好的附言："这项使命并不总是最糟的，因为它由悲伤锻就，它永不磨灭。"

有时，他还会尝试最后的小伎俩。除了用自己的文字搭配别人的画，他还会用自己的画为别人的文字配图。这对他来说似乎不难。从小到大，文森特就一直在写写画画，作为礼物或是用作标签。离家之后，这成了他与家人共享自己生活的一种方式，他画下自己的房间、自己的屋子，以及自己造访的教堂。每当父母搬往新址，他会临摹下每一座牧师公馆。每次离开一个住处，他也总会留下几笔作为留念。

《麦比拉洞穴》，1877年5月，纸上墨水，$2^7/_8$英寸×$6^1/_8$ 英寸。

文森特于 1877 年夏天作的第一批画与上面的那些并无二致。只不过现在却无法从地图上找到他想要分享的家了。“到上周为止，我已经读到了《创世纪》的第 23 章，”他向提奥报告学习《圣经》的进度，“讲到亚伯拉罕把妻子撒拉埋葬在麦比拉洞穴；我想象着这个场景，作了一幅小画。”文森特附上的这幅画很小（不到 6 英寸 × 3 英寸），但却自成体系。他用细钢笔纤巧的笔触勾勒出的漆黑洞口占据了画纸的中心。洞口上立着一方石碑，上面的碑文小到难以辨识。右边，根据路边丛生的杂草可以辨认出随意几笔带过的小径，还有三棵弯曲多结的树木逐渐消失在视线内；左边，远方飞来的鸟群正欲停落。文森特在石碑旁添上了一小丛草，那宽宽的分叉边缘都被纤细如发的笔触勾勒得很分明，对于顶上那些零落花朵的描绘方式说明他很清楚自己画的是什么品种。

但在听过劳里劳德的布道后，文森特改变了对此类绘画的看法。不论真实也好，虚构也好，它们不再是单纯的地点的记录，它们成为了某种表达。“当我在创作时，我能清楚地看到些什么，”他写道，“在这些画中，我能与激情对话。我找到了一个声音。”他迅速把这个新的声音实践在了一位圣经人物上，这个人物已经折磨他好一阵子了：基督似的流浪者以利亚。“早上，我完成了一幅画。我把以利亚放在了风暴漫天的沙漠里。”他告诉提奥。

在文森特对“完美表达”的追求中，他在绘画上的早期努力很快便被另一种形式的想象图景所替代：地图。也许，早在童年时代，身处繁忙跨海商路上的一个途经小镇的文森特，便开始痴迷于地理和地图；这种情愫也可能因一位在南法沙滩和瑞士阿尔卑斯山巅值勤的伯伯而萌生；又或许，是另一位浪迹天涯、爱好猎奇、涉足过婆罗洲和爪哇的伯伯在他心间播下了这颗种子。这份痴迷令文森特一生都对描绘了另一个世界的伪宗教和科幻小说无法抗拒。

在阿姆斯特丹，尽管学业繁重，文森特还是因这份爱好的驱使，在地图绘制上耗费了极大的精力。辛苦攒下的钱都花在了廉价地图和路费上。他常去斯特里克、迈依杰斯牧师和门德斯家，去科尔叔叔的书店浏览和临摹大量由本世纪伟大的制图者施普鲁纳和斯蒂夫勒绘制的手工着色地图。这些作品构图宏大，地形奇诡，刻字一丝不苟，文森特称它们为“真正艺术家的作品”。

在当时的荷兰，由于同样需要探索和描绘，制图和绘画之间的界限还很模糊。在黄金时代，约翰内斯·维梅尔的《绘画艺术》中曾收录了一张已经精确到可以出航的地图。文森特在自己的画作墙上挂上了地图，同时建议提奥也这样做。像那些画作一样，地图也被他用来创作杂合的意象。他会绘出所研习的国家的精确地图，然后在同一页面上抄写大段大段的摘录，“这样一来，两者就成为了一个整体”。文森特用米什莱的文字来附注诺曼底地图。在一幅法国地图旁，他“列上了各种他能记起来的关于法国大革命的东西”。他用一段圣徒的信来装饰保罗横跨小亚细亚的路线图。学业虽然越来越紧，文森特却在每一幅地图上下足了功夫，一遍遍临摹，直到最终达到他想要的品质。他说：“也就是说，它必须饱含爱和情感。”

那个冬天，有一幅地图让文森特寝食难安。他从斯特里克姨父那儿借来一本巴勒斯坦地理图册，准备着手绘制圣地地图。在约为 3 英尺 ×5 英尺的巨幅稿纸上，他一丝不苟地绘出了这个虚构世界中的城市、河流、山川、溪谷和绿洲。他在等高线上打上阴影，在边界上刷上油彩。有一个角落，他计划留给耶路撒冷，他在那一角描上了参差不齐的城墙、城堡、橄榄山以及各各他——这是他人生最后三年的地标，所有这一切都出自一双纯真而渴望的手，全都“出自奉献与热忱”，文森特这样解释。

1878 年 2 月，父亲来到阿姆斯特丹对儿子的学业做第三次考核。文森特能奉上的只有这幅地图——或许，他可以以此证明他的虔诚，又或许，能求得更多的耐心与宽容。但在未来，当他回忆起那些饱受磨难的日子时，他从未提及他将此图献给了父亲。十天后，他用红蜡笔临摹了地图的副本，把它挂在了靠近犹太区的一间小教堂黑漆漆的地下教室里。“我觉得那个小房间会是它的理想归宿，”他在信中告诉提奥，“希望的烛火很微弱……但请让我守护它。”

与父亲灾难性的会面后，文森特清楚自己在学业上已经没有成功的希望。“我觉得我不可能通过这些考试。”他不得不痛苦地向提奥承认。但他不能放弃。对，不能，即使他曾多么不遗余力地游说提奥，即使他对“本真”的琢磨与把握越来越清晰，即使他已经萌生了成为艺术家的念头。他一边立下新的誓言，一边编织成功的美梦。“我要再接再厉，”他说，“只有即刻投入学习才是最好的弥补。不论代价是什么，这都是我的责任。”

但就在那时，另一条路豁然开朗起来。就在父亲离开后的几天，也就是 2 月 17 日，文森特没有像往常那样安排自己周日的行程，而是造访了瓦隆教堂（法国教堂）。高高的讲道坛上站着的是一位“来自里昂”的牧师。文森特从未在其他地方听过类似这位来访牧师所做的布道。

工业革命给森特伯伯那样的人带去了巨额的财富，也让成千上万的人陷入了难以想象的贫困。作为法国的工业中心，尤其是纺织业中心，里昂比其他地方有着更非人的工作环境和生存环境，童工泛滥，疫病猖獗。普遍的剥削与压迫（曾激起了风起云涌的工人运动）是当天早晨布道的主题。文森特回忆，牧师用“工厂工人的生存故事”来讲述工人们的困境。

让文森特为之动容的不仅是这番比现实更逼真、更叫人心碎的景象，还有眼前这位艰难地遣词造句的外国牧师。在给提奥的信中，他表示:“这位牧师的语言虽然不甚流利，但依然直击人心，因为这是一场心与心的交流。”

眼前的法国人成为了文森特的楷模和救命稻草。法国牧师去里昂为穷苦的工人进行福音传道的经历，为文森特“效仿基督”的事业指明了新的方向：他还可以“行善”。一夜之间，学习的近况、无休止的哲学沉思和对《圣经》的大篇幅引用都在他的信中消失了踪影。他告诫自己要“言简意赅”。他与老师争论课程学习的必要性。“门德斯，”他质疑道，“你觉得要成为一名牧师真的有必要如此痛苦吗？”他提出劳动，而非布道和学习，才是灵性的终极表达，才能激发农民独具的“自然的智慧”，而非腐朽的书本知识。文森特不再想成为父亲一般的学者型的牧师，他立志成为上帝的“劳工”。“劳工们，你们的生活充满了苦难，”在给提奥的信中，文森特模仿起了法国牧师的口吻，“劳工们，上帝会保佑你们。”

1878 年冬天，文森特开始赞颂神圣的“淳朴大众”（他是这样称呼他们的）。但这个念头早已根植在他的内心深处。当然，文森特小时候很少见到真正的农民，更没有机会和他们交谈，与父亲监管的自耕农也接触甚少，与母亲视若无睹的失地农民和布拉班特新兴的工人阶级更是如同生活在两个世界。不论是父母对于农民的偏见，还是乔治·艾略特对维多利亚时期农民的嘲讽，文森特都不具备足够的阅历来反驳。在父母眼里，农民“粗俗、野蛮、无礼、好斗”；而在艾略特笔下，“农耕者总懒散地三五成群，嬉嬉闹闹，牧羊人总懒散着在山楂丛中谈情说爱，村民们总是在树荫下欢舞”。同多数出身资产阶级的子弟一样，文森特对农民的印象是多重和矛盾的——高贵的农民、背负重担的牲口、闲散的浪荡子；这会儿在虔诚地祈祷，那会儿便向乡村姑娘们抛着媚眼，摆出一副“来我这儿”的姿态。

文森特在英格兰时曾经满怀热情地想为下层阶级福音传教，虽然他对下层阶级的认识大体来自艾略特的《织工马南》和《亚当·比德》。但为求得父亲的认同，他一直压抑着这样的热情。去年夏天，他还只希望未来任职的教区“风景秀丽”便可。但阿姆斯特丹的生活逐渐给了他一个越来越强烈的念头：冬日的寒风远比墙上挂的风景、父亲管理的田产、艾略特引人入胜的乡村现实主义更凛冽。现在在他眼里，农民和工人不再是浪漫主义情怀渲染的对象，也不是宗教虔诚的模范，他们成了文森特效仿的对象。“该试着成为他们那样的人，”文森特表示，“在艰辛和绝望面前，他们仍坚持信仰，凭着耐力和尊严艰苦劳作；临终时，像津德尔特的老农一样，在平静中等来最后的救赎。他们是拥有‘本真’的人。”

文森特对“神圣劳工”的设想还伴随着众多的意象。裁缝、修桶匠和挖掘工的形象取代了他墙上的宗教主题的画作，让-弗朗索瓦·米勒塑造的经典农民形象都在文森特想象的万神殿——他们的“圣地”——一一归位。文森特认为，这些形象都拥有“灵魂”。他们辛勤劳作，穿着破烂，“内心却极为丰富”，因此“也更为美丽”。 他兴奋地喊道：“就是它了，这就是本真。”

“本真”的这个定义超越了对绘画作品一般意义上的赞美，超越了艺术完美与神性灵感的契合，超越了“精神生活的欢愉和滋养”。在文森特连绵的想象中，“本真”成了一种生活方式——一种高于父亲的虔诚或弟弟的艺术理想的召唤，一种敦促着他毫无保留献身“真理事业”的疾呼。“要是能投身真理事业，那么便是死也不足为惜了，”他写道，“那样，你能活在一些人心中，能给后来人留下榜样。”

当然，对于一个笨拙、孤立，而且坦言自己“像鲁滨逊”一样的年轻人来说，这似乎是不可能实现的。然而，文森特却孤注一掷地投身于这一新的召唤。听到法国牧师亨利·费迪南·加尼宾即将造访瓦隆教堂的消息，他千方百计与其会面。在阿姆斯特丹古板的牧师圈子中，瑞士人加尼宾被视为“激进分子”。他鼓励文森特追随内心的召唤，“彻底忘记自我，毫无保留地把自己投入到事业中”。在那个文森特奉献了大多数周末的与世隔绝的英国教堂里，他也得到了同样的忠告。那儿的牧师威廉·麦克法兰把他介绍给了阿姆斯特丹圈子里的另一位福音传道牧师，一位名叫查尔斯·奥古斯特·阿德勒的英国人。他的使命便是将犹太教徒感化为基督徒。

阿德勒本人就是受感化的犹太人，在英国犹太福音传道会（英国国教激进派的一支）的资助下来到荷兰。据称，因存在着大量犹太贫困人口，阿姆斯特丹一直是欧洲大陆“誓与犹太人的无知和黑暗作斗争”的中心。尽管遭到了当地犹太拉比的抵抗，福音传道会还是在犹太区边缘的巴恩达斯提格建起了教会。

1878 年 2 月 17 日，文森特开始在主日学校锡安教堂的地下室执教。由于他给提奥的去信少之又少，他在多大程度上参与了教堂的大型福音传教——视每年宣布的受洗的犹太人的人数而定——不得而知。他或许常常协助阿德勒去犹太社区传教，或许时常加入挨家挨户送福音书上门的队伍。同文森特一样，阿德勒也钟情于乔治·艾略特，还向他推荐了艾略特以著名的宗教改革家萨沃纳罗拉为原型的小说《罗慕拉》。文森特仰慕这个谢了顶的、身材魁梧的英国男人，无疑向他倾吐了一生致力于服务穷苦大众的梦想。文森特对提奥袒露心迹，说主日学校为这个梦想照进了“一寸光”，“阿德勒就是有能力守护这寸光的人”。

到锡安教堂的最初几日，文森特对传道充满了难以抑制的兴奋之情。他劝远房亲戚改宗，甚至来到罗马天主教堂传教。3 月初，文森特面对生疏的学业似乎十分镇定自若，仍然充满热情地投入到主日学校教师的新职责中：他主要负责圣经问答。他愿意一生都成为慰藉的施予者、福音的注释者、圣图的绘制者——成为“本真”的信徒。

但文森特的父母显然不能理解他。“只是区区一名圣经问答员。”多洛斯哀号道。随之而来的是最终的愤怒：“那活计怎么能维持生计？”圣经问答员不过生搬硬套地教孩子们阅读《圣经》，拿最低的薪水，位列宗教工作的最底层。多年来的努力和忧虑，上千荷兰盾的花销，多少个不眠之夜，多少趟疲惫的旅程，多少次在家人面前低声下气的恳求，换来了什么？一个问答员的职位？对于多洛斯来说，这个消息来得并不突然，2 月那次考核回来之后，他已对儿子的未来不抱多少希望。

那以后，文森特还来了一封“奇奇怪怪、自相矛盾”的信，抱怨伤脑筋的学业，也许还第一次提到了“问答员”这个词。随后，伯伯简发来一封对“文森特的学业表示担忧”的信。在常与文森特碰面的斯特里克姨父那儿，多洛斯也时常听到同样的忧虑。

“我们的心都伤透了。”在给提奥的信中，多洛斯这样说道。安娜则顿觉灾难临头，满是惶恐：“不学习怎么可能得到教堂的好差事！简直是家门的耻辱！”他们开始埋怨文森特新结交的“异端”——牧师阿德勒、加尼宾、麦克法兰，他们激进的观点将文森特“引入了歧途”。但埋怨最终还是落在了文森特头上。“走错一步就能酿成大错，”他们扼腕叹息，“我们尽全力把他引上了光明大道，他却执意要去往窄途。”

生日（3月30日）那天，文森特都没有给家人写信。多洛斯忍无可忍，去了一份言辞激烈的信，要求文森特立即辞去阿德勒主日学校的教职。文森特在冗长的回信中作了解释，但多洛斯的立场很坚定，坚决认为：“文森特会因为这些微不足道的小事分心，误了紧要的大事。”逐渐，这场辩论演变成了公开的反抗。身心疲惫的多洛斯只能表示：“我们走着瞧吧，这就好比暴风雨前的寂静。”

4月初，为了打破僵局，提奥打算去阿姆斯特丹探望兄长。但兄弟俩的关系已不复从前。两人还因为去年夏天的分歧而心存芥蒂。文森特从未打心底真正原谅提奥的食言，没有原谅他最终背弃了与自己一起追求“本真”的誓言。他已经开始怀疑弟弟对自己的忠诚。

3月中旬，提奥即将调回古庇尔巴黎分行的消息证实了文森特的疑虑。去年那个小插曲后，提奥被发配到了古庇尔的其他分部。他甚至学习了英语以防被遣往伦敦。但只有巴黎才是古庇尔帝国的中心，现在还成为了1878年世界博览会举办地，展出了来自五大洲的精美绘画和科技作品。“这真是个放眼世界的绝好机会。”多洛斯骄傲地写道。然而对文森特来说，巴黎意味着他痛苦的失败回忆，意味着他一生都逃脱不了的家庭耻辱。而现在，提奥要去巴黎接下那个曾属于文森特的职位——不仅彻底否定了文森特苦口婆心的劝说，狠狠破坏了曾经完美的兄弟情义，也是对“本真”的背弃。

如果说不是因为提奥宣布了这个消息，那一定是因为来自埃滕的欢呼雀跃，所以文森特才陷入了自怨自艾。“亲爱的提奥，爸妈一辈子担惊受怕，你就是我们的骄傲和快乐的源泉，”梵高夫妇写道，“这真是阴霾中的一丝暖阳。”

两周后，充当和事佬的提奥来到了文森特面前。据说，兄弟俩大吵了一架。这场争吵一直延续到了接下来几周的通信中。弟弟的成功已无可辩驳，但文森特似乎没有罢休的意思。他抨击提奥惬意浅薄的生活。他嘲笑提奥的“上层圈子”和“精致的周遭环境”。他鄙夷他“见识短浅，谨小慎微”，指责他“偏离自然”，因此失去了“内心真实的自我”。他将弟弟的一帆风顺与自己的坎坷人生作了一番对比，给了即将去巴黎闯荡的提奥一个忠告 ：“也许黄昏绚丽辉煌，但不要忘记还有漆黑的午夜和灼人的正午毒阳。”

至于自己的职业，文森特别无选择，只能继续坚持问答员的岗位，从事任何其他的职业都将意味着前功尽弃。年过25岁的他需要“成就”，需要一些东西:“树立自己行为处事的方式”,不再受父亲与过去的羁绊。他用毫无保留的热情来为阿德勒及主日学校的工作辩护。当被问到“如何维持生计”时，文森特斩钉截铁地回答:“信仰上帝，快乐才会降临，也许时而会被忧伤烦恼，但人生疾苦终究会烟消云散。”事实上，这也是他用后半生实践的人生信条。

提奥的反对就像父亲的阻挠一样，反而坚定了文森特的决心。通过一页又一页的争论和自我鼓励,文森特以狂喜之心决心献身“本真”。“我生来是为了追逐无限与奇迹,”他宣布,“人不应该满足于繁琐世事。”他整理出了书籍、诗歌与绘画清单，其中当然包括《圣经》，致力于丰盛“人类的精神生活”。他愿意成为作家、诗人和艺术家，“比别人思考得深一点，工作得多一点，爱得广一点，扎入深邃的生活海洋”。

当提奥用家庭责任来阻挠他时，文森特声称自己对“本真”的责任高于一切——“神圣的火焰在心底燃烧”，促使他“真挚地去爱那值得爱的”。当然，“失望与悲伤在所难免”，但经过生活检验的才是真爱——“好比经过锤炼的才是真金”。

被“上帝之光”驱动的文森特开始公然忤逆父亲的旨意。6月初，父亲勒令离开锡安教堂的期限已过，文森特去信表达了自己意欲继续问答员的职业和推后课程学习的打算。多洛斯马上作出了让步 ：如果文森特愿意继续牧师课程学习三个月以上（以便进一步夯实基础，反省自我），那么多洛斯会尽力给他在别处另谋一个职位。文森特断然拒绝了父亲的提议。他不会再继续课程学习，并坚持要靠自己的能力寻找教职。

到了夏天，梵高家惯用的好言相劝升级成了一场激烈的对抗——矛盾的激化与爆发早在多洛斯的意料之中。文森特用“痛苦”、“荒谬”与“彻头彻尾的愚蠢，一想到就让人浑身颤抖不止”来描述这场冲突及其后患。

他写道："曾经我得以依靠的每一个人都和我翻了脸，统统弃我而去。"多年后，他还能感伤地记起"与父亲的那段扎根心底的误解"。

但就在7月5日，他突然回到了家中。

七年的牧师学习课程只过去了一年有余。短短几个月前文森特还毅然决然地叫嚣着要独立，而今却回到了埃滕，这个举动似乎意味着是对他自己多年来失败的默认。多年后，他会坚持说自己是被迫学习大学牧师课程的（"我自己很怀疑这个计划的可行性。"他表示）。他还声称自己有意搞砸了语言课考试，"这样一来，放弃的羞耻都落在了我一个人头上"。

但这些都不能解释文森特突然回家的原因。他本可以在阿姆斯特丹追随内心的召唤。那样一个充满贫困和压迫的城市，一定遍地都是传教士。他也可以在任意一座被父亲鄙夷的"激进"教堂里，例如阿德勒的那座教堂里谋得一职，在欧洲甚至中东的犹太社区福音传教。但他统统没有那样做。他回到了家，等待父亲给他找一个"合适"的职位。要在从前，这个职位一定会被他断然拒绝。而现在，他却作出了妥协。他同意放弃对"本真"的追求，同意回到"体面"的正道，成为一名布道牧师。

文森特投降得十分彻底。回家之前，他已停止了一切极端的行为，不再去主日学校，也不再给提奥写那些抨击信。当多洛斯认定比利时是谋职的好地方时，文森特便不再对其他地方有所奢望。在传教环境上，天主教掌势的比利时可比荷兰宽松得多。"即使不靠什么人情手段，可敬聪慧的人儿也能在那儿干好。"安娜满怀希望地向家庭成员报告。在阿姆斯特丹时，文森特便奉父亲之命定期寄回长长的家信，同时答应去布鲁塞尔当面恳求此事。7月中旬，多洛斯为文森特安排了布鲁塞尔一所福音学校的面试。父亲和儿子在托马斯·斯莱德－琼斯牧师的陪同下一道前往。后者适时出现，亲自担任了文森特的推荐人。

等待结果期间，文森特努力扮演着好儿子的角色。他常陪伴弟弟科尔散步。这是个钟情于绘画、发誓长大要成为一名骑兵军官的11岁孩子。炎炎夏日，他们会坐在树荫下绘制"埃滕及周边地图"。妹妹安娜嫁给了门当户对、一表人才的莱顿市民乔恩·范·豪滕。在这场夏日盛事中，他也搭了把手，帮着装点鲜花绿植。他和父亲形影不离，时常陪伴父亲巡视教区或是进行布道。父亲倘若不在，文森特会坐在自己的房里俯瞰花园，为自己即将从事的职业撰写一场又一场布道。

7 月里，文森特陪父亲去了津德尔特。多洛斯会在那儿的小教堂里布道，然后探视疾病缠身的教徒。回家路上，多洛斯停下了马车，两人走在旷野的暮色中。这样的融洽一幕让文森特渴望已久。他用一幅充满“本真”的画面记录下了这一刻。

> 红彤彤的夕阳悬在松树枝头，池塘中倒映着暮色朦胧的天空；荒野中，黄的沙，白的沙，灰的沙孕育了多少和谐与感伤——瞧，生命中有那么多时刻，一切都充满了平静与静谧，我们的人生不恰恰就像这条穿越荒野的小径吗?

离开的日子一天天逼近，人人喜上眉梢，唯独文森特十分焦虑。他与新娘起了争执，不愿意参加任何仪式。在婚礼前夜，母亲写道：“他不愿意见人。”森特伯伯与斯特里克姨父在婚礼上的露面更增添了文森特的挫败感，因为他已准备离开这唯一令他钟爱的生活。

婚礼结束四天后，文森特启程去往父亲为他选好的比利时福音学校。他需要先进行三个月的“试读”，成功通过才能被学校录取，继续为期三年的课程。去火车站送行时，父母忧心忡忡。安娜在给提奥的信中写道：“我们很担心。他的生活理念如此阴暗，还怎么有能力去引导别人呢？”(妹妹安娜更为直率：“我怕好事又会被他的猪脑搅黄。”) 多洛斯则把忧虑掩藏了起来。“我对文森特已经不抱希冀，”他写道，“无法摆脱会再次失望的恐惧。”

事实上，整所比利时福音学校就是一座“海市蜃楼”。学校始建于两年前，只有一间房、五位学生（三位全日制，两位非全日制）和一位教师。瘸腿的迪克·波克玛担任课程的教学工作。他之前在一所小学担任校长。一些与其志同道合的当地福音牧师会偶尔来讲课。学校没有固定的教职人员、行政人员和资金来源。

学校在比利时硝烟弥漫的教会斗争中举步维艰。它能坚持到今天，靠的是年轻激进的创始牧师尼古拉斯·德·扬和几位富有的发起人投入的热情和精力。在一个福音传教长久以来被外国传教士——尤其是荷兰和英国的传教士——控制的国家里，德·扬宣扬的却是激进的宗教本土主义。他坚信只有本土的语言，只有佛兰芒语，而非多洛斯这样的归正派牧师使用的“漂亮的荷兰话”，才能将福音传送到人们的心间。他的口号便是：“佛兰芒人就该用佛兰芒语！”

多洛斯会把儿子送到德·扬的这所唐吉诃德式的极端学校里实属出于无奈。文森特像所有的荷兰人一样能够使用佛兰芒语交谈。但在一个致力于“使用方言”，拒绝“荷兰化”的学校里，父亲正统的传教风格让文森特无法融入其中。生疏的谚语，再加上惯用的典故和复杂的修辞，使得文森特往往只是在宣读而非讲授自己的布道。这有违“布道须引人入胜，讲求短小精湛，切忌长篇大论”的学校律令。周日他去附近的梅赫伦和利尔作布道时，觉得自己就像“一只受了惊吓的猫”，并坦言，离“口若悬河，铿锵有力，谈吐自如”的理想状态还差得很远。接下来的一周，他每天在小教室里花上 14 个小时用佛兰芒语学习历史、拉丁语与《圣经》。

害怕再次失败的文森特陷入了绝望与自我折磨的恶性循环里。在拉肯的寄宿宿舍里，他不吃不喝，席地而眠。深秋，他常常衣着单薄，沿着沙勒罗瓦运河徒步到城里。在学校，他不屑于用书桌，而是喜欢把自己的习字簿放在膝头，被刻薄的同学嘲笑为“中世纪的抄写员”。同在阿姆斯特丹时一样，他为了排解寂寞徘徊在墓地，徜徉在城市边缘。他说，那些时候，“思乡的原始情感和苦痛的忧愁都会袭上心头”。

多年后，同班同学记忆中的文森特是个乖戾、受伤、反复无常的人儿——前一秒他还玩世不恭地表示，“哦，老师，我可什么都不在乎”，下一秒却突然“愤愤不平地较真起来”。其中一位同学表示：“他是个倔强的人。”有一次，遭受了同学戏弄的文森特“挥拳把对方击倒在地”。目击者表示：“那张满脸怒容的脸真叫人难忘！全心托付给上帝的人竟如此无法把持自己。”11 月 15 日，提奥的到访让失败显得更难以容忍。坐镇世界博览会古庇尔的展位，从巴黎凯旋而归的提奥，无疑会成为伯伯未来的继承人，象征着家族的荣耀。他看起来焕然一新，留着精致的红色小胡子。他哥哥则怅然若失，垂头丧气，愤世嫉俗，在他面前显示出了前所未有的落寞。

不出所料，文森特没有通过三个月的试读。他没法继续学校的课程。老师们觉得他算不上“勤奋”。碍于多洛斯的面子，他们同意让他继续听课，但不会再提供任何帮助。文森特向提奥这样解释了实际遇到的困难：“针对本土佛兰芒学生的课程压根让我无法招架。”消息很快传到了埃滕。多洛斯和安娜在最后的崩溃中无比绝望。“我们对谁也没说起，”在给提奥的信中，他们这样说，“你也不要对外泄露……这叫我们如何是好。”

文森特变得一蹶不振。他又一次落败了，这一次竟败在如此低层次的宗教学习上。他的未来在哪里？得知最后的裁决后，他不吃不睡，还染了病，瘦得厉害，吓得房东急忙给他的父母去信，要他们“赶紧把文森特接回家”。“他没办法入睡，总是紧张兮兮的，”11月末，多洛斯这样告诉提奥，“我们很着急。”虽然没有告诉文森特，但多洛斯已经决定去一趟比利时。与此同时，文森特也决心离开。“现在没有能保障我在这儿继续待下去的经济来源。”他在信中告诉提奥。事实上，父亲已经同意继续为他提供在比利时的食宿，但文森特拒绝了。

对文森特来说，沦陷得越深，就越要追逐“本真”。离开埃滕之前的几周，他给提奥去信写道：“‘本真’是艺术的永恒特点，也会对越来越多的人产生重大的影响。”在比利时，他曾造访比利时皇家美术馆。在由布鲁塞尔寄出的唯一一封信中，他大谈艺术和艺术家。无论在什么事物上，他都能发现“本真”：“如马蒂斯·玛丽斯的油画一般的缠满了藤条的老屋”，或是“丢勒笔下的哥特式小巷，里面满是盘根错节、瘤结粗大的菩提树”。提奥来访时，兄弟俩把多数时间都花在了看画上。“艺术的内涵多么丰富，”文森特随后写道，“只要把这些都放在心里，那么你永远不会空虚，不会孤单。”

他继续寻找“完美的表达”——继续创造“只要被聆听，就能以自己的方式说话”的意象。在福音学校，他用在黑板上画画的方式“回答”老师的提问。他徘徊在城市的工业区，一个个“骇人”的车间让他冥思《新约》的教导（“他们说：‘我们必须趁着白日，赶快完成那差我来做的工作，因为时间不多，天一黑，就不能工作了’”）。老马拉车、尘土飞扬的凄凉景象也教会了文森特人生的意义，使他联想到自己惨淡的命运：“可怜的老马，逆来顺受，却毫不畏惧……等待着他最后的时刻。”

但没有哪个意象比文森特在离开布鲁塞尔前一晚的创作更完满。他首先临摹了比利时南部城市博里纳日（“一本小小地理图册”上的一页）。像许多他钟爱的画作一样，这本图册描绘的是这个地区的居民，可爱又有深度的博里纳日人：

> 他们全靠矿井过活……矿工就是一群特殊的博里纳日人。对他们来说，白天的存在没有意义。除了周日，他们终日不见阳光。他们在窄小的隧道间依靠苍白昏暗的光线工作……每分每秒都面

> 临危险，但比利时的矿工们却生性快活，他们已经习惯了那种生活。每当爬下矿井，顶着在黑暗中指引他们的小小灯泡，他们已经把自己交付给了上帝。

文森特将这个感人的劳动场面幻想成《圣经》中的某个场景：他想到了以赛亚的预言："在黑暗中行走的百姓，看见了大光"；还想到了《赞美诗》里唱的："正直的人在黑暗中，必有光照耀着他们。"这幅作品融合了文森特在英格兰矿区传教的回忆，还倾注了他对未来的期许：有一天他也能在失败和羞辱的暗夜中找到一线光亮。他写道："每当我们看到难以言表的忧伤——不论是孤独、贫困、痛苦，还是万物的终结，我们总会想到上帝，这真令人吃惊。"

文森特创作了一幅速写来再现这个意象。

他选择了沙勒罗瓦运河边的一座小咖啡馆作为创作对象。那儿是布鲁塞尔的核心工业区，是他昔日散步时常途经的地方。咖啡馆毗邻卸煤的大棚屋，从南部乡村满载煤矿的运河驳船会在那儿停泊。随着煤矿一起装载而来的还有因失业和经济危机而离开家乡的矿工。他们离开家乡，期望在铸造厂与工厂林立的运河边找到维持生计的工作。"你可以在这儿见到许多矿工，"文森特表示，"他们是多么独特的一个群体。"

《煤矿咖啡馆》，1878年11月，纸上铅墨，$15^1/_2$英寸×$15^1/_2$英寸。

他在地理图册上读到的这些矿工来自博里纳日。每天去煤田之前，他们都会先聚集在这个小小的煤矿咖啡馆里。“工人们会在午饭时分来这儿吃面包喝啤酒。”他写道。

他用上了手头一切可用的工具描下了整个咖啡馆。他把这张比明信片略大的小画称为“涂鸦”：低垂的浅屋檐，污渍满满、阴郁的灰泥墙，门上的招牌（可以辨识出是他自己的笔迹），外边铺着的硬硬的鹅卵石，里面安着的软软的窗帘。他加上了一轮温柔的新月。整个布景被迟暮的色调所笼罩，如此柔和，似乎看不出任何铅笔画笔触的痕迹。只有两扇窗户和门上的横梁间透出的煤气灯灯光没有打阴影——“这是来自内部的光亮。”画完之后，他小心翼翼地折好放进信封里寄给了提奥。借此他告诉提奥：他也将被煤矿咖啡馆带领着——进入煤田。

一周后，他就动身了。在万物萧条的严冬，没有资助，摈弃计划，抛却对未来的展望，他来到了博里纳日，追逐自己臆想中的“本真”。他动身得十分迅速，在父亲接他回家之前他便已经离开。后来，文森特坦言，是“我要让自己消失”的念头驱使着他离开了布鲁塞尔。如果半路遇上了，父亲一定会用离开埃滕前夜给教区作的布道来抚慰自己任性的儿子：“我就是播者。目短之人弃下多少田地，播者却让它们重结硕果。播者同样不会抛下任何一个孩子。”

但在文森特脑中却回旋着另一段经文。离开布鲁塞尔的前几日，他写下了一段有关“贫瘠的无花果树”的寓言的布道。寓言讲一个男人等待无花果树结果等了一季又一季，最后还是没有等到。绝望的男人最终砍掉了这棵树。

文森特后来告诉提奥，他去博里纳日是为了证明“自己有勇气”。向自己（无疑还有他的家人）证明自己献身的决心。他承诺，他会“努力学习和观察”，待到归家那日，一定能“做出一些成绩”——成为一个更成熟和更好的人。然而，一年前，在他少有的直率中，他曾吐露过自己想一头扎入无人之境的真实缘由。

> 一想到有那么多双眼睛盯着我，想到他们一眼就能将我的纰漏看穿，想到各种羞辱和斥责……唯恐失败和羞辱——让我产生了一个念头：我要远远躲开一切！

第十二章　黑乡

火车载着文森特驶入这片在任何地图上都找不到的地域。对于在津德尔特秀丽的石楠丛旁长大的文森特来说，这儿的地貌堪比月球表面。平原上会蓦地升起一堆黑色锥体：毫无特色，突兀异常；说是自然形成的，则太过光秃；说是人工雕饰的，则体积甚为巨大。有一些表面已经萌出了嫩草；而另一些，还因为内部生生不息的热量而散着热气，像极了置放在平原上的大碗。“整个地区像是被一片巨大的溃疡腐蚀了一般。”某位来过博里纳日的访客这样记录道，

> 空气被地面不断慢悠悠吞吐的煤田熏成了烟灰色，乡村里满是不停喷出浓烟的高烟囱。在盘旋的浓烟中，整个地区显出病态，似乎在脓疮般的矿渣堆中抽搐、肿胀和坏死。

放眼望去，荒凉的旷野没有一棵树。只有一些小小的园子。在散发着热气的矿渣堆的进攻下，不论哪种植物，都只能在这儿栖身。曾有访客表示，即使在夏天，也很难见到绿色，所以“即使是窗台干枯的天竺葵沾满灰尘的叶子，也令人心生渴望”。冬天，雪花一旦落下就成了灰色。融化之后，原本的灰泥也成了黑色，化作一层厚厚的、黏脚的柏油泥浆。连溪水也难以幸免，变得黑乎乎的。即使天气晴朗，矿渣堆呼出的灰色蒸汽和烟囱吐出的灰烟也会悬浮在空中，地面和天空混沌不清。夜晚则遁入一片杳无人烟的死寂。当地人把这个地方称为黑乡。

沿着下陷的道路，每隔一英里，就是一个毫无独特之处的城镇，

统统由砖瓦灰泥建成。在这儿，文森特见到了真正的博里纳日人：来自黑乡的浑身黑乎乎的人们。“从黑煤窑里爬出来的人全身乌黑，”他告诉提奥，“他们看起来就像是刚清理完烟囱。”不止男人，一家子都沾满了煤窑的污渍。孩子也在煤矿干活，因为只有他们才能钻进煤矿的裂缝；妇女当然也在煤矿干活，因为她们要赚钱养家。下工后，男人们蹲在他们摇摇欲坠的村舍的门槛前抽烟，女人们——她们被称作“后天的女黑人”——拉着“老相十足”的孩子去舀水洗澡，那是一天中摆脱浑身漆黑的时刻。

马卡斯煤矿，7号井

但清洗对于男人们来说已经不起作用。煤矿中的刮痕和擦伤已经永久地镌刻在了他们原本白色的臂膀和胸膛上，像“带蓝纹的大理石”一样。他们全身上下都是劳作的伤疤：疲惫消瘦的身子（平均寿命只有 45 岁）、饱经风霜的脸庞、对被矿井夺去生命的亲人的回忆和对孩子要遭受同自己一样终日不见天日命运的绝望。就像爱弥尔·左拉写的那样：“人人都要吃饭过活。”据说，每个早晨，当丈夫和儿女与妻子和母亲道别的时候，他们掩面而泣，“就好像再也回不来了似的”。

这群“可悲、落寞的人”一齐向矿井进发。冬天，凌晨的第一缕自然光亮还没出现，他们已经提着灯火前往一个邪恶的发光的地方。红焰舔舐炭炉，蓝焰在熔炉中劈啪作响。在博里纳日的每一个煤镇，煤矿侵吞了一切。煤渣堆积成山，烟囱高耸入云，铁架台令人眩晕，你可以远远望见几英里外的矿区，闻到它的气味，听到转轮震耳欲聋的声响、大型引擎掏人心肺的脉动和铁器雷鸣般的敲击声，起伏刺耳的铃音遍及整个矿场，似乎永远不会停止。左拉的小说《萌芽》以境外的法国矿区为背景，描述了高墙、煤渣沟和臭气中的矿场每天早上“像恶魔”一样吞噬了上千名工人，“并挣扎着消化腹中饱餐的人肉”。

然而，文森特却在他的新工作中汲取了新的能量。据接待文森特的牧师所述，在布鲁塞尔一度自我折磨的文森特出现在博里纳日时倒是“清清爽爽”，“处处彰显着荷兰人的整洁”。为了免去讲法语的博里纳日人读文森特荷兰姓氏的困难，他索性自称为“文森特先生”。

怀揣着父亲的推荐信和满满的热情，法语尚可的文森特很快在小瓦姆谋得了一个职位。小瓦姆是分布在马卡斯和夫拉姆利矿区辐射范围内的城镇群中的一个。那儿的小教会刚刚建造了自己的教堂，按规定，需要公派一名牧师驻扎于此。当地福音传道会同意给文森特六个月的试用期担任“实习牧师和教义问答师”。他们提供的工资很微薄，他们让文森特同附近帕迪拉日的教义问答师同住了短短一段时日后，便将他安置在了当地富有的农夫让·巴蒂斯特·丹尼斯的家中。后者与五个儿子同住在小瓦姆一处“精致的宅子”里。

文森特很快为教会的孩子们开设了教义问答课，给他们读《圣经》，带领他们吟诵赞美诗，用自己绘制的圣地地图讲圣经故事。晚上，他走访教徒的住所，和他们围在一起祷告。他还探望病中的教友。在给提奥的信中，他写道：“很多教友都疾病缠身，我刚刚探望了一位病重的老太太，她个子小小的，却充满了耐心与信念。我给她念了一章《圣经》，还同他们一起祷告。”起初的几封家信中洋溢着踌躇满志。“这是他感兴趣的工作，”安娜一边写一边小心翼翼地抱有一线希望，“他很喜欢那儿。”这些起初的反馈似乎也触动了早已疲惫不堪的父亲。1月，他给提奥去信写道：“他似乎很有抱负，干得不赖，我们真为他高兴。”

文森特的新教会刚从瓦姆分离出来，只能在一个叫作杜比比沙龙的舞厅里集会。这个舞厅能容纳上百人，在这个福音传道盛行的地区，早已作传教之用。在丹尼斯家中的小阁楼里，文森特为每个周日一拨拨来到杜比比沙龙的工人和农民准备布道。这一次，他重新拾起里昂牧师的信条，讲道：“基督不也同我们一样吗？一样是神色悲哀、满脸疲惫的工人。还有谁能比木匠的儿子，更了解劳苦大众生活的艰辛？他为了履行上帝的旨意在简陋的木匠铺里勤勤恳恳劳作了 30 年。”

为了找寻灵感，文森特只能望望每个早晨如行尸走肉一般在他窗外列队经过的矿友：男人女人穿着一样的“矿井碎棉布服”，木底鞋在黎明前的黑暗中哗啦作响。14 个小时过后，他们回来了——“像是没有自由身的奴隶，这样的情形日复一日，毫无例外。”

很快，心底炽热的火焰就驱使着文森特加入了鱼贯进入地心的灰色队伍。

“那真是个黑暗的地方，”去过最破旧、最阴冷和最危险的马卡斯煤矿之后，他写道：“那儿有穷矿工住的棚屋、被黑烟熏得骇人的树、荆棘栅栏、粪堆、灰堆、废矿堆。”他穿过巨大而复杂的矿区来到了矿井站：遮着帆布的棚屋、歪歪扭扭的房子、排水泵塔、炼焦炉、鼓风炉。远处，运输煤渣的马匹拖着煤渣和下脚矿吃力地攀上黑山。他也许还穿过了衣帽间，那儿有座巨大的煤炉，在入井前给矿工们带来如左拉所说的“透彻肌肤的温暖”。

但来到矿井站，他仍然大吃一惊：这是个砖混建筑物，上面全是一个个肮脏的、激烈颤抖的窗口，发动机抖动着，铁臂搅拌着，仿佛要到筋疲力尽才肯罢休；沉重的大桶隆隆滚过铁皮地板的轰鸣声和头顶黑漆漆的电缆的哀鸣声混合在了一起。电缆通过油腻腻的滑轮穿过发动机巨大的转轮。滑轮像瘦骨嶙峋的教堂尖塔一般从架在矿井站上的角铁架上悬吊下来。滑轮发出的尖利的摩擦声，预示着铁笼子将一筐筐煤源源不绝地从地心运送上来，又满载着矿工沉入地底——左拉曾写道，他们“仿佛被矿井站这张血盆大嘴大口大口地咽入腹中”。

接着，铁笼子像“一粒石子”般坠入地下 635 米的深处。矿工们赤脚站立，提着煤气灯，蜷缩在空煤车上，井壁上的引路灯“像特快列车的铁轨一般在身后掠过”。空气变得越来越阴冷，水也开始从井壁淋到铁笼子上，一开始是涓涓细流，很快便洪水泛滥。他们已经深入到了三个废弃的矿层以下，矿工们把上面的世界称为“上头的地狱”，井口的日光缩成了一个光点，好似夜空中的星星。

井底的雕凿厅里，走道往各个方向四散出去，寻找潜藏的煤层，有的直径只有几寸，像打褶的帐幔一般折叠在地下岩洞里。当文森特沿着这些黑漆漆的小道蹒跚地往远处那片哐哐当当的开凿声走去时，木质的覆顶和支架越来越低矮狭窄——他把这些隧道比作“大烟囱”。地上的水坑汇成水池。相比寒风刺骨的矿井，没有一丝风的地道温度骤升。最后，他猫着腰，耐着“如铅般沉重、让人窒息的闷热”穿过了及膝深的积水。

文森特不时听到从前方隧道传来的沉闷轰响，“像是隆隆的风暴”。数秒钟后，一具幽灵在黑暗中现形：一匹拖着矿桶满载而归的马。他只得贴在锯齿状的、湿滑的墙上让其通行。矿工们羡艳饲料充足的马匹。它们始终待在温暖舒适的地底，“享用新鲜稻草带来的干爽洁净”。再深一点儿的地方，马匹无法进入，就由矿井的童工搬运矿桶，就像左拉描述的那样：男孩子们扯着嗓子喊着脏话，女孩子们“像超过负荷的母驴一般哼哼唧唧，全身冒汗”。

最终，他来到了矿工们跟前。走道没有就此到了尽头——而是分化成几个错综复杂的小烟囱和几条窄到不能再窄的隧道。“似乎永远没有尽头。”他说道。每条隧道的终端，都有一个矿工独自在黑暗中劳作。文森特把这些小小的壁龛称作“地底牢笼”，或是“隔离的地窖”。“在每一间这样的牢笼中，”他向提奥解释道，“都有一个矿工穿着粗亚麻服，像脏兮兮的烟囱清扫工一样，就着苍白的光线埋头劈矿。”

文森特于 1879 年 1 月在马卡斯煤矿的逗留是他在博里纳日两年生活的顶点。在此期间，他还会在同年 3 月再次来到地底，但那时他已经开始了一段更为冒险的“地狱之旅”。这样的“地狱之旅”文森特还会于十年后在阿尔精神病院的囚禁生活中体验到：真正地坠入黑乡。

然而，好景不长。文森特在杜比比开始牧师生涯几周后，多洛斯给提奥去信说：“我们又开始为他担心，生怕会有麻烦事。”博里纳日人不买他们新牧师的账，文森特对他们也没有多少好感。文森特本以为矿工是一群以“快乐的天性”对抗黑暗与死亡的人，但却必须面对无情的现实：他的教徒们是一群沉默的、排外的人。他刚到这儿时，把他们描述成“单纯淳朴”的人。但久而久之，他们变得越来越“无知、缺乏教养、敏感多疑”。

他常抱怨听不懂他们“噼里啪啦冒出来”的奇怪方言。他试着提高自己巴黎腔法语的语速——此举却造成了更多的误解和争执。发现多数的教徒不识字时，他似乎很惊讶。作为“一个有教养的体面人”，他哀叹连连。在这种“未开化的环境”中，他无法找到“共鸣”。矿工也把他们的新牧师看作陌生人。他的布道聆听者寥寥，他很快便难以支撑下去。文森特感叹道，他自己缺乏“矿工的性情”，他“永远都不会明白如何与他们相处，赢得他们的信任”。

当现实惨淡得难以接受时，文森特总会深深跌入自己的幻想。他激动地捍卫这片腐朽土地的“富饶”，以及博里纳日人的“魅力”。他将矿渣堆比作席凡宁根可爱的沙丘。他表示："来到这里就有一种回家的感觉，就像走在石楠丛中。"即使是去矿井的那次经历也没有影响他对"本真"的坚持。在炼狱般的马卡斯煤矿逗留的六个小时被他称为"一次十分有趣的旅程"。他对这次经历的描述中充斥着冷冰冰的专业术语（如梯段工作面、挂料、垂直凿、水平凿），像极了自然学家对甲虫或鸟类的描述，却没有一个表达愤慨或同情的字眼。提到矿井的"坏名声"时——"很多人或因毒气，或因瓦斯爆炸、水渗漏和塌方死在了里面，没能走出来或再进去"，他还坚持认为矿井中的生活比上头萧瑟村庄的生活来得好，坚持认为"就像到岸的水手思念大海一样，无论面临什么样的危险与困苦"，矿工们一定更青睐他们不见天日的工作，而非上头那个"凄凉死寂的世界"。文森特的臆想中充斥着意象。从萧瑟的风景到受伤的矿工，什么都能让他联想到自己喜欢的画作。毒雾像"伦勃朗的画"一样能创造"一种奇幻的明暗对比"。他认为马蒂斯·马蒂斯一定能以"憔悴、饱经风霜"的矿工为原型创作一幅"绝妙的图画"。他想象着，如果哪个艺术家能将矿工在他们幽暗的囚室里劳作的样子临摹下来，"那一定是件前无古人后无来者的作品"。

文森特对现实中身边的苦难熟视无睹，却对钟爱的书籍中描绘的受难景象饱含怜悯。他对《汤姆叔叔的小屋》有感而发："这本书对于横行的奴隶制的阐述堪称精妙绝伦，对那些重大议题的处理饱含智慧、爱与热情，对受压迫的穷苦奴隶显示了极大的关怀。"对于博里纳日矿工的遭遇（即使在工作环境恶劣的大环境下，这个地区仍算得上臭名昭著），他从未记录过只言片语的非议，却认为狄更斯的《艰难时世》实属"旷世之作"，褒奖后者对于工人阶级的遭遇感人肺腑的描绘。他甚至承认自己更偏爱临摹书里或是画里受压迫的穷苦阶级，而不是现实中触手可及的劳苦大众。"一幅莫夫、马蒂斯或是伊斯雷尔的作品，"他认为，"兴许比现实和自然更能说明问题。"

他宣讲自己的幻觉。文森特所在的地区常常发生劳工起义。马克思与恩格斯在布鲁塞尔完成《共产党宣言》之后的30年来，博里纳日的矿工发起了一场横扫欧洲大陆的社会主义工人运动。一波波血腥的游行和野蛮的镇压引发了一场工会运动。俱乐部、合作社、互助会等结成瓦姆团体，支持工会运动，立志铲除资本主义生产体系中的毒瘤。

但文森特却只将矿工们视为基督教徒中的英雄，丝毫没有将他们看作受害者。他们的苦痛，就像他自己的苦痛一样，只会让他们更接近上帝。在他看来，他们需要的是托马斯·坎佩斯，而不是卡尔·马克思。他劝诫他们不要反抗，而是要庆贺自己的苦难——为享有苦难而欣喜。“上帝的旨意在于要效仿基督，必定要谦卑地行于世上，”他在布道时说，“不求顶立于天，但求谦逊待物，从《福音书》中学习如何谦卑恭顺。”他来到这儿，期望矿工们就像“行走在黑夜”中的人们，拥抱坎佩斯倡导的宁静而疏离的人生信条——在文森特看来，这是对可怜人和受压迫者（譬如那匹驮着垃圾车的老马）的终极关怀。

尽管游行、罢工和“反动言论”此起彼伏，文森特自己甚至也参与了一些，但这没有改变他的愿景。“上帝之子，流放在人世，”在他在杜比比使用的那本卷角的赞美诗上，他画出了这些句子，“张开你们的眼睛，多一点耐心，上帝会赐予你抚慰。”但在这里，人们生活在水深火热中，三年来薪水降了三分之一，成百上千人死于爆炸和塌方以及不知名的疫病，文森特宣扬的信条只是让他与这群他渴望安抚的“可怜人”更为疏离罢了。

对此，他只想出了一个法子：为病人布道。每年，上百个工人不是在博里纳日的矿井里被烧伤，就是因毒气、矿渣和恶劣的卫生条件而受伤。伤者和垂死的人不会质疑文森特的臆想，更不会过多地考虑他布道的内容。他们欢迎这个陌生的荷兰人为他们做别人不情愿做的事。“那儿伤寒和恶性热病肆虐，”他向提奥报告道，“一家人全染上了热病，孤立无援，病人们只能由其他病人照顾。”

文森特投入了这场无私的奉献。他走访染上了斑疹伤寒症的家庭，帮忙干杂活，连日守夜。出现矿难或是爆炸时，他赶往现场救援。他还救助了一名“从头到脚全身烧伤”的男子。他时常自费购买石蜡和橄榄油，用来制作亚麻绷带。据说，他“没日没夜”地工作，坐在病床前祷告传道，当病人康复时，“疲惫不堪的他却激动喜悦地跪倒在地”。

但不久之后，文森特再次自暴自弃。除了稀粥、糖水和不涂黄油的面包，他什么也不吃。他衣衫不整，邋里邋遢，经常在寒冷的冬天不穿外套。像在阿姆斯特丹和布鲁塞尔时一样，他认为他的食宿“太过奢侈”，便很快搬到了附近一座废弃的茅草棚屋里。他拒绝舒适的床，睡在了“硬木”床板上。他把心爱的绘画挂在棚屋的墙头，深深地陷入了自己的世界里：白天，照顾伤病员；晚上，阅读，抽烟，研习《圣经》，在诗歌簿上写写画画。文森特瘦得不成样子，丹尼斯的妻子生怕他也会染上猖狂横行的伤寒病。

丹尼斯和教会的其他成员认为牧师住在棚屋里十分不成体统，对文森特“癫狂的传教方式”相当恼怒。文森特援引坎佩斯的“天父却没有枕头之处”为自己辩护，却被视为亵渎神明。不论是茅草棚内怪异的苦行僧生活、拒绝听从他人建议的顽固古板，还是对病中的教徒近乎狂热的救助，都让教会对文森特的传教方式极为不满。布鲁塞尔福音传道会开始召集巡查员审查新牧师的任命——这显然是要将他解雇的信号。新生活开始后仅一个月，文森特再一次要立即面对失败。

这个消息早在埃滕的意料之中。文森特信中提到的可怕的伤亡、猖獗的疫病和造访矿井的经历只能让父母更焦虑。多洛斯担心“一心一意照顾看护伤病员”的文森特会忽略自己的宗教职责。安娜为文森特的形象备感忧虑，因为“那个地方那么脏”。他们还从丹尼斯夫人那儿收到一封信，此信详细地告知了他们“文森特在茅草棚里头的可怜日子”。安娜向家人报告道，文森特的信“证实了我们的忧虑，他真的没有床，没有铺盖，也没有地方清洗”。文森特用一副蔑视的态度回应教会中的质疑声——“这与他们何干”，并再次用坎佩斯的话为自己的行为辩护：“即使大风大浪，暴风骤雨，耶稣还是平静地前行。”

多洛斯明白事不宜迟，冒着风雪，2 月 26 日就匆匆出发去博里纳日。一到那儿，巡查员黎塞留牧师已经静候在那里，也已经听说了对新牧师的各种怨言。黎塞留牧师最后表示，文森特身上表现出了“令人遗憾的传教狂热”，他们已经对这位任意妄为的年轻牧师进行了“有力的劝说教育”。但这次教育显然没有说服文森特搬离棚屋，因为当父亲找到他时，他还在那儿。据目击者所述，文森特“躺在稻草芯的麻袋上，消瘦而憔悴，模样骇人”。

文森特“像个孩子一样任人摆布”。第二天，在灰蒙蒙的大雪中，多洛斯带着儿子踏上了造访当地牧师的悔过之旅。文森特岌岌可危的命运取决于他们的裁定。凭着播种者锲而不舍的精神，多洛斯向文森特讲述着“如何才能进步，如何应对变故，如何激发新的力量”。他让儿子起誓从此会好好顾及自己的形象，对教会掌权人言听计从，只把小棚屋当作“工作坊”。

但没人相信这一套在文森特身上可行。“他太顽固，听不进任何建议。”安娜已近乎绝望。文森特描述了自己臆想中的父亲到来的情景，并寄给了提奥。“他应该很难忘记博里纳日，”第二天，他写道，“没人能忘记这个新奇、非凡又别致的地方。”但多洛斯一离开，就有人撞见文森特往丹尼斯家吐唾沫。在给父母的信中，他轻描淡写地写道：“也许，事情在变好之前总会变糟。”

爆炸来得很突然。地质形成阶段便贮藏在地心的能量由于长期的开凿、矿灯的明火和空气的进入造成了泄漏。每一把挖矿锄的打击、每一块岩石的掉落和每一车煤矿的装载都令无色无味的气体在矿井里沉积下来。只要一丁点儿火星——兴许来自一盏故障了的矿灯，兴许来自矿桶扶手的摩擦——就会将其引爆。这就是发生在 1879 年 4 月 17 日的夫拉姆利阿格拉比矿井的爆炸事件。那儿离瓦姆仅两英里。

甲烷独有的蓝色火星激发了这一系列连锁反应。爆炸摧毁了承重墙，窄小而坚实的走廊通道把人猛掷到地道尽头，在煤矿岩面将他们砸得粉碎。有经验的老矿工一听到气流（他们称之为“爆炸性气体”）的声音，便明白发生了什么。他们立马卧倒，因为紧随其后，在他们头顶将掠过一道喷灯似的火焰。旋风吸走了每一个缝隙的煤尘，并将它们抖散在空中，恰好被那道火焰点燃。由于有风，煤尘可以将小小的甲烷火星变成无人可逃的地狱。大火像穿过枪膛一样咆哮着窜入矿井。在气压的冲击下，顶梁挣脱了支柱，飞得老高，又引起新的坍塌；扶手被扭断，空矿桶像子弹一样在地道中乱窜。大火以上千英里的时速占领地道，随着熔炉的爆炸，所有东西——工具、马匹、男人、小孩——一律被烧焦。

当风与火触及传动轴时，矿井口“像试验巨型大炮一般”炸开了花。操作铁笼子的起吊工立即被烧成了灰。很快，未点燃的大团气体冲到了附近的通风井口，顿时在矿场建筑群的中央滚成了火球。挑拣棚中的姑娘被烧得认不出模样。井口爆炸了一次又一次，往空中猛掷了上百吨煤炭和岩石，遇难矿工身上被剥离的衣衫在上升的气流中狂乱起舞。

几英里外就能看到巨大的“火柱”，巨型的黑烟团为周边的乡村送去了这场地心惨剧的信号。女人和孩子们都拥到路上，急匆匆地追着空中扩散开来的黑点。几小时后，先到矿井的人还可以感受到地动山摇的余波，还可以听到低沉翻滚的轰隆声。人们很快占据了整个矿场，“眼巴巴”望着黑脸的幸存者气喘吁吁地爬出来，看着担架络绎不绝地被抬往医务室或是教堂。愤怒的咒骂和悲痛的呜咽交织在一起，烧焦的尸体堆得老高，这次灾难的严重性不言而喻（共有 121 名矿工丧命）。警察最终只能关闭矿区以防愤慨和极度的痛苦酿成暴乱。

难以想象的是，文森特·梵高并没有参与到阿格拉比矿井一幕幕的苦难与安抚中去。当天没有，接下来几天也没有见到他的人影。没了爹的孩子和没了娃的娘绝望地痛哭流涕，其他人还在焦急地等待着家庭成员生还的消息（五天之后，全部幸存者才被救援完毕）。有消息称，上百名矿工被困在掉落的岩石后面。营救人员能清楚地听到伤者的嚎叫。矿上的每个家庭都知道“爆炸余留的毒气”会造成多么恐怖的后果。那些残留的气体可以在几分钟内让任何一个人窒息。受困的矿工齐声歌唱，以免“被淹没在毒气”中。被围困在黑暗中的矿工命悬一线，吟起希望的赞美诗。这样的景象，一定会令文森特感动。

灾难过后便出现了大批大批的送葬队伍。他们有的泣不成声，有的高声抗议，乘着黑火车弯弯曲曲地穿过这片裹上了寿衣的大地，这一场景比文森特幼年时仰慕的画作《穿过玉米地的送葬队伍》还要萧瑟得多。不单单是博里纳日，整个比利时都陷入了哀悼。十年前，比利时伤亡最惨重的矿难引发了工人的抗议，也促使当时无能的政府作出了敦促改善煤矿安全环境的决定。这股浪潮甚至波及了埃滕。“这是场可怕的事故，”在给提奥的信中，多洛斯说道，“那些可怜人——眼睁睁被活埋，压根没有及时被援救的希望。”但对那个敏感和不安分的儿子，多洛斯却感觉到了潜在的危险。“我希望这件事不会让文森特太难过，”他又说道，“他生性怪异，对这些苦难的人们毫无抵抗力。希望上帝庇佑他，让他一切顺利！”

但事与愿违。父亲一走，文森特立即又开始了他那目空一切、凭空臆想的传道方式。用一位目击者的话来说，他又开始了“疯狂的苦行”。他散尽了所有的衣物和仅有的一点钱财，连只戴了一次的银表都送了人，连内衣都被撕毁做了绷带。3月，他退回了父亲寄来的食宿费，显然，那时他已搬回了棚屋。为回应黎塞留牧师的要求，文森特暂时有所收敛，但却更为激进地追求中世纪式的宗教虔诚，他拒绝可口的食物和温暖的眠床。他赤脚在雪地里行走，穿矿工们穿的粗麻布衣服。他不再洗澡，认为使用肥皂是种“罪恶的奢侈”。大部分时候，他都与老弱病残待在一起，宣布要为“减轻他们的苦难”而牺牲自我。

4月的矿难之后，多洛斯和安娜脑中曾闪现过这样的念头：在救援重建中，文森特兴许能“有一些变化”。但对于这些，文森特却绝口不提。但倘若要说真的“有什么变化”，只能说，夫拉姆利的这场灾难让文森特更迅速地跌向了人生谷底。

7月，福音传道会宣布终止文森特的牧师资格。正式声明只提到了文森特遭到开除的唯一原因：拙劣的讲道能力。原话是：“卓越的演讲能力是担任教会首领不可或缺的要素。一位福音传道者倘若不具备这样的技能，便意味着无法履行他的主要职责。”但他的父母——包括他自己——都明白其中的真正原因。“他誓不向福音传道会妥协，”多洛斯写道，“什么也改变不了他的决心。他主动提出要经历痛苦的磨练。”

福音传道会给了文森特三个月的时间另谋他职，但不允许他在瓦姆继续传教。由于教会上层的厉声警告和百般非难，以及他越来越古怪的行为，整个教会将文森特视若仇敌。开会时，他们羞辱他，公开嘲笑他的古怪行径。在他最钟爱的教义问答课上，孩子们也不把他放在眼里，不止辱骂他的父母，还叫他"疯子"。他也不能回家，一想到他又得一败涂地地回家，他就感到羞愧内疚。"我们让他回家，"多洛斯写道，"但他压根不想回来。"

文森特拜访了亚伯拉罕·彼得兹，作为挽救自己比利时传教事业的最后一搏。后者曾帮助多洛斯为文森特安排了布鲁塞尔福音学校的学习机会。还在学校的时候，文森特就在彼得兹位于梅赫伦的教堂里帮过忙。8 月 1 日，身穿矿工粗布服的文森特开始了另一段长距离、自虐式的流浪。两个晚上的风餐露宿之后，文森特靠着一双淌血的脚来到了彼得兹面前。开门的姑娘看到文森特"邋遢可怖的样子"尖叫着走开了。彼得兹劝说文森特回埃滕，但遭到了固执的文森特的拒绝。"他似乎下定了决心，"彼得兹将事情告知了多洛斯，"他就是自己最大的敌人。"

没能说服文森特的彼得兹不情愿地开了封介绍信，让他去拜访博里纳日一位名叫弗兰克的牧师。他住在奎斯梅，一个距离瓦姆仅四英里的矿业城镇。作为一个独立的福音传道者，弗兰克没有所属的教堂和教区，也不能给文森特支付薪水。他不过是个孤独的流浪汉，谁愿意听，他就向谁传授上帝之道。文森特会成为弗兰克的"助手"。但这样的结局对于雄心勃勃的文森特来说是可耻的。第二天，他就回到了黑乡。

现在，文森特只能向一个人求助。一抵达奎斯梅，他便潦草地写了一封短信，央求提奥来一趟。

文森特陷入臆想和绝望越深，他就越渴望弟弟的出现。"我不是铁打的，也不是没心没肺，"他写道，"像所有人一样，我需要友好的关系、亲密的陪伴……没有这些，我就是一具躯壳。"他把自己比作困在孤独中的囚徒，把提奥称为"他活下去的理由"。只有他们的手足情，才让他感到自己的生命"尚存星星点点的美好"，"不是毫无价值，无足轻重的"。

但文森特的渴望并不能填补两人之间的鸿沟。自从提奥去年 11 月从巴黎凯旋而归后，两人就再没见过面——也是在那个时候，文森特落魄地远走布鲁塞尔。六年来，两人第一次在圣诞节思念彼此，那时文森特正在小瓦姆。他们的通信时有时无，措辞拘谨。几个月来的通信没有只言片语提到博里纳日的风波，只是反复央求提奥来一趟。在弟弟提奥面前，文森特一直把自己描述为传播“本真”的使者，而黑乡则是那片充满个性、感伤，而且如诗如画的“奇幻”土地。

但提奥了解真相。提奥也从越发失望的父母那儿一次次听闻了他们忧心忡忡的哭诉。当文森特被小瓦姆教会开除时，提奥的同情心也已经被消耗殆尽，他冷漠地安慰母亲：“他已经作出了自己的选择。”

8月的第二周，来到蒙斯的火车站后，他准备和文森特摊牌，多洛斯总害怕文森特受刺激而三缄其口。两人漫步长谈。提奥告诉文森特，他已经“萎靡”太久，是时候该“改善自己的生活”，他不该再靠父母，应该自己养活自己。也许他可以继续原来在多德雷赫特的售书员工作，或当木匠学徒、剃头匠、图书管理员。妹妹安娜认为他可以成为一个很好的烘焙师。如果他想继续接触艺术，他可以当个“发票抬头和名片刻字师”。提奥表示，不论他走哪条路，都能终结他那终日闲荡、一事无成的生存状态。

坎佩斯宣扬的“清贫与牺牲”的戒律，被提奥驳斥为“愚蠢而不现实的宗教主张”，只能让文森特越来越“无法看清事实的真相”。当文森特试图提起八年前兄弟俩在赖斯韦克运河边的誓言时，提奥应声喝住：“打那以后，你就像变了一个人。哥哥，你已经不是原来的你了。”提奥最后的一番话显然是在为他们的父母鸣不平。他提出了对兄长最严厉的指控：他已经“给我们和我们的家庭带来了太多痛苦”。

显然，最后一番指控击中了要害。其他几项指控，他完全可以躲闪和招架。事实上，提奥走后，他确实也这么做了。他给提奥去了一封信，言辞中傲气不减，满纸诡辩，义正词严，故作姿态。但让父母伤心失望的罪名，文森特却无力推脱。他承认：“也许全是我的错。”

只有一种方法能平息怒气。信一寄出，文森特便徒步到了蒙斯，搭上了北上的第一列火车。挣扎了一年之后，对家的渴望终于战胜了回家的羞耻。文森特决定动身回家。

“我们听到有人喊‘爸，妈’，接着，他就突然出现在了门前。”安娜告诉提奥。除了衣服和食物，他们只给了他质疑的眼神和幽怨的沉默。“他瘦骨嶙峋，”安娜写道，“满脸倦容。”这并不是文森特一直以来期待的对归家儿子的热情欢迎。屡次失望和费尽周折之后，父母对儿子谨慎地保持着距离。但在文森特看来，这种谨慎意味着冷漠，便也赌气一声不吭。这样冷冰冰的气氛，让三人不禁想起津德尔特牧师公馆的那些争吵和不快。“他整天都在读狄更斯，其他什么也不干，”安娜写道，“他也不说话，你问他什么，他才给些奇怪的答案，其他什么也不说……原来的工作和未来的计划只字未提。”

为了打破沉默，多洛斯和文森特漫步到普凌桑那格去看望森特伯伯。安娜希望“也许那样会让文森特开口”。但这五英里的路途让情况变得更糟。多年的失望已让多洛斯心灰意冷，父亲的责任感也已减弱。“到明天，文森特自离家到古庇尔画廊谋职已经十年了，我们太累了。”文森特回到埃滕前一周，多洛斯给提奥写了这样一封信。但文森特也满是愤懑，因为他一心认为自己的宗教抱负毁在了父亲的阻挠中。一面是为儿子的倔强扼腕叹息的父亲，一面是满腹怨言的儿子。在给提奥的信中，文森特写道：“一直以来，他们不遗余力，鞠躬尽瘁，精心筹划，似乎为我铺好了最光明的道路，但结果却是那么糟……倘若继续追随这些善意的‘明智建议’，我想，结果会是同样的下场。”

父子俩“剑拔弩张”，由谁先挑起这场争吵并没有记录，只知道文森特离开了家，逃之夭夭。

之后，他便杳无音讯。那一年，他没有给提奥写信，又或许，他写了信，信件最后不知所踪。显然那段时间，他所有的家信都遭遇了同样的命运。不知是因为父亲的抛弃，还是因为沉溺于自我，他又折返回了黑乡，开始了一生中最狰狞的噩梦。返回埃滕的前夜，他在给提奥的信中写道：

> 如果对你们来说，我只是个麻烦或者负担，那么我宁愿离开……我会被绝望折磨到心碎。我情愿早点死掉。

之后的六个月，文森特对自己百般摧残，令冷漠的博里纳日人都不忍目睹。他拒绝与奎斯梅的福音传道者弗兰克同住在后者相对舒适的小屋里。他又过起了苦行的生活：长时间以来，他食不果腹，风餐露宿，邋里邋遢，独来独往；困倦时，找一处谷仓，或者在野外席地而眠。他以面包皮和“冻伤的土豆”充饥。

弗兰克无法给他提供工作，更无法给他带来安慰（之后，他便再也没有提起这个人）。奎斯梅的所有教堂都不愿雇用文森特。他的坏名声自杜比比开始就已经牢牢地跟着他了。父亲寄去了一些钱，但文森特不是散给穷人，花费在分发出去的《圣经》上，就是寄回给了父亲。当他来到煤矿传教时，矿工们羞辱嘲笑他。文森特古怪的行为在他们口中是“离谱”和“令人震惊”的。很长一段时间里，要说是他避开人群，毋宁说是人们避开他。某个村民曾记得他咕哝着：“每个人都觉得我一钱不值。”

文森特的想象力也一道枯竭了。他“丢开了”写信的笔，也丢开了绘画的笔。他也不再以收集画作为乐。在他乞丐式的生存空间中，还有哪里能容纳俗世的乐趣？他的精神生活仅限于随身携带的几本口袋大小的书籍。这些书籍似乎映照着他的人生。从狄更斯反乌托邦的《艰难时世》到斯托夫人的《汤姆叔叔的小屋》，文森特都可以从中看到过去那些可怕的影子。一年前，他还读过米什莱对法国大革命透彻的描绘。现在手边的则是雨果的《一个死囚的末日》，讲述了恐怖时期不公正的法律制度荼毒人命的故事。“我们都被判了死刑，”雨果总结道，“但生时要历受的刑罚却各有不同。”埃斯库罗斯的《奥瑞斯提亚》则更为残酷，重演了特洛伊人的种种悲惨命运。这出最为野蛮残酷的希腊悲剧充斥着亲仇相杀——杀婴、弑父、弑母，罪恶的儿子逃出了家门，被复仇之神所追逐。

最后，让文森特难以自拔的是莎士比亚充满虚无主义的《李尔王》。在重新提笔写的第一封家信里，他惊呼道：“天哪，莎士比亚太美了，还有谁能比他更神秘。”

对于文森特这样一个着迷于苦难救赎和真爱至上的读者来说，《李尔王》意味着无限延宕的希望。寇蒂莉亚的死让维多利亚时期的观众难以接受，所以结局常常被改编成皆大欢喜的收场。在这出悲剧中，父亲李尔王因为错误的决定尝到了悲剧的苦果，他自称“是个犯罪无多、遭报太深的人”。文森特竟在这样的情节中感受到了奇异的愉悦和抚慰。起初，他对剧中“高贵而忠诚”的肯特伯爵抱有特殊的好感。后者假扮成仆人却因正直和坦率而受到惩罚。但渐渐地，他开始对遭背叛的葛罗斯特之子埃德加青睐有加。埃德加受到了李尔王的驱逐，为继续服侍瞎眼的父亲，乔装化名，假扮成疯子隐居在石楠丛中的洞穴里。可怜的埃德加为了逃脱内心的折磨，像拾荒人一样，“身着褴褛的衣裳，饮死水潭里的绿沫，居无定所，食不果腹”。

那个冬天，不论风暴还是雨雪，在那片萧瑟的土地上，都能看到蓬头垢面、衣衫褴褛的文森特赤脚游荡的身影。丹尼斯那样的旧相识嘱咐他：“你需要清一清你的脑子。”石楠丛中偶遇的农民干脆就叫他“疯子”。这时，文森特会说：“耶稣基督何尝不是疯子。”——别人更坚信他是疯了。他总不停地摩擦双手，似乎要竭力擦去一些顽固的污点。邻居们经过他睡的那个谷仓常能听到呜咽的哭声。据说，他已经“完全顾不得体面”，像埃德加一样“赤身裸体，风餐露宿”。李尔王对埃德加说："只有你才保全着天赋的原形；人类在草昧的时代，不过是像你这样的一个寒碜的赤裸的两脚动物。"对李尔王的话感同身受的文森特看到一位工人用麻布袋做了一件衬衣，上面用钢印印上了"易碎"的字样。一位村民回忆说："他甚至都没笑，而是以怜悯的口吻把这件事念叨了好多天。"在诗歌簿上，他短促、有力地圈出了下面的诗节：

我心悲戚……
我的上帝，为何将我抛弃，
我心悲戚，远离你的庇佑，
日夜心惊胆战，祈求你的圣名，
但你神圣的声音没有回应我的哭喊；
仍由我的人生坠入无尽的深渊。

自我折磨的那些时日里，自杀的念头在文森特脑中挥之不去。7月，看到下了火车站台的母亲，文森特突然感到"十分悲伤"。后来他说："以为这将是见她的最后一面。"一个月后，福音传道会正式宣布文森特没有通过试用。文森特给提奥写了一封绝望的信："我的人生变得越来越无足轻重，这个世界对我只有冷漠。"

文森特也许并没有尝试过自杀，但冬天还没有结束，他便开始了一次无异于自杀的旅行。3月初，营养不良、衣着单薄的文森特又一次离开了博里纳日，向西行进。怀揣着口袋里的几个法郎，火车能带他去哪儿，他便把哪儿当作目的地。抵达法国边境后，他开始徒步。也许他曾想过去西北100英里外的加来。在那里，跨过20英里的英吉利海峡便是他记忆中的英国。早先，他曾在绝望中给艾尔沃思的斯莱德－琼斯牧师写过信。那儿是他唯一出色地完成过传教使命的地方。但斯莱德－琼斯牧师的回信中鲜有鼓励的言语，只是建议文森特或许可以在博里纳日建一系列的"小木屋教堂"。文森特福音传道的抱负似乎变得越来越难以实现。

不论这趟旅程算不算得上是引领文森特逃离黑乡的明星，它都远远超出了自我惩罚的限度。他后来回忆道，冰雨鞭打在脸上，身无分文，"像流浪汉一样游荡，找不到一个可以歇脚或填肚子的地方"。他睡过货车、柴堆、干草垛，醒来全身覆满了寒霜。他试着找工作——他说："我什么都愿意干。"但没人愿意雇这样一个陌生的流浪汉。"我在异国没有朋友也得不到帮助，"他回忆，"十分悲惨。"在折返之前，他走到了距离出发地40英里的莱斯。在回程中，他在莱斯附近的库里耶尔镇作了短暂的逗留。

因为朱尔斯·布莱顿在那儿有个画室。文森特一直都很喜欢布莱顿的诗和画。在古庇尔时,他还亲眼见过艺术家本人。但那已经过去很久了。而今,他只站在画室门外,一副落魄的样子,没有敲门的勇气。

三天后,身心崩溃的文森特回到了黑乡。他后来承认:“差点在那趟旅程中丧命。”

一两周后,父母在埃滕亲眼目睹了儿子的境况。他也许自己一个人跛足走到了那儿(他抱怨这次失败的旅行后,“双脚几乎残废”),但更有可能的是多洛斯在得到了教会的消息之后,来博里纳日把儿子接回了家——就像他经常恫吓说要做的那样。在对文森特的前途“彻底灰心”之后,多洛斯终于将之视为他们“必须要跨过去的坎”,并决定亲自出面处理此事。

他决定把儿子送往精神病院。

埃滕往南 40 英里,跨过比利时边境就到了吉尔镇。自 14 世纪起,朝圣者们就来到吉尔镇为精神疾病寻找神奇的良方。他们认为,精神疾病源于魔鬼作祟。所有的朝圣者都会寄居在当地家庭,通常在那儿过上几年的乡村生活。到了 1879 年,朝圣者已经在几个世纪间把这个小镇再造成了一个纯粹的开放式疗养院:“糊涂王之城”。除了一些小诊所,这儿没有牢房,没有病房,没有围墙。一千名“疯子”——这是他们共同的名字——与上万户精神健全的家庭同住。多洛斯在广告上读到,他们向寄居的家庭支付租金,干些杂活,甚至还能做买卖,被当作正常人看待,虽然“他们的头脑时常不清醒”。

那个年代的公共精神病院环境大多十分恶劣。被收容者们无一例外地都被长时间囚禁,或者像动物一样被有偿参观和嘲弄。这个吉尔镇让多洛斯原本痛苦的决定作出得容易了一些。那儿可以定期探视,却不向公众开放。像所有维多利亚时期的家庭一样,梵高一家最担心的就是“疯子”的坏名声——不论对精神疾病的理解和治疗如何进步,这都是无法抹去的痛。整件事关系到提奥在古庇尔的前途,两个妹妹的婚事,甚至多洛斯在整个教会面前的尊严。

然而,多洛斯只有从医生那儿拿到“精神失常证明”才能把文森特送进精神病院。3 月,文森特回家后的某一天,多洛斯约了尼古拉斯·约翰内斯·拉莫尔教授问诊,后者是海牙的“精神病医生”,还是精神病院的巡查员。据母亲后来回忆,文森特一开始同意去拉莫尔那儿“取点药”。但在临出门的时候,大约是觉察到了父亲的意图,他拒绝前往。文森特本人后来回忆:“我用尽全力抗议。”

文森特也许也知道，不用证明入住精神病院只有一个办法，那就是召开家庭会议请求让文森特入院——这也是多洛斯最不情愿做的。

但现在，多洛斯主意已定。“父亲把家人们都聚集到了一起，”文森特多年后向一位朋友说起当时的情形，“就为了把我当疯子似的锁起来。”为了更好地监护这个刚满27岁的长子，多洛斯只得千方百计地证明文森特“生活无法自理”。他表示，文森特“精神错乱”，“极其危险”，认为追随坎佩斯的训诫、“选择苦行生活”的文森特已经失常。

春季的某一天，痛苦万分的文森特愤然离开了埃滕。他告诉父母，他“再也不想更多地了解他们”，一气之下回到博里纳日，那个曾经将他毁灭的地方。这次离家或许是为了逃避被送往精神病院的命运，或许是因为他认为父亲把他当作家庭的耻辱。一回到奎斯梅，他就给父母寄去了一本《一个死囚的末日》，如他所料，这让梵高夫妇惊慌失措。“雨果在为罪犯说话，”母亲甚是惊恐，“如果正邪不分，黑白颠倒，那么世界会成什么样子？看在上帝的分上，决不能那样。”

孤身一人在黑乡没多久，文森特的愤怒很快变成了绝望。没有完成一次成功的传道。教会拒绝他，上帝唾弃他，家人也早已放弃了他。吉尔之争甚至粉碎了和解的希望——在孤独困苦的前三年里，他心中一直还留存着这样的希冀。无家可归、身无分文、无亲无故、丧失信仰的文森特已经一头扎进了糟糕人生的谷底。自怨自艾令他痛不欲生。他埋怨自己的性格“畏畏缩缩，令人生厌……没有出息，一文不值”。他坦言有种“可怕的失望正在啃咬”他的心灵，“一波波的自我厌恶在胸中翻涌作怪”。“什么时候我才能成为一个有用的人？”他痛苦地诘问道，“也许该离他们远远的才对。”

几乎一年没有和提奥通信的文森特，在深渊挣扎的文森特这才想起了他“亲爱的提奥”。“很久没有给你写信了，”7月，他在信中写道，“现在我遇到了麻烦，除了向你求助，我还能怎么办？”

之后便是如洪水一般滔滔不绝的倾诉：长信中有言辞委婉的抗议，有自哀自怜，也有坦白和恳求。但他依然坚决用“追随激情”为自己古怪的行为辩护。如果他看起来“派不上一点用场”，“成天无所事事”，那只是因为他“没有挣脱束缚”。如果他看起来很生气，那只是因为他快被“痛苦折磨疯了”——就像“用头猛撞围栏”的笼中鸟。然而，在一页页的故作姿态和晦涩诡辩中，一番言辞尤其引人注目：“人们时常不知道自己能做什么，”文森特的委婉措辞中常隐含着他最痛苦的自白，“但他一定生来就知道自己擅长某事！他一定知道他的存在并非一无是处！……怎样才能成为有用的人？在我身上，一定藏有某种潜质，但那又会是什么？”

提奥听到了哥哥的祈祷。当文森特再次提笔给提奥写信时，他已经找到了答案。一个月后，他在一封短信中谈起：“最近，我忙着画画，我要继续寻找本真。”

第十三章　如画的土地

提奥一直鼓励文森特画画。他的理由和父母的并无二致：这是文森特与上流社会仅存的纽带。事实上，自从文森特再次回到博里纳日，他就打定主意摈弃昔日生活的所有痕迹。“我本打算为所见所闻草草创作一些素描，”离开布鲁塞尔的前夜，他写道，“但考虑到这会影响我的正经工作，便就此作罢。”但显然，这一决定并不包括一到小瓦姆，父亲便要求他完成的四幅圣地地图。但在那之后，从 1878 年冬到 1879 年春的危急时刻，文森特都牢牢信守着自己戒除艺术的誓言。但在 5 月，在文森特的世界变得支离破碎之后，他才答应父母“尽他所能”继续画画。

提奥也对他鼓励有加。文森特对这些期望表现得很积极。“有些素描要给你看，”1879 年 8 月，提奥来访的前夜他表示，“通常，我都画到深夜。”他临摹矿工的“制服和工具”，以及矿井的缩略全景，当然还有他的“新家”。也许是在提奥的催促下，泰斯提格给文森特寄了一套可以晕染地图和勾勒光滑细线的水彩。他把这些成果称为“纪念品”。它们捕捉了“这儿事物的侧面”。去拜访彼得兹牧师时，他带上了几幅自己的作品。牧师本人也是一位业余水彩画家。

但不论是文森特还是提奥都没有料到他们之间会产生那么多摩擦和冲突。“实在没必要让你兴师动众赶来看一眼那些东西。”弟弟抵达前，文森特含蓄地说道。看了哥哥的作品后，提奥显然同意了文森特的“看法”。当他们促膝长谈文森特的未来时——提及了售书员和木匠的职业选择，提奥显然没有想到哥哥有朝一日能成为一名艺术家。在后来的黑暗岁月中，文森特毅然决然地丢掉了素描簿和水彩，当然还有那些不必要的资产阶级享受：食物、床铺和衣物。

7月，收到文森特那封长长的恳求信后，提奥力劝文森特继续把绘画当作一门“手艺”——一项健康的闲暇活动，以转移他的视线，使他不再偏执于眼前的问题，重新融入社会。提奥甚至建议，万不得已，文森特也可以卖掉他的地图、素描和水彩来维持生计。

一开始，文森特拒绝了这个建议。他回忆："我认为这很不实际，选择置之不理。"而现在相比去年夏天，这个主意似乎显得更加可行，更加诱人。事实上，那时的文森特已经售出了一些素描。他父亲为每幅圣地地图支付了十法郎。彼得兹牧师也买下了文森特的一些小型素描。（多洛斯瞒着文森特，自己出钱让彼得兹买下了文森特的画。）虽然没有卖出多少，但这已经足够燃起文森特的雄心壮志。在7月的信中，他承认，自己“为了维持生计，已经浪费了很多时间”。

此外，文森特在绘画中还发现了新的乐趣。数月来，在外只得到羞辱和嘲弄的他终于可以带上素描簿，而不是《圣经》，不受干扰地画画。“他画下了拾煤的女人，”当地人这样回忆，“但没人把它们当回事。”对于一个害怕与人接触，又渴望与人交往的人来说，没有什么比静静地观察形形色色的人物更令人愉快的了。而有机会主导一次邂逅——雇用模特和指导站姿——简直让人心醉。几周后，他已经开始寻找“各式各样……男男女女的模特”。

经历冬天的种种磨难，原来只是打发时间的绘画开始满足文森特更深层次的需求。福音传道事业的彻底溃败让艺术成了文森特回应至高召唤的唯一途径。他很快便像在阿姆斯特丹时一样宣扬艺术与宗教的合一。“牧师和艺术家何尝不是在干同一件事，”他认为，“试着感受艺术品的精髓，品味大师的杰作，你会从中发现上帝。”“一切美好的食物都来源于上帝。”绘画能延续文森特对“内心及精神之美的至高追求”。这并不意味着他放弃了自己的抱负。他并没有改变自己的初衷，也没有失败。他一如既往地认为，现在遇到的问题也是“可憎而专横”的福音传道者的通病。他们好比“腐朽的学院派”艺术家，“对新思想总是避之唯恐不及”。

拾起画笔同时也意味着一种和解：通往赖斯韦克之路上的梦想——兄弟俩不分你我，惺惺相惜，“仿佛合为了一体”。一旦隔阂被打破，昔日的兄弟情义再次油然而生。文森特说，只有手足情义才能把他从牢笼中拯救出来。文森特表示，在博里纳日流浪期间，他对艺术的热情并没有消退，对那片如画的土地还怀有无尽的乡愁。他把重新燃起的艺术热情归咎于提奥的引导（“我想，比起无所事事，你一定期望看到我有所作为”），还与提奥“达成了互惠互利的友好协定”。

文森特甚至开始与在法国的提奥通信，庆贺弟弟成功的新生活，庆贺他们身处同一片讲法语的“如诗如画的土地”。

在新使命的感召下，文森特惊人的想象力引领他回到了黑乡，改造了他的生活，让他获得了新生。当提奥在信中提到许多法国画家在坐落于巴黎南部枫丹白露森林的巴比松村获得灵感时，文森特认为去年冬天自己的苦行在本质上也是一次艺术之旅。“我没去过巴比松，”他写道，“但去年冬天我去过库里耶尔。”文森特把之前六个月地狱式的流浪想象成了追寻“本真”的朝圣之旅，一次“精神”上的出走，也有幸拜访了伟大的巴比松画家布莱顿。对于布莱顿，兄弟俩都饱含景仰之情。

对文森特来说，比起奎斯梅周边的比利时乡村，单由干草垛、茅草农舍和“咖啡色的泥地”勾勒而成的田园景致就能让人忘记库里耶尔附近法国矿区的滚滚浓烟；一片“光亮、晴好”的法国天空能够取代几英里外博里纳日呛人的毒雾。文森特想象的图景中点缀着各种别致的农民形象，他们都来自兄弟俩墙头悬挂的油画：“有工人、矿工、木匠、驾车的农场工人，还有戴白帽子的女人的剪影。”文森特甚至把那段挨饿受冻的痛苦经历想象成班扬笔下的基督徒创造新生的磨炼。“我并不后悔，”他不仅指那次苦行，还指在黑乡的经历，“因为我看到了许多有趣的事情，艰苦磨难会教你从不同的角度看问题。”

在那个萧索的冬天，新生的激情和咬牙告别过去的决心，激励着文森特为新的召唤倾注全部心血。在奎斯梅的小屋里，他急着向提奥和其他人索取绘画教程，那就是他要研读的新“福音”。他尤其渴望学习查尔斯·巴尔格两个周期的人像绘画家庭学习课程，想要《木炭画练习》、《绘画教程》和阿曼德·卡萨格尼的《绘画入门指导》，以及类似的透视画指南。只要日日勤奋，循序渐进地练习，就可能会成功。文森特一页页、一遍遍如饥似渴地反复阅读。完成了《木炭画练习》的学习，他马上报告说：“我把60页统统学完了。从早到晚几乎花了我整整两周，让我的铅笔忙个不停。”

他工作时极其专注。文森特与房东的孩子们同住二楼的房间，他蹲在一张折凳上，猫着腰，驼着背，把素描簿架在膝盖上，大幅的巴尔格和卡萨格尼就支在他面前。他一直画到熄灯为止——如果天气允许，他会在外边的花园中画。仅仅两周时间，他就报告说完成了120幅作品。“我的手和脑都变得越来越灵活强大。”他表示。他发现这些练习“十分苛刻”，“极其枯燥”，但又不敢松懈。“一旦停下来，我就会迷失，”他写道，“我认为，不论怎样，我必须前进，前进。”他告诉提奥，有“一团火”在他心中灼烧。

要让那团火生生不息，他需要的不仅仅是练习。除了米勒的代表作

《一天中的四小时》和《地里的劳作者》，以及在墙上挂了许多年、他此后还会继续临摹的那些作品，他一直催促提奥给他寄来可供临摹的画像。起初，他不厌其烦地临摹教科书，只看一些米勒、布莱顿等大师级人物的蚀刻。他坚持认为:“这些都是我想学习的。”但很快，他开始想看风景画。黄金时代的大师雷斯达尔、巴比松派的英雄查尔斯·多比尼和西奥多·卢梭都是他渴望学习的对象。

然而，不论提奥寄去了多少画作，文森特都无法抑制想要离开他那个拥挤的“画室”，出门寻找属于自己的意象的原始冲动。尽管他多次表示他一定会做足够多的练习，再尝试“从自然中”获取创作的灵感，他开始在镇子里徘徊，描了不少肖像和插图：扛了一麻袋煤的女人、收获了土豆的一家子、吃草的奶牛。他甚至说服一些当地人，包括他原来的房东丹尼斯夫人当他的模特。

他把折凳搬到了矿场入口，像涂鸦的孩童一般草草记录下所见所闻——作画的技巧完全没受过任何训练，连他自己都认为“很拙劣”。（文森特后来承认，自己已经毁掉了这个时期创作的所有作品。）但他仍精心作了打算，准备创作两幅大尺寸的作品：一幅是矿工们清晨上工的景象（“在晨曦中穿行的模糊人影”），另一幅则是他们回家的情形（“斑驳的夕阳笼罩着他们浅棕色的剪影”）。早在完成《绘画教程》之前，他就勾勒过这些意象。他向提奥坦言：“我总想把去矿井的矿工绘成大幅的画作。”

《黎明雪中的矿工》，1880年8月，纸上铅笔，$5^1/_8$英寸×8 英寸。

饱含热情和希望的文森特一遍又一遍地描绘同一个场景。“我已经画过五次播种者，”他在 9 月写道，“但我还会再画，我对播种者的形象实在太着迷了。”

1880 年 10 月，成为艺术家才两个月，文森特便离开了博里纳日。他在世上的日子仅剩不到十年了，恰巧是他一生的四分之一。他从蒙斯的火车站出发去布鲁塞尔。约莫两年前从布鲁塞尔来这儿的时候，他也是在这个地方落脚的。只是现在，他带着大捆画作，而不是大包的布道词。他抱怨，“在比利时‘黑乡’经历了艰辛”，他需要一个更好的画室，需要与其他画家为伍。为了忘记那些痛苦，“画些好画”，他需要“多看些好东西”。

事实上，我们可以预见文森特短暂而炽热的艺术生涯的轨迹。虽然从没受过成功的垂青，人像却总能给他力量。即使他曾创作过西方绘画史上最为卓越超群的风景画，没有任何主题比人像更能给他带来满足。人像能够触及他最为珍视的情感，给予他最为渴望的人际交往。对埋头工作就能重获新生的信仰——他母亲称之为“让自己忙起来”——一直支撑着他度过了英格兰、阿姆斯特丹、布鲁塞尔和博里纳日的艰难岁月。而现在，这样的工作却似乎永远不可能让文森特获得艺术上的成功。就像在黑乡枯萎的石楠丛中经历的那样，过于盲目的执着只会让他再一次碰壁受挫。

虽然鲜有进展，文森特依然一面恼怒发狂，一面继续苦练基本功。尽管个性散漫，耐心寥寥，且对失败忧心忡忡，文森特就像曾经追求宗教使命那样不断给自己设立提高画技的各种计划。然而他开始的作品总比他完成的要多（他发现要完成一幅素描何其困难）。因为这些半途而废的作品，他的事业好像成了个烂摊子，叫人一筹莫展。

反思自省后，文森特一面毫不留情地自我批评，一面又不禁被无穷的希望感召向前：不停地许诺、期待、向前，也不停地等待突破的时刻、上帝的眷顾和奇迹的降临。“我拼命工作，但目前依然没有任何进展。但我满怀希望地相信这些荆棘会适时结出硕果，现在徒劳的努力是分娩必经的阵痛。”起初，博里纳日的来信总会出现上述字句。就在他向提奥保证“保持信仰，继续努力”之后几天，文森特突然去了布鲁塞尔。为了保护最后的希望之火，他必须做点什么。

在情感上，文森特并不愿意离开博里纳日。6 月，提奥寄来 50 法郎。这不但挽救了两人的关系，更成为了惯例。两人的通信从最初迫不得已的请求，发展成了索要更多资助的恶性循环。“老实说，要好好画画，我每月至少需要 100 法郎，”9 月的来信带有警告的意味，“贫穷会让最聪明的大脑失灵。”金钱无疑颠倒了兄弟俩在家庭中原有的位置——“虽然我已失意落魄，”文森特坦言，“但你光耀了门楣。”与此同时，金钱也给文森特曾经对兄弟情义的渴求抹上了绝望的色彩。兄弟情义的“魔力”已经不再足够，文森特现在需要的是提奥全心支持他的艺术事业。文森特表示，是提奥决定性的鼓励才能让 1880 年的夏天硕果累累。成就应当属于他们两个人。

然而用文森特自己的话来说，这种“令人沮丧的依赖”给他带来了新的愧疚和愤恨。这种愧疚表现为文森特对超负荷工作量的无尽抱怨，他充满歉意地祈求提奥对自己保持耐心，并感伤地允诺将来一定会报答弟弟。（在决定当画家后的第一封信中，文森特表示“终有一天，我的画能卖上几个铜板”。）当提奥每每辜负了文森特的期待时，文森特便会义愤填膺，想要操控一切。自从文森特离开博里纳日，提奥便取代了父亲多洛斯成为了文森特时而愧疚时而愤恨的对象：在这个复杂情感的旋涡中，感激常被愤恨淹埋，别人给予的总是太少，慷慨常常只能换来胡搅蛮缠。9 月，提奥邀请文森特来巴黎。文森特透露他想去巴比松，并含蓄地表示希望提奥能给予经济支持。那以后，他突然毫无预兆地搬去了布鲁塞尔。

最终，文森特凭着惊人的想象力在博里纳日人身上找到了“本真”。它真真切切，实实在在，并没有因为岁月的艰险而与文森特的想象有分毫出入。文森特对提奥说：“我的内心从未改变……对于我所坚持、信仰和热爱的，我依然一味地坚持、信仰和热爱。获得安宁与抚慰依然是终极目的，寻求真理还是终极途径，伤痛也依然是获得救赎的终极情感。”想象将熬人的流放岁月升华成那种被称作“本真”的东西——升华成在他景仰的所有艺术品中都能找到的“内心的忧愁”。他发誓要在自己的作品中也找寻到“一种高尚、珍贵和更有福音色彩的气息”。像是在读《圣经》一般，他抑扬顿挫地讲述眼前的挑战和黑乡的重生（“你们要进窄门，少有人能找到”）。“即使身在地狱深渊，”他写道，“我也能感到自己焕然一新，我对自己说：无论如何，我一定会站起来。我还会画画。”

文森特·梵高，18岁

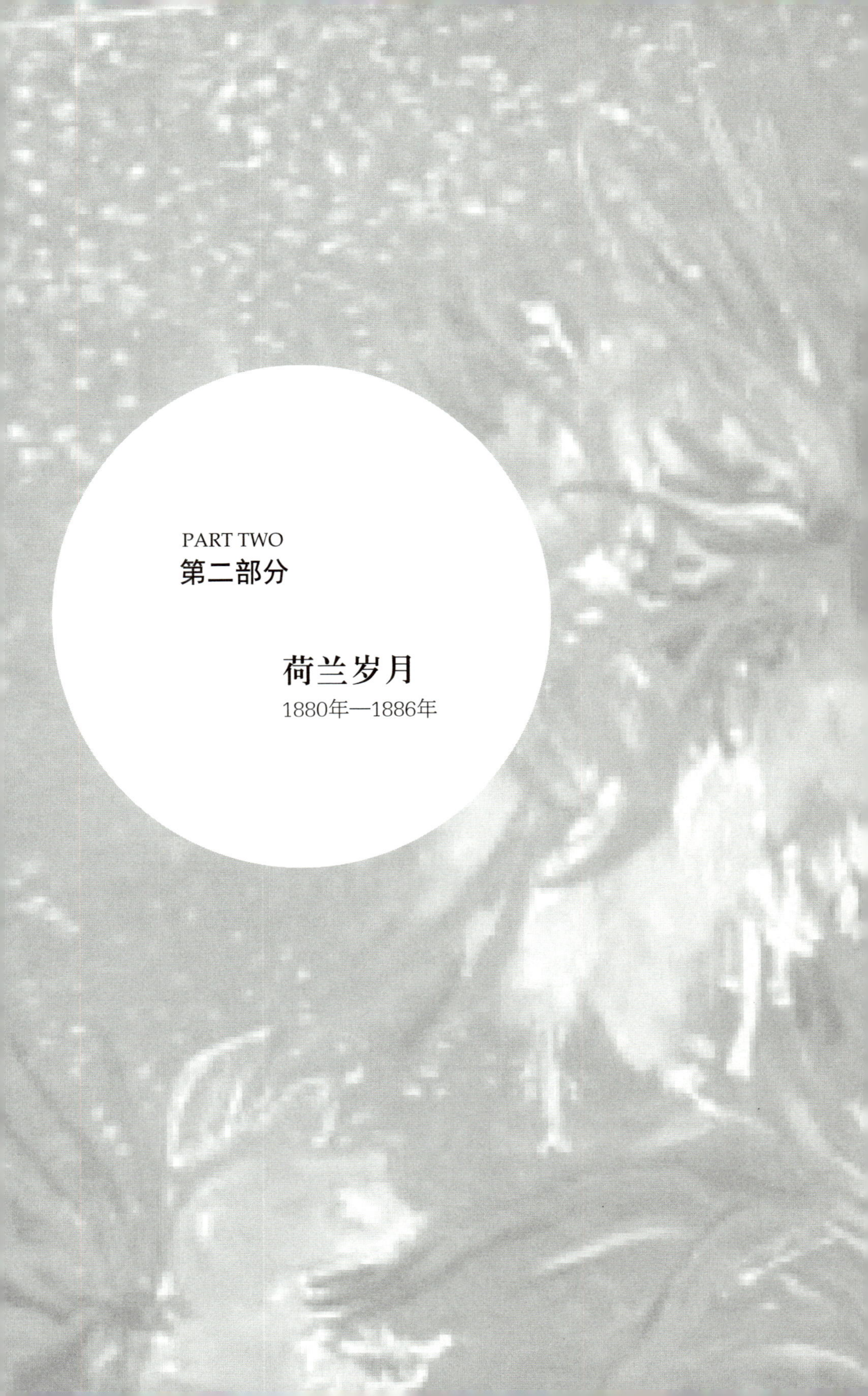

PART TWO

第二部分

荷兰岁月

1880年—1886年

第十四章　冰冷的心

这幢建筑在布鲁塞尔的上空若隐若现，宛若逝去已久的帝国。即使在自我迷醉的一个世纪中，布鲁塞尔司法宫的宏伟依然体现了高水准。面对这一幢建筑，诗人魏尔伦曾说道："它带有几分米开朗琪罗的风格，还有些许皮拉内西的意味，同时也有一丁点的疯狂。"在 1880 年 10 月，当文森特抵达这里时，这幢有如巴别塔的建筑正快要完工。

但是，毋庸置疑，这幢建筑必须规模庞大（在 19 世纪，这可是最大的单体建筑），因为布鲁塞尔这座城市需要在一些方面证明自己。借着庆祝独立 50 周年纪念日的契机，再加上从众多非洲殖民地滚滚而来的巨额财富，比利时这一年轻的国度开始大兴土木，力图将自己古老的都城升格为一座世界级的大都市——多少个世纪以来法国或荷兰在这里的统治性地位将会被彻底逆转，布鲁塞尔将成为盛誉和奢华的中心，甚至可以媲美巴黎。国王勒普尔迪二世为布鲁塞尔作出的巨大贡献，完全不亚于豪斯曼男爵为法国首都作出的贡献。遵照他所颁布的命令，中世纪遗留下来的大片城区，现在都被夷为平地，以腾出空间，重新修建全新的林荫大道，届时道路两旁将大楼林立，全是资产阶级的住宅楼以及商业、政府和艺术部门奢华的全新办公地点。在老城区外部，莱奥波德建造了一座乡村公园，这座公园面积巨大，欲与巴黎的布洛涅森林公园一较高下；此外，一座巨大的露天广场也已修建完毕，1880 年的纪念日庆典就在这一广场举行，盛况空前，完全不亚于在巴黎举办的国际博览会。

长期处于巴黎阴影之中的布鲁塞尔，竟曾因此而获益不少。由于国内接连不断的政治动荡，一波又一波的法国艺术家和知识分子沦落为难民，然后逃亡到布鲁塞尔这个讲法语的避难所。卡尔·马克思和其他社会主义的创立者来到布鲁塞尔，在这里著书立说并公开发表，从而得以避免身陷囹圄。同样是在这里，无政府主义者保罗·蒲鲁东（“财产就是偷窃！”）得以免受牢狱之灾。文森特肯定也知道，维克多·雨果也正是在这里开始了长达 20 年的流放生活——这也是这位作家文学生涯中成果最丰硕的时期。同样，由于象征主义的“离经叛道”，为了躲避迫害，夏尔·波德莱尔也逃到了这里。带着自己的隐秘情人阿尔图尔·兰波，魏尔伦也把这里当作旅居之地，这位诗人在此完成了《无字浪漫曲》的最初手稿。在文森特到来之前，布鲁塞尔早已举世闻名，大家都笃信这里是一块福地，在离开家园故土之后，禀赋超常的才俊们可以来到这里，开创全新的命运。

在这座城市，希望能够被重新点燃，并有机会重新开始。来到这里时，文森特同样带着开创全新人生的决心，并发誓为此不惜一切。在信中，昔日的苦难踪迹全无。唯有他入住的小旅馆的名字——沙勒罗瓦的致友人旅馆（沙勒罗瓦是比利时煤矿区的首府）——才透露出他在黑乡的落魄遭遇。这家旅馆位于杜米大道 72 号，在旅馆楼上的小房间里，可以俯瞰火车站，在这里，文森特心中的创作激情再次沸腾。“我正以坚定的意志努力向前，”到达之后，他向提奥保证，“我们必须像迷途的、绝望的人们那样全力以赴。”

泡在楼下的咖啡馆里，文森特依靠这里全天候免费提供的面包和咖啡度日，完全投身到巴尔格课程最后一个阶段的学习之中，这个阶段的课程教授如何临摹拉斐尔和霍尔拜因伟大的用线条绘就的肖像画。同时，他还会回到更基础的炭笔绘画练习，但依旧是像以往一样匆忙地应付了事。他也尝试用钢笔临摹更多自己喜欢的米勒的画作，但结果却令人十分沮丧（“这没有看起来那样简单。”他抱怨道）。他仔细研究一本大部头的解剖书籍，对照着书上看上去有些令人毛骨悚然的大比例的颅骨和有肌肉的四肢的图解，开始临摹，前面、后面以及侧面，直至自己对“整个人体”都了然于心。随后，从兽医那里，他还找到了一些关于马、牛和羊的插图，学习掌握动物解剖。他甚至还研究了相面术和颅相学等伪科学，因为他深信，艺术家必须了解“如何通过头颅的形状和特点来表现人物的个性”。

自己的这些艰苦努力，文森特都一五一十地向父母和弟弟提奥汇报；努力工作，就是想要表明自己已经洗心革面，从而改变家人对自己的看法，并且向家人表明自己能掌握人物画的奥妙。“如果我取得进步，画工见长，”他在给父母的信中说，“那么一切都走上正轨，是迟早的事。”他还将自己的作品寄给他们（“这样他们可能会知道我在努力”），同时还向家人可怜兮兮地诉说自己的勤奋和真诚。在所有的信中，他不是反复提及眼前的任务有多么困难，就是承诺自己终究一定能成功。“总而言之，进步是实实在在的，”在 1881 年新年，他写道，“现在我的进展应该能够更快了。”

他买了新鞋和新衣服。“它们的样式不错，就我所知，穿在我身上比穿在其他任何人身上都更合适。”他骄傲地汇报说。为了获得父母的赞同，他甚至还在信中寄去了一块西服面料样品，以一种新近才有的时尚感指出说：“人们经常穿这种面料的衣服，尤其是在画室中。”为让家人放心，他还补充说，“我还添置了三套内衣”，并且“每周去公共浴室两至三次”。

因为父母的另一抱怨，文森特又开始结交“益友”。差不多一到布鲁塞尔，他就汇报说遇到了“几位也是刚刚开始学画画的年轻人”。弟弟提奥曾经在这座城市工作过差不多一年时间，他还催促弟弟介绍些熟人给自己。在到达布鲁塞尔之后，位于法院山路 58 号的古庇尔画廊，是他最早探访的地点之一，这里毗邻皇家美术馆——莱奥波德为了炫耀而建造的又一全新的宏伟建筑。至于此行的目的，文森特是希望能够获得提奥之前的老板施密特经理的帮助，以便可以“认识一些当地的年轻艺术家”。收到提奥的回信以及附上的介绍信之后，文森特立刻就去拜访这些人。他向威廉·罗劳夫作了自荐，罗劳夫是现居布鲁塞尔的荷兰旅外画家的领袖；他可能还见过维克多·奥尔塔，这位比利时的年轻建筑家刚从法国回来，正准备进入布鲁塞尔学院学习。很有可能，提奥还将文森特介绍给了另一位荷兰流亡画家——艾德里安·简·马蒂尔。这一系列的四处交游，文森特都急切地向父母炫耀，并且还保证，一定会与泰斯提格、施密特，还有森特伯伯这些特别受家人欢迎的亲朋好友重新建立联系。

在文森特新近认识的所有人当中，最让父母满意的是安东·杰拉德·亚历山大·里德尔·范·拉帕德；在文森特的生活中，拉帕德也扮演着更重要的角色。（不管是在信件还是在言谈之中，文森特总是直接将他称为拉帕德。）和文森特在布鲁塞尔认识的所有其他人一样，是提奥先认识拉帕德的。不久前，当拉帕德在巴黎的让-莱昂·热罗姆的画室做学徒时，提奥在那里和他结识。让-莱昂·热罗姆不仅是顶尖的沙龙艺术家，同时也是阿道夫·古庇尔的女婿。像提奥的很多朋友一样，拉帕德是安娜·卡本特斯理想中的“有着良好教养的伙伴”。拉帕德出身贵族家庭，是家中幼子，父亲是乌特勒支的一位律师，家境殷实。他上的是符合自己身份的资产阶级学校，与符合自己身份的社会圈子交往，夏天的休假方式也同样不失身份，不是在洛斯德莱特湖上泛舟，就是在巴登巴登之类的时尚温泉度假。

1880 年 10 月底的一个上午，文森特来到拉帕德在布鲁塞尔北部特拉维西尔街的画室。这间画室设施齐全，在那里，出现在文森特眼前的是一位帅气、养尊处优和沉着冷静的年轻人，他那年22岁，小提奥一岁。除了在财富、相貌和社会地位上的明显差异，在其他方面，二人更是天差地别。由于从小到大，一直集万千宠爱于一身，拉帕德养成了一些良好的品质，他沉着冷静、生性善良、平易近人。他始终热衷于加入各种俱乐部，常年累积下来的经验，使得他能够轻松地应对各种社交场合，头脑冷静、心绪沉稳的他总能得到朋友们的喜爱。然而，文森特喜欢挑衅，易怒而且又自以为是；平常与人在一起，从来都不会感觉到舒适；激烈的情感总是容易失控，任何对话都会被他搅得不欢而散。多年来，文森特一直都只生活在自己头脑中的世界里，这使得他对社交礼仪一无所知，并且还极端地认为，任何社交行为不是去攻击别人，就是被别人攻击。

拉帕德无可挑剔的风度还表现在他的聪明才智上，他从不过于好奇或有过多奇思妙想。他看报纸时“漫不经心”，在涉及一些思想性问题时，总只是泛泛地谈一下，通常更倾向于自己阶层的传统智慧。这与文森特完全不一样，文森特在智识问题上可谓是离经叛道，并且经常表现出像火山爆发一般的热情。

安东·里德尔·范·拉帕德

多年后，拉帕德在回忆他们的初次见面时，认为文森特“情感激烈”，并且“非常狂热”，而文森特则觉得拉帕德“举止优雅”而“肤浅”（对提奥，他有着同样的指责）。拉帕德抱怨文森特“不太好相处”，文森特则指责拉帕德“令人恶心地傲慢”。然而，就在第一次见面告别时，文森特已经下定决心——他将自己更大的野心寄托于一种全新的生活之上——一定要赢得这位年轻同胞的友谊。“虽然不知道我这样的人是不是能够同他相处和一起工作，”他羞怯地说，“但毫无疑问，我肯定会再去看他。”

在随后的几个月之中，他带着这位新朋友——在哈利·格拉德威尔之后，这还是第一次——去乡村长途漫步。在拉帕德那间宽敞明亮的画室里，他是常客。他们还一起到布鲁塞尔的红灯区拉马洛区去寻欢作乐，在那里，文森特之前生活中的自我禁欲主义现在显然被抛到脑后。拉帕德尽管最初对文森特有所保留，并不敞开心扉，但最终，还是对这位怪异的新朋友热情起来。这种游移不定的胆怯让他最初想要加入海军，后来又去了四所不同的美术学校上学，但没有在其中任何一所学校完成学业，现在则在文森特暴戾的热情之中找到了安全感。据拉帕德的一位朋友所说，他还不是十分成熟，并且“总是对自己不满意”，所以他自愿地臣服于文森特的激情，在文森特情感爆发时，他则安安静静地坐在那里：有时会躲避他，但从不会去挑战他。

在子女教育问题上，文森特父母的信念始终十分坚定。为了取悦父母，文森特向布鲁塞尔学院递交了入学申请。在刚到布鲁塞尔后不久，经理施密特先生就建议他这样做，但当时这个建议立即遭到了他的否定。他狡辩说，自己已经学过巴尔格的课程，完全可以跳过学术训练的第一步。无疑，在历经这么多次失败后，接受更多的学校教育让他觉得有些畏惧。他说，自己真正需要的，是坐在画室里，直接与经验丰富的艺术家一起工作。但后来由于罗劳夫的推荐，同时为了和拉帕德建立更紧密的关系，因为拉帕德当时也是这所学院的学生，他很快就改了主意。

他申请了“古代石膏雕塑临摹素描”课程，并安慰自己说这至少能提供“一间温暖而明亮的屋子”，以便挨过布鲁塞尔可恶的冬天。学院并不收学费，但学生都要经过挑选。在焦急地等待申请结果时，文森特认识了一位“穷酸的画家”，他可以在透视技巧方面给自己提供指导，每次课两小时，每次收取 1.5 法郎。文森特告诉父母：“没有任何的指导，我无法成功。”即使只是这一番话，父母已经喜出望外，马上同意支付课程所需的全部费用。

1881 年，文森特之所以决心洗心革面，“钱”无疑是首要原因。前些年，大家对他的全部指责中，最严重的一条莫过于说他无法养活自己。毕竟，正是为此，父亲总是在不断地敦促文森特，希望他能够早日自食其力。那些回忆带来的痛苦和屈辱，使他将托马斯·坎佩斯忘得一干二净。自抵达布鲁塞尔的那一刻起，想要自食其力的决心就一直在他的心中。在由沙勒罗瓦的致友人旅馆寄出的第一封信中，他写道："尽快学会创作一些像样的、能够卖出去的画作，才是我的目标，这样我就可以开始从工作中直接得到些许酬劳。"他将古庇尔画廊作为自己在布鲁塞尔的第一站，这一象征性的举动意味着他将重新回归家族的商业传统——"我现在已重回艺术界。"他宣称。他向提奥吐露了自己的希望："只要努力工作……也许森特伯伯或者科尔叔叔就会出手相助——即使不是为了帮助我，至少也会帮帮父亲。"

整个冬天，他不断向父母保证："以绘画为生，我绝对没有问题……好的插画师现在轻而易举就能够找到工作……这样的人现在供不应求，这些职位的报酬也都很可观。"他还特意提醒父母留心插画师在巴黎的高额收入（"一天 10 到 15 法郎"），在伦敦以及"世界上的其他地方，他们的工资和在巴黎一样高，甚至还会更高"。他还向父母和提奥证明，要想达成这唯一的目标，自己的每一份努力、每分钱的花费都不可或缺。钢笔画是"很好的前期准备，如果之后要学习蚀刻版画的话"。透视和动物解剖课程的学习能帮助他"成为一位更出类拔萃的插画师，这样就能找到稳定的工作"。为了证明自己全新的资产阶级式的真诚，在信中，他使用了大量商业语汇：材料上的花费将带来"丰厚回报"，自己在训练上的"投资"最终将带来可观的"收益"。

曾经一度，他甚至鼓足勇气进行过一次"销售拜访"。他手里拿着文件夹，拜访了约瑟夫·克里斯皮尔斯，此人是之前他在基督教会学校的一位同学，后来参军入伍。在克里斯皮尔斯的部队所驻扎的要塞，文森特冒失地闯入训练场，要求见自己的老朋友。几十年后，在回忆起这一幕时，克里斯皮尔斯说道："当时有一个中士走过来，说有人要见我，然后就看到梵高等在那里，手臂下夹着一个大文件夹。"文森特给他看了自己仅有的几幅完成了的画作，那些都是在离开博里纳日之后，他反反复复地描画的以矿工为题材的作品。如果文森特能感觉得到的话，他心里应该明白，克里斯皮尔斯并不怎么欣赏这些作品。"那些小人很僵硬，看上去都十分奇怪！"克里斯皮尔斯回忆了当时心里的想法。

但这些怀疑对文森特毫无影响，他也无法接受任何妥协的办法。不久后，憧憬能够过上资产阶级生活的文森特又开始大肆挥霍。为了加快绘画事业的进程，也为了能够和像拉帕德一样的年轻艺术家们并驾齐驱（自己起步晚，他非常清楚），文森特很快开始在绘画上投入更多的钱，数额之大超过了父母的负担能力。父亲多洛斯已同意每月寄给他 60 法郎，但是仅是致友人旅馆的房租这一项，就得50法郎。尽管口口声声地宣称自己很节俭——“你们不要以为我在这儿过着花天酒地的生活”，但事实上，在花钱上，文森特一向都大手大脚。在头几个月里，他一共买了四套西装（其中一套是绒面呢的——“穿着这种面料的衣服，你可以出席任何场合”）。他又重新开始收集画作，并且又收集了12张米勒的版画，还指出说这些是“有用的收藏”，因为“很有可能，我将来某个时候会从事木刻版画的创作”。以极快的速度，他不断地耗费着各种绘画材料，画一次就能把几十张昂贵的画纸用个一干二净。对于这一令人吃惊的花费，他后来一直为自己辩解说：“花费得越多，我创作的速度也就越快，进步就越大。”

在经济上，文森特捉襟见肘。在这些支出之中，模特是最大的一项。在博里纳日，文森特偶然遇到一些质朴的村民，这些村民允许他“偷偷地观察”他们的劳动过程。自那以后，对自己艺术训练中的这一特权，他就有了一种无法满足的渴望。当其他艺术生要等上一年甚至更长的时间才开始写生时，文森特在上木炭画练习课时，就已经把第一位模特带到致友人旅馆楼上的小房间里了。“几乎每一天，我都会有一位模特，”在宣布成为一名艺术家之后的几个月，文森特开心地汇报说，“一位年老的搬运工、一名工人或一位男孩，为我摆出不同的造型。”他指导模特们摆出各种他想要的造型——坐着的、走动的、铲东西的、提着灯笼的，大声斥责他们的笨拙，然后一遍又一遍地描摹。然而，和在博里纳日不同，在布鲁塞尔，必须向模特们支付报酬。“模特实在太贵。”他抱怨说，尽管他争辩说为了“让自己画得更好”，仍需要更多的模特。

模特们还得要穿衣打扮。2月，节节攀升的开支已经让父母烦恼不已，但文森特仍在汇报说自己在搜罗一些衣物“给模特穿，以便于自己绘画”。他将所需要的服装列了一张长长的清单，其中包括“工人装”、木屐、无边呢帽、矿工帽、渔夫穿的油布雨衣——“还有一些女士的服装”。为避免父母反对这笔开支，文森特先发制人，老早就坚称：“画那些穿着适当衣服的模特，是通往成功的唯一途径。”有了这些模特们，就还得有一间画室，他补充说。致友人旅馆（那个月他已经连那儿的房租都付不起了）的那个昏暗的小房间完全不够用。他说：“只有拥有一间属于自己的像模像样的画室，我才能完成这一切。”

不断攀升的需求，让父母苦不堪言。多洛斯每月寄给他60法郎，这已经超过了他当牧师挣得的那份微薄工资的三分之一。当父母与文森特提及这一问题时，他总是情绪激动，否认自己在这方面有任何的铺张浪费，并刻意提醒他们自己在过去的日子中如何地省吃俭用。再一次，来自埃膝家中的那熟悉的哀叹声传到了弟弟提奥的耳朵里："由于文森特所带来的痛苦，忧郁笼罩在我们每个人的心头。"

这次，为了减轻父母的痛苦，提奥已经有能力做点力所能及的事情。提奥最近刚升职，现在终于有能力挣到足够的钱，他向父母承诺：从今往后，哥哥的开支将由他来承担。"你愿意负担文森特的生活开支，解决了这一困扰，这真是一个天大的好消息，"在给提奥的信中，父亲说道，"我想你明白，这一举动极大地缓解了我们心头的焦虑。"这一承诺将带来无法想象的后果。

对文森特的慷慨相助，与其说是出自手足之情，还不如说是提奥的家庭责任感使然。尽管他在去年夏天果断地插手文森特的事情，或许也正是因为这件事，他和哥哥的关系降到了冰点。文森特一声招呼都没打，就去了布鲁塞尔，这一举动肯定伤到了处处小心谨慎地为哥哥考虑的提奥。文森特先去拜访古庇尔画廊的经理施密特一事，也增添了全家人的尴尬和焦虑。当时提奥立即回信给文森特，让他远离古庇尔画廊（以一场悬而未决的法律争端为借口）。文森特请求弟弟向施密特施压，让施密特为自己的全新事业添砖加瓦，而提奥有意地对文森特的这一请求置之不理。1880年的最后两个月，兄弟之间没有通过一封信，甚至在圣诞节时也没有，连续两年他们俩的生活没有任何的交集。

1月，文森特十分愤怒，给提奥寄去了一则斥责性的新年问候："已经很久没收到你的来信了……我之前寄给你的一封信，也没有得到任何回音，或许问一声你是否还活着并不为过吧。"他称弟弟的沉默是"奇怪的、无缘无故的"，他怀疑个中缘由可能是："他是不是害怕因为和我来往，在古庇尔画廊那些体面的先生们面前他会颜面尽失？……或者是他害怕我会向他要钱？"在一次轻率而又不恰当的行为后（在给弟弟的信中，他写道，"你至少也该等到我真的试图从你那儿无理地攫取些什么的时候，再跟我决裂"），他试图收回之前说过的话，以减轻自己的语言造成的伤害（"我给你的上一封信，是在我气昏头的时候写的……让我们都把它忘了吧"）。在提奥将第一笔钱（法郎或是荷兰盾）寄给文森特之前的几个月里，兄弟关系在未来十年里戒备、怨恨和冲突的基调就已经定下了。

在3月底的某一天，责任正式被转移。父亲多洛斯到布鲁塞尔告诉了文森特这个好消息。但在慷慨资助的同时，提奥提出了条件。像上次在蒙斯闹僵了的那次会面一样，提奥再次要求文森特找份工作，并且强调说找到工作后他必须自食其力。他劝文森特将经济困顿视为人生道路上的机会，而非"障碍"。为削减支付给模特的费用，提奥将一个四肢可活动的旧人体模型送给文森特，供他摆姿势画画。他再三邀请文森特到巴黎，两人一起生活可以降低生活开支。为了让这一提议更有诱惑力，他称如果这样，文森特就能得到汉斯·海耶达尔在绘画上的指导，这位年轻的挪威画家近来刚在巴黎社交圈崭露头角。“那正是我需要的。”文森特妥协了，因为一直以来，他都渴望着能有人为自己找一位导师。

但对于哥哥索要更多生活费用的要求，提奥一口回绝——特别是，文森特坚持认为每月依靠不到 100 法郎生活“毫无可能”。与此同时，文森特全新的资产阶级梦想和他长期以来在金钱方面的窘迫之间的差距越来越明显。范·拉帕德等朋友的意见对文森特极为重要。在他们看来，梵高家族可谓声名远播，叔叔和伯伯一个个都富甲一方，而他却总是如此“穷酸落魄”，对此，他们“深感奇怪和不可理解”——朋友们的疑问几乎迫使文森特放弃了先前的一切努力，要知道，他一直在努力作别过去的生活。他抱怨道：“他们以为我肯定有什么问题……不想再与我有任何瓜葛。”正是这些质疑造成的压力，最终驱使文森特放下尊严去寻找差事。他去印刷厂谋职，希望这份工作能让他有机会练习绘画技能，并且也许还可以学习平版印刷技术。可他却“四处碰壁”，他后来回忆说：“都说没有工作可以让我做，生意不景气。”不过，他最终的确找到了一份工作：为一位铁匠画炉子。

文森特对全新生活的渴望，遭到了来自四面八方的打击。在布鲁塞尔学院的经历在求职过程中毫无帮助，以至于后来他都懒得提及，也没有保存在那里创作的任何作品。要么被人拒之门外，要么在找到工作后没多久，他就不想干了。在学校里，在任何场合，同学们都对他避之唯恐不及。在学校的近千名学生中，他显然一个朋友都没有；后来一位同学回忆说，避开文森特是“因为和他在一起不一会儿，大家就会吵得不可开交”。

在古庇尔画廊，文森特的特立独行和不受人欢迎的状况，使得他很快成为“画廊里风言风语的对象”，这种情况反过来使他变得更为偏执。他将身边的人（如荷兰画家罗劳夫）对他的冷漠，归咎于父母和弟弟将自己抛到了一个错误的位置上。他诉苦说，“许多恶念和恶行我脑中甚至想都没想过，别人却因此而指责我”，那些一直留心观察他工作的旁观者“认为我疯了，可想而知，他们还嘲笑我”。他只能反驳说：“艺术家的行为举止，通常都是曲高和寡。”

每当有什么有损尊严的事情发生，而家里人，尤其是伯伯和叔叔们无法施以援手时，文森特心里就会愈发痛苦。神通广大的森特伯伯为什么就不愿为自己“铺好一条平坦的道路”？为什么富有的科尔叔叔经常愿意帮助其他插画师，对自己却不愿伸出援手？对家族成员，难道他们就不应该同样发发“善心”吗？三年前文森特在阿姆斯特丹放弃学业时，他和科尔叔叔有过争吵，但“仅那么一次争执，就足以成为他从此永远与我为敌的理由吗？”他考虑过写信，但又怕他们根本就不会看。想去登门拜访，又怕无法得到他们的礼遇。当父亲 3 月来看望他时，文森特恳请父亲代为出面调停：让伯伯和叔叔们能够“对我刮目相看”。

有一次，文森特鼓起勇气给泰斯提格写了封信。几个月以来，他一直期待着夏天能去海牙，修复和这位老雇主的关系，并且重新和那位事业有成的艺术家，表妹夫安东·莫夫建立联系，同时“和那些画家们交流交流”。但泰斯提格似乎是代表了整个家族，毫不留情地拒绝了文森特的请求。他谴责文森特，说他“意图依靠伯伯和叔叔们的慷慨资助生活”，并且称其“没有权利这么做”。对于文森特想到海牙来的请求，泰斯提格斩钉截铁地回应说：“不，绝对不行，你已经失去这一权利了。”对于文森特所追求的艺术梦想，泰斯提格更是讽刺地建议说，他最好还是去“教授英语或是法语”，情况应该会更好。“有一件事他确信无疑，”文森特痛苦地回忆道，“那就是认为我绝对无法成为艺术家。”

最终，文森特决定回家休整，他所有的斗争都是家庭斗争。这一决定毫无疑问是受拉帕德的影响，因为拉帕德计划在夏天回家度假。到目前为止，他全部的工作几乎都是在特拉维西尔街的画室之中完成的，所以当拉帕德离开布鲁塞尔时，他也不得不回去。将这位年轻的朋友视为榜样，文森特也想成为像他一样的绅士艺术家。如果拉帕德可以划船，外出写生，在备受家人关爱的情况下度过夏天，为什么自己就不行呢？有一段时间，他计划去一处幽静的避暑胜地（这些地方被他称为“乡下”），并计划和另一位画家同住。但是除了拉帕德，没有人愿意加入文森特的计划，而单独去的花费又高得令人望而却步。文森特无奈道：“对我而言，或许这个夏天哪儿都不要去，待在埃滕最省钱。”

事实上，在文森特的心中，始终有一个十分明确的目的。在布鲁塞尔的寒冬里，他倍感孤独，这使他更加急迫地想要实现自己长久渴望的、同家人和解的心愿。回家前夕，他写信给提奥：“和家里人重归于好，我觉得十分必要。”他下定决心，一定要完全改变当他还在黑乡时家人对自己的负面看法——他将其称为过去的“痛苦与耻辱”。他想象如果能够重新在埃滕获得自己的位置，他就又能够从这里和伯伯和叔叔们建立联系，伯伯和叔叔们自然也会接纳他。

但回家绝非易事。自去年冬天之后，他就已离开那里，那时父亲试图把他送进吉尔的精神病院。在之前的那个夏天，他待在博里纳日，没有回家，因为在他看来，父母更希望他不要出现在眼前。即便现在，他都请求提奥向父母求情，让他们不要担心自己会再次让他们蒙羞。“至于衣着，我愿意让步，”他说，“或者做出任何事情以便迎合他们。”

原本打算一直待在布鲁塞尔，直到拉帕德在5月离开，但是家的诱惑力实在是太强大了，文森特无法继续等待。一听到提奥将在复活节（4月17日）去埃滕，他忽然就离开了自己在致友人旅馆的房间，乘火车北上（他离开得太突然，因此不得不在节日之后再返回，去取回留在那里的东西）。一如平常，文森特总是通过所见到的图景来认识生活——而现在，他借助的则是头脑之中想象的图景。去埃滕的途中，他全部的想象力再次完完全全地聚焦在一幅非常特别的画面之上：播种者。一回到家，他就坐下来再次临摹米勒的这幅作品，这幅作品是新生活的象征：在父亲看来，这也是在面对失败时永不放弃的象征。似乎是想在父母小心提防的目光下展示自己的新技能，他精心地描绘熟悉的人物，以成千上万道纤细的笔触、无穷无尽的影线以及交叉影线来模仿蚀刻版画的形式，一遍又一遍地涂上阴影，以近乎疯狂的方式来证明自己之前的全部努力。

文森特几乎没有停下来享受回家的快乐，只是说：“一切都安排得井然有序，我很高兴，这样，也就可以在这里安安静静地工作一段时间。”他带着重新燃起的动力，全身心地投入到回家途中的构想之中。每天只要不下雨——但在埃滕潮湿的春天，这样的日子少得可怜，他就兴致勃勃地穿过树林和石楠丛，寻找合适的位置以便能够安稳地坐在折叠椅上。他穿戴着一套适合一位在乡下避暑的年轻艺术家的服饰：一件松垮的、被剪去了直领的衬衫，还有一顶时尚的毡帽。天气寒冷时，他穿上一件外套。

椅子、装有纸张的文件夹和一条长木板，是他出门时的必备之物。工作时，他是如此专注——用拳头握着一支木工铅笔就像是握着一把刀——以至于需要用那条长木板来防止纸张被撕破。在树丛和灌木丛前面、在村庄和谷仓的外边、在能俯瞰磨坊和草地之处、在路边和教堂墓地里，都可以发现文森特的身影，他坐着一动不动。在他的写生中，有正在吃食的动物，以及放在原地的工具——犁、耙和独轮手推车。在埃滕（是津德尔特的两倍大小，但更加贫穷），他甚至进入店铺练习画透视图。天气不好的时候和某些晴朗的日子里，他待在室内，疯狂地“练习”：临摹更多米勒的作品，“以巨大的热情”匆忙地复习自己的巴尔格课程，一位那个夏天的访客回忆道。“我希望能画出尽可能多的习作。”他向提奥保证。数年之后，根据埃滕牧师公馆的女佣的回忆，文森特有时彻夜不眠地画画，“有时，他母亲早上起床下楼来，会发现他仍然在工作（画画）”。

《播种者（仿米勒）》，1881年4月，纸上墨水，$18^7/_8$英寸×$14^1/_4$英寸。

但为了实现自食其力的愿望，文森特说，自己现在最需要做的是画模特。“任何人只要掌握了画人物，”他写道，“就可以大笔地赚钱。”如果精通人物素描，就能够画好画报上经常出现的那些作品——尤其是以美丽的乡村生活为题材的画作。由于米勒和布莱顿等艺术家的大力推动，在流行文化之中，这类画作已成为主旋律——它们已经成为没有归属感的资产阶级的挚爱，这些人四处寻找新的神话，以便替代过去的宗教慰藉。文森特关于风景、内部结构、农家庭院和工具的习作，对米勒作品的临摹，以及那些绘画练习，全部以此为目标。“我必须不间断地画掘地的人、播种者、耕地的男男女女，”他向提奥解释说，“仔细端详乡村生活的每一个细节，并将它们形诸笔端。”

文森特一心想要实现这一目标，为此，他不断在埃滕乡间四处漫游，寻找模特。起初，就像在博里纳日一样，他画在田地里劳作的劳动者。他大胆地闯入农舍，描绘劳作的妇女。但他总无法迅速、灵敏地捕捉他们正在从事的活动，需要他们摆姿势才行。有时他劝说劳动者们在现场摆出自己需要的姿势——在田地里、在院子里或在农舍中，拿着铁铲或扶着犁，然后保持姿势不动。可以的话，他还会将他们带到牧师公馆，利用那边的一间废弃的外屋，他整理出了一间画室。在这里，大拱形的窗户能提供充足的阳光，文森特让他们保持各种姿势：站立、弯腰、蹲着和跪着。他通常从侧面进行绘画，这样就可以避免透视缩短的挑战。他常给他们一些道具：耙子、扫把、铁铲、放牧人的弯钩和播种者的背包。一开始，文森特要求他们重新摆出之前他在田地里为他们画素描时的姿态，以便让他能够将线条画得更清晰并调整比例。同一个模特经常要扮演几个不同的角色。他用做巴尔格练习时所需要的那种很大张的纸，他消耗这种纸的速度，可谓是近似于疯狂。

凭借金钱和令人惧怕的热情，他四处雇请模特。“强迫他们为自己摆姿势，”一位村里人回忆说，“模特们对他有些畏惧。”看到牧师的这位“奇怪的”儿子在路上迎面走过来时，当地居民就开始躲避。“他总是目视前方”，完全沉浸在自己的新任务之中。“和他在一起的时候，总会感觉不舒服。”一个当地居民回忆说。在画室里，就像在逼迫自己一样，他不知疲倦地向模特提出各种要求。一遍又一遍地画相同的姿势，当业余模特们坐立不安时，他就大声呵斥。“他可以数小时连续地画，”一位模特说，“直到捕捉到想要的表情。”他自己解释道：“让人们懂得如何摆姿势，真是一项极为艰难的任务。”他称模特们“极度固执”，当他们坚持穿自己呆板的节日盛装时，文森特嘲笑说这一举动是“乡下人的顽固”，因为“这种衣着既不能展现膝盖、手肘、肩胛，也不能展现身体的任何一个部分富有个性的凹陷或凸起”。

有一段时间，文森特的辛苦努力似乎得到了所有人的赞赏。与上一次待在此处的那段时间形成了鲜明对比，现在看上去，埃滕的牧师公馆更像是个家了，里面的居住者现在才真正地像一家人。房子宽敞又舒适。房子的正面十分引人注目，后面的房间虽简朴，但高高的屋顶使得房间开阔而舒适。因为开有不少的窗户，夏天在房间里就能够享受从各个方向吹来的微风。在背面，有一个惬意的玫瑰花园，在房子和爬满藤蔓的墙壁之间。墙边，有座木凉亭。在仲夏，凉亭被茂盛的植物所覆盖。傍晚时分，家人们总是坐在这里，在树荫下吃三明治。下雨天，他们则围坐在客厅油灯下的圆桌四周。

夏天，科尔从布雷达的学校返回家，妹妹利兹从苏斯特贝赫来访。妹妹惠尔今年 19 岁，也从英格兰回到了家，她是第一个坐在椅子上让文森特画人物肖像的人。“她很擅长摆姿势。”文森特汇报说。由于提奥不在，文森特找到两位年轻人作为自己的新伙伴，简·卡姆和威廉·卡姆，他们是周边鲁尔镇牧师的儿子。卡姆兄弟俩都是业余艺术家，他们不仅在文森特出去写生时跟着他，在画室里也会仔细地看他工作。“他希望自己的画作没有任何的纰漏，同时有商业价值。”数年后威廉回忆道。“他谈论玛丽斯和莫夫，”简回忆说，“但大多数时候还是谈论米勒。”

看到儿子有卡姆兄弟这样令人放心的朋友，听到儿子反复保证要“自食其力”，甚至长期以来已经绝望的多洛斯和安娜也开始长吁一口气。在那年夏天，在父母给提奥的信中，再没有出现对文森特的批评和担心。父母很乐意将牧师公馆的外屋提供给文森特，这里之前是一所主日学校，现在则让了出来，这样文森特就可以在里面同当地农民进行那些奇怪的仪式，因为文森特坚信（并且强烈申辩）这是他从黑乡走出去的漫长旅途之中的重要一步——为了长子平平安安地回归“正常生活”，父母从来没有停止过为此进行祷告。

当安东·范·拉帕德6月到来的时候，似乎所有的祷告都有了作用。这位带有贵族姓氏的年轻绅士的到访，让文森特和父母对全新的生活浮想联翩。在他到来的那一天，文森特领着这位尊贵的客人走了很长一段路，向邻居们炫耀。拉帕德周日陪他们去教堂，这座教堂由中世纪的避难所改造而成，他坐在前排靠边的长椅上，这一排是专门预留给牧师的家人的。在这个位置，所有来参加集会的人都能够看到他。当文森特带他去普凌桑那格拜访正在病痛之中的森特时（由于病得太重，森特当时无法接待他们），这也就意味着这位绅士得到了这一家庭最高级别的认可。

朋友获得的关注以及父母对自己的认可，让文森特心花怒放。“梵高那时神采飞扬，”简·卡姆回忆拉帕德的来访时说，“相比平常，他看上去要开心得多。”带着折叠椅和手中的画夹，文森特带领着自己这位新的“追随者”（他也这样称呼提奥）参观自己在埃滕所有喜爱的乡村景点：东边莱斯波士区那个又深又神秘的树林、南边那个“臭名昭著的”海克村（那是一些像“吉卜赛人一样的”难民与其他一些“乌合之众”的家园，文森特经常在那里寻找模特），还有西边被称作巴塞瓦特的人迹罕至的沼泽地。

在沿途的不同地点，两人之间的深情厚谊都得到了生动体现，文森特在他之后的人生之中不断地试图重新演绎这一幕（最难忘的是在阿尔的黄屋子之中），两人并排坐在各自摇摇晃晃的椅子上，一起共同作画。

一旦开始绘画，角色就会彻底地颠倒过来：拉帕德带头，文森特则亦步亦趋。父母越对这位帅气的绅士艺术家赞不绝口，文森特就越渴望学会这位朋友温文尔雅的艺术风格。还在布鲁塞尔时，文森特就对拉帕德用铅笔和钢笔所画的树木、远景和风景图饰赞赏不已，认为它们“非常巧妙和迷人”。他采用拉帕德最喜欢的技巧、芦苇笔和墨水，以及他特有的短促轻快的笔风，来表现自然神韵之中无穷无尽的多样性。事实上，文森特来埃滕的荒野，部分是为了模仿自己这位年轻的伙伴；同许多刚刚起步的艺术家一样，从年龄稍长开始，拉帕德每个夏天都会去乡下写生。

安东·范·拉帕德，《萨比附近的巴塞瓦特（萨比附近的风景）》，1881年6月，纸上铅笔，$4^{5}/_{8}$英寸×$6^{3}/_{4}$英寸。

长期以来，文森特一直痴迷于肖像画，但拉帕德一加入，肖像画很快就被弃置一旁，他转而第一次专注于风景画。他俩都描绘通往鲁尔镇道路上的风景（路的两旁是一排排去了梢的矮小柳树），描绘莱斯波士区森林的边缘地带，还描绘巴塞瓦特沼泽地（画作的远景之中还可以看到萨比小镇）。

虽然主题相同，技法也一样，甚至观察的视角都一样，但在两人一起作画的这段时间之中，他们创作出来的作品却完全不同，差异之大有如二人性格上的悬殊。从他们在巴塞瓦特边缘所选取的视角，范·拉帕德的视线越过这片水汪汪的沼泽地，他用很重的铅笔阴影将遥远的小镇描绘为一座小岛，让它漂浮在一张明信片大小的白纸中间。用铅笔率性随意涂抹而出的芦苇和水草将沼泽地显影了出来，然后拉帕德用最浅的灰色描绘云朵。

同样，文森特的视线也越过了这一相同的沼泽地远景，但同时还投向了下方。文森特的画纸要大得多，但他几乎将地平线推向画纸的最上端，将小镇放到一个无足轻重的位置，将自己的目光锁定在脚下盈盈的水面：芦苇、花朵、睡莲、叶子组成一个纵横交织的世界，各自都有不同的斜度或弧度，形状和阴影；用交叉影线画出来的各自的倒影，在明媚阳光照耀下的沼泽地的静止表面荡漾。以一种在任何练习册上都找不到的浓烈，文森特用一簇簇的点、随意的黑斑、漂浮的圆圈和蜿蜒的曲线填满了画纸的底部，呈现出一种深不可测的丰富性，他在格罗特比克河岸对此就已经熟稔于心。他还加上了一只鸟，这是来自他儿时记忆之中的一位拜访者，这只鸟从水面上很低地一掠而过，寻找那些无疑在铅笔线条之下蠕动着的生命。

《睡莲沼泽》，1881年6月，纸上铅笔和墨水，$9^3/_8$英寸×$12^1/_8$英寸。

在那个夏天的另一幅写生中——拉帕德仍在继续使用自己简洁的笔法，以便对两旁长满树木的乡村道路和荒野的远景进行精确的呈现，文森特则在探索一种更奇特的、更令人意想不到的风景。也许是在自己的伙伴离开后，他无意之中走进了牧师公馆后面的花园，并且用自己炽热的目光注视着那黑墙衬托下的木凉亭。他曾经常常画自家的房屋或房屋的一些细节，作为纪念或备忘。那个夏天他的一幅素描可能也是以这种方式开始的，因为他想要送给拉帕德或妹妹惠尔一份礼物，他们大概是在同一时间离开了埃滕。

在爬满藤蔓的墙前，一条木凳显得有些落寞，曲线状的两侧像是心绪不佳地低垂着。对面，一张金属椅子被推得老远，远到已位于藤架的影子之外，孤单得有些不自然。中间的地面上，突兀地遗弃着一个篮子和一只园艺手套。围绕这一鬼魅般的场景，文森特的狂想马上编织出一张生命之网，它比巴塞瓦特的沼泽地更令人眼花缭乱——就好像通过足够专注的注视，孤独的痛苦就可以缓解。藤蔓攀爬在墙上，就像一条条裂缝，杂草在脚下簌簌作响，花儿绽放在浓密的尖尖的叶子之间，松树灌木像是遭遇了爆炸一般，以密密麻麻的点和线条呈现出来的叶子遮蔽着天空。但是，这并不能安慰观察者，这一喧闹而冷漠的景象只是让这座被遗弃的凉亭显得更加空寂。这是自然之中的一个痛苦的矛盾，在今后的岁月中，文森特将一再回到这一题材。

拉帕德为期 12 天来访的结束，使得文森特的孤独感甚于之前，这位浪子也比此前任何时候都更加渴望和解。在这么多的追寻和苦难之后，难道他就不应该享有拉帕德享有的来自自己贵族家庭（尤其是他那位当律师的父亲）毫无保留的关怀吗？他重新坚定了自己的决心，要去赢回长期以来一直反对他的心。文森特定是从《高老头》的人物形象中汲取了力量，在那个暑假，他读过巴尔扎克的这本小说，书中的主人公体现了父亲的那种无私的关怀和宽容。7 月，提奥回家看望父母——为此，安娜、惠尔和利兹都回到了埃滕，此时，家里人的偏爱显露无疑，如此鲜明的对比让文森特实在难以接受，他佯称生病，然后卧床不起。现在的提奥已经有一份新工作，古庇尔画廊在巴黎开有三家分店，而他现在的身份是其中一家分店的经理；衣锦还乡的提奥身着体面的西装，整个人身上洋溢着巴黎人的优雅风范，这一切都明确地提醒着文森特，要想挽回失去的东西，并非一日之功。

然后，就在提奥离开仅仅几周之后，文森特认为他发现了一个机会，可以取得与家人的和解，并结束自己多年的孤独。8 月，他向凯·沃斯求婚。

第十五章　依然爱你

1878 年，他在阿姆斯特丹时去过沃斯的家，但自那次之后，他再也没有和表姐谋面。三年来，两人的生活都已经发生不可逆转的改变。那次见面之后不久，凯生病的丈夫克里斯托弗尔去世——正好在文森特从福音学校退学并前往黑色乡之前。1879 年夏末，当凯来埃滕时，他们很可能恰好错过了碰面的机会——大约是在那一段时间，出乎意料地，文森特从博里纳日出现在这里，并同父亲发生了那次后果严重的冲突。显而易见，他们相互之间也未曾有过信件往来。

1881 年 8 月，当来到牧师公馆长时间造访时，35 岁的凯已不再是文森特记忆中的样子；那时在阿姆斯特丹，住在"洋溢着爱"的屋子之中，她是一位勇敢的母亲，总在为孩子的事烦心不已。她因丈夫的英年早逝而悲痛万分，至今仍沉浸在深深的哀悼之中，无法自拔：一个严肃的、不苟言笑的身影，穿着高襟的黑色缎子衣服，始终悲痛地思念亡夫；丧父的胆小的儿子简占据着她全部的心思，这一年简八岁。

凯的丈夫的去世让曾经在阿姆斯特丹使文森特怦然心动的形象，现在变得更为完美。"她内心深处的痛苦触动并感动了我。"他写道。现在和以往一样，她的悲伤渴望获得安慰（对文森特而言，这仍是来自内心最为强烈的呼喊），她两度遭到伤害的小家庭似乎更加需要恢复完整（这正是他一直都渴望要去做的）。将目光投向凯，文森特还有一层考虑。为抛却那种效仿基督式的自我否定，重新获得家人的认可，文森特认为他需要一位妻子。"我反对孤独。"他后来回忆说。希望孩子们成家立业，是父母经常挂在嘴边的心愿，尤其是对文森特，在他们看来，婚姻不仅能让他脚踏实地，同时还能"鞭策他在社会上获取一席之地"。

7月，在凯抵达之前，文森特和提奥讨论过自己的新目标，倾诉了自己长久以来的郁郁寡欢（“女人是所有正直的人的伤痛”）和全新决定。“在辽阔的外海，任何人都无法长期坚持，”他说，“必须得在海边有间小木屋，在炉子里生上火——妻儿围坐在炉火周围。”他废寝忘食地阅读大量维多利亚时期关于爱情与婚姻主题的文学，这种全新的使命感也由此而变得更坚定。只花了三天，他就读完了夏洛蒂·勃朗特的《雪莉》，这本800页的大部头小说描述的就是求爱与婚姻的好处。同时，他还读了她写的《简·爱》，这是一个关于爱情（和婚姻）战胜自我否定的故事。此外，文森特还阅读过哈里特·比彻·斯托的《我妻子和我》以及《我们和我们的邻居们》这两本小说，这两部作品都是对家和家庭的神圣性的冗长确证。

凯·沃斯-斯特里克和儿子简，约1881年

当凯于 8 月抵达时，一定是这种先期的迷恋让文森特已经有些头脑发热了。仅仅在一两个月之后，在感情还未得到任何回应的迹象之前——或者不在乎有没有得到回应，文森特就向凯表达了爱意。“我像爱我自己一样地爱你。”他向她表白，并问她是否“会冒险同我结婚”。突兀的求婚显然让害羞而又规矩正派的表姐措手不及——又或许是被文森特的热情所冒犯。一反常态，她的回答“冷漠而粗鲁”。“绝不，”对文森特思虑欠周的提议，她气愤地说，“绝不，不，永远都无可能！”

之后不久，凯就带着儿子离开埃滕，回到了阿姆斯特丹。

但文森特不肯就此罢手。即使是如此激烈的拒绝也无法抹除他脑海中的那幅画面。正如开始时认为同凯的婚姻对自己开创全新生活有着至关重要的作用，不可避免地，他认为凯的拒绝与自己过去所遭遇到的接二连三的拒绝并无二致。在接下来的几个月中，他的执念将所有的企盼汇成一个唯一的、强大的、关于救赎的全新幻想：如果能够让凯转变态度，收回之前所说的“绝不，不，永远都无可能”，自己就不仅仅能安慰这位失去亲人的寡妇，给失去父亲的孩子以父亲的关怀，完成父母的期待，告别自己的孤独，享受小说中津津乐道的破镜重圆式的团聚，还能扭转过去人们对他的糟糕看法。

凯一离开，文森特就发动了又一轮的信件攻势，想要证明自己同表姐是般配的。这意味着他最需要证明自己有能力创作出在市场上有销路的作品来养家糊口。“你必须要明白，在很多方面，我都在非常努力地改变自己，”在信中，他对提奥说，“尤其是我糟糕的经济状况。”他这样说服自己：他如果一年能赚到 1000 荷兰盾，就可以“让很多人的看法有所改观”。

为了实现目标，在整理好自己最好的作品之后，文森特启程奔赴海牙——差不多一年以来，他一直就扬言要去一趟海牙。在短短的两天中，只要是他能够想到的可以帮他销售作品或者使这些作品更畅销的人，他都一一登门拜访。就这一方面而言，泰斯提格的重要性可谓是无人能比。尽管前年春天二人的关系交恶，文森特还是鼓起勇气，打电话给普拉茨大街上古庇尔画廊的前任老板。“泰斯提格非常友善。”在给提奥的信中，他明显地表达出了自己的释然。看了文森特临摹早期绘画大师作品的画作后——这些并非是他的原创性作品，泰斯提格表示说这些作品有“一些进步”。“我画的这些作品，他至少认为还有些价值。”文森特兴高采烈地汇报说。

经提奥介绍，文森特参观了特奥菲尔·德·波克的画室，在海牙画派中，他可是商业方面最成功的艺术家亨德里克·梅斯达赫的门徒。德·波克刚从巴比松回来，协助梅斯达赫完成他的巨作《海事全貌》。这幅长达 400

英尺的作品全景式地描绘了席凡宁根附近的海岸景观，被放置在为这一画作专门建造的亭子中。展出伊始，其他艺术家们不屑地认为这幅作品完全是商业性的，没有“艺术气息”。但当德·波克领着文森特参观这一画作时，文森特赞扬了海牙的这一最新旅游景点。“这件作品值得世间一切的尊重。”他在给提奥写信时说道。

在参观画室以及展览的过程中，文森特还见到了画家威廉·玛丽斯，这是玛丽斯兄弟之中最年轻的一位。威廉擅长画水彩画，尤其是雾中的荷兰农场，这为他带来了可观的收入。同时，文森特还遇见过约翰内斯·博斯波姆，他在海牙画派中可谓举足轻重。通过创作以教堂内景为题材的怀旧画，并出售给越来越世俗化的公众，64 岁的博斯波姆早就过上了养尊处优的舒坦日子。文森特随身带着画夹，经常向上了年纪的博斯波姆（他是森特伯伯最为欣赏的画家之一）寻求“指点”，希望绘画技巧能够有所提高。“真希望自己能有更多的机会得到这样的指点。”他惋惜道。

但来到海牙，文森特主要是打算探望另一个人：表妹的丈夫安东·莫夫。在 1877 年初夏，文森特同提奥一起参观过莫夫在席凡宁根的画室；对那次旅行，他一直都有着美好的回忆，并且几乎是在他自诩为艺术家的那一刻起，他就打定主意要故地重游。在这四年中，莫夫声名鹊起，已成为荷兰最赚钱的画家之一。莫夫最得心应手的是柔和色调以及柔和光线下的农民和渔夫的形象，这些内容所构成的忧郁的画作深受收藏家们的喜爱。他还十分擅长水彩画和油画，使用的是那些随着法国巴比松画派画家的努力而变得时髦的笔法。最为单调的小插曲（孤单的骑手或牛）在他的画笔下都能幻化为激情澎湃的交响诗。在席凡宁根，他的目光不仅会投向那些如诗似画的渔船（这些渔船必须由马群拖到没有港口的沙滩上），也会关注那些头戴高帽、驾着更衣车来到海边的时髦贵族们。这些画作，不仅为资产阶级买家们提供了一个被理想化的过去，同时也营造出一幕幕关于当下的光鲜景象。

莫夫广受欢迎的作品与和蔼可亲又有点郁郁寡欢的性格，使得他不仅深受收藏家们的喜爱，同时也深受海牙艺术家同行们的欢迎。在这里，他不仅协助成立了一家画社，同时还是普赫利工作室董事会的成员，这可是海牙最重要的艺术家协会。自从在 1874 年和安娜·卡本特斯的侄女结婚后，莫夫深受梵高家族的喜爱。莫夫一家除了为提奥在海牙提供住处，在他们位于席凡宁根沙丘的房子里，还招待过梵高的父母，两家人在假期还经常互赠礼品。

成为一位这样的艺术家，正是文森特的理想。有一间装修精美、设施一应俱全的画室，幸福美满的婚姻，四个茁壮成长的孩子，商业上的成功和良好的社会地位，42 岁的莫夫无疑是家庭和事业双丰收的典范，这些正是文森特一直梦寐以求的。在席凡宁根短暂逗留期间，文森特说他见识到了“许多美好的东西”。他同莫夫都十分敬仰米勒——米勒是商业和艺术双丰收的代表人物，莫夫还就文森特的画作给予了“很多指点”。离别之际，莫夫邀请文森特几个月后再回来，以便看看他的进步。文森特来到海牙正希望能够达到这样的效果：得到事业有成的表妹夫对自己全新事业的支持，以便扭转过去的不利局面。“在我最需要勇气的时候，莫夫给了我，”他在给拉帕德的信中说道，“他真是一位天才。”

回到埃滕后，文森特全身充满了新的能量：动力是如此强大，以至于他等不及到达埃滕之后再去释放。火车缓缓驶往家乡，文森特中途在多德雷赫特就下了车，顶着狂风暴雨，挥笔画下了自己在开走的火车上看到的一些风车。在一生之中，他为了完成一幅作品，往往可以像李尔王一样，无视严酷的自然环境。回到牧师公馆，在长达一整个夏天的时间里，他继续专攻人物素描。为了寻找模特，他找遍了乡村的角角落落，画了一张又一张僵硬的、关于各种人物造型的习作：挖地者、播种者、牧羊人、扫地和剥土豆的少女们，以及“一位年老的、病怏怏的农夫，坐在火炉边的椅子上，双手托着脑袋”——这一姿势时常萦绕在他的脑海之中，直至生命尽头。他的信中满是一长串一长串自己敬仰的人物画家的名字，以及一页又一页的速写练习：这是一份辛勤工作的清单，十分狂热，并且有自我辩护的意味，就像他之前为了证明自己的虔诚，在信中引用大段的经文一样。

《多德雷赫特附近的风车》，1881年8月，
纸上水彩、铅笔和粉笔，$10^1/_8$英寸×$23^5/_8$英寸。

他尝试了一下莫夫推荐的新材料——炭笔以及色彩繁多的粉笔，有时只是最后剩下的一些钝笔头，从稀薄透明到像油漆那样不透明的各种水彩，还有一种铅笔形状的、柔软的、用油彩调配而成的彩色蜡笔。就像是在同这些画面吵架，并强行让其屈服一样（他总是说要去“对付”一个人物并且“坚持不懈”），在同一张画布上，他会运用所有的材料。作画时，他总是如此激烈和用力，要想经得住他狂风骤雨般的攻击，似乎只有最厚实的纸才行。“在用新材料作画时，我就像走火入魔了一样，”他随后也承认道，“时常会变得非常没有耐心，在炭笔上一顿乱踩，心情极为沮丧。”虽然遇到困难和挫折，他仍旧顽强地保有这种传教士般的乐观态度。“对我而言，一些之前看似完全不可能的事情，现在正逐渐变得有可能。”他说道。当提奥写信说，从文森特最近的写生中，可以找到一些进步时，文森特以庄严的誓言回复说：“我会全力以赴，绝不会让你失望。”

在父母面前，他同样表现得彬彬有礼。那个夏天，他在向凯·沃斯求婚时，父母没有给予他支持，但以少有的克制，他将失望隐藏在心中。在求婚遭到拒绝后，母亲对他说了“不少安慰的话”，在凯·沃斯来访的余下日子里，还避免让文森特见到凯。“母亲对我未免过于同情了。”他向提奥抱怨。与母亲的行为相反，父亲则给他讲了一个令人有些摸不着头脑的寓言故事，说什么“一个人吃得太饱，而另一个人则吃得太少”（很明显，这个故事是要说明二人不太合适）。但这些琐细的事情都被文森特抛于脑后，因为有更宏伟的目标需要他去实现，从而赢取整个家族对自己的好感。从海牙回家后，他还去了趟普凌桑那格，去拜访森特伯伯，希望能与他修好，因为对他梦寐以求的新生活而言，这一人脉关系至关重要。令他非常吃惊的是，年迈的森特居然热情地接待了他，并且还告诉他：“如果我努力，并且有进步，真的可能会有机会。”这次拜访后，森特送给文森特一个颜料盒，对于这一鼓励，文森特异常感动。“收到这一份礼物我非常高兴。”他说。

与森特的修好、莫夫的支持认可、对工作的不懈努力、对经济独立的反复承诺，以及对“抛弃一切沮丧忧郁”和“对生活保持更为乐观的态度”的誓言，终于使得牧师全家人又开始觉得有一丝曙光。文森特汇报说，父母“对我非常好，并且比以前任何时候都还要好”，还神秘兮兮地炫耀说自己已经“不仅在绘画上，而且在很多其他方面……都有相当大的进步”。

儿子与安东·范·拉帕德之间不断发展的友谊给文森特的父母带来了对未来的最大信心。结束普凌桑那格之行后不久，文森特便邀请拉帕德再次来埃滕。“如果你能再一次来和我们一起待一段时间，我们将非常开心。”在一封摇摆于谄媚和命令之间的长信中，他写道。“我的朋友拉帕德已经有了一个巨大的飞跃，”他用在给提奥写信时惯用的傲慢的第三人称开始写道，“我有充分的理由，可以相信你已达到一个发生革命性变革的临界点。这样很好。”为了让这一邀请更诱人，文森特还暗示，表妹夫莫夫、在法国当经理的弟弟，尤其是普凌桑那格那位赫赫有名的伯伯，可以为拉帕德提供一些职业发展上的帮助。他甚至宣称已经将自己朋友的一些信中的草图给伯伯看过。“他觉得这些画非常不错，”文森特汇报说，“并且很高兴看到你在进步。”

10月末，在返回布鲁塞尔的途中，拉帕德在梵高家逗留了一下，他在布鲁塞尔又报名注册了一所学院，打算画一些裸体模特。一听到这一消息，文森特就强烈反对。他反复地说拉帕德应该待在荷兰画画，画“那些穿着衣服的普通人”——正是文森特自己现在所做的。“无论如何，我都不会去国外，”他义愤填膺地说道，“因为自从回到荷兰之后，在画技上，我又有了长足的进步。”为了让拉帕德能够忠实于兄弟情义，他试图唤起朋友的爱国心。“在我看来，对你我而言，留在荷兰摹写大自然，才是最好的选择，”他写道，“只有这样，我们才是我们自己，这样我们也就像在自己家里一样舒适……我们的根就深深地扎在荷兰的泥土之中。”但这并没奏效。当文森特还在大谈“精神上的亲密关系”时，拉帕德已启程前往布鲁塞尔。自己的热情再次遭到拒绝，文森特只能独自尴尬。

在阿姆斯特丹，更具毁灭性的失败开始浮现：他对凯·沃斯的追求已陷入僵局。用充满相思之苦的信件，他向凯实施了连续不断的狂轰滥炸。持续数月后，文森特收到了凯的父亲寄来的一封义正词严的警告信。“她所回答的‘不’，没有任何的回旋余地。”斯特里克牧师写道。他要求文森特终止一切联系自己女儿的企图，还警告说，文森特要是执迷不悟的话，后果将十分严重，他们将不得不“断绝两家的友好关系及多年以来的交往”。以又一轮的战斗性恳求，文森特反叛地进行了回应——这些话既是说给凯听的，也是说给她的父母听的。他要求他们给自己一整年的时间，在此期间，他可以不受约束地接近凯，以说服并让她相信他们是“合适的一对”。

不久，家族在普凌桑那格的“最高法院”就收到了双方关于这一争端的上诉。为了安抚这个麻烦不断的侄子，行事谨慎的森特伯伯对此表示了理解，作为交换条件，他希望文森特“不要再提及这件事”。但文森特拒绝了这一提议。“公允地讲，世界上任何人都不应该要求我这样做，”他抗议道，“就像在春天时，你无法阻止百灵鸟引吭高歌。”他控诉这些长辈，不管是森特，还是斯特里克，说他们“试图干涉自己的私事”。

对森特伯伯的挑战不可避免地将文森特的父母也卷入了争端。那个夏天，在对他给予了一些随意的安慰之后，安娜和多洛斯就没有再插手儿子那奇怪的、不受欢迎的求婚事件——毫无疑问，他们担心，任何反对意见只会是火上浇油。最后，由于来自阿姆斯特丹和普凌桑那格的压力，他们还是不得不开始约束文森特那令人尴尬的坚持。他们批评说他的求婚（这让他们全都惊讶万分）是“不合时宜和不得体的”，然后催促他就此放手，认为这件事“已经了结，并且结果也已经一清二楚”。但当一切劝说都失效后，除了干涉，已经别无选择。11月初，他们明确地表示文森特必须停止一切通信。

直到和父母的关系陷入僵局，文森特才最终写信给弟弟谈起凯·沃斯的事情。在一封满是沮丧情绪的信中，他将之前两个月之中发生的事情都叙述了一遍。“我心头有一些东西想告诉你，”他写道，“这个夏天，我对一个姑娘心生深深的爱慕之情。”为什么拖了那么久才向提奥诉说浓浓的爱意呢？“如果你能劝一下爸妈，让他们不要那么悲观，我将会非常地感谢，”他写道，希望在这场不断发酵的家庭纷争之中，提奥能施以援手，“你说的他们才会听。”

就这样，文森特完全把弟弟卷入了一场疯狂的劝说行动——要知道，在文森特的生活中，已经充满了各种狂热的行动。一年来，文森特平均每月只给提奥写一封信，但他在接下来的三周里给提奥写了九封长信，有时候两封信之间仅有一天的时间间隔——第二天通常就接着前一天结束的地方继续写。经常写好一封信刚刚寄出去之后，他马上拿起另一张纸又开始继续写，所有信件最后汇成一股文字洪流。

文森特将自己视为爱情战场上的一位勇士和烈士，发誓要“全力以赴”，并且“全身心地、彻底地和永远地”献身爱情。他宣称，在凯之前，自己从来都没有真正地懂得什么是爱情，仅仅“幻想过陷入爱河”。他的生活“毫无生机、备受打击并且充满着各种苦难”，而现在真爱将他从中拯救了出来。要是无法让她爱上自己，那么“我也许只能一辈子孤独终老”。

一封信比一封信更热烈，甚至还不时地夹杂着一些法语，这可是来自他内心深处的呼喊。他再次拜读米什莱的《爱》和《妇女》，这些书被誉为是患有相思病的人的福音，他的信中满是从书中摘录出来的句子。“米什莱神父告诉所有的年轻人说：‘只有女人的呼吸，才能让你成为真正的男人。’”全新的热情很快就演变为一种老年人特有的抑扬顿挫的说教。“我心灵的苦楚，不会是毫无用处的，”谈起被拒绝的求爱，他这样说道，“哪怕是摔倒99次，在第100次时我还是会站起来。”“毫无疑问，在全部的力量中，爱情的力量最强大。”

通过近乎疯狂的重复，文森特把凯令人心碎的“绝不，不，永远都无可能”转化为一个标题，用来形容所有让他遭受挫折的力量——不仅指凯的拒绝，也指家里的干涉。为了表明自己绝不会屈服于这些力量，他发表了自己的爱情宣言：“就是她，任何人都无法取代”以及“依然爱你”*。“和‘绝不，不，永远都无可能’相对的是什么？”他向提奥解释道，“是依然爱你！……‘依然爱你’将是我吟唱的唯一旋律。”

在这一由比喻、情节剧、传教士般的热忱和法国式的浪漫构成的复杂场景中，却始终未能见到女主人公的任何踪迹。在文森特的笔下千言里没有一个字是写给自己深爱的这位女性的：没有深情的描述、愉快的回忆、对这位寡居女性的英勇以及她贤淑母爱的赞美或分别的伤感，什么都找不到。一张又一张的纸，一封又一封的信，甚至连她的名字都未曾提到。即使偶尔出现时，她被描写为仿佛是他收藏的画作中的一个人物，或者是安徒生故事中一个角色：“噢，提奥，她的个性多么深邃……外表无忧无虑，可内心却坚如磐石，不管怎么说，她极为出众。”甚至连弟弟提奥都忍不住指出，在文森特的信中，找不到“亲密和充满柔情蜜意的情感”。

在几周的时间里，在滔滔不绝地对提奥讲述自己无法抑制的狂热情感时，文森特却在写给安东·范·拉帕德的四封长信中，只字未提自己和凯·沃斯之间的情感纠葛。相反，他在进行着另一场同样狂热的战斗，致力于让另一个完全不同的心灵屈服于自己的意志。文森特一方面甜言蜜语，另一方面又以语言相要挟，试图以软硬兼施的方法让对方屈服于所谓的兄弟情义；即使在拉帕德在10月末离开埃滕后，这一努力也未曾被放弃。他对学院艺术的反对（特别是画裸体画）恰好与求婚风暴碰撞在一起。在温文尔雅的拉帕德抵达布鲁塞尔之后，像炮弹一样袭来的信件之中，充满了争辩性和情绪激烈的语言，这让他十分生气，他谴责说文森特充满“争辩的欲望”。

然而，不同于写给提奥的信，写给拉帕德的信中并没有那些反叛性的论争，里面满是表示歉意和谦逊的言辞，以及由于怀疑而作出的让步，因为在穿越友谊的警戒线时，他必须得小心翼翼。“让我变得细心起来吧，因为我就是那种会把好的东西给破坏掉的人。”他写道，在其他场合，这

---

* 原文为法语aimer encore，既有“依然爱你”的意思，也可以被理解为“再次去爱”。结合语境的不同，在本章不同的地方采用的译法也有所不同。

样的忏悔根本无法想象。他一边使用火上浇油的话语激怒家人，一边为了逢迎朋友，使用各种巧妙的滑稽模仿式的三段论、含沙射影的性笑话以及风趣的文字游戏。对提奥，他不断表白自己对凯·沃斯的爱是纯洁和忠贞的。而对拉帕德，他则不断宣扬浪漫爱情转瞬即逝，以及满足肉欲的必要性。

1881 年 11 月，文森特的情感火山般爆发，如果说这与凯·沃斯或浪漫的爱情并无瓜葛，那又会是何故？答案埋藏在文字的灰烬之中。“父母对‘依然爱你’完全不理解，”文森特写道，“他们无法体会到或无法同我内心的感受产生共鸣。”“他们完全缺乏那种温暖的、洋溢着生命气息的同情心。”“他们在自己的周围，制造了一座沙漠。”“他们的心已经变得很坚硬。”“他们的心肠比石头都还要硬。”

离开黑乡之后的文森特渴望全新的生活，将全部的赌注都押在了凯·沃斯的身上。在他的想象中，只要和沃斯结婚，过去的一切罪恶就都能被抹得一干二净，自己刚起步的事业也会有巨大的飞跃，从此可以像安东·范·拉帕德等朋友那样过上舒适的生活。父母却都不支持自己堂吉诃德式的爱情，这让他万分失望，并将他钉在了过去的耻辱柱之上。“他们认为我很懦弱，只会四处讨好，”他痛苦地对提奥说，“对父母而言，我就是一个有些怪里怪气的、令人生厌的人……在家的时候，我心里总有一种孤独、空落落的感觉。”

甚至当父母试图保持距离时（“父母承诺，只要不把他们牵扯到这件事情中去，他们就保留自己的反对意见”），文森特却拒绝让他们置身事外。当父母说事情跟他们并无“瓜葛”时，文森特十分诧异。事实上，他们的认可才是真正的目标；他们的“绝不，不，永远都无可能”，才是真正的障碍。如果他们当初能够积极支持他的主张，凯·沃斯的拒绝也就只是一件无足轻重的小事。正是父母而并非凯·沃斯的冰冷的心需要被融化和“再爱一次”。

到 11 月中旬，文森特认为，追求凯和为自己的“生存权”而战斗一样重要。他辩解说，自己已经在地下憋屈太久，不愿意“再次回到深渊之中”。他伤心地说，他所要求的，不过是能够“去爱，并且有人来爱——以便活着”。他越来越偏执，想到父母曾想将自己送去吉尔，他指控父母阴谋除掉他。当他们警告他不要用荒诞的固执断绝和家庭的联系时，他却认为这是威胁。他开始报复，对这一切置之不理，就当自己根本就不存在——当别人和他说话时，他一言不发，也不回答。“已有好几天，我没跟父母说一句话，我对他们的存在视而不见，”他向惊恐万分的提奥汇报说，“我想让他们看看，如果这个关系真的断了的话，究竟会发生什么。”

日子一天天过去，在自己的妄想之中，他越陷越深。他骄傲地给了自己一个“崇高的傻子”的称号，并将这种盲目而疯狂的示爱行为视为一种精神上的表达。“任何事物都可以交换，这才是真实的本质，”他宣称，“事情不过如此。”在一阵凭空臆造的狂热之中，他想象凯的心开始有些软化。“她开始明白我既不是小偷，也不是什么罪犯，”他宣称，“恰恰相反，相对于外表，我的内心更安静、更理性。”他描绘了一幅他们将来在一起的画面——“我众多的艺术活动，我想她肯定会乐意加入”，并且还使用了自己所知道的最能给人以希望的意象来加以润色：“天空中乌云密布，各种争吵和咒骂的声音都被裹挟于其中，在她的侧面，一道闪电划过。”

最终，完全沉溺于自己的这些幻想之中，他决心去阿姆斯特丹“拯救”自己的挚爱。“我必须在哪天出其不意地去做这件事，”他说，“让她毫无防备。”

然而，去阿姆斯特丹需要钱，因此必须要有提奥的支持才行。面对文森特一番暴风骤雨般的激烈语言，提奥努力保持中立。他总是和事佬，事情一开始，他就让大家谨慎冷静。“在确定自己的努力不会是徒劳之前，不要修建太多的空中城堡。”他写道。这一番模棱两可的话，不出意料地引来了文森特斩钉截铁的回应：“在这段爱情的最初，我就明白，除非我不顾一切地投身于其中，完完全全地、永远全身心地追求这段感情，否则我就只可能彻底完蛋。”仿佛为了减慢哥哥的速度，对文森特所有的紧急信件，提奥一律都迟迟不回，文森特因此十分沮丧，甚至开始怀疑。“你不会背叛我吧，弟弟？”在父母收到一封从提奥那里寄来的信，而他却没有收到时，他询问道。

尽管没有明确的答复，在告诉提奥这一“事件”之后，文森特立即开始游说弟弟，希望他能资助自己。他信誓旦旦地说，对凯的爱情可以帮助他在艺术造诣上更上一层楼。他给提奥寄去了很多画作，并保证：“我真的已经坠入爱河，从这些画作之中就能体会得到。”当提奥提出批评，说这些画作仍然过于粗糙和呆板时，文森特争辩说只有凯才能让自己的画作变得更为柔和。他向弟弟保证，自己会“创作大量的画……不管你想要什么”，还保证说，“再次去爱也是让我能够继续作画的最佳动力”。但是当提奥仍然反对时，文森特威胁说，如果不能满足自己的要求，那么很有可能会引发一场家庭纷争：“如果我不能马上启程的话，可能会发生令人不愉快的事情……这也许会让我受到极大伤害。不要逼我这么做。”

在提奥还未来得及回应之前，在埃滕发生的一些事，破坏了文森特进行一次终极较量的计划。11 月 18 日，在一次激烈的争吵后，多洛斯威胁说要把不服管教的儿子逐出家门。很显然，引发这一冲突的直接原因是文森特对任何事情不闻不问、让自己成为家里的“隐形人”的怪异行为。（“对我的行为，他们十分诧异。”他骄傲地汇报说。）但事实上，这次爆发已经酝酿了很长时间。尽管最开始多洛斯采取中立的态度，但他实际上已经被双方卷入到这场战斗之中。一旦他被卷入，长期以来因文森特的教育和吉尔的那一段插曲而形成的敌意再次浮现出来，父子很快又开始陷入敌对状态。多洛斯指责文森特故意让父母的生活充满“痛苦”，并谴责他那有悖常理的行为和不道德的法国思想。作为回应，在父亲面前，文森特挥舞着米什莱“被腐化”的作品，并嘲弄他：“对我而言，米什莱的建议比你的更有价值。”他谴责父亲“令人愤怒的”固执，并且以暗示的方式威胁道，如果父母继续阻挠自己的爱情，“我可能会无法控制自己”。多洛斯告诉儿子说：“你这是要杀了我呀！”

这场争吵造成的伤害越来越大，无可避免地，文森特开始讨伐父亲的宗教。他认为，真正的上帝“会鼓励我们以无法抗拒的力量将爱情进行到底”。他宣称，“如果一个人把真爱埋藏在心底，并且不被允许按照内心的召唤行事”，宗教将会是“空洞的”。对于像父亲那样反对勇敢地去爱的人，他一股脑地进行谴责，认为这些人都是“偏执的、温文尔雅的假正经”，而他们关于道德和美德的观点，全都是“废话”。他还公然否定《圣经》的神圣权威，这一令人震惊的彻底叛逆明显将会引发最为激烈的愤怒。“我偶尔也会读读《圣经》，”他说，“就像我有时候读米什莱、巴尔扎克或艾略特一样。……对于所有有关善与恶、道德与不道德之类的废话，我从来都是不屑一顾。”

牧师公馆里充斥着如此这般的挑衅，冲突已无法避免。由于极度愤怒，关于博里纳日和吉尔的痛苦记忆又开始涌上多洛斯的心头，他开始痛斥儿子在追求凯的过程中表现出的令人无法容忍的坚持以及“给自己人制造麻烦”的行为。但是文森特拒绝退缩。他告诉提奥，“有些事情男人无法轻易错过”，有些事情“任何有情有义的人都会拼尽自己所有的气力进行抗争”。相互之间长期不断的争吵终于使得多洛斯怒不可遏，他最后终于愤怒地说出了自己平生最恶毒的咒骂——“该死的”，同时命令文森特“搬到其他地方去”。

文森特想到要离开埃滕，自己还得去找新的住处和画室，不由得陷入恐慌。“不，不，不应该是这样的！”当天，他就给提奥写信，请求他出面和父亲谈谈，“如果突然从熟悉的环境中离开，我就只得重新开始做点什么别的。”“绝对不能这样！”他抗议道，“他们绝对不应当让我现在就离开这个屋子。”但这个驱逐令也无法驱散那寄托着他所有希望的妄想。“刚刚开始的工作以及这个家所带来的一切舒适，我都可以放弃，”他宣告，“但我不愿意放弃给她或她的父母写信。”再一次，他恳请提奥给他寄钱，这样他就可以执行去阿姆斯特丹的计划，“这样我至少还能再多看她一眼”。

几天内，哥哥提出了两点要求，提奥都一一照做了：给父母写了封信，以便缓和这一危机，同时还给文森特汇去路费，让他去阿姆斯特丹。文森特立即给斯特里克家写了一封充满愤怒言辞的信，他说，他这样做是为了让牧师说一些“在讲道中肯定不会用到的咒骂的话”。信一寄出，他立刻就奔赴阿姆斯特丹，对于很快就要面对的那场争吵，他在自己的脑海中，无疑已经演练过无数次。

为了通过凯的父亲这一关，他准备上演一出出其不意的戏剧性抗争，一定要让这位可怜的牧师“别无选择，为了息事宁人，只能对这件事坐视不管”。一直等到晚餐时间，文森特才来到他们家在凯泽运河畔的住宅前按门铃。然而，当仆人把他领进餐厅时，四处都找不到凯的身影。只有她的儿子简，但凯却不在。文森特检查了盘子。“在每位用餐的人面前，都只有一个盘子，并没有多余的，”他回忆道，“这一细节让我很吃惊。他们希望让我觉得凯并不在那里，所以拿走了她的盘子。但我非常清楚，她就在那儿。”

当文森特要求见凯的时候，斯特里克牧师告诉他，凯出门了。“一听说你在这里，她就离开了。”他说。但文森特拒绝相信这种说法，马上摆出与斯特里克吵架的架势，两人开始了激烈的争论，这些争论文森特已经排练过很多次。“我有些生气，”他向提奥承认说，“我没有留任何情面。”同样，斯特里克在这一刻也彻底爆发。“他也没有留任何情面，”文森特叙述说，“一位牧师所能说的最恶毒的话他全部都说了，虽然还没有说出‘该死的’这类的话。只要不是牧师，处于斯特里克姨父当时的心情，任何其他人都会说出这类话的。”

第二天晚上，文森特又去了一趟，再一次，凯消失得无影无踪。她的父母和兄弟都指责文森特“试图强迫她”。他们一再告诉他，“这件事已经结束，到此为止”，并且他应该“把这些记忆清除出脑子”。他们嘲笑他作为求婚者讲的那些大道理，他们说，除非他的财务前景有所改善，“否则没有丝毫机会赢得她”。他所说的“她是我的唯一，任何人都无法取代”也遭到了讥讽，他们告诉他她的回答是：“绝对不是他。”关于他的依然爱你的爱情宣言，他们给出的拒绝更是毫不留情：“你的坚持让人恶心。”文森特一再要求要见凯，说只需要几分钟时间，以便当面将这件事向凯说清楚。他甚至将手放在煤气灯的火焰上，要求道：“我只要求见她一面，只需要我能忍受我的手被这火焰灼烧这么长的时间。”后来有人灭掉了灯，但是好几周之后，肉上被烧伤的痕迹，在很远的地方都还能看得一清二楚。

第三天他又来了，但大家仍告诉他：“你不可能再见到她。”“她总是像幽灵一样踪影全无。”他沉痛地说。当最后一次走出这扇门时，他无力地发誓：“不会就这样结束的。”但事实上，这一插曲已到尾声。他后来承认：“我对她的爱遭到了致命一击。”他离开了阿姆斯特丹，带着“无法用语言表达的惆怅……空虚以及内心无法说出的痛苦”。那幅让他落入到自我毁灭性的极端之中的画面，那幅全新生活的画面，那幅“和妻儿围坐在暖炉边”的画面，永远地消失了，就像在博里纳日的黑色荒地之中，跟随父亲脚步的梦想破碎一样。

那时，他考虑过自杀。“是的，为什么有人会投河自尽，我终于能够明白。”他说道。但是，他记得米勒曾经说过的一句话：“我一直都认为，自杀是不诚实的人才会做的事情。”“这句话给了我力量，”他写道，“并认为最好还是重新振作起来，在工作中疗伤。”

文森特再也无法回家。尽管有过很多次尝试，但每次都是以灾难性结局收场。在阿姆斯特丹遭到的这次拒绝是那么彻底和刻骨铭心。在凯的“绝对不是他”的拒绝中，以及斯特里克家的人所说的“你的坚持让人恶心”这句话中，文森特听到了整个家族的声音，也再次看到了自己全部的过去。在阿姆斯特丹事件之后，在他越来越黑暗的世界之中，只有两个人能提供一丝亮光：弟弟提奥和表妹夫安东·莫夫。“我对父亲的感觉不是我对你和莫夫的那种感觉，”1881 年圣诞节到来时，他在给提奥的信中写道，“我真的很爱父母，但这和我对你和莫夫的感觉不一样。父亲无法感觉到我的感受，我们之间无法产生共鸣，我也无法融入父母的生活，这太令人压抑，我会窒息。”

经历了阿姆斯特丹的沉重打击，文森特就像是渴望新鲜的空气，不曾提前打一声招呼，11 月下旬径直来到了海牙的莫夫家里。他没有回家，甚至都没有告诉父母要去哪里。莫夫曾承诺过冬天会去埃滕看文森特，教他“调色盘的奥秘”。可是现在，文森特却来到了莫夫家里。他害怕再次遭到拒绝，他的心“怦怦地跳得厉害”，祈求表妹夫能让自己待上“大约一个月左右”，并允许自己能“时不时地麻烦他，寻求他的帮助和听取他的意见”。为了说得更加明白，表明自己痛苦的紧迫性，他借用了一个意

义比较隐晦的法语表达方式："J'ai l'épée dans les reins。"（在我的肚子之中有一把剑）

他待在附近一个小旅馆里，每天都步行到城市的东边，去莫夫运河边的那间舒适的画室。因为文森特坚持要创作出有销路的作品，莫夫开始引导他创作水彩画。水彩画比较容易挣钱，但掌握起来比较难，但这却是莫夫本人最擅长的。"水彩是一件多么奇妙的事物啊。"在仅用了几种柔和的颜色画出一幅农村姑娘的肖像后，文森特狂喜不已地说道，"它营造出一种氛围和距离，这样人物就能够沐浴在空气之中自由呼吸。"在表妹夫的指导下，文森特几乎马上就开始感觉到进步——"真正的光芒在闪烁。"他说道。"我真希望你能看到我的水彩画，"他写信给提奥，谨慎地说明了自己涌动的希望，"我想自己现在正在开始一件很严肃的事情。"

自从文森特恢复了对艺术的自信，他开始想办法修复之前几个月的暴风雨所造成的破坏。为了不在提奥面前丢面子，除了提到"斯特里克姨父很生气"之外，他对在阿姆斯特丹的彻底失败绝口不提。他将这一失败归咎于凯。她关于"神秘的爱情"的愚蠢观念已经向他证明了，他需要一个真正的女人——一个妓女。

离开阿姆斯特丹斯特里克姨父家之后，他就给弟弟寄去了一份十分详细的报告，说自己刚好就与这样一个女人有过遭遇。就像父亲所排斥的法国小说中所描写的一样，文森特以"现实主义的"笔法，描述了她"简陋的小房间"，以及她"极为简单的床"。她是"粗鲁的，但不普通，并且已经不再年轻，可能和凯·沃斯的年纪相仿"。同凯一样，她有一个孩子，"生活已经在她身上留下痕迹"。但是与凯不一样的是，"她强壮、健康"——并没有因为对前夫的"被冰封的"忠贞而将自己封闭起来，画地为牢。

为了报复父亲，文森特决心与自己的信仰和浪漫的爱情决裂。"世上没有上帝！"他申明，"对我而言，牧师们口中的上帝是死的，与钉在门上的钉子没有任何区别。"他大言不惭地告诉提奥，说父亲和斯特里克姨父"认为我是一位无神论者"，并兴高采烈地引用莎拉·伯恩哈特的讽刺语"那又怎样？"来表示自己对他们的谴责不屑一顾。在宗教中，就像在爱情中一样，文森特想象自己总是在拒绝，而不是被拒绝。对凯的长期迷恋被他比作"太长时间地倚靠在教堂里一堵冰冷、坚硬的白墙上"，现在他宣布他已经挣脱出来，走出了这一让自己心灵衰弱的囚笼。

通过这一系列的决裂，文森特想象着一次性地逆转这个冬季苦涩的失败局面——并且在较长时间内逃避过去的那些关于自己的断言。"我全身上下正开始有一种被解放的感觉，这一点你无法想象。"他写道。12月上旬，他通过“现实主义”来强化这一全新的神话，保证说自己“在任何事情中都会变得更现实”，并且画了一张又一张关于荷兰农民的“现实主义”作品以及关于乡村生活的小插图。

《驴车》，1881年10月，纸上炭笔和粉笔，$16^3/_8$英寸×$23^3/_4$英寸。

无疑是感觉到这一决心的虚妄，他强烈地拒绝回到埃滕，因为在那里他将会受到现实的考验。“在这里，我想多待上一段时间，”他从海牙写信回来说，“甚至在这儿租一间房间……住上几个月（也可能住得更长）。”他恳求提奥给自己多寄一些钱，因为模特和材料的开销非常大，他找了一个简单的理由为自己辩护说：“继续做一位现实主义者是有风险的。”

圣诞节前一周，文森特的挥霍让多洛斯惊恐不已，他来到海牙希望再次劝回这位不断制造麻烦的儿子。文森特徒劳地请求莫夫帮助自己，为了安慰他，莫夫承诺去埃滕拜访他，并且含糊地保证让他在春天继续跟自己学习。然后，文森特不断地勉强父亲，让他答应自己在埃滕租一间独立的画室，并保证不干涉自己的艺术事业，“父亲必须置身于这一切之外，”他向提奥写道，“不言而喻，我必须是自由和独立的。”

但情况并没有任何不同。在文森特启程回牧师公馆的那一刻，结局就已注定。开始几天，他尝试着做自己感兴趣的事情，并且通过工作将自己的注意力从无法避免的事情中转移出来。他甚至找了一个可以作画室的地方，附近海克的一座小棚屋，他经常在那里雇用和临摹模特。但在圣诞节时，离他回来还不到一周，所有幻想彻底毁灭。

文森特拒绝参加假期的教堂仪式是这次矛盾的导火索。“我很自然地告诉他们要我这样做是完全不可能的，”他告诉提奥，“在我看来，他们的这一整套宗教糟糕透顶。”火焰一旦被点燃，很快就从上帝蔓延到凯·沃斯、吉尔以及一些更为久远的事情，以至于到最后，之前四年之中所发生的一切全部都被牵扯到这场大风暴之中，两人不断地诉说着对方的罪恶并相互指责。“在我的记忆中，我一辈子从来没有如此愤怒的时候。”文森特承认说。

在接下来的“暴力事件”之中，文森特义愤填膺，在各种亵渎神明的咒骂中，压抑已久的挫败感一股脑儿地奔涌而出。在太长的时间之中，他一直顾及父亲的感受，并且忍受着无法容忍的侮辱。他说：“我再也无法抑制自己的愤怒了。”

直到多洛斯大喊“够了！”事情才宣告结束。他命令儿子离开牧师公馆，再也不要回来。“滚出我的房子，”他雷霆般大吼，“越快越好，最好是半个小时之内，而不是一个小时之内就离开。”这一次，再也没有任何的延缓和恳求。一直以来，文森特内心都非常害怕父亲会这样将自己驱逐出去。刚一离开，他就听见门在背后被锁上了。

文森特一直都没有从 1881 年圣诞节发生的事情之中恢复过来。“不管走到哪里，这始终都是一个无法忘却的伤口，”他在两年后写道，“它在我内心的深处，并且无法治愈。多年后，这件事依然历历在目。”对他而言，在这些年中，他遭受到的全部的伤害和不公正的对待，不断地将他抛入自我毁灭性的绝望的阵痛之中，而这件事则是一个顶点。然而，这一次他没有再折返回黑乡。这一次，他有了全新的前进方向：一种新的宗教，现实主义；一位新的传道人，安东·莫夫。

当他还在海牙的时候，莫夫带着他到自己的画室，竖起了一幅有着一个罐子、一个瓶子和一双木底鞋的静物画。“调色盘该这样拿。”在向他展示调色盘时，莫夫向他解释说。

“正是油画，”文森特兴高采烈地给弟弟写信道，“让我开始了真正的事业。”

第十六章　插画师的拳头

文森特径直回到了海牙，内心充满痛苦和愤怒。前些年令人心碎的磨难——自己和父亲之间接连不断的冲突，以及围绕凯·沃斯而引发的历时数月的纷争，都在圣诞节的事件中达到了高潮——已使得他的热情演变为满腔的怒火，并使他的自我防卫心理升级为怨恨。“过去，我常常有许多的后悔和悲伤，并常常谴责自己，因为父亲、母亲和我之间的关系变得如此糟糕，”他写道，“但这已经结束，一次性地得到了彻底解决。”

虽然他曾答应莫夫至少三个月不回到他那里，但他又直接来到表妹夫的家里，请求莫夫让自己马上重新做回学徒。他向莫夫借了一笔钱，在附近租了间房子，这一举动明显就是为了让家人惊恐和担忧。完全不管父亲对自己肆意挥霍的控诉，在装修上，他大手大脚地花钱。他还厚颜无耻地表示，自己打算在这里长住，因此新家具都是购买的，而不是为了省钱而租用的。为了装饰墙壁，他购买了大量全新的版画，桌子上点缀着鲜花。到达后一周，所有的钱就已花得一干二净。他坐下来，给父母写信，骄傲地宣告自己所做的这些事，并宣称同他们断绝关系，还挖苦地祝他们新年快乐。

他还写信给提奥，事无巨细地讲述自己的全新生活，毫无悔意（“有一间属于自己的真正的画室，我高兴极了”），并且不无威胁地暗示，如果提奥不能及时满足自己在金钱上的需要，他就只能向莫夫——甚至泰斯提格借钱。为了避免家人陷入另一尴尬的境地，提奥寄了些钱给他，但并没有忘记痛斥哥哥对父母做出的如此恶行。“是什么恶魔让你如此不懂事和恬不知耻？”他责骂道，“终有一天，你会为自己在这件事情上的冷酷无情后悔莫及。”面对指责，文森特终于爆发，他写了一封长信，信中满是愤怒的言辞，反驳弟弟的谴责。“我是不会道歉的。”他说道。当提奥斥责说这样的争吵会威胁到他们年迈的父亲的健康时，文森特尖酸地回应:“杀人犯已经离开屋子了。”不仅没有降低要求，文森特反而抱怨提奥寄的钱不够用，还坚持要求提奥作出保证，以后会继续给自己寄钱，因为“到底能给多少，我得心里有数才行”。

在这样的愤怒和反叛的情绪中，文森特开始了自己的艺术事业。艺术不仅是一种呼唤，同时还是战斗的号角。他把自己的事业比作“一场军事战役、斗争或战争”，并且宣誓“为之战斗，就算死也要死得其所，争取胜利”。他喊着：“坚持总比放弃好。”对于那些批评者，他异常愤怒——“有些人怀疑我是业余的、懒散的，只能依靠他人的供给过活”，一定要“更激烈地、更野蛮地”同他们战斗，直到用自己的“插画师的拳头”，把这些人全都打翻在地。

文森特动辄挑衅，似乎只有一人能与他和平共处，那就是安东·莫夫。他是一位敏感的、温文尔雅的艺术家，总是极力地维持家族的体面，不让自己卷入家族闹剧。他敞开了自己的家和画室的大门，接纳了这位无家可归的表兄。“以各种可行的、友好的方式，莫夫不断地帮助我，鼓励我。”文森特写道。虽然两人在年龄和性情上相去甚远，但在这个年轻人身上，莫夫隐隐约约地看到了自己的过去。这位牧师的儿子和父亲的关系也闹得很僵，在 14 岁时就离开家，成为了一位画家，从而粉碎了家人让他子承父业的计划。

像文森特一样，莫夫早期也是一位穷困潦倒的艺术家，一心希望通过创作一些有才华的、中规中矩的传统画作获得商业上的成功。像文森特一样，莫夫工作极为勤奋，几乎达到狂热的程度。有时候他为完成一幅画，可以连续几天将自己关在画室里。对此，文森特赞赏有加：“他把生命的一部分倾注在画作中。”工作之余，莫夫也会在自然中寻求慰藉。他和文森特一样热爱长时间的散步，尤其在晚上，他们还同样对壮丽的景象有着敏锐的感知。尽管相对于文学，莫夫更喜欢音乐（在工作时，他经常哼着巴赫的曲子），但他同样喜欢安徒生童话，经常会在亲密的家庭氛围中为自己的孩子们背诵里面的故事，这无疑牵动了文森特的心弦。

莫夫对文森特的慷慨，对一方而言是了不起的牺牲，但对另一方而言则意味着前所未有的机会。作为一位对独处有着强烈偏好的人，莫夫极少在家中招待客人，更不会允许别人参观自己的画室。莫夫没有收过学生。尽管在海牙艺术界非常活跃，并且备受推崇，总体上，莫夫仍然和各种社交活动保持着一定的距离。他一次只接待一位访客，选择朋友也十分苛刻，他的朋友必须有很好的品味，而且“在鉴赏力和幽默感方面有极好的天赋”。喧闹的人群和“空洞的絮絮叨叨”会让他觉得紧张。他虽然很喜欢音乐，但拒绝参加音乐会，因为熙熙攘攘的观众让他心烦意乱。对于一切打扰，或品味和气质方面的“粗暴”，他都深感憎恶，因为这会损害他所谓的自己的敏感性之中的“抒情”品质。

安东·莫夫，1878年

莫夫将珍视的宁静生活向文森特开放，不仅给他提供了一个替代性的家，而且给他提供了在事业上提升自己的机会，这种机会是其他的荷兰年轻艺术家梦寐以求的。因为莫夫不仅是一位造诣深厚的老师，同时还是海牙画派的领军人物之一；在古庇尔画廊做学徒时，文森特接触过海牙画派，近十年来，作为荷兰艺术界的一场重要运动，这一画派可谓如日中天，好评如潮，在商业上也非常成功。海牙画派的艺术家们不仅被这一黄金时代的霞光所笼罩，还吸引了越来越多的收藏家，特别是英美的收藏家，他们愿意在这一来自荷兰的全新艺术形式上花大价钱，购买这些有着伤感的色彩、灵巧的笔法和美丽的主题的艺术品。到了 1880 年，海牙画派画家的作品是普拉茨大街上的古庇尔画廊里卖得最好的，一些最受欢迎的海牙画派画家——特别是安东·莫夫——创作的作品在海内外一直供不应求。

当文森特在1881年底抵达海牙时，正如莫夫自己所倡导的这一运动，莫夫已接近成功的巅峰。评论家们对他的作品赞不绝口，他画的沙丘和草地上的动人的生活图景，无论是油画还是水彩画，都受到收藏家的热捧。同行们都开始围绕在他的周围，他后来回忆说，自己那时被笼罩在“由虔诚的崇拜而形成的光晕”之中，被誉为“诗人画家”、“天才”和“魔术师”。1878年，为了表彰他所取得的成就，同行们推选他做了最权威的普赫利工作室董事会的成员。

在文森特到达后只有一周，莫夫就提名他做普赫利工作室的准会员，这预示着光明的前程，要知道，对起步比较晚的新手而言，这可是一项空前的荣耀。在写给提奥的信中，文森特显得雄心勃勃：“我会以最快的速度成为正式会员。”

在尤里卜蒙舒适的画室里，莫夫为这位门徒提供的机会无疑更为重要。在全新事业的起点，文森特就可以遥遥领先。文森特几乎每天都会前来观摩学习——在一位功成名就的画家的画架旁向他学习，这样的机会是第一次。莫夫以闪电般的速度画画，对画笔有着绝对的掌控力，以精确的、果断的笔法表现出哪怕是最为微小的细节和那些倏忽即逝的效果。经验和不间断的外出写生已使他的技法炉火纯青，眼和手可以完美地协调一致。

在文森特到达时，莫夫正在创作一幅巨幅油画。画中，几匹马正在将一艘渔船拖到席凡宁根的海滩上；就这一题材的不同形式，他已经画过很多次。画面中漂浮着泡沫的水面和潮湿的沙子，让文森特有机会看清老师如何呈现那种珍珠般的感觉，而莫夫正是以此而闻名的。人们赞美（或批评）海牙画派画家，因为他们都喜欢使用独特的温和的色调。他们放弃了明亮的、对比强烈的颜色，选取为数不多的柔和色彩，用弥散的光线创作出一首首忧郁的由色彩组合成的诗。最初他们被嘲讽为“灰色画派”，他们坚信，“有色调的”油画可以更好地表现自己到处是水的家乡那种“芳香的、温暖的灰色”。

对于银色的、海水般的光线，没有任何人比莫夫处理得更好。在文森特所看到的这幅正脱胎而出的画作中，莫夫将整个景色都浸染在这种光线之中：从漂浮在海面上的被迷雾笼罩着的云，到退潮后留下的水坑，到湿滑的沙子，再到墨黑的船只。“提奥，色调和颜色简直是太神奇了，”文森特写道，显然他完全被吸引住了，“在莫夫的指导下，我学会了去看许多之前无法注意到的东西。”

虽然需要工作和照顾家庭，莫夫还是抽出时间指导这位“新手”表兄。他指出文森特的错误，提出一些建议，修正在比例和视角方面的一些细节，有时还直接在文森特的画纸上修改。莫夫提出的建议不乏权威性，但又充满尊重，因此十分适合易受伤害的文森特。“如果他对我说这一点或那一点不好，”文森特向提奥汇报说，“他马上会补充说，可以尝试一下使用这种或那种方法。”作为一位一丝不苟的艺术家，莫夫对好的材料和精湛的技巧（“用手腕，而不是手指”）赞不绝口，并且在一些常规问题上给出“指导”，如怎样画手和脸——这些正是文森特最渴望的建议，并且马上就可以派上用场：由于起步晚，文森特本以为自己已无法获得这些绘画技法了。

作为对文森特眼下最为急迫的问题——如何创作有销路的作品——的回应，莫夫继续敦促他学习水彩画。文森特过去经常不耐烦地与这种非常精细的绘画技法作斗争（他称之为“恶魔般的”），大多数时候只是使用它来对作品进行强调和填补。但是水彩画大师莫夫向他展示了如何仅用少量的发光颜料来实现薄涂层的效果。“莫夫向我展示了全新的水彩画技巧，我越来越为之而着迷……这很不一样，更有力量和鲜活感。”文森特欣喜若狂地说。

多年来一直遭受各种责备，文森特渴望获得认可，现在终于获得了功成名就的表妹夫的注意。“对我而言，有了莫夫的支持，就像是甘霖终于降临到干枯的植物上一样。”他说道。文森特对莫夫感激涕零，对这位新的良师益友满是溢美之词。“我爱莫夫，”他写道，“我爱他的作品——能够跟着他学习，可谓三生有幸。”他为莫夫购买礼物，模仿他说话的方式，将他的称赞珍藏于心，对他的批评则屈服退让，并将他的睿智都一五一十地传达给提奥。“莫夫说我在学会如何很好地使用画笔之前，至少会画坏十张画，”他写道，“因此即使犯错，我也不会垂头丧气。”

文森特如此仰慕这位新老师，以至于他放弃了所有其他的朋友。他说道：“我不想和其他画家有太多交往，因为每一天我都更能感受到莫夫的睿智，觉得他更值得信赖，我还有什么别的需要呢？”他祈求提奥多寄点钱来，那样他就不会因贫困而在有教养的表妹夫面前感到尴尬。他说必须得“穿体面一点”，因为他现在常去莫夫在尤里卜蒙的画室。“现在，对自己必须前进的方向，我已经十分清楚，”他煞有介事地写道，“也无须隐藏我自己。”因为莫夫，他说：“曙光初现，太阳正在升起。”

但这种情感并不长久。没有人可以长久地拥有文森特的赞美，尤其是容易发脾气的、内向的莫夫。文森特狂野的热情注定会消退。1月26日，当莫夫去文森特位于郊外二楼的公寓看他时，二人的关系已经开始变得紧张。当时在莫夫在场的情况下，文森特的一位“模特”出现了：在大街上花钱雇请的一位老妇人——鉴于文森特所能支付的微薄酬金，要想找到模特，也就只能是到大街上去找。

为了掩饰尴尬，文森特让这位不幸的女人摆好姿势，向莫夫展示了自己的素描技艺。但这一努力最终还是以尴尬收场，师生二人争论起来。文森特试图将这种不和视为两种不同艺术气质之间无可避免的摩擦——“我们同样紧张。”他向提奥解释道。但是这件事还是使他大为不快，以至于他在上床睡觉时一直“不安和紧张”。

接下来的几周中，在一系列言辞激愤的信件中，文森特把这次争执放大成宣战的借口。显然，文森特画室中的情景让莫夫深感失望，并视其为最糟糕的业余人体素描。莫夫坚持认为，如果文森特真的想要学习画人物，应该从临摹石膏模型开始——传统的方法，而不是对着街上的行人瞎乱涂画，浪费时间（和弟弟的金钱）。“他对我说的话……连学校里最糟糕的教师，都不会这么说。”文森特愤怒地写道。

战争已无法避免。不甘默默地等待着无可避免地被抛弃，文森特奋起攻击。他谴责说莫夫“心胸狭隘”、“不友好”、“喜怒无常并且不够和善”。他将这次争执歪曲为一场隐蔽的对自己全部艺术创作的攻击，声称莫夫暗地里厌恶他的作品，并且一心希望他“索性放弃”。这次争论不仅被他升级为真人模特和石膏模型之争，更是素描和水彩画之争，进而还演变为现实主义和学院派之争。他宣称水彩画“令人愤怒至极”、“没救了”，完全放弃了掌握这一绘画手法——从而与自己的老师彻底分道扬镳。

另一方面，他挑衅般地继续和模特合作，解释说自己“越来越习惯她，并且正是由于这一原因，他必须继续雇用她”。他似乎铁了心要将争执升级成对抗，并坚持让表妹夫莫夫注意到自己的这些“胡作非为”。当莫夫对他更冷淡时，文森特似乎非常吃惊（“最近莫夫不太理我。”他抱怨道）。而当年长于他的莫夫毫不留情地斥责说“我可不会总是有心情指导你，并且你得识相点，在我方便的时间再来找我”时，文森特真的是受到了伤害。

当文森特仍然力陈自己的立场时，莫夫非常愤怒。在一次充满怨恨的争执中，莫夫“恶意地”模仿自己学生“紧张的、惊慌失措的”语言，嘲笑他那较真的、扭曲的表情。“他做起这些事情来可谓唯妙唯肖，”事后文森特痛苦地回忆道，“那简直是我的一张惊人的讽刺漫画，但却是用仇恨描画而成的。”文森特试图为自己辩护：“如果你曾雨夜在伦敦的街头无处可归，或者经历过博里纳日寒冷的夜晚，你的脸上也会有丑陋的皱纹，声音也会变得沙哑。”

回到房间，他才完全把真实的情绪发泄出来。他将石膏模型猛掷到煤箱之中，砸了个粉碎。“我永远不会再照着模型画画，除非这一破碎的模型能复原，并和原来一样洁白，”带着一种受到伤害的暴怒，他发誓说，“除非世上不再有活着的有手有脚的生物供我临摹。”接着，作为最后的挑衅，他回去找到莫夫，将自己的反叛行为向他炫耀了一番。“不要再跟我提石膏，”他大怒说，“我无法忍受这玩意儿。”莫夫立即将文森特驱逐出自己的画室，并发誓在剩下的这个冬天里“再也不要和他有任何瓜葛”。

从开始到破裂，这一段师生关系还未维持一个月。

与泰斯提格决裂的速度更快。古庇尔画廊的这位艺术品经纪人少年老成，现年 36 岁，处在海牙艺术界的中心。他一直都在支持海牙画派的画家，随着这些画家的成功，他的事业也如日中天。同泰斯提格相比，再没有人，即使是莫夫，可以为文森特的事业提供更多的帮助。

最初，泰斯提格欢迎之前的这位学徒来到海牙，明显不再计较二人之前的交恶。而在之前那一年的春天，他曾控诉文森特依赖自己的伯伯和叔叔们生活，并建议他去做一位教师，而不是艺术家。文森特也表现出了和解的态度，他说“一切都得到了原谅，并被忘却”，并且还建议“让过去的事情都随风而逝”。但是，一切都未曾有所改变。正如文森特不会轻易放过对自己的任何轻蔑，他也总是充满了挑衅。到海牙还不到两周，文森特就去找泰斯提格，还向他借了 25 荷兰盾，这可是一笔不小的数目。为了报复，在足足等了三周之后，泰斯提格才第一次造访文森特的住处。

当他最终来访时，两人的争执终于公开爆发。泰斯提格精明狡猾，飞扬跋扈，没有了对于梵高家族的顾忌，讲话也毫不客气，直来直去。他斥责文森特的钢笔素描——这可是文森特的骄傲之所在——“毫无魅力”、“没人会买”，还责备他不思悔改地坚持创作那些堆了满屋的、笨拙的、业余的素描。他诋毁文森特所珍视的模特，傲慢地说：“海牙没有人雇用模特。”泰斯提格还说，如果真的想要以艺术谋生，文森特必须放弃人物素描，一心一意地画水彩画——并且最好是风景画。文森特还应当放弃自己所钟爱的巴尔格式的巨幅画作，转而创作较小的作品。当文森特自辩说自己的素描有“个性”时，泰斯提格却嗤之以鼻；当文森特拿出厚厚一本画集试图证明自己的勤奋时，这位经纪人却不留情面，说这些内容的画作完全是“浪费时间”。他告诉文森特，人物素描“是一种毒品，在没有能力创作水彩画时，可以尝试一下以麻痹由此而引发的痛苦”。

虽然二人素有嫌隙，但这一控诉无疑也是重重的一击。对文森特的弱点，泰斯提格总有一种故意找茬似的直觉，而文森特又对自己前雇主的责备特别敏感。由于深深受到伤害，文森特有如风暴一般进行抗争。他言辞激烈，仅仅两周前还大肆宣扬的信念此时已被他忘得一干二净，并使他走上了一条全新的危险道路。他怒斥泰斯提格“没有思想”、“肤浅”，并且激烈地为自己的素描辩护，他坚持说：“它们有很多优点。”他争辩说，比起水彩画，使用模特来创作人物素描，不仅难度更大，也更为“严肃”——更能表达深层次的真理。

这些争论迅速升级，从博里纳日离开时就始终在指引他的目标——依靠出售自己的画作自给自足——现在已经遭到了自己全然的否定。“我不会去追随艺术爱好者和经纪人，”他发誓，“让他们来追随我好了。”与其“迎合大众”，他更想“忠实于自我”——即使那意味着“用粗暴的方式表达粗暴的内容”。仅仅一个月之前，他还承认自己是个如饥似渴的新手，渴望得到别人的指导，现在他摇身一变，将自己打扮为一位遭受迫害的艺术家，拼命地捍卫自己的原则。“试图强迫一位艺术家改变自己的技法或观点，这是从什么时候开始的？”他义愤填膺地叫嚣，“在我看来，这样做简直无礼至极。”“我绝不会屈服于这种威逼，强迫自己去创作无法表现个人独特性的东西。”

到了 2 月，争论爆发为恶毒的人身攻击。文森特点燃了导火索。他给泰斯提格写信，控诉他与莫夫沆瀣一气，挑起了整个事端。当提奥有一个月没有给他寄钱时，他又开始怀疑狡猾的泰斯提格肯定在弟弟面前说了自己的坏话，因为这位经纪人那时刚从巴黎返回。“泰斯提格是不是对你说了什么坏话，你就听信了流言蜚语？”文森特事后在信中询问。那个月的钱仍然迟迟没有寄过来，文森特甚至闯入古庇尔画廊，与“这位尊贵的先生”当面对质。他认为是泰斯提格从中作梗，才导致了弟弟不再履行义务，因此要求泰斯提格给他十个荷兰盾作为补偿。文森特气急败坏地说，泰斯提格的回应则是“一连串的斥责——可以说简直就是近乎侮辱，以至于我完全无法控制自己的情绪”。

泰斯提格又开始了前一年春天对文森特的指控，说他的艺术“使命”无非是伪装和懒惰，他应该尽快放弃。他说，“你必须自食其力”，找个工作，不要再找提奥“要钱”。他直言不讳地告诉文森特：“你起步太晚。”至于文森特最终成功的机会，他激烈地重申了自己前一年春天的观点：“有一件事我确定无疑，那就是，你不是当艺术家的料。”那时他会以一句漫不经心的“过去一无所成，将来也不可能有所成就”，来否定文森特的所有努力。但这一次，他做得更过分，作为梵高家族的朋友，自津德尔特时期就认识文森特的人，他令人备受打击地断言说："你以前总是失败，现在你还是会失败……你的画，就和你之前所做的其他事一样，一无是处。"

文森特被彻底击垮。他向提奥痛苦地写道，泰斯提格"说的话，真可谓钻心蚀骨，令人痛彻心扉"。文森特强烈地控诉泰斯提格，说他对自己心怀不可名状的憎恶，并且从一开始就是如此。"这许多年来，在他的眼里，我一直就是一位无能的空想家，"他写道，"他永远抱有这一成见，无从改变，认为我什么事都做不好，一无是处。"尽管激烈地抗拒泰斯提格对自己艺术前途的断言（"在我骨髓的最深处，我的的确确对艺术有着很好的感觉。"他坚持道），但他仍然会哀伤地思考这位经纪人缘何不能"要我做到我能做到的事情，而一定要我做我无法做到的事情"。但是接着怒气又回来了，在内心之中，他开始隐隐地怀念过去的美好年代，那时像泰斯提格这样的人，会和其他旧制度之中的恶棍们一道，被押送上断头台。

提奥试图平息这场风波，敦促文森特"和泰斯提格保持良好的关系，因为对我们而言，他就像是一位兄长"。在这一事情上，兄弟俩意见的不统一，使得文森特再次狂怒不已。弟弟竟然和这个轻浮的暴发户站在一条战线上，一想到这一点，他对泰斯提格的憎恶更是有增无减。事无巨细地，他把这些年来泰斯提格背叛自己的种种事迹罗列出来。当提奥要求他收回自己的刻薄话时，文森特断然拒绝。攻击被升级为对所有艺术交易人的控诉，他不遗余力地挑拨弟弟和"撒旦"泰斯提格间的关系。又有几周，他甚至再次试图说服提奥辞职改做艺术家，要求他与那个背信弃义的经纪人一刀两断，然后宣布他和胞兄手足同心。"别堕落成泰斯提格那样的人！"他劝道，"当画家吧！"

有一回，文森特同意远离泰斯提格六个月。还有一段时间，他宣称对泰斯提格毫不在意（"泰斯提格是泰斯提格，我是我"），并且发誓要"把他忘得一干二净"。文森特向提奥保证说自己和泰斯提格已经"彻底地永远决裂"，可是仅仅几天之后，泰斯提格突然造访文森特的画室，激起了又一轮怒火和对抗。"必须得让他明白，他对我的评判太过草率。"文森特愤怒地写道。

一生中，文森特和泰斯提格之间的关系一直就是这样吵吵闹闹：周期性地暴怒，之后心不甘情不愿地重归于好，然后又毫无意义地发誓老死不相往来，这种情形一直在延续。结怨多年，发生在冬天和春天的这些事情使得这位优雅的艺术品经纪人成为了文森特无法和解的仇敌——文森特在艺术上无法取悦他，就像在生活中永远无法取悦父亲一样。文森特在信中一次又一次地提到这一无法弥合的伤口，因为他渴望创作有销路的作品，而泰斯提格好像偏偏掌握着金钥匙，因为泰斯提格和提奥之间结成了无法避免却又令他无法忍受的同盟（这两位古庇尔画廊的同僚情同手足，而文森特却早已被从这一群体之中逐出），或者因为在泰斯提格的批评之中，他听到了自己内心隐秘的自我怀疑的回响。

莫夫和泰斯提格并非特例。文森特同每个人都会发生争执。这些争执，他极少向提奥汇报，但这些事件还是可以在信件中找到蛛丝马迹，一些同行画家的名字短暂出现后却再也没有被提起，而这往往就代表了争吵已经发生。在介绍朱尔斯·巴库曾、伯纳德·布隆默斯、范·德·法登伯爵和马里努斯·伯克斯时，文森特经常是充满着希望和热情，但这些名字却见证着文森特注定失败的友谊。

文森特宣称自己无须朋友，贬斥艺术家同行们，说他们沉闷、懒惰、愚蠢，是“无可救药的谎言家”。即使他艳羡不已的那些人，也无法长久地得到他的关注。2 月，他去参观了简·亨德里克·魏斯勃鲁赫的画室，魏斯勃鲁赫是海牙画派年龄稍长的一位成员，文森特差不多十年前在古庇尔画廊做学徒时就和他相识了。这是一位和蔼可亲的、年龄比较大的怪人（被人称为“快乐的魏斯”），魏斯勃鲁赫给予了他一些鼓励，让他十分受用，这稍微减轻了莫夫不再和他来往的痛苦。在他看来，文森特的画作“出奇地好”（根据文森特的说法），并且主动提出代替莫夫来做文森特的老师，提供指导。“能够有机会拜访这么聪明的人，无疑是我的荣幸，”他在这次拜访后写信给提奥说，“这就是我想要的。”但是在此之后，他再也没有提到拜访“快乐的魏斯”的事情；到了夏天，只是在对过去的美好回忆中，他才提到过他。

在之前的那个夏天，提奥曾极力撮合文森特和特奥菲尔·德·波克，希望他们能成为朋友，但两人同样很快就不欢而散。在两人之间，有很多相同点：在艺术事业上，两人都起步比较晚（30 岁的德·波克曾经是铁路职员），两人都崇拜米勒。但是从一开始，文森特就怀疑另一方的真诚。当德·波克表示说对巴比松风景画家卡米尔·柯罗仰慕有加时，文森特马上开始攻击，说他背叛了米勒，谴责他“没有立场”。他还抱怨说德·波克拒绝接受建议。“别人提到一些常识性的东西，他都会生气，”文森特写道，“每次我去拜访他，感觉都是一样的：这家伙太懦弱。”在一次拜访后，文森特尖刻地总结说：“他永远都画不好——除非做出改变。”此后，两人的见面仅限于在街上的偶遇。

1882年上半年，文森特甚至宣称同远方的安东·范·拉帕德的关系陷入冰点，因为在书信往来中，他们围绕学院派绘画进行过一次论战，拉帕德拒绝妥协。在新年时，当拉帕德在信中立场坚定地反驳他时，文森特立即中止了二人之间的书信往来。"在你的信里，没有或者说几乎没有任何说法是成立的，"文森特生气地写道，"相对于写信，我还有更重要的事情要做。"只是因为距离的阻隔和不相往来，在文森特不断增长的绝交名单之中，才没有出现范·拉帕德的名字。

此外，文森特找到了一位新伙伴。24岁的乔治·亨德里克·布赖特纳和提奥同龄，1882年初，他和文森特开始一起深夜到海牙的红灯区盖斯特闲逛。两年前，布赖特纳被艺术学校开除，他现在成为了海牙画派的叛逆者，尽管他同威廉·玛丽斯和有权有势的梅斯达赫有着深厚的友谊，他曾经协助梅斯达赫创作了《海事全貌》。同这位被大家抛弃的梵高交往，他不用担心会有什么损失（同拉帕德一样，布赖特纳也是先认识提奥的）。

就像和拉帕德的交往一样，文森特立即大肆向布赖特纳示好。在开始的一两周里，他们俩多次一起出去写生，互相到对方的画室拜访，当然晚上还不忘一起出去找乐子。像和拉帕德交往那时一样，文森特认为，兄弟情义比艺术使命更重要，并且处处乐于接受这位比自己小的年轻人的领导。在很大程度上，布赖特纳已经背弃了之前受到过的经典训练，转而推崇法国作家（如左拉和龚古尔兄弟等人）的那种更真实的自然主义。他们一起去盖斯特闲逛，文森特去那里是想要招聘一些模特，为自己米勒风格的乡村风景画摆姿势，布赖特纳去那里，则是因为城市本身就是他绘画的主要题材。他争辩道，现代艺术家应该找到自己的灵感之所在，但并不能寄希望于过去的神秘的农村，而是应该直接在当代城市生活的夜晚之中寻找。他把自己塑造成了"人民画家"的模样。

文森特积极跟随这位年轻的朋友去施粥场、火车站候车室、泥煤市场、彩票中心和当铺。一开始，他利用这些探险为自己的人物素描找一些新题材，以便日后可以在画室之中，请一位模特来作画。但是不久后，他就加入了布赖特纳，直接对街头生活的一些小场景进行创作——像面包店店面、道路上混乱的发掘现场或者寂寥的人行道，这些题材之前根本就不是他的兴趣之所在。但是结果却并不令人鼓舞。文森特想要捕捉布赖特纳为之着迷的城市生活的喧嚣，但又无法放弃对那些孤独的人物的关注，他的作品经常是古里古怪的。其中有这么一幅怪异的街景，画面上有一位蹒跚学步的孩子，在一条没有封闭的沟渠旁边爬行，还有一位拄着拐杖的老妇人撞到了一位挖沟工人。

文森特维持友谊的所有努力都注定会失败。4月初，当布赖特纳住进医院（因为患上了性病）时，文森特已经开始谴责他，说他“没有胆量使用模特”。文森特去病房探望他，但是当文森特在两个月后也住院时，布赖特纳却并没有觉得有义务礼尚往来。事实上，他们彼此间已经有一年没有说话。受到伤害的文森特宣告布赖特纳“已完全破坏约定”，开始不断指责他的作品“乏味”、“没有灵气”，不过是些“杂乱无章瞎涂抹”的东西，并且暗示说他不能接受模特说明他缺乏男子汉气概。

和文森特·梵高发生争吵是什么样的一番景象？3月初，叔叔科尔前来探望时，终于对此有了亲身体会。自从文森特决定放弃在阿姆斯特丹的学习后，他就再也没有见过这位从事艺术品交易的叔叔。整整一年的时间里，文森特不断地抨击科尔叔叔，谴责他没有支持自己刚刚起步的事业。但这次文森特暂且放下傲气，邀请这位财大气粗的叔叔来参观新画室。对这次拜访，他心中充满恐惧，他让自己坚强起来，准备再次面对莫夫和泰斯提格那样的批判，提前就发誓不会再“逢迎”任何经纪人，无论他是谁。

到了约定的日子，积蓄已久的愤怒随时都会爆发。当科尔指出文森特应当“自己赚钱养活自己”时，一下子捅了马蜂窝。“自己赚钱养活自己？”文森特反问道，

> 你这是什么意思？赚钱，还是有资格得到资助？不配得到资助——也就是说，没有获得资助的价值——无疑是一种罪恶，每位诚实的人都应当有口饭吃；但不幸的是，尽管应当有口饭吃，却没有能力去挣得，这是一种悲哀，很大的悲哀。所以如果你跟我说“你不配得到大家在经济上的帮助”时，你是在污辱我。但是如果你作出一个比较公正的评价，说我经常赚不到钱——因为有时我的确是一无所有，这可能是真的，但说这些话有什么用？这么说，根本不会让我有所进步。

朋友和家人抱怨说文森特脾气暴躁时，说的也是这个意思。争吵经常会无缘无故地发生。根据文森特自己的叙述，他走进另一位艺术家的画室之后，“马上，有时甚至不到五分钟”，两人就会发生十分激烈的争吵，以至于最后“没有任何一方愿意作出丝毫的让步”。一句话、一个手势，甚至是一个眼神，都会引起激烈的语言上的争吵，像科尔叔叔这样的听众经

《挖掘工与裂开的街道》，1882年4月，
纸上铅笔和墨水，$16^{7}/_{8}$英寸×$24^{3}/_{4}$英寸。

常会一时目瞪口呆，感觉就好像自己刚打扰了一场激烈的内部争吵。意见不合很快就会升级，因为文森特的激情和戒备使他投入了一场狂热的争论，没有任何理性，更不懂得克制。“我说的话并不总是公正的，”他后来也承认，“但是让我的想象无视现实地任意漫游吧，并且用奇特的方法来看待事物。”文森特完全被冲昏了头脑，用荒谬而极端的方式来坚持自己的立场，将一切相对的东西都绝对化，不作任何让步，并且以激烈的语言对批评者大加斥责，而事后又总会追悔莫及。

这种伤人伤己的激烈情感释放，没有人比文森特自己更懂。有时他将其归咎于“不安的兴奋”或“由秉性所导致的激烈情感”。“我是一个狂热的人，”他解释说，“我在朝一个确定的方向前进，并且期待别人也和我同道！”他抗议说：“那些内心严肃的人……总是会有些难以相处的地方。”偶尔在坦白的时候——这种情况在这段时间很少出现，他会承认这一事实：“我经常会极度地忧郁、易怒，仿佛是对同情充满着饥渴；当我得不到的时候，我尽量装作毫不在乎，讲话尖刻，甚至经常会火上浇油。”

然而这一次，虽然文森特大发脾气，但并没有阻止科尔叔叔为他提供一些帮助。在浏览完侄子厚厚的一本画集时，他被其中的一幅街景吸引住了，这是文森特和布赖特纳一起画的一幅素描。“你能多画一些此类的作品吗？”他问道。第一次有人找他画画，这无疑让他振奋不已——“一缕希望的阳光。”他说道。此前他曾和泰斯提格毫不妥协地争论，说艺术家无论如何都不能为金钱而折腰，但现在这早就被他抛之脑后，迫不及待地答应创作 12 幅以这座城市为主题的风景画，每幅作品售价 2.5 个荷兰盾。虽然科尔在翻阅那几百幅人物素描时，竟然没有作出任何评论，这让文森特的心如针刺一般，但文森特并没有像他对待莫夫和泰斯提格时那样，为了捍卫雇用模特进行临摹的做法，愤怒地反击科尔叔叔。

但在他离开后，事情就开始发生变化。当文森特把画作寄过去，而应付的款项却未到的时候，他马上怀疑这是在污辱他。即使是到了 4 月，在收到第二份订单，让他再创作六幅画的时候，他仍在继续怀疑这位赞助人的动机。到了 5 月，怀疑让他身心俱疲，他威胁说要完全停止这一委托工作。“必须时时刻刻将这件事情视为一种施舍，我不愿意这样。”他抗议说。最后，提奥好言相劝，才让他完成了这些作品，但是当科尔付给他的钱少于预期，并且“没有只言片语”时，文森特终于在愤怒中爆发了。

在叔叔的沉默中，他仿佛听到一个轻蔑的质问：“你不会真的认为这样的一些画有任何的商业价值吧？”对这一想象之中的责备，他想出了一个大胆的反驳：

> 我不会假装自己熟悉作品的商业价值……我个人更看重艺术价值，我更乐于探索事物的本质，而不是一心地为价格而斤斤计较……如果我无法毫无回报地将自己的作品拱手赠人，只是因为和其他所有人一样，我必须要填饱肚子和有一个能够遮风避雨的地方，这些都是人最为基本的需求。

预料到这样的说法会被认为是“忘恩负义的、粗鲁和蛮横的”，文森特想象着叔叔的回答：“作为你在阿姆斯特丹的叔叔，一心地希望你好，并且还待你不薄，为你提供诸多的帮助，批评你也是因为你的自命不凡和固执……但你却如此忘恩负义，这是你的错。”针对想象中的这些责备，文森特想好了一个骄傲且具有挑衅性的回答：“我甘愿失去你的庇护。”

类似的争执场面，将在文森特剩下的人生中反反复复地上演——并且只会变得更为鲜活，因为它们完全是发生在文森特自己的脑海之中。

不仅与自己的老师、赞助人和艺术家同行们发生争执，文森特还同自己的艺术进行着一场持续的战斗。他抱怨说，自己插画师的拳头“并不怎么遵循我的意志”。自从他宣称是艺术家以来，他遭遇到的问题就不断地让他受挫。在人物素描之中，身体往往以不可能的方式伸展、弯曲，面孔消失在不确定的模糊之中。在水彩画之中，该上色的地方没有上色，颜色也凌乱不堪。在透视图中，线条歪斜失真，阴影的角度出现矛盾，人物脱离背景，或者比例不协调。

面对接二连三的挫败，文森特用一种勇敢的乐观主义（这是为了让提奥感觉好一些）和一种静默的痛苦（这一点他后来才披露）来回应。“它们最终让我感到非常绝望，”第二年，他在评论这些早期的作品时说，“我完全弄得一团糟。”他加倍努力，好像要与自己亲眼见到的事实抗争，正如当初在阿姆斯特丹，当学习成绩不佳时作出艰辛努力一样。他用战争的语言来激励自己，发誓要彻底征服这些图像，并且在与自然造化的“短兵相接”之中获得胜利。

他并没有让自己的速度慢下来，对每一件作品精雕细琢，恰恰相反，他挑衅似的让速度更快，因为他认为同精确和技巧一样，速度和数量同样可以带来成功的作品。“很难，不能立刻实现，”他解释，“有时一连串的失败之后才能获得成功。”他这样计算，如果 20 幅作品中仅有一幅成功，那一周至少可以画出一幅好的作品——“一幅更具特色、更能引起共鸣的”作品，一幅他可以自豪地宣称将“流芳百世”的作品。

当大量的失败中，出现这么一幅作品时，他会一遍又一遍地临摹，有时是连续十幅，就好像不知到什么时候，另一幅才会再次出现。(“后来，他几乎不知道他是如何一口气画完这些的。”)文森特说自己之所以这样做，部分是因为他别无他法：“就生性而言，我就不是做事非常细致的人。”但很明显，这一方法完美地契合他那狂热的、传教士般的想象——不断地与脑海中的画面论辩。在面对失败时，文森特就用自己所知道的最为鼓舞人心的范例来激励自己：“播种越多，也就有越多的收获希望。”

在与整个世界的战争中，文森特始终不忘在自己的艺术中寻找支持。他与莫夫和泰斯提格愈演愈烈的对抗，促使他愈发地沉迷于人物素描，尽管他始终无法将人体逼真地表现出来。“人物素描耗费的时间更长，也更为复杂，”他声称，“但从长远来看，我觉得会更有价值。”偶尔，他会夹杂着画一些其他题材——和布赖特纳一起画街景画或为科尔画一些都市风景，但最终都会回到人物上去，不仅是为了挑战莫夫和泰斯提格的论断，同时也是为了证明自己那双难以驾驭的手。一切艺术尝试都始于人物素描，并以此为终点，他争论道——甚至风景画也是如此。“必须把去掉树梢的柳树画得栩栩如生，”他写道，“那样，四周的景物自然就会随之跃然纸上。”通过阅读阿尔弗雷德·宋思尔关于米勒（“多么伟大的一位巨人”）的传记，他激励自己以一股战斗般的热情投身于人物素描，他用文字与形象进行了一场围绕人物素描的护卫战，并高喊米勒的战斗口号：“艺术，就是一场战争。”

为了反击莫夫和泰斯提格对水彩画的辩护——以及他们对他所珍爱的钢笔画的嗤之以鼻，让大家不再逼迫自己创作水彩画，文森特试图证实自己的黑白图像可以像水彩画的涂抹一样传达出那种阴郁的色调。他反反复复地画，不断地画阴影、打磨，又擦去。他使用木匠的大铅笔、芦苇笔的墨水、毛笔的墨水、木炭、粉笔和蜡笔，试图表现不同程度的灰色，以便和莫夫水彩画中的“沉寂的黄昏”在色彩的效果上一较高下。“这小小的素描比许多水彩画更费时费力。”他在一次尝试后总结说。另一次，他则指出说：“我是用铅笔画的……就像我在画油画时会做的那样。”

但这个过程使他在图像和材料方面遭遇到了全新的困难。铅笔的印记可以被擦掉甚至是被刮掉（只要他没有将那张纸撕掉，而这恰好是他经常做的），有些木炭的印记可以用手帕或羽毛刷去。但当他不断地修改，想要追求“更温暖和更为深邃的”氛围时，图像总会越来越暗，因此他必须不断努力以免它们变得“厚重、黑暗和迟滞”。他为叔叔所创作的很多作品都展现了这一斗争所引发的张力：低沉的天空令人感到压抑，黑暗的河流流过更为黑暗的田野；即使日光普照，建筑物也都为阴影所遮蔽。当莫夫看到这些素描时，他看出了其中挑衅性的野心：试图不借助常用工具来渲染出颜色的意味。“当你画素描时，”他告诉文森特，“你才是一位货真价实的画家。”

4月，文森特寄给提奥一幅人物素描，在与一个不认同他的世界用图像进行的斗争中，这幅画宣告了新一轮的攻势。画上是一个裸女，采取的是侧面的视角，她的腿贴近自己的乳房，头则埋在交叉的双臂之间。

文森特开始画裸体画。

到1882年4月，在抵达仅仅三个月之后，文森特无休止的好斗使他在这个城市几乎没有一位朋友，尽管在三个世纪的时间里，他的家族一直以这里为家。作为普赫利工作室的准会员，每周两个晚上，他可以去该工作室在阿姆斯特丹王子运河上的那幢雄伟建筑里画模特，但他从没写下只言片语，或留下一幅画证明自己曾去享受过这一特权。在仅有的有据可查的两次尝试后，他再也不去参加那里的社会活动了。“我无法忍受挤满人的大厅，”他解释说，“我不喜欢和别人在一起。”

尽管如此，3月下旬普赫利工作室有一系列的展出颇受欢迎，文森特也试图将最喜爱的黑白画作放在这里展出。这一想法虽然得到了伯纳德·布隆默斯这位非常成功的海牙画派画家的支持，但却遭到了大多数普赫利工作室会员的反对，甚至是嘲弄。他们否定文森特热爱的画作，认为这些不过只是一些“插画”：从严谨艺术的角度来看，它们太浅薄、太感性、太商业化。即使是一些很小的异议，都会被文森特视为人身攻击，这些反对意见因此被文森特视为战争宣言。在他看来，这些意见都是“骗人的鬼话”。他尖刻地回应，叫他们“住嘴，除非他们自己能够学会画得好一点”。

此后，他开始完全退出，满脑子都是对艺术家同行们“迂腐的自负”的激烈谴责，以及最终能够得到自我证明的幻想。“一年后——或者我自己都不知道需要多久——我就可以画得很好，”他发誓道，“那时他们会听到我雷鸣般的怒吼‘去死吧’……‘滚远点，你挡着我的光线了’……任何想要阻止我的人都见鬼去吧。”

避开的攻击越多，他怀疑遭受的攻击也越多。他深深地陷入到一种偏执的心理之中，谴责别人在背后嘲笑他，密谋“妨碍”他，并“试图毁灭”他。尽管开始时，他可以轻而易举地接近如莫夫和泰斯提格这样的杰出人物，但他对臆想出来的针对自己的“嫉妒”和“阴谋”表示了震惊。他试图将这些反对的声音理解为是和艺术相关的及无法避免的：“作品越好，将面临的困难和反对也会越多。”但是他的耳朵里却听到了莫夫前一年冬天的无情嘲讽。“如果这些评论是关于我的习惯的——例如衣着、长相和说话的态度，我该怎样去回应？”他问提奥，“我真的那么粗野、傲慢和不文雅吗？我真是一个如此张狂和不懂礼貌的怪物吗？我是不是应该被这个社会隔绝？”

5月，莫夫重新出现在文森特的生命中，这一次的出现刚好证实了他脑海之中的所有偏执想法。即使在4月放逐期满之后，莫夫也成功地避免了与这位之前的学生有更多的来往。“他不是病了，就是需要休息，要不就是太忙。”文森特抱怨道。他曾给莫夫写过一封信，说明自己的悲惨状况，但没有被理睬。他们只在街上说过一次话，而且还没有说上几句。持续的冷漠终于激怒了文森特，他给莫夫又写了一封信，这封信写得十分尖刻，从而引发了他们最后的一次争执（关于临摹石膏模型），这一次他拼命地想要按照自己的方式来断绝二人的关系，而不是按照莫夫的方式。“对你来说，指导我太难了，”他写道，“而接受你的指导，对我来说，也太难了，如果你要我对你所有的话都‘绝对服从’的话——这一点我做不到。因此，让我们结束这场指导与被指导的关系吧。”当莫夫没有任何回应时，文森特对他的漠不关心感到“骨鲠在喉”。他抱怨说，莫夫的抛弃让他极为震惊，导致他已经无法工作。“我不能再看见画笔，”他说，“它让我感到紧张。”

但几周后，当他在席凡宁根意外遇见莫夫时，他发现自己又找回了插画师的拳头。他要求莫夫再来看看自己的作品，并且“把事情再好好地谈一谈”。莫夫拒绝了。“怎么我都不会再去拜访你，”他断然地拒绝，“一切都结束了。”当文森特提醒说叔叔科尔已经看过这些作品，甚至正式委托他作画时，莫夫嘲讽道：“那代表不了什么。这是第一次，也是最后一次，之后再也不会有人对你有兴趣。”当文森特坚持表明“我是一位艺术家”时，莫夫再一次谴责说他完全只是业余的，并恶毒地补充说：“你的性格很恶毒。”

这次相遇后来被文森特视为折磨。

就如同在那个春天的每一次灾难中一样，文森特在莫夫的背叛中仿佛看到了泰斯提格那双戴着手套的手。2 月，他们发生过争吵，自此之后，他就怀疑这位经纪人在背后阴谋暗算自己。文森特长期生活在恐惧之中，害怕泰斯提格难以平息的质疑态度会影响到一些在外地的亲友，尤其是森特伯伯，普赫利工作室的会员对自己的敌意全部被他归咎于泰斯提格，因为他在他们中间有广泛的影响力。当莫夫对自己的态度“突然转变”时，文森特立即指责泰斯提格，说他在导师面前说自己的坏话。在偏执的幻想中，他想象着泰斯提格和莫夫在窃窃私语：“你得当心，在钱的问题上，不要相信他。让他走吧，别再帮他。作为经纪人，我实在看不出他将来会有什么成就。”受这些想法的驱使，文森特将泰斯提格想象成一位无情的阴谋酝酿者——“有毒的风”，意图将自己驱逐出海牙。他谴责他诽谤和背叛，咒骂他，说他是“一位嫉妒我的独到眼光的敌人”。

到了 4 月，文森特又幻想着这位阴谋策划者已经盯上了提奥。“泰斯提格告诉我他会要求你停止给我寄钱，”由于焦虑，他发疯般地写道，“他曾说过：‘莫夫和我一定会亲自结束这一切。’”

到目前为止，插画师拳头的力量还没有伤害到提奥。相对于针对莫夫和泰斯提格的夸张语言和激烈指责，文森特在写给弟弟的信中，从来都没有表现出任何明显的敌意，虽然有时他显然会很紧张，对旁人动怒。1月，提奥曾写过一封斥责的信，而文森特的回信也充满着反叛情绪，但在此之后，他们之间的交流演变为一种审慎的亲密——文森特往往反复无常，恳求和威胁混合在一起；提奥则在鼓励的同时也不忘警告。然而，在平静的表面之下，暗潮却在涌动。

他们为了钱而争吵。对文森特而言，没有任何话题比这个更敏感、更具有刺激性了。自从圣诞节被从埃滕赶出来，文森特与所有人都闹翻了，因此，在兄弟俩之间，钱也就成为了具有决定性作用的问题。在文森特跑到海牙后，父母（令人吃惊地）提出借钱给他，被他轻蔑地拒绝了（“每一分钱的去向，都得一五一十地向父亲交代，我很讨厌这一点。”他粗暴地说），而对这位不争气的侄子，森特伯伯也早就不愿再接济。现在提奥已经是唯一的依靠。但是这一支持并不总是靠得住。12月，文森特逃离斯特里克家之后，打算继续留在海牙，提奥就曾拒绝给他寄钱。

他无疑已经意识到会被拒绝，但还是寄出了一封充满挑衅语言的信，这是他第一次从自己的新家写信要钱。莫夫曾借给他100荷兰盾用于为公寓添置家具和“装修”，在这笔钱花完之后，他就将自己的窘境摆到弟弟面前。“骰子已经掷下，我现在只能这么做了，”他毫无歉意地写道，“提奥，我当然只有向你求助，你是否能在不会给你带去不便的情况下，偶尔尽可能地在经济上资助我。”不到一周，文森特就撕掉了温顺的面具，说话生硬起来：“提奥，你到底是怎么搞的？……我一分钱都没有收到……你回信的时候至少得给我顺便寄上一些钱吧。”

2月，当提奥延迟寄第二笔钱过来时，文森特再次感到十分焦虑，他们的关系陷入一种永无休止的怪圈之中，一会儿是充满怨恨的恳求，一会儿是充满负罪感的算计。他自己也很讨厌他对弟弟的依赖，但又无法否认自己对他的亏欠。受到这种情感的打击，他只能在肆意的请求和不情不愿的感激之间摇摆。他不断地用各种誓言来安抚弟弟，保证自己会穿得体面一些，参加更多的社交活动。最为重要的是，他保证会创作出一些有销路的作品——在他的信誓旦旦中，这一愿望的实现永远都近在眼前。他不断地表明自己多么努力地工作，在花钱方面如何节俭，装出精打细算的样子（精心地计算出自己下一次身无分文的具体日子），以此来抚慰提奥。他不断地讲述卡米尔昏厥的故事，“资金匮乏”是引发昏厥的原因。他抱怨说，每当提奥的钱不能及时寄到时，自己就会遭受很大困扰，同时还会忧心忡忡。他抗议说，哪怕只是少寄一个法郎，都会损害到他的艺术，并且反反复复地以各种方式提醒提奥："画家的情绪和状态，将在很大程度上决定着一幅画作的成败。"

他还采用威胁的手段。他以越来越直接的方式不断警告提奥，指出要是不多寄一些钱的话，各种灾难都会降临到自己身上：尴尬、沮丧、病痛（头痛和发烧）、抑郁——尤其是精神上的问题。"不要忘记，如果顾虑和焦虑太多，我会崩溃。"他写道，不断地提及在博里纳日发生的事情，以及全家人围绕吉尔事件的争论。"我自己的创作所引发的焦虑和麻烦，已经够我受的了，"他强烈地暗示说，"如果我有更多其他方面的顾虑……我肯定会发疯。"

与此同时，文森特挑衅般地继续乱花钱，完全不考虑提奥在经济方面的拮据。文森特总是挥霍无度，从来不会做预算，也不知道节俭。贵族出身的范·拉帕德被他援引为榜样。"从拉帕德那里，我再次明白了一个道理，好东西是多么实用，"他解释道，"拉帕德的画室非常好，看上去非常舒适。"即便如此，每个月提奥会寄给他 100 法郎，这原本完全是够他生活的。要知道，在那时，一个普通工人每周才挣大约 20 法郎，这笔钱通常足够维持一家人的生计。虽然文森特有些工人们没有的开销，但提奥一直在给他寄他所喜爱（当然价格不菲）的画纸，文森特还通过"出售"一些作品给科尔叔叔和泰斯提格来赚取一些外快。但文森特还是常常陷入贫困，或者无法支付房租，因为他将最后的一笔钱都花在了书籍、"别致的"笔架、新的画架、更多的模特、公寓条件的改善、更多的版画和插画上，在这方面，文森特的收藏一直在持续增加（在到达海牙后五个月，已超过 1000 件）。他还一直雇用一位小姑娘打扫画室。

问题不仅仅是简单的挥霍。文森特坚持认为，自己理所当然应该得到资助。不管是一种气愤的挑战，还是一种绝望的自圆其说，抑或两者皆有，文森特辩解说，自己的努力工作和高尚目标使得他有权利获得弟弟经济上的支持。因此，当提奥敦促他创作一些有销路的作品来谋生时，他生气地回击说："对我而言，这不是挣不挣钱的问题，而是值不值得去做的问题。"文森特自以为有了冠冕堂皇的理由，理直气壮地维护自己作为艺术家的特权，逃避正式训练，不屑于找份工作来支付自己的开销。他要求拥有一间宽敞的、设施齐全的画室，数量充足的各种绘画材料，以及源源不断的供自己临摹的私人模特——这一切他都想拥有，尽管在此时，他不过是一位前途未卜的新手。债务在不断攀升，但最终都被他转嫁给提奥，并且内心没有丝毫愧疚（"我别无他法"）；同时，他给提奥写了大量的信件，以掩饰这种丢人的依赖，还辩解说，自己有权利获得更多资助。他嘲笑那些穷苦的“可怜虫”，他们“用光了自己最后的几块钱购买彩票，而这些钱本该是用来购买食物的”；而他自己一向大肆挥霍，疯狂地购买奢侈品，直到口袋里一文不名，然后眼巴巴地等着提奥下一次再寄钱过来。

泰斯提格的威胁——“我一定会亲自结束这一切”——使得文森特陷入了慌乱之中，“这怎么可能，他着了什么魔？”他写道，心里极度恐惧，害怕莫夫和泰斯提格可能会同与他们有着类似想法的弟弟合谋，切断自己的经济来源——“从我这里夺走我的面包。”他恳求弟弟的同情（“我已经尽了最大努力，挣扎着度过这个冬天”），并且痛苦地大哭：“有时候，我觉得心都要碎了。”

但这么做的时候，他仍然带着挑战的态度。他不但没有减少，相反还大幅提高了在金钱上的要求。现在要求的不再是每月 100 法郎，而是变本加厉地要求每月 150 法郎——几乎是提奥收入的一半。他还想要一间全新的画室——更宽敞的，因为“这样，模特们摆姿势才会更方便”。更重要的是，他期望得到提奥的保证。“我坚持这样做，让你作出保证，是因为我不想再提心吊胆，成天担心生活必需的经济来源会被剥夺，”他以命令的语气说，“我也不会再总是觉得这是施舍的面包。”不管文森特做了什么——或者拒绝做什么，钱都应当持续不断地寄到他的手中，因为他声称“工人应该总是能够拿到应得的报酬”。这实际上就是在没有任何经济来源的情况下要求获得经济上的独立，这种做法前所未有，文森特一直说得弟弟不知如何应对才好。

和莫夫及泰斯提格一样，提奥面前现在出现了这一令人痛苦的僵局：文森特痴迷于人物素描，他不仅拒绝放弃，甚至让他有所收敛，他都不愿意。他顽固地宣称自己是人物素描的虔诚门徒，拒绝一切形式的妥协，因为在他看来，这是投降，他会愤怒地反抗，以此回应全部的挑战。甚至缺乏他那样的激情也会被他认为是一种无法容忍的道德上的怯懦行为，就像布赖特纳、德·波克和普赫利工作室的画家们那样。

人物素描为什么对文森特如此重要，以至于他为此不惜得罪荷兰艺术界最有影响力的两位画家，甚至挑战对自己关爱有加的弟弟？为什么他愿意牺牲自己获得成功和被同行们接纳的最好机会，凭借一种已被证明毫无天分的艺术形式谋生，并且抵制一切试图在这方面对他进行指导的企图？这仅仅是因为叛逆的天性吗？要知道，经历了在阿姆斯特丹和埃滕的双重打击之后，他那插画师的拳头仍然在愤怒地向世界挥舞。或者是因为什么别的原因？

对于任何去过他在施恩韦格的狭小公寓的人而言，答案都显而易见。屋子不大：一个房间、一个嵌在装饰性壁炉内的大肚火炉、一间刚好放一张床的卧室、一扇可以俯瞰木匠那堆得乱七八糟的院子以及邻居的晾衣绳的窗户。整幢廉价的房子毫无特色可言，位于海牙郊区的地块，距离雷金斯普车站不远，到处都稀稀落落的，还没有得到很好的开发：这里有菜地、煤渣铺就的道路、不绝于耳的火车的喷气声和尖厉的轰鸣，路过的火车距离前门才几步之遥。这里既不是真正的城市，也不是真正的乡村，三教九流之辈才会居住在这一地块，“体面”人士很少光顾这里，更不要说居住了。

在施恩韦格 138 号第二层后面的公寓之中，总是有一些奇怪的访客，这无疑让邻居们充满好奇。有时候是文森特带他们过来的，有时候是他们独自前来。从早到晚，都有人来来往往：有男孩和女孩，有时候由他们的母亲陪伴着，有时候没有；年轻人和老人都有——但从没有任何尊贵的女士。从打扮来看，都不像是来拜访的，因为他们都只穿着“平平常常的衣服”，并且很明显，其中很多人根本就没有什么别的衣服可穿。

这些都是文森特的模特。他在任何可能的地方寻找模特：施粥场、火车站、孤儿院、养老院，甚至是在大街上。一开始，他也想要聘请有经验的模特，就像莫夫那样，但是高昂的花费是他无法负担的。此外，他经常喜欢和陌生人搭讪，请求他们为自己摆姿势，并且乐此不疲。以一种劝说与威胁相结合的方式“猎取”（他自己的用词）模特，非常契合他那传教士般的思维模式。但是比起乡下的埃滕，在海牙要想这样做，困难要大得多，因为在埃滕他可以令人信服地宣称这是艺术家的权利。“在寻找模特上，我遇到了非常大的困难。”在到达后不久他就抱怨道。

一些人拒绝长途跋涉去他位于市郊的画室；一些人答应去，但从未出现；一些人来了一次，之后就再也不会露面；一些人拒绝是因为不想“赤身裸体”；一些人可以来，但仅仅只限于周日；一些人不屑地拒绝他，因为他穿着破旧、沾满颜料的衣服，还有一些人拒绝他，恰恰是因为他穿了一件体面的外套。当然，在任何时候，报酬都是关键因素。一些孩子为他摆姿势，父母们往往要价不菲，文森特因此不得不去雇请孤儿。因为距离远，模特们再次来这儿时，还会要求他支付额外的交通费用。他为了省钱，有时候碰到一个人，会要求对方待在原地不动，供他作画。但当他真正开始创作时，他很快就发现这样的状况并不能让人满意。“结果往往是，我心中有一种强烈的愿望，希望他们摆这个姿势的时间能够更长，”他说，“仅仅要求一个人或一匹马短时间站立不动，并不能满足我的要求。”

一旦许诺的报酬、恳求或者甜言蜜语奏效，文森特成功地将某人带到画室之后，他就要开始成为他们绝对的主宰。“他一点也不和善。”其中一位模特回忆道。在他只有一间房的公寓的某处，他让他们重新着装，换上自己提供的衣服，然后固定他们的动作。参照自己的巴尔格练习、收藏的画作以及之前的习作，他让他们摆出其中的各种姿势。他经常会让同一个模特穿上不同的衣服，或者让不同的模特摆出自己喜欢的姿势，然后重复不断地画。他还重新设置了一些曾在街道上画过的场景：沿着运河拖着绳子的男孩或在精神病院旁游荡的女人。他总是尽力让每位模特摆出更多的姿势，仿佛害怕这将会是他最后的一位模特。从前到后，从左到右，他会认真地画每一个姿势。

虽然工作速度非常快，但画一幅画通常至少也要半个小时——这还不包括寻找到适合的光线，调整好自己确实想要的姿势；要知道，这个过程漫长而又乏味。当找不到合适的姿势时，他开始仔细研究脑袋、脖子、胸部、肩膀、手、脚——用自己不知疲倦的铅笔和炭笔穷尽每位模特的每一个方面，直到阳光从朝南的窗口消失。当冬天天气稍微暖和一点，他会带模特到室外，或者指示他们在特定时间和地点与他见面，这样他就可以固定一幅作品之中人物的姿势，或看到光线照射到他们身体上的哪个部位。他承认，无论对于模特还是他本人而言，这都是一份“艰难的工作”。当光线、姿势或铅笔让他不满意时，他会“暴跳如雷”，并从椅子上一跃而起，尖叫道：“真该死，这全部都是错误的！”模特们经常怨声载道，有时甚至会直接摔门而出——正如在他人生的其他时刻，朋友们所做的那样。

除了这些问题，文森特的模特总是不够。在埃滕，他可以每天都有模特，因为这些人大部分都是涉世不深的乡下人，一周就只需要四法郎。但即便在那时，他也在抱怨模特不够。在海牙，专业模特一天的要价就是四法郎，但他仍然会雇用他们，直到身无分文。很快他开始探访海牙的风月场所，在这里，只要支付少量的钱，穷人和无家可归者就什么事情都愿意做。（要知道，接受救济的母亲们一周才只有三法郎。）业余模特费用比较低，但这往往会促使他雇请数量更多的模特，并且频率也更高。一个月之内，从早到晚，每天他都有模特。当找到喜欢的模特时，他会紧张地开出各种更诱人的条件，希望他们再来，包括固定工资（无论是否会用他们）、加薪和预付款。到了3月，通过这一方式，他至少同三位模特“签订了合同”，承诺每天支付两个法郎：每月60法郎——几乎是提奥给他的钱的三分之二。他已经开始计划在夏天精心安排一次活动，画裸体画。

为了说明这笔不菲开支的正当性，文森特向弟弟灌输每个可能的理由。他坚持认为，花在模特身上的钱越多，创作的作品也就会越好。他警告说，工作时如果没有模特，结果只能是自己的“毁灭”，尝试凭借记忆来画人物太“冒险”。在他看来，模特们给了他成功所需的勇气。他后来说，因为那些模特，他“无所畏惧”。他发誓，为了把更多钱花在模特身上，自己可以牺牲一切，从食物到绘画用品。他说得斩钉截铁，不久前他在泰斯提格和莫夫面前坚定拥护的原则却被他完全忘却。一方面，他宣称人物素描具有道德优越感，因为它是“深入事物本质最不容置疑的方法”。另一方面，他则主张雇用模特作画是保障商业成功的最可靠方法，还举例说流行杂志插画家“几乎每天都有模特”。

在逻辑不清的理由背后，隐藏着更为深刻的原因：在画室里，文森特主宰了一切。按照他自己的说法，他主宰着模特，或试图这么做。每一次面对模特，都被他视为一次为了争夺控制权的战斗，并且只有两种可能的结果：屈服，或者强迫对方屈服。在模特们身上，文森特说自己最欣赏的品质是“逆来顺受”，他充满渴望地谈道“以自己的方式与模特们相处”，“让那些为我摆姿势的模特们无论在哪里，无论多么长时间，都能够按照我的意愿去做”。他总是喜欢把模特比作妓女，因为在他看来，这二者最大的美德就是言听计从。他常常让模特摆出屈服的姿势——膝盖弯曲、低着头、掩着脸。说起模特时，他总是使用充满强制和控制的语言。“管好模特，”他建议道，“不要成为自己模特的奴隶。”

医生施加在病人身上的那种力量，被他奉为心目中的理想。“该如何消除病人的顾虑，并且让病人完全按自己的意愿去做，医生总是非常清楚。”他不无嫉妒地写道。他表示特别钦佩外科医生，他们处理病人时非常“突兀”，也“不会担心会对他们造成什么伤害”。在观察一位外科医生的工作后，他发誓：“将来，我将尝试以医生对待病人的方式对待模特，也就是说严格控制他们，让他们严格地按要求摆出所需的姿势。”当时他最喜欢的画作中，有一幅是这样的：一群警察把一名罪犯摔到椅子上，以便拍照，竭尽全力地让这位不停挣扎的嫌疑犯保持固定的姿势。这幅画作的名称为《腼腆的模特》。

文森特与模特之间的斗争和他与材料之间的斗争类似（他说，他们之中的一些人“有灵性地倾听并且服从”，而其他人则“无动于衷并且不情不愿”），当然也反映了他同艺术之间更为宏大的战斗。“起初，艺术家总会遭到来自事物本质的抵制，”他解释说，

《埋首坐在篮子上的女人》，1883年3月，纸上粉笔，$18^{3}/_{4}$英寸×$11^{5}/_{8}$英寸。

> 但如果你真的认真对待它，你将不会被它的阻力所阻碍……你必须和它短兵相接，并且以钢铁般的手腕……在和自然肉搏和战斗了一段时间之后，我发现它更加屈服和顺从……这有时有点像莎士比亚所说的“驯服这位悍妇”。

只有在画室之中，和模特们在一起，文森特才能在这一殊死斗争中占据上风。在其他任何地方，对他而言，胜利都是那么遥不可及：在家里、在朋友圈中、在和导师的关系上，甚至是在对提奥永无止境地妥协的爱中。只有在画室里，他才仿佛可以获得控制。只有在这里，指挥着那些贫穷的、顺从的模特，他才能使世界顺从自己大脑之中的画面。“要是能只与画室里的那些人打交道该多好啊！”他感叹道，“我个人无法和画室之外的那些人相处，也无法让他们做任何事。”

在这个由插画师的拳头粗暴地控制着的狭小世界中，文森特找到了一个新家。在世界上其他任何地方，他都会觉得自己像一个无家可归的人，极其弱小（一想到要去埃滕，“我就不寒而栗”，他说道）。在施恩韦格的画室里，从每天在这里上演的统治与屈服的仪式中，文森特找到了心目中理想家庭的样式，他曾试图把这一样式强加给父母及弟弟妹妹，但频频失败。他选择模特们穿的衣服，并设定他们扮演的角色。以父亲般的坚定意志力，他让他们摆出合适的姿势：一位在窗口缝衣服的母亲、一位做家务的姐姐、一位缄默地坐在火炉旁的父亲。在吃饭时间，大家围绕着一张笨重的餐桌一起用餐。他为孩子们举办晚会，几乎可以肯定的是，有时他还提供住所让他们过夜。

他不仅小心翼翼地呵护自己掌管的领地，还一直操心模特们的情感健康，渴望用真诚的感情纽带加强与他们之间的这种伪装出来的关系。“我对模特们十分了解时，也就能把他们画得更好。”他争辩说。为实现这一幻想，对于可以雇用同一个家庭的不同成员来为他摆姿势的机会，他是绝对不会放过的。在开始的几个月里，他雇用过一位妇女，以及她年幼的女儿和年迈的母亲。“她们都是穷人，”他欣喜地说道，“并且非常配合。”

不久之后，文森特不出意料地渴望使这个残缺的家庭变得完整。5 月初，他写信给提奥，说喜欢上了一个怀孕的妓女。他透露说，他私下资助她和她的家庭已经数月了。

他说他打算和她结婚。

第十七章　我的小窗

无须怀疑的是，早在文森特承认之前，有关哥哥与妓女西恩·霍尼克的风言风语就已经传到了提奥的耳朵里。由于总是在隐匿和反叛之间挣扎，大概是在 1882 年 1 月末事情发生后，文森特偶尔才会采取些措施来掩盖这件事情——考虑到文森特过去的丑闻，以及遍及这座城市的家族耳目，文森特此举确实是目空一切。然而，每当家族的某位使者参观施恩韦格的画室，并发现他在与自己的“模特”一起工作时，他总会为此痛苦好几周，害怕提奥会知道。任何来自巴黎的不愉快的暗示，都会引发他焦虑的、拐弯抹角的询问（“你是不是知道了什么我不知道的事情？”）和一些奇怪的、抽象的、关于“艺术和私人问题之间的界限”不可侵犯的论述。

即使缺乏第一手的报告，提奥肯定已经有所怀疑。在那时，模特和妓女之间的角色可以自由转换，在艺术圈中，艺术家和模特间的绯闻已是老掉牙的话题，文森特喋喋不休地谈论模特，不可避免地会让人联想到背后的潜台词是性。而且一直以来，兄弟俩经常会交流一些关于娼妓和情人的故事。即使在仍然保有宗教信仰的那些年间，对于“堕落的女人”、“好色的男人”以及“强烈的欲望”的危险，文森特也始终是津津乐道的。在斯特里克家遭到彻底失败后，文森特在阿姆斯特丹见过一位妓女，他写信向提奥讲述了自己对那些“该死的、受到谴责的和被鄙视的女人”的特殊情感。

1882 年 1 月底，他给提奥写了另一封赞美妓女的信，直截了当地指出：

> 如果有这么一位你可以信赖并且还有点感觉的妓女，偶尔去光顾一下，千万不要犹豫，当然这种情况确实还是挺多的。对于一位工作极为勤奋的人而言，这是必要的，或者说是绝对必要的，因为这可

以让你保持身心的健康。

在同一周，文森特胜利地宣称："我已经有了一个固定的模特，她从早到晚都在我这里，而且还不错。"不久之后，他就宣布自己已经开始画裸体画了。

三个月之后，真相终于大白于天下。由于总是害怕莫夫和泰斯提格会揭露他的骗局，并且自己的新"家庭"带来的经济压力也日益增加，到了4月，文森特被迫将自己和西恩的事情告诉了提奥。他无法预料会出现什么样的结果，所以没有直接向提奥坦白这一切，而是选择了开始另一场说服。在四周之内，他给提奥写了八封信，信中不仅有他的处心积虑，还充斥着他的热情——其中的一半是合理的说明，另一半则是来自内心的强烈呼唤，目的在于为即将被揭露的真相尽可能地披上一层引人同情的外衣。

首先，他加强了对泰斯提格和莫夫的攻击，将自己塑造成无情敌意下的一位烈士。他坚持认为，他们中一个人反对他的艺术，另一个人则憎恨他奇特的举止和着装风格。他明显是在指责他们无法客观公正地评论他的私生活。

之后，他对自己的艺术重新定位。第一次引用布赖特纳关于"人民画家"的说法，在他看来，为了创作，必须得自降身价，和为自己摆姿势的"劳动者和贫苦的人们"打成一片。他声称，八年前在伦敦英文杂志上刊载的社会写实插画，是自己真正的灵感来源——实际上，在当时，那些画作并没有给他留下什么特别印象。"为《绘画》和幽默杂志《笨拙》工作的插画师是在哪里找到模特的？"他问道（提奥可能依据此问证实了自己的猜测），"难道他们不是亲自在伦敦最贫穷的小巷里寻找的吗？"

如果说海牙的艺术圈过于浮华，文森特并不合群，如果说他的行为举止没能取悦市侩的莫夫或者那位受人尊敬的经纪人，那么他争辩说，这只是因为他属于一个"不同的世界，与大多数艺术家不一样"。他的艺术创作需要更深层次的、更接近自然的东西。"来自材料的美，并不是我所想要的，"他说道，完全不理会对于他的粗糙画作的批评，"我需要的是来自我自身的美。"那种真实，那种美，其实就是爱。但并不是任何形式的爱，而是对一个女人的爱，而这个女人同样属于另一个不同的世界——一位"公共的女人"。

在信的结尾，文森特还提醒了提奥自己对凯·沃斯的那一次单相思，以及当他无法得到自己欲求的对象时，降临于他们家庭的风暴。"去年，我给你写了这么多的信，谈到了我对爱情的思考，"他说，"现在我再也不会那样做了，因为我忙于将这些想法付诸实践……不断地对她朝思暮想，而忽略生命给我的其他馈赠，这样难道会更好吗？”通过一个直接的假设，文森特向提奥询问自己该何去何从：如果一个模特告诉他，“我不仅今天会来，明天和后天也会来；我知道你想要什么。你想做什么我都答应。”文森特宣称如果这种情况发生——实际上，此时早已发生，那么自己全部的问题就都能迎刃而解：自己的绘画将会进步，并且会有不错的销路，并且（这对提奥而言是最重要的）他们的家庭将会恢复平静。“父母将会来看我的，”他保证道，“并且双方的态度都会有所改观。”

《悲伤》，1882年4月，纸上粉笔，$17^1/_2$英寸×$10^1/_2$英寸。

一如既往，文森特的这些观点在绘画中得到了最充分的表达。4月中旬，他送了提奥一幅画，这幅画能表达他的一切真诚请求。画中是一位裸体的女人，双腿合并在胸前，双臂交叉，低着头——瘦削的四肢靠在了一起，用学院派的巴尔格粗线条呈现出来，她的全新姿态以此为基础。这张

$17^1/_2$英寸 ×$10^1/_2$英寸的纸几乎已经被她弯曲的身体填满，她好像是被关在一个箱子之中。乳房下垂，肚子凸起，显示出她已有身孕。

文森特将千言万语都画在了这幅弱女子的图画之中，用它来说明自己的那段仍然隐秘的关系。其中不仅有他在伦敦杂志上看到的那些无家可归的、遭受迫害的母亲们，还有米什莱的观点（爱可以包容一切）和米勒的木刻画（一位牧羊女表现了另一类柔弱的女人）。在背景中，他画了许多植物，这些植物都经过精挑细选，具有象征意义——代表纯真的百合花、代表纯洁的雪花莲、代表忠诚的常青藤。此外，他还加上了一棵正在萌芽的树，这棵树象征着重新燃起的希望和爱的拯救。凯·沃斯给自己造成的伤害也被再次提起——“没有任何东西可以填满内心的空虚。”最后，在画的底端，他还加上了一个英文单词——Sorrow——作为他全部请求的标题。

文森特称之为“我迄今画过的最好的人物画”。

在最后时刻，随着真相即将大白于天下，他又寄出了一幅画，画的四周环绕着另一段文字。画面上是一棵黑色的树，瘦骨嶙峋，经过暴风雨的冲刷，折断的树根已暴露在外面——另一幅关于脆弱和不屈不挠的精神的习作。“我尝试着将投射到《悲伤》之中的情感，倾注到这幅风景画中，”他解释道，“这种无法自控的、热情的、对大地的附着，尽管有一半已经被暴风雨破坏。通过这个苍白的、瘦弱的女人的形象，以及这个黑色的、扭曲的和长满节疤的树根，我想表达的是生命的挣扎。”

5月初，时间已经所剩不多。确信已经无法再保守秘密，文森特最终决定坦白一切。他理直气壮地在坦白中加上了上个月用过的那些辩解。“我怀疑有些事情……正在谣传中……我一直有所隐瞒。文森特正在遮掩一些不太光明正大的事情，”他这样开始道，不仅是说给提奥听，同样也说给幕后的敌人莫夫和泰斯提格听，

> 好吧，先生们，我想请教你们，你们这些看重举止和教养的人……哪一个做法更有教养、更体贴、更勇敢：是遗弃一个女人，还是关心一个已被遗弃的女人？去年冬天，我遇见了一个被肚子里孩子的父亲抛弃了的怀孕的女人。一个怀孕的女人在寒冷的冬天里卖淫——她需要赚钱养家糊口，你们想想看吧。我雇用了这个女人作为我作画的模特，并且整个冬天都和她在一起工作。

这个女人是谁？

克拉西娜·玛利亚·霍尼克在海牙一个文森特不可能看到的地方长大。她的父亲皮特是一位行李搬运工，之前也许为梵高家族的人提过行李，或往卡本特斯家族城区的某一处住宅送过信。皮特的弟弟，一位马车夫，或许为梵高家族接送过客人，或送卡本特斯家族的某个人去逛过街。皮特的母亲也叫克拉西娜，指不定还同梵高的某一位好色的伯伯或叔叔上过床。从生下皮特到嫁给一位铁匠的16年间，克拉西娜就一直住在盖斯特的贫民窟里，而这位铁匠或许曾为梵高家族的马钉过蹄铁。关于这一家族的公共记录寥寥无几，里面满是私生子、逼婚、婴儿夭折、离婚、再婚以及艰难度日的故事。

妻子玛利亚·威廉米娜·皮勒斯为皮特·霍尼克共生了11个孩子。为了抚养这些孩子和养家糊口，皮特努力而艰难地工作，最终由于过度劳累，死于1875年，终年52岁。在他去世的时候，有三个孩子已先他而去。三个最大的孩子被迫自己谋生，另外三个（都还不到十岁）则被送往孤儿院。剩下的最大和最小的两个孩子都是女儿，留在了母亲玛利亚的身边。那时，最年长的25岁的女儿克拉西娜已生下了第一个私生子。这个私生子出生不到一周就已经夭亡。

克拉西娜（也称“西恩”）同3岁的妹妹及46岁的母亲一起，做着不得不去做的事。她的兄弟们可以做各种低贱的工作——给别人的屋顶盖上茅草、打扫店铺、修理家具等——挣点小钱，但只够自己买烟买酒，同时还得在拥挤的盖斯特养育下一代的私生子。虽然这是一个全新的时代，但对那些无依无靠的可怜女人却并不仁慈。资本主义为阿姆斯特丹这样的商业中心带去了大量全新的工作岗位，但由于海牙没有港口，因此很少会有工厂开设在这里。未受监管的小作坊工作时间很长，报酬却少得可怜，而且工作环境极其恶劣；还有些可以在家做的计件工作，多数是缝纫工作，不稳定，工资少，光线也不好（弄不好就会导致失明）。雇主即使非常仁慈，也不会想到要付给女人可以糊口的工资，女人的收入总被认为仅仅是补贴而已。

在不同的场合，西恩和母亲都宣称自己是裁缝或女佣，但受害者和官员们都在极为宽泛的意义上使用这两个词语，以便掩盖由贫穷带来的羞耻感，当然还有不可避免地由贫穷所引发的一些丑恶现象。（在英国，“女裁缝”已成为妓女的委婉说法。）在第二个私生子（这个孩子在1877年出生）的出生证明上西恩被礼貌地描述为没有职业的女性。要想逃避苦难的生活，教会救济和公共援助提供的庇护远远不够；但对一个女人来说，要想过上稍微好一点的生活，就只能找个男人——不管是作为一辈子的依靠，还是仅仅为了晚上有个栖身之所。

卖淫可以赚钱，却并不安全，而且竞争非常激烈。这项工作无须训练，也不需要什么口才，吸引着大批来自乡下和其他国家的女人。大多数妓女过着游牧式的生活，每过几个月，就要从一个地区搬到另一个地区，从一个城市迁徙到另一个城市，甚至从一个国家去往另一个国家。为了照顾母亲、妹妹及新生儿，西恩本可以申请去城市的一家正式的妓院——国家管理妓院源于拿破仑的“法国体制”。但这意味着必须忍受羞辱，到权威部门去注册成为一位“公共的女人”——一位“人民的女人”，佩戴遭人唾弃的红卡片，并定期参加健康检查。一系列繁琐的文书工作及公开的耻辱（这是在荷兰，而并非法国）使得大多数女性，包括西恩，不会去申请获得正式的官方证书。

但是在盖斯特拥挤不堪的街道两旁，有着为数众多的啤酒屋、酒吧、咖啡店或是小餐馆，只要这个女人伶俐一些，就可以找到大量赚钱的机会——而非安全感。在官方体系之外，卖淫业异常兴盛。和正在兴盛的印刷业一样，卖淫业同样受到新贵和资产阶级消费主义的滋养，利润越来越可观，也更为普遍。接二连三旨在推进公共卫生和公序良俗的运动，在一些保守的农村地区普遍开展，于是，妓女和她们的赞助人被挤向更少但更大的城市，如海牙，由此创造了一个摧残人性但又无法逃脱的地下世界，这里由肉体血汗工厂和计件工作组成。

为了在这个世界生存，西恩·霍尼克已经付出了惨重的代价。1879年，她产下了第三个私生子，那个男孩出生四个月后就死了。不到两年后，当她遇到文森特时，32岁的她看上去比实际年龄至少要老上十岁。她苍白而又憔悴，面颊深陷，两眼无神，曾经吸引着不忠的丈夫和热爱冒险的年轻人的魅力，现在早已退去。在《悲伤》这幅画作中，为了弥补这些不足，文森特让她在摆姿势时把整个脸埋起来，这样就可以把她满是天花伤疤的脸遮住。那时在描述她时，文森特说道：“这是一个丑陋的、人老珠黄的女人。她已不再美丽，不再年轻，不再妖娆，也不再愚蠢。”多年来粗暴的客人、公众的羞辱及政府的漠视已将她最后的文雅都榨得干干净净。她脾气很坏，像个水手一样说脏话，几乎不洗澡，抽雪茄，像男人一样喝酒。长期以来，由于咽喉方面的问题，她的声音也变得很奇怪，有些沙哑。

文森特说其他男人认为西恩“令人厌恶”，并且“难以忍受”。晚上流连于咖啡店和人行道，白天出没在施粥场和火车站，她没有多少时间照顾妹妹或女儿（文森特称之为“一个病怏怏的、无人照顾的丫头片子”）。多年的烟酒嗜好、营养不良、多次怀孕、至少一次流产以及夜间工作的劳累使她的身体“状况极其糟糕”，文森特说，她就是“一块没用的破布”，遭受着伤痛、贫血和肺结核的“丑陋症状”的折磨。除了杜松子酒和香烟，她生活之中唯一明显的乐趣就是占小便宜。当然她不识字，虽然在名义上是罗马天主教徒，但对她而言，宗教信仰却是一种奢侈——或一种会妨碍到生计的兴趣爱好。她甚至不能尽到做母亲的职责。在认识文森特的这几年内，她把自己幸存下来的两个孩子，都送给了亲戚。

但是，在文森特的眼中，她是“一位天使”。

其他人将她视为一位引诱别人误入歧途的罪人——有着无法控制的欲望的女性，“自作自受”的荡妇，人人都应该敬而远之。但在文森特眼里，她却是一位贤妻良母。他说：“和她在一起，我就有了家的感觉。她给了我属于自己的家和温暖。”他将她持家的美德都一一列举出来——安静、节俭、适应能力强、帮得上忙、很有用，还骄傲地将她如何帮自己补衣服、整理画室都记录了下来。对她的厨艺，文森特的评价很高，认为是“让人觉得生命可贵的东西之一”。他还称赞地将她比作曾经在津德尔特照顾过自己和提奥的那位保姆。“她知道怎样让我安静下来，”他写道，“而这却正是我自己都无法做到的。”

在别人看来，她是个精明的、诡计多端的人，而文森特看到的却是一个被动的、逆来顺受的“丫头”，无助到连自己铺床都不会。他叫她“可怜的小东西”——“温顺得像一只驯服的鸽子”。在他眼里，她就像寓言故事之中那只走失的无辜的小动物，主人就是那位“只有一只小母羊的可怜男人”。“它生长在他家里——和他共食牛奶面包，在他怀里睡觉，对他而言，它就像是自己的女儿。”在西恩茫然的、无法穿透的眼神中，文森特看见的是这样的一种信息，就像“一只临死的羊在诉说：‘即使惨遭屠戮，我也不会反抗。’”

在文森特眼里，西恩就是圣母玛利亚，而并非一位易怒的、粗俗的妓女。他说：“她是多么纯洁啊！这真是太好了。”他赞扬她细腻的情感和善良，并且对她说，不管她过去做过什么，“在我眼中，你永远是美丽的”。他设想她是故事中身陷险境的女主人公，而自己就是勇敢的拯救者。她的生活越堕落，文森特拯救和救赎的幻想就越强烈，直到最后他觉得自己是在用爱进行着一次最伟大的改造计划。他引用基督在客西马尼园的一句誓言——“愿你的旨意行在世上”——来发誓将拯救西恩，就像在博里纳日时，救助受伤的矿工们一样。

在任何地方，他都能发现她的脸——在尤金·德拉克洛瓦的《圣母玛利亚》中，在阿里·谢弗（《安慰者基督》是他的画作之一）理想化了的黑暗女士中，甚至在维克多·雨果的女主人公的身上。在翻阅他收藏的画作时，他把她视为《爱尔兰移民》中那位保护家庭免于被驱逐的勇敢的女家长，《同意的是她的贫穷，而不是她的意愿》中那位不得不在出卖肉体和让孩子忍饥挨饿之间作出选择的绝望女人，还有《弃儿》中不得不将孩子抛弃在孤儿院门口的伤心欲绝的母亲，以及《逃兵》中眼睁睁地看着丈夫被戴上手铐后被带走的绝望妻子。面对其中的任何一个形象，他都会评价说："她看上去就是那个样子。"

最终，在她布满伤疤的脸上，他看到的是耶稣的形象——"戴着荆冠的耶稣就有那样哀伤的神情，只是这一回是出现在一个女人的脸上。"

文森特不仅会看到这些画面，而且会沉溺于其中。带着无穷无尽的好奇心、着迷般的狂热、敏锐的接受力以及令人吃惊的记忆力，他将这些画面深深地印刻在自己的意识和思维之中。他的童年全部由画面组成——说教的、劝诱的、警醒的和提供灵感的画面。通过参照画作之中的世界，他继续对真实的世界进行分类和描绘。

在品评他人时，他凭借的是他们在房间里挂的画或与他们最像的图画。他用图画来表达情感和谴责别人，并且通过提及自己墙上不断变动的画作来描述自己曲折的进步。在写给提奥的信中，他不管是说明观点，还是表达情感，都会借助于图画，到了最后，在兄弟二人之间形成了一种关于意象的语言：树根和牧羊女、草地中的小径和墓地、酒馆老板的女儿和革命青年。每次兄弟俩不管是谁爱上社会地位低下的女人，只要提及圣母玛利亚，全部的意义就尽在其中。他说，安徒生充斥着他的梦境，而噩梦中则是戈雅。

一次又一次的危机让他痛不欲生，他对画面的要求也越来越高：将这些画面变动、组合、层叠为越来越复杂的"表达形式"，就像里士满布道之中的《天路历程》一样。为了安慰别人（或是得到别人的安慰），他越来越关注自己的想象世界，这个想象的世界由浪荡子、坚持不懈的播种者和受暴雨侵袭的海上小船组成，他很少关注身边的真实世界。

从 1879 年开始，灾难接踵而来——博里纳日、吉尔、凯·沃斯和现在的西恩，驱使他彻底进入到更为舒适的另一个世界里。看到博里纳日的颓败，他眼前出现的是"中世纪布鲁盖尔的画作"。看到一车受伤的矿工，他就会想起约瑟夫·伊斯雷尔的画作，而看到一位年老的妓女，他则会想起"夏尔丹或扬·斯坦画笔下的某位古怪的人物形象"。当他在海牙舒适的画室中，仔细地端详一件关于煤矿工人罢工的木刻作品时，他似乎感觉这件作品比自己三年前亲身经历的那次罢工更真实——也更动人，更鼓舞人心。借助艺术感觉的修正，一切的贫穷或痛苦都能够被看得更清楚，而一切爱情的真谛都淋漓尽致地表达在一系列的画作之中。文森特尽管极力反对自己“对事物本身和对现实的感觉”，但依然笃信一个观点：米勒或玛丽斯画笔下的“现实”，要“比现实本身更为真实”。他宣称：“艺术，才是生活的本质。”

在文森特的现实中，图像在讲述着一个个故事。在文森特看来，在孩子们的传统故事书和插图课本之中，图像永远都无法逃避叙述的职责。在英国，他用画作来讲课。在阿姆斯特丹，他在准备大学考试时，用图像来帮助自己学习，并且为一些没有插画的课文画上插图。在作为一位传教士时，他会在宗教版画的空白处写上《圣经》之中的文字和一些诗句，不断地诉说自己的虔诚。一些片段性的成系列的画作（如《一匹马的一生》、《一个酒鬼的五个时期》）经常会让文森特着迷不已，之后会无休止地思考如何安排和布置自己的作品，从而使其形成一个整体，比单幅的画作更有说服力。

以一种讲故事的人的那种喜悦，文森特不断向提奥描述这些画作：

> 一位老人正坐在一个挨着壁炉的角落里，炉床上一小块泥煤在暮色中微微地闪着火光。那老人坐在一间黑暗的小屋里，小小的窗子上挂着白色的窗帘。同他一起变老的一条狗，就坐在他的椅子旁——这两位老朋友互相望着对方的眼睛。与此同时，老人从口袋里拿出烟袋，在暮光中点燃了烟斗。

文森特收藏的一系列画作中，充满了与这一幅（伊斯雷尔的《沉默的对话》）类似的意象， 它们的故事性都浓缩在作品的标题、传说或说明文字之中：比如“在死神门前”、“援手”、“希望与恐惧”、“昔日的光辉”和“重返家园”。在早期作品（如《悲伤》）中，文森特遵循的是维多利亚时期的艺术时尚，通过艺术作品来叙事说理。1882 年 4 月，他送给提奥第一幅裸体画，画面上是一位笔直地坐在床上的女人，同时还附有一段解释性的叙述：

> 托马斯·胡德写过一首诗，讲述一位富有的妇人，晚上无法入睡。因为在白天，当她出去买衣服的时候，看到了一位贫穷的女裁缝——

她脸色苍白、身形瘦削，似是患了肺痨般虚弱——坐在一间封闭的屋子里面工作。现在她为自己的财富而受到良心的谴责，因此晚上辗转难眠。

他给这幅画取了一个名字：《贵妇人》。对文森特而言，一幅画如果没有醒目的或提示性的说明性文字，不管是否写在作品的底部，它都是不完整的。对于缺乏此类说明的画作，他的态度是全然拒绝，比如朋友布赖特纳的那些阴郁的、“神秘的”画作。

在文森特的现实中，意象同样必须具备“意义”。在文森特看来，任何意象如果不能超越自身直接的主题，去追求一种更为深邃的意义，一种更为广泛的相关性，那它就不过是“印象”——一件转瞬即逝的手工艺品，就如同一幅草图，只有在画家继续探寻更为“高贵和严肃”的主题时，才能够派上点用场。要想获得意义，意象必须揭去可观察到的现实世界之中的具体特性，“专注于那些能够让我们夜不能寐、思绪万千”的东西。他说，能够“超越于自然之上的”画作，才是“艺术之中的最高境界”。

文森特的想象力一直浸淫于隐喻和中世纪的内在性观念之中，因此在他看来，任何主题都可能是在寻求更为深层次的意义。甚至莫夫的海滩画卷中出现的几匹老马，也在向文森特讲述着一种“强大的、深刻的、实用的和无声的哲学”：“耐心、服从、心甘情愿……它们希冀能够活得更久，多干点活，即使在第二天，它们就会被拉去屠宰，那也不要紧，它们已准备就绪。”文森特的世界之中充满着被虐待的老马之类的“有着众多意味的”意象：旅行的香客、两边整齐地排列着树木的道路、荒野中的小屋、远处的教堂尖顶、火堆边泰然纺织的老妇人、绝望的老人、一起吃晚餐的家人以及成群的劳动者。“相对于现实中在田野上劳作的普通播种者，”文森特曾宣称，“米勒的《播种者》意义更为深远。”

在文森特的现实中，意象能够激发情感。出生在一个多愁善感的家庭和时代，文森特在欣赏作品时并不仅仅希望能获得指示或灵感，最重要的是，他希望能够被打动。他说，艺术应当是“个人的、私密的”，艺术应该关注“能动人心扉的事物”。这种维多利亚时期的爱，不仅体现在那些戏剧性的场景之中——临终病床前的守候、泪别、皆大欢喜的团圆，还体现在很多普通但甜美的生活性小插图之中，如提篮子的小姑娘、带孙子的祖父母、打情骂俏的情侣、做祷告的家人、鲜花和小猫——这些美丽的意象是如此受欢迎，以至于最终逐渐发展为一项新的产业：贺卡。他认为，“情感”是一切伟大艺术的基本要素，并为自己的艺术事业定下了最高目标：“创作能够打动人心的作品。”

在文森特的现实中，哪怕是风景画也应具有能同心灵对话的能力。“美丽风景的秘密，”他写道，“主要取决于真实和诚挚的情感。”他赞扬巴比松画派的画家，因为他们同自然之间有一种“让人心碎”的亲密。但是对文森特而言，自然始终是意象和情感的源泉：从河岸和荒野的安慰，到卡尔和米勒的构思。从早年开始，他就在收集风景画，这些画作不仅体现了浪漫主义者在面对庄严的大自然时所表现出来的敬畏，还表现了维多利亚时期关于“大自然的情感”的独特理解。任何季节、一天中的任何时刻，以及各种天气状况都被认为有各自独特的情感效应。画作可以被简单地描述为具有“秋天的味道”、“夜晚的感觉”、“日出的效果”或“下雪的感觉”。任何自然现象都具有某种独特的情感上的寓意，就如同一幅画作的标题一样，就像小孩子的故事一样确定无疑和抚慰人心：日出代表希望，日落代表宁静，秋天象征忧郁，暮色象征渴望。

在文森特的现实中，不管是对于意义还是情感的追求，都应该包含简洁。在创作之中，他有一个要求，那就是画的所有意象都能让“几乎每个人都能理解”——将每一种意象都简化到“最为基本的成分，有意地忽略不必要的细节”。尽管在智力上，他总能够体察入微，并且涉猎广泛，但是他仍然喜欢一目了然的意象。他从含义极为丰富的卡莱尔和以深奥著称的艾略特的作品中获得了最直白的经验。在一本厚厚的小说中，有时文森特只会关注一个人物，通常还是个不起眼的角色，由此反映了他对自己和这个世界的看法。小时候，他就喜欢寓言和童话，尤其对安徒生情有独钟，对生动形象和简单叙述的钟爱始终未曾改变。狄更斯的成人寓言被他视为真实的记叙，他只会偶尔允许自己去深入研究英国人的黑暗内心。他像阅读左拉一样阅读狄更斯，又像阅读狄更斯一样阅读左拉，将这些完全不同的作家放入到自己简化了的想象世界之中。

对简单真实的追求同样主导着文森特的视觉世界。他喜欢卡通——从英国杂志《笨拙》中的滑稽模仿，到本世纪法国最伟大的两位插画大师保罗·伽尔伐尼和奥诺雷·杜米埃创作的漫画。两位插画大师以资产阶级名利场为主题的、滑稽的、有时令人捧腹大笑的画作以及一些比较正式的插科打诨，同米勒笔下辛勤劳作的农民一样，体现出了人性的厚重。文森特写道：“在它们之中，有深刻的洞见和明辨是非的深度。”与杜米埃和米勒一样，文森特同样有着维多利亚时期对“类型”的迷恋。这一世纪里社会、经济和精神上的剧变催生出众多用来安慰人的伪科学，其中有一种观念就认为，人类的行为方式可以通过人体的外貌特征来解释。在大众文化之中，这样的观念无处不在：不仅体现在颅相学的街头小骗术之中，而且对巴尔扎克的《人间喜剧》这样的高雅艺术也产生过影响。文森特钟爱的狄更斯的作品，可谓是“类型”的信众们的虚拟圣经，因为在狄更斯看来，外表和内在与表面和本质之间存在着牢不可摧的关联。

文森特成长于一种泾渭分明的文化之中——天主教和新教、富人和穷人、城市和乡村、被伺候和伺候人。在开始画人物素描之前，文森特就已成为类型学的虔诚门徒。如果甲虫和鸟窝可以被分类和贴上标签，人为什么不可以呢？“我有一个习惯，那就是通过准确地观察人的外部特征，进而掌握其真实的心理活动。”他写道。毫无疑问，小时候从母亲那里，文森特就学会了如何根据人们的衣着来认识别人的性格和阶层。母亲对人总有一种刻板印象，这一点被文森特继承了。在文森特心目中，犹太人不是卖书就是放贷，“黑人”（白人以外的所有人）都很勤劳。美国人（“扬基人”）粗俗又迟钝，斯堪的纳维亚人则很爱整洁，中东人（所有的“埃及人”）都是神秘的，南方人喜怒无常，北方人则迟钝冷淡。

文森特的世界之中充斥着一些简单的人物形象：面部“宽阔而粗糙”的“粗鲁的”劳动者、身材姣好的年轻女子、神情肃穆的牧师、佝偻着身体的老人和健壮的农民。文森特儿时就已经形成了刻板印象，面相术和颅相学、杜米埃和伽尔伐尼的“表现形式”以及米勒和英国插画师们的画作，只不过是进一步强化和细化了这些观念而已。

这就是文森特不断强加给周围世界的“现实”。“我看到一个世界，”他说道，“它不同于出现在大多数画家眼里的世界。”这是一种呼唤“意义”的“现实”。当看到一群穷人满怀期待地聚集在彩票售卖处门口时，他将这一场面命名为“穷人与金钱”。他解释道：“相对于我第一眼看到的时候，这一场景具备了更重大、更深邃的意义。”在散步时，他只观察到事物带来的效果。（“由于下雪所产生的效应，整个大自然就如同一场‘黑白’展览，美得令人难以置信。”）这是一种带有温柔情感的现实。朋友去世的消息可能几乎没有被提及就被遗忘了，但朋友的画像则会引发潮水般的悲痛。

这一现实有着毫不妥协的简洁性。即使最为激烈的情感也必须遵循一些简单的法则，就好像他画作上的说明性文字，不管是“似乎忧愁，却是常常快乐的”还是“依然爱你”。透过这样的镜片，日常的恼怒以“人生中细小苦难”的形式出现，而最神秘之物则被表现为“高处的事物”。在之后的人生岁月中，一切危机或热情都会被他总结为一句格言。从“煤炭商的信用”到“白色的光线”，文森特将这个世界分成不同的类型，如同将不同的昆虫标本用图钉固定在盒子里，或整理自己画夹之中的画作。他拒绝一切的模棱两可，当别人只看到严酷的现实时，他眼里出现的却是具有隐喻意义的草图。

看人的时候，文森特看到的只是各种不同的类型。从英俊、有贵族气质的范·拉帕德到社会地位卑微的西恩这样的妓女，相对于书中的角色或纸上的人物，他们并不更加真实——受制于所属的类型，他们的命运已经注定。（"在我的眼里，一切都是钢笔素描。"他说。）除了西恩，两年中来往于施恩韦格画室的模特们，没有一个人得到过他任何的评论，或是超越身体之外的描述。他反复不断地画孤儿，但对他们的环境和情况从来都未置一言。对其中一位身体残疾的模特，他只是写道："一个小个子，瘦削的长脖子，坐在轮椅里，美极了。"

他对人区别看待，希望所有人能依据所属的类型来行事，并且根据类型来评价他们。类似于森特伯伯这样的有钱人，自然就应当满脑子只有钱，他说："你不能在他那里指望什么别的东西。"但像父亲这样的牧师，"就应当谦卑，应当能够满足于简朴的生活"。穷人应该互相扶助，女人和孩子（不包括男性）应该"学会节俭"。资产阶级的女性应有教养，但不能太有思想；对社会底层的女性而言，则两者都是多余的。工人只应该"尽最大努力地工作"，绝不应该罢工。为什么呢？因为，他说，就像小说中的人物一样，"他们不可能会有什么不同的表现"。

最为重要的是，艺术家就应该有艺术家的样子。当文森特一次又一次地向世界挑衅时，他总会援引自己所属"类型"的命运来为自己说明和为自己辩护。如果无法找到好的同伴，那是因为，"作为画家，就必须抛却在社会其他方面的野心"。如果他"暂时虚弱、紧张和忧郁"，这是"每一位画家的特殊禀赋"所致。如果他过着一种麻烦不断的、非正统的生活，那是因为"这符合我的职业……我是一个穷困潦倒的画家"。甚至他那"丑陋的脸庞和褴褛的衣着"，都被他说成是自己这一类人的特有标签。如果他拒绝改变对凯·沃斯的感情，或者画人物素描，或者使用模特，或者与西恩结婚，那是因为他就是他，这就是艺术家的本色。"我不打算减少我思想和行为上的热情，"他宣布，"我就是我。"

西恩·霍尼克也出现在了他的钢笔素描作品中。对于文森特和他生活的年代来说，没有哪种类型学比女性类型学更加严谨（米什莱在以女性为主题的题为《妇女》的论文中，亲切地阐述了女性该有的形象）。从本质上来看，女人是纤弱的、不完整的生物，她们天生虚弱，意志薄弱，是上帝专门为"爱"而设计的。没有爱，女人就成了"怜悯"的象征——"她就没有了精神，也失去了任何魅力。"文森特说。在维多利亚时期，以一种悲情的色情方式，女性悲伤的、无助的、没人爱的形象充斥着人们的大脑：如丈夫征战沙场、孤独守家的妻子，无家可归的女仆，失去丈夫的母亲，处于悲痛之中的寡妇。不管是在画作之中，还是在教堂的长凳上，只要看到孤寂无爱的女性形象，文森特就会感慨万分。“我还是个孩子的时候，”他告诉提奥，“当看到已过韶华之年的女性的脸庞时，心里就会充满无限同情，当然这是带有敬意的，在我看来，这些女人的脸上仿佛刻着字：在这里，生命和现实留下印记。”此外，还有一种可以打动文森特并为之流泪的女性形象，那就是母亲。文森特收藏的作品中经常会包括一幅这样的作品，这可是 19 世纪感伤主义的一种主要表达形式。早在自己的铅笔接触到纸面之前，他就结合生活经验描绘出了非常生动的母亲形象。

一位怀孕的娼妓拥有所有女人的无助感、一切不被爱的女人的哀婉和雨露般的母爱情怀。在文森特的类型学中，只有少部分“勾引男人的女人”才会真正地选择从事卖淫业。绝大部分堕落的女性都是受害者，缺乏爱心的男人和女人孱弱的天性才是罪魁祸首。文森特认为，所有女人都容易上当和被轻而易举地抛弃，但尤其是那些穷困的女人，如果没有男人的照顾，就“随时都有可能立即陷入卖淫这一行业”，并由此堕落下去。西恩，一位年长的身为母亲的妓女，将文森特所有的同情心都调动了起来。“我可怜的、柔弱的、遭受虐待的和弱小的妻子，”文森特这样称呼她说，“是一位不幸的、被遗弃的和孤独的人。”他抗议说，不去帮助这位遭受三重苦难的女人，简直“骇人听闻”。文森特还指出：“对我而言，她身上有某种崇高的东西。”

在一幅又一幅的画作中，文森特都将西恩放在这种熟悉的类型学之中。他把她画成《悲伤》中那个“赤裸的、弓着身子的动物”，画成沉浸在忧郁之中的、穿着黑色衣服的年轻寡妇，画成为家人安静地做针线活的主妇。他用她做模特来画母亲，而画孩子时，文森特则用她的妹妹和女儿做模特。他只用最简洁的几笔，就勾勒出她的特征，将她描画为一位在家庭安全的港湾之中感到心满意足的妇女：扫地、做祷告、提水壶、去教堂。这些铅笔和木炭画虽然粗糙，但在总体上代表了文森特在人物画领域的首次潜心努力——在接下来的几年之中，他还进行过多次尝试，和这些画一样，这些努力展示得更多的是艺术家本人及其内心世界，而不是坐着的模特或者现实世界。

蜗居在施恩韦格的画室里，被模特们所围绕，有扮作母亲的妓女、扮作擦鞋匠的孤儿、扮作米勒式农夫的流浪儿，以及扮作渔夫的领取养老金的人，文森特可以同现实世界隔离开来。根据需要，画室依次成为救济院、农舍、渔夫的小屋、乡村客栈、施粥场。文森特用百叶窗和棉布来调整从窗户射入的光线——不仅仅是为了重新创造《绘画》插图之中那种神秘的对比效果，为了营造伦勃朗式画作之中那种柔和的光线，而且也是为了与真实世界隔离开来。

在文森特的生活中，窗户始终有特殊的含义。他既是一位观察者，也是一位局外人。早年，文森特曾常像木桩一样长久伫立在牧师公馆的窗户旁，俯瞰津德尔特市集。29年后，同样的一幕依然在上演。每到一个新地方，他都会满怀爱意地记录从窗户看到的风景，有时还会形诸画笔，就像在布里克斯顿和拉姆斯盖特时一样。文森特作品之中的窗外风景经常充满了渴望和怀旧，和他对挂在自己墙上的画作的描述相同。

从这些经常出现的、详细的描述中可以清晰地看出，文森特花很长时间不分昼夜地注视着窗外，观望远处他人生活的熙熙攘攘：从阿姆斯特丹的码头工人到海牙画室外铁路煤场的挖掘工。在建筑物的内部，无论是画出来的还是真实的，他都会被窗户深深地吸引，户外的景色会一再地回到他的脑海中。从 1881 年他开始为自己创建画室起，他就在不断地抱怨窗户不够好，把大量宝贵的资金花在装饰窗户上，大大超出了艺术创作的合理需求。

来到海牙后，文森特创作的第一批画作就是他看到的窗外景色：一个乱糟糟的后院像一块拼凑起来的破布，用篱笆相隔，但在文森特所住的二楼，这一切都可以被看得清清楚楚。5 月，当他再次接受叔叔科尔的委托，创作一系列以城市景观为题材的画作时，他又回到窗边，以充满爱意和渴望的细节描画着窗外景观：画作的前景是这栋楼晾晒衣服的院子，远处是一位繁忙的木匠家的院子——体现出细致的观察以及偷窥者的冷漠，他一生能够看到他人所无法看到的事物。“在任何的角落和缝隙之中，”文森特骄傲地描述这幅画作时说，“都可以四下环顾，越过眼前的一切看到更多。”在这巨细无遗的嘈杂场景之中，洗衣女工和木匠像鬼魂一样穿过，对有人在观察他们毫无察觉，也未曾留下一丝一毫生命的痕迹。

显然，这种偷窥视角中有某种魔力，让文森特乐此不疲。当去救济院寻找模特时，他会偷偷地躲在一扇窗户后往外看，以自己窥视到的外面场地上的景象为素材，创作一些素描。在盖斯特匆忙而嘈杂的环境中，他渴望能退隐到一个安全的距离之外，在无人注意到的情况下细心观察。“我真希望能够有机会自由地出入这些房子，”他写道，“然后可以不拘礼节地在窗户边坐下。”夏天搬到隔壁大楼的一套新公寓里之后，他立刻跑到窗户边（因为这里的窗户位置更高），把相同的景色又画了一遍。“你可以想象，在凌晨 4 点，我就已经坐在阁楼的窗户前，”他向提奥汇报说，“用自己的透视框来研究草地和木匠的院子。”

《木匠的院子和洗衣房》，1882年5月，
纸上铅笔和墨水，$11^1/_8$英寸×$18^1/_2$英寸。

当离开画室去外面时，文森特也总是随身携带着自己的透视框。在阿曼德·卡萨格尼的作品中，他首次读到过关于透视框的记载，法国插画师阿曼德·卡萨格尼专门为艺术家和业余艺术爱好者写过一些书。第一次到博里纳日的时候，文森特读过卡萨格尼为孩子写的一本书:《素描指南》。在这本书中，卡萨格尼推荐使用透视框：一小块长方形硬纸板或一个木头框架，用线分成四个相同大小的长方形。透过这个立起来的方框，插画师能够将图像独立出来，也能更好地估测它的比例。

来海牙一年多之后，他才让一位木匠给他制作这个用具。他总是渴望找到简单的解决方法，比例这一“巫术”般的难题长久以来始终困扰着他，在卡萨格尼的建议下，他尝试驯服自己那双管不住的手和创作有销路的艺术作品。他定制的框架很小（$11^1/_2$ 英寸 ×7 英寸），比卡萨格尼所说的袖珍版的尺寸都要小。在文森特的透视框上，相交的线并不止两根，这样的线有 10 根或 11 根，就像窗户玻璃上那种由小正方形组成的格网；透过这一格网，他可以一次又一次凝视外面的景象，然后一丝不苟地将观察到的轮廓描画到纸上的网格中。

虽然需要同时协调好透视框、画板和自己的身体，但不管去哪里，文森特随身都带着这个小小的长方形方框：施恩韦格周围、城市的大街小巷、席凡宁根的沙丘，以及乡村。无论在哪里，他都会拿起透视框来“校准”这个世界。他把它叫作“侦查眼”。“我猜你应该可以想象，透过侦查眼来观察大海和草地，是一件多么令人愉悦的事情，”他兴高采烈地说，“就像是透过一扇窗户来观看这一切”（他强调说）。为了将透视框之外的世界隔离开来，他经常是斜着眼睛观看——大概是莫夫教他的技巧——直到侦查眼中模糊的、错综的景象变得清晰起来。

一幅又一幅的画作让他十分振奋。“屋顶和排水沟的线条向远处投射出去，就像离弦的箭一样。”他如此向提奥称赞自己十分成功的一幅画作。他把透视框带到阁楼里，画屋后忙乱的院子，以及远处“无比纤细的、嫩绿的、连绵不断的平坦草地”。效果让他非常高兴，他后来又做了两个更加宽大结实的透视框，最后那个透视框可谓十分奢华，几个角都被包上金属进行保护，为了防止地面不平他还为透视框做了特殊的脚架——“这真可谓是一件不错的工艺品。”他评价道。他甚至将它带到自己的画室，透过透视框来观察西恩和其他的模特。他说，“平静地透过我的这扇小窗，忠实地并带着爱意地”为他们作画。

在西恩的孩子出生之前的几个月中，文森特满眼只有一个画面：家庭。经过了这么多年的努力——与自己的和别人的家庭，他终于找到了能够接受自己的家。“她知道我不是一个粗暴的人，”带着极度的赞叹，他这样描述西恩，“她想和我在一起。”给提奥的信中充满了母性的形象，但他仍在努力掩藏答案，不去揭示它们真正的含义。每天在画室之中，他让模特们按照他已经想好了的形象来摆出各种姿势：米什莱笔下的男人、女人和孩子之间的“三重和绝对的关系”。

有了侦查眼之中的稳固图景，文森特对其他一切事物都无暇顾及。与莫夫和泰斯提格之间的宿怨可能会导致提奥中断对自己的资助，但他仍在为幻想之中的家庭大把地花钱：给西恩买药，为西恩的母亲付房租，给快要出生的孩子买衣服。提奥寄给他的房租，他拿去给西恩看大夫，无视房东威胁要赶他出去。甚至在这段风波还未平息前，文森特就已经开始游说提奥，说要搬到隔壁一套大些的公寓里。每封信都在撒谎。

就像在博里纳日时那样，文森特再次陷入到照顾别人的狂热之中，他全身心地投入到“拯救”这位堕落女人的事业之中，并为此倾尽所有。他让她坚持洗澡，他让她多四处走动。他安排“各种康复措施”。他坚持让她只吃一些简单的食物，每天呼吸足够的新鲜空气，充分地休息。“我将她接纳到自己的生活之中，并给了她全部的爱、温柔和关怀。”他说他们之间的这种关系是基督式的仁爱。当她去莱顿的妇产医院登记时，他也会一同前往。文森特代表西恩同医院的工作人员交涉，在各个方面都以丈夫自居。

文森特全心全意地专注于将“这位可怜的人儿”重新带入生活的正轨，以至于都忽略了自己每况愈下的身体状况。1月，情况就有些不妙，文森特总在抱怨头痛、发烧、四肢乏力（不时地哀叹“我的青春已逝”），但在此后与提奥频繁的通信中，却几乎从未提到过自己糟糕的状况，对于任何问题，他只是不屑地回答说：“我不会缴械投降的。”

6月初，当收到上面写着“我住院了……患上了他们所说的‘淋病’”的信时，提奥一定十分诧异。

但哪怕面对疾病，文森特依然继续生活在画面以及关于家庭的美好愿景之中。极有可能是西恩把这种病传给了他，但文森特还是兴高采烈地住进了医院，这位29岁的年轻人一生还从未患过重病。一间摆满十张床位的普通病房、一些尿液外溢的便壶，还有态度蛮横的男护士，种种不便反倒让文森特十分兴奋。他说，这地方“和三等候车室一样有趣，我多么希望能以这个地方为题材好好地画上几幅画”。医生宽慰说，他的淋病很轻微，只需要几周的治疗便能痊愈。（金鸡钠碱药片用于治疗发热，硫酸盐用于消除感染。）尽管卧病在床，他仍带来一些狄更斯的小说和关于绘画透视的书。护士一离开病房，他就偷偷溜下床去欣赏窗外的景色。“尽收眼底。”他在信上写道。

在与医生们相处的时间里，文森特总能找到乐趣。（多年后在法国阿尔，他说画画“在一定程度上弥补了我无法成为医生的遗憾”。）起初，一些到访者让他精神振奋：之前古疪尔画廊的同事伊特森、堂兄约翰，甚至还有那正派得令人难堪的泰斯提格。但西恩的到访才是真正让他始终保持良好心情的原因。“她经常来医院看我，”他骄傲地告诉提奥，“给我带些烟熏牛肉、糖或面包。”6月13日，当西恩在医院大厅里等待探访时间开始时，在过道上她遇到一位身材矮小、满头银发的牧师，他带着牧师特有的高傲神情，大踏步地走向病房。这个人便是文森特的父亲。

自从圣诞节那次决裂性的争吵之后，这是多洛斯·梵高第一次去看望文森特，当然，他肯定不会注意到在医院大厅等候的那位卑微的孕妇。一听到文森特住院的消息，他便急忙从埃滕风尘仆仆地赶来，与生病的儿子和好。“我邀请文森特出院后，回来跟我们一起住一段时间，”他在给提奥写信时说，“这样可以恢复些体力。”早些时候，面对这个和解的希望，文森特肯定会屈服。那时一句不恰当的话可能再次引发痛苦的对抗，这种对抗使之前的很多年一直充满火药味。可如今，他满眼只有这个新家，而不是之前的那个家。

在整个对话过程中，多洛斯察觉到文森特总是“不安地向病房的门口看，好像在等待一位他不愿意我看到的探访者”。文森特拒绝了回家的邀请，只是说“我想要继续工作”。之后，父亲的突然到访被他不屑地称为是一个不受欢迎的幽灵的到访，就像狄更斯在故事中描写的那样。“这对我来说太奇怪了，”他告诉提奥，“多多少少有点像是一个梦。”

但西恩无法再继续探望他了。6 月 22 日，她住进莱顿的另一家医院待产，医生们估计她的分娩会十分困难，并且有一些危险。在西恩不再到医院探望他之后，他的病马上就复发了。他将自己越来越糟糕的状况归咎于与西恩的分别。他被转到另一间病房接受重病特别护理，开始了新一轮的治疗，以消除复发的感染。为清空他的膀胱和缓解他尿道里的感染症状，医生们往他的生殖器里植入越来越粗的导尿管。感染和发炎使得这一过程十分困难和痛苦。“扩展”尿道让他遭了不少罪，由于这一巨大的疼痛，在治疗之后的很多天，他都不得不跛脚行走。

尽管如此，他依旧毫无怨言。此时他正沉浸在一种更为形象的痛苦之中。“与女性在分娩时遭受的痛苦相比，”他在医院病床上写道，“我们男人遭受的痛苦根本就不值一提。”

很快，他便深陷在西恩分娩的场景之中无法自拔。6 月底，提奥在西恩生孩子的当晚，收到了一封颇为伤感的信。“她还没生，”他向提奥汇报说，“她已经在医院待产了好多天。都快急死我了。”她的勇敢和忍耐使文森特心急如焚，他必须去她身边。7 月 1 日那天，他的病还未痊愈，他治疗后仍然“很虚弱，尚未恢复元气”，他就离开了病床去莱顿。带着西恩的母亲和她九岁的妹妹，文森特到达医院的时候刚好是医院一周一次的探视时间。“你可以想象我们有多担心。”他在同一天写信给提奥说，

> 在医院向看护人员询问她的情况时，我们都不知道该先听哪句。当从看护人员那里得知“她昨晚分娩……但你们还不能长时间地跟她说话”时，我们欣喜若狂……我无法轻易地忘记那句“你们还不能长时间地跟她说话”，因为这意味着“你们还能跟她说话”，与此相比，

很可能是另外一种情况，“你们永远再也无法和她说话了”。

在莱顿的大学医院里，西恩躺在破旧的妇产病房中。这是一幢狄更斯式的颓败的建筑，院子里没有光亮，也不透风，还是与停尸房共用的。停尸房的工人会时不时走出来，往下水道中倒一桶桶黑乎乎的恶臭物。即使在白天，由于高高的天花板和厚厚的窗帘，妇产病房仍旧显得很阴郁。到了 7 月，高高的窗户被完全推开，却几乎没有任何风可以吹进来。床靠着墙摆放在两侧——每张床上有两位病人：一位孕妇和一位刚生完孩子的妈妈。每张床边都有一张用于挂脏尿布的婴儿床，床脚也放着一张婴儿床。

在这里降临人世，可不是什么好事。根据稍早的一份记载，“这家医院的护士都非常暴躁和冷漠。如果没有额外的打点，刚生下孩子的妈妈们可得不到她们的帮助。克扣产妇的药物和食物也是她们经常做的事。这里的食物也糟糕透顶”。有些条件有所改善。对病菌和消毒的深入了解至少彻底消除了曾经肆虐病房的传染病，十分之一的产妇曾因此而命丧黄泉。据医院院长所说，医院里的条件实在太糟糕，许多“体面的女性”仍然选择在家里找接生婆接生。这样的病房里住着的全都是“没有结婚的、无知的和令人不齿的产妇们”，“她们为贫困所累或一贫如洗”。

由于子宫感染和神经衰弱，在文森特到达医院时，胎儿终于出现在产道里。然而，接下来的四个半小时里，它就停留在那里不动了，用文森特的话来说，“被牢牢地卡住了”。五个医生接连上手术台，试图用钳子挪动胎儿以便使其顺利降生，而此时，西恩因为疼痛四处翻滚。虽然给西恩做了氯仿麻醉，但没有什么作用。最终，孩子终于生了下来：7.5 磅重的男孩，因为黄疸，孩子显得“皱巴巴的”。即使在分娩 12 个小时之后，西恩依然因为疼痛还没有完全恢复知觉，并且“极度虚弱”。这次分娩让她大伤元气，医生指出：“可能需要很多年，她才能完全恢复健康。”并且，婴儿能否存活也仍然是个未知数。

可是在文森特充满喜悦的叙述之中，情况却好得多。在他眼里，和停尸房共用的阴冷的院子不见了，病房窗外是一处“充满阳光和绿意的花园”。遭受痛苦分娩的西恩也不过是处于“入睡和醒来之间的一种昏沉状态”。她生孩子所受的罪“让她显得更妩媚动人”，赋予了她“更多的生机和敏感性”。在文森特看来，在母亲床脚的那位病怏怏的、一身黄疸的婴儿“天生聪颖”，完全吸引了他。在文森特眼里，所有的一切——阴冷的病房、面容憔悴的母亲、一身黄疸的婴儿、遭受折磨的过往，以及令人厌恶的夜晚——都变成了关于胜利的爱情的美好景象。“她看到我，就从床上起身坐起来，那么高兴和充满活力，就好像什么事情都没发生过，”他写道，认定自己拯救了她，“热爱生命和感激的光芒在她的眼里闪烁。”

不管是出于感激还是工于心计，西恩最后选择用文森特的中名给刚出生的儿子取名为威廉，在她的家族里，还从未有过这样的先例。他写信告诉提奥说，那天发生的所有事情“让我喜极而泣”。

带着满心的狂喜，文森特回到了海牙。在他的想象之中现在就只有家的形象：“一个我自己的家。”在29年的盲目热情之中，没有任何事可以同这件事相提并论。西恩和宝宝在莱顿休养好之后，文森特便开始着手为新家布置小窝。文森特对提奥只字未提，便租下了隔壁那套他垂涎已久的公寓。他开始狂热地装饰新家（六年后，在阿尔的黄屋子之中，这一幕又众所周知地被重演），给新家添置新家具，包括为尚在恢复之中的病人准备的柳条安乐椅、为父母准备的床架，以及为孩子准备的铁摇篮。

他买了干净的床上用品、厨房餐具，还有装饰窗户用的鲜花。至于提奥关于开销的顾虑，他敷衍地回复道：“这些都是正当的花销。”在他与西恩即将入住的阁楼卧室之中，他铺上了亲自细心填充好的新买的床垫。他那间朝北的大房子则被装饰一新，“像舒适的游艇一样”（他曾经说过：“我热爱自己的画室，就如同水手热爱自己的船一样”），然后，他在墙上挂上自己的习作以及一些自己最珍贵的画作：谢弗的《安慰者基督》、霍尔的《弃儿》和米勒的《播种者》。在婴儿床的上方则挂着伦勃朗的《阅读圣经》。

《摇篮》，1882年7月，信中速写，纸上粉笔。

“现在，感谢上帝，”文森特宣告说，“这间小窝已收拾一新。”

独自一人待在新家的文森特急切地等待西恩回家，完全沉溺在自己汪洋恣肆的想象之中。7 月初的一个暴风雨之夜，文森特四顾空荡荡的住所，心中满是家庭生活的景象。那个空着的金属摇篮将他完全“吸引”到一种对家庭情感的幻想之中。“看着它，我无法不心潮澎湃。”那天晚上迟些时候，他在给提奥的信里写道。他想象着“坐在我爱的女人身旁，宝宝躺在我们身边的摇篮里”。正是这幅想象出来的场景，激发了一系列关于母性以及圣诞节的“永恒之诗”的珍贵意象。在其中，他看到了希望——“黑暗之中的一丝光线，深深的黑夜之中的一抹亮光。”

在那天晚上写给提奥的信中，文森特最后提出了一个问题：“在摇篮的旁边，你认为父亲还会继续冷漠，处处找麻烦吗？”

整个春天和夏天，文森特疯狂地写信，极力让提奥分享他关于极度快乐的家庭生活的想象。

在文森特的一再催促之下，提奥已经给他去过电报，对他的作品《悲伤》拒绝给予任何评论，并以此表达对他的不满。5 月中旬，一封装有 50 法郎的信寄到了他的手中——足够文森特再支撑几周，以免被房东驱逐，这至少表明提奥还没有抛弃他。然而，在随信寄来的便条上，提奥毫不含糊地否定了文森特对于家庭的幻想。他指责西恩的欺骗以及文森特的轻信：她在“欺骗他”，而他则“让自己上钩”。文森特必须“放弃她”，并且只能这样做。提奥并没有提及自己心里那种深深的遭到背叛的感觉（所有充满哀伤的信件和迫切需要的呼喊——全是欺骗），主张采取一个简单的解决方案：“给她钱。”提奥建议，要是文森特想要挽救西恩，不让她再次回到街头，可以给她钱，或按自己的意愿安置她，但无论如何，都不能与她结婚。对哥哥在这件事上的“固执”，提奥进行了警告：“不要荒唐地固执己见。”

但是文森特的幻想不容侵犯。“尽快与她结婚，我主意已定。”他在同一天对抗式地回信道。他写了一封又一封长信，甚至有时一天两封，他力图改变弟弟的心意。诚实与欺骗、忏悔与掩饰、激情与争论，他不断变换手法，提出一个又一个的理由。

他一方面表达了对西恩的柔情蜜意与忠诚（“一想到她，我就感觉到极度的平静、光明和愉悦”），一方面又说她节省又能干（“你不知道，她对我是多么有用”）。在一封信中，他大胆地站到了道德的高地之上（“对我而言，首先和最重要的是：我不会欺骗或抛弃一个女人”），傲慢地不屑于“世俗的看法”。但是在同一天的另一封信中，他认为与西恩结婚是“阻止世人闲言碎语的唯一方法”，反而开始担心“因不正当的关系而遭人指责”。他不仅声称与西恩结婚是宗教的律令（“男人不能孤身一人，应该有妻子与孩子，这是上帝的旨意”），同时还辩护说，要想有安全的、可靠的性生活，婚姻是最好的途径。

为了捍卫脑海中的画面，文森特激烈地战斗着。他以越来越生动的笔法，描画着用爱来拯救堕落的女人的画面，而这是他长久以来所珍视的。“如果她不得不再一次依靠卖淫生活，她可能会死。”他恳求说。通过结婚，就可以“拯救西恩的生命”，阻止她“重新陷入疾病与不幸的可怕境地之中”。为了说得更清楚，文森特引用了西恩的医生的说法，详述她的身体如何脆弱，而且严厉地警告说，提奥的拒绝可能会引发“西恩子宫的下垂，而这可能是无法治愈的”。一度，他甚至宣称医生认为结婚是良方：“她的首要治疗和最重要的药物是有自己的家庭，这可是医生所不断坚持的。”现在拒绝她，文森特强调：“无异于谋杀。”

文森特不仅描述了西恩和她的孩子那令人心碎的画面（“如此安静、如此柔和、如此感人，就像一幅蚀刻版画”），还强调了自己作为艺术家的特权（“我的职业允许我接受这一婚姻”）。文森特想象，他和西恩将“像真正的波西米亚人”一样生活在一起；并且因为她，他将“成为一位更好的艺术家”。他披露了一些新的关于他在阿姆斯特丹斯特里克家所受的漠然对待的细节（“我感觉到我的爱——如此真实，如此诚挚和强烈——活生生地遭到了扼杀”），宣称将会为爱殉难，像基督一样：“在死亡之后，将是复活。我将重生。”

为了强化这些画面，文森特找到了一位新的强大的同盟者：爱弥尔·左拉。也许是通过那位和他有过短暂交往的朋友布赖特纳的推荐，文森特最近开始阅读这位法国伟大作家的小说。最初，左拉对巴黎的生动描写让他印象深刻，他似乎是从高处的窗户在朝下俯瞰。但很快，在左拉多卷本的卢贡马卡尔家族的传奇中，文森特读到了另一种现实，并深深地为之所吸引：一个梦想幻灭、堕落和无法实现爱的世界；你所属的类型决定着你的命运，在这个世界中，这一点一再得到证明。“这个爱弥尔·左拉是一个非常了不起的艺术家，”7月，在读完一本又一本左拉的小说后，他这样告诉提奥，“要尽可能多地阅读他的作品。”

他特别提到左拉的《巴黎之腹》，在这本书中，波西米亚人的人情味最终战胜了资产阶级的正统观念。文森特并没以书中始终不成器的艺术家克劳德·朗捷自居，而是将自己视作弗朗索瓦夫人，一位拯救了孤苦主人公弗洛伦特的善良女性。这幅拯救的画面呼应了文森特与西恩及弟弟之间的阶级和性别差异——他既是拯救者，同时也是被拯救者。“你怎么看弗朗索瓦夫人？当弗洛伦特奄奄一息地躺在马路正中央的时候，她将可怜的弗洛伦特抬进自己的马车，并把他带回了家。”他有所指地问提奥，“在弗朗索瓦夫人身上，我看到的是真正的人道主义精神；我为西恩也正是这样做的，并且还将继续这样做，就像弗朗索瓦夫人为弗洛伦特所做的那样。”

一系列言过其实的言辞和妄想般的形象在巴黎产生的效果却恰得其反。不仅没有赢得提奥对这桩婚事的赞同，相反，由于这些奇怪的言论，提奥开始怀疑哥哥是不是头脑有问题。提奥不得不再次提及吉尔的那件事，并且警告文森特说，父母要是知道这桩婚事，很可能再次寻求对他进行监护。对此，文森特的愤怒彻底爆发，并且发泄在连续几周的信件之中。要知道在这个时候，莫夫和泰斯提格都在攻击他，而且被房东驱逐的威胁使得他随时会遭到“没有能力处理财务问题”的指责（这是需要监护的另一明证），任何关于他需要别人监护的言论只会加深他的偏执。他警告提奥说，如果父母有“这种想法并鲁莽地”将他关进精神病院，他将让他们陷入长久的官司，他们不仅将付出昂贵的代价，还将“在公众面前颜面尽失”，或者比这还要更糟。他还恐吓式地提到一个案例：一个男人由于被不公正地置于父母的监护之下，“后来他找到一根拨火棍，打破了监护人的头”。据文森特所述，因为是“自卫”，这位杀人犯最终被无罪释放。

极端的警告和绝望的祈求的确让弟弟提高了对文森特的定期资助：原来是每月 100 法郎，现在则提高到每月 150 法郎。（提奥一直认为文森特不会合理地安排开支，因此坚持分三期汇款，在每个月的 1 日、10 日和 20 日，分三次寄出。）但是在关键问题上，提奥仍旧毫不妥协：对哥哥同西恩的婚事，他绝对不会容忍。如果文森特一意孤行，选择与西恩结婚的话，他将停止继续资助文森特。然而，他同意在 8 月初过来参观哥哥的新“家”。对想象之中的画面的力量，文森特有着不可动摇的信心，提奥的造访满足了他的希望。“我想知道你会对新房子发表什么评论，”他急切地写道，“以及你看到西恩和新生的婴儿时会怎样想。我全心全意地希望你会同情他们。”

对于房子、妻子和家庭的幻想现在完全取决于提奥的同情心，在信中，文森特彻底改变了语气：从那种自我毁灭式的挑衅转变为奉承、情深意切和心平气和。“弟弟，我这些天经常想起你，”他在 7 月初写道，“我拥有

《席凡宁根的海景》

1882 年 8 月，布上油彩，$13^{5}/_{8}$ 英寸 ×20 英寸。

《沼泽中的两个女人》

1883 年 10 月，布上油彩，$10^{5}/_{8}$ 英寸 ×$13^{7}/_{8}$ 英寸。

《妇女头像》

1885 年 3 月，布上油彩，$17^3/_8$ 英寸 × $14^1/_8$ 英寸。

《吃土豆的人》

1885 年 4 月 —5 月，布上油彩，$32^3/_8$ 英寸 × $44^7/_8$ 英寸。

《纽南的老教堂塔楼（“农民的教堂墓地”）》

1885 年 5 月 —6 月，布上油彩，$25^5/_8$ 英寸 ×$34^5/_8$ 英寸。

《一篮子的土豆》

1885 年 9 月，布上油彩，$17^1/_2$ 英寸 ×$23^5/_8$ 英寸。

《圣经:静物》

1885 年 10 月,布上油彩,$25^{5}/_{8}$ 英寸 $\times 30^{3}/_{4}$ 英寸。

《一双鞋子》

1887 年初,布上油彩,$13^{3}/_{8}$ 英寸 $\times 16^{3}/_{8}$ 英寸。

《维纳斯的身体》

1886 年 6 月，卡纸油彩，$13^7/_8$ 英寸 ×$10^5/_8$ 英寸。

《安戈斯蒂娜在咖啡馆圆桌旁》

1887 年 1 月 —3 月，布上油彩，$21^7/_8$ 英寸 ×$18^3/_8$ 英寸。

《一盘柑橘水果》

1887年2月—3月，布上油彩，$18^{1}/_{8}$ 英寸 × 15英寸。

《提奥家公寓外的风景》

1887年3月—4月，布上油彩，$18^{1}/_{8}$ 英寸 ×15英寸。

《蒙马特的蔬菜园》,1887 年 6 月 —7 月,布上油彩,$37^7/_8$ 英寸 ×$47^1/_8$ 英寸。

《餐馆的内部》,1887 年 6 月 —7 月,布上油彩,$17^7/_8$ 英寸 ×$22^1/_8$ 英寸。

《铜花瓶中的贝母花》

1887 年 4 月 —5 月，布上油彩，$28^{7}/_{8}$ 英寸 ×$23^{7}/_{8}$ 英寸。

《自画像》

1887 年春，卡纸油彩，$16^{1}/_{2}$ 英寸 ×$13^{1}/_{2}$ 英寸。

《麦田和鹧鸪》

1887 年 6 月 —7 月，布上油彩，$21^3/_8$ 英寸 ×$25^1/_4$ 英寸。

《戴草帽的自画像》

1887 年 8 月 —9 月，卡纸油彩，$16^1/_8$ 英寸 ×13 英寸。

《盛开的李花（歌川广重摹作）》

1887 年 10 月 —11 月，布上油彩，$21^{3}/_{4}$ 英寸 ×$18^{1}/_{8}$ 英寸。

《唐吉老伯》

1887 年，布上油彩，$36^{1}/_{8}$ 英寸 ×$29^{1}/_{2}$ 英寸。

《画家的自画像》

1887 年 12 月 —1888 年 2 月，布上油彩，$25^{5}/_{8}$ 英寸 ×$19^{7}/_{8}$ 英寸。

《盛开的桃树（纪念莫夫）》

1888 年 3 月，布上油彩，$28^{3}/_{4}$ 英寸 ×$23^{1}/_{4}$ 英寸。

《阿尔的朗格鲁瓦桥边洗衣服的女人》

1888 年 3 月，布上油彩，$21^{3}/_{8}$ 英寸 ×$25^{5}/_{8}$ 英寸。

《丰收》

1888 年 6 月，布上油彩，$28^{3}/_{4}$ 英寸 ×$36^{1}/_{8}$ 英寸。

《在圣玛丽海边的渔船》

1888 年 6 月底，布上油彩，$25^{1}/_{4}$ 英寸 × $31^{7}/_{8}$ 英寸。

《轻步兵肖像》

1888 年 6 月，布上油彩，$25^{5}/_{8}$ 英寸 × $21^{3}/_{8}$ 英寸。

《坐着的莫斯米》

1888 年 7 月,布上油彩,$29^{1}/_{8}$ 英寸 ×$23^{5}/_{8}$ 英寸。

《邮差鲁林肖像》

1888 年 8 月初,布上油彩,$31^{7}/_{8}$ 英寸 ×$25^{5}/_{8}$ 英寸。

《佩兴斯 · 埃斯卡里耶肖像》

1888 年 8 月，布上油彩，$25^{1}/_{8}$ 英寸 $\times 21^{1}/_{4}$ 英寸。

《静物：花瓶、夹竹桃与书籍》

1888 年 8 月，布上油彩，$23^{5}/_{8}$ 英寸 $\times 28^{3}/_{4}$ 英寸。

《夜间的露天咖啡座》

1888年9月,布上油彩,
$31^{7}/_{8}$英寸×$25^{7}/_{8}$英寸。

《阿尔拉马丁的夜间咖啡馆》

1888年9月,布上油彩,$27^{5}/_{8}$英寸×35英寸。

的一切，全部都来自你：包括我对生活的渴望和我的活力。”他重申自己“在各个方面都将省吃俭用”（尽管这一承诺经常被他打破），一改之前的阴郁性情，再次保证会“不懈地工作”，哪怕身体一直都不好。

面对画板和画架，文森特也试图改一改自己在冬日里的傲慢态度。几个月来，由于愤怒，除了人物素描，他什么都不画，此时他开始画提奥一直以来催促他画的风景画。没有任何解释，他放弃了一夏天只画裸体画的计划，开始到席凡宁根去写生。“以真正的荷兰的特点和情感”，文森特创作了去了梢的柳树、草地远景以及白色的土地。“我现在对风景画相当着迷。”他向弟弟保证说。

还有一个更具有戏剧性的逆转：他松开了攥紧的插画师的拳头，重新挑战起细腻的水彩画；长期以来，莫夫、泰斯提格和提奥一直试图让他画水彩画，却没有任何效果。“我又有了极大的开始绘画的动力。”他宣称，将这一大逆转归功于更宽敞的画室、更好的光线，以及一个专门用来存放颜料的橱柜，因为“这样颜料就不会把到处都弄得又脏又乱”。似乎在为过去而道歉，他又找出之前的画作，用水彩重新画了一遍，然后告诉提奥：“现在，我想你会喜欢它们了。”

深知没有任何东西可以比家庭停战协议更能令提奥高兴的了，文森特甚至向父母表达了和解的意愿。几周以来对监护和吉尔事件的不留情面的谴责被他搁置一边，他重新开始与父母热情地通信（对西恩只字未提）。他计划邀请父亲来海牙，这样他就可以看看自己的新家，感受这一意象的力量。“我会请求父亲再次来这里一趟。”他将自己的计划告诉了提奥，

> 然后我就可以让他见到西恩和她的孩子……以及整洁的房子和放满了我正在创作的画作的画室……这会给父亲留下一个更好、更深和更能得到他的赞同的印象……至于对于我的婚事，父亲会说什么，我想他会说：“与她结婚吧。”

在提奥到访前的两周，这种和解的意象就受到了考验。7 月 18 日早晨，在施恩韦格 136 号的门口，泰斯提格不期而至。在那里，他遇见了文森特希望能改变大家想法的神奇画面：西恩和她怀里的孩子。

“那个女人和那个小孩是怎么回事？”泰斯提格质问道，“是你的模特还是其他什么人？”由于在文森特的意料之外，他结结巴巴地辩解，但泰斯提格认为他关于家庭的说法简直是“荒唐至极”。“你疯了吗？”他大声叫道，“作出这样的决定，肯定是脑子和心理有问题。”他威胁要给文森特

的父母写信，让他们看看儿子所做的另一件荒唐事，以及给家庭带来的羞辱。他称文森特是一个“愚蠢得像一个自己想要淹死自己的人”。但是他将最残忍的伤害留到了最后。他离开时从西恩身边走过，并告诉文森特：“你不会让那个女人幸福的。”

他一离开，文森特就立刻拿起纸笔给提奥写信，压抑已久的愤怒倾泻而出。他称泰斯提格“没有同情心，专横，没有教养，轻率”，严厉斥骂他“在我最私密的事情上的干预”和他“警察一样的心态”。“我相信在西恩落水快要淹死时，他无疑会冷血地冷眼旁观，”文森特尖刻地写道，“不会伸出一根手指，并说这样对社会有益。”泰斯提格谴责说文森特肯定是疯了才会接受这样的妻子和孩子，这引发了文森特尤为强烈的拒斥：

> 从来没有任何一位医生说过我在哪个方面不正常，但今早泰斯提格竟敢这样说我。说我没脑子，说我的神经已完全错乱。没有任何医生这么说过我，过去没有，现在也没有。当然我的精神状况是有些紧张不安，但这根本就没有任何真正的害处。这些是泰斯提格对我严重的侮辱，正如爸爸打算送我去吉尔精神病院时所做的一样，甚至更糟。我无法一声不响地咽下这口气。

然而，在强烈的愤怒和一定要报复的誓言下，文森特已遭受到毁灭性的打击。他意识到泰斯提格在埃滕“不合时宜的干涉”将“再次毁掉一切”，突然打消了与西恩结婚的念头。“我打算让这门婚事无限期地暂停，”他在第二天写的另一封信中说，“直到我的绘画有足够大的进步，并且能够自食其力。”数月以来，他不断下决心要告诉父母有关自己新家的事情，但由于这次该死的节外生枝，他平静地同意了“此事暂时不必讨论”。和解的计划只能另待他日。

这样只剩下提奥了。在泰斯提格来访与弟弟到访之间的这几周，文森特陷入了对兄弟情义的深深渴望之中。信中满是对获得理解的恳求以及对于最终认可的动人希望。“我希望人们会谈论我的作品，认为那家伙在感觉上不仅非常深刻，而且还极为敏锐，”他写道，“而无视我所谓的粗糙风格——你能理解吗？也许是因为这一点……我希望某一天我能通过作品展现出这样的一位怪人，一个无名之辈的内心世界。”

8月初，在提奥到来前夕，他将心目中的画面再次确认了一遍，他说：“我整个的未来就依赖于此了。”“西恩和宝宝都很好，也越来越强壮，我爱他们，”他写道，“我要把这小小的摇篮再画上100遍。”

现实不可避免地让他失望了。

兄弟俩已有一年没见面，都在努力重新恢复他们之间难以捉摸的关系。提奥带来了父母送的礼物，以及巴黎的画纸和蜡笔。文森特带着弟弟到席凡宁根的沙丘散步，享受着“沙滩、大海和天空”——就像五年之前他们在海牙的那次相聚一样。提奥来到施恩韦格，来参观哥哥的新家。

但是没什么能打动他，哪怕是文森特钟爱的摇篮。“不要同她结婚。”他告诉文森特。提奥总是希望兼顾兄弟情义与家庭责任，尽管不支持文森特与西恩的婚姻，但仍然承诺再资助文森特一年，这样哥哥也就可以少些困扰，远离最恐怖的梦魇。然而，作为回报，他要求文森特不要继续试图让大家接受他的新家庭——不光是父母，也包括提奥自己。（在之后的六个月中，不管是西恩的名字，还是有关她的议论都没有再在文森特的信中出现。）她必须从公开的记录和家庭的声誉之中被清除出去。

但沉默并非提奥要求的全部。文森特的艺术风格也必须有所改变。尽管文森特在最后一刻转向了风景画和水彩画，但他依然抵制来自提奥的压力，拒绝创作畅销的艺术作品。几天前，他还在一封信中写道“在我看来，迎合市场并非正途”，不屑地认为艺术“投机”不过是“欺骗业余者”而已。为了纠正文森特偏颇的想法，提奥心意已决，一定要让文森特回归到正确的道路上来。他重申了自己的要求，文森特必须将注意力从黑白人物素描转移到风景画与水彩画上——换言之，也就是真正的绘画上。

绘画材料的开销经常成为文森特无法采取行动的借口，因此，提奥又额外给了一些钱，让他置办些必要的材料。为确保文森特能够严格地按照自己所说的去做，他坚持要求文森特近期给他寄一些作品，以证明他的绘画“在朝着合理的方向进步”。

这就是提奥所要求的全部回报——作为自己继续支持的条件；至于《悲伤》那幅作品，提奥回应说：文森特不仅要将西恩从自己的公共生活，还必须将她从自己的艺术中完全剔除。

当文森特夜不能寐时——在西恩和她的孩子出院后，他就经常无法入睡，他就会到楼下的画室去，从橱柜中拿出厚厚的插图画册，在煤气灯下千百遍地凝视这些熟悉的画面。“每当我感觉心绪不佳时，”他说，“我都能在收藏的木刻版画之中找到一种激励的力量，让我以全新的热情投入工作。”和现实不一样，这些画面总是安于它们整齐的边界之内。“我总是感到遗憾，”他后来写道，“雕塑和图画竟然没有生命。”

多少月，甚至是多少年来，他总在尝试各种能想到的办法，强迫现实与自己的画册中那个感伤、陈腐的世界相一致：将其分裂为不同的碎片，将其包裹在意象之中，将其提炼为各种不同的意象，并且坚持不懈地添加一些说明性文字。这一努力遇到的阻力引发了激烈的争吵：和他的艺术家同行、他的导师们、他的父母，还有他的弟弟。

1882 年夏天，他遭遇了同样的阻力，在历经这么多的争吵之后，终于曙光初现。

第十八章　孤苦的人

对那个奇怪的、孤独的人，海滩上的渔夫们内心一定充满好奇，这个人站在30码外的沙丘顶端，观察他们在大海之中讨生活。他不可能是游客，因为这天气实在不太适合观光。以最高每小时50英里的速度，狂风暴雨冲刷着陌生人站立的沙丘。在席凡宁根的这个小渔村里，每年夏天，城里人都会蜂拥而至，带着自己的更衣车以及各种盐水疗法。待在酒店门廊和会客厅中安安稳稳地观察大自然的暴怒，才是这些人乐于做的事情。在最糟糕的暴风雨来临之际，当渔民们竭尽全力地将自己的平底捕虾船拖上岸时，也许他们从来都不会想到，远处在风中观察他们的孤独看客实际上是一位画家。

来之前，文森特就已准备好要与恶劣的环境作斗争。8月，天气煦暖，可文森特还是穿着厚厚的裤子，这样，粗硬的沙丘草以及用来坐的粗糙的鱼筐才不会伤到他的腿。有时，他一脚踢开鱼筐，跪着、坐着或甚至是俯卧在沙上作画。他还带了结实的鞋子，期待着在这样的日子派上用场。亚麻布罩衫完全被浸湿，紧紧地贴在身上。文森特想象着自己看起来就“像是鲁滨逊·克鲁索”。

他随身携带着太多的绘画装备，以至于无法乘坐从海牙来这里的电车，最后只能步行到海滩。提奥走后，他口袋中揣着一沓提奥给的钱，买了新的颜料盒、调色板、画笔及许多锡管装的颜料（这一新近的技术革新，将画家们从画室中解放了出来）。他还买了一套全新的水彩工具箱——相对于他惯用的用来调色的托盘而言，这是巨大的改善。带着这些东西，外加那个大的透视框、一张附有画纸的展开的画布，以及面包与咖啡，他迈着沉重的步伐从施恩韦格走到海边。即使天气晴朗，走完这三英里路程也绝非易事。

在暴风雨中，这一切都无关紧要。风以及飞舞的沙子将所有的装备与艺术创作的程式都搅得一团糟，它们遮住了透视框的视线，每次只要一打开颜料盒，颜料和画笔就会被覆盖上一层沙子。每次一阵强风吹过，那伸展开的画布便呼啦啦地响，似乎威胁着要扬帆远航。不止一次，这恶劣的条件迫使他不得不离开，到沙丘后的小客栈中避避风。最终，大部分的绘画材料都遗弃在那里。待到下次风平浪静时，他又在调色板中装上更多颜料，口袋里重新装上一些颜料管，再次冲出去。他爬上湿漉漉的、位于风头上的沙丘，一只手紧紧握住画布，另一只手拿着调色板和几支画笔。“风刮得如此猛烈，以至于我都没法站稳，”他向提奥描述这一场景时说，“由于飞扬的沙子，几乎什么都看不见。”

他似乎受到暴风雨的鼓舞：全身充满无穷的力量，全然顾不上暴风雨。每次一阵疾风吹来，他的罩衫就会狂野地飞舞，噼啪作响，手则极快地在调色板与画纸之间移动，设法用画笔画出灰色的、翻滚的云和阴郁的、波澜起伏的大海。以一种无意识的疯狂，他将颜料涂抹得“厚重而又黏稠”，并且“快如闪电地下笔”，他的经验不足和他的透视框都没有对这一过程构成任何影响。这种迸发式的直接绘画方式非常适合他疯狂的想象，比莫夫寂静画室中的静物要适合得多，那是他之前接触油画的唯一一次经历。至少有两次，暴风雨又把他赶回了小客栈，在那里，他才发现画上“覆盖着厚厚的一层沙子”，只好用刮擦的方式把它弄干净，然后凭着记忆重新画。最终，他将画布留在身后，再次冲进暴风雨之中，去“刷新自己的印象”。

在这种极端的艺术创作与自然条件下，文森特有了惊人发现：他可以作油画了。

“当我作油画的时候，”他在给提奥的信中写道，“我感到颜色的力量在我体内涌动，这是我以前不曾拥有过的力量，无比辽阔并且十分强烈。”经过最初的犹豫，他接着便以富有个人特色的热情和狂热，“一头扎进了”这一崭新的创作方法之中。仅在提奥拜访过他之后的一个月内，他至少创作了 24 幅以海滩、森林、田野和花园为题材的画。他“从大清早开始画，一直持续到深夜，几乎连吃饭喝水都没有时间”。

绘画的“冒险经历”让文森特感觉到一种孩子气的喜悦。他坚持认为，在潮湿的状态下，一切都会看上去更美，他在每一场暴风雨中穿梭，寻找绘画的题材，当跪在地上作画时，身上总是沾满了泥浆。在一幅画中，他描绘了一位穿着白色连衣裙的女孩紧紧地抱着一棵树，而周围堆积的是森林地面上的腐殖土，他用棕色和黑色的浓重笔触传达出丰盈的真实感，以至于“你甚至可以嗅到树木的芳香”。油画颜料可触摸的温顺感让他欣喜万分——和水彩画大不相同。一开始，他把颜料毫不吝惜地铺陈在画布或画纸上——他大声宣称：“画家必须要舍得用颜料。”然后他再毫不懊悔地把颜料刮掉。他将颜料从锡管中挤出来，然后开始用画笔作画，不管表面是否光滑，并且直接在表面上混合颜料，好像这样他就不用担心会显得过于刻意。

结果让他大吃一惊。“不会有人能看出这是我最初的油画习作，我敢肯定，”他骄傲地写道，“说实话，这让我自己也有些吃惊，开始时，我想第一批作品肯定会失败，但这些画一点儿也不差。”“当时是怎么画的，我自己也不知道，”他坦言道，“我只是拿着一块空白的画板，在吸引我的景色前面找个地方坐下来，然后盯着眼前的事物而已。”不管如何，他自认为这些画画得非常好，甚至把这些画挂在画室的墙上，换下了珍爱的人物素描。在信中，对这些画的颜色和主题，他描述得极为细致。他谈到了“绘画中的无限性”、“隐匿的和谐”和“温柔的成分”，甚至还说了一番让人觉得不可思议的话：“油画比素描更能给人带来满足感。”“能够表达内心的感觉，这让人十分开心，”他惊叹道，好似第一次有这种体验，“并且如此地称心如意，要我永远放弃油画根本就不可能。”“我有一颗油画家的心，”他宣称，“油画是我身体之中珍贵的骨髓。”

但之后他停止了油画创作。经过不到一个月的无畏付出，消耗了大量的颜料，并且不断地保证会“全速前进”和“趁热打铁”，他彻底放弃了油画。为了掩饰自己仓促的退却，他找了一大堆理由。其中强调得最多，但也是最无法令人信服的居然是费用问题。“尽管我自己很热爱油画，”他辩解道，“但目前由于高昂的费用，我还不能依我自己的想法和欲望尽情去画。”

当然，现实远没有如此简单，比这要痛苦得多。

文森特的愿望终于得以实现。他关于家的幻想——一座远离现实世界的孤岛——终于实现了。没有人来看望他，他自己也无处可去。由于整天外出画画，那群衣衫褴褛的模特们也再没有必要长途跋涉来到他的画室。从莫夫和泰斯提格开始，他已被艺术家同行和熟人们彻底抛弃。他们“把我视为流浪汉，瞧不起我，认为我无足轻重”。在街上遇到他时，他们总是冷嘲热讽。文森特如果首先看到他们，便会偷偷地溜走，避免打招呼。后来他承认：“我有意地躲避那些会嫌弃我的人。”

对于被整个世界抛弃这一事实，开始他假装无所谓，并声称不理解为什么大家的“好意”就像“点着的稻草那样短命”。文森特不时地责怪自己长相太粗鲁，不善于交际，或太过敏感。有时，他会陷入一种偏执之中，想象着各种“稀奇古怪和不好的事情都是在指向他”，并指责艺术家们缺乏兄弟情义，不会互相扶持。然而，有时候他无法否认：“在他们眼里，我的行为愚不可及。”

渐渐地，他为自己的幻想付出的代价变得明晰起来。“大家总愿意去拜访一下某位朋友，或是期盼有位朋友来家里坐坐，”他写道，“一个人无处可去，又无人理睬时，觉得空虚在所难免。”尤其是当他冒险进入一个全新的艺术领域时，他强烈地感到身边缺乏导师和同行。失去莫夫的指导让他久久不能释怀，始终在气愤与后悔之间纠结。“我常常渴望并且需要别人的建议，”他承认，“只要一想到这里，我就心如刀绞。”他渴望在其他艺术家工作时，能够在旁边观摩，并且急切地希望“他们能按照我自己本来的样子接受我”。

有时候，他会想到最黑暗的方面，因为在读左拉的家族没落史时，家族诅咒和宿命观念就深深地扎根于他的脑海。“在大多数人眼里，我到底是什么样子，”他悲痛地说道，“一个无名小卒，一个怪人，或者是一个令人讨厌的人——在社会中没有，并永远也不会获得地位，简而言之，我处于底层中的最底层。”他一再地回到鲁滨逊·克鲁索的故事，并从中获得安慰，这位遭遇船只失事的水手即使“在与世人隔绝的情况下，也从未丧失勇气”。

即使走在盖斯特自己喜爱的狭窄街道上，远离家庭和同行艺术家那种资产阶级的敏感性，文森特还是无法找到归属感。衣衫褴褛，举止怪异，再加上背着的古里古怪的装备，他总会引起一些令人厌烦的关注，不仅大胆的街边顽童会不断地骚扰他，甚至行人们也会随意地对他评头论足。“那是一个古怪的画家。”文森特听到他们中的一个人这么说道。在施粥场和火车站之类的公共场所，他常常手里拿着一大卷画纸，并且“十分投入地在那里乱涂乱画”，最后却被人勒令离开。曾经有一次，他去卖土豆的市场，在熙熙攘攘的人群中，一个人“将嚼过的烟头吐到我的画纸上”。文森特可怜巴巴地写道：“当看到我用钩子之类的工具作画时，他们可能觉得我是疯子，因为在他们的眼里，这没有任何意义。”

最后，只要一有人接近，他都会焦躁不安。“你无法想象当人们总是站得离你很近的时候，你会觉得有多么气愤、多么疲惫，”他写道，“有时候，这会让我太紧张，因此不得不放弃。”最终，他的确放弃了：避开公共场合，除非在清晨（如在夏日清晨 4 点钟的时候），在这个时候出现在大街上的，只有文森特和寥寥几位清洁工。

家人并没有给予他任何安慰。被遗弃在由谎言编织而成的一叶小舟上四处漂泊，随着时间一天天地流逝，文森特觉得和父母和解的希望愈发渺茫。“这比没有家、没有父亲、没有母亲更糟糕，”他写道，“这让我痛苦不堪。”8 月，全家人搬到了埃滕东边 40 英里外的纽南，在那里，多洛斯接受了一个新职位——让文森特距离回到津德尔特牧师公馆的梦想愈发遥远。他试图重新与家人通信，但每一次客套完之后，他却无法吐露自己的秘密。同他们谈工作，也不是明智之举。“恐怕父母永远都不会欣赏我的艺术，”他绝望地总结说，“这永远只能让他们失望。”

9 月末，文森特的父亲突然造访施恩韦格，然而此举非但没有缓和父子关系，反而让他们之间的鸿沟变得更大。因为无法把西恩和小孩藏起来，文森特假装说她只是一个贫穷的、有病的和让人觉得可怜的母亲，他觉得自己有义务帮助她。他并没有谈到爱情或婚姻——仅仅是出于一位基督徒的义务。回到纽南之后，多洛斯寄来了一个包裹，里面还装有一件女人的上衣——对文森特最近的慈善行为，多洛斯明确地表示支持。但父子都不是傻子。快一年后，文森特承认那次造访很明显地表明了父母对自己的态度：“他们多多少少以我为耻。”

文森特保证对自己与西恩的关系保持沉默，这不仅使两人在一起的生活不合法，同时还使得他与提奥的关系日渐疏远，提奥可是唯一关心他的人。由于受到众多禁忌的局限，他的信开始流于肤浅，像是被编码的参考文献，都是些令人费解的废话。他写信的次数越来越少。花在西恩（或者她的婴儿、女儿、妹妹、母亲）身上的每一个荷兰盾都会让他在接受提奥的汇款时，内疚感增加一分。除了这笔看不见的债务，文森特油画的支出费用现在也在增加，这是一笔不菲的新花销，远远超过他曾经在画纸、铅笔和炭笔上的花费。“所有东西都非常贵，”开始画油画之后不久，他便抱怨道，“并且很快就又用光了。”之前画素描时所依赖的狂热的试错法，现在同样被运用在油画上，结果却行不通。“很多事情被证明是错的，”他解释说，“然后就只能重新开始，一切努力全都白费。”

9 月末，提奥要求寄一幅新的油画习作过去，因为文森特之前对油画表现出极大的热情，这对文森特是最后一击。开始，他什么都不愿意寄过去，模糊地搪塞说习作和成品间还是有差别的。他说：“习作就像播种，而作品才是收获。”

任何辩解都无法掩盖一个事实：他的自信已崩溃。待情绪有所缓解后，他给提奥寄去了一幅习作（画的是树根），同时，还附上一封信，信中满是道歉与自责的话。仅仅在五周之前，他还吹嘘说“不会有人猜得到这是我最早的油画习作”，而如今他则极力为自己的经验不足辩解。“我拿画笔的时间还太短，”他写道，“如果让你失望的话，你可一定要理解，画油画我刚开始不久。”他恳求提奥“不要只凭这一幅画就妄言我的未来”，同时在信的结尾，他可怜地请求让他继续作画：“如果你看到这幅画后……并没有后悔让我画油画的话，那么我会感激万分，会更有勇气画下去。”

遭到大众的嘲笑，被艺术家同行们蔑视，与弟弟的关系日趋疏远，同时面对着新的家庭和新的创作手法的挑战，文森特开始想念过去。对于自己遭到的排斥，他责怪现代生活之中的“怀疑、冷漠和冷酷”：它的颓废、无趣和缺乏激情。以一种很少在 29 岁男人身上出现的辛酸，他悼念失去的青春，并咒骂工厂、铁路和农业联合企业，谴责它们摧毁了布拉班特乡村“冷峻的诗意”。在写给提奥的信中，他说道：“我现在的生活已经不再像过去那样阳光明媚。”

一直以来，他在渴望中想象过去。他重读了安徒生的童话故事，在童年生活之中，这可是指引他生活方向的北极星。他将左拉的作品搁在一边，读起浪漫时期艾克曼－夏特瑞安的庸俗作品。所阅读的作品在时间上倒退了 100 年，在情感上他倒退得更远。在文森特的想象中，法国大革命时常会隐约出现，被视为英雄和高尚理念的失乐园。他再一次及时抓住了这一时期，在时间的长河中，他认为这一时期才是自己真正的家园。“那些日子肯定要温馨得多，”他写道，“和今天比起来，那时的日子更加无忧无虑，更加生气勃勃。”

同样，在回顾过去一个世纪的艺术后，文森特得出结论说自己出生得太晚，盛宴已经结束。然而，在此时的巴黎，莫奈、雷诺阿和毕莎罗这样的印象主义画家正在欢庆他们的第七次团体展，高更正在规划着要超越所有这些人，而马奈正在弥留之际，但此时的文森特仍在渴望着米勒、柯罗和布莱顿的时代。艺术的水准已“急剧下降”，“太多的变化和自视甚高”已取代了激情。艺术家们早已背叛了革命的精神——“诚实、质朴”，特别是博爱。“我曾想象，画家们组建了一个艺术圈或社团，那里由温暖、诚挚以及某种特定的和谐主宰。”他写道。结果，艺术将永远无法达到之前的高度。“比人类无法攀登的山巅还要高……艺术的顶峰已经到达。”

为了重新找回由激情和团结主宰的失乐园，文森特不可避免地转向了自己收藏在画册之中的画作。长久以来，这些作品一直决定着他对一般现实的理解，现在它们也开始决定着他对未来的野心。在这些精心组织、用心放置、赏心悦目的画面之中，他找到了一个欢迎自己的艺术家共同体，即便只是在他的想象之中。收藏的画作从文艺复兴时期丢勒的寓言画，到现代超现实主义的都市风景画，一应齐全，但由于之前几个月的争吵和痛苦，其中有一群艺术家——英国的插图画家——被赋予了一个特殊的地位。

早在19世纪40年代，为了让报纸版面更生动，伦敦的一些报纸出版商开始招聘艺术家为他们创作一些能吸引眼球的图片。在荷包新近鼓胀起来的公众的推动下，艺术印刷发展成为大产业，人们以极大的热情消费着各种插画，时事、公众人物、异域风情以及最新的时尚都可以成为这些插画的主题。1873年，当文森特到达伦敦时，插画周刊正大行其道。随着杂志读者越来越多，在要求上越来越挑剔，插画的水准也变得越来越高。版画复制技术的进步，让阿道夫·古庇尔和森特·梵高赚得盆满钵满，也让出版商们可以表现出细节和色调上的细微之处，在此之前，这简直无法想象。在早期，画面必须先十分费力地反向雕刻在黄杨木版上。更先进的印刷技术使得插入两面的折页插画成为可能——对于这个刚刚告别微型书籍和邮票尺寸插画的时代，这种视觉体验无疑令人吃惊。

卢克·费尔德兹，《申请入住临时收容所》，1874年，
布上油彩，$53^7/_8$英寸×$95^7/_8$英寸。

随着殷实的资产阶级造成的社会影响越来越明显，这一新的经济秩序的种种罪恶和无耻同样也被记录在这些插画杂志之中，此外，还有维多利亚时期为缓和社会矛盾而倡导的慈善和信仰。还在古庇尔画廊当学徒时，文森特就见识到了公众对以被抛弃的社会人群为题材的画作所表现出的巨大兴趣，但他拒绝承认这是艺术。在 1874 年的皇家艺术学院展出中，他看到了卢克·费尔德兹的《申请入住临时收容所》，画家以昏暗的、以黑色为主的基调，描绘出在一个极为寒冷的夜晚，伦敦的穷人们在收容所门外排队等待的情景。这幅画引起了公众极大的兴趣，为了控制前来观赏这幅画的熙攘人群，不得不筑起了路障。但文森特关于这次展出的评论仅仅涉及了一些以年轻女性为题材的作品，他觉得那些画“很美”。

现在，十年后，当文森特自己也遭到疏远和抛弃时，他宣称这些戏剧性的场景以及它们的创作者才是 1793 年精神的真正继承者：“对我来说，这些创作黑白画的英国艺术家对艺术的贡献，完全可以媲美狄更斯对文学的贡献。他们都有着同样的高尚和健康的情操。”在他看来，他们就是“人民艺术家”，之前他用来为自己的作品进行辩护的道德语汇，现在被他用来称赞这些艺术家的作品——当然，这些语汇也是在为他本人辩护：“实在而饱满”、“粗放而大胆”、“充满激情和个性”、“质朴”。“这些才是真正的作品，”他说，“虽然表面上看起来空无一物，实际上一切都尽在其中。”莫夫和泰斯提格（还有提奥）等艺术圈里的精于世故者认为这些画作粗鄙过时，普赫利工作室的艺术家同行们则会不屑地认为这些画只适合放在咖啡馆里供人娱乐，但他们的观点只会激发文森特对这些画作更大的热情。他愿意像曾经拯救西恩那样，把这些画作从无情的忽略和不公正的谴责中拯救出来。为一种粗糙的、被抛弃的艺术摇旗呐喊，还有谁比这位同样粗糙的、被抛弃的艺术家更合适？

多年来，文森特一直专注于收集法国和荷兰的画作，这些英国插画家根本就没有引起过他的注意。但在 1882 年 1 月，文森特一到海牙，就立刻开始收集这些插画家的作品。这些作品不仅是他在经济上所能够承担的，而且还代表着一个可以企及的艺术目标。当然，文森特认为，没有任何其他东西与他从埃滕和博里纳日带来的“笨拙和难看”的草图有哪怕一点的相似。在海牙，他很快找到了一些书商，为他提供源源不断的独立画作以及过时的杂志，如《绘画》、《笨拙》和《伦敦新闻画报》，他从上面剪下插画，放到自己的收藏之中。

到了 1882 年夏天，文森特四处搜寻这类艺术家的作品，此举已发展成为一种不顾一切的痴迷，在文森特狂热追捧的众多名人之中，他们甚至暂时取代了米勒和布莱顿的位置。“他们是伟大的艺术家，这些英国人，”他解释道，也有为自己辩护的意味，“他们有另外一种感觉、构想和表达自己的方式，只要你愿意花时间去理解他们。”最后，文森特买下了整整十年的《绘画》——从1870年到1880年，共21卷，500余期。在他看来，这些是“实在且丰富的东西，可以在感到虚弱的日子里，认真地去阅读它们”。

5月，在每年的写生之旅开始前，文森特的老朋友安东·范·拉帕德来到了海牙。对于蚀刻版画，他们一直都有着同样的兴趣；两人也都一直在收藏版画和插画。自文森特草率地断绝联系，正式宣布与这位朋友的关系“进入冰封期”以来虽然仅有五个月的时间，但变化却不小。在这一段时间中，凯·沃斯拒绝了他，父母将他扫地出门，有权势的伯伯和叔叔们疏远了他，莫夫驱逐了他，颇有声望的泰斯提格也谴责了他。在如此多的羞辱和拒绝之后，文森特急于重新赢得拉帕德的友谊，希望这段友谊可以帮他重新获得好名声。而拉帕德来得也正是时候：在文森特决定向提奥坦白他与西恩的私情之前的几周——这一坦白将有可能让他失去和这个世界之间仅有的联系。

拉帕德走后，互相支持的感觉充盈着文森特的内心，自七年前在巴黎和哈利·格拉德威尔一起阅读《圣经》的那些日子之后，这种感觉就一去不复返了。这一次，那些黑白色的图画成为了他们共同的福音，而圣徒则是这些插画家。他给拉帕德寄去了长长的名单，上面列举了自己最喜欢的画作和艺术家，并请求自己的朋友也能这样做。在这些百科全书式的信件上，他花了很多力气，炫耀着自己惊人的知识：版画家、年代、风格和流派。他邀请拉帕德测试自己鉴定画作和分辨签名的知识，就像收藏迷之间常做的那样。他们互相交换由插画家撰写的以及关于插画家的书籍。文森特在自己的画册之中，反复地搜寻一些画作的副本，以便赠送给这位志同道合的朋友。如果没有副本，他就翻找成箱的旧杂志，希望能找到。两人的收藏能一致，这是他的希望。

在拉帕德身上，文森特找到的并不是和自己同样的痴迷，而是对一项看起来越来越无望的事业的一份孤寂的、富有同情心的理解和支持。“他是一个懂得我全部意图的人，并且能理解一切困难。”在拉帕德5月的造访之后，文森特在给提奥的信中写道。在拉帕德善意地评价了他的作品之后，文森特可谓是感激涕零：

> 我最渴望的是人们能够从我的作品之中找到一些同感，这将带给我极大的快乐。……如果永远都无法听到“这个或那个真不错”之类的评论，那将非常地令人伤心、气馁和绝望。……你意识到别人能真正地感受到你所要表达的东西，将会极为振奋。

文森特将在漫长冬天的战斗和沉思中积累的所有沮丧、愤怒、幻灭和恐惧，全部都投射到这位远在他乡的朋友身上：自己对海牙艺术家同行的虐待行为的惊诧，对莫夫和泰斯提格可能仍然在对他“要阴谋诡计”的怀疑，以及自己吃力不讨好的殉难式的努力。

在钟爱的战斗旋律中，文森特把拉帕德拉入到自己的战斗之中，这一战斗不仅仅是针对艺术圈，更是针对时代的：“我相信对我们而言，将精力集中在之前的那些人和作品上，会是一件好事情，这样就不会有人说：‘文森特和拉帕德也可以被视为是颓废派。’”拉帕德比较传统，和人相处也很融洽，文森特写的一些段落一定让他感到不解和有趣，文森特哀叹他们共同的命运：同为艺术界的流浪汉和被社会所抛弃。“在他们看来，你和我是令人不快的、喜欢吵架的无名之辈，”文森特写道，幻想着他们之间的同仇敌忾，“他们觉得我们的绘画方式和画的人物画笨拙而又沉闷。”“要作好遭误解、被轻视和被诽谤的准备。”尽管拉帕德很享受乌特勒支父母家中的舒适，与一大群朋友来往，并热心地参加各种艺术家俱乐部，但文森特要求他全身心地投入到艺术事业之中，过孤独的、教士般的生活。“一位艺术家越是和其他艺术家交往，他就越是会感觉到柔弱，”他写道，“我记得托马斯·坎佩斯曾经在某处说过：‘每次在我和人类有所来往之后，我就会感觉到身上的人性也会减损。’”

在怀旧和迷恋、自我辩护和对友情的渴望之中，油画被忘得一干二净。8月中旬，文森特得知拉帕德完成了自己的写生之旅，已经返回，并带回了一大本画满了人物素描的写生集。这时，西恩的身体已经康复，可以重新开始摆姿势。之后不久，文森特用炭笔和颜料画了一幅人物习作，但“没什么色彩”，以此告别了油画。

9月中旬，文森特宣布了另一个想法：“我要画成群的人，在救济院、车站候车室、医院和当铺……在街道上闲聊或者是四处随意走动。”类似的画面曾是《绘画》和其他杂志的主要内容，这需要“无数独立的习作以及关于每个人物的素描”——换言之，需要更多的模特。几周后，这一全新的开始就宣告失败，因为无论何时他到人群中画素描时，都会遇到敌意，也因为他决定使用水彩——可能是为了满足提奥的要求，但这种绘画方法，在他看来，在描绘模糊的人体轮廓时相当地不令人满意。

文森特从未明确地宣布要放弃油画。但在画室之中，放弃的证据随处可见。9月下旬，他舒适地待在施恩韦格的世界里，与他的炭笔和铅笔，以及他的模特大家庭。他以一天12幅的速度，创作了大量的人物素描。

他仍然时不时地说自己热爱油画、水彩画或风景画——主要是为了回避提奥对于作品销路的顾虑，但他几乎完全回到了版画的那种黑白画面，以及和拉帕德的友谊。那几周画油画时剩下的画布，都被他拿来遮盖画室的窗户，以便为模特们提供更合适的光线。

休伯特·贺寇梅儿，《切尔西医院的周日》（细节），
1871 年，版画，$11^1/_2$ 英寸 ×$8^7/_8$ 英寸。

在创作人群场景画失败后，文森特开始在《绘画》另一幅著名的插画中寻找灵感：休伯特·贺寇梅儿的《切尔西医院的周日》。这幅画画的是古时候的一位老兵在一次老战士的聚会上，沉重地跌坐在椅子上与世长辞的场景。这幅画在 1871 年首次出现时，受到了广泛的欢迎，因此贺寇梅儿后来又创作了一个油画版本，同样赢得了国际性赞誉，油画版本有一个更感伤的标题：《最后的召集》（文森特 1874 年在伦敦也看到过这幅作品，但没有发表过任何评论）。

9 月，拉帕德开始在乌特勒支的盲人学院画一系列素描，试图创作出一批类似的震撼人心的作品。几乎在同一时刻，仿佛是要对这一共同的倡议进行回应，文森特开始在盖斯特的救济院招募模特。带着自己奇怪的要求，他开始接近很多年老的养老金领取者，但经常来的只有一个人。这人的名字是阿吉那斯·雅各布斯·桑德兰。

文森特可能知道他的名字，但从未提起。就算文森特叫他的名字，他也无法回答：他是个聋子。跟其他荷兰敬老院的养老金领取者一样，他的袖子上有一个表明身份的数字：199 号。他穿着男性养老金领取者的统一制服：燕尾服和高帽——虚假的绅士风范使得他在任何地方都明显是一位可怜人。天气冷的时候，桑德兰穿着一件双层夹袄，类似于贺寇梅儿的《切尔西医院的周日》中老兵们穿的衣服。72 岁的桑德兰虽然穿着军队风格的外套，并且衣服的翻领上钉着一块金属标志，但绝不会被误认为是士兵或绅士。他那不安分的白发从帽子底下露出来，像瀑布似的垂落到衣领上。帽子很好地遮住了他已经秃掉了的头顶。稠密的络腮胡挂满了脸颊。他有着宽宽的钩鼻，大大的、突出的耳朵，小小的、眼睑厚重的眼睛。文森特说这才是自己要寻找的“真正的模特”。

之后的一年，桑德兰经常去施恩韦格的公寓——也许只要可能去，他就会去，因为养老金领取者一周只有三天被允许外出，并且必须在日落前回来。桑德兰一天挣 50 分（这些钱他都被迫全部交给了家里），文森特终于找到了一位契合他绘画风格的模特。以一种在工作中才会有的耐心，文森特让他摆出各种可以想得到的姿势。在作画时，桑德兰常常需要一动不动地待上好几个小时：站着、坐着、弯着腰、跪着——前面、后面、侧面。有时候他需要以脆弱的、佝偻的形象出现，有时候又需要像士兵一样笔挺。他摆姿势时手里拿着手杖、棍子和雨伞，戴着礼帽、便帽，把帽子拿在手上或不戴帽子。文森特给他一些道具——手绢、玻璃杯、茶杯、书、烟斗、扫帚、耙子——让他摆出吃饭、喝水、读书、干杂活之类的姿势。他同西恩及其母亲、女儿和小宝宝一起，构成了一幅完美的“家庭肖像图”。

根据规定，养老金领取者“除了管理者提供的统一制服外，在外面不得穿任何其他的外衣”，但桑德兰还是顺从地穿上了文森特提供的衣服，打扮出文森特想象中的“各种不同类型的人物”应该具有的特征。穿上工作服、戴上帽子、提着装泥煤的篮子，他就是个农民；扛上一把铁铲，就扮作个挖掘工；拿一根钓竿，就像位渔夫；拿一把镐，就扮作个矿工；穿上宽松的上衣，吹着笛子，俨然是位艺术家。文森特让他坐在桌边，作出祈祷的姿势，然后把他画成一位在用餐时间正在说祝词的家长。文森特把一个袋子悬挂在这位老人倾斜的肩膀上，然后一遍又一遍地画这位播种者。

桑德兰像一匹负重的马，无论文森特让他摆什么姿势，都任劳任怨，这一点让文森特钦佩不已。文森特很少能找到模特愿意坚持做完一个或两个系列，甚至还得恳求模特们的宽容，加快速度，以免他们失去耐心，桑德兰的耐心仿佛是上帝恩赐给他的礼物。因此，他可以自由地尝试更多的姿势，并可以一再设计同一个姿势，直到找到合适的轮廓——这是文森特成功的重要条件，因为文森特画画的方式就像是买彩票一般，靠的是运气。当理想的轮廓出现时，他有更多时间可以专注于观察衣服褶痕中跃动的阴影以及鞋子上的皱褶。他又回到了大尺寸和粗重的笔法，也就是《悲伤》之中的那种风格——在他心目中，这可是他最好的作品，但他在上面加

《手握棍子的老人》，1882年9月—11月，纸上铅笔，$19^3/_4$英寸×12英寸。

《穿燕尾服的老人》，1882年9月—12月，纸上铅笔，$18^3/_4$英寸×$10^1/_8$英寸。

上了英国版画之中才有的强有力的阴影，在他的画册中，这类作品比比皆是。

在漫长的冬日里，在施韦恩格的画室中，文森特越来越依赖于这位耐心的、顺从的和什么都听不见的模特。就像贺寇梅儿《最后的召集》中年老的养老金领取者一样，在文森特眼里，桑德兰就像是一位被过去抛弃的人，一位消失在米勒和狄更斯那个年代的“忠诚的老兵”。无家可归、无妻无子、没有朋友、身无分文，桑德兰也是一位现代的罗滨逊·克鲁索，被遗弃在缺乏激情的当下。文森特经常用一个用来称呼所有“来自救济院的穷苦老人”的名词来指代他。他叫他“孤苦的人”。

对素描、范·拉帕德和过去的全新热情汇合成一股具有强大驱动力的狂热，它将最终完全地掌控他，一切都只不过是时间问题。10月下旬，一封来自拉帕德的信彻底将这些热情的小火苗燃烧为一团熊熊烈火。信中简述了休伯特·贺寇梅儿的一篇文章，文章刊载在一家英文杂志上。用《最后的召集》那样的富有情感的语言，贺寇梅儿大力倡导黑白色的画作，并且高度赞扬英国插图家（当然也包括他自己），因为他们使这种形式的表达力达到了巅峰。这些语言仿佛都是直接从文森特的脑海之中复制到纸上的一样，全部都是文森特内心的想法。贺寇梅儿大力赞扬木刻版画那已经逝去的荣耀，并且提出了一个惊人的观点：出现在《绘画》杂志上的插图和世界上所有博物馆墙上挂的作品一样，都是同样“真实而完整”的艺术表达。

在贺寇梅儿“掷地有声的言辞”中，文森特觉得自己曾为这一遭到否弃的艺术而作的激烈的辩护是正确的。贺寇梅儿争论道，艺术家真诚的心比他灵巧的手更重要，勇气比专业重要，内在的精神比训练重要。他高度颂扬了素描的“道德优势”，认为它优于任何其他的艺术形式，并且认为所有艺术家都无法同插画家相比。在他看来，色调重于颜色，气势重于细致。在这番言辞中，文森特的离经叛道和留意过去摇身一变成为了勇气的标志，贺寇梅儿警告要注意“病态的传统主义”的危险，为当下一些艺术趋势中的颓废而悲哀（甚至《绘画》也未能幸免），并且特别批判了印象主义这一“愚蠢的画派”，认为它由那些“半生不熟的人”所创立，他们描画“在自然之中看到的任何事物以及一切事物，完全不考虑有没有美感可言，或者对主题是不是感兴趣”。

在封闭的英国艺术圈里，贺寇梅儿是一位生于德国、长于美国的门外汉，他早期的职业生涯（他只比文森特大四岁）安慰了怀有最深恐惧的文森特。贺寇梅儿长期生活困苦，一直怀才不遇。他付不起租金，四处寻找模特，也曾遭受迫害。甚至贺寇梅儿生硬的、不太流利的英语，也都和文森特的有些相似，一切就像是在为文森特代言。“所有这些观点都是有道理的、不容辩驳的和诚实的，”文森特对这篇文章评论道，“对我来说，这是一种激励，听到有人这样讲，我十分振奋。”

贺寇梅儿的言语对文森特不仅是激励，还是慰藉。没多久，文森特对黑白画的热爱就发展为一种福音教派式的热情。就像五年前在阿姆斯特丹一样，诚挚的热忱让位于宗教般的狂热。在很长一段时间后，宗教形象又开始出现在他的信中，带有很强的《圣经》韵味和直接从《圣经》之中引用的句子。他收集的版画被他称为“另一版本的《圣经》”，这使他保持一种“虔诚的心情”。就像一位现代的萨沃纳罗拉，对新艺术的堕落和衰朽以及“当今世风日下的社会”，他大力挞伐。他抨击浅薄和保守的汹涌浪潮，批判世人更看重“物质享受”，而不注重“道德追求”。

在画室之中，文森特在全新的拯救理念的激励下，开始疯狂地作画。整个秋天，他不仅画西恩、西恩的家庭、孤苦的桑德兰，也画其他一些来自救济院和孤儿院的人，还有来自附近木工厂的工人。他画了一些街上的马的素描，付给马主人一些报酬，叮嘱他们让马在他疯狂地作画时保持静止。“我在用全身力气工作，”在完成一沓又一沓的习作后，他汇报说，“你画得越多，就越想画。”仿佛是想要向这位新的坎佩斯致敬，他开始创作一系列的肖像画，类似于贺寇梅儿为《绘画》创作的“人民的头像”系列。这些图像是照着模特画的，但在宽泛的意义上，他力图呈现可以辨认的类型（矿工、渔夫、田间的劳动者）。早在受到贺寇梅儿文章的召唤之前，这些画像就已经吸引了文森特的注意力。6 月，他还将《绘画》中的插图给提奥寄了过去。

10 月中旬，文森特开始把透视框移到离模特很近的地方，以西恩、她的妈妈和桑德兰为模特，创作了几幅大尺寸的半身肖像。他给每个人都戴上不一样的帽子（礼帽、便帽、女帽、防水帽），希望这种对类型的速写可以让它们具有普遍性。从肖像画法的束缚中解放出来之后（“以众多的个体为基础，才能够提炼出类型。”他告诉提奥），他用铅笔不断地在粗糙的画纸上涂抹，从而让醒目的轮廓变为阴郁的、有着浓重阴影的卡通式人物。那个冬天，在创作的大量肖像画之中，仅有几幅——其中的一幅画的是西恩十岁的妹妹，她因为长虱子而剪光了头发，眼神中透露出怀疑的神情；另一幅画的是书商约瑟夫·勃洛克，他眉头紧锁，眼神极不耐烦——暗示了某种比贺寇梅儿无表情的世俗肖像更深层次的东西。

11 月，文森特的新福音终于有了最真实的确证。同样是受到贺寇梅儿的《切尔西医院的周日》的启发，他开始去捕捉无情的死亡带来的悲伤。自博里纳日的黑暗之旅之后，死亡就一直萦绕在他脑海中。在画夹中，他找到了一幅人物素描，这是他前一年在埃滕时画的，画的是一位坐在椅子上的老年男性，头埋在手中，就像是被生活之中的苦难和徒劳压垮。这幅画名为《疲惫不堪》。他仔细地让桑德兰作出同样的姿势，然后架起透视框，描绘这位受伤的、不幸的人的轮廓。自从《悲伤》以来，他还从来没有在一幅画上投入过如此多的精力，或者赋予其如此多的意义。“我试着去表现……这样的一些事物，它们是那些‘超越尘世的事物’最有力的证据，”他在对这幅画布道式的冗长解释中说，“在这位个子矮小的老年男性无比打动人心的表情中……存在着某种高贵的、伟大的东西，这是鸟兽虫豸注定无法具备的。”

《疲惫不堪》，1882年11月，纸上铅笔，$19^{3}/_{4}$英寸×$12^{1}/_{8}$英寸。

然而，对文森特而言，如果无法同家人和解——他全部狂热的源泉，那么任何救赎都不完全。在这里，贺寇梅儿同样给了他希望。不仅因为他是一位成功的、富有的插画家，而且因为他传递出的关于获得机会和财富的信息足以赢得任何一位梵高家人的欢心。在同一篇文章中，贺寇梅儿保证道，对任何专攻木刻版画的艺术家而言，“在一个快速成名和获得回报的时代”，谋生轻而易举，并且不用担心销售问题。为什么呢？因为在这个资产阶级的消费主义时代（他称之为“实用和快速”的时代），木刻版画将会比其他任何艺术形式更有市场。便宜、可复制，而且“适合被大多数人理解”，木刻版画为大众提供了“娱乐和启迪”，大众总是“争先恐后地抢着购买好的作品”。

对于文森特前途未卜的艺术生涯而言，这样的安慰可谓是天降甘霖。尽管与莫夫、泰斯提格在语言上有过激烈的争吵，文森特始终都没有放弃在博里纳日就具有的理想：自给自足。在写给提奥的信中，他一会儿唱着有关艺术尊严的高调，一会儿又庄严地承诺会再次致力于获取商业上的成功。贺寇梅儿的这番话使他从这一矛盾情感之中获得了解脱。他争辩道，通过大批量生产的木刻版画，一件简单的、诚挚的艺术作品可以直接打动别人，绕开泰斯提格这样的“有毒害影响”的经销商，而且无须牺牲自己的灵魂，一位简单的、诚挚的艺术家由此能够收获回报。

在阅读贺寇梅儿文章的日子里，文森特着手创作了一幅画，来实现这种完美的平衡。以当时极为流行的《切尔西医院的周日》为范本，他宣布了自己的创作计划：“创作一幅黑白画，其主题将为世人所瞩目，将引起人们的注意，自己也将声名大振。”他想象着同贺寇梅儿一样，借此可以逆转同行们对自己的蔑视、家庭的抛弃和世界的冷漠。

10 月底，提奥不经意地启动了哥哥全新的宏伟理想。在一封信中，他描述了平版印刷术近期的一些发展，在更为现代的印刷科技如照相凸版印刷术面前，传统的大量生产图画的方法黯然失色。平版印刷术因为涉及在平版印刷石版上直接绘图（然后由此进行复制），忠实于艺术家的想法，并且其天鹅绒般的黑色有着很强的情绪表现力，一直受到大家的赞赏。但是用石印蜡笔在石灰岩石版上工作这一现实挑战（和花费），使平版印刷术的流行受到限制，尤其是在年轻艺术家当中。在信中，提奥提到了一项新技术，艺术家们可以用石印蜡笔把图画在一种特殊的纸上，通过机械的方式，这种纸可以将图画转移到石版上，由此避开这一过程中最困难也是最昂贵的部分。“如果这是真的，”文森特马上写了封回信，“把所有你能够收集到的在这种纸上工作的方法寄给我，并为我买一些这样的纸，我要来试一试。”提奥没有马上回信，文森特便冲进史莫德斯艺术用品店，自己购买了一些这样的新纸。因为不知道怎么用，他把纸带回家，将自己画的一幅桑德兰的画复制了上去，然后在几个小时之内，又回到史莫德斯艺术用品店，把纸交给那位惊讶得目瞪口呆的负责印刷的店员。印刷的结果让他非常高兴，没有等到提奥作出回应，他就已经制订出详尽的计划，决定制作一系列类似的版画——“不是很细致，但遒劲有力”，并且在史莫德斯艺术用品店预定了六块石版。他选择了米勒的《地里的劳作者》作为范本，这一救赎性的劳作图像曾经指导他从黑乡中走出来。他最开始画的是一位“头顶上顶着一袋煤的妇女”——《疲惫不堪》的另一版本，他还计划好了这一系列中的下一个形象——一“小队”女矿工。

在一股热情的狂喜之中，他认为有一本自己的版画册，获得一份插画师的工作应该十拿九稳，或者至少让他在“杂志圈……的范围里有一些名气”。他考虑去英国找工作，认为那边的杂志一定会缺少有能力的插画师，要是平版印刷术开始复兴的话——他认为随时会发生。他计划在伦敦见见贺寇梅儿以及传说中的《绘画》的编辑们。“在我看来，想要每天都能找到将插画作为自己专长的人，并不是一件容易的事情。”他写道。在他用自己的新石版复制的第一批画作中，其中两幅是以英文命名的，包括《悲伤》。

《女矿工》，1882年11月，纸上水彩，$12^5/_8$英寸×$19^3/_4$英寸。

成功的欲望是如此强烈，以至于任何的挫败只会促使文森特更深地沉溺于幻想之中。一开始，他希望画册能够将自己同安东·范·拉帕德更紧密地联系在一起，并且计划让自己的朋友也为画册画一些画。但当拉帕德对这一计划有所保留时，文森特马上就提出了一个更为宏大的新设想：聘用一群艺术家，所有人都将为这一伟大的项目作出贡献——贡献插画和金钱，大家一起工作，就像在《绘画》的辉煌时期，英国插画家们精诚合作那样。

每一次提出不切实际的想法，文森特都会将虚幻的错觉与认真的算计、灵感和鼓吹相结合来为自己的事业辩护，而这些对他的艺术起着最终的决定性作用。他将这一努力形容为一种道德义务，并且用1739年的革命性言语来动员弟弟，一个人应当“行动起来，而不是耽于深思熟虑……能够做出伟大的事情……行动起来，越快越好”。为想象中的这一革命艺术家群体，文森特起草了一份详细的合同，还有一份宣言书，上面不仅说明了艺术上的安排（材料、主题和价格），而且说明了利益分配、选举权、股东责任和资产分配。

一切都是枉费心机。然而再一次，他的宏大计划因自己过分热情的期待而受挫。在同瞬息万变的哥哥谈一些特定的话题时，提奥已经学会了用审慎的沉默来应对，从来没有直接回应文森特关于画册的提议。有时在同一封信中，文森特不断地作出然后又收回关于商业成功的承诺，甚至他自己都不是很有信心。他对待流行的态度同样经历了一系列的急转弯。最初，他不屑于公众的认可，说：“这让我彻底心凉了。”但当他听说史莫德斯艺术用品店的工人要求将他的一幅版画挂在商店的墙上时，他为“大街上的普通人”的敏锐大声叫好，同时为自己定下目标，要将自己的版画挂在“每一位工人的家中和农场里”。但仅仅几周之后，他又开始鄙夷公众的品味。

意象同样也在背叛他。文森特在自己的艺术中投入的狂热、怀旧和辩护是任何一种媒介也无法长时间地支撑的。最终事实证明，平版印刷术尤其难以掌握。每一次结果都让他很失望。两次转印——从画作到石版，再从石版到印刷——给整个创作过程带来了大量始料未及的事情。由于无法控制局面，他经常倍感沮丧。在印刷过程中，墨水的到处乱流和形成的污渍使得一些画变得斑斑驳驳，一些画变得模糊不清。由于这些原因，转印石版画和水彩画一样难以驾驭：一旦油脂蜡笔触碰到纸张，就再也无法挽回。如果拿本用于石版的刮刀擦掉蜡笔留下的印迹，那么再厚的纸也变成了碎片。他试图用自动油墨“润色”那些画——但这同样充满了“诡异”。在转印过程中将画打湿时，墨迹会消散——“留下的不是你的画，而是一团污迹，什么都没有。”他抱怨道。接着，他试着在石版上直接作一些改动，用自己的小刀来擦除。最终，他拿着完成的版画，像十月怀胎似的小心对待它们，用钢笔去完善一些细节并加上背景。

他不断向提奥抱怨，有多少原作的风格“丧失在转印的过程中”；印出来的版画是如何逊色于原作，失去了“动感”和“色调上的多样性”。他说美感遭到“破坏”和“错印”。即使是最好的作品，他也觉得不满意；而那些最差的，他则（向拉帕德）宣称是“失败”和“令人难过的流产”。他把副本寄给提奥，并附上手写的道歉信。11 月末，在仅仅四周里印刷了六幅作品后，他为整个计划题写了墓志铭 ：“我告诉你，对蹩脚作品的不满、尝试的失败以及技术上的困难，可以让人陷入可怕的忧郁之中。”

令人始料未及的源头给了文森特最后一击 ：《绘画》。在 1882 年圣诞节的那一期上，该杂志的编辑对贺寇梅儿的哀婉腔调进行了驳斥。他们否认了对于艺术衰颓的指责。贺寇梅儿曾急切地警告说缺乏好的插画师，但据他们了解，这种短缺完全就是子虚乌有。“除了我们专业的艺术家，”他们吹嘘道，“在世界各地，我们至少有 2730 位朋友给我们寄来素描或其他精美的画作。”文森特曾辩解说自己的计划在商业上可行，但编辑的话驳倒了他的辩解。明显是为了自保，文森特给提奥也寄了一本杂志，同时还附上了一封愤怒的谴责信。

这番话打击了文森特仅存的希望。“这让我十分伤心，它带走了我的乐趣，它让我烦恼。我彻底迷茫了，不知要何去何从，”他十分坦白地写道，“开始时，我曾想 ：‘只要取得怎样怎样的进步……我就会走上一条康庄大道，找到自己人生的道路。’”

与此同时，施恩韦格的家中也并不平静。

告别了夏日的暴风雨，迎来的是严酷的寒冬。后遗症一直伴随着文森特到深秋。他抱怨说感到“难以言喻的虚弱”，“像要晕倒一样”，以及“彻头彻尾地不舒服”。他很容易疲劳，常常感冒，睡觉也不安稳，总是被惊醒。极度的牙痛折磨着他，这种痛苦甚至转移到他的眼睛和耳朵。眼睛有时会疼痛异常，“甚至简单地用眼睛看一下东西，都会让我觉得很痛”。每一种折磨，再加上食物不够和饮酒过度，都产生了明显的负面影响。有时走在结了冰的街上，他会碰到一些熟人，这些人看到他布满血丝的眼睛和深陷的双颊，心里都不由自主地认为，他看上去“似乎在哪里饮酒作乐……明显过着花天酒地的日子”。

8 月，小孩降临的欣喜刚刚过去，文森特就开始暗示自己和新家有了些麻烦——在他保持沉默的誓言背后，可以看到一些痛苦的信号。施恩韦格的生活已经不再“轻松”。“保留一些新鲜感”已开始变得越来越难。用细心组织的代码式的抽象语言，他不断地描写自己的幻灭：“即使事情最终与最初的想象完全不一样，也必须重新振作，鼓起勇气。”他曾经计划将“这个小小的摇篮再画上 100 遍”，现在这一计划已被他默默地放弃。

以令人难以相信的继续努力的誓言，他击退了日益严重的抑郁的侵袭——日子“就像洗碗水一样乏味”。他承认：“一想到事情的发展，我的心情就开始变得沉重。”有时，他似乎对自己的工作兴味索然，抱怨着无休无止的单调沉闷的工作。看着成堆的习作，文森特抱怨道：“它们无法激起我的兴趣……我觉得这些都很糟糕。”即使是自己收藏的珍贵插图，现在也失去了安慰的力量。在大费周章地准备画一批新的版画后，他说自己已经被“一种‘这到底有什么用呢？’的抑郁感觉”所征服。

圣诞节的即将到来让文森特决心用自己的新家来填补由过去的家庭所留下的虚空，在他对婴儿威廉的喜爱中，这一努力表现得十分明显。他认为,“在孩子的眼神之中”,他看到了“一些深刻的、无限的和永恒的东西”。他将西恩和她的孩子画进自己的一系列素描里，以配合自己关于救赎的幻想；对文森特，同样对狄更斯而言，救赎是所有圣诞故事的精髓。他让那位孤苦的桑德兰摆出读《圣经》和做祷告的姿势。在这些素描之中，他的意图是要“表达一种对圣诞节的特殊感情”。他坐在“舒适的圣诞节炉火”的旁边，阅读狄更斯的《圣诞颂歌》。

但是狄更斯还写过一个关于圣诞节的故事：《着魔的人》。文森特那一年也再次读了一遍。距离与父亲争吵并被驱逐出埃滕，已经快有一年的时间，文森特越来越像书中那个孤独的主角，渴望忘记过去的“伤心、错误和麻烦”。

一次又一次的失败带来的耻辱缠绕着他。“我有一种罪恶感，感到浑身上下都是缺点，感觉完全无法实现自己的承诺，”他写道，“我有一种感觉，自己随时会触礁。”当自我辩解不再奏效后，他在镜子之中看到的是一位无能和不幸的“麻风病人”。“自己恨不得站在很远的地方，对所有人大喊：‘不要离我太近，因为与我交往会让你感到悲伤和遭受损失。’”年关将近，他清理了一下自己手头的艺术作品，然后谦卑地向提奥道歉:“对不起，在这一年之中，我没能创作出一幅可以卖出去的作品。但我真的不知道错在哪里。”

在 1883 年新年到来之际，巴黎的提奥出乎意料地将自己的一个秘密告诉了文森特，这件事终于让文森特可以谈谈自己试图在施恩韦格组建家庭的孤独战斗。提奥有一位情人。出于一种找到知音的兴奋感，对相同的困境，文森特说道："在一条冰冷而残酷的道路上，一位悲伤的、令人怜惜的女子的身影在你我面前出现，你我都没有一走了之。"他抓住这个机会，再次开始行使当哥哥的特权，他写信给提奥讲爱情的挑战，尤其是爱情的多变（"枯萎和萌发……潮起和潮落……疲惫和虚弱"的循环），对这些他都一清二楚。但是智慧很快让位于忏悔，因为提奥的困境让他觉得现在可以讲讲自己已隐藏很久的抱怨了。

"我有一些不开心的经历，"他讲到了自己同霍尼克家族在一起的生活，"他们中的有些人真的非常糟糕。"小威廉不断地啼哭，睡眠本来就不好的文森特，现在更加难以入眠。西恩的女儿不仅在屋子里四处乱窜，并且街头顽童的本性不改：焦虑、疑心重重、动辄愤怒对抗。西恩的妹妹十分糟糕，分明就是"一个令人无法容忍的、愚蠢的、恶毒的坏东西"。她们一起"把我赶出自己的家"，他抱怨道。在长时间的康复期中，西恩变得越来越肥胖，越来越懒惰。即使再次为作画摆姿势时，她也只是摆一会儿而已。她坚持要求支付现金，还把家庭琐事都留给文森特。这种不听话可能也已经延伸到她作为妻子的其他职责：文森特坦白，他对她已经没有"激情"，只有"无尽的遗憾"。

他斥责她没有幽默感，行为粗俗——然而在六个月前，这些都是他礼赞的苦难的象征。他责怪她心胸狭窄，缺少对书籍或艺术的鉴赏力——随着其他人的离开，这一缺点变得越来越明显。"我要不是想要在现实之中寻找艺术，"他以一种残忍的直白说道，"我可能会觉得她很愚蠢。"他隐约地提到自己了解到的关于她的过去的某件事，此事极度地伤害了——甚至可以说是完全扼杀了——他的爱情。"当爱情已经死亡，"他询问道，"仁慈是否还有存在的可能？"他可怜兮兮地暗示他发现了的他们之间的鸿沟："在这里，找不到一个可以倾诉的对象。"

在这一情景剧上演期间，安东·范·拉帕德开始逃离文森特的掌控。起因是两人之间的另一次争吵，而文森特蹩脚的平版印刷画则是导火索。文森特竭力地希望这位朋友能够参与自己的画册计划，以证明计划的可行性，在整个圣诞节期间，他都强忍着怒火。在海牙，他越来越遭到孤立，结果他对每一位朋友的依赖性越来越强。他给拉帕德寄书本、诗歌、画画的小技巧、热情洋溢的奉承、火热的关于兄弟情义的誓言。他急切地提议到彼此的画室互访，并且计划一起到郊外去写生，甚至是到博里纳日。"我认为爱情——就像友情一样——不仅仅是一种感情，"他写道，期望拉帕德能具备和他一样的热情，"而且主要是一种行动。"

他努力唤起二人“在精神上的统一”，想象着一种可以超越纯粹友情的关系。“无论何时，当不同的人爱上相同的东西，并一起为之努力时，”他说，“他们的联合就会产生力量……一个整体也就形成了。”他曾不断地要求提奥与他建立亲密的联系——通往赖斯韦克之路上的愿景，兄弟俩“不分你我，惺惺相惜，仿佛合为了一体”。“两个优秀的人……有着相同的意图和生活目标，受到同样的严肃目标的激励”，一种艺术上的联合。即使这种艺术家的高贵结合的梦想——关于《绘画》的情景再现——在不光彩的寒冬破灭时，文森特仍在想象着一对完美的“心灵，在寻找并感受着相同的事物”。“在一起，他们可以实现一切！”他感叹道。

六年后，他试图将同样的想法强加给保罗·高更，从而引发了灾难性的后果。

文森特乌托邦式的愿景，不论是关于家庭的还是友情的，都无法容忍任何的不完美。在他专横的注视下，拉帕德不能在任何方面和他不一样或超过他。“我们几乎都在同样的水平，”他告诉提奥，“我不会和他在油画上一争高下，但在素描上，他肯定无法出我之右。”“双方都不去做一些努力以便维持在相同的水平，这种友谊是我所鄙视的。”他说——真正的友谊只能是两个平等的人之间完美的、永恒的结合。

没有任何的友谊可以长时间地承受这样的重压。1883 年 3 月，当拉帕德宣布他要寄一幅画参加阿姆斯特丹的画展时，裂痕不可避免地出现了。文森特以风暴一般的抗议进行回应。对参展这一想法，文森特以一种遭到爱人背叛的愤怒，开始大加斥责。自以往在古庇尔画廊工作时起，文森特就经常以内行自居，说展览不过是骗人的玩意儿——不过是关于团结和合作的骗局，艺术家们现在最急需的是真正的“互相关怀、温暖的友情和忠诚”。

以最绝决的方式，拉帕德回应了这一指责——完全就不理睬。两个月后，在阿姆斯特丹的国际展览上，他的油画作品《瓷砖画家》赫然在目。当然，文森特立即开始着手修复二人关系上的裂痕。5 月，期待已久的互访终于实现。但伤害已经造成。文森特本还有一些弥补的机会，但是在两年内，一切彻底地结束。此后，他和拉帕德之间再次形同陌路。

与拉帕德绝交之后，文森特转向了性格更为随和的伙伴——赫尔曼·范·德·威尔，他是一家颜料店经理的女婿，文森特经常在那里赊账。作为当地中学的一名老师，范·德·威尔会在不认同的时候也给予些鼓励——这种不批评的做法被文森特理解为表扬。“在欣赏我的习作后，”在范·德·威尔一次来画室参观之后，文森特向提奥汇报说，“他不会很快地下结论说‘这个或那个是不对的’。”在那个春天，在受到范·德·威尔几个月的鼓励后，文森特终于抛弃了简朴的、单一的人物画以及“人民的头像”，整个冬天他都在忙活这些作品。

5月，可能还是迫于那些总是超期的账单，文森特同意给另一家颜料店老板的儿子上绘画课。安托万· 费尔涅现年20岁，正准备土地勘测方面的考试。此时，文森特正对艺术家群体忿忿不平，骂他们是“无可救药的骗子”。文森特是位严厉的老师，而安托万恰好是位叛逆的学生，文森特批评说安托万业余水平的水彩画“丑陋至极”，“糟糕透顶”，并且只让他进行严格的素描训练。“我让他画了很多他一点儿也不喜欢的东西。”文森特很骄傲地告诉提奥。在一起到户外写生时，费尔涅说文森特总在不停地讲话：将心中压抑已久的想法，不停地在学生的耳朵里倾诉，因为除了这位不得不充当听众的学生，再也找不到其他任何听众。

然而从这些偶尔的交流中，文森特并未得到安慰。“我应该去寻找并保持一段真正的友谊，”他悲伤地叹息道，“但这对我而言很难……在一个因循守旧的地方，痛苦在所难免。”他将自己称为“迷失的哨兵”——“病怏怏但仍奋斗不止的可怜画家”，并把自己比作从垃圾桶里捡回来的被撕碎的版画：“就像没有价值的垃圾、破烂和废纸一样被忽略和瞧不起。”在孤寂中，他看到的是为艺术的殉难，仅次于自己此前为爱情作出的牺牲。在他的脑海中，各种孤寂的烈士形象不断涌现，从客西马尼园中的耶稣到安徒生的丑小鸭，他用这些来进行自我安慰。在他的想象之中，他就是加西莫多，雨果的《巴黎圣母院》中遭受蔑视的长着罗圈腿的驼背人。他厌恶自己时用那位驼背人的悲伤呐喊来鼓励自己：“高贵的剑，丑陋而卑鄙的鞘；在灵魂之中，我是美丽的。”

3月30日，文森特独自度过了30岁的生日，并重读了雨果的《悲惨世界》，这是一部讲述追捕一位流亡者的小说。“有时我无法相信自己才30岁，”他写道，“当我想到那些认识我的人把我当作一个失败者时，我感到自己的年龄要大得多，也许事实也是如此。”

为了摆脱这样的想法，文森特开始到很远的地方散步。离开施恩韦格那麻烦不断的公寓，他去盖斯特熟悉的小巷漫步，并徒步前往远在席凡宁根的海边，在他看来，海滩是“一位沮丧又失望的人”最好的良药。他在暴风雨和大雪中前行。他路过约瑟夫·伊斯雷尔那奢华的住宅——至今依然是米勒的虔诚和资产阶级繁华的象征，并充满渴望地从开着的大门中往里面窥视。（“我从来都没有进去过。”他悲伤地寻思道。）他想着要走得更远些——飞向乡村、博里纳日或英国。

为了不遇到之前的熟人，特别是泰斯提格，只有在夜晚，文森特才会在市中心鹅卵石铺就的街道上行走。在空旷的普拉茨，文森特常常会在古疕尔画廊点着灯的窗前驻足，注视里面展出的作品。4月的一个晚上，他在那里伫立了很久，注视着朱尔斯·杜雷画的一幅小的海景图。七年前，在被古庇尔画廊辞退后，他曾经给父亲送过一幅相同或类似的画作。这是一幅颜色很暗淡的油画——尤其是在昏暗的、跃动的灯光下。后来，他又回去过很多次，就是为了真正地看清楚这幅画的细节。“这幅画十分美丽，给我留下了深刻印象。”他写信给提奥。以阴郁的色调和抖动的笔法，这幅画描绘了一艘小帆船在翻滚的大海和恶劣的天气中行驶。远处，从云层的缺口处透过的阳光照耀在一座小岛上，那里有着平静的绿色海水。小船弱不禁风的船头指向洒满阳光之处。“当过于焦虑时，”他写道，“我感觉自己就像是在飓风中的船。”

然而，有这样的一些时候，远处不会出现一丝的光亮，而生活看上去也“就像是一堆灰烬”，我们必须竭尽全力避免“去窥视那深不可测的未知领域”。他很坦率地谈到后悔（有一些东西永远也不可能再回来），也隐约地谈到自杀——它的背后是什么。“人会开始看得越来越清楚，”他写道，“人生仅仅是一段播种的时间，却无法在这里收获。”

在施恩韦格，幻想是唯一的逃避方法。提奥不断施加压力，希望他画一些有销路的作品，再加上与外界的隔绝和被债务人逼债，文森特距离现实越来越远。早春，文森特开始了另一个雄心勃勃的计划，要创作一幅类似于《切尔西医院的周日》的代表性作品——以便响应贺寇梅儿的号召，去“得到大家的注意，并获得声誉”。耳朵里回响着范·德·威尔的鼓励，眼中看到了拉帕德的《瓷砖画家》，他回到了一个很古老的主题：施粥场。他曾经和拉帕德参观过布鲁塞尔的各个救济场，也曾和布赖特纳一起画过海牙市政府开设的施粥场。整个冬天，他的心头一直萦绕着这一主题，他还想到自己的收藏中有众多可供参考的作品；即使在9月创作水彩群体场景失败后，这一想法也仍未被放弃。

但是这一次，他无须去面对盖斯特那满怀敌意的人群，也不需要去忍受施粥场主管的嘲讽。这一次，他将整个场景搬到了自己的画室之中。

他无视巨额花费，大张旗鼓地按照自己了解的施粥场的样子，对公寓前面的房间进行了改造。他雇请一批工人，在画室朝北的三个大窗户上都装上多层的百叶窗，“这样就能让阳光照射到应该照射的地方”。用此前被用作窗帘的画布，他将这个房间的一部分隔离出来，并在画布上画上两个窗口，在真正的施粥场中，粥就是从这样的窗口里分发的。用施粥场里那样的灰色护壁板，他将整个房间的墙壁全都贴满。“注意这些东西，”他向提奥解释说，“就能抓住现场的色彩。”

在写给提奥的信中，文森特以很长的篇幅描述了整个布置，并且附上了精心绘制的素描，在上面标明了全部的特征，并解释了其功能。没有遗漏一个细节，没有节省一块钱。他雇用了一群模特，并给他们所有人买了“真实生活中的衣服”——“图画一般的”打着补丁的工作服和粗糙的亚麻布，和他说明中的样子一模一样。“明天，”他用热切期待的口吻写道，“我会让整个房子都挤满人。”

《施粥场施粥》，1883 年 3 月，纸上粉笔，$22^1/_4$ 英寸 ×$17^1/_2$ 英寸。

第二天，文森特从早到晚都在画，将模特们从一个位置转移到另一个位置，不停地开关百叶窗，以便使模特们头上的光线刚好适合，从而“可以用最为完整和突出的方式将人物的形象画出来”。结果让他非常满意，以至于他立刻开始计划更多的调整、更多的开销、更多的模特，以及许多许多的作品。“我只是要继续画画，”他谈到未来的计划时说，“这就够了。”他告诉提奥，在画室里和模特们在一起，他感觉到“自在并且心满意足”。这样的场景让他想起了自己收藏的一幅版画，画中描绘的是圣诞节在《绘画》办公室的走廊上，杂志上这一年出现过的所有模特都聚集在一起，为大家送去圣诞祝福。在这幅画中，一排残疾人、乞丐和盲人拉着彼此的燕尾服，在圣诞节的救赎精神中团结在一起。

现在他可以生活在那幅版画之中。他想象的不仅仅是一系列的关于施粥场的画作，也不仅仅是一系列的群体性场景，而是永恒的施恩韦格的圣诞节——“这里是模特们每天都可以见面的场所，就像《绘画》之前的那段日子一样”：

> 我的梦想是能和越来越多的模特们一起工作，他们是一群穷苦的人，在寒冷的冬天，或者当他们失业和急需帮助时，我的画室能成为他们的避难所。他们知道这里能为他们供应火炉、食物和水，还可以赚上一点小钱。现在，规模还很小，但是……

第十九章　雅各和以扫

提奥在巴黎收到哥哥的来信后，心头再次涌起惊愕和恐慌。将施恩韦格公寓改造为私人施粥场的怪异计划集中体现了文森特风雨飘摇、错漏百出的艺术家生涯之中的极端举动和错误方向——如同文森特的其他事业一样，他的艺术事业越来越走向失败。

提奥曾尽心尽职地想要把文森特引入正轨——却一直都是枉费心机。确实，回顾过去的两年，他似乎将全部的时间都花在了与哥哥争辩他的艺术究竟应该朝哪个方向发展上。自 1880 年秋天起，围绕艺术事业上大大小小的事项，兄弟俩一次又一次争得面红耳赤。在提奥看来，文森特早期的作品已经落后于时代，新教徒式的简洁与矫饰的情感已经不再流行——对哥哥夸张的怀旧热忱而言，这一抨击非常直接。他抱怨这些作品不仅太大，无法吸引买家，而且“太干”（对文森特偏爱用铅笔作画的抱怨），太暗，太贫乏——文森特所钟爱的黑白画的各个方面几乎全都被指责了。提奥督促哥哥寻找更欢快的题材，而不是他所喜好的乏味的工人和可怜的老人。提奥告诉文森特说，顾客喜欢“令人愉快的和令人着迷的”意象，而非“带着阴郁情绪的东西”。

一次又一次地，提奥劝文森特多画些风景画——对此，文森特似乎有一些天赋。他还不断游说文森特要注意色彩的丰富性，使用更细腻的笔触。他苦口婆心地告诉哥哥，空白背景下形单影只的人物形象永远都不可能有销路。以自己十年来在艺术领域做生意的经验，他确定无疑的是：人们买画，是出于对画的喜爱，他们认为那些画很迷人，让人心情愉悦。文森特热诚的原则或令人厌烦的论调，人们根本不屑一顾；他们想要的是“细节”和“完整”。

无论什么建议，文森特的回应都是无休止的争辩。在那个冬天，为了说明自己节节攀升的开销和依然故我的艺术风格的合理性，文森特的争辩开始全面升级。每周，提奥在古庇尔画廊的信箱之中，至少会收到两封厚厚的信，信中都是文森特的辩护之辞以及对提奥的承诺，文森特声称未来情况定会有好转。时间一久，提奥肯定意识到，直白的批评可能会导致持续数周，甚至数月的反抗。于是，就像父亲之前所做的那样，他开始避免正面冲突，只是通过泛泛地谈论“鲜艳的”色调与自然之中的美景，来表明自己的观点。在信中，他会花很多笔墨去描绘一些绚丽多彩的场景，指出这些场景画出来会是非常好的作品，还极力赞扬善于使用色彩和画风景的成功画家。

然而，对提奥在信中的良苦用心，文森特完全不予理会；对于提奥在信中描述的场景、提到的艺术家和作出的暗示，文森特则写下了自己倾心的场景、艺术家的名单和作出的暗示进行回应，这种间接战斗的激烈程度完全不亚于公开争论。他不断征求意见，通常言辞极为肯切，但几乎总是拒绝遵照执行。他重申对水彩画和风景画的喜爱，却从来不会付诸行动。对于弟弟的催促，他有一种特别聪明的回避方式。他大力赞美提奥在信中生动的文字描绘，指出这说明提奥还没有找到自己真正的职业，并再次呼吁提奥努力成为一位画家——从而将实现潜能的重任推回到弟弟的肩上。

他抱怨说自己的画作之所以“太干”是因为提奥提供的资金太少（“我的生活太受限制，太穷困”），并且他抗议说类似的问题，所有的起步者都会遇到。为了回应提奥提出的多画些欢快愉悦的形象的要求，他画了一幅模特推着“一辆装满粪便的手推车”的画。当提奥要求他画得更细腻一些时，他则转而赞美起自己未修饰的画作，说它“真诚、质朴和真实”。尽管莫夫、泰斯提格和提奥都要求他创作一些更小型的作品，但他仍旧激烈地辩护，并坚持使用巴尔格课程上用到的那种大尺寸的纸张。在文森特看来，一切反对的观点都是“荒唐可笑的”，他发誓决不会改弦更张。最后，他拒绝提奥在看到自己的全部作品同时放在画室中之前，评论自己的作品。

提奥的大多数建议都煞费苦心，希望自己桀骜不驯的哥哥能够朝印象派这一新的艺术流派发展。在巴黎的五年里，提奥亲眼目睹了许多像马奈、德加和莫奈这样的艺术家从 1876 年德鲁奥酒店那次羞辱性的拍卖中重新站起来。他们的作品色彩丰富，富有挑战性，虽然还没能取代布格罗和热罗姆等市场宠儿（古庇尔画廊的奢华展厅之中依然陈列着这些人的作品），但他们显然代表了未来的趋势，并且已经成为资本追捧的对象。就在前一年，也就是1882年，法国撤销了对艺术家沙龙的官方支持，因此，所有的艺术家都只能在市场中自生自灭。这些印象派画家举办年度群体展已经连续七年，对一套新的成功法则已经是驾轻就熟。作为古老的艺术体制之中的一位年轻的经纪人，提奥虽然在近些年不会销售莫奈和德加等艺术家的作品，但他可以预见，这些人在未来必定会成功。“在我看来，再自然不过的是，”在给哥哥的信中，他在谈到这一尚在酝酿中的艺术变革时说，“人们期盼的改变必将发生。”在提奥看来，米勒与布莱顿的精巧的绘画与机敏的构图，文森特永远都无法掌握，尽管这两人都是文森特的偶像；但提奥发现，印象派突兀的、缺乏完整性的意象，对哥哥缺乏耐心的眼睛和不服管束的手而言，是绝佳的选择。

但对于任何劝诱他放弃迷恋过去的努力，文森特都加以抵制。在他看来，印象派画家带来的变革既不自然，亦无可取之处。他尤其不能接受提奥的看法，因为提奥竟认为这些印象派画家将会让自己永远钟爱的米勒和布莱顿黯然失色。在他看来，印象派画家代表的是一股颓废的力量，贺寇梅儿也曾为此“敲过警钟”。“在艺术领域，现代派的变革并不总是在朝着好的方向发展，”他警示弟弟说，“无论就艺术作品而言，还是就艺术家本身而言。”他指责印象派画家“无视艺术的本源和目的”。这些艺术家使用的糖果一般鲜艳的色彩及没有重点强调的中心的形式，被文森特与现代生活的“匆忙和喧嚣”、席凡宁根丑陋的避暑别墅、布拉班特濒临消失的沼泽地以及其他一切了无生趣的事物关联在一起。他抵制这些画家描绘现实的“粗略”方式，并不屑地认为他们关于色彩的科学说法不过是一种“投机取巧”。在他看来，投机取巧永远都无法拯救艺术，只有真诚才可以。

文森特对印象派的敌意如此强烈，就连左拉也无法让他心平气和。事实上，在攻击新艺术时，他援引了左拉笔下的颓废前卫画家克劳德·朗捷。1882年11月，与提奥争吵得最为激烈的时候，文森特写道：“人们希望看到另一种风格的画家，像左拉那样的，而不是像朗捷那样的。”文森特曾听说，印象派的先锋马奈，就是左拉的朗捷的原型——“在被称作印象主义还是什么的那一流派中，马奈还不是最糟糕的。”文森特评论说，这是他第一次使用这个词。尽管他承认马奈挺聪明，但他依然指责左拉关于艺术的现代观念是“肤浅的”、“错误的”、“不准确的和不正当的”，并且不屑地认为，马奈那一帮人“处于艺术圈的边缘”。不仅没有追寻既往大师们的脚步，这一新的风格“完全是背道而驰”。“你注意到了吗？”文森特以惊恐和难以置信的语气指出，“左拉竟完全没提到米勒。”

印象主义的一个关键性理念尤其让兄弟俩吵得面红耳赤：在大自然当

中，真正的黑色根本就不存在。对于一个将不确定的事业寄托在黑白画作上的画家而言，这种说法无疑是一种存在主义意义上的挑战。虽然文森特在原则上漫不经心地承认这种说法，但他坚持认为是提奥和印象派画家完全弄反了。在他们看来，黑色是由各种色彩融合而形成的，但文森特却认为，所有的色彩事实上都由黑白两色构成。他解释道："几乎所有颜色都带有灰色，在大自然中，人们只能看到那些阴影和色调。"在他看来，"在调色盘中找出大自然中的各种灰色"，是色彩大师们最大的责任。为了证明这一观点，他给弟弟寄去了一些充满各种阴影与色调并且画得非常细致的画作：如有着"棕灰色"土壤的田野、略带"灰色条痕"的地平线，以及"带着些许淡黄色但却是灰色的"远景。

在画室中，文森特一整个冬天都在着迷地寻找最黑的黑色，似乎是在抗议弟弟谨慎地鼓励他采用印象派的光与色。

早在 1882 年 4 月，提奥就已听闻了文森特这些背道而驰的做法——恰好是在文森特和莫夫断绝关系并且发誓他对水彩画的热情降温之时。文森特决心证明自己选择黑白画是正确的，并且证明它可以与被他否弃的水彩画并驾齐驱，为此，他不断寻找各种方式，将心爱的钢笔素描浸染出来的黑色同铅笔草图的有力构图和各种色调结合起来。他喜爱木炭的那种煤灰般的黑色，但在完稿之前，他几乎总会疯狂地将画面涂抹得一团糟，或是画得有些过了头。之后，他又尝试以湿透的定色剂去掉铅笔素描的光泽，从而让铅笔素描看起来更黑，更接近木炭的颜色。他这样描述这一非正统的流程："只要将一大杯牛奶或水和奶的混合物倒在素描上，就会呈现出一种独特的浸染出来的黑色，效果比一般的铅笔素描要有效得多。"1882 年，一位施恩韦格画室的来访者吃惊地发现文森特"不断地在一桶又一桶的脏水之中擦拭自己的画"。

当提奥开始施加压力，让文森特使用更丰富的色彩时，平版印刷术的强大魅力使他重新燃起了对黑色的狂热。他让自己相信，之前尝试制作可复制的素描之所以失败是因为自己所使用的黑色——不论是铅笔、木炭还是粉笔——都还不够黑。有好几个月的时间，文森特都觉得石印蜡笔能让他得到一直在寻找的黑色。与普通蜡笔不同，石印蜡笔会黏附在铅笔的印迹上，这样一来他就能先用铅笔完成素描，倒上牛奶使其固定下来，然后用蜡笔重新加工，获得他所渴望的"最纯粹的黑色"。他还发现如果将素描浸在水中，蜡笔的印迹就会充分软化，他就可以像画画一样使用画笔在上面描画，获得深色的天鹅绒般的黑色，这种黑色会让他想起英国的那些插画。他把这个奇怪的冒险过程称为"用黑色画油画"。

即使在平版印刷计划进展不顺时，他依然使用石印蜡笔，声称：“使用它能获得像油画一样深沉的效果以及像油画一样丰富的色调。”但没过多久，文森特又找到了一种更黑的黑色。他在凌乱的画室里到处翻找，发现了提奥去年夏天从巴黎带回的几支“天然的”黑色粉笔。“这种美丽的黑色以及美丽而温暖的色泽深深地打动了我。”他向拉帕德汇报说。也许是因为喜欢它那质朴的真实（那时候大部分的粉笔都是人工制造的），文森特给它起名叫作“山粉笔”。“这东西有灵魂、有生命，”他声明，“没有什么比用它画画更能让我开心的了。”

拿着这支五英寸长的削尖了的黑粉笔，文森特将提奥对欢快的画风、色彩、亮度，以及让他向印象主义靠拢的要求搁在一旁。1883 年 3 月文森特为施粥场作出精心准备后，提奥收到的画几乎明确反映了文森特长期以来一直潜心练习的黑色画风：结合了“山粉笔”、石印蜡笔、黑色的水彩和墨水。在提奥看来，这些无从改变的形象无疑看起来和他去年夏天在文森特画室里（甚至更前一年夏天在埃滕）看到的画作没有任何的区别：黑暗的、阴郁的、没有任何魅力的形象——充满着反抗与否定的习作。

由艺术而引发的口角只加深了二人之间的敌意，这敌意因文森特对弟弟的完全依赖而引发。文森特要钱要得越来越急切。他在信中说：“我迫切地需要钱，就像久旱的草地渴望着雨露一样。”不管提奥寄过来多少钱，他总会要求再多寄一些。文森特随心所欲、大手大脚的花钱方式确实使弟弟惊骇不已，他常常赊账买东西，没完没了地装修自己的画室。一如既往，高消费被文森特归结于自己繁重的工作和艺术的需求，但是当他隐晦地提到“家庭生计”和“沉重负担”时，提奥肯定怀疑过他慷慨赠与的钱财会被文森特用在其他不可告人的地方。

5 月，当提奥指出古庇尔画廊生意清淡，自己的财政状况“相当拮据”时，文森特仍然毫无收敛之意。相反，他开始对提奥进行说教：“让我们都加倍努力，我会加倍地致力于我的绘画事业，而你则必须加倍努力给我汇钱。”钱是绝对不可或缺的，他警告提奥说：“经济来源被切断，就像是要让我窒息或淹死一样。我是说，如果没有钱，我就会像离开了空气一样什么都做不了。”提奥让他有点耐心并少找些模特，他却置之不理，并且驳回了让他找份工作赚钱的要求。

为追求自我舒适而肆意挥霍和松懈懒散，这也受到了来自巴黎的强烈斥责。但面对提奥的反对，他并没有退缩，反而备受鼓舞。他公然拒绝去找一份工作，并将其视为自己的“噩梦”，他还暴躁地提醒提奥说，作为弟弟，责任应该是“安慰”哥哥，而不是要使他“痛苦、气馁”。

文森特似乎越来越被暗藏的敌意所操控：忘恩负义、恩将仇报。他把对弟弟的依赖说成是一种束缚——“就像被线绑住的甲虫一样，只能飞一小段距离，总无法避免地受到阻挠。”他偶尔会表露出缓和的态度和宣称兄弟情义，但是他的反击也变得更为激烈。他多次拒绝了提奥让他进行一些职业性的拜访并且穿着更体面一些的要求（反驳说如果改善自己的外表，艺术水准将大打折扣）。当提奥壮着胆子暗示文森特作为一个艺术家并未在过去两年里有较大成就时，文森特会反过来责备提奥心不在焉，没有注意到自己慢慢地取得的一些成绩，并责备提奥在经济上没有给予充足保障。他对交易商的评价越来越恶毒，这不仅表现在他同拉帕德之间阴险的责骂之中，甚至出现在与提奥的直接通信中。

提奥越是敦促文森特创作一些在市场上有销路的作品，他就越是苦苦地抵制，直到 1883 年夏天，他试图用一种恶意的威胁来一次性解决争端，他在信中写道：“如果你非要坚持让我说服人们来买我的画，我会一一照做，但长此以往的话，我很有可能会得抑郁症……亲爱的弟弟，人的大脑无法忍受一切；一切事物都总会有一个限度……强迫我走出画室并和人们谈论我的画作，这只会让我更为惴惴不安，将有损于我的身体健康。”

尽管二人关系紧张，提奥计划在 1883 年 8 月利用年假去一趟海牙。自前一年的夏天起，兄弟俩就一直没再见过面，当时，提奥想把西恩从施恩韦格公寓赶出去而未果。一年后，二人所有的争吵仍绕不开这个话题。对于即将到来的另一场对峙，文森特的信中充满了对未来的焦虑以及对过去背叛经历的回忆，一连串没有间断的记忆可以一直追溯到津德尔特的牧师公馆。“过去，父亲常常提到雅各和以扫的故事，并把它联系到你我二人的身上，”几个月后，文森特回忆起圣经故事之中另一个篡位的弟弟，于是在信中写道，“父亲这样说并不是没有道理的。”

这对长期不和的兄弟，只在一个问题上达成了绝对的共识：提奥的情人。

女人一直是提奥的软肋。心的远足给了提奥唯一的逃逸机会，否则生活就只能被责任和苦行僧般的无私忘我所束缚。提奥处在社交活动最频繁的城市里，作为一个有魅力又好交际的 25 岁单身汉，他身边就有机会。在巴黎，有的是不断伺机寻找浪漫情缘的女性。整个欧洲，特别是法国农村地区出现的经济混乱，使得成千上万的未婚女性拥向这座不夜城。其中，许多是地方上一些商人或店主的女儿，她们受过教育，甚至有良好的修养。并非所有女性都是去卖淫的——至少不是传统意义上的那种。通常，带着家人的祝福，这些女性热切地、自愿地参与到社会流动大潮之中，所有的一切，甚至爱情都被带入到这一全新的资产阶级程式之中。她们来到巴黎寻找婚姻和金钱——虽然不一定要两者兼顾，也不一定是按照先婚姻后金钱的顺序。

其中，有一个来自布列塔尼的名叫玛丽的姑娘。

玛丽的姓氏，就像她的其他一部分经历一样，已经无据可考。很明显，提奥遇到她是在 1882 年下半年，当时的情景，按照文森特绘声绘色的描述，极具“戏剧性”。提奥有着大都市人特有的生活规律，白天穿梭于各大画廊和豪华的商店，晚上则出入于时尚的餐厅和咖啡馆。在巴黎，金钱的魅力与闪耀的灯光可谓无处不在，因此，每一次邂逅都好像是“戏剧性的情景”。文森特可能指的是玛丽当时出现在提奥面前时所处的窘境：被某位不负责任的情人抛弃，为了帮助他还债而变得一贫如洗，并且还因为一件残酷却没有言明的伤心事而倍受打击。

对她的外貌没有任何描述留存下来，但提奥显然觉得她有魅力，并且很迷人。据文森特所述，她没有孩子，来自一个体面的信奉天主教的中产阶级家庭，应该还很年轻。她能识字，并不是“没有文化”。甚至在谈到她用带有地方口音的法语说“我什么都不懂”时，提奥都会充满爱意，尽管她的天真烂漫有时也会让他有一些甜蜜的烦恼。在文森特面前，提奥将她描述成一位清纯的乡下姑娘，头发中还散发着布列塔尼海岸边咸湿空气的味道，仿佛朱尔斯·布莱顿画作之中的一个嬉戏的少女（布莱顿是兄弟俩都非常喜欢的画家），陷入如左拉的小说中所描述的发生在肮脏城市中的不幸事件。如提奥一贯的尽职做法，他承诺自己和玛丽之间不会仅仅只是性关系，他要让她重新回到正常的生活。为了她，他去向形形色色的官员游说，把她安顿在旅馆的房间中，还努力帮她找工作。提奥在爱情上的冲动完全可以媲美他在其他任何事情上的谨慎，他恨不得立刻和玛丽结婚。

几乎是带着极度亢奋的热情，文森特回应着弟弟爱情告白中的每一个细节。之前关于艺术和金钱的争议，现在被真挚的关心和愿意作出牺牲的种种承诺取而代之。他在信中写道：“拯救一个生命是伟大而美好的事情，不要因为我而剥夺了她的生存权利。”当提奥的喜悦因为担忧未来而减退时，文森特发起了一场和前些年的诗歌簿运动一样的慰问运动，一封接一封的信中满是他为正饱受相思之苦的弟弟提出的建议和安慰。文森特声称在爱情方面很有见解，给弟弟提供各种各样的信息，从如何照顾好恋人的实用技巧（“不要把她安顿在一个阴沉的旅馆房间里，在其他任何地方都要更好”），到求爱的细节性指点（“准确无误地告诉她没有她你活不下去”）。他给提奥寄了一系列爱情作品的书单（尤其是米什莱的作品），以及大量恋人们通常会收藏的画作，其中当然包括必不可少的《圣母玛利亚》。

由于提奥的爱情窘境，文森特得以不必沉默，他大力渲染玛丽和西恩之间的类似（“我们都因为自己内心的人性冲动而停留，并追随这种冲动”）。2 月，当玛丽因为手术而住院时，文森特认为这是西恩的医疗危机再次上演，并以此来为自己过去的错误辩护，要求恢复过去的特权。他一一列举了此事同西恩事件的相似性，并且长篇大论地向提奥说明了“爱情与忠诚”的治疗性力量。“是的，我真的认为她的性命就靠它了。”他说道。

5 月，提奥终于鼓足勇气请求父母同意他和玛丽的婚事。当父母拒绝同意时（“同一个社会地位低下的女人扯上关系，这是不道德的。”多洛斯解释说），文森特想为弟弟婚事辩护的愿望终于得以实现。他暴风骤雨般地谴责牧师和他的妻子，说他们“难以名状地虚伪，且根本不虔诚”。以最为极端的语言，他力劝弟弟和父母决裂，和自己一起公开反抗他们。在反复了几个月之后，文森特开始吵闹着游说弟弟结婚，坚持认为这才是正确的事情，“即使无法预知这个女人将来会变成什么样”。他甚至催促提奥作出最终的承诺——和父母作最确定无疑的、最无法挽回的决裂：“在我看来，生一个孩子将会是不错的选择。”

为加深弟弟和父亲之间的裂痕，文森特可谓不遗余力。他责骂多洛斯，指责他的行为是不人道的、邪恶的。“阻挠一个弱女子获得自己的幸福，阻止她获得拯救，简直是罪大恶极。”他写道，“有时，你和我也会做一些不好的事情。但尽管如此，我们并非蛇蝎心肠，我们有怜悯之心。”对自己挑拨离间的意图，文森特几乎毫不掩饰，称关于玛丽的争端为“一场危机，这能让一些人的感情更为亲密，而让一些人的感情更为疏远”。

尽管文森特对父亲大发脾气，但另一股反向的力量使得他更为亲近父亲，而远离提奥。5 月，多洛斯到海牙旅游，根据文森特的说法，自 1877 年多洛斯和他在多德雷赫特一起度过“非常愉快的一天”以来，这是两人最友好的一次见面。尽管文森特的信中有无法压制的怨恨，但他们只是非常简要地谈了谈西恩，对玛丽则只字未提。后来，文森特计划画一幅父亲的肖像，并且以温暖、宽容的口吻谈论他，在他们漫长的敌对过程之中，这样的事情还前所未有。在这一彻底的角色逆转中，文森特把自己定义为家庭调停人。他写信给提奥，字字句句只会让后者难以置信地睁大眼睛："如果一点点善意能让大家和平相处，我将会感到十分高兴。"

然而这一切都是徒劳。最后，提奥延续了自己的一贯做法，责任优于爱情，家庭优于手足。文森特对父母的抨击毫无疑问使提奥大为不快，同时他还因为文森特战斗性的指导而感到心神不安（也许对他的意图也有一定的警惕），提奥决定与玛丽保持距离，在经济上支援她，把她的父母安顿得妥当周全，并且继续去看望她——这和文森特的建议恰好相反。

7月底，在计划去海牙前不到一个月的时间里，提奥重新获得了父母的支持，文森特企图修正他和弟弟之间的"错位"的幻想最终破灭。由于自己刚刚作出了牺牲，在参观文森特在施恩韦格的画室时，提奥将更为理直气壮地要求文森特作出同样的牺牲。

随着清算的日子一步步地逼近，文森特开始手忙脚乱。自提奥上次访问以来的这一年之中，充满着纷争和失望，文森特现在开始忙于补救。友爱、内疚和怨恨等情感在他内心之中纠结，在这些情感的驱动下，文森特开始采取行动，试图用画作和文字来安抚弟弟。5月和6月，他创作了一系列的作品，以表明自己一直都在致力于提奥敦促自己从事的细致工作。画面之中挤满了人物的宏大场景，刻画的是人群在从事日常劳作：挖土豆、托运煤炭、粉碎泥煤和运沙。他向提奥吹嘘这些作品的复杂性和多样性，并让他放心："比起单个人物，这些会更让你满意。"

6月，文森特答应提奥，不久以后，他会重新开始画水彩画——"也许就在你抵达之前"。然而，直到一个月后，他才将很少使用的颜料盒带到郊外，敷衍了事地画了"几幅水彩画，随便换个花样"。他没有再作出任何进一步的尝试，直到弟弟来访："等你来了之后，我们应当共同决定是否应当为你创作几幅小型的水彩画——仅仅是实验一下而已。"同样，在提奥到访之前的几个月，文森特也心血来潮地画过一次油画。文森特发现一些"非常美丽的可以用于作画的东西"，并宣称"正处于画画的状态之中"。他汇报说，在去乡间和席凡宁根海滩写生的途中，他画了些弟弟挚爱的风景画。

7月，他用黑色墨水画了一块依偎在沙丘之间的种植土豆的田地，一排一排的农作物同由田野、灌木丛和群山构成的层叠的地平线汇聚在一起——这幅作品画的是大自然，宁静而又辽阔，和之前任何一件作品比起来都毫不逊色。另一幅作品现在只能通过给提奥的信中一幅匆匆而就的草图而有所了解，他画了一排生长在海边路上的灌木，“由于狂暴的海风而缠绕撕扯在一起”。六棵惨遭海风蹂躏的灌木几乎占据了整个画面，被风吹弯了腰，宛若风中跳动的火焰。摆脱了“乱涂乱画”，文森特用旋涡式的钢笔线条来描绘这一场景，唯一的不足就是缺乏画笔笔触的色彩。

在提奥到来前夕，文森特开始实施自己精心构想的计划，储备了一些绘画材料，并且匆忙地重新布置画室，一些在去年夏天心血来潮时画的油画写生取代了无处不在的人物习作。“真让我吃惊，其中毕竟还是有一些不错的作品。”他安慰弟弟说。

没有提奥想要的令人心旷神怡的画作，文森特使用了大量的甜言蜜语。4月，在这次灾难性的访问快要到来之前的几周中，他写信的频率从一周一封增加到一天一封，文森特忙于用一些美轮美奂的言辞来吹捧那些稀松平常的作品。“在我的身上，已经发生了一场革命，”他声称，“时机已经成熟……我已经松开了缰绳。”他一再向提奥保证，再有几天时间，再多几位模特，再多几幅草稿，他就可以创作出一些“既广阔而又大胆”、“能给人带来慰藉，并促使人思考的东西”。

《通往海滩的路》，1883年7月，信中速写，纸上墨水，3英寸×$5^{1}/_{4}$英寸。

他挑出最近的群体画像作为证据，证明自己能够创作出有销路的作品的“时刻”并不遥远，他自信地预言道：“对我所做的或所计划的那些荒诞不经的事情，人们将会改变看法。”一方面，他承诺说如果提奥有足够的耐心，前途一定会一片光明；但另一方面，他则警告说，如果提奥没有足够的耐心，后果将会很严重。“除了工作，我什么都不在乎，”他说，再次暗示自己的精神不稳定，“当无法继续工作时，我会变得忧郁。”随着提奥到访的临近，想到自己可能会被迫放弃时，文森特心情沉重地暗示提奥说：“我很懊恼，在博里纳日，我就应该卧床不起并一命呜呼，不该活到现在并开始绘画。”

提奥的即将来访也促使文森特开始进行另一项他最为讨厌的活动：社交。在施恩韦格，他度过了一年多鲁滨逊·克鲁索式的生活，现在，他开始汇报自己同交易商及其他艺术家之间的友好接触。此时，布赖特纳已回到海牙避暑，他们交换了书籍，并且前往彼此的画室参观。在去席凡宁根的旅途中，他曾拜访了伯纳德·布隆默斯，一位成功的海牙画派画家，大约也是在这段时间，此人和安东·莫夫从文森特的生活中消失了。7月，文森特开始勇敢地面对过去的这些记忆，向布隆默斯展示了自己最近的作品，之后他高兴地汇报说：“他让我坚持下去。”

他还拜访了特奥菲尔·德·波克，虽然他已数次与梅斯达赫的这位门徒闹翻。德·波克已经租了一套房子，距离从海牙通往席凡宁根的路不远。向提奥汇报时，文森特并没有嘲讽德·波克资产阶级式的做作（就像他经常做的那样），也没有批评他没有更多地使用模特，相反，文森特非常直接地赞美了这位艺术家“美丽的”、“金黄色的”景观，并且也不再猛烈地攻击印象主义。“我不介意它有没有完成，”在谈到德·波克的作品时，他说道，“它一半是浪漫主义的，一半是现实主义的——这样的一种风格组合，我并不讨厌。”他甚至使用德·波克的房间作为落脚处，在这里储存绘画材料，这样去海滩也就更容易了——在对提奥提到这一安排时，他说这样可以切实地保证自己可以画更多风景画。

为了践行出售作品的承诺，文森特不再巧言辩解，而是再次开始联系已经和自己关系有些疏远的家人。他挑选了两幅群体像作品，寄给了在阿姆斯特丹的科尔叔叔，同时还表达了自己苍白的愿望：“借此可能找到新的关系，也许还能重新建立一些关系。”他向提奥保证说，他“非常急切要再次与莫夫建立起良好的关系”。他甚至一度头脑发热，让提奥说服莫夫再次伸出“援助之手”。

然而，要想再次获得森特伯伯的好感，普拉茨、古庇尔画廊以及泰斯提格后面的那间办公室是必经之路。要想扭转局面，难度要大得多。仅仅在一个月之前，文森特还将自己一年以来的全部磨难都归咎于泰斯提格，并发誓：“我永远都不想再和他有任何瓜葛。”文森特最初希望提奥能够“写上几句话”，并且“作一些安排”，以便让他和这位充满敌意的经理和解。他提议让弟弟来帮助他们重归于好。

整整一个月过去了，没有丝毫回应。由于新的画作带给他的勇气，以及希望泰斯提格能与自己“冰释前嫌”的急切心理，一年多之后，文森特又一次回到古庇尔画廊，直面无法逃避的惩罚。泰斯提格正式接待了他。文森特敏感地从他的态度当中，读到了一种冷淡的问候：“你又来啦，再次打扰我——不要再烦我。”他带来了自己的一幅关于劳动者的群体画，画的是一排挖地的人，并把它作为礼物送给泰斯提格。“我非常理解，这幅素描对你来说什么都不是，”他一边将这幅很大的画作铺在泰斯提格的办公桌上，一边说，“但我来向你展示这幅作品，是因为自从你上次看到我的作品，已经有一些时日；同时还因为我想要说明，关于去年发生的事情，我并没有什么恶意。”

“我也并没有什么恶意，”泰斯提格不耐烦地说，面前的作品看都懒得看一眼，“至于画画，我去年就已经告诉你，得画水彩画才行……这种作品没有市场，销路最重要。”再一次，在这位经理的态度中，文森特读到了一个更为严峻的信息：“你不仅只是一个平庸之辈，而且傲慢，对他人的意见置若罔闻，尽管你创作的不过是一些平庸的、没有价值的东西：你所谓的‘追求’，在别人眼里，十分荒唐可笑。”

为免于陷入消沉，文森特跑回家，余下的一整天都在不断地重新画这幅画，“为得就是将人物画得更好”。在给弟弟的信中，他详细地描述了自己的失败：愤怒、痛苦与绝望的情感写满了几封长长的、充满哀怨的信件。“有时候，人会为此感觉非常压抑，万分痛苦，甚至震惊，”他写道，“生活有时变得阴郁，未来一片黑暗。”他诅咒泰斯提格和所有像他这样的人——“头脑昏庸、无能、愤世嫉俗、白痴一般和愚蠢的嘲讽者。”“他坚持认为我所做的一切都是错的……如果他觉得我的作品糟糕透顶，我一点都不会觉得惊奇。”

以坚韧的意志，他发誓不去理会周围的疑惑，并坚持不懈地继续工作——“大踏步地前进，走自己的路。”但是在一切勇敢的言辞之中，我们听到的是一种越来越强烈的恐惧：泰斯提格恶毒的言辞可能只是先兆，预示着提奥在8月将会开出苦涩的药方。

尽管文森特抗议泰斯提格的“永远的否定”，但他要在海牙过独立生活的想法——他想要将这一想法告诉提奥——不被周围的人所认同。

债务在不断增加。7月底，债主们堵在了家门口。文森特提到了一位讨债人特别卑劣的“伏击战”——现在这在施恩韦格已经是司空见惯：

> 我告诉他，只要一收到钱，我会付钱给他，但其时我确实是身无分文……我恳求他离开家，最后我把他推出了门；但他也许正在等待这一刻，他抓住了我的脖子，先是将我推到了墙边，然后把我直挺挺地扔在地上。

几个月的税收账单，文森特一概置之不理。当征税人员来收税时，他挑衅地告诉他们：“账单被我用来点了烟斗。”但当他们再来，威胁没收并拍卖他所有的财产时，他大声抗议并义愤填膺地号叫（“在账单送达时，米勒和其他的大师们仍然没有停止工作，在他们之中，有些人还蹲过监狱”），不断地诉说自己的贫困。但与此同时，他迅速地确认了提奥对所有作品的所有权（这样债主们就无法拿走这些作品），并考虑以溜之大吉的方式宣告破产：首先可以躲在自己在席凡宁根的落脚处，然后如果有必要的话，可以搬去乡下。

一直以来，提奥都拒绝哥哥寄更多钱的要求，几个月后才又汇出50法郎，以便让文森特可以在他们8月重聚之前，先渡过眼下的难关。但没过几天，文森特就宣布说买了一个新画架。

债务不断攀升，文森特同时还越来越深地陷入孤寂之中。6月，他被拒绝在救济院画画，这切断了他和桑德兰以及救济院其他人之间的联系。不久后，另外一个模特，也就是住在附近的一位木匠，也与他断绝了往来。7月中旬，朋友范·德·威尔去了乡下，在夏日沉闷的空气中，拜访德·波克和布隆默斯的雄心也化为乌有，最后只剩下他独自一人穿越沙丘，长途跋涉。

同一时间，文森特在施恩韦格的“家庭”开始走向不可避免的破裂。在孤独和贫穷的压力下，西恩开始变得越来越反叛。“有时候，她的脾气令我几乎无法忍受，”文森特承认说，“我有时会感到绝望。”绝望地维持着自己救赎的幻想，他到处寻找反面人物以便解释西恩的懒惰、邋遢和越来越暴躁的脾气。其中主要有她的母亲玛利亚·威廉米娜·霍尼克，她在冬天的时候搬进了施恩韦格的公寓，几乎在同一时间就开始带来麻烦。

在文森特的狂想中，周围到处都充斥着背叛。他坚信玛利亚并不是独自在行动，而是扮演着一个“爱管闲事的、爱诋毁的、令人恼怒的家庭”的工具的角色，他将他们称为“狼”。他控诉他们到处散播不满和不信任，“试图将西恩带走”，并将她带回原来的生活。他想象他们在西恩耳边窃窃私语：“他挣的钱太少”，“对你不合适”，“终有一天，他会弃你而去”。甚至在玛利亚5月离开之后，文森特仍然将西恩的“故态复萌”归咎于她的家庭。他恳求西恩和家人断绝联系，但西恩没有听从。他痛苦地说道：“她宁愿听信那些告诉她我会抛弃她的人。”但是文森特仍然依恋着她——尤其是她那还在襁褓之中的儿子威廉。“他经常和我一起坐在画室里，看着那些画欢呼，”他在另一个关于家庭的幻想之中写道，“当他手脚并用地爬向我，因快乐而欢呼时，对这一切的正确性，我丝毫都不怀疑。”

当经济和家庭生活都在崩溃的时候，文森特的健康状况也在持续恶化。

文森特的病痛似乎从未好转，相反却在不断地加剧。整个春天和夏天，文森特接连不断地报告说紧张不安、狂躁、昏厥和头晕，在弟弟到来之前，出于为自己开脱的目的，所有的状况都变得越来越严重——这种情况之前也经常发生。他一会儿抱怨部分身体器官不适（肚子痛、“肩膀之间疼痛”），一会儿抱怨全身性的毛病（“虚弱的感觉”或者仅仅是“我感到痛苦”）。大部分毛病最终都会被他归结到金钱上，他把自己的苦楚化成对弟弟的吝啬的控诉。“我的胃有不舒服的感觉，因为没有足够的食物。”他写道——可事实上，在置办模特的服装并装饰画室时，他那时可没说差钱。当然，这些病痛的确是言之有据。即使正常饮食，他的胃还是会难受，引发头痛和眩晕并持续很长一段时间。

和父亲一样，文森特相信生理健康和心理健康之间有所关联，这些顽固的疾病激起了最黑暗的恐惧。威胁和恐惧参半，他开始推测“过度紧张”的影响、忧郁的危险以及疯狂的致命性。7月，当文森特去参观乔治·布赖特纳的画室时，这些预感让他的生活充满恐惧。在踏入布赖特纳的阁楼的那一刻起（阁楼里面只有“一把剃须刀、一个盒子和一张床”），文森特感觉到了一颗备受折磨的灵魂。在四周墙壁上，他看到一些各个创作阶段的画作——以粗犷草率的笔触描绘出来的阴暗晦涩的画，他边看边说：“就像在褪色、腐坏和发霉的墙纸上的碎片。”

在一通少有的批评中，他不屑地认为布赖特纳的画是“荒诞不经的”、“可笑的”、“笨拙的”和“奇怪的”——“即使是在绝大多数最荒诞的梦里，也是令人难以忍受的、毫无意义的。”他断言，创作一些这样的作品，这位艺术家肯定是“头脑发热”，如果不是完全疯了的话。他推测布赖特纳已经“完全无法冷静地、理性地思考问题”，并且神经衰弱已经使他“无法心平气和地画出任何有意义的线条和笔画”。艺术和精神上的崩溃让他想到了爱弥尔·沃特斯的《雨果·范·德·高斯的疯狂》这幅画，画作的内容有些令人毛骨悚然，描绘的是15世纪一位著名的疯子画家蜷曲着身体坐在那里，双眼圆睁，被看不见的魔鬼们捉住的景象。

从布赖特纳的画室回来时，文森特“被难以名状的沮丧所笼罩”，他立刻给提奥写信，细致地描述了一番，不仅是为了引以为戒，也是为了在弟弟到来前夕充满恐惧地呐喊出声。他抗议说，为击退“如潮水般涌来的困难”以及“令人崩溃的怀疑”，这是他所能做的一切。如果输了这场战争——或者因它而丧失勇气，后果将是毁灭性的。“一个人千万不要相信事情像他们所认为的那般令人沮丧，”他警告说，“谁要是这么做了，这会让他发疯。”

随着提奥来访日子的临近，一想到这事，文森特就满心焦虑，甚至在夜里连觉都不敢睡。他通宵达旦地工作，不断地抽烟，心烦意乱地反复画自己熟悉的画面，直到“精疲力竭地瘫倒在地”。他反复地强调自己作品之中的“平静”，但信中却充满了戒备。当朋友范·德·威尔的一幅画获得银奖时，他向提奥保证说：“我，将来也会创作出同样优秀的作品。”当提奥建议文森特先到乡下去疗养几个月，以恢复身体健康时，文森特立刻怀疑提奥不想再继续支持自己，因此粗暴地拒绝了这个建议：“休息绝无可能。”

当然，没有任何事可以阻止他对完美的兄弟情义的幻想。同提奥一起在通往赖斯韦克之路上散步的景象，与他们每天的争执所引发的敌意和愤恨形成了永久的对立。他只能独自漫步于席凡宁根的沙丘上（过去二人常常在那里散步），再次去感受那种令人神往的力量，以及由此而来的不断增加的希望。“如果你也记得这个地方我并不惊讶，”他在一次散步后写道，“我想如果我们再回到那个地方，它一定会把我们带入理想的状态，对自己的工作，我们将不再有犹豫，而是更加坚定不移地做自己要做的事。”

但提奥对哥哥的态度也受到情绪大幅波动的影响（文森特称之为“情绪振荡”）。数年来争执不断，付出也没有获得丝毫的感激，兄弟间的情义已经变为干涩的责任。7月末，在这次他无疑有些畏惧的使命的前夕，提奥向哥哥预告了自己将带去的残酷消息：“对于未来，我无法给你太多希望。”不管是粗心大意、不耐烦还是无法抑制的愤怒，对文森特来说，这些话是毁灭性的打击。“它们出乎意料地正好击中了我的心，”他立即回信道，“我感到自己的热情正在消失……在我听来，你似乎对我信心不足。是这样吗？”在同一天的第二封信里，他将数月反叛之中的自我怀疑和谴责都发泄了出来：

所有的困难都一起奔涌而来，将我压垮，这已经超越了我承受的极限，因为我已经再也无法一清二楚地看到自己的未来。我无法用任何其他方式对待它，在事业上无法成功，我自己也不明白缘由。在工作之中，我已经倾注了自己的全部心血，但是至少在目前来看那是一个错误……有时候会非常地艰难，人会无可奈何地感觉到非常痛苦……对你而言，我仅仅是个负担而已。

在提奥到来前的几天，他独自一人在沙丘之中漫步。静寂之中，死亡的念头不断盘旋在他的脑海之中。孤独的海滩和“沮丧的心情”让他想起杂志封面上一位艺术家的图片，在年仅38岁时，这位艺术家英年早逝，他告诉提奥，这无情地引发了一系列不太正常的想法。“我作画不仅起步晚，而且我想我的有生之年可能也不多了。”对死亡的恐惧被文森特转化为对同情和耐心的请求，为了得到弟弟的理解，他小心翼翼地总结出一个教训：

我将以素描和油画的形式留下一些纪念品……在几年时间内，我必须创作出一些充满情感和爱意的作品，并且以坚定的意志力去完成这件事。如果我能活得更久一些，那就更好了，但这现在不用去想。在这几年之内，必须得取得一些成就。

数月不知疲倦的争辩归结为一个简单的请求：“我唯一想做的事就是创作出一些好的作品。”

8月17日傍晚，提奥乘火车抵达，那天是周五。在接下来的几个小时之中，发生的一切事情都在意料之外，没一件事情按照文森特几个月之间的构想进行。提奥没有在这边过周末，只待了换乘火车那么长的时间。提奥并没有给文森特的作品提任何详细的建议，甚至可能根本就没有去过施恩韦格的画室（可能是为了避开西恩）。他对哥哥艺术作品的评论只有“富有阳刚之气”这一模糊的称赞。兄弟俩没有去席凡宁根的沙丘进行“一次愉快的长途漫步”，只是把整个城市的街道兜了一圈，直到夜幕降临，灯夫们开始出来点街灯。并没有出现文森特所想象的兄弟一心，相反，两人发生了激烈地争吵。

抛开信件之中的小心谨慎，自上次见面一年以来所有伤口现在又都被撕开，双方暴怒不已，并保持一种愤怒的沉默。这一次提奥坚持让文森特找个工作并且更加努力地出售作品。古庇尔画廊生意不好（在 1882 年—1883 年的经济衰退期，所有地方都在遭受打击），提奥的经济状况十分紧张，几乎到了无以为继的地步。他的薪水要分成六份——父母、兄弟姐妹和情人，他无法保证继续每个月向文森特提供 150 法郎。

被提奥悲伤之中所隐含的控诉所刺激，文森特抨击弟弟在巴黎的肤浅生活。对于找个工作作为兼职的要求，他断然拒绝，傲慢地拒绝出售自己的作品（在他看来，这和“乞讨”并无二致）。“要我去和别人交谈，这件事情将让我痛苦不堪，”他反驳道，“最好的事情就是继续自己的创作，直到艺术爱好者自愿地受到吸引而青睐我的作品。”他转而控诉弟弟的懒惰，责怪提奥没有全力以赴去卖自己的画，对于自己与泰斯提格、莫夫以及有权有势的伯伯和叔叔们之间的嫌隙，也没有尽力去弥补。

提奥说实际上自己最近在阿姆斯特丹已经和科尔叔叔谈过这件事情，科尔叔叔答应委托文森特另外创作一系列的作品。甚至准备要给他一大笔预付款。但是有一个条件：文森特必须离开西恩。

这个最为敏感的话题将他们之间的仇怨推向了一个新的顶峰。文森特谴责弟弟和父亲残忍地破坏了自己与凯·沃斯之间唯一的真爱——“这是一个在我身上永远无法愈合的伤口”，使得他现在不得不接受“一位花残叶败的妓女”以及她的“那些杂种”。提奥争辩说正是由于西恩，文森特最需要的那些人现在都对他避之唯恐不及，比如泰斯提格。最后，提奥也说出了自己最具攻击性的指责：文森特是西恩孩子的父亲。

随之而来的愤怒（“我彻底地愤怒了。”文森特承认说）让他们之间仅存的兄弟之情支离破碎。在弟弟的控诉中（不管真实与否），文森特无疑又一次听到了父亲责备自己的声音。那天晚上，当提奥的火车驶离站台时，文森特在离别时的想法是弟弟已经变成了父亲。

当提奥离开时，显而易见的是，文森特将会离开西恩。他会选择之前的那个家，而不是现在的这个新家。什么时候、以何种方式离开显得合情合理，这是余下的唯一问题。“在这么多无法马上解决的事情上，请不要催促我，”从火车站回来之后，文森特以一种愧疚之情给弟弟写信说，“作出决定，我需要一些时间。”

接下来的三周里，在十几封冗长的、充满痛苦情感的信中，他不断与这一无法避免的结局作斗争。当文森特陷入爱情和憎恨、默许和反抗的纠葛之中时，他会一边诉说着自己永远的忠诚，不断地请求理解，一边自以为是地严厉谴责提奥的疏忽。他捶胸顿足地忏悔，但在连篇累牍的、充满挑衅的附言之中，又会收回全部的忏悔。一会儿发誓要合作（“我随时听你吩咐”），一会儿又强烈地要求“让我走自己的路，做自己”，两种情感此起彼伏，相互抗争——有时候甚至会出现在同一段文字之中。前一天他还在说宁愿去做投递员这样低贱的工作，“也不愿意让提奥的肩上有太多的重负”；然而，第二天，他就毫无忌惮地宣称“除了自己的工作外，绝无可能去做任何其他的事情”。

文森特不是去解决矛盾，而是想要逃避“在我思想深处的斗争”。仅在提奥来访之后的第二天，他就打算离开海牙。他宣布：“我想要独自在大自然之中待一段时间，远离城市。”

在他的心头，乡村之旅的想法盘旋了一年多，因为文森特一直想要模仿那些富有艺术家的做法，比如莫夫每年都会回到自己的乡村别墅小住，又如安东·范·拉帕德经常会去遥远的地方来一次惬意的写生之旅。不久之前的8月初，提奥就建议文森特离开炎热又闭塞的城市，去荷兰的低地地区度假，待上几周。现在，来自债主和收税人员的压力，使得实现这一资产阶级式的享受有了现实的紧迫性。现在，文森特打算在“有着荒野和沼泽的乡村”长住，他想在那样的乡村，“我能做自己想做的事情”。他向提奥鼓吹说这是一种经济实惠的方式——是一种与城市生活不一样的生活方式，更便宜、更健康；在那里，不仅有更好的（更有销路的）绘画题材，还有更多的模特，这样他不仅能创作出提奥喜欢的风景画，还能保证提奥在经济上可以承受。

文森特的首选目的地自然是家。一个月前，他就陷入了深深的思乡之情之中，家乡布拉班特省的石楠和松树都让他魂牵梦绕。在脑海中，他又一次描绘出回家的完美场景，父母不仅热烈地欢迎自己的归来，还会为他当画画时的模特，就像在施恩韦格的那个家里一样。“父亲在石楠丛中的小径上漫步，这是我最想要画的一个场景……对了，父亲和母亲最好是手牵手。”但是摆姿势，他们得有足够的耐心，文森特坚定地补充说，“必须明白，这件事十分严肃……对于选择的姿势，我要委婉地提醒他们必须接受，摆好姿势之后，还必须得保持不动。”

然而，在现实中，提奥已经将纽南——事实上是整个布拉班特省——

都列为禁区——只要文森特不放弃他自己那个丢人的“家”。兄弟俩见面时，他肯定已经反复地重申过这一点，所以当文森特不久后宣布要搬去乡村的计划时，他已选择了另一个目的地：德伦特省。

德伦特几乎是荷兰最北边的一个遥远的省，但在文森特所熟悉的艺术和家族地形图之中，这里早就占据着重要的位置。1881 年秋，莫夫就曾想前往那里并邀请文森特同往，但由于他身体不适，行程被取消。拉帕德也先后于 1882 年和 1883 年去过那里，满心喜悦地带回了关于“在路上”的各种汇报和许多作品，在拉帕德位于乌特勒支的画室之中，文森特曾久久地凝视这些作品。仅仅凭这些，文森特就已经在脑海中无数次勾勒出遥远的德伦特省，认为这里“与小时候的家乡布拉班特一样，有着同样的美景”。事实上，正是拉帕德在海牙的再次出现——在他再次前往德伦特的路上——让文森特打定了主意。他紧紧地抓住这个家人心仪的朋友，想象着拉帕德能够更频繁地到德伦特来拜访他，还一一列举了他们“从相互陪伴之中能够获得的好处”。他预想，他们二人可以在那里建立一块专门属于他们的乐土，当然其他的艺术家们也可以前来，“将自己完全沉浸在大自然的宁静之中”。

他还想象着带上西恩。“我想要和她一起住在一个类似小村庄的地方，这样她就可以远离城镇，从而过上更自然的生活”，他将原先那个拯救的想法与逃离到乡村的新期待结合在一起。在激烈的争论中，他努力挽救自己关于家庭的美好幻想，而不愿顺从提奥的那个残酷建议。“如果我抛弃那个女人，她一定会发疯”，此外，“那个小男孩真的太黏着我了”。在激烈的自我辩白之中，他甚至再次提出要和她结婚。

但文森特已将自己命运的决定权交给了提奥，而提奥的态度是毫不妥协的。自然而然地，文森特将他们之间关系破裂的责任全部推给西恩，指责她背信弃义，怪她拖后腿以及拒绝和她险恶的家庭断绝关系。9 月 2 日，这天是周日，在施恩韦格的公寓里，他让她坐下，然后把提奥带来的残忍消息原原本本地告诉了她。“我们不可能在一起，”他说，“我们让双方都不开心。”他催促她“改过自新”，但怀疑她是否能做到。至于将来，他给了她一个严肃的建议，这个建议也是提奥经常向他提出的：“找一份工作。”

直到 9 月 11 日，当文森特的火车离开海牙时，怀疑和后悔都仍然一直在折磨着他。甚至在他用从科尔叔叔那里得来的钱将债务还清，并且将行李寄存在房东的阁楼之中时，他仍幻想着西恩能够和他一起去，或自己可以留下来。他加快了临行之前的准备工作，因为他确信只要多停留一天，自己就会在西恩的“不幸的迷宫之中越陷越深”。他非常急切地想要离开，甚至当提奥建议他该多了解一下目的地时，他都没有理会。在他看来，拉帕德从德伦特寄来的信中已经有了他要了解的一切："乡村有一种非常庄重的氛围，这些人物经常让我想起你的习作。"他恳求提奥额外再寄一些钱给他，这样他就可以"尽快出发……越快越好"。如果提奥无法寄足够的钱让他去德伦特，他说自己可以去任何其他的地方，只要那个地方"非常、非常地遥远"，并且马上就能一走了之。

钱最终汇到的第二天他就离开了。直到最后一刻，他才告诉西恩自己要离开，但她还是出现在车站同他道别，怀里抱着只有一岁大的威廉，这正是他所担心的会让自己心碎的一幕。"小家伙很喜欢我，"他在给提奥的信中提到离别的那一幕，"甚至在我已经上车之后，他还一直坐在我的膝盖上。我想，离别让我们双方的心中都充满无法用言语表达的悲伤。"

文森特举起了"责任"的大旗，以便掩盖自己颜面尽失地离开海牙。在那里的最后一晚他写道："工作是我的责任，它甚至比女人更重要，并且前者一定不能因为后者而受到影响。"但是促使他行动的力量并没有任何的改变。然而，这一领养家庭的破碎，让他再次回到了自己真实的家。最后从海牙寄出的信中，充满了对提奥的想念。他保证下一次提奥回家时，自己会从德伦特回去看他，之后他会加入水彩画家协会（莫夫和泰斯提格都是其会员），然后再去伦敦找一份有报酬的工作。他想象着能再次得到伯伯和叔叔们的欢心。"现在的主要任务是多画一些画，"他声称，"大自然的宁静会带给我们最后的胜利——不要怀疑这一点。"

文森特离开海牙为的是去寻找提奥。在德伦特的荒野中，他似乎在想象，兄弟俩可能最后找到通往赖斯韦克之路上向对方保证的神秘联合。这次救赎仅次于从更遥远的荒野一直召唤着他的那一次。文森特牺牲了所有的一切——妻子、家人、家和艺术，为了这缥缈而完美的兄弟情义。不久之后，就轮到提奥这么做了。

第二十章　空中的城堡

连续七个小时，火车驶入夜晚，在旅途中，文森特手边一直放着一张德伦特省的地图。离开前的几周，他的思绪已经无数次在这块土地上漫游。他将目的地选定在“一大块白色的区域，上面没有任何村庄的名字”，所有的运河和公路在这里都走到了尽头。附近有一片叫作“黑湖”的水域——“这真像是魔法故事之中的一个名字啊！”他感叹道。地名只一个词：Veenen（泥煤沼）。

次日早晨醒来时，文森特眼前出现的是一片萧瑟。这一片荒野——密集、潮湿、淤积——向四周无限地延伸开来，一直到天边。“就目光所及的地域而言，这一片荒野之中能够有什么迷人之处？”另一位早在三年前探访过此地的人写道，“除了令人乏味的单调，还有什么值得期待？”这不是津德尔特的沙漠，也不是席凡宁根令人兴致盎然的沙丘。在这片高原荒野上，唯一存活下来的树木就是长在道路两旁的行道树——很高，形状像纺锤，以十分怪异的姿势牢牢地吸附在地面上。和这里的泥煤一样，厚实乌黑的土地上，小而喜水的苔藓类植物生长得十分繁茂——死掉很久的植物黑漆漆地堆积在一起，密不透风，像极了它的近亲：煤。和煤一样，泥煤可以燃烧——这块荒芜的土地上没有什么树木，严寒的冬季也十分漫长，因此泥煤在这里有着举足轻重的作用——由于多年来对这种珍贵燃料的不断采集，过去那种荒凉的壮丽现在也已不复存在。文森特向四周望去，沼泽边上的淤泥已被移除，取而代之的是网格状的运河（确切地说是沟渠），用来不停地运送这些丰富的资源——用这种方式掠夺德伦特高原的荒野，就如煤矿开发掏空了博里纳日一样。

沟渠和萧瑟的景象延伸至一个叫作霍赫芬的小镇，文森特在那里下了车。之所以选择这里，是因为在地图上它被以红点标示了出来。他写道："在地图上它被归为镇，而事实上这里甚至连塔都没有一座。"霍赫芬是氤氲的荒野上一座临时建成的小镇，几乎完全是由文森特所厌恶的简单的现代砖房构成。主河道较为宽阔的一带被大言不惭地冠上"港口"的名称，那"港口"是在霍赫芬还是泥煤业中心时挖掘的。不过现在周围的泥沼都已被挖空，实力雄厚一些的开采商早已将他们穷困的切割工大军和挖泥船转移到更东部的地区。为数不多的留下来的居民将晒干的泥煤从泥沼运到市场上去卖，以此勉强维持生计。每天，一艘接一艘装满泥煤的驳船抵达港口——有些靠马拉，有些则靠人拉。女人和小孩涉过泥沼去卸货，褴褛的衣衫上溅满了泥浆。运河边，一头头瘦骨嶙峋的奶牛啜饮着浑浊的河水，上方沙质的道路上，一些年迈的老人牵引着狗拉的运货车，而那些狗比河边饮水的奶牛更显瘦削。

由于极度贫困，荷兰的这一地区开始陷入混乱的状态。多年来经济的不景气，尤其是农产品、恶劣的工作环境和政府的冷漠（连狗都要纳税）几乎已经导致文明的完全沦丧，这一地区近乎于无政府主义的状态。"人民更多的是被弃之不顾，任由其自生自灭，"当地的一名福音传道者抱怨说，"他们几乎就是处于野蛮状态。"政府曾出台过一项政策，要求将罪犯和乞丐重新安置到荷兰条件最恶劣的地方，为来自阿姆斯特丹的投资人提供廉价的劳动力，这一政策让德伦特省付出了惨重代价。贫瘠的土地与空虚的心灵组成的不仅仅是一幅荒凉孤寂的景象，还是一个"国中之国"：一个婴儿死亡率高、酗酒成风、犯罪猖獗的西伯利亚，一片在一个已有5000年历史的国度中依然未开化的荒原。

"这一片荒原非常壮观，"文森特赞叹道，"无论走到哪里，一切都是那么美不胜收。"

文森特曾向弟弟，也向自己允诺过，德伦特就是自己梦想中的天堂：这是一片有着秋熟之美和道德真实性的土地，这是一个与他们共同记忆之中的布拉班特一样完美的地方。只有天堂一般的景色，才能证明他抛弃家庭的合理性。无论这是不是他所见到的德伦特，在描述德伦特时，他说起了"壮观"而"无以言表地可爱的"泥煤地、像布拉班特一样"美好"和"令人心旷神怡"的天气、"如此高贵、典雅和庄严"的景色，这一切使他很想永远留在那里。"我很高兴我在这里，"他写道，"因为，伙计，这里真的是美不胜收。"

在简陋的草皮房子中，农民们和牲口挤住在一起。看到这一景象之后，他同样赞美说："真的是非常美丽。"满载着泥煤的古怪驳船让他想起自己和弟弟在赖斯韦克运河看到的船只，而可怜的卸货妇女则被他比作米勒画中美丽的农场工。车站附近的旅店老板被他形容为“一位真正的苦力”。每到一处，当他看到镇上居民们满是皱纹的、憔悴的脸庞时，他就兴高采烈，并且将这样的外貌称作“会让人想起猪或乌鸦的脸庞”。在他们单调乏味的阴郁之中，他看到了“一种健康的忧郁”。“我越是在这里四处漫游，我就越喜欢霍赫芬……它越来越美……它是如此美丽。”文森特如是说。

霍赫芬是如此美丽，以至于才来一天，文森特就宣布要坐驳船去这一伟大的劳动中心看看，那里，泥煤的开采因为季节的原因正慢慢放缓。文森特称，他要横穿整个泥煤开采区，直到普鲁士的边界，因为“越是深入到乡村的内部，景色也就越是美丽”。

为了渲染这种田园风光的迷人之处，文森特搜罗了兄弟二人最喜欢的所有风景画画家笔下的形象，从黄金时代到巴比松画派。在这片荒野之中，扬·范·戈因、菲利普·德考克尼、乔治·迈克尔、朱尔斯·杜雷以及西奥多·卢梭画笔下的风景画随处可见。文森特尤其多次提到了迈克尔（热烈如暴雨般的以天空为主题的画作使他成了梵高兄弟俩一直以来心目之中的英雄），正式宣布了自己的新家所具有的浪漫魅力。他的信中满是用语言进行的细致而生动的描述，比之前任何时候都更富有诗意，从女人的妖娆到荒野朴素的美：

> 在细腻的淡紫色夜空下，宽阔无垠的焦土黑黝黝地，十分显眼。地平线上的最后一条深蓝色的线将天与地分开……那一大片深色的松木林将还散发着微弱光芒的天空与崎岖不平的地面分开，那里总体上呈现出微弱的红色——黄褐色——褐色，黄色，而每一处又都带着点儿淡紫色。

然后，全部印象最后都被转化为油画。在一年的抵制之中，他终于完全屈服于提奥的请求，重拾油画画笔。他写道：“你很清楚，作画必须尽可能地被当成一件最主要的事。”他发誓要画“一百件认真的作品”，之后便带着画架和颜料盒跑到乡下去寻找一些怡人的绘画题材，以使自己所描绘的德伦特更令提奥信服。他画了朦胧黄昏之中切煤工人的房子（不过是一些堆砌起来的草皮，用棍子连接在一起）的轮廓。他画了荒野和沼泽的远景，用粗线条勾勒出宽阔的天空和空旷的地平线，整个视野中空无一人。他赞美这乡村“严肃的、庄重的特征”，还解释说，一定要用提奥一直吁求的那种光线、色彩和细腻才能将其呈现出来。

在这一如诗如画、或真或假的伊甸园之中，文森特找到了又一个重新开始的希望。几周后，他把自己的一些画作寄到巴黎，并大胆地建议提奥送给交易商们看看。他想象着带着装满了有着“自然的典型特征”作品的画夹凯旋回到海牙，这些画作一定能够引起买家的“共鸣”，尤其是在英国。他把自己比作都德小说之中的人物，一个“淳朴的小伙子……沉浸在自己的工作中……无忧无虑并且没有什么长远的打算，也没有什么欲求”，然而最后却找到了财富。在画架上，他给这种最新的拯救幻想冠以一个非常古老的意象：一位夸张地在德伦特的泥煤沼泽中迈着大步，将手里的种子抛撒在贫瘠荒原上的播种者。

即使是文森特也无法长久维持这一幻象。孤独——“这种特别的折磨”——很快席卷而来，将他打垮。在荒野无垠的空旷之中，“你可以漫步几个小时，却找不到一丁点生命的气息，”1880 年到访德伦特的一位参观者如此写道，“当然，也许偶尔可能会碰到一位牧羊人、他的狗和羊，其中就属狗最有趣了。”邮件来得很慢，更显出了这里的僻远。“我几乎与世隔绝。”文森特抱怨道。他承认说，自然无论“多么美丽和多么令人振奋”，都不够，“必须要有人的心灵，大家可以追求和感知相同的事物”。然而在霍赫芬却无法找到这样的心灵。对于这个从西部来的怪人，以家庭为单位的小镇居民们投去的是怀疑甚至轻蔑的眼光。在街上，他们停下来瞪着他，把他当成一位“穷困潦倒的小贩”。当他敲开陌生人的门寻找作画的对象时——在埃滕时他就是这么做的，关于这个“疯子”的谣言开始在镇上散布开来。人们疏远文森特，这让他很难过（“没有能够更好地与人相处，真的让我很伤心”），但他却以同样的方式回应这些人。他说这个小镇“很不幸”，当地人是“原始人”，他们甚至表现得“一点都不通情达理，还不如他们的猪”。

不断增强的敌对情绪使得模特们也不再和文森特往来，而他们是他在海牙仅有的可以称得上亲密的人。他满怀期望地来到德伦特，憧憬着可以找到更多、更便宜的模特，信心十足地认为自己能够给当地的农民留下深刻印象，就像当初在埃滕一样。然而时光荏苒，文森特已不再是两年前的夏天那位有着雄心壮志的绅士艺术家。同莫夫和泰斯提格的争吵、施恩韦格画室的与世隔绝，以及身体和头脑的狂热，早已让他面目全非。文森特变得更尖刻、更暴躁、更愤愤不平、更易怒、更容易惊慌失措，随时都会爆发。霍赫芬的煤工和船夫亦不是布拉班特天真烂漫的农民。随着关于他的怪异行为的流言越传越广，人们的拒绝也开始变得越来越肆无忌惮。“他们嘲笑我，拿我开玩笑，”到这里还不到两周，文森特就忧伤地向提奥诉苦，“模特们不愿意配合，已经开始的人物肖像画习作已经难以为继。”

文森特将这一系列的羞辱归咎于没有像样的画室，或灯光不理想，并且批评当地人“对一些合理的、理性的要求置若罔闻”。就像在海牙时一样，那些“我非常希望能过来为我做模特，但却无法得到的人”，让他感到无比失落。这种挫败感导致他不得不转向另一种他唯一知道的能够用钱换来亲密关系的人：妓女。在一封忧伤的长信中，他极力赞美了这些“仁慈的姐妹们”的美德，并且为自己长期需要她们的陪伴辩护。“我看不到她们有什么错，”他解释道，“我在她们身上感受到了人性。”

他想念西恩和那个男孩。他考虑再三离开了海牙，当初的想法像复仇女神一样跟着他来到了德伦特。在抵达德伦特后没几天他就承认说，一想起她，“我就会心如刀绞，带着无比温柔的遗憾，我思念着她”。就像“幽灵”一般，她的身影无所不在。当看到荒原上一位可怜的女人，一个带着小孩坐驳船出行的女人，或旅店里的一张空摇篮，他的“心就融化了”，“眼睛就会变得潮湿”。围绕着自己的离开是否正当和她能否获得拯救，他的内心又开始充满不断的冲突。“像她这样的女人，应该被无限地——对，无限地——给予更多的同情，而不是斥责，”他写道，“可怜的、可怜的、可怜的人啊。”在孤寂的沼泽地，他渴望她的陪伴，懊悔当初没有更坚定地要求和她结婚。“那样兴许能拯救她，”他想象着，“而且也会结束我在精神上的巨大折磨，现在我已经是加倍地不幸。”每天，他都在等着能够有一封她寄来的信，直到不安与焦躁几乎使他崩溃。“那个女人的命运，我的可怜的孩子以及另外一个孩子的命运让我心碎，”他恸哭不已，“一定是哪里出了什么错。”出于内疚和恐惧，他给她寄了些钱过去。

文森特从未告诉提奥，离开时（以及离开后）他究竟给了西恩多少钱，但无疑是倾其所有。所以，在他到达德伦特还不到一周后，熟悉的悲悼之情又开始萌发：“我的钱都没了……我不知道该怎么办。”房租到期，当地人拒绝继续让他赊欠。他无法偿还向拉帕德借的款项——这一尴尬扰乱了他去遥远的北方和拉帕德重聚的计划。当钱花得一干二净时，绘画材料也告罄了。离开海牙时，准备的材料只够画一到两个月，尽管他知道在德伦特买不到这些材料，必须从海牙订购。离开那座城市时，他还有一大堆没有支付的账单，因此那里也没有人愿意继续让他欠账。同时，即将到来的冬天榨干了这片土地上的色彩，使得很多好的绘画题材一去不复返。“在这里，我发现了非常多的美景，”他极度沮丧地呐喊，“浪费时间是最大的经济损失。”由于没有足够的材料，他不得不推迟深入沼泽地探索的计划——这种艰难的冒险是刚刚来到这一陌生的乡村时的主要活动。“没有足够的绘画材料，采取这样的行动无疑是很鲁莽的。”文森特痛心地说道。

到9月的第三周，文森特的颜料盒已差不多空空如也。自博里纳日以来，他第一次开始面对碌碌无为。“没有工作来填补我空虚的心灵，我感到一种无以言表的忧伤，”他说，“我必须工作，努力工作，必须在工作中忘却自我，否则空虚感会让我崩溃。”

文森特激烈地批评科尔叔叔，从海牙给他寄过去的大量作品，全部都石沉大海。在这种沉默中，文森特读到的是自己在过去遭受到的全部轻蔑和背叛。“对于我，他似乎有着某种不可动摇的看法，”他对科尔叔叔这样评价道，除了提奥，这是唯一曾经支持过他的艺术事业的家族成员，“我当然不需要忍受侮辱，这完完全全就是侮辱，因为他甚至没有告知我他收到了我上一次寄过去的一沓习作。”在极度愤怒的情况下，他威胁说要“攻击”他那已经59岁的叔叔，“和他说清楚，让心里畅快一些”。

> 我如果就这样算了，那将是懦夫的行为。我应该，也必须要求得到一个解释……如果他拒绝，我将——我确实有这个权利——以眼还眼，以牙还牙，然后，轮到我不受约束地、毫不留情地羞辱他……我无法忍受被当作一个道德败坏的人来对待，无法忍受在我自己毫不知情的情况下被评判、被指责。

最后，文森特将对博里纳日的痛苦记忆转向自己怒火的真正目标——提奥。他指责弟弟残忍，给自己的钱仅够生活，永久地延续他的苦痛，并且，他坚持认为，如果提奥能够更慷慨一点，那么不仅自己的事业，而且与西恩的恋爱都将成功。“本来，我宁可与她待在一起，”他写道，“但是我无法按照我希望的方式来对待她。”前面的“黑暗的未来”、自己的那颗“滴血的心”，一直缠绕他的“失望和忧郁的情绪”，以及最深处的那种“空虚”，现在全部被他归咎于弟弟。

回想起1880年冬季那段自我放逐的苦难岁月（“像流浪者般永远地游荡”），文森特再次警告，自己快要崩溃。“也许，你记得，在博里纳日我是怎么过的，”他写道，“是的，我很害怕一切在这儿会重演。”他辩称，逃避可怕命运的唯一办法就是提奥提供“真诚的证明”：首先，马上寄来足够的现金，供他购置一批新的绘画材料；其次，提供可靠的保证（一个“明确而固定的安排”），不管怎样，都会每个月给他150法郎。在那段时间，他知道弟弟在经济上十分窘迫，他威胁说：如果没有更多的钱，“我必须为一切可能的事情作好准备”，包括“发疯”。

海牙交易的后果开始慢慢地显露。放弃西恩，而选择提奥，他放弃了太多，而得到的却微乎其微。想到自己犯了一个错误，他变得越来越沮丧——“失望与绝望已达到无法描述的地步”，即使是在他越来越用力地挤压颜料管，以便完成自己一天的工作的时候。没有钱、没有材料、没有模特、没有伙伴，也没有慰藉——没有“信心和温暖”，他痛苦地坦白:“我完全迷失了……我无法摆脱深深的忧郁感。”

仅仅两周后，德伦特的探险之旅似乎就已经走到头了。“所有的一切都是散文，”他悲叹道，“最后，都以一首诗作为结局。”他开始用全新的眼光来看待这片寂寥的荒野，将它们描述为单调的、使人心情沉重的——“永远腐烂着的”尸体般的——景象，唯一产出的作物就是霉菌。不管目光投向哪里，都只能发现死亡或濒临死亡：自己画过的一块当地的墓地、一位裹着绉纱的哀悼之中的妇女、沼泽之中挖掘出来的远古时代树桩的腐烂遗骸。他曾向提奥详细描述过葬礼船神秘地滑过荒野，男人们在运河岸边拉着船，而送葬的妇女坐在船内的景象。

《沼栎树干的风景》，1883年10月，纸上铅笔和墨水，$12^{1}/_{8}$英寸×$14^{7}/_{8}$英寸。

这些关于死亡的迹象将文森特的思绪带入了“思想的沼泽和无法解决的问题”之中。他形容自己“完完全全地被击败”，在空闲的日子里，他再次一遍遍地回忆过去的失败并自责。他再次想象以逃避来解决问题。他精心地制订计划，以便“进一步深入到乡村之中，尽管眼下并不是理想的季节”，或者“在离荒野更远的地方”找一个新家。但是，没有弟弟寄过来的钱，一切都只能是幻想。“我愈发清晰地明白我现在陷在这里了，”他承认，“我是多么无助。”

就在未来看起来灰暗无望，让人无法忍受时，雨季开始了。荒野的上空乌云密布，雨水不停地倾泻而下。沼泽越来越满，水溢出了运河的两岸，道路再次变为沼泽，文森特坐在昏暗的阁楼里，不断地在自己的脑海里重复着一首朗费罗的诗：

> 我的生活寒冷、阴郁、沉闷；
> 下着雨，风也在不停地刮；
> 我的思想还纠缠着往事，
> 狂风中，我青春的希望相继熄灭，
> 天真是阴暗而沉闷。
>
> 安静吧，忧伤的心！别再悔恨；
> 乌云后面太阳依然灿烂；
> 你的命运和大家的一样，
> 每个人一生都得逢上阴雨，
> 有些日子注定阴暗而沉闷。

在给提奥的信中，他只引用了最后两句，又闷闷不乐地加上了：“阴暗而沉闷的日子是不是太久了？”

9月末，在一个沉闷的日子里，文森特的精神终于濒临崩溃。第二次精神错乱一触即发。经历了在海牙的良心危机以及眼前德伦特的灾难，他的精神状态已经如此脆弱，以至于微小的挑拨就能掀起一场风暴。他回到房间，从阴暗的阁楼望过去，看到黑暗之中的颜料盒被一束透过一块玻璃的阳光照亮。眼中那空空的盒子、干巴巴的调色板、被遗弃的扭曲的颜料管、“用坏了的画笔”，都在以一种只有隐喻般的方式向他诉说。

“一切都太痛苦，太匮乏，太令人疲惫。”他痛哭失声，不仅为自己，还为自己那可怜的工具箱。无休无止的计划与悲摧的现实之间的巨大鸿沟，显现在他的面前，他感到“一切都是那么令人绝望”。一股恐惧的感觉一直由于发疯地工作而长期沉淀在心里，现在则试图将他吞噬。“关于未来的一些不好的预兆，彻底将我打败。”在写给提奥的一封信中，他如是说。他说写这封信是为了“呼吸更多的空气”。他在罪恶感和遗憾中窒息，思考着屈服于失败，甚至屈服于自我毁灭。“让我在命运中自生自灭吧，”他乞求弟弟，“已经没有任何作用；这一切早已超过人所能承受的，也没有机会从其他任何地方获得帮助。这些难道不够表明我们该放弃了吗？”

那一天，为了逃避四散在阁楼房间之中的恶魔，文森特陷入到想象之中——就像他经常做的一样。仅仅几天之后出现的困扰，将远远地超过他一生中所有的困扰。

“来吧，弟弟，来和我一起在荒野上画画。”

这是 1883 年 10 月初，来自德伦特荒野的呼喊。接下来的两个月里，文森特用尽所有的智慧、激情与想象去说服弟弟放弃巴黎和古庇尔画廊，来与自己一起在荒野上生活。“来吧，与我一起漫步在犁和牧羊人后面，”他请求道，“让刮过荒野的风暴吹在你的身上。”

在一连串的信中，他抱怨提奥对自己在渴望和虚幻中追寻幸福的最新计划漠不关心。“我忍不住想象未来我不再一个人工作，”他在一种充满憧憬的狂喜之中写道，“而是你和我，作为画家，在这片荒野上如同伙伴般一起工作。”博里纳日的布道、对凯·沃斯的追求，甚至对西恩·霍尼克的拯救，都从来没有让文森特陷入如此这般狂热的幻想和渴望之中。就像过去所有的战役一样，这一全新战役的目标无法达到，他调动了全部自我欺骗的力量来实现它。他自我辩解：“我没有活在梦里……或一座空中的城堡之中。”即使此时，他知道提奥已经多次拒绝过这一邀请。最近的一次是在 1883 年夏天，当时文森特让提奥“搬去乡村”和“当一位画家”，但提奥对这一请求充耳不闻。

对于这一已经遭到提奥多次拒绝的提议（其中一次就发生在不久前），为什么文森特却又如此迅速地旧事重提（尤其是一个看起来如此荒谬可笑的提议）？提奥每月寄给文森特的钱使他免于陷入极度的穷困。提奥在古庇尔画廊的薪水还支撑着他的弟弟、姐妹以及父母的生活。作为家里的顶梁柱，家中这位最为尽职尽责的儿子一旦放弃前途光明的事业，去最荒凉的乡下，加入声名狼藉的懒汉的行列，整个家庭将陷入困顿，更不要说羞辱了。然而，文森特的需要使得他丧失了理性。他独自一人在德伦特的荒野上生活，就像在博里纳日一样，无处可去。9月末的事件使他充满了恐惧，他无法对自己坦诚，更无法对提奥坦诚。与此同时，提奥开始情绪化地抱怨自己在巴黎的处境，轻率地表示说想要离开古庇尔画廊。提奥的忧郁和不满的周期性发作，使文森特陷入到手足之情的狂喜之中，他在其中找到了对自己离经叛道的人生道路的肯定。但是这次，提奥做出了比以往更令人震惊的举动。他扬言不仅要辞去古庇尔画廊的工作，还要彻底离开欧洲，前往美国。

此时，文森特正弹尽粮绝，面对即将被彻底抛弃的命运，他不顾一切地进行了一场无望的抗争。不到五年后他又以同样的方式劝诱保罗·高更去普罗旺斯。

过去，他经常向弟弟吹嘘艺术家的工作是多么具有“男子气概”。而现在，他又加倍地控诉艺术品经销商和“那些靠收入维持生计的人”多么缺乏男子气概。“一个画家，”他承诺，“比其他人更具男子气概。”他警告提奥，如果不当画家，那么他将“像其他的那些人一样不断退化”；然而，作为画家，他就可以“自由地出入于”左拉书上那些充满力比多的本地人之中。文森特劝告提奥说，艺术家和工匠——例如铁匠——一样具有男子气概，他们“用自己的双手创造”。借用提奥早期在博里纳日时提出的一种观点，文森特高度赞扬艺术作为一门“手艺”是多么简朴和诚实，并称它为“令人愉悦的事”，说它能使提奥成为一个“更好和更深刻的人”。他援引1793年的精神来唤起提奥人生的一场革命，并且还提到了自己画册之中的一幅画作，他宣称，提奥和更早时期的一场革命之中的英雄们——清教徒——在外表上极为相似。在他看来，弟弟与“五月花”号上的清教徒们有着“简直是一模一样的面容”，他还胜利地得出结论说，他们都有着相同的“红头发”和“方正的额头”。这些人为了寻找“简朴的生活”和“康庄大道”，勇敢地开创了一个全新的世界，还需要什么更令人信服的证据来证明他是注定要跟随这些“行动者”的脚步呢？

只是不是去美国。在矛盾又模糊的信息中，文森特反对弟弟越洋去美国的计划（这是提奥迄今为止提出的唯一真正具有“革命性的”愿望）。带着一丝的讽刺，文森特把这解释为提奥因过度紧张而产生的胡思乱想——“人的脑子里装了太多东西，感到痛苦和沮丧的时刻”的产物。他将其与自杀倾向相比较，责备弟弟居然会有如此“不恰当的”念头。“听着，”他感叹道，“就避世消失而言，无论是现在还是将来，你和我永远不该那样做，更不该自杀。”他以牙还牙——为了防止被弟弟抛弃，他暗示说自己什么极端的事都做得出来。“如果你想着要去美国的话，”他警告道，“我就会准备应征入伍，前往东印度群岛。”

在文森特狂热的召唤中，地球上没有地方可以与德伦特这片荒野相比。在发现四处都弥漫着死亡气息后的几天，文森特在自己的脑海中重新找回了过去的天堂景象——“我的小王国，”他这样称呼，“在我脑海之中想到的美景，绝对就和这一模一样……荒野会跟你说话……大自然的那种沉静的声音……美丽而又平静。”还有些时候，荒野里回响着“撕心裂肺的交响乐”，生活“如梦境般”一天天过去。文森特保证，那些“美得难以言喻”的景色不仅让人迷醉，而且可以抚慰人心。以自己平静的心态作为证据，文森特竭力劝说体弱多病、神经紧张的弟弟相信荒野所具有的治疗性力量。只有这样的宁静可以治愈提奥的神经衰弱——“这是你和我长期的敌人”，甚至是神经崩溃。在多年来激烈抨击所有宗教之后，文森特召唤弟弟到荒野里寻找精神上的重生，召唤他进入一个比自然、艺术更加崇高的境界，一种“不可思议”和“无法名状”的境界。“相信我所相信的。”他写道，他还重新启用了兄弟俩在描述不可名状的事物时使用的代号——“本真”。

似乎是为了用自己的真实体验来阐述自己的观点，文森特离开了霍赫芬，到了泥煤采集区的更深处。有了提奥寄过来的款项、向父亲借的一笔钱和新近通过花言巧语从海牙赊来的绘画材料，文森特手头还算阔绰。他搭乘一艘很慢的驳船，向东行驶了16英里，到达一个叫作维诺德的小镇——被他称为“德伦特最为偏远的角落”。同另一块居住地新阿姆斯特丹一样，维诺德位于采泥煤区的腹地。整个夏天，成千上万的切割机和挖煤船从各个方向蜂拥穿过这片没有树林的土地，一大堆一大堆的泥煤在临时搭建的工棚周围堆积如山。文森特到达那里时刚进入10月，多数的泥煤都已被运走，工人们则已经开始忍受冬日严寒的煎熬，和牲畜一起挤在臭气熏天的茅屋里，像农奴一样被这可恨的“货运系统”所束缚。夏天，泥煤业老板们支付微薄的工资，让劳工们维持生活；现在到了冬天，他们就通过在自己公司经营的商店里高价出售商品赚钱，等春天来临时，很多劳工就又负债累累，不得不依附于这块土地。恶性循环的剥削体制带来的苦难是如此深重，采泥煤的工人们只能通过大规模的罢工进行反抗。

然而，正如在博里纳日一样，文森特心里只有天堂般的乡村景象，因此对周围的不公平和令人愤怒的现实，他完全熟视无睹。文森特在房间阳台上就可以俯瞰运河，他看到的只是“堂吉诃德式美不胜收的剪影——如同磨坊”，还有“神秘的吊桥衬着活力四射的夜空”。他报告说，周围的村庄看上去“极其舒适”，泥煤工人的茅屋“平静而又简朴”。

到了10月下旬，文森特进行了最具雄心的一次探险，他要用这些探险来证明自己的说法，他去了维诺德西北部十英里远处的古村落兹韦洛。文森特声称，这次长途跋涉源于艺术的灵感（“想象凌晨3点在一辆敞篷的小马车内穿越荒野”），正如三年前从博里纳日到朱尔斯·布莱顿在库里耶尔的画室一样。在得到提奥的赞同后，在没有任何前期准备的情况下，他出发去寻找阿尔萨斯艺术家马克思·李卜曼，几个月前，李卜曼在兹韦洛游览，并且据文森特所说，人们谣传他目前仍在那里。从兹韦洛回来以后，他向提奥叙述了自己的旅行，这些描述可以说是他所有书信中用词最精美、最具诗情画意的。

他描述说，这就像是在柯罗画作的风景之中旅行（“只有他能够画出那种静谧、神秘和祥和”），雷斯达尔画中那样的天空下（“除了那种无边无际的大地和天空，其他什么都没有”），到处都是莫夫画中的那种“迷雾般的氛围”，到处都是米勒笔下的农夫、雅克画中“有些粗放的”的牧羊人和伊斯雷尔画中的老年妇女。恍惚中，一幅又一幅的画面在他的大脑之中交织在一起，单调乏味、不太怡人的德伦特的冬天变为了令人心动的关于伊甸园的幻想。“现在，你可以看看这里到底是一番什么样的景象，”他总结着自己生动形象的简要介绍，“这样的一天可以收获些什么呢？仅仅是几张写生。但还有更为丰富的收获——工作时享受到的宁静的愉悦。”

德伦特如果是天堂的话，古庇尔画廊则是侵入的毒蛇。利用提奥长期以来的失望，文森特时常对他的雇主进行批评，但是用词从来没有像这次这么尖刻和毫不妥协。“令人憎恶、荒唐放肆、反复无常、胆大妄为”，这是个“苟延残喘”的机构，正在灭亡是“罪有应得”。在他看来，画廊使体面的艺术品销售行业——正如他们的伯伯和叔叔们曾经从事的——堕落为“完完全全的赌博”。至于使提奥走投无路的古庇尔画廊的绅士们，文森特谴责他们“难以容忍的自负”、“极度的不公平”和“自私自利”。他排除了任何妥协的可能（“千万不要想着用和解来麻痹自己”），并且劝弟弟像自己一样反抗——“坚持自己的立场……不要屈服。”为了劝阻提奥跳槽成为另一个经销商的雇员或者自己开画廊，文森特不仅谴责古庇尔画廊，而且谴责各地所有的经销商。“这些人都半斤八两，”他争论道，“整个艺术行业全都已经被腐蚀了。”左拉对资产阶级趣味的强烈谴责，被他用来攻击整个艺术行业：“这是平庸、虚无和荒诞的胜利。”

但仍存在一个悬而未决的问题。如果提奥辞职，兄弟俩又该如何维持生计？文森特经常以德伦特消费水平低为由，说明兄弟俩的生活费用实际上可以节省一半。画家不需要太多的钱，他提醒提奥：“钱会使我们变得冷漠。”另外，他补充道，贫困都只是短暂的，因为“很快，我的画作就可能会带来财富”。更何况在任何情况下，上帝都不会坐视不管。以一种崇高的召唤为名，他安慰弟弟说“一种无限强大的力量”将会保护他们，让他们完成建立完美兄弟情义的全新使命。“如果人能够仅仅带着喜爱、带着对彼此的一定了解，合作和互助地从事一项工作，”他写道，“很多本来无法忍受的事情都会变得可以接受。”

根据文森特的“精心计算”，在可以完全通过绘画养活自己之前，兄弟俩有两年时间每个月需要200法郎。因此他建议提奥从一位富裕的伯伯或叔叔那里多借些钱，并且还郑重地保证可以用自己的作品作抵押。他说，这些抵押品可以证明“我们并不是在建造空中的城堡”。他寄给提奥详尽的预算单（“我不知道该从哪里和如何获得这些钱，但是我会告诉你我们该如何花这笔钱”）。然而，即使在坚定地论证自己观点的合理性时，他也请求要更多的钱，并提出了一个以防万一的计划——兄弟俩可以回家跟父母一起住，这肯定让提奥目瞪口呆。

事实上，这一建议看似随意，却表明了位于文森特激烈抗争背后的一个核心幻想。他将完美的兄弟情义和家庭和解合二为一，想象着在津德尔特牧师公馆的全家大团圆。文森特将带领全家人团聚在弟弟的周围。他们将一起支持提奥成为画家的梦想——以他们从来不曾支持过文森特的各种方式。他们将勇敢地承担贫穷的苦难和坏名声的打击。他们携手共进，一起缔造全新的伟大艺术“现象，即兄弟俩同时成为伟大的画家”。文森特梦想在牧师公馆里，他和提奥不再需要“遵从”。父亲会将自己的权威让位于提奥使命的“巨大力量”——尽管他从来没有为文森特的使命这样做过，并且会以“友好和爱”来对待两个儿子。

文森特沉浸在这一全新的救赎幻想中，无法自拔，他要求提奥不再反对自己回布拉班特，同时给父亲写了一封信，一方面邀请他加入这个全新的家庭形式，另一方面警告他不要再次把事情搞砸，他说道：“如果我非得在家里住一段时间，我希望，为了我，同时也是为了你，大家应该明智点，不要因为不和而把事情搞砸，大家都应尽弃前嫌，顺其自然地接受这一新形势可能带给我们的一切。”文森特坚定地认为自己这一梦想的实现现在完全取决于提奥的到来，从而将恳求升级为一种狂热的渴望。“住在一起……这将会是多么开心。如此让人高兴，我都不敢去想，但又情不自禁，尽管这样的快乐显得太过奢侈。”他想象兄弟俩合租一间农夫的小屋，一起来装修屋子。渐渐地，请求变得像求婚一样热烈：

两个人都不会孤独，我们的工作会互相融合。一开始，也许不得不过一段艰苦的日子，我们必须为此作好准备，并且采取措施克服困难；我们不应该退缩，不应该回首，也无法回首；相反，应该强迫自己向前看……我们将远离所有朋友和熟人，没有任何人的注视，孤军奋战，这是再好不过的事情，因为这样就没有任何人会妨碍我们。我们将期待胜利——我们可以在自己的身体内感觉到胜利。我们将忙于工作，完完全全地投身于工作，这样就完全无法去想任何工作之外的事情。

争论开始让位于不理性的劝说（“必须、必须、必须前进并且获得胜利”），然而信中加入了更多的法语——La patience d'un boeuf（以公牛般的耐心），以及阅读过的书籍之中的名言警句。在醉汉一样的喋喋不休的恳求中，他坚持说提奥有着一位真正画家的灵魂和特质。他预计提奥将会发现绘画要容易得多，并且取得比他那时更快的进步。“只要你一拿起画笔或蜡笔，你就会成为一位当之无愧的出色艺术家。”他大胆保证说。对提奥应该选择哪种类型的艺术，他甚至作出了明确的指导。他举出了兄弟俩的最爱，迈克尔，作为提奥的榜样，他建议弟弟“马上试一试风景画”。德伦特宽广的高沼地和激动人心的天空呈现出无穷无尽的远景，就如同出自这位法国绘画大师的画笔。“这完全就是迈克尔的风格，”他写道，“迈克尔笔下的风景绝对就是这个样子。”“我希望你马上去尝试一下这种风格……我已经考虑了很长时间了。”

“大家通过绘画而成为画家，”他宣称，将自我辩护同灵感相结合，“如果你想要成为一位画家，如果你很喜欢这个……你就能成功。”

的确，在文森特的竭力恳求中，他和提奥达成了一致。虽然声称对弟弟的内心有特殊的洞见，文森特看到的只是自己内心的投射。他在第一人称和第二人称之间摇摆，不仅是在指导提奥，也是在安慰自己：

他们将会告诉你说你是一个疯子，但确定无疑的是——在经历过这么多精神折磨后，你知道你不可能是疯子……不要让他们黑白颠倒，至少我是不会的！

只要一有机会，他就向提奥宣讲自己的冒失（“我的计划总是有太多的冒险，而不是太少”）和反抗（“如果你听到你身体中有一个声音在诉说，‘你不是一位艺术家’，那么不顾一切地画画吧，伙计，那声音最终一定会销声匿迹”)。“我人生的目标就是画画，尽可能地画最多、最好的画作，”这既是在解释，也是在恳求，“在人生的最后时刻，我希望在离开人世之际，以一种爱意和温柔的遗憾回顾过去，想道：‘噢，我本该完成的那些作品啊！’……你会反对吗，不管是为我还是为了你自己？”

所有这些观点，以及更多其他的观点，最终都在画面之中得以表达。在发起这一提议的信中，文森特附上了一张素描，他曾在这张画上花了很多时间：半打关于德伦特生活的小插图——地里、运河岸上和乡村道路上的农民——全都以一种蒙太奇的方式精心地安排在一起，就像他曾经在《绘画》上看到的向读者介绍奇怪的工业或美丽的当地景观的那些画面一样。当他劝说提奥像迈克尔当时画蒙马特的天空那样，画高沼地的天空时，他还同时寄去了一些“有着迈克尔风格的”素描和油画：由棕色大地和石版一样的灰色天空构成的远景。他将自己喜悦的呼喊——“这片土地是多么静谧、辽阔和安宁啊”——转化为旋涡形的云彩和浓墨重彩的大地上的沟壑。运用铅笔、钢笔和墨水，他向弟弟传达等待他用画笔去描绘的那种安宁，这是用文字永远无法传达的：长长的运河、行进之中的驳船和无边的珠光般的黄昏。

他极力邀请提奥来荒野过简朴的生活——“来和我坐在一起，看着火堆。”他一次次用一种最为温柔的、最为哀怨的形式，用一种半透明的很粗的灰色笔触来呈现黄昏天空之下孤寂的村舍。为了突出这是一种高尚的劳动——“一件不错的事情，一种诚实的事业”，文森特画了一系列米勒式的农民形象：一位赶着羊群经过乡村教堂的牧羊人、美国西部一样宽阔的天幕下的一位耕地人、两位在风暴之中的沼泽地上弓腰的女性、一位拉着重耙的肩膀宽阔的农夫（以公牛般的耐心倾斜着身体，使出了全身的力气，目光盯着无垠的地平线）。

在德伦特，艺术最终完全服务于文森特更宏大的追寻。自博里纳日以来，艺术一直都是一颗恒星，他所有的争辩都在围绕其旋转：在愤怒和痛苦的风暴之中，艺术始终是这一风暴的中心。和提奥会合的梦想，狂野而又无法压制，将一切连根拔起。这一梦想让他抛弃了在海牙时统摄自己全部生活的挚爱——人物素描，放弃了过去三年之中叛逆性的执着。以后，他还会时不时地回到人物素描，不仅是因为对伟大的素描大师作品的喜爱，还因为只有和模特们在一起，他才能找到那种温暖和控制。但是他不会再局限于此。

他对铅笔、钢笔、墨水以及它们创作出的黑白形象的热爱，在 1883 年 10 月和 11 月的风暴中减弱了。在德伦特，他发现油画非常具有表现力，还有水彩和画笔。“对我而言，油画更容易。”他从维诺德给提奥写信说，这时对文森特和西方艺术而言，都是一个转折点。“我现在非常急切地想要去尝试一下至今都还没有去做的事情。”这一次他将说到做到。在德伦特，他画油画不仅仅是为了自卫，为了迎合弟弟，而且是为了更有力地论争——为了调动主宰他生命的强大的传教式激情进行有力的劝说。在德伦特，文森特发现除了梦想或者为这些空中的城堡进行辩解外，还可以做更多的事情——他可以将它们画下来。

《德伦特风景》，1883年9月—10月，纸上铅笔和墨水，$12^{1}/_{8}$英寸×$16^{1}/_{2}$英寸。

《人拉耙》，1883年10月，信中速写，纸上铅笔和墨水，$3^{1}/_{2}$英寸×$5^{1}/_{4}$英寸。

一开始，以淡淡的反对（家人都还得依靠他）和礼貌的异议（画家是天生的，不是造就的），提奥回绝了哥哥的请求。但是文森特采取了更大的攻势。不久后，当文森特激烈地攻击古庇尔画廊和艺术交易时，提奥开始从这一幻想之中清醒过来。他惯常认定责任重于团结，他批评哥哥是一位梦想家，并且坦白说艺术品交易仍然是自己的兴趣。“为了大家的利益，我必须坚持下去。”在信中，他表达了自己的拒绝，但在文森特的眼里，这一拒绝很模棱。“所有这些都是废话。”文森特反驳说，对弟弟的理由不屑一顾。一封恳求的信件紧接着另一封。但文森特的信越长越复杂，提奥最终的回复就越简明越扼要；文森特的理由越全面越热枕，提奥也就越是不为所动。

最后，文森特将自己的窘境主要归咎于提奥的情人玛丽。有时候，文森特鼓励弟弟与这位已经在一起一年的伴侣正式订婚，想象着她会成为自己计划之中的同盟，劝说提奥离开巴黎。幻想一家人都是荒野上的画家，文森特甚至建议提奥将玛丽一起带到德伦特。“人越多，大家就越高兴，”他喊道，并且补充说，“如果这位女性来的话，当然她也必须画画。”但是提奥的沉默改变了这一切。文森特开始反对这位入侵者，五年后，当提奥向另外一位女性求婚时，文森特也作出了这样的反应。“你的这个女人她好吗？诚实吗？”他盘问道。文森特指出说，也许玛丽“迷惑”了他，用“毒药”和“魅惑”这样的词来播撒怀疑的种子。他将玛丽比作麦克白夫人——一位邪恶的女人，有着“对‘伟大’的危险的渴望”，并且警告说，提奥就像那位女士声名狼藉的丈夫一样，正冒着失去“是非感”的危险。

言辞和对立越来越激烈，文森特不可避免地放出了更狠的话。他完全不顾提奥不断的反对，反复重申如果提奥不离开古庇尔画廊，自己将前往布拉班特，把自己丢给年迈的父母。他甚至威胁将恢复同西恩的关系。“我不会为了取悦任何人而不去看望她，”他有目的地警告说，“随便别人怎么想，怎么说。”对任何挑衅，提奥采取的都是拖延和谦恭的回复方式，甚至聪明地邀请文森特去巴黎，诱惑他加入艺术品交易。这一意料之外的邀请一时让文森特措手不及（“在巴黎和这里的沼泽都有我需要学习的东西。”他承认道），但他很快就恢复了立场，说这个计划“对我的品味而言，太不靠谱”，并且劝阻弟弟做任何其他的事，除了在德伦特画画之外。

11 月初，提奥再次试图停止通信，他写下了一张极其简略的便条：“目前，一切仍保持原样。”这话却起了反作用。暴怒的文森特发出最后通牒，他的词穷暴露了他最原始的需求。他警告说，如果提奥不离开古庇尔画廊，“我将不再接受你在经济上的支持”。尽管文森特努力把这个自我毁灭的威胁描述为自我牺牲（“我不希望我的需求成为你留下来的理由”），他也没法隐藏阴暗的、强迫的意味。他发誓要把自己扔进“暴风雨”里，严厉地要提奥在最后期限之前作出最终决定，还郑重其事地允许自己的弟弟“与我再无一点瓜葛”。他保证会找工作，任何工作，来养活自己，但警告说会因此而变得“衰弱”。他随信附了一些习作“作为生命还有一息尚存的标志”，但又痛苦地补充说：“当然我不奢想它们会被认为有销路。”

在寄出这封信之前，他曾一度因信中的威胁和蛮横的口吻而后悔。他又加了两段语气弱一些的附言（“请不要误解我跟你说的话”），但最后，他还是把这封信寄了出去。当提奥没回信，也没有按时寄来 50 法郎时，文森特有些惊慌失措，害怕弟弟将最后通牒信以为真，于是含糊地作了大量解释，并忏悔道：“收不到你的回信，我要疯了。”

一如既往，提奥最终又寄来了一些钱，但很明显，争吵让他非常愤怒，以至于他拒绝补上之前没寄的钱。提奥非常伤人地指责文森特，坚持说自己在古庇尔画廊的工作中“重新找到了快乐”，把文森特比作狂暴的、有底层情结的无政府主义者，这些人最近对俄国沙皇实施了暗杀——这些人代表了毁灭性的狂热和对文明准则的蔑视。

这足够让文森特最后残存的希望彻底粉碎——他将其称为“最后一根稻草”。“尽管观念不同，但这并不能掩盖我们是兄弟的事实，”他沮丧地写道，“我们不应该彼此责怪，与彼此为敌，或为彼此制造障碍。”

仅仅几天后，文森特便离开了德伦特省。原本他计划在那里待一年，但由于债务和绝望，他待了不到三个月便匆匆离开。他走得很突然，都没有和维诺德旅店老板或提奥打声招呼。但为了前往霍赫芬的火车站，他只能不甚体面地步行了 16 英里。他衣衫褴褛，受寒受冻，还被当地人斥责为“杀人犯和流浪汉”。在寒冷彻骨的雨雪风暴之中，他步行了六小时，带着自己所能携带的东西，穿过单调的荒野。根据文森特自己的叙述，在路上，他大部分时候都在哭泣。每走一步，他都会想起提奥：前一分钟为弟弟的拒绝怒火中烧，痛苦地排演着下一次的争吵；下一分钟他的心里又会充满沉重的愧疚和悔意，步履蹒跚。后来，他用最能抚慰人心的意象来总结这次艰难的旅途：“播种眼泪”。

当然，他的方向是自己的家：部分是为了省钱，部分是为了反抗提奥，部分是为了效仿拉帕德（拉帕德离开了德伦特省和他的父母住在一起），部分是因为无处可去。但是最主要的原因是所有他面前的道路最终都通往那个方向。旧恨新伤让他背负起难以忍受的重负，他像一个囚犯，不得不恭顺地回到狱警身边。“我们必须继续生活下去，直至心碎，”他写信给提奥，“我们就是我们自己。”他开始追求另一种新生的意象——“太阳下，扭曲盘错的老苹果树开出最纤弱、最娇美、最纯洁的花朵”，他将用颜料盒对这一番景象作全新的表达。

他回家的时候正好是圣诞节。

第二十一章　囚犯

阳光照射在尼罗河上，河水浑浊。从河面上升起的热气中夹杂着一股硫磺的味道。透过烟雾，隐约可以看见遥远河岸上的清真寺尖塔和残破的莲饰柱随着船的前行而不断后退。船在平静的水面上划过，甚至都没有一丝涟漪。天气闷热，没有一丝风，连船的前行都没能拂动船上五个男人穿的长衫。两个划桨手——一位是棕色皮肤，另一位是黑色皮肤——正摸索着划桨。一个戴着高高的土耳其毡帽的男人坐在船头，胸前斜挎着一把短刀，神情严肃地看着他们划船，对炎热的天气无动于衷。船尾也坐着一个男人，束腰外衣里塞着一把手枪。他带着嘲弄的笑容弹着布祖克琴，唱歌奚落脚边的俘虏。俘虏横向躺着，挤在狭窄的船身里，被紧紧地捆绑着，还被堵住了嘴。他愤怒地咬紧牙关，奋力想要挣脱束缚，但无济于事，只能无助地看着划桨手毒打他，看着歌手用歌声折磨他最后的生命。他被困在一个他无力改变的悲剧之中，在一条他看不到的河流上浮浮沉沉。

热罗姆的这幅《囚犯》让19世纪为之倾倒。富有异域风情的意象、神秘主义的表现手法，再加上东方式的阴谋，使得这幅作品成为一位致力于流行风格的流行艺术家创作的流传最广的作品之一。文森特即使在巴黎时没有看过这幅画，在古庇尔画廊的收藏室中也应该多次看到过这幅作品。在那里，成千上万的复制品被包装好，然后邮寄给生活安逸的资产阶级艺术爱好者，这些人渴望感受画中的险境。

然而，这幅画让文森特感同身受。他经常把自己想象为一名囚徒，被可见和不可见的抓捕者绑缚着。关于束缚和限制的语言——“拘束”、“阻挠”、“妨碍”和“阻碍”——在他的信里俯拾即是，表达出一种痛彻心扉的沮丧感。他把自己描述为一位“因为有着强烈的行动渴求而遭受折磨”

的人，但他无法做任何事，“因为他的手被绑住了……因为他被囚禁在某一个地方”。在博里纳日时，他把自己比作一只囚笼中的鸟，并对室友吐露：“自从我来到这个世界，我就觉得自己在一座监狱之中。”他痛苦地抱怨道，过去的失败束缚着他，比任何绳子都要结实：

> 合理或者不合理的坏名声、贫穷、灾难、不幸，将你变为了一名囚徒。你无法总能分辨出限制、囚禁、埋葬你的到底是什么，但你能感到那些隐隐约约存在着的栅栏、栏杆和围墙。

让-莱昂·热罗姆，《囚犯》，1861年，布上油彩，$17^3/_4$英寸×$30^3/_4$英寸。

两年前，圣诞节期间被从埃滕驱逐后，他开始痛斥因流放而产生的被囚禁感：“感觉就像是被绑缚住了手脚，躺在黑暗的深井之底，彻底地无助。”在他内心之中，有一个专门的位置用来陈列关于囚禁的画作，第一幅是谢弗的《安慰者基督》，画里的人带着手铐脚镣，匍匐在耶稣脚下。“我承受着各种不同形式的束缚，”他 1876 年从艾尔沃思写信说，“但刻在耶稣画像上方的话直到今天都千真万确，‘他的降临是为了给囚犯们带去自由’。”

在他的收藏之中，众多画作描绘的都是囚禁的景象：从著名监狱的图录到罪犯生活的各种场景。尤其让父母感到恐怖的是，他大力颂扬文学作品中的罪犯们，从左拉的《家常琐事》里的小骗子，到雨果的《罪恶史》、《一个死囚的末日》和《悲惨世界》里的光辉烈士们。就在离开海牙之前的几个月，他向提奥自夸说，他的叛逆行为效仿了《我的监禁岁月》，这是弗里茨·罗伊特的一部自传，讲的是普鲁士要塞里反叛的监狱生活。

火车在12月5日驶入埃因霍温，在严冬天气下，文森特跋涉了最后五英里到达纽南，这五英里就像离开德伦特之前的16英里一样艰难。他不得不去竭力承担种种令人难以忍受的苦痛，每种就像一条沉重锁链上的一环，锁链最终都会连接到津德尔特的牧师公馆。父母从来没有“给过我自由”，“我对自由的渴望，他们也从来都不认同”。不管他朝向哪一个方向，他们都一如既往地反对、阻挠和让他遭受挫败。这种对立丝毫都无法缓和，带给他的是愤怒的泪水。“我不是罪犯，”他哭吼，“不应该受到这种不人道的对待。”由于他对凯·沃斯的爱、对艺术的野心以及对西恩的拯救，他们已经“闭目塞听”，并且“铁了心”反对他。他们曾以荒谬的言辞嘲笑他，并讥讽他的一切妄想——“认为我是个一直想入非非，却无法采取行动的人”。他把自己比作热罗姆笔下的囚犯，被绑缚着躺在船底，任由大家嘲讽。“我与不幸和失败捆绑在了一起。”他哭喊道。

现在他要挣脱长期以来遭受的监禁。

但并不是通过宽恕。第一次，文森特迈开回家的步履时，脑海之中出现的并不是浪子回头或全家人和解的画面。相反，他每走一步，反抗的心理就会增强一分——这是一位受到惩罚并被绑缚至绞刑架的男子的反抗：一位被冤枉的无辜者，并不是试图被赦免或饶恕而是在殉难中寻求平反。像热罗姆的囚犯被运送到东方的刑场，文森特回家是为了在受难中寻找胜利。他解释说:“我认为，在热罗姆的画中，比起那位胜利者和嘲弄他的人，被绑缚着的男子处于一个更占上风的位置。”为什么？因为“这样你可以挑衅让对方攻击你”，“即使这将是重重的一击，那也比因为整个世界宽恕了你而感到有所亏欠更好”。

在抵达后不到一小时，文森特就挑起了第一次战斗。他要求父亲承认，两年前在圣诞节时驱逐自己是个严重的错误。他将那时以来自己全部的不幸都归咎于这一罪行。面对年逾六旬、听力已衰退的父亲，文森特大声地列举自己所遭受的一系列伤害：如何给他带来了经济上的困难，如何迫使他采取极端行为，如何逼他“采取一种更顽固的态度，而有着自由意志的我原本不会这样的”，如何“使事情比原来难上十倍——以至于几乎不可能”，并使他所有的努力都注定以失败而告终。当多洛斯拒绝为他说过的任何话或做过的任何事道歉时，文森特开始爆发，进行各种各样的指责，毫无疑问，在荒野的寂寞生活之中，这些他都曾排练过1000遍。他指责父亲“不公正……任意妄为……并且应该受到谴责……与自己不共戴天……盲目……无知”。他说，父亲的自以为是构成了他们之间一个无可逾越的障碍，这必然对他们俩来说都是“致命的”。

多洛斯轻蔑地回应道：“你是指望我在你面前下跪吗？”文森特怒气冲冲地离开了房间，发誓“不再为这个话题浪费口舌”。

但是，他当然立即拿起了纸和笔，给提奥写了一封充满怒意的信，不断指责父亲，怒斥他的“心胸狭隘”和“牧师的虚荣心”。文森特控诉道，他总是“使事情极端化”和“造成伤害”，就像他两年前在埃滕的所作所为。“基本上，一直以来什么都没有改变，哪怕是一点点，”文森特气急败坏地说，“无论过去，还是现在，他对自己所作所为的正确性，没有丝毫怀疑。”

整个不眠之夜，文森特都在心里控诉父亲。时不时地，他会从床上跳起来，在信上添加一点新的内容，或潦草地在旁边写下一个愤怒的注解：“他们觉得自己那时并没有造成任何伤害，这太糟糕了。”他不断地攻击父亲，说他“铁石心肠”，“像寒冰一般冷漠”，“像沙子、玻璃或马口铁”一样缺乏情感。“和你我不同，父亲根本就不懂得自责，”他写道，“只要是人就绝对不会如此。”他还记录了自己的绝望状态，在愤怒的同时，又像被囚禁一般无能为力：

> 我再次感到了几乎无法忍受的不安和困惑……现在我再次处在一种几乎无法忍受的摇摆不定和内心挣扎的状态之中……在一切的事物之中，我都感觉到存在着一种犹豫和延误，这吞噬着我的热情和精力……父亲总是认为我一无所知，我开始认为他已是无药可救，这让我充满倦怠和无力感。

宣称自己和父亲“在内心最深处，是两个无法调和的灵魂”，文森特仅仅一天后就陷入了彻底的绝望。他说，他来到纽南，是为了寻找更为澄明的洞见，然而发现的却仅仅是虚假的热忱和假情假意。他已经花了两年时间（“对我而言，每一天都充满着痛苦”），却发现这两年对父母而言，不过是“日常生活——仿佛什么也未曾发生过”。他告诉提奥，再和他们生活在一起，已绝无可能；他们仍然和从前一样地顽固和愚蠢。一切都未改变——“没有任何事情，一点都没有。”津德尔特牧师公馆似乎已永远消失，他愤怒地哭喊：“我不是‘梵高’家的人。”他认为没有任何妥协的可能性，计划马上离开——去海牙，去乌特勒支（在那里，拉帕德与他父母愉快地生活着）。即使是德伦特贫瘠的荒地，对于这颗受束缚的心来说，相比纽南令人窒息的冷漠，似乎都更好。“老弟，”他恳求弟弟，“如果可以的话，帮助我离开这里。”

然而，他留下来了。

他留下来将近两年。

日复一日，他回到父亲的书房再次挑起战争。最开始，多洛斯总是平心静气地坚持说自己没有后悔。但文森特无情地指责他是个“伪君子”、“阴险的人”，几乎总是会激起他“强烈的情绪”。文森特过去的失败和黯淡的前途，都会成为争吵的话题。文森特和西恩的生活与父亲铁石心肠的反对，也会引发他们的争吵。他们为整个家族不支持他的艺术追求而争吵，文森特一再以自己的好朋友安东·范·拉帕德为例，拉帕德的家庭支付了他全部的费用，以便他能“以有尊严的方式来面对这个世界”。

纽南的牧师公馆

文森特对父亲封闭的心灵发起一次又一次的攻击，并且要求完全的屈服，其他任何解决方案都一概不接受。“虚假的或半心半意的和解不可能让我满意。”他说，“呸！绝对不可能接受。”多洛斯坚决拒绝承认任何错误，一直声称自己是无辜的，文森特因而从不罢休。“我们一直对你很好。”他坚持。（对提奥，他抱怨说：“我想文森特从来没有自责过，只会怨恨别人。”）父亲善意的自以为是和儿子的极度敏感杜绝了任何沟通的可能。

双方更为深层的理由也在加剧这一僵局。文森特认为与自己作战的并不单单只是一位老人，而是一个庞大的压制和遵从的体制，在其中心是一位像父亲一样的“反复无常和专横的”上帝。他抨击曾经让他着迷的宗教，称它“严酷”、“沉闷”和“极度地冰冷”。他谴责父亲以及所有被他称为“黑暗之光”（一个从雨果那里借来的说法）的黑暗力量，因为“它们内部的光芒是黑色的，并且将黑暗和朦胧在它们周围散播”。为了赢得几乎每天在父亲书房里上演的史诗般的战斗，文森特调动了想象世界之中的全部偶像：一系列的作家与画家，几乎全部都来自法国——对讨厌法国的多洛斯而言，这明显是一种挑衅。为了实现他的摩尼教式的愿景，文森特宣称这些倡导者以及他自己具有“白色的光芒”。

在论辩之中，文森特采取的是左拉《我们的仇恨》之中对资产阶级传统毫不妥协的激烈方式，以及都德《传教者》之中那种无情的反教权主义，这两本小说都是他大约在这一时期读到的。他以艾略特《菲利克斯·霍尔特》之中的那种战斗性的虔诚要求自己的自由，以穆勒《论自由》之中富有逻辑的命令语气谴责对自己的禁锢。穆勒“冲破枷锁”的号召以及他对怪异的推崇（“对尼亚加拉河不能像一条荷兰的河流一样在两岸之间平静地流淌，人们不应该说三道四”）像战斗檄文一样在文森特的信件之中不断被重复。“只要不伤害别人，我有权做任何事，”他宣称，“充分地享有自由是我的职责，这种自由不仅是我也是每个人都拥有的不受限制的自然权利。”

对于多洛斯而言，这些攻击代表的不仅仅是一位不服管教的、忘恩负义的、让父母悲痛欲绝的儿子的斥责。在近 40 年的牧师生涯中，多洛斯见证了在持无神论立场的科学和资产阶级的全新情感的无情攻击之下，荷兰归正会的节节败退。本世纪的最后 20 年，自称没有宗教信仰的荷兰人的数量增加了十倍。文森特用来批评他的那些法国作家——还有一些荷兰作家——破坏和玷污了曾经光荣的“统治”，结束了其在荷兰人心灵之中近 300 年的垄断地位，并且威胁到了多洛斯为了自己的信仰而在边境地区所作出的终生努力。儿子将这些离经叛道的观点和控诉带到自己的牧师公馆、自己的书房，这是对上帝、教会和家庭的冒犯。

一位目击证人回忆说，冲突有时会持续三四个小时。即使他们结束——在文森特怒气冲冲地出门后，战争还并没有结束。每次的大吵大闹之后，牧师公馆都会陷入长时间的寂静之中，黑暗之中的相互指责比突然发脾气更可怕。像两年前在埃滕时那样，文森特会好几天假装“隐形”—— 尽管不满父母的评价，他却在家里践行着这些断言。他不同父母直接对话，而是写便条。用餐时，他把椅子移到房间的角落里，把盘子放在大腿上，一言不发地坐在那里。他一只手用餐，另一只手护住脸，好像是在捉迷藏。当这一奇怪的举动招致了旁人责备的眼神时，他就开始责备父母像对待“一条不懂礼数的大狗”——“带着湿漉漉的脚印跑进自己的房间”，非常大声地吠叫，并且“挡着每个人的路”—— 一样地对待自己。出于这样的想法，他将其演化为冗长的、声色俱厉的斥责，以奇怪的方式将对自己不利的评价充分地进行了演绎：

> 他不过是一只糟糕透顶的野兽，好吧——但是过去这只野兽却是人；虽然只是一条狗，却有着人的内心，而且甚至是十分敏感的内心，这让他能够感受到人们对他的看法……这条狗感觉到如果他们收留他，只是意味着“在这间屋子里”容忍和包容他，因此他必须自己寻找住所。这条狗实际上是父亲的儿子，被迫流落街头的时间太久，因此只能变得越来越粗野……他会咬人，他可能会变得疯狂，治安长官可能不得不将他猎杀……这条狗唯一的憾事就是没能远远地走开，因为在这间屋子之中，远比在荒野上更孤独，更不友善……我已经发现了我自己——我就是那条狗。

陷入谩骂和不断升级的愤怒之中，父亲多洛斯和母亲安娜只好用自己为数不多的招数来应对。他们为他购置新衣裳，并且虔诚地祷告上帝。他们答应借钱给文森特还债，还称赞他的素描（“他正在创作几幅我们觉得很不错的画。”多洛斯向提奥汇报说）。他们找各种借口，认为事情终究会有转机。“当他回想过去，回想自己是如何同之前所有的关系决裂时，”多洛斯解释道，“他一定非常痛苦。”他们尽可能地容忍他一波又一波的坏情绪。当文森特提出要一间画室时——就像他的朋友范·拉帕德一样，他们强忍满心的不乐意，将牧师公馆之中曾经用作洗衣房的房间清理出来，改造为画室，还花了一大笔钱为他装上暖炉和木地板，以便“房间舒适、温暖且干燥”。他们还答应开一扇窗，这样光线会更好。

他们向儿子无法改变的怪诞作出让步，这也许是最为艰难的妥协。“进行这项实验，我们充满信心，”文森特到达后不久，父母在给提奥的信中写道，“对他在着装等方面的特立独行，我们将给他绝对的自由……他是一个荒诞不经的人，这已经是无法改变的事实。”

但是，文森特却无法满足。每一次和解的尝试，导致的却是越来越过分的反叛，因为他将毕生的愤怒都发泄到让自己深陷“囹圄”的抓捕者身上。

文森特在他们送给自己的礼物之中，看到的是批评（“肯定是我的衣服穿得不够好”）；面对他们彬彬有礼的态度，体会到的只是对自己居高临下的溺爱。“他们的盛情款待让我难过，”他抱怨道，“他们一味地迁就，然而却始终不承认自己的错误，这在我看来，也许比错误本身更糟糕。”洗衣房被他不屑地称为“寒酸的画室”，而且立即开始要求一间更好的画室。每一次和解的努力，换来的却是他愈加苛刻的要求和更为激烈的言辞。“我无法容忍和他（父亲）有半点一致，”他在到达之后的两周写道，“我们永远都无法和解，我一定要坚定地反对他。”当父母怀疑他无法留在纽南时，他执意留下；当父母再度欢迎他的到来时，他却扬言离开。当洗衣房被改造成画室，作为送给文森特的礼物时，引发的却是他殉难般的哀号（“你们这些人，根本无法理解我，恐怕你们永远不会”）。他极富戏剧性地发誓将尽量少地出现在大家面前。“我必须想办法不再‘打扰’你和父亲了，”他在给提奥的信中写道，“让我走自己的路吧。”

确实，正当画室在圣诞前夕完工时，文森特以最具伤害性的方式“回敬”了父母的好意。在去乌特勒支探访朋友范·拉帕德的前夕，他再次挑起关于表姐凯·沃斯的争吵，两年前他在埃滕被驱逐的场景再度上演。在始终无法让父亲屈服后（他将其归结为父亲“心胸狭隘的自负”），他逃离了牧师公馆，发誓要延长自己的旅行，去往海牙——父母曾多次恳求他不要去这个地方。圣诞节，他与西恩和她的孩子们一同度过。回来之后，他宣告自己正再次考虑同西恩结婚，尽管他向提奥透露自己和西恩“比以往任何时候都更加坚定地决定要分手”。

预料之中的是，为了阻碍这段婚姻，多洛斯威胁会再一次提出监护申请——这一威胁使文森特再一次怒不可遏，新年伊始，他便苦苦声讨，愤然违抗。

不可避免地，文森特与父亲的斗争发展到了纽南未铺砌的街道和花园小径上。纽南是布拉班特东部的小镇，坐落在一片沙质荒地之上，人口比津德尔特的还要少，但却同样地因循守旧。纽南仍然局限于传统的农耕方法，中世纪以来，乡村之中的纺织厂都没有发生过任何改变，整个小镇正在陷入越来越贫困和与世隔绝的境地。欧洲及荷兰的其他地区正面临新世纪的急速发展，以蒸汽为动力的工厂可以生产出价廉物美的布料，便利的交通运输正在重创全球的传统农业，纽南的小农经济损失尤为惨重。但这里没有类似于津德尔特的拿破仑小镇，在地理上，纽南被完全隔离开来，历史上大部分时期都实行种族内部通婚。铁路的到来也很晚。1882年，多洛斯·梵高来到这里的时候，纽南是一座濒临死亡的小镇，出生率低、死亡率高，劳动人口不断外流。

唯有来自自己心爱的繁荣社的召唤，才能使多洛斯放弃埃滕安逸的半退休生活，前往荒原中一个危机四伏的边区村落，去完成另一项神圣的使命。然而，繁荣社对待佃农的严苛条例（驱逐患有绝症的佃农，因为他付不起租金）却引发了争议，在繁荣社官员之间造成了一些裂痕，并且分化了为数不多的教众（近2000位居民之中只有35位信仰者）。上级派遣多洛斯前来抚慰这些不满者，平息反动言论，因为这些将危害繁荣社在东布拉班特的使命。新教教会的敌人不会放过任何弱点、任何关于丑闻的暗示，以此来污蔑繁荣社及其信仰。

在文森特于1883年的圣尼古拉斯节到达之前，纽南没有一个人——就连多洛斯教堂之中的长者——知道他的存在。因为对这位长子，牧师多洛斯从来都只字未提。沉默的缘由很快就显而易见了。他存心让父母颜面扫地，陷入尴尬的境地，大胆地向来访者大肆宣扬自己的无神论，骄傲地宣称自己是家族的害群之马。圣诞夜，他莫名其妙地逃往海牙（要知道，纽南的每一位新教教徒此时都会关注牧师），向所有人宣告，教会的中心正出现不和。

尽管在对待拉帕德和费尔涅等远方的朋友时，文森特仍然能够做到彬彬有礼，但对待父母的朋友，文森特却不近人情。每当有访客到来时，他不是若有所思地沉默寡言，便是无事生非，或完全避而不见。他堂而皇之地无视任何社会礼俗，认为这些是“荒唐的”、“令人作呕的”。他斥责小镇上的风俗礼节为“狭隘的陈规陋习”（“循规蹈矩的、自以为是的假正经”，就像自己的父亲一样），并且将他们礼貌的说辞称为“诚实的观察”，令人颇为难堪。最终，对于朋友们的来访，梵高家不得不委婉地拒绝，因为儿子无法预料的古怪态度实在令人担忧。“他怎么可能会表现得如此不友好？”母亲安娜充满着痛苦的不解。

在穿过村庄及前往周边乡野的长途漫步中，文森特轻易就能招致不满的目光。纽南及其周边村落的大多数居民此前从未见过画家，更不用说牧师的这位画画的儿子。这人歇斯底里地咒骂，着装怪异，拒绝吃肉，不停地叼着烟斗吸烟，用小口瓶喝科涅克白兰地，一旦遇到什么冲撞便尖酸地回击。“他一点都不友好，”一位村民50年后回忆道，“他很奇怪……经常生气。总是愁容满面。”另一个人回忆说，就连文森特一脸的红胡子都好像在颠覆荷兰的社会秩序，“他的脸上胡子拉碴，像是杂草丛生……长相简直是丑陋至极”。纽南恭顺的农民们无法用自己的经验或语言来形容这个奇怪的、桀骜不驯的人。他们只是将他称作“画画的小个子”或“红胡子”，他则叫他们“乡巴佬”。正如在很多其他地方一样，不管到哪里，文森特都会招致孩子们的尾随和嘲笑，他声称自己喜欢这样的纠缠。他对这些纠缠的孩子们不屑一顾，就像他不屑于那些窃窃私语者和说闲话的人一样，不过是撇一撇嘴而已。“我不会为人们怎么看我而烦恼，”文森特说道，“我走自己的路。”

渐渐地，文森特开始走一条让父母比以往任何时候都感到更加羞辱和尴尬的道路。

他们的房间像监狱一样阴暗，密不透风。在阳光灿烂的日子，几束飘浮着灰尘的阳光会斜射入黑暗。然而，这样的好天气在纽南难得一见，尤其是在冬季。“雨水、雾气让这儿长期沐浴在潮湿之中，”一位游客抱怨道，“这儿的居民用自己的眼睛搜寻着一轮几乎从来不会在这里出现的艳阳。”大部分日子里，黄昏给这间密不透风的房间带来的不过是灰暗的暮光。日落之后，微弱的炉火泛着红光，被烟熏黑的横梁上，煤气灯发出清冷的黄光，为纺织工作照明，火不是很大，因为要节省非常宝贵的燃料。

然而，不管是在阴影中，还是在光亮中，工作都在继续。上至茅草覆盖的椽柱，下至紧压土块的地板，整间屋子都因为纺织机的工作而震颤。在拥挤的房间里，这台机器显得体积十分庞大，活像一只受困的昆虫，爬不出通气的窗户或低矮的门沿。它的腿脚、横梁和立柱朝着各个方向伸展开来，有的像船上的木料一样厚实，它们都是用从参天大树上砍下来的木材制作而成的，显示出强健如肌肉一般的纹理和粗大的黑色树节（当初都长着粗壮的枝条）。在金属丝制成的中轴上，两股经纱上下游走，随着鬼魅般的节奏合拢或分开，梭子紧跟着织物穿行其中，在这永无止境的逃遁中来回往复。

自开始作画以来，文森特一直就有画纺织工人的想法。1880 年，在博里纳日之外的一次时运不济的旅居途中，他声称见到过“纺织工人的村落”，并且立刻将他们那苍白的脸庞和幽暗的工作场所同那些他所熟悉的矿工的相比。在他们的劳作之中，他找到了一个与自己全新的“手艺”相似的地方，他说，他们的劳作同他儿时在布拉班特所见到的纺织工人有着更为深刻的联系。这种联系和怀旧的情绪给了他灵感，使得他将纺织工人想象为超凡脱俗的主人公（“那副恍惚的神情，好似在做白日梦，又好似在梦游”)，这些主人公来自黄金时代画家们对乡村的想象、米什莱的历史写作中“神秘的纺织工”，或者艾略特的《织工马南》中“被剥夺继承权的种族”。在海牙，他在围绕西恩的无休止争吵中，就曾援引过这一理想的形象，盛赞纺织工都是敏于行动的人，而不是耽于幻想的人。“纺织工如此专注于工作，以至于他们不去思考，只是行动，”他为自己的行为辩护，“无法对任何事情进行解释，他们只是感觉事情该如何进行。”在文森特离开海牙的时候，在他关于家的图示之中，纺织工和农民的葬礼以及教堂的墓地一样，取得了一席之地。当他在德伦特时，他或许听到了关于马克思·李卜曼在兹韦洛画了织布者一家的谣言。12月，当他去拉帕德的画室时，毫无疑问，他看到了这位朋友对于织纱工人、织布者以及织布机的描绘。

《纺织工》，1884年，纸上水彩，13英寸×17$^{3}/_{8}$英寸。

在纽南，文森特几乎在每条街的尽头都能够找到纺织工。镇上四分之一的成年男性通过做纺织工来贴补微薄的家用。以多少年来一直不变的方式，他们在摆满黑色织布机的破旧房子里工作，而他们的妻子则在一旁帮他们缠绕纱线。在文森特到来之前的几年中，纽南曾经短暂地尝试过开办现代的纺织工厂，但却失败了，穷困的纺织工们只能由企业主们任意摆布，这些企业主为织布者提供纱线（手工纺纱已经完全消失了）以及市场，但这一市场也严重地受到了整个欧洲大陆经济不景气的影响。大部分纽南织布者用的织布机仍然是他们的曾祖父用过的，这些织布机上沾满了几代人的汗水。大部分人仍是在租用织布机。他们织的东西总是一成不变：有条纹和方格的亮色布料（被他们称作条格布）。一些人做的是厨房用的毛巾，一些人做的是用作尿布的亚麻布。工作时有时无，并不稳定，而且薪水非常低——这种使人麻木的单调劳动一天只有几个铜板。因此，许多织布者为了家里的收支平衡，不得不种几块地，或者去打一些零工。艾肯·艾德兰便是其中的一员，他为梵高牧师打理花园，并为牧师那奇怪的画家儿子整理画室。或许艾肯就是那个带领文森特走向那条通往郊区的沙路的人，让他得以一尝夙愿。

但文森特去道路尽头的阴郁村庄的原因既不仅是为了与拉帕德竞争，也不仅是为了寻找另一个崇高劳动的象征。在纽南的头几个月之中，他总是一个小时接一个小时地待在矮小的、充斥着烟灰的车间里，靠着墙坐着，距离阴森森的机器和它们永不停息的咔嗒声只有几英尺。他总是早上来，直到深夜才离开——比完成他带回画室的粗略草图所需要的时间要多得多。然而，尽管他花费了这么多时间，但从完成的作品之中可以看出，文森特对织布机的实际工作原理却是令人吃惊地无知——对津德尔特那位极为专注的溪边收集者和分类者而言，这样的失败极为少见。

他既不会长时间地也不会使劲地盯着这些纺织工们。在一幅又一幅的作品之中，织布者们只是面无表情地坐在精巧的机器前，就像关在笼中的鸟儿，没有任何显著特征或明显的情感表达。文森特很少会描绘他们敏捷的、不知倦怠的双手，或是他们的脚在踏板上永无止境的运动。他承认在某些作品上，最后他会加上织布者。在文森特不屑的态度之中，这些人物仅仅只是“幽灵”而已——机器之中的妖怪，根本就不值得他关注。（在纽南，就像在海牙一样，文森特从来不会去描述自己的模特并提及他们的名字。）

然而很明显，文森特深深地被这些吵闹而嘈杂的陋室和蜗居在其中的织布工们所吸引，震耳欲聋的哐啷声将他们完全同文森特隔离开来，就像孤寡老人桑德兰因耳聋而被隔离开来一样。就像艾略特笔下的隐士织工马南一样，在“织布机枯燥的回响”中，文森特似乎找到了逃避的方法，借此不仅可以逃脱记忆和思考的折磨，还可以逃离自己与父亲的那场充满愤怒的、无法取胜的战争。在艺术中，他找到的是同一种逃避。“每个人只要持之以恒地工作，”艾略特写道，“那么工作本身也就会成为目的，从而帮助他越过人生中无爱的峡谷。”

没有什么主题比织布工和他们的织布机更不适合文森特还不确定的艺术风格了。织布机众多复杂的部件在视角上构成了无法解决的难题。他试图使用透视框，最后发现没有丝毫用处：织布机太大，房间太小。“必须坐得很近，”他解释道，“结果就是很难进行测量。”因此，图像经常由于视角相互冲突而无法成为和谐的整体，尤其是在他试图加上人物或者试图描绘背景之中的织布机时。最终，文森特找到了一间有两台织布机的大屋子，但要想看得更为清晰，就必须退回到大厅之中观察。

要在画面上加上织布工就更复杂了。即使尝试了很多年，文森特还是无法把握好人物的形象。在海牙，他通过布置画室、使用透视框、摆姿势以及不停地尝试和犯错来克服之前的迟疑不决和笨拙。但是在织布工简陋的房屋之中，他的缺点暴露无遗。随着失败的次数不断增加，他试着让织布工在织布机旁边摆姿势，背对着他，或者只显出侧面。他让他们停留在窗前，将他们化为简单的轮廓，或者将整个房间置于阴暗的氛围之中，这样他们的特征几乎完全无法分辨——正是由于这些解决办法，他不得不将画面画得越来越暗。

但他一直在坚持。带着一如既往偏执的热情，他在到来之后的几个月里，创作了几十幅几乎一模一样的作品，在每个有着交叉阴影线的把手、钩子、横木、支柱和轴上，他花费了极大的精力。他经常痛苦地用水彩不断地画相同的场景。他甚至将大量宝贵的油彩耗费在这些难以描画的织布机之上，在大幅昂贵的画布上画满了尝试性的、阴暗的图画。这些画无法给他带来任何满足感，甚至他都懒得在上面签名。

为何要如此劳神费力？

织布工或许并不适合文森特的艺术禀赋，但完全适合他更重要的斗争。在多洛斯和安娜眼中，织布工的地位与小贩、磨刀匠并列，都是让资产阶级厌恶的、没有根基的人，有着不符合传统的习惯和无法理解的生活方式。艾略特在《织工马南》中说：“尽管不可或缺，我们并不十分肯定纺织这一行当能否延续下去，如果完全没有魔鬼的帮助的话。”文森特的妹妹利兹说，在梵高家里，织布被视为是“不健康的”、“有害的”。在纽南，织布工只有在周日黄昏时才能出来——有身份的人通常不会在这个时候出门，用前一周的亚麻布来交换纱线。织布工们脸色苍白，如幽灵一般（艾略特称之为“有奇怪外貌的人”），通常单独行走在街上。狗会向他们吠叫，流言和各种离奇的故事总是和他们联系在一起。19 世纪 80 年代，由于欧洲织布工所具有的战斗性，经常有人怀疑他们与激进政治运动和社会暴乱有牵连，以往的迷信也因此被强化。

毫无疑问，文森特不断提及对这些麻烦制造者的日常拜访，借此奚落父母和提奥：他们那“用亚黏土做地面的寒酸的小房子”，以及让他们的房间夜以继日地充斥着噪音的、奇怪的、“令人恶心的”设备。“这真是些可怜的人，这些织布工。”如果多洛斯和安娜提出反对意见，他一定会喝止他们，正如他对待提奥一样。他会说：“在我看来，我有绝对的自由结交那些所谓社会底层的人。”更有甚者，文森特在用餐时间将自己的画作拿到牧师公馆的餐厅，并将它们支在对面的椅子上，挑衅般地邀请织布工来父母家吃饭。经过几个月的刺激，多洛斯痛心不已地说：“文森特仍在与织布工来往。他宁愿这样也不愿意画风景画，这简直是奇耻大辱。”

文森特的生活就是自己不断地挑衅然后再不断地遭到家人的拒斥，1884年1月17日，命运给了文森特最后一次机会，可以让他跳出这一恶性循环。在一次去海尔蒙德的购物旅行中，母亲下火车时脚下一滑并摔了一跤。前一年冬天，64岁的安娜就摔过一次，幸运的是并未伤筋动骨。然而这次，她就没这么幸运了，她摔伤了臀部。在儿子科尔的陪同下，她被很快用马车送回纽南。她的骨头在纽南被接好，并被绑上了很大的石膏夹板。她的床被移到楼下多洛斯的书房里，医生给她注射了三氯乙醛水合物，帮助她睡眠。

接着开始需要人守夜。

在接下来的两个月里，母亲的全然无助让文森特终于找到了家。为了母亲早日康复，他可谓废寝忘食，就像他曾经为博里纳日受伤的煤矿工人以及生病的妓女西恩所做的那样。些微不适的症状就会让他焦心不已，他对每一次诊断都一再琢磨。想到母亲将来有可能无法动弹，他忧心如焚。他完全听命于母亲的需要。“我母亲需要非常精心的照料，”他一本正经地向拉帕德解释道，“这些天，大部分时间我都必须待在家里。”因此，创作的节奏只能慢下来，为此，文森特向提奥解释过。“近一段时间，我的工作时间可能只有以前的一半，”他写道，“这件不幸事件的发生，带来了大量不得不做的事情。”

医生嘱咐，在移动病人时，千万不要碰到腿；当母亲的床需要移动时，文森特会背起母亲那副像棺材架一样的担架。后来，骨折慢慢地愈合，文森特就开始用简易的轿椅将母亲移到起居室之中，最后还把她带到牧师公馆的花园里。他与其他家人轮流读书给她听，或者想办法转移她的注意力，使她忘却疼痛。在花园里，他四处寻找在冬天里盛开的花——报春花、紫罗兰、松雪草，然后采摘下来，放在托盘里，再将托盘放在母亲床边。甚至在不需要为她做任何事时，他都会在屋子里徘徊，等待着随时能“搭上一把手”。

渐渐地，过去紧张的状况似乎开始缓和。这一事故“让一些问题完全退居幕后”，使得文森特与父母能够“非常融洽地相处”。对母亲无微不至的照料，甚至得到了梵高牧师难得的表扬，他称文森特“是照顾母亲的典范”，这甚至还促使他开始对文森特在艺术上的努力给予更多的理解（“他是带着远大的理想投入到自己的工作之中的”）——如果还不是艺术本身的话。“我非常希望他的作品能得到别人的欣赏。”多洛斯在给提奥写信时说。

文森特友好地作出了回应。在一个多月的无情批评之后，他又重新接受了父亲传统的价值观，亲切地问候前往牧师公馆的探视者（“能与人更好地相处，对我而言，十分重要。”他说），并且为妹妹们的婚姻大事担起心来。（“在没有资本的前提下，”他警告说“身无分文的女孩并不是理想的结婚对象。”）2 月初，多洛斯生日那天，文森特给了他一本伊莱扎·劳里劳德的《自狱中来》，而在几周前，他还强烈谴责过这位极具代表性的暴君式的人物。在事故发生后的头几周里，家里收到了 200 弗罗林的医药费账单，文森特将最近提奥寄过来的全部汇款都交给了父亲（自己再次延迟偿还在海牙的债务）。他想要帮助父母摆脱经济上的困难，再次极力请求提奥，让他帮自己找一份有报酬的工作，“这样你给我的那一部分钱，就可以付给母亲了”。最后，他极力撮合妹妹惠尔和贵族拉帕德，这的确让母亲笑逐颜开。

同时，他也在艺术上放弃了自己的反叛行为，开始想要取悦大家。这一突如其来的获得大家好感的机会让他再度想起自己初期的志向，即让父母高兴。“我很高兴，母亲的精神状况很稳定，现在一些很小的事情都能让她感到愉悦。前几天我还为她画了一幅画，画的是被篱笆和树木围绕着的一座教堂。”他自豪地告诉提奥。

刚到达纽南时，文森特就已画过一系列素描来探索这一具有怀旧意味的景象。一场大雪后，他带着画夹来到寒冷的户外，记录下童年时布拉班特的冬天：牧师公馆花园里光秃秃的树木和白雪皑皑的远景，在通往教堂的、两旁都有树木的小路上留下脚印的一对夫妇，广阔的白色地平线上一位正翻弄肥料的农妇，堆雪人的孩子，教堂墓地之中歪歪斜斜的十字架。在他回家时，其中的很多意象早就在他的想象之中——像通常那样，他准备观察那些自己最需要观察的事物。以钢笔和铅笔的细腻阴影，以画家庭

“肖像”画时才会有的精雕细琢，这些笔记本大小的纪念性画作甚至赢得了满心疑惑的父亲的赞赏，但是，这只是暴风雨降临牧师公馆之前的一个短暂的间隙。他在给提奥的信中说道：“你不觉得文森特的铅笔画很美吗？这些对他来说真是轻而易举的事。”

获得母亲的认可之后，最初充满希望的意象又复活了。在反抗和挑衅中画了那些纺织工之后，文森特回归到令他感到舒心并充满慰藉的意象上，譬如父亲那小小的教堂以及附近的牧师公馆。与其在不知名的小路上漫无目的地游荡，他带着画夹来到了公馆后面母亲的花园里，在这里，他详细地记录了笼罩整个世界的可怕寒冬以及早春的征兆：用稻草包裹起来以防御寒霜侵袭的树苗和玫瑰花丛，疯狂扭动着的干枯的果树，很早以前就已被教堂废弃的、预示着重生的古老钟楼。他把草图带到自己很小的洗衣间画室里，誊到大幅的光滑的画纸上，不知疲倦地刻画出每一个纹理的变化、每一根蜷曲的分枝、树篱的每一根尖桩、每一片叶子、每一簇草丛或每一片树叶，它们在勇敢地面对寒冬。他重新拿出颜料盒，将父亲的教堂和门外集合的教众描绘下来，就好像是一幅群体画像，从而第一次向父母展示了自己的新技巧。完成这幅画后，他拿给母亲看，重演了童年时期的付出和接受的仪式——长期以来他感到自己无权参与这一仪式。

摆脱了证明和说服的必要，文森特开始创作一系列的画作，只是想要取悦父母，这些画作在他慢热和短暂的事业中成为他第一批无可争议的杰作。退出不熟悉的油画领域，文森特选择了自己觉得最为舒服的工具：铅笔和钢笔。黑白素描一直支撑着他度过了博里纳日那些黑暗的日子及所经历的所有危机。这是使他能从家人那里获得称赞的唯一媒介，也是他与安东·范·拉帕德建立友谊的媒介。现在，眼见能与家庭和解，文森特利用自己最受父母喜爱的这一艺术形式发动了另一场“战役”，而做媒仅仅只是其中的一部分。

至于绘画题材，他选择了牧师公馆的房间等为父母所熟悉并喜欢的地点：牧师公馆花园边上涨满了水、河岸两边漂荡着野草的池塘，花园门外的沙路，不远处立在城镇边的一排光秃秃的桦树。如果母亲不能再走在自己喜欢的花园小径上，文森特可以通过绘画将这些景色带到她的跟前。

他将春天最初几天里池塘两岸的寂静和期待都呈现在作品之中。文森特将一生极度投入的、细致入微的观察都倾注到每一幅画作之中，16 英寸 ×21 英寸的画纸上，填满了精美的关于细节的记录和由冬天营造出来的荒芜景象：饱受冬日摧残的树桩、扭曲的未被修剪的灌木枝条和杂乱的树木上生长的细长裸露的枝条。它们竞相向上生长，形成了一顶花边天棚，他用越来越精细的线条一直画到画纸的顶端。在前景中，他画的是柔和而光亮的池塘，平静的水面下倒映着的是乱糟糟的池塘边缘，以及用亮丽的灰色画出的耸立的树木。通过反反复复地调整阴影，他甚至还画上了天空的倒影，整张横纹纸上没有一个地方没有被他的钢笔画到。他将透视框对准一条两边有灰色树篱的空旷小路。小路从左侧蜿蜒而来，消失在树林远处的地平线上，笔直通向形如变形虫的池塘。远处的正中间，一直都存在的，是教堂幽灵般的灰色塔楼。

在天寒地冻的冬天，一只鸟盘旋在静止的湖面上空搜寻食物，这是文森特加上的一个小小的戏剧性手法。他用白色的颜料仔细地涂抹了几笔，衬托着池塘黑色的倒影，让他回忆起童年时与父亲一起看鸟时的情景——米什莱的《鸟》中有过类似的叙述，以及在溪旁耐心地守候自然的惊喜而获得的孤寂的回报。他决定用鸟来命名这幅画：《翠鸟》。

《翠鸟》，1883年3月，纸上铅笔，$15^3/_8$英寸×$20^7/_8$英寸。

在另一幅画作中，文森特将自己超凡的观察能力全部集中在一小排被截去树梢的小桦树上。一条排水沟将城镇和远处的平原牧场分隔开来，排水沟的两岸长着十几棵粗矮的树。安娜·梵高十分熟悉这一场景。文森特将透视框拉得如此之近，以至于前面的这两棵树几乎占据了整张画纸，不管是从画纸的上部到下部，还是从左边到右边。在每棵树的后面，他还画有长长的一排树，一直绵延到地平线，差不多是在这幅作品的中间会合——这种十分富有戏剧性的视角，使得前面的树有向前倾的感觉。之前，文森特经常描画被截去树梢的树：它们明显长有树节的躯干和新长出的树冠吸引着他，就像吸引着一代又一代的荷兰艺术家那样。他曾走过的许多公路、运河和田地两边是各种各样的树木——柳树、橡树、桦树。它们每年都会被截去树梢，使得这些树看起来就像遭受过蹂躏和遗弃一般，尤其是在冬天这样的季节——路边的荒诞景象，一半人为，一半自然。

文森特的眼睛一眨不眨地盯着这十几棵桦树，经过春天的多次剪枝和修整，这些树都已经历经沧桑，身上疤痕累累。他曾经告诉拉帕德，在画一棵没有树梢的树时，"应该像对待一个活生生的生命一般去描画，全部的注意力都集中于那棵特别的树，不眠不休，直到其中出现一些生命的气息"。但至今为止，文森特却从未实践过。早前，他的画笔一直徘徊于风景、农舍、多云的天空、消失的小道，或者人物。当毫无结果地描绘喜爱的人物或一直渴望分享的感情时，他在一幅又一幅的画作之中使用没有树梢的树来衬托出行走在孤寂小道上的孤独人影，它们遭受折磨的形态被象征性地简化了。

《被截去树梢的桦树》，1883年3月，纸上铅笔，$15^3/_8$英寸×$21^1/_4$英寸。

为了获得母亲的好感，文森特开始全神贯注地观察。他用目光发现和探索着每一个长满节瘤的疤痕、每一根断枝的残留、每一处可怜的扭曲。他捕捉到了树皮闪光的白色褶皱和每棵树独特的、不对称的倾斜。从最新切口的黑色节瘤中，他捕捉到了新的向上生长的狂喜——从地面向天空伸展着的、追寻着阳光的纤嫩枝条。在一排排后退的树木之中，他不断重复着这一胜利的象征，纸张的顶端铺满一层又一层垂直线，与底部随处可见的数以千计的钢笔垂直线代表的草、芦苇和远处的茎秆相呼应。

文森特长久并且极为细致地注视着这些没有树梢的桦树，这样对待一个特定的绘画题材，之前也有过一次。对于描绘人物有狂热爱好的文森特，曾长时间地凝视那位始终耐心的孤苦的人桑德兰，可是人物外形的独特挑战却让他十分沮丧。即使是现在，1884 年的春天，他对人物的把握仍不成功，但是他从不轻易放弃。3 月，在另一幅作品中，他花费大量的笔墨勾勒花园门外沟渠边四棵一排的修剪过的树。但是在这些树的旁边，他又加上了一个推着独轮手推车的男人——施恩韦格画室中一个拘谨的、无法看清面容的流浪汉，那时他满眼都是孤独。后来他又在其他桦树作品中加上了些人物——右边是一位驱赶着羊群的牧羊人，左边是一位肩负耙子的女人，但他们都是远远地背对着大家，在那些被修剪过的、繁盛生长的、生命力强大的树木旁边，几乎像是要消失了一般。

在这些被修剪过的桦树中，文森特第一次在人物之外找到了生命的存在。他总会不知疲倦地关注自然、《翠鸟》场景的无限丰富性和心灵的放飞，以及所勾勒出来的所有的菜园和麦田。但是现在，他将过去只留给模特的敏锐狂热的眼神，用到了自己与自然的亲密关系之中：直接的意图、统一的视觉和大胆的表达。在信中，他写道："那一排被修剪过的桦树有时就像一排救济院中的老人。"文森特在提炼、简化和强化上的精湛技能——经过了多年信中草图的练习——现在摆脱了长期以来人物绘画的束缚，使他能够探索几乎任何事物的隐秘生活：椅子、鞋、向日葵。

文森特逃避过去的努力注定要失败。要想重获在家中应有的位置，无论这一前景多么暗淡，他都无法避免与正处于该位置上的人发生冲突。1884 年 1 月，他与提奥间的关系就已陷入僵局。文森特抵达纽南时，对提奥已是满腹怨气——因为提奥反对西恩，还拒绝离开古庇尔画廊——在争论提奥是否该去德伦特时，这一切就已经在持续发酵。他说自己"觉醒了"、"不再遭受蒙蔽了"，他认为提奥对完美兄弟情义"非常、非常痛苦的"终结负有完全责任。

提奥也同样认为自己遭到了背叛，文森特再次去纽南，完全是故意和他对着干，他竭尽全力，就是要阻止这件事情的发生。即使到最后一刻，他仍然在试图劝说文森特去巴黎，不要回家。他甚至在那里的《环球箴言报》为文森特谋得了一份差事。但是文森特从纽南寄信过来表示拒绝，信中写满了关于艺术行业的悲观论点（“用不了几年，一大堆像《环球箴言报》这样的涉足艺术的企业……都将不断萎缩，并最终没落”），同时文森特最后的结论中也充斥着轻蔑的话语，他说：“我觉得你的头脑中可能会出现强烈的反感情绪，不管是突然的还是渐进式的，它都将促使你接受全新的生活理念，最终，这可能会让你成为一位画家。”

为了维护父亲，提奥作了很多努力（在争吵过程中，文森特不断地炫耀自己的“野蛮”），这再次让文森特恐惧他们背后的阴谋。文森特指控提奥像别人一样老在背后嘲笑他，同时要求提奥声明自己的忠诚：“我直截了当地问你的立场——你是一位‘梵高’，还是我过去所认识的‘提奥’？”但在回信中，提奥指责文森特是“懦夫”，只会威逼年迈的老父亲，并坚持让文森特收回自己冷酷的批评。文森特也愤怒地写了一系列的信进行回击——沉痛、愤怒、讥讽地悲悼他们昔日亲密的丧失，同时还将所有的问题都一股脑地推给提奥。余波未平，文森特又开始了另一次挑衅：去海牙过圣诞节。回来后，他将西恩及其家人的悲惨状况完全归咎于提奥，并且发誓将继续资助他们一家，公然违背提奥让他与西恩永远断绝关系的要求。“不管你如何运用你在经济上的权力，”他在信中用醒目的下划线向提奥表示，“都无法强迫我放弃西恩。”

但要想赢得真正的自由是多么困难。自安娜出事以后，文森特一直试图重新获得家人的欢心，可对提奥的依赖让自己的挫败感始终挥之不去。他尝试接受古庇尔画廊关于销路的一些说法，创作更多的诸如水彩画那样的商业性作品（借鉴莫夫的题材和薄纱般的色调），以便摆脱“永远做不好事”的名声。他将自己关于纺织工的画作与海牙画派中约瑟夫·伊斯雷尔那样的成功画家联系在一起，并且给自己12月以来的一些画作加上了梦幻般的法语名字——*Jandin d'hiver*（《冬季的花园》）和 *Melancolie*（《忧郁》）之类的名字，似乎这些作品将会直接被送到巴黎的市场出售。但是每次文森特将自己介绍给父母的朋友时（“这些在当地受尊敬的本地人。”他现在这样称呼他们），这些人总是会抛出一系列让他备受折磨的问题：“你为什么从来都不出售自己的作品？”“为什么别人出售作品，而你却不这样做？”“好奇怪啊，你既不和你弟弟一起做生意，也不和古庇尔画廊做交易。”用一种愈加悲伤的语气，文森特将所有的伤害一一告诉提奥。在信中，他还写道：“不管我去任何的地方，尤其是在家里，总是有目光监督着我，看我是否从作品之中获得了些什么。事实上，在这个社会之中，没有人不在关注着这一类事情。”

无可避免地，文森特的负罪感和偏执将每一个礼貌的询问、每一个斜睨过来的眼神，都放大为一种伤人的指责。“我必须忍受别人指责我浪费时间——或者甚至还被认为是‘没有任何维持生计的手段’。”他痛苦地说道，“这种胡言乱语每天都可以听到，一旦放到心里面去的话，就会对自己感觉到非常气愤。”他痛苦地抱怨，经济上对弟弟的依赖导致他无法给别人留下好的印象，也掉入了“错误的位置”——影射长期以来，提奥的优秀一直使他遭受到的深重伤害。不久前，文森特还大肆批评过他那疏远却又始终存在的弟弟。“一直以来，我都习惯性地接受从你那儿寄过来的钱，可是有一天在我回家的时候，我却惊讶地发现这一行为被视为……对一个可怜傻瓜的施舍，”他在信中写下自己脑海之中的指责，“我感觉越来越痛苦。”

2月，日积月累的蔑视彻底地激怒了文森特，他给弟弟提奥寄了两包素描和水彩画，同时还附带了一个“关于未来的提议”。他以一种刻意而认真的语气，针对自己和提奥之间糟糕的关系提出了又一个计划：文森特将不定时地给提奥寄自己的作品，而提奥则可以任意选择喜欢的作品。如果提奥选择了他的一些作品，寄给他的钱可以作为付给他的报酬（“我挣来的钱”）；至于提奥不喜欢的作品，他可以交给其他经销商。一如既往地，他还是以温柔的甜言蜜语提出了这一建议，希望提奥能念手足之情，并庄重地保证这一建议可以使他们的关系“保持在一条坦途之上”。但没有什么可以掩盖其中的愤怒要求。“3月以后我不会再收你的钱，”他还在信中写道，再次像在德伦特时一样发出了最后通牒，“除非我寄给你自己的新作作为回报。”这跟他之前的要挟一样：如果提奥拒绝“买下”这些作品，他也不会接受提奥的钱——将自己、自己的家庭抛入另一个不确定的危机之中。

几周过去了，还没有回复，文森特既焦急又生气，因为提奥再次以沉默的方式来惩罚他。他郑重地提醒提奥，将自己比作一位罪犯，等待着能让自己获得自由的判决。他用诗和善意的抗议安抚提奥，表示自己因为顾虑兄弟情义而苦苦挣扎，并且重新认为兄弟情义甚于一切。“无论感情上存在着什么差异，这样或那样的差异，我们终归是兄弟，能继续像好兄弟一样相处，是我的心愿所在。”

直到3月初，提奥才给文森特回信，不同于文森特的拐弯抹角，提奥的一字一句都毫不含糊，他告诉哥哥作品还“不够好”，没有达到能够销售的地步；自从他在埃滕最初的那些笨拙的努力以来，他“还没有取得足够多的进步”。而他，无论是作为经销人还是赞助人，都无法为文森特事业的发展做任何事，除非作品能“取得巨大的进步”。只能说文森特拐弯抹角的安抚方式使提奥的拒绝意味变得更为明显。他嘲笑文森特竟然幻想可以找到其他交易商，同时提醒说不会有其他人愿意为他的梦想和花言巧语付钱的。文森特的作品要想有真正的商业价值，还得要“很多年”的时间，提奥预测道——要想在经济上获得独立，要走的路更长。提奥批评文森特粗糙的绘画技巧（公众会因为画作的不完美而“生气”）、肤浅的习作以及单调的着色。提奥几乎是在轻蔑地否认和文森特一起度过的既往岁月，指责文森特对于兄弟俩毕生至爱的法国风景画家乔治·迈克尔“过于痴迷”，还特意指出文森特自德伦特寄来的受到迈克尔启发的油画根本就“没有可取之处”。

文森特在提出这一计划时，在安抚弟弟的信中说：“如果我的作品并不能令你满意，你也不想再和这些画扯上任何关系的话，那我也无话可说。”他还醒目地用粗下划线在信中表示：“我希望你不会因为我而感到受到约束，就如同我希望我在和你交往时感觉自由自在一样。”但是，当然，事实上并没有这样的自由，对双方而言都是如此。无可避免地，文森特的愤怒跟随着提奥的指责。在写给弟弟的一封十分气愤的信中，他甚至将争端上升到毫不掩饰和近乎野蛮的程度。在他看来，自己遭受的一切挫折都是拜提奥所赐。如果作品销路不好，主要是由于提奥对此没作什么贡献，并且将自己的作品放在画廊“最黑暗的角落里”，在出售自己的作品时都不愿效“举手之劳”。对自己作品的漠视，不过是说明了提奥在两人关系中的伪善与不真诚。弟弟是一个“卑鄙的”人，以“个人利益为中心”，不顾手足之情，也漠视对艺术的喜爱。文森特愤怒地说：“你对我的关心少得不能再少了。”真正的兄弟不会吝于付出。他会慷慨大度——而不会疏忽或者要对方有所回报，不会“拉紧自己钱包的带子”，强迫他屈服。他重新揭开最新的伤疤，谴责弟弟在施恩韦格的背叛。通过反对西恩，提奥剥夺了他的“妻子……孩子……一个属于他自己的家”。他居然会傻到邀请提奥去德伦特。指望提奥有勇气成为一位画家，简直就是痴心妄想。

除了断绝往来，还能做些什么？之前两人没有一拍两散，完全就是因为懦弱——提奥的懦弱。文森特受够了提奥毫无意义的鼓励，既然提奥不愿意“脏了自己的手”，那么他唯一能做的“具有男子汉气概的事情”就是中止这种“卑鄙的交易”，他们那完美的手足之情堕落至此了。冲破牢笼、获得自由的时刻已经到来。“如果一个人确定无疑地知道自己被悬在半空中无所归依，并一直被蒙在鼓里，那么这个人会反击也是理所当然，”文森特说，“如果一个人从很坏变得更坏……又有什么区别呢？”这是自海牙事件以来二人关系的最后通牒，只不过这次没有任何的附加条件。“我不能任其发展了，”他宣告说，“我分开的心意已决。”

提奥说没有人能比他对文森特更好，而文森特对此不屑一顾，发誓要找一位新的经销商。此外，他还将抓住一切机会结交新的朋友，并展出作品——此前，他一直对这些事情嗤之以鼻。他说他将会去安特卫普寻找买家。关于这一计划，他已经和拉帕德讨论过。也许他甚至会搬去那里，也许他会回海牙。也许仅仅是在要挟，他甚至说要回到之前的那个发生过灾难的地点，重新恢复在古庇尔画廊的人脉关系。“毕竟，”他抗议道，“在他们面前，我并没有做出什么不恰当的举动。”

为了显示要走自己道路的决心，他和当地的一位木匠签署协议，让他为自己的画作制作一批画框，要出售这些画作必须要安装画框（文森特认为它们搭配黑色的画框最适宜）。第一批他打算装框的画作是一些德伦特时期的习作——提奥曾批评过的那类作品。文森特还把最近最好的一些画作收集到一起，包括《翠鸟》和《被截去树梢的桦树》，并寄给拉帕德，要求他“将它们展示给别人看看”。至于巴黎，他并没有寄去风景画（提奥极力鼓励他着手去画的），而是寄去了另一批关于纺织工的画作，似乎是要看弟弟有没有胆量再次拒绝这些画作。

即使是在极度愤怒的这一段时间中，文森特也无法逃脱再三思虑的折磨。当提奥写信告诉文森特说自己已经和玛丽彻底分手时，文森特匆忙地说要“收回”自己曾经说过的一些恶毒的话。（“你明白，我的目的并不是要终止同你的关系。”）但是当提奥以延迟下一次汇款作为反击时，文森特又开始攻击，并且是加倍地愤怒。他指责提奥不仅仅是没有及时满足自己的要求，而且蓄意破坏自己的事业。“你故意忽略我，目的就是让我的生活更加一塌糊涂。”文森特责骂道。好似一个气急败坏的孩子，文森特用尖刻无助的语言猛烈地抨击弟弟，他将过去这一年之中——以及之前很长的一段时间——所积聚的一切伤害与痛楚，都激烈地一次性爆发出来。这位“高高在上和强有力的”经纪人，用“自负的”俯尊屈就、“小梵高式的诡计”以及“愚蠢枯燥”的批评，长期折磨他。这种“心胸狭隘”和“自以为是”使得文森特再也无法忍受。他发出最具有毁灭性的攻击，说提奥已经成为了他们的父亲，这种愤怒使他最终无法忍受了。“如果我再这样下去，那就太愚蠢了，”他咆哮道，“太愚蠢了！”

但提奥也是一位囚徒。4 月初，他答应了文森特的全部请求。像以前一样，他将每个月寄 150 法郎给文森特。作为回报，文森特将会把全部的作品寄给他。提奥可以任意处置这些作品（文森特同意哪怕是“将它们撕个粉碎”）。文森特可以告诉纽南的人，弟弟购买了这些作品。文森特强调，这样那些钱就是“挣来的”，“在周围人的眼中，这样我也可以证明自己”。提奥不能附加任何条件，而文森特也不得再向弟弟提任何其他要求。提奥不得告诉任何人这项协议的任何条款，甚至是父母。虽说经济状况并不宽裕，提奥同意了这一协议，并为此特别支付了 250 法郎，安抚正在气头上的哥哥。文森特终于获得了一份“实实在在的安排”。

但这并未解决任何问题。文森特马上开始要求修改协议。几周之后，他寄出另一份最后通牒，要求提奥接受自己提出的修改，“否则合作终止”。文森特指责弟弟对自己的作品不够热情——“太过草率”。他否定提奥赞赏的那些画作，而称赞提奥否定的那些作品，从而完全回到了海牙时期那种对立的僵持之中。除了向提奥展示了春天时画的一些中意的钢笔风景画，文森特再也没有任何其他的举动。“我绘画的技巧有所改变。”他没做任何解释地汇报道。

尽管文森特反复不断地要求“自由”，与提奥之间数月的私密战争使他愈加无助地陷入到挑衅与反抗的旋涡之中——这个旋涡将一直困扰着下一年身处纽南的文森特的情感和艺术生活，使他将帮助母亲恢复健康的承诺忘得一干二净，并且否弃了给母亲带来安慰的艺术作品。即使是在签下合约的一阵狂喜中，文森特仍然觉得前途一片黑暗。在那段用来警告弟弟的文字里，他将自己比作心目中的偶像米勒，遭到了毫无忠诚可言的支持者的背叛，他们给他的只是钱——而不是尊重、热情与爱。“他双手抱着头，”文森特再次演绎了一个米勒式的故事，“这一姿势意味着巨大的黑暗与难以言说的忧伤再次将他击溃。”

第二十二章　生活的快乐

1884 年 5 月，当看到一位帅气的陌生人站在自家的门外，纽南的妇女们一定十分惊讶——这位年轻男士不仅拥有贵族头衔，而且有贵族的优雅举止：安东·里德尔·范·拉帕德。让大家更为吃惊不已的是，他的朋友竟然是文森特·梵高，新教牧师那位古里古怪的、令人生厌的儿子，怪人画家文森特·梵高。这一对极不般配的搭档腋下都夹着画夹，在春天的美丽景色之中来来去去，他们不断去拜访织布工与农民，寻找绘画题材——或更确切地说，模特。

为了说服朋友来访，文森特可是挖空了心思。为了吸引这位在乌特勒支过着忙碌奢侈的资产阶级生活的拉帕德，他抛出了各种诱饵，不仅夸耀说在布拉班特可以找到美不胜收的乡村风景，甚至说还有可以接近自己妹妹的机会。曾经用来吸引提奥到德伦特的很多理由，这时再次派上了用场。他保证说这里是绘画的天堂，到处都是风景如画的绘画题材，是绝好的外出写生之地。除了自己的十多幅画作，比如《翠鸟》，他还给他寄去了一页又一页他抄录的诗歌，以使迷人的风景显得更为诱人。他厚着脸皮奉承拉帕德的作品（“你绘画的笔触总是个性十足、与众不同、合情合理、匠心独运”），同时强烈地暗示他可以让拉帕德获得自己弟弟提奥的帮助，为朋友事业的发展助上一臂之力。他甚至停止了与提奥的激烈争论，开始为拉帕德的画作说好话，说拉帕德是一个“你能够指望得上的人”。“如果你对拉帕德的作品怀有共鸣，”他写道，“他一定也不会对你无动于衷的。”而对文森特画的以纺织工为题材的作品，拉帕德的批评可谓毫不留情，但文森特丝毫也不放在心上。文森特将自己扮演为一位好脾气的波西米亚式的小丑，愿意在自嘲的同时，也嘲笑他人的自命不凡。文森特丝毫没有提及在冬天经历的诸多考验，他邀请这位朋友来到布拉班特荒原，度过一个艺术家的 5 月。

尽管穿着相似的蓝裤子，头戴毡帽，走在纽南满是砂砾的街道和乡间小路上，他们的确是奇怪的一对。拉帕德非常习惯于频繁的、长期的写生之旅，旅行时总是轻装上阵，随身只带着画夹、小巧的三脚架画架（打开来大概只到膝盖这么高），以及书本大小的颜料盒——带的东西少就可以腾出一只手，拄上时髦的拐杖。而文森特却把整个画室都背在了身上：折叠椅、极为笨重的多层颜料盒、很大的写生本以及笨重的透视框。两人步态上的差异，即使那些漫不经心的农民也能一目了然：一个轻快自信，昂首挺胸；另一个则拖着沉重的步伐，在重压之下佝偻着。近距离接触过他们的村民以及附近的农民感到这些反差更明显：拉帕德头发浓密且颜色很深，胡子也修整得很好，而文森特的头发则又硬又短，胡须乱糟糟的；拉帕德的眼神温柔，有一点点斗鸡眼，而文森特的眼睛则闪烁着水晶般的蓝绿色光芒。

文森特花了十天时间，尽一切努力来消弭两人之间的差异。在把拉帕德介绍给那些他自己长期关注的纺织工之后，他开始沉溺于自己朋友的那些更有诗情画意的题材。他带他去远足，去散落在纽南乡间的古老磨坊——那种过去他所唾弃的传统意象。（其中的一部分磨坊，他不得不问了好几次路，才最终抵达。）他俩会在城里的酒馆逗留几个小时，在那儿，文森特讲了好多有关当地人的笑话来逗乐更熟悉都市生活的安东。毫无疑问，他再次重申了先前在信中多次提及的交好的意愿：画家之间的兄弟情义、“画室风格”的危险、印象主义等“当下流行趋势”的神秘，以及艺术家生活中的孤独落寞——在拉帕德听来，这些抱怨肯定听起来既悲伤又奇怪，因为他刚在乌特勒支为同行们组建了一个社团，以庆祝自己的 26 岁生日。

但有一个永远可以拉近他们距离的话题：女人。

早在这位朋友到来之前，文森特就已经想过这个话题。之前与西恩的最终分手，使得他对肉体的亲密关系不再抱任何希望。他垂头丧气，委婉地对提奥说：“一直以来我也有一些温存。但是现在一切都变得更为残酷、阴冷和乏味……再也无法忍受。”像以往一样，文森特开始流连于妓院（应该是在埃因霍温，这是一个较大的商业中心，同时他也在那儿买颜料）。他给弟弟写信，带着一丝悲痛精心地为自己辩护：“迄今为止，我还是很缺乏对女人的经验。”风月场高手森特伯伯开始成为他的新榜样。文森特说，森特伯伯的座右铭是：“只要愿意，就可以成为足够优秀的人。”用同样的口吻，文森特开始要求更多的钱来找模特，同时抱怨合适的模特很难找。对印象派画家爱德华·马奈的称赞（文森特其实根本不了解他的作品）——尤其是对裸女画的赞赏——也许暴露了他的最终意图。

拉帕德的即将来访重新点燃了这一堆火焰。1881 年，他们曾经一起在布鲁塞尔的红灯区拉马洛逛过几次，此后性成为了两人共同分享的另一激情。文森特不仅寄去了几沓自己的画作，同时还以一个小小的“阿拉伯寓言”为题材，戏谑式地画了一些色情和因为性而自杀的形象。模特可以满足各种需要。12 月在乌特勒支，拉帕德的一幅关于纺纱女的油画让他十分喜欢，回来后，文森特买了一架纺纱机，显然是希望能诱使妇女私下为他摆姿势，而不是画她们在家里自己的纺纱车前的样子。

但是即使有女人屈服于这一诱惑，文森特也没有地方和她独处。不知是什么原因，他将画室换了一个地方，从老牧师那个没有窗户、到处充满窥探目光、和监狱一样简陋的洗衣房中搬了出来，搬进了一间屋顶有些倾斜的外屋，按照文森特自己的说法，就是“毗连着煤矿洞、阴沟和粪池的地方”。（下雨的时候又黑又潮湿，没有下雨的时候又黑又灰尘满地，这个狭窄的地方后来被用作鸡窝。）拉帕德 4 月来信中说到了自己画的一些使用了模特的作品，文森特马上开始全力以赴地要求一个更好的画室。他宣称：“我需要一个好的画室，我画画需要模特。”毫无疑问他渴望能和牧师公馆保持一定的距离。提奥寄来了额外的钱用于搬迁，但是也警告他不要再犯之前的错误，文森特漫不经心地回应道：“一个人也许尽了最大努力，或者在行动上粗枝大叶，但结果往往和他们真正想要的大不相同。”

但是与其选一个隔离开来的远离城镇的棚屋——如 1881 年圣诞节遭到驱逐之前在埃滕住过的那所，文森特宁可选一个离家很近的画室。这个有两间房间的小公寓坐落于克基拉岛的中心大道上，在牧师公馆南边 1000 英尺外的地方，差不多就在全新的、宏伟的圣克莱门茨天主教教堂的阴影中。事实上，在文森特 5 月搬进来之前，这个地方曾经被教会用作“祈祷和针织学校”。让新教牧师梵高感到更为尴尬的是，这所房子的主人（居住者）是圣克莱门茨教堂的司事约翰内斯·沙弗拉斯。至于画室有多么显眼，以及他的房东是天主教徒，文森特对提奥只字未提，他对画室的描述仅限于“大并且相当干燥”。他不仅没有为这额外的开支道歉，还大胆宣布了新画室的计划：“我再次拥有了足够的空间，让我能和模特一起工作，但绝对无法确定这一情况能持续多久。”

5 月底拉帕德到达时，克基拉岛那幢漂亮的、砖外墙的住宅前面的房间，已经被文森特装饰一新，和施恩韦格的公寓完全一样，墙上挂满了他的素描和油画，当然还有一位体面的艺术家画室所应有的其他“装饰”。他已经拿回了存储在海牙的模特的服装和装饰，为即将到来的新一轮人物素描作好准备。新的纺纱车被放置在房间中间。他把最喜欢的以西恩为原型而创作的作品《悲伤》，挂在房间最重要的位置上，一切都已经为“捕猎”（他自己的说法）的开始作好了准备。

“拉帕德和我一起进行了长时间的远足，”他向提奥报道，“问询了一户又一户并且找到了新的模特……我又找回了很好的精神状况，就好像回到了 20 岁。”在接触一户人家时，即使是别人认识他，他都会让那个年轻人走在前面，由于拉帕德英俊的外表和令人愉悦的风度，几乎在任何地方，都有人心甘情愿地为他们做模特——尤其是女人，即使没有文森特提供的钱、酒、烟和咖啡之类的诱惑。

也许是在一次和拉帕德这样寻找的旅程之中，文森特找到了戈尔狄娜·德·格鲁特做模特。这位纺织工是彼得·德克的邻居，文森特曾为彼得画过一幅画，画的是他坐在织布机之前工作的情景。文森特及其英俊的朋友出现在她家门口的时候，戈尔狄娜无疑认识这位怪人画家，或至少知道他的名声。对 29 岁的戈尔狄娜，文森特也应该有所了解。她的父亲刚去世，她和母亲住在一起，还有两个弟弟。他们的大家族中那些年龄已经很大，但没有结婚的亲戚，全都挤在通往格温的路上的小屋里。接下来的一年中，她去过克基拉岛的画室很多次，在织布机旁边和其他的地方，为文森特那不知疲倦的手摆出各种姿势。她的名字叫戈尔狄娜，当地人叫她斯蒂恩。而文森特将她称作西恩，至于这么做的原因，他自然是秘而不宣。

但这并非海牙时期那种维多利亚式的拯救幻想。回顾前一年之中的痛苦失望，文森特有了新的幸福观——关于自己的全新观点。“命运更青睐勇敢的人，”他宣布，“无论命运或‘生活的喜悦’是什么样子，正如人们所说的，如果你真的想要过这种生活，你必须工作并且敢于去追求。”在自我重塑的狂热之中，他宣告告别一直都充满着痛苦的自我反省的人生，表明自己不会再踌躇和悔恨——要做勇于行动的人，而不是沉思的人；直觉，而不是思考。他要从生活中去获取自己想要得到的东西——女人、金钱、艺术，无论结果如何。“不管结果是好是坏，幸运或不幸，”他宣布，“最好是去做点什么，而不是无所事事……许多人认为只要不做坏事，事情就会好起来——但这是个谎言。”

对于这一全新的生活，文森特有了全新的想象。英国插图之中热心的警察、米什莱作品之中见多识广的追求者，以及狄更斯笔下谦虚的热心肠，都被文森特弃置一旁，他在他最喜欢的法国作家，尤其是在左拉的作品之中，找到了愤世嫉俗的、有着大城市生存能力的反英雄人物，他们现在成为了他的全新榜样。

越来越多地，他将自己想象为其中的一个人物。

在左拉的《家常琐事》之中，文森特首次读到了奥克塔夫·穆雷。穆雷是一位去巴黎谋生的乡下摊贩，同时也是一位享乐主义者，他是左拉笔下最具代表性的现代男性：一位在新时代摆脱了传统束缚的——道德上的、事业上的、感情上的——野性的产物。在通往成功的道路上，他不择手段（娶了一位富有的寡妇），这本小说充满了对资本主义传统的“空虚”的冷嘲热讽。1882 年的黑色冬季，文森特一个人在施恩韦格，只有他高贵的信念和失败的爱作为安慰，他对左拉笔下这位住在公寓中的唐璜的粗俗和浅薄，进行了强烈的谴责。“除了征服女人，他看上去似乎没有任何其他抱负，”他不赞同地惊叹道，“并且他对她们也没有真正的爱。”他将穆雷视作对他钟爱的田园诗般的过去和崇高理想的一种侮辱（他对一切现代事物都持这种看法）——简言之，“他是自己时代的产物”。一年后，他在德伦特警告弟弟千万不要学习穆雷。“你比他有深度，”他恳求道，“你不是一个真正的商人，在你的内心，你是一位艺术家，一位真正的艺术家。”

但是自那之后的很多个月里，文森特重新阅读了《妇女乐园》——左拉在卢贡马卡尔家族传奇之中对于人类状况的最新演绎，并且开始以全新的视角来看奥克塔夫·穆雷。在这一全景式的社会经济学寓言之中，《家常琐事》中诡计多端的街头销售员借助自己富有妻子死后留下的遗产，已经爬上了巴黎上流社会的顶端。作为一家名为“妇女乐园”的巨型百货商店的主人，穆雷征服了成千上万的女性顾客，并且以消费主义诱惑了整座城市。在幽闭恐怖的《家常琐事》之后，左拉将俗丽的普罗旺斯描绘为像豪斯曼大道一样奢华的舞台，以便展示他在商业和性方面的推销能力，来炫耀世俗生活的快乐。

这一次，文森特找到了很多自己羡慕的地方。“相对于第一本书，我现在更喜欢他。”他这样评价左拉笔下的这位贪婪的主角。文森特并没有不屑于穆雷的愤世嫉俗和机会主义的人生观，他羡慕他的男子气概和激情。他颂扬他的那种毫无悔意的自我主义、无穷无尽的热情和毫无怜悯之情的无畏。他赞同地引用了穆雷“热烈地生活”的决心，赞同他及时行乐的哲学：“行动本身就是回报——去行动、去创造、去和现实斗争，去征服它们或者被它们征服，这是所有人类快乐的源泉。”检验的标准很简单，穆雷说：“你自己现在过得快乐吗？”

文森特并没有在弟弟面前贬低穆雷，而是极力催促提奥去仿效。“在艺术的领域，我希望同样能出现穆雷这样的人，”他写道，“他们可能知道如何创造一个全新的、规模更为庞大的购买群体。……你如果不是艺术家，那么就成为和穆雷一样的经销商吧。”最终，他完全改变了先前的愤怒，完全接受了穆雷对女人的无耻剥削（“我想要她，我将要得到她”），坚持认为任何其他的态度只会导致柔弱和平庸。他从书上抄下一长段内容，催促提奥“再阅读一遍穆雷”——正如他阅读米什莱一样，他将穆雷不怀好意的标语作为自己信奉的座右铭（“在这里，我们爱我们的顾客”）。他宣称自己就是荒原之上的穆雷，崇拜米勒笔下那强健的、阴郁的乡下妇女，就像左拉笔下的主人公迷恋巴黎的资产阶级家庭主妇一样。“这两种激情是同一种，没有什么区别。”他宣称。

整个1884年的夏天和秋天，文森特全新的幻想逐渐形成。除了和戈尔狄娜，当然还有和其他人“在玉米地里鬼混”之外，他接受了穆雷“行动”的劝言：掌控自己的命运。“要不做点惊天动地的大事情，要不死去。”他宣称。春天时他计划创作更多有销路的作品，现在他加倍努力，几乎完全转向油画和商业性的题材，如以农民和乡村教堂为主题的小插图、“壮丽的落日”，在秋天则是“落叶”。虽然没有拉帕德，但他又回到了磨坊这一主题，用油画和水彩画的形式不断重复地演绎。

只创作有市场销路的作品还不够，根据穆雷的要求，文森特还得去出售自己的作品。提奥长时间没有什么行动，文森特心生挫折感，再次想起两年前建立一个艺术家的“联合组织”的计划——一个由艺术家经营、为艺术家服务的艺术市场。他继续计划去一趟安特卫普，甚至搬去那里，以便“找一些关系”以及“为自己的作品找到销路”。夏末，他把作品送到埃因霍温的一位摄影师那里，以几种不同的尺寸进行了复制，他打算“寄给几家插图报纸，以便找到一些事做，或至少获得些名气”。他也许把自己的画送到了埃因霍温的拜京斯商店展出过，他在那里购买颜料。

因为经常去镇上添置物资，文森特也开始同步进行另一项活动，以便在埃因霍温业余艺术家和艺术爱好者的小共同体之中建立声名。他请求店主简·拜京斯介绍商店的一些有钱的主顾给他，毫无疑问，他并没有忘记炫耀自己同古庇尔画廊之间的关系，以及同安东·莫夫一起学习的经历。其他时候，一位顾客回忆说，他在商店的四周闲逛，“滔滔不绝地炫耀自己的真知灼见”，并坚持认为“流行”（指的是印象主义）罪大恶极，户外写生十分快乐。拜京斯还提供装框服务，文森特让人把自己的画拿到这里来，以寻找一些潜在的学生。在去一家印刷店的路上，他看到店主儿子的一些画作，便说服男孩的父母送他到纽南上课。22岁的盖斯特尔·迪蒙是第一位学生，他每天不得不艰苦跋涉，去文森特克基拉岛教堂司事的房子里学习。“他站在那里，”盖斯特尔回忆道，

> 是个肩膀宽阔的小个子，农民们称他为小个子画家。一张饱经风霜、被太阳晒得黝黑的脸上，长着有些泛红和粗糙的小胡子。也许是在太阳底下画画的缘故，他的眼睛微微发红。在谈论自己的作品时，他总是把双臂交叉在胸前。

其他学生随后而至。整个秋冬，文森特不断向寻求指导的业余画家推销自己的服务，并取得了一些成功。这些人大多在埃因霍温的家中上课，很少拜访他在纽南的画室。他们不是盖斯特尔那样的艺术生，而是“业余画家”——这些人像文森特一样享受着资产阶级的消遣方式长大。威廉·范·德·维克尔是一位在纽南工作的电报员，经常从埃因霍温的公寓前往自己的工作场所上班，因此经常与文森特同路。维克尔后来回忆道：“文森特绝不是一个容易相处的老师。”42岁的安东·科斯麦克斯成功地经营着一家皮革店。他利用空闲时间画画。当文森特从拜京斯那里听说这事时，科斯麦克斯已经开始用一系列风景壁画装饰自己的办公室了。于是文森特直接来到科斯麦克斯的家，提供自己的意见。在了解到科斯麦克斯对于壁画的计划之后，文森特告诉他：“你的画有些地方真不错，

> 但我建议你先画静物，而不是风景。你将从静物画之中受益很多。画完50幅静物画之后，你就会发现自己的一些进步，我很乐意帮助你画静物画，并且和你一起画同样的东西。

文森特指导所有的新生从简单的静物画开始，而不是他长期以来所推崇的难以掌握的人物画。他告诉范·德·维克尔：“画静物画是一切的开始。”常年来，他总是在强烈推荐素描和人物画，这一次可是一反常态。那个冬天，他创作了大量的静物画，悦目而传统的意象在一张又一张的画布上呈现出来，而这些意象是他长期以来一直回避的，比如瓶子、水壶、杯子和碗，甚至是鲜花。

两起穆雷式的事件在1884年夏天成为主旋律：一件关涉艺术，另一件则有关爱情。

安东·赫尔曼是一位有钱人——在拜京斯所有的主顾之中，他的财

富毫无疑问首屈一指。黄金既是新兴资产阶级的最爱，也是最古老的财富形式，而他正是靠黄金发家的。他有着金匠的技术和商人的直觉，在挣够了钱之后，57 岁时富足地功成身退。这是个生活愉快、充满热情的人，热衷于四处炫耀财富。所有人都会注意到他在国王运河边新建的大房子，在埃因霍温雄伟的圣卡特琳娜大教堂附近。事实上，他十分喜欢尖顶的教堂，因此雇请皮尔·皮培思（阿姆斯特丹即将完工的全新的国家博物馆的建筑师）来设计退休后的府邸。赫尔曼认为自己既是一个虔诚的人，也是一个艺术赞助人，新的哥特风格完美地符合他对财富与精神的双重品味。他四处游历，寻找艺术品和古董来装饰新居，并亲自参与完成了内部奢华的装饰。60 岁时，这双工匠的巧手开始转向一门新手艺——绘画，并且马上着手一个极富野心的计划，要用“现代哥特风格的”宗教画挂满餐厅的墙壁。

一听说赫尔曼的计划，文森特马上赶到赫尔曼在国王运河边上的家，为他效力。赫尔曼以为文森特会建议画一系列仿中世纪的圣人画像，但文森特给他推荐了一个更现代的主题——耕作的农民。在写给拉帕德的信中，他写道：“我告诉他，大家围坐在饭桌旁进餐时，在墙上看到当地的乡村生活，肯定会食欲大增，充满神秘色彩的《最后的晚餐》可没有这样的效果。”他推荐了一系列代表四季的场景：秋季播种、冬季伐木、春季放牧、夏季收获。“农民的布鲁盖尔”这样的“中世纪”画家不也正是运用了这些题材吗？文森特问道。

就像以往那样，文森特为了捍卫自己的观点，与赫尔曼吵得面红耳赤，甚至使用了一些亵渎宗教的语言来冒犯虔诚的赫尔曼。但对于改头换面的文森特而言，生意比良心更重要。当赫尔曼雇用文森特，并要求他装饰不止四面墙，而是六面墙时，文森特为此重新调整了计划。当赫尔曼希望作品中的人物更多，而不只是两三个人时，文森特加上了几个人。当赫尔曼决定由自己来画方格时，文森特同意他先画上缩小比例的初步底稿——草图——以获得引导。当赫尔曼要正常大小的油画草图，以便自己易于临摹时，文森特也满足了这一要求。在多年来责备拉帕德用一些“不庄重的”作品贬低自己的才能后，在宣告自己仅有的标准是“严肃性”之后才过了短短几个月，文森特就为对赫尔曼家进行成功的“装饰”而欢欣不已，他还向提奥吹嘘自己的设计“与木制家具和房间的风格多么和谐”。

对于这个和父亲年纪相当的年迈的主顾，文森特有时会表现出某种傲慢的喜爱。在给提奥写信时，他说道：“尽管已经年届六旬，但他好像只有 20 岁的样子，以一股年轻人才有的热情，刻苦地学习画画，确实感人至深。”而在其他时候，他则会贬低赫尔曼的水平（“他的画作毫无美感可言”），批评他对颜色的选择，说他的古董“很丑陋”，轻蔑地称赫尔曼为“我的艺术爱好者”。但文森特继续满足赫尔曼的每一个要求，为了讨好这位老人和维持他对自己的好感，每天都长时间地忘我工作——文森特工作如此努力，以至于牧师多洛斯抱怨他因为“太过投入，在酷暑中不断往返赫尔曼家，和他讨论工作”，而变得“容易动怒，并且过于兴奋”。

对于这些尽心竭力的付出，赫尔曼到底支付了多少报酬，文森特从未提及。事实上，他甚至以确定无疑的语气对弟弟说，这位和蔼可亲的金匠事实上“十分小气，并不慷慨”，结果就是，他“几乎是分文未赚”。然而，他又向拉帕德吹嘘，赫尔曼答应不仅支付价格不菲的原料开支，而且支付模特的费用——对于贪婪的文森特而言，这件差事有利可图。

玛戈特·贝格曼是纽南最富有的新教徒家庭里的老处女。她和同为老处女的两个姐妹，住在牧师公馆的隔壁。她们的父亲是纽南的前一任牧师，退休前修建了一处名为奴尼维尔的豪华砖瓦房。毫无疑问，在他看来，这三个女儿（他总共有 11 个孩子）这辈子都不会出嫁。他两年后过世，妻子一年后也随他而去，留下这三个已进入中年的姐妹，悲伤地生活在小镇主干道边的奢华建筑之中。在三姐妹中，43 岁的玛戈特最年轻，她生于纽南，在家中接受全部的教育，对外面的世界一无所知。父母惩罚性的虔诚和自己平凡的长相，使她过着一种孤芳自赏和乐于助人的生活。据侄女所述，她在庞大的家庭中以“多愁善感和热心肠”出名，因为她总会不知疲倦地照顾生病的亲戚朋友。很久之前一次感情上的伤害，以及几十年离群索居的生活，使她处于一种十分脆弱、高度紧张和不太自然的状态。她唯一的情感寄托就是她对自己照顾的遭受折磨的人的同情。

在一次行善过程中，玛戈特第一次遇见了文森特，邻居家这位少有人知的儿子。安娜·梵高 1 月出事时，她一听说就马上赶了过来。在接下来的半年中，玛戈特不断前往安娜家，帮助她整理衣柜，读书给她听，帮助她处理牧师公馆的一些事务。多洛斯写信给提奥说：“玛戈特·贝格曼着实帮了大忙。”毫无疑问，玛戈特十分赞赏文森特照顾母亲时的尽心尽力。像学校的小女生一样，她很快迷恋上了这个比她小 13 岁的神秘画家，当然还有他的艺术。可能是由于玛戈特好意的却并不受欢迎的好奇心——作品的销售问题、与古庇尔画廊的关系，以及“为什么大家都卖画，而你不卖”，文森特在 3 月时要求提奥给自己一个新的、体面的安排。他写道：“不论我工作时干什么，她都在看着，她试图了解关于我工作的一切。”对文森特，玛戈特有着很多疑问，比如据玛戈特的侄女所述，玛戈特每天破晓前就起床，从奴尼维尔的大窗户内往外看，看文森特出门开始自己的写生之旅，玛戈特“总是穿着同一套衣服，十分害羞，陷入沉思之中”。在文森特奇怪的负担和孤独的劳动，在他的严肃和焦虑之中，她终于找到了一个与她类似的心灵。

在玛戈特与文森特初次见面后的最初七个月内，文森特从未对弟弟提起过玛戈特。拉帕德 5 月来访的时候，玛戈特前来拜访过克基拉岛的画室，显然，文森特并没有把她介绍给自己的朋友，在后来的信件中也没有提到她。他和拉帕德参观过贝格曼家族的亚麻布工厂，但没有公开自己与玛戈特的关系，或者他觉得这根本就不值一提。由于玛戈特越来越多地和文森特一起散步，文森特开始从她对自己不惜自降身份的关照中获取了快感。“最近，我与人相处比开始的时候好多了，”他向提奥汇报说，但没有提到任何人的名字，“显然每个人都需要些消遣；如果一个人感觉太孤独的话，创作必然会受到影响。”

玛戈特·贝格曼

那个夏天的某个时刻，文森特开始意识到两人联姻的好处。在贝格曼三姐妹之中，玛戈特不仅是最年轻的一位，而且还是家族产业的拥有者之一。1879 年，她用自己的资产拯救了濒临破产的哥哥路易斯，帮其渡过难关。当时，文森特家在经济上十分困难，需要支付医药费以及女儿们的嫁妆。7 月，最小的弟弟，现今已经 17 岁的科尔不得不辍学，在附近的贝格曼家族的工厂中找了份活干。大致在这一时期，文森特开始用书、鲜花，当然还包括自己的作品等作礼物来深化玛戈特对自己的感情。他们各自都瞒着自己的家庭（尽管多洛斯有所怀疑）。两家都不会赞同：贝格曼一家害怕文森特最终的意图得逞，梵高家则担心无法避免的尴尬。

即使前途渺茫，文森特依然奋勇向前。“心怀信念、激情与温暖的人……不会轻易地受到阻碍，”在给提奥的信中，他引用了奥克塔夫·穆雷的话，“他会涉水前行，他会竭尽全力，坚持不放弃。总而言之，他会反抗，会‘斗争’。”后来，文森特引用穆雷的语言，说到过自己在那几个月中“隐秘的求爱”。文森特坚持认为，他的所作所为仅仅“搅乱了一个女人的安宁”，“把她拉回生活，使她再次坠入爱河”。他将玛戈特比作“一把被蹩脚的、笨手笨脚的修补工损坏的克雷莫纳小提琴”—— 尽管“遭到极大的损坏”，“但是一件极具价值的稀有珍品”，依旧可以演奏。文森特也许并不像穆雷那样，因为钱而去追求玛戈特；但是玛戈特的钱，如同她受到伤害的贞洁一般，毫无疑问在他那穆雷式的幻想中起到了一定的作用，这是能够带来利益的一次征服。“我掌控了她。”他吹嘘道。

然而，与左拉笔下的无赖不同，文森特对被爱完全没有任何经验。当他快活地沉浸在幻想中时，他们的关系不可避免地滑向了悲剧。在一次漫长的散步中，玛戈特坦言：“我最终还是陷入了爱河。”她甚至公开表白，她已经作好了为他赴死的准备。但是文森特“从来不曾注意”，他后来承认了这一点。直到 9 月中旬，玛戈特祈求为爱赴死的誓言，以及其他的一些未详细说明的“症状”，才开始让他惶恐不安。因为担心她可能得了“脑膜炎”，他请教了医生并且悄悄告诉了她的哥哥路易斯。

但是这些警告没有动摇他脑海中的爱情冒险。仅仅一两天后，趁玛戈特的姐姐们外出时，他们在沙发上有了些亲密的行为。玛戈特的一位侄女刚好到院子里采黑莓，目睹了这一切，于是把他们之间令人震惊的亲密关系报告给了她的母亲。根据这个侄女后来的陈述，整个贝格曼家族都为这个消息震惊不已。“牧师堕落的儿子”——总“幻想着自己是画家”，却“总是身无分文”——居然玷污了玛戈特的清白，而且“污损了贝格曼家族的好名声”。于是，贝格曼家族立刻召集文森特和玛戈特来参加家庭会议。会议上，姐姐们严厉训斥玛戈特的轻浮，尽情嘲讽她的爱情宣言。文森特听得越来越愤怒，最后终于暴跳如雷。“我会和她结婚，”他用拳头砸桌子，高声宣布：“我想要和她结婚。我必须和她结婚。”

在场的贝格曼一家人认为他突然求婚，是变相坦白玛戈特已有孕在身。全场一片斥责声。玛戈特的一位姐姐跳到文森特面前，尖声谩骂：“流氓！”结婚是不可能的。玛戈特年纪太大了，贝格曼家族坚持认为：玛戈特既不适合结婚，也不适合生孩子，同样也过了犯傻的年纪。一定得马上把玛戈特送走。为了避免丑闻，他们急需一位友好谨慎的医生带走玛戈特，并处理她的任性可能导致的任何后果。据文森特后来回忆，为了对自己的行为负责，也为了捍卫玛戈特的声誉，他激烈地抗争，驳斥针对他们的指责是“毫无根据的、不怀好意的”。他说：“我已经做了我能做的一切。”他再一次求婚，只不过这一次，他愤怒地给贝格曼家族下了最后通牒：“要么现在让我们结婚，否则永不可能。”

但是，他无论说什么，都无法逆转他或者是她被放逐的命运。几天后，在玛戈特启程前往乌特勒支的前夕，她与文森特在小镇郊区的田野上相会——偷偷摸摸的、被禁止的、最后的一次会面。在给提奥的一封信中，文森特叙述了之后发生的事情。这是他第一次提到玛戈特·贝格曼：

> 她滑倒在地。起初，我以为她太虚弱了。但是，情况越来越糟糕。她不断地抽搐，失去了说话的能力，胡言乱语地乱嚷一通，但有一半都含糊不清，最终，她抽搐了很多次，晕倒在地……我渐渐地有些疑心，问她：“你是不是吞了什么东西？”她尖叫道：“是的！”

像包法利夫人一样，她吞食了马钱子碱。但剂量不足以致命。文森特强行让她呕吐出来后，抱着她冲向埃因霍温的医生求救，之后，医生给她服用了解毒剂。这一事件之后，贝格曼家族可谓名誉扫地，面对个人的耻辱和众人的流言蜚语，玛戈特启程前往乌特勒支。玛戈特的家人对外宣称，她“出国了”。

由于9月这些“糟透的”事件，关于“生活的喜悦”的幻想全然破灭。文森特惊慌失措，写了一封又一封的信，竭尽全力想要挽回。他指责贝格曼一家虐待玛戈特，尤其痛骂玛戈特姐姐们的胡乱指责，“在病人的棺材上钉上了如此之多的钉子”。渐渐地，他扩大了自己攻击的范围，开始包括所有“体面的人”，他谴责资产阶级的狭窄心胸以及他们“该死的、冷漠的”宗教。他怒斥：“他们极其荒谬，把社会弄得乱七八糟，就像一个疯子的收容所。”他甚至援引革命的号召，呼吁“改变女性的社会地位……让她们具有平等的权利和自由”。

但与此同时，作为奥克塔夫·穆雷的追随者，他援引自己“打破女性的死寂”的特殊权利，继续坚持认为他帮助了玛戈特，将她从没有爱的生活忧郁中解救出来。（他解释说：“她之前从没有真正地爱过。”）他说，自己的举动可能是冲动任性的，甚至愚蠢的，但这至少是男人的行为。他质疑道：“那些从没干过蠢事的人在我眼中难道不比他们眼中的我更为愚蠢吗？”

和穆雷不同的是，文森特坚持认为自己真心爱玛戈特。“毋庸置疑，我们是两情相悦。”他信誓旦旦。然而，他后来的声明就和他关于不公及伤害的申诉一样，人们从中可以感觉到他在不断躲避自己内心深处自责的声音。他坚持不告诉父母整件事情的来龙去脉，也不许提奥透露。他虚构了一套极为详尽的谎言，以此来掩饰那完整的、丢脸的真相，不让弟弟知晓。他不但不承认贝格曼家族毅然决然地拒绝了自己的求婚，而且还误导提奥相信和玛戈特的婚姻依然是可行的选择，只要玛戈特身体健康，并且得到医生的允许——之前，他也曾宣称西恩的医生“开出处方”让她结婚，同样的情景悲哀地再次上演。在给弟弟的信中，他深情地表明了对玛戈特的爱意，并积极地为自己的行为辩护。但是在给安东·范·拉帕德的信中，他却对玛戈特只字未提。在一封关于9月末去乌特勒支旅行的信中，文森特告诉提奥他“几乎一整天都和玛戈特在一起”。然而，在给拉帕德的信中，他说自己一整天的时间都在购买画作。

10月初，文森特为拉帕德月末的第二次纽南之行作准备。在信件中，玛戈特·贝格曼这个名字彻底消失了。

即使文森特强烈否认，9月事件仍然让他追忆起了过去的痛苦和失败。他写信给提奥，语气悲哀：“家庭幸福是社会编造的美好的承诺，但却没法兑现。”在一段时间之内，这样激烈的争辩至少能缓解玛戈特的“悲哀故事”带给他的愧疚感（在他生命结束的时刻，这件事将重新浮现），但是却不能帮他消除恐惧。在文森特毫不留情地剖析玛戈特“严重的精神疾病”时——她的“神经炎”、“脑膜炎”、“忧郁症”以及她的“宗教狂热”，他实际上已经在探索他感到自身正在滑向的黑暗地带。“一些东西存在于我们灵魂的最深处，”他在一时的自我反省中承认，这一反省在奥克塔夫·穆雷身上绝不会出现，“如果我们认识到它们的话，我们会深受伤害。”

10月中旬，拉帕德抵达纽南时几乎无法认出文森特，去年春天，文森特精神还不错。而今脸色苍白而憔悴的文森特像鬼魂似的，站在埃因霍温火车站站台上。一个月内，他没有好好睡过一次觉，没有好好吃过一顿饭。他抱怨自己虚弱、忧郁和“痛苦”。他在信中说：“很多日子里，我几乎是瘫痪的。”文森特的父母一直游说拉帕德，希望他能够来纽南游玩，以便分散“头脑发热的”儿子的注意力，他们也许提前给拉帕德写过信，正如给提奥写信一样，并且让他作好心理准备。“这些天，我们和文森特在一起的日子又变得非常艰难……他非常容易动怒，过于激动……悲伤并郁郁寡欢。”多洛斯担忧道，忧伤已导致酗酒，而酗酒又造成“暴力”，“现在的问题是我们是否能够继续生活在同一屋檐下。”

不管有没有得到警告，拉帕德再次接受了邀请，这一次的邀请比上次的更疯狂。实际上，上次拜访结束的前一天，邀请便已开始，并通过交换书籍、宣称兄弟情义和保证有足够的模特，一直持续了整个夏天。拉帕德终于接受了邀请。12 月，在拉帕德的画室之中，文森特曾看到过一幅女人纺纱的油画，拉帕德还不断地在文森特面前宣传这幅画，回来后，文森特将这幅画画了一遍又一遍。早在 8 月，两人又出现了裂痕，那时文森特指责拉帕德的回信时有时无。9 月，文森特对拉帕德的艺术创作指手画脚，因此两人又起了冲突。“记住，是我在作画，不是你！”拉帕德写道，表现出一种罕见的愤怒，这让文森特陷入到一连串的防御之中。拉帕德并不明白为何文森特在 9 月底会极力请求自己去拜访。

如往常一样，他们在天气凉爽时，一起去郊外远足，为了“寻找新的模特”，一家又一家地敲门。他们还拜访了文森特的艺术爱好者赫尔曼，因此文森特可以炫耀他唯一的一次受雇作画。只要可能，他们就会到外面去写生和画画（“这里有美丽的秋天的效果”），但他们也会长时间地待在克基拉岛的画室里。在那里，拉帕德总是埋首专注于自己的画架（“他作画时十分专心。”文森特对提奥这样说），而文森特则沉浸在这难得的陪伴之中，幻想着拉帕德将是众多参观自己布拉班特画室的艺术家之中的第一个。

但是，一切和以前都大不相同。之前的六个月之中，拉帕德的作品《纺车上的老妇人》在伦敦的世界性国际展会上获得银奖，另一幅作品则在乌特勒支的全国展览上展出。“他的确非常棒，极为出色。”文森特向弟弟承认道，认为拉帕德的作品可以媲美库尔贝的作品。拉帕德又去了一次德伦特并且已经返回，遭遇到的并不是羞辱和绝望，而是“带回了数量不少的习作”。似乎是想提醒文森特他们二人的不同道路，拉帕德坚持去埃因霍温东南部的小镇海兹拜访一位来自乌特勒支的朋友威廉·威尔温。此人衣冠楚楚，同样是一位贵族艺术家，并和拉帕德一道获过奖，同时还是拉帕德写生之旅时的忠实伙伴。后来，文森特对自己的一位学生咕哝说:“我不喜欢这些出身名门的人。”

无法避免地，他们之间开始出现争吵。之后，短促的白天和长如患有幽闭症一样的夜晚过去两周后，拉帕德终于因为文森特的蛮横批评而发怒，并且对文森特的“工作方式”提出了批评——这一指责可以囊括一切：粗糙的绘画技巧、离经叛道的创作习惯，以及对待模特的粗暴态度，但其中当然充满着阶级差异和不赞同的意味。曾经一度，他们俩或许都已经意识到这将是他们最后的会面。

贝格曼家族尖锐的斥责和拉帕德的绝交——当然还有他的成功——终于让文森特为获得生活的喜悦而压制在内心的自责和愧疚一起得到了释放。当最终发作时，他选择的对象并不是自己诚实的朋友，甚至也不是远在异乡的弟弟，而是他所有悲伤和痛苦的源头。在一次家庭聚餐时，在拉帕德惊恐的注视下，文森特和父亲之间爆发了激烈的争吵。“突然间文森特变得如此愤怒，”在仅存的拉帕德和文森特交往的记录中，拉帕德写道，“以至于他猛地一下子从椅子上站起来，从托盘中拿出餐刀，威胁这位茫然失措的老人。”

第二十三章　水中女妖

在巴黎，提奥绝望而沮丧地目睹着哥哥最近造成的种种伤害。父母的每一封来信，都暗含了全新的愤怒和恐惧：“文森特变得非常易怒……行为越来越不可理喻……他非常伤心，内心完全无法平静下来……希望上帝能够保佑我们。”一年前，提奥就已经预见到危机的到来，因此诚恳地邀请文森特从德伦特去巴黎，而不是继续他那会给所有人带去折磨的回家之旅。即使在文森特到达纽南后，提奥在言语和金钱上都尽其所能地让文森特避免接触到一切他厌恶的事物。那一年，虽然画廊的工作非常忙，8月提奥甚至还出差去了一趟伦敦，但他还是在百忙之中抽出时间，在夏天去了两趟纽南：提奥加倍地照顾家人和为家人操心。现在，虽然他竭尽全力，事情仍然到了这一地步：众所周知的丑闻和家庭暴力。

以前，文森特经常写信；不过自春天兄弟俩爆发那场激烈的争吵之后，文森特的来信就开始少起来，就像山间快要断流的小溪。每月提奥仅能收到一两封简短的信件，信中都没有太多的个人消息，这不由得让人满心疑惑。曾经饱含深情的习惯性结束语“握手”，现在也踪迹全无。即使在这段暂时平静的夏日间隙，围绕文森特自3月开始创作的作品，兄弟俩也一直战火不断，为绘画技巧争论不休。当提奥指责文森特的作品过于粗糙时，文森特会不断为自己的作品（以及自己）辩护，他援引了种种说法，包括黄金时代的大师雷斯达尔的“庄重的简单”以及新近的最爱约瑟夫·伊斯雷尔和查尔斯·德·格鲁士的观点。当提奥指出，文森特还没有给海牙绘图员协会寄过一幅水彩画时（文森特曾答应在结束德伦特的旅行后将会着手进行这件事），文森特有些愧疚，但还是激烈地反驳说：“我真的忘了……对此我兴趣不大……手头一件水彩画作品也没有……今年已经太晚……现在没有心情做这件事。”相反，他完全无视提奥的反对，宣称自己要画更多关于纺织工的油画和素描。

但是最主要的，是他们关于色彩的争论。

在很长的时间里，文森特都不太擅长色彩的运用。与莫夫的闹翻、颜料的花销、水彩画的难以驾驭以及对黑白画面的巨大投入，使得文森特在几乎两年的时间中，在水彩画上没有任何实质性进展。“有时候，我常常纳闷，为什么自己不是一个更善于画水彩画的人呢？”1883年8月，文森特沉思道：“我的性格明明适合这一领域——但是直到现在，我都还没取得显著的进展，原因何在？”除了在1882年的夏末有过几次不错的尝试之外，他几乎没有任何能拿得出手的成果，而且还长期拖欠着颜料的账单。

文森特即使不断努力，就像在德伦特时一样，却仍无法放弃施恩韦格画室那纯灰色的世界。就像他用木炭和铅笔“绘画”一样——不停地设计、涂上阴影、为制造水彩效果而抹花，他让画板成为一道“灰色的”彩虹，偶尔使用色彩，也不过是为了将一个物体同另一个物体区分开来。对这种在色彩上的沉默，他精心辩解说，必须让自己的颜色保持在“一个低声部”——低于自然的浓度，为的是呈现整体的“精妙和谐的灰色”。在熟谙于心的众多艺术家之中，他找到了自己心目中的众多英雄（从全民追捧的乔治·迈克尔到难以捉摸的马克思·李卜曼）。他一直用万花筒般色彩斑斓的语言来描绘自己无声的图像。

尽管有各种各样的理由，3月提奥对德伦特时期的水彩画的批评（“一无是处”），让文森特很受伤害。当弟弟在5月到访纽南，并且在克基拉岛画室里旧事重提时，文森特立即激烈地予以反驳。“说到单调的色彩，”提奥一离开，他就立即在一封画满重号的信中宣称，“你不能就事论事，单独地评论一幅画的颜色……当分开考虑时，一幅作品之中的颜色可能被认为是非常明亮的，但事实上这幅画是一种相当黑暗的灰色调。”这是又一场辩论的开始，这将使他的艺术创作在之后长达一年的时间里，以一种挑衅的方式跌回到黑暗之中。

整个夏天，文森特在一系列异乎寻常的围绕同一主题的信件中，将自己对过去所有蔑视的怒火以及对即将暴露的恐慌全都发泄在这次争吵中。最近，在阅读查尔斯·布兰克所著的《当代艺术家》时，文森特抄录了其中的很多页，援引这位不亚于巨匠德拉克洛瓦的权威来为自己“灰色的、脏兮兮的色调”辩护。当提奥将法国艺术家皮埃尔·德·夏凡纳推荐给他时（夏凡纳的《圣林》用明亮的柔和色彩描绘了世外桃源的景色，在

1884 年让整个艺术沙龙为之倾倒），文森特用约瑟夫·伊斯雷尔的话语（“以很深的调色开始，可以使一些相当暗的颜色看上去比较淡”）和大量与提奥观点相左的例子进行还击：从委拉斯开兹的明暗对照法（他的阴影和中间色大多由无色的冷灰色构成）到巴比松画派的阴天。

与文森特对于荒原生活夸张而黑暗的描绘相去最远的，莫过于皮埃尔通过经典的人物形象和白垩的颜色对“愉悦的大地”的理想化表达。文森特无疑意识到了这一点，严厉地批评提奥对皮埃尔·德·夏凡纳的“银色色调”的推崇，并且不遗余力地捍卫自己所喜欢的油画色彩，“深褐色和沥青色”——正如他为了自己经常做的那样，他抱怨它们遭受的忽略，恳求对它们多一些耐心：

> 它们拥有如此非凡和独特的品质……在学习驾驭它们时，需要付出努力，因为它们的运用不同于其他普通的色彩……在最开始的实验阶段，很多人就会气馁，但这些不可避免，要想驾驭这些颜色，不可能一开始就会成功……起先，我对它们感到非常失望，但我不会忘记自己所看到的由它们创造出的美丽事物。

当提奥试图重新讨论印象派时，文森特的反应更加激烈。他宣称自己对其一无所知（“在我看来，它们完全没有可取之处”），也漠不关心（“我对其他或是更新的事物并不好奇，也无意去了解更多”），他认为印象主义不过是让魅力凌驾于实体之上。“我并不是鄙视它，”他轻蔑地说道，“但是它的确没有让真正的美丽增加太多的魅力。”

当提奥继续指出印象派画家避免了黑色并努力抓住光线效果时，文森特的反对变得更为强硬。他对印象派画家的男子气概提出了挑战，并且援引色彩“无法言说的美丽”和贝多芬无限深沉的音乐，来捍卫自己的“黑暗艺术”。他不仅没有避免运用黑色，而且同时宣布要开始另一轮探索，这一次是用颜料来寻找一种比黑色更深的黑色——“比纯黑更强烈的、更深的色调”。与此同时，他轻率地拒绝用颜料尝试捕捉阳光，并认为这是“不可能的和丑陋的”。四年之后，他还将画架摆放在普罗旺斯的明媚阳光下。而现在他谴责所有类似的“夏季阳光的效果”，并且重申自己对阴影、黑色的轮廓以及黄昏情有独钟。

文森特的生活也紧随自己的艺术陷入黑暗。9 月的戏剧性事件将夏季关于色彩的争论挤到了一边（但在接下来的一年中，它将卷土重来），这时文森特再次激怒了整个世界，招致了几乎所有人的一致谴责。文森特使玛戈特·贝格曼误入歧途，却像穆雷那样狡辩（“我宁愿马上在激情中毁灭，也不愿在无聊中苟活”），对此没有一个人能够接受，甚至是关系最为亲密的弟弟。有人开始传言这个善良的老姑娘的命运掌握在牧师这位堕落的儿子手中，文森特渐渐退回到阴郁的孤寂之中。

在给提奥的信中，他已完全陷入沮丧（“我十分清楚，对我而言，自己的未来将永远都会非常艰辛”）。他写下一连串尖刻的话，有时还写长长的附言发泄，此时，罪恶感已经变成了愤怒。“我无法一声不响地接受所有这一切，”他写道，“这真的让人极为愤怒……本不应该这样继续的。”他认为最该遭到严厉斥责的人——革命的敌人——是提奥，幻想兄弟俩互相厮打，或许是互相残杀——俨然是世界上最英勇的举动。这激动人心的想象短暂地激活了他在德伦特时的梦想（“努力去了解自己到底属于哪里”），但思绪又总是回到当下——“没有任何意义、没有勇气、没有希望”的当下。对于未来，他也摇摆不定，不是挑衅地威胁说要回海牙，就是绝望地怀念黑乡。

在接下来的那个月里，拉帕德的到访让文森特跌入另一个地狱。他一直觉得他与这位贵族朋友之间存在着激烈的竞争，不断坚持说“我们是在同一个水平”，并发誓要“与他同步”。然而，在一起工作两周之后，他才发现这一切都只不过是痴人说梦。事实上，二人之间已经存在巨大的鸿沟。拉帕德的获奖、个人展出、社交圈、温文尔雅的朋友，以及家庭的支持，都令文森特望尘莫及。前一年春天他们在信中就技艺问题不断争吵，这些信中满是被排斥的文森特的痛苦。10月，当文森特看到朋友能够创作出“美丽的”油画习作，一幅接一幅，并且都“非常不错”时，他又充满了竞争意识，一半出于失望，一半出于决心。他宣称：“一个人已经进入死胡同，必须要重塑自我。”写给提奥的信中不仅充满了对过去的激烈辩护，同时还有上气不接下气的、几近于喋喋不休的、对未来的迫不及待：“我必须趁热打铁……不能再耽搁一分一秒……必须以最快的速度创作……必须在短时间内向大家展示自己取得的成就。”

他以近乎疯狂的决心，再次致力于那些一直没能实现的目标。拉帕德离开后，文森特马上写信给他：“我向你保证，不会太久了——要么我会有自己的展览，要么我的画作会畅销。”有了拉帕德作为激励，他在11月带着画架和颜料盒走到冬天寒冷的乡下，画了一系列令人愉悦的、传统的风景画：秋季独有的金色的白杨道、乡村小路，以及乡村磨坊。

为了显示自己全新的决心，文森特买了新衣服（“相比以前，我现在对衣服更挑剔。”他向提奥保证），并且开始提供“事实和数据”，证明自己很快就能用提奥的钱赚得20%的收益（文森特此时对商业的兴致颇高）。毫无疑问，他意识到如果失去提奥的帮助，自己将永远无法赶上拉帕德，于是他开始寻求和解，至少是希望与提奥之间不断增强的敌意能暂时被搁置。他写道：“我们必须取得进步。”他再一次使用“我们”，这是两人兄弟关系和睦时才会用到的，“我们必须前进……和我肩并肩努力吧——不是采取中立的态度，而是以一种热情、积极的方式……亲爱的弟弟，我的朋友，让心中的激情燃烧吧！”

就像在德伦特时一样，文森特用幻想填满了渴望和恐惧之间的鸿沟。在没有告知提奥的情况下，他写信给莫夫与泰斯提格，请求他们在自己全新的计划之中同自己合作。他请求莫夫：“再给我一个机会，在你的画室中画画。”他幻想，如果他完全坦白过去的错误，泰斯提格应该会“重新恢复两人之间的关系”，莫夫也将会给他一些“纠正及提高我的作品的指点”。文森特又想象着自己是一位年轻的成功艺术家，像安东·范·拉帕德一样，就教于一位基础扎实的、要求严格的画家，并且与令人望而生畏的经纪人的艺术世界再次建立联系。他向提奥解释说：“我仅仅是在采取一些措施，以促使我的作品取得直接的进步。”哥哥的主动一定让提奥震惊得目瞪口呆，“我将会一直絮絮叨叨，直到莫夫屈服”。

即使是来自海牙的迅速的断然拒绝（“他们不愿意和我有任何瓜葛。”他汇报说），也没有动摇文森特为自己辩护并继续前进的决心。他写道：“莫夫与泰斯提格拒绝了我，对此我几乎有一种高兴的感觉。觉得身上有最终赢过他们的力量。”事实上，那时他刚刚开始创作一系列的作品，他坚信，这些作品将让他们意识到自己的错误，他告诉提奥：“我发现了一个机会，要证明给他们看。”

12月初，文森特的画室早已挂满了新作。在每一面墙上，一幅幅人物肖像在昏暗中向外凝视。无论是在画架上，还是在一沓沓的素描中，来访者看到的只有纽南那些无名的社会底层人士——农民、拓荒者、织工及女性劳动者，他们表情凝重，隐藏在无尽变化的深褐色与沥青色之中。这是文森特为获取商业成功，为赢得莫夫与泰斯提格，为不再依赖提奥，也为与拉帕德较量而采取的全新计划。事实上，文森特的这一系列举措受到了这位贵族朋友的启发。10月前来拜访时，拉帕德用大量时间画人物头像——大部分是女性，这些画作曾让文森特艳慕不已。拉帕德离开后，文森特立即写信给提奥：“他的访问给了我创作属于自己的作品的灵感，我几乎想要立刻开始创作类似的画作。”

甚至文森特为这些新作品选取的名字——“人民的头像”——都暴露了他全新的商业和竞争热情。正如《绘画》杂志中著名的系列插图呈现的是工人阶级之中不可见的“真实的人民”，他的系列农民形象将向世界介绍“布拉班特的人民”。同时，他认为，和肖像画一样，这些全新的作品在商业上会有极高的威望。（他热情高涨，不再担心自己是否能画得“像”，这一怀疑长期以来使他不敢尝试肖像画。）毫无疑问，甚至莫夫和泰斯提格也看到了“有性格的头像”在销售上的潜在价值，他坚持说：“肖像画的需求量越来越大，而擅长画肖像画的人寥寥无几。”

成功的幻想紧紧地攫住了他，文森特开始了另一轮疯狂的工作。他原先计划到 1885 年 1 月底，创作 30 幅肖像画——每月完成十幅，然后带着这些作品去安特卫普，开始一场延误已久的销售旅行。但几周后，目标被提高到 50 幅头像画——几乎是一天一幅，“尽快，一幅接一幅”。为什么？“因为我正处于创作的高峰期，”他向提奥解释道，“一天都不能浪费。”像通常一样，他相信赫拉克勒斯式的努力工作能有所帮助，这样作品的数量就会增加，为了避免另一次失败，他疯狂地工作。每天早上，都会有模特到克基拉岛的画室：男的女的、老的少的，只要是文森特能够支付得起费用，或是经他说服可以经受住他绘画时的折磨的任何人。似乎是因为“丑陋”，他才选择了他们，他的一个学生评论道：扁平的脸、低低的额头、厚厚的嘴唇、瘦弱的下巴、凹陷的朝天鼻、突出的颧骨、硕大的耳朵。在画室昏暗的冬日光线下，文森特让他们摆出各种姿势：男人们戴着工作时用的鸭舌帽或是流行的泽兰省圆顶礼帽；女人们戴着精致的布拉班特软帽、早上用的帽子、白天用的帽子或晚上用的帽子，有时候甚至不戴帽子。当模特坐下时，文森特都会把自己的椅子移得很近，透过透视框久久地注视。

然后，他开始作画。他抢在早早就会到来的黄昏之前拼命地画，直接用画笔在 1.5 英尺 ×1 英尺的空白画布上作画。他没有时间进行素描或者是对形状进行设计。斜睨着的眼睛，以及可能在前一晚的煤气灯下绘制好的一些草图，是他全部的依靠。就像他与提奥在争论时所说的一样，首先他会画上最深的颜色——夹克衫和工作服上近乎全黑的褶痕、沥青色的背景、深褐色的脸。他常迫不及待地没等到颜料干掉，就会刷上湿漉漉的亮色，使得白色和赭色变为灰色和棕色。他的每一笔都是即兴的创作，他冒险地不断将颜色像泥一样层层地叠加，因为涂上的颜色很快就会消失在之前的黑色之中。

这一冒险要求的是速度。文森特一幅接一幅地创作作品，学会了一种超凡的简洁笔法——完美地配合着他画画时的飞快速度。用几个比较粗的条纹传达出披肩和领子的意味，用短而细的线条来勾画嘴唇、下巴、酒窝及眉毛。画布上任何的拖延都会毁掉这幅画，所以他不可避免地依赖钢笔素描和草图之中的平行影线，这些举动就像写作一样自然。尤其是他在画女性别致的圆形软帽时，仿佛帆布非常烫手一样，为了保持那种柔和的色调，光与影之间的互动成为越来越少的颜料的碎片，这是他为成功所下的最新的赌注。他向提奥保证说："颜色最后变得越来越明朗，越来越合适，我对颜色有自己的看法和情感。"

为了逼自己更快地作画（"我必须画大量的画"），文森特学会在仅仅一上午就完成一幅完整的肖像画。1885 年 2 月底，文森特实现了完成 50 幅人物头像的目标，但他仍在继续画——自海牙时期那位孤苦的老人桑德兰出现在他不知疲倦的铅笔笔下以来，这是史无前例的疯狂工作。

自海牙时期以来，如此配合的模特家庭至此才再次出现。他们不仅仅在有着宝贵日光的上午过来，下午和晚上也会过来，坐在油灯下，让文森特描画人物头像。为了满足自己无法满足的要求，文森特四处寻找模特。一些可敬的人，如租给他画室的教堂司事的妻子阿德里亚娜·沙弗拉斯，都在被邀请之列，但他们认为去做模特似乎"不成体统"。没有人愿意无偿为这个怪人做模特。文森特抱怨道："人们都不愿意摆姿势，要不是为了报酬，没人愿意光顾。"然而，在纽南漫长的寒冬，因为文森特为模特一天支付一个荷兰盾，还是有不少人会欣然前往：农场上游手好闲的工人、失业的商人及无业的纺织工人。

然而，就像在海牙时一样，文森特更倾向于不断去解决同一个问题，而不是找出新问题。他不断把自己疯狂的注意力和钱财投入到一小群画室的固定拜访者身上，尤其是模特戈尔狄娜·德·格鲁特——被他称作西恩的女子。

信中开始充斥着似曾相识的哭诉，"我必须要一位模特"，"我总是缺乏模特。我希望能够有更多的模特"。文森特在信中对一些"穿着脏兮兮的蓝色紧身上衣的农村女孩"别有用心地进行过描述，此外，他还提到一些超越透视框范围的纠葛。他谈道"要与模特建立亲密的关系"，"为轻佻女子对我的抛弃寻求补偿"，及"一些像妓女一样美丽纯洁的乡村姑娘"。他兴致勃勃地对"女性头像的题材"进行了仔细地论述，从惠斯勒、米莱、鲍顿画笔下的正派女孩（"我们妹妹一样的女孩"），到夏尔丹笔下健壮的、"肮脏的、粗俗的、邋遢的以及发着恶臭的"农村妇女。他充满渴望地谈到希望能画一些裸体画。在画室里，他不断重复地画戈尔狄娜，无休止地画了整整一个冬天，他不惜用大量浓厚的、黑暗的和迅疾的笔触来刻画她的大致轮廓。

戈尔狄娜的眼睛直视着他，在熟悉了之后，她的朝天鼻和厚厚的嘴唇开始变得自然起来，用光芒四射的灰色进行描画的软帽有着性感无比的光晕。在文森特黑暗的新艺术之中，她可是集大成的瑰宝，宛若一位身穿深褐色及沥青色衣服的圣母玛利亚。就像为之前那幅幻想之中的杰作《悲伤》辩护一样，文森特以同样热情的、不顾一切的语言保护着她，他称："一个人在画农民时，自己就必须像是其中的一员，与他们一样去感受和思考，太自我是无济于事的。"

反抗、痴迷及幻想让文森特又回到了施恩韦格时的状态。

再一次，情感需求和艺术理想的无形结合让兄弟关系充满了敌意。为了维持全新的模特群体，文森特需要钱。提奥 8 月回家时，将他每月的津贴由 150 法郎削减为 100 法郎，因此当文森特启动"头像"系列作品的创作时，由于他对模特和颜料的过分要求，二人又将陷入对抗。假装自己的艺术需要更多的金钱及更多的支持，他再次为自己的新生活提出了众多的要求。在拉帕德来访之后的慌乱中，他恳求弟弟"能再寄点钱过来"，完全不顾提奥关于经济拮据的抱怨，反倒是极力地敦促他"继续坚持"——"必须要有的东西，总是能找到的。"文森特不断施压要求更多的钱，就像曾经掩盖对西恩的付出时一样，使用了相同的近乎歇斯底里的语气："我必须另外再拿到 100 法郎……是不是现在肯定不能给我这些钱？……但是我必须坚持，一定得坚持。"

当提奥有些犹豫时——当他不愿帮助文森特与莫夫和泰斯提格重修旧好时，当他催促文森特放弃画室去埃因霍温租一间房子时，或者当他仅仅是不愿意及时作出答复时，文森特破口大骂。"就个人层面而言，你对我来说根本就是毫无用处。"他如此写道，无情地将个人伤害与职业伤害交织在一起。再一次，他指责提奥，说他破坏了自己的艺术（冷漠地支付金钱，就只是一种"保护"，他嘲讽道），还指责他和父亲沆瀣一气，串通好一起对付他。他把提奥比作一个藐视其成就的"轻佻女子"，并且发誓绝不会强迫提奥温柔地对待自己。相反，他寄希望于这个世界能够同情自己，但实际上，这个世界却从来没有施舍给他一丝一毫的同情。"你已经说得再清楚明白不过了，"他在 12 月怨恨地写道，"你从来都不打算关注我个人或我的作品，除非以保护的方式。好吧，我坚决拒绝忍受这一点。"

无法避免地，文森特的父母再次被卷入到愤怒和辱骂中。当文森特在海牙时，距离将父母和儿子的暴怒隔离了开来。但是现在在纽南，自然也就无处可逃。在周日早晨做礼拜的多洛斯教会的所有会众，不管男女老少，多多少少都知道牧师这位离经叛道的儿子：他在天主教教堂司事房子里的画室、他那些不登大雅之堂的模特、他那无法解释的艺术。他们知道因为这个红头发的怪人，玛戈特·贝格曼不得不离开这个村庄。

当然，文森特矢口否认自己的行为让父母丢脸了。更难以置信的是，他甚至辩解说 9 月的那件事完全没有影响自己家同贝格曼家之间的关系。在安娜和多洛斯写给提奥的信中，却有不同的说法。“因为文森特和玛戈特的事情，我们和别人的关系发生了变化，”多洛斯写道，“因为不想见到他，大家再也不会到家里来拜访。至少邻居是这样的。但不得不说，他们这样做是正确的。”在玛戈特被带到乌特勒支后的几天，多洛斯就非常沮丧地开始考虑被迫离开纽南的可能性。“太难了，”他说道，“但如果我们和别人的关系变得非常糟糕的话，这只能是唯一的选择。这几天，我感觉这一可能性越来越大了。”

牧师和妻子一边向上帝祈求最终的保护，一边竭尽所能地保护家人免受这一丑闻的影响。在文森特和玛戈特的绯闻闹得沸沸扬扬之后，年仅 22 岁的惠尔马上就被送到远在米德尔哈尼斯的亲戚家中，因为“换一个环境生活，对她更好”。他们让 17 岁的科尔安全地住在海尔蒙德，他在贝格曼工厂的学徒身份，以及他和贝格曼家族一位表亲的友谊没有因为哥哥的异教信仰而受到影响。但他们却为文森特给远在异乡的提奥带来的麻烦而着急，为维护家族的声誉，提奥已经“付出太多”。反过来，提奥和所有的家庭成员都很担心父母的健康，尤其是身体非常虚弱的父亲，现在他已经 62 岁了。

甚至在 1 月妻子受伤之前，多洛斯的健康状况就已经开始每况愈下。到了 5 月，因为身体原因，他已经从繁荣社退休。梵高家族自这个组织成立之初就与其建立了联系。安娜的身体恢复得很慢，这给他造成了很多看得见或看不见的负担，3 月他教她站立，7 月教她行走，9 月带着她四处走动。现在，除了 33 年来对妻子的担心以及年老之后的不便，多洛斯还得努力尝试控制文森特越来越难以控制的脾气和无法预知的行为——这一切都发生在家中。“我们尽最大的努力想让他冷静下来，”在给提奥的信中，他写道，几乎无法掩饰自己的绝望，“但是他的人生观和生活方式与我们的格格不入，是否能长时间地住在一起无疑是个问题。”

然而，多洛斯仍旧尽力避免采取那个无可避免的解决方法：让文森特离开。对于儿子那颗受伤的、难以驾驭的心，他比其他任何人都要了解。“只能是听之任之，但我们不想指明该如何去做，”他非常无助地写道，“如果有什么事情发生，我们只能是听之任之。”因此，他等着文森特实行那个再三讨论的计划：移居到安特卫普。在此期间，他忍辱负重地保证会“忍让，并尽一切努力”。多洛斯因身体太虚弱而无法和文森特争吵，如果文森特不肯离开的话，他只能非常严肃地考虑自己搬离纽南。11月赫尔瓦特的教会（他之前在那里工作过）给他打来电话时，他开始和他们进行协商——为了不激怒反复无常的儿子，这一切只能是悄悄地进行。“要是文森特稍微正常点的话，”他悲痛地说道，“可以减少多少麻烦啊。但现实并不是这样。”

正如多洛斯所料，当文森特听到自己将要被驱逐或抛弃的风声时，他在牧师公馆里开始低调起来，只字不提要离开。提奥非常谨慎地让他移居到埃因霍温，但他斥责提奥在“胡说八道”。在历时大概一年的期待后，他突然放弃移居安特卫普（哪怕只是一年之中去待一段时间）的计划。他说拉帕德建议他不要去（如果是真的，那将是一个彻底的逆转），并绝望地为自己开脱和欺瞒弟弟（即使在多洛斯拒绝去赫尔瓦特之后，这仍在继续）。他坚持认为，克基拉岛的画室是他成功的关键。没有那间画室，他的事业“将会毁于一旦”。“住在家里，绝对不是因为我贪图安逸，”他抗议道，“完全是为了自己的绘画事业。”他警告提奥说，要是他们将自己驱逐出这个田园般的工作地点的话，那么他们就犯了天大的错误。“为了画画，”他坚持道，“我必须在这里多待上一段时间。”当被问到待多久时，他的回答模棱两可：“等到我取得更多实实在在的进步吧。”

提奥越是为父母辩护，就越是会遭到文森特更为激烈的抵制：“要我放弃自己的画室，绝无可能……无论如何，他们都绝不可以要求我离开村庄。”他将弟弟那些谨慎、委婉的劝告全部顶了回去，还将它们全部转换为对更多金钱，当然还有更多模特的要求。“在离开之前我必须画大量的头像，”他写道，“如果能付更多的钱给模特们的话，进展也就会更顺利。”他们之间的纠纷最终被放大，演变为另一场城市（提奥）和乡村（文森特）之间的冲突，文森特将提奥描述为一个毫无个性的鉴赏家——脱离了所有真正的灵感和自然。最后，他威胁将二人之间的冲突发展到父亲那里，从而触到了弟弟最敏感的神经。“我在这里的境遇可能有点紧张，”他模糊地暗示道，“我发现让自己有足够的耐心并非易事。”

你要是将这一点考虑进去的话，那就太好了。如果在经济方面，你愿意尽最大努力的话，那么事情对我来说就会变得简单得多，我相信在未来我会有机会保持平静，虽然这离真正的和谐还很远。

被激怒后，提奥终于透露出自己长久以来对哥哥的事业的怀疑。“我很怀疑。”他写道。不管这到底意味着什么——他怀疑文森特的开销、他坚持待在纽南的理由、他待在家里的意图以及最终获得成功的可能性，文森特认为提奥的怀疑包含了这里的一切，甚至更多：对他的全然否定。在贝格曼事件和拉帕德的来访后，这个词——“怀疑”——像一束易燃油上的火苗烧到了文森特敏感的内心。

“对于你是否怀疑，我根本就不在乎。”他彻底地爆发了。他认为提奥的含沙射影是“恶毒的”，他指责提奥“故意这么做来摆脱我”。在数月的信件之中，他的愤怒旺盛地燃烧，因为这个词激起了他的内疚和愤懑：

仅仅因为你的地位比我高，你无权怀疑那些地位低的人——包括我……如果你怀疑我，你自己就是导致这一切的根源……你必须收回你因为自己的怀疑所说的一切……最丑陋的误解是由猜疑引发的……你对我的怀疑毫无疑问是不恰当的……收回这些话或者作出解释，因为我不会忍受别人对我这么说。

随着圣诞节的来临，文森特陷入了更深的绝望，而圣诞节本该是家人和谐共处、普天同庆的日子。传统的圣尼古拉斯节庆祝活动，以及远在他乡的提奥寄过来的圣诞祝福和精心挑选的礼物，只不过讽刺了他的一切家庭关系的破裂。现在，他甚至会和妹妹们吵架，几乎完全从牧师公馆之中脱离出来。“对我们而言，他变得越来越像一个陌生人。”节日之后，多洛斯写道。

1884 年的圣诞节，不仅仅是梵高家，全世界都愁云密布。全球性的经济不景气对商业的破坏极大，经济难民充斥着城市的角角落落，包括阿姆斯特丹。霍乱横扫法国的消息，让大家在信中总是为提奥的安危提心吊胆。甚至是身体一直不好的、正住在里维埃拉一家旅馆之中疗养的森特伯伯，也都在担惊受怕。离家更近的伯伯，海军上将简也只能眼睁睁看着自己那没出息的儿子，在挥霍掉家族的好运和名望之后，因“癫痫发作”而住院，这个一向骄傲的老父亲更早地走向了坟墓。牧师公馆里，安娜可以四处走动，但是现在无法安稳地躺在床上，她和细心服侍她的丈夫只能遭受无数漫长和无眠夜晚的折磨。节日期间，多洛斯又患上了感冒，这在牧师最忙的时节可不是一件好事。“处处的情形都非常令人沮丧。”他总结道。

在惨淡的情形下，文森特还为大家增添了一些额外的痛苦。和提奥疏远，和牧师公馆疏远，在任何地方都遭受排斥，他看到自己面前只有孤独。科斯麦克斯那样的较为疏远的朋友从来不来拜访。圣诞节时，他和赫尔曼的联络也在一场争吵中画上句号，和拉帕德的友谊再一次滑入冰点。圣诞前夕，文森特把自己关在冷冰冰的画室里工作，而不是和弟弟科尔一起去滑冰。“文森特没有向任何人征求意见，也不试图和别人套近乎。”多洛斯悲叹道。和提奥打交道时，文森特感觉到的只是羞辱。一年来的恳求、要求、哄骗和恐吓都没能让他向独立迈进一步。整个 12 月，他都在乞求弟弟额外给他 20 法郎——他感到“非常糟糕”和“无能为力”。最糟糕的是，未来看上去也不会柳暗花明。“我几乎从来没有在如此忧郁的状态和情绪下开始新的一年，”假日结束后，他写道，“我也不再期待会有成功的未来。”随着接二连三的失败，他说自己感到勇气在“逐渐消失”，这一年的家庭混乱伤害了他。“生活之中没有平静和热忱，我再也无法忍受。”在圣尼古拉斯节那天，他写道。

在克基拉岛的画室里，白天的短暂和彻骨的寒冷交织在一起，剥夺了文森特唯一的逃避方法和慰藉：工作。“为了文森特，真希望冬天能早日结束，”多洛斯焦虑不安地写道，“在户外画画当然是不可能的。漫漫长夜对他的工作也毫无益处。”无论在黑暗之中文森特是否正如多洛斯猜想的那样，通过酗酒来取暖，他的作品依旧被冰封在过去之中。在写给提奥的信中，他重新找回了施恩韦格时期的英雄——杜米埃和伽尔伐尼、德·格鲁士和马蒂斯·玛丽斯，并且重新开始了他对杂志插图、类型画和人物素描的狂热。“也许只专注于人物是一个明智的决定，”他写道，并明确地认为海牙时期的作品是自己最好的作品，“通过不断地研究模特，我将一直沿着这条路走下去。”

在很短的工作时间中，他仍在继续创作黑暗的、夸张的头像，不顾一切地试图在 2 月创作完成 50 个头像。“它在总体上对我的人物绘画有益。”他坚持这样认为，毫不理会弟弟让他画风景画和让画面更为明亮的恳求。只要天气允许，他会画模特；当天气不好时，他就会对着之前的习作画素描（他曾在圣诞节时寄了一些给提奥）。在冬日幽暗的光线中，他的调色盘也越来越暗;他用形象和言语，为一个缺乏颜色的世界激烈地辩解。“毫无疑问地，”他宣称，暗示着自己最终会被接受，“在颜色方面，我确实收获了一些东西。”

文森特感到被家庭、亲人、圣诞节所背弃，开始怀疑那个最初将他引到纽南的幻想。“我一直有这样一种印象，在津德尔特的房子里有更好的氛围，”他写道，“我所不知道的是，津德尔特的一切都更好是不是只是我的想象。很可能就是这种情况。”

对于一个用未来的成功和过去的幸福来应对失败的人来说，镜子之中出现的真实形象会带来严重的危险。文森特曾经提到过精神病，但通常是非常谨慎而不情愿的。在海牙时，他曾说：“不管是生理上还是道德上，我都非常地敏感。”他只承认自己有点“紧张”，并且将这归罪于在黑乡度过的“凄惨岁月”。那个时候，人们叫他疯子，或者像对待疯子一样对待他，在德伦特时人们也是这么做的，他宣称最终控制住了“紧张的神经的小把戏”——内在的“平静”控制住了恶魔。“我感觉到自己的疾病已经侵入到身体的最深处，”他在泥煤沼泽地写道，

> 并试图补救。无望的努力已经让我筋疲力尽，确实如此，但是由于我坚定地想要重回正常的视角，我从不将我竭力去做的那些事情、烦恼和辛苦误认为我内心深处真实的自己。至少我经常感觉到：只要让我做一些事，去一些地方，情况定会有好转。我会克服，让我耐心地恢复吧。

但这个秋天接二连三的失败，动摇了他“重回正常的视角”的信心。相反，它们展现了充满无限失败的惨淡远景，一个充斥着“空洞的愚蠢和无意义的折磨”的永恒冬天，正如文森特抄写的左拉的一段文字所描述的那样。只有工作能够使他不致堕入深渊。“在我看来，绘画可以阻止糟糕的事情发生，”他写道，“否则事情将会变得更糟。”沉溺于左拉那个充满堕落和厄运的世界，文森特想象着梵高家族是一个“正在没落的家族”，给他的灵魂留下了不可磨灭的污点。“我是害群之马，是一个品性恶劣的逃避责任者。”他在 12 月时大声地呐喊。

现在，他的想象仍徘徊在过去的悲惨之中，集中在万劫不复而非重生的形象之上。他不似基督般的但丁那样，穿过冥河去目睹地狱中的折磨和苦难——“一个冷静、严肃和充满愤慨的人……悲伤且忧郁”。他将自己想象成痛苦地狱里的一位常住居民——女水妖。在斯堪的纳维亚的民间传说中，这个恶魔潜藏在湖泊和河流中，诱惑不加防备的游人，让他们溺水而亡。文森特称它为“一个将人们引入深渊的恶魔”。文森特指出，女水妖不仅永远都在遭受折磨，它还将其他人拉下来同它一起承受可怕的命运。不像“进入地狱又回到人间”的但丁，女水妖则是永远停留在地狱之中。

在越来越愤怒的辱骂中，文森特开始绝望，提奥看着这一切，越来越惊恐。毫无疑问，提奥开始时不太重视这一周期性的爆发——一次是在 1 月，另一次是在 2 月，那时文森特要求立刻的、绝对的分开，并经常在同一封信中请求要更多的钱。但是提奥一定已经注意到 1885 年新年以后，文森特信中语气的变化。“如果你知道你所谓的‘我对未来的计划’事实上已经落空，你大概会很满意，”在回复提奥的新年问候时，他尖刻地写道，“就让这种想法茁壮成长吧。”他谈到死亡——“如果我倒在地上死去……那你将会站在一具骨架上”，其中有未经思考的宿命论的色彩，对提奥这位永远认真且好战的哥哥而言，这不太寻常。考虑到文森特的反应，提奥 1 月隐瞒了古庇尔画廊 1884 年销售纪录不错，以及他的年终奖也有出乎意料的大幅提升。他也没有告诉文森特有一个客户为他提供了一份新的工作，而这份工作的工资是天文数字，每月 1000 法郎——几乎是父亲工资的十倍（当多洛斯经反复权衡提出了反对的意见之后，他拒绝了这份工作）。

意料之中的是，文森特最终得知消息后，强烈地指责了提奥，并展示了自己的贫困。8 月，提奥回到纽南牧师公馆时，身着最新潮的、大城市的“时尚绅士”必备的行头。当回忆起这一幕时，文森特用非常尖刻的方式描绘了弟弟当时的形象。“我情不自禁地把你想象成戴着夹鼻墨镜的样子，”他写道，痛心地又开始指控，“这绝对不仅仅是在字面意思上。在你的行为和思想中，你都是通过有色眼镜来看待事情的——比如说疑心。”对提奥没有尽全力销售自己的作品，他越来越失望，尖刻的指责开始演化为苦涩的讽刺。他建议他们“暂且不再去谈相互理解的问题”，仅仅“做到不要相互冒犯就行”。

特别是在作品的题材上，文森特的基调改变了。他接受了弟弟多年来温和的鼓励——“继续画画”，并提出了一个问题，一个他曾经总是避免回答的问题：提奥认为他成为艺术家的概率有几成？“如果我以后有更好的作品，那我的做法和现在的做法也不会不一样，”文森特不再让提奥逃避这个问题，他要澄清自己的怀疑，并且冒着一切风险写道，“我的意思是，这将还是同一个苹果，尽管更成熟一点……如果我现在不好，那将来也不可能很好。如果将来会不错，那么现在应该也是不错的。是金子总会发光，烂泥怎么也都扶不上墙的。”

在不同的境况之中，提奥本可以勇敢地面对哥哥的愤怒，并且力劝他接受这一必然的结果——将艺术作为一种高贵的消遣，而不是维持生计的手段。但是作出了四年不被领情的牺牲和接受了四年无休止的辱骂，提奥终于对文森特以及他叛逆的艺术创作失去了耐心。就在前几个月里，哥哥那封“尤为令人不快”的信件、浮夸的语言、巧妙的威胁以及对过时艺术的留恋，终于令提奥开始抱怨。多年来催促文森特向更现代的画家靠拢无果后，1885 年初，提奥写道：“你让我想起了那些整天留恋自己年少时光的老人，认为那时的一切都比现在好，与此同时，却全然忘记了自己已改变。”

但是现在，提奥不敢抛弃反复无常的哥哥。每次收到父母的来信，他总能听到牧师公馆在混乱中无声的哀叹。在 2 月的信中，多洛斯写道:“他的暴躁脾气使得任何对话都无法进行，当然要我不闻不问并非易事。”父子俩为了玛戈特·贝格曼争吵，为了搬去赫尔瓦特的打算争吵。多洛斯抱怨文森特“令人不快的语气”（“你真的无法与他讨论事情”），文森特则抱怨父亲的自大（“一个总正儿八经地认为自己正确的人”）。多洛斯将儿子的冷漠与妻子的受伤作比较，称文森特是他的“另一种痛”。而文森特则指责父亲是“我最糟糕的敌人”，并愤怒地表示很后悔没有更早地开始反抗。

在海尔德罗普，多洛斯的一些教众开始公开指责牧师管教不严——即使不是针对他那制造混乱的儿子，文森特也是难辞其咎的，这导致父子二人在情感上愈发冷漠。在严寒的冬天，对于一个永远把团结看得比一切都更为重要的人而言，家庭的叛逆和教区的分裂，使他的健康和精神都在遭受极大的打击。文森特脾性古怪，动不动威胁家人，常常谈论死亡，怀疑别人要谋害他，有酗酒的恶习，如果真的与他分开会产生什么样的后果？或者如果哪怕只是作些劝阻？

提奥极度想让哥哥平静下来，以免年迈的父亲更痛苦，为了化解正在逼近牧师公馆的危险，提奥做了一个大胆的调解举措。他答应将文森特的一幅油画呈递给全欧洲最重要的年度展会：巴黎沙龙。

仅仅几周之后，1885 年 3 月 27 日，他收到了一封来自纽南的电报。他的父亲去世了。

多洛斯花了一整天时间在海尔德罗普修补栅栏。在与朋友共进晚餐并欣赏完一场钢琴独奏会之后，他在寒冷的夜晚步行五英里，穿过寒风呼啸的荒原，回到纽南。在大约 7 点 30 分时，一位碰巧路过的女仆听到牧师公馆的前门嘎嘎作响。当她打开门时，他身体的重量已经将门推开，他裹着厚重外套的身体跌倒在她的身上。文森特是唯一一个可能在家里的家庭成员，除了跛脚的母亲。有人将身体已经僵硬的牧师抬到起居室，放到沙发上。惠尔从邻居的家里跑回来，她这样形容看到的情形："真的太可怕了。"根据一位亲友的描述，她扑倒在父亲的身上，徒劳地想"挽回已经逝去的生命"，"但是生命已然停止"。多洛斯被宣布死于严重的中风。

四天后，多洛斯·梵高出殡。黑色的送葬队伍从牧师公馆一直延伸到小小的纽南教堂，整个教会的成员、朋友、教堂的显要人物和来自北布拉班特其他地方的牧师都在教堂里等候着。送葬者跟随覆盖着黑色帷幕的棺材前往一座名为伍德托伦的古塔，那是一座古老的教堂塔，文森特曾画过这一远景。这一段旅程并不长——沿着一条通过绿色冬小麦地的布满车辙的路，仅仅只有三分之一英里。安娜跛着腿，捧着骨灰盒。无论是走路还是骑马，提奥总是陪在她身边。在这则不可思议的消息经由电报发到巴黎的同一天，提奥就坐火车赶回了家。一位送提奥去火车站的朋友回忆说："在他父亲去世的前一天，他还收到过父亲写的信。信上父亲说自己非常健康。提奥并不是十分坚强的人，所以你能够想象当他离开的时候，他处于什么样的状态。"这位瘦削的站在母亲身边的 27 岁的年轻人，完全一副父亲的模样，现在已成为家里的唯一支柱。

塔楼脚下歪歪斜斜的十字架之中，挖掘了一个坟墓。这块易被忽视的小墓地覆盖在积雪之中，它曾是文森特在纽南最早描绘的题材之一。上方矗立着一座毁损的教堂，充满不祥的象征意味——距离计划之中的拆除只有几个月的时间。墓地旁边的悼念者包括来自阿姆斯特丹的叔叔科尔、海军上将伯伯简。安娜的姐姐威廉米娜·斯特里克，凯·沃斯的母亲，也从海牙赶了过来。森特伯伯听到这个消息之后悲痛欲绝，但由于病得太厉害而无法离开旅馆，他将自己锁在房间里，拒绝出门甚至进食。

在场的很多人都见证过文森特过去的失败，这让他在自己家庭的哀悼日始终处于阴影之中。葬礼，即使陌生人的葬礼，通常都能让他感动得做出一些抚慰人心的英勇壮举。但这次却没有。简伯伯是一个感情不外露的人，甚至连他都觉得文森特在如此悲伤的时刻，表现出了一种奇怪的"理性思考的倾向"。"他有点孤僻。"简说。在瞻仰遗容的时候，文森特劝诫一位哀悼者说："死很难，但活着更难。"甚至之后，文森特从没在信中提及 3 月 26 日发生的那些重大的事件，他从未用他那恣肆的描写能力提及那天通过麦地的父亲的送葬队伍。

3 月 30 日那天也是文森特 32 岁的生日。这尴尬的巧合无疑强化了两件事情之间的联系——儿子的出生与父亲的过世，众多悼念者心头都十分沉重。这位过世的牧师与他的大儿子之间没完没了的、令人心痛的纠葛，大部分人都早有耳闻。很多人都听到过，或是听说过在多洛斯书房之中的争吵：父亲极为愤怒地叫喊——“我无法忍受了！”“这让我痛苦不堪！”“你让我活得生不如死！”而在儿子这一边，则是顽固不化的反叛。“我不在乎在临终时能否和解。”文森特曾经说道，对提奥让自己低头认错的苦苦哀求完全不理会。他与父亲之间有记录的最后一次谈话结束于另一场苦涩的僵局。“他似乎根本无法忍受任何的暗示，”这位牧师事后，也就是临死之前的一周写道，“这再次证明他不正常。”这就是多洛斯带到坟墓中的判断，他仍然没有向儿子妥协。

当文森特看到这位永远的播种者终于安息时，相同的回忆是否会萦绕在他的脑海之中，他从来都没有说明。但无疑，在每个虔诚的称赞、每个震惊的表情、每次尴尬的寂静之中，他都能听到对自己的谴责。别人都在背后窃窃私语，而只有妹妹安娜敢直言不讳地当着他的面说：是文森特害死了自己的父亲。

第二十四章　些许疯狂

文森特忙得没有时间哀悼。提奥要将画送到沙龙对他而言是个巨大的挑战，在父亲过世前的几周之中，他被迫陷入了工作的恐慌。将作品公之于众，任由公众评价，让他内心充满恐惧，以至于他起初试图逃避，反对说没什么合适的作品可用于展示。他抗议说:“如果六周前知道这件事的话，我可能会努力给你寄点东西过去。”

在多年来强烈地渴望得到更多的曝光之后，他开始像律师一样仔细地对作品分门别类进行品评，哪些“画作”适合展出，哪些“习作”只能留在画室。他将近期的全部绘画作品（他曾经经常吹嘘这些作品）都放在第二个类别之中，指出说“只有十分之一或是二十分之一还值得一看”。但即使是这些作品，“现在也已经是一文不值”。在父亲的葬礼期间，提奥参观了克基拉岛的画室，文森特给他看了“人民的头像”之中的两幅肖像画，并谦卑地建议他悄悄地展示给那些去沙龙的人看。他解释道：“这或许会有用，即使它们仅仅只是习作。”

他也向弟弟展示了一幅全新作品的第一批草图——“比以往的作品更大、更精美……一幅更重要的作品。”这是他对提奥意想不到的挑战和对父亲突然过世的另一回应——不是愧疚，而是蔑视。“一年多以来，我全身心地投入油画中，”他宣称说，“毫不夸张地说，这将会是些让人耳目一新的东西。”在接下来一个月的努力工作之中，文森特平息了闲言碎语，用他最新的辩解来填补空虚感。“人们只是谈论未完成的作品或丑陋的作品，”他为自己和自己的艺术辩解道，“而我的想法是千方百计地展出这些作品。”

这一想法首次出现在纸上是在3月的某个时候，在父亲过世前，他画了一幅还不太严谨的草图，画中是几位围坐在桌子周围的农民。那时，他在通往格温路上的戈尔狄娜·德·格鲁特破旧的小屋之中逗留了好几个夜晚，根据后来的说法，是戈尔狄娜和她的家人围着桌子吃晚餐的场景给了他灵感。但是到4月才成形的这幅画，在大量的素描和油画习作之中，却显得更为深刻和更为复杂。

从艺术生涯的最开始，文森特就渴望画群体人物像。无论是长途跋涉去工作的矿工、买彩票者、泥煤切割工、挖沙工、挖土豆者，还是葬礼上的悼念者，他一直认为自己孜孜不倦的人物习作只是实现目的的一种方式：为一些更为精美的画作所作的准备，能够使他技艺精湛并且不负多年的苦修。甚至当他的画室和写生簿充斥着成百上千个孤独人物的形象却一幅风景画也没有时，画一些人物间有关联的作品——通过劳作、休闲、关爱——一直是他的艺术主张和抱负。的确，从德伦特的荒野来到纽南时，他就有以家人为创作题材的梦想，就像他曾经在施恩韦格的施粥场中描画他那临时的家庭一样。

约瑟夫·伊斯雷尔，《餐桌上的农夫一家》，布上油彩，28英寸×41$^{3}/_{8}$英寸。

毫无疑问，看到德·格鲁特一家坐在桌边的画面时，文森特想到了一系列其他的作品。从米勒不朽的劳动者，到布莱顿理想化的乡下人，再到约瑟夫平庸的普通民众，他记下了这一时代对自己卑微的过去自恋式的沉迷。同时他也借鉴了众多家人围坐在餐桌边分享食物和祈祷的画作。从17世纪起，在英国和荷兰的虔信派教徒眼中，进餐时间的“祈祷”是家庭宗教生活的中心事件，扬·斯坦、休伯特·贺寇梅儿等艺术家在油画和版画之中不断颂扬这一日常仪式。文森特极为推崇查尔斯·德·格鲁士的《餐前祷告》，一幅庄严的、《最后的晚餐》式的、农民家庭祷告时的全景图；他将古斯塔夫·布利昂同一场景的画作挂在阿姆斯特丹的房间里。为了满足新兴的、满心怀旧情绪的资产阶级的需求，伊斯雷尔这样的怀旧大师重新激活了这一主题，但其中并不总会有祈祷的行为。

1882年在海牙时，文森特曾看到过一幅以伊斯雷尔非常成功的作品《节俭的一餐》为蓝本而创作的作品，他宣称伊斯雷尔“与米勒在艺术上具有同等的地位”。年轻一些的艺术家在伊斯雷尔那里获得了灵感，也开始创作同一题材的作品，直到温馨的晚餐场景变得司空平常。为了找例子，文森特不得不翻阅自己收藏的杂志插图，或者参观朋友安东·范·拉帕德的画室。在他去乌特勒支时，安东的那些围坐在桌子周围的家人的画作给他留下了深刻的印象。

在即将到来的激烈争论之中，文森特将会宣称这一切是他全新作品的灵感。但是对于一个仍然会背诵父亲餐前祷告的人来说，没有任何形象能比牧师公馆桌子上首的那把空椅子带来更多的共鸣。他看着德·格鲁特奇怪的大家庭在黄色的灯光下聚在一起，禁不住想到孩提时代晚餐时点着的油灯，和不再欢迎自己的餐桌。

葬礼后的第一周，文森特疯狂地工作，试图将脑海中的图像呈现出来。他画了一幅又一幅围坐在桌子周围的人物，反复调整各个人物的位置、仪态和坐在椅子上的姿势。他多次回到通往格温路上的小屋，对照着戈尔狄娜总是善意的、好似无所觉察的家人，来修正自己的视角。小屋阴暗的内部、带梁的天花板、破裂的玻璃气窗、黑洞洞和沾满污垢的灶台，都出现在他的素描作品之中。文森特透过黑暗窥视房中的一切，将一切细节都画下来，从墙上的时钟，到火上的水壶，再到椅子上的木疙瘩。

他回到画室，这一世界中的人物开始成型。文森特从格鲁特一家和与他们住在一起的范·路吉一家的人物写生开始，但不久就将他们变得新奇而怪异。文森特从来都没有掌握刻画人物面部所需要的那种即兴的精确，尤其是当场景比较小的时候。他总是习惯性地用夸张和漫画式的简洁手法作画。在一个沉溺于刻板化形象的时代，他随处可以找到例子，在自己的缺点之中越陷越深。他的偶像米勒将农民干脆画成了野兽。仿效米勒，文森特已经从面相学和颅相学中，学到了农民的特征应该和动物的特征相一致：如公牛一般的低前额和宽肩膀，如公鸡一般的尖嘴和小眼，如奶牛一般的厚嘴唇和铜铃眼。“你知道农民是什么样的吗？”他随后写道，“当你找到一位真正的农民时，他强烈地让你联想起了野兽。”

《女人头像》，1884年—1885年，纸上粉笔，$15^{3}/_{4}$英寸×13英寸。

像米勒一样，文森特希望自己的绘画颂扬的不仅是农民与自然的合一（他们与乡村的“和谐”），而且是他们在面对繁重劳动时冷静而执拗的服从——在文森特看来，这些人和他曾赞誉过的伦敦、巴黎和布鲁塞尔的那些老迈的马匹一样，有着高贵的服从。那些马被用来穿街过巷，拖运粪便和灰渣，“耐心地、温顺地……等待着自己的最后的时刻”。整个冬天，在不断地创作的人物头像之中，文森特努力通过模特的脸和手表现出劳动的不朽。现在他把心得都融入到最后一系列忙乱的预备性习作之中，不管是素描还是油画，全力以赴地描画这些围坐在桌子周围的人物。

为了给予这些身份卑微的野兽以应得的严肃性和重要性，他将他们安放在他们自然的栖息地中：黑暗。曾经有很长一段时间，他对阴暗的小屋十分着迷——“洞穴。”他这样称它们。德·格鲁特这样的家庭就住在这样的地方。但是，即便是调色板上最深的颜色，都无法穿透这些茅草小屋的晦暗。过去，他解决过这个问题，通过将人物放在窗前明亮的阳光下，或者像木刻家一样，以少量的强调让他们从黑暗中突显出来。甚至在他成为艺术家之前，他的想象就被从阴影中之中浮现出来的客体的戏剧性或者在背光的光环之下显示出的轮廓所吸引。对他来说，类似于这样的“效果”揭示出了一种不朽的维度，早在埃滕的时候他就在实验这些手法。“我想要一些广阔而大胆的东西，包括轮廓和浮雕。”他谈到自己在海牙的人物群体素描时说。在关于纺织工的画作中，他同时使用了阴影和轮廓来赋予自己简单的题材以一种崇高感，同时也隐藏了他笨拙的画技。

他在描绘农民们围在桌旁的画面时，用过两种不同的呈现方式：窗前的午餐，以及油灯的明暗对照之中的晚餐。不久，他决定选择后者，即更暗的视角：他将在晚餐的黑暗之中描绘这些吃晚餐的人，仅仅用桌上油灯发出的黄色灯光来照明。3 月画画的时候，他就已经在几幅画作之中练习过这种阴森森的调色，创造出各种色调的精心混合，取得了几种近似的颜色，棕绿、蓝绿和深蓝——这些颜色被他叫作“深软皂色”。

由于他不断追求色调上的细微变化，从颜料管到画布的过程之中，几乎没有任何颜色是保持不变、未经加工和未经破坏的。裙子上的褶皱或者墙上的物体仅仅只是通过细微的亮化或者暗化来区分。桌子或手上最为突出的部分采用了大量的色调——普鲁士蓝、那不勒斯黄、有机红、赭褐、铬橙色——来实现一种无法形容的中性灰色。文森特最近一直沉溺于颜色理论之中，一直在阅读尤金·弗罗芒坦和查尔斯·布兰克的著作（他从布兰克的著作中摘抄了很多段落）。仿照米勒，他甚至开始学习钢琴，确信音乐的音调能教给他更多有关美术色调的知识。但是他的这些“科学的”知识仅限于洞穴小屋的视角（“对极为灰色的内部的一瞥”）和多个月以来对“低色调”的大力倡导。

完成肖像习作几天后，他用更粗的、颜色更深的画笔开始在更大的画布（2.5 英尺 ×3 英尺的画布）上作画。在复活节后的一周之中，他“从早到晚不停地”工作，努力为想象之中的场景找到全新的、更好的表现形式。像往常一样，面对人体的神秘和用有限的颜色来描绘模特的复杂性，他力不从心，与手头的材料进行着“一场艰苦卓绝的斗争”。他一遍又一遍地描绘这些人物直到颜料太干而无法处理，或直到颜料太湿而不能继续在上面作画。即使连续多夜跋涉去德·格鲁特家，在灯光下修正自己的想象，他越来越依赖参照冬天时画的肖像习作来描画围着桌子的那些人的脸和手。为了强调小屋的幽闭恐怖，他降低了天花板的高度，用屋子更多的部分挤满了整幅画的框架，并在其中挤入了越来越多的室内细节：一面镜子、装满各种器具的木底鞋和一幅关于基督受难的虔诚的画作。

最后，出于对未知要求的回应，他完全重新想象了画面中的人物。不再是面对一餐简陋饭菜的四位饥饿的农民，各自相隔很远，就像在饲料槽中吃食的牲畜，文森特画了一家人。不再是戈尔狄娜混乱的婆家，生活方式粗鄙，而且家庭关系千奇百怪，文森特创造了一个记忆中的熟悉场景：在铺上了桌布的桌子边，一对夫妻彬彬有礼地分享着煮熟的土豆，一位年长的女性为大家倒咖啡，一个孩子顺从地等着别人为他端上食物。

最后，文森特又加上了一个新的人物，第五个人，这个人坐在后面，刚刚加入这一家庭仪式。这个人相貌奇特，头发稍微有些红，单纯的脸上带着哀伤。

在文森特看来，生命与艺术之间的边界从来都不是泾渭分明的。1884年—1885年冬天的某个时刻，他越过了那条线。他为自己艺术的真实和抚慰力量找到了避风港——在德·格鲁特家里度过那些晚上、在牧师公馆面对不受欢迎的那些夜晚，以及在所有其他地方遭到冷遇之时。

自1881年在埃滕时起，文森特就已宣称自己是“农民画家”。这是一个很时髦的名称。整个年轻一代的艺术家，比如拉帕德，放弃了关于自然的浪漫观念。受到政府的鼓励去逢迎越来越政治化的农民阶层，并且受到一些在商业上成功的画家（如米勒、布莱顿、伊斯雷尔和莫夫）的影响，文森特回应了“温暖的国家”的召唤。艺术、商业和友情与他对津德尔特的热烈怀旧之情（他想象道，那里所有的农民都是“质朴的和本性善良的”）帮助他克服了现实之中的挫折，以及无论何时去乡村冒险都会遭遇到的敌意。“在最贫穷的小屋里，我都能看到油画和素描，”在离开德伦特（那里的农民将他视为“疯子”和“流浪者”）的那个夜晚，他写道，“我的思想被猛烈地推向这些东西。”

自己的资产阶级家庭和朋友多年来的拒绝，使文森特更加沉溺于关于家的幻想之中：作为“农村生活的画家”，在农民之中找到自己的新家。为了维持这一幸福的幻想，他极度依赖另一个虚构故事：阿尔弗雷德·宋思尔撰写的米勒传记，这本传记十分畅销。“我对它很感兴趣，在半夜醒来时，我都会点上灯，熬夜阅读这本书，”他在1882年写道，“米勒是多么伟大的一个人啊。”

宋思尔不仅仅只是为米勒撰写传记的好友，还是他的赞助人、收藏家和交易商。为了为《播种者》和《晚祷》这样的光辉意象谱写一段可以在市场上取得良好反响的关于画家本人的传奇故事，在处理主人公过去的乡村经历时，宋思尔采用的是一种自我吹捧式的感伤和老套的笔法。宋思尔的米勒在田野上度过童年，经历了“艰辛的劳作”，干过“其他艰辛的农活，这些都是农民生活的构成部分”。但真正的米勒是一位没落贵族的儿子，生性敏感，勤奋好学，他是读着维吉尔的《埃涅阿斯纪》等经典著作长大的，就像故乡诺曼底的岩土一样，文化教养是他成长过程中不可或缺的部分。如果确实有过播种与收割的经历，那可能只是为了照顾家里的花园让溺爱他的祖母开心。当有门路的亲戚为他弄到一份由国家支付的津贴时，他便急不可待地离开了出生地，启程去巴黎跟随古庇尔画廊的明星人物保罗·德拉罗什做学徒，保罗也受到文森特的伯伯森特的喜爱。

在宋思尔的笔下，米勒一生忠诚于自己在艺术作品之中呈现的穷苦人。“在内心中，对乡村那些生活悲惨的穷人，他总是充满同情，”宋思尔坚持认为，“以前，他自己就是一位农民。”1849年，米勒逃离了巴黎的城市生活，去和他喜爱的平凡人一起生活，据宋思尔所说，去体验他们的自我放弃和贫穷的生活。他甚至还穿着他们的灰色毛绒衫和木屐（木底鞋）——“穷人们特有的衣着”，不明底细的旅行者可能很容易会误以为这位体格魁梧、满脸胡须、在这片土地上跋涉的男人是“一个热情的农民”。真实的米勒是一个放荡不羁、挥金如土的人，一生债务缠身，根本就不知道贫穷为何物。米勒不仅有敏锐的市场观察力，还有高超的绘画技巧，他画画时很讲策略——从社会肖像到挑逗性的性感年轻女性。一生中，他很少缺少赞助人、佣金或销路。

当传记之中的米勒“逃”到法国巴黎附近枫丹白露森林里一个时尚的乡下村落巴比松时，真正的米勒却是在款待一大群高雅的巴黎圈子里的朋友，而不是农民，债务和腰围在节节攀升。他经常像其他乡绅那样，衣着朴素简单，但在拍照时，他总是坚持穿得像绅士一样华贵，并且花了大笔的钱用于购置燕尾服。和艺术家查尔斯·雅克、西奥多·卢梭及作家乔治·桑在一起，他始终位于艺术家抗议浪潮的巅峰，这一浪潮从1848年的革命开始一直在延续。他于1850年创作了《播种者》，1853年（文森特正是在这一年出生的）创作了《休息中的收割者》等不朽的作品。不久之后，正是这一浪潮帮助米勒和其他巴比松艺术家在世界博览会和1855年的沙龙上大获成功。

但是文森特只看到了宋思尔笔下的米勒：一个生动的、多愁善感的大小孩，有着生动的、标新立异的想象力，不被公众所理解，被批评家所唾弃，被债权人追债，忧郁孤独，沉浸在哭泣和自杀的思绪之中——一个充满着反叛的热情和无法言说的愧疚的艺术家。“我不想停止感觉疼痛，”宋思尔引述主人公的话说，“疼痛能使艺术家最清楚地表达自己。”文森特四处寻找安慰和指导，从他第一次读到宋思尔“了不起的著作”开始，这本自传就被他视为圣徒传记。尽管除印刷品外，文森特很少见到米勒的作品，尽管对他的作品知之甚少，但在文森特的想象中，米勒是太阳，而自己则是围绕在“太阳”周围旋转的卫星，文森特声称是这个法国人 1883 年引领他从海牙回家。“当过去的影响使我越来越脱离自然时，是米勒让我重归自然。”文森特写道。

父亲过世后，文森特完全陷入了与米勒——或者这个人物的形象——浑然一体的幻觉之中，他还经常称他为“米勒父亲”。他想象着这位英雄——以及他自己——过着不知疲倦的生活，无私地献身于为农民作画这一“真理”。在文森特看来，米勒献身于自己高尚却被忽略的绘画对象的苦难，是一位耶稣式的烈士，同时也是一位先知，号召所有偏离正道的、喜好奢华的艺术家在艺术上回归谦卑和无限的事物。到 1885 年 4 月中旬，文森特关于一群农民围坐于桌边的素描和油画开始填满了克基拉岛的画室，他也找到了全新的领路人、全新的信仰和全新的使命。“米勒是像父亲一样的米勒，永远都充当了领袖和导师的角色，也是一个真正的画家的典范。”文森特说。

那年春天，天气渐渐转暖，春耕也已开始。每天早晨，文森特一大早就起床，到旷野中和牲口在一起。他穿着粗糙的蓝色亚麻上衣，因为满是汗水，衣服显得有些僵硬，由于阳光的照射而褪色为知更鸟蛋的颜色。他总是戴着顶帽子——晴天戴的是草帽，天气潮湿时戴的是黑色的毡帽。一位目击者说，他的脸仍然是“饱经沧桑的，被太阳晒得黝黑”，在这片土地劳作的所有人的脸上，都有这种独特的皮革的颜色。离开牧师公馆时，他会穿上一双笨重的、粗糙的布拉班特木底鞋，鞋底因为常年穿着而磨光。早起的邻居们会看到他手上拿着写生簿，迈着沉重的步伐向纽南郊外走去，想要捕捉到最早的犁沟的景象。无论遇到人们从事什么工作，他都会在田野或农家宅院里，“记录下自己所看到的人们做的第一件事”：将冬天的黑麦堆在一起、砍豆茎、打水。当田野里空无一物的时候，他就去看人们挤牛奶，或者剪羊毛，他也会敲农户的门，希望能够有机会一览那“奇妙的室内景象”。他自夸道，他会走很多英里的路，来到荒野之中，从日出“漫步和跋涉”到日落，“像农民一样在田野之中”。他黄昏时分回来，整个人“累得像狗一样”，但他毫无怨言。他安慰弟弟说，“通过完全沉浸在大自然之中”，自己的“体质已经完全变得和农民一样”。

有时候，他根本不回家，晚上就和农民家庭一起待在荒野深处，纽南关于这位怪人的谣言还没有散播到这个地方。“在那里的人们中间，我交到了一些朋友，”他开心地汇报说，“在这些人中间，我永远都是受欢迎的。”他和农民们共同分享黑面包和稻草床，并且宽慰自己说，总会找到其他陌生人的房屋、其他的田野，“作为一位陌生人之中的陌生人，那里的人们对我不会有任何期望”。他宣称“对文明已厌倦”，他和家人的见面次数越来越少，全身心投入到“全天候地观察农民的生活”之中。“坐在火堆旁静静地深思”以及闲聊迷信话题的农民，都是他研究的对象。通过给农民们分发一些钱和酒，赢得他们的信任，他学会了如何通过“闻风”来预知天气，以及当地的女巫住在什么地方。（他大胆地去拜访过一位女巫，发现“女巫除了挖自己的土豆之外，做不出什么更为神秘的事情”。）

周日，他开始到“比荒野远得多”的地方徒步旅行，寻找全新的绘画题材、“美丽的小屋”，当然还有模特。除了画板太小外，没有任何其他的事物妨碍他。他离开了有人烟和车辙的坦途大道，去往遥远的乡村深处，他将其比作美国的西部。这些远足经常会吸引当地小男孩的注意，在弥撒之后，他们总是无聊而又不安分。因为奇怪的装备和甚至更奇怪的外貌，文森特即使出去画画时，也仍然还得忍受这些小孩的骚扰和嘲笑。但是在周日的逗留期间，文森特却很欢迎这些孩子。他已经学会怎样用钱让孩子们和自己合作。他会用五分或十分钱来换取小孩子们带给他的鸟窝，价钱取决于鸟的稀有程度和鸟窝的完好程度。“我告诉他有个地方有长尾金莺，”多年后，其中一个男孩回忆道，

> 那是一种非常不同寻常的鸟。“我们去那棵树下看看。”他说。我们去了那棵树下，一直等着，但是没有鸟出来。“我什么都没看到。”梵高说。然后我说：“在那儿，那儿。”“那是个树疙瘩。”他说。我用脚踹了一下树，然后那只鸟就飞了出来，吓了他一大跳。噢，真的不错。他搬来梯子很灵巧地取下了鸟窝。

不管去哪里，他都会雇用这些小男孩，他经常和他们一起在荒野之中长时间四处漫游，去寻找鸟和鸟窝。他在树篱间设网，然后让小帮手们把鸟从它们自己的领地赶到陷阱之中。他也会使用弹弓，这些可都是他亲手做的。他送了一把弹弓给一位淘气的小伙伴，那个小孩用弹弓打破了学校

的窗户。

不久后，文森特吸引了一大批找鸟和鸟窝的孩子，他们很高兴在荒野里四处闲逛就能赚到钱，即使身边有个“丑陋”和“古怪的”，还有“红胡子”的男人陪着。其中一个人回忆道，他“老是穿着很破旧，以至于让你想要给他一点东西，而不忍心从他那得到什么”。在这些由农民孩子陪伴的漫步中，来自过去的米勒的生活方式，和对拥有鸟窝和溪坝的童年的向往交织在一起。“我真希望你能和我在一起，”在某个周日的一次冒险后，他向提奥这样写道:“我们不得不花半个小时艰难地通过一条小溪，到家的时候，我全身都是泥巴。”他将自己的需要和快乐与其他农民孩子的需要和快乐相比较，一边回顾一边开始抱怨，说自己小时候不得不忍受“父母和老师没完没了的胡说八道”。

作为乡间的孩子，文森特觉得自己有资格享有卑微阶层的另一项特权：性。他一直坚信资产阶级的神话，即农民像他们养的牲口一样私通：随意地发泄本能，没有任何负罪感，不会克制自己的欲望，也不会有其他的纠葛，自由自在地在谷仓前的空地和旷野中私通。在文森特的想象中，现在这些学生式的幻想已经和米勒的“亲自沉浸在农民生活中”的号召融为一体。4 月，戈尔狄娜·德·格鲁特几乎每晚都单独到克基拉岛的画室去。当地人开始对牧师的儿子和他的农民“情人”窃窃私语，很多人都怀疑文森特是不是在为她画裸体画。

5 月，他在读左拉的《萌芽》时，找到了自己的力比多使命的明证。《萌芽》的背景设在一个文森特十分熟悉的工人的地狱里——法国北部的煤矿。通过描写资本主义体制的无情及其受害者所遭受的痛苦，整本小说中充满着愤怒。但在文森特的狂热之中，左拉严厉的控诉完全被忽略了。在这部讲述一个失败的浪漫主义英雄领导着富有同情心的工人的小说中，文森特将自己投射在煤矿的资产阶级经理埃纳博身上。文森特将埃纳博令人羡慕的关于绘画的幻想以及在社会底层中令人心跳的艳遇，抄录下来寄给弟弟，作为他自己全新吁求的最高尚的源头：

> 他为什么不可以让他们坐在自己的桌子旁，用野鸡肉来填饱他们，而自己出去在树篱后与别人私通，和女孩子们翻云覆雨，丝毫不用担心此前将她们按倒在地的那些家伙！他愿意付出一切……只要有一天他能够变成听命于自己的那些人中最卑劣的一个，能够纵

情极欲……啊！活得像牲口一样，没有任何自己的财产，和最丑陋的、最脏的推车女工在麦地里面翻云覆雨，从中获得满足。

但是文森特狂热的心更多的是渴望痛苦，而不是快乐。米勒的简单生活，与他曾经在坎佩斯和耶稣身上体会到的自我禁欲一样，是同一种召唤。文森特的穿着破破烂烂，即使是农民看到了，都不免会投以同情的眼光；雨天他也不会去找个地方避雨，酷日当头也不会去找个地方遮阴。待在克基拉岛的画室里时，他坚持要睡在满是灰尘和蜘蛛的阁楼上，而拒绝睡在楼下更加舒适的房间里。他的房东回忆道："睡在任何其他的地方都是对他自己的纵容。"好像是为了否定画室本身的"奢侈"，他从来不打扫或整理它。一位极度震惊的访客说："大堆的灰烬围绕着火炉，从来没有被打扫或擦拭过。"破旧的藤椅就被丢弃在那儿。为模特准备的衣服、木鞋和帽子，画具和农具，无数次到荒野之中冒险找到的苔藓和植物标本，全都四处散落着，上面覆盖着一层又一层的灰尘，湮没在一捆又一捆的素描之中，这些素描就像数不胜数的、无人理睬的树叶。

他只吃米勒认可的"黑面包"，有时候会再加上几小块奶酪，但总是会加上咖啡。当科斯麦克斯和范·德·维克尔等朋友提出给他一些肉和蛋糕时，他会要求换成干面包。"我不吃这些花哨的东西，"他说，拒绝了德·格鲁特一家人会狼吞虎咽的美食佳肴，"否则就太娇惯自己了。"但是饮食上的节制很快就发展为挨饿，当他完全陷入到自己的热情之中时，这样的情况时有发生。好像是为了比米勒更米勒（"我认为我自己比农民低等。"他后来说道），文森特开始比他描画的那些穷人吃得更少。尽管在这个乡村，到处都是仅仅依靠土豆为生的人，但其中一个与文森特一起在乡下找鸟窝的男孩回忆说："我从来没见过像文森特这么瘦的人。"科斯麦克斯等朋友指责文森特的自暴自弃和无法理解的贫穷生活，指责他却总有钱买白兰地和烟草。文森特以《萌芽》里埃纳博的另一个幻想反驳说："他同样想要忍饥挨饿一段时间，享受一下腹中空空如也的感觉，胃痉挛使得他疼痛难忍，脑子里也开始有一种昏眩的感觉，也许这样可以消灭挥之不去的痛苦。"

即使被农民抛弃，也无法改变文森特以他们的名义度过劳作和奉献的一生的想法。据说在德·格鲁特和范·路吉等人看来，文森特的每日拜访说得好听点是一件有利可图的讨厌的事情，说得难听点就是一个威胁。在一个不能容忍任何怪异事物的社会里，那些给他带过鸟窝的男孩对他的荒诞行为既着迷又厌恶。在拿他的钱的同时，他们在他背后对他冷嘲热讽。

有一个男孩回忆说他曾到文森特克基拉岛的画室找过他，当时他正在画画，穿着长长的羊毛内衣，戴着稻草帽，拼命地抽着烟斗：

> 那是一种很奇特的景象。我从来没见过像他这样的人。他和画架之间有一些距离，双手交错在胸前——正如他常常做的那样——久久地盯着画。突然他会跳起来好像要攻击画布一样，在画上快速地画几笔。然后又慌乱地退回到椅子上，眯着眼睛，擦拭着额头，搓着手……村子里的人都说他疯了。

另一个男孩回想起了文森特在田野里寻找地方放画架的情景。“他站在这儿，又站到那儿，又换到更远的地方，再回到这里，然后又站到前面，直到人们说：‘那个傻子又站到那里了。’”他在埃因霍温的钢琴老师突然中止了他的课程，根据科斯麦克斯的说法，因为文森特花费了太多时间“将钢琴的音调同普鲁士蓝和深绿色，或者是带点亮镉色的深赭色进行比较，以至于他的老师觉得自己是在和一个疯子打交道”。甚至那些只一眼就能认出他的人，像拜京斯颜料店的顾客，在提到他时只是将他称作“那个来自纽南的疯疯癫癫的小个子”。

文森特听到的是嘲讽和讥笑，但仍然坚持不懈，他宣称遭到迫害，并且发誓会加倍努力。他说，米勒“对这样的嘲讽充耳不闻”，“如果这时有丝毫动摇的话，将会是奇耻大辱”。他可能还会进入荒野的更深处——“去农民的小屋里和农民住在一起，这样就不用再听到或者看到那些所谓受过教育的人了”。他为自己所谓的“热情”和“冲动”而辩护，反抗对世界的恐惧和倦怠，并且代表所有的艺术家宣称艺术家应担负起疯狂的责任：“些许疯狂才是最好的艺术。”

5 月一开始，他陷入完全的幻想。傍晚，他将自己不是想象为一位带着一天的习作回到画室的画家，而是想象为一位从田间地头回到家中的劳动者，画笔则是自己的锄头，从一位农民的画家摇身变为一位画画的农民。“我在画布上作画，和劳动者在土地上耕作并无二致。”他写道。对一幅自己比较满意的作品，他反复强调，这是一幅“由一位会画画的农民创作”的作品。他抱怨这“所谓的文明世界”，仅仅“因为我的木屐就驱逐我”，他宣称自己是一位烈士，因为他和“普通老百姓”站在一条战线上——不仅仅是纽南全部的吃土豆的人，还有津德尔特缺乏鉴赏力的低俗群众。他制订计划要回到黑乡，并且“在一个月内带 30 幅习作回家”。文森特幻想着要磨砺自己，乞求提奥加入作为画家的农民的新生活：他将宋思尔和《萌芽》奉为圭臬，穿着木屐走来走去，吃着黑面包，并且“像一头野兽一样生活”。“你可以想象将能够创作出怎样的画作！”他惊呼。

文森特坚持认为这并不是错觉。世界才是错觉。米勒的“有魔法的土地”——在那块土地上“每个人都是自由的”——的确存在，他向提奥保证说。确信这样的土地存在使得他的脑海中充满了各种画面：

> 能在冬天被深深的积雪覆盖，在秋天置身于厚厚的黄色落叶中，在夏天置身于成熟的谷物之中，在春天游荡于小草间，该是多么美好的事情啊！能一直和割草的人，和乡下的女孩们待在一起，夏天顶着一片辽阔的天空，冬天围坐在暖暖的炉火周围，并且心里明白，世间万物一直都是如此，并且将永远如此，这将会是多么美好的事啊！

当看到文森特在眼前崩溃时，母亲和妹妹们感到非常恐惧。她们无疑已经听说过他早先的反常行为——在伦敦、在巴黎、在阿姆斯特丹、在海牙，但还没见到这样的事情发生在同一个屋檐下。安娜·梵高一直比丈夫更珍视牧师生活所带来的社会地位和所享有的特权。从文森特到达的那一刻起，他就开始向这一特殊的地位发起攻击：以奇怪的举止和穿着、天主教的模特、天主教的画室、对她丈夫的公然反抗、没完没了的依赖，以及那令人尴尬的艺术。现在，他将自己深爱的多洛斯驱赶到墓穴之中后，居然声称他自己是一位农民！每天他离开牧师公馆，大步流星地往田野中去——就像他曾经在津德尔特还是男孩时所做的那样，漫无目的、独自一人在荒野的诱惑中游荡。每天晚上，当他从那些吃土豆的天主教徒污秽的茅舍中完成奇怪的行为回来时，安娜认为，这一定是上帝让她所有最为黑暗的母性预言都变成了现实。

可能是由于母亲的敦促，也可能是由于对这件事的预感，提奥建议文森特离开牧师公馆——彻底地离开纽南，在多洛斯的葬礼之后立即离开。文森特经常威胁要搬去别的地方，几个月之前，他还考虑要搬到画室中去。提奥不说不打紧，一说反倒坚定了文森特赖在这里的决心。“在我个人看来，搬走并没有什么好处，”他写道，“我在这里有一间很好的画室，这里的景色非常美丽。”米勒曾经非常后悔离开故乡；文森特不会再犯同样的错误，贸然离开布拉班特省。“除了待在乡村的最中心地带，我别无他求，”他写道，挑衅地发誓说，“我将在这里度过余生。”

但文森特一直忽略了一个人，那就是妹妹安娜。葬礼后，安娜一直留在纽南，帮助照料自己悲痛欲绝的母亲。30岁的安娜已经成为家庭令人敬畏的女总管，很快就接管了牧师公馆。将哥哥文森特驱逐出去，是她的第一要务。“是他让自己变得令人无法忍受，”多年后，她回忆说，“他放任自己的每一次冲动，不宽恕任何一个人。爸爸曾经为此遭受了极大痛苦。”文森特激烈地和妹妹争吵，为“他的生活方式”辩护。但安娜已经继承了母亲钢铁般的意志，在妹妹们的支持下，安娜让哥哥在牧师公馆的生活每天都痛苦不堪。甚至惠尔，文森特最喜欢的人，也开始反对他——这一背叛尤其让文森特感到痛苦。但是，直到安娜谴责文森特试图谋害母亲，就像他谋害父亲那样时，文森特才最终缴械投降。感到受到伤害和痛苦，他收拾好行李，永远地离开了家。

在提奥面前，他假装宽容地谈到了自己的撤离。“这样做最好不过，”他写道，装作这是自己的选择，“我认为那些在家里的人一点都不真诚。”他将他们之间的争吵定性为仅仅是关于艺术的，并把离开归咎于“追求维系一定社会地位的人”和“一位过着农民生活的、对物质毫不在意的画家”之间的水火不容。本着为艺术而牺牲的精神，同时也希望能抚慰母亲和妹妹，他宣布放弃对父亲为数不多的财产的继承权。“因为在过去这些年之中我和父亲的不和，”他一本正经地告诉拉帕德，“我放弃父亲遗产之中属于我的份额。”

但是不管是对于活着的还是逝去的人而言，愤怒都无法平息。在财产清册的那一天，文森特代表包括提奥在内的那些缺席的弟弟妹妹的利益，回到了牧师公馆，而姨父，也就是凯的父亲斯特里克当时也在场。除了父亲，再也没有任何人像凯的父亲那样见证过他过去那么多次的失败。当遗嘱认证官到达的时候，他看了一眼文森特——“他粗野的外表和农民的衣服。”根据妹妹利兹的回忆——然后要求说:“那个男人不应该离开吗？”安娜·梵高回答：“那是我的大儿子。”无论是因为母亲声音中的羞愧，还是因为幽灵一样始终在场的、对他没有任何好感的姨父的出席，抑或是因为对父亲人生的缓慢回顾，在财产清册的中途，文森特逃离了这所房子——“他没有给出原因。”官员在他的报告中记录道。

4月，以难得的、李尔王式的片刻清醒，文森特简略地谈及了原因。他为母亲像父亲一样“不能明白绘画就是信仰”而感到悲痛，他听见来自墓穴的牧师轻蔑的判断。“这正是我和她之间问题的所在——就像我和父亲之间问题的所在一样，一直都是如此。哦，天啊！”

到5月初，他已经把所有的东西都搬到了距离牧师公馆只有几个街区的克基拉岛凌乱的画室里。画架上是他对《吃土豆的人》的第三次也是最后的一次尝试，因为无止境的修改而湿漉漉的。在与家人的争吵中，他开始在更大的画布上作画，几乎有 3 英尺 ×4 英尺那么大，再次尝试着去抓住自己头脑中关于家的幻象。他十分频繁地描绘和想象围坐在桌子周围的人物，以至于他都不需要参考草图或者习作。“我用心在绘画。”他说。

在被逐渐驱逐出牧师公馆的痛苦过程中，文森特一直沉浸在这一场景之中。4 月中旬，他完成了第二次尝试之后，很快就宣布打算用平版印刷术印刷这幅作品。并没有等到提奥给出他对于这幅作品或是这一行为的建议，他就去了埃因霍温，让人为他印制了 50 份。当家庭生活土崩瓦解时，他重新修订了石版上的意象，野心勃勃地制订了一整套基于同一个题材的平版印刷作品的计划：家中的农民。他不断给提奥送去这一意象的重复素描，催促他把作品给朋友和交易商同行看。他想知道时尚的巴黎艺术杂志《黑猫》的编辑是否“会想要一幅关于那些吃土豆的人的粗糙的素描”，并且，他还可以根据所要求的任何尺寸创作一幅。

对弟弟的多次劝阻置若罔闻，文森特此时因一个消息喜不自胜。提奥的同事，一位名不见经传的销售商阿尔塞纳·波尔蒂埃在文森特的早期作品中“发现了一些东西”。文森特很快就给波尔蒂埃写了一封长信，“为他本能的感受提供一些论据”，并勉励他对于自己的观点不要让步。波尔蒂埃礼貌的称赞（他说文森特的作品有自己的“性格”）激励着文森特，让他在 4 月最后两三周里充满着虚幻的希望。当平版印刷作品从印刷店生产出来时，他把副本寄给了提奥、拉帕德、波尔蒂埃，甚至古庇尔画廊的老同事埃尔伯特·简·范·韦瑟林——就像在一个新生命诞生时分发雪茄，不仅是庆祝在每一次重复之中都会不断变化的意象，更是庆祝它所代表的全新使命。“在这一题材中，我感觉里面有某种生命在涌动。”他说。

甚至当文森特在为分发平版印刷副本和另一平版印刷制订计划时，他还一次又一次地回到画架，在画布上修改。4 月的最后三周，当他在为自己在牧师公馆桌上的位置而战斗的时候，他不停地修改一个农民家庭晚餐场景的画作。他反反复复地画着头像，夸大他们粗糙的特征，在他们的脸和手上画出一些痕迹以显出沧桑感。没有受到他惨无人道的修改的，只有戈尔狄娜和“第五个人物”。他过分关注色调的渐变，坚持自己的做法，认为“表现形式的最好方式就是单色着色法”。他经常跳到画布前，对过于急切的强调进行修饰，并花上几个小时在调色板上调出不同程度的灰色。

在一次次的修改后，画面逐渐清晰起来，但更加黑暗。当他在这些头像之上花费了几周之后，他觉得肌肉的颜色“太淡”，并且“是决定性的错误”。他将他们的脸重新画了一遍，这一次“用落满灰尘的土豆的那种颜色”，“当然是没有剥皮的”。他努力坚持暗色调要尽可能地暗。他用沥青色给画作中的光泽面着色，还将颜料与香脂（一种自然的松香）混合，防止画作上的油渗透进画布里，把光彩从暗色调中过滤掉，使暗色调变得没有光泽。香脂也能使他的画保持持久的柔软——使它成为传达自己不安分的想象的更适宜的媒介。但是更为柔和的颜料使得他在冬天画的肖像头像的大胆笔触失去了色彩，促使他等待更长的时间来做不可避免的变更。

文森特始终坚持，一周又一周，每天所有的时间都在工作：早上画，中午重画，晚上又破坏掉，不停地同自己作对。吹毛求疵的修改，在他看来，是为了接近一个可能的、最为崇高的目标：“把生命放进作品中。”但是当 4 月快要过去时，德·格鲁特茅屋的阴郁景象在文森特躁狂的努力下几乎没有任何改变，甚至连他自己都意识到了问题的所在：自己无法停止。

他经常会在作品上过度地花费精力，特别是那些对他来说很重要的作品（“我无法让自己的手离开它们。”他承认弄坏了一些在海牙时创作的作品）。没有任何其他画作比这幅更重要。他本可以成功地避开提奥的沙龙的挑战，但是高额奖金的诱惑力和这最后的机会，使得他在这些未完成的画作上欲罢不能。文森特自己不断增加投入，许诺还将画出“一些更重要的东西”，并且向提奥或者波尔蒂埃保证，这幅作品完成后，可以送去参加艺术展。“我确切地知道，有一种特别的东西就在这幅画作之中，”他向提奥保证，“一些与你曾经在我的作品中见到的东西完全不同的东西。”这一狂热不断地膨胀。期望越高，修改的次数也就越多，在上面耽搁的时间也就越长。

最终，他不得不强行将这幅画换一个地方，不再放在身边。4 月末，他用车将尚未干透的大幅画布运往埃因霍温，交由安东·科斯麦克斯保管，并且指示说：“确保我不会把这幅画糟蹋掉。”尽管如此，几天后，他又跑到朋友的画室，用一支比较小的画笔继续修改，在另一层光泽面上加上一层（即第四层），又杂乱地画上“最后收尾的几笔”。在修改后的颜料还没有变干前，他将这幅画运回到纽南，希望能在提奥的生日 5 月 1 日之前寄过去。但是这幅画只在克基拉岛的画室里安放了一两天，之后，他再次通过满是灰尘的街道将画运到通往格温路上的小房子里，决定“给它来自自然的最后的几笔修饰”。到了之后，他发现德·格鲁特和范·路吉在窗户前用餐，而不是在吊灯之下。他们在忽明忽暗的日光下显现出来的轮廓深深地感动了他——“哦，多么美好啊。”他惊叹道。于是，他立刻再一次埋首作画，把画中人的手和脸画得更暗了（“很暗的黄铜的颜色”），并且加上了“最柔和的褪色的蓝色”。之后，他绝望地向提奥写道：“我再也不会认为我的作品已经准备好或者是已经完成了。”

即使在反复修改使这件作品饱受摧残的同时，他也不断吹嘘自己的作品，在作品寄出之前，拼命地想得到提奥的一些回应。“整个冬天，织布的线都一直被我拽在手中，希望找到最理想的图案，”他写道，“虽然现在是一种粗糙的布料，但这布料经过了精心的选择。”他称赞其明快的色彩以及“原创性”。他将缺陷置于感伤的题材（“这来自佃农生活的内心”）和目的的正当性之下。“我想要传达一种生活方式的图景，它完全不同于我们自己的、文明人的生活方式。”他解释道，从而阻止任何人反对其粗糙的效果。

将这幅画寄出的前夕，最后一波恐慌席卷了他。他担心画的尺寸，并且紧张地建议在小一些的画布上重新画一遍。作品之中的黑暗色调让他忧心不已，他援引了一系列大师们的话来支持一个令人绝望的观点：亮色的画不像它们看起来那么亮；暗色的画，比如他的画，也没有那么暗。他担心提奥会完全拒绝自己的作品，因此心里一直在想，要不就不要给他寄过去。他为确切的运费而焦虑，想象着如果在寄到时有些款项已经需要支付，他的画更可能会让人失望。他总是认为自己的作品如果放在一大批作品当中的话，看上去将会是最好的。他寄给提奥十幅油画习作，以便让提奥的眼睛对这幅早就承诺过的作品作好准备，减少敌对的情绪。

最终，在5月6日，他把这幅画装入一个廉价的板条箱，在箱子上醒目地标上“V1”，将它寄往巴黎。

提奥绝无可能喜欢这幅《吃土豆的人》。文森特已经辛苦工作了一个月——事实上，是一整个冬天，全部的时间都花在这幅画上。提奥多年来温和地敦促他使用更多的光线、颜色和魅力，这幅画完全是背道而驰。为什么文森特可以如此强烈地为这幅画辩解并且投入如此多的希望，这让提奥感到十分迷惑，就像这幅画本身也让提奥极为迷惑不解一样。之前一年，他曾公然批评哥哥凌乱而粗枝大叶的画技。从文森特拿起画笔开始，他们就一直断断续续地为“乏味的”色调而争吵。这合理吗？这理性吗？对提奥主动提出的把他的作品送到沙龙展出的邀请，他却用一幅无疑会激怒提奥的作品敷衍？

《吃土豆的人》，1885年4月，平版印刷画，$10^1/_4$英寸×$12^3/_8$英寸。

像往常一样，提奥不敢说出心里的想法。提奥担心寡居的母亲，文森特的胡作非为一直让她备受打击，提奥把家庭和睦看得高于自己的坦诚。他生来机智灵活，性情敏锐，做巴黎零售商训练出了圆滑的交际手腕，在文森特长时间的创作过程中，提奥以特有的技巧，说明了文森特对这幅奇特的画投入如此热情会有什么样的危险。当第一次在父亲的葬礼上听说这幅画时，他闭口不谈。如果说他表示过态度的话，他只是没有带任何文森特准备性的画作回家，以此来表示不满。一回到巴黎，他向文森特转达了一则令人丧气的消息：公众（而不是他）对米勒（而不是文森特）的作品反应冷淡。遵从文森特荒谬的指示，他向《黑猫》杂志推荐了这幅画，之后以一种特意的中立态度向文森特转达了杂志主编的拒绝。他反对花高价将这幅画送去进行平版印刷（不是反对画本身）；在看到一幅印刷作品后，他只从技术方面（“效果朦胧不清”）批评了这幅画。为了缓和自己对于这幅画明显的冷淡，他援引了波尔蒂埃关于“个性”的温和评价，并且寄给了母亲一份安抚性的报告，因为他知道文森特也会看到。“我很高兴最近能够给文森特带来一个好消息，”他在 4 月写信对她说，“他还没有卖出去过一幅画，但是将来一定会的。无论如何，可以肯定的是，当有人（像波尔蒂埃）认为画有可取之处，那么有类似想法的肯定不止一人。”

收到这幅画后，提奥立即寄给哥哥一封信，赞扬他的农民题材（“似乎能够听到这些客人们的木屐发出的咯吱响声”），然后批评他在绘画技艺上的不足和昏暗的颜色。为了减弱这些旁敲侧击带来的打击，他还额外附上 50 法郎的报酬，并且再次向母亲作出了夸大其词的保证。“几个人已经看过他的作品，”他写道，“尤其是一些画家认为它很有前途。有些人在画中发现了许多很美的地方，特别是画中的人物是如此真实。”（只有一次，提奥曾提到将《吃土豆的人》给一个叫作查尔斯·塞雷特的画家看过，这是他熟识的一位年纪比较大的风俗画画家。“塞雷特能够看出这是由一个入行不久的人完成的，”他向母亲报告，“但是，他认为其中很多地方都可圈可点。”）

在表达最严厉的批评时，提奥也倾向于用间接的方式，还经常举出一些例子。不止一次地，他试图将哥哥引向利昂·莱尔米特的艺术，莱尔米特是一位颇有名望的沙龙艺术家，不仅是画家也是插画家，以画劳作之中的农民而闻名遐迩。他给文森特一些莱尔米特的画作，以回应平版印刷画《吃土豆的人》，无疑希望莱尔米特一丝不苟的画风和动态姿势能够给哥哥一些启示，让他好好地调整自己粗笨的画风和笨拙的人物。文森特大力赞扬这些画作（“充满感情……非常好”），但对其中的教育意义却充耳不闻。在收到完成的画作之后，提奥又进行了一次尝试，他附上关于 1885 年沙龙的一份评论，其中将莱尔米特誉为“米勒的继任者”，称赞两位艺术家作品之中的光和色。

在同一封信中，提奥向文森特推荐了弗里茨·冯·乌德的《让孩子们到我这里来》。相比乌德细腻的、精致的、《福音书》式的故事画——画中展示了一行衣衫褴褛的农民孩子拖着脚向坐着的基督走去，他几乎无法找到更好的办法，可以用于批评文森特笔下那些野蛮的洞穴居住者。画中每个人的姿势、神态都极具个性，没有一点夸大或讽刺的迹象。虽然和《吃土豆的人》一样用“绿皂”色描绘，乌德的画中场景都沐浴在柔和的光线中，不仅表现了黑暗的内部，而且用金色高光突出了头发蓬松的孩子们。除了无懈可击的绘画技术，这幅画还洋溢着情感——文森特称之为“真正的情感”。和米勒一样，乌德不必借助土褐色和粗糙的素描，就成功地传达了画中谦卑的人物身上那种高贵的气质。

在弟弟温和的指责中，文森特发现了十足的挑衅，这已足够让他加入一场他一直为之努力的战斗。他为艺术作出的牺牲不容被否定。“我相信，在一个人创作的作品当中，如果感情越是充沛，”他写道，进一步将艺术与艺术家等同起来，“这幅作品就越是会受到批评，引起的怨恨就会越多。”怀着农民的幻想和米勒式的弥赛亚主义，文森特倾注了如此之多，以至于任何妥协都完全不可能。文森特拒绝了提奥所有的范例，认为它们都是“寒冷的”和“正统的”，他坚持自己艺术的独特性和这些作品创作者的个性。“让我们继续作画，”他请求道，“尽管有着所有的缺点和品质，让我们做我们自己。”这个夏季剩下的日子里，他用反驳和新的争论来攻击提奥，致力于达成妄想中的目标：改变弟弟对《吃土豆的人》的评价，也改变弟弟对自己的评价。

利昂·莱尔米特，《丰收》，1883年，布上油彩，92英寸×$104^3/_8$英寸。

提奥对这幅画的颜色的批评，引发了激烈的争吵。从来没有一个题材让他们如此争论不休和互不相让。但是文森特对待弟弟，就像是老师对待一位第一天来上课的学生一样，向他灌输一些最基本的“科学的”颜色理论常识，这些理论同样来自查尔斯·布兰克撰写的《当代艺术家》和《绘画艺术的法则》，他整个冬天都在学习这两部著作，这位作者可是色彩领域内的米什莱，大师级的人物。4 月，他大段抄录这两本书中的文字，好像是在为这次战斗准备粮草弹药。

根据布兰克的理论，大自然之中的一切其实都由三种“真正基本的”颜色构成：红、黄、蓝。将这些“主要的”颜色中的任何两种混合，就能产生三种“第二位的”颜色之中的一种：红色和黄色能构成橘色，黄色和蓝色能构成绿色，蓝色和红色能构成紫色。根据法国化学家米歇尔-尤金·谢弗勒尔的研究，布兰克对这六种颜色的内在关系有过深入的探索。他着重强调了每种第二位的颜色都缺少一种主要的颜色，橘色缺少蓝色，绿色缺少红色，紫色缺少黄色。他将这些不相关的成对的颜色之间的关系称为“互补性”关系——它们能够使彼此更加完整，但他在它们的互动之中又发现了一种为了分离和取得优势地位而进行的激烈斗争：蓝色对立于橘色，红色对立于绿色，黄色对立于紫色。眼睛将它们的斗争读作一种“对比”。它们的对立越鲜明（它们的位置越接近，它们的色调越明亮），它们的斗争越激烈，对比越强烈。蓝色只有放在橘色旁边时才显得最蓝，红色在靠近绿色的时候才会显得最红，黄色只会在紫色的映衬下显得最黄。在它们最为鲜艳的时候，布兰克警告说，这些并置将会增加这种对比度，“以至于人们几乎无法忍受睁眼去看”。

为了控制这些互补性颜色之间的激烈冲突，布兰克有进一步的推论。（他将自己所有的“规则”都放在语言战争的大体系之中，这对文森特无疑是另一种诱惑。）画家可以将它们以不同的比例混合，这样“它们仅仅部分相互破坏”，产生一种浅色的“破坏的色调”，突出其中的一种或另一种构成性色调。破坏的色调（比如灰绿）可以与它的互补色（红）放置在一起，从而产生一种不是特别强烈的对比（一种“不平等的斗争”），或者是一种较纯的色调，比如蓝色，从而形成一种色调上的和谐。因此理论上来说，最精细的色调变化都能够创造出一种明显的对比（灰绿和红灰）或者统一的互补色（绿色和灰绿），以及所有中间位置的冲突之中的阴影。根据谢弗勒尔的理论，布兰克将这些色彩互相影响的规则称为“同时对比的法则”。

文森特向弟弟宣告这些是色彩的“法则”：科学的、不变的和不容挑战的。他说，布兰克对色彩研究所作出的贡献，可以媲美“牛顿对地球引力研究所作出的贡献”，“这些色彩的规则就像是一束光……确定无疑”。

为了证明这一点，他引用了布兰克的偶像德拉克洛瓦的多彩作品和苏格兰格子呢上亮丽的格子图案。“它们用最鲜艳的颜色来互相平衡，”文森特解释道，“所以这些图案的总体效果从远处看上去很和谐，而不是一团糟。”他一再坚持《吃土豆的人》的创作，完全严格遵照了布兰克的理论，因此对这幅画的颜色的任何批评都无疑是“武断的”和“肤浅的”。在提奥和其他人看来只是一片黑暗的地方，文森特宣称其中蕴含着丰富的颜色——尽管是破碎的，但仍然充满着生气，如同颜色对比上的小型游击战。至于无法穿透的棕色和灰色，他宣称那些是一团团微妙的、调节好的、破碎的色调，它们并置的方式是没有受过训练的眼睛所完全无法欣赏的。“绿皂”色调事实上是多重颜色的组合，在他的画笔下被“编制为一个和谐的整体”。

为了回应提奥对《吃土豆的人》的批判，文森特作出了反驳。他非但没有宣扬规则，反而激烈地对其进行了批判。文森特令人生畏的辩解总是一开始就会缺乏连贯性，但是他对《吃土豆的人》的辩护自相矛盾，这种自相矛盾始终贯穿着他全部的艺术野心。他一直坚信缺乏天赋不要紧，只要努力地工作和掌握规则（从巴尔格到布兰克）就会得到成功的回报。文森特不断吹嘘自己为数不多的武器：“努力”、“科学”，以及最为重要的精力，与此同时，他还自我辩护式地嘲讽“先天的天才”和“灵感”。但在面对接连不断的挫折和失败时，他总还保留着自己对成功的另一定义。如果一个艺术家有着足够的激情，无论什么时候当他被自我质疑压倒时，他都会辩解说其他的一切都不重要：不是能力，不是技术，不是销售，甚至也不是艺术本身。对 1885 年沙龙之中的作品，文森特批评说：“它们既没有给我身体所需的食物，也无法为我提供精神上的食粮，因为这些作品的创作完全不带任何情感。”

《吃土豆的人》的创作同样源于付出总有回报的乐观精神。文森特像对待一幅学院派的杰作一样对待这幅作品，仿佛它是历经数月精心绘制准备性草图之后才完成的一幅力作。在即将完成之前的几周内，他重申了自己的信仰：“对绘画的根本性真理的信仰……这些是古希腊人已经知道的，将会一直被应用。”他不停地为更正画作的每个细节，以便“使其更为精确”而烦恼。他指出自己的作品在最后的版本之中是如何得到了提高，并且不断地向提奥保证在画人物时，他“极度地细心，并且按照特定的规则”。的确，他坚持人物绘画的正确性，并且斥责提奥在看待这些题材时的错误观点。“不要忘了那些人并没有像杜瓦尔咖啡馆之中的那些人那样坐在椅子上。”他告诫道。

只有当波尔蒂埃和塞雷特也站在提奥的一方，批评文森特时（塞雷特指出“人物在结构上有一些错误”)，文森特才开始放弃人物“栩栩如生”的说法，而回到最后的防线：激情。在愤怒的大转变之中，他开始否定传统的正确创作以及人物的正确画法，认为这些是“多余的——即使是安格尔画的”，并且挑衅地宣布：“如果我画的人物都是中规中矩的，那我会很绝望。”他赞扬草图中“几乎任意的”比例，并且在头脑中的画作世界里搜寻“对现实不精确的呈现、背离、重构、转化——作假（如果你愿意这样说的话)”，这些特征是“真正的”艺术家作品的标志。他郑重地说，艺术所需要的不只是正确性。它需要的是“比字面上的真实更加真实”的真实。它需要真诚、诚实、亲密和现代性——“简言之，生活”。

文森特仍沉醉于宋思尔笔下的米勒，对他而言，“生活”仅仅只意味着一件事情。无论在技术层面上存在怎样的缺陷，《吃土豆的人》展示了真实存在的农民生活：不是用色彩来“美化”或者用正确来“修饰”的农民生活，而是“散发着火腿的烟熏味、土豆的香味”和“大粪的臭气”的农民生活；就像米勒真实经历过的农民生活——而不是居住在城市中的画家们凭空想象出来的画面，他们那些“精心画出来的形象……只会让人想起巴黎的郊区”。他用宋思尔描述米勒的代表作《播种者》的一段话来教育提奥：“这幅画中有伟大的东西，这个人物之中有壮丽的风格，姿态强劲有力，衣衫褴褛但不失傲气，就像是用播种者正在播种的土地画成的。”在狂热的辩解过程中，文森特抓住了这一诗意的比喻作为一个普适性的原则。“米勒关于农民的这一说法是多么完美，”他写道，“这些农民看上去就像是用他们正在播种的土地画成的。”

这一比喻被文森特一再重复，他用它来让自己的颜色和人物免除由“传统的欺骗”所强加的全部“陈规陋习”。他吹嘘说，他的画作上有“农舍之中的尘埃”，以及田野中的苍蝇：

> 我必须在你即将收到的这四幅油画之上抓走上百只甚至更多的苍蝇，更不用提尘埃和沙土，更不用提如果你花费几个小时带着它们从荒野和灌木丛中穿过，一根或两根枝条可能会刮擦到它们。

将提奥狡猾的暗示不留情面地抛回去，文森特开始嘲弄这样的观念：“明亮的画家”——使用糖果般五颜六色的色彩和潮水般光线的印象主义画家们——能够表达出农民生活中那种“肮脏、充满恶臭的”现实，学院派的插画师能够画出“正在挖地的挖地人、地地道道的农民，或者地地道道的农妇”。只有《吃土豆的人》黑暗的色调和粗糙的人物，才能够诚挚地传达出农民贫乏的生活中“更加真实的真实”。只有真正在他们之中生活过并受到过同样磨难的画家，才能成为这一真实的见证者。“所有一切，”他坚持道，“取决于画家能够在多大程度上真实地再现生活和情感。”

在文森特每一次号叫般的辩护之中，大家都能够听到他在为一个更为紧迫的事业恳求着。“这是怎样的一个人？怎样的空想家、思想家或是观察者？在因为高超的画技而得到夸赞的画布的背后，到底站着一些什么样的人？”他迫切地想知道，“他们是用决心、激情和爱来创作的吗？”他提醒提奥不要忘记左拉“在作品之中寻找人物”的训令——更多地去“喜欢艺术家”，而不是作品。

像通常一样，当文森特的观点改变时，他的作品也会相应地改变。整个1885年夏天，伴随着奔涌而出的大量文字，文森特创作了数量不菲的作品，他用各种各样的画作来批评弟弟的看法，从而鼓吹《吃土豆的人》。他画了一系列色调更暗的画，来支持自己的暗色调：一幅“没有星星、一团漆黑的晚上”的风景画、“傍晚时分的”墓地、“夜晚时分的”德·格鲁特家那样的乡村茅舍。这种类型的茅草屋在布拉班特的乡村已消失了很久，它不仅给文森特夜幕一般灰暗的调色板提供了很好的题材（有着日落时分最后的光线，而不是灯光），而且给他提供了很好的机会，去表达自己对其居民的特别情感。他在写信给提奥时说道：“这些农民的‘草窝’让我想起了鹪鹩的窝。”他发誓要画一系列类似的画作，并且“到更远的地方发现更美丽的乡村茅舍”，就像是一个乡村小孩在寻找鸟巢一般。

《妇女头像》，1885年3月，布上油彩，$16^{7}/_{8}$英寸×$13^{1}/_{8}$英寸。

同时，他画了更多的“头像”，其中一些甚至比德·格鲁特家餐桌旁的那些人更为灰暗；有些甚至更显漫画的风格，处理得更为粗糙。他又给提奥寄了一幅细心用粗重而流畅的笔法画成的戈尔狄娜的肖像，声称此作品再现了米勒的笔法，并且说道：“我从未创作过一幅用如此多的泥土画成的头像，之后还将有更多的作品。”不久之后，另一个装满暗色调画作的柳条箱运抵巴黎，上面骄傲地标示着“V2”。

为了对《吃土豆的人》遭到的一致批判作出回应，文森特开始了一场素描运动，不仅是在回应，同时也是在反叛。他许诺会忠诚于一种全新的绘画手法，该手法将使得他的人物“更饱满、更广泛”，还许诺他会再画50幅，100幅，或“甚至更多，直到完全画出我想要的，也就是说一切都是完整的，并且……构成一个和谐的、栩栩如生的整体”。他给提奥寄去了关于这一新手法的精心解释，解释中满是音调铿锵的法国名言和德拉克洛瓦与赫尔伯特等伟人的卓越智慧。

但是这些素描本身几乎没有变化。不管是出于固执己见，还是由于7月收获季节的到来而缺少模特，文特森回归到了他自埃滕以来就开始练习的一些相同的姿势：女人们俯身拾穗或挖萝卜，屁股高高地翘在空中；男人们用铲子挖、耙或收割。他挑衅地选择了大幅的画布和单一的题材，而自埃滕以来，提奥就一直在劝他不要这样做。他关于完整和整体性的承诺没给他增加任何东西，除了那个夏天在画室里堆积的大量相似的人物画以外。他宣称所有这些急剧增加的、没有任何改变的画作都有相同的“性格”、“生命”与“尘埃”，也就是那幅被恶意中伤的《吃土豆的人》所具备的特点。

5月下旬，当安东·范·拉帕德寄来一封信，批评平版印刷画《吃土豆的人》时，文森特愤怒地予以反驳，以激烈的方式终结了他们之间五年的友谊。拉帕德无情地通过一些具体的细节，详细说明了其中的全部缺点，而这些缺点提奥仅仅只是暗示过：

> 你将会赞同我的观点，这些并不是严肃意义上的作品……为何你那么肤浅地看待和对待每一件事？……背景中那个女人卖弄风情的小手有多么不真实？……为何右边的男人没有膝盖、腰和肺？它们都位于他的背部吗？为何手臂尺寸会短一码？为何他必须只能有一半的鼻子？还有为何左边女人的鼻子有着一个小型的烟斗一样的

鼻梁，而末端还有一个小小的立方体？

拉帕德写道，这幅画让他感到“恐惧”，他以最为严厉的语言批评文森特，认为他背叛了曾经的共同的艺术理想：“当你以这样的方式创作时，怎么还好意思说是米勒和布莱顿的笔法？好吧！在我看来，艺术是非常严肃的，不应该用这种漫不经心的方式对待。”

文森特立即将这封信寄了回去，只是加了个简短的、潦草的附注。但是在一周之内，他满腔的愤怒终于在受伤之后爆发了。在接下去的一个月里，他不顾一切地反复辩解着，仿佛一生的争论都尽在于此。他一会儿愤怒地反击，一会儿代表自己和自己的作品可怜地进行辩解，反复说自己毫不在乎（“我让你们沉浸在自己的幻想之中”），但之后又是连篇累牍的学术性辩解。详尽的鼓励之词和接近疯狂的谴责言语出现在同一页信纸上。他的辩词从最具有技术性的（“我在石头上面使用了腐蚀剂”），到最为彻底的（“我们在人民的心中寻找主题”）。他声称自己是米勒最忠诚的门徒，并且预言如果他们分道扬镳的话，拉帕德将会自取灭亡。

争吵得越多，他也就越生气，直到他激烈的冗长指责变为一个受伤孩子的无助沮丧和愤怒。当拉帕德说文森特需要有人来告诉他“一些逆耳忠言”时，文森特马上反驳道：“我就是那个告诉自己逆耳忠言的人。”

在拉帕德的反对中，文森特看到的是曾经挫败和迫害过他的黑暗势力。他写道：“多年来，我已经与很多人之间出现了相同的问题，其中还包括我的父母与整个家族。”在文森特偏执的想法中，他怀疑拉帕德的背叛可能是针对自己的阴谋的一部分——这一阴谋由他在古庇尔画廊的老对手和仇人泰斯提格策划。“你与我决裂的真实原因是什么？”他不断追问。他推测，拉帕德在最近拜访海牙时，已经与泰斯提格秘密见面，并且为了讨好这位难以取悦的经理人，故意隐瞒了自己对《吃土豆的人》的一些好的评价。试图“压制和拒绝”米勒的那些人，难道不也是采用同样的方式去背叛他的吗？文森特个人的疑心逐步加重，他根本找不到任何其他的方法让自己解脱出来，转而要求拉帕德全部收回自己的话。他说道：“这是我最后的话，我希望你坦率地、毫无保留地收回你写的东西。”

文森特这些失控的信件让拉帕德有些担心，但是他“暴君一般的”要求让拉帕德十分反感，拉帕德不愿意收回任何话。相反，他委托在附近的海兹避暑的朋友威廉·威尔温顺便拜访一下纽南这位心烦意乱的朋友。衣冠楚楚、温文尔雅的威尔温在克基拉岛画室的鸟巢、家具和脏布条之中到处寻找文森特。文森特以信件之中充斥着的粗野怒火接待了这一不乏绅士风度的多管闲事的人。交流的过程夹杂着礼貌的简短谈话和怒火的激烈发作。文森特踢着画架，一会儿责骂所谓的“优雅的”资产阶级，一会儿咒骂不愿合作的农民。

当威尔温从地上捡起一幅画时，文森特注意到的却是威尔温闪闪发光的金袖扣。“文森特轻蔑地看着我，”威尔温事后回忆时愤怒地说，“他说：‘我无法忍受穿着过于华丽的人！’这种不同寻常的、不友好的、粗俗的言辞让我无比难受。”谈到拉帕德时，文森特丝毫都不让步。他告诉来访者，他“永远都不会承认拉帕德批评的合理性”。因此，只有拉帕德全部收回他所说的话，才能“消除”他“怯懦的”侮辱。当威尔温想知道文森特为何采取自我毁灭式的坚定立场时，文森特简短地回答：“人一生的道路如果太平坦，不见得是好事，我从不会这样去做。”

文森特等待拉帕德的回信。等了很久之后，文森特最终自己打破了僵局。他写道：“我乐意将整件事视为一场误会，但条件是你必须认识到自己的错误。”如果拉帕德在一周内没有全部收回他说的话，文森特附加道：“我个人将毫无愧疚地与你绝交。”同样的最后通牒，他曾经很多次向提奥发出。拉帕德作出了自己的选择，但这一选择是提奥永远无法作出的。在文森特为《吃土豆的人》所作的无理辩解中，拉帕德找到了自己需要的最后一个借口，从而可以远离这位奇怪、暴虐的通信者。

那个夏天的某个时刻，文森特将那幅拉帕德送给自己的铅笔自画像撕成了两半。他写道：“在太多的事情上，你走在我前面，但我仍然认为你做得太过分。”

唯一剩下的就只有提奥了。

在文森特的疯狂攻击下，提奥终于和拉帕德一样怒不可遏。为了劝说这位不听劝的哥哥不要再一味地专注于自己的暗色调和沉闷的题材，他可谓绞尽脑汁。哪怕是最富有外交手腕的间接暗示，都会引发文森特激烈的还击，以及一轮针对古庇尔画廊、经销商、沙龙、印象派画家，甚至提奥本人的全新攻击。为了避免让哥哥的愤怒升级，提奥也援引波尔蒂埃和塞雷特之类的熟人勇敢地说出了不受欢迎的真相。但是文森特将他们也纳入到疯狂的劝说之中，和提奥一样，那年夏天他们也收到了许多抗辩和威胁的信件。

完全不感谢提奥的付出，文森特代表自己被忽视的艺术，敦促弟弟作出更多、更大的努力。多年来一直不屑于艺术展，尤其是个人作品展的文森特，现在极力敦促提奥给他举办一场个人作品展。他要求提奥把自己的作品展示给别的经销商看：不是波尔蒂埃那样的无足轻重的人，而是他在古庇尔画廊的老同事亨利·沃利斯和埃尔伯特·简·范·韦瑟林那样的著名经销商。他乞求提奥去接近画家保罗·杜兰–鲁埃，巴黎最有名望的经销商之一和文森特经常嘲笑的印象派早期的代表人物。“让他觉得这画难看吧，”文森特突然厉声说，完全无视弟弟处境的微妙性，“我不在乎。”在他头脑发热的时候，他甚至建议提奥去寻求他永远的对手泰斯提格的帮助（“一旦他对某事确信不疑，他是一个敢于冒险的人”）——这一想法是多么荒唐。

文森特甚至怀疑提奥的决心，威胁性地暗示，如果提奥没有尽自己的责任，他可能会亲自去巴黎推销《吃土豆的人》——这个计划确实让他那小心谨慎、处事周全的弟弟十分惊恐。

每个月的月末，就像租金账单一样准时，文森特都会呐喊：“我身无分文”，“我完全一无所有”，“毫不夸张，我身上没有一分钱”。而在此时，因为父亲葬礼的花销和整个家庭的负担，提奥个人的经济状况也十分紧张，一直以来，文森特花费的速度，甚至比提奥给他寄钱的速度还要快。“很大一部分的钱都花在了模特身上，但我也别无他法，”文森特挑衅地回应弟弟不断让他有所节制的请求，“在模特身上的开销，完全无法削减，我认为多花点钱是必需的，绝对必需。”8月，提奥非常清楚文森特肆意挥霍的可怕风险，那时他的伯伯简，一位声名显赫的海军上将，在毫无责任心的、患有癫痫病的儿子挥霍光家中的钱财跑去美国后，67岁时身无分文地在羞辱之中离开了人世。

事实上，文森特在纽南的情况要比提奥知道的糟糕得多。文森特肆无忌惮地挥霍钱财，就像他在为《吃土豆的人》辩护时对语言毫不吝惜一样。房租、颜料和食物的费用——几乎所有的钱都花在了他幻想中的农民家庭上。自他用提奥额外给他的钱在4月还清了欠债以来，只要有可能，他就又开始赊账。7月末，讨债的人追上门来，特别是在海牙卖颜料的人，他的账单已经多次被拖欠。他们中至少有一个人威胁说要扣押文森特画室里的全部物品，并且把它们当作垃圾卖掉。他只能靠抗议和说谎来应对这些讨债者，直到月末，提奥再次来到纽南，文森特才可以为这些事情当面求情。

但提奥此时主意已决，他决定不再帮助文森特。他为自己的全新决定发出了信号，拒绝为文森特第三箱画作的预付运费额外再付几个荷兰盾。提奥在安特卫普逗留时没带走文森特的任何一幅作品，尽管文森特一再请弟弟带走。最令文森特心痛的是，提奥去纽南时带着一位新朋友，古庇尔画廊的一位同事，荷兰同乡安德里斯·邦格。安德里斯举止文雅、谦逊睿智、情感真挚，在任何方面都代表着对与提奥一起长大的这位自负的哥哥的否弃。文森特一直很厌恶提奥的朋友们，向将他驱逐出来的牧师公馆寄了一些透露出恼怒和鄙视情绪的短信。“我非常忙，因为他们正在田里收割庄稼，”他写道，将他们的重逢推迟了一些，“我要继续画画，你不能因此而生气。”

但是最终对峙时，没有什么可以缓和或延迟一场不可避免的大爆发。当文森特警告提奥，如果他买颜料的钱再不付清就会让家庭陷入尴尬境地时，两人之间的战火终于被触发。几个月来围绕《吃土豆的人》展开的纠缠不清的争吵，让提奥心中积累了无法克制的怨恨，现在他不客气地拒绝了文森特对于额外资金的要求，而且告诉他别再指望以后能有相同力度的经济支持。他甚至还告诉文森特以后对他的生活补贴也会一并停止。他义正词严地说：“记住，在某些情况的压力下，我可能会觉得有必要切断你对我在经济上的依赖。”文森特愤怒地反驳，又开始重复整个夏天那些信中的争辩性观点。他嘲笑提奥的财政困难，奚落他的资产阶级式的盛气凌人：“在我看来，你根本就不属于正在走上坡路的那一批人。”借此机会，文森特对古庇尔画廊以及艺术品交易的“郁金香狂潮”展开了另一场末世预言般的攻击。

面对文森特的攻击，提奥并没有像之前一整个夏天那样退缩，而是第一次勇敢面对，以牙还牙。针对多年来一直未得出结果的争论——针对绘画、色彩、亮度、规矩、古庇尔画廊以及父亲的争论，他抨击文森特对这个世界“自私”的无情攻击。他受够了哥哥自以为是的谴责以及残酷的“真实”。他指责文森特试图打击他，想看他失败，更多的是他的“敌人”，而不是朋友。他像去年那样，对文森特的信仰提出质疑，并直言不讳地告诉文森特在未来的战斗中自己并不信任他。他说：“我清楚地知道我无法指望你。”无论未来为文森特做什么，无论给他寄多少钱，无论多么努力地帮他卖画，提奥得出结论，文森特给自己的回报只有“散发着恶臭的忘恩负义”。

文森特后来写道，这次交谈“使我彻底地陷入惆怅”。

提奥早早地离开纽南，这样他就能在阿姆斯特丹下车去见安德里斯·邦格的家人。他们中有一位是安德里斯 22 岁的妹妹乔安娜。

令人心痛的诚实和抛弃的威胁使文森特进入到更深的幻觉之中。就像和提奥的争议从没发生过似的，他漫不经心地计划雇用更多的模特（“永远是上策”），并寄给提奥一份精心制作的预算表，要求增加日常的津贴，从每月 100 法郎提高到 150 法郎。“让我们一起把我的小画室经营得有声有色吧。”他欢快地写道。好像安东·范·拉帕德还是他的朋友似的，他重新开始和他通信：先写了一封信开玩笑似的把他们过去的争端说成是愚蠢的神学争端，然后又写了一封口气完全相反的信，一份冗长、尖刻又暴躁的指示，要求回归到原来的状态（“我认为我们依然保持朋友关系比较好”），但仍然坚定不移地捍卫《吃土豆的人》（“我呈现我所看到的事物”）。在这份友谊陷入彻底、永久的沉默之前，他的乞求终于得到了拉帕德的最后一封回信。

文森特想象自己的画作会受到观众的热烈欢迎，就像夏天的事从没发生过一样。在对抗时尚暴政的艺术家与公众之中，他看到“变化开始出现”。人们会越来越多地要求“现代的”画作，即“展现行动中的农民人物的作品……那就是当代艺术的本质”。他预测会有一场反对沙龙评委的“农民起义”，并且宣称自己拥有一项来自米勒的特权来继续推进夏天时所取得的成功。“在现在所达到的高度，我无法停止工作，”他宣布，“我必须继续努力向前。”他呼吁提奥为了自己的作品更加积极主动，并催促他“现在是时候努力为我的作品做一些事了”。他计划在安特卫普、荷兰还有巴黎举行画展。“这不是一场毫无希望的奋斗，”他这么劝说提奥，“其他人都成功了，我们也会成功。”

用一幅儿童寓言一样迷人的画面，文森特要求弟弟分享自己这一关于过去和未来的幻想。他把自己的画家职业比作救生船，把提奥的交易商职业比作“大船”，救生船拖在大船后面。文森特想象有一天他们的角色——施救者与被救者——将会调换：

> 现在我是一条由你拖拉着前进的小船，有时候会拖你的后腿……我作为这条小船的船长，在这种情况下请求——非但不是将船缆切断——能让我的小船保持整洁，并有很好的供给，这样在需要的时候它才可以提供更好的服务。

1885 年 9 月，文森特·梵高举行了自己的首次公开画展——在海牙一家名为鲁尔的颜料店，他最无情的债主的商店橱窗里。文森特声称他在鲁尔颜料店橱窗不体面的展览是他职业生涯的一次策略，并把它想象成是几个月来的争吵的胜利成果。“我深信我走上了正确的道路，”他在提奥拜访后的一周宣布，“我要画出自己的感受，感受自己的画作。”

第二十五章　一气呵成

围绕《吃土豆的人》的倾向性的争吵持续了数月，文森特走入了一种全新的艺术。性情和言辞上的极端已远远地使他偏离了五年前他在博里纳日设定的路线，在那时，艺术似乎是他再次进入资产阶级世界的唯一入口，而他此前被从这一世界之中驱逐了出来。过激的反抗行为使他搁浅在一片遥远的、未知的海滩上：一个没有“真正的”颜色或线条的地方，一个颜色互相冲突、物体形状根本就不受自然的真实状态限制的地方。

然而，文森特描述的艺术还并不存在：在他的书里或者画册之中，在任何画廊或博物馆的墙上，当然还包括他的画架上，都无法找到。那幅浮夸的、晦涩的、引发这场风暴的作品，以及他为了捍卫这种艺术而创作的大量油画和素描，距离这种艺术最为遥远。文森特更加反对弟弟让自己使用明亮色彩的建议，并且又深陷在另一家庭幻想之中无法自拔，他仍固执己见地坚持使用饱受攻击的色彩以及《吃土豆的人》中被拒斥的主题，即使他奥德赛一般变动不居的视野早就将它们抛之脑后。

1885 年秋，风马牛不相及的两件事——博物馆之旅和性丑闻——令人难以置信地结合在一起，最终让他冲破了过去对自己的牢牢掌控。这两件事交织在一起——前一个在前面在生拉硬拽，后一个则在后面推推搡搡——合力将文森特驱逐出了布拉班特，让他在余下不多的生命历程之中自由地去探索他早已狂放不羁地构想出来的全新艺术形式。

1885 年 10 月 7 日，阿姆斯特丹国立博物馆到处人头攒动，拥挤的人群只能缓慢地向前移动，但对这一天前往参观的人们而言，这一切都在意料之中。斯塔德豪德斯卡德大街上的这一宏伟的新建筑开放还不到三个月，开馆时举行过盛大的仪式，有合唱、管弦乐队的演奏以及焰火表演。开馆之前的几年当中，当皮埃尔·库伯斯这一充满创意的杰作在这座古老城市的边缘缓慢地拔地而起时，关于它的争议在全国可谓沸沸扬扬。在大教堂式的窗户和众多的哥特式特征之中，许多新教教徒（包括国王在内，他曾极力地抵制开馆仪式）看到了另一场天主教的阴谋与反叛（由信仰天主教的库伯斯发起）——铁质的花边和形式各异的砖块是对荷兰共和国虔诚的尊严的冒犯。其他人，如安德里斯·邦格只是认为它非常俗气。“真可惜，这一本该恢弘的建筑物居然被糟蹋成这副令人失望的模样，”8 月，他在和提奥一起参观之后写道，“它将永恒地矗立在此，给子孙后代平添众多的烦恼。”

国立博物馆，阿姆斯特丹，1885年落成后不久

争议激起的是公众强烈的好奇心。据报道，7 月开馆后的头三个月内，有 25 万参观者在这一博物馆的穹形大厅之中穿梭——对一个只有 400 万居民的国家而言，这可是一个惊人的数字。因此，即使是 10 月上旬一个多雨的周三，在博物馆的两个入口处，依然有人群拥挤在那里，他们收起湿透的雨伞以便观看库伯斯为荷兰文化准备的奢华庆典。

在 19 世纪的美术馆中欣赏画作，本来就是一个缓慢且费力的过程，因为里面的画作帧帧相连，从地板到天花板都像蜂窝似的布满了画作。过于密集的画作以及过于丰富以至于让人无法集中注意力的装饰，使得国立博物馆的情况比其他大部分美术馆的情况更糟糕。那一天人们参观时的前进脚步还受到了一位相貌奇特的人的干扰，文森特比平常更为专注地站在一幅画前，纹丝不动，仿佛是伫立在人流之中的一座孤岛。他穿着一件湿漉漉的宽松毛外套，戴着一顶始终不肯脱下的皮帽。“他看上去就像一只溺水的公猫。”一个参观者回忆道。湿透的帽子下面，是一张水手般被太阳晒黑的脸，和金属线一般的红胡子。至少在一位当地人看来，文森特看上去“像一位钢铁工人”。

这幅吸引文森特的画作是伦勃朗的《犹太新娘》，这是一幅一位商人和新婚妻子的肖像画，因为浓烈的红色和金色色调、难以言喻的温和动作和非常出色的画风而久负盛名。“多么柔情蜜意的、充满无穷爱心的一幅作品！”文森特后来写道。安东·科斯麦克斯（文森特的阿姆斯特丹之行中有一部分时间和他在一起）只得丢下他一个人参观完了博物馆。“你完全无法让他离开这幅画。”科斯麦克斯后来回忆说。当天后来再回到这一地点时，他发现文森特仍然在那里：一会儿坐着，一会儿站着，一会儿在一种祈祷般的冥想之中紧紧地攥着自己的手，一会儿在距离画作几英尺远的地方全神贯注地注视这幅画，一会儿退后，用嘘声让别人不要挡住自己的视线。

自两年前离开海牙后，文森特几乎没有好好地欣赏过任何作品，尤其是真正优秀的作品。自从为了成为传教士而潜心学习的那些黑暗而无情的日子以来（在那时，前往特里普房或者范·德尔·胡普收藏馆——阿姆斯特丹国立博物馆的前身——参观，只能在布道间隙偷偷地进行），文森特从来没有看到过这些画作，其中有些作品被这个国家奉为至宝。但即使是他了解的优秀作品，他也用全新的眼光欣赏。第一次，他不是以一位交易商或者插画师的眼光来凝视这些画作。他是如此专注地沉浸于这些画作之中，以至于很多年之后，仍然能够回想起每一个细节——织物的光泽、每一张脸上的表情和每一种色调的深浅。他会毫不犹豫地触摸画布，用拇指追随每一个笔触，或者舔一下自己的手指，然后接触表面从而让颜色变得更深。

名为《犹太新娘》的作品只是文森特潜心研究的画作之中的一幅。他和科斯麦克斯一进入一处展厅，目光就会立即被某一幅特定的作品所吸引——某一幅很久之前喜欢的作品或是新发现的作品，将它从众多画作之中分离出来。“我的天啊，看看那幅画啊，”当他穿过人群跑向那幅作品时，他会大叫，“看啊。”他依循内心的路线，完全不管博物馆规定的参观路线，从一个展厅跑到另一个展厅。“对在哪里能够找到让自己最感兴趣的东西，他一清二楚。”科斯麦克斯回忆道。这里是雷斯达尔波涛翻滚一般的天空；

那里是范·戈因的作品，两棵光秃秃的橡树醒目地屹立在河岸之上；再过去还有维梅尔的作品，对一位阅读信件的女性偷偷投去的亲密一瞥。但是在所展示的黄金时代的全部巨匠中，文森特对其中的两位情有独钟。“我最希望看到的是伦勃朗和佛兰斯·哈尔斯。”在开始计划这次行程时，他给提奥写信说。

阿姆斯特丹国立博物馆举办了众多优秀画作的盛宴，甚至文森特从来都无法满足的渴望，都能在这里得到彻底的满足：这里不仅有伦勃朗的《夜巡》（非常出名的一幅画，以至于库伯斯专门为其修建了一所房子，将其放在正殿一般的名人展馆的最里面，就像是供奉着的祭坛一般），还有哈尔斯的《侧身群像》（一幅全景式的非常优秀的肖像杰作，画风令人拍案叫绝）。在进入悬挂着哈尔斯的这幅画的展厅前，文森特对其一直都不熟悉，这幅关于一群骄傲的阿姆斯特丹民兵的巨大群像，让他惊得目瞪口呆。“在那个地方呆立着，我简直就像是生了根一样，”他向提奥汇报说，“就这一点——仅仅这一幅作品——就值得我去一趟阿姆斯特丹。”

但这里还有很多其他的优秀作品。墙壁上点缀着黑色的画框，展示着这两位大师丰富的想象力：伦勃朗对崇高以及对自身的探索，充满了含蓄的、深深的神秘感；哈尔斯对人类的生存状况作了兴高采烈的描绘——充满痞气的士兵和红着脸的喝酒的人，沉浸在爱情旋涡之中的新郎以及陷入沉思之中的新娘，自鸣得意的市民和他们厌世的妻子。然而，文森特依然意犹未尽。他将科斯麦克斯直接从阿姆斯特丹国立博物馆拖到另一家博物馆——弗德博物馆，又拖到了国王运河边科尔叔叔的画廊，最后一刻，他犹豫着要不要进去。“我不应该出现在这样一个体面的、富裕的家庭里。”他对这位迷惑不解的同伴说。当晚，科斯麦克斯离开了阿姆斯特丹，但文森特延迟了一天才返回纽南，他投宿在一家廉价旅店，这样他就可以在阿姆斯特丹国立博物馆多待上一天。

令人兴奋的为期三天的阿姆斯特丹之行，是文森特这个秋天两次出行之中的一次。在提奥 8 月离开之后的某个时间，他和科斯麦克斯还一起去过安特卫普，沿着弟弟和安德里斯·邦格之前的路线再走了一遍。多年来，文森特一直痛斥城市生活，并且不断威胁说要消失于荒原深处，为何这时他忽然如此躁动不安？尽管他总是发誓说要去安特卫普这样的城市为作品寻找买主，但在近两年的时间里，文森特成功地抵制了离开纽南的冲动，自 1883 年以来只是去过一次乌特勒支（去看望玛戈特·贝格曼）。即使当赞助人赫尔曼提出愿意资助他去一次自己想要去的地方时，文森特却表示说不愿饱受旅行的颠簸之苦，相反更喜欢克基拉岛画室里真实的生活。

1885年9月，文森特宣布了自己全新的旅行爱好，说要“再次去看一些作品”，宣称这一冲动已经被压抑了很长一段时间，并且解释说有必要“时不时地出外旅行一次”，以便“为自己的作品找到买主”。但是最后离开时，他并没有带任何作品去向别人展示，不管是去安特卫普，还是去阿姆斯特丹。

事实上，离开纽南，文森特还有其他更为紧迫的理由。

1885年7月末，戈尔狄娜·德·格鲁特怀孕的事实再也无法隐瞒。一位30岁的女子腆着大肚子的样子，让几个月来的谣言愈演愈烈。再加上玛戈特·贝格曼的不幸，以及对文森特奇怪行事方式的普遍怀疑，这些谣言很快就达到了有害的程度。文森特的激烈否认，根本就无人理会。毕竟，这位怪人画家在公众面前喝酒，和过路人争吵，与其他阶层和宗教信仰的人交往，邀请未婚女性前往自己的房间，并且，有谣传称，他为她们画裸体画像。

最终，谴责无所不在，以至于文森特每次离开画室，都会感觉到“周围到处都充满着敌意”。仅仅在对他们大为赞扬之后的几个月，文森特就开始激烈地攻击说“乡村之中畏惧上帝的本地人在不断地怀疑我”。他不但没有因为这些谴责而退却，反而挑衅地加大了四处寻找模特的力度，在村民们的敌意下，开出越来越高的价格作为诱饵，一边引诱夏季收获季节结束之后的农民，一边诅咒他们唯利是图。“没有钱，他们什么也不会为你做。”他恼怒地说。

文森特的执迷不悟很快引来了当地天主教神父安德里亚斯·保韦勒斯的来访，他既是愤怒的教众的代言人，也是他们的守护人。根据文森特的说法，他警告文森特不要和“社会地位比较低”的人交往，并且告诉教众不要让文森特给自己画像，无论他出多少钱。文森特不仅没有因为这些责备而停止，反而陷入了防卫性的愤怒。（他后来承认，在保韦勒斯的斥责之中，他仿佛听到了父亲的声音。）这些明显的敌意让他十分气愤，于是他又开始了一轮愤怒的攻击，攻击所有神父没有“专注于自己更抽象的领域”。文森特没有谨慎稳妥地消解丑闻，就像自己和戈尔狄娜的家人更希望的那样，而是将这一事件更加公开化，直接带到了镇里的市镇长官面前。

在信中，文森特说自己不应当因戈尔狄娜怀孕的“事故”而受任何谴责，他谴责这些农民合谋迫害自己。正如他在海牙时谴责一位好管闲事的牧师损害自己同西恩之间的关系，他认为保韦勒斯是自己一切痛苦的源泉。在带有一些偏执的争辩之中，他谴责神父激起农民们对自己的敌意。如果他们拒绝给他做模特，那是因为神父承诺给他们金钱，让他们远离自己，他告诉提奥。如果他们因为戈尔狄娜的怀孕而责备他，那是因为保韦勒斯要隐瞒孩子真正的父亲，而这人隐藏在他的教众之中。文森特预见人们将站在他的立场上，一起起来反抗，反对保韦勒斯的裁决。他发誓同反对自己的势力斗争，“以牙还牙”，满怀信心地认为模特们在冬天时都会回来。

不可避免的是，这次战斗延伸到了画室之中。没有了模特，在一系列静物画之中，文森特挑衅地再次专注于米勒的农民形象。找不到人摆出挖地或摘水果的姿势，他先画上了装土豆和苹果的筐子，然后在上面肆意地渲染出《吃土豆的人》中那种暗色调的视觉效果。文森特像挑战保韦勒斯一样无情地挑战提奥，让新作更为黑暗，并且在颜色上也坚持己见，他在争论时语调尖锐，在为自己的清白而和市镇长官争辩时，他用的也是这种语调。他援引另一本关于颜色的权威书籍，菲利克斯·布拉克蒙的《论绘画和色彩》，向弟弟仔细地说明了无法穿透的灰色之中的精心安排，并附上了自己对“沉默的”图画的有力辩护。他拿起自己黑色的大画笔，画了一篮子硫磺色的苹果，这些苹果画在一幅明亮的花朵静物画（父亲去世后，他画了这个作为死亡的象征）之上——此举破坏了所有“牧师阶层的受尊敬的绅士”的形象，他们曾经追捕过他，并且仍然在追捕他。

环顾自己的画室，文森特找到了另一个非常完美的题材，以示自己不必与那些不断回避他的农民交好。在一截倒下的树干的树枝上，他放了30多个鸟窝，这些都是他来到纽南后，那些年幼的“雇工们”为他搜罗来的。在这些小孩子在家和荒原上玩的一些玩意儿之上，文森特集中了自己所有的受挫的描画能力。用一种比他的苹果和土豆更“像大地的”调色板，他用灰暗的笔触试图描画出鸟儿们脆弱的家的每一个特征：鹪鹩窝中可以发出尖锐声音的草、麻雀窝中像苔藓一样的衬料、金莺那像羊毛做的碗一样的窝（仍然连着高高的网状的树枝）。文森特忘我般专注的眼神和不知疲倦的手将这些空中的居所转化为自然的纪念碑，以及自己与荒原上的本地人之间长久关系的象征。相对于信誓旦旦的语言，这些作品显得更有说服力，米勒神父将最终战胜保韦勒斯神父，他那误入歧途的农民家庭最终都将回到他们的窝里。

但是他们并没有回来。当秋天快结束的时候，文森特仍然独自一人在画室之中，被米勒梦想的碎片所包围。在他离开前往阿姆斯特丹和阿姆斯特丹国立博物馆时，他的幻想之中的农民彻底抛弃了他。他们不再敢来克基拉岛的画室，他们不让他去他们的家中，在田野之中，只要他一接近，他们就会“受到惊吓”地跑开。

在短短的三天中，即使是哈尔斯和伦勃朗也无法一下子将高贵的农民从文森特的想象之中移除。他已经太深地陷入到这一迷恋之中，无法一下子转变过来。尽管遭受了数月的放逐和谴责，和提奥产生了对立，与拉帕德的友谊破裂，从远方传来了波尔蒂埃和塞雷特的批评，但文森特从库伯斯为荷兰艺术界的众神而修建的庙宇中回归到了现实，似乎愈发坚定了对《吃土豆的人》的坚持，并且重新武装了自己，准备与世界战斗。在因不幸而遭受的耻辱（债主威胁要强行将他的作品出售）和黄金时代的巨大辉煌的对比之下，任何一位艺术家都可能会一蹶不振。但文森特没有。

相反，他像在读一本书一样地阅读阿姆斯特丹国立博物馆：像阅读自传一样。

看着一排排的名画，文森特发现自己所钟爱的“深色调”无处不在：不论是伦勃朗画像中明暗色调的配合，还是雷斯达尔天空中的乌云。在写给提奥的一份长长的参观报告中，他说道：“越是看这些画作，我就越是为自己的作品被认为太暗而高兴。”从哈尔斯华丽大胆的画法和伦勃朗渐淡的表面中，他找到了和自己一样的不严谨。他指出，“大师”并没有“将脸、手、眼进行抛光”，而是“在被称为感情的良心的驱使下创作”。他高度赞扬了布劳威尔和范·奥斯塔德的农民题材的作品，以及哈尔斯对灰色的把握。实际上，他用整个博物馆中的画作来支持自己在艺术方面的教父伊斯雷尔（他的作品实际上并没有被展出），同时也否定了提奥所深爱的印象派画家“亮丽的”画作。“我每天越发地讨厌那些满图都是光亮的画作。”他不屑地将这一风格斥为“流行的无能”。

但是，即使在文森特挑衅般地全副武装起来，以便开始另一轮自我辩护时，他也在重新建构自己宏大的理论大厦，以支持自己关于《吃土豆的人》的一些论点。阿姆斯特丹国立博物馆之旅已经揭示出——即使在文森特顽固的眼里——自己的作品与立场之间，存在着巨大的鸿沟。只有在迷恋的迷宫之中，他才能跨越这一鸿沟。他不断地试图证明，只有自己沉闷的棕色和死板的灰色，才是适合描画德·格鲁特家清贫生活的颜色。但是在阿姆斯特丹，他在题材与灰尘飞扬的荒地迥异的画作（例如哈尔斯的骑兵或伦勃朗的尸体）中，高度赞扬米勒大地般的色调。他甚至想象意大利文艺复兴时期异域的、撩人的裸体画用“泥一样的颜色”来描画是什么样子。

就像纽南的农民否定他一样，在探索具有表现力的颜色的过程之中，他也开始疏离这些农民。

从暗喻的压制之中解放出来后，文森特在一管管的颜料中看到的只是各种颜色。“现在，我的调色板开始融化，”他在10月末写道，甚至对这一变化十分困惑，“所有的颜色自动前来，我选取其中的一种颜色作为起点，我很清楚跟着下去的应该是什么……各种颜色好像都想为自己说些什么。”

从阿姆斯特丹回来后，文森特写了一封信，通过描述他十年间都未见过的一幅画，表明自己已经有了全新的使命：保罗·委罗内塞的《迦拿的婚礼》。这幅挂在卢浮宫的巨大油画，描述的是耶稣参加婚宴的福音故事。但是委罗内塞将原本简朴的婚礼转换为一场豪华的帝国盛宴。婚礼的地点在宫殿中的巨大广场上，四周是大理石廊柱以及挤满围观者的、装饰一新的阳台。熙熙攘攘的客人身着明亮的、珠光宝气的服装，喝着大酒壶之中盛满的美酒，吃着大碗里的食物，仆人头戴头巾，脚穿红色拖鞋来回伺候大家，音乐家在演奏，高级妓女则在嬉戏打闹，而已饱食一顿的狗则在心满意足地打瞌睡。不论是在现实中还是在想象中，没有什么会比布拉班特省肮脏的屋子和里面吃土豆的人离这一场景更遥远。但文森特想起了在这幅画作之中有一小块灰色，这一小块灰色使他从米勒的极度写实主义之中解放了出来——这一小块灰色同时再度肯定了《吃土豆的人》之中的色调，也开启了一个全新的色彩世界：

> 当委罗内塞绘制《迦拿的婚礼》中美妇人的肖像时，他调出了暗淡的紫罗兰色和绚烂的金色。然后——他仍在想着一种模糊的蔚蓝色和一种珍珠白色——这些颜色是没有在前景中出现的。在背景之中，他将这样的颜色爆炸式地铺陈——做得真好……这一背景是如此美丽，就像是各种颜色都经过了精确计算。我在这方面错了吗？……可以肯定的是，那是一幅真正的作品，远比精确地模仿这些事物更为美丽。

文森特画架上的作品终于能与自己的艺术观相一致。在深秋季节，他刚从阿姆斯特丹回来之后，就携带着画画的工具，去往那些人迹罕至的风景之中，并将一块很大的画布放在一排曲曲折折的橡树之前。他在调色板上挤出一管又一管深红色和深蓝色的颜料（灰色的颜料已经在调色板上结块），大胆地铺陈：一条条橘红色颜料用于满是灰尘的空地，斑纹状的纯黄色和橘色用于被阳光照射的树，亮丽的蓝色用于天空，绚烂的淡紫色用于云朵。没有任何人物，也几乎没有任何阴影使得蓝色和橘色，黄色和淡紫色之间的鲜明对比变得黑暗。

仿佛是要借助这颜色来重新想象前两年的时光，文森特回到了牧师公馆的花园里，用全新的亮丽色调来画萧瑟的秋天。1884年春天的那幅伟大的铅笔画，在这幅《犹太新娘》生动的橘色和褐色中获得了新生。花园门外光秃秃的没有树梢的树木，现在也都穿上了由金黄色的树叶编织而成的外衣，衬托着冬日里淡紫色的天空。画室中，前几个月满是灰尘的苹果和土豆现在踪迹全无，取而代之的是颜色亮丽的水果和蔬菜的静物画，呈现出明显的互补性对比。“只有从调色板中的颜色出发，而不是从自然中的颜色出发，”他后来写道，宣告自己彻底改变了信条，“画家才能做得更好。”

从阿姆斯特丹回来后的几周内，文森特创作了这些以及十几幅其他作品，展示了在阿姆斯特丹国立博物馆学到的另一种自由：速度。在这个方面，他的作品再一次跟不上他的观点了。创作生涯初期，文森特就像走火入魔一样，在大堆巴尔格练习纸上不断练习，不断重复同一幅画，在同一块帆布上画了又画。他很容易沮丧，并且极为渴望能看到进步，他不断为自己狂热的（并且昂贵的）创作习惯辩护，认为数量最终可以带来质量，因此，速度比准确性更重要，而他向来无法驾驭好准确性。作为一名插画师，他说自己的终极目标是“以闪电般的速度创作”。开始画油画时，他就宣称“要画得像闪电一样快”，而且“要赋予画笔更多的活力”。他坚持说，唯一“健康的、有男子气概的”、将颜料涂抹在画布上的方法，就是“毫不犹豫地直接往画布上泼溅”。到了1885年春天，在为《吃土豆的人》而创作的没完没了的准备性头像之中，文森特不断地强化自己的论点，并渐渐痴迷其中，夸耀说自己完成一件习作只需一个上午，发誓会“更快地”工作。“你必须一气呵成，”他指导科斯麦克斯，“然后将其放在一边。”“画画时应一蹴而就，”他教导自己说，“尽可能一次性完成。”

但是，文森特代表作的创作从来都不是那么回事。《吃土豆的人》的创作过程充满着开始、结束和重新开始的痛苦，数月之中有过难以计数的思考和调整。厚厚的颜料总是在一层又一层地叠加，等到之前犯的“错误”变干后，他会继续在上面覆上油彩，重新再来。那些头上戴着旋涡状的帽子、脸部匆匆完成的阶段性的头像，都是以惊人的速度画完的，但这些只是习作罢了（被储存在画室之中，或在积攒到一定数量时被一同寄往巴黎，以便证明自己从未懈怠），而不是用于展览或出售。不论是对自己还是对别人来说，尽管艺术创作时大胆地“一气呵成”有其好处，文森特却始终无法完全放弃对静态画的热爱——借助神秘的创作手法完成的没有任何缺点的完美作品，作为艺术家最真实的表达。

阿姆斯特丹国立博物馆让这一切发生了天翻地覆的变化。“再次端详这些古老的荷兰绘画作品，”文森特写道，“最让我震动的，是其中大部分都是迅速完成的。这些大师们……都是从‘第一笔’开始一蹴而就，之后就搁置一旁不怎么去修饰。”第一次，文森特在观察这些作品时，没有将它们视为顶礼膜拜的对象，而是劳动的成果，他可以解释作品中每一部分的创作，并且演示其中的每一种笔法：起笔、收笔、画笔的角度以及手的力度。他能够追踪每一个姿势，并结合经验，重新揣摩创作者的每一个决定。

他在哈尔斯那如同快乐的火焰一样的画风中，看到了自己“一气呵成”的想法得到了完美实现。这一瞬间所带来的兴奋甚至让文森特忘记了为《吃土豆的人》进行辩护。“能见到一幅佛兰斯·哈尔斯的作品真是太棒了！”他写道，忘记了自己在绘画过程之中没完没了的不断修饰，“它与所有以同一种方式仔细修饰的作品多么不同。”文森特在所有地方都能发现同一种手法，哪怕是从鲁本斯的素描到伦勃朗的画像这样的风格完全不同的作品——在这些画作之中，很多部分“都用画笔一笔画成，没有再进行任何修改”。而且，他发现这些画不是钉在画室的墙上，而是镶嵌在金色的画框之中，并珍藏在库伯斯专门为杰出作品而设计的博物馆里。

甚至都无法等到从阿姆斯特丹返回，文森特就急于尝试这种全新的自由。在装在一个小颜料盒之中带来的三块 8 英寸 ×10 英寸的画板上，他终于将自己观点之中的勇气赋予画笔。他以模糊不清的笔触，描绘了三幅雨中城市的速写：河道上的地平线、树木丰茂的码头、全新的巨型火车站。正如他所说的那样，他“在奔波之中”，在膝盖上或是咖啡桌上，捕捉到了这些画面。当科斯麦克斯 10 月 7 日来到车站时，他发现文森特坐在三等候车室的窗边，“满怀热情地创作”其中一幅小型画作，“围绕在他身边的是一群检票员、工人和游客”。

由于受到小尺寸的限制，他只能用小号画笔，采用信中草图那种迅疾的速记形式，画出来的作品就像是从一列快速移动的火车上瞥见的风景。但这些不再是练习。文森特管它们叫“纪念品”（这个词他之前就用过，专门用于指称一丝不苟地精心完成的作品），将它们视为静物画。一回到纽南，他就将其中两件还没有完全干的作品包装起来，将它们装在标示着“V4”的箱子之中寄往巴黎，同时还大言不惭地吹嘘：“我想在一个小时之内在某个地方将自己的印象画下来，我正在学习这样做，我学习的方式和其他人分析他们的印象的方法是一样的……将一幅画作一气呵成真是件令人愉快的事情。”

回到克基拉岛的画室里，他拿起粗一些的画笔，更进一步地阐明观点。受到这次阿姆斯特丹国立博物馆之行的鼓舞，还有新近燃起的对 18 世纪艺术的热情，他全身心地投身到颜料的物质性研究之中。他有了一些全新的偶像——布歇和弗拉戈纳尔这样的艺术家，他们强调的是画技，而不是农民。他们轻快的、色调柔和的作品没有什么特别深刻之处，最多不过是为了表现远古国度的娱乐性幻想，但是在使用颜料的过程中，他们将大胆的简洁手法和转换自如的笔法相结合，而这正是文森特发誓要模仿的。在他们“笔触的迅疾”和“印象的自发性”中，他为自己粗糙的艺术及其粗枝大叶的创作者找到了全新的辩护理由。文森特争辩说，有些人可能会认为这种简洁的绘画方法“愚蠢”，但“这是懦夫和弱者模仿不来的”。在想象力飞跃的过程中，他把这种洛可可式的高超技法同另一位偶像，伟大的德拉克洛瓦火山爆发式的创造力联系了起来。文森特说最理想的绘画状态就是“像狮子吞食猎物一样”。

他特别欣赏他们对画笔的一种掌控方式“提笔”——手腕的忽然一动——的娴熟运用，这样可以用颜料在一笔的结束或边缘留下突兀的凸起。在阿姆斯特丹国立博物馆，他已经见识过这一精湛的表现形式，也细心地揣摩过像哈尔斯这样的黄金时代画家作品之中涟漪状的轮廓。现在他开始在自己的画室里练习这种技巧，将画笔蘸上越来越多的颜料，来回地移动画笔，使颜色形成越来越高的峰脊，达到《吃土豆的人》中那种细细的、泥泞般的颜料永远都不可能达到的效果。

最终，文森特在另一种作品之中也用到了这一全新的技巧——另一种不同类型的静物画。文森特从画室收藏的动物标本中挑选了一只状似飞翔的蝙蝠，把它放置在灯光的前面，这样它翅膀上的薄膜就能发光，好像一只中国灯笼。他用蘸满了鲜亮橘色和黄色的排笔，将照亮的羽翼那种微妙的阴影提炼为鲜明的笔触，一次画完。“现在我毫不犹豫就能围绕给定的主题画画，”他向弟弟汇报说，“无论它是什么形式，或是哪种颜色。”

但是，1885 年的那件事不仅在醒目的色彩和迅疾的技法方面改变了文森特，在为《吃土豆的人》辩护时，他还为自己的艺术提出了另一个激进的声明：命运现在要求他创作一些好的作品。他总是将自己的艺术和自己相提并论，紧紧抓住左拉提出的现代主义原则：艺术家性情的独特性以及至高无上性。但是他却在技艺不精地仿效自己钟爱的怀旧画风的大师，诸如伊斯雷尔和米勒。尽管他总在要求自己“画出自己的感受，感受自己的画作”，但是他坚定地拒绝将自己放在艺术的透镜下检视。当农民模特弃他而去时，也顺便带走了他唯一的逃避自我检视的机会，而自我检视总是让他十分畏惧。他仍旧继续抵制自我反省最为明显的形式——自画像，但是模特的稀缺又无情地将他逼上了自省的道路。

他试图寻找新的绘画题材，起先有很短的一段时间，他回归到传统的静物画主题（罐子、碗、啤酒杯），之后又将目光转向了对自己有着特别意义的事物，如土豆、苹果和鸟巢。在风景方面亦是如此，他很快就抛弃了类型化的远景，而是将目光投向牧师公馆、母亲的花园和被截去枝条的树干——所有蕴含深意的场所。6月上旬，当他被要求画下埋葬父亲的古老墓地时，他实际上就已经冒险尝试过此类熟悉的画面。牧师一去世，提奥马上就建议说这是作为死亡象征的绝好主题。尽管以素描和水彩的形式，文森特已经多次画过这片墓地和这座废旧的塔楼，但最开始他仍拒绝了这一提议，而一心专注于围坐在桌子周围的农民。直到那座塔楼即将被拆除之际，他才终于在斑驳的石墙前支起画板，深深凝视着这个对于个人来说具有非凡重要性的场景。

《纽南的老教堂塔楼》，1885年5月—6月，布上油彩，$25^{5}/_{8}$英寸×$34^{5}/_{8}$英寸。

当他这样做时，他看到的不仅是父亲的葬礼（“我想要表现出死亡和葬礼不过是多么简单的一件事情”），还有自己的蒙羞。“这些废墟让我知道信念和信仰是如何衰退腐朽的，”他解释道，“无论它们的基石曾经是多么牢固。”但是他的画笔讲述着一个比文字更为深刻的故事。这座古老塔楼的庞大身躯处于画作的前景之中，几乎占据了整个画布，它那巨大的石砌拱壁埋入地里，好似花岗岩矿藏。这可不是临时性建筑。根本就不可能将它从那没有一棵树的荒地上擦除，或让它松开它紧紧踏在脚下的墓地。尽管画面上也有低沉的天空和盘旋的飞鸟等司空见惯的景象，但文森特的这幅作品并非是为了追悼死者，而是为了传递预感：这是一幅石头妖怪的画像，以后将一直萦绕在他的脑海之中。

11月时，文森特环顾自己的画室，试图寻找全新的题材，以便替代那些毫无忠信可言的农民，最终，他找到了一样东西，让他去探索还未痊愈的伤口，这一伤口只在《纽南的老教堂塔楼》之中稍有涉及。在被丢弃的衣物和风干的标本中间，躺着一本大部头的《圣经》。这是父亲的遗物。教堂保留了讲道坛《圣经》，而他的遗孀则保留着家庭《圣经》，这本黄铜包角的带有双铜钩的大部头，是多洛斯·梵高死后传下来的唯一一部《圣经》。但它并不是传给文森特的，而是传给弟弟提奥的。它之所以会出现在文森特的画室里，仅仅是因为母亲在匆忙中让文森特把这本《圣经》邮寄给巴黎的弟弟。文森特在杂乱中腾出空间，在桌上摊开一块桌布，将《圣经》放在上面，并将锁住书的钩子打开。这本大部头的书对半摊开，书页的内容为《以赛亚书》的第53章。然后，他将画架挪到附近，好让这本打开的书几乎占满整个透视框。书脊也被支起，以使更多印有密密麻麻的双栏文字的亚麻书页映入眼帘。在某一个时刻，为了使构图更有生气，他决定增加点什么东西。于是，他在一堆书中精挑细选，最终选定一本亮黄色的平装法国小说，一本他所钟爱的夏庞蒂埃版的小说，他将这本小说搁在桌子边沿，也就是这本大部头的《圣经》的脚边。

然后他就开始作画了。

在任何地方，文森特狂热的画笔都能发现意义。他将这本泛黄的小说画成左拉的《生活的快乐》，并故意细致地用文字标示出书名、作者及出版地——巴黎。寥寥数笔后，他描绘了它满是折角的封面和磨损严重的书页——对父亲完美而规整的《圣经》而言，这本小说构成了一种挑战。左拉小说的黄色封面被文森特用紫罗兰色来表现。文森特在调色板上将两种互补色不断混合，试图找寻一种灰色，用以传达多洛斯福音的狭隘。当他最终找到了理想的颜色时——深暗的、珍珠般的淡紫灰色，有如委罗内塞笔下的婚礼筵席、哈尔斯笔下的资产阶级民兵以及伦勃朗笔下的尸体上的腐肉，这种色彩被“引爆”在画布上，在本该是规整的一段段文字的地方，他却用了密密麻麻的肆意破坏性的笔触。

《圣经：静物》，1885年10月，布上油彩，$25^5/_8$英寸×$30^3/_4$英寸。

但是文本作了回应。文森特非常熟悉他面前的《以赛亚书》之中的文字：“他被蔑视。被人厌弃，多受痛苦，常经忧患。”这段令他产生痛苦共鸣的经文，与故意并列放置的福音，让前两年所发生的一切都历历在目。梵高直率地用画笔记录了自己不愿付诸文字的回忆：同父亲的多次冲突、同戈尔狄娜之类的农家女孩们的巫山云雨、在牧师公馆的阴影下对玛戈特·贝格曼穆雷式的追求、神父的迫害、农民的背叛。在一页页无底般深邃的灰色之中，他引入了蓝色与橘色——在面前的桌子之外的地方引入了另一场对比色之间的竞争。对于一模一样的两个钩子，他处理的方法却截然相反：一个像颤抖的波纹般躺在边上，另一个却是笔直地立着，用极具威胁力的一笔画出。在他画完书和铺着桌布的桌子后，互补色之间的对抗就显得格外明显，体现在由越来越宽的、对抗性的笔触所呈现出来的破碎的色调之间的不协调之中。为了完成这部包含拒绝、悲伤、自责和反抗的编年史，文森特在最后一刻添上了一件新物品——熄灭的蜡烛，黑色光芒最终熄灭，这是他的告白：他永远都只能是这个样子。

他马上向弟弟汇报了这幅新的作品，并且还骄傲地吹嘘道：“这幅画我可是一气呵成，一天之内完成。”

通过将个人的思虑与艺术的安排、个人的邪恶以及创造性的激情进行天衣无缝的、自发性的结合，文森特成就了一种全新的艺术类型。这一点，他心知肚明。信中是关于不确定性的强硬语气——他忽然之间，发现自己处在一个全新世界的边缘，或一根长长的树枝的末端。不管怎么频繁地援引左拉，都无法完全化解疑虑。“左拉创造，但并不是在世界的万事万物面前立起一面镜子，他以一种美妙的方式创造，但在创造的同时，还会将其诗化，这便是它如此美丽的缘由。”他为这种全新的自由戴上了布兰克的科学和中世纪的内在性观念的花环。他说，自己的目标就是“在终将凋零的事物之中寻找永恒”。“在脑中构思一件事物，然后让周围的万物都属于它，由此出发，”他辩解道，“理所当然，那才是货真价实的绘画。”即使在为自己全新的、个人性的“象征主义”之中的现代性大肆宣传时，他也将它想象为浪漫主义的重生，而他已经脱离了浪漫主义的影响。“传奇和浪漫主义属于我们这个时代，”他坚持说，“画家们必须得有想象力和情感——这将导向诗歌。”

的确，文森特是先驱者之中最不情愿的一个——与其说他在躲避，不如说他是苦求而不遇。由于手不够灵巧，他遭到自己所深爱着的艺术的放逐，就像因为行为不端，而遭到家庭的放逐一样，无论是生他养他的，还是后来收留他的家庭。夹杂着希冀与破罐子破摔的心理，他谈论着自己用画笔创造的新诗。“在彻底孤单的境况中，我已经工作了多年，”11月，他在信中写道，“我将用自己的眼睛去观看，然后以一种独创的方式创作。”他苍白无力地安慰自己说米勒在这一全新的意义上也是一位“象征主义者”，但是他明白他已经将他曾经喜欢的画家的安稳和安慰全然抛弃。在一种不思悔改的怀旧之中，他为自己切切实实地在矿区遭受的多年苦难辩护，即便他承认自己在那里最终失败了。“向自然学习，在自然之中劳作，怎么做都不够，”他在完成《圣经：静物》后写道，“多年来，我始终都这么做，不仅几乎一无所获，并且还招来各种各样令人心碎的结果，但我并不愿错过那个错误。”满是辛酸地告别了现实主义，他若有所思地指出：“最伟大、最有力的想象直接取材于自然，带来令人叹为观止的作品。”

在为数不多的过去的权威之中，有一位并没有被文森特用来为自己忽然进入到这一未知领域的行为作出辩解，但这位权威也是最具说服力的一位。文森特历经曲折才发现的画面在哲学家伊波利特·丹纳 1872 年的一篇关于诗歌的论文之中发表过，这篇文章文森特和左拉都曾读过，丹纳早就以惊人的先见之明进行过描述：

事实上，与其说是风格，不如说是一整套符号系统，极其大胆、真诚、忠实，时不时地就能够形成，可以出自任何事物以及一切事物，以一种永远都不会想到语言的方式，与重要思想的喷涌、所有的悸动与跳跃、忽然受阻的飞翔以及羽翼强有力的拍打有着直接的联系……它是一种奇怪但真实的语言，即便是在最为细微之处，唯有其能够传达出内心的高峰和低谷、灵感的流动与喧哗、思绪的突然集中（太过拥挤以至于无法找到出口）、意想不到的在意象之中的爆发，以及几乎无穷无尽的灵感的火花，像北极光一样在丰富的心灵中迸发燃烧……

相信精神就像至高无上的大自然一样，能够创造形式。否则，我们仅仅只是禁锢，而不是体现精神。从内一直到外——生活中如此，艺术创作亦如此，这一切都仍然是生活……以这一方式构想出来的诗歌，唯有一个主人公——诗人的灵魂与思想，也只有一种风格——来自内心的痛苦和胜利的呼喊。

11 月末，也就是圣尼古拉斯节的前一周，文森特离开了纽南。毫无疑问，这是一次愤愤不平与心有不甘的离开。他违背了之前对提奥作出的种种保证，关于戈尔狄娜的孩子的流言蜚语并没有停止。村里人一直都认为他就是孩子的父亲。文森特用嘲讽与新的叛逆行为来和指责自己的人战斗，但镇上让他离开的呼声越来越高。（从城里回村里时，文森特带回一些避孕套并分发给“村里的小伙子们”。）最后，他将所有的麻烦都归咎于神父的阴谋和民众的歇斯底里。“这些邻居们使我处于极其不利的地位，”他抱怨说，“人们仍然害怕神父。”

但他又无法从牧师公馆获得任何帮助。这一新的丑闻让母亲对他由憎恶的冷漠上升为冰冷的敌意。尽管经常在附近逗留画画，但他从未被邀请到家里一起吃一顿热饭，哪怕是冬天或节日临近的时候也从来没有过。文森特预感母亲也会紧随自己的丈夫，将不久于人世，他以这种方式来实施他奇怪的复仇心理。带着一种诅咒般的激烈情感，他预言：“死亡会出乎意料地悄悄降临，就像父亲去世的时候那样。”他也一直警告提奥：“丈夫过世之后，妻子活不了太长的时间是常有的事儿。”

文森特的房东，教堂司事沙弗拉斯拒绝了克基拉岛画室的续租要求，对文森特而言，现在可谓危机四伏。“这间紧挨着神父和教堂司事的画室永远少不了麻烦，”文森特写道，“这是清楚明白的事情，因此我要改变这种状况。”起初，他打算租下附近的另一个房间，待到争议平息——但这个想法只持续了几天而已。他想要回到德伦特——表明让他离开纽南的压力已经让他喘不过气来。最后，他提出要去安特卫普进行一次销售之旅，他之前就计划去那里，但一拖再拖，或许这次他会在那里逗留和工作一段时间。但只逗留几个月。“我非常了解这里的乡村和人们，我非常热爱他们，”他说，“这使得我无法长久离开他们。”

在信中，他写下建立联系的计划，并且承诺再次从画作之中学习，就像在阿姆斯特丹时那样。但他离开时所蒙受的耻辱是无法用言语来表达的。尽管长期没有模特，他离开时仍然穷困潦倒，并且债务缠身。他必须等提奥寄钱过来，才能购买火车票，为了逃避沙弗拉斯上个月的房租，他只能悄悄溜出镇里。这意味着他不得不放弃收集的画作，还有画室里几乎所有的油画和素描——多年的辛勤努力都留在了那里，只能任凭债主们和母亲发落。

从牧师公馆的最终离开并不令人愉快，在之后的几个月他还在痛苦地回想。“我不会给家里写信，”他在 12 月向提奥说道，“在我离开的时候，我将这一点同他们讲得一清二楚……他们得到了他们所需要的东西；至于其他，我很少会想念他们，我不渴望他们会想念我。”他离开前夕，一位海牙的颜料商给他寄了一封信，这位颜料商曾将文森特的画悬挂在橱窗里。“在信里，他说泰斯提格和韦瑟林看了那些画，”文森特苦恼地说道，“但他们并不喜欢。”

文森特离开了纽南，但并没有被击垮。全新的艺术让他的信中回荡着全新的勇气。他声称，“我的绘画能力已日趋成熟”，但有时也不得不承认必须要“一切全都从头开始”。在他到埃因霍温去拜访科斯麦克斯并向他告别时，对于朋友的艺术追求，他给予了鼓励，这一鼓励同时也反映了他固执的希望。“一个人不可能一年内就成为画家，”他说，“也没有这个必要。但在纷繁复杂中已经有了一件好事，当人们面对一堵石墙时，会怀抱希望而不是感到无望。”

生平第一次，他有了紧迫感——感觉到时间有限、大门紧闭、机会转瞬即逝。在离开前的几天，他发誓采用一种全新的媒介——粉蜡笔——绘画，他突然被法国粉蜡笔画家夏尔丹和拉图尔那种生动、轻柔的创作手法所深深吸引——这些创作与《吃土豆的人》中那些破落农民的差距如此之大，就像巴黎与纽南的距离一样遥远。这些画作并不是灰蒙蒙的，而是充满光线与气息。他惊叹道：“这些由粉蜡笔画出来的生活场景，像是可以被风吹走一样。”

“我不知道以后要做什么，也不知道怎样才能进步，”在离开荷兰布拉班特省的纽南时，他最后一次这样写道，“但是我希望自己不会忘记这些日子里学习到的东西：一气呵成——以个人全部的精力与生命的全部付出。”

第二十六章　失却的幻想

离开纽南荒原不到一天，文森特就已端坐在安特卫普的水手酒吧里，在窗边体会着这座城市勃发的生命力。自十年前被放逐到英国时起，他第一次感到如此格格不入。他环顾四周，在视力所及的范围内，推车和货车将狭窄的街道堵得水泄不通，缓慢地向码头移动，码头附近极为拥挤喧嚣。“比乱糟糟的荆棘篱笆还要混乱，也更妙不可言，”他向提奥描述自己眼前的景象，“场面混乱不堪，让人眼花缭乱，头晕目眩。”牛群不耐烦地喘着气，轮船的汽笛声震耳欲聋，水手们一个个“面色红润，膀大腰圆，醉醺醺地”走出酒吧，步履蹒跚地走进妓院。在这混乱不堪的场面中，各种稀奇古怪的货物进进出出，被“丑陋的码头工人们”扔来扔去。小山一般堆积着的美国水牛角和牛皮，让文森特尤为震惊。

各处的争吵演变为混战，在本就混乱不堪的商业区中制造了小范围的骚动。文森特刚到不久，这里就陷入一片混战之中。“大白天，一位水手被女人们从妓院里扔了出来，”他在靠窗的位子上看到了这一幕，“他后边紧跟着一个怒气冲冲的人与一群妓女，他似乎有点怕她们。”远处，大型的黑色轮船浮浮沉沉，在滑道上吱吱作响，犹如躁动不安的野兽。冬日的阳光里，屹立着的桅杆闪烁着光芒，几乎遮住了斯海尔德河的河岸。“整个就是一种无法穿透的混乱。”文森特写道。

虽然距离津德尔特牧师公馆只有 25 英里的路程，安特卫普却像是海洋中的一个岛屿。安特卫普栖息在宽阔的莱茵河三角洲边缘，500 年来一直都是欧洲最繁忙的港口之一，不仅远离坚固城墙之外的乡村，也远离轮船那些有着异国情调的目的地或者水手们的家园。在安特卫普，通晓数种语言的陌生人并不鲜见，1885 年，一名游客对他们进行了分类：“沉默、严肃的挪威人，愣头愣脑的荷兰人，红头发的苏格兰人，敏捷的葡萄牙人，喧闹健谈的法国人，苗条易怒的西班牙人，蓝黑色皮肤的埃塞俄比亚人。”他们从世界的各个角落，带着自己的商品和嗜好，聚集在这里。中世纪街道两旁，形形色色的商店鳞次栉比，一直延伸到码头，迎合着来自五湖四海的需求。妓院为各个国家的妓女都打广告。酒吧里品类齐全，不仅供应本地啤酒，还有清酒。一家安静的英国酒馆一边坐落着一间酒吧，满屋子喧闹的佛兰芒人正在吃牡蛎；另一边则是一家大型的法式咖啡音乐厅，它集音乐厅、舞厅、酒吧和妓院于一身。

和几个世纪以来经过安特卫普的流落异乡者一样，文森特大口地喝啤酒，之后再去光顾妓院，在憧憬新的开始与梦想回到故乡之间痛苦地挣扎。他向酒吧女招待们介绍自己时，说自己是“驳船船员”——来自内陆的一位水手。他一进酒吧，就和其他孤零零的水手一样，坐在酒吧的尽头或者妓女沙发的边上，有时也会坐到舞池旁，在他身边，一对对舞者翩翩起舞。只要有可能，他就会在偷偷带进去的一个口袋大小的速写本上作画，用画笔来捕捉某个瞬间——将以闪电般的速度创作的素描藏在自己的腿下，伴着舞厅里深沉的风琴伴奏声进行创作。他不仅将阳台上观众们的呼喊和歌唱呈现在画中，也将女仆们令人眼花缭乱的舞姿描绘了出来。他从未说自己跳过舞，只是在一旁观看。他在码头参加了“一场很受欢迎的水手的舞会”后给提奥写信道：“看到那些人玩得兴高采烈，观看的人也很愉悦。”

《双人舞》，1885年12月，纸上粉笔，$3^1/_2$英寸×$6^3/_8$英寸。

文森特从安特卫普寄来的第一封信可谓热情洋溢。“我感觉到自己身上有一种能干点重要的事情的力量，”在抵达安特卫普后，他写道，“我很高兴来到这里。”不论是真的出于乐观，还是因为要掩盖逃离纽南的仓皇，他为了资产阶级的体面生活开始了另一番折腾。他不再宣扬米勒或色彩理论，而是用展出和销售自己作品的策略来让弟弟高兴。在经历了几年竭尽全力的抵抗之后，他提出要找份“兼职工作”——为餐馆画一些装饰画或招牌（“例如，替鱼贩画鱼的静物画”）。“有一件事可以肯定，”他宣称，“让大家看到我的作品，是我的心愿。”

舍弃了荒原的快乐时光和与农民的友爱，他称赞安特卫普“热闹”而又混乱的商业生活，声称“我非常需要它”。他添置了新衣服，开始有规律地吃饭，和别人讨论新的成功秘诀。“不能看上去总像是没吃饱饭似的，或是太寒酸，”他写道，“相反，必须设法穿戴得体面一些才行。”他在新兴的东区找了一栋气派的公寓楼，在里面租了一间房——全新而体面的社区，用画室的全套设备将其装饰一新，包括崭新的画布、更好的画笔以及价格更为昂贵的颜料。心爱的插图已被他遗弃在纽南，他把廉价的、色彩丰富的日本版画挂在墙上。在码头的商店之中，这样的版画随处可见。“我的小房间比预想的要好得多，”他洋洋得意地说道，“对画家而言，这可是一个不可多得的地方。”

文森特毫无畏惧地闯进了安特卫普狭小的艺术市场，胳膊下夹着从纽南带来的三张重要的油画作品：两旁长有白杨树的林荫大道、黄昏时分一座磨房的阴郁景象以及《圣经：静物》。但文森特并没有向画商们无休止地吹捧这些作品，因为提奥可以帮助他处理诸如此类的事务，而是立即着手让自己的作品更丰富、更多样化一些。在抵达后的第一周，他设法画了些旅游景点，之前，他在很多美术馆中都看到过这一类的作品——风景如画的街道、斯海尔德河对岸的城市风光，以及安特卫普中世纪的地标建筑（如大教堂、布鲁塞尔大市场以及9世纪的施特恩古堡）的浪漫风景画。他向提奥保证道，这些作品的对象是“那些想要买些纪念品的外国人”。

纵然城市生活冲淡了文森特对荒原的迷恋，但却激发了他其他方面的欲望。就像一位长期在海上漂泊的水手一样，文森特来到安特卫普还有一个非常重要的需求：女人。

自两年前离开海牙之后，文森特从来就没有停止过对女人的渴望。在纽南时，文森特就经常去埃因霍温寻花问柳，毫无疑问，在乌特勒支、安特卫普和阿姆斯特丹时，文森特也会去妓院。他与戈尔狄娜·德·格鲁特之间的关系更多是挑逗性的，并不能让他满足。虽然大概是因为他的恳求（和报酬），她才答应摆出裸体姿势，但这还远远不够。在写给提奥的信中，文森特继续想象着对女性裸体进行更加系统和深入的研究。

布拉班特的农民过分拘谨，而且还有爱管闲事的教士，文森特感到束手束脚，于是将眼光瞄向了安特卫普，这里聚集着大量妓女，可以满足他全部的渴求，包括艺术和性。他声称迫切需要“一些好的模特，要尽可能多和尽可能好”，同时也幻想着能成为那些“用裸体模特”的艺术家的学徒。“之所以需要，原因很多。”他含含糊糊地解释道。文森特曾阅读过宋思尔撰写的一段传记，基于这一段内容，他确信可以通过为妓女们画肖像画而雇用她们成为自己的模特——当初在法国的一个港口城市勒阿弗尔，米勒也是这样做的。文森特坚持认为模特和卖淫应当相结合，并且故意回避肖像画模特和裸体模特之间的差异，他认为宋思尔书中所隐含的淫秽暗示意味着，在安特卫普扎堆的妓女身上，不仅能得到性满足，而且还可以获得艺术上的满足。

当抵达安特卫普时，痴迷与渴望已发展成了狂热，驱使他不管是白天还是黑夜，每天都游走于纵横交错的街道上。只要是人们经常聚集的地方——舞厅、咖啡馆、音乐厅，他都会在人群之中搜寻女性的身影，轮番地欣赏她们“完美的头部”，并且评估她们的可用性。“他们所说的关于安特卫普的事情都是真的，”他说道，“这些女人们都很美。”他把观察到的女人进行了精心分类并告诉提奥，有些“看上去非常健康”，有些则有着“呆滞的、灰色的小眼睛”。他更倾向于“寻常女子”，因为她们富有“能量和活力”，她们的脸“丑陋，不端正……但却活泼可爱”。他钟爱斯堪的纳维亚女孩的金色秀发，德国女孩却给他留下了“非常冷漠”的印象，因为“她们全都像是按照同一个模子生产出来的”。他把英国女孩（“美丽、优雅”）和中国女孩进行比较（“安详、神秘，宛若一只小老鼠，小小的，又像一只床虱”）。她们的多样性和丰富性使得他不知所措。“不可否认，她们有时真的是非常漂亮……要是能随心所欲地选择模特，那该多好啊！”

舞蹈结束时，挫败感又把他引领到这座城市随处可见的妓院里。他向提奥承认经常“游荡穿梭在街道和小巷之间”，目的就是“去认识那些女人”。即使在白天，他也常去码头，在那里，妓女们只有夜以继日地工作，才能满足水手们无止境的欲望。他结识了一位当地的老鸨——“一位认识很多女人的女洗衣工”，并且和一位神秘的男人见面，这人为他提供过“几位漂亮的女性”用于作画。“我想他们控制了这些女人。”他推测。他在“光天化日下”驻守在妓院门外，观察人来人往，去接近可能的女性对象。他管这种行为叫作“寻找模特”，但他对提奥坦白说，他不仅想把这些女孩画下来，而且想“拥有她们”。

一有机会，文森特就会提出稀奇古怪的建议。当无法按照性交易的价格支付她们为他做模特的酬劳时，他无疑又会对她们搬出经常对提奥宣讲的那套理论：肖像不仅流行（“能够与时俱进”），而且很有用。肖像可以挂在咖啡馆和餐馆里，用来招揽顾客，还可以作为纪念品送给顾客，甚至可以通过出售来获利。文森特注意到当地摄影工作室的人像摄影生意都很兴隆，他不断指出肖像画比摄影更有优势。“画出来的肖像拥有自己的生命，”他辩称，“这来自画家的灵魂，这些相机都无法传达。”他提出他不仅会支付她们做模特的费用，还会把肖像画送给她们，只要她们为他摆出不同的造型——这种并不公平的提议，几乎无法掩盖他想要获得性满足的主要意图。当他成功时——当一位女性来到画室的时候，他就会进一步劝说她脱掉衣服。他坚持不懈地说服她，因为他相信：“如果能只费一番唇舌，就能获得一位好模特，那我何乐而不为？”

文森特痴迷的眼睛一眼就能将看过的作品中的女性人物找出来。500年来，在这座城市之中，到处都是各种流派和各种风格的杰作，但文森特注意到的只是肖像画——特别是女性肖像画，这样的作品随处可见。从亨利·莱斯描绘的安特卫普中世纪的街道生活，到博物馆里陈列的佛兰芒的艺术珍品，他只对关于女性的描绘情有独钟：昆丁·马西斯创作的金发碧眼的抹大拉的玛利亚，凡·戴克创作的迷人的圣芭芭拉。在这些作品之中，他尤其钟爱伦勃朗创作的一幅关于妓女的画像。“伦勃朗画笔下的那个妓女的头部，让我受到很大冲击，”他写道，“因为他以极为精湛的技法，捕捉到了那一抹神秘的微笑。”

在寄给提奥的信中，文森特不再提及农民或工人的场景，也不再提及人物形象的小插图。在见到的全部“现代”艺术中，他谈论的只是擅长画女性的画家——阿尔弗雷德·斯蒂文斯、詹姆斯·蒂索、奥克塔夫·塔萨特、查尔斯·卓别林。这些人对“女性的形态拥有微妙的直觉”，文森特对此称赞不已，并将他们与18世纪法国伟大的感觉论者热鲁兹和普吕东相比较。学院派大师安格尔和大卫的肖像画引发的不再是前一年夏天的那种激烈的论战，而是对他们能找到美貌模特的不无嫉妒的赞美。“哦，要是能得到自己梦寐以求的模特，那该有多好！！！”他悲叹道。在一个到处是雕塑的国家中，从奎利纳斯一家的巴洛克式奇妙构思到莫尼耶的高尚劳动者，文森特只留意到一件作品——杰夫·拉姆别克斯的《亲吻》，认为只有这件作品值得一提。（“非常棒。”他指出。）在拉姆别克斯的作品之中，一位裸体的年轻女孩正害羞地躲避追求者的进攻，这恰恰证实了文森特不无羡慕的猜疑——相对于画家，雕塑家更容易接近模特。

怀着这一全新的痴迷，文森特开始研究也许是西方艺术中最擅长画女性的丹青高手——彼得·保罗·鲁本斯。作为安特卫普最著名的画家，鲁本斯在任何情况下都无法被忽略。鲁本斯的油画气势宏伟，极富表现力，画笔下的女性婀娜多姿，男性体形雄健，这些画在这座城市众多的艺术景观之中随处可见。从艳丽却无比恐怖的殉教场景，到肉体的狂欢与享受，在第二故乡安特卫普众多建筑物的墙上，鲁本斯深深地烙上了自己独特的印记。甚至在文森特从纽南出发之前，他认为安特卫普之行就是为了去领略鲁本斯非凡的想象世界——迥异于他在《吃土豆的人》中创造的黑暗、幽闭的世界。在离开前夕，他向提奥写道："至于鲁本斯，我一直非常期待与他见面。"不是因为他那些充满宗教色彩的画作，文森特曾排斥这些画作，认为它们"太夸张，极为夸张"，也不是因为他严肃的绘画主题，更不是因为他令人折服的作画能力。"他画得最出色的是女性，"文森特强调说，"他留给别人巨大的想象空间，表现得最为深刻。"

文森特说到做到，一抵达安特卫普，便开始四处寻找鲁本斯画的女性形象。文森特仔细观察了鲁本斯的大幅作品《炼狱中的基督和圣女德莉莎》里位于前景中的两位裸胸的金发女郎，并兴高采烈地进行了细致的描述。在他看来，"她们非常美丽，比画里的其他人更出色……这是鲁本斯最好的作品"。之后，他又多次回到博物馆，去"反复地、从容地"研究鲁本斯画像中的这两位以及其他的女性，"只有反复这样做，才能使我安心"。他特别研习了这位佛兰芒大师对女性肉体的呈现，并称赞这些描绘是"如此生动"，他将自己学到的东西以近乎色情的语汇向提奥传达，这与米勒的虔诚隐喻大异其趣。

在参观大教堂时，他看到了鲁本斯的力作，三联绘画《上十字架》和《下十字架》。这两幅画作尺寸惊人，构图大胆，有着歌剧般的明暗效果，使大教堂沉浸在一种用颜料营造出来的戏剧效果之中，在过去的200年间，大批游客为此如痴如醉。但文森特却深感失望，尤其是对《上十字架》。"它的一个特点立刻让我很震惊，"他抱怨道，"里面竟然没有女性的身影。"他声称更"喜爱"《下十字架》，因为其中那两位有着"金色的秀发、美丽的脸庞、白皙的脖子"的玛利亚，在十字架下，她们接住基督软弱无力的身体。画中没有任何其他的东西能够打动他——无论是苍白、无力的身体从裹尸布上滑下时的那种柔弱的优雅，还是基督的脚轻柔地触碰抹大拉裸露的肩膀时的纤细笔触，抑或是对无法获得安慰的痛苦的生动描绘。"鲁本斯对人类悲痛之情的演绎，我对其没有任何感觉，"文森特厉声说道，"他画得最为美丽动人的哭泣的抹大拉和圣母玛利亚，也只让我想到因感染性病而哭泣的妓女，或者是人生中遇到的一些此类的小小不幸。”

当文森特手持画笔时，同样的痴迷在引导着他的手。艺术需求和性渴望同样强有力地结合在一起，取代了在纽南时好不容易才获得的自由——有一些得到继续保持，另一些则被抛弃。文森特曾短暂而满怀希望地涉足风景画和静物画。除了早期尝试画过一些旅游场所，他所有的想法和努力都转而聚焦在肖像画上。在少有的没有去找模特的时候，他抽空创作过两张城市风景画——两张画描绘的都是他透过公寓楼后窗所看到的被积雪覆盖的屋顶，画作让人回想起施恩韦格。正如在海牙时那样，疯狂的信念充斥着他的内心，在他看来，没有模特的话，自己的艺术之路根本无法取得任何进步（“最关键的、最关键的是，我仍然没有足够数量的模特”）。肖像画是走向商业成功的关键，对此他笃信不疑。

但新的使命给文森特的绘画提出了新的要求：准确性。他所追求的女人们都想要一些让人高兴的、好看的画像——虽然有美化的成分，但要有可以辨识的个人特征，并不是艺术家独特个性的表达。在很长一段时间内，文森特曾因为无法创作出这种“相似”（他曾不屑地称呼这样的作品）而感到绝望，也曾经常小心翼翼地不让自己的创作受到肖像画所要求的一些特征的影响。他坚持说，他画的都是“类型”或“人民的头像”，它们并不是肖像画：一位老渔夫，而不是头戴防水帽的孤苦的人桑德兰；“一名可怜的、挺着大肚子的妇女”，而不是怀孕的西恩·霍尼克；“农民的头像”，而不是德·格鲁特一家。

甚至当他计划在安特卫普画一批油画肖像时，他仍然对模特们的期待心存恐惧：“在‘相似性’上，我的画很难让大家满意，这一点我很清楚。”在抵达安特卫普的前夕，他写道：“我不敢事先妄下定论，认为自己在这一点上没有问题。”每次当一位女性在面前坐定之后，他便开始与现实的要求作斗争。对于人物的轮廓、鼻子、眼睛和发际线他都会反复地画，寻找那难以琢磨的准确性。10 月，他在阿姆斯特丹国立博物馆之中领悟到的“第一笔”及“一气呵成”，现在让位于取悦别人的需要。只有在画作的边缘处——上衣的层层褶皱里，帽子的垛口处或者头发的曲线上——才能重新找回纽南时期那种阔大的、冲动的笔触。

文森特的性需求可能限制了他的画笔，但是却让他在色彩上更大胆。戈尔狄娜·德·格鲁特能忍受他用“大地般”的色调来描画，但他最想要的模特却怎么也无法忍受这一点。仅仅只有一次，在他抵达安特卫普后不久，一位老人在闲逛时走进了他的画室，这时候，文森特才再次使用了在纽南画头像时用到的熟悉的深褐色与黑色。12 月中旬，当第一次有一位女性坐在面前时，文森特运用了明亮的色彩和大量的光线。他向提奥描述了完成后的效果："我用稍微浅一些的色调来描绘她的皮肤，白色混了一点深红色、一点橘红色还有一点黄色……用淡紫色来描绘她的裙子。"他没有将她放置在黑暗的色调之中，而是以"灰黄色作为亮一些的背景"。

为了使颜色看上去更明亮和更令人愉悦，他选用优质的颜料，深信色彩"可以赋予肖像画生命"。他发现了钴蓝色（"一种神圣的颜色"）、胭脂红色（"如酒一般温暖，有活力"）、镉黄色（"鲜亮的颜色"）和翠绿色。他不再没完没了地把它们混合成灰色，而是在画作之中将它们大胆地铺陈：翠绿色的裙子搭配鲜红色的蝴蝶结。他运用了布兰克和谢弗勒尔教过的方法，用来取悦于人：粗糙的脸搭配鲜绿色的背景，或者是淡紫色的衬衫里露出黄色的脖子，以达到美化的效果。他舍弃了色彩的细微变化，提倡"绘画时不能太牵强，颜色不要太复杂。要更为简朴"。鲁本斯画作之中鲜艳的女性肌肤和彩色玻璃窗的饱和色，成为了文森特的全新目标。在观察过的现代作品中，文森特最欣赏安特卫普画家亨利·德·勃莱克勒颜色鲜艳、画风凌厉的画作，后者用生动、明亮的颜色来描绘女性（包括妓女）。

无论他怎么热情地推崇新的色调、新的颜料、新的画板和自己在安特卫普的新偶像，但他从未忘记自己的终极目标。"必须提升到一定的高度，"他写道，试图拉拢提奥支持自己的全新使命，"女孩们将开始喜欢别人为她们画肖像画——肯定有些人会想要自己的肖像画。"

但真正想要的人寥寥无几。尽管他费了九牛二虎之力，但没有一个模特前来。第一个月要来文森特画室的人屈指可数：一个老头、一位老太太、一位年轻女性和另一个"答应要来但是不确定会不会来"的人。到了12月末，他已经绝望。提奥额外给他寄了一些钱，他于是雇请了一位斯卡拉音乐咖啡馆的合唱团女孩到画室里来摆姿势，斯卡拉音乐咖啡馆是一个类似于女神游乐厅的场所。几周以来，他一直在观看她在斯卡拉剧场俗气的摩尔风格的辉煌布景之中演出，他猜想，愉悦之后将会降临到赞助人身上。她来到文森特的画室，乌黑的秀发，丰腴的脸庞，还有厚厚的嘴唇，文森特发现她不仅"美丽"，而且"机智"，但缺乏耐心。由于很多个深夜都在工作，她总是焦躁不安，很难坐着一动不动。她拒绝了提供的香槟（"香槟并不能让我快乐，"她说，"而是让我忧伤"），也轻而易举地就拒绝了让自己脱衣服的请求。

回绝让文森特有些气馁，他十分狂热地工作，想要创作出"迷人的形象”来安抚这位焦躁不安的模特：“乌黑发亮的”秀发和白色的上衣形成了一种鲜明的、鲁本斯风格式的对比，上衣上还有一个“鲜红色的蝴蝶结”，被黄色光晕一般的“金色的闪光”所包围，这种闪耀的黄色“比白色要亮很多”。那晚，她带走了他的作品，并挑逗式地许诺下次还会为他做模特（下次在她的更衣室里）。“天啊，”她刚一离开，文森特就给提奥写信惊叹道，“描绘女性让我体会到了一种无以言表的美丽……这种体会深入到了我们的骨髓之中。”但是并没有任何证据表明他们后来见过面。

新年伊始，文森特所有大胆的创新计划似乎都遭遇了相似的困境。作品一幅也没有卖出去：从纽南带来的《圣经：静物》之类的大幅油画、心爱的肖像画，甚至特意为了销售而创作的城市风景画，全都无人问津。文森特带着自己以城堡和教堂为题材的画作，在“寒冷、阴暗的”街道上徒步走了一个多月，都没有找到一位画商愿意展出他的画，更别提购买了。在对妓女和肖像画的热情之中，之前关于绘制广告牌、设计菜单，或教授学生的誓言全都烟消云散。看到人像摄影大获成功，文森特艳慕不已，并且极度渴望获得类似的成功，想象着直接将颜料用在摄影照片上以便获得更为精确的相似性（“这种方法可以获得更好的色彩”），或是把自己的肖像画简单地再次包装一下，作为“虚幻的头部画像”卖掉。和之前一样，全部计划无一例外地最终都宣告失败，他把原因归咎于吝啬的买家、不懂行情的画商、低迷的市场，或是整体上在走下坡路的现代艺术。“如果他们能展出更多更优秀的作品，”他抱怨道，“更多的作品也就可以卖出……价格、公众，一切都需要革新。”

接下来的日子里，文森特的身体状况每况愈下。多年来，他一直吹嘘自己有着“农民般的”强健体魄，但是现在他开始抱怨总感觉身体虚弱，“过度劳累”，并且“身体非常不好”。在纽南时，引以为傲的米勒式的严苛饮食，在安特卫普寒冷、潮湿的冬天，只是让他的身体更虚弱，但是他的胃却无法适应丰盛的食物。他开始抽烟斗来帮助食物消化，但是他的牙龈变得酸疼，牙齿也松动得厉害。他开始剧烈地咳嗽。他第一次汇报说体重开始下降。一度，他肯定遭受过皮疹、溃疡或皮肤感染的折磨——好像所有模糊的病痛都出现在他的肉体上。在一个满是水手与妓女的港口城市，文森特到处寻医治疗这种令世界各地的所有水手和妓女都痛苦不堪的疾病：梅毒。

毫无疑问，他担心提奥认为自己的病是因为流连于风月场所而遭到的报应，也担心提奥会质疑自己整个的肖像画计划，他向弟弟隐瞒了自己的症状和治疗过程。他拜访了阿玛迪斯·卡芬涅医生，这件事他对提奥只字未提，这位医生在荷兰街上的诊所距离文森特的画室只有几个街区。他没有提及他在附近的斯图文伯格医院接受治疗的过程，也没有提及在面对这一疾病无法预知的后果时，自己心中的羞愧或恐惧。在那个年代，人们会条件反射地将梅毒与淋病（文森特在海牙时已染上过这种病）联系起来，并把它们定性为自然之中的“洪水猛兽”，诊断是不可避免的，治疗的方法也很明确：水银。

无论是服用一种著名的、难闻蓝色药片，还是在有毒的蒸汽中“熏蒸”（在速写本中，文森特为这种疗法起名“坐浴”，同时还记录下了每次同医生见面的时间），水银都只能缓解病症，却无法根治。与此同时，水银会使病人遭受一系列免不了的痛苦，更甚于疾病本身：从脱发、性功能衰弱，到精神错乱直至最终的死亡。即使剂量适中，水银也会引起胃痉挛、腹泻、贫血、抑郁、器官衰竭、视觉或听觉受损。水银典型的副作用就是流口水——不光只是不雅观地流口水，还有大量的痰（“疾病制造出的液化垃圾”），口水和痰都携带着数不清的、肉眼无法看到的螺旋菌，导致喉咙、口腔和牙龈形成新的感染，直到整个创口最后成为一个巨大的、恶臭的溃疡。

虽然从未承认患有梅毒并接受过治疗，但是随着事态日趋严重，文森特再也无法向弟弟隐瞒此病的症状。他一直以来的胃病也犯了。他的精力消耗殆尽，生平第一次开始抱怨“感觉身体十分虚弱”。“浅灰色的痰”总是不断地流出来，整个人都很不舒服，嘴巴和喉咙到处都是溃疡，完全无法咀嚼或吞咽食物。几个月后，松动的牙齿也开始腐烂脱落。2 月离开安特卫普之前，他花掉了宝贵的 50 法郎，让牙医拔掉了三分之一的牙齿——在那个时代，拔牙用的是棘轮扳手，而酒精是唯一的麻醉剂，这无疑是痛苦的折磨。

伴随 1885 年圣诞节到来的是另一种痛苦。梵高牧师的灵魂让他在整个假期都心神不宁，而很多年来父亲一直主导着这一假期。文森特抱怨说他“不时能回忆起父亲对我说话和对待我的方式”——如同他最喜欢的狄更斯的圣诞故事《着魔的人》中的雷德劳一般，被记忆所侵扰。为了逃避这些来自往日的声音，他沿着积雪的街道一直散步到城市的边缘。然而，即使是在乡下，他也无法找到任何心灵慰藉，有的只是“巨大的忧伤”。为了能感受到一点当下时节的欢乐氛围，他不可避免地转向了酒吧和妓女。尽管提奥多次请求文森特给母亲和妹妹们写信，但是文森特却固执地拒绝了，即使是在圣诞节那天他也没有给家里写过信——这一做法是对信仰和家庭的亵渎，而目标就是已入土为安的父亲的心。他认为自己注定要“处于一种永远的流浪状态”——对家人而言，他注定永远都“是一位比陌生人还要陌生的人”。

在文森特生活的各个方面，沮丧的情绪都在蔓延。当圣诞节的游行队伍在窗外的街道上不断前进，溜冰的人拥入已人满为患的布鲁塞尔大广场时，文森特却坐在空荡荡的画室里，不停地诅咒这个世界。他诅咒画商，诅咒波尔蒂埃之类的拒绝了他的画商，诅咒让他烦恼和不停催促他的模特，诅咒拒绝了他的钱的妓女，以及向他讨债的债主们。所有嘲笑他宣称自己是“真正的画家”的人，也都遭到了他的诅咒。当然，他也诅咒提奥。在对提奥尖刻的节日“问候”之中，他责骂弟弟的“冷漠、无情的轻视和刻意与我保持的距离”，怒斥他总是“站错队伍”——总是站在父亲那边——反对他。他抱怨提奥，就像他曾经抱怨多洛斯一样：“对我而言，你一次又一次地陷入以往的罪恶中。”回顾刚刚逝去的这一年，他痛苦地承认：“我并不是最坏的，真的不是最坏的，比起前几年，我要好很多。”

现实越是凄凉，文森特就越是紧紧地攫住自己的幻想，试图通过肖像画获得艺术和性方面的满足。12 月底，当说服斯卡拉音乐咖啡馆的那位女孩为他做模特时，他的执着之情再次燃起。尽管有过无数次失败的经历，但是在合唱团女孩那里仅有的一次“成功”，让他的事业重新复活。他将此称为自己“最大的渴求”和“绝对的生计”，他发誓要在安特卫普的妓女中继续探索，找到真正的“妓女的表情”。他劝说提奥应再次有足够的耐心并作出一些牺牲（“我一定能够将我的翅膀再伸展开一些”），他还在经济和艺术成功方面作出了加倍的承诺。“一个人应当追求崇高的、真实的、卓越的东西，”他问弟弟道，“难道不是吗？”

但提奥却另有打算。

1886 年 1 月，提奥告诉文森特他必须离开安特卫普。

从文森特抵达安特卫普的那一刻起，兄弟俩就在一步一步走向最终的摊牌。他对模特和金钱的无尽需求很快让兄弟俩卷入另一场激战。接二连三的性暗示以及关于在城市的妓院中寻找模特的无耻叙述，已经预示着过去会重演。提奥每一次的担忧与不悦，换来的都是文森特的抗议和愤怒，他指责提奥对自己不够重视，扼杀他的艺术，阻碍他的事业发展，破坏他“想要重新获得别人信任”的努力。以多年以来使用过的最为尖锐的语言，他警告提奥不要干涉这一最新令他着迷的事业。“不惜任何代价，”他威胁道，“我想要做自己。我知道自己固执己见，也不在乎别人怎么评价我和我的作品。”

新年一过，提奥威胁道，如果文森特不放弃花钱雇妓女来为他摆姿势这一荒唐而可怕的计划，他就只能停止资助文森特，兄弟俩的争执也因此而白热化。文森特的计划并没有任何商业意义（把肖像画送给摆姿势的模特们，相当于付了她们两次钱），而且还让大家想起了那阴魂未散的西恩·霍尼克，这极有可能制造出又一个丑闻。“我们不能这样做，”在 1 月初时，提奥写道，“我们已经没钱了——这里没有什么事情可以做。我告诉你‘不行’。”但是文森特毫不退缩。他在愤怒中爆发，称提奥为“无能的笨蛋、傻子”，他横加挑衅，禁止提奥否决自己的计划。

健康是文森特的最后一根稻草。相比对弟弟横加干涉的愤怒指责以及圣诞节期间的严厉谴责，含糊的病情报告以及言过其实的关于饥饿的言辞更是不祥之兆。当他写道他并没有用额外寄来的钱去买食物，而是“马上着手找模特，并会一直找下去直到把所有的钱都花光”时，提奥别无选择，只能开始干涉。毫无疑问，提奥预见到了另一轮将会愈演愈烈的自我毁灭式行为，为了文森特的身体健康，要求他离开安特卫普。“如果你病了，”提奥写道，“大家的情况只会愈来愈糟。”他相信大自然的修复能力，并且对文森特被驱逐出纽南的原因并不全然知情，所以坚持让文森特回到乡下去。

提奥的要求引发了激烈的抗议。直到那时，文森特一直坚称他只会在安特卫普短暂停留——最多也就“几个月”。提奥的指令改变了一切。“想让我回到乡下去，这不合情理，”他马上反击，“要知道，在很大程度上，我的前途取决于自己必须在安特卫普建立的关系。”疯狂地希望维持他幻想中的拥有肖像画、模特和妓女的生活，他指责提奥“松散懈怠”，“丧失了勇气”，并且认为不论是从经济还是从艺术角度来看，他都必须待在安特卫普。“长期待在这里将是最佳选择，”他现在坚持说道，“因为这里有很好的模特……现在回到乡下，只会让一切陷入停滞。”

极端的困境需要极端的解决方法。1 月中旬，文森特做了一件他曾经发誓永远不会再做的事情：注册进入一家美术学校。这并不是一家普普通通的美术学校，而是古老、著名的皇家艺术学院，是安特卫普为了媲美巴黎传奇般的法国美术学院而建立的。就在不久前的 1885 年 11 月，也就是在抵达安特卫普前的数天，文森特就已打消了接受学院训练的念头：“艺术学院不会接受我的，”他说道，“我自己也不想去那里。”1881 年在布鲁塞尔学院蒙羞后，他又同拉帕德就学院的技法问题激烈地争论了几年，他对安特卫普皇家艺术学院之类的学校的抨击愈来愈激烈。他谴责那里的学生如同“巴黎艺术家的石膏人像”，并嘲笑他们的教学对现代艺术来说是“多余的”。在进入安特卫普学院前的六个月，他还写道：“无论他们画出来的人物就学院的标准而言是多么中规中矩，它缺少最根本的现代气质、个性以及真实的行为。”

但是这一信念已经为全新的信条所改写。这位来自荒原的学徒成为了女性肉体的学徒，从米勒的追随者摇身一变成为鲁本斯的追随者。为了保护自己在安特卫普的妓女之中的事业，文森特会不惜一切。除此之外，他可能还学习了如何传达精确而极富吸引力的“相似性”，以便寻找模特。为了解释这一突如其来的大转变，他写给提奥的信中字字都饱含着热情、恳求，有时会自相矛盾，但是一切都可以归结为一个简单的请求：“让我留下吧。”

注册成为艺术学院的学生，会使他进入到一个全新的世界，他会有“新的朋友和新的关系”，有望终结艺术上多年的孤独。“可以看到众多其他的人画画，无疑会是件好事……必须得生活在艺术家的世界里。”再次融入这个世界需要穿着得体，他向弟弟保证他会恢复“饱满的精神”。喧嚣的城市生活让他把圣诞节的忧愁与对荒原的迷恋全部抛之脑后，他认为，作为学生还可以省下不少开销，如租金（更大的画室也就不必要了）、颜料的费用和雇请模特的花费。“我希望我能够被允许整天在学院里画模特，这样对我来说就方便多了，因为模特的价格贵得惊人，我的钱包再也吃不消这一经济上的压力。”重拾了“信心与平静”，成功还会遥远吗？“通往成功的道路是没有捷径的，”他再次向提奥保证，“这才是正确的方法。”

文森特狂热地劝说弟弟相信学院为他们提供了最终的奖励——裸体女性模特。他还暗示如果提奥作出让步，他可以放弃在安特卫普的妓院里进行昂贵、不健康和不明智的寻访。（事实上，学院只有男性裸体模特，这一点文森特无疑一清二楚，开始学画的学生是根本就不被允许画模特的。）

1886 年的 1 月 18 日，在姆查尔斯塔特大街一幢极富特色的建筑里，文森特的课程开始了——那是一座中世纪的修道院，正面展现出帕拉第奥风格。他告诉提奥一共参加了两门课程：一门是学院院长查尔斯·维莱特下午的油画课，还有一门是晚上的石膏素描课，在这门课上，学生们只画古代雕塑的石膏模型。他不再憎恶各种形式的教育，兴高采烈地传达了成功与满意的信息（“我很高兴来到这儿”）。在信中，他已经完全洗心革面：不再好斗、忧郁和孤独，而是一个深受同学和朋友喜爱、尽职尽责的学生。他还加入了两家绘画俱乐部：非正式的学生团体，深夜聚集在一起画模特，互相品评对方的作品，当然还有些社交活动。“我在试图和别人建立联系。”他向提奥保证道。

安特卫普皇家艺术学院的石膏雕像室

同样消失的还有曾经的那位愤怒的反传统主义者，他曾疏远自己的家人与朋友，对艺术有着一些古怪、专制的想法。文森特汇报说，当教授向他提出“严厉的”忠告，或者是批评他的努力时，现在他并不把教授的话视为挑衅，而是视为不断进步的机会。“我要重新审视自己的作品，”他开心地写道，“我能够更好地判断弱点之所在，这让我能够纠正自己的错误。”即使学院安排了非常紧张的石膏素描课（石膏素描正是导致他与莫夫最终决裂的原因）也丝毫没有影响他在信中传递出的满足感。“当再次仔细审视它们时，”他评论学校巨大的石膏像画廊时写道，“古代雕塑家的惊人知识与感受的正确性令我感到十分震惊。”

目的已再明确不过，但是他还是对警惕的弟弟作了强调：“也许最终我会感觉在这里就像在家里一样。”上课还不到两周时间，他就给提奥写了一封很长的恳求信：

> 我迫切地请求你，为了能有一个好的结果，你不要失去耐心或者良好的心态；如果我们在关键的时刻丧失了勇气，那么就是在给自己找麻烦，如果我们明确了目标，敢于采取行动并坚持到底，那

么这个时刻就会对我们产生一定的影响。

文森特说道，权威人士和学院院长维莱特建议他至少要在安特卫普待上一年，只画石膏像和裸体模特。“这样，当重新回到室外写生或是画肖像画时，我就完全是另外一个人啦。”他保证说。他最需要的是实践，而且“这只是时间的问题，在这儿待上一段时间，将会大有裨益……我重申一遍，我们已经步入正轨”。

实际上，灾难已经降临在他身上。

查尔斯·维莱特对于每一位进入自己油画班的学生，都会进行面试。但是他的决定却很难预测。据一位传记作家所说，他思维活跃，爱追根究底，对“新鲜未知的事物有一种偏好”，同时也有强大的信念和暴躁的脾气。他把自己视为佛兰芒文化的拥护者，同时也是各地年轻艺术家的守护者——他招收了很多外国学生来艺术学院学习，尤其是英国学生。尽管他在巴黎接受了教育，并且对几个世纪以来的学院派风格造诣很深，但是他也坚持培养各类人才，并理解艺术培训具有局限性。他始终认为：“艺术家是天生的，并非后天培养的。”他钦佩安格尔、弗朗德兰、热罗姆和其他一些法国学院派大师，并在年轻时与恶棍一般的库尔贝结为知己，两人甚至还一同展出过作品。他的职业生涯充满争议与失败，成功与卓越。在艺术运动中他规避了“时尚”，但也能够接受新艺术的宝贵经验：艺术家们应该享有自由，以便找到属于自己的创作风格。他说，是否润饰画作并不重要，重要的是能够“赋予自己创作的东西以生命，并且清晰呈现作品的特点和感情”。

文森特的画夹中全是粗糙的素描和肖像画，虽然这些画都表现出了“特点和感情”，但是却缺乏雕琢，文森特或许让院长陷入了两难的境地。去年秋天，学院对规章制度进行了一次大刀阔斧的改革，舍弃了陈旧过时的标准，开门接纳了许多各类的应试者。维莱特是个亲英派，也许他看中的是文森特对英语的精通，并且梵高、古庇尔、莫夫、泰斯提格这样的名字能让任何简历都熠熠生辉。尽管维莱特一直倾向于为文森特的认真和辛勤提供一次机会，但是他很少允许新生直接进入自己的班级学习。他一般会让有更多训练的艺术家们在石膏素描班上至少学习几周，以便证明他们对素描已经驾轻就熟，在他看来，对一个画家而言，这比知道“怎么读书写字都更重要”。对于像文森特这样的新生来说，如果能够马上进入大师的油画课堂学习，那可将是一件非同寻常的事情。

事实上，他没有能够进入。与文森特一再告知提奥的情况正好相反，他从未获准进入维莱特的课堂。不管是遭到维莱特的拒绝，还是他从未向维莱特提出申请（学期很快就要结束了），他在绝望的欺骗中开始了学院生涯。他被允许参加晚上的石膏素描课，也许维莱特曾在其中起到过一定的作用，他不被允许在学院画油画，也不被允许雇请真人模特画人体画。然而他在信中不断地向提奥吹嘘自己在油画课堂里的辛苦工作、“再次看到裸体模特”时的喜悦之情，以及与苛刻的新教授“相处”时的种种挑战。“现在我已经在艺术学院里画了几天油画了，”他写道，“必须说明，我非常喜欢。”

根据一位在场同学的描述，维莱特与这个古怪的荷兰新学生之间的第一次遭遇非常突然，并且完全在意料之外，发生在那些让提奥安心的信件寄出之后的某个时间。也许是为了向提奥编一个好故事，有一天他带着颜料和调色板出现在学院的油画画室之中，维莱特刚刚让两个男性的模特赤裸上半身，摆出摔跤的姿势。房间里挤满了60位画家，他们都整齐地坐在画架和画布的后面，文森特这位不速之客，刚开始并没有引起老师的注意。但是其他人注意到了他。“有天早上梵高来了，穿着一件蓝色的罩衫。”一位同学在几十年之后接受采访时说道，

> 他开始狂热、疯狂地作画，他的速度很快，把我们都惊呆了。他在画布上涂满了厚厚的颜料，颜料从画板上流淌下来，滴落在地板上。
>
> 当维莱特看到这幅作品及其不同寻常的创作者时，他用佛兰芒语迷惑不解地问：“你是谁？”
>
> 梵高安静地回答：“嗯，我是文森特，荷兰人。”
>
> 然后，学院院长指着这位新来者的画布，轻蔑地说：“这张画烂透了，根本就无法修改。我的孩子，赶紧到素描班去吧。”
>
> 梵高涨红了脸，强压着怒火，逃离了教室。

不论是不是维莱特的命令，在经历了油画画室的那次事件之后，文森特立即报名参加了第二门素描课。这是另一门石膏素描课程，在那里，他只能画学院收藏的石膏像。（这时，他最初参加的那一门课也即将结束，文森特还与老师弗朗索瓦·维克已经发生了激烈的冲突。）新的课程是在下午而不是在晚上，刚好能碰上下课的维克。对文森特来说，他现在的风险很大。如果失败了，那么除了谎言之外，他无法再向提奥交代。

曾经追随他很多年的问题，跟着他进入了这座宽敞的雕塑的宫殿。巨大的乳白色石膏模型屹立在房间中央，在煤气反射灯明亮的光线下俨然一座高浮雕，它使文森特像海牙焦躁不安的穷人和纽南的农民一样对自己的技艺有了种切实的挫败感。在施恩韦格和克基拉岛时，不会有尤金·希柏尔德从背后伸过头来看。希柏尔德戴着夹鼻眼镜，头发往后梳，是位既挑剔又严肃的人，他不知道要怎么对待这位“外貌粗鲁、紧张兮兮、躁动不安的学生”，据一位同学说，文森特就像“一枚炸弹”落在了他经典主义的完美的展示橱窗之中。起先，他们接近对方时小心翼翼，但冲突仍然无法避免。“我激怒了他，”文森特抱怨道，“他也激怒了我。”

希柏尔德给学生们整整一周的课时——16个小时——来完成一幅素描。文森特疯狂地画，让整个屋子的人都惊得目瞪口呆，并且无法集中注意力，他画了一张又一张，却从不修改一笔，如果对哪幅画不满意，他就把它撕碎或是直接扔到背后。希柏尔德在教室里来回踱步，鼓励学生们要专心研究石膏模特并“掌握它的轮廓”——也就是说，要细心地观察并完美地呈现它的侧面、比例和形态。他不允许任何敷衍，因为这会妨碍寻找到完美的线条：支腕杖、影线、点彩和粉笔着色，一概不许。“先画轮廓，”他指导说，“如果你在确定好轮廓之前就开始画模特，我是不会看的。”

《站立的裸女（侧面）》，1886年1月，纸上铅笔，$19^3/_4$ 英寸 $\times 15^5/_8$ 英寸。

但是文森特只会敷衍。他画任何人物都需要不断地去尝试——坚持不懈地尝试，使用一切可以采用的方法和材料，以创作出逼真的形象。希柏尔德要求简洁——白色的背景衬托着黑色的线条，但是文森特画出来的全是阴影。希柏尔德要求完美，但是文森特只能做到近似。面对公元前5世纪一位掷铁饼运动员光滑而优雅的躯体，文森特画出的却是一位臀部丰满的播种者，并用深深的皱褶来描绘肌肉，深得如同那位孤苦的人的大衣，背景则使用了从灰到近乎黑色的阴影。当希柏尔德试图纠正这种奇怪的表达方式时，文森特激烈地拒绝了，希柏尔德认为他是在“嘲弄自己的老师”。文森特在同学们之中传播“充满活力的造型”这一歪理，并宣称希柏尔德的方法“绝对错误”，从而使两人之间的争执不断升级。

几周内，如果不能说是几天内，这一矛盾已无法调和。当米罗的维纳斯雕像被用作班上学生的模特时，文森特拿起一支铅笔，画下了一具断臂的、裸体的、布拉班特农村妇女的躯体。“到如今我都能回想起这幅画，”一位同学回忆道，“那个矮胖的维纳斯有着巨大的骨盆……臀部肥大的奇特造型。”另一位同学说，“美丽的希腊女神”在文森特的笔下，成为了“一位健壮的佛兰芒妇女”。遭遇到如此肆无忌惮的挑衅时，希柏尔德用自己的蜡笔狠戳文森特的画纸进行修改，他怒不可遏，以至于把画纸都弄破了。文森特毫不示弱。“他也火冒三丈，”据在场的一位同学说，“他对着被他吓坏了的教授大喊大叫：‘很明显，对年轻女人是什么摸样，你根本一窍不通，真该死！女人就该有臀部，有屁股，还有骨盆，这样她才能怀孩子！’”

据说，那是文森特在艺术学院的最后一堂课。

不过，每天晚上，他还是照常去那两家绘画俱乐部，一直待到凌晨方才离开，其中一家是在布鲁塞尔大广场的一栋老房子里，这栋房子历史悠久。恰恰是为了摆脱学院体系的压制，学生们才组织了这种松散的、流动的研讨和社交活动。会员们出份子雇用模特和购买啤酒。女性不仅被允许裸体摆姿势，而且还会在喧闹声中被鼓励这么做（尽管她们无法成为会员），但是更多时候大家面对的是男模特，而且有可能还是他们之中的一员。他们喝酒、聊天、抽烟来进行调剂，俱乐部的每次聚会都是热闹的、友好的、无拘无束的——堪称一场完美的艺术实验。

但是即使在这里，远离了老师们“恶意的”严厉，文森特也只感觉到了失败和拒绝。从他夹着一卷卷古怪的油画和素描进入到艺术学院的那一刻起，他的同学就有意地避免与他为伍，并取笑他那“难以置信的、独特的”绘画方式。很多年后，他们中的一员还能回忆出这位来自荒原的古怪访客让他们第一次大吃一惊时的情景。

> 文森特宛如一头公牛冲进瓷器店，马上在地板上铺开随身带来的一捆习作……大家都聚集在这位新来的荷兰人的周围，他看上去更像卖油布的行商小贩，忙着将那些可以轻易折叠的廉价桌布在跳蚤市场上铺展开来……
>
> 事实上，真的是很有趣的场景！引起了轰动！班上的年轻人笑得炸开了锅。
>
> 很快，一位野人闯了进来的消息就像野火般传遍了整栋楼，人们上下打量文森特，好像他是什么稀有物种，是流动马戏团收留的“畸形人”。

开始时，文森特试图赢得这些折磨他的人的好感，他们大多比他要小十岁或十岁以上。这一年，劳动纠纷不断，很可能会引发比利时历史上第一次大规模的罢工，他急切地分享了自己在博里纳日矿工之中的一些经历，渴望将这些人团结在一个艺术圈里。被视作“怪物”之后，他只得转向俱乐部之外寻求安慰，尤其是英国人，这些人的语言他也会讲，他和他们都背井离乡。和他一样，他们远离了家乡学校的清规戒律，来到安特卫普的学院里寻找相对宽松的管理和裸体模特。一天晚上，他还给一位年轻的英国学生贺拉斯·曼·李文斯当了模特，帮他完成一幅水彩肖像画。

是有意要画下文森特那张饱经风霜的脸，还是为了取笑他，李文斯的真实意图现在已经无法得知。事后，俱乐部里的其他人高兴地回忆起了李文斯的肖像画如何完美地捕捉到了文森特“扁平的头颅、黄色的头发、瘦削的脸庞、尖尖的鼻子和乱糟糟的胡子”。在所有同学中，文森特在离开安特卫普后只与李文斯有过通信往来。六个月后，文森特从法国给李文斯寄来一封哀伤的信件（“你要记住，我喜欢你的颜色、你对艺术和文学的想法，”他写道，“还有最重要的，我喜欢你的个性”）。这封写给 23 岁的李文斯的信的开头并不是“亲爱的贺拉斯”或是“曼”，而是比较生硬的称呼：“我亲爱的李文斯先生。”

老师们的种种不耐烦，再加上同学们的排斥，让文森特变得越来越沉默。每天晚上，他还是会去俱乐部，抓住这一点仅存的艺术生活，因为这是他向提奥保证过的。但更多时候，他只是坐在角落里，发奋地用铅笔和炭笔进行抗争。无论是画一位百无聊赖的工人还是画一位傲慢自大的同学，文森特都会在画中使用强有力的笔触、参差不齐的轮廓、深深的阴影、自由的影线和各种各样的颜料——骄傲地为之前的纽南农民换上新衣服。当他终于有机会可以画裸体女人的时候，为了报复老师和同学，他画出了一个棱角分明的、有肌肉感的、象征着肉感和生殖力的人物。

这些离经叛道的画作绝没有让文森特的生活峰回路转，只让他与同学的隔阂越来越深。在他的沉默之中，他们读到的是敌意；在他的固执己见之中，他们读到的是傲慢。“他假装对我们视而不见，”其中一个同学回忆道，“在不妥协的沉默之中越陷越深，很快大家都认为他以自我为中心。”

1886 年 2 月初，文森特对于安特卫普生活的虚幻想象全面瓦解。第一个班将他逐出，第二个班则让他受尽羞辱，第三个班即将给予他惩罚。同学们拒绝与他为伍，还嘲笑他的艺术创作，他找不到任何喜欢他的画商，没有任何人脉，也没有任何业余画家愿意出钱跟随他上课。曾经一度，他送了一幅画去参加绘画比赛，在学期结束时，又为这一尝试而自嘲（“我知道自己无疑是最后一名”）。但仍然在他意料之外并让他措手不及的是，评委推荐他最好是去参加基础班的学习，和十几岁的小孩一起作画。

同时，由于文森特缺乏进步，提奥开始逐渐失去耐心。提奥开始质疑文森特的一切，从他选择的课程的难度到解决问题的魄力。由于文森特无法说明原因的一些开销（买药、看病、买酒、买烟、嫖妓）在不断增加，卖画的可能性日益渺茫，他和弟弟关于钱的冲突也越来越尖锐。同时，他所有努力的目标，以及很大一部分的金钱，也越来越脱离了他的掌控。斯卡拉音乐咖啡馆的那位女孩也杳无音信，为那些“轻浮女人”画肖像画或是能够与“她们发生其他方面的交流”的计划也已落空。身体状况每况愈下，再加上钱包也越来越干瘪，文森特全部的性发泄渠道只剩下了一个。

之前他一直认为牙齿是男子气概的象征，但现在他的牙齿开始腐烂和脱落。他的脸凹陷下去，胃疼得厉害，曾经强壮结实的身体现在已经非常虚弱，还总是发烧。但是他无法告诉提奥原因。相反，在信中，他继续夸口要“鼓起勇气”，“取得进步”，还要“避免真正的疾病”。一边要安慰弟弟，一边又要面临崩溃，他非常痛苦，在此期间，他寄出了无数自相矛盾的信件：一边痛苦地抱怨他所遭受的虐待，一边表现出平静、安宁和对未来的信心。“来到这里，我始终心满意足，”他坚持说，“在空气中洋溢着一种可以使万物重生的神奇。”

真实的生活与想象的世界之间的差距越来越大，谎言也越说越离谱。如同在德伦特时那样，当信件之中的天堂与头脑之中的地狱对抗时，就得有所舍弃。

“这是一种完全的崩溃，”2 月初，他写道，“它以一种出乎意料的方式击垮了我。”

是什么导致了这一崩溃？是埋伏着的另一种隐喻，就像在德伦特时那样，还是某种更具戏剧性的事件？那个冬天，至少有一次，人们在公共场合看到他喝得酩酊大醉。另外还有一次，不知出于什么缘故，他在笔记本上写下了当地警察局的地址。在信中，提奥暗示自己可能会向乔安娜·邦格求婚，这让文森特有些措手不及。在与弟弟日益疏远的状况下，类似的消息只会让他想到最为可怕的威胁：被抛弃。也许崩溃只是由一些简单而又平常的事情引起的，比如在镜中长时间地看着自己死人一般的、牙齿缺失的脸。“看上去，我像是一个已经在监牢里被关了十年的人，”文森特恸哭道，似乎是第一次看到自己的样子，“我整个人有些僵硬和笨拙。”

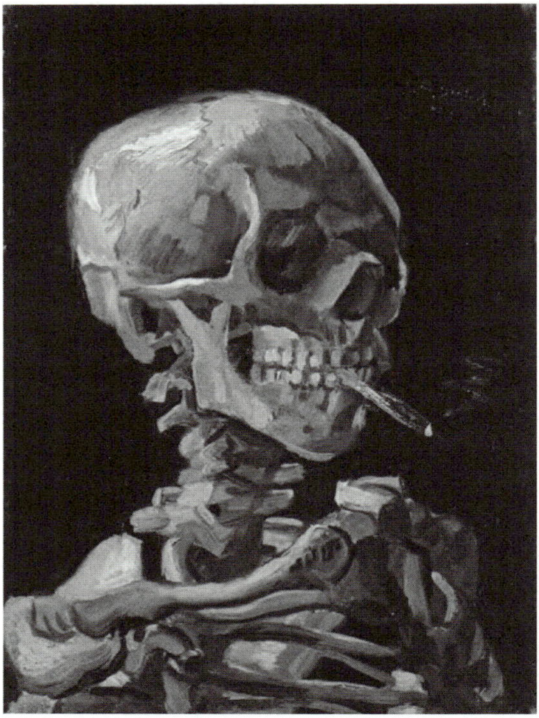

《叼着香烟的骷髅头》，1886年1月—2月，布上油彩，$12^7/_8$英寸×$9^1/_4$英寸。

之后几周，腐烂的画面在脑海中一直挥之不去。粗劣的食物、过量的抽烟和柔弱的神经，在他看来，都是自己垮掉的原因。“容易紧张的人更敏感、更纯净。”他抗议道。但是一不留神，他说起神经紧张就会充满对发疯的恐惧。他想，“一个多年来一直吃着疯牛肉的人”，对他还能有什么过高的指望。有时候，他假装相信只要改变外表，全部的问题就都能迎刃而解。但在另一些时候，他承认镜子里奇怪的外貌恰恰显示出“艰难困苦的生活、太多的忧虑和无朋无友”，没有什么可以“疗治或拯救”他。他徘徊在冬日的街头，头脑中充斥着各种死亡和濒临死亡的意象：从伟大艺术家优雅的离开（“他们的死跟女人的死一样……受到了生活的伤害”）到饱受肺病折磨、因痛苦不堪而自杀身亡的小女孩。死亡也总在画架上方盘旋。在冬天的某个时候，在安特卫普的某个地方，他将画布放在一副骨骼的前方，在骨骼的牙齿中间放上一支烟，画下了自己的第一幅自画像。

就像在德伦特时那样——文森特害怕自己已经“丧失所有快乐的机会……致命性地和不可避免地”，他向提奥求助。这次，恳求不是来自偏僻的荒原，而是来自安特卫普拥挤的街道。不再是劝诫性的要求——“加入我”，而是哀伤、心碎的恳求：“让我和你在一起。”

从 1880 年开始，兄弟俩就一直为了文森特来巴黎的事争论不休——即使双方都不想文森特去巴黎。提奥曾多次向文森特发出邀请，当文森特的艺术或花销失去控制，而将两人的生活开支合在一起才能勉力支撑下去的时候。但是他的邀请中总是饱含着无奈与训斥，并不是真心实意的欢迎。也正是因为这个原因，文森特从未接受过他的邀请。相反，总是等到提奥不再给他寄钱时，他就威胁要启程去法国，以此迫使提奥让步。

一遍又一遍，在几个不同的地点——博里纳日、布鲁塞尔、德伦特、纽南，他们一直都在激怒和恐吓对方，直到最后，巴黎的重要性已远远大于其作为艺术家圣地的意义。对提奥来说，让文森特来到巴黎，意味着他想让文森特自给自足的努力彻底失败；对文森特来说，这意味着他不仅要放弃独立，还要放弃他所宣称的艺术原则以及最终的胜利。对二人而言，这都意味着承认失败。

他们俩最近的一次争吵发生在 1 月。文森特仍妄想要去拯救自己的肖像画事业，再次敦促弟弟辞去古庇尔画廊的工作，在安特卫普开家画廊。当提奥在信里提出让他回荷兰时，文森特便立刻扬言要去巴黎——“并且毫不犹豫”。他到巴黎后的花销一定不会少，他警告道。他需要“尽可能频繁地定期使用模特”——而且这些模特肯定不会像在艺术学院时那样分文不收。此外，他还需要“一间像样的画室来接待客人”。

提奥提出了一个折中方案：如果文森特能回纽南待上几个月，并帮助母亲收拾停当——为她准备搬家到布雷达，他就可以动身前往巴黎了，兴许还可以在一间非常体面的画室中工作。为了吸引文森特，他不断炫耀费尔南德·科尔蒙的名字，文森特很早就知道这位画室大师，知道他宽松的规则和裸体模特。但文森特拒绝了这一诱惑。他愤怒地抗议提奥反对他待在安特卫普，向提奥重申了自己愿意生活在安特卫普，并且已别无所求，文森特挑衅地说自己准备继续在这里待上“至少一年”。至于巴黎，他嘲笑道：“我们的关系还没好到那种程度。”

但是在2月初，情况急转直下。就像在德伦特时一样，因为身体垮了下来，文森特就像变了一个人，他急不可待地想与提奥在巴黎会合。之前几个月，他像完成任务一样每周写一封信给提奥，忽然间，他在两周内就给弟弟写了七封篇幅很长的恳求信。信中没有了责骂般的辩护，也没有关于金钱的强硬要求。相反，信的每一页都流露出他情深意切的恳求——不要让他待在安特卫普，让他去巴黎。“如果可以安排我们生活在同一座城市，”他以截然不同的语气写道，“那肯定是迄今为止最好的事情。”

他不仅同意提奥关于科尔蒙画室的建议，还用了很长的篇幅来表明这将对自己的艺术事业产生“至关重要”的影响。他不再强烈地要求有一间独立的画室，而是提出应该谨慎和节约。一个单独的房间就够了，他向提奥保证：“不管什么都行。”谈到安特卫普时，他向提奥道歉说没有取得更大的进步，也谦逊地承认在那里的时光“让人很失望”——又一个截然相反的说法。虽然从未承认在艺术学院的失败（更过分的是，他甚至让提奥相信他仍然是艺术学院的学生），但他放弃了自己编织的成功幻象，并罕见地向提奥表明了自己的真实状况。“如果我不去巴黎，”他承认道，“我害怕自己会一团糟，并且继续在同一个地方兜圈子，继续犯同样的错误。”

现在，同提奥团聚已成为头等大事。“团结就是力量。”他喊道，重新捡起了在德伦特时的那番话。他提及通往赖斯韦克路上的场景（“可以一起工作，一起思考，将会是一件多么美好的事情”），同时还泪眼汪汪地大谈其他兄弟“联手”的例子。如同在德伦特时所做的那样，他以令人渴望的家庭生活场景来想象两人在巴黎的生活。“晚上你回家的时候进入一间画室，对你来说并没有什么坏处，”他向提奥写道，“很长一段时间以来，我一直希望我们可以以这种方式相处。”他向弟弟保证，只要弟弟同意，他就会有健康的身体和更多的快乐的机会。

甚至婚姻——同乔安娜·邦格或是其他女人结婚——也不会影响文森特关于手足之情的想法。“希望不久后我们都能找到自己的妻子，”他想象道，“早就是时候了。”就像在德伦特时一样，他发誓要努力工作，改善健康状况，规规矩矩地做事，当然，时不时地还会发出急切的渴望。“经历过这么多失却的幻想，必须要坚信我们能够坚持到底，”他写道，“必须要清楚地了解我们的想法，要有足够的信心。”

在文森特如此强烈的请求之中，提奥无疑已经预见到即将出现的灾难。之前的五年中，他一直在忍受哥哥的狂乱之心，文森特的情绪在怀旧落泪和不顾一切的热情之间大起大落，在生气和自虐之间来回往复。28 岁的提奥已经不再是小孩子，对文森特作出实质性的改变不抱任何希望。过不了多久，他们之间痛苦的、没完没了的争论将出现在他的城市、他的工作、他的朋友、他的家里。除了尽量拖延之外，别无他法。他找了一个借口——说自己的租期要到 6 月才能结束，房子里没有空余的房间，再租一套房子又很贵——再次敦促文森特回到纽南，至少到 6 月再来。

“绕道布拉班特毫无意义。”文森特奚落道，焦虑地提醒提奥自己随时会改主意。

提奥建议他可以利用这段时间在乡下画一些风景画，但是文森特声称他必须“不间断”地画石膏像——不怀好意地暗示他不会作出丝毫妥协。

最终，提奥做了他经常尽量不让自己做的事情：对文森特说不。他告诉文森特不能马上到巴黎来。必须要等到夏天才可以。

但文森特一刻也等不下去。收到提奥的信后没几天，他就搭乘晚上的火车去了巴黎。他还欠着房东、颜料商和牙医的钱。对于自己的计划，他没有向提奥透露一丁点信息。第二天提奥在办公室收到一封短信时，才知晓这件事。“亲爱的提奥，”信中写道，

> 希望你对我这一次的突然来到不要生气。我对此事已经思虑再三，我相信我们可以通过这个方法节省时间。明天中午之后，或者更早，如果你愿意的话，我会一直在卢浮宫……你来得越早越好。
>
> 我们会把事情处理好，等着瞧。

《戴草帽的自画像》，1887年，板上油彩，14英寸×$10^5/_8$英寸。

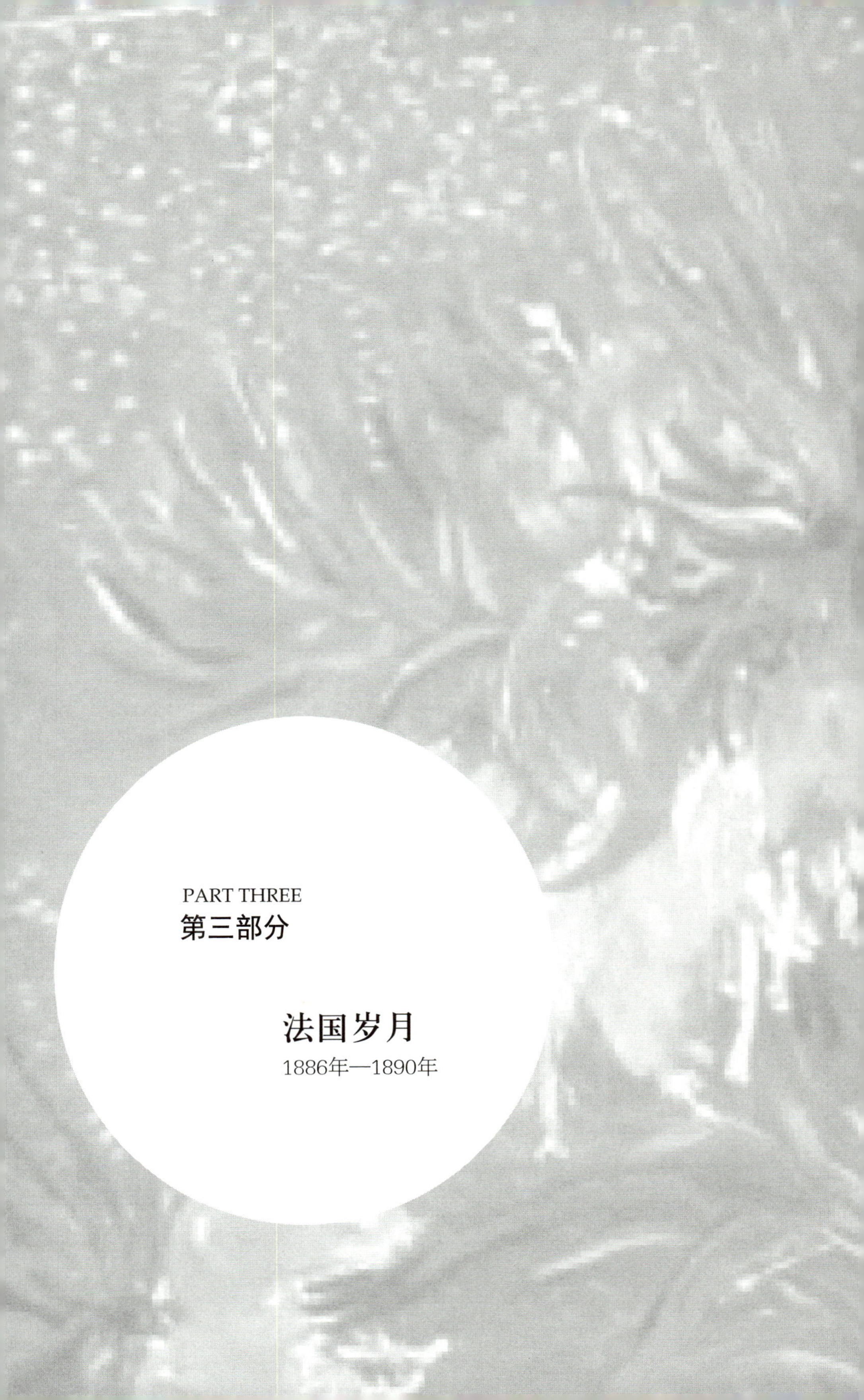

PART THREE

第三部分

法国岁月

1886年—1890年

第二十七章　逆流

文森特径直从北门来到卢浮宫。他曾经告诉提奥在卡雷沙龙见面，这是一个金碧辉煌的大厅，开启了被称作沙龙的庞大体制之门。在这个大厅里陈列着博物馆的大量杰作，几乎挂满了全部墙壁——列奥纳多·达·芬奇的《蒙娜丽莎》、伦勃朗的《圣家族》、霍尔拜因的《伊拉斯谟》、委罗内塞的《迦拿的婚礼》等等——层层叠叠，就像马赛克那样紧紧挤在一起。

仅仅九个月前，这个大厅里还充满了大量吊唁者的哭叫和哀号声。他们动身前往凯旋门，这座拿破仑建造的巨型拱门下停放着灵柩。维克多·雨果与世长辞了。那一天超过 200 万人挤满了街道，比整个城市的人口还多。从卢浮宫朝西的窗户，人们可以看到一道人流一直拥向目力所及之处。他们越过杜伊勒里宫的断壁残垣，在协和广场集合。那是革命时期架设断头台的地方。当送葬行列途经巨大的广场时，人群潮水般涌动起来，爬上行道树、喷泉、路灯和报摊，为的是看一眼雄壮的队伍。他们在一个地道的穷人的灵柩周围停步——雨果的死激起了激烈的争论。

这头空想社会主义的老雄狮通过揭发那个旧世界获得了一种新的神圣性。经过一个世纪的资产阶级消费主义和法国人的心满意足之后，雨果使得理想主义的火炬——大革命的火焰——更加明亮和崇高。他曾与堕落的政府和复活的宗教作战，因无神论和反判行为而激怒了从路易·拿破仑到多洛斯·梵高与安娜·梵高在内的所有人。事实上，作为一个与社会作战的高贵的违法之徒，一位走向成功的先知，一位所有被剥夺者的摩西，他由于在黑暗而又疑虑重重的时代一直坚持真理，骄傲地在伟人祠里获得了一席之地。

1885 年，当雨果在 21 响礼炮的陪伴下，在世俗的万神殿（先贤祠）下葬的时候，这个世界变了。他的半身像留传了下来，并被所有艺术家（包括文森特在内）当作临摹的对象，雨果对人类精神的绝对胜利的信念却没有留传下来。普法战争的无谓杀戮、巴黎公社的骚乱、技术变迁的脱节、经济涨落的周期、科学进步的迷惑，所有这一切都使得人们对更高真理的追求看上去像是出于资产阶级的虚荣。面对庞加莱的时空观（推翻了牛顿的经典宇宙模型）、巴斯德对不可见的致命细菌的发现，或弗拉马利翁对夜空不可见世界的描绘——更不必说资本主义不可避免的野蛮性了，谁还愿意坚持雨果的理想主义呢？

不确定性诱发恐惧。仿佛是世纪末命中注定的一样，雨果乌托邦式的乐观主义已经转向了启示录式的心理恐惧。他的葬礼本身就像一个千禧年的标志那样震惊了许多人，那用黑布蒙起来的巨大无比的凯旋门成了最恰当的隐喻：一个世纪即将结束，而它注定将迎来一个可怕的结局。四处弥漫的宿命论从种种绝望的、蛊惑人心的政治学说中表现出来。军事强人乔治·布朗热将军保证说他将维护稳定和安全，狂野的公众对他表现出恶意。一家刚刚获得授权的大众报刊，用越来越高调的关于犯罪和腐败的报道，交替地在公众中激起了“爱国主义”的狂热与恐惧。无政府主义的爆炸，无论是语言还是真正的燃烧弹，则提供了最后的证据：文明的终结即将到来。

到 1885 年，大多数作家和诗人已经离开了雨果坚决捍卫过的正义和道德的高地——和任何人一样，受到了虚无主义幽灵的惊吓。还有一些人，例如左拉，则与现代主义的黑暗力量和平相处。他们相信通过科学获得解放的实证主义诺言，并将日常生活中的“事实”融入对资产阶级自鸣得意的强烈控诉之中——雨果以扣人心弦的虚构和强烈的讽刺所批判的也正是这个敌人。不过年轻一代的作家们从自然主义可见现象的有限世界中发现了冷冰冰的满足感。“记笔记”的方式，即便是左拉式的卓越的“记笔记”的方式，如何能捕捉无序的人类情感或存在的神秘性呢？难道绝对的现实恰恰不是可观察的世界，而是可感受的世界吗？恰恰不是“真实的”世界，而是真实世界的感知吗？如果说生活中有什么意义可以被发现——这个“如果说”在此是关键，那么它显然只能在被折磨的心理迷宫中被发现。艺术最真实的任务便是描绘这个迷宫：直接表现人类心理赤裸裸的、无节制的基本现实。

但是，要如何完成这个任务？人们如何用语言表现一种既看不见又属于个人的现实？人们都认同这个问题的重要性，但没有人同意它的答案——因此产生了一个困局。像马拉美那样的人，继续相信传统的语言和形式，亦即雨果的材料，能够满足探索梦幻般的内心世界的新需求。其他一些人则坚持新的现实需要一种新的语言。他们宣布，语言旧有的确定性乃是一种妄想。语言事实上更像气味、音调或色彩。运用它们来传达或描述，正如左拉所做的那样，是傻瓜才会做的。它们真正的目的只能是刺激气味、吸引心灵或搅乱灵魂。感觉、情感、灵感，这些就是生命的“本质”——艺术唯一有价值的主题。

左拉的前助手（以及文森特中学艺术老师的侄子）于斯曼在 1884 年发表了这些新观念的宣言：一位热衷于一切被禁忌的奇特癖好的隐居唯美主义者的伪自传。在文森特到达巴黎的前一年，《逆流》震撼了巴黎的文学世界。然而，对诗人保罗·魏尔伦之类的作家来说，任何语言，即使是自传性语言，都是可悲的、不充分的。作为一个资产阶级家庭的逆子，魏尔伦的内心世界饱受折磨，他经历了从疏离到丑闻，再到自我毁灭的浪子生涯。文森特到达巴黎的时候，在距离卢浮宫不远的地方，魏尔伦贫病交加、烂醉如泥，正在拉丁区一个妓女的公寓里过着放浪形骸的日子。但是，在新的、反常的巴黎文学界，他却被认作一个英雄。

批评家们杜撰了一个新词来形容这些无度的化身，不管是真实的无度还是虚构中的无度：“颓废者”。作家们则为找到一个更好的名词而争论不休。1886 年，有人提议用“象征主义者”——将最终伴随着一段被贴上这个标签的文学史，不过这个词因过于文学化和字面化而遭到人们的拒绝。将他们联系在一起的东西，并不是一个词——一个没有缺点、没有信念的词，而是对社会习俗的共同蔑视、对丑闻的共同爱好，以及对以下观念的共同信念：只有追随内心的古怪浪子——不管是唯美主义者、刑事犯还是疯子——才能表达生命最深刻的秘密。

艺术家们也窥视这个无底的深渊，然后带着分裂的心离开。巴比松画派的田园牧歌和米勒农民画的那种富有怀乡色彩的素朴，对那些没有耐心等待未来的年轻画家来说，早已失去了吸引力。自文森特在古庇尔失宠后离开巴黎的十年间，印象派画家为了合法性（和销售）所作的长期斗争，已经从最初的叛变，到辩白，直至渐渐衰落。他们对阳光和资产阶级朝生暮死的生活无休无止的描绘，在那些渴望表现世纪末的黑暗的艺术家和批评家看来，越来越像糖果商的手段——漂亮、乐观，却没有意义。

在好斗的文学圈的影响下，激进的艺术家们带着一团彼此冲突的意识形态（每一方都得到自己一派的批评家和喉舌的支持），分裂成一些随波逐流的、争吵不休的小派别。

有些人攻击印象派未能在拥抱未来的科学主义方面走得更远。在乔治·修拉的带领下——修拉是一个海关官员的儿子，一个已经醒悟过来的美术学院的学生，他们认为色彩可以被分解为一些基本成分，在观众的眼睛对一件艺术品作出反应时，这些基本成分在他们的眼睛里再度合成。他们追随实证主义哲学以及布兰克和谢弗勒尔关于色彩的科学理论，拒绝再在调色板上将色彩混合起来，而且宣布，通过将每一笔都分裂为细小的、纯色的“点”，并且将每一笔都单独地施加于画布，就能够获得更生动的效果。

修拉用 1885 年的大部分时间急切地准备一份伟大的“宣言”，来证明他的分色理论。为了作一些准备性的素描，他一次又一次地来到塞纳河上一个叫作大碗岛的小岛，那是巴黎人最喜爱的休闲和散步的去处。他向追随者展示这些习作，把它们当作一个精心安排的科学研究计划，其中涉及对色彩和光线的精确测量。他还给那幅在画室里逐渐成形、一点点完成的巨大油画，取了一个恰当的描述性标题：《大碗岛上的星期天下午》。修拉把他的新方法称作“多色外光派”。但他的追随者们更喜欢较简洁的名字，例如“分光派”或“点彩派”。

其他团体则以相反的理由攻击印象派：因为它过分依赖于科学了。没有任何一种科学法则（不管是多么科学地加以表述并得以实现的科学法则）能够表达生活中难于把握的意义和生命中最深刻的秘密——而这就是艺术的终极主题。当于斯曼的《逆流》将艺术界的注意力导向他那种古怪的木炭画时——一种扰人心绪的、引起幻觉的图像，在对神秘和意义的追求中完全避免使用色彩，他们的领袖人物早已不年轻了：雷东已经是一个 45 岁的外省贵族。当年轻的、已经觉悟的艺术家们——他们也是被《逆流》点醒的——开始在居斯塔夫·莫罗对希腊神话、圣经故事和童话的神秘描绘中，发现他已从现代主义的平庸中逃离的时候，莫罗已经 60 岁了。

在这些或那些榜样的激励下，在象征主义作家和批评家的怂恿下，艺术家开始在文化集体无意识的阁楼上探索超凡脱俗的图像中的“现实”，探索能够传达真实生活超凡脱俗本质的绘画方式。他们用一种轻薄的、梦幻般的氛围包裹主题，或者将它们沐浴在戏剧性的光线下，以便将日常生活转化为纪念碑式的东西，将大自然转化为超自然的东西，将特殊的东西转化为神秘的东西。通过将印象派的现实观从表面转向本质，这些艺术家（艺术史家仍然称他们为象征主义者）希望重新赋予艺术与生活以神秘——以此来填补因宗教式微而留下、科学又来不及填充的空白。

还有一群艺术家，特别是更年轻的艺术家，既放弃了科学也放弃了神秘魅力。他们不再与现代生活谋求妥协，也不再试图超越它，而是拥抱了它。在战后动荡不安的社会环境里度过了童年，这群 20 来岁的艺术家们发现整个艺术界都没有说服力，也与他们没有关系。他们对学院体制极尽嘲笑之能事，对一切宣称要追求更高真理的艺术抱有无礼的怀疑态度，并且以此来彼此消遣。他们那种带有无政府主义色彩的犬儒主义既表现在他们的艺术里，也表现在他们的行动中。他们形成了一个冷嘲热讽的社群，既嘲笑通常的资产阶级敌人，也嘲笑一切想要批判它或改造它的努力。他们用一个名为“不懂素描为何物的人所画的素描”的展览，来讥讽印象派，自嘲地称自己是一群“语无伦次的人”。

他们的艺术十分倚重语言，特别是语言游戏，似乎他们不再依赖图像了。他们制作的小作品总是混合着滑稽模仿、挑衅、少年幽默、亵渎神明以及油嘴滑舌，就像无政府主义者的炸弹那样富有爆炸性：用脚画成的素描、被“舔过的”裸体油画、带有醒目标题的纯白或纯黑的画（例如《在黑暗的地窖里打架的黑人》）、将传统图像与实际物品组合在一起的建构物（一双破破烂烂的靴子黏贴在一个邮差的肖像上）。有个艺术家重画了《蒙娜丽莎》，在她嘴上添上一个烟斗，使她笼罩在一片烟雾里（比杜尚在第一次世界大战之后类似的恶搞早出数代人的时间）。

他们发明了大量肆意摧毁“高雅”艺术的古老特权的法子。他们在自己的作品里引入廉价而俗丽的主题、花里胡哨的色彩以及商业广告的粗俗感悟（他们当中的某些人就是画广告的）。他们从“低俗”的审美类型中借用图像，例如时装杂志、街头招贴画、日历画本、漫画，以及成千上万的人向劳动者兜售的或是在咖啡馆、酒吧和公厕内到处张贴的便宜而艳丽的印刷品。“语无伦次的人”之类的艺术家自豪地承认他们的做法是没有任何意义的（“主题等于零。”保罗·西涅克如是说），并给他们对待艺术——以及生活——的颠覆性的方式取了一个既反映了其起源于咖啡馆里的玩笑，也反映了其欢快的虚无主义的名字。他们称它为 fumisme——大意为“吞云吐雾”。

在一个由消费主义和自我轻蔑加以定义的文化里，“吞云吐雾”者的虚无主义美学很快就演化为一种弥漫一切的愤怒。起初与普通咖啡馆相仿的艺术家俱乐部变成了大众娱乐场所。在那里，鲁道夫尔·萨里和阿里斯蒂德·布利昂之类的演出经理，将前卫派艺术的波希米亚风格带到了巴黎上流社会和观光客之中。它们取了“刺杀者咖啡馆”、“罪犯卡巴莱”，以及“地狱卡巴莱”之类的名字。它们当中最著名的是“黑猫咖啡馆”（“黑猫”是女人外阴的一种下流说法），时髦的客人落座于“画家画室”风格的拥挤房间里，由身着法兰西学院绿黄相间制服的服务生伺候着。经理萨里以共和派的“平等”来侮辱每一个来客，甚至让最有教养的来访者都感受到艺术生活中的“心跳”。据一位客人说，他“待他们就像待皮条客和妓女一样”。

艺术家们热衷于在这种自我毁灭的游戏中扮演一个角色。这是一个明星和自我推广的时代；一个行为不检点的女演员都可以摇身变为闻所未闻的大明星，就像“女神”莎拉·伯恩哈特（她是黑猫的股东之一）；任何一位绯闻缠身或形象古怪的艺术家，或是任何一个炮轰这样的艺术家的批评家或记者，都可以爬到以往的沙龙爱好者根本无法想象的地位。一来有那么多好处，二来艺术的未来——以及其他一切——并不明朗，年轻一代的艺术家兼娱乐者们因此根本没有注意到（或者说根本不关心）他们早已跌进了每天晚上在黑猫咖啡馆无情地加以嘲笑的资产阶级情调之中了。他们感到确定的只有一件事：如果说艺术还有未来——这个“如果说”是关键，那它一定得另辟蹊径，因为他们已经将所有以往的道路都摧毁了。

这就是等待着文森特·梵高的巴黎的艺术世界。距离印象派在这个世界中打入第一个楔子只有数年之久。沙龙这个庞然大物——连同它对公众趣味和知识分子话语的霸权——早已粉碎，分裂成了各种喧哗骚动、彼此竞争的学派，这些学派由于得到种种或高贵或卑鄙，或实业或商业，或福音或自吹自擂的观念的推波助澜而变得更加眩目。这个世界维系于咖啡馆争论的气氛、哗众取宠的评论以及某些确信之上：历史将大度地奖赏那些获胜的艺术和观念，无情地淘汰其他一切。

艺术上的前卫派的分崩离析，吓坏了爱弥尔·左拉，也使他感到厌恶。他在其中看到了他伟大的自然主义方案遭受的挫折。在《杰作》里——文森特自到达巴黎的那个夜晚开始就在阅读它的连载，左拉责骂了所有艺术家，甚至是那些他一度支持过的印象派画家，因为他们无法为新时代找到一种单一的、标志性的艺术。他利用了克劳德·朗捷这个虚构故事中的人物，一个心心念念想要创作杰作的几近疯狂的画家，既拒斥了象征主义者对于超自然的屈服，也拒斥了修拉无人性的科学。他论证说，要创造真正的现代杰作，一个艺术家必须更多地奉献自身（“如果艺术不是奉献你内心早已拥有的东西，那艺术究竟是什么？”）——甚至，在克劳德·朗捷的个案中，这意味着疯狂和必然的死亡。他鞭策任何类型的艺术家都接受他提出的挑战。他咆哮着说，整个世纪一直是而且还将是“一个败局”，除非现代艺术的使命得以实现——除非某人在某地从内心发现一种写实而又富有诗意、真实而又富有象征、个人而又充满魅力的艺术。

文森特怀揣着唯一的目的来到巴黎：让提奥高兴。他来前并没有宣布，到时出人意料，也没有受到任何人的欢迎。多年以来，他一直将兄弟团聚视为一种完美和必然的满足——渐渐地，这成了唯一的可能。既然来不来巴黎取决于他，他非常担心会遭致提奥的不满。“我不敢确定的是我们能否处得来，”他在从安特卫普动身之前数周写给提奥的信中坦白道，“如果我们马上要在一起，我在许多方面也许会令你感到失望。”

为了避免这个命运，文森特立刻重新致力于一个他早已抛弃的目标：资产阶级的体面。他让理发师给他的胡子剪了个极其帅气的模样，又让裁缝做了身非常合身的西装，好与他那更加衣冠楚楚的弟弟相匹配。他完成了镶牙的艰难任务，让一个现代巴黎的牙医用最先进的木质牙套来装备自己。他抛弃了对自己的健康最后的漠不关心，沉浸在巴黎餐馆通行的节食措施中。以这样和那样的方式，他确保了以最佳的状态加入拉瓦尔路上提奥那间小小的公寓外的时髦人群之中。这条路坐落在克里奇大道旁一个繁忙的剧院区，在巴黎的各个社交团体中闻名遐迩。只有几道门之隔就是那个著名的黑猫咖啡馆，直到后半夜那里都充斥着时髦的狂欢客。

不过文森特的新野心也带来了新需求。提奥拥挤的公寓对兄友弟恭来说不仅是个威胁，也不能实现文森特对于“一个在需要时可以招待客人的相当不错的画室”的愿景。因为缺少空间，他也许全盘放弃了作画。在来到巴黎之前急于见到弟弟的文森特一度放弃了寻找一个画室的想法。他甚至主动要求在最初的几个月就住在阁楼里，然后等待一年光景，直到能得到一个独立的画室。但是，巴黎的诱惑，还有提奥的都市生活作风，都重新燃起了古老的渴望。初来乍到时，他或许开始敦促提奥寻找一间更大的公寓。无疑，他在积极寻找这样一个地方——在脑海中排练了多次。“如果想要开设一个画室，”他从安特卫普写信说，“那就必须仔细考虑从哪里租房子，在哪里有最大的机会接待来访者、交朋友和出名。”

勒皮克路 54 号宽敞的四楼公寓像一件量身定做的套装那样符合这些特殊的要求。

首先，它坐落在蒙马特高地，文森特上次来巴黎时就居住在这一带。蒙马特高地从克里奇大道的一端升起，在著名的同名山丘四周漫延开来，向东直插塞纳河河谷的隆起部位，迫使塞纳河绕道而行。从带有风车的小山丘的顶峰，人们可以从三面看到塞纳河：向南穿过稠密的市中心，向西冲刷着阿尼埃尔和大碗岛的河上娱乐场，然后，向北消失于工厂的荒地和郊区。

自文森特过去居住在那里到现在的十年间，蒙马特高地一直保留着一个大城市的艺术家避难所的名声——一个城乡结合部，人们来此沉溺于各种边缘活动；一个“半疯狂”的采石场，富人们在那里供养他们的情妇，艺术家则在他们的画室里享受一种特殊的自由和习惯。不过现在，与其他波西米亚风情一样，蒙马特高地也被烙上了一种新的资产阶级的印记。现在，郊区变得时髦，因为艺术家和知识分子蜂拥而至。左拉和龚古尔兄弟将小说场景设置在这里（后者还选择了葬在这里），阿尔弗兰德·史蒂芬之类的沙龙画家将他们的客户带到这里（根据某个记载，“社交名媛们对于前往蒙马特的想法感到异常兴奋”），而布利昂之类的流行歌手则在这里高唱“烈士之山”的颂歌。

文森特在勒皮克路的拐弯处选择的房子，处于新旧蒙马特、乡村与城市、边缘与时髦的完美平衡点上。它刚好坐落在山丘最后的台阶之下——在街道变成台阶，人行道变成白垩路之前。过了拐角处，崭新的标志性建筑被在风中作响的、破破烂烂的房屋和绿色植物所代替，几条小路则将观光客带到了少量残剩的风车下——如今早已不见了翼板，成为蒸汽机时代之前的旅游景点。

这幢毫无特色的五层公寓楼建于 1882 年，就是为那些每晚挤满黑猫咖啡馆的郊区爱好者设计的。它重新包装了蒙马特高地古老的波西米亚风格，使其吻合对于林荫大道的新趣味。巨大的橡木门导向一条僻静的走廊，看得到后院的花园。穿过精心设计的铁制玻璃内门，客人们就来到了前厅，看门人会在那里迎接他们。公寓——每一层只有两户——以巨大的窗户（按巴黎的标准）、人字形图案的镶木地板、黑色的比利时大理石地砖以及锡制浴盆而著称。现代设施包括每个房间的暖气和煤气灯。在一个即便是高档大楼也只有一个室外水龙头的城市里，令人惊讶的是这幢建筑的每个房间却拥有两个水龙头——一个在厨房，一个则在浴室。（除了最富有的人家外，便壶还是所有人家的标准设施。）

提奥和文森特的公寓还有一个位于高层的特别的好处，远离街上的气味，这些气味在阳光的照射下到处弥漫，成为蒙马特高地著名的醺风的一部分。在巴黎的任何地方，高度都意味着地位：楼层越高，社会地位就越高。勒皮克路 54 号的建造者也分享着他的房客们无视下层的价值观。这幢楼的“厨房”由后面的小房间构成，木制的桌案上只有一个煤气灶。不过文森特并不在乎：提奥已经答应雇一个全职仆人，有个友人嫉妒地称他们雇了一个“最好的厨子”。

6 月，拉瓦尔路上的房屋租赁一到期，文森特与提奥就搬到了那个时髦的新家。文森特挑选了三个卧室中最小的那个给自己，留下较大的一个作画室。为了满足自德伦特时起他就开始幻想的兄弟般的家庭生活，他显然负责了装饰事务——不独安排家具、设计窗帘之类，还要悬挂提奥收藏的油画和版画，以及他自己的一些画作。

迁居工作一旦结束，就好像是为了庆祝一下新居和新生活似的，文森特立刻读起了莫泊桑的小说《漂亮朋友》。这部小说讲的是一个从蒙马特高地起家、爬到了巴黎社会最高层的小人物。跟奥克塔夫·穆雷一样，乔治·杜洛风度翩翩，魅力无穷，既勇于闯进男人们的心灵深处，也敢于深入名媛们的闺房，因此获得了“漂亮朋友”的诨名。文森特发现莫泊桑所描绘的打进上流社会的“轻快”捷径非常令人惬意——而且，毫无疑问，他还在杜洛那绝对令人眼花缭乱的成功中找到了灵感。他宣布《漂亮朋友》是一部杰作，把它当作“正遭受着忧郁症和悲观主义折磨的所有文明人”的解毒剂来推荐给大家。当然，这些人也包括他本人：

> 就拿我自己来说，我估算着有许多年时间已经失去了任何发笑的冲动——姑且不问这是不是我自己的过错，我真的迫切感到需要好好笑一笑了。我在莫泊桑的小说里找到了笑声。

一种胜利的新生活要求有一种胜利的艺术。文森特渴望与提奥一起开始成功的合作，拼命想要证明他应当来到巴黎，于是立刻开始创作有销路的作品。他开始替餐馆画菜单，以此来履行他在安特卫普发下的誓言。为了吸引高档消费者，他抄写整页整页的菜单，在四周画上直接来自《漂亮朋友》的场景：时尚的巴黎人漫步于公园之中。

他在海牙的一个野心又萌发了。他开始向巴黎遍地的小报摊上出售的无数杂志和画册兜售自己的插图。这些杂志和画册有许多是由像黑猫之类的咖啡馆或卡巴莱出版的。他小心翼翼地计算着每幅素描的主题、尺寸、场景和情调，极力迎合某个潜在顾客的心思。他为拉瓦尔路不远处的芦笛咖啡馆，也是阿里斯蒂德·布利昂大受欢迎的俱乐部，选择了某风月场的烟花女子作为素描的主题（布利昂在其歌曲和杂志上对这类女子大唱赞歌）——一个胖得离奇的女人正在遛狗。他把她安排在芦笛咖啡馆门外的人行道上，地标画得清清楚楚，手法洗练干净，还用了布利昂自己的一句歌词作为标题。他为黑猫咖啡馆创作了一幅名片大小的微型插图——对菜单、餐巾、信笺或是它著名的杂志来说非常完美，上面画了一具摇晃的骷髅，还有一只蹲着的黑猫在可怕地瞪眼。

6月搬到新居后，他还开辟了另一个生财之道：旅客画像。每天都有成群结队的观光者沿着蒙马特山丘的主要道路勒皮克路拾级而上，在小山顶眺望巴黎的著名景观。从兄弟俩的公寓到红磨坊只有一个街区之隔，红磨坊集餐饮、舞厅和公园于一体，以美食、饮料和一种康康舞的淫秽变体白天黑夜一刻不停地吸引着成千上万的游客。红磨坊将山上三座残剩风车中的两座纳入麾下：“拉代”和“细筛”。从后者危险的观景楼上可以看到全巴黎最壮观的风景：在飞行还异乎异常地罕见的时候，这里全景式的大都会景观是任何人在任何其他地方都看不到的。

《自画像》，1887年，布上油彩，$16^{1}/_{8}$英寸×$13^{1}/_{8}$英寸。

《戴灰毡帽的自画像》，1886年—1887年，卡纸油彩，$16^{1}/_{8}$英寸×$12^{5}/_{8}$英寸。

《戴草帽的自画像》，1887年，板上油彩，14英寸×$10^{5}/_{8}$英寸。

风景是蒙马特高地的标志，在公众的想象中堪与安特卫普的大教堂相媲美。文森特对蒙马特高地唯利是图的热情抱着同样的批判态度。他居住的公寓附近许多街道都有壮观的景色，就像他们勒皮克路公寓的窗外景观一样。从“细筛”大风呼啸的瞭望塔到圣心教堂闹哄哄的建筑工地，他携着他的画夹从小山上上下下，寻找着景区的新客人。

与此同时，文森特也将自己的目光锁定了小山。在他敏锐的目光看来，卫兵式的风车和破破烂烂的眼前景色，要比烟雾弥漫、一览无余的全景更有趣。更重要的是，他也从眼前的景致中发现了卖画的机会。游客纷纷抢购蒙马特高地独特的城中村的风景画——不仅仅是风车，还有古老的采石场、弯弯曲曲的街道以及山脊上的棚户区。专门的杂志上四处刊登着这类风景的插图。文森特日复一日地用素描和油画绘下这风景如画的小山（既有从远处眺望的风景，也有特写的风景）、红磨坊外的街道（其标志性的名字被小心翼翼地标出），以及山顶上密密匝匝的小屋和公园。他用在莫夫那里和海牙学校里学到的柔和色调来画它们——这是他所知道的最为畅销的图画。他甚至还试着画水彩画——一种更令人气馁却更加经济实惠的画法。“你得薄利多销，”他说，“甚至按成本销售。巴黎就是巴黎。”

那年春天的某个时候，文森特以一种新的方式来庆祝他的新生：他凝视着镜子里的自己。他不画自己掉了牙齿、两颊凹陷的样子，而是将自己画成一个漂亮的艺术家——一个还十分年轻却不是未经风霜的人（已经有点脱发），穿的不是米勒那种松松垮垮的蓝色工作服，而是一件笔挺的羊毛上衣和一件高领背心，还系着丝绸领结。这分明是一个对自己照顾得不错的人：胡子剃过，头发卷曲，牙齿也补过；一个举止文雅、彬彬有礼的人：胸膛挺起，精神抖擞。如果不是手持画笔和调色板，他看上去就像一个商人，也许是一个巴黎的画商，正心烦意乱地抽着威尔士王子烟斗，用怀疑论者的目光朝你投来一瞥。

只有到那时，文森特才首次描绘他在镜子里看到的自己。

事实上，他是如此喜欢他所看到的自己，以至于在接下来的数月里，他画了自己镜中形象的至少四个版本，每一个都比前一个更大，打扮得更整齐，看上去也更有魅力。

然而，文森特在巴黎重生为资产阶级的标志，却不是他那些适合销售的艺术品，也不是他的新服饰、新牙齿，甚至不是他在勒皮克路上的新公寓，而是他在以科尔蒙这个名字著称的艺术家费尔南德·皮耶斯特的工作室里注册，成为那里的新学员。

沙龙体制到 1886 年时或许已经失去了霸权地位，但还没有失去名声。作为一个以古庇尔为首的巨大产业，沙龙体制继续为比以往更多、更富有的收藏者炮制数以千计的风俗画、乡村田园诗、东方幻想曲以及历史插画。对这种精心绘制、令人愉悦的画作的需求，仍然主宰着古老的、由国家资助的学院派艺术家，这些艺术家训练有素，怀有好胜心切的精英主义和贵族式的偏见。与此同时，艺术市场的繁荣同样促使大量有钱有闲、受过教育的年轻人（包括少数女子）去追求其艺术野心。

为了满足这些需要，另类的艺术学校开始在欧洲大陆的主要城市如雨后春笋般建立起来。这些城市中最主要的还是巴黎，这里是沙龙的诞生地。它们被称作工作室（带有天窗的阁楼，艺术家们经常在那里工作），或者干脆叫画室，这些私立学校在规模、地位，当然还有收费方面，各不相同。但是它们都是美术学院的孩子——采用某个时期深受推崇的同样的教学法，追求着与其更高贵的父母一样的高效目标。工作室的几乎所有创建者和教师都毕业于巴黎美术学院。许多是充分利用其奖章的沙龙展的前明星，有时甚至一个巨大的成功就会赋予一些人开设工作室的特权。科尔蒙就是其中之一。

科尔蒙的事业在1880年达到顶峰，那一年他的巨型画作《该隐逃亡》在沙龙中引起轰动。通过将《圣经》中这个杀害兄弟的人塑造成一个令人目瞪口呆的穴居人，科尔蒙成功地激起了宗教的捍卫者和进化论科学的支持者之间的论战，在丑闻中迅速成名。两年之后，他开设了一个工作室。尽管作为美术学院曾经的学生，以及非传统主题的爱好者（他画印度国王、瓦格纳歌剧中的主角，以及穴居人），他风格多变，他却完全赞同谨小慎微的传统手艺。与大多数工作室的教师一样，他把自己培养下一代艺术家的工作，视为与美术学院完全一致的工作。他的学校模仿美术学院的模式，以下一年度的竞争为目标。1884年，他被任命为沙龙评委——对雄心勃勃的年轻艺术家来说，这使得他的工作室变得更有吸引力了。

科尔蒙还喜欢一个成功的沙龙画家奢侈的生活作风。除了工作室，他还拥有一个巨大的私人画室和一套公寓房。他奢华无度，足迹遍及异国他乡。作为巴黎歌剧院一个舞台经理的儿子，他钟爱穿着戏剧里的华装丽服。他曾一度同时供养着三个情妇——这一盛举比他所赢得的沙龙奖章或是他的那些巨幅画作更能激发他的助手们的认同。

然而，在文森特到达巴黎的1886年，科尔蒙的星光早就开始黯淡下去。在巴黎艺术圈迅速变化的风尚里，他那些旧石器时代的场景画在追求“现代”艺术的呼声中，很快就成了一种稀奇古怪的陪衬。艺术商人和收藏者不再留恋他的画作。命运的转折也许解释了科尔蒙何以会接受提奥的哥哥文森特进入他那个高贵的工作室，尽管后者既无文凭也无成就。作为古庇尔的高级经纪人，提奥有足够的资本投桃报李。已经没法知道文森特不请自来之后多久，提奥安排好了这些事。既然文森特在安特卫普遭到挫折，那么他在重新开始前一定花了一些时间来恢复——恢复健康、修补牙齿。但是那年春天的某个时候，他第一次来到科尔蒙位于克里奇大道的工作室，再次向他从来没有掌握好，也无法彻底抛弃的形式训练发起攻击。

在提奥看来，对这样一个艰难的使命来说，科尔蒙一定是最佳人选。尽管科尔蒙一直追求教学声名，但这个 40 岁的里昂人是一个心不在焉的、宽容的老师，很少把自己的艺术观点强加给付费的学生。与安特卫普艺术学院院长查尔斯·维莱特一样，有记载说，科尔蒙表现出了“比他的同行更多的对于新风格的同情之心”。“语无伦次的人”的古怪姿态显然迎合了他对戏剧性夸张的爱好，而象征主义者的晦涩主题同样也回应着他自己对传奇故事和民间传说的钟爱。只有修拉之流用科学伪装自己的画家，才引发了他的蔑视。他来到工作室时，会静静地走过学生们的画架。“他在每个画架前停留时，只会在字斟句酌之后作出简短指导，”他的某个学生后来回忆道，“他以一种让我们感到吃惊的、渴望的目光观看每一件作品。”

科尔蒙“通往沙龙的通行证”的名声加上文森特需要努力工作的新渴望（他许诺在科尔蒙的工作室“至少待上三年”），使得提奥有充分的理由希望，在多次尝试为哥哥寻找合适的艺术训练并经过了多次失败以后，眼下这一次也许真的会成功。

事实上，这一次与所有其他尝试一样，注定要失败。

对文森特来说非常不幸的是，科尔蒙工作室并没有反映出创建者的开放心理。由于科尔蒙来得很少（每周一次或两次），而他的评论又如此矜持，因此学生们只能互相评论作品。和以往一样，文森特觉得他的同学们成了最挑剔、最不可饶恕的观众。比布鲁塞尔或安特卫普的学校更糟糕的是，科尔蒙工作室里的同学形成了一个一致排外的整体。大多数学生都是法国人。别的商业性艺术工作室公开地迎合富裕的外国人，科尔蒙严格的筛选程序却确保了近 30 个学生中绝大多数都是法国人。文森特那带着口音的法语，由于十年来不曾好好说过，使他比以往任何时候都更为明显地显出他是个外乡人。

学生大多数是年轻人。18 岁以下的学生也有，年龄超过 25 岁的学生为数很少。作为一个团体，他们表现出共同的怪癖以及对青春期的不耐烦。新生遭到无情的捉弄和羞辱。文森特那古怪的举止很容易招惹他们，而他那易被激怒的自尊又根本无法容忍这样的捉弄和羞辱。新生被迫干仆人们干的活，还要忍受各种毫无意义的磨炼。他的衣服会被剥个精光，被迫在饱蘸颜料的画笔的攻击下东挡西躲，或者被绑在一根柱子上，就像一头插在烤架上的乳猪，然后被抬到当地的咖啡馆，常常最后由他来支付账单。

多数学生都很富裕：他们都是新老贵族的子弟。工作室的两个学生领袖很好地代表了法国的精英阶层，因此也代表了法国的艺术：路易·安克坦的父亲在娶了一位阔太太后，由诺曼底的屠夫变成了富人。25 岁的路易在任何班里都会是个出挑的人物。他身材高大，体格健硕，有一头金光闪闪的鬈发和一部浓密的胡子，与任何一个绅士的儿子一样，在十来岁时就学会了马术和绘画。他在克里奇大道拥有一套公寓，还有一个红头发的情妇。公寓离工作室不远，他凭着天生的高贵当仁不让地成为了统治者。

另一个学生领袖则恰好代表了进化论的反面。亨利·玛丽·雷蒙德·德·图鲁斯–劳特累克既是一个古老家族的受惠者——这个家族可以追溯到1196年的劳特累克伯爵，也是它的诅咒——近亲结婚——的受害人。根据某位传记作者的描述，他的父母是一对表兄妹，生活在“只知出猎与骑射的浮华的贵族世界里”。但是他们却生养了一个骨骼发育不良、体态畸形的孩子。年轻的亨利在孩提时代摔断了双脚，成年以后也没长到五英尺。他永远也不可能骑马了——只能拄着拐杖勉强行走，不过他可以画马。以他那无与伦比的天赋，再加上热情洋溢的精神和剃刀般锋利的才智（“我的家族好几个世纪一事无成，”他说，“要是没有才智，我将是一个地道的傻子”），即使没有奇特的外表或响亮的姓氏，他恐怕也能在巴黎艺术界赢得一席之地。当他在17岁那年遇到路易·安克坦时，他刚刚够得着其他男人的皮带。不过他俩彼此认可，将对方视为不同血统的代表。劳特累克（文森特一直这样称呼他）把他那个高大的朋友称作“我的巨人”。打那以后，他很少离开他的左右。

科尔蒙工作室（约1885年）：画架前的是科尔蒙，背对镜头、戴着圆顶高帽的是图鲁斯–劳特累克，右上方的是爱弥尔·贝尔纳

这两个表面上看来不可能联合的家伙主宰着科尔蒙的工作室，把它当作了自己的私人俱乐部。安克坦以他朱庇特式的威武面孔和大师般的画技，牢牢地掌控着同伴们对他的尊敬。（在独立艺术家沙龙里，他被称作“最有希望的年轻画家”之一。）劳特累克则既享受着班长（负责点名、安排模特和收费）的权威，又享受着老师最喜爱的学生的威望。他与科尔蒙经常合作创作委托作品，在老师来到工作室的时候，他也总是占据了一个荣誉位置：第一排的中心。

他俩相处自由，而这种自由会令同学们感到惊奇和开心。除了必定在科尔蒙工作室作画之外，劳特累克每周一次还在科兰古路他自己的公寓里（在勒皮克路附近拐弯即到）举办宴会。在那里，有新观念的自由论战，还有无限量供应的红酒。在教室里，或是在别处，无论是领头捉弄新生，教授同学们演唱以华丽的男中音闻名的布利昂的最新歌曲，还是以他独特的视角小丑般地检查潜在模特的“自然部位”，他都扮演着司仪的角色。

科尔蒙的学生们围绕在“委拉斯开兹的小丑”及其米开朗琪罗式的伙伴的领导的周围。富裕家庭出来的年轻人，作为法国许多公立中学或大学俱乐部的成员，对于教室里的那些恶作剧和工作室里的那些苦差事，早已应付裕如。

文森特却不然。他很容易发怒，随时准备反击，总是充满敌意，处于紧张之中，对年轻人之间的嘲笑和不敬根本不习惯，他就像北海上一片沉闷的雷雨云，降落到工作室里。对于最微不足道的挑衅，他都会激烈地自卫，激动得嘴唇发抖。他会大声叫喊，激烈地做着手势，吐出一连串由荷兰语、英语和法语混合在一起的句子。据某个在场的同学所说，他“然后转过头来盯着你，嘴里发出可怕的嘶嘶声”。没有什么像文森特毫无幽默感的紧张那样，更不适应劳特累克在老师不在时营造出来的那种淘气和轻松的氛围了。劳特累克本人尽管从来没有表现出残忍，对这个沉闷的荷兰人可真的是一点兴趣也没有。在合意的同伴中（特别是在同胞中），文森特可以是一个文质彬彬，甚至天性快乐的人。但是他的幽默感只能欣赏明显的模仿和下流的影射——与劳特累克那种愤世的诙谐、自嘲式的炫耀相去甚远。

得到班长的暗示后，文森特的同学们无疑以一种傲慢的容忍与鬼祟的嘲讽来对待这位易怒的外国人。（他们把他当作“一个来自北方的、不喜欢巴黎精神的家伙”而将他抛弃。）“他的肩膀有多么可笑！”其中之一回忆道。不管是出于害怕或漠不关心，还是出于对他那位有权有势的弟弟的尊重，他们没有用招待一般新生的方式来招呼他，只是把他当作一个“让人觉得无趣”的家伙，干脆加以忽略罢了。

与在安特卫普时的情形一样，文森特不得不在班里的边缘人物，即少数外国学生中寻找同伴。对他来说幸运的是，这个小团体的领袖是一个和蔼可亲、远离家乡的说英语的人：一个名叫约翰·彼得·拉塞尔的澳大利亚画家。拉塞尔是一个南海冒险家和军火制造商的儿子，拥有文森特所羡慕的一切：金钱、朋友、闲暇、身份，还有一个貌若天仙的意大利金发女友玛丽安娜。（她是罗丹的模特，罗丹称她是巴黎最漂亮的女人。）作为一个不知疲倦的饮酒狂欢者，拉塞尔经常光顾黑猫、芦笛之类的时髦夜总会，常常自驾马车前往。到了周末，他会与巴黎的上流社会一起，散步于布洛涅森林，或荡舟于塞纳河。他在布列塔尼避暑，在西班牙过冬。他有一个固定的朋友群（包括他的朋友罗丹和罗伯特·路易斯·史蒂文森），朋友们会登上位于埃莱娜巷的宽敞楼梯，来到他的画室。那里的门总是敞开着。他以喧闹的、一视同仁的友善招待一切来访者，因此经常被误认为是美国人。

文森特加入了很容易被拉塞尔的热情感染的一群人之中。他炫耀自己的家庭与古庇尔的关系，从蒙马特高地的另一端远道走访拉塞尔的画室；这层关系对那个有商业野心的澳大利亚人来说的确有吸引力，他仍然画着在古庇尔的橱窗里展示着的维多利亚全盛时期风格的东西——拉塞尔和同学们一样，也认为文森特“有些神经质但无害”，他们的友谊也从来没有达到在他当时的书信里或是后来的写作中值得一提的地步。不过他是个热情好客的主人，对艺术怪癖颇有鉴赏能力——这种能力使得他的那些朋友们觉得困惑（他们认为文森特是个“瘦弱的小个子”），也使玛丽安娜感到不快（她抱怨文森特两眼“闪烁着可怕的光”）。

文森特频繁利用埃莱娜巷内画室的开放政策，使得拉塞尔终于愿意为他画一幅肖像。这很难算得上是一种独一无二的荣幸。拉塞尔是一个有才华的肖像画家，与文森特不同，他能够迅速捕捉到对象的模样，无论是铅笔画还是油画都一样擅长。他总是一有机会就锤炼他的技法。拉塞尔运用为那些委托者们作肖像时的讨好办法，画出了文森特想让人们看到的样子：不是一个波西米亚式的唯美主义者，而是一个有着商人式精明的艺术家。他看上去很富有，表情坚定，就像一个身着黑西装、衣领硬挺、志得意满的银行家。只有在他的双眼里，拉塞尔才暗示了一种更加黑暗的现实：画家捕捉到了那满腹狐疑、几乎是恶意的斜视的眼神。

没有什么像不够灵巧那样使文森特在同学当中倍感孤独。如果他能够像劳特累克那样灵活地使用铅笔，或是像安克坦那样成功地使用油画笔，他奇特的外貌也许就会被忽略，他迟钝的举止也许就会被原谅。由安克坦和劳特累克带头——前者从他在诺曼底的孩提时代起就能够画出精致的素描，后者则是一个早熟的插图画家，科尔蒙的助手们在绘画上投入了很大的财力，就像他们的老师一样。尽管对绘画风格中的个性非常宽容，科尔蒙却与安特卫普的维莱特一样，将技艺视为超越艺术风尚的东西。“要是人不懂得克制，”他说，“他就会像一头猪那样画画。”据其中某位的回忆，他的学生们无论赞美什么样的新风格，都渴望“画得与卢浮宫里的老大师们一样好”。

约翰·彼得·拉塞尔，《文森特·梵高像》，1886年，
布上油彩，$23^5/_8$英寸×$17^3/_4$英寸。

为了避免使用他一向依赖的笨拙的透视框——满屋子的手绘高手一定令他感到尴尬，文森特紧张地将注意力集中在线条和比例的古老挑战上。尽管画裸体模特是工作室的常事，但他更多的时候仍然在画排满墙壁的石膏像。和希柏尔德一样，科尔蒙强调轮廓比阴影和影线重要，因此不鼓励他的学生们即兴发挥。“他们得严格复制放在他们眼前的东西，”有个学生回忆科尔蒙的教导时说，“不得作丝毫改动。”

文森特再一次屈服于现实的专横之下。他画了又画，擦了又擦，直到一条坚定、精确的轮廓线出现。然后，他又细心地用粉笔和木炭塑造立体感，经过大量调整，才能完成劳特累克之类的学生轻而易举就能完成的那种精确而完美的习作。但是他的手还是不会也不能服从他的意志。即便是在他那些修改得最多的画作中，无论是石膏像还是模特画像，都会出现加粗的屁股、脱节的肢体、放大的双脚、扭曲的脸部和颤抖的轮廓。“我们认为他的作品太没有技巧，”科尔蒙的一个学生回忆道，“从这个角度看，许多人都能超过他。”另一个则说：“他的素描简直乏善可陈。”

他的油画也引来了嘲笑和拒斥。与安特卫普艺术学院的学生一样，科尔蒙班上的同学，也被他作画的速度及无序的工作方式吓到了。对每一个模特，他都会作三张习作，在同一次无情的大力描画中将同一个姿势的不同角度画下来，即使是在模特休息时也不会停手。“他在一种混乱的暴怒中工作，”有个同学回忆道，“充满狂热地匆忙向画布扔下所有色彩。他蘸颜料，就像是用铁铲似的，颜料从他的画笔上流淌，把手指都弄脏了——他的暴力作画方式震惊了整个工作室，传统的艺术家会被吓到。”

当文森特不在时，别的学生会嘲笑他那麦茬似的笔触。当科尔蒙在他的画架前站定时，他们就静静地期待着，弯下腰来倾听那位温和的老师会对这个荷兰人最新的挑衅作出什么样的反应。但是，科尔蒙只是批评了文森特的技艺，建议他下次要画得再细心些。至少一段时间里，文森特确实想要留意这一建议。下午，当所有其他学生都离开时，他会来到工作室，反复地画同一个熟悉的石膏像，竭力想要捕捉难以捕捉的轮廓，直到他的橡皮擦将纸张擦出一个洞来。有人碰巧在空荡荡的工作室里见到他，发现他全身心地投入工作，看上去“就像一个牢房里的囚犯”。

夏天，他离开了。他曾经答应要在科尔蒙的工作室里学习三年，他待了不到三个月。但晚至那年秋天，他也许会偶尔造访一下克里奇大道上的那个工作室，但是，如果他去了，他也一定是算准了时间，尽量避开那些曾经的同学。在被迫谈到在科尔蒙工作室里的经历时，文森特只是说：“我发现它不像我预料的那样有用。”离开巴黎后，他再也没有在信中谈到它。他在这个著名工作室的失败经历是如此彻底，以至于在提奥6月写给母亲的一封汇报文森特刚到巴黎最初几个月的情况的家书里，居然没有提到这个主题。相反，他编织了一个复杂的、安慰人的谎话，说文森特终于柳暗花明，与他一起生活不再像在纽南时那样困难了。“他比以前更快活，这里的人们都喜欢他，”提奥高兴地向母亲汇报道，“要是我们能保持下去，那么我想，他的困难时期已经过去了。他自己也会克服的。”

事实上，文森特发现自己在每个方面都失败了。无论他在那年春天如何努力，他也无法卖出一张画。在巴黎到处售卖的数以百计的杂志，没有一家愿意购买他的插图。更糟糕的是，他想要吸引经纪人的努力也白费了，尽管他弟弟在其中做了许多工作。一个科尔蒙班上的同学还记得，文森特“常常感到愤怒，不管与画商如何接触，也没有一个人愿意买他的任何东西”。

只有提奥过去的同事阿尔塞纳·波尔蒂埃，也就是前些年突然放弃支持《吃土豆的人》的小画商，对文森特表示出了些许尊重，愿意代销一些作品。不过，除此之外，他还能做什么？波尔蒂埃就住在他们楼下，不仅每天看到兄弟俩，还得忍受他们无止境的高谈阔论——现在是当面的聒噪，还不是书信。在被文森特要求向买主出示他创作的作品（他是在公寓里画这些画的）时，波尔蒂埃表示了不同意见，只含糊地答应日后帮他办一个画展。文森特发现唯一真正展示他的作品的地方，就是附近一家名叫唐吉的画材店——当时有人将它描述为“一家破破烂烂的小店”。在那里，他们将他的作品与其他数十个顾客的画作一起，挂在看不见光线的杂货之间。甚至是在试图与同伴艺术家交换作品时（提奥所提倡的一个学生传统），文森特也很少获得成功。只有像他一样籍籍无名、身处边缘的艺术家，才会愿意与他交换作品。修拉的朋友夏尔·安格朗之类较有名的画家，对他的提议根本不屑一顾。

如果文森特有更多的朋友，也许就能换得更多的作品。但是，提奥在给母亲的信里提到的“这里的人们都喜欢他”，只是一个编来安慰母亲的谎言。当时在巴黎的其他艺术家的书信和日记里，很少提到文森特，即使他们有大量机会可能相遇。1886 年夏天，他在巴黎开始感到孤独，就像他以前长期身处荒野一样。拉塞尔去避暑了，将他的公寓租给了两个英国人，而他们却绝不是什么好客的主人。哈特里克认为文森特“疯得不轻”，而亨利·雷兰则以恐惧的心理对他的客人作出反应。（“那个可怕的家伙在这里待了两个小时，”雷兰有一次向哈特里克抱怨道，“我再也受不了了。”）尽管如此，出于想要与职业画家保持联系的绝望动机，文森特还是继续去拜访拉塞尔的画室，直到为雷兰的水彩画发生的争吵（文森特认为这些画“贫血，毫无意义”），使得他在埃莱娜巷再也不会受到欢迎时为止。

那年秋天，他只得向他在安特卫普的同学贺拉斯·李文斯，一个他几乎不熟悉的同学写信，痛苦地报告说“我独自工作”，并且抱怨说：“我挣扎着生活，挣扎着想要在艺术中有所进步。”来到巴黎后才六个月，他乞求远方的李文斯也来巴黎，或者，帮助他一起逃离巴黎。“春天，或者更早些，我就会去法国南部，”他写道，提前一年计划逃往普罗旺斯，“瞧，如果我知道你也久有此想，我们就会在那里会合。”

在科尔蒙工作室的计划失败后，文森特没有朋友，没有同事，没有方向，很快就陷入了与他一起来到巴黎的强迫症之中。

在安特卫普时投入的肖像画计划，几乎在没有间断的情况下恢复了。他在巴黎的最初几张油画中就有两张同一个模特的肖像画：一个头发乌黑的妇女，她那资产阶级的服饰和精致的软帽，反映出艺术家对尊重的新渴望。但自加入科尔蒙的工作室，他的狂热回到了更深刻的根源——性。工作室的课程为文森特贪婪的手提供了画裸体的固定机会。更有利的是，工作室还从不间断地吸引了忙于找工作的模特。她们会在工作室里排起队，等着学生们检查，学生们会投票选出最中意的模特。由于让学生们检查需要脱光衣服，而学生们可以对模特捏捏戳戳（以测试其肌肉状态），这样的预选经常会演变成一场能够激发强烈性趣的辣手摧花的活动。

不过文森特需要更多的东西。在自己的画室里长期习惯了享有特权之后，他立刻着手安排私下招募模特，但只是在多年的不幸之后，遭遇到同样的挫折罢了。没有一个每天在科尔蒙的工作室里排队候选的职业模特，愿意接受邀请去他的画室。“她们不愿为他摆姿势。”提奥回忆说——不管是画肖像画还是画形体习作。当然更不愿意让他画裸体。即使是文森特认识的女子，例如拉塞尔的情妇玛丽安娜，也拒绝了这个奇怪的荷兰人的提议。

很快，他被迫转向自己更加熟悉的地方。

妓女挤满了经豪斯曼改造后的新巴黎那些宽阔的大道和咖啡馆。财富、许可证以及炫富机会，使得巴黎在一个纵欲狂欢的时代，成为浪荡的欧洲大陆上的性满足——同样也是性病——之都。她们有诸多称呼——女诗人、名妓、女店员、女舞伴、开胃药，几乎伺候着这个城市四分之三的成年男性的需要。事实上，科尔蒙工作室的每一个艺术家不仅拥有一个情妇，而且还会每晚突击巴黎淫荡的地下世界。甚至拉塞尔也会离开漂亮（而且怀孕）的玛丽安娜，加入几乎在每一个街角上都能遇到的帝国末期的颓废活动之中。

有那么多机会包围着他，文森特几乎不能自持了。左拉的小说《娜娜》以及龚古尔兄弟的《少女艾丽莎》（两书都记录了妓女的生活），使文森特的脑海里充满了性自由和性竞赛的种种奇观。即使是莫泊桑的漂亮朋友，尽管有那么多多情的战利品，也无法抵御巴黎妓女的特殊诱惑。文森特后来天真地回忆起他不仅在这个城市繁忙的妓院里，而且在那些楼梯很陡的大楼里（那里孤独的女人“每天要干五六回”）寻找模特的越轨经历。他了如指掌地说起过妓女及皮条客之间的关系，并形容自己只不过是狼吞虎咽的饥饿的消费者而已。“妓女就像屠夫店里卖的肉，”他在 1888 年写道，“我又回到了我的野兽状态。”

也许正是在文森特不倦地物色模特的时候，他遇到了安戈斯蒂娜·塞加托丽。尽管她已是半老徐娘（大约 45 岁），不可能很活跃，但她懂得哪里有文森特正在寻找的东西。从少女时代起她就在那不勒斯的大街小巷游荡，她一直生活在模特和妓女的边缘地带。1860 年，她那性感的面庞和撩人的身材为她弄到了前往巴黎的护照，在那里她为那个时代一大群最杰出的画家，包括热罗姆、柯罗和马奈摆姿势。整个欧洲都渴望看到意大利黑发姑娘那种从容的性感，她们经常被画成身着迷人的民族服饰的样子，拿着“吉卜赛”精神的象征物：铃鼓。与许多曾经的模特一样，塞加托丽也找到了自己的恩主，并于 1885 年开设了一家干脆叫作“铃鼓”的咖啡馆，以便为她那年老色衰的暮景作些投资。

在文森特遇见她的 1886 年，她已经过了不惑之年，成为一个胸部丰满的“太太”。身边围着一个年轻的情人、一个谋财害命的经理，还有两个金发的高个子丹麦人。据她的一个崇拜者所说，她以慵懒的权威及“无与伦比的魅力”统治着她的咖啡馆。这个克里奇大道上的咖啡馆，四处体现出一种充满了异国情调的、色情的诱惑，使她名声大噪。不过诱惑远不止是表演技术。像铃鼓之类的主题咖啡馆，通常经营着卖淫的红火生意。作为对于提供安全环境和稳定客源的回报，咖啡馆的主人可以从服务员正式工作之外的收入中获得回扣。与文森特在安特卫普遇到过的老鸨一样，安戈斯蒂娜·塞加托丽“认识大量女子，总能提供服务”。

即使有塞加托丽的帮助，文森特在污秽的巴黎地下世界的短暂停留，也只产生了一些匆忙画就的速写。其中一张画的是一个斜躺在床上的裸体女人，双手举过头顶，大大方方地宣布她已经作好了准备。另一张描绘了一个女人坐在床沿上，在完事后疲惫地穿上丝袜。还有一张显示一个女人正蹲在一个水盆上清洗自己的身体。在巴黎大道烟雾弥漫的地下室大量的色情场景中，他偷偷摸摸用铅笔和粉笔，捕捉到了一对正在交媾的男女，那场景就像马戏节目一样不知羞耻。

当某位特别友好的“女诗人”同意为他摆姿势时，文森特往往会将他的艺术浪费在她过分成熟的身材和粗糙不堪的脸庞上。他把她当作一个神秘的东方宫女，既为她画素描，也为她画油画，然后用画纽南的农民时一样的土黄色调，在一幅肖像画中强调她那野兽般的特色——骄傲地炫耀着她那种乡下姑娘的性技巧。他甚至让她摆出西恩在他画《悲伤》时使用过的那种顺从的姿势，来画她的速写。

但是，显而易见的是，没有人像西恩曾经来到施恩韦格那样，去勒皮克路上的画室。离开科尔蒙工作室以后，文森特不得不画他弟弟收集的小型裸体石膏像。像在纽南时一样，他孤独地坐在画室的器物之间，画一些充分折射出他的挫折和遗憾的静物画主题。在一双磨损的靴子里，他发现了完美的隐喻。他以画鸟巢的那种忧郁和深思的笔触，画了这双靴子，就好像它正渴望着在荒野里行走的那份自由。

柯罗，《安戈斯蒂娜》，1866年，布上油彩，$51^{1}/_{8}$英寸×$37^{1}/_{4}$英寸。

物色模特的失败驱使文森特更深地陷入了另一个伴他一起来到巴黎

的狂热痴迷之中：色彩。他对布兰克和谢弗勒尔的独特感受在纽南的荒野里得到发展，在安特卫普的商业狂热和性狂热中被抛到一边，1886年夏天在极大的热诚中再次复活了。“色彩令他发疯。”科尔蒙班上的一位同学这样回忆道。重新举起在之前的那个冬天已经放弃了的大旗“同时对比色”以后，文森特通过画一个裸体模特（最平凡的色彩主题），让工作室的同学感到了吃惊——不是工作室那种沉闷的棕色背景，他将模特置于“一种强烈而意外的蓝色”背景中。据某个目击者说，其结果是各种补色的大爆炸，“带着狂暴的新色调，一种燃烧着另一种”。每一幅激烈的画都伴随着一些激烈的言辞。“他滔滔不绝地谈论他对色彩的看法。”他在巴黎的另一个朋友这样回忆道。

不过，这一次文森特发现，他正在试图向一个激烈争论色彩问题的城市传道。色彩是什么？它是如何被感知的？它能表达什么？甚至正当巴黎以火炬传递活动（文森特显然也参加了）来庆祝色彩理论教父米歇尔·谢弗勒尔的百年诞辰时，艺术家们也会对他的遗产大声议论。由修拉领导并得到强势批评家费利克斯·费内翁支持的分色主义者，正在从印象派之外另辟视觉科学的新路径。他们召集科学家们来证明他们的艺术的合法性，并欢呼1886年春天初次亮相于巴黎的《大碗岛上的星期天下午》的巨大成功，称其“逼真地再现了大气”。与此同时，于斯曼《逆流》的党羽们则对任何形式的客观性，包括视觉的客观性，发起了挑战，然后宣布他们才真正握有色彩的圣杯：暗示的力量。这些争论弥漫在艺术世界的任何一个角落，包括科尔蒙的工作室里。据称，在文森特初来乍到的那一年，工作室里爆发了一场有关色彩问题的辩论，这场辩论是如此激烈，以至于自满的老师不得不驱逐肇事者，临时关闭了他的学校。

在周围的种种敌意和剧变中，文森特一直坚持他在荒野里领悟到的色彩理论。在那年春夏多次看到充斥着艺术界的大量画作后，文森特的志向丝毫不为所动。在那年5月举办的第八届，也是最后一届印象派画展上——在那里他终于可以研究十年前引发了骚乱的那些作品（除了莫奈和雷诺阿，他俩抵制了展览，此举也代表了那个骚乱的年代），他只是发现他一直在向提奥宣讲的信念得到了确证。“当你第一次看到它们时，”他后来在回忆初次见到印象派画作的时候说，“你会感到非常、非常失望，会认为它们画得很马虎，很丑陋，很糟糕。素描很糟糕，色彩很糟糕，一切都糟透了。”看过它们之后，他宽慰地写信给李文斯：“还好你我的色彩与他们的理论无关。”他以这样的方式来解释他们与印象派之间的差异：“我信仰色彩。”

在同一个展览上，他也看到了修拉的《大碗岛上的星期天下午》、雷东的象征主义沉思，以及大量他不知其名的年轻艺术家（包括高更）的作品。但是他只肯定了德加的一套色粉笔裸女画。在6月的国际大展（有莫奈和雷诺阿的作品参展）、8月同样宏大的独立艺术家沙龙展（大约有350位艺术家参展），以及“语无伦次的人”的展览之后，文森特在那年秋天写给李文斯的信中只正面评论了唯一的一张画：一幅莫奈的风景画。

他在这些大展中看不到的东西，每天都可以在大量画廊以及画商家里看到：从印象派最早的支持者杜兰－鲁埃的货房（在那里，一个顾客可以花上好几天浏览新近破产的画商来不及售出的库存），到楼下阿尔塞纳·波尔蒂埃的套间（在那里，可以将马奈和塞尚的作品仔细研究）。至于更富有异国情调的集市，每天夜里他只需要访问黑猫或芦笛之类的夜总会当中的一家就够了，那里的墙上充斥着恶作剧者最新炮制出来的东西（包括劳特累克的作品）。或者，他只需要在街上走走就行了，唐吉之类的画框销售商和颜料商都会在他们的橱窗里挂上种种稀奇古怪的图像。

透过充满了派别偏见的报刊评论及其华丽修辞，透过工作室里的论战以及咖啡馆里的闲聊，文森特依然坚持他从荒野中带到巴黎的观点：互补色乃是真正的福音，德拉克洛瓦乃是真正的先知。“德拉克洛瓦是他的上帝，”科尔蒙班上的一个同学这样回忆说，“当他谈到这位画家时，他的双唇会颤抖，充满了感情。”他在画室里保存着一个上漆的盒子，里面有一些色彩鲜艳的毛线球，他无休无止地把它们合并在一起，然后又将它们分开，以便测试色彩的互动效果——这恰好就是谢弗勒尔描述过的方法。谢弗勒尔在做加布林皇家织布厂主管印染的主任时，提出了自己的色彩理论。

文森特没有想要搞清楚《大碗岛上的星期天下午》背后的想法，反而一次又一次前往卢浮宫，观看《但丁的三桅帆船》之类的作品。这是德拉克洛瓦对艺术决断力的伟大洞察，一幅在查尔斯·布兰克的写作中被神化了的油画。在同一个展厅里，他还发现了这位浪漫派大师的一些不太知名的作品。和安克坦一样，文森特不喜欢那些认为莫奈及其他印象派画家乃是德拉克洛瓦的继承者的人，他赞美他自己心目中的真正的后裔——比利时画家亨利·德·勃莱克勒和早已离世的巴比松大师那西斯·维吉勒·迪亚兹·德·拉·佩尼亚。同时，他还神化了一个名不见经传的马赛画家阿道夫·蒙提切利，认为他是德拉克洛瓦的真正门徒。

在这种紧张的气氛中，文森特的不同确信搅乱了双方。“他总是在争吵。”提奥的朋友安德里斯·邦格写道。他对文森特作品的评论同样也遭到后者激烈的反驳。“他坚持回答说：‘但我想让这种或那种颜色进行对比。’”邦格抱怨道，然后辛辣地补充说，“就好像我对他想要做的事情真他妈关心似的。”去唐吉那里买颜料时，偶尔能碰到同行画家的文森特会在那里逗留数小时，与别的顾客争论色彩理论。

在关于印象派明亮色彩的问题上，他特别容易与店主朱利安·唐吉（大家称他为唐吉老伯）发生争吵。唐吉不仅为那场革命的某些巨人（包括莫奈和雷诺阿）调过色，而且自认为是他们当中最特别的艺术家保罗·塞尚的支持者。在这家店昏暗的库房里，一直堆到层顶的是那位隐居于普罗旺斯的大师不受欢迎的作品。塞尚将它们扔在那里，任其腐烂或出售，他根本不在乎。头发灰白、多愁善感的热心老者唐吉，以一种同志般的激烈情感为印象派和塞尚辩护。这只会激起文森特更激烈的反驳。某位顾客有一次看到文森特在争吵后从唐吉的库房里走出，他看上去就像“立刻就要燃烧似的”。

文森特没有模特，却决定要探索色彩问题，他转向了一个新的主题：花卉。这一选择既有自卫的意图，也有商业的考虑。提奥也赞美蒙提切利的作品，他那些描绘花卉和节日宴会的小幅画作色彩大胆，颜料厚重，吸引了巴黎及其他地区数量不多的狂热追随者。提奥不仅代理蒙提切利的作品，而且也保留了一部分作为自己的收藏——他认为蒙提切利既是那种能够销售画作的艺术家的代表，也是兄弟情义的象征。蒙提切利当年6月离奇死亡之时（据说他喝得烂醉，然后发疯，最后自杀了），狂热的文森特立刻将他视为一个英雄：一个为色彩牺牲的烈士。他冲到自己的画室，开始描绘一系列小幅、紧凑的静物画：一些用渐淡法画出的饱含了辛辣的红色和黄色的花卉。他在深蓝的背景上画了橙色的百合，还在深不可测的蓝色背景中、在姜黄色的罐子里乱蓬蓬地加上了太阳似的菊花。和蒙提切利一样，他甚至还用厚涂法画了一些最明亮的鲜花，又在上面投以伦勃朗式的浓重阴影。每幅画都以丰富的色调、戏剧性的光线、幽暗的背景以及浓墨重彩的颜料画出，既是对蒙提切利（以及德拉克洛瓦）的致敬，又是对所有所谓“现代”色彩学家的批驳。

为了证明与流行画风相反的画作也能够出售，文森特把其中一些画带到了安戈斯蒂娜·塞加托丽那里，希望她要么会买下，要么至少会在她的咖啡馆里将它们展出。塞加托丽已经在咖啡馆里展出了其他一些艺术家的作品，还将自己的咖啡馆自诩为“不只是咖啡馆，更是博物馆”。她怜悯这个热情的荷兰人，同意将他的某些作品与她墙上别的“大师”的作品一起展出。她还同意文森特将它们抵作他的饭钱，还有可能给他送过鲜花，暗示它们可以作为未来画作的主题——总之，这一切使得文森特相信他的画作有商业销路。

文森特受到了可以“卖出”更多画的激励，受到了与提奥相同的、对蒙提切利的热情的感召，也受到了他本人对德拉克洛瓦的忠心的鼓舞，开始发动一场狂热的战役，来说服他人同意自己的色彩主张。似乎为了阐明谢弗勒尔的研究结果，他开始探索全方位的补色对比与色彩和谐。他利用鲜花、花瓶与背景的组合：绿色瓶子里的红菖蒲，蓝色背景中的橙色锦紫苏的叶子，紫菀与黄色的鼠尾草。从对紫菀和夹竹桃的红色的思考，到牡丹和勿忘我的绿色与蓝色的和谐，再到康乃馨和玫瑰的红绿色的对比，他彻底地宣讲了自己的观点。他向李文斯吹嘘他的色彩“几何学”。经过整个夏天，他已经看遍了巴黎的花房：丁香花和百日草、天竺葵和蜀葵、雏菊和大丽花。

他用在纽南画农民“头像”的轻快速度画这些花卉——比这些鲜花在不断变化的城市温度中枯萎的速度更快，每个月都画出大量画作。或许是得到塞加托丽持续支持的鼓舞，他画得越来越大，但继续保持着饱和的色彩、强烈的明暗对比，还有被埋没的蒙提切利雕刻般的笔法——即使是短线和点子也是如此，而不是用周围新艺术的那种全盘轻快的笔触。

秋天已过，冬天将至，文森特变得越来越孤独，也越来越目中无人。如果有什么值得强调的话，那么当天气越来越寒冷，鲜花都逃向南方之际，文森特无疑筑起了一道比以往更高的狂躁的篱笆。他重新回到了春天画过的主题：靴子的静物画、蒙马特高地的风景，甚至是画室里小小的裸体石膏像。只有到现在，他才运用互补色来反复描绘它们：有些以生动的对比画出，有些以色调的和谐画出，有些则兼而有之。他画乌云密布的天空下城市生活的小插曲，以此来否定印象派画家的阳光；他用更多的纽南掘地者的画作来拒斥他们轻率的痴迷——只不过，他笔下的掘地者如今穿上了蓝色和橘色的衣服。

他一次又一次地转向镜子，总是把自己画成领口饰有缎子花边的“漂亮朋友”式的资产阶级艺术家——只是如今总是拥有一部明黄色的胡子、一条蓝色的领带，要不在大红的背景中穿着一件深绿色的外套。他用如此激烈的笔触和色彩画他的静物画，以至于科尔蒙班上的一个同学回忆说，它们让铃鼓的顾客和唐吉商店里的顾客都“感到可怕”。

在这些及其他作品里，文森特以一种不妥协的对立情绪喊出了心声，表达了他对艺术的不同看法。这种不同看法源自他处，也只有用其他手段才能获得安抚。

第二十八章　齐姆加诺兄弟

无论在哪里落脚，公众都会屏息静气。为了抗拒重力与死亡，他们以一种令人头晕目眩的表现遇险与拯救的双人舞的方式，彼此投向对方，然后分开。放手，接住。放手，再接住。他们飞驰的身体里似乎有着隐蔽的纽带。他们的背脊融化了，即使当他们冲向相反的方向时。哥哥吉阿尼——紧张而好学——曾将他们的行动推向可能性的边缘，永远紧拉忍耐与自然的绳索。弟弟尼罗——漂亮而精神——像飞翔的小鸟那样讨好哥哥。他们在半空里跳芭蕾，旋转飞扬，瞬间黏在一起，突然又抛开对方，跳得越来越高，越来越危险，转得越来越快，越来越激烈，他们考验着不可见的纽带，也试探着收放自如的逻辑极致。

文森特读着龚古尔兄弟的《齐姆加诺兄弟》，将它当作一份自传来读，就像他读过的许多小说一样。在文森特不倦地寻找将生命相融合的兄弟俩时，他很早就抓住了爱德蒙·德·龚古尔与于勒·德·龚古尔这对“双生精灵”。“他们拥有这样一种美好的想法，一起工作，一起思考。”他从安特卫普写信给提奥，总结了龚古尔兄弟的成就，特别有针对性地指出他俩的“携手”使他们以“成年孩子的那种单纯”来面对未来。

文森特无疑知道——人人都知道——爱德蒙写出的这个吉卜赛杂技演员的故事，记述了他去世的弟弟于勒的一生。文森特想象一对艺术家兄弟如何像一个人那样感受和创造——“是对自我的融化。”文森特从孤独的荒野和码头带到巴黎的是同一种想象。“我希望我们在生命结束前，也能一起工作，”他在到达巴黎的前夕这样写信给提奥，“要是我们有这样做的愿望和勇气，难道就不该讨论一下吗？”

但是事情并不是想象的那样。团聚的欢喜很快就让位于相互适应的现实。自文森特在津德尔特牧师公馆的阁楼上与弟弟一起生活时起到现在已经20年过去了。打那以来，他只在妓女西恩·霍尼克家里短暂地与他人共同生活过一段时间。他对待他们在勒皮克路公寓的家，就像是对待克基拉岛的画室似的：将他的颜料和工具弄得到处都是，直到，据某位来访者所说，"它看上去更像颜料店，而不是公寓"时为止。"一切都混乱不堪，"另一位来访者回忆道，"文森特将他对混乱的喜好扩散到了每一个房间。"

他自由自在地将丢弃的衣服与湿画布混在一起（甚至用提奥的袜子来清洁他的画笔），在家里清出一个狭长的空间来画一幅静物画（或者，偶尔让模特为他摆姿势）。一位在他家过夜的客人回忆说："早晨从房间出来，一脚就踢到了文森特遗忘在那里的一罐颜料。"逃离科尔蒙工作室之后，文森特立刻恢复了他在荒野的个人习惯，既不洗澡，也不洗衣服。"他看上去总是脏兮兮的，一副无精打采的样子。"提奥向他们的妹妹惠尔抱怨道。在搬到新居一两个月后，提奥不知何故病倒了，而露西，他们的看房人兼厨师，则逃之夭夭。

文森特还影响到了提奥的社交生活。在文森特来到巴黎前，提奥充分享受着社交乐趣：在塞纳河荡舟，在杜伊勒里宫漫步，接受官方招待，夜晚不是上戏院，就是听歌剧，周末在乡下系着白领结参加烛光晚会，与名流一起演出和跳舞，以及在凌晨两点用早餐。尽管在人群中，提奥经常感到孤独，但他却是一个有吸引力的、开心的客人，而他那矜持的魅力为他赢得了不少邀请。

文森特的到来使这一切都改变了。作为提奥工作的重要组成部分，社交旅行已经变得不再可能，除非他将性格乖戾的哥哥弃之不顾——由于文森特对兄弟情义的过高要求，这种可能性变得越来越小。无疑，提奥也不认为哥哥的行为十分靠谱，可以被介绍给那些杰出的艺术家、收藏家和艺术商人。他们的地址写满了他的笔记本。出于同样的理由，他也得处处留心请什么样的客人到勒皮克路上的公寓里来（关于这一点，他坦承"情况糟透了"）。只有很少几个人（多数是荷兰人）值得信赖，他们还不至于十分介意文森特那与众不同的生活方式。

即使这样，朋友们也经常拒绝他的邀请。"没有人愿意再来我们家，"他抱怨道，"因为最后总要争论起来。"那些前来拜访的人要忍受文森特的辣手摧残。"那家伙干脆没有任何风度，"安德里斯·邦格这样总结说，新来的文森特从他那里夺去了最好的伙伴，"他总是与任何人争吵。"另一个来访者发现文森特"惹人厌烦"，满嘴都是奇谈怪论。甚至提奥本人在给安德里斯的妹妹乔安娜（小名乔）的一封信里也承认文森特"是个无法相处的人……因为他不会宽恕任何事，任何人”。对往事的判断也伴随着文森特一起来到了巴黎。提奥透露说：“每个见过他的人都说：‘他是个疯子。’”

与过去一样，尤其是提奥与女友的关系，激起了文森特对兄弟情义的极端焦虑。除了所有其他的不快，新的生活环境严重地干扰了提奥的浪漫生活。他那个交往了一年的女友，一个人们只知道叫S的女人，陷入了激烈的嫉妒和自毁之中。她显然想要嫁给这个魅力十足的年轻画商，但这个计划由于文森特的到来而受挫。“你把她迷住了，”邦格警告提奥说，“心理上她病得不轻。”文森特也认为那个女人“精神错乱”了，但是他却自告奋勇要“让她放手，不要死缠着提奥”。“可以作一个友好的安排，”他安慰弟弟说，“那就是把她让给我。”毕竟，龚古尔兄弟就曾经分享过一个女友。

和吉阿尼·齐姆加诺一样，文森特也认为与女人的关系——超出性关系的关系——会破坏兄弟俩共同的创造性能量。邀请一个女人进入他们的生活，不仅背叛了兄弟之间的神圣纽带（龚古尔兄弟也都没有结婚），而且还会带来痛苦的损害。齐姆加诺兄弟不是因为一个女人爱上了漂亮的尼罗而完蛋——彻底毁灭的吗？

不过提奥生活中的女人不是那个不幸的S——一系列错选的情人中的最后一个，而是冷淡的乔·邦格。前一年夏天，提奥在阿姆斯特丹遇到她后，就盯上了他朋友的这个23岁的妹妹。打那以后，他俩并无来往，不过安德里斯继续怂恿双方交往。他本人在那年冬天订了婚，于是他敦促提奥也如法炮制：“要是我们都在巴黎幸福结婚，那该多好。”他写信说。提奥的妹妹利兹总是希望她那总是陷入不幸恋爱的哥哥有个美好的结局，也催促他结婚。她与乔通信频繁，既是提奥的中间人，也是家庭的信使。（这是梵高家和邦格家的女人们1月在阿姆斯特丹会面的后续影响。）

分开只是加剧了提奥的热情。和文森特一样，他发现痴迷会因为距离而变得强烈。整个冬天，尽管存在着社交方面的混乱和S的殷勤，他写信给妹妹诉说着巴黎的孤独（“人们在大城市会比在乡村更容易感到孤独”），以及生活中心的缺乏。2月底他那个麻烦不断的哥哥的意外到达，远没有填补空虚，而只是确证了孤独罢了。“你身上有一种我在别人身上寻找，但一直没有找到的东西。”提奥后来写信给乔说，回忆自己在那年冬天的相思之苦，“我意识到，我正面对着一种全新的生活。”

但是，为了进入那种新生活，提奥需要钱。在那个责任第一的世界里，一个体面的年轻男人永远不会请求年轻女人的帮助，除非他确定自己能恰当地支撑起她的生活。在他开始探索订婚的可能性之前，他一定得有一个经济方面的计划。婚姻的诱惑，再加上经济上要负责的责任心，不可避免地复活了一个古老的幻想：自己创业。提奥经常对自己感到不满，他一直想象要做一个独立的商人来成家立业。仅仅在两年前，提奥感到自己的才华被他的老板滥用了。于是设计出一个精心的计划，要开创一种“现代商业模式”，这种模式涉及经营、资本以及某种“复制设备”。与他的伯伯森特一样，他将自谋生路，去寻找他的财富。但最终他还是放弃了这个计划，多年来他放弃了数次，因为这个计划的风险太大，而且他的心情也有所好转。

不过，这一次却不同。这一次他雄心万丈（“我想象我的工作与爱情携手并进。”他写道），而且父亲已经不在身边时刻唠叨着要他小心谨慎。提奥与朋友安德里斯合伙（安德里斯如今已经结婚），他再次准备向伯伯请求经济上的支持。在多年忽视了哥哥的激烈请求以及自杀威胁之后，在拒绝了来自德伦特的绝望请求的两年之后，提奥计划要离开古庇尔，仅仅为了一个他几乎不了解的女人，他的合伙人也绝不是文森特。

1886年8月，提奥利用暑假前往荷兰。他有两个目的，但只有一个目标。在布雷达，他会请求伯伯为他的未来投资，但是在阿姆斯特丹，在邦格家，他会宣布他已经拥有那个未来。

文森特从勒皮克路的公寓写信给他打气，他在那里等待提奥与安德里斯和S一同回家。提奥曾经请求安德里斯睡在公寓里，因为他担心文森特会孤独。文森特则在提奥离开后，鲁莽地邀请S前来。然而，他怎么可能会真的支持任何不是以提奥成为画家为结果的计划呢？更何况这个计划会使弟弟接近伯伯，而这位伯伯却如此看不起他。文森特预见到了布雷达之行的结果，他难受极了。当森特拒绝支持提奥的消息终于传来时（“他把我一脚踢开了。”提奥写信说），文森特不是劝弟弟向伯伯挑战，而是劝他要有耐心和顺从。“不管怎么说，话已经挑明了。”他写道，听起来像是松了一口气。

在布雷达经历“苦涩的失望”后，提奥的阿姆斯特丹之行带来的只有更多的挫折。由于他的经济计划得不到支持，提奥放弃了准备已久的求婚。8月底，他返回巴黎，甚至没有要求得到与乔通信的许可，只是加剧了对她的痴迷而已。

在乔·邦格（此时只有24岁）身上，提奥发现了他的生命中已经失去的一切。乔天真无邪的举止以及诚实无欺的热情，使得提奥认为他终于找到了远离巴黎的粗俗和虚伪的纯真年代的乐园。（在初次遇见乔时，提奥的一个妹妹形容她“聪明温柔，对充满了忧虑和悲戚的、日常的、狭隘的、令人不快的、平凡世界的种种一无所知”。）乔安娜·邦格是十个孩子中的第五个，作为排行在中间的孩子，她有着与提奥·梵高相同的责任感和被动性。与提奥一样，她以十分细腻的情感读书，聆听别人的谈话，渴望着被周遭世界里的任何人的热情所打动。

乔安娜·邦格，1888年

乔的知识远远超出了邦格家为女孩子提供的学校教育所能达到的程度。她的英语能力很强（她在遇见提奥时至少已经翻译了两部英语小说），并靠它谋得了一份教师的职业——标志着她获得了荷兰稳定的社会生活，使得她远远将S之类的法国姑娘抛在身后。她那种对于现实世界的多愁善感的真诚，以及浪漫的幻想（她热爱英国诗人雪莱，认为法国小说“愚蠢”），令提奥恰好看到了他长期以来的逃离平庸家庭生活的希望。提奥相信她，而且只有她才能给他带来“心灵渴望着的爱情与理解”（他后来这样写道）。他怀揣希望回到勒皮克路的公寓，因为这样的想法而痴迷。“就称它是个梦想吧，”他说，“在不久的将来，我们的生活能汇聚在一起。”

提奥越是梦想与乔·邦格共度未来，他与文森特在一起的生活就越像梦魇。好像是在惩罚弟弟长期离家远游，文森特将他们在勒皮克路上的公寓变成了一个争论与争吵的地狱。他们为钱的事情较劲——这背后还有更深的冲突。提奥眼睁睁地看到哥哥挥霍无度，而文森特则看到了提奥的账簿。提奥在上面记录了每一笔未偿还的钱，也就是记录了哥哥令人难以容忍的依赖性。他们为家庭的事情斗争（提奥邀请文森特一同前往布雷达，但文森特却没有成行），为文森特的反社会行为争吵，提奥认为这种行为“难以忍受”。文森特则不仅肆意报复、毁坏他们的私生活，甚至还在公开场合蔑视提奥。“文森特总是试图凌驾于他弟弟之上，”安德里斯·邦格说（他经常陪他们一起去咖啡馆或餐厅），“在提奥完全清白的事情上无休无止地责备他。”提奥自己形容他那个独裁者哥哥“自私”、“无情无义”、“好刁难人”。他得出结论说：“文森特又回到了他以往的自我中，你没办法跟他讲理。”

不过大多数时候他们为艺术的事情争论——这个主题避开了兄弟之间的忿恨，却为文森特提供了最有说服力的武器：一支画笔。1886年的夏季、秋季、冬季，自卫性的对立巨浪横扫画室，这一巨浪伴随着语言的巨涛——激烈和无情的程度不亚于荒野的风暴。只是这些争吵无法被搁置。“当提奥筋疲力尽地回到家里，他发现根本无法休息，”乔·邦格说，“性格冲动、激烈的文森特开始长篇大论地阐述他自己的艺术和艺术交易的理论……这要持续到深夜。事实上，有时候他就坐在提奥床边的椅子上，说出他最后的结论。”

当独立画商提奥捍卫自己的提议，要销售一些新艺术家的作品，包括印象派的作品时，文森特就会猛烈地攻击他们的户外画法。“它永远不会值钱。”他嘲笑说。但是，当提奥从这样的计划中撤退，重新回到古庇尔上班的时候，文森特又嘲笑他是拿工资的奴隶，并且重新提起了多年来令他们的通信充满痛苦的那些争论。文森特怀有不可理喻的激烈态度，经常会在结束的时候全盘否定他开始时的观点，就好像争论本身才是重要的，而结论无关紧要。“你能听到他开始时这样说，后来却那样说，”提奥在绝望中大叫道，“他的论据一会儿支持一个论点，一会儿又反对同一个论点。”

文森特在艺术上的对立情绪，无论是用语言还是用画作的方式来表现，既不能安抚人，也无法让人理解。这样的情绪还带有其他的愤懑不平。“他会滔滔不绝地跟你谈论印象派，”安德里斯·邦格回忆道，“在这个过程中，他会触及任何一个可能的话题。”对文森特来说，与弟弟的所有意见不合——在艺术上、在金钱上、在前往布雷达和阿姆斯特丹的计划上、在追求独立上，以及在婚姻的梦想上——最终都成为了一种深刻而又无法释怀的伤害。“我们不再相互怜悯，”提奥向他妹妹坦白说，“他利用一切机会向我表示他蔑视我，而我则讨厌他。”

即使是圣诞节的怀乡情调——九年以来兄弟俩第一次一起过圣诞节——也没有阻止文森特那无情无义的攻击。到了圣尼古拉斯节，兄弟之间的矛盾达到了无法忍受的程度，以至于提奥邀请了第三人入住勒皮克路上的公寓。33岁的苏格兰人亚历山大·里德最近才来到巴黎。他是古庇尔的实习生。由于他对海牙画派的兴趣（这些艺术家的画在他的老家格拉斯哥卖得挺好），他被指派协助年轻的荷兰经纪人。两人看上去像是一对兄弟，这纯粹是巧合：同样黄褐色的头发和红色的胡子、同样细小却目光炯炯的蓝眼睛、同样细腻的艺术感受力。提奥与他的新门徒还拥有同样的艺术品味：都喜爱巴比松画派的大师以及海牙画派的作品，对新艺术也怀有同样的热情。两人还特别敬慕法国人蒙提切利略显古怪的画风。

文森特容忍了这个“假期顶替者”。里德甚至在这个古板的公寓里当了几回模特，让文森特画了几张肖像。但是不出一两个月，里德就被迫逃离了：因为文森特的暴力威胁和精神错乱的症状。

数月的怨恨对提奥本来就脆弱的健康造成了巨大的伤害。文森特来到巴黎以后的几个月里一直纠缠提奥的奇怪疼痛，在圣诞节期间变本加厉了。他身体的各个部分僵硬得不能动弹；他本来就清癯的体态开始变得更加消瘦，虚弱难支。他的脸肿胀起来，面目几乎不能辨认——“事实上他已经没有面孔可言。”安德里斯·邦格报告说，他着实吃惊不小。然而，在公寓冷酷的氛围中，即便是如此严重的症状也只被当作“紧张”，或干脆遭到奚落。假如提奥的健康还有难言之隐——就像文森特的那样，他也一定会选择独自承担，而不愿意与他那没心没肺的哥哥分享秘密。

作为多洛斯·梵高真正的儿子，提奥相信生病反映了精神与肉体的双重失败（他说“生病绝对不合适”），他寻找多种方法想要找回他的自律。他不用到远处去寻找。“他已经决定要离开文森特，”安德里斯·邦格在新年前夕告诉他父母说，“一起生活已经不再可能。”

提奥用另外三个月付诸行动。“曾几何时我热爱文森特，他是我最好的朋友，”他3月写信给妹妹惠尔说，“但这一切都已经过去。我希望他能离开，独立生活，我会尽我所能实现这一点。”即使在此时，他也拒绝了惠尔要他与文森特一刀两断的建议。“要是我告诉他，他必须离开，”提奥绝望地说，“那只会给他一个理由留下来。”提奥或许会选择暂时搬出公寓，而不是去面对他哥哥。不过，信息还是传出去了。4月，文森特向荷兰驻巴黎领事馆提出申请，允许他能够回到安特卫普。只有当那条不可见的纽带紧张到即将崩裂的时候，文森特才意识到要修补它了。

与过去一样，文森特将热情转向了艺术。提奥总是怂恿他哥哥画风景，他对风景画的安抚效果以及大自然之美的商业价值深信不疑。但自他反对文森特画德伦特的荒野景观，认为它们太像孩提时代最喜爱的乔治·迈克尔的画以来，他的提议就一直得不到文森特的回应。在文森特对米勒的过分崇拜，以及对《吃土豆的人》的狂热中，提奥的观点开始变得越来越像是某种阻碍——只是为了打压文森特对人物画的激情。当提奥催促文森特转向布拉班特，怂恿他画风景而不是去巴黎满足他对裸体模特的需求时，这种印象在安特卫普就得到了确认。作为回应，文森特干脆放弃了户外画法（“巴黎佬对户外习作根本不关心。”他坚持说），并且宣布在户外作画对他的健康不利。

从那时开始的一年时间里，他几乎没有走出过勒皮克公寓附近。他记录下他的邻居，以及从窗户里看到的风景（就像他在每一个新家所做的那样），但是很少走访公园。在一个迷恋夏日热浪，从中释放自我的城市里，他却整个夏天都窝在画室里，一幅接一幅地画那些枯萎的花卉。

不过到 1887 年，这一切都变了。在树木开始抽条前，文森特已经拖着他的画箱和工具，翻过小山丘，越过包围着老城区的东倒西歪的棚屋，穿过围着新城区而建的工厂和红灯区。最后，他到达了三英里以外的塞纳河河岸——距离修拉使其不朽的夏季游乐场大碗岛不远。

接下来的好几个月里，他在这条路上的不同位置，一再调动手中的颜料和画笔，还有目光，全力争取弟弟的认同。在放弃了数年以来刺耳的争辩和毫不妥协的画法后，他开始拥抱提奥一直以来徒劳地向他宣传的艺术：印象派。即使以文森特的喜怒无常来衡量，这也是一种突然和戏剧性的逆转。他在市区的大道和郊外的大路上架设画架，让画架紧挨着工厂里的庞然大物和郊区的风景（这些主题都是新艺术最喜欢，也是他一直忽略的），以明亮的色彩和饱和的光线将它们画下来（这些曾经是勒皮克公寓里大量争论的焦点）。

特别是在春天早早来到的遥远的塞纳河畔，他放弃了自己长期以来的固执。他画了一张又一张反映资产阶级悠闲生活的画，用的都是印象派的强烈笔触：周日在波光粼粼的河上划船的人、在浅水区玩耍的腼腆的涉水者、在河岸的草地上散步的头戴草帽的人、在河边斑驳的光线下休息的船工。他描绘海妖餐厅之类的游客地标，海妖餐厅是大碗岛下游的河边小镇阿尼埃尔的一个维多利亚时期的娱乐宫。盛夏季节，海妖餐厅长长的游廊上挤满了赛舟会的观众，以及暂时逃离令人窒息的城市的远足者。他画那些停泊在河边的巨大驳船和陈设着亚麻桌布、水晶盆和鲜花的时髦的河边餐厅——与纽南的茅屋相去甚远的场景。每一幅都用柔和的色调与明亮而无阴影的光线画出。仅仅在数月前，他还用语言和画作激烈咒骂过这种画法。

整个春天和初夏，他一次又一次来到阿尼埃尔附近的同一个地区。这些出行还有一个好处（即使不是有意的），那就是离开公寓。安德里斯回忆道，提奥“一直盼望着文森特会去乡下的日子，那时他就会安静下来”。文森特从长期的抗拒中解脱出来，绝望地想要赢得弟弟的好感。他尝试着印象派的各种技巧，每一种都是他仔细研究过的，即使是在他抗拒它们的时候。

其实在前一年冬天的静物画，以及苏格兰人里德之类的肖像画里，他早就已经开始用印象派笔法了。由于米勒和布兰克对颜料的运用相对来说不那么在意，他的画笔可以自由地探索新艺术的肌理效果，即使他继续攻击那种懦弱的调色法。早在安特卫普期间，《吃土豆的人》浓重而特征不清的画法，就已经让位于肖像画中的清晰轮廓了。这种画法又让位于前一年夏天所画的那些花卉的渐变层次。早在 1887 年 1 月，他就已经尝试运用稀薄的颜料，以及莫奈和德加之类的印象派画家更为开放的构图。到了春天，他彻底放弃了过去浓重的厚涂法和紧凑的表面构图法，开始采用全然书法式的笔触，这种新笔触就像色彩或光线那样成为了新艺术的特征。

这年春夏的油画充满了时髦的、迅捷的短线和点子。他尝试了各种大小和形状：从砖块似的矩形到逗号般的点子，再到状如苍蝇的小色点。他以各种方式来安排它们：干净的平行线、交叉的编织线，以及精心变化的图案。有时候它们是风景的轮廓；有时候它们呈放射状向外扩展；有时候它们以相同的方向横扫画布，仿佛遭到一阵莫名的狂风吹拂。他用紧凑、重叠的厚点子，用复杂的色彩，用一束束松散的、格子状的颜料（以至于露出底色或画布），分别来处理它们。他的点子积聚成块、成丛，规则地填满了大块区域，或是像疯狂的蜂群那样密密麻麻地撒满画布。

在文森特追赶着失去的时间时，他能够在其他艺术家们争论不休的观念之间来回跳跃：同一幅作品中经常出现分色派的点子与印象派的笔触。他避开了或者忽略了修拉的视觉要求，在调色板上将不同的色彩混合在一起，就像他一贯做的那样，而不是使它们保持“纯粹”，让观众的眼睛去混合它们。他的点彩技术可以在一幅画中出现，在另一幅画中消失，在一幅画中突出，在另一幅画中淡出，甚至在同一幅油画中也是如此，取决于他对这种艰难画法的耐心有多少。

在天气太冷或潮湿的日子里，他无法去阿尼埃尔，于是就在画室里将这些新自由运用于一种古老而又捉摸不定的主题：他的自画像。他只敢在便宜的卡纸板或者只比扑克牌略大的小幅纸张上冒险，用色彩和画笔的各种组合方式画他自己穿戴整齐的镜中之像：从单色的涂抹到精致的粉红与天蓝的小像，从粗犷的速写到以各种图式、密度和稀释的笔法所绘的马赛克式的肖像。最后，他才投身于一幅真正的油画的创作，在一种细小的笔触中捕捉熟悉的形象。笔触是如此轻盈，颜料几乎像水彩那样空灵，速度又是如此迅捷，以至于蓝色背景中的最后几笔竟像火花那样在震颤着的形象中闪烁。

在所有这些实验中，文森特获得了一种事先无法预料的效果。多年来他那版画家一般的眼睛，已经在无意中使他能够画出那种足以成为新艺术的画作。长期以来他早就掌握了将坚实的形象与虚空交织在一起的画法：通过影线和点彩来捕捉事物的轮廓和肌理，通过点画的密度和方向来控制形式。为了用新风格来带动自己的手，他只需调动这些旧技法，来为他对色彩的新理解服务——用布兰克的同时对比及其相邻色调的矩阵，来替代他以前钟爱的黑白对比。

通过将这两种画法从源头上联系起来，文森特终于在这一年春夏那些急促的画作中从写实主义顽劣的线性画法中解放了出来，他的油画开始拥有他最好的素描所拥有的那种自发性和强度。

好像为了庆贺这一联合的胜利，他开始创作一张巨型画（3 英尺 ×4 英尺，与《吃土豆的人》一样大），用油画笔勾勒出大部：他去阿尼埃尔的路上每天都要经过的蒙马特高地的山顶风光。文森特像观察施恩韦格木匠的院子，或是纽南修剪过的桦树一样，仔细观察这片风景：种植着多种作物的蔬菜园子使得白色的山路变得生气勃勃。色彩到处点缀着这片景色：绿色的灌木篱笆、红色的屋顶、因暴露在阳光下而成为薰衣草色的木板、粉色的棚子、蓝色的木桩、收获季的小块土地上明黄的麦茬——在文森特不知疲倦的笔下化为成千上万个独特的点子，从玫瑰花瓣那生动的彩点，到远处篱笆细微的影线，再到朦胧的蓝天那宽阔的笔触。一条灰白的小路在夏日的阳光下闪烁，从画面底部经过，接着戏剧性地转向小山丘那遥远的山顶；那里，一座没有翼板的风车孤零零地矗立在地平线上，只剩下紫色的骨架。

对文森特来说，关于这幅画的一切都只是对过去的否定：人物与阴影消失了，只剩下极其明亮而又清晰的色彩，笔触毅然决然，颜料是如此稀薄，以至于像色粉画那样静静地流淌于画布，在笔触之间可以看到白色的底子，就像白垩色的画底那样无处不在，令人目眩。如果说《吃土豆的人》是对黑暗的沉思，那么《蒙马特高地》则是对明亮的幻想。

在对新艺术的探索中（一种自学过程，将持续了十年的艺术创新投入到疯狂的几个月内），文森特还从其他出人意料的资源中获得了助益。保罗·西涅克只有 23 岁，比文森特年轻十岁，甚至比提奥还年轻。但是，他对绘画中的大量惯用法早已了如指掌，正是这一点使得巴黎的年轻艺术家们能够围在他身边。才十来岁时，他就认为马奈是个英雄，在高中时就看惯了印象派的光线（而文森特那时还在博里纳日的煤矿干活），到 20 岁时已经为黑猫咖啡馆的杂志撰稿。作为一个不知疲倦的读者，他不仅通晓文森特热爱的自然主义文学，而且也熟谙大量哲学和艺术理论著作。不仅如此，他还能自如地谈论这些话题，这使得他能为任何他关注的知识分子或艺术家的圈子所接纳。作为不设评委会的独立艺术家沙龙——一个被官方忽略的所有艺术家（不仅是印象派艺术家）的避难所——的创建者，西涅克狂热地建起了一张巨大的朋友网。

西涅克与文森特居住在只有数个街区之隔的两间公寓里达一年之久，但从未谋面。文森特当然听说过西涅克：前一年夏天，他在独立艺术家沙龙里看到过他的画；也许在 1887 年 4 月的展览上，他也见过西涅克的画，因为这届展览差不多展出了西涅克的一打作品。尽管如此，他们的邂逅却出人意料，是在文森特去阿尼埃尔作画的路上。西涅克是一个富商的儿子，除了在蒙马特高地拥有一间公寓和一个画室外，还在阿尼埃尔的家里拥有一个画室。春天的到来诱使他来到河边，正如那些巴黎人一样。于是，这两个都在狭长的河边作画的画家，就这样相遇了。

尽管有社交天赋，西涅克却并没有以明显的热情与文森特联系。据他本人所说，他在那年春天剩下来的日子里，只看见过文森特“几次”：有个早晨他们在户外作画，也许还在当地的一家小酒馆吃午餐，至少有一次在回城的路上长时间交谈。在他简略的回忆中，文森特是一个滑稽，但并不受欢迎的远足伙伴。“他叫喊，做姿势，挥舞着他那些还湿漉漉的画布，”西涅克回忆说，“用颜料让自己，也让路人感到窒息。”一旦回到城市，他俩就各奔东西。西涅克从未把文森特介绍给他那广大的朋友圈，也没有邀请他去过每周一晚上他在住所举办的聚会，尽管这个住所距离勒皮克路的公寓仅数步之遥。

当然，文森特也不需要年轻的西涅克向他介绍“新”印象派。也许是在 1886 年的两次展览上，从《大碗岛上的星期天下午》开始，文森特早就见识过新印象派了。和许多年轻艺术家一样，文森特在科尔蒙班上的同学安克坦与劳特累克那年夏天早已拜倒在修拉的点彩派魅力之下。他们的作品，以及西涅克和其他追随者们的作品，在接下来的整个冬天和春天，到处可见。即使是那些拒斥新风格的人，例如约翰·彼得·拉塞尔，也一直在议论不休。

因此，在塞纳河边遇到这个骄傲的年轻画家时，文森特早就见识过新艺术，听说过有关它们的观点了。但是西涅克是个有魔力的发言人，一个熟练的阐释者，而文森特却是个缺乏伙伴的人，对他来说，一个示范、一句鼓励的话，或者一个真诚的恭维，都会产生神奇的效果。他们的互动，不管如何简单或尴尬，都大大激发了他的想象力，而这是任何一个展览都不可能做到的。文森特在画作中表达了他的感激之情。无论是在西涅克的陪伴下，还是单纯为了讨好他，他一直在新印象派最喜爱的塞纳河岸的风景点上作画，包括大碗岛。他急切地模仿那浓密的“点彩”，遵守严格的色彩规则，采用他年轻的导师那种放射性的光线。最后，他的一幅自画像反映了他们的联系：这幅画几乎与西涅克的一模一样——全是克制的点子和色彩的并置。

然而，到5月底，当偶然遇见的伙伴一离开巴黎，文森特的画笔就放弃了点彩派的约束，回到驱使他离开城市和来到乡下的首要目标。在一系列画有阴影的林中空地和乡下道路的特写中，他放弃了西涅克的规则、莫奈的主题，甚至是布兰克的补色，回到了他所熟悉的最早的风景画中——总是令他弟弟开心的对大自然的惬意描摹：爬满常青藤的树底下那茂密的灌木丛，透过密密麻麻的小树苗间隙看到的阳光明媚的空地，还有风吹麦浪、吓飞松鸡的那一刻的夏日麦田。

在文森特画过系着真丝领结和戴着精致便帽的自画像，在他热情洋溢地报道了与年轻绅士西涅克的有益关系之后，对大自然抚慰力量的确认，恰恰是梵高家最希望看到的，胜过他长达数月想要取悦弟弟的努力。

然而，好事还不止于此。提奥当然认识到哥哥艺术上的变化，也欢迎他在长期的忽略后终于向印象派张开了怀抱。“文森特的画开始变得明亮起来，”他在5月写给妹妹利兹的信里说，“他想要在绘画中投入更多的阳光。”而那些大自然的画作则像牧师公馆的花园一样有魔力，“大自然无与伦比的伟大”，使提奥欣喜若狂。因为文森特长时间离开公寓，加上得到一个新医生的帮助，提奥的身体已经康复，至少是暂时康复。不知道是文森特艺术中的变化，还是精神的改善，抑或仅仅是春天的来临（“人，就像大自然，当阳光普照时，坚冰就会融化。”他写道），提奥主动与哥哥和解。“我们已和好如初，”4月他向妹妹惠尔写信说，“我希望会持久……我已经请求他留下来。”

不过，最严重的是文森特未能获得缓刑判决。一个冬天的考验只是坚定了提奥想要结婚的决心。不吉利的疾病以及与文森特争吵的几个月，已经使他本来的忧郁性格转化为一种深刻的恐惧：担心他未来的生活里没有“惺惺相惜的灵魂互动”。在写给妹妹们的信里，他倾诉着孤独与绝望。他抱怨“艰难的日子”，这“意味着清清楚楚地知道有一个人需要帮助”；他抱怨他“感到极其孤独”，面对强烈的挑战却“找不到出路”。他忠告她们，也忠告他自己，“找到心灵所渴望的东西，只有这样才能感觉到有温暖包围着你”。他警告她们，也警告他自己，“完美的幸福在世间并不存在”。对他来说，答案简单得很：“我想与乔·邦格牵手。”从前一年夏天到现在，他没有见过她——也没有给她写过信，但是他想象道：“她对我来说是如此重要，我能以一种极其独特的方式信任她，任何其他人都不是这样。”

5月，提奥在他30岁生日过后，宣布了他的想法。他想要“尽快”前往阿姆斯特丹，请求乔·邦格嫁给他。

尽管早在预料之中，但这一消息还是让文森特陷入了绝望。尽管他的调色板和画笔还在捕捉巴黎夏天阳光明媚的景色，可他的内心却早已沉浸在黑暗与压抑之中。他谈到过自杀，忍受着噩梦的袭击。在两幅掘墓者约里克的骷髅的油画习作中，他反反复复地考虑过死亡问题。与在纽南的时候一样（那时他不带上一瓶白兰地就不会走出画室），他在醉酒中寻找安慰。来回阿尼埃尔的路上到处都是咖啡店和小酒馆，通常他会在那里结束漫长而炎热的一天，就像许多巴黎人一样，在清爽的苦艾酒中进入甜蜜的忘忧之乡。

与提奥一样，他也只有妹妹们可以诉苦。在一封极其苦涩而又愤世嫉俗的信里（这封信一定吓着了天真无邪的25岁的惠尔），他哀悼自己“青春不再”，并诅咒一直折磨着他的“忧郁与悲观主义”的“疾病”。他以否定一切艺术灵感的决绝之心，对她寄给他评论的几首诗作出了回应。他警告说，在这条路上，没有任何“神圣或善良的”东西，只有徒劳和幻灭。恰好在这个时候，有书信从纽南寄达，通知他他留在克基拉岛画室里的一切，包括习作、素描，甚至是他十分珍爱的画册，都将被拍卖，以偿还他早已抛在脑后的债务。

文森特深深地沉浸在自己的不幸与悲惨中。他认为自己是一个在任何地方都被忽视的艺术家，命中注定要遭受“石磨中的谷物”般的命运——一颗从土地上被挖走的、再也无法发芽或成熟的种子，或是一朵“任人踩踏、冻死或烧焦”的鲜花。他念念不忘自己的罪过，援引左拉的堕落理论和决定论来使自己免受不可明言的耻辱的折磨。“邪恶就存在于我们的天性中，”他抗议说，“但并不是我们自己创造的……善与恶乃是化学反应的结果，就像蜜糖和胆汁一样。”但是，总的来说，他无法隐藏恐惧的真正根源。“假如我没有了提奥，”他写道，“那我就不可能通过我的工作来实现我应该实现的东西。”

如果说夏天明媚的风景掩盖了他的绝望，那么一幅自画像则揭开了真相。他用油画创作了另一个系列的自画像，都是大尺寸的，而且全都画在油画布上——仿佛那年春天那些小型的纸上作品已不足以表达他的罪过或悲戚。他不再穿戴丝缎，镜中呈现出一个艺术家身着皱巴巴的工作服，头发剪短了，脸颊凹陷，目光呆滞无神。尽管蒙马特高地的画室光线充足，他却站在牢房般幽暗、朦胧的背景里。安特卫普那个目光空洞的逃犯的形象又重返画布之上。在一封给惠尔的信里，才 34 岁的文森特写道，他“迅速变成了一个小老头——你知道，满脸皱纹，胡子拉碴，满嘴假牙，如此等等”。对提奥，他更是直截了当地说:“我早已觉得苍老，内心支离破碎。”

文森特以前也处理过影响手足之情的女人的威胁。在德伦特时，他建议提奥的情人玛丽加入他们荒野小村舍的画家兄弟的生活。“当然，她不需要画画，”他怂恿道，“人数越多越快活。”在安特卫普时，他对提奥想要结婚的念头作出了激烈的反应：“我希望我俩找同一个妻子。”1886 年夏天，当提奥带着如意算盘前往阿姆斯特丹时，文森特不仅提议提奥将情人 S“转移给他”，而且还打算娶她为妻——“真可谓以毒攻毒”。在文森特的估算中，只有在两种情况下，婚姻才是可以想象的，对提奥，对他本人都是如此：要么同一个女人嫁给他俩，要么他俩都结婚。任何其他因素都会影响他们完美的兄弟情义。

然而，文森特却不认识乔·邦格，这个提奥认为“我无法不想她，她总是跟我在一起”的女人。乔对文森特来说还是一个陌生人，他对她来说也同样。事实上，正如文森特已经知道或是猜测到的那样，提奥还没有把他那个麻烦不断的哥哥的任何情况告诉他的恋人——暗示了他感觉到的某种羞耻，也预示着即将到来的排斥。

如果他们不能同时娶乔·邦格为妻，那么文森特就不得不找到自己的妻子。事实上，尝试失败的幽灵不断回荡在那年夏天他写的书信里。“我继续寻找最不可能，也相当不合适的恋爱，”他写信给惠尔说，“我感到羞耻和有失尊严。”某个这样的“不合适”的恋人可能是一个他在阿尼埃尔遇见的年长女人。他称她是“女伯爵”，不断地用自己的画作来向她示好。

“我情不自禁地会想到她。”他后来承认，即使当他怀疑他们之间的关系是否仅仅是幻觉的时候。他试图将他类似的幻觉，解释成艺术家不可避免的命运。“在这幅该死的画中，我诅咒这一切，”他写道，“对于艺术的爱会毁灭人间情爱。”因此，与往常一样，他用图画来补偿生活的欠缺。他将画架搁在情人们的小路上，描绘幸福的情人携手漫步，或是在长椅上拥抱的情形，就好像描绘它们就能让它们变得真实似的。

但是，一旦提奥去阿姆斯特丹的行期临近，一种紧迫感就开始纠缠着他。他想起了以往的幻想，询问起玛戈特·贝格曼是否已经结婚，还恬不知耻地问他妹妹："西恩·德·格鲁特嫁了她表兄没有？"他在荒野里初尝的家庭温暖，又在眼下的后悔之中浮现在他的脑海里。他宣布那个时代的象征《吃土豆的人》“是我画过的最好的画”。他生活在不得不等待太久的恐惧之中：爱情注定是他一连串失败中最后的也是最大的一个失败。“在逝去的岁月里，”他悲愤地说，“当我应该恋爱的时候，我却将自己奉献给了宗教和社会活动，觉得艺术比我现在所认为的要神圣。”在绝望地回顾了前半生后，他怀疑“恋爱中的人是否比那些将心灵奉献给某个观念的人更神圣”。

只有绝望才能解释文森特向安戈斯蒂娜·塞加托丽的热情求爱。

那年冬天，他们继续来往。文森特为她画了一张肖像画，她盛装打扮，坐在她那知名的铃鼓咖啡馆的桌前。他仍然光顾铃鼓咖啡馆，偶尔带来老颜料商唐吉，令唐吉那泼妇般的妻子大为愤怒。当文森特需要钱时——可能是想赎回他在纽南珍贵的画册，塞加托丽让他在她的咖啡馆墙上挂出一些他新近收藏的版画，与他自己的油画一同展出，以期迅速换得现金。他俩的关系看起来亲热得很——毕竟她是个能干的女主人，但很少真正的亲密。

与此同时，她的处境与他的一样，变得越来越复杂，越来越不能维持。开张后，铃鼓咖啡馆陷入一系列不光彩的事件中。咖啡馆经理——他与安戈斯蒂娜的关系仍然不清不楚——吸引了一帮邪恶的暴徒和皮条客。咖啡馆的气氛从一种时髦的越轨，变成了真正的险恶。在一个广泛仇视意大利移民的时代，别有用心的流言开始围绕“拉·塞加托丽”的色情咖啡馆播散。每一桩耸人听闻的谋杀，似乎都跟意大利的恶棍们脱不了干系，人们曾亲眼看见他们围着一张桌子密谋杀人。打架和警察突击检查成了常态。流言说铃鼓咖啡馆的一个常客是安戈斯蒂娜的前一任情人，此人被判谋杀且被处决。受惊的客人们纷纷撤离，导致咖啡馆濒临倒闭。

但是，文森特却不在乎。他需要一个女人。在他相当有限的社交圈里，塞加托丽怡人的感性，以及那不勒斯人的热情，无疑最能够激发他感性和热情的一面。即使他曾听到那些流言，他要么充耳不闻，要么将那个不幸的美人塑造成她周围那些恶棍的牺牲品（“她既不是一个自由人，也不是她自己屋子里的女主人。”他向提奥解释说）。他以一贯冒失的狂热，用他屡试不爽的手段向那位上了年纪的美人求爱：艺术。他像前一年那样，开始再次画花卉，用那年春天在阿尼埃尔反复运用的纯色点子精心绘制，让花束充满了大幅画面，色彩比先前更明亮，用色也比先前更大胆。求爱的画一幅接着一幅，包括放在铃鼓咖啡馆桌子上的一篮紫罗兰，花语是得到回报的爱情。这应该是明白无误的诱惑姿态。

在提奥 7 月开始求婚旅行后，拒绝更让文森特不能接受。即使当塞加托丽拒绝接受求爱花束紫罗兰时，文森特还是坚持不懈。“她并没有践踏我的心。”在给弟弟的一封信里他这样乐观地说。当他听说她已经爱上另一个男人时，他开始诅咒那些喜爱搬弄是非的人。“我对她足够了解，也足以信任她。”他这样坚持己见地说。当她对他说“滚开”时，他设想她只是为了保护他不受她身边那些恶棍们的伤害。“要是她站在我这边，别人一定会对她不利。”他解释说。

不管遭到怎样的驱逐，不管将遇到怎样的危险，也不管有个咖啡馆服务员怎样上门警告过他，文森特还是回到了铃鼓咖啡馆——毫无疑问，就像他一贯认为的那样，他仍然能够说服她爱他。接下来发生了什么事，谁都不知道。他人的叙述十分不同，而文森特自己的版本则毫不可信。但有一事是可以确定的：打架是不可避免的了。咖啡馆经理，或是他的一名走狗，试图将文森特扔出去，而他却死赖着。于是他们大打出手。攻击者也许朝文森特脸上砸啤酒瓶，划破了他的脸颊，也许还将他的一幅花卉画扔到他头上。不管怎么说，文森特离开了现场，脸上淌着血，羞愤难当，绝望透顶。

文森特回到公寓，一面安抚自己的伤痛，一面焦急地等待阿姆斯特丹的消息。他拿起纸笔，挣扎着想要说明降临到他头上的最新灾难。他把整件事描述成“一桩生意黄了”。他回到铃鼓咖啡馆，只是为了要回那些油画和版画，他关心它们在一场破产拍卖中的命运，并提出了抗议。是经理“先开骂”，而不是他。“你可以肯定一件事，”他安慰提奥说，“我再也不会给铃鼓咖啡馆作画了。”至于塞加托丽本人，他则大度地撇清了她在这场灾难中的责任。跟西恩·霍尼克一样，他把她塑造成另一个无辜的圣母玛利亚，与其说该受责备，还不如说值得怜悯。“她非常痛苦，心情不好，”他解释说，“我不再怨恨她。”像对待西恩一样，只有免除她的责任才能使他的幻觉保持下去。“我依然爱着她，”他坚持说，“我希望她也还有些爱着我。”几个月之后，他想象着她还会感激他。

当他不再沉浸在与塞加托丽和好的错觉之中时，他开始构想自己在弟弟新的婚姻生活中的位置。提奥或许“会像许多艺术商人”那样购买一幢乡间别墅，他建议说，他可以用自己的画作装饰它，他们三人——提奥、乔和文森特——能够生活在一起，“看起来很富裕”，且“享受人生”。除此之外，他只能设想另一种可能。他很有针对性地将这一点与提奥分享：“弄死自己。”

他也在绘画中反复思考同样的黑暗想法，为安戈斯蒂娜所画的鲜花作品至此为止。他选择了一种在晚夏季节开放的花卉，画了一张三联画。它们一起叙述了——在文森特那喜欢隐喻的头脑里，他显然是有意想要表现的——那个灾难性的夏天。它们第一次成为他的主题：向日葵。他曾以一种沉思而反省的目光，在空空如也的鸟巢里看到遗弃，从破破烂烂的靴子中看出徒劳无功的旅途，如今他以同样的眼光打量这些盛开的花朵。

在第一幅画中，他从花茎上剪下两朵早已枯萎的花，将它们搁在桌上。他将它们放在桌子前边，这样就可以从正面观察它们，然后将它们放大到整个画面中，他那种痴迷的笔触就可以探索其渐渐死去的每一个细节：无用的种子、渐萎的花瓣边缘，还有垂死的叶子。他将它们画成浅黄、淡绿以及密密麻麻的红点，以一种孤僻的特写对完美之物的消失作出了总结。在第二幅画里，他将其中的一朵花重新赋予了生命。它那旋涡般的中心鲜艳夺目，丰饶美丽。那新鲜的黄色花瓣的边缘绿油油的，在深蓝色的背景上艳丽地弯曲、旋转。不过这一次，他郑重其事地将第二朵花折叠在第一朵花的背后：面对另一方向，在其娇艳同伴的衬托下显得暗淡无光。

最后，他绘制了最大的一幅（2 英尺 ×3.5 英尺），四朵巨大的向日葵呈放射状呈现在画面上。三朵像阳光那样开放，每一朵都有翻滚着的黄色花瓣构成的光环，每一朵都有丰富而耀眼的种子，每一朵都有自己长长的、绿色的茎干——刚刚割下，但依然生气勃勃。只有第四朵转向反面，隐藏着脸，显示出它那短短的、切割不齐的花茎，预示着它那短暂而凄凉的结局。

文森特孤独，害怕，心力交瘁，无法工作，焦急地等待弟弟归来。他只得眼睁睁地看着他在铃鼓咖啡馆的油画和版画在拍卖会上流标，被当作垃圾——“可笑地堆在一起”。除了在债权人的橱窗里，这些画是他的第一个“展览”。后来，有个同时代的艺术家称之为——一个笑话的胜利。

然而，这一切已经不再有任何意义了。唯一有意义的就是提奥从阿姆斯特丹带回的消息。

第二十九章　收放自如

乔对提奥说了“不”。比这更糟的是：她还羞辱了他。她对这个几乎一无所知的男人的鲁莽感到好笑。她在自己的日记里记录了以下场景：

> 下午两点，门铃响了：提奥·梵高从巴黎来到。我对他的到来感到高兴，我以为可以跟他谈谈文学和艺术，因此热情地欢迎他——谁知他突然开始宣布他爱我。如果这发生在小说里，也是不可信的——而这居然发生在现实里。只邂逅过三次，他就想要终生与我一起生活，还想要让他的幸福指望于我。多么令人不解啊……当我想到他时，我的心都感到麻木！

提奥因她的拒绝开始与她争辩——就像文森特向凯·沃斯求爱遭拒时唠叨个不休一样，他许诺将给她“一种丰富多彩的生活，充满了思想上的乐趣，还有一个朋友圈，为着一个良善的目的而生活，都想为这个世界做点什么”。可是乔坚决地予以拒绝。“我不了解你。”她抗议道，不仅拒斥他那荒唐的求婚，而且拒斥他那可悲的、单方面的爱情。“我感到遗憾至极，我不得不给他造成这样的悲伤，”她总结说，“他回到巴黎时，会有多沮丧啊。”

乔毫不含糊的拒绝令提奥失魂落魄地回到勒皮克路的公寓里，文森特像欢迎一个回头的浪子那样迎接他。文森特唾弃他自己——既唾弃他自己的爱情，也唾弃他自己的艺术，他在弟弟的不幸中看到了像龚古尔兄弟那样“一起工作，一起思想”的机会。提奥总是渴望着和解，因乔的拒绝而消沉之后，他立刻就落入了一直等待着他的怀抱。

仅仅在几个月前，他还决定要阻止文森特再度出现在公寓里。不过即使是那时，他也向妹妹透露说，他还坚持他在通往赖斯韦克的路上时的想法。“很可惜，”他写到他那难以相处的哥哥时说，“如果我们一起工作，对我俩来说也许都会更好些。”现在，文森特一贯的“联手”建议所提供的，不单单是他破碎的心灵所需要的安慰，更是对责任的召唤。当安娜·梵高听到有关乔的消息时，她援引已故的丈夫最喜爱的形象——坚持不懈的播种者——来让提奥不要灰心丧气。“要相信在悲哀过后，好事就会接踵而至，”她写道，“因为悲哀产生的结果，最终会让我们充满感激。”

吕西安·毕沙罗，《文森特·梵高与提奥·梵高》，1887年，
纸上蜡笔，$8^3/_4$英寸×$6^7/_8$英寸。

在这种心境下，提奥重返巴黎，再次寄望于手足之情。他既用一种放弃的口气，也用一种毅然决然的口气，描绘了摆在他面前的任务：

> 我觉得在明白我们是什么样的人以后，更为重要的事情就是手携着手，坚信我们在一起时比独自一人更强大；通过一起生活，希望和争取达到这样的人生境界：我们能发现彼此的缺点，相互宽恕，最终在对方身上培养出善良和高贵的品质。

回到洋溢着手足之情的安乐窝后，提奥解除了以往的各种限制。在此前长达一年多的时间里，他们在一起的社交生活主要是在家里或是在附近的餐馆用餐，偶尔有个荷兰朋友加入。而如今，他与文森特一起开始频繁出入音乐厅、咖啡馆和餐厅。他们第一次听到了理查·瓦格纳的音乐（在巴黎，这种新式的音乐还处于争议中），在黑猫咖啡馆观看了著名的“影戏”，一种由木偶、光线、音乐和特效所构成的、电影发明之前的娱乐表演。

在家里，提奥也开始允许文森特进入他的生活区域，而长期以来这个区域是禁止他哥哥进入的。显然，正是在这个时候，兄弟俩终于彻底向对方敞开了各自的健康秘密。不久以后，他们就共同找医生治疗长期以来折磨着他们的梅毒。他们一起忍受着专门治疗“神经不适”（各种难言之隐的委婉用语）的年轻医生路易·里维的最新“科学”疗法，还有因众多名流主顾而闻名的养生大师大卫·格鲁比的照料。

提奥还将哥哥卷入他对乔·邦格之爱的痴迷和痛苦之中。提奥刚回到巴黎不久，显然是在文森特的鼓励下，给乔写了一封恳切且充满争辩口吻的信，干脆当她从来没有说过“不”字。（“我写信给你，是希望你抓紧作出决定，不管这决定会是什么。”）提奥用一种文森特独有的、面对所有失恋时的那种傲慢而自卫的语气，指责乔天真无知，还对她那种青春期的恋爱观表示了不屑，说这样的恋爱将“只是一场梦……是注定要惊醒的”。而真正的爱情，他宣称，只能通过信念和宽恕来获得。她应该学会爱他，他坚持说。（与文森特大量求全责备的信一样，这封信使得他与乔之间的通信宣告结束。）

重新获得的兄弟之义甚至扩展到了提奥的工作中。直到最近之前，他们之间的妥协始终处于蒙马特大道古庇尔分公司的大门之外——文森特十年前在此惨遭解雇。即使提奥没有直截了当地禁止他哥哥出现在那里，文森特也会认为那里不欢迎他。没有证据表明在他长达两年的巴黎岁月中，他曾经驻足于提奥的工作场所。仅仅提到古庇尔这个名字，就会激起有关提奥的死心踏地以及“真正自我”的争论，激烈的程度不亚于来自德伦特的书信。文森特从白天说到夜里，恫吓提奥说整个艺术市场已经堕落，而古庇尔尤其不堪。提奥在 1886 年想要成为独立经纪人并选择了安德里斯·邦格做合伙人，此举虽然伤害了文森特，但丝毫也不令他惊讶。提奥从来没有停止过对文森特异乎寻常的艺术和艺术知识的钦佩，但是，一个古庇尔经纪人的生活中充满了细致曲折的谈判艺术和外交妥协，这对他那个脆弱而又脾气火爆的哥哥来说，是不可能合适的。

但现在一切都变了。

事实上，当提奥从阿姆斯特丹铩羽而归时，古庇尔就不再是古庇尔了。公司已经正式改名易姓。1884 年，随着著名创始人阿道夫·古庇尔的退休，画廊被重新命名。当文森特来到巴黎时，提奥所在的画廊的门牌是“波索、瓦拉东及西公司”，以古庇尔的合伙人利昂·波索，以及波索的女婿，画廊经理勒南·瓦拉东的名字命名。然而，此后数十年，人们仍习惯于把它叫作“古庇尔”。

不过，改动的不仅仅是名称而已。新一代的管理层开始主事。除了 38 岁的瓦拉东，波索还将 29 岁的儿子埃蒂纳和 27 岁的儿子让，都弄进了公司。他们共同将古庇尔的古老生意带进了一个新时代。他们终止了与布格罗之类的沙龙艺术家的长期业务关系（他那些迷人的女人一直是真正的抢手货），减少了大量学院派艺术家的份额（他们的学院派风俗画和历史题材画曾是公司的主打产品）。他们调整了绘画与摄影部门，以便利用新技术和新媒介，特别是杂志。1887 年 5 月，他们举办了一个规模巨大的拍卖会，为新事业筹集资金，并借机销售存货。

最后，他们决定进入新艺术的市场。在德鲁奥酒店那次灾难性的拍卖会过去十年后，印象派的成功使他们相信，即使是古庇尔这样的公司，也被迫接受了观众不断改变的趣味。1887 年，他们与利昂·莱米特签订了一份合同，这位 43 岁的艺术家的名气刚刚开始与日俱增。莱米特色彩斑斓的油画和色粉画，将巴比松画派的乡村景色（一种长销产品）与印象派的光线和笔法完美无瑕地结合起来。（事实上，莱米特曾被邀参加印象派画展，但从未参与。）提奥也批准了一个计划，要直接经营某些最早的印象派画家的作品，特别是莫奈和德加之类的艺术家的作品。他们的作品开始以令人印象深刻的价位出售，而这只能意味着还会涨价。

然而，他们的冒险还没有到此结束。他们从几十年的真正教训中学到了经营之道（人们可以从边缘艺术，甚至是有争议的艺术中赚钱），同意率先寻找并支持那些尚未成名的艺术家。古庇尔将冒着赔本和毁誉的风险物色下一代印象派画家，不管他们会是什么人。

最终，他们选定了人手来领导这项搜寻：提奥·梵高。

历史将证明提奥在古庇尔公司支持新艺术的创新之举中扮演了一个角色。但是，他在公司的地位被他去年夏天的突然离开所影响。公司的调整大大越出了他所在的马蒙特大道的画廊的范围，画廊的许多方面都完全受制于阿道夫建立在夏普塔尔大街上的石灰岩大厦总部。提奥当然支持这个计划，他甚至还为之游说过。多年以来，他一直追踪、敬佩新的艺术潮流（并以它向文森特施压）。他还数度涉足这一市场。事实当然也证明了他是对的。

不过公司的其他人等，包括他的新老板们，也分享了他的热情。最终，使提奥·梵高能够代表古庇尔公司经营新艺术的重大决定可能与建筑上的某种偶然性有关：只有蒙马特分公司开设了一个独立的展示区——一个空间不大、光线不佳的夹层，在那里，富有争议的新作可以与公司的那些不那么喜好新意的顾客隔离开来。

4月，也就是在古庇尔公司大规模抛销的前一个月，提奥以惊人的举措开始履行他在公司的新艺术计划中的责任，吸引了整个前卫艺术界的注意。在同一单生意中，他一口气购入了三幅莫奈的画，而且答应将公司夹层的大部分空间用来展出至少一打这位画家的近作——大多数是美丽岛布列塔尼海岸的风光。这单生意不仅对莫奈来说意味着其作品在市场上大获成功（到那年年底，提奥令人震惊地以差不多两万法郎，购下了14幅莫奈的画），而且是印象派从前卫艺术走向投资级别的过程中的里程碑。几乎与此同时，提奥以令人瞠目的4000法郎，买进了德加的一幅大尺寸油画。

接受了提奥的代理后，莫奈抛弃了保罗·杜兰-鲁埃，一个将莫奈从德鲁奥酒店惨败的拍卖中拯救出来的画商。这一背叛既使那些在蒙马特公司夹层中展出的作品成为了焦点，也印证了旧秩序的急剧变化。提奥在莫奈身上砸下巨资比全公司抛售存货，更为强烈地向艺术世界传达了这样一个信号：建立在古装小花样、战争场面、漂亮姑娘与如画农民之上的沙龙艺术的堡垒古庇尔——连同它的国际销售网、新闻网，以及忠诚的收藏者大军——已开始进入“现代”艺术市场。

在蒙马特画廊的石灰岩墙壁内，春夏所经历的波澜几乎没有影响提奥忙碌的日常工作。他仍然将大部分时间都花在画廊的主楼里，销售古庇尔公司的“常青树”如卡米尔·柯罗和查尔斯·多比尼等人的作品（这两人都是巴比松画派的风景画家），与维托里奥·科科（另一个专门画女人的画家）之类的时髦画家保持良好的关系（他的作品持续地成为画廊的主要收益来源）。在用公司的钱购进作品或代售一幅画之前，他继续仔细地评估收藏家们的兴趣，减少对无销路的艺术家的代理份额，不管他个人如何仰慕他们的作品。

在画廊的夹层上，春天的任命使得大量新艺术和艺术家走进了古庇尔的收藏室。在那里，提奥也遵循了同样的原则。他高度重视那些声名鹊起、早有市场（尽管不稳定）的艺术家，例如拉法埃利和莫奈。他似乎从不受到艺术家的咖啡馆和巴黎评论界的意识形态斗争的影响，他用他一直以来的商业标准来评估那些名气不大的画家的作品——这些标准长期以来一直令文森特感到不快：色彩漂亮吗？画得富有生气吗？主题招人喜欢吗？悦人眼目吗？一句话：它能卖出去吗？

然而，在画廊的墙壁之外，提奥生活中的一切都变了。古庇尔的新政策在尚未成名的年轻艺术家当中引起了一阵骚动，他们在拥挤不堪的巴黎艺术界寻求承认。他们当中的大多数人，不管是年轻的还是年长的，都来自中产阶级。无论他们的理论多么不同，言辞多么不一，他们都与文森特一样，在艺术追求中掺入了中产阶级对舒适和名声的同样的渴望。除了面向几个同党的同仁展览，他们展出画作的机会较少，而购买他们作品的顾客更少。和文森特一样，他们苦涩的书信塞满了家人和朋友们的信箱，咆哮着不公的贫穷和忽视。因此，古庇尔公司开放大门及金库的承诺，所提供的不仅是提高他们收入的可能性，而且是使他们获得合法性的允诺——使他们的作品有机会与德拉克洛瓦和米勒的作品挂在同一屋檐下。劳特累克的贵族家庭原本对儿子的艺术表现出来的“下层生活的自然主义”皱起了眉头，但是当他们听说他的作品将在“大艺术商古庇尔公司”展出时，立刻就流露出了骄傲的表情。

出于这些原因，提奥在当代艺术世界所拥有的权力，远远超出了1887年秋天以来他所能掌控的有限的资金份额和他所采取的谨慎的创新举措。各个阵营的艺术家想要在古庇尔夹层展出作品的请求，潮水般向他涌来。他们主动提出降价，或者，甚至以画作作为礼品，以换取在古庇尔公司不同寻常的夹层展出的机会。他们恳求他参观他们的画室，出席他们在咖啡馆、夜总会或是办公楼的大厅里安排的非公开展览。他们还送他大量的礼物，特别地拉拢他：喝酒宴饮、晚会邀请、介绍相识等等——总之，寻找任何对自己有利的机会。

与任何画商一样，提奥也总是从内部消息和艺术家的感激中获益。不过，作为古庇尔公司经营已故老大师和风头正健的当代艺术家的昂贵作品的年轻经纪人，他只收到了维托里奥·科科之类的杰出委托人的少量小礼物，以及讨价还价中有时流露出的好感。然而，当他进入尚未知名的新艺术这个令人不安的世界时，一切都变了。在这个世界里，画作经常以一顿大餐的价格销售，如果说这还算是一种销售的话。显然，在为古庇尔公司经营时，提奥没有做过个人生意。但要分得一清二楚是不可能的，艺术家们也知道这一点。没有什么可以阻止他使用画廊的夹层来为他喜爱的画家建立名声（然后予以投资），在投资之前就展出作品以吸引公众对某些艺术家的兴趣，或者在那个信任他的鉴别能力的收藏家群体中为某位艺术家美言几句。

为了摆脱大力宣扬的喧闹和新画作市场的混乱，提奥转向了一个眼力和忠诚都十分可靠的人：他哥哥。去年以来，他们之间关于现代艺术趣味的鸿沟，已渐渐弥合。从前年夏天蒙提切利的调色板，到今年春天印象派的光线与主题，文森特一步一步放弃了因《吃土豆的人》而怀有的戒备心理，回到了对于大自然的丰富多彩的欣赏中来，而这种眼光是由同样的画作训练出来的。兄弟俩总是分享对自然主义，尤其是风景画中的自然主义的钟爱，对过分精致的（“有强迫预谋的”）画作充满狐疑，对粗俗的画作则深感厌恶。

他俩都将新艺术看作老艺术的“重生”，而不是对老艺术的拒斥——一种渐进的演化，不是由某些人谋划出来的革命。他们从不间断地寻找吸引他们的新画作与他们长期推崇的老画作之间的连续性。从他们共同的老师泰斯提格那里，他们都学会了“从内心”观看新艺术——当然也用眼睛，他们从不人云亦云。“永远不要谴责艺术中的新运动，”泰斯提格警告他们说，“因为你今天谴责的，十年后可能会使你膜拜。”

提奥从来没有完全信任过哥哥的商业感觉——没有证据表明他购进或卖出一幅画，靠的完全是文森特的推荐。他进入新的生意领域时，他们之间发生过争论（显然是文森特引发的），其中既有实际的考量，也有艺术上的原因。提奥狂热地计划要不断追踪令人眼花缭乱的新艺术及艺术家们，他们没有得到常规画商们的代理，几乎每天都在城里的某个地方展出作品。文森特拥有的敏锐的目光、广博的知识，以及生动的描述能力，使提奥更多地出现在了艺术家们的面前。那些尚未成名、处于边缘地位的艺术家，会认为文森特不是外人，而是他们中的一分子。他可以理解他们的抱负并跟他们讲道理，也可以安慰他们说，提奥不同于其他画商，他能够理解他们的事业以及他们的困境。文森特还可以请求与他们互换作品，利用“这将引起提奥的注意力”这样一种隐含的许诺，来建立起兄弟俩自己的收藏。

文森特用自画像来记录他在提奥事业中的新地位，此前他也用同样的方式来记录兄弟俩在巴黎的关系中所遭遇的所有曲折。1887年秋，他画了两幅自画像，使用的都是提奥分配给他的角色：一幅画的是一个现代户外画家，戴着草帽，穿着工作服，声援未来的艺术，另一幅画的是一个雄心勃勃的经纪人，头戴深灰色礼帽，身着硬领衬衫，系着丝绸领结，穿着天鹅绒外套，一副衣冠楚楚、外出工作的模样。这一切看上去都在说明，经过一次令人心碎的失恋和创业的巧合，他们终于找到了文森特梦想已久的共同的事业，终于找到了提奥试图寻找却在别的地方受挫的头脑和心灵的完美契合："一种丰富多彩的生活，充满了思想上的乐趣，还有一个朋友圈，为着一个良善的目的而生活。"

在充满了竞争的氛围中，这样一个圈子迅速地在梵高兄弟俩周围形成。但是，就像巴黎艺术世界里的其他一切事物一样，这是一个不断变化、朝生暮死的团体——不是一个因共同感兴趣的"良善的"目的而团结在一起的松散团体，而是提奥闯入他所谓的艺术的"新流派"之后带来的商业前景。

某些艺术家，如卡米尔·毕沙罗，被吸引过来，只是因为增加收入的期望。作为印象派画展最早的元老之一，毕沙罗眼睁睁地看着他的同伴画家如马奈、德加，如今还有莫奈的身价飞涨，而他的幸运之日却没有出现。到 1887 年夏天，急需要钱的毕沙罗对他长期合作的画商杜兰－鲁埃深感失望，加上受到他那竭力想要维系中产阶级身份的太太的影响，毕沙罗将古庇尔公司的这位年轻经纪人视为"彻底破产"前的唯一选择。自从提奥 8 月购进第一张毕沙罗的画作以来，唠唠叨叨、有时脾气古怪的毕沙罗就成了勒皮克路公寓里的常客。他的画起初卖得不太好，但他仍然设法通过提奥，帮他儿子吕西安在古庇尔公司的版画部谋到了一份工作——在其他的竞争者看来，这无疑是份好差事。

在毕沙罗和他的儿子（也是一位志向远大的艺术家）受惠于提奥的那几年里，其他艺术家来来往往，像彗星一般绕着提奥的新事业旋转。提奥成为莫奈的经纪人之后对"原始"印象派画家的热情高涨，还购进了另外三张画，它们是另一位年事已高、差不多过气的印象派运动奠基人阿尔弗莱德·西斯莱画的。尽管比莫奈年轻十岁，西斯莱却紧紧追逐印象派的主题和绘画原理，无视十年间各种各样"新"的诱惑及象征主义的吸引。他那种小心翼翼、色彩丰富的风景画，非常适合提奥谨慎的新业务。（文森特后来称西斯莱是"印象派画家中最老练、最敏感的人"。）但是，到 1887 年底这三幅画都没有卖出去，提奥就只能跟这位贫穷的艺术家说再见了。

阿尔芒·吉约曼的作品——比莫奈的更明亮、更大胆——也在那年春天引起了提奥的注意，那时他正出席在一家前卫期刊《独立艺术家杂志》的办公室里举办的"边缘"画展——是由他的一个进入前卫艺术世界的老朋友创办的。彬彬有礼的经纪人与审慎的艺术家时不时有过一些友好的通信，或许还在社交场合碰到过，但是从未做过生意。然而，当那年秋天开始新业务时，提奥购进了一幅吉约曼的作品。与他的朋友毕沙罗一样，46岁的吉约曼与莫奈、德加、雷诺阿、修拉和塞尚之类更知名的艺术家来往甚多（塞尚在德·安茹码头有一个画室紧挨着吉约曼的画室）。他还享受着稳定的收入，与支持他的前卫艺术的忠实经纪人和收藏家们保持着良好的关系。这种混合优势使他成为梵高兄弟俩的新事业中一个拥有潜在价值的伙伴，无论是作为一个艺术家，还是作为一个中间人。

从印象派的元老莫奈和毕沙罗，到忠实的门徒吉约曼，这是一个有保障的开端。在绝望地渴求关注的幼狮们的艺术界，提奥与文森特从来不需要远离商业成功的印象派，就能物色到新的投资对象。

终于，他们遇到了最年轻的幼狮：爱弥尔·贝尔纳。

从年方16岁踏入科尔蒙工作室的那一刻起，刚刚从里尔粗野的地方主义及其商人父亲的狭隘眼光中挣脱出来的贝尔纳，就把自己塑造成了巴黎世界的神童。贝尔纳个头高挑、五官精致，无论何时似乎都在沉思，是个无所不读的知识分子，无所畏惧的少年，因而轻而易举便声名鹊起。1884年在科尔蒙工作室，他立刻就将自己塑造成大师最有天赋的弟子。他左右逢源，不久就与工作室另外两位无可争议的领袖安克坦和图鲁斯-劳特累克成为三巨头之一。1886年初，科尔蒙对他的傲慢无礼心生厌恶，将他开除。他立即举起了艺术自由的大旗（"我一走进工作室，就有一股反叛的春风吹进那沉闷的理论场所。"他后来吹嘘说），并宣布自己是为新艺术献身的烈士。

文森特与贝尔纳正好在科尔蒙工作室擦肩而过。不过在接下来的那一年里，他们有很多机会相遇。两人都是唐吉画材店的常客。两人都在1886年秋天回到过科尔蒙工作室，他们很有可能在那里碰到。他们肯定时时光顾艺术家们热衷前往的俱乐部或咖啡馆，如黑猫和芦笛。人们还知道，贝尔纳曾经资助过安戈斯蒂娜·塞加托丽的铃鼓咖啡馆，后来他曾说过在咖啡馆墙上乱七八糟的东西中见过文森特的油画和版画。这两位艺术家显然还有几个共同的熟人，例如劳特累克、安克坦和西涅克。但是，他俩显然都不愿意作必要的介绍，即使作过介绍，也没有记录下来。这几乎没有什么可惊讶的。贝尔纳迅速上升的时候，根本没有注意到这个奇怪的、边缘的荷兰人，甚至没有注意到他那位年轻的沙龙画商弟弟。

不过到了1887年夏天，这一切都改变了。当贝尔纳7月从布列塔尼度假归来时，前卫艺术的世界有了新的聚集地——古庇尔画廊的夹层，以及新的经纪人——提奥·梵高。凭着永远不会出错的直觉，贝尔纳迅速找到了勒皮克路的公寓，在那里他立刻认识到通过被长期忽略的文森特，他就能得到提奥的青睐。在夏天结束前的数周内，他邀请文森特光临他父母在阿尼埃尔新安的家，他在那里有一个小木屋画室。

在这个四壁都是木板的小屋里，孤独无友的34岁的文森特，立刻就被温文尔雅的19岁的贝尔纳迷住了。他们交换了彼此的热情，或许还交换了画作。他们也许还在那个夏天所剩无几的好天气里，前往附近的塞纳河边写生。对文森特来说，出于友谊的盛情和年龄上的差异，触发了他长久以来的、不可改变的心绪。他以某种混合了渴望与傲慢，兄弟情义与暴君专横的情感来对待贝尔纳，就像对待提奥与拉帕德一样。轻佻的贝尔纳也许被这位年长艺术家对待其野心的那副严肃劲儿逗乐了。不过，文森特显然对这个野心一无所知，便与贝尔纳结交了。事实上，他一头闯入了另一种亲热的、便利的同盟关系，这种关系却被他当作深刻的友谊，从此他开始了长期的、单边的通信联系。

图鲁斯-劳特累克，《贝尔纳肖像》，1886年，布上油彩，$21^3/_8$英寸×$17^1/_2$英寸。

贝尔纳将他在科尔蒙工作室的两个同学安克坦与劳特累克，也带进了文森特的生活轨道。尽管他俩都住在距离勒皮克路的公寓不远的地方，但是，自文森特前一年夏天离开科尔蒙工作室，他从未见过他俩，除了在路上邂逅过一两回。提奥却从那年春天开始与劳特累克通信，他被艺术家那充满活力的、对“现代”生活的、德加式一瞥的画风所吸引，就像他被毕沙罗对法国乡村景色的莫奈式一瞥的画风所吸引一样。提奥因劳特累克作品的销售潜力，无疑还有其家族的信誉而感到安心，正如劳特累克因古庇尔最上等的名声而感到安慰一样。随着那年夏天古庇尔公司新业务的宣布，对自己的地位十分敏感的劳特累克急切地追随他年轻的朋友贝尔纳，走进了围绕着梵高兄弟的那个艺术圈。

其他艺术家也被勒皮克路及古庇尔夹层如日中天的名声所吸引，但只有贝尔纳直接通过向提奥古怪而难以相处的哥哥献殷勤，来谋求提奥的青睐。其他人，例如安特卫普艺术学院或科尔蒙工作室的学生们，只是出于尊重或担心他打小报告，不得不容忍他罢了。当他们在一家咖啡馆或是某人的画室（吉约曼和劳特累克的画室是首选，但从来不会是文森特的画室）聚会时，他们很少让文森特参与他们的谈话。"文森特挟着厚厚的一摞画走了进来，"某个这类聚会的参加者后来回忆道，"等待我们留意它们。但没有人愿意看一眼。"他们会直接嘲弄他那天真的热情，调侃他那易怒的自尊心，但都担心他那动辄发作的脾气。他们很少拜访他的画室，也害怕他造访他们的画室，因为他们都听说过这样一个故事："为了说清楚他的观点，他会撕破自己的衣服，双膝跪在地上。没有任何事可以让他冷静下来。"有个来访者如此记载道。

毕沙罗父子经常造访兄弟俩的公寓，有一次在勒皮克路上邂逅了刚刚从户外写生回来的文森特。吕西安·毕沙罗回忆道，文森特急于向他们展示新作，他将画架等等立刻丢在交通繁忙的人行道上，靠着墙壁就展开了湿漉漉的新作，"惹得路人惊讶得目瞪口呆"。基于这些事实，当然还有其他一些类似的事件，卡米尔·毕沙罗总结说，文森特几乎可以肯定地说正在走向疯狂。当文森特拜访吉约曼的画室，并且立刻就批评他那幅画有装卸沙子的工人的画作的时候，吉约曼也得出了相似的结论。"他突然变得狂野起来，"吉约曼对他的一个早期的传记作家说，"他大叫道：'工人的动作全都错了！'然后他就在画室里跳起来，高高地扬起一把想象中的铲子，挥舞着双臂，摆出他认为正确的姿势。"这个场面让吉约曼想起了德拉克洛瓦的一幅画《疯人院中的塔索》。然而，对一个疯子友善些，乃是通往在古庇尔夹层展出作品的机会的微小代价。

与此同时，文森特却明显在实施由梵高兄弟指导并支持的、"艺术家的随行"的计划。他介绍别人相识和通信，安排交换作品，对同时代的艺术家们如何才能推进他们的事业提出无数建议。他暗示提奥已经准备好一笔固定的资金，每个月都可以支付给一些艺术家——对靠画笔谋生、时富时贫的画家来说不啻是一个天大的幻想。他敦促他们"放下可怜的嫉妒心"，鼓励他们“团结就是力量”，就像他总是这样鼓励弟弟一样。“共同利益当然值得个人的一己之私为之作出牺牲。”他向他们宣讲说。或许是从劳特累克那里借来了一种说法，他试图在新的名义下将分散的艺术家们团结起来：“小路”艺术家（为了与德加和莫奈之类成功的印象派画家形成对比，后者早已在位于“大道”上的画廊中拥有一席之地）。这对一个靠标题来吸引人的艺术家来说，倒真是一个醒目的标题：将他的同伴们团结在共同的灵感之下，而不是各自的艺术之下。

图鲁斯-劳特累克：《文森特·梵高肖像》，1887年，
卡纸粉蜡笔，$21^{3}/_{8}$英寸×$17^{3}/_{4}$英寸。

每一个要求团结和牺牲的呼吁之上，当然还有奖赏的许诺。“要是你努力工作，”他写信给贝尔纳道，“我想你一定会拥有一定数量的作品，我们将试着为你销售其中的一部分。”正是这类许诺让劳特累克徘徊许久，尽管他对这个粗糙而热情过分的荷兰人怀着不可避免的厌恶，后者是如此不同于那个办事干练、心思细腻的弟弟。有次在外出去咖啡馆时，劳特累克这个轻快的素描家，为文森特画了一幅速写，那时他正孤零零地坐在一张桌子前喝苦艾酒。随后，劳特累克将这幅速写带回家，以它为基础创作了一幅色粉画，然后当作礼物送给了兄弟俩。他以典型的劳特累克式的幽默，将此画画成了侧面像，而不是正面像，使文森特冷冰冰地隔着观众，目光直勾勾地从苦艾酒上方望去——或许深深地陷入沉思中，或许正在为某个诡秘的污辱或是冷遇而生气；不管是哪种情况，总之他彻底迷失在自己的世界里。1888 年 1 月，提奥购买了劳特累克的一幅油画。在文森特 2 月离开巴黎后，他给劳特累克写过一封信。劳特累克没有回信。

1887 年 10 月的某个时候，文森特开始筹划一个展览。它不仅将是艺术“新流派”的一个宣言，而且将证明文森特在兄弟俩的新事业中所扮演的核心角色。提奥的建议必须既有艺术雄心，也有商业野心：这个展览将试探公众的趣味，引导艺术家和批评家对新事业的关注，为古庇尔夹层收藏的作品作测试，最后，给文森特一个机会展出自己的作品——这可是提奥在古庇尔画廊从来不敢做的事。

提奥也许同意了文森特的想法，但他显然没有同意文森特所选的展览场地。没有人会误将杜沙莱饭店当作一个画廊。它那巨大的、无装修的大厅和过高的天顶，使它看起来像“一个卫理会的大教堂”（有个游客这样说）。那里饥寒交迫、大声喧哗的劳工阶级的老顾客们，使它更像是一个火车站。除了文森特，没有人会想到要在那里办画展。文森特经常在那里用餐，认识他们的老板吕西安·马丁。马丁也需要有些什么东西挂在他那空空如也的四壁上(“空间大得足以容纳上千张画。”有个观众这样估计)。也许是贝尔纳向文森特提到了这个不同寻常的场所。贝尔纳急于要制造丑闻的性格必定会驱使他想到这类充满了反叛色彩的地方，不过，与其他前卫艺术家和经纪人一样，文森特或许也是别无选择。

画展一败涂地。事实上，它根本不像个展览（贝尔纳后来称之为只是一个展览的“预演”）。无论文森特如何激烈地争取，他还是无法将四分五裂的前卫艺术界聚拢在杜沙莱高高的天窗之下。贝尔纳不同意将西涅克和修拉之类的新印象派画家包括在内（这使文森特想要与西涅克重新取得联系的想法受挫，后者于 11 月返回巴黎）。文森特本人则拒绝接受雷东之类的象征主义画家，不管贝尔纳如何怂恿。毕沙罗是修拉理论的坚定拥护者，对于将西涅克排斥在外的做法大感不满（他称新印象派是“我们共同斗争的一部分”），因而拒绝参展。他儿子吕西安也一样。最终，只有贝尔纳及其科尔蒙工作室的同学劳特累克和安克坦同意拿出很小一部分作品——体现了提奥的支持以及古庇尔公司的吸引力。吉约曼可能也是出于同样的原因参展的。（提奥在画展开幕前夕买了吉约曼的第一幅画，而且在画展闭幕后不久就在古庇尔夹层展出了那幅画。）

由于只有不多的几位艺术家参展，文森特想要举办一届“团结就是力量”式的联展的计划就算泡汤了。为了避免过于明显的尴尬——在马丁巨大无比的大厅里上演一出不协调的喜剧，文森特拿出自己的作品来凑数。他将勒皮克路上的大量画作搬到半英里之外克里奇大道上的饭店里，几乎将自己的画室搬迁一空。他让阿诺德·库宁，一个正巧从荷兰来拜访兄弟俩的年轻荷兰画家，帮他挂上了100幅参展作品中的差不多50幅作品。这100幅作品基本上都是文森特自己的画作。

尽管作了天大的努力，展览在持续了几周后就失败了。就像在铃鼓咖啡馆及其他地方一样，文森特陷入了绝望之中。饭店老板马丁急于填满他那空荡荡的墙壁，他开始在文森特珍贵的油画旁边悬挂“爱国者的盾牌”。随后争论升级了，马丁终于取消了展览，命令文森特及其画作都滚出饭店。

在11月下旬到12月初的短短几周内，当那些不加画框的稀奇古怪的画作在马丁洞穴般的饭店墙壁上展出时，几乎没有一个人注意到了它们。没有作品目录，没有刊登消息，没有评论。更没有“公众”前往参观。有个顾客回忆说，饭店日常的顾客们“只关心自己的饭碗”，根本不关心新的装饰，尽管有些客人似乎“被画作令人生畏的一面搞得心神不宁”。有几个微不足道的小画商屈驾光临了，不是出于偿还人情，就是想要捞点人情。梵高兄弟圈子里的某些艺术家（毕沙罗、吉约曼）光顾了展览，其他人（劳特累克、安克坦）显然并没有涉足。令人感到意外的是，乔治·修拉某天出现在了现场，还与文森特交谈了片刻。

在参观过画展的人当中，还有另外一个文森特从未碰到过的艺术家。他是个瘦高个儿，被太阳晒得满脸通红，刚从加勒比海度过一个长长的假期回国。这个人就是保罗·高更。

在劝说“小路”艺术家们改变想法，宣传推广兄弟俩的新事业，以及准备杜沙莱饭店的画展之时，文森特很少还有时间画他自己的画。他后来承认1887年的最后几个月只画了“一张小画”。警察禁止他在马路上作画——他却在马路上展览他的作品，毕沙罗就曾当场见识过。大都会巴黎与纽南的广漠农村一样，都见证了这个怪人的作画习惯和激烈的展览方式。

当他确实回到画室时，支持兄弟俩的使命也成为他的艺术中不可避免的事情了。

当提奥用语言怂恿和鼓励艺术家们时，文森特用画作做了同样的事情。在对于兄弟合作关系的想象、集体主义的奇迹，以及变化多端的想象力的驱使下，文森特开辟了一条用绘画语言与兄弟俩圈子里的艺术家们对话的道路。像急于讨好客人的主人一样，他从一个艺术家跳到另一个艺术家，从一种创新切换到另一种创新，留下了大量不同风格的作品，为后人确定其创作顺序或者将它们归类制造了难题。

文森特在前往阿尼埃尔的旅途中为毕沙罗创作了大量点彩派风格的作品，证明他投入到了修拉的色彩与光线科学的实验之中。劳特累克为他画过一幅色粉肖像画，他回赠以一幅静物画——其中也有一杯苦艾酒，用的是同样柔和的色彩与笔触。当安克坦向他介绍单色画（由一种主色占主导地位的画）时，文森特以全是黄色苹果的静物画作为回应。当吉约曼在关于印象派的未来的争论中引入狂暴的色彩和粗犷的对比时，文森特则以强烈的色彩和彻底的互补色作出回答。当西涅克 11 月回到巴黎时，文森特以一场十分不同的对话迎接了他：法国小说的静物画。他显然在西涅克的早期作品中见过这个主题，是用他俩在那年春天共同的欢快调子和无穷无尽的点彩笔触画出的——一种尽可能取悦对方的图像，就像文森特那些优美的书信一样。

爱弥尔·贝尔纳既用语言也用图像，向文森特展示了艺术中一个激进的新方向。贝尔纳想要做领袖，而不是追随者，因此他宣扬一种要推翻印象派，而不是"更新"印象派的创作思想。从 1887 年开始，他发展出一种风格化的艺术。这种艺术拥有完全扁平的色彩和大胆的轮廓线，以实现最大效果的装饰性，构图则减化为最为简洁的几何形状。因此无论从哪方面看，这种风格都公然对抗着印象派的经典地位，指控着莫奈无力的奇思异想和修拉虚假的精确性。他认为，这两种画风都未能实现艺术最伟大的使命：洞穿生活的本质。事实上，他认为，它们只是将现实转化为非实质性和毫无意义的东西——一种不断升级的舞台效果，却不是真实。

这些想法其实来源于勇敢的革新者安克坦，而图像则来源于隐士般的保罗·塞尚。但是，贝尔纳却以象征主义者大胆的新语言——于斯曼在《逆流》里的语言——向文森特宣讲它们。他认为，一种被剥夺了时间性、科学精确性（贝尔纳将客观真理称为"艺术中的闯入者"）的图像，一种被还原为色彩与设计的图像，拥有一种与纯粹感性相同的神秘的表现力。事实上，它曾经是一种感性。"复制眼睛能够感知到的毫无意义的大量细节，有什么意思呢？"一位批评家总结叛逆的新艺术道，"人们得抓住本质特征，然后复制这种本质——或者，毋宁说，生产这种本质。"（1888 年 3 月，这位批评家为这种新艺术取了一个新名字："分离主义"，让人想起了用在珐琅器皿上的那种马赛克式的色块效果。）

与象征主义者一样，贝尔纳宣布他的作品源于以往的图像，从中世纪的挂毯到哥特式教堂的玻璃画。特别是，他从日本版画中汲取了简洁性和直接性。

这种普通的、普遍的画作，在之前的数十年间成堆成堆地从日本进口过来，只是到了最近几年，才被关于艺术未来的争论推到了风口浪尖。日本美学的异国情调及其精致优雅，在 19 世纪 60 年代就引起了惠斯勒和马奈之类的艺术家的兴趣，但直到 1878 年的世界博览会，随着令人眼花缭乱的日本馆的开放，“日本风”——对所有日本事物的狂热爱好——才真正吸引了巴黎艺术世界的注意力。专门销售日本艺术品的商店在巴黎最时髦的购物大街上开设，它们出售一切来自日本的货物，从瓷器到武士刀，但最多的还是日本的木刻版画。莫奈收集日本版画和扇子，创作了一幅十分出名的油画，画中是身着令人震惊的红色和服的妻子。黑猫咖啡馆将日本版画的图像运用于影戏的表演之中。包罗万象的指南，例如路易·贡斯的《日本艺术》则负责解释这些图像的神秘意义。1886 年，就在文森特来到巴黎后的几个月，一本流行杂志《巴黎插画》在一期完全关注这个海洋之国的艺术文化的专题中，将一张日本版画印在了杂志的封面上。

象征主义者尤其将这些色彩鲜艳、到处可见的小小版画当作了新艺术的典范。它们那种原始的敷色法、夸张的透视、风格化的图像，代表了一种“原始”文化的基本表现力——尚未为资产阶级的价值观和世纪末欧洲的精神不安所污染。（中世纪的欧洲、古埃及、部落制的非洲，以及太平洋岛国，都以同样的方式被认为是“原始的”。）与被象征主义者视为英雄的疯子与怪人一样，这种尚未被污染的文化及其创造物，与不可捉摸的本质世界保持着最为紧密的联系，而这正是一切伟大艺术的源泉。

文森特也许早在孩提时代就接触过日本艺术，因为他有个航海的伯伯，在日本向西方开放伊始就从这个岛国带回了一些稀奇古怪的工艺品。数十年之后，在海牙，甚至在纽南的荒野世界，他从他阅读过的书里，收集的版画里，购买的沙龙展的作品目录里，感受到了日本风的来袭。然而，直到他在 1885 年末抵达安特卫普以后，在读过爱德蒙·龚古尔在小说《切丽》中对日本艺术的大肆赞美之后，他才开始收集这个海边城市的小店里随处可见的、廉价的、色彩鲜艳的日本木刻。

这些绉纱一样轻薄、易皱的纸张被称为“重纹纸”，日本版画就是印在这样的纸上的。文森特尤其容易受到那些艺妓形象的诱惑（就像他总是被所有取悦人的女人的形象所诱惑一样）和大都市的繁忙景象的吸引：遥远世界的巨细无遗的全景描绘。后者不仅吻合他对透视问题的长期痴迷，而且也能满足他天生的、想要偷窥的好奇心。甚至到了那时，他也主要是将它们看作一种能够承受的收藏品，以及艺术家工作室的装饰品。还有，在经济不景气的时候，这些东西也可以用来兑换现金和交换。他在铃鼓咖啡馆的展览建立在这样的一个信念之上（后来被证明是错误的）：他的版画收藏很容易兑换成现金。

然而，直到 1887 年下半年，当贝尔纳向文森特透露了象征主义的秘密（他们的表现密码）时，文森特才将这些简单的版画当作他学习的对象来加以接受。早在安特卫普时，他就羡慕玻璃画鲜艳的色彩，以及亨利·德·勃莱克勒的油画。这些油画多由大块的纯色和极简的形状构成（“几不成形，却大量出现”）。

不过，贝尔纳的宣传才真正将文森特从印象派的老路上引开。这位年轻的艺术家以一句话终结了文森特对印象派的忠诚。这句话事实上是假的，但听上去极其动听：文森特在铃鼓咖啡馆的展览已经影响到他和安克坦，帮助他们形成了革命性的艺术观。文森特一向渴望得到证明，特别是来自他以兄弟般的目光看待的年轻艺术家的证明。他立刻就接受了贝尔纳的奉承，并以对日本版画的狂热激赏来加以回报。现在，他对这些版画的激情，就像当初与安东·范·拉帕德共同怀有的、对黑白版画的激情一样。

文森特从贡斯的指南中发现了日本版画的意义，又因 1887 年冬天巴黎一系列成功的展览而热情高涨。他突然出现在齐格菲·宾的大型商场里，这里是日本艺术在西方世界的主要零售场所。商场的黄铜大门距离提奥的画廊只有几个街区，它打开了一扇通往异国情调的工艺品和各种绘画的大门，既有日本的，也有中国的，价值不同，介质各异：从真正的皇家玩物，到齐格菲·宾在自己的作坊里仿制的复制品。这位德国人怀有古庇尔式的野心以及对于亚洲艺术的真正热情，他的事业达到了法国装饰艺术的高峰（这是一个相当高的地位，正是在这个位置上，十年以后，他发动了“新艺术”运动）。

文森特充满了探矿者的狂热，在宾的地窖和阁楼里堆积如山的画作中穿梭。“这里有成千上万的重纹纸。”他欣喜若狂地说。他仔细地观察风景画和人物画，观察数十张富士山的风景，数百张艺妓，还有宝塔、花卉和武士。“你会眼花缭乱，那里的东西太多了。”他坦言。他一而再再而三地回到那里，与经理讨价还价，许诺以自己珍贵的东西来交换，甚至用他自己的画来交换一沓沓娇艳的薄纱般的东西。他利用与古庇尔公司的关系来说服商店赊画给他——使勒皮克公寓里堆积了上千张重纹纸的“存货”，也使他债台高筑。他以营销这些小小的版画的计划来纠缠提奥，请求他更多地投资其中。他用布道词一般的语言，极力敦促其他艺术家，特别是贝尔纳和安克坦，加入他的探宝行列，至少要到那些尘土飞扬的故纸堆里去看一看能发现什么样的奇迹。

很快，热浪就席卷了他的画室。在这个几乎一事无成的冬天，他花去了大量时间临摹那些充满了异国情调的新形象，并将它们转录到油画布上。这是一个疯狂的、小心翼翼的过程——对易怒且缺少耐心的文森特来说几乎是一种自我折磨。他先得在纸上打上格子，临摹那些小小的场景——每一朵花、每一条树枝，然后在油画布上画上另一些更大的格子，有时候是原大的两倍，最后一格接着一格，一行接着一行，将形象临摹、转录到油画布的格子里。

然而，转录的工作一旦完成，他的热情中残暴的一面也就暴露出来了。他抓住了贝尔纳所说的简洁形式和色块概念，在用铅笔勾勒出来的轮廓线内，填满了墨绿、亮橙和鲜黄，创造了一种鲜艳色彩的拼图效果，在尺寸和强度方面都比原作加倍了。一个行人在灰暗的雨天匆匆过桥的场面，被他转化为一幅明黄条纹的拱桥横跨在青绿河上的图画，远处是深蓝色的河岸和蔚蓝色的天空。一棵李树多节的枝条则被转化为一条深色的、装饰性的叶脉，衬着被简化为一面三色旗的日落场景：绿色的背景、黄色的地平线和红色的天空。

由于他预制的画布并不吻合日本版画长长的比例，因此转移到画布上后会在画布两侧留出大片空间。在这些空白处，文森特倾注了他对原始色彩与装饰效果的新的热情，以及他从布兰克那里学到的补色理论。他在画框之内再画画框：在橙色的画框内配上红色的画框，在红色的画框内配上绿色的画框，然后再配上红色的画框。他又从其他版画上借来日本文字，用这些符号来填充这些框框，直接用颜料管里挤出来的原色颜料，在橙色上猛烈地涂上绿色，或者在绿色上强烈地覆上红色。

因此，这些画成了浮夸的图像：对新艺术大胆而艰难的鼓吹，而不是对他所喜爱的版画的个人沉思。他为这些过度夸张的图画所选的主题——就像歌川广重所作的《江户百景》中的李树园以及雨中桥梁——早已成为日本风中著名的标志，是许多巴黎绘画（如米勒的《播种者》和马奈的《奥林匹亚》）里非常熟悉的形象。他是在以他唯一所知的方式来表明自己对这种新艺术的忠诚：用一种福音派式的狂热高喊出新观念，赞美他所热爱的日本版画；与安克坦竞争他的新伙伴贝尔纳的好感；说服他那满腹狐疑的弟弟；甚至在可能的情况下出售或交换作品。

《巴黎插画》封面的描摹，1887年7月—12月，
描图纸上的钢笔和墨水，$15^{1}/_{2}$英寸×$10^{3}/_{8}$英寸。

《艺妓（仿爱森）》，1887年10月—11月，绵纸油彩，$41^{3}/_{8}$英寸×24英寸。

在色彩与形式的辩论的最后，文森特超越了他的版画收藏，选择了《巴黎插画》“日本风”特辑的封面人物作为自己创作的主题：一个性感的艺妓正吸引所有人去她那“原始”的岛国天堂领略种种魅力。在将这个人物转录到更大的油画布上后（几乎有 4 英尺 ×2 英尺那么大），他在这个充满了异国情调的尤物身上施加了万花筒般的色彩。他忽略了她那龙纹和服上丰富而微妙的阴影，在大片参差不齐的绿色旋涡纹和红色星号中掩盖了她的细腻传神。他将刺绣的缎子那僵硬的皱褶，转化成了厚重、结晶般的色彩的网格，大量色彩直接从颜料管里被挤出。他将人物形象安置在一个明亮的金黄色盒子里，四周还有很大的空间，用一些十分不同的形象来加以装饰——被简化到最纯粹本质的河岸景色：绿色和黄色的垂直的竹子、熏衣草、蓝色波纹的水面，以及粉红色的睡莲。

所谓的“日本画”并不是那年冬天唯一有激励作用的画作。文森特不常去画室，但是一旦去了，就必定开始燃烧。他回到了那年早些时候所画的一幅唐吉的肖像画中，开始根据新的技巧画出一个新版本。这一次他将那位年老的颜料商画成一尊菩萨的模样，身着深蓝色的外套，坐在饰有日本版画的画室的墙壁前，每一幅版画都得到了忠实而强烈的简化和热烈色彩的描绘。他重新绘制另一幅先前画过的肖像，也许是安戈斯蒂娜·塞加托丽的肖像，把她画成一个身穿令人眼花缭乱的意大利服装的女人，像《艺妓（仿爱森）》中那个穿和服的艺妓一样，他任意地发挥他对简化的形状、鲜艳的色彩以及装饰性创意的狂热。他将一切——她的裤子的设计、衬衫的皱褶、脸部的特征——都简化为纯色。在装饰的狂热中，他用了两条宽阔的三色带子将她的两边框起来。他还用三四种颜色和数得清的笔触，绘制了大量静物画和自画像。

文森特情不自禁地陷入这一狂热的情感之中。他把抓住的每一个信念都推向极致，把每一种热情都引向极端。贝尔纳写到文森特的画时说，在他试图把握"生活强度的那种感觉"时，"他拷打着颜料……否定一切智慧，否定对完美或和谐的追求"。无论是用颜料还是用个人的语言来论证他的观点，无论是在勒皮克路还是在别的艺术家的画室里，文森特都不得不"撕碎自己的衣服，双膝跪在地上"。"当有人从内心开始燃烧，"1887年底他写信给妹妹惠尔说，"他就无法克制——因此最好是让他燃烧，否则他会爆炸。只有这样，内心的东西才能释放。"

不管怎样，他在巴黎的现实生活中终于获得的立脚点——他一直在寻求的与提奥的联合、勒皮克路上的友好关系、同伴艺术家们不太情愿的服从、贝尔纳巴结奉承的友谊——只会刺激他越来越起劲地鼓吹自己，越来越强烈地表现自己，仿佛终于找到了一条通往他一直以来都感到被召唤的道路。

但是，突然间，他离开了。

没有人知道1888年2月文森特为什么会离开巴黎。真正的原因一直秘而不宣，就像他在这两年经历的许多其他事情一样，隐藏在他们兄弟关系的缄默背后。自他1886年2月来到巴黎，他俩的通信就中断了。当他们恢复通信后，文森特用"有1000个理由"来解释他的突然离开：从最富有诗意的理由（"寻找不同的光线、更明亮的天空"）到最平淡的理由（"这可怕的冬天，没完没了"）。

有时候，他责备巴黎这座城市：它的寒冷、喧嚣、"该死的污秽的酒"，以及"油腻的牛排"。他说，所有这一切都令巴黎的生活"难以忍受"。他抱怨警察的骚扰（"你无法坐在你想坐的地方"），还有那模糊了事物的真正色彩的烟雾。他还指责巴黎人——“像大海那样变幻不定，信念全无”。他特别不喜欢同伴艺术家的变化无常，他将自己的离开归咎于他们无休无止的空想和无穷无尽的内耗。

有时候，他将自己的离开解说成一种前行，而不是倒退：是对新主题的艺术的追求，这种追求将赋予他的画作“某种青春和新鲜感”——或者至少可以给予买主“他们在现今的画作中想要得到的东西”。还有些时候，他将它解释为一种商业冒险：一次前往普罗旺斯的大胆的销售之行，寻找未被发掘的买卖机会（特别是马赛的蒙提切利的作品）。事实上，文森特把自己打扮成了一个其他画商的竞争者，要成为“第一个”在蒙提切利的地中海故乡“落地”的人。

文森特为他的突然离开所作的解释中充满了疑云——随着他的热情或自我辩护而变化，只是确认了一件事：此事根本无法解释。在多年来寻求与弟弟的完美团聚之后，在博里纳日的矿场或德伦特的荒野长期哀叹自己的孤独和痛苦地寻找陪伴之后，文森特就在他的梦想看来已经要实现的那一刻，抛弃了提奥——抛弃了他，重新去一个遥远、陌生、没有相识、缺乏友情的地方过一种孤独的生活。

当然，艺术家们经常离开巴黎，长途前往风景如画的地方作画，无论是冬天还是夏天都是如此。科尔蒙远涉非洲，和莫泊桑笔下的“漂亮朋友”乔治·杜洛一样。莫奈 1886 年秋天在美丽岛度过了一个丰收的季节，到文森特离开巴黎的 2 月，他早已开始了前往昂蒂布的更远的旅程。贝尔纳每年夏天都离开巴黎去诺曼底或布列塔尼，正如西涅克和毕沙罗一样。安克坦则在地中海沿岸度过了前一年（1886 年—1887 年）的冬天。高更是他们当中走得最远的，他在 1886 年夏天就去了布列塔尼，而在来年春天他竟去了巴拿马，1887 年夏秋则到了马提尼克。在文森特离开巴黎的那个月，高更回到了布列塔尼，贝尔纳正计划在 4 月加入他。

但这一切都与文森特的离去不同。这不是在冬天时髦地赶往阳光明媚的南方度假，就像西涅克或毕沙罗一样，也不是莫奈那样的为期数月前往风景如画的诺曼底或里维拉的外省写生，当然更不是高更式的、寻找极端体验和异国情调的全球旅行。与文森特不同，所有这些艺术家都会回到巴黎。不管他们是离开两个月还是半年，他们都会回到他们暂时离开的家庭、工作室和友人之中。

当文森特 1888 年 2 月离开勒皮克公寓的时候，他说，他是“一劳永逸”地搬出去了。至少在他的信里，他从来没有打算过要回去。在文森特刚离开时，提奥给妹妹惠尔写的信中回荡着一切都已结束的回响。“要找一个能够替代文森特的人并非易事，”他写道，“他走了，这一切看起来仍然很诡异。”事实上，文森特离去的原因远不是他的同伴艺术家们无穷无尽的恶作剧，而是源于他自己前一年 4 月要回到安特卫普的计划，那时他受到了兄弟俩在巴黎时的怨恨以及放逐的威胁——永远无法回来——的驱使。

他们又吵架了吗？他们的联合事业再次成为怨恨的牺牲品了吗（这种怨恨总是折磨和摧残着先前的谅解）？ 1887 年与 1888 年之交的那个冬天无疑充满了引发争吵的各种导火线。他们也渐感入不敷出。当文森特在宾和唐吉那里的赊购已导致债台高筑之时，提奥大理石纹样的账簿上的记载则说明了文森特对他的所有依赖。文森特的所有策略，即便有提奥与古庇尔公司的这层关系，也没有让他卖出一幅画。他没有应邀参加任何一个大型的新艺术群展，这些展览中有许多是由他认识的艺术家策划的，而由提奥的竞争对手在其他画廊举办的有选择性的展览，更是与他无缘。

如果说提奥反对文森特在铃鼓咖啡馆或杜沙莱饭店之类的非传统场所举办展览，那么，文森特倒过来一定会指责提奥出于避嫌，拒绝在古庇尔夹层展出他的作品。别的艺术家可以享受古庇尔公司展出其作品的特权，为什么他哥哥就不可以？甚至是高更，这个 12 月才认识兄弟俩的新来者，都在遇到提奥后不久的几周里在古庇尔夹层得到了一个令人梦寐以求的位置。与此同时，文森特却被迫在一个新的实验性场所的门厅里展出一些未加框的作品，那个混杂的展览居然以“用时尚装饰”作为宣传口号。

然而，最重要的是他们的兄弟之情越发牢固了。不管怎么说，当他们携手并肩于巴黎的波西米亚世界时，那个夏天使他们的关系更为紧密了。时时为早死的念头所困扰，或者担心会终生孤独，他们紧紧地拥抱污秽的温柔乡，这是前卫派社会生活的标志。从蒙马特高地廉价的酒馆，到红磨坊的性爱诱惑，巴黎为共有的低俗嗜好提供了数不尽的机会。

文森特第一个爱上了喝酒：下午喝苦艾酒，晚餐喝红酒，在夜总会自由地喝啤酒。他个人偏爱法国白兰地，随时都喝。他需要这种甜蜜的“麻醉”来治疗冬天必然发作的抑郁症，还辩解说喝酒可以“加快血液循环”——当天气变得异常寒冷的时候，这一点异常重要。当他离开巴黎时，他后来承认，他正走在通往“醉汉”和“酒鬼”的路上。

对于嫖娼的乐趣和梅毒的危险，文森特开出了另一张许可证。“一旦你染上了，”他快活地说，“你就不会再染上。”事实上，他还是“染上”了恶作剧者时髦的“蔑视一切”的态度——正是多洛斯牧师大力指责的、卑鄙的自娱行为。“多多享受你自己，要比不懂得享受来得好，”那年冬天他劝告妹妹惠尔说，“对艺术或爱情不要太当真。”安德里斯·邦格指责文森特“对世界的病态蔑视”。文森特对医生满腹孤疑，他拒绝了里维开出的碘化钾药方（治疗第三代梅毒的偏方），还怂恿提奥也如法炮制。他俩都嘲笑里维“清心寡欲”的建议，以及格鲁比更加直接的处方：“不要碰女人。”

对于哥哥的过分之举，提奥不是像以前那样予以阻止，而是急切地加以模仿。暂时从中产阶级婚姻生活的幻想中解脱出来，又受到了前卫派趣味的制造者这一新角色的吸引后（一个朋友形容他“被年轻画家的波西米亚作风彻底征服了”），提奥抛弃了恪尽职守的终生誓言，以及父亲的教诲。他公开否定以前的雄心是“努力工作”和“天天向上”。邦格（还在准备3月结婚）之类的荷兰朋友，也在失望和悲哀中收回了对他的友情。“提奥正在毁掉他的健康，”他报告说，“已经开始了那种极端的生活方式，他将来一定会后悔至死的。”当阿姆斯特丹的乔听说时，她对提奥的前途感到失望，在日记里记下了自己的忧虑：“要是我知道我做得对不对，那该多好！”

到文森特离开巴黎的时候，兄弟俩已经因团聚而狂喜了，而这种情形自津德尔特公馆时期以来，还没有经历过。他们一起欢庆乡愁色彩十足的圣诞仪式，文森特以一幅巨大的自画像来迎接新年的到来：这是对梵高兄弟新生活的一种大胆肯定，用前卫派画家的全副技巧来完成这幅画，色彩充满了玻璃镶嵌画的自信和逼真效果。

文森特形容与提奥在巴黎的最后日子是“令人难忘的”，2月19日离开勒皮克路时他的心情不是愤怒或失望，而是悲哀。前一天，他将一些他喜爱的日本版画挂在公寓里，对贝尔纳说：“这样我弟弟就会觉得我仍然与他待在一起。”在去火车站的路上，兄弟俩还去拜访了与他们并不亲近的名人乔治·修拉的画室——这是对他们“共同的事业”的一个确认，即使他们马上要分开了。在分手后的沮丧中，提奥写信给惠尔：“当文森特两年前来到这里时，我并没有期望我俩会如此惺惺相惜。如今我孤零零一人待在公寓里，四周是绝对的空虚……近来他对我来说真的太重要了。”

只有一种力量可以破坏这种完美的团聚。文森特永远无法忍受在弟弟的要求下离开巴黎——提奥也明白这一点，再好的天气或景色也无法把他从这种长期渴望的完美中拉走。他对舒适，甚至是自己的健康，都不在乎。但是，提奥的健康却是另外一回事。到1888年2月，前一年冬天的折磨以更加激烈的程度复发了：僵硬的关节、肿胀的全身、无法解释的疲惫。提奥病情的加重、反复发作的症状和治疗的痛苦是无法改变的。但在文森特，甚至也许在提奥看来，这些似乎都是天谴。在文森特后来的说法中，他将弟弟的痛苦归咎于“我们的神经症”，并且声称他应该分担疾病和堕落所引起的后果。作为一个无可救药的浪漫派，他认为提奥是因失去了乔·邦格才患上了“心病”，就像他曾经因为失去了凯·沃斯而染病一样。

但是，已故牧师的幽灵却将谴责指向了不同的方向。是文森特对快乐无休止的贪婪、对诱惑掉以轻心的屈膝，还有对提奥的怂恿，对提奥脆弱的身体发起了报复。他正在杀死他弟弟——正如他曾经杀死了他父亲一样。

前一年冬天，当他们关系最僵的时候，提奥曾告诉过文森特：“我只要求一件事：不要伤害我。”在一封写给惠尔的信里，文森特这样解释自己离开巴黎的原因：“我以为我应该去一个不会伤害任何人的地方。”当吉阿尼·齐姆加诺一个不小心的怂恿带来了可怕的结果，导致他弟弟尼罗濒于死亡边缘的时候，难道他所做的不就是这个吗？与吉阿尼放弃了杂技演员的生涯，抛弃了他们辉煌的合作，而不是给他弟弟带来毁灭一样，文森特也永远地离开了提奥，并将这当作兄弟情义的最后一幕。用他本人的话来讲，这将是他一系列“撤退”中的最初一个——先是从巴黎撤退，再是从阿尔撤退，最后从生命中撤退。文森特是如此渴望这将换来弟弟的平安。“假如我承受痛苦，”他在离开以后写道，特别地引用了齐姆加诺兄弟的故事作为警示，“那么受伤害的只会是我一个人。”

两年以后，就在他去世前数月（此时他显然已处于疯狂状态），他终于坦承了他离开巴黎的真相：

> 父亲去世后，我去巴黎寻找提奥，然后，我是如此喜欢他，这时我才明白他有多么爱父亲……我不待在巴黎是对的，否则，对我来说，他与我会走得太近。

第三十章　从商的狂热

文森特为什么会选择阿尔作为自我放逐之地？这是一个离地中海只有 20 英里、人口才两万的古镇。如果他到过传说中的法国南方——中央高原——以寻找更为温暖的气候，那他应该一直坐在火车上，直到更遥远的南方才对。（他曾经考虑过要远至丹吉尔。）相反，他在没过靴子的雪地里下了车，在阿尔最寒冷的冬天长途跋涉，花了十天时间才找到一个住所。

要是他真的想寻找劳特累克和西涅克所说的“阳光灿烂的中央高原景色”，他就不会挑选阿尔小街上的一家肉铺，作为他来到此地后画的第一幅油画的主题。这种彤云密布、看不到天空的城镇风景，蒙马特高地的任何一个角落都能找到。要是他只是为了寻找女人——在米什莱、穆尔塔图里的书中以及任何一张娱乐小报上都能看到的那种美丽的“阿尔女人”，那他应该去马赛才对，马赛仅在 50 英里开外的地方：与安特卫普类似的喧闹的小港城市，各式各样的女人唾手可得。

相反，他直接投入了工作。寒冷的天气和狂野的北风都不能阻止他曾经被打断的工作。离开巴黎，文森特也就离开了他弟弟，但他并没有摆脱梵高兄弟的幻想。不管怎么说，与弟弟之间的距离只会强化他对共同事业的奉献精神，这番共同事业早在古庇尔公司的夹层和勒皮克路的公寓里就已经开始了。“我别无所求，”一来到阿尔，他就写信给提奥说，“只希望你在林荫大道画廊里已经开始了的生意能够继续下去，并且变得越来越重要。”这项任务不需要阳光或天空，只需要纸与笔。

他刚刚在卡莱尔旅馆的顶层找到一个落脚点，就马不停蹄地发起了一场团结运动，其狂暴的程度不亚于在窗棂外呼啸而过的北风。他用法语给弟弟写信——不仅是艺术的语言，更是商业的语言，就他们刚刚开始的事业提出了大量建议。在交替着狂躁和愤世情绪的争论中，他咒骂那些竞争的画商们狼心狗肺，为战胜他们，提出了经过精心策划的、马基雅维利式的计谋。他事无巨细地指点年轻的经纪人买卖上的事情，不厌其烦地数落公众趣味的反复无常，敦促在寻求竞争优势方面要不择手段，毫不留情。

他把自己看作是提奥的高级顾问，估算着威廉皇帝逝世之类的新闻事件对艺术市场的影响。他认为，法国好战的将军布朗热似乎已下定决心要与德国开战，这“也许会对绘画交易产生积极的影响”。他从报章和咖啡馆的好斗言论中借用语词，鼓励提奥重新开创他们的共同事业。他警告说，当他向提奥提出“一个进攻方案”，并发誓“将回到冲锋现场”的时候，别的经纪人“会偷袭你”。他安慰弟弟说弟弟一定会取得最后的“胜利”。

才到阿尔数个小时，他就冒雪开始为画廊寻找“生意”，特别是兄弟俩最喜爱的画家阿道夫·蒙提切利的作品。他发誓要去蒙提切利的故乡马赛，在别的画商到达之前就将梵高兄弟的旗帜插到那片土地上。提奥从前的同事亚历山大·里德对文森特先期到达中央高原愤愤不平，文森特听到这个消息感到欣喜若狂，并且幸灾乐祸地认为，里德对蒙提切利的热情，只会促使提奥已经到手的五件蒙提切利的作品价格上涨。为了帮助提奥从这个利好消息中获益，文森特强烈敦促科尔蒙工作室的同学约翰·彼得·拉塞尔，从提奥那里购买一幅蒙提切利的作品。他认为这个刚刚去世的艺术家不亚于色彩的巨人德拉克洛瓦。“他给人以某种充满激情和永恒的东西，”文森特写信给拉塞尔说，同时推广蒙提切利和他自己的油画，“那就是阳光灿烂的南方的丰富色彩和明媚阳光。”

除了写给拉塞尔的那几封冗长而讨好的信，他还给梵高兄弟圈的“同志们”，特别是爱弥尔·贝尔纳，发去了大量的忠告和鼓励。他时刻提醒他们提奥最近在古庇尔夹层销售莫奈的作品，暗示他们他也能帮他们做同样的事情。他保证说提奥一定会喜欢，以此来与别人交换作品，每一次交换都经过了精心的估价和策略上的算计。当他写信给科尔蒙工作室的老同学劳特累克时，他在信封里附上了另一封给提奥的信，并要求劳特累克亲手交给提奥——这是一个精妙的设计，相当于在他发出的每一封信上都盖上古庇尔公司经纪人的印章。他还给弟弟的新朋友，年轻的荷兰画家阿诺德·库宁写信，告诫他：“将你在巴黎发现的一切都告诉你在荷兰的朋友。”甚至在给妹妹惠尔的信里，他都要自我反省式地提及与弟弟的共同事业。“提奥正在为所有印象派画家尽心尽力，”他写道，“他与别的经纪人非常不同，他们对画家漠不关心。”

文森特新的商业热情不可避免地把他的思绪带到了海牙，带到了泰斯提格又小又暗的办公室，那个他以前受到过大量羞辱的地方。在旅馆房间的冰冷孤寂中，他想象着要扭转过去他人对他的判断。在新的狂热中，他想象着要在三条“进攻”路线中把那些曾经的对手征召过来，在整个大陆上扩展弟弟的业务。在泰斯提格的帮助下，他与提奥可以将富有同情心的画商——“能够顾及艺术家利益”的经纪人——组织成一个网络，从而打通英国、荷兰与法国的市场。泰斯提格可以引进伦敦和海牙的“小路”画家，提奥可以在古庇尔夹层展出他们的作品，而他则可以进军马赛，“并打开一扇展示印象派作品的窗户”。

文森特设想，各种不同风格的画家们将团结在这个开明的事业周围，他将大胆的新企划与艺术家“联合”的古老梦想结合起来。出于“道德责任心”，德加和雷诺阿之类已经成名的画家，将为他们的联合计划提交一系列作品，这些作品可以用来支持那些“名气较小的印象派画家”——他把这个词用于他自己以及所有渴望在古庇尔夹层展出作品的画家。他还设想，乔治·修拉能够提交三件作品：分别提交给他设想中的将在巴黎、伦敦和马赛开设的永久性展览场馆。

但是，这一切都取决于当地那些不好对付的经纪人。“泰斯提格必须在内。”他坚持认为。泰斯提格可以成为在荷兰和英国销售新艺术的强有力的同盟者。他的名望有助于吸引其他经纪人参与兄弟俩的事业。文森特草拟了一封信，向他以前的老板勾画出了他甜蜜的幻想，包括如何在英国市场上击败里德的具体建议，以及对于未来的商业成功的大胆预测。“你很容易为我们在荷兰市场上处理 50 幅，或者更多的画作，”他写道，“与利润相比，这些画作的价格是非常低廉的。”他把信寄给了提奥，让提奥在递交泰斯提格之前先加上几句激励的话。当他听说泰斯提格不久将访问巴黎时，他敦促提奥通过为他安排一个“伟大的艺术家画室之旅”，来促成这一计划的实施；在这些画室里，泰斯提格一定会“亲眼看到，来年人们将开始谈论，而且持续谈论新的绘画流派”。

信寄出后，文森特坐在冰冷的旅馆房间里，因为火热的希望而热血沸腾。“那封信迫使泰斯提格给你回信了吗？”才过了几天，他就迫不及待地询问提奥。两周过去了，他没有得到只言片语，于是开始构想一个巨细无遗的计划，迫使那诡计多端的经纪人就范。“如果他不回信，”文森特赌咒说，“那么我们就异口同声地声讨他。”他说服自己相信，只要泰斯提格看到过他的一幅画，就一定会被争取过来。为了达到这个目的，他决定将一幅画献给刚刚去世的安东·莫夫，并将它送给莫夫的遗孀，他的表妹婕特。这幅画不仅很有可能被莫夫的老朋友泰斯提格看到，而且这件礼物还将表明兄弟俩对泰斯提格无动于衷的公开谴责。“我们不应该受到这样的待遇，就好像我俩已经从人间消失了似的。”他抱怨道。

最后，在等待了三周之后，提奥终于收到了泰斯提格的回信，但信中既没有提到文森特，也没有提到他的信和他的艺术。对以前受到的不公正对待早已恨之入骨的文森特，狠狠地诅咒了这种冷漠。“一旦他看到了我所做的工作，他就会主动写信给我。”他安慰提奥说。想到最后的胜利，他敦促提奥将他在巴黎创作的作品之一——一幅前年春天在阿尼埃尔所画的习作——寄给泰斯提格，并且保证说，结果一定会更好。“我们一定要争得一席之地，”他给弟弟打气说，“一想到这个，我就会陷入从商的狂热之中。”

3 月，当冰雪消融、林木抽枝之时，这股狂热终于冲向了画布。

2 月下旬，提奥提议将文森特的某些作品送交第四届独立艺术家沙龙（这是为前卫派画家举办的主要展览），文森特的商业野心再次被点燃了。提奥在兄弟俩突然分离之后这么快就提出这个提议，似乎是出于内疚或是感激，或者两者兼有。提奥或许希望弥补自己的过失，因为在 12 月和 1 月古庇尔夹层举办的展览中，他没有展出一幅文森特的画。那个展览既展出了毕沙罗和吉约曼之类的“小路”画家的作品，也展出了兄弟俩圈子里的新朋友高更的作品。

他坚持自己的提议，不仅细心挑选送展的作品，而且还在画廊里有意识地挑选一批顾客来观看文森特的作品。有个去过古庇尔夹层的客人回忆说，提奥“告诉我们说，他有个哥哥也是个画家，现在住在乡下……他从另一个房间里拿出几件没有加框的画，然后谦逊地退到一边，观察这些画在我们身上引起的效果”。这样的努力已经带来了希望。几个月后，提奥收到了一个收藏家的便条，他刚去过唐吉的商店，想看看文森特更多的画——而且还有可能购买其中的一两件。他对这个新艺术家了解得太少，以至于在便条里称文森特是提奥的“内兄”。

为了把握这一最新的成功希望，文森特在冰雪融化之前就冲向了白茫茫的大地。但是提奥写信给惠尔说：“苍白灰暗的天气让他觉得没有东西可画，寒冷却让他感冒了。”当他确实发现了可画的东西时——车辙遍地的泥泞道路，或者从远处看到的阿尔的天际线，他又回到了冷色调，以及西涅克和修拉的点彩法。几乎与此同时，提奥却在巴黎为这两位画家带来了好运。3 月，他拜访了西涅克，然后是修拉。他还购买了一幅修拉的画。

“祝贺你，”文森特听到这个消息后写信说，“我也应该送你几幅画，你可以试着将它们与修拉的画交换一下。”

不过，那年冬天古庇尔夹层的真正明星是克劳德·莫奈。前一年波索、瓦拉东及西公司早已从莫奈美丽岛的海岬风景系列中赚了大钱。这一成功鼓舞了提奥要与这位已经去尼斯附近的昂蒂布过冬的艺术家分享下一个成功的机会。此地在阿尔向东约100英里远的地方。在那里，莫奈写信报告他的地中海海岸系列风景画的进度，这些画里有在微风中摇摆的树木和波光粼粼的海面。到了3月，提奥已经准备好了大笔购进莫奈的昂蒂布系列画，也已经准备好了6月在古庇尔夹层为他举办十年来的第一个个展。提奥对展览的预测、对莫奈在主题选择上表现出来的精明的赞美，以及他们在商业上的成功的报道，无疑都传到了文森特的耳朵里。

在遭遇厚厚的冰雪和破纪录的长期严寒以后，那一年阿尔的春天来得特别急促。漫山遍野的鲜花浪潮般涌来。苹果树、梨树、桃树和李树，几乎同时进入了花期。毛茛与雏菊撒遍了每一寸草地。灌木篱墙上开满了玫瑰，路边到处都是鸢尾花。这是一个文森特从未见过的春天——与渐渐摆脱冬天控制的牧师公馆的花园相比，这是大自然突如其来的丰盈奇观。

面对这片大好景色，文森特发现每一处都可以入画。后退的树林和众多的果树，为创作典型的系列作品提供了完美的机会，这类作品对莫奈来说已被证明是巨大的成功。只要变化不定的天气允许，他每天都扛着重重的画具，来到两边都是树林、通往平坦旷野的小路上作画。甚至对书呆子气的文森特来说也属例外的是，他严格而精心地将画架安在任何一种能够发现的果树之前，好像要着手对普罗旺斯的园林作一番勘测似的。他画柔软的杏树，到处都点缀着微小的粉红色花朵。他画瘦长坚硬、迷蒙一片的李树。他画当地的梨树，四处盛开着一团团黄白相间的鲜花。他画篱笆围起来的广袤的苹果园和桃园，画高高的柏树——它们抵挡着狂暴北风的侵袭。他还画了鲜花密布的樱桃树和优雅点缀于其间的杏树。

为了抓住这些果树的不同特点，文森特掌握了各种风格。所有在巴黎流行的、来势汹汹的“主义”，都在阿尔的果园里得到了呈现。除了莫奈及其信徒吉约曼的典型印象派手法，他还采用了科尔蒙工作室的同学约翰·彼得·拉塞尔稀薄的色粉画技术及其变化无常的调子。拉塞尔前一年前往西西里度假时创作了一系列果园风景画，文森特采用了这些画的特点，想要把这位富裕的澳大利亚人也吸引到兄弟俩的事业中来。“我正在画一组鲜花盛开的果园的风景画，”他4月写信给拉塞尔说，“我情不自禁地会想到你，因为你在西西里画过同样的画。将来的某一天我会将其中一幅送往巴黎，我希望能与你交换一幅西西里的习作。”然而，拉塞尔那种惠斯勒式的交响诗与文森特那个月在苹果树上所用的强烈的点子和细线完全无关。文森特利用西涅克、毕沙罗以及其他修拉科学色彩观的信徒们的方法（而不是理论），在天空布满了蓝色的笔触，在树木上撒满了粉红色的花朵。

为了贝尔纳，文森特将果园画成玻璃镶嵌画的样子——纯色与黑线的马赛克，用精心的描绘和示意图般的风格，忠实地记录了他对最近被称为“分离主义”的那种原始简洁的日本风格的信奉。“这是另一种果园，”他在4月的一封信里写道（这封信上画有一幅带有色彩点染的粗线条的速写），“构图相对简单：一棵白树、一棵小小的绿树、一块绿色和淡紫色的土地、橘红色的屋顶、大片蓝色的天空。”他还在这些描述后面附上了一份真诚的宣言，发誓效忠贝尔纳对印象主义教条的反叛：

> 我的笔触毫无体系。它以画笔的不规则运动触及画布，我想怎样，它就怎样。稠密地将颜料堆积上去，在画布上画点子，这里或那里完全不去修饰，或者重复多遍。总之，我倾向于认为，对那些在技术问题上有先入为主的想法的人来说，其效果总像意外那样令人不安、使人愤怒。

然而，无论他多么大声地支持与年轻的叛逆者贝尔纳分享的冒险事业，他显然仍然在意“那些在技术问题上有先入为主的想法的人”的观点——这一点特别明显。那年春天他给提奥的信里满是他的果园画能否售出的争论，他想要知道它们是否取悦了观众。“你知道这类主题让每个人都感到愉快。”他写道。他以为那些阳光明媚的果园作品将会“打破荷兰的坚冰”，最终将顽固的泰斯提格争取过来。他重复了好几遍说这些画“欢快之极”——提奥多年以来一直鼓励他的艺术风格作这样的改变。为支持它们丰富的色彩和讨巧的题材，他将自己的画作追溯到夹层的畅销艺术家，例如蒙提切利和印象派巨匠雷诺阿。

为了支持他的论点，他设计出了一个雄心勃勃的“装饰图式”，以对抗莫奈的美丽岛系列风景画，以及兄弟俩2月刚刚在修拉画室里看到过的巨幅作品。文森特画出的不是孤零零的果园，而是成组的相关景象。得益于长年分类与整理的特长，他想象着要创作一系列三联画：三幅一组的、“相互匹配”的果园风景，每一组都由一幅垂直构图的作品和两幅水平构图的作品组成。他在给提奥的信里勾勒出了这个图式。

他坚信这些组画能够表现出更多的装饰性，因此也一定能销售得更好。他开始“点染”已经画好的作品，“好让它们看上去更为统一”，然后计划创作“最后一幅规模更大的装饰画”：三幅一组构成的三组作品。沉浸于成功想象的陶醉之中，文森特向巴黎的合伙人作出了另一个大胆的许诺。“拿下其中的三件作为你自己的藏品，”他怂恿提奥收藏他的一组三联画，“不要卖出去，因为它们不久以后每一幅都会值 500 法郎。”“要是我们有 50 件这样的存货，”他写道，数字随着他的希望盘旋上升，“那我就觉得更轻松了。”

然而，他的幻想却是短命的。当果树上的最后一个花瓣掉落时，他的画笔就停下了，以前的魔鬼又现身了。由于不适应南方的气候，他的健康状况每况愈下。胃功能紊乱、热病和虚弱一起袭来。在嘴痛牙疼和消化问题的连番进攻下，他发现吃饭“实在是一种折磨”，只得又采用饥饿疗法。当他细想其他画家，如德·勃莱克勒和蒙提切利的命运时，他还抱怨自己无法集中心智。他常常在通信里流露出恐惧，认为兄弟俩共同的折磨“大脑之疾”——梅毒之灾——使他们受到了“无可救药的伤害”。

起初，他将这些“诅咒”归罪于“该死的冬天”和巴黎的红酒。当春天终于来临时，他戒了烟酒，相信他的血液在令人兴奋的地中海天气里已经不再需要“刺激”了。不过，这带来了灾难性的后果。“当我不再喝那么多酒，不再抽那么多烟的时候，”他写道，“我就开始胡思乱想，而不是停止思考。天哪，抑郁和虚脱就开始来折磨我！”不久之后，他就病倒在卡莱尔旅馆的床上，要求更好的食物，特别是好酒伺候了。“我精疲力竭，贫病交加，”他写道，“我感到再也无力独自生活下去。”

他思念着提奥。差不多在巴黎从踏上火车的那一刻起，他就后悔离开弟弟，并用他们重新团聚的想象来安慰自己。“在旅途中，我常常想起你，与我常常想起乡下的景色一样，”他到达阿尔后在给提奥的信中这样写道，“我只好对自己说，也许不久以后，你就经常会到这里来看我。”甚至旅馆门外还在大雪纷飞的时候，他就像在德伦特时一样，为普罗旺斯作起了广告。他将这里说成是一个对忙碌的经纪人来说完美无缺的地方，一个“恢复精神，获得宁静和平衡”的地方。一旦冰雪消融，春天的气息和工作的热情就将他的空虚一扫而光。但是，当鲜花开始凋谢时，这种空虚就再度袭来。“哦！我越来越坚信，人是万物之本。”他在 4 月充满渴望地写道。一个月后，他则补充道：“万物的表象已经改变，变得生硬了。”

与往日一样，他在想象里寻求慰藉。他开始阅读莫泊桑的《皮埃尔和让》，一部描写同母异父兄弟的小说。但是，如果他想要在莫泊桑的小说里寻找他如此钦慕的“欢乐的情调”——莫泊桑是巴黎唯一令他开心的作家——或是《齐姆加诺兄弟》中令人动容的兄弟情义，那么《皮埃尔和让》的黑暗笔调和悲惨结局，一定会让他感到沮丧。然而，他在全书的前言里找到了安慰，因为莫泊桑在这个前言里提出了一种艺术理论，有力地为文森特最近的自我放逐作出了辩护，就像左拉曾经为他的上一次自我放逐作出辩护一样。在描述艺术理想时，莫泊桑为每一个艺术家争取到了一个权利（事实上是一个授权）——以他自己的方式来看待世界："各依其性情"创造一个个人的"世界的幻象"，然后"将他独特的幻象强加到人性中去"。文森特向他遥远的弟弟描述莫泊桑的观念（"他解释了艺术家有权夸张，有权创造一个比我们的现实世界更美好、更简洁，也更令人慰藉的小说世界"），然后运用这些观念来吸引提奥和他以前的熟人进入他自己的"世界的幻象"中——一个一起反叛、一起牺牲，更重要的是一起分享孤独的更加令人安慰的世界。"当你记得在现实世界之外你还有朋友时，你会觉得自己还活着。"他写道。

在整个春天，他都紧紧地抓住勒皮克路上的兄弟之情，否定他孤独的现实生活。来到阿尔不足一个月，他在一个突如其来的时刻放弃了幻想。"我与其感到孤独，还不如愚弄自己，"他承认，"我想要是我不愚弄自己，我就会感到压抑。"

文森特陷入了商业狂热，以及对巴黎旧居时时刻刻的思念当中，对他的新住所视而不见。在来到阿尔的第一个月里，他几乎从未写到过这个小镇及其居民。在天气允许的情况下，他直接从火车站附近的旅馆前往乡下。其他时间，他则蜗居在卡莱尔旅馆，甚至在房间里用餐。他去过几趟斗牛场（在那里，他报道说，他看到"一个斗牛士在跳越障碍物时撞碎了睾丸"），当然，他还去过当地的妓院（与他居住的旅馆仅一个街区之隔）。但是，即使是在这几次的短途游历中，兄弟俩在古庇尔夹层上的生意还是操纵着他的眼睛。那个受伤的斗牛士"身着天蓝色和黄金色的服装"，令他想起了"我们收藏的蒙提切利作品里的某个家伙"。他对当地一家妓院的描绘，恰恰提供了他发誓要在中央高原找到的那种欢快的前卫派的色彩：

> 50余个身着红军服的军士，还有身穿黑衣的平民，他们的脸是辉煌的黄色或橙色（这里的人脸色实在奇特啊），女人们则穿着天蓝色和朱红色的服装，个个花里胡哨，要有多难看就有多难看。整个妓院都笼罩在一种黄色的光线里。

由于过分惦记离开的城市，文森特从未将阿尔列入他曾经到过的地方。甚至在亚历山大大帝的时代之前，阿尔就曾经被外族占领，其后则持续地经历了各个伟大文明的洗礼。文森特曾在习作和地图上将这些伟大文明的进程描绘过上百遍：希腊定居者、腓尼基商人、罗马军团、西哥特侵略者、拜占庭统治者、萨拉森征服者、十字军骑士。迦太基人汉尼拔可以从阿尔以北不到 10 英里远的阿尔卑斯山的最高峰窥视阿尔。恺撒大帝曾在公元前 46 年将阿尔称为“高卢的罗马”。根据某个传说，不久以后，耶稣家的一个分支，在耶稣被钉在十字架上以后，为躲避迫害，从朱迪亚起航，在阿尔附近的海岸奇迹般地登陆。

所有这些，以及其他更多的事件，都在这个小镇狭窄的街道上留下了痕迹。特别是罗马人曾将一篇传奇刻于石碑而传之后世。巨大的斗牛场由公元 1 世纪的罗马皇帝维斯帕先所建，文森特曾惊叹，它“由色彩斑斓的石块堆积而成，占地有两三个画廊那么大”。附近，罗马时代剧场的遗址在大片中世纪的街道上投下了历史的诡影。文森特每天心不在焉地走过这些街道前去作画，穿过一群群亨利·詹姆斯之类的游客，后者从遥远的国度来到这里，为的是欣赏“我所见过的最富有魅力和令人动心的废墟”。

如果文森特不是早已心有所寄，他或许也能从阿尔的历史古迹中发现能安抚他的那种隐喻。1000 年以来，阿尔一直扼守罗纳河和地中海的战略要道。它事实上更像一个岛，四面由水道和沼泽包围，坐落在罗纳河巨大的三角洲顶端，横跨欧洲最富裕地区的河流两岸。但是数个世纪的淤泥堵塞了河口，将它填充成一片巨大的沼泽，迫使海岸线南移，越出地平线之外。由于缺乏海港，阿尔变成了一座陷在历史时空里的孤城。如今，那些古老的石头面对的不是繁忙的码头和泡沫四起的河流，而是懒洋洋流淌的河水、一望无际的波浪般翻滚的草地与野马。

不过，文森特看到的只有衰败。“这是一个肮脏的小镇，”他写信给提奥说，“一切都是枯萎和衰退的景象。”

他对小镇的厌恶连带到了这里的居民。与每次突入乡间的情形一样，文森特发现普罗旺斯的当地人既陌生又冷漠，那里的居民对他的感觉也一样。“他们全都用一副异样的眼神看我，好像我来自另一个世界。”他一个月后报告说。跟博里纳日的矿工一样，阿尔人说一种文森特几乎听不懂的方言，特别是在听了两年的巴黎腔法语之后。他们的中世纪的服装、神秘的天主教仪式、狂热的迷信活动，即使在他们自己看来，也是嘲弄的对象。到 1872 年，当阿尔丰斯·都德出版了第一本关于一个来自塔拉斯孔、名叫塔塔林的普罗旺斯吹牛大王的小说时，普罗旺斯人就成了全法国人的笑话，因其插科打诨和自吹自擂而受到人们的嘲笑。

正如文森特从导游书里学习博里纳日人一样，他也将都德的小说当作评论阿尔人“头脑简单和毫无鉴赏力”的教科书。他发现作画材料的唯一来源，是当地的一个杂货商和业余画家（他拥有足够多的蛋黄来为他出售的画布上胶），不觉又好气又好笑。在参观了小镇的博物馆以后，文森特立刻就染上了巴黎人的那种优越感，根本看不上它，认为它是“一个恐怖的骗局，只配待在塔拉斯孔”。

当地人嗅到了他的轻蔑，他们也用同样的轻蔑回敬他。他们认为他“不值得信赖”，“傲慢自大”。有个小镇居民后来回忆说，文森特“总是来去匆匆，从来不想屈尊看人一眼”。与博里纳日的矿工和纽南的农民一样，他们嘲笑他奇特的举止和怪异的穿着。有个目击者后来回忆文森特时说他“真的丑到极点了”。和在别处一样，他也吸引了淘气的孩子们的注意力，他们“在他路过时，对他尖叫”。他们当中的一个后来回忆道：“他嘴里咬着烟斗，巨大的身躯佝偻着，眼睛里流露出一个疯子的模样。”在一封悲哀的诉苦信里，文森特承认自己在寻找一个家园时最后一次遭遇了失败。“到现在为止，我在赢得人们的感情方面毫无长进，”那年夏天他这样写道，“常常一整天不跟人说上一句话，除了点菜或者要咖啡。从一开始就这样。”

然而，文森特确实偶然发现了别的艺术家也在这一地区作画。住在阿尔郊外的 29 岁的丹麦人克里斯蒂安·莫里耶 – 佩德生，是文森特想要加以训导的年轻艺术家之一。“他的作品干巴巴的，画得很正确，也很胆小，”他写信给提奥说，“我跟他谈及了大量印象派的事。”与往常一样，文森特向这位有贵族血统的年轻同伴灌输了大量社会评论，也和他一起画过不少画。但是，当莫里耶 – 佩德生 5 月离开阿尔后，文森特快活的叙述就转变成了通常那种伤人的指责（“那个白痴”）、含蓄的告解，以及对他的学生拒绝听从理智劝告的抱怨。

正当莫里耶 – 佩德生离开的时候，文森特结识了道奇·麦克奈特，一个 27 岁的美国艺术家，他在阿尔附近的冯特维尔村租了一个画室。文森特从来没有喜欢过美国人，认为他们很粗鲁。与麦克奈特的第一次相遇就证实了他的偏见。“作为一个艺术批评家，他的观点是如此狭窄，令我发笑。”文森特总结他们的谈话时说。只是由于麦克奈特是约翰·彼得·拉塞尔——文森特商业野心的对象——的朋友，他才保持着一定的热情，至少将不可避免的友情的终结推迟了几个月。

对提奥的思念和无法释怀的孤独混合在一起，触发了文森特强烈的怀乡情绪。文森特经常因陷入回忆和后悔之中而消沉，特别是当他因缺乏绘画材料或主题而无法工作的时候。一旦果园的鲜艳色彩褪去，他就抱怨“内心痛苦”，并且发誓，“我要离开这里，去寻找新的主题”。对往事的回忆冲击着他空虚的心灵，潮水般地涌向他的思绪、书信和画笔。

阿尔周围的乡村景色常常让他想起他的童年生活：从沼泽里纵横交错的河道，到排水的风车。林荫道消失在地平线上，草地则荒野般伸向大海。甚至天空也在星罗棋布般的果园上空合拢。到处都是麦茬的田野，也令人想起雷斯达尔和菲力普·科宁克笔下伟大的黄金时代。然而，无论是在罗纳河三角洲，还是在泰晤士河的堤坝上，文森特的想象力都不需要被激发，就能肆意飘向逝去的岁月。事实上，与伦敦一样，普罗旺斯令他回忆起了荷兰。它们追随着同样的季节变换的节奏，或者，在同一个太阳之下就足以使他回想起马斯河的平原。“我不断想起荷兰，”他写道，“由于在时空上都隔了双倍的距离，这些记忆就拥有了使人心碎的力量。”

4月，他令人吃惊地放下了油画箱，捡起了铅笔和钢笔——他在艺术创作刚刚起步时用的工具，就好像他从未有过巴黎的岁月。他送给提奥两幅素描，是根据“我老早在荷兰的时候就想尝试的某种原则”创作的。他对周围的那些石头遗址或附近山石嶙峋的阿尔卑斯山视而不见，却欣喜地将目光落在画过上百遍的景物上：一对被截去了树梢的柳树、麦田里孤零零的农屋、树木成荫的道路上孤独的行者。带着沉重的透视框走过奇异而又熟悉的风景，他制作了一些精致的素描，然后将它们带回房间，再用钢笔精心加工。

他利用在河岸和路边发现的坚硬的野芦苇。他将它们的顶部按照一定的角度剪去，“使它们像鹅毛笔”，用它们画出了令人震惊的点线效果——影线、点子和短线，稀薄的笔痕和坚实的黑线，细致地表现出枝叶的特质。在某些画作里，他将地平线抬高到差不多接近纸张的上端，目光聚焦的不是地中海的天空，而是疯狂乱长的草地上那些青草肌理的微小变化。这些图像是他与拉帕德在埃滕附近巴塞瓦特沼泽的河岸上一起画过的，也是提奥在他大量的纺织工人和农民的画作中最喜爱的类型，还是他使纽南的母亲身体康复的风景画。只有这类画作，才能使他那固执己见的父亲说一句赞扬的话。

文森特一再回到这个主题的创作中。

3月冰雪消融后，他在乡村的最初闲逛中偶然看到了一个熟悉的景象：一座吊桥。这座桥用大量木材建造而成，在强烈的太阳底下被晒得如同白骨。它横跨连接着罗纳河与布克港口的运河两岸，后者位于阿尔以南大约

《通往塔拉斯孔的路》，1888年7月，纸上钢笔和墨水，$9^{7}/_{8}$英寸×$13^{1}/_{4}$英寸。

30 英里外的地方。在家乡那些河流纵横交错的城市和小镇上，他到处都可以见到这种熟悉的精巧设计。事实上，这条运河上的十多座吊桥就是由荷兰工程师按照荷兰的独特风格建造的。这种在技术上被称为“双叶竖旋桥”的装置，操作起来像儿童玩具一样简单。像门框一样的木制桁架架设在运河两边，支撑着沉重的横梁结构。这些横梁由链索连通河岸一边的路“叶”，并承载着另一边的平衡力。正是这些重量的平衡，使得人们可以轻而易举地推动整个木制结构运转，打开通道让过往的船只通过。在像船停靠码头发出的一阵吱吱嘎嘎的响声后，道路在中间打开，向两岸高高耸起，长长的平衡臂则降落到地上。

阿尔以南通往圣路易港的雷金奈耶桥，尤其吸引着文森特，尽管从小镇北端的卡莱尔旅馆到那里还得费些周折。他第一次经过这座桥是在 3 月中旬，天气刚刚暖和，当地的女人开始在杂草丛生的河边洗衣服。这个景象触动了文森特的回忆。不仅仅是桥梁，还有那些正在劳动的人民，都重复着他过去的艺术——来到巴黎之前的艺术。那些野芦苇以及根本无人理睬的吃水线，都令人想起纽南的田野和池塘，而不是阿尼埃尔的游乐场。在明亮的蓝天下，他将桥梁及石砌的桥墩画成断断续续的棕褐色和赭色，令人想起牧师公馆的花园，以及他父亲的《圣经》。至于桥梁本身，他并没有采用日本风那种大胆的色彩短线，而是小心翼翼地画出了织布机的效果。离开巴黎后他还是第一次使用笨重的透视框，通过透视框，他记录了桥梁的全部复杂性：加固后的枢轴、绳索和滑轮，以及花体字般旋转着的链条。这座桥位于巨大的桥墩和粉状的河岸之上，下面是推推搡搡的农妇和湍急的河面，周围是一片熟悉的风景，不可避免地会令人想起教堂墓地里的塔楼，那里埋葬着他的父亲。

尽管这是一份艰难的任务，但是在接下来的一个月里，文森特一次又一次带着透视框和插画师的铅笔，回到了这个记忆中的地标所在。他从运河两边画它的素描图：从运河北岸，桥梁看守人朗格鲁瓦的门前（当地人因此称这座桥为朗格鲁瓦桥）；又从陡峭得多的南岸，牵道在那里紧挨着吃水线。他从西面画它，面向大海；从东面画它，以日落为背景；从两侧和正面画它，以戏剧性的短缩透视的方式。他用铅笔和直尺，像一个小学生那样精确地画下桥梁的机械结构。他将其中一张大胆的素描寄给了贝尔纳，还附上一段描述，暗示了他在桥梁的阴影里徘徊了许多时光。他描述说："兴高采烈的水手们来到小镇……他们的侧面映衬在这座吊桥的奇特剪影里。"

随着他来访的次数越来越多，看到的角度越来越多样，过去也就在他的思绪里和他的画布上得到了不断的放大。3 月底，一则夹在妹妹惠尔信里的莫夫辞世的讣告，触动文森特内疚和后悔地流下了眼泪。"有什么东西——我不知道是什么——紧紧抓住我不放，"文森特写信说，"使我感到骨鲠在喉。"他两个月以前就已经得悉表妹夫去世的消息。一个月前，他还在冷酷地计算着要给沉浸在哀思中的莫夫遗孀寄一幅画，好引起泰斯提格的注意。然而，数周的孤独，以及对阿尔吊桥的沉迷，揭开了所有的旧伤。提奥想在 5 月他 31 岁生日的前一晚去荷兰看望母亲和妹妹，这一计划打开了另一道辛酸回忆的阀门。按照最古老的家族习惯，文森特绘制了一件生日礼物：一座用"狂暴的厚涂法"画成的果园，痛苦地将弟弟画成在荷兰的"那一天欣赏花丛中的同一些树木"。

文森特用一个自我辩护的、绝望的新计划来抵挡汹涌而至的回忆。在观望满屋子的油画和素描时，他开始构想一幅新的图画，这幅画将安顿所有荷兰的幽灵，逆转他无休无止的放逐：这幅画将为兄弟俩在古庇尔夹层的事业加冕，确立他与前卫派画家们的友谊，最终"说服泰斯提格，我确实是一个'小路'印象派画家"。

这幅画画的就是朗格鲁瓦吊桥。

在作出决定的"持续狂热"中，他回到了熟悉的河岸。在一块大得

《有打阳伞的妇女的吊桥》，1888年5月，纸上墨水和粉笔，24英寸×$12^{1}/_{8}$英寸。

足以抵御春天的狂野北风的画布上，他画上了大片色彩：以最简洁的拼图的形式。“我想让色彩像玻璃镶嵌画一样进入画布，”他这样写道，显然是在回应贝尔纳新分离主义的教条，“同时又拥有一种优美而大胆的构图。”他在画布对角线上画了一条沙白色的道路，点缀以用对比色表现的路人。在长方形的蔚蓝天空的衬托下，两个巨大的紫色桥墩在三角形的翠绿色河面上闪闪发亮。上方，桥梁由弯曲的木材构筑而成，在背景里的地平线上，一轮巨大的金黄色的太阳以风格化的黄白相间的波浪，放射出它的光芒。

文森特还没有来得及将这一切都整合到一起，然后为贝尔纳准备一张速写，风雨就将他赶回室内。他向提奥哭诉着说，在竭力想要通过回忆来完成此画的过程中，他“彻底毁掉了它”。但他并没有被吓住，他尝试了一次又一次。4 月，当天气不再合作时，他窝在旅馆房间内，开始重画已经完成的第一个版本。不过，与 3 月的那个版本中看上去像在后部的断断续续的色调不同，熟悉的轮廓线上被填上了他在勒皮克路上学到的那种生动的原色。他使整个画面成为一个燃烧的对比色的场域：没有将大地画成橙黄和赭色，而是画成了火红的铁锈色。他用风格化了的热带雨林的绿色，取代了狭长河岸上芦苇的褐色与薄荷色。水波荡漾的河面的颜色从蔚蓝到深蓝不断加深，石砌的桥墩则从灰色变化到淡紫色，而桥梁本身则以明亮的、意外的黄色跃出画面。

这是一种令人眼花缭乱的概括——一种终于将他的新艺术与他的想象力的情感源泉（往昔的岁月）联系起来的图像。他立刻明白，他已经创造出了某种新的和出人意料的东西——“一种奇特的东西，”他这样称呼它，“与我通常所画的不一样。”

救赎的激情曾在黑乡驱使他走到了忍耐的极限，又在安特卫普驱使他走到了自杀的边缘。现在，在同一种激情之下，他的商业狂热再度被加倍激发。他启动了一个不可思议的计划：将他的画作雨点般洒向在荷兰的家人和亲友：一幅寄给惠尔，一幅寄给他的老伙伴乔治·亨德里克·布赖特纳，两幅寄给海牙的博物馆，当然还有一幅寄给了固执的泰斯提格。“他会拥有一幅我的作品。”他曾经发誓说，那幅画就是朗格鲁瓦吊桥。“泰斯提格不会拒绝那幅画，”他满有把握地说，“我已经下定决心。”只有这幅画才能向那位曾经拒绝了兄弟俩种种提议的傲慢经纪人实施“报复”。只有这幅画才能纠正以前的错误。

在一阵乐观的狂想中，他将它装箱，然后托运给提奥。“只要为它特别配制一个品蓝和金黄色的画框即可，”他写道——为它要求一种与《吃土豆的人》一样的辉煌待遇，“就印象派的事业而言，既然我们没有什么可以失去的，也就没有什么可以担心的了。”

甚至就在文森特的艺术有所突破、自信心爆棚之时，他的生活却还是老样子。尽管他满脑子都是商业成功的渴望，但他的生活一点也没有改变。他无尽的计划和精心的抗辩，都没有让他卖出一幅画。拉塞尔没有买文森特催促他购买的任何一幅画（无论是蒙提切利的还是高更的都没有买）。当提奥应泰斯提格想看一眼“只有你本人认为最好的东西”的要求而向海牙送去“新画派”的一些精选之作时，他并没有将贝尔纳和拉塞尔包括在内，由此拒斥了文森特的宣传。

他自己作品的遭遇并不见得更好。提奥想在古庇尔夹层展出哥哥作品的努力没有取得任何进展。那个曾经对他的作品表现出兴趣的收藏家，最后也没有出手。提奥4月寄给泰斯提格的画作，6月又被退回。他托运给伦敦一个画商的一张自画像，干脆弄丢了。3月和4月在独立艺术家沙龙展出的三幅画（两幅蒙马特高地的风景，一幅名为《巴黎小说》的静物画）差点被丢进了垃圾箱，展览闭幕时恰逢提奥外出，无法索回这些画。在画作被搬离之前，文森特不得不匆匆忙忙让年轻的荷兰画家库宁（他已经搬进勒皮克路的公寓）去拯救它们。他甚至无法说服同伴艺术家们与他交换作品。不管文森特如何胡搅蛮缠，修拉、毕沙罗、拉塞尔、高更，甚至没有什么才华的库宁，都错过了与他互换作品的机会。

如果说还有一线希望，那也靠不住。至少有一位独立艺术家沙龙展的评论家古斯塔夫·库恩注意到了“梵高先生”创作的两幅风景画和一幅静物画。那是文森特第一次受到批评界的关注。在说到那两张风景画时，库恩指责艺术家没能“尽其全力关注明度以及色调的精确性”。他形容《巴黎小说》是“一堆色彩多样的书”，认为它“也许是一幅习作的合适母题，但却不是油画创作的借口”，从而将它扔到一边。

数月过去了，不管是兄弟俩的事业，还是文森特的艺术，一点进展也没有。他又陷入了曾驱使他离开巴黎的那种罪愆的重负之中。提奥给的钱在阿尔肮脏的街道，去得与在德伦特的泥煤沼泽一样快，也一样无法解释。与文森特的想法相反，移往普罗旺斯一点也不省钱。“运气更差，”他在来到阿尔不久后写道，“我在这里生活根本无法比巴黎省钱。”提奥不仅每月要寄来 150 法郎（那时一个教师的月收入是 75 法郎），还要额外提供颜料和画布，当文森特大声抱怨囊空如洗的时候，还要支付其他欠款。

很快，文森特就发现自己在为过度开支寻找同样的借口，然后告诉自己成功立刻就会到来，他在故乡的荒野上就在期盼这一成功了。“我必须立刻达到收支平衡，那时我的画作将抵销我的全部开支，”他在 4 月发誓说，“而且，还要考虑到以前花费的钱。是的，钱会有的。我承认，我并没有取得一次性成功，但我在进步中。”一再的恳求和许诺，令他信心顿失。在将热情狂热地消耗在果园风景画中的数周之后，他坦承“对别的一切不像对待自己的画作那样热心”，并提议要重新安排从阿尔去马赛的计划，将更多的心思用于销售绘画，而不是自己画画。为了为移居作准备，他甚至购置了新靴子和新衣服，并安慰提奥说：“就我干的这行来说，我希望能赚个盆满钵满。”

离开阿尔的提议也揭示了文森特与邻居日益紧张的关系。事实上，相互猜疑很快就演变为敌意。文森特陷于某种偏执的心理中，指责阿尔人正在利用每个机会来损害他和剥削他。“他们认为尽情地盘剥乃是他们的责任。”他埋怨道。他指控商人多要他的钱，厨师朝他吐口水，职员欺骗他，官员则误导他。当他挑战他们时（“任其盘剥对我来说是懦弱的行为”），他发现他们对他的抱怨无动于衷。“这里的人很冷漠，他们那种懒散的、顺其自然的生活方式，是令人难以置信的。”他愤怒地说。当然，没有什么比忽视更让他感到恼火的了，他承认，在吵架时说了些“愚蠢而邪恶的话”。在给提奥的信里，他以越来越辛辣的言辞称呼当地人，说他们是“令人讨厌的人”、“懒虫”、“游手好闲的人”和“猪”。甚至连阿尔的妓女也失去了吸引力，除酒精之外文森特丧失了可靠的友情和安慰。他称她们是“破鞋”和“笨蛋”，与阿尔这个小镇一样“处于堕落中”。对于他花出去的每一分钱，不管是给妓女的，还是给小老板的，他都苦涩地抱怨说“付给了讨厌的人”。

那年春末，当鲜花凋谢时，他在阿尔的生活也只剩下了一系列愤怒的遭遇。他与书商斗，与老鸨斗，与卖给他颜料和画布的杂货商斗，还与邮局的职员斗（他们因为他寄往巴黎的古怪包裹与他发生争吵，而他则为他们不合理的邮费与之口角）。他与旅馆老板争，因为他们拒绝提供他那敏感的肠胃所需要的食物。他与当地的小孩子争，因为他们嘲弄他（他则称他们是“大街上的阿拉伯人”）。

但是大多数时候他是在与房东作斗争。与往常一样，文森特到哪里都会发动与房东的消耗战。在阿尔，他的怒气对准了他居住的小旅馆的老板阿尔伯特·卡莱尔。他抱怨可怜的食物和卡莱尔在楼下餐厅供应的“日常的毒药”——红酒，抱怨他们的冷心肠和楼上厕所里的“细菌窝”。他指控卡莱尔“戏弄”他。“他们是毁灭性的，把我也变得很卑鄙。”他在给提奥的信中这样说。尽管心痛得很，但卡莱尔还是提供了一个带屋顶的阳台，让文森特晾画，天气好的时候还可以用作画室。但是，当卡莱尔试图为这点空间收取额外的费用时，文森特提出了抗议，并把这当作寻找其他住所的新理由。

在每一个转折点都遭到拒斥和围攻，文森特感到他在阳光明媚的南方的伟大事业在刚刚开始了两个月之后，又失败了。“我发现未来带着种种困苦在发怒，”他写道，“有时我问我自己，痛苦是不是太多了。”与过去一样，他开始沉溺于对自己不幸的缅想之中。他望着镜中的自我，绘制了一幅35岁的自画像，满脸皱纹，头发花白——“僵硬而又木然……无人理睬，充满了悲苦。”他在与贝尔纳交换基督的画像时被激怒，因听到提奥又生病的消息而感到沮丧，又因来自泰斯提格的持续的冷漠而感到悲哀，他的思想转向了最黑暗的方面：“死与不朽。”

这只会导向忧郁。“孤独、忧虑、困境、对友善和同情的无法获得满足的需求——这些就是令人难以忍受的东西，”他写信给提奥说，坦言他因无法支持病中的弟弟而感到绝望，“悲哀或失望的精神折磨，比分离更为强烈地摧残了我们——我得说，我们发现自己乃是混乱心灵的幸福拥有者。”

在放弃了宗教“易传染的愚蠢”后，文森特只有一个地方可以寻求安慰。与过去一样，特别是当危机来临时，他通过艺术紧紧抓住再生——救赎——的机会。他说，只有艺术“能够引导我们走向一种更为欣悦而欣慰的天性”。想到左拉《杰作》中弥赛亚式的律令，以及他自己早年对崇高的想法，他重新总结了艺术的未来——与他那福音派的基督教思想一样，这个版本能将他的困苦转化为牺牲，将他的折磨转化为奉献。他向他的所有通信者宣扬，艺术中的“革命”即将到来，并宣布他自己及其他古庇尔夹层的画家是这一艺术的先锋。“因此，假如我们信奉新艺术以及未来的艺术家，”他写信给提奥说，

> 我们的信念并没有在欺骗我们。当那个老好人柯罗在临终前几天说“昨晚，我做了一个梦，我看见了一片天空都是粉红色的风景”时，难道它们，不仅是粉红色的天空，而且还有黄色和绿色的天空，不都出现在印象派的风景画里了吗？这一切说明，人们已经感到有某些事情正在发生，而且以绝对的真实发生着。

将古老信念的安抚力量与新艺术的激励力量相结合，就构成了文森特独特的救赎与重生的模式——一个启示录式的和米什莱式的版本，既赞美了“小路”画家，也诉说了他对艺术和生活中失去的乐园的炽热乡愁。过去必将重现——但是，必须经过对色彩的新领悟和对“绝对真实”更深洞察的净化和完善。

1888 年 4 月底，两个事件促使文森特将这种令人绝望的幻想转化为现实——“将它强加于人性之中”，正如莫泊桑教导的那样。第一个是一封来自贝尔纳的信，他在信里炫耀说刚在布列塔尼海岸的圣布里亚克租下了一整幢房子。差不多与此同时，文森特与房东的争执终于达到了顶点，他只得在全镇寻找另一个住所，即使在他考虑要前往马赛的时候。卡莱尔旅馆以北几个街区的地方，在文森特去乡下写生时经常路过的一个公园的角落里，他发现了一幢早已被废弃的屋子——“门关着，可能长期无人居住了。”这幢屋子被漆成了黄色。

第三十一章　天堂

文森特租下的四个房间，并不是梦想里的模样。它们占据了拉马丁西北角上一幢楼房的两层。拉马丁是阿尔北部的一个三角形的公园，位于老城墙与火车站之间。尽管每月只需 15 法郎的租金，这个地方长期都没有被租出去。长时间无人照看令它那黄色的外墙渐渐变成象牙色，绿色的百叶窗则褪成了桉树的灰色。

这是一幢奇特的建筑，被挤在一个不规则的四边形里。两道面朝公园的山形墙标志着不一样的“两半”：左侧深而空旷，开着一家杂货店；右侧则浅而狭窄，被文森特租下了。右侧还得忍受来自紧挨着这幢楼房东面的一条通道蒙特马约尔大道的噪音和灰尘。局促的楼层只允许在楼下开一个后面带厨房的大房间，在楼上开两个只能通过公用的楼厅和楼梯到达的小房间。除了厨房，所有房间都朝南，但没有一间空气对流——在闷热的夏天这里令人窒息（尤其是楼上），冬天则寒冷难耐。没有一个房间有暖气、煤气或是电灯，也没有浴室。最近的方便之处是隔壁旅馆肮脏不堪的公共厕所。

邻居们在任何时候都不欢迎来访。宴乐狂欢的人、酒鬼和路人从紧挨着的旅馆和只隔两个房门的整夜营业的咖啡馆进进出出。火车从站里进进出出，从不到 100 英尺之外高出路面的轨道上经过时，喷出蒸汽，大声尖叫。在公园一侧，几棵瘦弱的树木在无情的太阳底下投出方寸阴凉，但绝无缓解令人窒息的尘土之计。到了晚间，影影绰绰的人影在树丛里穿梭、呻吟——来自公园对面的妓院区的性工作者络绎不绝。不舒适的房间、噪音、车流、危险和堕落，长期以来阻止了明智的小贩或房客入住此地。对小镇上的居民来说（他们每天路过此地去邮局寄信或去杂货店买东西，要不就在晚上与人在公园里私通），拉马丁广场 2 号的那个角落里的公寓，早就因无人居住和肆意破坏而不存在了，50 年之后盟军会将它炸为齑粉。

黄屋子，阿尔

但是，对文森特来说，这里却是个天堂。别人只看到墙壁剥落，砖砌的地面粗糙，不通风的房间难以住人，文森特却看到了一个崇高的教堂般的空间。“在这里，我可以生活和呼吸，沉思和绘画。”他写道。他看到的不是进进出出的邻居，而是一个伊甸园般的花园，那里绿叶成荫，头上的天空总是“蓝得发青”。他称那个尘土飞扬的公园“令人愉快”，还向妹妹惠尔吹牛说，他的窗户“俯瞰一个非常漂亮的公园，人们从那里可以看到早晨的日出”。文森特看到的不是堕落和邪恶，而是杜米埃尔的漫画、福楼拜小说里的场景、莫奈的风景画。看到通宵营业的咖啡馆里的外来居民，他则认为看到了“地道的左拉小说里的场面”。

别人视为碍眼的东西，文森特却把它看作自己的家。“我感到，我能由此创作出某些持久的东西，”他在充满期待的狂喜中这样写信给提奥说，“我脚下的土地更加坚实了，所以，让我们大胆向前吧。”有个访客后来回忆道，文森特已经找到了他的“梦中家园”。

来不及等待提奥的回复，他就签下了租约，然后斥巨资要让这个被人遗弃的地方恢复生气。他收拾了室内装修，重新粉刷了外墙——“外面是新鲜黄油般的黄色，加上醒目的绿色百叶窗。”他在信里说。他加固了房门和窗户。为了让房间适合居住，他花了很多钱，整天都在向提奥抱怨自己穷困潦倒。（他告诉提奥说房东承诺支付房屋修理的费用。）为了尽快搬进去，他将卡莱尔旅馆的画室整个搬迁到楼下的房间里。但是当他要求减少一些房租时，阿尔伯特·卡莱尔光火了，两人爆发了一场激烈的争吵

（“我被骗了。”他大叫道）。为了从卡莱尔那里要回那些剩下的东西（当文森特拒付租金时，那家伙扣押了这些东西），文森特不得不在附近那家通宵营业的咖啡馆旁再租一个房间，并将他与卡莱尔之间的争执诉到了当地法官那里。他与邻居的对立在日后也酿下了苦果。

拉马丁广场，阿尔

然而，没有任何东西可以熄灭黄屋子的光芒。一个永久性的画室使他最古老、最深层的梦想复活了：寻找伙伴。对文森特来说，家永远意味着不再孤独。早在1881年，他就请求安东·范·拉帕德去埃滕，加入他的“布拉班特式”的爱国梦想。“我正在向着一个决绝的方向前行，”他召唤说，“而且还不止于此，我还想要别人与我一起前行！”在海牙，他计划将施恩韦格的画室转变成“插画家之家”，其他黑白插画师（还有一群模特）能够加入他的计划，就像在《绘画》的黄金时代那样。在德伦特时，他设想在荒野成立一个画室，“一群画家或许得以脱颖而出”。在纽南，他将克基拉岛的画室想象成米勒的所有农民画家学徒们的“临时住所”，并用这个想法来安慰自己。甚至在短暂的、充满了困苦的安特卫普时期，他还曾经设想过“成立一个画室”。在巴黎，他曾邀请安特卫普学院的同学贺拉斯·李文斯，一个他几乎不认识的人，来“分享我的住所和画室，只要我还拥有这些东西”。

艺术家之家的幻想同样也伴着他来到了阿尔。与弟弟和“小路”画家们分开后，文森特比以往任何时候都更加渴望友情。“我得退而求其次，”他一来到阿尔，就写信给提奥，“在那里，巴黎的老马们——也就是你和我们那几个可怜的印象派朋友——在受到鞭打的时候，可以去牧场。”

在一个充满了孤独、陌生以及阵阵发作的乡愁的春天之后，他一次又一次回到了家居的梦想之中。他抒情地回顾了这个梦想（与范·拉帕德在布鲁塞尔），思考曾经失败的尝试（“我记得在海牙和纽南，我试图创建一个画室，但结果是何等糟糕！”）。在 4 月中旬的某一个春日，所有来自过去的伤痛和对于未来的向往，都在拉马丁广场 2 号的四个房间里融合了。

“我完全可以让某个人与我来分享新画室，”他在签下租约的同一天就宣布，“我也喜欢这样。也许高更会来南方？”

保罗·高更并不是文森特最初想邀请的伙伴。当疾病暂时将弟弟排除出去后，他最早转向了 19 岁的爱弥尔·贝尔纳，他在勒皮克路最温顺的同伴。很显然文森特在推动早在巴黎时就已经发出的邀请，用一大堆关于中央高原如何美丽，生活如何健康，以及阿尔的女人多么迷人的话来吸引这位年轻画家（“对热爱阳光和色彩的画家来说是个绝佳之地”）。他宣传说这个南方比布列塔尼更优越，因为贝尔纳正打算再度在布列塔尼度假。（“我一点也不想看到北方灰蒙蒙的大海”是文森特尖刻的反驳。）

为了引诱那位身为日本迷的朋友，文森特将尘土飞扬的普罗旺斯风景重新想象成一个展览日本版画的画廊，充满了“优美翡翠上的那种斑点”、“强烈的蓝色风景”以及“辉煌的金黄色阳光”。他将他的素描和对于油画的描述寄给贝尔纳，大胆地将乡下分离主义式的风光，宣传为“像日本一样美丽，大气清澈透明，色彩效果欢快……就像我们在日本版画中看到的那样”。他还暗示提奥会在古庇尔夹层展出贝尔纳的作品和在马赛销售贝尔纳的画作，以此来使他的邀请充满诱惑。

当贝尔纳提出异议（声称自己将在北非服兵役，尽管他后来并未去那里）时，文森特转而将搜索的目光投向眼前。无论是想要避开在阿尔作画的很少几个法国艺术家，还是被这些艺术家所抛弃，文森特直接邀请丹麦人莫里耶 – 佩德生来与他共用一个画室。文森特不管他的画风“绵弱无力”，也不管他很不情愿参加他时常发起的前往妓院区（或者用他的话来说，“那些友好的姑娘所在的街道”）的“远足”活动。3 月，当莫里耶 – 佩德生宣布回家时，文森特的家庭渴望又转向了道奇·麦克奈特，拉塞尔那位爱吹牛的美国朋友，此人居住在附近的村庄冯特维尔。“他是个美国佬，”文森特总结道，“或许比大多数美国佬画得好，但仍然是个美国佬。”

甚至还在看到麦克奈特的画作之前，文森特就已经在盘算他能否“好好地安排一下”，让这个年轻人与他一同搬进黄屋子。“那样的话，饭菜可以在自己的住所做，”他想象说，“我认为我俩都能从中获益。”然而，一周以后，当文森特跋涉五英里去冯特维尔村麦克奈特的画室时，这一愿景与其他众多的愿望一样，在一阵敌意中烟消云散了。整个夏天，文森特都在咒骂这位美国邻居：“一个干巴巴的家伙”，“没心没肺”，“沉闷”，“平庸”，“愚笨”，“懒鬼”。出于对他们共同的朋友拉塞尔的尊重，两人继续互访，在这样的互访中，文森特不得不忍受对方对其作品的批评。他在给提奥的信中苦涩地总结了这些批评：“印象太古怪”，“全盘流产”，“彻底令人厌恶”。作为报复，文森特对这个美国人宣布了一个更加恶毒的判决：“麦克奈特很快将用包巧克力盒子的羊皮纸完成一幅小小的风景画。”

与高更配对的计划并不见得更有希望。3月，文森特还指责了保罗·高更“缺乏那种愈挫愈勇的性格”——这既是对他缺乏男子气，也是对他的艺术风格所作的中伤。文森特是在收到高更自布列塔尼海岸小镇阿旺桥的来信，抱怨自己贫病交加时，作出这个评论的。“他处境不妙，”文森特将来信的内容透露给提奥说，“他想知道你是否售出了他的任何作品，但不敢直接写信给你，怕打扰你。”文森特坦言“对高更的困境深表同情”。他也确实央求提奥和拉塞尔购买高更的某些作品。他还写了一封热心的回信给阿旺桥的高更（这是他写给高更的第一封信），谴责为什么所有画家都易患病（“我的老天！我们能盼望下一代艺术家们拥有健康的身体吗？”）。但是，他显然无意邀请高更来到有益健康的南方与他会合。这位年届不惑的法国人以易怒和拒人千里的矜持而闻名，因此与年轻可人的贝尔纳无法相比，文森特早已将目光锁定在贝尔纳身上。这位年长男人的艺术，尽管题材充满了异国情调，也比不上年轻画家对色彩与简洁性的强烈信仰更有吸引力——特别是在3月的《独立艺术家杂志》宣布分离主义为前卫派艺术皇冠上的明珠之后。

当然，对于高更在古庇尔夹层的迅速走红，文森特紧密关注，而且明显有些嫉妒。仅在12月至1月间，提奥就购进了价值近1000法郎的高更作品，包括他自豪地挂在勒皮克路公寓沙发之上的那幅描绘马提尼克岛风情的《女黑人》。不过，在高更2月离开巴黎后，这两位艺术家就几乎没有联络过。当高更3月在病榻上给文森特写信时，他将信寄到了巴黎，根本没有意识到文森特已经前往阿尔。仅仅隔了一周，他就写了第二封悲哀的信。“他抱怨坏天气，还生病了。”文森特概括说，“他说在所有折磨人类的痛楚中，没有什么比缺钱更让他感到悲哀，但是，他感到他命中注定要成为永久的乞丐。”文森特将信转给了提奥，还附上了一个不经意的建议，让提奥将高更的一幅画寄给泰斯提格，后者一个月之后才给予答复。

然而，到了月底，一切都变了。莫里耶–佩德生已经宣布要离开阿尔，文森特与麦克奈特的关系坏到了极点，房东卡莱尔扣留了文森特的所有东西。贝尔纳无视他的恳求，在布列塔尼租了一个屋子，又邀请高更前去加入。提奥已从荷兰返回巴黎，与往常一样又是忧虑又是生病，然后立刻制订计划要去吉维尼拜访莫奈，他将在那里为这位印象派明星提供最大的一笔款子。“你将在那里看到一些可爱的东西，”文森特可怜巴巴地说，“你会认为，与他的东西相比，我寄来的东西十分难看。”

与此同时，当夏季干燥寒冷的北风带来大量沙尘时，普罗旺斯的天气变得闷热难熬。苍蝇和蚊子折磨着每一个短途的游人。随着色彩不断从田野上褪去，健康也从他身上离开，他阮囊羞涩，画笔也渐渐失去了自信。（到5月1日，他还没有向巴黎寄出一幅作品。）黄屋子代表了一望无际的地平线上唯一的“希望之光”。但是，为了将他那个艺术家的伊甸园设想付诸实施，他已经债台高筑，但他却没有向提奥透露只言片语。

到了1888年5月中旬，文森特已经说服自己相信，只有一个人能扭转这个不幸：只有将高更邀请到阿尔，他才能拯救他的艺术家之家的梦想。“我们也许还能弥补一点过去的损失，”他设想道，“我会拥有一个自己的安宁的家，我将变成一个全新的人。”

为了将这个幻想强加到现实之上，文森特发动了生平最大的一场战役。面对拉马丁广场2号的那幢崭新的大楼，一个宏大的设想形成了。通过连续几个月苦口婆心，几乎每天央求和告诫的书信，他为自己的幸福建构了一个最最宏大、闪闪发光的空中楼阁。文森特将从西恩和施恩韦格画室获得的经验及从德伦特发出的“来吧”的急切请求，与在纽南的荒野中转向米勒的热情相结合。1888年的夏初，他将一切赌注都押在了建立一个个人的和艺术的乌托邦——一个救赎和重生的天堂——的壮举之上，比他涂在黄屋子外墙上的泥灰和油漆更加辉煌夺目。后来的记录将这最后一个幻想称为“南方的画室”——文森特从来没有用过这个说法。

文森特争辩说，高更的到来将最终为兄弟俩古庇尔夹层的事业建立健全的经济基础。他把自己的计划当作“纯粹的商业事务”提出来，还在可控风险的比率基础上作出了预算，认为两个人的开销跟一个人的一样便宜，而且，高更的《女黑人》之类的作品一定会升值“三到四倍”。如果提奥能帮高更还清他在阿旺桥的债务，支付他去阿尔的路费，在他的每月津贴中增加100法郎，每月向他索取一幅画作，那么提奥就不仅能赚回成本，而且还会赚得丰厚的利润。

他向提奥保证说，这种安排在其他方面也有益处。与高更合作还将吸引其他的前卫派画家，从而使兄弟俩的事业“名声远播”，处于“更加强势的地位”。随着高更的成功，文森特的作品也会开始销售，他估算道——每月至少一到两幅，甚至多达四幅，以每幅油画100法郎的价格成交。“因此，我告诉自己，收支将一点一点通过作品得到平衡。”他又安慰提奥说，急切盼望他长期依赖于弟弟的历史即将结束。文森特大胆地设想，高更的到来甚至还有可能有助于获得那个永远充满狐疑的泰斯提格在商业上的支持。“要是我们拥有高更，”他大胆地预料，“我们就不会失败。”

5月下旬，他草拟了邀请函：

我亲爱的高更同道：

> 我乐意让您知悉，我刚在阿尔租下了一幢带四个房间的楼房。私下以为，假如我能找到另一个意欲在南方工作的画家，而且，假如他与我一样，能全身心地投入工作，愿意过上修士般的生活（只两周去一趟烟花巷）……那将是一件美事。舍弟每月会寄给我们250法郎生活费，我们将分享这笔钱……您每月只需交一幅画给舍弟。

除了对于满是漂亮阿尔女人的妓院的暗示，文森特还以恭维话（“舍弟与我非常钦慕您的画作”）、阳光明媚的天气（“外出作画几乎一年四季都不成问题”），以及改善健康的气候条件（“我刚到这里时病得不轻，但现在感觉好多了”），使得书信看上去更具诱惑力。不过，文森特坚持道：“生意归生意，舍弟无法给布列塔尼的您寄钱，又给普罗旺斯的我寄钱。”高更请求经济支援的信，他直截了当地予以回应：“但是，假如我们能合住一处，那么对我们每个人而言，他的资助都将是充分的。真的，我对此确信无疑。”最后，他警告这个前银行家不要直接向提奥要求更好的买卖。“我们已经经过仔细的商议，”他强调说，“我们发现资助你的唯一现实的途径，就是这个合住计划。”

文森特以一种罕见的矜持，将草拟的邀请信寄到了巴黎，可能是想得到提奥的批准。不过他的论辩并没有停下以等待回复。沉闷的商业逻辑之上有着一种渴望，文森特将高更的到来想象为一个商业上的妙计，更是艺术上的福祉。在南方，他声称：“人们的感觉变得更加敏锐，手腕变得更加灵活，眼睛变得更加机警，大脑变得更加清醒。”他将中央高原描写为所有真正的印象派不容错失的目的地：一块充满了原始色彩和日本艺术中的透明光线的乐土——每一个前卫艺术家新的圣杯，只等着一个拥有信念、雄心和“胆量”的画家将它们画下来。在越来越高调的狂热中，他将他的邀请信扩展为一封向所有热爱日本风并受其影响的艺术家发出的挑战书：“为何不来另一个日本，法国南方？”他以当初传教士般的狂热，预见到了一种新宗教将在中央高原诞生。“有一种未来的艺术，”他想象道，“它是如此可爱，如此年轻……我为之陶醉。”他用革命的修辞结束了这段预言书般的狂想，呼吁共同牺牲、更多善意，以及乌托邦式的凯旋。

还有救世主必将复活。不久的将来，他宽慰提奥说，一个“来自下一代”的艺术家将“从这个可爱的乡间诞生，他将为这片土地创作，就像日本人为他们的土地创作一样”。这个艺术家将领导这场革命，而文森特把自己仅仅看作这条道路上的“清道夫”。“我还没有足够的野心去做点燃导火索的人，”他坚持认为，“但是这样一个人将会出现。”文森特称这一新艺术的弥赛亚为“中央高原的漂亮朋友”——“一个绘画中的莫泊桑”，他将会“以欢快的心情描绘这里的漂亮人情与风物”。他将在色彩上挑战蒙提切利，在风景画上抗衡莫奈，在雕塑方面比翼罗丹（这些都是古庇尔夹层的明星）。文森特以强调的语气宣布说，他将成为“一个史无前例的色彩学家”。

他拒绝说出这个即将来到的救世主的名字，但是他将此人与莫泊桑笔下的乔治·杜洛，一个害羞、老练、性感的勾引者（就像左拉笔下的奥克塔夫·穆雷）作了比较，以兄弟间的密码向提奥传递了信息。此举不仅调用了发动文学革命的伟大法国现实主义作家的名字，而且保证了古庇尔夹层的迷人画作会带来巨大的商业成功，还暗示了他将与美丽的阿尔女人上演一出风流的戏剧。无疑，它将命运之指指向了现实的、野心勃勃的、掠食者一般的画家，他正躺在阿旺桥的病榻上，贫病交加，一文不名。

与文森特的所有乌托邦幻想一样，眼下这个幻想同样既向前看，也向后看。通过合住计划，他与高更将追随前辈艺术家的“兄弟情义”：从中世纪的艺术家公会（他们“彼此相爱，像朋友一样”）到黄金时代的荷兰人（他们“相互补充，彼此促进”），从《绘画》的作家与插画师（他们在工作室肩并肩地工作，共同创造“某种神圣、高贵而又崇高的东西”），到巴比松画派的画家（他们不仅形成了一个松散的艺术家群体，而且还结成了一个有亲缘精神的、高贵的艺术家共同体，在枫丹白露森林彼此分享“他们的温暖、生活和热情”）。

在这个失乐园之梦中，文森特添加了关于艺术家兄弟之情的最时髦的神话：被称为和尚的日本僧人。他既从严肃的文献（例如贡斯的《日本艺术》），也从耸人听闻的，特别是皮埃尔·洛蒂高度虚构的游记《菊花夫人》之类的材料中，读到了这些充满了异国情调的宗教兄弟情义的故事。现在，他在这些原始、崇高、简单而又克己的僧侣的形象中——在文森特看来，他们“互敬互爱，共同提高”，一起生活在“和谐的兄弟般的共同体中”——想象着他与高更之间的关系。在将日本僧侣的神秘团结与摩拉维亚式教徒的“兄弟联姻”（他们色情化的公社组织一直在刺激荷兰人的心灵）相比较时，文森特鼓动高更一起过一种和尚般的生活，“冷水、新鲜空气、简单但健康的食物、体面的衣着，以及舒适的床铺”——与十多年前他在蒙马特高地的一个阁楼里与哈利·格拉德威尔分享过的斯巴达门徒般的生活一样。

他不仅想笼络高更一人，还想在他的黄屋子里招徕所有尚未突围的前卫派艺术家——所有“可怜的小鬼，那些以咖啡馆为家、住在廉价的小酒馆里、仅能糊口、过一天算一天的人”。为了所有这些“过着野狗般生活”的画家，文森特反复宣扬他的伟大的新使命的种种好处。文森特写道，要是提奥真的在乎“印象派画家们发动的这一积极的尝试”，他就有责任“关心他们的食宿问题”。为了恢复施恩韦格的施粥场，他设想要为巴黎所有无家可归、与他一样因艺术而忍饥挨饿的老马们（画家们）提供援助：

> 我们正在花大钱使艺术家们联合起来，使他们能享有健康、青春和自由。可惜我们什么也没有，比那些拉着客人们去享受春天的老马还要可怜……你知道你就是一匹老马，而那是一辆你即将拉起的马车。你也知道，你情愿生活在阳光下的草地与河边，有其他同伙相伴，行动自由，爱情自由。

这个要为被忽略的画家们提供牧场的设想，不可避免地与文森特想要创立艺术家“联合”的长久雄心混合在一起。在这样的联合中，已经成功的少数艺术家将资助那些贫困的大多数。为什么画家们应该“为赢得糊口的机会”而联合在一起？他坚持认为（其实是将他自己受困的感受投射到所有“小路”艺术家身上）：“因为这意味着，一个人远不是孤零零的个人。”他敦促提奥通过创建一个新的“印象派社团”——一种“经纪人与画家携手”的伙伴关系（在这种关系中，“经纪人要看好家，提供画室、食物和颜料等等，而画家则负责创作”）——来与“不公正”作斗争。在为那些忍饥挨饿的同道们开创一番伟大事业的激烈的布道词中，文森特发现了他最需要的那种满足。通过将他对提奥的长期依赖，转化为一种所有挣扎中的艺术家所共享的道德权利，将提奥的长期资助，转化为一种强加在所有成功的经纪人（和成功画家）身上的乌托邦式的律令，他将借黄屋子里这个天堂般的景象彻底摆脱最深刻的内疚。

这一救赎的力量是如此强大，以至于任何失败的可能都将使文森特的思想转向最为黑暗的地方：疾病、发疯，甚至死亡——这些暗示以文森特不可能预料的方式预见了未来。不过眼下，他对高更前来做伴的狂热预期，使他的想象力越过了这些疑虑，进入了一个充满美好梦想的未来。“美梦，啊！美梦！”贝尔纳回忆那年春天他收到的那些充满了幻觉的书信时写道，“宏大的展览，艺术家博爱的共产主义村庄，中央高原的艺术家基地！”

到了 6 月，这些梦想开始涌上画布。为了证明言辞无法证明的观点，文森特迎来了他最多产、最具说服力，最终也是最致命的创作高潮。在德伦特，他曾在狂热的邀请函里附上描绘泥煤地生活的杂志插图；在纽南，他曾用米勒和伊斯雷尔的恶毒诅咒来保卫自己的住所不受当地农民的骚扰；在普罗旺斯，在眼中看到新色彩、手中掌握新笔法的两年之中，他又用西方艺术史上最为辉煌的画作，来支持他为黄屋子作出的谋划。

文森特的脸上终于沾上了地中海的浪花，他画了四张停泊在海边的渔船的素描。5 月底，他曾经到过圣玛丽的德拉玛尔古村落，颠簸 30 英里，只为了“看一眼蓝色的大海和蓝色的天空”。“至少我看到了地中海。”他欣喜若狂地说。他试图挡住来自非洲的狂风，画下一条在风浪里搏击的一人驾驶的小舟。不过他把五天时间中的大多数花在了在明亮而贫瘠的村子里游荡，画下了那些古老的、像结了壳似的村舍。这类村舍被称为“漂白了的屋子”，以排列整齐、孤零零的样子而惹人关注。

《圣玛丽的街道》，1888年6月，纸上芦苇笔和墨水，12英寸×18$^1/_2$英寸。

他的思绪不断地回到过去。大海使他想起了他的水手伯伯简，沙丘使他想起了席凡宁根海岸，村舍使他想起了德伦特的茅屋。同样的思绪显然使他远离了朝圣教堂的战斗，那个小镇就得名于此。据普罗旺斯地区的传说，正是在这里，三个玛利亚（包括抹大拉的玛利亚）在神奇地逃离圣地之后从这里登岸。5月下旬，成百上千的朝圣者渡过潮湿的沼泽地，前来庆祝圣莎拉节。使女圣莎拉伴随着三位玛利亚，乘坐那神奇的小舟来到这里。朝圣者大多数是吉卜赛人，她们将肤色黝黑的莎拉当作自己的守护神。文森特来到圣玛丽海边——而不是他总在许诺要去的马赛——也许是受到了一年一度途经阿尔的行旅的启发，数天之前，那些热情的吉卜赛女人乘坐色彩华丽的大篷车刚刚从这里经过。

不过，到达后，他的眼睛就一而再再而三地投向海边的船只。每天早晨，他都会来到海边，看到它们停泊在那儿："绿色、红色和蓝色的小船，它们的形状和色彩是这样美丽，人们情不自禁会想到鲜花。"但是，每天早晨当他还来不及准备好画具时，它们就出海了。"风平浪静时，它们急于出海，"他向贝尔纳解释说，"而在风大时，它们就争先恐后地回来了。"第五天早晨，他起得特别早，只带了一本速写簿和一支铅笔就急急忙忙来到海边。他看到四艘小船还泊在沙滩上，正静静地等待着一天的劳作，庄严一如巴黎马车前的那些老马。在不用透视框的情况下，他把它们那被完全忽略的庄重的一面速写下来：前景中那艘船阔大的船舷及弧形的船头几乎填满了整张纸，其余三艘只能参差不齐地留在后面，是它们的船主将它们抛在了那里：它们的桅杆或前或后倾侧着，就像纽南被截去树梢的桦树，而它们那长长的帆桁和钓竿，则以种种奇特的角度犬牙交错。在它们的主人将它们拖出去尽义务之前，他赶紧在他的素描上直接打上彩点作为记号。

同一天，文森特也动身了。在教区牧师和当地警官莫名其妙的干涉下，他突然结束了这趟海边之行。他赶上了一辆车，留下了他在圣玛丽完成的三幅油画，因为，他解释说："它们还没有干透，无法塞进车里，忍受五个小时的颠簸。"可他再也没有回去过。

不过，他带回了素描。一回到黄屋子，他就将其中一批寄给了提奥，将另外一些，包括那件"泊船"带回了画室；在那里，他将这幅素描发展成了一幅油画。首先，他通过与素描一样大小的水彩稿（15 $^1/_2$ 英寸 ×21 英寸）来重新安排色彩关系。他完全无视莫夫教给他的打彩稿的技巧，用宽厚的黑色的芦苇笔勾勒出船体的轮廓线，然后在线条之间填充进均匀明亮的水彩：船身用红与绿的补色，沙滩和天空则用橙与蓝的补色。最后，他将那些庄严的小船的素描复制到一张更大的油画布（25$^1/_2$ 英寸 ×32 英寸）上，将右边和上方的空间，更多地留给了大海与天空。他将素描细分为更加细小的纯净色块：栗色与钴蓝的船体配上青瓷色的帆布，黄绿色的船头配上橙色的帆布，鳄梨色的座舱配上白色的罗纹布，黄色的桅杆和天蓝色的船舵则配上蛋青色的划桨，还有五颜六色的鱼竿。

不过，当他画天空和大海时，他的目光就彻底改变了。他没有将那些珍贵的船只安置在水彩画蓝色与橙色的对比中，而是将它们转化为一个柔和而梦幻般的世界——一个有着炽热的天空和银色光辉的世界，那是莫夫或莫奈会认可的世界。白色的云朵消融在柔软的蓝色和绿色的笔触中，以一个明亮的跳跃，笼罩在那些尖利的桅杆之上。沙滩上的阴影，从前景中带金点子的灰褐色（那是船只所在的地方），到远处被太阳晒成的白色，发生着浓淡变化。白色的浪花打湿了海滩，使它们看上去成了淡紫色。地平线上，大海与天空在一种粉青与深蓝的浅吻中融化在一起。在这个薄雾一样的黎明的衬托下，小船结晶般的色彩仿佛要从画布上跳下来。

文森特声明，《海边的渔船》及其他几幅建立在从圣玛丽海滩——实在是一部色彩教科书——带回来的素描基础上的油画，可以证明他已经在法国南方发现了“绝对的日本风情”。“我总是对自己说，我正在日本，”他宣布说，“你只需要睁开眼，画下正前方所看到的东西就是了。”他写信给贝尔纳和高更，将海滨“令人愉悦的母题”、“素朴的”景色、“原始的”色彩说得天花乱坠。他坦承自己对分离主义的信奉，还将它总结为“以日本人的方式简化色彩”，并且“将平涂的色彩并置，用富有个性的线条标出运动和形式”。

对提奥，他拼命鼓吹《海边的渔船》及类似的作品一定能卖得出去，还将它们与日本版画进行比较，认为它们正是“想要装饰居室的中产阶级”所需要的东西。也许是在回应莫奈在昂蒂布的画作（当时正在古庇尔夹层展出）中所使用的语言，文森特断言他在南方的短暂逗留使他获得了一种新的视野。“人们用更加日本式的眼光来看待事物，”他写道，“人们以不同的方式感知色彩。”事实上，莫奈本人不是画过有四艘色彩鲜艳的海边渔船的画吗？以至少这些理由，他敦促弟弟鼓动其他经纪人“联合起来，让那些有意愿的人前往南方。那样的话，我认为高更一定会在其中”。

他将类似的请求也发给了贝尔纳和高更，根本不在意前者对他的回绝，以及后者的犹豫不决。“你认识到我们一直很愚蠢吗？高更、你，还有我，居然不在一起工作。”6月中旬他责备贝尔纳说。几封信之后，他向他的朋友指出了隐藏在四艘中世纪渔船之中的同一个信息：“生活将我们裹挟，速度是如此之快，我们根本来不及交流和工作。这就是为什么在联合遥遥无期的情况下，我们仍在脆弱的小舟上毫无目的地前行，每个人都孤独地航行在我们时代的大洋之中。”

然而，最终的邀请总是针对提奥的。“我希望你能在这里多待些时间，”他从圣玛丽回来后写信道，“我认为你应该再次沉浸在大自然和艺术之中。”与在德伦特时一样，他怂恿提奥离开古庇尔公司，至少可以请“一年年假”，在这一年期间，他的身体就能康复，他还能发展兄弟俩的事业，而且“将自己沉浸在”南方的庄严宁静之中。“不管我走到哪里，我都在不断地想你、高更和贝尔纳，”他写道，“这里是如此美丽，所以我真希望你能待在这里。”

带着满脑子这样的幻想，文森特又回到了他的创作中去，并在其中一艘船上用大写字母题写了一个词：AMITIÉ——友谊。然后，在开阔的深蓝色的大海上，他画上了四艘脆弱的小船，它们齐头并进，划向无痕大海的深处；风起帆满，前方什么也没有，只有汪洋一片。

仅仅在一周后，文森特向北旅行至塔拉斯孔——都德笔下的神秘小丑塔塔林的故乡，途经蒙特马约尔一个充满了传说意味的修道院的废墟。蒙特马约尔位于罗纳河三角洲一侧，高高耸起达 150 英尺，是座令人头晕目眩的石灰岩悬崖。在历史上的大多数时候，蒙特马约尔都一直作为一座石头岛屿屹立在那里，抵挡着地中海的冲刷。6 世纪时，基督徒们在其令人胆寒的绝顶上避难，在坚固的岩石上凿出了一个圣殿来表达他们的感恩之心。后世的数代修士在最初那个粗糙的圣殿上垒起了一层又一层的石头，从拜占庭教堂到中世纪修道院，从文艺复兴式的隐居所到 18 世纪的城堡和花园。大革命之后，一切皆沦为废墟。

到 1888 年仲夏，文森特从不太陡峭的那一侧山路，好几次登上了蒙特马约尔山石嶙峋的高峰。作为一个长期生活在低地国家的人，他深深地折服于修道院塔楼上所看到的壮观景色；越过一片名叫克劳的平原，可以向南远眺阿尔。这里，在高地国家的脚下，罗纳河丢下了它最为肥沃的岩屑，冲击着大海咸湿的沉积物，将其冲击至南方的卡玛格。早在 19 世纪，一项荷兰风格的灌溉工程早已宣布克劳地区崎岖纵横的土地适合耕种，特别适合培育葡萄园。如此造就了一片风景如画的景色：到处都是石灰岩小岛，以及点缀在田野和果园中的小村庄。5 月中旬，当提奥邀请文森特为阿姆斯特丹的展览提交几件素描时，文森特自然而然就转向了这片空旷的美景。在一周时间里，他创作了七幅用棕色墨水绘制的精致的蒙特马约尔的素描，包括四幅可以看到一望无际的克劳平原全景的精彩素描。但是，在最后一幅素描完成之后，仅仅隔了数天，他的热情就转向了对“日本”色彩的钟爱，这驱使他在5月底来到了圣玛丽。

然而，到6月中旬他重访克劳平原时，围绕黄屋子的争辩就像罗纳河一样，改变了方向。文森特渴望的目光也随之改变了方向。他从圣玛丽回到阿尔后，迎接他的是一个新消息：他在科尔蒙工作室的老同学路易·安克坦被《独立艺术家杂志》加冕为“绘画新趋势的领袖人物；在这种新趋势中，日本风的影响比以往更为明显”。不久，文森特听到了一个更加令人艳羡的里程碑式的消息：安克坦售出了一幅画。买主是画商乔治·托马斯。他是文森特长期以来一直紧盯着的画商，而那幅画则是一幅标题为《农民》的习作。

尽管文森特对安克坦在分离主义的新运动中的重要地位持有异议（他认为他的保护对象贝尔纳“在日本风方面比安克坦走得更远”），但他无法与一桩买卖争辩——在这方面，他与贝尔纳都没有吹牛的资本。作为被神化了的新运动的领袖，安克坦如今在指挥一切。在数周之内，高更宣布要创作一幅布莱顿的农民大跳丰收舞的巨型作品。在夏末到来之前，贝尔纳将加入高更在阿旺桥的画室，而且打算要画一幅当地——法国另一端的丘陵省份——的农民画。差不多在同一时期，提奥从吉维尼回到巴黎，兴冲冲地报道说，他在莫奈的画室里看到了更加闪亮的风景画，这些风景画记录了巴黎大区的光线及四季变化的转瞬即逝的效果。

也是在6月，文森特读到了一则有关莫奈昂蒂布风景画展的评论，这个系列当时正在提奥的画廊展出。在丰富的描述后，这位评论家赞美了画家与大自然“亲密无间”的关系，称赞他用他的感觉和明亮的画笔记录了法国南部海滨地区昂蒂布的原始之美，与他之前在北方海岸美丽岛所作的画作一样。他宣布莫奈乃是“中央高原的诗人和史家”，是米勒和柯罗的继承人，将乡间生活提升到了艺术中的正当位置。他敦促同胞们再度接纳祖国的崇高的诗意。当人们能够在法国本土发现未经触及的伊甸园时，为什么非要到太平洋岛国和古代文明中去寻找“原始”的意象呢？

当文森特还在圣玛丽时，这篇文章的作者古斯塔夫·热弗卢瓦致信提奥，表达了购买文森特某些作品的意愿。

从热弗卢瓦的文章和提议中，从安克坦对题材的选择中，从对于巴黎、阿旺桥和吉维尼的新作的报道中，文森特发现了推进黄屋子计划的新机会。他的书信与画作里满是议论。没有人比他拥有更多的关于大自然的“亲密知识”，没有人像他那样热爱乡村生活，没有人像他那样接受过简单的农民生活及农民与土地之间的原始联系的教育，也没有什么地方比阿尔更适合艺术家重新接触大自然纯净的诗意。“我环顾四周，看到如此丰富的大自然的面貌，根本没有时间去想别的东西，”他在直接回应热弗卢瓦的号召时这样写道，“正如眼下已是收获的季节。”他突然取消了前往圣玛丽的旅行，背上画具，走向刺眼的阳光和克劳平原干燥寒冷的北风的旋涡之中。

在接下来的两周里，他几乎画了一打作品来支持他的田园牧歌宣言。他一幅接一幅地画下克劳平原上金黄一片的麦田，将平地线抬得越来越高，以便将他那痴迷的画笔聚焦于夏天所馈赠的丰富色彩。“麦子是古老的金黄色，”他在作画的过程中写道，“拥有丰富的古铜、黄绿、红黄、黄金、黄铜、红绿以及亮橙等种种色调，就像熊熊燃烧的大火。”他不断地调整明暗，从令人目眩的正午的亮黄，到夕阳西下麦田“在阴暗中发出闪光”时的黄褐色调。他也调整天空的颜色，从钴蓝到紫蓝到蓝绿，直到金黄，他就像“正午大熔炉”里的太阳一样热力四射，不屈不挠。他描绘了一望无垠的田野，在风浪的搅拌中等待着大镰刀的收割。他画下了一个在高高的麦秆中缓缓行进的打麦子的人，他身后留下了一捆捆刚刚割倒的麦子。他绘制了巨大的、脏兮兮的麦垛，它们堆满了整个打谷场，为筋疲力尽的主人们提供了临时的床铺。

在自己言论的鼓舞下，在炽热的热浪和狂暴的季风的刺激下，他兴奋地画了一幅又一幅，有时候一天就要完成两幅作品，以便捕捉普罗旺斯“画家天堂”的景象。“我画了七幅麦田的习作，”他向贝尔纳吹嘘说，“画得非常快，非常快，非常快，一切都在仓促中进行，就像那些在燃烧的太阳底下默不作声、专注于收割的农民一样。”

其中有一幅画特别能够概括文森特对这个迷人的乡间乌托邦的新观点，它既熟悉又充满了异国情调，吸引着所有真正的艺术家前往中央高原。就在阿尔东面的高地上，他面向通往阿尔皮勒山的北方设定透视框，从而捕捉到了金黄色的克劳平原壮观的全景。“我正在画一个新的主题，”他写信给提奥说，“绿色和黄色的田野，一望无垠，直到目光尽头。”在这幅高达2英尺×3英尺的巨幅作品中——比他在阿尔创作的任何一幅画都要大，他的想象力将这片山石嶙峋、烈日灼烧、阡陌纵横的农田，变成了一个苍翠繁茂的香格里拉。阳光均匀、柔和地晒向每一寸土地，没有留下任何阴影，照亮了新收割的田野，使这块马赛克般的原野的每一个角落都充满了饱和的生动色彩：白色的沙子路、淡紫色的芦杆篱笆、橙色的屋瓦，以及一整片点缀着嫩绿色新作物的金黄色田地。深绿色的果园、水闸和矮树林散布在远处，牲口在远至蒙特马约尔的紫色的山间徜徉。地平线上，是晴空万里的蔚蓝色天空下淡紫色的阿尔皮勒山。

分离主义压倒了可以观察得到的薄雾和刺眼的光线；从前景中竖立着的芦杆篱笆，到数英里之外锯齿交错的山脉，画里的空气成了晶体般透明的东西。每一种颜色的碎片，从画面中心小小的蓝色干草车，到接近地平线的蒙特马约尔遗址的白色城堡，都透明地发着光，没有因为尘土或距离而变得模糊不清。在这幅巨大、宁静的风景画里，身影细小的农民们四处走动干着农活，这里使用了一种对于乡村生活的卡通式的叙事手法：一个收割者刚刚在一块田地里干完活，一辆马车沿着另一块田地的一侧快步行进，一对夫妇正在回家的路上，与此同时，不远处，一个农民站在他的货车后面，将麦子装进他的货车里。前景里，收获季的古老工具静静地排列着：梯子靠着干草垛，二轮车空荡荡的，还有一对醒目的红色备用轮胎。

在灼人的烈日下，文森特用一天时间就完成这幅画后，踌躇满志地回到住处（"这幅画胜过所有其他作品"），为他在中央高原的使命找到了新的理由。"我的方向是对的，"他大声宣布，"如果高更愿意加入我的画室……我们都将成为南方的探索者。"他更新了要与纽南的农民保持团结的誓言。"在收获季，我的工作并不比那些收割的农民更轻松，"他坚持认为，"从长远看，我认为我应该完全归属于乡村。"

为了支持新画作原始的真诚，他重新调用了米勒笔下的纯朴形象，以及左拉笔下那些"天真纯朴的人"的形象。他还听从热弗卢瓦的本土主义训诫，不再把简洁的图画与日本版画相比，而是与"古老素朴的农民年画"相比；这些年画通常以"完全原始的手法，描绘了狂风暴雨、大雪或晴朗的天气"。他将他在巴黎看到的、由新近加冕的安克坦绘制的一幅描绘收获场面的画当作自己直接的灵感来源。他声明了自己与保罗·塞尚的渊源。塞尚是高更和贝尔纳十分推崇的画家，也是如今开始将他们三人统一起来的分离主义画作的艺术教父。正如塞尚已经"完全成为乡村的一部分"一样（他经常画距离阿尔只有 50 英里的艾克斯附近的风光），文森特声称他与克劳平原有着难以言喻的关联。"带着画作回到家里时，我对自己说：'看哪！我画出了老塞尚的那种色调！'"他写道，"我甚至在中午，在炽热的太阳底下工作，就在麦田里，一点阴凉都没有。不过我像一只知了那样喜爱它。"

对提奥，文森特调用了他们共同喜爱的画家以及古庇尔公司的畅销艺术家的形象：从菲力普·科宁克和乔治·迈克尔，到米勒和杜雷的巴比松田园景色，再到蒙提切利的风景画。不过，他更多地指向了古庇尔夹层的明星画家。一幅描绘克劳平原落日的画正好拥有"克劳德·莫奈的效果"，他自我证明说："它妙极了。"正如莫奈画昂蒂布的地中海风情，文森特则画克劳平原的景色——"延伸到地平线尽头"，与"大海一样壮观和浩瀚"。就像热弗卢瓦曾经宣布莫奈的海岩景色能够使感官处于一种梦境状态，文森特则声称他那天堂般的全景画拥有神奇的力量，以其对无限的沉思舒缓着观众疲惫的心灵。"在那种平面的风景中，”他写道，“什么也没有，只有永恒。”

为了强调这个观点，他在 7 月重返蒙特马约尔高地，以一个更为开阔的视野画下了他所钟爱的山谷的素描。要是从小镇到那里的路途不是那么遥远，要是山间的季风不是那么强烈，他或许会画出从修道院的废墟所看到的景象。但即使只用钢笔与白纸，文森特也能提炼出一种天堂般的景色。在两张较大的纸张（19 英寸 ×24 英寸）上，他画下了整个山谷的鸟瞰图。“乍一看，它就像一张地图。”他说。

从东面的德科得山裸露的石灰岩，到西边的罗纳河河岸，中间星罗棋布地分布着村庄、谷仓与农舍，纵横交错地点缀着篱笆、小路，甚至一条铁轨。他将脚下的一切都画了下来。接着，他以一种惊人的强度和创意，用细小的钢笔点子将轮廓线以内的地方填得满满的。没有一块耕地，没有一根篱笆桩，没有一个麦茬，没有一根草根，没有一处肌理的变化，能够逃脱他痴迷的笔尖，不管有多么遥远。他用无数点子、短线，错乱的标记、影线、笔触和潦草的书写——每一笔都是对克劳平原的辉煌壮丽的风景的辩护——将这一地图般的景象转化为一个神奇的地方。他刚完成这些素描，就将其中两张寄给提奥，将它们当作他的汇报、邀请和请求。“用克劳平原令人瞠目结舌的美景来愉悦你的眼睛吧，”他吩咐弟弟说，“我真的想要告诉你这里的大自然是多么宁静。”

《蒙特马约尔附近有火车的风景》，1888年7月，
纸上墨水和粉笔，$19^3/_8$英寸×24英寸。

《黄屋子（街道）》

1888 年 9 月，布上油彩，$29^{7}/_{8}$ 英寸 ×37 英寸。

《罗纳河上的星夜》

1888 年 9 月，布上油彩，$11^{1}/_{8}$ 英寸 ×$36^{1}/_{8}$ 英寸。

《自画像(献给保罗·高更)》

1888 年 9 月,布上油彩,$24^{1}/_{4}$ 英寸 ×$20^{1}/_{2}$ 英寸。

《梵高母亲肖像》

1888 年 10 月,布上油彩,$15^{7}/_{8}$ 英寸 ×$12^{7}/_{8}$ 英寸。

《公园中的夫妇与蓝枞树：诗人的花园之三》

1888年10月，布上油彩，$28^{7}/_{8}$英寸 ×$36^{1}/_{8}$英寸。

《塔拉斯孔的驿车》

1888年10月，布上油彩，$28^{3}/_{8}$英寸 ×$36^{1}/_{8}$英寸。

《阿尔的女人:纪诺夫人与书》

1888 年 11 月(或 1889 年 5 月),布上油彩,$35^1/_4$ 英寸 ×$28^3/_8$ 英寸。

《摇摇篮的鲁林夫人(摇篮曲)》

1889 年 1 月,布上油彩,$36^5/_8$ 英寸 ×$29^1/_8$ 英寸。

《文森特的椅子与烟斗》

1888年12月，布上油彩，$36^{5}/_{8}$英寸 ×$28^{7}/_{8}$英寸。

《高更的椅子》

1888年12月，布上油彩，$35^{5}/_{8}$英寸 ×$28^{3}/_{8}$英寸。

《耳朵缠绷带叼烟斗的自画像》

1889 年 1 月，布上油彩，$20^{1}/_{8}$ 英寸 ×$17^{3}/_{4}$ 英寸。

《静物：有 15 朵向日葵的花盆》

1888 年 8 月，布上油彩，$36^{5}/_{8}$ 英寸 ×$28^{3}/_{4}$ 英寸。

《鸢尾花》

1889 年 5 月，布上油彩，28 英寸 ×$36^5/_8$ 英寸。

《星夜》

1889 年 6 月，布上油彩，$28^3/_8$ 英寸 ×$36^1/_8$ 英寸。

《丝柏树》

1889 年，布上油彩，$37^1/_4$ 英寸 ×$28^3/_4$ 英寸。

《树干和常青藤（灌木）》

1889 年 7 月，布上油彩，$29^1/_8$ 英寸 ×$36^1/_8$ 英寸。

《自画像》

1889 年 9 月，布上油彩，25$^{5}/_{8}$ 英寸 × 21$^{3}/_{8}$ 英寸。

《卧室》

1889 年 9 月初，布上油彩，28$^{3}/_{4}$ 英寸 ×36$^{1}/_{8}$ 英寸。

《播种者》

1888 年 11 月，布上油彩，$12^{5}/_{8}$ 英寸 ×$15^{3}/_{4}$ 英寸。

《有一个收割者的麦田》

1889 年 9 月初，布上油彩，$29^{1}/_{8}$ 英寸 ×$36^{1}/_{8}$ 英寸。

《圣保罗医院监护特拉比克的肖像》

1889 年 9 月，布上油彩，24 英寸 ×$18^{1}/_{8}$ 英寸。

《圣保罗医院花园里的树木》

1889 年 10 月，布上油彩，$35^{1}/_{4}$ 英寸 ×$28^{3}/_{4}$ 英寸。

《摘橄榄》

1889年12月，布上油彩，$28^{3}/_{4}$英寸 ×35英寸。

《午憩（仿米勒）》

1890年1月，布上油彩，$28^{3}/_{4}$英寸 ×$35^{7}/_{8}$英寸。

《佩洛莱斯溪谷》

1889 年 10 月，布上油彩，$28^{3}/_{4}$ 英寸 ×$36^{1}/_{8}$ 英寸。

《杏花》

1890 年 2 月，布上油彩，$28^{7}/_{8}$ 英寸 ×$36^{1}/_{8}$ 英寸。

《鸢尾花》

1890 年 5 月，布上油彩，$36^1/_8$ 英寸 ×$28^7/_8$ 英寸。

《奥威尔的教堂》

1890 年 6 月，布上油彩，37 英寸 ×$29^1/_8$ 英寸。

《加歇医生肖像》

1890 年 6 月,布上油彩,$26^{1}/_{4}$ 英寸 ×22 英寸。

《多比尼花园》

1890 年 7 月,布上油彩,$19^{5}/_{8}$ 英寸 ×40 英寸。

《树根》

1890 年 7 月，布上油彩，$19^{3}/_{4}$ 英寸 ×$39^{1}/_{4}$ 英寸。

《有乌鸦的麦田》

1890 年 7 月，布上油彩，$19^{7}/_{8}$ 英寸 ×$39^{1}/_{8}$ 英寸。

然而，文森特的艺术和他对中央高原的描绘中，仍然缺少了一样东西没有呈现。他曾经走向乡间寻找模特，正如他向来所做的那样。由于费用昂贵，且没有自己的私人画室，他在巴黎被耽搁了两年。他带着一双敏锐的眼睛来到了阿尔，在这个以富有吸引力的当地人出名的地区，搜寻着那些具有表现潜力的人物画和肖像画的模特。“这里的人通常都很好看。”他向妹妹惠尔确认说。他说，每次走在街上，他都能发现“弗拉戈纳尔或雷诺阿笔下的那种女人”，“令人想起契马布埃和乔托的少女”，以及“与戈雅或委拉斯开兹笔下的人物一样漂亮的人”。但是，除了刚来到阿尔时画过一个老女人的肖像外，他的运气并没有比在巴黎时更好。

5 月搬进黄屋子后，他终于有了一个比拥挤的旅馆房间要好的地方。随后他去圣玛丽海边，也希望有海边的浴者愿意为他摆姿势。所有这些，都在他身上引发了另一阵“人物，人物，更多人物”的热情。“我应该猛攻人物画，”他宣布说，“因为那才是我的目标所在。”就像在安特卫普时一样，他开始自信地谈论勾引女人去他的新画室画肖像的事儿。“我敢肯定，她们会上钩的。”他一边这样写道，一边露出狡黠的微笑。

但是，她们根本没有上钩。在圣玛丽，他去得太早，那里根本没有洗海水浴的人。在阿尔，收割季节的人工荒，剥夺了他画模特的机会。他也无法说服那些满腹狐疑的农民，让他们一直咧着嘴，或是长时间保持一个姿势，让他画下运动中的姿态。结果是，虽然画了一幅又一幅，乡村生活的主角却几乎没有上过画面。与米勒农场里的那些“圣像”不同，文森特收获画中的人物既微小又粗糙，几乎消失在阳光与麦地的庆典中。在整个 6 月，由于缺少模特摆姿势，他试图凭想象画人物，结果画坏了不止一件作品。“我仍然感到没有模特的欠缺，”他写道，一面回忆起纽南乐于助人的德·格鲁特一家，“他们似乎是专为我而生的，我至今仍十分钟爱他们，要是他们能在这里该有多好。”

在最后的绝望中，他乞求惠尔去索回一些尚遗留在克基拉岛画室里的版画。要是他想从纸上寻找模特，即使找不到有血有肉的，他也想至少从最好的着手。与过去一样，他狂热地以为，他请不起模特——特别是女模特——妨碍了他的整个艺术创作计划。“画肖像需要深度，”他这样坚持认为，“它可以培养我内心最好的、最深刻的东西。”在将这个痴迷纳入关于黄屋子的幻想时，他以玄妙的口吻预言，即将到来的艺术上的弥赛亚——“中央高原的漂亮朋友”——“将会在人物画中降临，就像莫奈在风景画中降临一样”。与莫泊桑笔下的主人公一样，他想象说，女人的征服者高更，狂野的黑女人的驯服者高更，将来到普罗旺斯，然后引诱阿尔著名的美女们走进画室，而他将与文森特一起分享这个画室。

高更已经开始创作农民之女的舞蹈场面的作品——出于朱尔斯·布莱顿田园牧歌式的狂想，这一消息只会刺激文森特性征服与艺术征服的幻想。与此同时，20岁的贝尔纳则以其在巴黎妓院的种种劣迹、所画的巴黎小姐的素描和所写的色情诗歌，折磨着文森特。出于不想落伍的绝望念头，文森特大肆搜罗阿尔的妓院与小巷，就像他曾经在安特卫普所做的那样，要找到愿意为他摆姿势的“女人”。或许这时他找到了那个“肮脏的小女孩”，她是那年夏天他所画的唯一肖像画的画主，然后她就消失了。文森特向拉塞尔之类的朋友吹嘘他的发现——一个“捡垃圾的姑娘，脸长得像蒙提切利的画中人”。拉塞尔喜欢面孔姣好的街头女郎，也许还会支持文森特伟大的中央高原计划(至少他是这么希望的)。自从发誓远离女人，害怕再次染上“石榴裙下的病”之后，他什么也没有对提奥讲。

事实上，文森特所能发现的，且能与众人分享的阿尔的性感诱惑根本不是一个女人，而是一个男人。6月中旬，正当收割季被长达一周的暴雨打断之时，一个令人惊异的家伙大模大样地走进了黄屋子，跨坐在文森特画架面前的椅子上。他身着一袭腥红色的无袖束腰外衣，衣服上装饰着招摇醒目的金色圆圈与绣花领子。一顶皱巴巴的土耳其毡帽耷拉在他的脑门上，放荡地翘在脑袋的一侧。又大又黑的流苏在它底下晃来晃去。他两脚跨坐在椅子上，双手搁在大腿上，两肘齐腰，乌黑、凹陷的双眼直瞪瞪地盯着文森特，嘴里不耐烦地叼着一只烟斗。

“我终于有了一个模特，”文森特兴高采烈地说，“一个祖阿夫（轻步兵）。”

祖阿夫们最早是法国军队从阿尔及利亚祖阿夫部落雇用的士兵，他们在欧洲人的想象中，远远超出了北非柏柏尔高地的范围。数个世纪奥斯曼帝国的征服无法将他们驯服，直到19世纪70年代他们还在继续反抗法国的殖民统治，他们已经成为欧洲人心目中战场上勇猛无敌、情场上战无不胜的象征。然而，到了文森特在阿尔的妓院邂逅他们的时候，祖阿夫们的名声已经诱使大量法国人加入了他们的行伍，以至于除了光怪陆离的服饰以及色情方面的神秘感之外，非洲特色早已所剩无几了。事实上，这个年轻的模特很有可能是轻步兵军第三团一个名叫保罗-尤金·米勒的上尉介绍给文森特认识的。他们团正好驻扎在距离阿尔的妓院区不远的地方。米勒是一个中产阶级家庭的叛逆者，后来成为了一名士兵。他刚刚结束了在法国殖民地印度支那的一场旷日持久的战役，来到阿尔休假。他在妓院里过夜，白天却沉溺于别的爱好：画画。文森特与上尉有着共同的爱好，不久就主动成为上尉在画画方面的老师。

不过米勒拥有一张甜蜜的面孔和精致的五官——并非那种野兽般狂野

和掠夺成性的形象，文森特认为那些巴黎与布列塔尼的轻步兵们就是那副尊容。他告诉提奥说，他那位年轻的模特则长有“公牛般的脖子和老虎一样的眼睛”——这一描述无疑利用了祖阿夫们好战与好色的传闻。不管是出于挑战，还是因为打赌，或者是在酒精的作用下（正如文森特后来坦白的那样），这个年轻的兵士至少两次走进了黄屋子，为文森特狂热的眼睛摆了两回姿势。

为了传达在这个人身上所看到的粗犷的特征，文森特使用了强烈对比的饱和色彩的厚重笔触：红色的毡帽在一块绿色壁板的衬托之下，旁边则是明亮的橙色砖块，他那束腰外衣上的装饰性的金黄色圆圈，被画成被亮蓝色的腰带所衬托，而不是本来的红色。当这个祖阿夫穿着一条如波浪般翻滚的红色大马裤，第二次来到画室时，文森特将他安排在一面白色的墙壁前，他双腿大开，在橙褐色的瓷砖地面之上，形成了一个巨大、鲜红的三角形。这个三角形之上则是富有装饰性的蓝黄相间的束腰外衣，以及如今被画成绿色的腰带。他重重压在凳子上，乌黑的眼睛直愣愣地瞪着观众，他那晒黑的皮肤在白色墙壁的衬托下显得更加黝黑。一只巨大的手掌不耐烦地抚弄着膝盖，另一只则搁在大马裤血红色的吊带上，将观众的注意力吸引到那底下的神奇所在。

《坐着的轻步兵》，1888年6月，纸上铅笔和墨水，$20^1/_2$英寸×26英寸。

这两幅肖像画中的人物姿态是够奇怪，色彩是够喧闹的了，可是文森特在向提奥和他的朋友们报道这两幅作品时，却使用了更加尖厉的语言："那古铜色的猫科动物的脑袋上歪戴着一项红帽子，被绿色的门板和橙色的砖墙所衬托，这是不和谐色调的野蛮混合，很难做到。"他宣称受到了德拉克洛瓦的启发，这位著名的狮子画家像他笔下的猎食者那样猛烈地挥洒颜色。他还吹嘘说他的画"丑陋"、"粗鲁"、"粗犷得可怕"，并且发誓说还会再画一些类似的东西，因为"它将为未来铺设道路"。他给同伴的信息再清楚不过了。只有在南方，在阿尔，在黄屋子，他们才能找到他们所追求的那种原始性感，以及他们的艺术所要求的狂野形象。至于模特：难道他的祖阿夫之类的风流成性的掠食者，会对普普通通的庸脂俗粉感兴趣吗？

最后，到了 7 月，文森特终于可以展示他的成果了。他好歹成功地说服了或是付钱给一个年轻的阿尔女人为他摆姿势。她不是一个美人，也不是一个对做模特毫无经验的人。如果说莫里耶 – 佩德生那年早些时候为她所画的肖像，可以当作参考，那么，她其实是一个长脸、黑发、薄嘴唇、目光锐利的 20 岁左右的女人。可是那却不是文森特所画的样子。他想要引诱同伴前来拉马丁广场，因此眼里看到的可不是别人看到的东西。

出于渴望，文森特的想象力将莫里耶 – 佩德生那个满面愁容的模特，转变成了一个满足性爱的理想形象，也就是在那个历史时期吸引全法国男人的女人：莫斯米（日本少女）。在皮埃尔 · 洛蒂那部充满了童话色彩的日本游记《菊花夫人》里，作者以丰富的细节描绘了他与这种异域性爱对象的邂逅——一个豆蔻年华的少女，如花美眷，是那个最富有异国情调的岛国向白种客人提供的玩物——艺妓、情人、童女新娘、性玩偶，她们唯一的职责就是提供云雨之乐。"要是你想知道莫斯米是什么样的，"文森特写信给提奥说（与兄弟俩圈子里的其他人一样，提奥也被洛蒂最近出版的幻想曲所吸引），"那么，我刚刚画完了一个。这花去了我整整一周的时间，其他什么事也没做。"

在那彻底投入、精疲力竭的一周里，文森特对这幅普罗旺斯姑娘的肖像画了又画，令人想起《吃土豆的人》。他将她双眼的距离拉近，眉毛加黑，小嘴皱起，以使它吻合洛蒂书里的描写。他特别努力地将模特瘦削的脸庞，画成令人愉悦而温顺的"小圆脸"，正是那种让洛蒂着迷的容貌。他在她手上与面孔上施加了一种又一种颜色，努力追求黄色与粉红精确的混合效果——日本人的异域风格与女性的普遍性的融合，而这些也正是洛蒂竭力想要调和的。他将她打扮成一个花枝招展的乡下姑娘，与其说源于阿尔、日本或洛蒂的日本幻想曲，还不如说得益于分离主义的设计和装饰定律：一件红紫相间的条纹女式上衣，带有明亮的金黄色的纽扣；一条波浪翻滚般的裙子，缀满了生动的橙色和蓝色的圆点子。他让她坐在一把有着夸张弧线的弯木椅子上，并把她安排在一个纯青瓷色的背景前——一种来自东方瓷器的淡青色，正好可以对抗她上衣上的红色条纹和头上的猩红色发带，同时臣服于裙子的品蓝色。

最后，他让她手拿一束夹竹桃。在文森特眼里，这既是吸引力，也是性欲的致命危险的象征。它那苍白的粉红色花瓣可能是有毒的，而它那柔和的枝叶可以在敏感的肌肤上引发炎症。它那迷人的香味，要是吸得过猛，也能带来杀机。持有花束的那只手，搁在她的膝盖上，就像那个祖阿夫一样。膝盖则被笼罩在她色彩艳丽的裙子里，暗示着裙下的珍宝所在。

在这幅《莫斯米》里，文森特完成了始于祖阿夫的那种原始欲望的叙事：前者中为取悦男人所作的设计满足了后者的野蛮胃口。文森特用这些油画和他寄给朋友们的精心制作的素描来召唤每一个人——尤其是高更——来到这个充满了异域风情的色情王国；一片拥有"丰满而结实的乳房"和羊羔般温驯的女人的土地，与洛蒂笔下的日本或是高更笔下的马提尼克不相上下；一个性爱冒险者和取悦他们的童女新娘的乐园；一个没有任何压抑的地方——无论是性爱还是艺术；一个充满了原始性爱和原始艺术的异国情调的天堂，比任何小说或水手传说都不逊色。总之，这足以引诱漂亮朋友来到中央高原。

文森特的脑海里装满了类似的乌托邦幻想，在满怀希望的狂想中等待着来自阿旺桥的答复。在轻步兵上尉米勒的陪伴下，他七八月间时常去乡下写生，特别是去他最喜爱的地方：蒙特马约尔到处都是山石的山峰。他们一起探索了崎岖不平的山顶及其迷宫般的废墟。在这些充满了兄弟情义的远足中，文森特发现了修道院的古老花园，一个已被遗忘了一个世纪的破破烂烂的围场，在温和的南方太阳底下被疯长的植物所掩盖。"我们一起探险，偷了些美妙的无花果。"文森特报告说。他向提奥描绘了花园里"有大量芦苇、葡萄、常青藤、无花果树、橄榄树，以及开着明亮的橙色花卉的石榴树……在郁郁葱葱的草丛里到处都是碎石块"。

在这幅用语言描绘的蒙特马约尔废墟里的天堂中，文森特的想象力被他读过的东西折磨着。修道院那被遗忘的花园让他想起了左拉小说《穆雷神父的两宗罪》里那个著名的四周都是围墙的花园。那个花园乃是人迹罕至的大自然的神奇之地，左拉的主人公正是在那里发现了伊甸园的慷慨馈赠和感官享乐。左拉将它描写成“某种天堂”，在那里，大自然“疯狂地繁殖”，“为她自己提供神奇的鲜花，却注定无人采摘”；在那里，花朵“疯狂蹿到路边”，“以如此丰盈的色彩欢闹着，以至于变成一场暴乱，像一群喧嚣的暴民反复地击打着墙壁”。左拉将这个同样被抛弃了一个世纪之久的神秘花园叫作天堂。

就像左拉小说里那个患有健忘症的主人公赛尔热一样（这个人爱上了“天堂”里唯一的居民，一个名叫阿尔宾妮的野性十足的金发少女），文森特也在修道院被掩盖的废墟里发现了幸福。为了预备阿旺桥的高更期待已久的到来，他在快活的同伴和年轻的士兵米勒的陪同下，穿行于花园的百年古树、长满青苔的岩石和累累的硕果之中。“他是一个英俊的男孩，无忧无虑，容易交往，”文森特写道，“而且对我很友好。”

《阿尔的割麦季》，1888年，纸上墨水，$12^1/_4$英寸×$9^1/_2$英寸。

文森特画过通往蒙特马约尔的道路，路旁是扎根于后山的那些哨兵一般的树木（再一次捡起了从枯萎中神奇复活的充满希望的古老主题），画下了修道院主城堡令人眩晕的风景的精致素描。但是一段时间里猛烈的北风使他无法画下他们欢快地嬉戏过的花园。为了在纸上和画布上表达那种强烈的幸福感，他搜寻阿尔的小街和四郊，寻找着大自然茂盛的景色，他要将它们融进他大脑里的“天堂”景象。在一幅接一幅的素描和油画中，他肆意挥洒着画笔和钢笔，画下了大量鲜花怒放的花园景致。这些自然景象是如此丰沛，以至于大片郁郁葱葱的绿色经常将地平线推向眼睛几乎看不到的远方，越过了想要将它们圈起来的围栏。即使在由通往公共浴室的环形小道圈出的沙砾遍地的半岛上，文森特也发现了不可遏止的大自然的生命迹象：“最明亮的橙色的鲜花”开得十分艳丽——夹竹桃正好进入盛期。

然而，保罗·高更对天堂有自己的想法。而且很多时候与金钱有关。作为一个有六口人需要养活，有一个一本正经的妻子需要取悦，对自己的艺术生涯怀有严肃的物质野心的前股票经纪人，高更无法承担文森特乌托邦式的奢华梦想。在回复来自阿尔的邀请信时（他说它是“令人感动的”），高更描绘了一幅色彩斑斓的友情的画卷，令文森特激动不已。“他说当水手们搬动重物，或要抛锚时，”文森特在给提奥的信里写道，“他们都一起唱歌，让自己斗志昂扬。这正是艺术家们所缺乏的！”

但是这种颇有吸引力的幻想却伴随着一个令人头晕目眩的、野心勃勃的计划，甚至使文森特对于梵高兄弟古庇尔夹层事业的宏伟计划相形见绌。高更建议提奥想办法筹集60万法郎，来“确立自己作为印象派绘画经纪人的地位”。对于这个数目，文森特吓得目瞪口呆，甚至不愿意提出来与提奥商量。相反，他把它当作一个“幻觉”——归咎于高更虚弱的身体状况。“越是贫穷——尤其是当你还在生病时，”文森特写道，一点也没有讽刺的意思，“就越会考虑这样的可能性。在我看来，这一计划只是再次说明了他已彻底崩溃，所以最好尽快让他离开那里。”

这一出人意料的回复令文森特充满希望的黄屋子计划顿时浓云密布。在一种混合着苦恼、气愤和竞争的愤怒之中，他抨击高更的提议“只是胡闹罢了”，而且立刻要求他撤回。他写信给提奥，嘲笑那个法国人的奉承，认为高更不应该插手他们兄弟俩的生意。“高更最有价值的东西就是他的画，”文森特写道，“他所能做的最好的生意也是他的画。”事实上，他认为高更在股票交易所待过，所以这个“犹太银行家”可能会阴谋扰乱他们兄弟俩的生意。他在愤怒中威胁说要撤销邀请，另找一个更懂得感恩的艺术家来分享他在南方的画室。在绝望的困境中，高更终于撤回了他那个宏大的计划，写信给提奥说要“正式和肯定地回应你关于前往阿尔的提议”。

文森特欣喜若狂。“你的信带来了巨大的喜讯，”他兴高采烈地说，“高更同意了我们的计划。当然，他马上来这里对他来说是最好不过的事情。”但是，喜悦只持续了一周，因为高更推迟了行程，却有了更多经济方面的要求（他需要赴阿尔的旅费）、更多对于病情的抱怨，还有更多在通信之间令人痛苦的沉默。到了 7 月中旬，文森特觉得有必要再次说服提奥，与高更的结合在经济方面是合理的。他迫使拉塞尔违心地购买了一幅高更的画。他把他在蒙特马约尔画的素描寄给画商托马斯，提议用它们的销售所得来补偿高更的开销。他还提议在马赛为高更举办一个展览。当提奥提出他可能会离开古庇尔公司时，文森特来了个 180 度大转弯，不仅请求他留在古庇尔公司（因为害怕危及关于高更的计划），还提出他自己也有可能回到公司。最后，前所未有地，他将提奥寄给他的生活费寄回去了一部分。

到了 7 月 22 日，文森特感到有必要重复他在 6 月下旬提出过的建议，那次差点谈不成。他将关于黄屋子以及中央高原画室的全部梦想暂时搁在一边，提出可以去阿旺桥。“如果高更无法付清债务或账单，”他写信给提奥说，“为什么我不可以去他那里？反正我们打算帮助他……我放弃了所有偏好，不管是北方还是南方都可以。不管人们制订什么样的周全计划，总会在什么地方出差错。”然而，只过了几天，当来自阿旺桥的信上说高更的健康状态有所恢复，并且他对未来抱有乐观态度时，文森特的精神又振作起来：“在真诚地等待重聚的时刻时，我将略尽绵薄之力帮助你。”文森特立刻回信，并附上一张他在中央高原的最新名片——《莫斯米》的素描。但是数周过去了，一点消息也没有——一种文森特早就领教过的沉默的折磨，他的精神再度消沉下去。

日子就这样过去。当高更估量着他的选择，盘算着如何从兄弟俩的邀请中捞到最大好处的时候，每一个希望都伴随着新的障碍。对文森特，他寄信抱怨自己在布列塔尼的孤独。“这里的农民发现我完全疯了，”他这样写道，回应着文森特对于当地人的疏离态度，“而这让我高兴，因为这证明了我还没有疯。”对提奥（他居然将对方的姓拼写成了 Van Gog），他哀叹他那些“令人烦恼的债权人”，然后暗示着画立刻就可以卖出去，此时他甚至还在庄严地向阿尔方面发誓：“我是个随时可以作出牺牲的人。”

来自阿旺桥的各种信息让巴黎的提奥满腹疑云。读着文森特急切的劝说，再读读高更冷冰冰的外交辞令，提奥开始留了个心眼。这个法国人早已被文森特的“恐吓”信和慷慨的赞词吓退了。他哥哥的期望是不是太高了？两个十分不同的艺术家是不是很难相处？哥哥过分的狂热与高更谨慎的自我发展是不是不能和谐？

这些顾虑不可避免地泄漏到阿尔那边，文森特彻底改变了路线。在数月的商业狂热之后，他不再相信与高更的结合能带来任何商业成功，于是他提出了商业野心有多么愚蠢，浮名又是多么危险等等。文森特写道，“奸诈的公众”从来不会欢迎像高更和他那样的画家的“庄严的才华”，“因为他们只会喜欢轻飘飘的、漂亮的东西”。从他的艺术中期待获得比“永恒的贫困”、“社会中的孤独”以及“失败的包围”更多的东西，只会带来悲惨，他表示。“我从来不关心自己能否成功，也从来不关心自己是否幸福，”他宽慰提奥说，“我关心的是印象派带来的这种生动有力的尝试能否持久。”

8月中旬，当高更（越来越希望能占得先机）发出信号说他可能回巴黎，而不是去南方的时候，文森特最担心的事情似乎终于发生了。“高更盼望成功，他离不开巴黎，”文森特绝望地写道，“他似乎认为要是他来到这里，他将会一事无成。”短短几天之后，贝尔纳来信告知他正在阿旺桥拜访高更。文森特愤怒地写道，这封信“一句也没有提到高更想加入我的画室，一句也没有提到我想去他那里”。

三方谈判的曲折，使文森特焦虑不安。阿旺桥的每一个耽搁和巴黎的每一点保留，都会使他觉得自己的艺术家天堂之梦已经离他越来越远了。在这种情形下，他总是更愿意认为这是人为的阴谋，而不是由事情的复杂性所导致的。他在怨恨与忧郁中越陷越深——这种状态是由下列因素混合导致的：拉塞尔持久的沉默、麦克奈特明显可感的轻视、因为没有模特而产生的更大的挫败感、日益增长的开销所致的新一轮的罪恶感、巴黎的旧账和《凶年集》的阅读（雨果对巴黎公社作了毫无怜悯、令人沮丧的描绘）。他曾在烈日灼人的夏天持久而狂热地工作，用无数杯咖啡（有时候掺入朗姆酒）和用喝着苦艾酒的梦幻之夜（阿尔人比巴黎人更热衷喝苦艾酒）来平息自己的恐惧。“要是我想问题，要是我考虑各种灾难的可能性，”他写道，“那我就什么也干不了，所以我没命地投入工作……如果风暴过于猛烈，我就多喝点，好让自己昏迷。”他用自己常用的方法和饥饿来惩罚自己。他割掉胡子，剃光头发。

数月的提心吊胆毁掉了他的睡眠，令他肠胃功能紊乱，还使他本来就很脆弱的神经濒临崩溃。“这使我的身体分崩离析，”他在一个没有任何预告的时刻向提奥承认说，“我的心智快要崩溃了。”他偶尔唯一的伙伴米勒上尉说文森特受到情绪的折磨，就像受到北风的袭击一样：某个瞬间被

“愤怒之火”攫住（“他发火时，看上去像是个疯子”），某个时刻又被“夸张的敏感”击倒（“有时，他的反应就像一个女人”）。他的书信也从大为光火突然堕入绝望的放弃。甚至当他的信心早已在绝望中崩溃的时候，他仍继续发动猛烈的战斗，针对每一个反对意见和每一种障碍。“人们所希望的一切，通过工作获得独立，影响他人，所有这一切都化为乌有。”他哭诉道，“什么也没有。”他悲哀地计算着提奥数年间寄给他的生活费（15000法郎），苦笑地开玩笑说，这些钱还不如用来购买别的艺术家的作品。在某个激烈争辩的时刻，他并没有将自己的困境归咎于高更，而是归咎于“一个残酷的星球”——这个“破烂不堪的官方传统”使得所有前卫派艺术家生活在“孤独贫穷之中，被人们当作疯子来看待”。

偶尔，他能乐观地把自己所画的30幅油画挂在黄屋子的墙上，把自己当作正在参观画展的观众，等待着它们的油彩晾干，以便寄往巴黎。“我们已经走得太远，回不去了，”他并不能令人信服地鼓励弟弟说，“我向你发誓，我的画还在进步。因为除了进步，我没有在身后留下任何东西。”在更阴郁的时刻，他看到了无可逃避的命运之手——“或许，画得更好只不过是痴心妄想罢了”，也意识到了坚持下去的代价——“我感到已没有足够的力量再坚持很久……我感到已分崩离析，行将毁灭。”但是，他仍然忍受不了再一次失败的可能。“你知道吧，我已经找到了自己的工作，”他在写给妹妹兼密友惠尔的信中说，

> 你知道，我还没有找到生活的其余部分。或许还没有找到未来？我要么应该对所有不属于绘画的东西完全无动于衷，要么……我不敢详述。

然而，没有任何意志行为能够阻止他的思想滑入更黑暗的领域。他常称自己“疯了”、“散了架”或“疯狂”——有时是当笑话说的，有时则很认真。他很有针对性地指出，一个人被当作疯子对待，可以导致他“真的发疯”。即使是在剃了光头之后，他也会看着镜子里的自己，发现了雨果·范·德·高斯那凹陷的脸颊和“呆若木鸡”的表情。高斯是爱弥尔·沃特斯笔下那个浑身毛发、眼神疯狂、紧紧抓住自己的“疯画家”——在文森特成为一个艺术家之前，这一艺术家自我折磨的形象就萦绕在他脑海里。

7月底，当森特伯伯去世的消息传来时，这些魔鬼早已深入他的大脑。这位值得尊敬的商人终于走了，享年68岁，他长期疾病缠身，但除了一个弟弟，比他家里的所有人都活得更长久。尽管森特即将离世的信息早已

传到文森特的耳朵里，但这个消息还是重重地击中了他。所有的荷兰幽魂都在他与高更陷入僵局时降临了。他的书信里充满了关于死亡和必死的命运的冗长沉思——以此代替以往的过失、失去的机会和眼前的失败。

惠尔在信里说森特伯伯死得“安详而平静”，这激怒了文森特。他认为他伯伯——以及他父亲——对来生的笃定只不过是老妇人的虚荣。但是，想到可能陷入不可宽恕的空虚，他又非常害怕。为了填补空虚，他思考是否可能存在其他“不可见的世界”。他将自己对现代艺术的重生的呼吁，与他对个人救赎的尚未实现的需求——如今因为森特伯伯的死而迫在眉睫——结合起来，他怀疑生活中是否还有“另一个世界”，在那里艺术家们彼此认可，而不是因为作品得以销售而获得认可，在那里内疚的负担得以放下，以往的罪过得以被宽恕。“事情将变得如此简单，”他想象道，“生活中那些可怕的事情——那些事情正在使我们震惊和伤害我们——将如此富有意义。”

夜里，他长时间地散步于街道，仰望着天空，思考着有关遥远的星星和不可见的世界的新闻报道，想象着他似乎无法在自己的世界里进入的天堂之国。“我总是觉得我是一个旅行者，”他写道，“走向某个地方和某个目的地。要是我告诉自己这个地方和这个目的地并不存在，那在我看来非常合理，也非常有可能。”他将生活比作一趟“单程火车”：“你飞速前进，但却无法辨别任何近在咫尺的东西，特别是，你看不到火车头。”

> 我自问，天空里那些闪闪发光的星星，为什么不像法国地图上的那些黑点那样可以接近？如果说我们可以坐火车去塔拉斯孔或鲁昂，那么，我们必须死亡才能到达一颗星星。在这个推理中有一个确定无疑的真理是：当我们还活着时，我们无法抵达一颗星星，正如我们死了，也无法赶一趟火车一样。

文森特陷入黑暗沉思的旋涡里，紧紧地抓住了唯一确定的安慰。在一幅尺寸巨大的画布上，他勾勒出了一个比任何天堂的许诺更令人舒心的熟悉景象：一个播种者的景象。这个想法产生于他在克劳画收获油画的时候。它是一种想象，而不是一种插图般的景象。6月，田野里到处都是收割，而不是播种。播种将在秋后才开始。就像他画的朗格鲁瓦吊桥一样，它来自深深的、炽热的乡愁。“我仍然被以往岁月的片段紧紧攫住，”他在构思中写道，“在永恒之后仍然拥有一种希望，而播种者和玉米串则是它的象征。”

由于没有人为他摆姿势，他只得依靠自己对米勒这一经典形象的记忆。他只见过米勒作品的版画和一幅简单的色粉画。不过，这无关紧要。那个自豪的、大踏步行走的、肩上斜挎着种子袋、手臂伸开的形象，在博里纳日的沼泽深处就一直作为希望的象征萦绕在他的脑海里。从那时以来——在埃滕、海牙、德伦特、纽南——他试了又试，想要通过他父亲教导过的、被米勒赋予形象的，以及他想象中从艾略特到左拉的所有主人公都实践过的那种坚持不懈，来表现救赎的希望。但是，每一次尝试都失败了。“长期以来，我一直想要画一幅播种者的画，”他在观看阿尔的收割场面时哀叹道，“但从来都没有实现。所以我几乎有些害怕了。”

他向这个不断困扰着他的形象发起攻击，但又一次次败下阵来；他狂热而忧虑，就像争取高更和黄屋子的未来一般无二。作为战场的画布记录了他自信心的每一次冲锋和撤退。与《在圣玛丽海边的渔船》一样，它开始变成了对新的分离主义教义的另一个确认，正如他对贝尔纳的描述中所说的那样：前景是耕地的“确定的紫色”，地平线是一排“略带洋红的黄色的”成熟麦子，硕大的太阳“是铬黄色的，几乎与太阳本身一样明亮”，孤身一人的播种者“身穿蓝色的罩衫和白色的裤子”。仅仅一周后，这个形象就盘旋上升为某种“完全不同的”东西。他借用了布兰克和谢弗勒尔及其弥赛亚德拉克洛瓦的古老的补色教条，将他的播种者想象为德拉克洛瓦所描绘的加利利海上的耶稣：风暴中的平静、拒斥中的庄严、通过受苦获得的再生。“我正试着画出某种已完全心碎的东西，”他绝望地解释道，“因此绝对令人心碎。”

他深深地沉浸在这样一个形象中，他将耶稣想象为一个“伟大的艺术家”，他播撒充满阳光的艺术——救赎，正如那个大踏步行走的播种者播撒重生的种子。“这是一个什么样的播种者啊！”他叹道，“又是什么样的收获啊！”差不多同时，他画了一幅奇特的自画像，将自己描绘为“正走在通往塔拉斯孔的阳光明媚的道路上”——通往永恒的道路。他自信地大踏步行走，肩扛着速写簿、画布、钢笔和油画笔等工具：他的新信仰的种子。“我在思考绘制《播种者》那样的习作，”他有一次这样说道，“但心里却在憧憬收获季节的到来。”

在这种形而上的野心的驱使下，文森特将自己向贝尔纳描述过的那个简单的图像画了又画。他将眼前的所有挫折和未来的所有期望，统统纳入这个图像中，不断地重塑这个孤独的播种者的姿势，使其越来越接近记忆中米勒那有魔力的形象。他在画布上施加一层又一层新的色彩，在黄色的天空中强有力地补上绿色，使太阳更明亮，放射的光更有力。他在紫色的田野上又增添了橙色，以对印象派笔法献身般的痴迷，叠加上厚厚的颜料。他声明这些焦虑的重画都是为了一个目的，就像他关于黄屋子的焦虑之梦也为着同一个目的一样：柯罗临终时对深层真理的召唤。他向贝尔纳吹嘘道，“我对色彩在现实中是什么样子一点也不在乎”，只要它们能满足他对“永恒的渴望”。

《落日下的播种者》，1888年8月，纸上芦苇笔和墨水，$9^5/_8$英寸×$12^5/_8$英寸。

然而，这幅画不断地让他感到了挫败。他放弃了所有艰苦卓绝的努力，称它不过是一件“夸张的习作”而已——另一颗未能生根发芽的种子。他将它搁在画室一角，“几乎不敢再去想它一想”。但是，他承认说，它继续“折磨”他，“让我怀疑，我该不该严肃地对待它，制作一幅巨大的画。我的天，我想啊。但是我不断地问自己，我是否还有精力来创作它。”在给提奥的信里，他因自己的懦弱而自嘲：“人们能用色彩画出播种者吗……能还是不能？能。那就画吧。”最终，在一阵强烈的挫败感中，他将这幅画交付给了同样不确定的命运，与他那黄屋子的梦想一样。“对于这样一个精彩的主题，当然应该为它画一幅画，”他写道，“我希望有朝一日这样的一幅画会被创作出来，不管是我来画，还是他人来画。”

8月中旬，森特伯伯的遗嘱被宣读了。正如大家所预料的那样，老人没有留给他那贫困的侄子一个子儿。事实上，他曾借机大肆挥霍了一番。他甚至在家里的仆人和远亲身上花去了大量钱财，却两次（而不是一次）剥夺了文森特的继承权。而且不是出于疏忽。“我想发表一个清清楚楚的告示，文森特·威廉·梵高，我弟弟提奥多洛斯·梵高的长子，将得不到我的任何财产，这就是我的意愿。”他从坟墓里冷笑道。在其他场合，他也排除了文森特“及其子孙”的继承权——轻蔑地表示出家族一直认为文森特是西恩那个非婚生婴儿的父亲。

不过他将一笔特殊的遗产留给了提奥及其母亲，同时还将大约四分之一的可观财产留给了多洛斯的孩子们——等森特的妻子科妮莉亚去世以后。双重遗产顿时将提奥从眼前和未来的财政负担当中解脱出来。不过，这也使他感到内疚。“真遗憾。”他以他那被抛弃的哥哥的名义写信给母亲。（安娜并没有为其所动。）几天后，他写信给文森特和高更，承诺要用森特的遗产来“促成他们的合作”。他向高更提供了他之前一直向哥哥提供的优惠条件：每月150法郎生活费，交换一年12幅画。他还将替高更偿清债务，付给他旅费。几天后，一封信寄往阿尔。“我收到了高更的短信，”文森特欣喜若狂地写道，“他已经完全准备好来南方，一旦时机来临他就动身。”

出于梵高家族成员隐秘曲折的心思，那个毫无宽恕之心的老商人向文森特最不可能实现的救赎渴望抛下了一条救生索，将他带到了他的天堂景象之中。

第三十二章　向日葵与夹竹桃

花瓣终于开了。他饱蘸颜料，转动手腕，将扭曲的黄色和橙色一笔又一笔地施加于画布。平底锅大小的花卉，以其呈放射状的小花那破云而出的阳光般的光晕，以及色彩斑斓、浓密锦簇的圆形花心，开启了文森特狂热的想象力，令他狂躁地运转画笔。它们去年开放时，文森特尚在巴黎，那时他就已经痴痴呆呆地冥想过那些挂在僵硬枝头上的硕大花盘。如今，在阿尔，在高更到来前夕，他满眼只有那骄横的外形和辉煌的色彩了。

在最强烈的蓝绿色的背景下——一种完美地介于酸性绿和庄严蓝之间的色调，他勾勒出三朵巨大的花朵。他以一系列猛烈的小笔触，将它们那些旋涡状的花心转化成补色的色轮：黄色的花瓣配上淡紫色的花朵，橙色的花瓣配上钴蓝的花朵。在一阵激烈的挥洒中，花卉在石灰绿的花瓶上垂下大量柔软的叶子，在新画室明亮的光线里闪闪发光。另一阵同样的笔触，则画出了另一些叶子。他在桌面上重重地画上火焰般的红色和橙色，然后用调色板上所有的颜色画斜线，再使其显得光洁无比。

他作画的方式跟说话的方式相同：冲撞与躲闪，攻击与退却。整齐的笔法一次又一次扫过画布，就像夏日的暴风雨一样。当他从画面上暂时撤下，双手抱胸，考虑着再次冲锋的时候，在由颜料构成的、焰火般强烈的狂热之后，是小心翼翼的、充满灵光的再次评估。紧接着，他的画笔突如其来地冲向调色板，调了又调，搅了又搅，想要找到下一种颜色；然后，他又冲向画布，新的论辩和新的狂热再度爆发。“他一接触到画笔，就变成一个狂人，”轻步兵上尉米勒不以为然地回忆说，“一幅好画要靠引诱而得，可梵高却强奸它。”另一个目击者描述了文森特是如何以颜料和语言攻击画布的——他喃喃自语或唾沫横飞，他花言巧语或甜言蜜语，他恃强凌弱或求全责备——就在他的手赋予它们形式、肌理和色彩时，他的声音赋予他的论辩以力量。

在这两种形式的论战中，他都正面迎敌。如果库恩之类的批评家和麦克奈特之类的画家认为他的色彩过于鲜亮，他就会让它们变得更亮。他画的野花需要一种比颜料管里的黄色更黄的色彩——一种粗糙的、明亮的、“野蛮的”黄。他向调色板搜寻恰到好处的绿色，让它变得响亮，或者诉诸一种深层的补色，使它发出爆裂的声音。他说，他的目标是要“安排好色彩，令它们颤动起来”。如果提奥批评他画得太快，太“野蛮”，要求他慢下来，他就会画得更快——难以置信地快。他将他的绘画风格与当地农民狼吞虎咽地喝鱼肉汤的作风相比，声称他画得越快，结果也就越好。他称自己为一个“受到某种精神上的贪婪驱使”的人，看不起那些“和颜悦色、安安静静地画出来的画”。“永远要向前冲。”他大声辩护道。

当然，情况并不总是如此。正如他发动的那场说服高更前往阿尔的战役，经过了重重书信往复，有时候还数易其稿，他的绘画也经常构思数周甚至数年之久，然后才开始动笔。一幅插在花瓶里的向日葵的画，至少在一年以前就开始酝酿了，当时他在提奥画廊附近一家巴黎餐馆的窗外，看到了一棵巨大的向日葵。那时，他画过一系列单枝的向日葵，以一种病态的叙事方式加以安排，用海牙的插画师那种描述性的、保守的方式加以描绘。然而，在过去的一年里，文森特已经发现了分离主义的新教义，而向日葵的意象则在他脑海里有了新的形式和色彩。

5 月，他用一束插在水壶里的初开的野花对新画法作了试验，接着，6 月时，他在圣玛丽海边的船只上再度加以练习——“它们是如此漂亮，让人不由得想起鲜花来。”整个夏天，当他在田野上搜寻着入画的形象，在妓院里寻找着合适的模特的时候，那个简单的花朵的形象一直萦绕在他的大脑里。“我会因为自己没有把它们画下来而责备自己，”他在 8 月初这样写道，“在蓝天下，向日葵盛开的橙色、黄色和红色花朵，穿上了令人惊艳的盛装，在透明的空气里，它们看上去比在北方时更幸福、更可爱。”因此，当第一朵向日葵开放时，这个计划立刻付诸实施。“我正在考虑用半打‘向日葵’装饰我的画室。”他这样向爱弥尔·贝尔纳宣布。

对象征主义者贝尔纳，文森特承诺说这些画“拥有哥特式教堂里的玻璃画的效果”。对他的画商弟弟，他承诺这些画乃是“蓝色与黄色的交响乐”，足以与莫奈的昂蒂布风景画相媲美，而且它们还是一个巨大的“装饰计划”（多达一打作品），足以与修拉野心勃勃的创作计划相匹配。文森特自己当然被阿尔的花园里遍地的、笨拙的、姗姗来迟的花朵所吸引，他无疑从它们慷慨大度的怒放中，从它们疯狂的多产及可怜的衰败中，看到了自己的影子。不过，他最重要的观众乃是他期待中的、任何时候都有可能踏进黄屋子大门的画家。“既然我希望与高更一起在自己的画室工作，”他满怀渴望地写道，“我就想好好地把它装饰一下。什么都不用，就用巨大的向日葵。”

不过，首先得把它们画出来。“伟大的事物并不靠冲动产生，”他在事业初期曾经这样写道，“而是靠细小事物的不断累积。”他花去长长的白天和不眠的黑夜，设计他的赋色“方案”，既要让它们每一幅都不同，又要将它们统一起来。他向贝尔纳形容这个方案是“一种装饰，原始的或碎裂的铬黄会在各种不同的背景——从最淡的孔雀绿到品蓝——前闪光”。他不断地调整种种可能性，直到头晕目眩，“头脑里一片混乱”。

在听说莫奈的昂蒂布绘画遭到了批评后——尽管甜美但“完全缺乏结构”，他发誓要从塞尚的“逻辑构造”和维梅尔之类的荷兰大师的“理性的色彩”中寻找出路。他声称，与这些“科学的”画家一样，他用长达数小时的仔细计算，来准备他的向日葵系列绘画：每样东西都经过了计算，从画作的尺寸和制式，到严格的色彩方案，以及每幅画所需的各种色彩的颜料的数量。只有通过这样事先的全盘考虑，让他的脑袋“最大程度地紧张”，他才有希望制作出“一系列迅速完成的作品”。

然而，不管他如何精心准备，这个方案好像总是不够完美。“哎呀，”他写信给贝尔纳说，“最优美的画作就是当你躺在床上，抽着烟斗时想到的画，也是你永远也不会画的画！”

到 8 月下旬文森特的所有“计算”都冲上画面时，这些向日葵成了花园里唯一还在盛开的花卉，不过也在渐次凋谢了。当然，由于坚信调色和笔触可以夸张，他根本不需要观看插在黄屋子桌上花瓶里渐渐枯萎的向日葵。他或许彻底跳过了炭笔素描的准备性阶段（以前总是指导着他的油画创作的必经过程），直接画油画。在大致构图的前提下——花瓶、少数几枝花以及桌面，他一直恪守令他夜不能眠的分离主义的方案以及补色的对数理论（就像数学里的对数理论一样）。很快，他就同时创作三幅油画：两幅有三枝花，一幅至少有一打处于不同凋谢状态的巨大花朵。这既是一种有序的推进，也是一种表达。“每天早晨太阳一出来，我就开始工作，”他写信给提奥说，“因为这些花凋谢得很快，关键在于一次就要画成。”

一旦文森特的画笔接触到画布，他整夜的仔细推算就不可避免地要与颜料的猛烈冲撞相冲突。对一个充满热情，既不懂得耐心也不懂得小心翼翼的人来说，色彩与笔触的无数种排列的可能，实在有一种导向即兴创作的无法抗拒的诱惑：线条的自发形态、色彩的偶然冲撞、厚涂的炽烈狂热、笔法的抒情冲动。当长达数周的计划与他的画笔在一种目的与效果的激烈矛盾中相互角力的时候，每一个错误、偶然或灵感，都会触发新一轮的计算。他把自己的创作过程比作“击剑比赛”，“思想的强度”与“笔触的平静”会展开竞争。

文森特对此竞争非常了解，不同的时候对竞争中的双方都予以支持。有时，他会坚持速度的必要性，用莫奈的畅销作品和德拉克洛瓦不朽的作品作为例子。不过，当提奥质疑他太费颜料、画得太快或结果无法预料时，他坚持认为自己的每一笔和每一种色彩的选择，都经过了事先的深思熟虑，又用蒙提切利作为例子——“这位色彩的逻辑学家，能够追求最为复杂的计划，根据他正在平衡中的色调范围来对色彩进行细分。”还有些时候，他会责备自己狂热的笔法像狂野的季风，将自己与塞尚进行比较，后者也不得不驯服“摇摆的画布”。

但是，能够震动文森特的画架、令他的手颤抖的真正风暴，却存在于他的头脑里。他在紧急情况下画得最好，无论是席凡宁根海滩上的暴风雨、克劳平原上狂暴的季风，还是过去的声音。只有摩擦——他自己与天气之间、希望与经验之间、精心策划与强烈热情之间、分离主义的简化命令与他对说服力的痴迷之间——只有这些摩擦，才能激发创造的“狂热状态”，他相信，他所有的最佳作品都是从这样的状态中诞生的。“我期待着欣喜若狂的到来，”他写道，“然后我就可以任由自己夸张一点了。”他形容在某个这样的时刻，一种“可怕的丰沛力”会突然降临，“当大自然是如此美丽，我完全消融其中，再也感觉不到自我的存在，画面像在梦境中那样向我扑面而来的时候”。他宣称日本艺术家是他的偶像，他们的作画过程“轻快自然”，他们对笔触绝对自信（“像呼吸一样简单”）。他也会为蒙提切利，为这位饱受恶意对待的马赛画家辩护，同时也为自己辩护，反对人们对他们的作品是在疯狂或醉酒的状态下创作出来的指控。“如果一个艺术家用自己的眼睛，而不是用他们的眼睛看世界，他们就称这个艺术家是疯子。”他嘲笑道，他不怕任何一个醉汉来试试这种高难度的色彩挑战。

不过，文森特确实总是在传达风暴中的平静、忧愁中的喜悦、痛苦中的安慰之类的悖论。而且，他也早已通过背诵一段德拉克洛瓦的悼词，来升华自己内心的折磨：“他就这样死了——几乎是在微笑中离开了世界，一个高贵的画家，内心充满了狂风暴雨，头脑里却阳光明媚。”米勒之类的旁观者目瞪口呆地看过文森特向画布发动的攻击，或者嘲笑过他对着图像说话的疯狂举动，他们看到了确信与怀疑、托钵僧式的智慧与狂暴心灵的碰撞，令人筋疲力尽又紧张不已，这些东西同样也在他的写作中燃烧。“人人都认为我画得太快，”他完全自觉地提醒提奥说，“千万别相信他们。如果不是情感，不是人们对大自然的那份崇敬感觉，还有什么能吸引我们？有时，情感来得那样强烈，以至于你情不自禁就在工作，笔触就像一个句子或一封书信那样连续和连贯。”

到8月底，高更的即将到来让他激动不安。文森特在“创造的熔炉”里又添加了一幅画有向日葵的作品。这一次，补色的逻辑让位于效果辉煌的“夸张”。在构思与创作的狂野季风的抽打下，他竭力让对象从大气中，让色彩从空间中，让图像从现实中脱颖而出，结果是“一幅完全用黄色画出来的画”：橙黄色桌面上黄色花瓶中的黄花，连背景也是黄绿色的。文森特宣布它“当然与众不同”，并用一种十分特殊的方式签下了自己的名字。就像那些每天早晨面朝东方向太阳致敬的向日葵一样，文森特的黄色向日葵将随时恭候漂亮朋友的光临。“你或高更将入住的房间，”他一面写信给提奥，一面将他在中央高原对于兄弟情义的新梦想与曾在巴黎经历过的旧梦交织在一起，“将拥有雪白的墙壁，以精彩的黄色向日葵作为装饰。”

对高更到来的强烈期待，以及随之而来的新生的希望，充满了文森特在阿尔的生活的每一个角落。他每天一早就从床上跃起，冲向画室，然后工作到日落。“我徒劳地想用自己的画来使高更印象深刻，”他坦白道，“所以我情不自禁地想要在他到来之前创作尽可能多的作品。”他每天只在加雷咖啡馆吃两餐，声称那里的伙食不仅能使他的肠胃平静下来，而且还能改善他的作品。他每天“长时间地”到乡间散步，特别是在葡萄园里，那里早已在为秋收作准备。他还购买了一件上好的黑色天鹅绒夹克衫和一顶新帽子，以迎合即将到来的客人的品味。

特殊的来客需要特殊的居住条件。到了9月，黄屋子早已被里里外外粉刷一新，但仍然没有煤气。文森特只在白天的日光下工作，晚上不得不去通宵营业的咖啡馆作画，然后再回到自己的房间。他从未想过要更好地利用楼下那个较大的画室：一个既可用于作画又可用于睡觉的单间。他告诉提奥说，其余的空间则作为“战役的储藏室”。但是，高更的到来将改变这一切。只有一间“真正的艺术家之屋……以一种绝对个人的风格呈现”才能真正起到迎接客人的作用。

报纸上一则用淡紫色的玻璃砖建造“印象派之家”的新闻，深深地刺激了文森特。他花了很长时间来设计一个“装饰方案”，试图将拉马丁广场2号那栋普通的商业用房，转化成一个反映出最新艺术风格——日本艺术风格——的画室。“真正的日本人家里，墙上什么也不挂，”他转述洛蒂的《菊花夫人》，对提奥这样说，“那里的房间都是光秃秃的，没有装饰，也没有装修。”仿佛在构思一幅分离主义作品，他想象出一个有白色的墙壁、明亮的光线、红色的瓷砖地板，以及一方蓝天的空间。“没有任何昂贵的东西，”他发誓道，“也没有任何普通的东西。”其中绝没有绝大多数艺术家的屋子里有的那些古董店的玩意儿。“我在着手改造一个艺术家的家……不是毫无计划的建设，而是一种苦心孤诣的创造。”

不过，正如文森特所有苦心孤诣的创造一样，黄屋子也受到了几股相互对立的潮流的影响。洛蒂笔下的日本人或许会将所有“素描与珍宝都藏在抽屉里”，或者只在壁龛里展示一个手卷或一瓶插花，但是，文森特却有满腹的论点需要展示，而且只有一个地方可以展示：墙壁——他总是在墙壁上加以展示。在迅速决定只挂他的向日葵后，他用橡木和胡桃木画框，将一打向日葵的画加上框，然后安置在整个屋子里——特别是他与高更休息的地方，楼上的小卧室。文森特没有让墙壁空着，甚至连厨房里的墙壁也没有空着。除了通常所挂的版画之外，他还挂出了“大量肖像画和油画人物习作”。

接着，他让屋子里填满了家具。日式的“简单的白色垫子”，以及他本人对“秩序与简洁”的保证，都无法长时间地阻止他对营造家居环境的狂热。与在海牙的时候一样（那时他正在打造施恩韦格的画室，准备迎接即将出院的西恩母子），他再一次陷入了购置家具的疯狂之中：床、床垫、床单（大量“寝具”）、镜子、梳妆桌、五斗橱、椅子，以及无法分类的“小玩意”。当然，每样东西都得双份，除了一张餐桌，以及一只大得足够两人用的煎锅。除了楼上的两间卧室外，他在楼下布置了两个画室：大一点的前厅给高更，厨房他自己用作画室。最后，他还买了两盆植物放在大门两侧，这样鲜花盛开的盆景就能在门口恭迎高更的到来。

当提奥对这样的奢侈提出反对时，文森特却认为每一种铺张都是必需的。“要是高更与我没有抓住这个机会来提升自己的生活品质，我们就会年复一年地蜗居在斗室里，在那种地方我们根本无法播种。”他机敏地辩护道，“我早已把一切都搞定了。”在额外花去了300法郎的“贷款”之后，文森特用一系列轻浮的诺言来回答弟弟的忧虑：未来长期的节约、丰厚的回报、健康的身体状况、“自由的”工作，以及势在必得的成功。“现在，你可以告诉自己说，你真的拥有了一座乡间别墅，”他乐观地补充道，“尽管遗憾的是离得有点远。”

在经营家居环境的热情中，文森特不仅重新调整了在阿尔的家，而且还调整了对待中央高原的态度。整个夏天与狂风烈日的作战、对模特的失望，以及邻居的冷遇之后，他又一次次热爱起了塔塔林的南方的“粗野与平庸”。他为提奥（也为高更）描绘了一幅诱人的图画，在这里，一个艺术家可以找到都德笔下那位小丑原始的简洁、乐观的幽默和崇高的人性。他把自己描绘成伏尔泰那个倒霉的主人公憨弟德，以一种不可能的色彩和杜米埃尔的漫画风格，彻底地放松自己。他援用法国文学中两大著名的愚人法朗索瓦·布瓦尔和朱斯特·皮丘切特（福楼拜笔下擅长惺惺作态和滑稽表演的劳瑞与哈迪*），来赞美外省人憨厚的艺术魅力。

他不仅用这些将自己打扮成通往“塔拉斯孔的阳光明媚之路”上的游客，而且还以停在路边的货车那样的欢快习作，来宣传他眼中的南方形象。这些摇摇晃晃的两轮大篷车，属于“一个巡回演出团体的演员们”，他一面写信给提奥，一面精心地将绘画打造成杂耍表演，将自己打扮成狂欢节上的演员。“这正是我最拿手的，”他以塔塔林的口气吹嘘道，

> 在一个场合画一幅简略的画。要是我想画，我的孩子，我就会画得很漂亮，与第一个顾客喝上一杯，把他画下来，不是用水彩，而是用油画，用杜米埃尔的方式在现场作画。要是我画上上百幅，里面总会有些是上乘的。我就更像一个法国人，更像我自己，更像一个喝酒的人。这确实吸引我——不是喝酒，而是画流浪者。

在喧闹的欢迎景象中，阿尔火车站的邮政官约瑟夫·鲁林扮演了最重要的角色。一般情况下，文森特会有意识地讨厌鲁林，把他当作当地又一个小官员。事实上，他早已因那些稀奇古怪的邮包，与邮局发生过公开的争执。或许正是这些事最早使这个奇特的荷兰人引起了鲁林的注意。他们也有可能在通宵营业的咖啡馆碰到过，因为他们都在那里吃饭和喝酒。

鲁林身高六英尺半，有一部浓密的栗色胡子——“一座浓密的森林”，脸部还有两个最大的特征：两道陡峭的眉毛，以及醉酒似的红润面颊。47岁的他就像是从都德的小说世界里走出来的一样。他喝酒、唱歌，兴高采烈地发表演讲，直到酒吧里空无一人，除了文森特。他用他的大嗓门以及邮局职员的那种腔调吹嘘他的共和派政治信仰，在所有时间里都穿戴着厚厚的邮局制服——饰有铜纽扣和袖口有金色刺绣的深蓝色双排扣上衣，以及有 POSTES（邮局）帽徽的硬帽子——昂首挺胸地走路。

---

* 此二人为美国滑稽片演员。

文森特将他的脸与陀斯妥耶夫斯基的脸（“一个俄国人的脸”）进行比较，将他的雄辩与加里波第（“他辩才无碍，口若悬河”）进行比较，又将他的豪饮与蒙提切利（“一生都在喝酒”）进行比较。但将他们联系起来的不仅仅是酒——特别是苦艾酒。“鲁林的老婆今天生了个孩子，”文森特7月底这样写道，“因而他就像孔雀一样骄傲，满脸放光，得意洋洋。”文森特喜爱婴儿，过去曾利用他们进入他人的家庭。现在，他也因为新生儿马赛莱的缘故进入了约瑟夫·鲁林的家庭——他妻子奥古斯汀，还有两个十来岁的儿子阿尔蒙与卡米耶，他们生活在两座铁路桥之间的一幢黑漆漆的公家大楼里，与黄屋子只有一个街区之隔。文森特参加了马赛莱的洗礼，而且立刻规划着要画一张胖乎乎的婴儿的肖像。“一个摇篮里的孩子，”他惊叹地写道，“眼里满是无限的未来。”

不过首先他得画画那个巨人。

《邮差鲁林肖像》，1888年8月，纸上墨水，$12^1/_4$英寸×$9^1/_4$英寸。

文森特迫不及待地与他在巴黎和阿旺桥的朋友们分享这一令人惊奇的发现：一个中央高原邮局里的塔塔林。正如《轻步兵》与《莫斯米》意味着这片阳光和激情之地的性欲方面一样，这个邮差鲁林将以其只有在都德的南方才能发现的、大于生活的欢快形象，吸引着人们。文森特提出用吃喝之物作交换（这是嘴馋的鲁林根本无法拒绝的），将这个不太情愿的模特请进了他的画室。鲁林僵硬地坐着，显得不耐烦，而文森特以飞快的速度一气呵成。为了描绘眼前这个巨人，他用了一张巨大的画布，几乎有三英尺宽、两英尺高。他让他坐在一把椅子上，像一个高傲的荷兰市民，双手伸向扶手之外，仿佛搁在想象中的王座上。他倨傲地瞪着眼前的文森特，视线微微向下，而文森特则忙着捕捉他那狂暴的自我意识的每一个细节：从庄严的制服到经过细心剪裁的、向两边散开的胡子。不管是出于无心还是出于有意的漫画手法，文森特画出了他巨大无比的双手和沉重的眼皮。文森特将他安排在天蓝色的背景前，既为了强调他制服上的钴蓝色，也为了衬托出袖子上的金色刺绣、上衣的双排黄铜纽扣，尤其是帽子上的标签：POSTES。“天知道！”他在完成以后向贝尔纳吹嘘道，“用杜米埃尔的手法来画他，是一个多棒的母题啊！”

到了8月下旬，文森特想到要招待高更，甚至还有贝尔纳，就清晰地意识到了将他与阿旺桥的朋友分隔开来的距离是多么遥远，既有地理上的距离，也有艺术上的距离。为了拉近这一距离，他写了大量信件，不停地呼吁要团结，要追求共同的目标。仿佛为了向新的分离主义目标表示效忠，他断绝了与莫奈的印象主义的友好关系（“要是印象派不久以后挑剔我的新工作方式，我不会感到惊讶。”他写道），也中断了与修拉的新印象主义的亲近关系（他将新印象主义轻蔑地称为“那个可以将自己局限于视觉实验的画派”）。

文森特援用了众多例子，从黄金时代的巨人到平民蒙提切利，从理查德·瓦格纳到克里斯托弗·哥伦布，不断地将他自己、高更和贝尔纳塑造成追求“最终教义”——唯一目的就是“拥抱整个新时代”——的新的艺术探索者。他一而再再而三地坚持说，只有作为一个团队，才能抵达这一无畏的新艺术境域。“如果要让绘画达到古希腊雕塑、德国音乐和法国小说曾经达到过的那种庄严伟大的高峰，仅凭个人的能力是办不到的，”他警告煽动者贝尔纳说，“只能由一个紧密团结在一起、以实现共同理想为目标的团队来创造。”当提奥建议在《独立艺术家杂志》上展出文森特的作品时（尽管卡库恩对上一年他的展览作品提出了十分尖锐的批评），文森特却担心他的作品可能成为阿旺桥的战友的“障碍”。“我们三位的名誉都将面临考验，”他大言不惭地说，“我们三人没有一个只为自己工作。”

提奥散播独立艺术家沙龙的邀请之后的几天，文森特就背起画具，直奔广场。当他到达时，夜幕已经降临。一个艺术家背着画具走进鹅卵石铺就的黑暗广场，在当地人看来一定是一个笑话；这些人要么在广场附近闲逛，要么在广场上的咖啡馆遮阳篷底下坐着（当地报纸就拿这个当娱乐新闻加以报道）。但是，事实上，文森特是在维护他的战友们的“名誉”。仅在一年前，独立艺术家沙龙展上的新贵安克坦，就画过一个类似的夜景：一家肉铺外人头攒动的人行道上只有从店内射出的灯光和挂在遮雨篷上的两盏大大的煤气灯的灯光。除了橙红色的窗户里挤进了几个画作赞助人的形象，整幅画几乎就是由蓝紫色的黑夜构成的，只是破裂成了一些不同色调的碎片，就好像是透过一面蓝色玻璃看到的景色。安克坦的夜景（他给它取了一个修拉式的、纪录片般的名字《克里希大街：夜晚五点钟》）已成为日本风格的一个最新的经典图像。

文森特采用了与安克坦一样的倾斜角度，利用咖啡馆巨大的遮阳篷来创造一种突然插入的透视效果，从而刻画出黑暗的街道以及背后的夜空。他点亮了煤气灯，这样明亮的黄光就能充满整个被覆盖的露台，大量补色的涟漪流向了由克劳平原采集来的石块铺就的人行道。“我经常在想，夜晚的色彩比白天更丰富绚烂。”他一边这样写道，一边在他向安克坦致敬的作品里添加宽阔的橙色（用来描绘地板）和蓝色（用来描绘大门）色带。他无休无止地写信描述他对分离主义的忠诚：他对日本版画的依赖，对日本画的速度与确定性的羡慕，最重要的是，对日本色彩的忠诚。“日本艺术家无视反射色，”他写信给贝尔纳说，就好像在引用教规，“将扁平的色彩并置，用富有个性的线条标出运动与形式。”

通过贝尔纳和高更的书信文字及信中速写，文森特密切关注着这两位阿旺桥的朋友对安克坦的日本风格观的修正。从去年离开巴黎以来，文森特还没有看到过这两人的油画（那时，特别是高更的画风与现在的画风完全不同），但他却不断地对他们那些他尚未见到的艺术表示效忠；而且，基于贝尔纳热情洋溢的书信，他宣布他们当中年龄最长者是新艺术运动的领袖。（贝尔纳认为高更是“一个伟大的画家，在性格与思想上绝对卓尔不群”。）

毕竟，高更画过马提尼克的黑女人，与洛蒂笔下的日本童女新娘完全吻合。而且，加勒比海地区、日本和普罗旺斯不就是同样充满了魔力的南方吗？文森特争辩道：“在这些地方，大量时间都在户外度过。”他认为高更“是一位绝对了不起的艺术家”，并将从高更那里收到的来信称作“极其重要的东西”。为了使自己的艺术越来越贴近想象中高更正在开拓的道路，文森特赞美高更象征主义的移情心理，承诺要“更敏感——更像音乐般地”创作自己的作品。他开始称自己的画是“抽象的”，这个词将音乐与艺术不加区分地结合在了一起。

他不仅赞美瓦格纳，还赞美另一个象征主义者最喜爱的对象，美国诗人沃尔特·惠特曼。他放弃了自然主义（“我不顾自然”），转而拥抱清晰、简洁和强度。他发誓“要以这样一种方式绘画，使每个人，至少是还有眼睛的人，都能够一目了然”。去年夏天的向日葵以其“技法上的简洁”和“明亮清晰的色彩”，宣布了文森特从阿旺桥那里听到的新使命：“高更和贝尔纳正在谈论‘儿童画’。”

为了证明他对新使命的效忠，文森特画了一幅自画像。离开巴黎后，他还没有在镜子里研究过自己，而他现在看到的形象，与当初在勒皮克路经常绘制的精明的艺术商人或前卫派代言人的形象，一点也不像。他不再像在巴黎时那样用一些较小的画布或纸板来创作自画像，却选择了一个较大的尺幅，足有 4 平方英尺那么大。他先勾勒出了一个憔悴的头像，以便画出新近秃顶的脑袋，并强调瘦骨嶙峋的脸颊与额头。他用柔和的粉红与黄色，来细致地刻画被太阳晒黑的，但却无忧无虑的脸部。他的胡子比头发长得快，呈铁锈和金黄色，拉拉碴碴一片，勾勒出坚毅却不完全咬合的下巴。剃过的胡须首次让上唇露出，几乎全用红色画出，漫过深陷的人中两侧。整个脑袋安在修长的脖子上，脖子光秃秃的，没有什么特征，就像一枝异域鲜花的花茎，唯有一颗大大的装饰性的纽扣将无领衬衣固定住。一件厚厚的、夹杂锈红色的蓝外套像大衣那样挂在他的肩头。围绕着这一庄严素朴的头像的，是一种明亮的委罗内塞绿，它像翡翠绿一样明亮，又像薄荷绿一样柔和，大量笔触组成的色圈从画面中心向四周呈放射状散开，直到画面边缘。同样不可言说的色彩填满了他的眼白（作为对比，眼瞳被处理成赭色），目光不是直瞪着镜子，而是越过镜子——也越过观众，投向远处，望着这个色彩鲜艳、更加美好的世界。

文森特重新调整了一下眼睛。“我让眼神稍稍有些斜视，”他告诉提奥，“就像那些日本人。”事实上，不仅仅是稍稍向上斜视的眼神和杏仁般的双眼，而且是有关此画的一切——刮过胡子的脸、长长的脖子、大衣般的外套、苦行僧般的凝视——都调用了文森特及其朋友们所熟知的洛蒂的《菊花夫人》和其他有关日本和尚的描写和插图。“我把它当作一个和尚的肖像，”他告诉高更，“一个佛的膜拜者。”这就是在普罗旺斯等待着他们的转型：从被惯例包围的忧心忡忡的画家，到平静地生活在大自然中的崇高的僧侣——“仿佛他们本身就是鲜花似的。”“研究日本艺术，让人变得更幸福、更愉快。”他向他们保证说。

文森特急于要将这一召唤（他本人形象的向日葵版本）与阿旺桥的朋友们分享，他写信怂恿他们相互画像，这样他就可以跟他们交换他那“平静的僧侣”的肖像。他将这一交换想象成中央高原僧侣间的结拜仪式。“日本艺术家们常常相互交换作品，”他解释道，“他们之间的关系明显像兄弟一般……在这方面我们越是模仿他们，收获也就越大。”当他在10月初将画作寄给高更时，他还附上了一个誓言，这个誓言与日本僧人一样庄严而带有召集意味：“我非常乐意与你分享我的信念，我们将开创永恒的新事业，且必将取得成功。”

文森特又在急切地寻找归属，他所要求的“日本”艺术家之间的兄弟情义，也有自我毁灭的倾向。忠诚与对抗、亲切与憎恶的矛盾，一直搅乱着他对提奥的爱，以及与范·拉帕德的友谊，而如今这样的矛盾再次暗中瓦解了他与阿旺桥的关系。他一接受新的教条——甚至还为之赞颂——就开始蔑视它。“我发现要改变方向并不容易，”6月，他向提奥抱怨说，“最好不要改变。”

整个夏天，他与贝尔纳、高更的通信内容就一直局限于联合与抵制之间。吹响“最终信条”的号角、呼吁团结合作，与坚决捍卫独立及个性，并不能轻易相融。文森特预测，他的朋友们“会改变我的作画风格，而我将从中获利”。然后他又懊丧地补充道：“我还是坚持我的装饰风格为好。”兄弟团结的热情宣言里，总是混合着竞争性的怨恨和一阵阵的愤恨。

高更并不是个有规律的、投入的通信者。贝尔纳倒是一个主题接着另一个主题，与文森特展开讨论，充满了热情；他在新运动的方向问题上与文森特展开了激烈争辩。高更与提奥保持着直接联系，因此文森特对他的语气几乎充满了尊敬（“我不愿意对这样一位伟大的艺术家说一些令人压抑、令人沮丧或可恶的事情。”他告诉提奥）。但是，对于贝尔纳（他与高更分享信件），文森特可以主导三方之间的对话，同时保持着对那位年长艺术家（高更）表面上的尊敬态度。当贝尔纳支持高更的论点，认为新艺术应该在想象中找到形象时，文森特挑衅性地重申了面对大自然创作的决心，责备他年轻的朋友“将可能性与真实性分开”，并在“夸张”（他的做法）与象征主义者梦幻般的“创意”之间划清了界限。

他斥责贝尔纳对象征主义诗歌的戏剧化（质疑其“道德目的”），私底下嘲笑他象征主义风格（“雷东式的”）的素描，称它们“怪异得很”。当贝尔纳用象征主义长达半个世纪的崛起过程（从夏尔·波德莱尔的丑闻——他既支持德拉克洛瓦，也支持瓦格纳——到巴黎前卫派的高潮）来捍卫象征主义时，文森特接受了他的挑战。他用彻底的、激烈的词汇，数落象征主义者的画是“愚蠢的”、“荒唐的”，是“枯燥乏味的玄学冥想”。他尤其指责它们无视荷兰黄金时代的大师们，这些大师们能够“如其所见画出万物”。“记住佛兰斯·哈尔斯，”他告诫贝尔纳，“记住伟大的世界级大师……那个心胸开阔的自然主义者伦勃朗。”这一争论上升为对文化剽窃的指控，因为文森特将两个世纪的法国绘画贬低为“只不过是将荷兰的浆糊坚决地塞进了粗俗的法国面团里”而已。

来自阿旺桥的象征主义教育中包含了创作宗教绘画的呼吁，这激怒了文森特。4月，贝尔纳寄给文森特一些宗教诗歌请求评论，此举揭开了伤疤。贝尔纳受到当时巴黎象征主义争辩的启发，结交了年轻的象征主义诗人艾尔贝·奥里耶，那年春天布列塔尼的恋爱事件再度唤醒了他原本就有的天主教信仰。他来到了阿旺桥，左手提着一只装着神秘的宗教图像的文件箱，右手拿着一本《圣经》。高更公开接受了新观点，不久两位艺术家就忙着探索《圣经》里的神秘性和意义。

此时贝尔纳想必会对来自阿尔的激烈抗议感到震惊。“这些故事是多么狭隘！”文森特立刻反击，“我的天！难道世界上只有犹太人吗？”他带着不可理喻的愤怒，责骂“那加剧了人类悲伤的《圣经》，它激起了我们的绝望与愤怒。它以毫无怜悯之心和富有传染性的愚蠢，一本正经地污辱我们，彻底地困扰我们”。只有耶稣的形象躲过了文森特的辱骂——他认为耶稣是“坚硬的果壳和苦涩的果肉”里人世安慰的“果核”。不过他贬低贝尔纳想要描绘耶稣形象的野心，嘲笑他不可能成功。“只有德拉克洛瓦和伦勃朗能够画出我心目中的耶稣形象，”他嘲笑贝尔纳说，“其他人只能让我发笑。”

充满了咆哮的信件一封接一封地发往巴黎，也发往阿旺桥。“噢，我亲爱的，”他写信给提奥说，“我的生活和绘画里没有上帝，也相当不错。”他以基督教的罪行，特别是天主教在新世界传教时的“残暴”，以及它在现代社会里的伪善，来打击贝尔纳。文森特几个月以来待在天主教氛围浓厚的普罗旺斯，眼看着那些中世纪的节日和神秘的献祭仪式，童年时期那种新教徒的孤独感被唤起。（他形容阿尔的圣特罗夫哥特式教堂“残酷而可怕”，更糟糕的是它是“罗马人建的”。）7月，他开始阅读巴尔扎克全集，好像想要让自己能有足够的力量面对周围那个充满了幽灵和迷信的世界。

不过来自阿旺桥的推动过于强大，来自过去的困扰令他心烦意乱，他很快就投降了。在同一个月，甚至当他的书信里充满了激烈的谴责之时，他已着手开始描绘他所谴责的那类图像。他画了“一幅巨大的习作，一个橄榄园里有一个蓝色与橙色的耶稣形象，还有一个身着黄色衣裳的天使”。这是一个纠缠了他一生的形象：耶稣在客西马尼园。只有到了现在，他才能够以新艺术的生动色彩来重新处理它：“红色的土地、青色的山、紫色的橄榄树、深红色的树枝、绿灰与蓝色的树叶，以及柠檬黄的天空。”但是这一努力却失败了。在一阵预示着灾难即将到来的恐慌（他后来称之为“恐惧”）中，他愤怒地抓住一把小刀，割碎了眼前这幅令人厌恶的画。他没有向贝尔纳和高更透露这一失败。对于提奥，他只抱怨说没有模特。“没有模特，我不应该为那样重要的人物画像。”他发誓说。不过，他当然明白个中缘由。

这幅失败之作再次触发了新的抵抗。他嘲笑他的同伴们再度依赖《圣经》里那个静态的、充满了寓言色彩的世界，而他们周围的大自然——尤其是在阿尔——却能提供众多充满了意义的主题：播种者和麦捆，向日葵和柏树，太阳和星辰——这些都是“描绘无限”的机会。“描绘大自然的丰富和壮丽，其实是每个画家应尽的义务，”他宣布说，直截了当地对象征主义干巴巴的玄学实践提出了批评，“我们需要欢乐与幸福，希望与爱情。”人们到处都能发现崇高的面孔和姿态时，为什么非要面对那可怕的、完美的耶稣的面容？他问道。“难道我说得还不够清楚吗？”他语气尖刻地写信给贝尔纳，“我只是想让你明白这样一个简单的真理：人们可以用肖像画这一简单手段画出所有的人性。”

事实上，文森特最喜爱的画种早已开始被边缘化了。印象派那些表达瞬间视觉和愉快光线的绘画从来不可能洞察一个主题的内心生活，只能记录下可爱的外表——而新艺术，无论是痴迷于科学还是痴迷于本质的新艺术，对于把握人类形象偶然的特殊性来说毫无用处，正如文森特早已承认的那样。

为了使所热爱的肖像画（及其模特）在“下一代”艺术中占有一席之地，文森特激烈地为肖像画的神秘与尊严辩护——而神秘与尊严恰恰是象征主义者所说的本质。他争辩道，一幅伟大的肖像画乃是“一种完整，一种完美”，“是无限中的一瞬”。当“形而上的魔术师”伦勃朗画圣人、天使，甚至耶稣本人时，他只画那些真正的人，而不是抽象或“幻想”。他认为自己的肖像画拥有象征主义者的野心：“说出某种令人感到安慰的东西，就像音乐令人感到安慰一样。”因此他盗用了来自阿旺桥的宗教命令。“我想以某种永恒的东西来描绘普普通通的男人和女人，就像光环曾经被用来象征其他东西一样。”他写道。整个夏天，他都在为中央高原漂亮朋友的到来作准备（他“将画肖像，就像克劳德·莫奈画风景一样”），他喊出了他坚定的信念，即肖像画代表了“未来的东西”：“啊！肖像，有思想的肖像，有模特灵魂的肖像，这就是我认为必将到来的东西。”

8月初，安克坦《农民》的成功，触发了一阵在阿旺桥与阿尔制作乡间形象的热潮，文森特雇用了一个名叫佩兴斯·埃斯卡里耶的老园丁为他做模特。他形容埃斯卡里耶是“一个可怜的老农民，五官非常像父亲，只是更粗野些”。文森特画得很快，把他那满是皱纹、被太阳晒黑了的面孔置于钴蓝色的背景中，让他身着蓝绿色的衬衫，戴一顶黄色的草帽（与他自己在乡下写生时所戴的那顶十分类似）。对提奥与阿旺桥的战友们，他将埃斯卡里耶吹嘘为一个从米勒的画里或是左拉的小说里走出来的典型形象（“一个扛着锄头的男人，一个开过卡马格农用车的司机”），一个与“高度文明的巴黎”相对立的原始形象，还是杜米埃尔漫画中的一个角色，就像那个和蔼可亲的高个子鲁林一样。“我敢打赌，高更与你都会理解，”他写信给贝尔纳说，“你懂得一个农民意味着什么，他能如何强烈地令人想起野兽，要是你真的发现了他们当中的典型的话。”

文森特很快就在付款条款上与他的模特闹翻了。但是，在他与贝尔纳的那场关于宗教形象的争论中，这个老人的形象一直萦绕在他的脑海里。当文森特月底终于将埃斯卡里耶引诱到画室的时候，他让这个满头白发的老园丁斜靠在一根手杖上，双手合十。从阔边的草帽底下，他的老花眼以一种悲哀、长期隐忍、乐天知命的目光，严肃地凝视远处。在倾斜的蓝色肩头背后，是一个充斥着“闪亮的橙色”的世界，代表着丰收已经过去，日落（以及下次的日出）的“明亮的金色”即将到来。

就在完成农民圣人的画像后不久，文森特再次接受了贝尔纳创作神秘而崇高的主题的最后挑战。8月下旬，当尤金·宝赫拜访黄屋子的时候，机会来了。文森特是在6月遇到这位33岁的比利时画家的，那时他是道奇·麦克奈特冯特维尔村画室的画友。文森特与他不仅相貌很像（“一张刀锋般锐利的脸，绿色的眼睛，五官轮廓分明”），而且拥有同样的资产阶级家庭背景，兄弟姐妹中都有人涉足艺术贸易（宝赫的妹妹安娜是一位前卫派艺术的收藏家，同时也是一位艺术家）。

不过文森特将宝赫与“懒鬼”麦克奈特混为一谈，而宝赫则像麦克奈特一样厌恶文森特的艺术及其“喜怒无常、喜欢争吵”的性格。在麦克奈特8月底离开阿尔之前，文森特和宝赫很少见面。在一阵突发友情之中（也许是为高更的即将到来作预演），他们在乡间散步，观看竞技场的斗牛，谈论艺术直至深夜。当文森特知道宝赫想回到他家乡比利时的矿区，画博里纳日的矿工时，他欣喜若狂，鼓励宝赫在矿区建立画室，并将它视作北方的黄屋子，这样他、高更和宝赫就可以时不时地“换换住所”。

为了纪念这份短暂的友情，文森特说服宝赫为他摆姿势，让他画一幅肖像。尽管之前存在着不快，文森特却一直有想要为他画肖像的精心计划。“我想画一幅艺术家朋友的肖像画，”8月初遇到宝赫后，文森特这样写信给提奥，“一个做着美梦、像夜莺般工作的画家，因为这就是他的天性。”尽管宝赫一头黑发，文森特却想象着将他画成“一个金发男子，突出他头发的橘黄、铬黄和浅黄色调”：

> 在他的脑袋后面，我不会画房间的墙壁，我将画出无限，尽我所能画出最丰富、最强烈的蓝色背景。通过将明亮的头部与丰富的蓝色简单地结合，我将得到一种神秘效果，就像蓝天深处的一颗星星。

当宝赫终于为他摆姿势的时候，文森特却忠实地画出了剃刀般的形象及黑发（只在胡子上突出些许金黄色）。不过他让他穿上了黄橙色的外套，让他站在他所能调出的最深的蓝色背景中——正如他曾经设想过的那样。他让宝赫的头上戴着一顶淡黄的帽子——与德拉克洛瓦《加利利海上的耶稣》中那位救世主脑袋上的光晕的颜色一模一样，背景是在黑暗的虚空里闪烁着黄色和橙色之光的星星。

这正是他在《客西马尼园里的耶稣》中曾经尝试并毁掉的计划：“蓝色与橙色的耶稣形象。”

文森特争辩道，这样的画作并不是在圣经故事中（正如贝尔纳鼓吹的那样），而是在一种新的、不同的形式（色彩）中，表达了它们的先验真理。无论是通过“对比色的混合”，还是通过“相邻色的震颤”，文森特声称他能够表达生活最深刻的神秘——象征主义者的追求，而不需要借助宗教中的罪过。他可以“通过色彩语言本身”直抵心灵。因此，埃斯卡里耶落日般的面孔，表达了“灵魂的渴望”，而宝赫以黑夜作背景的明亮形象，则表达了“一种表情的思想深度”，以及“对星星的希望”。

他坚持认为，正确的色彩混合能够激发所有的人类情感：从破碎色调的“愤怒”到平衡色调的“绝对正确性”，从红色与绿色的“激情”，到淡紫与黄色的“柔和的安慰”。特别是在给贝尔纳的信中，他描述了他的色彩观，采纳了象征主义者的术语（反复使用“永恒”、“神秘”、“无限”与“梦幻”），却挑衅性地宣布自己是一个“理性的色彩学家”，并吹嘘说指导着他的调色板的乃是复杂的计算——一种为象征主义者的感性宣言所不容的修拉式的术语。而且，他完全反对分离主义将色彩仅仅当作一种设计因素——一种装饰性的简化，而不是“一种热烈性情”的“强有力的表现”。

这种性情再清楚不过地通过笔触有力地或挑衅地表现自己。在阿旺桥，文森特的战友们曾经创作出了一种不暴露任何笔触的绘画平面。他们循着安克坦的路子，追求分离主义的色彩“平面”，并赋予其逻辑结果以玻璃镶嵌画的效果。当塞尚运用毛茸茸的、敷有稀薄颜料的平面以及砖块状的笔触，来建构他的小块面场景时，高更与贝尔纳却将他们的图像划分为若干纯色区域，然后用光滑、冷漠的笔触在这些区域施加稀薄的颜料。通过与这两位艺术家的通信，文森特当然知道这些创新，甚至偶尔还会尝试一下，以示友好。

不过，他那狂热的画笔总是不可避免地想要叛乱。他寄往阿旺桥的附速写的书信总是只见纯色块，附有“红色”或“蓝色”的标签。可是，在他的画室里，在他的同伴们看不到的情况下，他那只插画师的手用肌理效果的图案和高调色彩的复杂地形图的风格，不知疲倦地在这些小块里填满飞扬的笔触。有时候他以起伏的色彩线追踪着主题的轮廓，忠实地捕捉到松树尖利的松针，或是葡萄园里缠绕的藤蔓。其他一些时候，在背景里或者在分离主义所要求的类扁平色块中，他的画笔会闯入大量厚涂的色域中，将万里无云的天空变成怒涛翻滚的海洋，或者将耕地变成崎岖不平的战场。在一次利用厚涂法的时候——文森特称这样的举动是“狂暴的”，他饱蘸颜料，将一座风景如画的小溪旁的磨坊画成了一座颜色斑驳的城堡，每一个色彩的小平面——墙壁、屋顶、天空还有溪流——都被粉碎成挑衅性的、清晰可见的油画笔触，每一个都成了他对来自阿旺桥的教条的无声抗议，成了他挥舞着的拳头。

9 月底，在高更到来前数周，文森特的犹豫、论战和回绝，已经混合成了反对新艺术同伴们的高声呐喊。“一个人依赖别人的意见，”他充满煽动倾向地写信给妹妹惠尔说，“是多么荒唐啊！”为了反对布列塔尼的画家所宣传的那种装饰性的、理智的图像，他曾经提出过一种十分不同的艺术的要素：肖像画，但不是寓言性的；人物画，但不是幻想性的；农民，但不是圣者；冲突的艺术，但不是谜语；油画，但不是玻璃镶嵌画。最重要的是，这是一种关乎情感的画——“伤心者的画，因此观众看了也会伤心。”有魔力的、音乐般的色彩，能够激发感情，色彩在这种绘画中扮演了关键角色。“我使用色彩……来强有力地表达我自己。”他写道，“如果说我有什么理论，这就是一切。”如果说色彩是他的音乐，那么画笔就成了他的乐器。文森特坚持认为，笔触能“交织着情感”，引发一系列情感：从厚涂法的“痛”到点彩的狂喜，从均匀油彩的庄重（“就像瓷器”）到放射状笔触的崇高。

他接受分离主义的简化、简化，再简化——但不是为了装饰的简洁性。简化与夸张，就像色彩与笔触，要为某种更深层的情感真实服务。在描述他是如何描绘黄屋子前面的广场（一块无人照看的公共用地）时，他羞怯地承认他“省略了一些树”，“一些不那么有性格的灌木丛……为了实现那种性格，即它的本真”。

他立刻补充道，这不是“想象”，从而拒斥了贝尔纳和高更所运用的象征主义术语。他坚持认为他什么也不想象，只是观看和感受。他从不无视大自然，但也不是奴隶般地屈从于它，他“消化”它。“我并不发明画面，”他纠正贝尔纳道，“正好相反，我发现早已存在于大自然当中的东西；我只是不得不解放它。”当伦勃朗描绘天使时，文森特解释道：“他并没有无中生有地发明任何东西……但是他懂得他们，他能感受到他们的存在。”因此，当文森特观看车水马龙的广场时，他双目斜视，看到的不是草木过于茂盛的人行道，而是疯狂地生长着的夹竹桃——“无数盛开的鲜花，还有大量开败的花，它们那持续更新的绿叶和顽强的新枝，都显出一派永远无休无止的生机。”他争辩道，这是一幅天国般的具有安慰力量的画像，与现实无关，正如现实与一张黑白照片无关一样。

这是文森特桀骜不驯的艺术所能拥有的唯一理论——表现了一颗冲动的心。“当我被某种东西感动时，”他说，“这些东西在我眼里才拥有了深刻的意义。”他坦承，描绘这些东西“是如此吸引我，我任由自己被它们带走，从不考虑任何法则”。由于强迫性的反省习惯和长期的独处，文森特深刻地思考过困扰着他读过的作家们、艺术家们和哲学家们的问题。但是，他个人的艺术理论，正如他的其他方面一样，既不是一贯的，也不是一致的。他从来不能持续地听从自己的命令（甚至在同一封信里都不能，更不必说在不同的信里了），也无法将想法从情感的汹涌浪潮中分离出来。在追求那抓住他的情感——唯一重要的教条——的过程中，他的调色板与画笔经常在一种理论与另一种理论之间，在一种模式与另一种模式之间跳跃。“当伟大的东西总能强烈地表达它们自己时，”他写信给贝尔纳，通过偏离分离主义的教条来宣布自己的独立，“这些分别又有什么要紧呢？”

文森特的反叛艺术开启了一个世纪的“表现性”绘画，以及，正如他早已预见到的那样，“更加个人化、更加原创”的绘画。然而，正如文森特的所有热忱一样，这一次也是通过支持未来来救赎往昔。“我在巴黎学到的东西正在离开我，”他在 1888 年夏天的叛逆高潮中写信给提奥说，“我正在重返我在知道印象派之前在乡下就已经拥有的观念。”他提出的夸张的、“富有暗示性的”色彩的观点，完全跳过了印象派，转而调用了查尔斯·布兰克更为古老的同时对比色的信条，当然，还有这一信条的弥赛亚德拉克洛瓦。“我比任何其他人都要更多地……受惠于德拉克洛瓦。”文森特坚持道。正是克基拉岛画室的英雄德拉克洛瓦——而不是莫奈或修拉，塞尚或安克坦——“只通过色彩说出了富有象征性的语言”，而且通过这种语言，表达了“某种富有激情和永恒的东西”。正是非洲风情的艺术探险家德拉克洛瓦向他指明了通往色彩鲜明的南方的行程，照亮了他前往黄屋子的道路。

他也不信任象征主义。他提醒提奥说，在听到瓦格纳的音乐或是贝尔纳的教导之前的好几年，他就通过在纽南学习钢琴演奏，研究过色彩与音乐之间的关系。而且，在布拉班特的沼泽地里，他曾经写到伟大的巴比松画家杜雷如何运用“色彩的交响”来表达“情绪的巨大多样性”。他曾经从内心——从“直觉、灵感、冲动和良心”——中寻求作画的灵感，并且，早在于斯曼的《逆流》激发了巴黎的前卫派绘画之前，就已经完全认同德拉克洛瓦“听从内心！听从内心！”的呼喊了。

自从 1885 年 10 月从国立博物馆回到纽南后，他的画笔就一直处于那位画家神奇力量的指引下，而且，为了创作“情感高贵、无限深刻”的画作，他必须在“一次性”完成的命令之下工作，正如伦勃朗曾经教导过的那样。伦勃朗和哈尔斯的那种“不必拘泥于真实”的做法，解放了文森特，他早已宣布自己有权“理想化，成为一个诗人”，让他的色彩“自己说话”。在克基拉岛的画室和德·格鲁特家摇摇欲坠的小屋里，他早就尝试运用过这项权利。他在那里匆忙画出的肖像画——浓墨重彩、光线幽暗，通常是一人采取坐姿——已经指明了方向。在安克坦创作《农民》之前的三年，文森特就已经以米勒为榜样（他说，在米勒的作品里，“所有现实同时也是象征”），发现了如何用色彩和肌理来表现笔下人物禁欲主义的绝望——以及他本人的绝望。通过将纯朴的家庭画成“仿佛是从他们耕种的土地里生长出来的样子”，而且“用心，用感觉，用激情，用爱”来画他们，他已经实现了阿旺桥的同伴们刚开始追求的“更真实的真理”。

简而言之，世界开始转向他那些谦逊的农民。他说他为埃斯卡里耶所画的肖像“绝对是我在荷兰画过的某些头像习作的延续”。老园丁红光满面的形象，标志着德·格鲁斯——以及文森特本人——从充满阴影的沼泽地走向了阳光灿烂的中央高原。巴黎的那几年早已使在黑乡播下的革命艺术的种子开出了花朵，他在为《吃土豆的人》作辩护时那颗种子就已经深埋地下了。他的新艺术的宣言里充满了对旧艺术的辩护。他告诉提奥，如果他信守了纽南的“信条”，激烈地反驳提奥对他过去艺术的判断，“那我就是一个高贵的疯子。而现在，我只不过是一个微不足道的人罢了”。

与在纽南时的情况一样，文森特发现了一种既能表现也能启发他那种与众不同的视野的形象。与他关于绘画的所有自我辩护一样，这也不是来自他的想象，而是来自他的生活。那个夏天的每天晚上，当夜幕笼罩黄屋子后，文森特都会回到那家一条街之隔、名为加雷的通宵咖啡馆。他在楼下那个摆放着台球桌、悬挂着煤气灯、挂钟在墙上隐约可见的空荡荡的酒吧里用晚餐。偶尔在一张大理石桌面的桌子边，他与鲁林一起吃饭或喝酒。不过大多数时候，他都独自一人坐着或站在后边的吧台上喝酒。最后，他才爬上狭窄的楼梯，回到他的小房间沉沉睡去，楼下则是通宵不眠的场景。

作为阿尔后半夜还开放的少数几个地方之一——除了妓院，这家咖啡馆吸引了一大群流浪汉、地痞、避难者与无家可归的人。文森特称他们是“夜间徘徊者”。他们“无钱住旅馆，或者烂醉如泥，已无法住进旅馆”。幻想者在那里谈论政治，疯子在那里喃喃自语，嫖客在那里召妓，被拒的求婚者则在那里安抚自己的伤口——所有这些人最终都聚集在加雷咖啡馆红汞色的灯光下。“他们趴在桌上睡觉，就这样度过整个晚上。”他写信给贝尔纳说。他将那个“宾至如归”的地方描述为“一个自由恋爱的旅馆”。

文森特开始以一种矛盾的心态来描绘他那矛盾的画面。他曾经与房东约瑟夫·纪诺吵架，最后两人达成一项交易：要是房东能原谅他迟交房租，文森特就为纪诺那“可怕的”地方画一幅画。“为了惩罚自己无缘无故地付给他那么多钱，”他写信给提奥说，“我答应画他那幢彻头彻尾腐烂的房子。”纪诺觉得很有趣，就同意了文森特的提议，于是文森特立刻开始创作。他等到楼下的钟敲过半夜的钟声，在酒吧靠近大门的一角，支起他的画架以及巨大的画布，这样就得到了一个观察夜间场景的最佳角度。

大多数顾客避开了他，只在他们的位置上留下了乱七八糟的、没喝完的咖啡杯和酒杯。那些留下来的人在房间的远角里无精打采地瘫坐着，脸转向别处——无疑，他们早已习惯了对咖啡馆后半夜的世界视若无睹，或习惯了被人彻底忽略。只有老板纪诺本人站在地板上。他一点也不害羞，早已对咖啡馆里的各种陋习和丑态视而不见；他身着白色外套和围裙，一动不动地、骄傲地站在台球桌的旁边，目光直视文森特，对热辣辣的煤气灯毫不在意。

文森特白天睡觉，连续三个晚上都在画楼底下的那个地狱，用色彩和颜料来捕捉他发现的那种孤独和边缘的感觉。不管纪诺曾经为他的酒吧间选择了何种色彩的装修，文森特只看到了红色和绿色的痛苦对比。从“血红色的”墙壁到玉色的天花板，从孔雀绿的台球桌面到橙红色的阴影，从吧台“柔和的路易十五绿”到吧台上不协调地安放着的花卉那“细腻的粉红色”，酒吧的每一个角度都被文森特块状的视线所折射。地板上磨损的地方是绿色的，而缝隙里却透出红色；蓝绿色渗入大理石的桌面和瓷炉的表面，一个孤零零的红球则坐在台球桌的绿色台面上。玻璃杯闪出粉红色的光，绿色的苦艾酒瓶上则贴着红色的标签。背景里一个女子身穿绿色裙子和粉色围裙。一个害羞的流浪汉整个身体缩了下去，却散发出翡翠绿一般的光泽。

在“冲撞与对比”之上，文森特画出了无情的黄色灯光。四盏悬着的煤气灯放射出黄色、橙色和绿色的光芒，像四轮太阳那样照射着这个不自然的世界里的居民，又像探照灯那样让他们无处躲藏，只在房间正中的台球桌下投下了一片阴影。

与在纽南时一样，文森特声称，这些煤气灯下的桌边的卑贱主题体现了最高的目的。“咖啡馆是一个人可以毁掉自己、发疯，或酝酿犯罪的地方。”他向提奥解释说，既引用了左拉的小说，也援引了托尔斯泰的戏剧。在描述《夜间咖啡馆》色彩和形式的夸张时，他使用了过去在荒野表示抗议时使用过的挑衅性的语言。“这幅画是我画过的最丑陋的画，”他写道，就像老板纪诺一样恬不知耻，“它与《吃土豆的人》对等，尽管不同。”（为了证明他充满自豪，他次日将这幅油画的水彩版本寄给了提奥。）

在向阿旺桥象征性的致敬中，他认为这幅画有着“日本画的快乐色彩”，还认为它拥有都德笔下塔塔林的“优点”。不过他还断言，他这幅完全世俗主题的作品，与任何一幅贝尔纳的《圣经》虚构作品一样，拥有一种神秘而“深刻的意义”。“我已经尝试表达出了可怕的人类激情。”他写道，将他这幅卑微的咖啡馆作品上升到了米勒的《播种者》的高度。

不过真正的主题与通常一样，却是文森特本人；真正的激情，也是他本人的激情。与左拉或都德不同，文森特不可能报道或想象别人的生活，也不可能感受到别人的痛苦或欢乐。无论是画鞋子、鸟窝、海滩上的船只、路边的蓟类植物，还是画围着桌子吃饭的一家人，他都在反观自己的内心。“我总是感到自己是个旅行者，”他8月写信给提奥说，当时他第一次打算画加雷咖啡馆，“要去某个地方和某个目的地。”在同一种恐惧（无家可归，以及与其他夜游人一样幻灭）的驱使下，他曾在纪诺这家奇特、黑白颠倒的午夜咖啡馆里找到了暂时的避难所，正如他曾在德·格鲁特的茅屋正午的黑暗中寻求过慰藉一样。文森特以所有无家可归的朋友的名义，满怀希望地追问："这些我们纵然没有却并不妨碍我们生活下去的东西——例如本乡本土的大地和家庭——在我们这些富有想象力的人的心目中，是否比它们在现实当中的真实情况，更具有吸引力？"

然而，与其他人不同，文森特还是有个地方可去的。每天深夜，他总能爬上楼梯，回到自己的房间，躺在床上，点上烟斗，然后幻想即将到来的客人和即将画出的作品。

第三十三章　诗人的花园

只有对于高更到来的期待缓解了文森特的孤独。当轻步兵上尉米勒 8 月离开阿尔后，文森特非常怀念他们一起逛妓院的经历，不过他想象高更会吸引更多雷科莱特路上的漂亮的阿尔女人。在尤金·宝赫 9 月初也离开后，文森特以一系列书信、一幅在想象中完成的肖像画、对于宝赫与提奥在巴黎会面的推动，甚至让宝赫迎娶他妹妹惠尔的异想天开的念头（“我总是希望惠尔能嫁给一位艺术家，”他写道，“而且，他还不是那种身无分文的人”），来维系他与宝赫之间的友谊。在漫长的夜晚，他告诉自己高更在黄屋子的出现，将不可避免地吸引宝赫之类的艺术家到来，并以此来打发时间。事实上，他向提奥保证说，一旦高更住下来，宝赫“一定会回来的”。

在少数熟人都离开阿尔后，只有高更的即将到来，使他熬过了邻居不断增强的敌意的包围——自他在 9 月中旬抛弃了加雷咖啡馆，开始睡在新房子里之后，这个问题就更加突出了。“此地的排外极为严重。”他写信给提奥说。他苦涩地抱怨自己“被当作一个疯子对待”，并且因为“没有一个人真心喜欢他”而面临“瘫痪”。他设想高更也许会分享他的孤独，并逆转局面。当一帮“地痞”在大街上攻击他，在他试图作画时将他的颜料挤到路边时，他只把这些当作怪异的玩笑而一笑了之，坚信他与高更一定会在阿尔享有“名声”。

当模特推诿、拒绝、对酬金斤斤计较，或在捞到好处后撒腿就跑时，他特别需要安慰。甚至是那些他喜欢的模特，例如米勒上尉，也不会摆姿势。邮差鲁林拒绝他画他的女儿马赛莱。“没有模特的麻烦，就像这里的季风一样，总在继续，”他写道，“这足以使你伤透了心。”但是，高更这位马提尼克的当地人和布列塔尼的农民的驯服者，将改变这一切。他将吸引中央高原那些不情不愿的模特回到黄屋子。他将阻止当地人嘲笑文森特所画的肖像或者对他们自己“被画成画而感到羞耻”。他将使阿尔这些“卑微的灵魂”成为新艺术的奇迹。

每当阿尔人的轻蔑使文森特“心情沮丧”时，每当他对自己的作品失去信心（例如当提奥建议他参加《独立艺术家杂志》的展览）时，每当他“挣扎着创作某种超越平庸的东西”时，他都会想到“布列塔尼的那些家伙，他们显然正忙于创作某些更出色的作品”，想到“尚未在南方创作出来的漂亮东西”。每当他想到年龄和疾病已无可挽回地对他的身体、心灵或艺术造成伤害时，他都会想到高更，以及即将到来的、“最大程度地利用”他残剩的力量的机会。“今天我们也许还有力量工作，”他提醒提奥说，“但是我们不知道明天是否还有。”

高更还能改善他的性生活。9月，文森特甚至在引诱一个被祖阿夫抛弃、“要价仅两法郎”的妓女上床（或去他的画室）时遇到了麻烦。问题不是钱（他手头总是有那么一点嫖资），不是他怪异的艺术，甚至也不是他喜好攻击的个性。问题是他的欲望——或者更加确切地说，他的表现。他向提奥坦白说，年复一年的“沾花惹草”，已经使他变得无能——经常不能勃起。他没有意识到更深刻的心理和生理问题——主要是梅毒，年仅35岁的文森特将他的无能归咎于年龄（“我加速变老变丑，而我的性趣并没有减退多少”），或者仅仅是疲劳。

然而，面对贝尔纳和高更，他并没有将他的贞洁视为一种悲惨的命运，而是视为一种勇敢的选择，并敦促他们也追随他。“如果我们真的想在我们的作品里表现得像个男人，”他坚持认为，“我们有时候就不得不少贪图床笫之欢。”为了支持这一出人意料的号召，文森特援引了一系列具有男子气概却又有节制精神的艺术家的名字：从黄金时代“循规蹈矩”的荷兰画家，到强有力的德拉克洛瓦，“他并不贪图享乐，也很有节制，为了不浪费他那些珍贵的创作时间”。在现代人中，他引用了印象派画家德加，认为他“并不热爱女人，因为他知道要是他爱她们，跟她们做爱太多，就会变成一个清淡寡味的画家”。他还引用了他最喜爱的分离主义画家塞尚，在塞尚的作品里，他发现了“大量有关男人性功能的暗示”。

他还引用了兄弟俩最早热爱的老师米什莱，以及最后的导师左拉，还有“那个伟大而有力的”巴尔扎克。巴尔扎克以如下抱怨而闻名：“今天早晨我又因为做爱而少写了一本书！”文森特认为：“绘画与纵欲不能两全，纵欲只会使大脑瘫痪。”他告诉贝尔纳，与那些纪律严明的僧人一样，他出于“保健的”原因，每两周才去一趟妓院，但他以及他们都应该“将我们的所有元气都倾注于艺术的创作中，而不是浪费在那些姿色平平的妓女身上”；对她们来说，“那些职业皮条客和普通的傻子在满足性快感方面，会做得更好”。因此，他们应当将艺术当作情人，将画画当作性爱，在“急促的喷发”中创作出“充满生殖力的”作品。

文森特放弃的不仅仅是性爱，而且还有妻子和家庭，为的是保留所有“元气”，以迎接与高更的艺术联合。他所感到的生殖冲动越弱，他所宣称的创作冲动也就越强烈。“享受美好事物就像性交，”他向贝尔纳解释道，“是一个无限的瞬间。”他们三人，他、贝尔纳还有高更，将繁殖整整一代新艺术。他得出结论说，命运已经“欺骗了他，使他无力在肉体上进行创造”，但是，在高更的帮助下，他将使绘画“取代孩子的位置”。

长期以来，文森特一直认为同情心是伟大艺术之源。几乎在事业的开端，他就认为自己的画作乃是他与提奥的兄弟情义的产物。“我发誓，如果不是由我创作出来，你同样会将它们画出来。”9月他又这样说，“是我们一起将它们创作出来的。”他将高更视为艺术上的配偶，更甚于他一直以来对其他伙伴关系的预期。

在书信里，他有意离题万里谈及西方历史上最著名的创造性合作之一：弗兰齐斯科·彼特拉克与乔瓦尼·薄伽丘。在读过一篇关于这两位14世纪的诗人“比爱更持久的友谊”的文章之后，他将他们多产的联合视为他想象中婚姻的模板。（那篇文章将它描述为“一种不断的奉献，一种惊人的细腻，一种令人动容的彼此沉溺，使他们超越了时代，超越了他们自己”。）即使彼特拉克在普罗旺斯度过了大半生，文森特仍将自己视为有道义感的助手薄伽丘，雄浑粗犷的名著《十日谈》的作者（“其实是一个忧郁的、相当顺从的、不快乐的人……一个局外人”），将高更塑造成那个令人生畏的、隐居的大师彼特拉克，认为他是“新诗人”。正如那个愚昧的中世纪世界因彼特拉克和薄伽丘的联合所产生的人文主义之光而苏醒一样，巴黎的艺术世界也将因他与高更的“结合”所孵化出来的艺术而感到震惊，文森特这样设想。他写道，“艺术总是在不可避免的颓废之后复苏”，预言另一次文艺复兴即将起源于中央高原。

在画架上，他也以大量风景画来欢庆这一神圣、丰产的联合。彼特拉克在沃克吕兹的乡间住宅（在阿尔东北仅40英里远处）有一个花园，在那里他与薄伽丘将他们在长期的通信中所表达的渴望之情推向了高潮。黄屋子也有一个花园：圣马丁广场的公园。那里，古老的柏树和夹竹桃丛为《十日谈》里所描写的那些粗俗的行为提供了隐蔽的去处。文森特则在那里支起画架，斜着眼睛，看见了一个“诗人的花园”。“这个公园有个极妙的特征，”他写信给提奥和高更说，“令你很容易想象文艺复兴时期的诗人——但丁、彼特拉克、薄伽丘——在这些灌木丛中和鲜花盛开的草地上漫步。”在这种幻想的支撑下，文森特于9月底至10月初，几乎画了一打凌乱公园的风景画，从日出直到日落煤气灯点上时才结束。在某些画作里，大自然显示了天堂般的茂盛和静僻；而在另一些画作里，情侣们则在沿着已逝诗人们的脚印散步。

《有篱笆的公园》，1888年4月，纸上铅笔和墨水，$12^{5}/_{8}$英寸×$9^{5}/_{8}$英寸。

在将兄弟情义与多产、性爱和精神相结合后，文森特对即将到来的联合的狂热，越过了对于乱糟糟的小公园的幻想，转向他的想象世界的每一个角落。当他在信里呼唤着创造性组合的名字（伦勃朗与哈尔斯、柯罗与杜米埃尔、米勒与迪亚兹、福楼拜与莫泊桑）的时候，他的画笔则到处发现了配对的意象。从蓟类植物到躺椅，从沙滩上的驳船到鞋子，他都能发现彼此“互补”的对象，就像红色与绿色不可避免地互相补充一样。“有些色彩彼此增光，”他写道，“它们构成了一对夫妇，就像男人与女人一样相互成就。”

《轻步兵上尉米勒肖像》，1888年9月，布上油彩，$23^{5}/_{8}$英寸×$19^{3}/_{8}$英寸。

9月下旬，文森特发现了一个主题，促使他将所有这些关于配对的想象整合成一个单一的形象。轻步兵上尉米勒在前往非洲完成另一项使命前曾短暂回到阿尔。他忙于拔营出发和在阿尔的每家妓院进行“温情告别”，几乎没有时间为他的前绘画老师摆姿势。当文森特终于将他骗至黄屋子时，他不耐烦地坐着，坐立不安，唠唠叨叨，而文森特则手忙脚乱地作画。最后的画面呈现出厚重的颜料与大胆的笔触，达到了文森特某些最细心的绘画所达到的程度——不是像鲁林式的卡通形象，但又不是绝对的精确（正如文森特悲伤地承认的那样）。

上尉那顶猩红色的军帽，令人想起了公牛脖和老虎眼的祖阿夫传奇般的肉欲，他曾在这个夏天的早些时候为文森特做过模特。但那处于蓝色与绿色之间的玉色的背景，弱化了“野蛮的”对比，所表达的男性气质更加动人，而不再可怕。米勒英俊的面孔让文森特既看到了莫泊桑《漂亮朋友》中那种乖巧的登徒子的形象，也看到了米勒最喜欢的小说《康斯坦丁修道院院长》中那种多愁善感的纯朴；既体现了高更那精于算计的野心，也体现了提奥那坦率的心灵。与提奥一样，米勒用自己“心不在焉和平易近人的行为举止”与青春（“天哪！他只有 25 岁”），特别是他的性能力使得文森特显得既紧张又笨拙。“米勒是幸运的，”文森特写道，解释为什么他与那位年轻的祖阿夫是完美的一对，就像红色与绿色是完美的一对一样，“他想要多少阿尔的女人，就有多少阿尔的女人。不过，他无法画她们；假如他是一个画家，他就无法得到她们。”

文森特将这幅肖像（他干脆称其为《情人》）挂在新房间的墙上，紧挨着宝赫的肖像画（他曾经称其为《诗人》）。它们是即将形成的、更为完美的组合的模板。他告知提奥黄屋子的装修时说，“我自己的房间将简单至极”，而高更的房间将非常“漂亮”而“欢快”。“我将尽一切可能，”他写道，“将它打扮成一个真正的艺术女性的闺房。”

在此类意象的推动下，文森特的期望达到了顶点。与高更的结合不仅将“完善”他，还会将他置于伟大的新艺术运动的中心。黄屋子将成为所有从南方神奇的光线中获取灵感的真正的“色彩学家”的麦加。他与高更将用新艺术教导他们，然后将他们（例如宝赫）送出去，让他们在欧洲大陆各地播撒种子。他买了一打椅子，以便安顿那些听从召唤的“门徒”。最后，他的梦想包含了一座博物馆和一所永久性的学院，数代画家将从中受益。他暗示说，甚至隐士般的修拉也会受到如此诱人的未来的感召，从而与高更结成一个联盟，最终使印象派的后裔们都团结在一起。“你意识到了吗？”他自负地写信给提奥说，“我们正处于一个伟大事件的开端，它将为我们开启一个新时代。”

诸如此类的愿景不仅让他更加期待高更的到来，而且还使他在德伦特时的旧梦复活了：有朝一日提奥也将加入他的黄屋子。“我对自己说，仅凭一己之力，我无法完成足够重要的画作，好让你来南方，”他悲哀地写信给弟弟说，“但是，要是高更来了，要是大家都知道我们在这里，正在帮助艺术家们生活和工作，那么，我就不明白为什么南方不应该成为你的另一个家乡，就像它已经成为我的另一个家乡一样。”齐姆加诺兄弟及其“大胆的”盛举又在他的信里出现了。他谈到要在巴黎“创造奇迹”，而且向提奥承诺要“赚回你多年来给我的所有钱”。他想象着他的老对手泰斯提格在听说高更来到南方后会作出何种反应，想象自己终于从往昔的重负中解脱出来。

文森特在绘画中实现了这些愿景。在一幅尺寸巨大的画作（超过 2 英尺 ×3 英尺）里，他将拉马丁广场 2 号那幢不起眼的大楼，画成了一座黄色的纪念碑。通过将小楼置于画布正中，介于两条急剧后缩的透视线之间，他牢牢地将它植根于阳光明媚的中央高原，就像他将纽南的古老教堂植根于荒野的黑乡之中一样。前者那“新鲜的黄油”色和明亮的钴蓝色天空，迥异于后者塔楼那灰色和黑压压的云层，正如蒙特马约尔大道上熙熙攘攘的街景——领着孩子的夫妇、喝咖啡的人——迥异于塔楼地下的坟墓，包括他父亲的坟墓。黄屋子诱人和永恒的样子，如同一束光从明亮的乡间升起——就像一道放射状的白光闪过教堂塔楼放射状的黑色。

在另一幅大尺寸的画面中，他画了黄屋子里一个他可以安安静静地做梦的地方：他的卧室。甚至在楼下，他也始终能感到现实的入侵：债权人追逐他，模特回绝他，妓女拒绝他，同伴画家指责他。但在卧室里，他可以将房门一关，阅读托尔斯泰关于宗教或瓦格纳的音乐的观点。“最后，”他沉思道，“我们每个人都想生活得更富有音乐性。”不管是做这样的思考，还是自顾自地哼哼（就像在英国时一样），他都可以躺着，到后半夜都未能合眼，任由思绪借着烟斗和梦想的云雾，飘浮在世界的“讥讽、怀疑和欺骗”之上。

为了捕捉那种平静的音乐，他将画架安置在小小房间的一角，将他的整个内心都搬到画布上。过去，他经常画住所和从住所看到的风景，把它们当作“纪念品”寄给他的家人。不过现在，他有了一种新的记录手段。“色彩在这里无所不能，”他甚至在完成该画之前，就吹嘘道，“通过简化，赋予事物以庄严。”他还有一个新的理由。与他画的黄屋子一样，《卧室》拥有比例过大的家具和夸张的透视，从而使这一平凡的处所变得神圣起来。简化的形式和饱和的色彩，将一个微不足道的室内世界，变成了一个玻璃镶嵌画的圣室（“用自由的扁平色彩画出”，他写道，认为自己的画作有分离主义的风格）——以生动的补色和漫画手法来表现内心生活的圣洁。“观看这幅画可以让大脑休息，”他说，“或者说，让想象力休息。”

在纽南，他曾画过《圣经：静物》，以此来证明他挑衅性的生活是正确的。在《卧室》里，他纪念了中央高原梦想的无限可能性。木地板像一本书那样打开，所展示的不是他父亲阴冷的文本，而是左拉小说中“生活的欢乐”：一张用橙黄色的松木做成、足够容纳两人安睡的大床结实得像一艘船，还有一对铺着草垫的椅子。床头板上方的钉子上，挂着画家深蓝色的工作服和草帽。床铺上方的墙壁上，则是已经离开的宝赫和正要离开的米勒的肖像画——他说，米勒的画像使得这间房子“显得更适合居住”。黄色的太阳透过紧闭的百叶窗，在枕套和床单上投下橘黄色的光。他曾经用于刻画《圣经》书页的、挑衅性的、骚动不安的彩色条纹，从灰色的监禁状态中跳出，画布上充满了各种喧闹的对比：一只蓝色的脸盆搁在橙色的梳妆桌上，粉红色的木地板围有绿色的装饰，黄色的木板配着淡紫色的门，薄荷绿的毛巾挂在鸟蛋色的墙上，床上则盖着张扬的深红色床罩。在这个被压缩了的房间的深处，除了窗户，还有一面小小的剃须镜挂在墙上，反射的不是某个形象，而是一种色彩——与僧侣光秃秃的脑袋上放射出来的，以及他的双眼里闪烁着的色彩一样，是一种庄严的绿色。

然而，文森特飞得越高，跌得也就越重。到9月中旬，在经过了长时间的沉默后，高更又写了一封简短、含糊的信。有一行文字在信中非常突出：“每一天我都陷入更深的债务中，因此旅行变得越来越困难。”

这封信令文森特陷入愤怒与痛苦的慌乱之中。他指责高更背叛了兄弟俩的慷慨善意，敦促提奥写一封信作为最后通牒——“直接问高更……‘你到底来不来？’”文森特怒气冲冲地说，要是他继续犹豫或延迟，提奥就该将他甩了——立刻撤销对他的一切资助。“我们必须表现得像一个家庭的母亲，”他骂道，显示了一种从未有过的严厉，“如果我们听他的话，我们就会继续面对不确定的未来……继续生活在地狱里，永世不得翻身。”

文森特被某种妄想击倒了。他想象高更在朋友查尔斯·拉瓦尔身上找到了更好的“结合”机会。拉瓦尔是个年轻画家，家里有钱，一年前曾陪同高更前往马提尼克，最近又加入了阿旺桥高更的画室。“拉瓦尔的到来暂时为他敞开了一扇门，”文森特得出结论说，“我认为他在拉瓦尔与我们之间徘徊。”当一封来自贝尔纳的信暗示他将前往阿尔过冬时，文森特立刻猜想高更是想借此举从他那位慷慨的弟弟身上榨出更多的钱。“高更想派他过来做替身。”文森特写道，提醒提奥不要容忍这样的变节行为。“不要以任何方式安排贝尔纳，”他狠狠地说，“他太反复无常了。”

文森特尝试用一切手段来保全自己对黄屋子的希望。他给提奥写去狂热的长信，语气在愤慨（“我凭直觉感到高更是一位阴谋家”）与安心（“我们与他的友谊将会持续”，“我们走对了”）之间摇摆。他向提奥宣扬一个关于中央高原画室的更为宏大的愿景，甚至还向高更建议如何避开债权人（他暗示要么起诉房东，要么不交纳滞纳的租金，一走了之）。他自己则介入讨价还价的进程，想以最后的努力打破僵局。他一会儿安排提奥，另一会儿又敦促高更，不停地改变自己的位置：一会儿推动提奥同意高更提出的要求（付清他的所有欠款以及旅费），一会儿又要求高更接受新的、繁重的义务（把所有画作都交给提奥，他的开支则由他自己负责）。他激烈地强调结合在商业上的好处，尽管他也同样强烈地坚持这是命运的安排。“所有真正的色彩学家都必须到这里来，”他坚持道，“印象派将会持续下去。”他为高更的房间购买了更多的家具。在同一封信里，他安慰提奥如果这桩生意谈不成，他已经作好独自一人的准备（“孤独并不会令我忧虑。”他说），同时又大胆地建议将高更和拉瓦尔同时请进黄屋子。“这只会更公平，因为拉瓦尔是他的学生，而且他们早已住在一起，”他推理道，“我们可以想个法子让他俩待在一起。”

9月下旬，当提奥委婉地敦促文森特放弃邀请高更，甚至离开黄屋子时，文森特的信心崩溃了。提奥要求出售，而不是购进装饰品，要求他放弃那个古怪的乌托邦（在那里艺术家们不用自己支付各种费用），抛开那个在穷乡僻壤建设印象派学院的宏大计划，但他勇敢地回避了弟弟的要求。他断言自己的用意完全是商业考虑——“试着靠我的作品来赚点钱，绝对是我的责任”，同时认为他在这方面“已经取得进步”。他暂时不再提及要为其他艺术家提供一个避难所的意图，同时又无力地捍卫“希望生活在不必顾虑金钱的状态中的权利”。

但是，又一个灾难性的失败，将他推到了崩溃的边缘。没有了艺术家们团结梦想的支持，他的罪孽感和自责就劈头盖脸地向他袭来。施恩韦格画室的辩护重新回来了：未来成功的夸张承诺、重新生活的保证、对兄弟团结的追求。与在海牙的时候一样，他在忏悔中要求自新，紧接着在内疚和冲撞中要求更多的钱。

正当悔罪的负担太重，令他难以承受之时，巴黎又传来了提奥病倒的消息，梅毒再次对他虚弱的身体造成了不可避免的伤害。“想想这些日子，在画上的所有开支，是如何使你感到不堪重负，”文森特在后悔中写道，“你无法想象我是多么不安……这种不安正在可怕地、持续地折磨着我。”文森特用古老的忏悔来回应古老的罪孽感，用不停的工作、严格的禁食、身体的病痛，以及狂饮滥喝来惩罚自己。他将阿尔天气的极端状况——特别是毒日和季风——重新想象为一种自我禁欲。当他收到博里纳日的尤金·宝赫寄来的信时，他立刻计划要重新回到那片黑乡。“我是如此热爱那片荒凉的土地，”他同一天回信给宝赫，急切地想要再次体验过去所受的折磨，“它在我心里终生难忘。”

他的思维不可避免地转向了死亡，甚至更坏的情形——发疯。他第一次在左拉小说《杰作》的主人公克劳德·朗捷身上，看到了因疯狂和自我毁灭的野心而自杀的画家的形象。他打量着镜子里的自己，又一次看到了爱弥尔·沃特斯笔下的疯子画家兼修士雨果·范·德·高斯的肖像。“我再一次非常接近于那幅画中的疯子形象。”10月他这样坦白说。

然而，文森特最黑暗的恐惧使他越来越接近一个人：阿道夫·蒙提切利。

文森特曾将这位马赛的艺术家视为促使他萌发了中央高原色彩学家联合的念头的精神教父。毕竟，是蒙提切利在南方的阳光下完成了伟大的艺术（同时也是商业上的巨大成功），也是蒙提切利否定了“固有色或者甚至是固有真实”，以期获得“某种充满激情而又永恒的东西”。文森特的黄屋子梦想越接近于失败，他就越是激烈地以蒙提切利为榜样。在不断趋向精神错乱的言辞中，他断言与这位死去的艺术家是完全同一的。他说，他不只是追随蒙提切利，他“复活了”他。“他在这里继续他的事业，”文森特宣布说，“就好像我是他的儿子或兄弟。”他将自己画的向日葵与蒙提切利的南方画作比较——“两者都用黄色、橙色和琉磺色。”他提出要在疑虑重重的世人眼前举办一个联合画展，来证明他与前辈的成就，并巨细无遗地想象出他将胜利“回到”马赛。“在卡纳比埃尔大道漫步，是我的坚定决心，”他在复活的幻想中写道，“穿得跟他一模一样……头戴巨大的黄色帽子，身穿黑色的天鹅绒夹克和白衬衫，戴着黄手套，手持一根竹杖，一副庄严的南方派头。”

但是，根据流行于艺术圈的说法，蒙提切利是因疯狂和烂醉，突然瘫倒在咖啡桌下去世的。尽管文森特了解他心目中的英雄的精神困扰（“有点精神失常，”他承认，“或者说差不多如此”），他却将它归咎于“贫穷的烦恼”和轻蔑的公众的敌意。“如果一个艺术家用自己的眼睛，而不是用他们的眼睛看世界，他们就称这个艺术家是疯子。”他嘲弄地说。文森特争辩道，如果这就是疯狂，那么这种疯狂来自受到太阳“过于强烈的”照耀——一种源于灵感和多产的疯狂。它像左拉小说《天堂》里植物的疯狂，或者是门外那个公园里夹竹桃的“疯狂”，“如此发疯般地鲜花怒放”。如果说这是疯狂，那也是他的疯狂——他通过描画一盆摆放在桌上的盛开的夹竹桃（旁边是左拉的小说《生活的欢乐》）来欢庆的疯狂。

然而，不管是疯是狂，蒙提切利那可怕的临终情景一直困扰着他。“我的思绪一直围绕着有关他的死亡传言。”他承认道。这种神秘既令他困惑，也使他害怕。他试图将自己在中央高原的努力看作拯救那位失落的英雄的举动。“我们应向善良的人们证明，蒙提切利并不是死于卡纳比埃尔大道的咖啡桌下，”他发誓说，“那家伙还活着。”但是，如果这样的努力又失败了，那又该如何？还应该怎么做？如果不是文森特，又有谁来继承蒙提切利的辉煌色彩和光线？又有谁来拯救文森特？

怀揣着这样的问题，他的思绪很快就滑入了神秘的宗教。“当我处在一种兴奋状态时，”他坦白道，“我的情感会带领我走向对永恒和永恒生活的沉思。”他在一篇关于托尔斯泰论信仰的未来的文章中寻找答案，但是在这位俄国人对“普通百姓”简单信念的倡导和对来世的断然拒绝中，他找不到安慰。“他既不承认身体的复活，也不承认灵魂的复活。”文森特悲哀地写道，“而只是像一个虚无主义者那样，说人死后什么也没有。”他未能被托尔斯泰的预言说服（“内心和隐匿的革命”将“产生基督教信仰曾经有过的那种安慰效果”），猛烈抨击这位现代思想家不能回答这个终极问题，发出了一种混合着愤怒的指责、痛苦的忏悔以及存在的恐慌的呐喊：

> 我只是希望，他们能成功地向我们提供某种令我们感到平静和安慰的东西，这样我们就不会感到有罪过和被诅咒，我们的生活得以继续，而不必迷失在孤独与虚无中，不必在恐惧中停下每一个脚步，或是紧张地计算着我们或许无意中对他人造成的伤害。

在绝望中，文森特再度转向他所知道的最令人慰藉的形象：耶稣在客西马尼园里。他想象蒙提切利“穿过了客西马尼”，并且将自己塑造成那个牺牲者复活的灵魂——“一个当即从死人之地诞生的新人。”他召唤自己要“走同样的路，继续同样的工作，过同样的生活，赴同样的死”。9月下旬，他再次尝试在油画中捕捉这一不朽的形象。“我脑子里有这样一个想法，”他写道，“一个星夜，耶稣身着蓝衣，那种最强烈的蓝色，天使则是橘黄色的。”不过他再一次失败了。这个形象在他脑海里存在太久，分量太重，他第二次被压垮了——“太漂亮，因此画不出。”文森特又用小刀“毫不留情地毁掉了”这幅画，只提供了一个胆怯的借口：“事先没有从模特身上研究过形式。”

但是，他立刻进行了又一次尝试。这一次，他抛开了那令人害怕的、无法承受的耶稣和天使的形象，只画了星夜，在星夜下，他们那崇高的相遇终于得以完成。

与播种者或向日葵一样，这是在文森特的想象中盘桓许久的一个形象。“可爱的夜星表现了神对我们大家的关怀和爱护。”安娜·梵高曾经这样写信给她那十几岁的儿子。对安娜来说，星星代表了神的允诺：“从黑暗里产生光，从忧愁里产生良善。”文森特的父亲曾经热情地回忆他午夜后在“在美好的星空下”漫步，而妹妹利兹则从星星中看到了“所有我钟爱的人……都在鼓励我：‘要勇敢。’”安徒生神奇的夜空曾经伴随文森特的童年，而海涅浪漫的星光则指引着他的成年。康西安斯诱人的星星曾引导他接触基督教义，而朗费罗“爱与梦的温柔之星”则安慰过他长期的流放生活。在拉姆斯盖特，他仰望星空，看到了他的家（“我想到了你们所有人，还想到了我自己去年的生活和我们的家），还发现了他的羞耻。在阿姆斯特丹，他夜间沿着河岸散步，“听到了星空下神的声音”，他还用语言描绘过他在“神佑的晨光”里感受到安慰的精美画面，那时“真的只有星星在说话”。

在巴黎，城市的灯光事实上消灭了星光，但他的想象力却自由地翱翔在儒勒·凡尔纳的“神奇”幻想和卡米尔·弗拉马利翁的天文学发现之中。后者以新的语言绘制了夜空图，并赋予每一道星光以新的神秘性，开创了一个无限可能的宇宙。或者他会在枕边书（左拉、都德、洛蒂，尤其是《漂亮朋友》的作者莫泊桑的小说）里，梦回星光灿烂的夜空。“我对夜晚充满了激情的爱，”莫泊桑 1887 年夏天这样写道，“我爱它，就像人们热爱自己的祖国，或是自己的爱人一样，以一种深层的、直觉的、不屈不挠的方式……还有繁星！满天星斗就在上空，无名的星星仿佛任意洒落在无穷的夜空里，勾勒出那些奇妙的形象，令人浮想联翩，遐思绵绵。”

在阿尔，文森特重新发现了星星。“夜晚，小镇消失了，一切都变得黑暗，”他兴奋地写道，“比巴黎黑得多。”他在夜间的街头、河岸、乡间小路、果园，甚至广场上漫步，被“遐思绵绵”和无人打扰、自由自在的机会所吸引。正如那著名的太阳一样，星空解释了文森特在中央高原的经历。他来到这里后不久，就开始设想要描绘星空。“我必须画一幅星夜，”他在 4 月初就写信给提奥说，“星夜是我应该画的东西。”他又写信给贝尔纳说：“正如在白天，我想要画一片到处点缀着蒲公英的绿色草地一样。”5 月他去了海边，有一天在海边散步时，这一野心达到了顶点。“天很美，”他写信给提奥说，

深蓝色的天空中飘浮着比强烈的钴蓝还要蓝的云层，还有更清晰、

银河般蓝白色的云朵。在蓝色深处，星星在闪烁，淡绿的、黄色的、白色的、粉红的，更明亮，更像翡翠，又像天青石、红宝石和蓝宝石。

就在黑暗的海边，在蓝墨水一般的海水和闪烁的星空相互映射的地方，文森特想要与高更结合的野心——还是一个幻想而不是一个计划——与他眼中的夜空融合在一起。正如他在沙丘和圣玛丽的房屋中看到了以前的幽灵一样，他在地中海上空的星星中看到了自己的未来。“仰望繁星总是使我浮想联翩，”他写道，“就像我会面对一张地图上的黑点出神一样。”他带着这样一个在想象中燃烧着的形象回到了阿尔。“我什么时候可以抽出时间来画这幅星夜图？”6月中旬他这样沉思道，“我的脑海里一直有这样一幅画。”经过了整个夏天的种种考验、与高更的讨价还价、森特伯伯的去世，他不仅在头顶上的夜间奇观中看到了一张去往遥远世界的地图（在那里，画家们的生活将变得很容易），而且还发现了一个几乎近在咫尺的未来。“希望在星星里，”他写道，“不过，让我们记住地球也是一个行星，因此也是一颗星星。”

9月初，他想回到海边，确证并记录脑海里的形象。“我绝对想要画一幅星空图。”他告诉妹妹惠尔说。经过数月的观察和盘算，他用热烈的语气向她解释夜晚“比白天的色彩更丰富，夜晚拥有最强烈的紫色、蓝色和绿色”。他还教导她如何观察星光中的彩虹：“只要你肯注意观察，就能看到某些星星是橘黄色的，还有一些则有粉红色的光彩，或者蓝绿色和勿忘我花的颜色。”为了将这个象征主义的天空的形象固定下来，他还援引了沃尔特·惠特曼的诗。惠特曼那拥抱未来的诗歌中充满了“伟大的、星光灿烂的天堂”里的爱与欲、工作与友谊，正好吻合文森特全神贯注地仰望夜空或眯起眼睛斜睨满天星斗的时候所看到的形象。

整个夏季和秋季，他一次又一次地描绘这一形象。9月初，他完成了尤金·宝赫的肖像画，在画作深蓝色的背景中点上了色彩丰富的“闪烁着的星星”。与此同时，他给这幅肖像取了一个新的名字《诗人》。这个名字将宝赫星光灿烂的形象，与中央高原的新彼特拉克——高更——联系了起来。

然而，仅仅描绘星空是远远不够的，他渴望描绘星空下的事物。“如何在现场，在黑夜里描绘夜景及其效果，这一问题深深地吸引着我。”他写道。为了实现这一愿望，他背起画架来到了广场，画下了咖啡馆露台的夜景，画中有煤气灯点亮的遮阳篷，以及“在闪烁着星光的蓝天下延展开去的”街景。与宝赫肖像画中那些貌似任意的点子不同，《夜间的露天咖啡座》里的楔形夜空，展示了一个彩色太阳系里的繁星。“这是一幅没有任何黑色的夜景，”他吹嘘道，“不用任何其他色彩，只用漂亮的蓝色、紫色、绿色和橘黄。”他将这幅画比作莫泊桑《漂亮朋友》里的描写，此书是他中央高原梦想的另一块试金石。他制订了计划，要创作一系列“星夜”，能与那年夏天的向日葵相媲美。这个系列将包括夜空下的耕地，特别是夜空里的黄屋子，他的所有梦想的家园。“有朝一日，你会拥有一幅这栋小楼的画，”他向提奥许诺说，“窗户亮着，还有星空。”

9 月下旬，他尝试描绘星空下的耶稣却可悲地失败了后，他在深夜扛起画具，想要直接在星光下寻找他的画作主题。他在几个街区之外就找到了这样一个现场，一条俯瞰着罗纳河的防波堤。为了得到光线，他把画架安放在河岸防波堤上竖立着的煤气灯下。经验告诉他，煤气灯金黄色的光线是不够的，甚至还具有欺骗性。“在黑暗里，我也许会误将蓝色当作绿色，”他承认，“误将蓝紫色当作粉紫色，因为我无法正确地辨别一种色彩的品质。”但是，他坚持认为，形象的直接性比精确性更有吸引力。而且，没有别的办法能避免通常的夜景画中那“可怜的、灰黄的苍白光线”。

他架好画架，目光转向南方，面对河流下游望见黑暗的小镇。它沿着罗纳河巨大的河湾伸展出去，自左向右弯曲退后，只在煤气灯的光晕及地平线上煤气灯参差不齐的黑暗剪影里，才稍稍可见：一侧是卡米莱特修道院的塔顶，中间是圣特罗夫教堂的穹窿，对岸则是圣皮埃尔教堂的尖顶。只有少数窗户亮着灯。船只停泊在他身下的幽暗水面上。夜已深沉。

但是，当他朝上看时，他看到了天空，与三个月前在另一片海滩上看到的迥然不同。或者毋宁说，他以不同的目光看到了同一片天空。6 月时，他想要与高更联合的梦想使他受到都德的启发，幻想着驶向遥远的星球那更加美好的世界。如今，当高更不再可能前往阿尔时，文森特转向夜空，寻找一个更加古老、更加深邃的星空。“我有可怕的——我应该说出这个词吗？——宗教需要，”他写道，因为这个自白而浑身颤抖，“因此我出门去画星星。”

他尽可能在调色板上以“橘黄”的高光来调配绿色和蓝色。他在未完成的客西马尼园的耶稣中使用过这种橘黄色——从谢弗的《安慰者基督》到德拉克洛瓦的《但丁之舟》，这种颜色长期以来都与耶稣联系在一起——也与他自己的作品，例如《吃土豆的人》和《诗人的花园》联系在一起。他将整个小镇深深地沉入他所能发现的最为幽深的蓝色之中。为了使它更加幽深，他以“刺目的金黄色”来描绘一排排街灯。这幅画的最终主题是上面的星空，但河流同样也吸引了他的眼睛。光线在水面上——在河流上、在池塘里、在旋涡中——的嬉戏，总能促使文森特陷入对无限神秘的沉思冥想。望着后缩的街灯，他用大量短促而反复的笔触，在起伏的河面上竭力捕捉那“无情的反光”。对于他脚下的那个小码头（黑色船只在那里静静地上下沉浮），他运用黄绿色来表示自己所处的灯光范围，却用一种淡紫色（一种添加了神秘光源的红色与蓝色的混合色）的高光，使前景变得动荡不安。

面对天空，他在巨大画布中央的上方如实画出了大熊星座的繁星——其中北斗七星最为明亮。不过他看得越久，看得越多，他的笔就越是徘徊不定。他看到了点子和污痕，完美的圆周和不成形的碎片。他用最浅的粉红与绿色画出几颗星星，它们像彩色宝石那样在幽暗的虚空里“放光”。他把自己比作一个珠宝商人，他们排列珍贵的宝石，“以便提升它们的价值”。他给几颗星星添加了一些放射状的冠状物，就像花瓣或是遥远的烟火，从而为每颗星星创造出一种橘黄色的光晕效果，就像德拉克洛瓦笔下耶稣头顶上的光环。他用最轻的笔触来处理银河——钴蓝色的宇宙深处出现了一种几乎不可能的淡蓝色调。他小心翼翼地在夜空里留下了阔点子的笔触，“坚定而又交织着感情”。

假如他能以同样温和的笔触与“和谐的”色彩，在耶稣那不可捉摸的形象中找到安慰，假如他能在油画中捕捉到“星星，以及无限而又透明的星空的情感”，那么他可能也就不再孤独了，或者至少也得到安慰了。当然，那家通宵营业的咖啡馆，也为像他那样“没有家乡和家庭”的人提供了某种安慰。但是对文森特来说，苦艾酒和煤气灯转瞬即逝的镇静作用，是永远不够的。他也无法接受自己鬼祟的论断：“艺术与其他任何东西一样，都只是梦幻；一个人的自我什么都不是。”他的目光不可避免地转向星光灿烂的夜空，在那里，他看到了另一种尽管遥远，却更加真实和更加深刻的圆满。随着他的黄屋子计划滑向失败，他对未来的渴望倾注到了油画布上，因而能以前所未有的温柔态度，通过色彩和笔触来表达一种超验的真理：捕捉加雷咖啡馆之外的孤身一人的情感世界，特别是对救赎的希望——不管这希望是多么微弱，多么遥远。“难道这就是一切？”他绝望地问道，“还是还有其他？”

最后，也许是在回到画室以后，他在画布上添加了一对影影绰绰的夫妇的形象，他们就站在海岸上：手挽着手，在遥远的星空下漫步。

10月初，高更写信给提奥说：“我不久就去与文森特会合……月底我就可以去阿尔。”与此同时，他向阿尔寄去了文森特所要求的、作为兄弟情义象征的肖像画。“我们已经实现了你的愿望。”他一本正经地宣布。这个消息让文森特感激涕零。“终于，”他同一天就写信给提奥说，“地平线上开始出现了某种东西：希望。”

比这个消息更令人兴奋的是高更对即将完成的画作的描述。在这幅自画像中，高更把自己想象成雨果《悲惨世界》里那个著名的法外之徒冉·阿让，“在恶棍的面具下”隐藏着“高贵而伟大的内心”。高更解释说，他想要表达的不仅仅是他自己的五官特征，而是任何一个感到“受社会压迫和驱逐”的画家的肖像画。这种艺术家遭到放逐的景象及对这一景象共同的感受，正是可能出现在文森特笔下的东西。“他对自己的描述，深深地打动了我。”文森特写道。

经过数个月的反复之后，他对黄屋子的所有期待在狂热而又谄媚的书信中达到了顶点。他发誓要不辞艰辛地工作，以便为“真正的大师”高更提供一个“宁静而又安详的工作环境，一个能供艺术家自由呼吸的地方”。他将之前的所有保留意见都抛到一边，欢迎贝尔纳也来加入他们的队伍，还有拉瓦尔——甚至还有另外两位高更在阿旺桥收录的弟子，文森特还从来没有见到过他们。中央高原的兄弟情义向一切人敞开胸怀。“团结就是力量。”他呼喊道。

但只有一人可以带领他们。“必须有一个头领来维持秩序，”文森特坚持认为，“高更，而不是我，才是这个画室的领袖。”文森特建议道，提奥可以成为“第一个经纪人兼门徒”；而提奥本人，也得表示效忠。“你得彻彻底底将全副身心都奉献给高更。”他严肃地教导他弟弟说。只有这样，他们才能实现文森特长期预想的那种多产。“我能够预见自己的作品正在一幅接一幅地诞生，”他想象道，“要是我们坚持下去，所有这些都将有助于实现某些比我们的生命更加持久的东西。”

但是在巴黎，提奥读完文森特这些狂热的书信，变得越来越警觉。在经过几个月的讨价还价后，他太清楚高卢人高更的自我中心和不负责任的作风了（他前往阿尔的“最后”承诺是以额外的100法郎为条件的）。提奥更清楚他哥哥的那种轻率的热情。他深知文森特的种种激情强烈而又狂暴：虫类与鸟类、妓院与青楼、基督与愚昧的矿工、莫夫及其神来之笔、贺寇梅儿与黑白插图、米勒与英雄般的农民、德拉克洛瓦与色彩——满是使徒和救世主。那个擅长自吹自擂的高更，对文森特的殷切期待来说，是一个过于不稳定的支点。

当每一项新的开销（高更的书信引发了文森特另一轮狂热的购物活动），每一次要钱的请求，每一个偿还的承诺，频繁地出现在给提奥的信里的时候，这个重负究竟有多重，很快就清楚了。（10月，文森特还提出了另一个异想天开的计划，想要偿还提奥在过去的几年里为他支付的所有费用。）事实上，文森特将与高更的联合看作收支平衡的机会。当妹妹惠尔寄来母亲的最近照片时，文森特立刻以它为基础画了一张肖像画，用他在那幅僧人式的自画像中用过的“灰色”和生动的委罗内塞绿，成功地记录下了往昔的面孔。

不过，要是高更真来了，又将怎样？他已经发现文森特不知疲倦的劝说和无休无止的要求“挺吓人”了。提奥比任何人更了解与他兄长一起生活的考验：他的不安全感与防卫心理、真诚的乐观与极度的抑郁、宏大的野心与容易受挫的内心。（“要是我不能立刻取得成功，我担心自己会变得消沉。”文森特在那个9月这样坦言。）高更已经是一个年届不惑、有着丰富阅历的人，对于文森特想要改变身边的人与物的狂热要求（事实上他很少改变自己），会作出什么样的反应？即使是现在，在等待“住持”的到来时，文森特就已经在游说要推迟贝尔纳的到来，并像当年规划西恩·霍尼克的康复计划那样，坚定地要为高更创造幸福的条件。“他必须与我在一个可爱的环境里吃住和散步，”他写信给提奥说，“时不时地搭上一个可爱的姑娘，喜欢我们的住所，喜欢我们的布置。最后是让他彻底放松，享受这里的生活。”

除了自己的经验外，提奥还得到了米勒上尉和尤金·宝赫的报道；他俩最近都在巴黎拜访了提奥，向他汇报了文森特在南方阳光下的战斗生活。丹麦人莫里耶－佩德生（他后来称文森特为“疯子”）在离开阿尔后与提奥有过短暂的接触，提奥无疑得悉了文森特与道奇·麦克奈特的不欢而散（这个麦克奈特曾经是文森特黄屋子合作计划中的第一个候选人）。文森特自己也曾不祥地谈到“疯狂”，以及需要“留心自己的神经”。

仿佛为了证实提奥最坏的担心，就在收到高更最后同意前往阿尔的书信后一周，文森特对高更发动了一场攻击。当高更在信里所描写的那幅明亮的自画像到达阿尔后，文森特发现它的色彩“太黑”，情绪“太悲哀”。“一点欢乐的影子都看不到。”他抱怨道。中央高原的漂亮朋友如何能画出这样一幅“绝望的”和“令人沮丧的”画？“他不应该再这样下去，”文森特气急败坏地说，“他绝对应该高兴起来。否则……”

要是这一空中楼阁倒塌，就像过去一样，那又会怎样？提奥老早就催促文森特要离开这样的地方：如果高更再次耽搁的话，提奥就会施加更大的压力。在一阵拒绝的狂怒中，文森特声称，他将在阿尔待上十年，像一个日本和尚那样过一种没有兄弟姐妹的日子，心满意足地“研究草坪”、

“画画人像”。不过就在丑闻和失败驱使他前往纽南之前，他在海牙也曾说过同样的话；在丑闻和失败又驱使他前往巴黎之前，他在纽南也说过同样的话。

在文森特最黑暗的那几个月里，他一定考虑过回到巴黎；但是，即便是这样一条令人蒙羞的路也充满了不确定性。提奥不仅身体状况不稳定，而且他的内心也转向了其他方向。提奥独自一人生活在勒皮克路上的公寓里，“感到到处都是空虚”，而这是文森特无法加以充实的。提奥的思想再次转向爱情、婚姻，以及他自己的家庭生活。

在期待高更到来的狂热中，文森特忽略了来自巴黎的信息，即他的保护者的重心也许已经转移了。为了庆祝即将到来的完美联合，他画了另一幅门外公园的风景画——彼特拉克和薄伽丘的“诗人的花园”。一棵巨大的冷杉树在一条蜿蜒曲折的碎石路和茂盛的草地上投下了大片阴影。它那毛茸茸的树冠挡住了阳光和天空，画面上方是轻快的、放射状的树叶，充满了一种深沉而神奇的蓝绿色——一种在蓝色与绿色之间精巧地加以平衡的色彩：一种完美的联姻，一种无尽的可爱。波斯扇形的阴影里，有一对手携手的情侣正在漫步。

晾干后，文森特迫不及待地将它挂在了为高更准备的小小卧室里，与诗人的花园和夏天的向日葵一道，构成了一首和谐的迎宾曲。与此同时，他在黄屋子前门两侧的花盆里，种上了两枝夹竹桃——让人联想起疯狂的多产和爱情的毒性。

第三十四章　虚构的野蛮人

查尔斯·拉瓦尔如此热爱保罗·高更，他情愿追随高更下地狱。1887年4月，他就这样做了。拉瓦尔躺在黑奴棚屋里一张用海草做成的床垫上，浑身发热，处于谵妄状态，身不由己地在汗水里打战，却从未怀疑过自己跟随他的朋友和总管保罗·高更来到马提尼克的决定。

他们前一年夏天在气候寒冷、礁石嶙峋的布列塔尼海边认识——同一个夏天，文森特把自己关在勒皮克路公寓的房间里画花卉，高更则像从附近的湾流刮来的热带季风那样漂泊到艺术家的常去之地阿旺桥。年轻画家——多半是英国人、美国人和斯堪的纳维亚人——急于搞清楚巴黎画坛剧变的原委，全都聚集在他的身边。他则在莫奈、雷诺阿等印象派大师的身边画过画，早在独立艺术家沙龙展期间就向他们展示过自己的作品，数月之前的5月，又在第八届也是最后一届印象派画展上展出过作品。在那个展览上，高更的作品与修拉的《大碗岛上的星期天下午》——一幅令人震惊的巨作——挂在同一面墙上。穿着华丽、有异域背景、神秘矜持的38岁的高更似乎握有解开艺术界一切秘密的钥匙。阿旺桥的年轻艺术家们渴望赢得他的赏识，为他支付差旅费，宴请他，在格洛阿内克酒馆的夜饮客人中心醉神迷地听他的高论。

在这些人当中，没有人比拉瓦尔的心情更热切，听得比他更着迷。拉瓦尔戴着一副唯美主义者的夹鼻眼镜，留着一部苦行者的小胡须。25岁的他结合了父亲（一位巴黎建筑师）敏锐的感受力，及俄国籍的母亲对心灵自由的渴望。他在印象派诞生的时候刚好进入志学之年，与图鲁斯-劳特累克一起学画，十来岁的时候就已经在沙龙展上展出了作品。拉瓦尔在经济上有保障，但在精神上却有强烈的渴望，八岁丧父的他作为高更最忠诚的信徒，在阿旺桥的年轻画家中脱颖而出。

因此，来年冬天拉瓦尔立刻接受导师的邀请，一起前往加勒比海寻找只有原始文化里才有的色情特许和艺术真实，也就没有什么可奇怪的了。高更画了一幅魅力无法抗拒的作品，描绘了那片“自由而又丰饶”的土地，那里“气候宜人，人们可以靠免费奉送的鱼类和水果为生”。这种景象直接来自洛蒂在《洛蒂的婚事》中对塔希提岛之行不可思议的描绘。查尔斯·拉瓦尔就像所有被洛蒂的人间天堂景象迷住的、前程迷茫的资产阶级家庭的孩子一样，对此根本不可能拒绝。

保罗·高更，1891年

事实上，拉瓦尔有足够的理由信奉高更对于美洲天堂的诱人描绘。正如格洛阿内克酒馆的每个人都知道的那样，高更将他的祖先追溯到秘鲁的西班牙殖民统治者，而他本人则在秘鲁度过了童年。有时他甚至暗示自己的祖先乃是更早、更原始的新大陆最伟大的土著统治者之一，可能包括阿兹特克皇帝蒙特苏玛——他黝黑的皮肤和五官分明的脸孔似乎就是证据。他谈及那时仍然生活在利马的家境富裕的亲戚，在利马他享受着被热带熏风吹拂和被中国仆役围绕的童年生活。

有了这样的故事作铺垫，高更将他们前往加勒比海地区的旅行，视为一种胜利的回归，而不是一次单纯的冒险。他选择了他们的目的地——一个被称为塔波加的小岛，因为此地距离他的内兄很近，他的内兄是一位哥伦比亚的成功商人，近期刚回到哥伦比亚。这个国家的北部有一道名叫巴拿马的狭窄地峡，法国公司在此开始了一个巨大的建筑工程：开凿一条将大西洋与太平洋贯通起来的运河。金钱与物质源源不断地投入这个遥远的地区，他的内兄一定会从中赚得大钱，一定会资助他们到达天堂塔波加，高更这样向他年轻的门徒保证。

拉瓦尔也有一位亲戚在巴拿马的法国公司中工作，不过他对金钱或商业一无所知。在这些事务上，他尤其信任高更。毕竟，高更在成为一个艺术家之前，曾在股票交易所工作了好多年。作为一个证券经纪人和“公司资产清理人”，他曾使一笔神秘而可观的遗产大大增值，从而过上了香车宝马的上流社会的生活。在这个过程中，他有了一个家，包括妻子和五个孩子，尽管他的工作方式对循规蹈矩的拉瓦尔来说肯定是一个谜。与高更一起居住在巴黎的儿子克洛维，一直被稳稳当当地安置在寄宿学校，对其父的长期外出好像一点也没有构成障碍；其他孩子则与他的丹麦妻子梅特一起生活在遥远的哥本哈根。高更很少提起他们，拉瓦尔也不敢多问。与其非同寻常的祖先一样（西班牙语是他学会的第一门语言），来源不明的财产和不明确的血统，都属“保罗·高更之谜”。

他的艺术只会增强他的神秘感。从他的祖母与德拉克洛瓦的友谊，到他本人与象征主义者的调情，他的艺术似乎总在变化中。他在世界各地写生，有向任何一个方向发展的可能性，从一个艺术世界漂流至另一个艺术世界，就像他的祖先（及其本人）自由自在地穿越热带一样。作为一个证券经纪人，他曾经购买过印象派画家的作品。在他四处观光时，他接过了他们的画笔，并在毕沙罗的指导下，掌握了那种柔和欢快的画风。1882 年，当他在那一年的股市大崩盘中丢掉了股票经纪人的工作时，他自信地认为他可以将他的业余爱好转变成职业追求。使他那位极其敏感的妻子——她立刻离开了他，回到了丹麦——大为震惊的是，他居然过起了艺术家的“前卫生活”，把自己的命运完全交付于艺术市场。在无法引起批评家或赞助人的注意时（他承认自己“像一个妓女那样寻找市场，却找不到一个恩主”），他被迫从一个柏油帆布制造商手中接受了一份销售工作，然后重返他妻子在哥本哈根的家。但是，仅仅六个月之后，他又抛弃了妻儿，回到了巴黎，比以往更坚定地要在艺术世界出人头地。他只带了梅特最喜爱的儿子克洛维在身边，有些人据此认为高更心存恶意。在一个既没有充足的食物，也没有暖气的阁楼里，这个年仅六岁的孩子立刻出天花病倒了。

与此同时，高更的艺术开始从印象主义转向象征主义。他为新的绘画起草了野心勃勃的宣言——“一种灵性的、谜一样的、神秘的和暗示的艺术”，打起了新领袖塞尚的旗帜。但是，在他能够创作出与这样的新艺术相匹配的作品之前，他脚下的基础又开始移动了。1886年，修拉的《大碗岛上的星期天下午》迅速走红。高更的画作迷失在最新的“丑闻式成功”的浪潮之中，他的言论被“新”印象派的轰天巨响所淹没。几乎同时，他立刻精心制订了取悦新艺术的英雄修拉的计划，高更的许多同伴，特别是毕沙罗，都团结在修拉的旗帜之下。不过，由于1886年6月坏脾气的修拉的一个无法解释的“意外事件”，使得这个同盟立刻完结了。不久之后，高更与他长期的赞助人毕沙罗也开始交恶。高更谴责新印象派是“小点子挂毯”的制作者，并诅咒“那些该死的点子”。毕沙罗则指责高更“举止粗鲁”，并贬损他的艺术是“水手的艺术，东捞一点，西取一把”。“就其本性而言，他是反艺术的，”毕沙罗这样总结他的前友人说，“他就知道拼拼凑凑。”德加则称高更为“海盗”。

不过，高更立刻就反扑了。到拉瓦尔数月后在格洛阿内克酒馆遇到他的时候，他已经找到了一个新导师——菲利克斯·布拉克蒙，向另一种媒介转移——陶器，塑造了一个新形象——一个“来自秘鲁的野蛮人”。他自吹有“印第安人”的血统，将哥伦布到达之前的形式和象征主义混合起来，制作了泥塑的性意象：险恶的蛇以及拥有阳具般脖子的天鹅。他在这些东西上留下了签名PGo——法文中“阴茎”的隐语。他还把自己塑造成一头郁闷、虚弱、异化的“野兽”，被困在法国人的客厅和画室里。他系统地毁灭了资产阶级的业余画家、证券经纪人和印象派绘画的奉迎者的形象，留起了长发，穿起了歌剧风格的华服（有时穿得乱七八糟，有时则披着耀武扬威的披风，经常装饰着惹人眼目的珠宝）。朋友们担心他那奇特的装束和戏剧性的腔调。有些人认为他已经患上了夸大狂症。他开始酝酿谣言（始于与修拉的口角），让大家相信他是一个反应迅捷、狂热好战的人，尽管他仍然充满爱意和魅力。“你必须记住，我内心有两种天性，”他不祥地解释说，“印第安人和敏感的人。那个敏感的人开始消失，印第安人冲在了前头。”

这就是拉瓦尔遇到的、热爱的并且奉献了他的一生的高更：一个不为惯例和名声所羁绊的人；一个既开明又神秘，既文明又野蛮的人；一个“身处社会的种种限制之外”的人，正如高更自己所说的那样。他有时候和蔼可亲、彬彬有礼，有时候又喜欢欺凌弱小、争强好胜，一会儿嬉笑怒骂，一会儿又沉默寡言。在他那清澈的绿眼里，一些人看到了“温柔热情”，一些人看到了“冷嘲热讽”，还有一些人则看到了“重重感性”。

在一个以阴柔为特征的职业中，在一个反讽和虚弱的年代里，高更四处出击，并不回避身体冲突——这一名声令他的崇拜者们兴奋，使他的敌对者们害怕。尽管以当时的标准来衡量他也只能算是个小个子（身高只有五英尺四英寸），他却很结实，体格强壮。对某些人来说，他散发出一种“刚刚抑制住的邪恶力量”。他们认为他“狡猾”。“大多数人却很怕他，”1886 年阿旺桥的一个英国画家这样写道，“最粗心大意的人也不敢在他面前放肆……他被视为一个应该安抚，而不是可以冒犯的人。”对那些他无法恐吓的人，他就引诱他们。根据高更的说法，男人和女人都能感受到他的魅力，而拉瓦尔绝不是这一断言的唯一证据。高更本人尽管有大量恋爱故事，却似乎过着一种对性事很超脱的生活。他以“不要碰女人”的布道词来要求拉瓦尔之类的门徒，并将雌雄同体视为最具性诱惑的形式。通过诸如此类的手段，高更赢得了拉瓦尔等人的心。“所有的艺术家都害怕我，爱我，”他在阿旺桥吹嘘道，“没有人敢质疑我的理论……他们征求我的意见，担心我的批评，却从不挑战我做的任何事。”

然而，巴黎却继续拒绝接纳他。等到 1886 年秋天他重回巴黎时，与毕沙罗和修拉的反目业已演变成互不信任和互相揭丑。没有人会购买或出售他的作品，甚至没有人会展出他的作品。疏离、身份不明、贫困、长期的恶意，以及彻底从绘画转向陶器，所有这一切使他被清除出了前卫派的艺术世界。到 1887 年 1 月，毕沙罗终于松了一口气说：“高更走了……彻底消失了。”一个冬天的夜晚，在他那除了窑炉什么也没有的公寓里，在愤怒和拉瓦尔等门徒的奉承中，高更提出了使他重回公众视野的惊人计划。“我要去巴拿马，”他宣布道，“要像一个野蛮人那样生活。”

漫长而又悲惨的海上航行遭遇了狂风暴雨的袭击，高更和众人在三等舱“像牲口一样挤在一起”，所有这些都暗示着即将到来的恐怖。但是，拉瓦尔却只看到他的导师神态自若，在横渡大洋时表现出了超人的水手般的技艺。以前他曾多次横渡大洋，因此这对他来说算不了什么。在为期两年的海上贸易商人的生涯里，高更不仅获得了强壮的腿脚，更拥有了在船上讲故事的才能。作为一个天生擅长讲故事的人（他吹嘘自己是“一个令人惊叹的说谎者”），他尤其会杜撰。在他们的海上航行中，拉瓦尔也许是第一次听到高更讲憨弟德式的故事：有关地震和沉船，有关皇家祖先和被拴在童年家里屋顶上的疯子，有关六岁时的性觉醒和每个港口的妓女，有关普法战争中的军事行动和军事法庭对不服从的审判，有关推翻西班牙国王的流产计划中的阴谋等等。在一个最令人震惊的故事里，高更与另一位多产的吹牛大师朱利安·维奥——一个穿着见习军官制服的性趣模糊的同伴艺术家——不期而遇。他们邂逅十年之后，维奥已经成为这一地区最受欢迎的畅销书作家之一，以他为太平洋的奇幻之旅所虚构的角色的名字为笔名：皮埃尔·洛蒂。

但是，无论是水手传说，还是洛蒂，都没能为拉瓦尔的巴拿马之行和他在巨大的运河之城科龙的发现，作好充分的准备。这是一个一眼望不到头的巨型棚户区：两万人拥挤在这片伸向大海的沼泽地里。猛烈的暴雨、粗糙的食物以及可怜的灌溉设施，已经使得这个地势低洼的小镇（数年之内膨胀至十倍）转变为一个泥泞和悲惨的地狱——一个“疟疾肆虐的地方”（高更这样称呼它）。街道上到处都是垃圾和污物，随着每一次倾盆大雨或洪水泛滥，散发出熏天的恶臭。有人写道，在这个人口过于密集、没有警察的小城里，“一种肮脏的、腐败的无政府主义”主宰着一切。本地居民对抗外来者或在工人当中发生的大规模的暴力事件，在狭窄的街道上和摇摇欲坠的棚户里层出不穷。死神出没在空气里。蚊子携带着疟疾和黄热病毒，云集于这座泥泞不堪的半岛的上空，使半数居民感染上了疾病。在运河工地上，四分之三的工人——几乎都是从西印度群岛上召来的黑人——在传染性疾病中死去。在科龙唯一的医院里，死亡率在急剧攀升。

高更的工作计划与他对天堂的许诺一样不可靠。他那位巴拿马城（位于地峡的太平洋一侧）的内兄的“贸易公司”，只不过是一个普普通通的杂货店，高更在那里既无法找到工作，也得不到金钱或者同情。他与拉瓦尔被迫回到科龙，根据当地报纸的说法，“受过教育的人在大街上挨饿”在那里是最正常不过的事。通过拉瓦尔的关系，他们在一家建筑公司的办公室里找到了两份职员的工作，但只工作了两周。打那之后，拉瓦尔试图通过画肖像画来赚钱。高更则溜到乡下，尝试用他们剩下的很少的钱从当地的印第安人那里购买土地。这个计划失败后，他说服拉瓦尔前往他们原先的目的地塔波加。然而，与未遭破坏的香格里拉正好相反，塔波加是一个旅行者的陷阱——由一群盛装的当地人、周末出游者和旅行团组成的骗局。狡猾的岛民对任何东西，尤其是他们的土地都提出过高的价格。愤怒的高更立刻制订计划前往马提尼克，马提尼克位于东加勒比地区“友好而快乐”的法国殖民地上，他们的轮船曾在那里短暂停靠。“我们早就应该去那里，”高更怒气冲冲地说，“那里生活便宜，人民友好。”在忠心耿耿的拉瓦尔的陪伴下，他离开了那个臭烘烘的地峡小城，相信“令人着迷的生活”正在1000英里之外的航行目的地马提尼克等着他们。

在拉瓦尔被黄热病击到之前，他们刚刚来得及在俯瞰圣皮埃尔港的山上找到了一个小小的供奴隶居住的小房间。这种疾病发病突然，在一天之间就能将一个健康人变成一个遭受剧痛、浑身颤抖、发热、不断呕吐的病人。病毒扩散到全身所有器官，损害肝脏、肾脏和肺部。病人浑身汗透、上吐下泻、头晕目眩、出现幻觉和陷入谵妄状态，皮肤与眼睛出现胆黄症。在写给家人和朋友的信里，高更只字不提拉瓦尔的剧痛（“结果好则一切都好。”他写道）。当拉瓦尔躺在汗水湿透的床上时，高更则在探索芒果园，观察黑人搬运工头顶着果筐穿行在山间小道中。他在信中提到他画了“一些上好的画……人物比我在阿旺桥时画得好得多”。拉瓦尔最终康复了，可以和他一起外出作画，至少能够在他们小小的住所周围作画。

7月，高更自己也病了，但还没有严重到需要在书信里提及。一个月之后，当来自巴黎的书信提到有一个收藏家对他的陶器感兴趣时，一切都变了。突然间，一座新的宝山开始召唤他。“我必须离开这里，”他写信给一个朋友说，“否则我会像一条狗那样死去。”在一阵书信往来中（不禁让人怀疑他本人是否如他自己说的那样虚弱），高更请求对方寄钱给他让他回家。“我瘦得皮包骨头，”他哭喊着，“我的大脑非常虚弱，我只在神志清醒时还有一点点力气。我几乎每天都处于神经危机和可怕的尖叫之中，就好像我的胸膛正在爆裂。我恳求你……竭尽所能立刻寄给我 250 或 300 法郎。”在一个大胆的谎言里，他声称他在运河的堑壕里干活（“从早晨 5 点半直到晚上 6 点，在热带的太阳底下挖地球”），神经已经被“毒害”。他描绘了自己的“肚痛”及“剧痛”。“我的大脑开始晕头转向，”他写道，“我满脸汗水，后腰颤抖。”每天夜里他都“作好了死的准备”，只有回到法国才能将他从死亡或终生的“生病和发烧”中拯救出来。

高更真的病得如此，还是他从他朋友的病痛折磨中编织了一个生动的故事，以此来要钱？尽管生病的过程不太长，但康复（要是还能康复的话）却需要数月。10月，当高更终于讨到回法国的钱时，拉瓦尔仍然虚弱得无法远行。高更急于回家，撇下他的朋友自己照顾自己，采用的借口与六个月前抛弃他在巴黎的儿子克洛维时的口吻一模一样：“我只有够一人旅行的旅费……我的心已经硬得足以面对一切痛苦。”

差不多正好是从马提尼克回来后的一年，保罗·高更敲开了黄屋子的大门。在过去的一年里，他没有见过他的妻子和孩子们。巴黎的艺术世界也没有拜倒在他的脚下（如今他标榜自己为“来自热带的人”）。是的，他确实曾将三幅在马提尼克创作的作品卖给了新人提奥·梵高（他发现，提奥的夹层画廊在他离开巴黎期间已经成为了“印象派画家的中心”），但并未带来什么改变。他曾经渴望从富有异国情调的冒险中胜利回到巴黎——“让每个人大开眼界”，就像修拉的《大碗岛上的星期天下午》一样。相反，他只发现了提奥谨慎的乐观，以及他那奇怪的哥哥令人窒息的热情。“我从热带带回来的东西引起了极大的艳羡，”他在1887年11月不悦地写道，“但是，我并没有获得成功。”

与其在巴黎默默无闻，高更觉得还不如回到他第一次也是唯一一次获得成功的地方——阿旺桥，几乎与文森特动身前往南方同时：1888年2月。在那里，他无休无止地工作，以确立自己的新身份：一个具有野蛮人性情和原始人本质的艺术家。他无休无止地谈论他在马提尼克的“关键”经验，并教导他那些重新聚集在一起的门徒：“要是人们想知道我是谁……那他们就必须在我从那里带回的作品中去寻找。”他在布列塔尼与马提尼克之间找出了共同点，称这两处都是“黑暗而又原始”的地方，那里的本地人身负“原始时代”的标记。他还借鉴了洛蒂另一部幻想作品《我的兄弟伊夫》中的描述，穿戴水手的运动衫和贝雷帽，打扮得像一个布列塔尼的船长——令人想起他所有充满异国情调的游历，以及洛蒂在每一个“居住在大海中的原始世界里”的人身上发现的“隐蔽的野蛮性”。

在这种伪装下，高更再现了两年前的成功经历。他一方面用“亲爱的先生”开头的谦卑的书信“感谢”提奥的支持，另一方面用“立刻动身的姿态”不断地推迟前往阿尔，同时又穿行于阿旺桥纷至沓来的假日旅客中，在年轻画家面前扮演大师的角色，他认为这些年轻画家会将他在阿旺桥的名声带回巴黎。他甚至重新获得了年轻的拉瓦尔的崇拜，拉瓦尔于1888年7月费力地回到了家乡，那已经是高更抛下他八个月之后。在爱弥尔·贝尔纳（那个富有魔力的圈子里的新成员）的帮助下，高更发展出了一种艺术来适应他的新形象——一种拥有原始的“残酷性”和精神张力的艺术。安克坦分离主义的大胆的形式和色彩，以及贝尔纳重新加以诠释的神秘的天主教教义，都完美地吻合了高更将自己打扮成野蛮人的需要。（他送给文森特的自画像中有一张“火爆的、血脉贲张的脸”，以及“火山熔岩般的眼睛”。）高更不仅主宰着年轻的反叛者贝尔纳（尽管两人将在争夺新艺术的发明者时分道扬镳），而且还通过引诱贝尔纳年仅17岁的妹妹玛德琳来强化其原始野蛮人的特征。

不出意料的是，他尽可能拖延去阿尔的日期。只有在其他所有人，包括贝尔纳和玛德琳都离开之后，只有在他不名一文之时，只有在提奥购进了他的一些陶器，提出将在夹层画廊展出他在阿旺桥创作的作品，并最后支付了他 50 法郎以后，高更才勉为其难地登上火车，开始了前往阿尔的漫长旅程。当文森特急不可耐地期待着圆满的兄弟情义时（人影未到，行李先至），高更却冷静地赞扬了提奥——而不是文森特——的未来计划："不管梵高如何热爱我，他也不会因为我那漂亮的眼睛而屈尊到在南方伺候我。"他在出发前一天写信给一个朋友说，"他已经作了全面的盘算，就像一个小心翼翼的荷兰人那样，而且有意想要将他的力量发挥到极致……这一次，我终于可以脚踏实地了。"

高更全神贯注于他与巴黎的关系，而且直到最后一刻态度还模棱两可，因此他竟忘了告诉文森特到达阿尔的具体日期和时间。当他搭乘的火车于 1888 年 10 月 23 日早晨 5 点刚过到达阿尔车站时，天还没有亮——对于打扰一个他几乎不认识的人来说也太早了。因此，他走进了附近一家还在营业的咖啡馆——加雷咖啡馆——等待天亮。"是你啊，"经理惊叫起来，让他大吃一惊，"我认识你。"原来，文森特在兴奋地期待高更的到来时，曾将高更的自画像拿来给咖啡馆老板观看。

稍后，文森特终于听到了期待已久的敲门声，他立刻向大门冲去。

作为一个进攻和避让的专家，高更懂得应该让对手不知所措。"等待第一个向前的时刻。"他有一次在拳击学校这样告诫一个学生说（他曾经在那里执教）。作出选择后，他就会小心翼翼地作出计划，毅然决然地开始行动。他意识到对方有一丝虚弱时，就会发动攻击。但是，与文森特在一起的冒险，充满了未知数，因此高更喜欢有所保留，直到他更多地了解对手以后再作打算。

文森特看到的是兄弟情义，高更看到的是对手之间的竞争。"我有斗争的冲动，"他在到达阿尔之前这样宣布，用了一个法语词 la lutte 来形容在每一次交手中所看到的意志的竞争，不管是在剑术、拳击，还是在语言或绘画中的竞争。"我针锋相对地开辟领地。"为了强调他的预备措施，他送给文森特一幅油画的素描稿。它以一种强烈的、搏斗的姿态，刻画了两个布列塔尼的年轻人。他将它描述为一幅作殊死斗争的图画，"是一个秘鲁的野蛮人眼中所看到的样子"。

第三十五章　竞赛

文森特打开黄屋子的大门后大吃一惊。几个月来，高更的恳求信接连不断，诉说自己缠绵未愈的病情。文森特确信，自己看到的会是个病怏怏的男人。那种萎靡的样子他已经在高更寄来的自画像中见过千百次。第一次见到那幅肖像时，文森特不禁失声惊呼："高更成了这副样子！"但眼前的这个男人看起来却神采奕奕：他面色红润，双目炯炯，体格健硕。"高更刚到，他看起来很不错，"在给提奥的信中，文森特难掩惊愕，"似乎比我好得多。"

接下来的日子里，文森特常常惊叹于这位客人的好胃口和好身板——这两点很少有艺术家能达标，文森特总结道。高更红润的面色和健壮的体格不仅与他的自画像和连月来的抱怨不符，也让文森特推荐中央高原的言辞变得荒唐可笑。他一次又一次地向提奥许诺，普罗旺斯的太阳能让高更恢复健康，让他快活和精神起来，也能让他马提尼克式的色彩苏醒过来。但门口这个精神抖擞的"摔跤运动员"显然不需要拯救。文森特的欣喜溢于言表："我看到了野性本能的原始萌动。"

几天后，打击再次降临。提奥来信说高更的《布列塔尼农妇》卖了个好价钱。他在下一封信中夹了一张 500 法郎的邮政汇票——他从没给过文森特这么一大笔钱，并兴高采烈地写道："这下他该宽裕了。"文森特免不了为这笔"降临于他们三人头上"的"飞来横财"随声附和一番，但却掩饰不了内心的灼痛。对高更的祝贺伴随着对提奥的愧疚。当天，他就拟好了一封检讨信。

画卖不出去我无能为力。我明白，即使倾尽所有，我也要画出点什么，才能挽回这一路押下的赌注。但，亲爱的弟弟，不论作画如何艰难，即使付出生命我也要清算我的累累负债，我知道我能做到，不然就是白活一场……想到没有人要我的画，想到你因此遭罪，我就痛心不已……我相信，有朝一日，一定会有人买我的画，只是现在，依仗你过活的我仍一无所获。还有什么比这更摧人心肝呢？

提奥无视哥哥的多愁善感，趁着《布列塔尼农妇》销售的势头，迅速在古庇尔夹层展出了高更近期的布列塔尼作品。到阿尔还没几周，高更就已经得到了文森特一直梦寐以求的巴黎捷报。9月中旬，提奥来信写道：“您的画作大获成功，德加很喜欢您的作品，逢人就说……现在已经卖出了至少两幅。”“既然我们差不多已经在定期售卖您的作品”，提奥打算利用此次契机提高古庇尔的佣金，他承诺至少能卖掉五幅油画和一些陶器，除了每月的津贴，差不多可以再给高更寄1500法郎。这些话，他从没跟文森特提过。

高更健硕的体态反驳了文森特关于所有真正的艺术家必定会为艺术憔悴的论调。让文森特越发一蹶不振的是这位客人的突然成功。高更在古庇尔夹层如鱼得水，让多年来卖不出一幅画的文森特一下子失去了辩驳的理由。“如果真要从‘经济’角度”为自己的作品“辩护”，他只能想出一个可悲的理由：“与其让颜料在颜料管里变干，不如画在我的油画布上。”

多年来第一次，他反倒央求弟弟放弃出售自己的画作，“自己好好保管”。这样一来，他可以对高更和其他人宣称，是提奥舍不得卖。“退一步说，”他说，“我创作的如果真是好东西，那么也会像酒一样越陈越香。”文森特作了两幅熟悉的画来增强自己的信心。第一次和高更去野外写生，他临摹了一株老紫杉伤痕累累的树干。这个意象象征了以新代旧的生命力。他很快给提奥寄去了一幅素描，重申了中央高原印象派“伟大复兴”的共同使命。要知道，“这会是一场超越个人层面的旋风”。

除了枯树，他还创作了另一版本的播种者。一抹海蓝色的天空下，米勒的播种者跨着大步穿过辽阔的土地，穿过翻过了的蓝黄泥土。米勒笔下的这个形象具有超越逆境和鼓励坚持的安抚力量，而这正是文森特最需要的。

更让他痛心的是高更对写生地的鄙夷。高更排斥文森特青睐的克劳平原灰尘漫天的谷场和荒地，选择了阿尔的浪漫之地：阿里斯冈。在罗马时代，这儿原本是坐落在阿尔城墙东部和南部的一个大墓地，也被称作石棺公园。与巴黎的香榭丽舍大道一样，它的名字也有“极乐世界”的意思。这个堆放过去的异教徒遗骸的古老地方因基督教而蒙上了神圣的色彩。教堂被建起，圣人们在这儿降福，神奇的传说广为流传，基督曾在这儿显灵。中世纪时，眷属们会让遗体从罗纳河漂流至阿尔，他们相信此般虔诚之举能让遗体安全抵达阿里斯冈的墓地。

石棺公园，阿尔

几百年后，一个破败的死亡之城诞生了。上千座石棺散落在冲积平原上，不论是石碑还是铭文都在述说着永恒和不朽。但不论古迹有多神圣，都无法阻挡工业化大潮的脚步。文森特到那儿的时候，铁路已经在这块土地上纵横。坟墓被掘开，石碑灰飞烟灭。后来，市政官员们捡拾了残骸，将它们安置在连接墓地古门和圣奥诺拉罗马教堂的一条长长的小道上，围以白杨和长凳，还给小道取了一个肃穆的名字：墓地大道。

1888 年 10 月下旬，高更领着文森特来到著名的石棺公园。那时，树木依然泛着秋绿。他来这儿的目的与其说是游览，不如说是窥探。因为时间已经给阿里斯冈无家可归的灵魂带来了终极的羞辱。那些隐蔽的墙角和死胡同成了情侣幽会的绝佳去处。几代阿尔人把清算人生的地方变成了一个浮华的“游乐场”：死亡阴影之下的爱侣徜徉的小径。在这儿，情侣们可以身着盛装袅袅踱步，游客饱了眼福，单身汉心猿意马，情侣们即使挽手而立也无伤大雅。

阿尔人向来以美貌著称（他们被认为是雕刻在古董花瓶上的“罗马圣女”的后裔）。他们在墓地徜徉的曼妙身姿不仅享誉了整个普罗旺斯，甚至盛名在外。有关阿里斯冈的故事和绘画流传甚广，阿里斯冈拥有法国最负盛名的情侣小道，融合了高贵、风情和纯真。但当可人的姑娘把刚出生的婴儿丢弃在附近的运河里时，黑暗的一面就暴露出来了：石棺旁和树荫下整夜的幽会和做爱。

在到达阿尔之后的七个月间，文森特也许某天曾来过阿里斯冈，但他从未提起过这里，也没有留下一幅绘画或者素描。一般来说，他只会流连于城市废墟间，避开游客和断壁残垣。至于涉及异性的消遣，他更喜欢黄屋子旁雷科莱特路上的妓院。在那儿，除了钱，什么都无关紧要。在贝尔纳的怂恿下，文森特带着高更游遍了所有他喜爱的地方。为了消遣和"学习"，他俩还重走了一遍文森特曾与米勒上尉（高更来了没多久，他便去了非洲）走过的地方。

一开始，高更还能忍受这些毫无吸引力的短途旅行和受严格管制的妓院（有人说，这些妓院主要迎合了"丑陋和虚弱的下层阶级"）。他更喜欢石棺公园里的捕猎和挑战游戏。它赌的是机智和青睐。对此文森特早已放弃（"我没有足够的吸引力让女人们心甘情愿地当我的免费模特。"他曾为此唉声叹气）。然而，高更却在"他的领地"里如鱼得水。凭借迷人的男性魅力和威猛的体魄，高更总能大胆无愧地勾引到漂亮清高的阿尔姑娘，文森特只有艳羡不已。

高更的情场得意对他的房主造成了特别的打击，不仅令在妓院受挫的文森特显得更为落寞，也打破了艺术家禁欲的神话。倡导洁身自好的人不过是为了掩盖自己的无能。在我们面前却有这样一位艺术家，"性欲并没有折损他的抱负"（或许文森特是这样认为的）；他处处留情，积习难改，却还有大把精力留给创作。文森特不但因为高更的五个孩子而瞠目结舌（据传闻，还有两个私生子），他更感叹的是高更"在创造孩子的同时，竟然还能创造作品"。

似乎是为了避免消耗，高更很快又开始了马提尼克岛女黑人的创作。在石棺公园里，他画了三个身着当地服装的可爱的阿尔女人。她们倚靠在墓地大道旁的河堤上，摆着各种姿势。（之后他转向了石棺公园的隐蔽处，画下了一个偷窥来的场景。一个上了年纪的男人藏身树后，正和一个年轻女人搭讪。他给这幅画取了个轻佻的名字《你也会有这一天的，美人》。）而文森特还是没能找到模特，只能借用从前的素描和偷窥来创作他的阿里斯冈油画。他只能用一种方式来自卫：他画了妓院中一个男人和两个女人打牌（当时妓院里常见的娱乐活动）的一幕，围观的是暗中偷偷摸摸的情人和身着糖果色舞裙、百无聊赖的黑皮肤妓女。

很快，高更便把目标转向了身边的女人。也许在他刚到阿尔，还没有来得及拜访文森特之前，加雷咖啡馆老板约瑟夫的妻子玛丽·纪诺就引起了他的注意。这是个俏丽的女人，年过四旬，头发乌亮，常常半眯着眼，“笑意盈盈”。一位爱慕者表示，她嫁了个比她大十几岁的男人，为这桩没有儿女的婚姻赔上一辈子不说，还要没日没夜地伺候咖啡馆的老主顾。文森特也被玛丽地中海式的温暖和风韵吸引住了。在她身上，文森特看见了他在巴黎曾爱慕过的咖啡馆女老板安戈斯蒂娜·塞加托丽的影子。亨利·詹姆斯也曾视某家咖啡馆柜台后美妙的阿尔女郎为“女神”，并把她唤作“讨人喜欢的分糖小姐”。文森特在玛丽椭圆的脸蛋、浅浅的低眉、笔挺的“希腊式”鼻梁和精致的头发上看到了从奥维德到都德都歌颂过的阿尔女性的气质——“浑身上下散发着某种高贵，透露出健壮和刚强”。

然而，文森特却一直没有将这样“完美的形象”形诸笔端。不论他多么仰慕传奇的阿尔姑娘，不论他如何费尽口舌，只有一位老妇愿意当他的模特。8月，他预付费用的、穿当地服饰的年轻模特最后却没有出现。到底是玛丽·纪诺拒绝了文森特还是文森特害怕被拒绝而从未开口，我们不得而知。保罗·高更就没有这种顾虑。来阿尔还不到一周，他就邀请玛丽前往黄屋子当他的模特。“高更已经找到了他的阿尔姑娘，”文森特难掩讶异，“真不知道什么时候我才能找到我的阿尔姑娘。”

保罗·高更，《纪诺夫人像（为〈夜间咖啡馆〉所作的习作）》，1888年，纸上炭笔，$36^1/_8$英寸×$28^3/_4$英寸。

她盛装来到了黄屋子：黑长裙搭一块特别的白色的穆斯林披巾，头发梳成髻，戴一顶妩媚的帽子，帽子的黑绸带一直垂到肩头。她滑到了椅子里面，把阳伞和手套放在一边，面对着高更和素描板。当文森特兴冲冲地在附近挑了个好位置时，玛丽马上用手挡住了他的视线，并专注地望着眼前这位新结识的迷人的“保罗先生”。高更的视线慵懒地游走在玛丽和素描板之间，用炭笔捕捉玛丽蒙娜丽莎般的微笑。仿佛在与时间赛跑，文森特拼命地挥霍着颜料，泼洒出了黑蓝色的裙子、满脸的愠怒和黄色光线下的橘色椅子。不到一小时，高更便完成了素描，纪诺随即离开。所幸的是，文森特也及时完成了他的作品，并向提奥勇敢地宣告自己的胜利：“好歹我也有了一幅阿尔姑娘的画作。”

两周后，一幅油画在高更的画架上诞生，用艺术嘲讽了高高在上的风情。慢慢地，高更把小幅素描变成了大幅油画，在此期间，纪诺夫人的面容一直存在于两人共用的画室里。高更柔化了她的面部特征，突出了她的媚笑。他把她倚靠的木质画台换成了加雷咖啡馆的奶白色大理石柜台，并在她身前加上了她平日里做买卖的东西：一份苦艾酒、一瓶苏打水和两块糖。

在纪诺的身后，高更复制了文森特《夜间咖啡馆》中的神秘背景，但采用了低位的主顾视角，而不是文森特高位的全景视角。台球桌的绿色桌面占据了中间远处的位置，在磨损严重的地板上投上了同样的深色调阴影。远处的墙上也涂着同样热烈的橘红色——一盏油灯投射出耀眼的光亮，油灯底下，身着同色系服装的醉酒者倒在桌上，呼呼大睡。高更借用了文森特最钟爱的两个人物，米勒和鲁林充当背景中的咖啡馆客人：轻步兵与打盹的醉酒者一桌，邮差与三个忧郁的妓女在吞云吐雾。最后，他还在台球桌下画上了一只小猫，象征着夸耀性征服的女性的放荡。

对文森特绘画世界的含糊的致敬——时而阿谀，时而嘲讽——只是第一轮的艺术攻击：他用言语、创作和失望让文森特措手不及。尽管几个月来一直煞费心机地吹捧《莫斯米》和《轻步兵》，高更却对文森特的中央高原满是不屑，认为这是个“破落的小地方”。在克劳和加雷咖啡馆，他看不到文森特看到的明亮的色调和左拉笔下的生活，只看到了“莺歌燕语的低俗”。他把阿尔称作“南部最肮脏的地方”，认为阿旺桥才是艺术家的圣地。“他时常和我提起布列塔尼，”客人才到没几天，文森特就哀叹道，“似乎那儿的一切都比这儿的更好，更大，更漂亮。那儿更为肃穆，尤其在格调上更纯粹，不像普罗旺斯这样死气沉沉，市井琐碎。”

文森特想画油画，高更更青睐素描。一有机会，文森特就会冲往乡村田野；高更想“沉淀一段时间”——至少一个月，随便走走，画画，“领略这个地方的精粹”。文森特爱在野外作画，高更喜欢待在室内。高更的外出都有寻找事实和积累素材的使命，他在画室的安静和冥思中就能将这些素材处理成画面。文森特信奉即兴的灵光闪现（他警告道，那些总要安安静静坐下来画画的人总会丧失他们的机缘）；高更喜欢慢慢地、系统地处理他的画作，试图找到形式，锁定色彩。文森特在画布前常常大刀阔斧，浓墨重彩；高更习惯在宁静中用细致的笔触勾勒平面。刚到黄屋子的那几周，高更只完成了三四幅油画，文森特一气呵成画了数十幅。

文森特以为，感受到普罗旺斯太阳的再生力量，高更也会取得与自己一致的创作速度。但高更的反应恰好相反。从城里来的高更发现田园生活让他变得“懒散”，甚至让他的作画方式也变得“简明”起来。按他的说法就是：“白日梦让人能平静地创作。”高更的审慎让文森特很受打击。自文森特来到阿尔，提奥一直劝说文森特放慢速度，好好对待每一幅作品，而文森特总一意孤行，强势地捍卫自己的高速、多产和大量的颜料消耗。每当高更拾起画笔，开始在油画布上细细描摹时，文森特总能听到弟弟的唠叨和抱怨。文森特着迷于疯狂地工作，常常向提奥吹嘘：“我们白天卖力工作，精疲力竭；傍晚去咖啡馆，直至暮夜。这就是我们的生存方式。”在给妻子的信中，高更轻蔑地写道：“文森特想把自己累死。”

同时，高更精细的作画程序和系统的笔法也挑战了文森特对分离主义的理解。“我们不是应该摈弃平静的笔触以寻找思想的张力吗？”那个夏天，他困惑地给贝尔纳写信。文森特尽力把画中的元素减到最少，使用了大胆的马赛克色块——他已事先画了几十幅各色的素描作为练笔；高更则不停地调整线条和色调，似乎要把每一层都溶解在交错重叠的色彩中。文森特在安克坦的理论和贝尔纳的言论中听到的是“以粗糙为美”和“以丑为美”，黄屋子的墙壁上满是他的大胆回应；高更则坐在前屋的画架前，修改那些用柔和的笔触和谨慎的色彩绘就的灵巧精致的形象。在文森特的艺术灵魂中可以清晰地感受到他对同时对比以及布兰克和德拉克洛瓦的崇尚，高更则嘲笑单纯的补色过于单调。至于卧室中所有作品里大片的黄色，高更几乎难掩蔑视：“见鬼，什么都是黄的：我都不知道画画是什么了！”

文森特喜欢自己动手研磨颜料；高更讨厌文森特的这些颜料，专门让人从巴黎寄来了自己的颜料。完成作品后，文森特通常用蛋白或松香定色打光，高更则喜欢印象派的粗糙表面。文森特使用市面贩售的油画布；高更则想要更粗糙的油画布，于是买来一匹糙得像麻袋的黄麻，自己剪裁、绷紧和填底料。文森特使用颜料十分大手大脚，大画笔上蘸饱颜料，画几笔之后又迅速补上，深邃的轮廓和高耸的山峰便跃然纸上；高更则在调色板上将颜料一一调成规矩的色块，在颜料管上做好短小、平行的记号，每次都只吝啬地挤出定额的一点点。在颜料未干时，文森特会一遍遍地修改一笔一画，修正厚涂的颜料；一旦完成绝不修改的高更常常谴责文森特作画的无序和犹豫不决——他说文森特的画法"一团糟"。"他喜欢即兴堆砌厚重的颜料，"他警告贝尔纳，"我厌恶这种过度加工的表面。"

文森特仰慕蒙提切利，另一个激情四溢的颜料堆叠大师。高更说，一谈起蒙提切利，文森特就两眼湿润。但高更鄙夷这个住在马赛的怪人及其草率的画风。他赞赏的是另一位南部光线大师保罗·塞尚。早在他做证券经纪人和收藏家时，他就欣赏塞尚对阿尔附近的艾克斯沉静而理智的描绘。他认为，塞尚干干的调色板和慎重的画笔完美地捕捉了中央高原独特的色彩、尘土和光线的变奏。去年夏天，为了迎合高更的喜好，文森特还声称与塞尚有亲缘关系，但即便在那时，他也忍不住批评塞尚缺乏活力与热情——而这也是蒙提切利和他特有的品质。

文森特又为黄屋子引入了另一位榜样：天才讽刺大师奥诺雷·杜米埃尔。他能用漫画表现都德《达达兰三部曲》和伏尔泰《憨第德》中的肃穆的荒诞。高更到来的前夜，文森特已经宣布中央高原是个"极其肃穆的乡村，简直就像杜米埃尔的杰作"。每面墙上都挂上了杜米埃尔的印刷品、有卡通人物的风景画，或辨识度很高的邮差鲁林和农民埃斯卡里耶的肖像。但高更在阿尔人身上只看到了肮脏和卑鄙。"文森特会待在这儿真令人匪夷所思。"在 11 月给贝尔纳的信中，他这样写道。当文森特用《夜间咖啡馆》向杜米埃尔致敬时，他也表达过类似的鄙夷。

同样，高更提出了另一位画家：皮埃尔·德·夏凡纳。夏凡纳创造了一系列神秘的场景，人物面容冷酷，风格古雅，下笔精练，不着痕迹——高更在自己的作品中赞颂的就是这种特质。在街头，他看到的不是杜米埃尔的讽刺画，而是夏凡纳的女神："这儿的女人洋溢着一种希腊美，"他写信告诉贝尔纳，赞赏阿尔姑娘精致的头巾和服装，"走过街头的姑娘都和朱诺一般纯洁……所以这儿有美的源泉：现代风格。"

文森特万神殿中的每一位都会遭致鄙夷和蔑视。文森特仰慕伟大的巴比松画家多比尼、杜雷和卢梭；高更"不能忍受"他们，认为安格尔和拉斐尔更值得效仿，而文森特恰恰"很讨厌"他们。文森特赞赏描绘真实人物的画家，如布莱顿和莱尔米特，当然还有米勒；高更则赞颂乔托和米开朗琪罗“原始性”的完美，对文森特那个圣人般的农民描绘者不屑一顾。在现代派画家中，高更对轮廓大师德加情有独钟，而后者常让文森特“感到绝望”。即便是对于共同赞赏的艺术家，两人也会产生分歧。文森特敬重伦勃朗情绪化的画风和深刻的内涵，高更则仰慕他精巧的形式。在文森特看来，德拉克洛瓦饱含表现力的色彩、大胆的笔法和神一般的洞见（“他画出了人性”），使他成为了当之无愧的“天才”，但高更赞叹的却是他至高的技艺。“总的说来，”高更冷冷地向贝尔纳汇报道，“文森特和我很少有看对眼的时候，尤其是在绘画方面。”

高更对文森特偶像的抨击后还潜伏着更大的敌意。高更对《夜间咖啡馆》的嘲笑挑战了文森特的一整套创作模式。高更从来不在加雷咖啡馆支起画架，从不在它刺眼的光线下画画，不需要忍受文森特所面对的狐疑的耸肩和凝视，也从未体验过红汞色灯光下顾客也体验到的孤独。高更我行我素，单凭臆想进入了文森特的世界，自认为如天使降临，却极其粗暴地构建了自己的观察视角。结果只能是，两人再次为真正的艺术该源于眼睛还是源于大脑而争吵不休。

高更坚持说，只有将象征主义理论和左拉对于创造完美“现代”艺术的倡导相结合，只有将形象从真实中分离出来——通过想象、思索和回忆加工转化，才能捕捉难以捉摸的经验本质，明确代表艺术真正主体的那部分人。“我的艺术中心在我的大脑里，而不是别的地方。”高更一再表示。在《夜间咖啡馆》和早先送来的自画像中，高更警告文森特避免使用那些“过于浅薄幼稚”的技巧，例如添笔和厚涂。即便是绘画本身也象征了与真理的妥协。就像是在教导阿旺桥的门徒一样，高更认为，艺术家应该追求纯意识的绘画，通过一系列的抽象从现实的干扰中解放出来，将凌乱的经验整合成纯粹的理念。

文森特已经从高更的某位阿旺桥门徒那里听到过这些论调。夏天，两人就即兴技巧的使用和想象中的真实性的追求展开了一场论战。在高更“抽象化”理念的指导下，文森特尝试作了几幅源于“大脑”的作品——尤其值得一提的是，他画了两个版本的客西马尼园中的基督。但这两幅画都糟透了。自此，他再也不愿意相信这个新教条。10月上旬，他写道：“我从不依靠回忆作画。我的注意力只牢牢盯住可能和真实的存在，不想也不敢追求理想化的东西。”在颜色的选择上，他已经遵循了高更的非现实准则，“以夸张和简化为原则来安排色彩”。但他告诉贝尔纳，“在结构上”他会继续“遵循自己的路子，顺其自然”。

文森特为什么要左右摇摆？又为什么在“结构上”，而不是色彩上抵制用头脑画画？虽然文森特与高更和贝尔纳组成了新联盟，肩负着新使命，但他的想象力依然依附于米勒和蒙提切利的艺术理想与作画手法。同他们一样，文森特生于一个充满了宗教隐喻和维多利亚时期的感伤的世界。现实在这二重滤镜之下显现出了新的寓意。浪漫的自然让少年文森特着迷，自然主义式的观察则影响了他的成年。像弟弟一样，刚摆脱稚气的文森特率先踏入的是“讲求理智，追求世俗成功”的世界。爱弥尔·左拉这样的法国男人无论如何也得不到津德尔特牧师公馆的认可。左拉曾在《杰作》中以轻蔑的笔调塑造了执迷于理想的画家克劳德·朗捷的形象。当问及文森特与朗捷是否相似时，提奥回答：“那个画家追寻的是可望不可即的东西，而文森特钟爱的东西却触手可及，随处可见。”

要接受高更纯理念的世界，文森特不仅需要放弃自己喜欢的外出写生，还要与一生都在打交道的现实（他称之为“与自然徒手相搏”）决裂。他必须为了充斥着妄想和幻觉的世界而舍弃模特和肖像的世界，为了那些无可名状的恐怖记忆和映像而放弃鸟巢，放弃星空，放弃精彩纷呈的自然世界。

事实上，文森特撷取的意象，包括他采用的对抗式手法以及深度个人化的象征，已经是对高更所倡导的“来源于个体意图和感觉”的艺术的响亮回应。这一回应甚至比高更过度构建的神秘感更有力，更令人信服。确实，在职业生涯的早期，文森特也听从头脑的指令来作画。十几年前，他曾“凭借想象”描绘了一个《圣经》场景。在为《吃土豆的人》所作的辩护中，文森特支持艺术家将现实转化为“比真实更真实”的意象——也就是高更倡导的理念——的权利，同时饱含热情地支持德拉克洛瓦“凭记忆”进行艺术创作的号召。

这是一种巧妙的和解，隐藏于文森特艺术创作的核心，但高更的观点却对此产生了威胁。文森特与他的房客不同，他无法凭空作画。他依赖模特和透视框等画室技巧，需要通过无数次的尝试达到逼真的效果。即使在那时，他还是无法掌握德加（或高更）精准的线条和优雅的轮廓。他可以使用新的艺术准则去“夸张或简化”，弥补自己技艺的不足。他确实也曾利用德拉克洛瓦的理念来掩饰自己差强人意的线条、鲁莽的笔法和似乎永远都无力实现的“逼真”。假如没有与真实形成的反差，没有大胆的背离，那么他的缺陷将暴露无遗。想象可不需要什么透视框。

乐观的时候，文森特认为时间会填平这道沟壑，让他最终能创作出高更希望看到的纯粹的“虚构”。他写道：“或许数十年后，我也会这么干。”但那时，高更对“凭空想象”的坚持——抛开自然的阻碍，“随心所欲”——让文森特难以接受，饱受打击。一年后，他向提奥回忆道：“高更待在阿尔时，我认为抽象是种吸引人的作画方式，但亲爱的朋友，那终究是错觉，很快便会让人走投无路。”

文森特本可以在给贝尔纳的信中轻易地拒绝高更的艺术理念（“我害怕自己会远离现实和真理。”他 10 月时告诉贝尔纳）。但大师本人的在场——同他在黄屋子里一道工作，和他在画架前并排作画，与他在咖啡馆面对面——改变了一切。高更权威式的坚持、对时髦话语的精通和出众的法语，尤其是他的说服力，让文森特的反驳显得苍白无力（后来文森特在解释他的理论时，把高更称为“天才”）。而且高更完全可以高枕无忧，他在古庇尔夹层已经占有了一席之地。提奥还欠他 1000 法郎。对他来说，阿尔的失败算不了什么。但对文森特来说，那是不可想象的。

在播种者和紫杉的意象受到好评后，文森特很快对高更强势的理论作出了妥协。没到一周，文森特便开始实践这位房客的理念。他在高更粗糙的黄麻上作画，摒弃了厚涂法，采用单一的色彩、日本画像中常见的模特和皮埃尔·德·夏凡纳式的理想布景。某幅石棺公园的作品就描绘了这样的场景：橘色的叶子从树上飘落，完全是干干的、精准的高更式构图。

11 月的第一个周日，在去蒙特马约尔散步的路上，文森特作出了正式的妥协。经过山下空空的葡萄园时，文森特向高更描述起了一个月前目睹的葡萄丰收的景象：工人们，当然大多数是女人，挤在粗壮的紫藤下，在南方的烈日下挥洒汗水。这番描述触动了高更。他不仅让文森特凭借回忆画下当时的场景，自己也欣然提笔。对文森特来说，两人亲密的漫步——简直就是彼特拉克和薄伽丘的化身——和葡萄园壮丽的落日都让他无法拒绝。他接受了这项考验，写道：“高更给了我想象的勇气。”

接下来的一周，两人被大雨困在画室里，为这场较量苦思冥想。文森特沿用了自己一贯的室外素描画法让空旷的葡萄园热闹了起来，女人们在低矮的葡萄藤下弯腰劳作，像极了海牙的挖土豆的人。他让女人们穿上了蓝色和紫色的衣服，好映衬她们头顶上的火烧云。在天边，他还加上了中央高原标志性的太阳。

高更作的画则完全不同。他抛弃了文森特纵深的空间感和热烈的日光，把焦点定格在一位女工身上。这个女工神色忧郁凝重，橘红的头发扎成圆髻。劳作之后，她疲倦地坐在地里，下巴搁在拳头上，和所有马提尼克的女黑人一样令人畏惧。她那巨大的体型和灵巧处理的坐姿与文森特那些尴尬地伛偻在地里的无名小人儿形成了鲜明的对照。她光溜溜的臂膀和沉思的姿态散发着某种性感的活力，农民的野性被表现得酣畅淋漓。而文森特的那些面容模糊的采摘者却完全没有表现出这种本质。

高更笔下的女工身着布列塔尼而不是普罗旺斯的传统服饰，这也体现了他拒绝互补和偏爱“统一色调”的倾向。有别于文森特成群的人物、齐整的描绘和明信片式的落日，高更单用背景中两个劳作的妇女就隐射了葡萄丰收的主题，前景紧凑，充满悬疑：“这个女人是谁？她的神色为何如此寂寥？”——这不再是文森特插画式色彩斑斓的乡村劳作，这是象征主义者对不可触及的心灵的思考。文森特甘拜下风，称高更的画“细致精巧，别出心裁，像女黑人一样美丽”。他承认：“想象中的事物果然有种神秘的味道。”

这次较量之后，高更很快又作了一幅在技法、情欲和神秘性上胜过文森特的作品。除了继续完成几幅在离开布列塔尼之前便开始创作的撩人素描和自己喜爱的德加的浴者外，高更还画了一个裸露上身的农妇的背影。11 月中旬，文森特报告：“高更正在创作一个新颖的裸女形象，她倒在干草垛上，和猪群在一起。那一定很特别。”

女人筋疲力尽地倒在干草垛上，暴露着背部的肌肉、脖颈和软帽下露出的捆成卷的金发。一只黝黑的手臂越过草垛悬在一个挂钩上，另一只手枕着头部。她可能在休息或祈祷——或正准备与谁共度春宵，养的牲口在她身边冷漠地埋头翻土，哼哼唧唧。高更把这群牲口称作猪仔，把作品送给提奥时，还加了一张露骨的字条：“我觉得，这些猪仔阳刚味十足……是南方的阳光让我们都发情了吗？”

这幅画让文森特口服心服。“我以后要常用回忆作画，”他写道，“从记忆中得来的图像浑然天成，比观察得来的图像更有美感。”他选择了几个月前见到的一幕来做实验：阿尔罗马竞技场中的斗牛。他向来青睐这样的场面：“阳光明媚，人头攒动，五彩斑斓。”他甚至开始考虑把这个场景作为果园之春后的下一个系列的主题，想要探索明与暗，以及这个巨大的环形竞技场投射的阴影。高更曾在夏天的一封信中表达过对这个想法的支持，将斗牛列为他最想“诠释”的普罗旺斯的主题之一。但当他 10 月抵达时，这项血腥运动的季节已经过去，所以只能诉诸回忆。文森特坐在画室里，开始在高更的巨幅黄麻上挥舞画笔。

但没有一处令人满意。远处的观众变成了一个个糙点，中景的人物显得僵硬，而近一点儿的则像是一堆笨拙的卡通人物。他在前景里添加了一些平时习作里的人物——鲁林、纪诺，还有石棺公园的一对夫妇，姿势无一协调，视角杂乱：有的脸没打过样，有的修改过度，有的很模糊，有的则全被遮盖住了。粗糙的黄麻抑制了文森特大胆的厚涂法，让他的每一笔都暴露在不确定的风险之下。他从未向提奥提起自己曾画过这样一幅画。

他决定继续尝试。这一次，他开启了自己真正艺术的源泉：过去。11 月中旬，三封荷兰的来信让文森特沉浸在怀旧的喜悦中。一封信来自表妹，启蒙导师的遗孀婕特·莫夫。她对文森特托提奥捎去的纪念画表达了谢意，她在“追忆旧时光时”打动了文森特。另一封信来自最小的妹妹惠尔。26 岁的惠尔顺理成章地担负起了照顾老母亲的责任。她告诉文森特，自己已经开始读左拉的《妇女乐园》。这个书名一下子把文森特带到了过去。第三封信来自安娜·梵高本人，经由提奥转交到文森特手上。自多洛斯过世以来，安娜给文森特的信都通过提奥转交。她还沉浸在悲伤中。

三封几乎同一时间送达的信触动了文森特，昨日的种种跃然纸上。他仿佛回到了埃滕，回到了与父母和弟弟妹妹和睦相处的屋檐下。遵从高更的对称和紧凑的构图法则，他开始刻画牧师公馆的花园。1881 年，他从那儿远走天涯。他用高更教他的弯曲轮廓，在左前景中勾勒出两个女性的半身像。“假想一下这两个散步的女人是你和妈妈。”他向惠尔描述道。

为了响应高更的号召，赋予人物神秘的气息，他让其中一个人物穿着带风帽的罩衣，像是葬礼上的哀悼者，另一个则裹着围巾。对照惠尔给他寄去的照片，文森特赋予了哀悼的人物母亲的面容，另一个人物有着妹妹天真的性情与纪诺夫人的眼睛和鼻子。在她们身后，蜿蜒的花园小径延伸到了看不见的天边，路上只有一个农妇和来自纽南的鬼魂。鬼魂摆出文森特画过上百次的姿势，将自己的臀部奋力挤入空中。背景中，既有中央高原花园中扭曲、发亮的柏树，也有安娜花园里的五彩花朵。

这些回忆属于文森特，意象却属于高更。从暗哑的色调到刻意的笔法，从感性的线条到程式化的构图，从神秘的人物到一览无遗的风景，文森特已经屈服于“导师”的劝诫。他用高更偏爱的稀薄的干颜料构建意象，与曾经狂放的笔法相比，简直不可思议。

但没有模特和进展缓慢又让他面对了昔日的百般挫败，让他在画人物时举步维艰：脸孔毫无生气，手脚奇形怪状；视角错乱，比例失衡。在给惠尔的信中文森特附上了一张素描，夸耀高更倡导的想象力，说高更古怪的新作“异彩纷呈”。文森特不再追求“粗俗愚笨的相似性”，而是要把场景呈现得“像在梦中见到的那样”。“我知道在你们眼里这压根算不上什么相似，”他抱歉道，“但我却认为传达出了诗意和我所感受到的花园风格。”

与此同时，文森特让提奥拒绝《独立艺术家杂志》在下一年（1889年）的春季展出他的作品的邀请。高更发现了点彩派要利用《独立艺术家杂志》的展览来对他和贝尔纳发起攻击，称他们“比魔鬼还可怕，必须要像躲避瘟疫一样躲避他们”。他把多年来的雄心壮志抛在了脑后，也加入了自己曾经鄙夷的激进的党派之争。文森特没有参与工于心计的伏击，而是公然把《独立艺术家杂志》的编辑艾都瓦·杜雅尔丹唤作“卑鄙小人”，嘲笑他的展览根本是个“黑洞”。“直接告诉他们没戏，”他让提奥传话，“这个提议让我觉得恶心。”这个代价对于兄弟情义来说又算得了什么呢？“我的朋友，印象派画家高更，现在正住在我这儿，”他得意洋洋地对惠尔说，“我们在一起特别快活。”

但就像与提奥的兄弟之情一样，艺术和创见基础之上的兄弟之情很快便遭遇了冲击。短短几周后，因为无法熟练掌握，文森特对高更的形式与线条的态度也从吹捧转变为了鄙夷。埃滕花园的创作几乎还没有风干就遭到了文森特狂放画笔的攻击。他用刺眼的红色和黑色涂抹阴影中的母亲，用一串蓝色、橘色和白色的点来描绘弯腰的农妇。忙着与巴黎点彩派激战的高更根本不知道在同一个屋檐底下正酝酿着一场背叛。

其实文森特从未真正屈服于他的导师过分矫饰的画法。即使在他沉迷于高更夏凡纳式的画面和德加式的轮廓时，他的内心还是依恋着杜米埃尔的讽刺手法和蒙提切利的镶嵌画法。纵使他曾服从高更的指示，放弃厚涂法，但不久之后，他又回到了油画布前，用一直赞赏的、宝石般明艳的色泽作修改。纵使他承认自己画得太快，懊悔地同意“作一些修正”，但在面对提奥时，他还是忍不住把“能迅速地做一些事”当作引以为傲的“资本”。

11月底，文森特原以为高更式的画法将令他的艺术改头换面，但期待的巨变并没有发生，他只得勉强地承认：“无论如何，高更已经让我相信，我需要稍稍调整一下我的作品。”

文森特通过大胆地主张自我来表达内心的游离不定。他创作了《播种者》。他尝试使用小幅油画布，而不是高更的黄麻。画面中央是米勒式的走向正前方而非侧向行进的人物，浑身上下的色彩是文森特所理解的分离主义的色彩：纯粹的色块。他将一块田地处理得光透、蔚蓝，像平静的海面一样。那些现实的象征物——犁田的马、农舍和阿尔远处的天际线（包括工厂和烟囱）——构建了左拉笔下水晶一般的自然。他用厚涂法作了勾勒。在几天后的另一次尝试中，文森特通过放大及挪动熟悉的人物对意象“作调整”，但结果却让个人艺术风格更加鲜明了。在油画布中央柯罗式的粉绿色天空之下，他添加了一株被截了梢的树，树的旧伤口上开出了娇嫩的花朵。播种者的头顶上，一轮巨大的黄灿灿的太阳落入点绘的紫罗兰色的地平线之下——形式、色彩和笔锋都用上了点彩法。“我任由我心驰骋，直到心满意足。”文森特后来这样描述他的高更式实验。

接下来，这种反叛延伸到了肖像画上。他想象高更引来了一连串的模特，多达数十个，把黄屋子的画室挤得水泄不通。他还想象两人从野外写生归来，把邻居、朋友都邀到家中，一边谈笑风生，一边就着煤气灯的灯光作画。但自从结识了纪诺夫人，高更似乎把文森特期盼的“绘画的未来”忘得一干二净。一个月以来，文森特每见模特被高更虚无缥缈的艺术理论搅得晕头转向时，就严加指责。“如果到了40岁，”他暗指高更的年纪和被糟践了的才华，“我能按我自己喜欢的方式作画，我想那要比眼前的成功来得有价值得多。”

11月末，文森特开始了全面的反击。“我给一大家子作了肖像，”他向提奥得意地宣布，“你了解我，知道这是我喜欢的，这些元素对我意味着什么……至少我做了特别的事，自己喜欢的事。”很久没露脸的邮差鲁林又出现在了文森特的生活中，这次他把一家子都带到了文森特面前：17岁的儿子阿尔蒙、11岁的儿子卡米耶和妻子奥古斯汀。金钱也许在他们的重修旧好中起了决定性的作用。渴望画肖像的文森特答应为邮差带来的每一位模特支付酬劳。邮差以每月微薄的130法郎养家糊口，还不及提奥寄来的一半。连婴儿马赛莱也加入了鱼贯进入黄屋子的队伍中。

文森特日产肖像六幅。围着这些画像打转的他似乎已经分身乏术了。几周前，他还谨记高更“想象和内视”的教诲，这会儿却已着迷于面孔、姿势和衣着的纯粹触感。他已经停止探索内心那些黑暗的小角落，转而专注于捕捉模特微妙的情绪：刚刚丢了工作、闷闷不乐的阿尔蒙，心烦意乱的卡米耶，躺在母亲怀中蠕动的马赛莱。他一会儿摆弄这幅，一会儿修整那幅（两幅阿尔蒙和三幅卡米耶），精气神仿佛又回到了重新接触现实的文森特身上。凭借十年摸索得来的忠实笔法，他尽情地描绘这些面容。“研习，研习，还是研习，我彻头彻尾地沉湎其中。”观察让他变得亢奋，“状况是如此杂乱，我的心都碎了。”

《鲁林的婴儿》，1888年12月，布上油彩，$13^7/_8$英寸×$9^1/_4$英寸。

接下来的主题更加声嘶力竭地叫嚣着现实生活的琐碎和神奇。还有什么比板条、粗腿、坐垫、坚固却磨钝了的松木椅脚与高更的幽灵和幻影更不搭调的呢？文森特买了一打这样的椅子，准备迎接跟随高更来到黄屋子的那些模特。这会儿，他已经从中挑选了一把，将其安置在大幅的油画布前，就这样怔怔地望着。就像鸟巢、树干和运河大桥，这些简单的无扶手的椅子比所谓的“理念”更能为文森特插上想象的翅膀。

他再次塑造了《卧室》中刺目的色彩：红色的地板、蓝色的门、浅蓝色的墙，以及亮黄色的椅子。他摒弃了高更避实就虚的线条和难以捉摸的空间，选择把平头接合的椅子稳稳地置于精心选择的视角中，用画笔强调木质家具的结点和门轴，直白地宣告这一瞬间属于此时此刻。他用标志性的有纤维感的颜料与厚涂法给每块地砖描上了十字纹理，挑战高更的糙黄麻。他以目空一切的速度涂上了一列列色块，把椅子描绘得棱角分明，竭力再现中央高原的真实。这就是他拥护的未来的艺术，在《黄屋子》等作品中，曾出现过同样的艺术诉求。在他的房客到来之前，他曾信誓旦旦地宣告了对简约和紧凑的日本艺术风格的效忠。

他重新找到了自己的声音。

尽管很不情愿，文森特还是迅速地抓过一块黄麻，开始第二幅作品的创作：高更的椅子。每当与人争论时，文森特总能恰到好处地借用对手的辩驳，乘势追击，确保自己占得上风。在绘画上亦是如此。在纽南时，他用沉重和毫无生气的灰色描绘了父亲的那本《圣经》，使它与亮黄色的左拉的书相映衬。现在，他选择与另一股压迫势力展开较量。这一次，他没有选择书，而是选择了椅子，将它们分别呈现在了两张油画布上。

他特意为高更的卧室买了这把椅子。文森特决心为他的贵客布置一个“漂亮”的卧室。这把椅子刀刃型的椅腿、曲线形的扶手和涡型的椅背完美地符合他的预期，也与他自己房里那把廉价但“结实耐用”的松木椅形成了鲜明的对照。同样的冲突也显示在两张油画布上：谦卑的质朴对抗艳丽的典雅，米勒式的坚固构图比照德加式的松散线条，中央高原的太阳呼应咖啡馆的煤气灯，黄蓝的安抚力量匹敌红绿的净化力量。

不知是因为没有能力还是因为没有胆量让高更担任模特，文森特把内心郁积的委屈全都发泄到了这把花哨的椅子上。整个轮廓被涩涩地画到黄麻上，力道如此之大以至于最前方的椅腿已经越出画布。他用曾被高更拒绝的颜色描画这美丽的轮廓：给胡桃木椅上橘蓝色，给地板上红色，给墙壁上发涩的深绿色。文森特赋予对象以自然的对比力量，在其中融合了蒙提切利硬朗的厚涂法、杜米埃尔简约的卡通风格，以及有怀旧趣味的“昼夜效应”设计，整个构图直截了当。崇尚精致的高更从来都贬损这样的直截了当。最后，文森特在空座椅上放置了一支点燃的蜡烛和几本粉黄封面的法国自然主义小说，一面抨击高更象征主义式的冗余，一面呼吁最终的顿悟和必然的审判。

亮色的农民椅虽然复兴了都德笔下神奇南部的旧梦，但这方被高更遗弃的宝座也勾起了文森特心中尘封的灰暗记忆。空空的椅子让人联想到卢克·菲尔德斯描绘的狄更斯的书桌：静静躺在那儿的钢笔、白纸和一张被离去的大师推开的空椅。多年前，文森特也曾引用这幅作品来悲悼现代艺术家失落的勇气和方向。1878年，父亲来到阿姆斯特丹，让他结束了他的神职学习生涯。文森特从火车站回到自己的寓所，望着父亲坐过的空椅痛哭流涕。十年后，意味着失败和背弃的一幕再次在黄屋子上演。文森特后来承认，《高更的椅子》真正的主题并不是椅子。"我想画的是'那个空空的位置'，"他写道，"那个缺席的人。"

因为，那个美男子已经逃之夭夭了。

卢克·菲尔德斯，《空椅（"盖德山庄，1870年6月9日"）》，1870年，版画。

在黄屋子，两人几乎没有一天不在争吵中度过。从高更抵达的那天起，生活中的小矛盾就让主人和房客之间的隔阂越来越深。高更不止否定阿尔和阿尔人，他还埋怨这儿不分四季的寒冷、吹不停歇的风和糟糕的食物。黄屋子的杂乱令他震惊，文森特"混乱不堪"的画室更是让他痛恨不已。（"他的颜料箱从来装不下那些挤过的颜料管，当然也从没合上过。"高更后来回忆。）卧室虽然被"精心布置"，但因为对几处家具的不满，他很快又购入了一个带抽屉的柜子和一系列家居用品。他把文森特精心挑选的床品扔了出去，换上了从巴黎寄来的床单，还让人寄来了陶器、餐具、银器和蚀刻版画。每样物品都是对倾注了文森特心血的"艺术家之家"的指责和鄙夷。

高更的一切都与文森特的期望不符：他低矮的前额（根据颅相学，这是愚钝的标志），他莫名地带在身边、拒人于千里之外的口罩和五个孩子的照片。艺术观点上的对立已经蔓延到两人生活的方方面面。尽管文森特事先许诺不与客人“吵架”，但从居家琐事到就餐选择，他们都会起冲突。前者由高更照管（文森特的女佣会来帮忙），至于后者，只有高更自告奋勇下厨时，才能迎刃而解。而文森特是个整天只知道混迹咖啡馆和小酒馆的家伙。他试着学习做菜，就像曾经想用“理念”作画一样，最后不了了之。“文森特想要做汤，”高更回忆，“天晓得他是怎么搅拌的——无疑就像他画中的颜色，无论如何，我们是不会尝的。”从那以后，高更包揽了所有厨房的活，文森特只做采购，各司其职。

他们也为钱争吵。前证券经纪人高更发现黄屋子的日常财务也和文森特的画室一样混乱无比。他很快建立起了一套与他的画风一样繁琐的记账体系。他在前屋的桌上放了两个钱罐：一个用来买食物，另一个以备不时之需（喝酒、嫖娼和吸烟），以及“房租之类的隐形花销”。“从钱罐中支取的钱款”必须如实登记。无法遵从预算的文森特却擅自向提奥要了钱，随随便便就打破了这项协定。高更透露，财务问题是“文森特最为敏感的问题”。

高更很快摸透了他的对手，并制定了策略。“你哥哥有点儿激动，”来到黄屋子几天后，他写信给提奥，轻描淡写地描述了文森特在沉寂许久过后爆发的热情，“我希望可以让他逐渐平静下来。”为了达成这个目标，不让文森特继续陷入过度的兴奋（虽然他已经答应和文森特“彻夜长谈”），高更常常闪烁其词。“他似乎总有所保留。”在第一封报告近况的信中，文森特向提奥表达了自己的困惑。文森特将昔日的伤痛和对未来的遐想和盘托出，高更却只和他讲当年做水手时听来的故事传说。文森特对他的客人多加赞赏（“令兄甚爱夸人。”高更羞愧地告诉提奥），高更却总保留自己的看法。“我至今不知道高更对黄屋子装潢的看法。”几周尴尬的沉默之后，文森特抱怨说。

微妙的安抚和令人烦恼的回避简直让人心力交瘁。长时间的示好之后，文森特需要时刻警惕，揣度高更的心思。他把他的房客想象成潜行追踪的猛兽，“伺机猛扑”。但当文森特尝试挑起争端时，高更只会以嘲讽的口吻回答——“是的，先生，是的，‘长官’”，并哼上一支曲子，这支曲子讲述了警察隐晦地蔑视愚蠢老板的故事。

主人与房客之间的日常摩擦和暗中的敌对也呈现在油画布上。那年早秋，高更创作了一幅讽刺画，画中的文森特坐在悬崖边，几乎摇摇欲坠。

他眼神迷离地望着太阳，对眼前的危险视而不见。贝尔纳把这幅画寄给了文森特。文森特只一笑而过："看起来我头晕得很。"这次羞辱令人很难相信文森特还会愿意在12月初给高更当肖像画模特。但高更的预备素描簿说明了一切：文森特坐在画架前，盯着眼前的油画布正在作画。他显然很不自在，也许因为高更作画的速度和漠然的神情——他从没享受过玛丽·纪诺曾享受到的温存目光。

接下来几天出现在高更巨幅油画布上的图像令两人原本半掩半隐的矛盾尖锐化了。高更的直觉很准，他选择刻画工作中的文森特，后者正在描绘自己最钟爱的主题：向日葵。这个时节，这些绚烂的花朵早已在阿尔的花园里凋零，但高更认为，在文森特的臆想世界里，它们永远不会凋零。一瓶向日葵静静地放置在文森特的画架旁。他心无旁骛地盯着花瓶，每当需要专注时，他总以他特有的方式眨巴着斜视的双眼。在素描簿上，高更刻画的文森特阴郁呆滞，撇嘴闭唇，下巴前突，状似猿猴。

保罗·高更，《文森特·梵高在画向日葵》，1888年11月，布上油彩，$28^3/_4$英寸×$35^7/_8$英寸。

像在《夜间咖啡馆》里一样，高更不假思索地剥夺了文森特所有标志性的特征：那些令人敬畏的向日葵和他的颜料盘。那独特的橘黄色从巨大的花朵延伸到了文森特的衣服、脸和胡子上。画中人物伸长的手臂和低低的眉头，就像一只猿猴，让文森特看起来就像杜米埃尔讽刺画中的人物。竖起的拇指勾住大腿上的颜料盘，让他的男子气概大打折扣。“也许我画的肖像在样貌上并没有何等相似，”高更羞怯地告诉提奥，“但在我看来，它呈现了我这位亲爱的朋友身上的某些东西。”

高更仍然用自己擅长的“理念论”风格来塑造他无助的模特。赫然出现在文森特肩头的那片布景——大到仿佛将模特置入了他青睐的外光派画法中——赞颂的是被文森特拒之门外的无垠的想象世界。高更画笔下的文森特选择对这个无垠的世界视而不见，只把目光投向了自然里的生命短促之物：花朵。为了表示轻蔑，高更将文森特的画笔置于模棱两可的位置，让人难以分清画笔着眼之处到底是现实中的花朵还是图中的意象，为这种质朴却不高明的临摹自然的方式添上了象征主义的神秘色彩。

12 月中旬，高更宣布了爆炸性的消息。“我必须得前往巴黎，”在给提奥的信中，他写道，“文森特和我无法和平共处，我俩性情不合，并且也都需要安静的环境进行创作。我十分景仰文森特的非凡才智，就此离去，分外痛心。但我要重申的是，离开是绝对必要的。”

第三十六章　陌生人

其实，高更早就想要离开。11月中旬，来阿尔几周后，他给贝尔纳去信写道："我就像一条离了水的鱼。"白昼渐短，眼前的日子似乎望不到头。离开黄屋子之后，高更也不清楚自己到底在黄屋子待了多少时日，只承认"好像过了一个世纪"。刚来时，他应该打算至少住上一年（虽然文森特以为他会待上一辈子）。但很快，他表示只能待几个月。没过多久，又说"很快"便会离开。把自己的境况比作一列"全速猛冲"的可怕的火车。"我可以预见最终的穷途末路，"他写道，"但仍在坚持不懈地寻找越轨求生的机会。"

最初，他一直向提奥隐瞒真相。"善良的文森特和刺头高更就是天生一对。"他一面在提奥面前故作轻松，一面向贝尔纳吐苦水。但迫于经济上的窘困，他决定在"掌握所有必需资源之前绝不发作"，他希望通过拉开主客之间的距离来提高自己的忍耐力。只要可能，他就会离开黄屋子，独自消失在夜色中，告诉文森特他需要一点"空间"。

当恶劣的天气使他只能待在那个用作画室的起居室时，他就埋头工作，以免陷入与文森特无休止的争吵。但即便这样，他也无法保持"宁静平和"。"我在画画的时候，"他埋怨道，"文森特总是为这个或那个来找碴。"高更显然成功地将他的主人赶到了厨房工作，但两人还是会在晚餐时间和返回卧室休息时碰面（高更回房必须经过文森特的卧室）。即使回到了他的小房间，那些无声的争辩似乎也会从墙面渗透进来。

虽非本意，高更的情绪已经蔓延到了整个黄屋子的角角落落。他神情恍惚，精神涣散。未完成的油画和素描堆积如山。他越来越依赖原来在阿旺桥作的画，一味重复从前的作品，或者甚至开始借用文森特的画作，而不愿接触他鄙夷的阿尔与阿尔人。在信中，他很少提起文森特——他只能在信件里吐露隐私。他感觉受了欺骗，感觉被收买，暗自愤愤不平。到这儿才几周他就想要逃走。与高更仅有几面之交的轻步兵上尉米勒将于11月初奔赴美洲，这让他重新有了来年再回马提尼克的念头。他决定一筹足路费就离开阿尔。在给朋友的信中，他写道："我会去马提尼克，在那儿我一定能创作出好作品……我还要买一匹马，建一个画室，和朋友们过上悠闲的生活。"

一开始，文森特把高更的马提尼克之行看作了自己宏伟的南部计划的延伸。"高更总是放在嘴边的热带让我也十分着迷，"客人到来后不久，他写道，"未来艺术的文艺复兴会在那里诞生。"但随着两人关系日渐紧张，高更越来越心不在焉（文森特称他"患上了热带相思病"）。一谈到高更的离开，文森特便会陷入狐疑、焦虑和恐慌，两人的关系已经濒临崩溃。高更后来叙述道："我们两人，一个已经爆发，另一个一触即发，私底下早已暗潮翻涌。"

虽然文森特的行为让高更的阿尔岁月变得越来越难以忍受，但提奥在巴黎的努力让这种忍受变得不再必要。11月中旬，提奥在古庇尔夹层展示了高更刚刚送达的阿旺桥的油画，不遗余力地向收藏家和批评家推介他的作品。陶器和油画的销量剧增，仰慕者摩肩接踵。新一轮的酬劳和赞誉涌向了黄屋子。高更一直都在记录自己的买家。他向贝尔纳吹嘘那些慧眼识才的显要"主顾们"，尤其是德加，并揣测当初反对他的家人一定"风闻了他的成功"。提奥的来信中附上了数百法郎，提出了周详的装裱计划，并催促高更敲定磋商中的买卖。奉承拍马的贺信和展览计划纷至沓来（"您作品的丰富内涵真叫人佩服得五体投地……您就是巨人"）。他被邀请与"二十人"共同展出作品。"二十人"是布鲁塞尔的一个艺术家团体，通过与影响力巨大的评论刊物《现代艺术》合作，已经成为了前卫艺术的领导者。

和拒绝参加《独立艺术家评论》1月展览的文森特一样，高更坚持认为这是敌人给他布下的一个陷阱。高更决定策划属于自己的"严肃而非小众"的独立展览。在给妻子的信中，他满怀信心地写道："我的生意蒸蒸日上，我的名声也日渐稳固。"他给朋友们寄去新照片，展示自己"野性的面容"，好像在宣告他的胜利，宣告即将从荒蛮之地凯旋归来的得意。

很快，提奥就收到了高更的信："我的离开绝对是必要的。"

文森特已经预见了这样的结局。早在11月中旬，他的信中已经透露出这样的惶恐。"我们发生了一些摩擦，"他向提奥报告，"但让人庆幸的是，我们还在一起。"当高更收到"二十人"的邀请时，文森特一度怀疑他的伙伴要搬去布鲁塞尔。文森特一心以为，"高更已经考虑去布鲁塞尔定居，那样他又能见着自己的丹麦妻子了”。也许是因为想隐瞒自己的焦虑，尽管长夜漫漫，文森特给提奥的信却越来越少，越来越短。他把黄屋子的摩擦归咎于坏天气、大风，甚至高更的家庭责任。真相总是令人难以接受。高更一宣布要离开，文森特便使出浑身解数扭转局势。在提奥面前，他假装根本没有这回事。“我想高更只是在闹脾气。”他解释道。活在幻象中的文森特甚至又租下了黄屋子的另外两个房间。

就像提奥曾经拒绝去德伦特时和拉帕德批评《吃土豆的人》时那样，文森特会以假装什么都没有听到的态度来对待要离开阿尔的高更。文森特会强迫他“收回成命”。文森特会哀求：“拿定主意前再好好想想吧。”看到没有挽回的余地，他便重新提起春天和夏天争论的话题——“高更注定属于阿尔”的那些论调，绝望又激动地拿它们重新做文章。

无视亲眼所见，他坚持认为“病入膏肓”的高更带着“伤痛”来到这里，如果离开有“治愈力量”的黄屋子，那么一定会受到“病魔的威胁”。他提醒高更，是神奇的中央高原给他带来了成功。他对高更近期的创作《葡萄丰收》和《黑猪》赞不绝口，称它们比阿旺桥的那些作品“起码好上30倍”。为了推翻马提尼克计划，他亲自为高更算了一笔账，称他需要的远不止设想中的数目。只有待在花销不大的南方（有提奥照顾他的生意，文森特照顾他的健康），他才能筹措到充足的资金。当然了，他有照看妻儿的义务。

滔滔不绝地将挽留的理由一一罗列之后，他搬出了老掉牙的理由：情义。他向高更透露了自己最大的失败：家庭、宗教和爱。他已经从中得到教训，并把最后的希望寄托在了他的房客身上。“高更那么强壮，如此富有创造力，”他在给提奥的信中写道，“但正因为如此，他最需要的是宁静。还有什么地方比这儿更能让他安静下来？”

文森特的恳切可以在他的画中感受到。他开始聚精会神地描绘几周前和高更一同参加的在“阿尔姑娘的疯狂”舞厅里举办的舞会。人群总能吸引文森特。从伦敦热血沸腾的宗教集会到安特卫普嘈杂的水手舞蹈，大型集会总能让交际匮乏的文森特沐浴在人间温情中。“阿尔姑娘的疯狂”是个巨大的剧场，节日之夜除了承办圣诞盛会和动物展览，还举办一年一度的冬季舞会。冬季舞会比文森特见过的任何庆典都要热闹隆重。12月1日晚上，他和高更都出现在了舞会上。带阳台的剧场人声鼎沸，挤得根本都跳不起来。黄屋子的幽闭和日渐紧张的态势被节日的氛围所驱散。

这个夜晚有美酒，有美人，有对高更的挽留。两周后文森特会回忆起这个夜晚也毫不奇怪。他沿用高更的“理念论”来再现这片欢庆的海洋：

戴着礼帽和传统软帽的女人们，戴着红色军帽的轻步兵，以及不戴帽子、大胆地彰显乡村质朴的男男女女。他们穿过众多发光的中国纸灯笼，从远处的看台并肩拥进扎满气球的舞池。

身影和人脸组成了一幅巨大的马赛克。这些人物有的直接从高更的布列塔尼作品中照搬，有的则来自高更从阿旺桥带来的贝尔纳的作品。从后面望去，阿尔的女人们艺妓般精致的发型，让前景里满是丝带和鬈发诱人的曲线。远处，欢宴者们仿佛戴着面具，人脸成了一个个黑点，成了高更笔下一列列神秘的幽灵。只有鲁林夫人的脸与众不同，看来有一点生气。文森特谨遵“导师”的教诲，放弃了曾经热衷的亮色和反差，用高更绉绸一般精致的调色和细致的笔触刻画每一个清晰勾勒的要素。这不是他们亲眼目睹的舞会，这是想象中的舞会。

这次出行显然很成功，高更提议两人再作一次短途旅行，目的地是风景如画的中世纪城市蒙彼利埃。那儿靠近地中海滨，在阿尔西南60英里远处。高更选择这个地方并不是因为弯曲的海岸线和历史悠久的街道，而是因为闻名国内外的博物馆。多年前，他造访过那儿的博物馆。为了说服文森特忍受舟车劳顿（往返五小时），他向文森特描绘了由著名捐赠人，艺术家之友阿尔弗雷德·布吕亚捐赠的瑰丽的德拉克洛瓦和库尔贝的作品。在高高的、带天窗的布吕亚画廊，两位画家为墙上的油画激烈地唇枪舌战。高更拥护德拉克洛瓦的不露痕迹，文森特则为他钟爱的那些肖像辩护，包括自恋的布吕亚委托各色画家为自己创作的十几幅肖像。

蒙彼利埃之行归来后，黄屋子出奇地和谐平静。为了回应布吕亚画廊的争论，高更画了一幅倚在手杖上的老者的肖像，作为对文森特受杜米埃尔启发所创作的放牛老汉，乡村圣人佩兴斯·埃斯卡里耶的肯定。同时，他同意加入鲁林夫人肖像的另一轮创作。邮差夫人一直是令文森特着迷的母性楷模。这两幅肖像不仅预示了两位艺术家在肖像画看法和理念上的和解，还宣告了两人又将在前屋一起创作。高更甚至答应与文森特互换肖像——艺术家们宣告手足情义的方式。就像是罗生门版的奥古斯汀·鲁林一般，两人互换的肖像在尺寸、定位和色彩上均完美契合。至于背景，文森特使用了高更式的一丝不苟的笔法，高更选择了文森特式的青铜绿。

从蒙彼利埃回来没几天，高更就收回了离开阿尔的决定。“不要把我的话放在心上，”高更给提奥去信，“就把我之前的信当作一场噩梦吧。”是文森特的恳求令他动容，是他怜悯文森特糟糕的过去，还是他害怕自己的离去会让自己的伙伴发疯？

无疑，是提奥的斡旋起了作用。了解哥哥脾气的提奥一定以谨慎周到的方式让高更重新考虑留下来（如果可能的话）。即便对象是强硬的高更，怜悯加压力——不论究竟是什么——看来也行之有效。在给朋友艾米丽·舍夫内尔的信中，他表示："我对提奥·梵高和文森特深表感激。尽管我们有一些不合，但我怎能拒绝一颗善良却饱受折磨的真心呢？"为了表明目前面临的危险，他把文森特比作"因为伤痛和敏感而沦为酒鬼"的埃德加·爱伦·坡，还暗示了有另一个更难以启齿的原因："以后我会向你详细解释。"

但最后，什么也没有改变。文森特眼里的约定和付出在高更眼里不过是暂时的缓和和拖延。文森特认定的改变心意对高更来说不过意味着再次谋算。高更权衡道，如果他能与巴黎保持良好的关系，在"滞留"阿尔期间避免冲突，那么兴许他能再忍受文森特一段时间。"目前，我会留在阿尔，"他悄悄告诉舍夫内尔，"但一定不会太久。"

文森特告诉提奥，黄屋子的一切都恢复了正常。"事情就是这样，"文森特的字里行间透露出欢欣，"高更早上告诉我'原来的感觉又回来了'，我非常高兴。"但事实上，文森特知道真相。即便他夸口两人的亲密又近了一分，或者把高更称为"极好的朋友"，他还是担忧最坏的结果。"近几天，"他后来承认，"我只看到高更一直在为该去巴黎实施他的计划还是待在阿尔而踌躇。"这样的不确定令他一蹶不振。虽然文森特宣称自己一直在努力工作，他的产出已经跌至冰点。海牙期间的信心崩溃又一次出现在他的身上。他让提奥从巴黎退回那些油画，并表示一年之内不会再送去任何东西。"不展出当然更好，"文森特郁郁寡欢地写道，"我很肯定，现在没有展出的必要。"当然，纵使文森特心中充满不祥的预兆，他还是宣称自己的内心拥有"绝对的宁静"，并对未来满怀信心。

像在德伦特和安特卫普时一样，理想生活和现实生活的差距让文森特在圣诞前夕，也是他最脆弱的时刻陷入了内疚和自责。高更无疑在蒙彼利埃便发现了文森特精神崩溃的最初征兆。那时，文森特站在德拉克洛瓦创作的布吕亚肖像前发表了一通奇怪的长篇大论，认为自己与红头发、留胡子的布吕亚长相颇为相似。他认为高更和提奥与伦勃朗的肖像人物极为相似，最后妄想自己是爱好沉思、魔鬼附身的诗人托尔夸托·塔索。德拉克洛瓦曾创作过著名的《疯人院中的塔索》。

文森特尽可能地隐瞒脑中愈演愈烈的风暴。"对于那些内心而非外在的困难"，他一直含糊其词。他抱怨与高更的讨论使他"和用尽的电池一样精疲力竭”。后来，文森特才承认，12 月的最后几周，自己一直处在“紧张的危急关头”，忍受“精神崩溃”的折磨。那时，提奥也一定觉察到了在稀稀拉拉的来信中，文森特总是在心不在焉地变换着主题和作品，焦躁不安，毫无逻辑，有如痴人说梦。他述说着见到旧物的种种幻觉，尤其是德拉克洛瓦的布吕亚肖像让他觉得阿尔弗莱·德·缪塞诗中“身着黑衣的落寞鬼魂”总静静地随着他的足迹游荡，好像从镜子里的另外一个世界望着他：

> 我不幸的兄弟，被阴郁裹挟
> 仿佛正从墓穴探首而出。

宗教，世上最能俘虏人心的东西，又回来了。从缪塞的鬼魂，到基督一般的塔索，到“圣人”德拉克洛瓦，文森特在这些幽灵中看到了自己过去的影子，分不清眼前的一切是幻想还是真实。在蒙彼利埃展出的众多布吕亚肖像中，其中一幅描绘了这位形容枯槁、一头红发的收藏者戴着荆棘王冠摆着基督的姿势。高更的成功就像一个包围圈。在这个包围圈中，文森特一直假装泰然自若。圣人保罗的禁令在他看来“似乎忧愁，却是常常快乐的”。他与高更展开了激烈的辩论，讨论艺术、宗教、错觉和超自然。据高更所述，在争论中，文森特显得十分激动和亢奋。他甚至在画室的墙上用黄色粉笔涂写了“我即圣灵”的字样。

但没有哪个异化、瓦解的意象比居伊·德·莫泊桑的《奥尔拉》（“Le horla”，意为“陌生人”）更让文森特着迷。这个晦涩的哥特式的词语来自诺曼人的方言，与莫泊桑笔下的故事可谓相得益彰。故事的主角是一个被幻觉和妄想逼疯的男人。当年在巴黎，文森特也许读过《奥尔拉》。但这部癫狂灵魂的黑暗日记并不能对文森特与高更的“厮守”计划作出解答。《漂亮朋友》中的光明未来和无限乐观才适合文森特的中央高原之梦。当这些梦想在 12 月土崩瓦解时，他又想起了莫泊桑的这个骇人的故事。高更信奉超自然的力量。他在阿尔期间使用的素描簿上，曾经记下了这个故事和它奇怪的名字。可见莫泊桑的故事曾经在黄屋子里掀起了怎样的波澜，文森特后来也表示自己曾在幻觉中亲眼见到了奥尔拉。

和文森特一样，莫泊桑笔下的主人公也饱受失眠、神经衰弱和各种怪异幻觉的摧残。文森特记录了几个月来将自己逼疯的种种细节。他开始不信任自己的感觉，害怕自己的梦境（“那些背信弃义的睡眠”）。他想象自己在浑然不觉中成了催眠术士手下的牺牲品，或是过着神秘双重生活的梦游者。慢慢地，他从模糊的不安跌入对妄想的恐惧，继而陷入了可怕的精神错乱。他感到某个邪恶的魂灵无处不在 ——“这个无形的东西”发誓要吸掉他的精气，当他沉沉睡去，刀子将捅入他的心脏。它隐伏跟踪，像缪塞身着黑衣的可怜人，在暗夜饮他的水，读他的书，窃取他镜中的灵魂。他将它比作远古传说中的“妖魔、精灵和鬼魂”，比作萦绕在人们脑中最骇人的那个错觉：“上帝的概念。”

他的幻觉越来越严重。他看到有东西被无形的手拽拉着飘在半空中。他无缘无故地被束缚在了椅子上——像是“一个被奴役和被惊吓的旁观者”，不得动弹。他鼓起勇气尽可能长久地用逻辑和自我意识建造驱散癫狂的堡垒。“我问自己是不是疯了，”他在日记中写道，“如果我不清楚自己目前的状况，不能清醒地分析判断，那么我就真的疯了，绝对疯了。”但最终，他还是屈服了。他试图在房里诱捕和放火烧屋，要杀死这折磨人的偏执。计划落败，他只能继续虐待自己施以报复。他叫喊着“不——不——它一定还在那里”，发誓要与“奥尔拉”同归于尽。“它还没死。那么，那么该死的是我！”

黄屋子的态势也几乎要失控。激烈的争吵每天都会爆发。“我们两个针锋相对。”文森特告诉提奥。他哀叹道，他们争吵到“神经快要崩溃”。高更采取不理睬的态度——文森特的父亲也曾使用过这一策略，以期缓和文森特的“火山爆发”。但这只让形势更为严峻。“休战”时，两人的沉默沉重到邮差鲁林都觉得可怕。和莫泊桑心神不宁的主人公一样，文森特似乎在与自己怄气：前一刻还抱有巨大的激情，随即便陷入沉思和焦虑。他后来承认，被“可怕的焦虑”与“空虚感和疲惫感”轮番折磨。连日精疲力竭的争吵之后总有几个游荡的不眠之夜。

高更注意到了文森特行为的反常，以为它们不过是出于文森特内心的矛盾挣扎。“文森特一下子变得很奇怪，”他告诉贝尔纳，“但他一直在努力克服。”多年后，高更这样回忆文森特当年的反复无常：起先是“突然难以接近和变得狂躁”，接着是陷入吓人的沉默，如此循环往复。这会儿文森特还在向高更中肯地解释他为什么应该留在阿尔，并欣然计划两人的合作展览，那会儿便气愤地控诉房客谋划的诡计。高更上床之后，文森特依然疑神疑鬼，辗转难眠，仿佛随时都有爆发的可能。疑心病发作时，他会拿出送给高更的青铜色自画像，用颜料溶剂将献词“我的朋友”抹得一干二净。

在滋扰文森特的所有幻觉中，有一个最为可怖。自高更来到阿尔，文森特与提奥的关系已不如从前。他们的通信不止越来越短，越来越稀少，措辞也没有了往常的亲密。比起鞭长莫及、麻烦不断的哥哥，提奥对来巴黎拜访他的两位荷兰青年艺术家似乎更为亲切。（他曾提起勒皮克路的生活似乎也因为他俩“愉快的陪伴”而好了起来。）当两人打算离开巴黎去乡村住上些日子时，提奥并没有像文森特叮嘱的那样推荐他们去阿尔。

这只是众多事件中的一个。提奥对哥哥的艺术工程已渐渐失去信心。高更最终出现在阿尔时，提奥很吃惊——好像他自始至终都对两人的合作抱有怀疑。高更到来以后，他不再苦口婆心地催促文森特创作有销路的作品。要知道，这种催促概括了两人十年来的往来纠葛。而现在，他只寄去基本的资助（“你不需要有任何后顾之忧”）以及冠冕堂皇的只言片语（“你过着世上最了不起的生活”）。所有这些，似乎都意味着提奥已经接受了文森特失败的事实。“我们必须要不时掂量一下肩上的担子，”他对文森特提出的一年不寄作品的计划竟然毫不在意，“即使不卖画，我们也应该能撑上一段时间。”

在高更身上，提奥反而看到了光明和希望。与洋溢着乐观和赞美的信件一起到来的是高更在巴黎大获成功和作品大卖的消息。提奥大胆地预言，高更的名气会“比预想中的更大”——会比莫奈的都要大。他不仅称赞高更的销路，更欣赏作品中“奇妙的诗意”。“高更的画作仿佛在饱受病痛的人们耳边轻声耳语，给他们带去慰藉。”他也用上了文森特的那套艺术能够抚慰人心的论调，“在他的画中，大自然发出了自己的声音。”但在这些吹捧中，最让哥哥文森特妒火中烧的当属这条评论：“他几乎能与米勒比肩。”

高更频繁、冗长的回信（与文森特的形成了鲜明的对照）都是饱含乐观的报告、彬彬有礼的表示、对象征主义理论令人信服的解释和眼光独到的商业建议。文森特两手空空，高更邮去了多幅画作和装裱销售说明。其中一批作品还包含了文森特画向日葵的讽刺画。这是高更大方地送给提奥的礼物。后者将之视为“伟大的艺术作品”，并称之为“迄今捕捉文森特心理最成功、最唯妙唯肖的肖像”。

长久以来针对一方的赞美和秘密通信使得整个春天和夏天都在暗自较劲的两人更为剑拔弩张。在拉马丁广场，文森特疑神疑鬼，早就怀疑“阴谋家”高更怀着政治目的意欲对提奥设计陷害，现在，遭到背叛的感觉越来越强烈。比如，为什么他的房客一来到阿尔，他与贝尔纳的关系就那么突然、那么神秘地终结了？贝尔纳还与高更保持通信，却与文森特断了来往。他和提奥的关系会不会也落得同样的下场？高更会不会是另一个泰斯提格，以大哥的姿态引诱提奥沉溺于海市蜃楼般的成功与享乐？

文森特欢迎高更像布吕亚那样成为他“失散的亲人”。他是不是愚蠢地让一个陌生人介入了他们的生活，就像缪塞笔下的“可怜人”一样，看起来十分亲密，但只能带来绝望和毁灭？每一丝恐惧都是那么真实。生平第一次，他开始收藏提奥的来信——像是企图抓住一些马上将从他手中溜走的东西，还窃取高更与巴黎的通信。提奥在圣诞假期免不了要去探望叫人反感的泰斯提格。提奥还欣然接受了高更请他来阿尔的邀请，他哥哥曾央求过许多年。文森特已经看到了“背叛”的种种端倪。如果提奥能为高更来黄屋子，那一样可以在高更离开后将这儿抛诸脑后。

没有什么比圣诞节更能让文森特感觉寂寞。就像狄更斯笔下在圣诞前夜被自己的幽灵造访的雷德劳（文森特每年都会重读这个故事），在这个节日的时节——在每年 12 月初的阿尔，节日气氛就逐渐浓厚——陪伴文森特的只有可怖的幻觉和懊悔。每家每户的窗台上都挂着“圣芭芭拉玉米装饰”。圣芭芭拉节融合了当地天主教的神秘主义和古老异教丰收庆典的节日习俗。很快，肉类将从菜单中消失，取而代之的是特殊的面包和纷繁的甜品。镇上每一个老旧的房间都摆满了水果和花朵，连地狱一般的加雷咖啡馆也是如此。

阿尔的每个家庭和商铺都用中央高原盛产的“圣杜安”黏土塑像进行圣诞祭祀。在“阿尔姑娘的疯狂”上演的田园剧中也可以看到同样的场面。这些结合了中世纪神秘剧和音乐滑稽剧的精致戏剧吸引着成千上万的人来到剧场。届时，牧羊人会演奏着乡村器乐，赶着一头完美无瑕的羊羔游行。万人空巷，人们跪倒在地，在胸口划着十字目送神圣的队伍经过。

不论窗外的人们如何虔诚，景象如何壮观，文森特的圣诞节从没逃脱过昔日的幽灵。阿尔人把这个庆祝基督诞生的节日称为“卡兰多”，这是个庆贺家人（不论是健在的还是逝去的）团聚的日子。只有那些无家可归的可怜虫才会孤零零一个人过节。但满腹怨气的文森特不需要召回永远不待见他的父亲。圣诞前夕，文森特开始在臆想中谋划方案，尝试扭转以往对他的种种定论。当然，这还需要宿敌泰斯提格的“协作”，瞧他现在还是一副得意洋洋的嘴脸。为了增加胜算，文森特思量着可以利用高更新近的成就来赢得泰斯提格对于伦敦联合画展的支持。这样一来，他既可以搞定这个棘手的经纪人，又可以让那个圣诞幽灵“安息”。

但幻想终归只是幻想。距离圣诞节只剩一周的时间内，高更的成功和自己的失败折磨着文森特。他害怕高更随时会离开，害怕提奥也终究会将他抛弃。不堪幽灵滋扰的文森特躲进了自己的画室。之后的几天，一幅作品悄然成形。他从去年夏天就已经开始酝酿要创作鲁林夫人及其婴儿马赛莱的肖像。

文森特自小生长在人丁兴旺的牧师公馆。被米什莱奉为“完美”的母与子的永恒画面一直深深吸引着文森特。他曾为西恩·霍尼克在摇篮边俯身的一幕动容。这是他刻画了一次又一次的主题。久久凝望赞颂母爱的名画时，他会泪眼婆娑；见到凯·沃斯母子，他会感慨万千；提笔创作母与子的形象时，他的心会柔软到几乎要融化。9月搬进黄屋子时，他还曾计划用“摇篮中的婴儿”的意象来装饰自己结实的床架。

马赛莱出生五个月来，主妇奥古斯汀已经给文森特当过许多次模特。9月，文森特母亲的照片终于寄到了。他有了更大的野心。12月中旬，邮差妻子对这位北部来的艺术家的耐心显然已经到达了极限：文森特不得不利用过去的肖像作尝试。

神圣家族的画像在普罗旺斯随处可见。在节日的教堂和育婴堂的炉火边，圣母像和圣子像看起来那么动人。文森特支起巨大的油画布，把思乡愁绪一丝丝地倾注在了这幅他能想象到的、最抚慰人心的画像中。“主说，母亲怎样安慰儿子，我就怎样安慰你们。”他于1876年写下的这句福音在这万念俱灰的时刻又浮上他的心头。在艾尔沃思，他没有倾心艺术，而是在布道和诗行中倾吐心事（“我们的人生轨迹总是从母亲的臂弯走向天父的怀抱”）。文森特曾将这些诗行工工整整地抄写在母性的楷模安妮·斯莱德－琼斯的留言簿上。1882年，被家人和朋友遗弃的文森特还曾为西恩与她的新生儿织就过一幅梦幻的图景：“美如诗般的永恒的圣诞夜，圣婴躺在马厩中……黑暗中的光芒，午夜的亮光。”

就像他曾把佩兴斯·埃斯卡里耶塑造成乡村圣人，把自己化身为和尚，在他缓缓移动的画笔之下，粗鄙、满脸不耐烦的邮差妻子成了沐浴着光辉的母性楷模。起伏饱满的曲线勾勒出她山峰一般的胸部。邮差妻子不像文森特之前的肖像人物那样穿着皱巴巴的薄罩衫。这一次，文森特让她穿上了简单的纽扣式紧身上衣。他抬高了她的额线，以期迎合记忆中的圣母形象，并磨平了她令人敬畏的宽大下颌，削尖了她突出的下巴，让人物更显文雅贤淑。曾经泛着自然光泽的嘴唇被涂成了亮丽的宝石红。模特的眼眸似乎闪耀着超凡脱俗的绿光。原本随意扎起、因为劳作而乱蓬蓬的头发也由瓷器般滑溜的辫子取代。

这是一幅杜米埃尔卡通画一般的现实主义肖像。文森特要用最温柔的调色来烘托这位乡村妇人身上散发出的不屈不挠的母性。他把它们称为

“色彩摇篮曲”：紧身衣的袖口用了浓重肃穆的绿色，而领口则是最柔软的浅蓝；土红色的椅子和朱砂红的地板与浅绿的蓬松高腰裙相映衬——层层递进的反差并不晃眼，反而悦目怡神。“这是我迄今为止最好的印象派色彩搭配。”他写道。文森特反复用黄色和粉色使脸庞光亮而有生气，用橘黄画出一圈头发——这不就是他本人的发色吗？德拉克洛瓦式闪亮的灵气流淌在他对基督终极抚慰力量的极致塑造中。

这张简单的肖像融合了文森特一生中所有聊以自慰的元素：从挂在津德尔特牧师公馆和施恩韦格画室里的伦勃朗的蚀刻版画——烛光中的摇篮——到卡洛·多尔西的客西马尼园，再到他自己的《星夜》——这些画像都在危机时刻给他带来“黑暗中的光芒”。他从中看到了杜米埃尔式的简单真理，也看到了柯罗式妙不可言的魔力。他一贯对“类型”画偏爱有加，一贯认为普通人的日常肖像最为神圣。而今，这场实验成了这一信念的辩词。他把它奉为艺术繁衍能力的希望——当然，中央高原的繁衍女神保障了黄屋子不会沦为“批量生产的工厂”。

这幅油画让海牙的梦想——杂志插图和平版印刷的梦想——死灰复燃。它让他能躲避来自画廊和画商（甚至弟弟）的敌意，直接接触大众，触及普通人的心声。大众真正需要他的伤感艺术。文森特把这幅作品比作“廉价小店中的彩色平版印刷画”，他想象着这些曾将自己点亮的东西也能给那些平淡无奇的人生带去彩色的福音。

和往常一样，文森特总爱用阅读得来的意象支撑自己的观点。托尔斯泰不是呼吁回归谦逊和人性化的宗教吗？这显然与“原始基督徒”的简单信仰如出一辙。简单的信仰呼吁简约和贴近生活的艺术。托尔斯泰用自己的育婴女佣来诠释这一全新信仰中的圣人形象——“这是一种叫人过目不忘的简单信仰和纯真智慧”。不加矫饰的构图和历书般的色彩让文森特把她奉为大地母亲。那个秋天，文森特还读了左拉的《梦》。这部讲述中世纪手艺人如何通过双手寻找升华的神秘主义作品，也同样激荡着宣扬质朴信仰和世俗神圣的旋律。

文森特给他拜占庭式的“圣像”取名为《摇篮曲》，这个名字既指涉摇摇篮的母亲的形象，也指涉她哼唱的催眠小调。他表示，这幅作品的灵感来自皮埃尔·洛蒂的纺纱工人。在《冰岛渔夫》中，洛蒂讲述了上了彩釉的圣母玛利亚雕像陪伴勇敢的渔夫去北大西洋冒险的故事。这个陶制的圣母像被嵌在船舱的神龛中，“色彩质朴”，能听得到弄潮人粗俗的祈祷，抚慰他们的孤独和苦痛，击退风暴，让船只化作摇篮，让他们安然入眠。“如果有人把这幅画放在渔船上，”文森特这样吹嘘他的新肖像，“哪怕冰岛来的渔船上的渔夫也一定会有躺在摇篮里的感觉。”

“渔夫”文森特最想用这幅浓墨重彩的《摇篮曲》抚慰他的房客高更。在当年的商业航海生涯中，他曾去过冰岛，至今还戴着《冰岛渔夫》中水手们戴的贝雷帽（高更一到黄屋子，文森特就感受到了他身上那股洛蒂笔下的渔夫的气质）。不论是主题还是绘画风格，《摇篮曲》都意在挽留决意离开的高更。正如阿尔的舞会，邮差妻子的形象让文森特想起了他和他的房客一起以鲁林夫人为模特在前屋挥动画笔时的惺惺相惜。文森特想象着高更事实上已经创作出了代表繁殖力的“圣像”。“我们谈到冰岛的渔夫，谈到他们与世隔绝的日子，在悲伤的海上，等待各种危险降临。”

> 亲密的谈话过后，我突然想画这样一幅画：曾经是孩子和殉道者的水手们在他们驶向冰岛的渔船上一看到这幅画面，就能勾起他们幼时摇摇晃晃的感觉，让他们忆起自己的那首摇篮曲。

他开始以高更式的浓重的轮廓、平面的肌理与仔细处理的色彩层次提笔实现此前的畅想。他从高更的肖像画中借用了一些元素，让鲁林夫人庄严地落坐于高更宝座一般的椅子上。现在，恐怕得完全依靠“理念”了。他用高更常用的密密的朱砂红填涂地板。虽然巨大的色块一直诱惑着他冲动的手，但似乎总有一根缰绳拽他远离任何使用厚涂法的念头，不然和解的希望也将破灭。人物背后的墙面上，和解的希冀绽放成覆满半张油画布的花朵。粉色大丽花——同样的花朵曾装点了想象中的母亲和妹妹身处埃滕牧师公馆的画面——映衬蓝绿的墙纸。他曾幻想自己在津德尔特阁楼的房间里也能有这样的墙纸，其间点缀着橘红和深蓝的花蕊，这是对分离主义装饰的致敬。

为了赋予简单的人物高更式的神秘感，文森特不打算直截了当地描绘婴儿马赛莱，而是用邮差妻子手持的摇摇篮的绳子暗示婴儿的存在。她温柔而坚定地抓着绳子，抓住了母子之间的神秘纽带。总而言之，这一定得自典型的高更式的简略意象。但文森特的技艺又一次让他违背了初衷。他把圣诞节之前的一周全都用在了大油画布的剩余部分，圣像的手依旧没有完成。

文森特一定会把这个困难归咎于没有模特。抓着绳索的手既要满怀爱意又不能少了张力，对总把握不好手部画法的艺术家是个特殊的挑战。但随着黄屋子一步步发狂，随着文森特对于现实越来越无法把握，画架上没画完的手成了他的眼中钉。目光所及之处，家庭团聚氛围浓厚。文森特却正在失去与世界、与自己的联系。若是拽不住手中这根绳，他也会像那些洛蒂笔下信奉陶制圣母的可怜水手一样遭受全船覆没、同归于尽的命运。

文森特的努力最终付诸东流。

12 月 23 日，圣诞节前的最后一个周日，他一直害怕的那一刻终于来临了。没人知道是不是在那天傍晚走出黄屋子时，高更下定决心要离开阿尔。文森特认为是的。几天前，生活已经变得忍无可忍。坏天气把他们困在了屋子里：文森特专注于鲁林夫人的画像；高更则无所事事，焦躁不安。不工作的时候，文森特一会儿满屋子大发脾气，一会儿又默默不语。高更终于相信文森特“真的疯了”，担心自己随时都有可能遭到“悲剧性的致命攻击”——尤其是晚上，文森特会气势汹汹地扫荡整个屋子。“我的神经日日夜夜都绷在弦上。”高更这样告诉贝尔纳。

那个傍晚，高更也许只想去大雨中透口气，去附近的加雷咖啡馆放松一下心情，或者穿过拉马丁去红灯区看看自己中意的妓女——随着黄屋子的气氛越来越紧张，这些都是他用来排解压力的方式。他和文森特一直为一则新闻吵得不可开交。这则新闻讲述了某个开膛手杰克式的杀人犯在等待行刑期间夜夜被奥尔拉式的噩梦惊扰。不论高更因为什么而离开，文森特只要听到关门的声音，便相信高更再也不会回来了。

高更几乎还没有走到公园中央，就听到了身后熟悉的脚步声。“文森特追来了，”多年后，高更向友人这样回忆当时的场景，“我转过身去。他近来很奇怪，让人难以信任。”

“你要离开？”文森特问。

“是的。”高更答。

也许，高更只想重申一下他最终的打算（虽然他的打算，文森特早已心知肚明），或者每天提心吊胆的高更也许突然萌发了逃离的念头。不管怎样，文森特早已预料到了这样的结局，他只是需要一个答复。文森特什么话也没有说，只将从当天报纸上撕下的一角塞给高更，并指着最后一行：“杀人犯已经潜逃。”

高更转过身，继续往前走。他听到文森特奔向了黑暗，消失在夜色中。

没人知道接下来发生了什么。文森特之前的精神崩溃在他的信中也有迹可寻：某些想法和意象记录了他的崩溃和沉沦。在德伦特时，糟糕的健康状况、对西恩的愧疚、积压的画作、品读的绝望小诗都使他于 1883 年 9 月精神病发作。之后在安特卫普时，梅毒、蛀牙、弟弟的欺骗、妓女和模特的嘲弄、无处不在的死亡和疯癫意味着他已滑向“绝对精神崩溃”的深渊。这两个地方糟糕的天气、如影随形的贫困和酗酒让文森特变得不堪一击。在这种狂躁的状态下，即使是最轻微的侮辱和挫折都有可能引发悲剧。

在阿尔定居三年以后，魔鬼再次降临。这次，他对“发作”的情况鲜有提及。他表示，除了那些“奥尔拉”式的“头脑发热”和恐怖的幻觉之外，他什么也不记得了。像往常一样，闹剧已经开始上演。阿尔连续数天下着冰冷的冬雨。文森特也一直借酒浇愁：他不止喝白兰地，还喝更烈性的苦艾酒。与高更在广场对峙后，他也许逃进了某个咖啡馆又喝了起来。他再一次酩酊大醉。某个时刻，他伸向口袋，只摸到一把零钱——“一个路易和三个苏”。他由此知道，当时他不仅穷困潦倒，连提奥这些年来寄来的上万法郎也都被他挥霍一空。

圣诞节前两天的周日夜晚，所有关乎罪恶、恐惧、失败和死亡的幻象一股脑儿钻进了文森特的脑中：莫泊桑的恶魔奥尔拉、狄更斯的雷德劳、洛蒂溺死的水手，尤其是那个主宰了他人生中的每个周日和每个圣诞节的灵魂。那个夜晚，当他返回漆黑一片、空无一人的黄屋子时，向他迎来的只有那些“噩梦的碎屑”。它们无处不在：轻步兵、佩兴斯和所有曾拒绝文森特的人统统出现在了墙上，出现在了和尚恶狠狠的脸上；而画架上那幅至今未完成的《摇篮曲》现在却遭到了那个它最想取悦的人的拒绝。

过去，文森特总能重新振作起来：在博里纳日，他畅想与弟弟因艺术而联结在一起的新生活；在德伦特，他邀请提奥来到长满石楠的原野；在安特卫普，他计划在巴黎与提奥会合。但 1888 年圣诞节，所有的“逃跑路线”都已经行不通了。两年的同住几乎毁了提奥，内疚感也几乎将文森特压垮。直到现在，文森特的潜意识中仍不时出现龚古尔兄弟的提醒和告诫：为了生存，有时只能分开。为了拯救提奥，他离开了巴黎；现在，他不可能回去。提奥也不可能来阿尔。还是让所有空想和希冀歇一歇吧，提奥的心已经不在毫无希望的文森特身上了。现在受到青睐的是古庇尔夹层的新宠：高更。

12 月 23 日抵达阿尔的消息进一步证实了文森特已经预见的背弃：提奥向乔·邦格求婚了。显然在乔的主动下，两人已经在巴黎复合，正在就结婚事宜征求父母的认可。如果说，文森特不介意消息的公布，那么让他受伤的一定是两人刻意隐瞒了交往。当初，文森特一直怀疑高更最终会受到自己的妻子和家庭的排斥。现在他的命运不也是一样吗？他知道，提奥再也回不来了。

看不到救赎希望的文森特瘫软如泥。他可能喝醉了，魂不守舍，连方向也摸不清，跌跌撞撞地回到了卧室。他来到盥洗架边的角落。从那儿，他能看到高更的房间，空空如也。他转过身，望着盥洗架上悬挂的镜子。这不是他画过数十次的那张熟悉的脸。他只看到一个陌生人——一个“不幸的可怜鬼”——辜负了家庭，害死了父亲，剥削弟弟的金钱和健康，把他在南方画室编织的梦想砸得粉碎，还逼走了他的“漂亮朋友”。罪孽深重。无可饶恕。该如何惩戒他呢？

文森特一辈子都在给这个镜中人带去疼痛和不适：从绝食、睡棚屋冰冷的地板，到用棍棒抽打自己。但在累累罪行面前这些又算得了什么？他狂躁的脑中充满了各式的惩罚画面，从客西马尼园信徒们留在攻击基督的人身上的剑伤，到左拉的《梦》中残忍的驱魔方式，再到《土地》和《萌芽》中的虐杀。将左拉的主人公拖出乐园的叛逆的哥哥最后将自己的一只耳朵砍下。

文森特拿起了盥洗架上的剃刀，把它打开。他抓住罪人的一只耳朵，用力拉起耳廓。手臂绕过脸庞，朝这只令人厌恶的耳朵猛地砍了下去。挥舞的剃刀错过了上耳，直接从中间向下颌剁去。皮肤一划就开，但软骨结构需要持久的蛮力才能使被指尖撑拉的皮肉与耳根分离。那时，他的手臂已经鲜血淋淋。

猛然清醒的文森特立即给鲜血喷涌的大动脉止血。大摊的血迹一定把他吓坏了。他急忙跑去卫生间拿毛巾。从门厅到画室一路鲜红。出血渐止，他的脑中又出现了新的幻觉。他要去找高更，给他看看自己已经付出的惨重代价。也许那时，他会回心转意。文森特清洗了那一小叶残肉，小心翼翼地用报纸包了起来。他包扎了伤口，戴上一顶贝雷帽遮掩绷带，接着消失在了夜色中。

这是个雨夜，离圣诞节只有 24 个小时了，高更能落脚的地方不多。文森特也许先去了妓院。高更最常去的那家在阿尔大街的尽头，离黄屋子只有几分钟的路程。文森特想见高更最喜爱的“傻瓜”，这个姑娘的本名叫作瑞吉尔。但妓院的守卫没有让他进去。文森特一心认为高更一定在里面。最后，他只交给守卫一个包裹，并叮嘱他捎上一个口信：“别忘了我。”

他回到黄屋子，摇摇晃晃地爬上了血迹斑斑的床，躺在猩红色的床单上，头晕目眩。他闭上双眼，等待——甚至期待——最坏的结果降临。

第三十七章　两条路

提奥简直不敢相信自己的好运。乔最终答应了他的求婚。就在 18 个月前，她拒绝了他的请求，而现在她奇迹般地重新走进他的生命之中，并在两周内闪电般地改变了他的生活。提奥在 12 月 21 日向母亲宣布了这个“重大消息”，无异于给了她最美妙的圣诞礼物。“最近几天我们经常见面，”他写道，“她告诉我她也爱我，接受真正的我……哦妈妈，我的兴奋简直无以言表。”

提奥的家人们纷纷庆祝了这个好消息。“多好的消息，我们实在太开心了！”妹妹惠尔回应道，“谢天谢地，你终于不再孑然一身，你本就不适合孤身一人。”“我们企盼这一天很久了。”妹妹利兹接着说道。提奥的母亲感谢“上帝垂听了祷告”。到了圣诞夜，提奥订下和乔去荷兰旅行的计划，并向双方家人正式宣布了订婚的消息。“这将是我人生的转折点，”他预言道，“我已经兴奋得飘飘然了。”

这天晚些时候，一名信使带着从阿尔发来的电报来到画廊。文森特“重病缠身”。提奥必须即刻赶过去。高更没提供太多的细节。提奥想到了最糟的情况。“噢，但愿令人害怕的苦难不要降临在我头上，”他草草写了张给乔的字条，急匆匆地出门，“一想到你，我就会打起精神来。”傍晚的七点一刻，当圣诞夜的蜡烛、路灯和电灯照亮整个巴黎时，提奥登上了开往阿尔的火车，这段长达 450 英里的旅程是他一直以来都竭力回避的。乔在车站向提奥告别。

阿尔的医院在圣诞节清晨异常空旷。医护人员、访客和尚能行走的病人都拥入普罗旺斯的天主教堂里，或是和家人团聚——这家医院就有一间附属的教堂。这家建于 16 世纪和 17 世纪的医院入口很少，狭小的窗户镶嵌在高高的石墙上。当人被致命的病魔折磨时，医院看起来宛若一所监狱。医院的创建者给它取了个既充满希望又无助的名字，并将其刻在正门上：Hôtel Dieu（主宫医院）。在寻找哥哥的时候，提奥的目光捕捉到了那些遍布于空洞大厅中的十字架、牌匾和铭文——这些都让人们注意到医院的宗教背景。提奥本可以先去车站附近的黄屋子找高更，让他做向导。不过即便他去了，高更也会拒绝。（文森特苏醒后几次大声呼唤他的室友，试图阻止他去叫提奥过来，可室友还是这么做了。）

医护人员稀少，病床却很多，因此要找到文森特不是那么容易的事情。由于文森特是 24 小时之前到达医院的，此刻很有可能已经被从“发热病房”——这种病房十分宽敞，有着挑高的天花板，几十张床被薄棉布帘隔开——转移了。前一天早上，警察把血流如注、昏迷不醒的文森特送到这个病房。他刚恢复意识就大喊大叫，其中夹杂着令人费解的荷兰语和法语，病人和医护人员都不堪其扰。最后，他被转移至一间独立病房——这个小房间配备了填充墙、带栅栏的窗户，以及装有脚链的病床。

当提奥找到文森特时，他已经平静下来，并被送回最初的病房里——这样来回折腾了很多次。“他开始看起来还不错。”提奥向乔汇报道。有时，文森特会躺在提奥身边，两人回忆着在津德尔特牧师公馆的阁楼房间里一起度过的童年。“多凄凉啊，”当提奥把这一幕讲给他们的母亲听时，母亲说道，“两个孩子躺在一个枕头上。”提奥还问文森特是否赞许他与乔结婚的计划。文森特的回答却令人难以捉摸：“婚姻不该被看作是人生的主要目标。”但很快恶魔再次降临。“他陷入了对哲学和神学的思考，”提奥说道，“他的感伤情绪会时不时地突然迸发，他试着哭泣却无法出声，这太令人悲伤了。”

如果文森特身边有个像乔那样的人陪伴左右就好了，提奥暗自思忖。“可怜的斗士，可怜的受害者，”探病之后提奥在给乔的信中这样写道，“哪怕他能找到一个倾诉衷肠的人，也不至于落到如今的地步。”

之后提奥离开了。

在医院停留仅数小时之后，提奥到黄屋子作了短暂的拜访，接着便返回车站，登上了当晚七点半的火车，离开了阿尔——这距离他抵达阿尔仅仅过去了九个小时。在提奥回巴黎的漫长旅途中，可能还有高更随行，后者带了许多文森特的画作，作为在阿尔两个多月以来的战利品。在给乔的信中他竭力解释着自己匆忙离开文森特病榻的原因：“他无法承受那么深重的痛苦”，但是“现在无论怎样都无法缓解他的苦楚”。

在医院短暂的停留期间，提奥与一位 23 岁的实习医生菲利克斯·雷进行了交谈。作为医院里级别最低的医护人员，雷抽中了节日值班的下下签。雷是个和善的土生土长的法国南方人，他虽然还没获取医学学位，但是也完全有能力向提奥描述文森特遭遇“意外事件”时的奇怪场景，以及他在医院度过的漫长而又痛苦的第一天。主宫医院的所有医生都对文森特的状况感到惊讶和困惑：暴虐的自残倾向、强烈的焦虑感，还有怪异的行为举止。没人敢尝试着作出诊断。他的思绪显然已变得十分混乱。任何人都能看出来。文森特的伤口和高烧可以医治，但有些医生已经直接宣布他精神失常，并强烈要求他转院到精神病院，在那里他能接受更专业的治疗。

雷刚刚完成了关于尿路感染研究的博士论文，他对精神疾病所知甚少，但也尝试着提出了自己对病情的推测，以便给烦躁不安的提奥些许安慰。他说，文森特只是受了“过度刺激”——这是“极端高度敏感”人格的自然产物。这些症状很快就会减轻的，他自信地预测道：“不出几天他就能恢复常态。”

如果提奥在阿尔多待上一天，就会遇到医院的医疗顾问或主管，并听到更多令人沮丧的意见。但是正式的会诊要求对家庭成员身体和精神健康的秘密展开令人痛苦的调查：这一求医的常规过程是兄弟俩都十分惧怕的。（文森特的住院记录上没有任何背景信息，而这些信息本该是由提奥提供的。）雷的意见也许比较草率，缺乏经验，或不够专业，但这给了提奥最想要的许可：返回巴黎。正当他过去的生活行将走向尽头时，一种新的生活在召唤着他。“失去哥哥的可能性，”他在给乔的信中写道，“让我意识到，如果他不在了的话，我将会体验到多么可怕的空虚感。然后我就想象着你在我面前。”

这是一个在接下来的五个月里不断重复的模式，文森特在医院、在精神病院的病房之间穿梭，时而清醒，时而神志不清：兄弟俩一个沉默寡言，饱受自责之苦，另一个优柔寡断，遇事就退避到乐观主义中去；一个沉溺于过去，另一个放眼未来；两人每次对恐惧都不屑一顾，哪怕有一线希望也决不放弃，他们对彼此的否定和拒斥像两个方向截然相反的旋涡，将二人推向更远的距离。“我们不要再去竭力向对方表示慷慨和包容了，这完全是徒劳无益的，让人精疲力竭，”提奥离开后，文森特清醒而又无奈地写道，“你尽你的本分，我也尽我的本分……也许我们会在路的尽头再次相遇。”

提奥离开的消息让文森特恢复了意识，之后他又陷入黑暗之中。

文森特对他的攻击事件几乎毫无印象（“我对自己的所说、所想和所做一无所知。”他写道），但是他却对黑暗记忆犹新。黑暗毫无预兆地降临。顷刻间，“时间的面纱似乎被撕开，环境的灾祸似乎在降临”——他仿佛突然从世界上神秘地消失了。一个曾在医院目睹攻击事件经过的人用“迷失”来描述文森特的状态。黑暗之中，无名的恐惧淹没了他。他感到“痛苦和恐惧”以及“可怕的焦虑”如潮水般向他汹涌袭来。他向目所能及的任何威胁发起狂暴的攻击，冲医生大发脾气，赶走任何靠近病床的人。暴怒停歇之后，他退到角落里，或蜷缩于床罩下面，在“难以名状的精神痛苦”中瑟瑟发抖。他不相信也认不出任何人，怀疑一切所见所闻，不吃不睡，既不写信也不言语。

黑暗中，无形的阴影跟随着他。幽灵——“难以承受的幻觉”——如烟雾般时隐时现，却又如同他自己的血肉一样鲜活可见。“在危险期，”他后来写道，“我以为自己想象中的一切都是真实的。”这些幽灵同他对话，指责他犯下的可怕罪行。它们叫他“可悲的、犹豫的失败者”，“意志薄弱的人”，“悲惨的可怜虫”。他则绝望地对着空气大喊大叫，竭力为自己辩护。然而没人能听见他在说什么。在经历了一生的争辩与劝说之后，他被困在自己最糟糕的梦魇里难以脱身：仿佛一个受到制裁的囚徒，被剥夺了发言的权利而噤声不语。“攻击时我大声疾呼，”他回忆道，“我想为自己辩护却无能为力。”这些他未能辩白的指责让他滑入自我憎恶和“极度懊悔”的深渊。

文森特从未确定那些幻觉中的指责者是谁。但是在“极端痛苦时……当我神志不清时感受到的不仅仅是眩晕”，他喊出了几个名字：德加（他的画中简洁、优雅的线条让文森特觉得难以捉摸）、高更（他拒绝留在阿尔，这让文森特更加确定自己宏大的中央高原之梦破碎了）、提奥（他的到来不合时宜，且为时太晚）。当然，还有该受到诅咒的牧师，他无情地记录着每次失败，从十字架背后监视着一切。“在我患病期间，”文森特写道，

> 我又看到了津德尔特房子里的每个房间、每条小径、花园中的每株植物、田地周围的景致、邻居、墓地、教堂、后屋的果菜园——一直到墓地中高大的刺槐上的喜鹊巢。

在这种产生幻觉的“迸发的记忆”（福楼拜语）中，文森特再次审视了过去经历过的所有伤痛。“在狂乱中，”他回忆道，“我的思绪穿越海洋。”对他而言，记忆一直都是想象的第六感，怀旧则是灵感构成的水流湍急的

内海。精神的错乱打破了过去和现在之间的界限。同样经历过精神失常的福楼拜曾描述道，各种意象汹涌而来，“仿佛如注的血流……脑中万物在一瞬间爆炸”。

其他人眼中的胡思乱想，却被文森特当作记忆。他和病友一起爬上病床，就像当初和提奥在津德尔特时那样。他身穿睡衣追赶护士，正像他和西恩在海牙时那样。他甚至像在博里纳日时那样，用煤块把脸涂黑。在雷看来这是精神失常的行为——“他竟然跑到煤仓里去洗澡。”医生难以置信地记录着。文森特看到的是一段被嘲笑和被拒斥的过去，还有他如何谦卑地和矿工们打成一片，仿佛在参加一个熟悉的仪式，这些人同他一样，“行走于黑暗中”，而这些都是雷无法看到的。

有时黑暗稍纵即逝——如一阵突如其来的风暴瞬间或一小时内遮住了太阳。有时黑暗则徘徊数日，一阵阵的暴风雨摧毁了他的理智，似乎将太阳永远驱逐出天空。

到了 12 月 30 日，黑暗消散了。或者说看起来消散了。“他的情况已有所好转，”雷写这封信给提奥时，距离文森特拿起剃刀的时间恰好已经一周了，“我认为他没什么生命危险，至少目前是这样。”当文森特清醒时，他发现自己被单独隔离起来。“他们为何把我像罪犯一样囚禁在这儿？”他气愤地质问道。他不再能回忆，只感到内疚。“他陷入绝对的沉默中，”一位来访者记录道，“他将自己藏在被褥下面，时而哭泣，不发一语。”他的愤怒和羞愧会激起又一次的疯狂行为。另一位来访者则形容文森特“镇定沉静，思路清晰”，他对自己的处境感到如此“震惊和气愤”（“把他囚禁起来，而且完全剥夺了他的自由”），以至于下一次袭击似乎是不可避免的。愤怒促使他连续数日对持续的禁闭提出抗议。他一度拒绝与医护人员合作。“当他看见我走进他的房间时，”雷写道，“他说他不想和我扯上任何关系。”

医生越来越倾向于一种解决办法：将病人移交至精神病院。在病人极具攻击性的阶段，医生们曾发出一份“精神隔离许可证”，宣布文森特患了“严重的精神错乱”，并证实他需要到艾克斯或马赛的公立精神病院接受“特殊护理”。连雷都似乎对此深信不疑。他写信给提奥，表达了自己更倾向于选择马赛精神病院的想法，最近他刚在那里实习过。到了 12 月底文森特突然从黑暗中清醒过来，在此之前，未来的计划似乎已安排妥当。他不想将来再给提奥添麻烦，因此竭力想要恢复自由，并差遣邮差鲁林就他的病情向医院官方提出申诉。然而无论是文森特表现出的冷静和清醒、鲁林答应会照顾他的承诺，还是他头部伤痕的迅速愈合，都没能使医生解除对他的禁闭。即便是医生中最乐观的雷也担心旧病复发之后的暴力行为。另外，将病人交送精神病院的程序已经开始启动了。

为了竭力避免冲突和矛盾，雷写信给提奥，提出另一种解决方案。“你愿意把你哥哥送到巴黎附近的精神病院吗？”他询问道，“你有这方面的资源吗？有的话可以送他过去。”

但是提奥心里却惦记着其他事情。“现在告诉我该如何按照荷兰习俗筹办婚礼，”在接到雷的信的当天，他在写给乔·邦格的信中问道，“我们可以开始发出订婚通告了，不是吗？”

提奥在圣诞节的第二天已经返回巴黎，决心重新抓住被阿尔事件打断的完美幸福。“我总是想着你，多么渴望与你在一起。”他在给乔的信中写道，而乔则在提奥返回之前的几个小时内刚刚离开，即将前往阿姆斯特丹。想到二人未来能一起生活，提奥熬过了画廊漫长的旺季，以及勒皮克路空荡荡的公寓里的漫漫长夜。“我时常注视着房间的那个角落，在那儿我们一起享受着宁静的生活，”他在信中写道，“我何时能唤你我的小爱妻？”

朋友和亲人铺天盖地的祝福立刻又重新涌向提奥，让他距离在阿尔的短暂停留越发遥远。“上帝保佑你们未来的生活，”利兹在提奥回来的当天写道，“知道你的生活不再孤单，这对妈妈来说犹如一缕阳光。”只是文森特命运的不确定（仿佛一片“阴霾”笼罩在节日的上空，提奥说）让提奥无法火速赶往荷兰，按照圣诞节前的计划和自己的爱人在一起。“除非实在不得已，否则我一天都不愿耽搁，”他向她保证道，“我太渴望与你在一起了。”与此同时，他忙着为新生活的开始作准备：刊登订婚通告，计划拜访亲友，找一间新的公寓——“我们俩共筑爱巢的地方”。

对乔的渴望让提奥无法集中精力关注哥哥的命运，同样，来自阿尔的消息又使他心烦意乱。“我一直在希望和恐惧之间摇摆。”他写道。雷在最初的报告中对文森特病情的总结颇为详细，但这份报告透着专业的冷静、客观和谨慎，没能捕捉到提奥所了解的他哥哥的情绪波动。作为一个有志向的绅士，雷有时绕开与病情相关的话题，巧妙地暗示提奥能否在他取得医学学位后将他引荐给巴黎的社交圈。雷的彬彬有礼以及他不确定的态度（“很难直接回答你问我的所有问题。”雷反对道），也许没能让提奥注意到，这位年轻的实习生开始逐渐赢得了文森特的信任，而文森特也已经掌握了雷与提奥共享的一些信息。

在阿尔的时候，提奥已经接受了约瑟夫·鲁林要去探视文森特并汇报其病情的请求。文森特在书信和作品中，曾这样描绘鲁林：他不仅是一位模特，还是一个朋友兼颇有声望的社区领袖。提奥显然是圣诞节那天在医院见到了这位仪表堂堂的邮差，并且听说了（可能是从鲁林那儿）鲁林前一天是如何从鲜血浸透的床上把文森特救下的。鲁林出现在医院也说明了他对文森特健康状况的关心。当鲁林自告奋勇要为这位来自巴黎的著名经纪人充当记录员时（鲁林对提奥昔日寄来的高档信笺和频繁汇款十分熟悉），提奥欣然接受，并许诺对于鲁林的付出一定会给予某种形式的补偿。

然而当提奥返回巴黎时，鲁林的汇报加剧了因距离而产生的对事实的歪曲。鲁林喜欢夸大其词，自我标榜，他那夸张的、颇富戏剧性的叙述和浮夸华丽的语言将提奥引上了一条歧路。“我本希望能荣幸地宣布你哥哥的健康状况有所好转，”他的第一封信开头这样写道，“不幸的是我无法这么做。”鲁林时而说文森特生命垂危，然后在第二天宣布他“大有好转”；时而又说他遭受“重病的突然袭击”，第二天就“完全康复”。在一周的时间里，他先是赞同将文森特移交精神病院的提议，说这么做令人伤感，但十分必要，而后却又谴责这是令人无法容忍的暴行。

到了12月底，鲁林汇报过文森特的病情之后仅仅过了几天，提奥在无奈中又向一位陌生人打听关于哥哥的消息。作为当地的神职人员，弗雷德里克·萨勒斯为医院的一些信奉新教的病人充当非正式的牧师。也许是通过雷的举荐，提奥安排47岁的萨勒斯定期探望文森特并汇报他的最新情况。既老于世故又精力充沛——这些都是在主要信奉天主教的普罗旺斯地区担任地方牧师所必备的条件，萨勒斯将自己扮演成一个勤勤恳恳、尽职尽责的通信员和守护者。“我会尽我所能让你哥哥过得更舒服些。”他向提奥保证。

然而，和鲁林的虚张声势一样，萨勒斯的同情心和乐观并没有给提奥带来太多帮助。他的汇报同样也在关于“精神错乱”的悲观暗示和关于恢复健康的乐观预测中来回跳跃。当提奥需要别人的意见时，萨勒斯为他祈祷；当提奥需要指引时，萨勒斯予以劝责；当文森特的命运微妙地悬于科学和直觉之间时，萨勒斯又给予提奥以信心。在谈及是否将文森特移交至精神病院时，萨勒斯忠实地记录着医生们的犹豫不决，并如实传达了文森特的强烈反对，但并未提出自己的意见和想法：这种麻木的缄默与提奥的态度并无二致。

缺乏准确的信息和权威的建议让提奥心生绝望。“希望渺茫，”他写信给乔，“如果他注定要告别尘世，就让一切顺其自然吧。”雷已经向提奥保证过文森特的身体状况有所好转，可是几天过去了，提奥仍害怕随时会接到来自阿尔的电报，通知他赶往哥哥的临终之榻，因此他说话的样子让人感觉仿佛文森特已经过世了。“无论远近，我都希望他仍然是我们俩的哥哥，为我们出谋划策，”他告诉乔，“这个希望现在破灭了，我们都很可怜……我们要珍藏关于他的记忆。”

对于提奥一直以来的这种灰心丧气的宿命论调，乔给予了严厉的责备：“别总是往最坏了想。”但是她也加入了悼念和赞颂的行列。“如果文森特也愿意做我的哥哥，”她写道，“我将会非常高兴和自豪。”其他亲朋好友表现出明显的冷淡，或是公开的宽慰。大多数人都同意他母亲的看法，文森特的死是早就可以预见到的，对他来说也是最好的结局。“我相信他的精神一直就不正常，”安娜冷冷地总结道，“这是他自己和我们的痛苦的根源。”尽管提奥十分伤感，但也不得不赞同母亲的想法。“我几乎对他的完全康复不抱任何希望了，”他向乔吐露说，“因为这场病是很多事情长期在他身上产生作用的结果。我们只能期待他的痛苦尽可能少一些。”

但是，当来自阿尔的消息有了好转时，当鲁林那令人忧心的叙述让位给了萨勒斯充满希望的讯息时，提奥的态度又从绝望转向了积极。“还有一线希望，一切都会重新好起来。”他在1月3日给乔的信中写道。文森特的“情绪爆发”如果能阻止他对自己“提出非同寻常的要求”，这也许是件值得庆幸的事。提奥的态度由无奈变为乐观，他接受了雷针对文森特作出的“情绪过分激动”的良性诊断。提奥认为哥哥“本性宽厚，充满善意”，他以为这次发病只不过仅仅是为了“释放压抑已久的情绪”。也许哥哥需要的是在乡下待一段时间，提奥提议道。“一旦春天来临，他就能重新在户外工作，我希望这能给他带来内心的安宁。大自然是多么生机勃勃。”

在这次大转变中唯一恒定不变的就是阿姆斯特丹。无论是经历悲伤还是变得乐观，提奥总能在乔那里找到安慰。“让我们怀着最美好的希望吧，”他写道，满心欢喜地准备翻开生命新的篇章，“没有任何理由再推迟我的行程了，能和你重逢我会欣喜若狂的。”

任何事都无法打断这种对新生活的叙述。在12月底漫长而漆黑的夜晚里，提奥给乔写了一封又一封信，却不曾给哥哥写过只言片语。除夕那天，萨勒斯向提奥描述了文森特的“震惊”，因为自圣诞节那次短暂而梦境般的相聚之后，提奥再没有给文森特写过一封信。“他甚至想要我发封电报提醒你写信。”萨勒斯责备道。当提奥最后终于被迫发来了新年祝福时，他却只谈到了乔，绝口不提回到过去的事情。即便是雷发出的关于将文森特移送至精神病院的紧急信件也没能打断提奥对未来的展望。提奥告诉过乔，掌握最后决定权的是医生，而不是他。他从未和她提过，雷在信中建议提奥接回文森特并小心地将他安置在巴黎的精神病院里。在收到雷的信的第二天，提奥写信给乔："我一直在想着你以及我们未来的生活。"接下来的那天，他还未来得及给雷回信，就登上了驶往阿姆斯特丹的夜车。

1月7日，也就是提奥抵达荷兰的第二天，文森特回到了黄屋子。在不到一周内，关于是否移送精神病院这件事发生了逆转。无论是热心的萨勒斯，还是和善但喜欢吹牛的鲁林，都努力让文森特从医院里"解脱"出来，前者相信他已经奇迹般地痊愈了。鲁林当然声称医生态度的转变很大程度上要归功于他。"我去见了医院的一位主管，他是我的朋友，"他告诉提奥，"他说他会按我说的办。"但实际上真正能为文森特的自由负起责任的人只有他自己，文森特也在1月2日参与了关于他出院问题的讨论。"我亲爱的提奥，"他在信的开头写道，

> 对我而言，给你写下这寥寥数行只是为了让你安心……我会在医院里多待上几天，然后我希望能平静地回到黄屋子。现在我只求你一件事，别为我担心，因为那也会让我忧心忡忡。

文森特从持续一周的梦魇中醒来只有一个目的：让弟弟放心。为达此目的，他极力展现出理智的一面。在医生们签署了证实他精神失常的文件之后的几天内，他开始奋起反击，力图证明医生们是错误的——"否认"过去一周发生的事件，并竭力说服提奥一切都已恢复正常。

这场反击从菲利克斯·雷开始，提奥已对雷建立了绝对的信任。文森特这次并没有像他在精神错乱时那样大声抱怨所遭受的被单独监禁的不公正待遇，而是竭力讨好这位年轻而敏感的医科实习生——就像他曾讨好拉帕德、贝尔纳和提奥那样，用他渊博的学识、动听的恭维话、深刻的探讨、不留痕迹的示好，甚至灵光一现的幽默。雷邀请文森特去他的办公室进行"愉快的闲聊"。他们在医院的庭院里漫步，文森特的话语颇具信服力，他滔滔不绝地谈起自己的艺术抱负、互补色的神奇魔力、伦勃朗的天赋和才华，以及艺术家和医生之间相互慰藉的共同使命。"我告诉他我自己常常为没能成为一名医生而后悔，"文森特写道，"现

代医生是多么了不起的人啊！”

雷说自己也“喜欢画画”。文森特劝雷做一个艺术收藏者，并主动提出将《解剖课》这幅画作为礼物送给雷，以此开启他的艺术收藏之旅，这件作品是伦勃朗献给医生的著名赞歌。当雷谈起在一个新的行业里起步所面临的挑战时，文森特许诺提奥会帮助他在巴黎牵线搭桥。

文森特对其他级别较高的医生亦十分友好。他发现医生中有一位巴黎人，这位医生知道德拉克洛瓦，看起来对“印象派十分好奇”。“我想我会希望和他更熟悉些。”文森特兴冲冲地写道。1月5日，他带领包括雷在内的一队医生到黄屋子参观了他的画作。正是在那儿，文森特许诺，在他被解除监禁之后，他要为这位衣冠楚楚的年轻实习生画一幅肖像——以此证明他心智的“平衡”。他还郑重地发誓，“一旦有严重病症的迹象”，他会重新住院治疗，并自愿把自己交给雷来照看。

把一个胡言乱语的精神病患者——不过是一个信奉新教的荷兰人——送到偏远的精神病院倒不是什么难事。在雷看来这再合适不过了。但是仅仅因为一次情绪的发作就将一个思想深邃、天性敏感的艺术家扔到一群疯人中间吗？一旦文森特操着过得去的法语为自己辩护，平静而条理清晰地对自己被监禁的境况提出质疑时，雷除了将他放出来还能做什么？“我很高兴地告诉你，”他在文森特一封信的背面上写信给提奥，“这种情绪的过分激动只是暂时的。我有种强烈的感觉，他数日内即会恢复常态。”

为了保险起见。雷在1月4日安排文森特回到黄屋子待了一天，由鲁林陪同，在此之前还雇了女清洁工将圣诞节留下的一片狼藉打扫干净。雷随后对黄屋子的几次拜访让他不但得以欣赏到文森特的作品，还对他的生存境况有了个人的判断——在没有家人在身边照顾的情况下，这种了解也是必要的防范措施。雷的态度也许还有所保留，但一边是文森特的真切恳求，另一边是提奥明显的缄默不语，在没有更好的解决办法的前提下，雷签署了出院文件。

文森特重写过去的努力接下来转向了他的弟弟。“我亲爱的伙计，”他在获得自由后的第一天写信给提奥，“对你这次的阿尔之行我感到十分苦恼。我希望它没给你带来困扰，因为毕竟我没受什么伤害，你也没理由给自己找麻烦。”在萧瑟而寒冷的1月接下来的几周里，文森特隐身于否定和幻觉中，将内心的负罪感全部倾吐出来。他对自己受的伤不屑一顾，称其为“小事一桩”——一个不值得提奥注意的意外事件，他又说自己的精神崩溃仅仅是偶感微恙，并宣称这场病的痊愈也是预料之中的事。他开玩笑说，这类事在“这一地区”十分常见。“在这个美丽的塔拉斯孔地区每个人都有点疯疯癫癫。”其他时候，他把自己的病解释为一种职业危险——可能会发生在任何画家身上的“艺术家反复无常的冲动情绪”。文森特坚持说，高更在巴拿马时也“受到过同样问题的困扰”，“就是这种过于敏感的情绪”。

文森特在幻觉中驰骋时称是自己主动住进医院的，其间他恢复了清醒，精神也“焕然一新”。他向提奥汇报时，吹嘘自己食欲旺盛，消化正常，血液系统也很健康——紧接着总是强调“请务必忘记你这次不愉快的行程和我的伤病”。他一再向提奥保证他已完全康复，“大脑日益恢复宁静的状态”。他收回了圣诞节前在信中写下的、关于自己的艺术的、目中无人的、充满挑衅意味的豪言壮语。“如果你需要画作，我当然可以送几幅给你，”他恭顺地写道，“至于独立艺术家沙龙的展览，你觉得怎样合适就怎样做，也可以参考其他人的意见。”

只要能将过去一笔勾销，无论多么宏大的誓言、多么不可信的借口和多么大的谎言，在文森特那里似乎都不过分。他自称和高更仍是朋友，兴冲冲地告诉提奥（他当然更清楚实情）高更“基本上一直守在医院”。既然他和高更已经扫除了共同料理家务的矛盾，他设想其他的画家也会过来和他共处。

由于担心提奥可能会强迫自己重返巴黎——也许是雷泄露了这个消息，文森特又满怀热情地谈起自己的中央高原之梦，声称他重新和阿尔的当地人建立起了亲密的关系，而实际上这些人对他仍是抱着嘲笑和鄙夷的态度。“这儿的每个人都对我很好，”他坚持说，“就像家人那样对我和善又体贴。”他将自己比作伏尔泰笔下的老实人，在美好的理想世界里愉快地安身立命。他给荷兰的朋友写了热情洋溢的信，仅以玩笑的口吻提及自己是在重新赢回泰斯提格的青睐之前“脑子出了点小问题”。文森特并未意识到提奥（和鲁林）已经将事情的真实情况告诉了母亲和妹妹们，在给她们的信中，他将住院经历描述成温泉疗养式的短期休假（“没什么值得告诉你们的”），既让他的精神重新焕发，又“给了他结识不少人的机会”。

高更也感受到了文森特高度的妄想倾向。文森特自出院之后，对自己的画家朋友表现出了谅解和悔意。“现在让我们谈谈我的朋友高更吧，”文森特于1月2日向提奥询问道，“我是不是吓到他了？为什么他还没给我任何消息？”然而高更几天之内也被迫加入了安慰者的行列。“听我说，”两天之后文森特在雷的办公室里写信给高更，语气严肃，“老兄，我弟弟提奥的这趟旅程真的有必要吗？”在同一封信里，他吩咐高更要“尽可能地安慰到每个人”——尤其是提奥——并警告他“避免诋毁我们可怜的小黄屋子”。

自打出院以来，文森特就埋首于如何尽职尽责地做一位好主人，他把高更匆忙之间留下的一些习作和其他物品（包括筑栅栏用的工具）寄送了出去。他以闲聊式的轻松口吻给高更写信，称其为“我亲爱的朋友高更”，向其询问有关巴黎、工作以及未来计划的信息。文森特还向提奥表达了自己善意地崇拜高更的作品（甚至高更为文森特所作的充满嘲笑意味的肖像画），以及“发自内心地赞成”高更回到马提尼克。“我对他的离开自然是深感遗憾的，”他温和地补充道，“但是你知道只要他一切顺利，我就如愿了。”

当高更用对于向日葵画作的赞美来回应文森特那些主动提供帮助的古怪行为时——有两幅向日葵是高更离开阿尔时就带走的，文森特抓住那句含糊其词的赞美（“这基本上是你独有的风格”），极力证明他的南方计划仍在实行中——即便不是在黄屋子里，至少它仍存在于曾经参与其中的人的心中。“我非常希望能真正地帮到高更，”他在给提奥的信中写道，“毕竟我很愿意继续和他交流自己的想法。”

到了 1 月底，关于和解的幻觉已经完全占据了文森特的想象。“有一点可以肯定，”他写道，漫不经心地思虑着不可能的事情，“我和高更彼此具有天生的好感，只要需要，完全可以重新聚在一起。”他向高更承认：“也许是我太过坚持让你继续留在这儿，也许我才是你离开的原因。”最后，他邀请这位曾经的室友和他一起重写过去。“不管怎样，”他试探地说道，“我希望我们仍彼此喜欢并能在需要时重新开始。”

为了让这些关于康复和重新开始的说法更真实可信，文森特极尽所能发挥了他用画笔编织故事的功力。实际上文森特一回到黄屋子就开始创作雷医生的肖像，他再次着手绘制伟大的漂亮朋友的授权作品（被高更所放弃），要“在肖像画中取得克劳德·莫奈的风景画所取得的成就”。在他的画中，这位蓄着山羊胡子、涂着发油的实习医生身穿橙色镶边的蓝色大衣，背景是红绿相间的普罗旺斯风格的装饰性墙纸——这既是互补色的典型例子，也是为了证明他稳健的手法和镇定的头脑。

为了记录精神和身体的康复，他作了一幅静物画，画中展示了几件帮助他痊愈的物品。在被阳光晒得褪色的画板上（它本身也象征着创作的多产），文森特画了一本 F. V. 拉斯佩尔的《健康年鉴便览》，这是一本关于急救、卫生和家庭治疗方法的大众指南。在厚厚的手册旁边，他放了一盘发芽的洋葱头，这也是拉斯佩尔推荐的众多健康食品之一（除此之外还有大蒜、丁香、肉桂和肉豆蔻）。为了展示拉斯佩尔那包治百病的灵丹妙药——樟脑（被他用来治疗从肺结核到手淫等各种杂症），文森特还画了一支可能是樟脑味的蜡烛，以及一罐樟脑油。（连文森特耳朵上每天需要在医院更换的绷带也被浸上了樟脑油，出于拉斯佩尔对樟脑油杀菌功效的宣传。）为了让他健康的新生活看起来更完整，他还在桌子上放上了他的烟斗和烟丝袋——这是内心已风平浪静的象征，此外还有一封提奥写给他的信——这是他与过去的纽带。画布边缘那个喝干了的酒瓶也是对未来节制饮酒的承诺。

文森特的画笔也伸向了高更。从医院返回的那一天，他就开始了一系列静物画的创作，通过描绘一对对的鱼和螃蟹，他再次沉迷于对友谊和伙伴关系的表现，这种痴迷曾持续了数月，直到高更到来。执拗地幻想着高更在信中对他的赞许，文森特又开始了描画向日葵的庞大创作计划，他先是临摹了挂在“高更的房间”里的两幅画。“你知道，高更特别喜欢我的画，”他夸耀说，“他被我画的向日葵完全迷住了。”高更曾给正为向日葵作画的文森特画了一幅讽刺性的肖像，文森特对此却欣然接受，并宣称向日葵就是代表他的形象的签名。“从某种程度上说向日葵是我自己独有的，”他赞同说，“长时间凝视它，会发现它具有更丰富的内涵。”与此同时他还画了一些橘子和柠檬的静物画，他在画中虽然改变了主题，配色却保持不变。他向提奥吹嘘这种亮黄色的图像“别有一番雅致”——他知道高更对这种画颇为赞许。

毫无疑问，强烈渴望得到高更垂青的文森特重新坐在画布前，继续描画在圣诞节就开始创作的图像：未完成的《摇篮曲》。这位前室友一句含混的赞美给了文森特莫大的鼓励，他设想着要完成受洛蒂启发的母性的圣像画，这幅画见证了他与高更共度的时光，他把画置于两幅向日葵中间，将自己对南方的杜米埃尔式的想象与高更那独具特色的时髦色彩融合在一起，创作出了一幅无比虔诚的三联画。在漂亮的言辞（像以往热烈的布道词一样：“我们脚下有光，路上有灯”）下，他设想这种意象的融合最终不但能挽救他与高更的合作，而且还将补偿他在中央高原经历的所有痛苦和作出的牺牲。“为了印象派我们已经全力以赴，”他在给提奥的信中写道，他还提到自己为一系列《摇篮曲》和向日葵装饰画制订了计划，“如今一切尽在我的掌握之中，我正在尽力完成这些油画的创作，毋庸置疑，这些作品会让我在艺术史上永远享有一席之地。”

《菲利克斯·雷医生的肖像》，1889年1月，
布上油彩，25 1/8英寸×20 7/8英寸。

文森特还画了两幅自画像送给他的医生，画中他左耳绑着绷带，身着整洁的病服，裹着深绿色大衣，头戴崭新的绒帽，这是为了抵御1月的严寒：显然是在向雷或其他人保证自己遵照医嘱（他们以及拉斯佩尔的嘱咐）常常出去散步和呼吸新鲜空气。两幅画中他都向画外凝视着，目光专注，神态平和。在其中一幅自画像里，他平静地抽着烟斗。而在另一幅里，他站在画架前——暗示自己在辛勤创作，墙上还挂着一幅日本版画，这是在向热爱艺术的地方医生们宣布自己的艺术合法性，表明自己对前卫艺术的诚意。

然而在给提奥的画中，文森特却在镜中看到了一个全然不同的形象（绝口不提那个受了伤的、缠着绷带的形象）。这幅送给弟弟的自画像，与文森特和提奥在巴黎同住时创作的那些作品一样，画幅较小，配色鲜艳，它表现了文森特的另一面——健康、朝气蓬勃的一面（在医院里把胡子剃得干干净净），将那些展示给医生们的绷带和伤口完全隐藏起来。面对提奥，他将最近发生的一连串事件轻松地说成引人发笑的趣事。“对我来说，如今身处在这个自己的小王国里，我没必要到热带去，”他写道，“就我个人而言，我年事已高（尤其是还要戴上假耳），身体状况很糟糕，不适合去那儿。”

《耳朵缠绷带的自画像》，1889年1月，布上油彩，23 5/8英寸 × 19 3/8 英寸。

在给乔·邦格的信中，提奥开玩笑地将自己比喻成“壳中的牡蛎”，并邀请他的未婚妻来把壳撬开。他刚刚从荷兰回来，充满对幸福的期待。和乔共度的这一周令人心醉神迷，对乔狂热的迷恋与圣诞节之前那了无生气的几周形成了鲜明对比。“你不知道你给我的生活带来了多大的改变。”他回来后立即写信给她。他们度过了“美好的一周”（用乔的话来说），会亲访友，但更多的是发现彼此。他们聊起莎士比亚和歌德，还有海涅、左拉和德加。她为他弹奏贝多芬的曲子。他则带她去参观画廊。他们彼此敞开心扉，坦露自己的诸多缺点，并反对两人不相配的说法。“你给我的生活带来了阳光。”他对她说。“我真是你的阳光吗？”她羞涩地回应道。

从荷兰回来后，轻松愉悦的心情使提奥在巴黎日日夜夜的“沉郁情绪”一扫而光。他在社交活动中找到新的乐趣：时而和乔的兄弟安德里斯亲密地共进晚餐，时而出席满是衣着光鲜的陌生人的“盛大晚会”。乔开玩笑地责备他，说他“不知羞耻地到处闲荡”。在家里，他很乐于享受荷兰画家梅耶·德·哈恩的陪伴，每晚提奥倾吐爱意的时候，梅耶都在旁聆听，他几乎取代了文森特住在勒皮克路公寓时的位置。即使独自一人也不再让提奥害怕。“我有时发现自己不自觉地吹着口哨或哼着小曲，”他告诉乔，“这都是你害的。”

无论是在深夜，还是在工作日的休息间歇，提奥都会抽出时间写信——像文森特那样将赞美和爱意一股脑地倾泻而出（“我多想把头深埋于你的双腿间，尽情徜徉在你爱的海洋里”）。尽管工作日程繁忙，而且还要为2月的另一场莫奈展作准备，提奥仍坚持每天写一封信，有时是两封。他还会寄几本书（作者是米什莱，恋人们的守护神）或自己的照片，甚至还有德·哈恩为他作的肖像画。他说自己要是个画家就好了，因为“这样我就可以给你拍张清晰的照片，然后为你画像”。他渴望向乔展示“最美好和内心最深处”的自己，并且赞同她的想法，“把我和过去的生活捆在一起的绳索正在缓慢而不易察觉地松脱，我现在更多地是活在未来”。

梅耶·德·哈恩，《提奥·梵高素描》，1888年，
纸上粉笔，$8^1/_4$英寸 ×$5^1/_2$英寸。

在这个一片光明的未来里，没有饱受困扰的哥哥的一席之地。提奥从荷兰回来之后的三周里共给乔写了15封信——厚厚的信纸写满了日常生活细节、亲密的询问和对爱情的渴求。这段时间他给文森特写了三封信，每封都和生活费一起寄出。信中没附过照片。文森特回信很迅速（有时一天回两封），并且总是长篇大论（有一封写了12页），而提奥回信总是很拖沓，在信中反复谈的都是有关钱的问题。对于文森特抱怨出院之后生活困窘的问题（因为提奥漏寄了1月的费用），他要求哥哥做一份年度开支预算。婚姻生活为他的财政开支增加了新的负担，他提醒说。

在提奥离开荷兰后从巴黎寄往阿姆斯特丹的洋洋万言中，文森特的名字很少被提及。乔不禁询问道："关于他……你对我只字不提，没出什么事吧？"一周多后，提奥用含混而隐晦的比喻回应了乔的询问，他将"对某事有着狂热渴望的人"比成向日葵。他想了想说，"要阻止他们向阳而生是不可能的"，尽管"这样他们会枯萎得更快！"他含糊地写道，文森特"肯定就是这类人之一"。面对精通文学的乔，他援引了高贵又充满幻想的唐吉诃德，后者拥有"异乎寻常的善良品格"，这一点很像他哥哥。之后话题很快转移到了婚礼计划和"想念中的亲吻"。

阿尔出现了新的麻烦。出于以上那些原因，提奥对新问题的蛛丝马迹视而不见。对文森特信中流露出的越来越多的"焦虑"和"悲伤"，提奥予以干脆的回应，建议他选择认命。提奥吸收了父亲恬淡寡欲的虔诚态度，以及母亲谨小慎微的宿命观点，他教诲文森特"不要让自己对生活抱有幻想"，"要学会接受不可避免的悲惨现实"。文森特告诉提奥自己不停地出现幻觉，噩梦不断，十分害怕旧病复发，后者却将这一切看成是"好转的迹象，而不是病发的症状"。提奥全力投身于婚礼筹备计划，关心的是家族的好名声和自己获得幸福的最后机会，因此反复强调他哥哥不过是"身体欠佳"，是过度工作和自我疏忽影响了健康。

提奥自我保护式的宿命论调是他对自己的双重否认态度的掩饰。文森特的病不但给即将如期举行的婚礼（还有提奥和乔未来的孩子）蒙上了一层阴影，还让提奥意识到了自己身体状况的秘密，其时人们普遍认为精神病是家族遗传的。他还没告诉乔和梅毒病魔斗争的事——这是对未来幸福婚姻的威胁。（当时人们普遍相信，梅毒不但通过性交传染，还能传染给子宫里的胎儿。）由于错误地以为文森特把真相透露给了雷医生，提奥愤愤地痛斥他哥哥，吓得文森特赶紧道歉："我觉得自己没做任何伤害到你的事情。"

但是很快提奥的关注点就转移到了令人兴奋的话题上去：找房子。"我把所有闲暇时间都花在找房子上，看遍了各式各样外形丑陋的公寓和有着无数阶楼梯的糟糕房子，”他在1月末给妹妹的信中写道，却对雷医生的信和文森特的痛苦置之不理。看了一百多套房子之后，提奥于2月初告诉乔，自己终于找到了他们“舒适的小窝”。他在信中兴奋地写道，这套房子“离画廊很近，可以回家吃晚饭”，透过窗子还能看到花园，因为窗下“种了梓树，开花的时候景色会非常美”。

三天后，警察于两点来到拉马丁广场，将文森特从他心爱的黄屋子里拖走。他们把他带到主宫医院，将他铐在隔离病房的床上。文森特的女杂工赶到萨勒斯牧师那儿，把这个可怕的消息告诉了他。萨勒斯立即前往医院，发现文森特蜷缩在被子里，强忍泪水，拒绝任何人提供的帮助。“我刚见过你哥哥，”当日萨勒斯就向提奥汇报道，“看到他现在的境况我非常难过。”

一个月前，自打文森特出院后，事态开始迅速失控。提奥在1月中旬提出的预算问题，激起了文森特的阵阵罪恶感。医院的治疗费用已让他心烦意乱（每条绷带和染上血迹的床单都被单独记账），而回到家之后他又看到了来自房东的租约终止通知单，因为他没交1月的房租。提奥的本意可能只是将财务支出好好整理一下，因为要为购买新房和组建家庭作打算，而文森特却把弟弟整理账务的要求看成对自己一生所为的惩罚。“该怎么办呢？”他无助地喊道，“我的画一文不值，它们还花了我不少钱，而且血液病和脑病的治疗甚至会花费更高。我不想唠叨这些事，有什么好跟你说的呢？”

出于条件反射式的自我辩护，文森特不但没有给出提奥要求的支出预算，还在往事中搜罗各种证据来证明自己的花销是合理的，抗议提奥的精打细算，要求提高自己的生活津贴，并为自己作品的滞销作出了解释——不过很快就会卖出去的。他写道，“我要以钢铁般的意志再次投入到创作中去”，心里思忖着他的向日葵有朝一日会和蒙提切利的作品一样价值不菲，“让我用尽全力地开始工作吧……如果我没疯掉，总有一天我会向你证明当初对你承诺的一切”。文森特向弟弟提出挑战，如果他失败了，“那么立刻将我关进疯人院——我不会作任何抵抗”。

1月，对于还幻想着与高更重归于好的文森特来说，是残酷的。在可能不了解高更所付出的努力的情况下，文森特在逃离阿尔几天后就开始自吹自擂，把12月发生的一系列事件演绎成引以为豪的神话（高更的努力适得其反)。他从未完全相信高更,到1月中旬为止,他非常清楚关于“避免诋毁我们可怜的小黄屋子”的指令也被完全忽视了。他对高更和提奥的交流异常担心,提奥一直给高更寄钱,并在阿尔的决裂之后仍满怀热忱地支持他的创作。

起初,文森特对这种援助表示支持,希望这样可以安抚高更,让他保持沉默。但是当提奥暗示说高更曾控诉他们兄弟俩剥削了他,并要提奥把他爱惹麻烦的哥哥排除于任何交易之外时,文森特郁积已久的委屈和不满马上爆发。“我见过他做出我们兄弟俩永远也不会允许自己做的事情,”他刻薄地写道,“因为我们有良心。”他把圣诞节的那场“灾难”归咎于高更,指责他蓄意破坏黄屋子,既辜负了提奥对他的慷慨大度,又背叛了印象派事业。他用尖刻的语言将高更描述成小丑和傻瓜,并嘲笑他因莽勇而闻名,看似强悍实则胆小如鼠。他还将高更的击剑装备嘲弄一番,称其为不值钱的“玩具”,并竭力贬低对方的好战斗勇,称高更为“印象派中波拿巴式的小老虎”——“总是让自己的军队陷入绝境”的“小个子中士”。他愤愤地要求高更归还从画室偷走的向日葵画作中的至少一幅,并敦促他弟弟与这个忘恩负义、不忠不义的“背弃者”一刀两断。到了月底,他对高更的嘲讽愈加扭曲,称其为一个自命不凡的水手,控诉他弃船而逃的恶行,并含沙射影地暗讽说,一位邪恶的画家在12月从黄屋子进入了疯人院的病房。

对于文森特完全康复的幻想,最早拒绝相信的人就是高更,但他不是唯一的一个。1月末,邮差约瑟夫·鲁林搬到了马赛(“只为了微乎其微的加薪”,文森特同情地提到),暂时将家人抛在一边。他在月底回家作了短暂的停留,身着光鲜的新制服,拜访了黄屋子,并对大城市的政治事件大加评论。但不久之后,曾为《摇篮曲》做过模特的奥古斯汀·鲁林,就带着孩子回到她母亲在乡下的房子,后来她承认,有文森特在周围让她很害怕。身边没有家人和朋友的文森特又去了阿尔大街的妓院,圣诞夜他曾在那儿留下自己的一片肉作为礼物。“昨天我去见了那个我曾经在精神错乱时找过的女孩。”他在2月初提到。但显然即便是妓女瑞吉尔也拒绝见他。

几乎同时,他收到了提奥的信。然而为了把财务理顺,提奥又一次笨拙地回应了文森特索要更多生活津贴的大胆要求,固执地将目光投向未来的生活。提奥用可怕的语言描述了自己的病情,并提到病情显然又一次加重了(每年冬天都如此)。他证实了文森特的担心,后者害怕提奥会因健康原因而不再来阿尔。考虑到未来自己病情恶化的可能性，以及它会给即将组建的家庭带来的后果，再加上文森特接二连三的不幸，提奥不得不作出冷静而残酷的估测。他沉静理性，头脑清醒，让沉浸于幻想世界中的文森特感受到了震动，被刺激回现实中。提奥设想了自己去世后的一切可能，并为这些后果作了安排。他让文森特放心，自己的遗嘱不同于森特伯伯的遗嘱，会为继续“慷慨地”资助文森特而作好打算，他甚至许下诺言，文森特可以分享他生意的利润——就像文森特在绘画事业上给他帮助一样。

毫无疑问，提奥的本意是用冷静、直白的语言让他哥哥安心——这是要在他的婚礼前夕表明手足之间的休戚与共。然而结果却适得其反。高更的背叛之后，接踵而来的是鲁林的工作调动、他妻子的退避三舍、瑞吉尔的断然拒绝，以及提奥关于债务和生死的讨论，这些都给了文森特毁灭性的打击。“眼下你为何要思考婚姻契约和死亡的可能性这类问题呢？”他写道，内心十分恐惧。在一封长信中，他用时而充满慰藉，时而充满绝望的语言对提奥进行了狂热的反驳。他拒绝接受弟弟悲观的推测（“一切最终都会好起来的，相信我”），收回了之前提出的要求，并将所有关于生老病死的讨论斥为精神错乱者的胡言乱语——和他自己的情况没什么两样，因此不足以当真。“每当我神志不清的时候，我深爱的一切都处于混乱中，”他写道，“因而我不会把这些和现实混淆，我也不会去扮演冒牌的预言家。”

任何遗弃的威胁——无论是被死亡还是被婚姻——让死亡的幽灵以及作为它的伴侣的宗教复活了。“对我来说疾病和死亡构不成恐惧，”文森特宣布说，并否认圣诞节时的那场风暴会再次袭来，“雄心抱负与神对我们的召唤并不相配。”在2月的第一周里，梦魇——从未停止过折磨他的睡眠——重现于现实世界。他眼前出现幻觉，在街上大喊大叫，胡言乱语，跟踪陌生人到他们家里。“我时而满腹热情，时而歇斯底里，时而又觉得自己能预知未来，这些时刻交替上演，让我十分痛苦扭曲。”他向提奥承认说。他很少吃东西，经常酗酒。昔日的许多时光都从他的记忆中消失殆尽。

面对提奥，文森特仍坚称阿尔人待他“很好”。“这儿的每个人都患有热病、癔病和疯病，”他写道，用幽默来掩饰自己的忏悔，“我们相互理解，亲如一家人。”而在现实中，关于12月事件的谣言四起，这让他的邻居变成了指指点点的围观者，或是心存恐惧的监视者。他在阿尔的人际关系逐渐恶化，并且他还怀疑高更在四处散播诋毁他的谣言，尤其是在提奥面前造他的谣，这一切让他产生了近乎偏执的臆想：

有人试图毒死他。“他坚信他被人下了毒，所见之处无不是投毒者和被毒害的人。”文森特那受了惊吓的女杂工将这些如实汇报给萨勒斯牧师。

在遭受了失败、孤独和妄想症的接连打击之后，文森特像洛蒂笔下的水手那样，在船只遭受暴风雨袭击而严重损坏时，紧紧抓住救生索，而对于文森特来说，这条救生索就是那个母性意象：被他称作《摇篮曲》的画中的彩陶圣母。他反复地画着她，小心翼翼地复制着她光亮的头发和僵冷的眼神。他“拼命地工作……从早到晚”，反复勾勒她身后墙纸上的花饰图案——这既是对中央高原（因带花饰的墙纸而闻名）的致敬，也是对他和已弃他而去的好友所共同信仰的分离主义信条的纪念。无论是在想象中，还是在现实里，每次的风浪或挫败总会让文森特到圣像那儿去寻找慰藉。

当提奥谈起婚姻和组建新家庭的时候，文森特的思绪便回到了自己的童年时光。他回想起来，在津德尔特与弟弟同住的阁楼里面，自己给还是婴儿的提奥“唱着关于色彩的摇篮曲”。当提奥要求他考虑中央高原的创作计划时，他在他反复描绘的、蒙提切利曾经画过的普罗旺斯墙纸中发现了新的证据，证明“我们的的确确一直追随着蒙提切利的足迹”，并且又创作了一幅《摇篮曲》。当文森特重返阿尔舞厅以追忆他和高更的点点滴滴时，他看了一出田园式歌剧，剧中“神秘的婴儿床”的舞台场面和造型颇有伦勃朗的风格，一位年迈的农妇“用天使般的声音”为孩童吟唱，这一切都让他潸然泪下，他立即回家开始另一幅《摇篮曲》的创作。当鲁林一家于 1 月末最后一次到画室作短暂拜访时，文森特让他们在他创作的所有《摇篮曲》中任意选择一幅，继而又立刻画出一幅与他们所选的画完全相同的作品，仿佛他与这些几乎一模一样的画作中的任何一幅都难舍难分。

2 月 7 日那天，当警察来到黄屋子将文森特拖到医院时，他所有的彩陶圣母像都已绘制完毕，她们身处繁花盛开的另一个世界，目光沉静。经那些担心自己安全的邻居们的提醒，宪兵还密切监视了这所房子几天。一周多的时间里，圣像在文森特脑海中挥之不去，而雷和其他医生则试图解开让他疾病缠身的谜团，结果却一筹莫展。起初文森特没认出他们来，数天内不发一语。他最后终于开口说话时，也是前言不搭后语，口齿不清。在医院的病房里他收到母亲写给他的一封信，信中向他描绘说，荷兰刚下过的一场暴风雪很快就融化了，她希望“自然之主”也会将同样的奇迹降临在文森特的生活里。当文森特的身体恢复到可以在白天外出时，他又回到了黄屋子，开始着手创作另一幅母性守护神，也是该系列的第四幅作品，以帕拉杜墙纸为背景的中央高原的美丽女士。

几乎同时，远在北部400英里之外的提奥也在盘算着墙纸的事。“我随信附上几个他们提供给我的墙纸样本，”他向乔汇报说，他们新公寓的装修正在如火如荼地进行，“但你的确应该把所有样本都看看，好判断一下是否合适。”就在几天前，他刚刚寄去了他准备贴在餐厅的、“圣光闪耀的窗帘”式的墙纸样本。“喜欢绒毛或缎子的人可能会觉得它有点俗气，”他提醒说，“但是任何有色彩感的人都会注意到它的华美。”

由于对文森特妄想式的宽慰深信不疑，提奥完全忽视了他哥哥病情恶化的诸多从未被提及的征兆，因此当听到从阿尔传来的最新消息时，他惊呆了。听说文森特被警察抓走并被强制性禁闭时，他尤为害怕。在当天写给乔的信中，他有意忽略了萨勒斯对整个事件的叙述。“好可怜的家伙，他的日子太艰难了，”他写道，“亲爱的，整个事态令人十分遗憾，你说是不是？我知道你对此事也十分关心，这对我来说真是个安慰。”在该将文森特送到普罗旺斯还是巴黎的精神病院这个问题（是由萨勒斯提出来的）上，提奥与乔意见一致，不过他将其作为替哥哥全力辩护的前奏，称文森特是一个遭人误解的拜伦式英雄：

> 长久以来，他专注于思考我们当今社会难以解决的问题，全身心地与之斗争……他关于何为人性以及我们该如何看待世界的观点十分激进，要想真正把握他的意思，必须首先放下一个人所有的传统观念。

信的内容很快游离到其他话题上，如艺术之美，尤其是莫奈的艺术（他的展览刚刚在夹层画廊举办过），以及对死亡的奇怪思考，这种思考是由展览上一件罗丹的雕塑作品引起的，作品刻画了放在盘子上的施洗者约翰的头颅。提奥说，圣人的头颅“与文森特的头惊人地相似……扭曲而紧锁的眉头象征着他勤于思考和奉行苦行主义的一生”。正如文森特考虑给长相酷似自己的布吕亚画肖像画一样，提奥在罗丹的死亡意象中看到了自己和哥哥的影子。“死亡在那张脸上既没有留下痛苦，也没有留下永恒的平静的光晕，”他写道，“它保留了一种安详的气氛和对未来的深切关注。”

在接下来的一周里，当神志不清的文森特在隔离之中忍受黑暗的侵蚀时，提奥的心思仍放在装修公寓的“麻烦事”上。他一度给雷医生发过电报，要雷告知最新的消息，但对萨勒斯急切要求将文森特转移到巴黎的意见却置之不理。“你哥哥需要被长时间监视和密切关注，而这一切只有在精神病院或家里才能实现，”牧师在一周前的信中写道，“我想知道你是否想让他留在你身边。”萨勒斯甚至已经安排了文森特忠实的女杂工陪伴他长途旅行。“不管怎样，我们必须果断作出决定，”他催促道，“在收到你的回信之前，我们会按兵不动。”

但是在提奥作出决定之前，雷发电报宣布了一个暂时令人宽慰的好消息：“文森特大有好转，未来的康复过程我们会在这儿照顾，你暂时不用担心。”几天以后，文森特亲自提笔写信，说自己临时（仅在白天）回到了黄屋子，并又一次将他的病痛轻描淡写地说成仅仅是“地方性的热病”。“不要总惦记着我，也不要过分担心，”他写道，“对命运我们无能为力。”提奥把文森特这封安抚人心的信以及餐厅墙纸的样本一同转给了乔看（并提到“文森特已经步入正轨了”）。

第三十八章　真正的南方

五天后，警察再次突袭了这间黄屋子，硬把文森特拖走了。他当时烂醉如泥，无力抵抗。这次，警察关上了百叶窗，锁紧了大门，还往门上贴了封条——看来警察是希望他永远别回来了。

文森特怀疑得没错，邻居们果然要毒死他。不过不是用毒剂或毒咒，而是悄悄地向当局递交请愿书。他们还在请愿书中胡编乱造了文森特的名字：“那个叫文德的荷兰人长期、多次表现出心智不完整……他既不知道自己做了什么，也不知道说了什么。”邻居说，由于文森特“极端兴奋”、“情绪动荡”，他们都生活在“恐惧”中，这对妇女儿童来说尤甚。“为了公众安全”，他们要求要么尽早将文森特“遣送回家”，要么将他送往精神病院，“以避免灾祸，如果现在不采取有力措施，那么有一天这些灾祸必将降临”。

有 30 个邻居在请愿书上签了字，这已经是绝大多数了。自文森特来到阿尔，邻居们就开始时不时地表示抗议，这次盛大的请愿将抗议推向了高潮。甚至在圣诞节事件之前，小孩子就已经在取笑和骚扰“怪画家”（其中有一人就是这么叫他的）了。12 月的灾难事件后，成人也对他避之唯恐不及，嘲弄有加。看到文森特过街，那些人就拍拍自己的脑袋，互相嘀咕着 fada，这在中央高原的方言中是“发疯”的意思。妓院里的妓女也给他起了外号，叫他“红发疯子”。他鬼鬼祟祟的步态、快速颤动的睫毛、用荷兰语说的长篇大论，甚至磕磕绊绊学说当地方言的样子，无一不令人惊恐。

在这群还相信恶魔附体的民众中间，对文森特的嘲弄很快转变成怀疑和恐惧。他 2 月再次入院，这让民众再也无法维持礼貌了。现在小孩已经向他扔石头，而不是以前扔的残羹冷炙。文森特常常喝得醉醺醺的，轻蔑地对待他的抗议者们，将众人的恐惧斥为“荒谬”，将众人斥为一群迷信的乡巴佬，这让事态火上浇油。文森特坚信要强硬回应对画家的落后偏见，对民众们反唇相讥。他说，他们已经恶劣至极了。“我已经去过两次隔离病房了，还能有更糟糕的地方让我去吗？”他与房东（他在本地区还有其他房产）的纷争愈演愈烈，这可能导致了邻居决定采取官方行动。到2月底的时候，文森特已经不再冒险亲自上街，只能支使女佣去跑腿。

请愿书一递交，这几个月的流言蜚语、私仇积怨立即公开化了。自从去年文森特与旅馆老板卡莱尔产生了争执，警察局长便认定他就是喜欢惹是生非，这次便派警察挨家挨户收集能证明请愿书中各种指控的证词（镇长颁布命令，“要确定梵高的疯狂程度”）。证人（只会记录他们的年龄、性别和职业）将事实、传闻和怀疑添油加醋，再一股脑儿地倒给警察。他们说文森特在大街上追逐孩童，意图“伤害他们”，并且酗酒成性，说话咕咕哝哝，前言不搭后语。

有个女裁缝控诉说自己被文森特“拦腰抱住，举到空中”。其他人的证词则没那么具体，他们声称看到文森特“恣意妄为，对女邻居上下其手”，还“随意调戏她们”。有个人谴责文森特在女士“面前还口出淫言秽语”。与文森特共住黄屋子的杂货商弗朗索瓦·克拉弗林绘声绘色地讲述文森特如何“走进我的店里，侮辱我的顾客，还乱摸女人”。据称，不止一个目击者看见文森特尾随女士回家——还堂而皇之地跟了进去！这让大家都“很没安全感”。这些目击者的证言里充满了狭隘的判断：他们大呼文森特为“疯子”，断定他“精神错乱”，宣布这已“激起公愤”，并一致要求把他“送进特殊机构，限制其自由”，或干脆将其“关禁闭”。

在主宫医院习以为常的禁闭中，文森特在一封给提奥的信中猛烈抨击了诬告者。“那么多人都如此懦弱，只敢聚众欺负一个人，”他生气地奋笔疾书，“况且还是个病人，这个发现真是个令人惊愕的打击。”他称他们为“爱管闲事的蠢货”、“阴险恶毒的懒汉”、一群满心只想扳倒自己的“讨厌鬼和胆小鬼”。文森特要求在镇长或其他政府官员面前开一场听证会，并如愿以偿。他在会上最终说出了一直萦绕在他脑海中的辩词——他一直都饱受偏见和阴谋诡计的困扰。他坚持认为有人刻意夸大了12月的事件。有人认为他对除自己以外的所有人都造成了危害，文森特对这种看法嗤之以鼻。

> 我直截了当地答道，如果能一劳永逸地让大伙儿满意，我已经准备好去做任何事，比如一头扎进水里淹死。即使伤到了我自己，

无论如何我也不会对他们做这种伤天害理的事。

至于请愿书中详细描述的怪异行为，文森特称是诬告者先挑衅的。他坚称："小孩，甚至大人聚集在我的住处附近，爬上我的窗户（好像我是什么怪兽）。如果警察能保护好我的自由权利，不让这种事发生，那我也本可以保持冷静。"他大声说，要是其他什么人早就掏出手枪，一枪崩了这些"看热闹的白痴"了。文森特转败为胜，反而要向折磨他的人索取赔偿。"他们向我提出抗议，我也要向他们提出抗议，"他反击道，"他们要做的就是给我损害赔偿金……以补偿由于他们的错误和无知给我造成的损失。"

文森特自比为维克多·雨果般的英雄，惨遭"卑鄙小人"的迫害，遭受恶言中伤，饱尝牢狱之灾，却坚信自己为子孙后代树立了"永恒的榜样"。他说无论他做了什么，都是为了新艺术，这"始终都是他离经叛道的缘由"。如果这样做会让自己落在白痴懦夫的手中受苦受辱，失去尊严，那就这样吧。他轻蔑地宣称："艺术家是辛勤工作的人，岂是随随便便来个闲人就能打倒的。"他还补充道："这些小插曲最终只会对'印象主义'有益处。"

连文森特的医生都不肯为他出头辩护，这让他愈发感到作出了巨大的牺牲，感觉被出卖了。起初，他同意牧师萨勒斯的看法，"这种情况应由医生作出判断，而非警方高官"。但文森特的旧病复发来得既突然又猛烈，这让主宫医院的所有医生都陷入困惑，变得愈加谨慎。他们无法达成一致的诊断——这会儿说是癌症，过会儿又说是癫痫，也不敢预判什么时候会复发，或者到底会不会复发。其中一个叫德龙的医生已经向警方提供了一份报告，证实文森特是"精神错乱"，并支持请愿书中将其赶出社区的要求。萨勒斯称"将一个对任何人都无害的人长期关押起来，实在是暴行一桩"，雷医生对此深表同意，但是连他也不能否认官方裁决中的说法，即认定文森特对公共安全构成了"潜在威胁"。不管如何，面对下定决心的警察局长、盛怒之下的房东、优柔寡断的镇长和心生惧意的市民，一个年纪轻轻的实习医生能做的也实在有限。

虽然文森特愤怒地反抗着，但他2月25日到3月23日这一个月里都住在了主宫医院——其间几乎一直都被独自"监禁"在观察室中。甚至可以说，文森特的愤愤不平恰好证明了他已失常。他对不公平的监禁表现得越愤怒，就越验证了他是个"危险的疯子"。他吃了很多苦头，才意识到即便独自在观察室中，看守还是能想办法惩罚他。他们抢走了他的随身酒壶，还有烟斗和烟叶。他们不许他看书，不许他到外面透气。萨勒斯牧师从黄屋子给他带来了颜料和画笔，但是因为这些画具“会让他疯狂”，所以它们很快也被没收了。“我想念工作，”文森特忧闷地记录着，“工作让我心无杂念，或者说让我井井有条。”连续好几周，他既没给别人写信，也没人写信给他。文森特说，萨勒斯偶尔过来拜访，除此之外，只有“让他不得安宁”的医生陪伴着他，如同“黄蜂叮着水果”。他毫无隐私可言，日日夜夜都有人看着他。

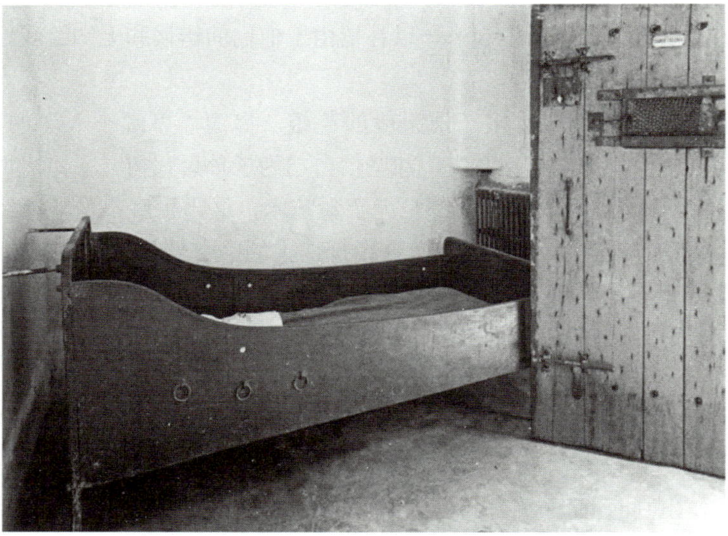

隔离病房，阿尔医院

在医院受到的侮辱和不公正待遇触发了新一轮暴风雨般“难以名状的苦痛”。每次遇到困境，他都既震惊，又厌恶。“痛彻的悔恨”和“对人生的厌恶”这两种感觉交替着向他袭来。他长久地陷入可怕的沉默，默默地等待下一次发作。这样的情绪循环实在太痛苦，他被几乎全裸地铐在床上，手捧着头，凝视着黑暗的虚空，在“我灵魂的秘密法庭中”为自己的案件重新辩护，他回想起看过的书和爱着的人，想象他本应该画出的美妙画作，回顾导致他如今身陷此境的所有错误。“一切皆虚无，”他感到万念俱灰，“真可惜……我宁愿去死也不想惹出这些麻烦并饱受它们的折磨。”

提奥的婚礼定在4月18日，在此之前的一个月他忙得像陀螺似的。

夹层上的莫奈展大获成功，评论家奥克塔夫·莫斯在《费加罗报》上“激情迸发”地对其大加赞扬，更让这次展览锦上添花。提奥在给乔的信中写道：“我真是觉得晕乎乎的，大家为展览忙得脚不点地。”他还在紧凑的日程里忙里偷闲，抽空去树木葱茏、生活宽裕的帕西郊区拜访乔的哥哥安德里斯和嫂子安妮，三人一起在小树林中悠闲地散步。若是在市区，提奥便会和朋友逍遥到很晚，这样的夜生活通常以吃晚餐开始，再观赏一出戏剧或听一场音乐会，接下来到林荫大道旁的小酒馆小酌一杯，闲聊到午夜之后。

为了乔，提奥听了贝多芬非常“美妙”的第七交响曲，还去看了雷高克的滑稽歌剧《小公爵》，里面天真的爱情和稚嫩的调情让他想到了乔。总有外地宾客突然来访，捎来远房亲戚对期待已久的婚礼的祝福。无论回去得多晚，多亏室友德•哈恩，他从来不用面对空落落的房子。德•哈恩经常在勒皮克路上的公寓中招待自己的客人。

在如此忙乱的时候，提奥还是设法抽空制订了婚礼计划。他精挑细选了一套餐具，在宴会设施和礼服租赁上讨价还价，合理分配了亲戚赞助的礼金，妥当安排了证婚人，仔细考虑了选择去哪里度蜜月，同时还密切关注了乔在荷兰那边为婚事忙得怎么样了。（提奥问道：“你的婚纱是什么样的？”）

当然，没有什么准备比新房装修更重要的了。为了装修，提奥耗费了巨大的精力，不时要应付与家具、布艺和墙纸相关的琐事。“漆工和初步装饰已经完成了，”2 月 25 日文森特第二次被警方带走那天，提奥宣布，“但我发现，原来法国人不是个个都品位高雅，真令人遗憾。”他已经开始在新房中悬挂油画，但还是对最终的布局安排犹豫不决，墙纸样品也不停来往于巴黎和阿姆斯特丹之间。提奥有点焦躁不安：“我真怕最后变得过于好看了。”

日常生活纵然喧闹纷扰，背后总有书信往来作为坚实的基础。提奥一周三四封信，细述每天平凡生活中最重要的事：他对乔的爱以及他们共同的未来。“我终于不再孤单，对此我心存感激，”他在 3 月 7 日给她的信中写道，“我的人生也不再漫无目标。”初春的第一天，他打开新房窗户，感受到了未来的一缕清风。“突然间，一位街头艺人弹起了吉他，还有个十岁左右的小姑娘在唱歌，”提奥向乔描述说，“她轻柔的歌声在空气中闪闪发光，没人知道她唱着什么，大概是春天、爱情、阳光之类的。”“我最亲爱的，”他写道，“能有那样的时刻，我要谢谢你。”他称她为“我的宠儿”、“小甜豆”和“未婚妻”，她则唤他为“我最亲爱的丈夫”。他们共同倒数一起生活的那一天。差不多提前一个月——婚礼前六周多，他终于确定了回阿姆斯特丹的日子。

至此，每封信里文森特的名字至少出现一次：要么是提奥担心地抱怨（“阿尔那儿有消息吗？”），要么是乔礼貌地问询（“还是没有文森特的消息吗？”）。偶尔乌云会遮蔽他们阳光般灿烂的日子，比如当他们得到消息，文森特2月末又被送进医院时——“这次是邻居提出的要求，”提奥写道，“他们可能害怕他。”但是到了3月中旬，遥远的哥哥已经被简略成“那阿尔呢？”“要是没有这个悲惨的瑕疵，我们的天空该多晴朗无云啊！”提奥叹息道。

同时，萨勒斯已经开始大声疾呼，为文森特寻求帮助了。“一定要作决定了，”在通知提奥文森特第三次被强迫入院时，牧师要求提奥道，“你是想让哥哥回你身边，把他送到你选的医疗机构，还是就把他留在那儿任由警方处置？已经到这时候了，一定要给个明确的回复。”

两个月来，一直有人要提奥把文森特送到艾克斯或马赛的精神病院，接受专业治疗，但他设法回避了这些要求。因为他不想把治疗方案强加给执拗的哥哥（“绝不允许任何人不与我商议就采取这样的行动，即使你或者医生也不行。”文森特警告说），再加上对文森特的痊愈尚抱有希望，所以提奥一次次采取了拖延策略。情况越来越糟，提奥与生俱来的谨慎恰好与萨勒斯虔诚的乐观精神、雷恭敬的优柔寡断以及文森特的强烈反对不谋而合。（“就让我安安静静地继续工作吧，”文森特耸耸肩，“如果这也算疯子的话，那就太糟糕了。”）文森特病情的突然反复击溃了提奥的所有决心，让他在希望和绝望中摇摆不定，有时这种迟疑不决会出现在同一封信中。

如果说把哥哥托付给精神病院实在太困难，那带回家又太不堪设想了。从一开始，提奥就在雷和萨勒斯面前回避这个话题，这令他俩非常吃惊。提奥还回绝了妹妹惠尔的提议，惠尔在布雷达照顾年迈的母亲，希望也能让文森特过去。惠尔在信中写道：“我希望文森特能回家。别人照顾他的时候，我们却什么都不做，这实在太不正常了。”他们的母亲安娜也反对惠尔的建议，她在信中写道：“显然文森特就是个可怜虫。”那时距离文森特的父亲骤然长逝快四年了，但母亲还是无法原谅他。

但是与此同时，2月看望过梵高家女眷的乔，也开始参与到此事中来。“亲爱的提奥，”她亲切地问道，“为什么文森特不能像其他普通病人一样回家呢？”乔记得提奥之前对哥哥很维护，称他有“尊贵高洁的灵魂”，因此她认为文森特在一个“安静友好的环境”中，肯定会比在医院里或独自一人康复得更好些。“那样不是可以让他镇定平静下来吗？在我看来，独处会让他重新自寻烦恼。”如果不能回布雷达，那去巴黎也好啊！乔大胆提出:“如果他现在在巴黎,你就可以很方便地看望他。但目前的情况是,他孤独一人，又远在异乡。”

提奥急切地向乔列举原因，说明为什么在如此情况下，乔的提议显而易见是不切实际的。“如果你认识他，你就会了解，区分一定要做什么和能做什么有多难。”他写道，“一看到他的穿着打扮和举止风度，你就知道他异于常人。多年来，每个人看到他都要说他是个疯子。”提奥承认，这种行为放在艺术家身上可以理解，甚至是种优势（“许多画家疯了后反而开始创作出真正的艺术”)。“但是在家里，”提奥坚持道，“这种行为是万万不能接受的。”

他又开始述说文森特当年在巴黎遭遇的惨败，那些年模特不愿为他摆姿势,路人不断骚扰他,他准备画画时警察就把他从街上赶走。“到最后,他受够了巴黎。”提奥说。当然，巴黎也受够了他。“即使是他当时的好朋友也觉得他难以相处，”提奥努力解释着，“他说话的方式让大家对他的感觉走向了两个极端，要么爱得不行，要么忍无可忍。”提奥还暗示文森特已被艺术家同僚们抛弃（他神秘兮兮地提到“树敌很多”)，对于乔提出的文森特能在家庭的温暖怀抱中静静疗养的设想，提奥也温和地驳回了:“对于他来说，没有安静的环境……他不会放过任何人、任何事。”

提奥不想让文森特来巴黎，为了寻求支持，他最终还征求了路易·里维的意见，他是文森特在巴黎时的医生，并以“精神紧张”为掩饰继续医治提奥日益恶化的梅毒。提奥 3 月初向大家宣布 :“里维提出，我也同意，即使文森特已经康复，他在最糟的医院里都会比自己照顾自己更好些。里维强烈建议我暂时不要把他接过来，因为他对人对己都会是个威胁。”为什么不把他转移到巴黎或附近的私人精神病院里去呢？正如乔建议的那样，“这样不是方便你去看他吗？”按照提奥的说法，里维医生对这个问题的回答是 :“通常，全法国的精神病机构都设施完备……而且免费和付费的病人能接受同样的护理和治疗。”

当然，提奥从来都不和文森特提钱的事，但从文森特来信的字里行间可以看出，为治病花的每一分钱和被剥夺自由不许工作也就不能偿还不断增加的债务的每一天，都让文森特心怀愧疚。“如果不是绝对有必要把我关到病房中，”1 月时他写道，“我还是有支付能力的，至少能用实物偿还我欠的东西。”提奥在一封信中与乔谈及这个话题，承认兄弟俩的投资都有风险。“虽然他对金钱没什么概念，”为了维护之前在乔面前虚构出的文森特自由无私的形象，他写道，“但是如果我们的投资全赔掉的话，他也会不安的。”

但钱的问题一直在提奥心头萦绕。他认为婚姻本质上是财务责任，所以钱促成了他所有的决定，也让他犹豫不决。妹妹惠尔和利兹寄来了一些父亲的遗产，供支付文森特的治疗费用，而提奥却把钱存到了银行里，并告诉她们："他现在的治疗是免费的，没必要作出什么调整。"如果妹妹花掉了遗产，提奥会找一天上门拜访，要求她们把花的钱再还回去，作为结婚的嫁妆，或者作为以后成为老姑娘时的养老金。

毫无疑问，内疚使文森特拒绝了提奥2月末发出的热情的婚礼邀请。因为乔发自内心地同情文森特，这使提奥羞惭不已，才最终发出了邀请。文森特谢绝了邀请，提奥对此一定松了口气，而不是大吃一惊。"你能让我去巴黎，这已经很好了，"文森特写道，几天后他将又一次被警察抓住，"但是我觉得大城市的繁华刺激从来不适合我。"既然文森特不愿意来巴黎，乔便力劝提奥去阿尔。为了减轻自己的愧疚，也为了再次给乔一个交代，提奥提议再派一名画家去阿尔，重新点燃文森特对中央高原如火的热情。"能让他内心平静的事情，我能想到的只有这个了。"提奥解释说。

一开始，他本来准备只考虑像阿诺德•科宁或梅耶•德•哈恩这样的同胞，因为他们言行审慎，值得信任。但是文森特突然感到羞愧难当，临时退却了。"我身上发生了这样的事情，我再也不敢邀请画家来我这儿了，"他写道，"他们这么做可是冒险，可能会像我一样失去才智。"这个计划搁浅了一个多月，文森特在阿尔渐渐音信全无，而针对他的请愿书中的细节却越来越翔实。到3月中旬，提奥终于说动了保罗•西涅克，他正好要去风景如画的小村镇卡西斯度过每年一次的暑假，那儿距离阿尔75英里左右。"西涅克是我的一个熟人，下周就要去阿尔了，我希望他能做点什么。"提奥含混地告诉乔。"我也想亲自去那儿，"为了安抚乔，他补充道，"但我去了也没什么用。"

提奥却按计划去了荷兰。他搭乘了3月30日出发的通宵火车——那天正是文森特的36岁生日。

西涅克和文森特不得不破门而入。为了防止闲人入侵，当局不仅关紧了百叶窗，在大门上贴了封条，还堵住了锁孔。有些不友善的邻居试图阻止画家回到犯罪现场，吵吵闹闹地又把警察引到了文森特家的大门口。不过西涅克设法安慰了这些邻居，他的游说能力和他的艺术创造力一样，令人信服。"他又善良又直率，"文森特赞赏有加地写道，"他们一开始不让我们进屋，但最后我们还是进去了。"

两年前这两位艺术家曾在塞纳河畔有过一面之缘，之后就再也没有见过面或通过信。文森特详细描述了他们共度的那一天，仿佛这是他初次遇到25岁的西涅克。“我发现西涅克非常安静，尽管听说他也有狂暴的一面……他给我的印象是持重、优雅。”他俩在医院碰面，雷医生同意他们出去走走，这可是文森特一个月来头一回出门。一到黄屋子里，文森特就开始展示自己的画作，还赠送了一幅画给年轻的西涅克。他们无所不谈——艺术、印象派、文学、政治，这一个月来独处的文森特只能自言自语，现在终于可以一吐为快。

他滔滔不绝地向西涅克诉说满腹的委屈和所受的伤害，他本来准备把这些话说给另一个人听的。他抱怨这里的医院缺乏隐私，自己极力克制着去巴黎的冲动——他对提奥可不能那么直接。他表达了自己对住院费用的焦虑，还猛烈抨击了仍要监禁他的相关部门——这明显是对提奥的谴责，后者不但不来救他出院，还把兄弟之责推诿给一位陌生人，并决定去北方而不是南方。西涅克后来回忆道，这些想法让文森特异常“不安”，他将文森特不稳定的情绪归咎于怒吼着敲打窗户的“干冷北风”。文森特一度非常躁动不安，拿过一瓶松节油，喝了起来——被禁止饮酒以来，绝望的他便用这个作为酒精的替代品。

提奥的婚事慢慢渗入文森特的脑子里，让他原本就脆弱不堪的世界更加摇摇欲坠。几个月来他一直拒绝接受这个事实。圣诞节那次发病后，文森特恢复了意识，他含糊地认为这根本不是结婚，而是提奥和安德里斯•邦格重修旧好。“看到你和邦格一家重归于好我真是太高兴了。”1月时他在病榻上写道。后来他终于接受了这个事实，心不在焉地祝福着提奥（“房子终于不再空荡荡的了”），并一直刻意回避提及乔的名字（婚礼前几天他才开始称她为乔）。他还一度公然建议提奥“跟那姑娘上床”就行了，别娶她。“毕竟，这在北方是常规做法。”他补充道，阴阳怪气地意指提奥有众多情妇。之后他还大肆诋毁婚姻，称它不过是出于体面而不得已为之的事情——其功能是取得“社会地位”和履行尽孝的义务，与爱情毫无关系。

但是提奥不停地汇报新房装修的情况，在信中倾诉着对乔的思念。这让文森特陷入了痴心妄想，每次他弟弟威胁要结婚时，他都会这么想。“你有一个安全无虑的家庭，对我来说也好处多多。”文森特在信中提议三人同住。在德伦特时，他曾邀请提奥的情人玛丽加入兄弟俩在荒野上的任务，他把乔想象成工作伙伴，新艺术的代表：“她可以加入我们，和艺术家们一起工作。”在巴黎时（提奥第一次准备和乔共同生活），他又幻想这对新人会在乡下买座房子，好让他在里面挂满画。文森特心中并未将这桩即将到来的天作之合看成是婚姻，而是看成不过是为了保证兄弟俩未来共同事业的成功而进行的结合。“到了春天，你和你妻子就能成立一个造福好几代人的商号了，”他写道，“一切都稳定后，我只要谋一个画画的职位就行了。”

但在隔离病房的一个月使这些念想都化成了泡影。3月末出院时，他对婚姻的态度有了转变。一个月来苦苦等待提奥的拯救，却连他或乔的一封信都没收到，这无疑证实了文森特心底最害怕的事情。婚姻只意味着一件事：抛弃。而且没人告诉他婚礼计划，这使情况更加糟糕。他不知道结婚仪式的地点，甚至连时间都不清楚。就好像大家都生怕他会跳上火车，在没有邀请也不受欢迎的情况下鬼魂般出现在婚礼现场，破坏家里的大喜日子，就像之前扫了大家的兴一样。

提奥最后还是给文森特写了信，催促文森特也娶个妻子，好分享他的喜悦，但这已于事无补。提奥还称幸福的婚姻是“真正的南方”，这对文森特来说太过残忍。这条提议让文森特顿时感到最深的绝望，因为他眼看提奥已渐行渐远，而他永远也追赶不上了。“还是把婚姻留给心态平和、诚实正直的人吧，我这么做是对的，”他写道，“我的过去如此沉闷腐朽而又支离破碎，无法建立光明美好的未来。”

西涅克的到来——宣告了手足之责被彻底放弃——使文森特从此跌至悲伤的谷底。他态度刻薄地要求提奥在婚礼结束前，不要用他在医院的禁闭之类的琐事来烦他。“让我一个人在这儿安静地待着吧，”他说，“除了没有自由……我过得也没那么差。”在他们信件往来中的一段最为阴暗和绝望的文字里，文森特发誓终身不婚，说自己绝无可能爱上什么人而又同时不伤害到她。“如果不用孤独终老，对我来说当然最好不过，”他写道，“但是我宁愿一辈子都住在病房里，也不愿另一条生命为我牺牲。”他与西涅克的交谈恐怕也满是他因提奥结婚而感受到的痛苦。这从他立刻写给年轻艺术家的信件中可窥得一斑：

> 天哪——那些提交一些必要文件后就肩负重任的可怜虫，蜂拥至围城内，没想到里面的暴行是最残忍的食人魔都做不出的。结婚如活埋，还要忍受凌迟般的婚宴和葬礼般的排场，难道他们不值得同情吗？

但是，西涅克的来访也为文森特指明了一条新的道路。画家朋友的陪伴、他们的谈笑风生、画室的流程，让文森特得以一瞥他魂牵梦萦但并不熟知的画家生活。文森特大胆设想，也许这次可以重新开始——完全依靠自己。只要他身体康健，头脑清明（大概只有他自己这么想），他一定能在常人的生活里勇往直前。西涅克从卡西斯写信给文森特，不冷不热地邀请他“来研究研究这个美丽的村庄”，文森特便开始抱有幻想，他和西涅克可以“一起找个地方”，在中央高原的艳阳下共结画家间的兄弟情义。

他给西涅克寄了一封充满溢美之词的信——不仅用文字，也用素描生动描绘了一幅令人心动的画面：蔚蓝海岸上一栋日本风格的新房子。如果他不能结婚，至少他还有知己。“在真挚的友情里，我能找到最大程度的安慰，甚至得到最好的治疗，”他在一封给西涅克的信中写道，同时还指责了无情的弟弟，“虽然友情也有缺点，那就是让我们在遭受极大苦难的日子里不情愿地安于现状。”

当与西涅克共同生活的美梦如同其他幻影一样破灭后，文森特将注意力投向了阿尔的新生活。大家劝说文森特不要回拉马丁的家，以免邻居又来惹是生非，他便同意由萨勒斯帮忙在城里其他地方找个公寓。“我一定要有固定的工作，”他写道，憧憬着即将到来的自由，“这样我就可以去马赛或者更远的地方旅行。”但是萨勒斯牧师能找到的唯一乐意租房的房东就是雷医生，后者答应把他母亲家中的两间“非常小的房间”租给文森特。（“与那个画室根本不能比。”文森特抱怨道。）文森特一边筹划着在复活节（4 月 21 日）前搬出黄屋子——这是房东设定的最后搬家期限，一边说服好心的医生让他在医院场地内或附近练练“手艺”。3 月末，他要求提奥帮忙订购颜料，他自己则去城里购买其他的日用品。

他又开始了新一轮的创作：第五幅《摇篮曲》，而且又画了一幅邮差鲁林的肖像，鲁林在西涅克走后不久也去阿尔拜访了文森特，重新激起了文森特对中央高原塔塔林式的幻想，那里的乡民开朗愉快、无忧无虑，有“强健的体格”和无法抑制的“高昂斗志”。然后，他履行了自己在 1 月许下的诺言，那时他以为自己马上就要康复，恢复常态了：“好天气马上就要来了，我得开始准备继续画繁花盛开的果树了。”首先他画了一幅很大的美丽家园远景，上面有一株盛开的桃树，使人想起一年前雄伟壮阔的克劳平原；然后是一幅近景画，翠绿的草坪上点缀着蒲公英，中间有一棵歪歪扭扭的树，果然法国南部也颇有日本意境。

接着，他为医院的花园画了一幅素描和一幅油画，重现了阿尔的乐园景象，花圃里栽着枝丫巨大的黄杨木，整个花园欣欣向荣。“有勿忘我、圣诞玫瑰、银莲花、金凤花、桂竹香、雏菊。”文森特一一列出来——在监狱般的高墙内，在枯燥的死亡之路上，他还默默怀有一颗生机勃勃、充实宽厚的心。

《阿尔医院的院子》，1889年4月，布上油彩，$28\,^{3}/_{4}$英寸×$36\,^{1}/_{8}$英寸。

为了迎接新生活，文森特摆出一副孑然独立、内心平和的姿态。他郑重地通知提奥“我已踏上迅速康复之路”，并声称除此之外他别无他求。因为害怕状态恶化可能导致病情复发，也因为一直相信自己仅用意志力就可以平息内心的暴风雨，他决定用日本式的宁静态度和伏尔泰式的超然乐观态度迎接未来。“不管怎样，我正在重新获得一种平静，”他对提奥说，想起了神父潘格罗斯和福楼拜笔下的喜剧人物布瓦尔和皮丘切特，“可能我们能做的，就是拿自己微不足道的不幸，甚至整个人类的巨大悲伤来取乐。像个男子汉那样去直面一切吧。”他拒绝接受自然主义所表现出来的逼真现实，转而投向他年轻时读到的能宽慰人心的和情感充沛的著作，比如《汤姆叔叔的小屋》和狄更斯的《圣诞颂歌》。“我读这些书是为了冥想。”他对妹妹惠尔说。

他画画也是为了冥想。有个日本僧人，为了遏制心魔，一生都在研究“同一片草叶”，文森特模仿这位僧人，画了很多花朵、蝴蝶、旋涡状草丛的纹饰——这些图片精准得就像植物学研究，但又是实打实的抽象画。过去，特别是为了让提奥高兴，文森特有时会画一些自然主义的画，但现在对自然的亲近让他的心境和艺术都走向了新的方向。

为了寻找内心的宁静，文森特把目光既投向过去，也投向未来。他有生以来第一次从科学那里找到了慰藉。雷医生恶作剧地说爱情是由微生物引起的，文森特抓住这个理论，猜想自己的忧郁和懊悔情绪“可能也是由微生物引起的”——这样想来，他的悲惨人生就不是无法规避的殉难，而是不公宇宙的“小小意外”。“我开始觉得狂躁症和其他病一样，没什么特别，这样我就能完全接受了，”他写道，“几乎所有我们认识的朋友，多多少少都有点这种病。”

但是，这毫无用处。失败、过错、遗弃如影随形。“哦，如果什么事都没发生过，我的生活未变得如此一团糟就好了！”他在描述自己创作的花园画时突然感叹道，“你想，我在南方的运气不比在北方好到哪儿。到哪儿都是如此。”他抱怨总是有一种“难以名状的、含混不清的悲伤情绪在暗涌”，而且在遥想未来时，也看不到“好运降临的可能”。想起自己“懦弱的性格”，还有在黄屋子时“悲惨的挫败”，他不由自主地满怀歉意。（“但是我们不会再这样了。”他及时打断自己的思绪。）他把自己的支出账单愧疚地塞到了新袜子里。

神经兮兮的妄想，以及对隐私和工作的渴望，让文森特离开了医院，但是一想到要自力更生，他就感到害怕。“我当然得搬出去，”他畏怯地写道，“一旦我想明白了该怎么办。”他向西涅克吐露道，每次他的头脑“就要回到正常状态时”，他就会感到“内心被巨大无比的绝望的空洞占据”，然后恐惧又一次向他袭来，周而复始。

为了防止发病，他服用溴化钾，但是这药抑制了他的激情，搅浑了他的头脑。“我不是每天都能保持头脑清醒并写出逻辑通顺的信件。”他向提奥坦白道。如果他连月份都记不清楚，疲惫到无法提笔写信，那他如何独自生活呢？他在离开医院的那段时间里，没能抵抗住自我麻醉的诱惑而喝了酒（尽管他承诺要“清醒地生活”）。或者有时他脑海中一道闪光，情不自禁地想起了远在荷兰时发生的那些毁灭性的事件。这些都让文森特的情况雪上加霜。

文森特猜测婚礼已经结束，终于写信给提奥，接纳了他原来拒不承认的一切。他希望弟弟一切都好，感谢他这么多年来所付出的爱和善意，并最后一次为自己回报太少而道歉，他决定就此放手，不再纠缠提奥。文森特还宣布道，提奥尽可以在别处寻求“体贴”与“安慰”，现在是时候“将这种爱尽可能地转移到你妻子身上了”。

《阿尔医院的病房》，1889年4月，布上油彩，$29\ ^1/_8$英寸×$36\ ^1/_8$英寸。

几天前，就在婚礼前夜，文森特告诉萨勒斯："我没办法照顾自己，控制自己。我觉得整个人都和以前大不相同了。"他要求"立刻"住进精神病院。

这个决定让萨勒斯非常吃惊，他以为文森特"肯定在好转"——"那些麻烦事似乎全无踪迹"。医生都同意他出院，新公寓也安排好了。就在两人去签订租约的路上，文森特的内心又崩溃了。萨勒斯说道："他突然向我坦白，说自己暂时还无法自力更生。如果能在精神病院再待两三个月，那就太明智了，对他来说也再好不过了。"

文森特写信向提奥宣布他的决定，但不想作出解释，希望提奥能原谅他对此避而不谈。"谈论这件事对我来说是精神上的折磨。"他说。但是几天后，他连发了几封信，信里全是他突然改变主意的理由。有平淡无奇的理由（"我心神恍惚，前段时间没法控制自己的生活"），也有惹人怜悯的理由（"我的一生都活在一个'空洞'里，我时常精神恍惚，这种状态不是刚刚开始，而是由来已久，所以不管别人为我做了什么，我都不知该如何平衡生活"）。

然而，真实的原因是显而易见的。他这么做是为了提奥。"为了我自己内心的平静，也为了不打扰别人，我愿意把自己禁闭起来，"他对弟弟说，“我很抱歉，给萨勒斯先生和雷医生，特别是给你，添了那么多麻烦。”但是随着大喜日子的临近，萨勒斯告诉了提奥一个令人焦虑的事实。“你肯定不相信，你哥哥因为担心自己给你制造不便，而有多么担忧和焦虑。”牧师写道。文森特特别担心出院后突然发病而“当众出丑”。如果那样提奥将被迫作何处理呢？“我的弟弟啊，”他对萨勒斯大声说，“他为我做了那么多，而我现在还不停给他惹麻烦！”

几个月来，提奥一直在等文森特对自己的命运作出选择，然而当这一刻最终到来的时候，提奥还是犹豫了。一想到哥哥要进精神病院，哪怕只待上几个月，他就觉得“反感厌恶”，这完全粉碎了他让文森特在医院里度过“康复期”的设想，让他那些拜伦式和堂吉诃德式的故事也白讲了，而且在他准备组建自己的小家庭的时候，给整个家族蒙上了一层阴影。提奥因这个决定痛苦了很久，羞耻感让他发狂似的试图劝说文森特放弃这个决定。他和乔赶到巴黎（推迟了蜜月），不太情愿地反复邀请文森特来巴黎。他甚至建议文森特也许可以在阿旺桥与高更相聚，共同消暑——这简直荒唐到家了。

他对文森特选择的精神病院也提出了质疑。在萨勒斯的推荐下，文森特挑选了阿尔皮勒山麓小镇圣雷米的一家教会附属的小型精神病院，这里距离阿尔东北约15英里，阿尔皮勒是阿尔卑斯的一座巨石壁垒，站在克劳的地平线上可以看见。几个月来，他和文森特通信时，一直只考虑艾克斯和马赛附近的大型公立精神病院（也更便宜些），文森特选了这个小型、私立、花销大的疗养机构，让他很是吃惊。虽然为时已晚，但他还是建议文森特多调查一下这些病院，不管怎样都应该多收集些信息，再作最终决定。不管文森特决定去圣雷米还是其他地方，提奥都敦促他缩短停留时间——从三个月到一个月，并且坚称这次是露营般的休养，而非精神病的治疗。

即使提奥不断拖延，要求文森特重新考虑，但他的所作所为还是证实了文森特心底里的害怕，就是这些担忧导致文森特突然改变了心意。提奥喜不自禁地向文森特汇报婚礼的情况，欣喜若狂地宣布他和乔简直是琴瑟和鸣。“我们相互了解，彼此都能完全感受到对方的满足感，”他写道，每一次不假思索的感叹都加深了文森特的伤口，“所有事情进行得都比想象中顺利，这样的幸福我过去连想都不敢想。”

提奥劝说文森特放弃原来的决定，但又对他的需求感受迟钝，这让文森特更加极端地逃避和退缩。“我去参加外籍军团五年，这样就能摆脱混乱的生活了，”4月末时他这样写道，“我觉得我宁愿参军。”圣雷米的费用比想象中的要高，而且听说可能不允许在精神病院外作画，这让文森特心烦意乱，他设想逃到最南边:阿拉伯的沙漠里。参军后，有人免费“监督”他，他也许还能在军团营房里继续作画。在那儿他也许能重新找到医院病房里才有的秩序和宁静，五年后他“也许会康复，成为自己的主人”。最关键的是，参军后他就能逃离自己的内疚感。“画画的费用已经把我压垮，让我饱受负债感的折磨，觉得自己一文不值，”他有一次爆发时对提奥说，让提奥异常震惊，“如果参军能终止这种感觉，那绝对是好事。”

哥哥威胁加入外籍军团已经让提奥很害怕了（“这么做是绝望之举，不是吗？”他以不无指责的口吻回复道），文森特还给他寄了一份报纸，里面的报道称一位不知名的马赛艺术家自杀身亡了，这对提奥来说是更恐怖的威胁。“这篇报道让人看到了蒙提切利，”文森特暗示这位中央高原的艺术大师死得很不体面（传闻是自杀），他的死一直萦绕在文森特心头，特别是黄屋子的失败事件之后。“唉，这又是一个凄惨的故事。”文森特暗自思忖，如果自己不是那么失败，是不是可以拯救这位无名的伙伴？“因为对报道中提到的这位可怜鬼画家来说，一间画室没准能有帮助。”昔日的梦想已逝，仅存“深深的懊悔”、高额的开销和忠诚的提奥。“如果没有你的友情，”他警告顽固的弟弟，“其他种种会让我毫无悔意地自杀，而且以我这么懦弱的性格，我也该自我了断。”

最后提奥别无选择。他同意多付费用，并按要求给圣雷米写入院信(要求最便宜的“三等”食宿)。在遭到拒绝的最后关头，他反复向精神病院院长保证：“哥哥现在的精神状况没什么问题，让他住院只是为了防止旧病复发。”对于文森特，弟弟这样说是最好的安慰：“从某个角度来看，你不再是大家怜悯的对象，尽管看起来好像不是这回事……有个好心情，你的不幸肯定就要结束了。”

到5月初，文森特已经把黄屋子里的东西打包好了。这可是件折磨人的工作。他不在的这段漫长的时间里，暖气被停掉了，附近罗纳河的河水差点淹到大门口。在寒冷、黑暗的潮湿环境里，水汽和盐分从墙上渗出，房间里到处发霉。很多素描和油画都被损毁。“这真是个打击，”他承认，“不仅画室遭难，本来能当个念想的习作也遭了殃。”他在破烂堆中仔细筛选，想尽可能挽救出更多的作品。他把家具寄放在纪诺家骇人的夜间咖啡馆里。油画要好几周才能完成分类和晾干。《摇篮曲》、《卧室》、《播种者》、《高更的椅子》、《罗纳河上的星夜》、《向日葵》——他把心爱的画一幅幅从画框上取下，中间插入报纸，包裹好，装箱，再寄往巴黎，并附上带有歉意的说明："里面很多都是乱画的，你把不要的都销毁……只留下你觉得看得过去的吧。"

文森特一边整理，一边感觉悔恨阵阵袭来。他只在新公寓里待了几天，就因难以忍受寂寞和噩梦的侵扰而匆忙逃回阿尔的医院，在那停留了最后几天。"这最后的日子的确很悲伤，"他在给提奥的信中写道，

> 但是最让我悲伤的是，你心怀手足之爱为我奉献如此之多，多年以来始终有你支持我，我觉得我一定要回来向你表明我的歉意。

他环视房间，目之所及的不是画室，更像是一座"墓地"，他当场咏了一句绝望的墓志铭："画如花般飘散。"在从阿尔寄出的告别信中，他回顾了自己的艺术生涯，仿佛过往人生的一幕幕在眼前飞快闪过。他要求弟弟归还米勒的农民画和"灰色调的荷兰调色板"，还告诫弟弟"不要彻底变成一个纯粹的印象派。毕竟，对于美好的东西，我们不要忽略不见"。他列出喜欢的画家，害怕以后会忘记。至于他自己，他说："作为一个画家我是难成大器了，我非常肯定这一点。"

即便是在考虑完全放弃画画的时候，他还是在走之前设法画了两幅画。两幅画都是关于道路的。一幅描绘了一家人在公园里的小路上嬉戏玩耍，一丛丛繁花怒放、郁郁葱葱的栗树将公园映照得光影交错。另一幅是一条延伸到远方的路，最终消失在一堵墙后。目之所及的路上有车辙，两边是杂乱的草地和没有叶子的截了梢的柳树，枝干疤痕累累，树形扭曲。

第三十九章　星夜

圣保罗精神病院坐落于山谷，这座山谷早在古罗马时代就吸引了众多游客前来参观。有人将这座隐秘的山谷与贯穿欧洲最高脊梁的神秘的阿尔卑斯山媲美。碧绿的田野和橄榄树林让人不由想起托斯卡纳绵延不绝的乡间美景。作曲家查尔斯·古诺曾说这里是“纯粹的意大利”，是“你能遇见的最美的山谷”。也有人将此地媲美古希腊的阁楼山——原汁原味的阿卡迪亚。

让人生畏的西哥特人曾青睐附近的莱博昂岩石高地——由坚固的岩石中凿出的鹰巢形状的古城不可思议地栖息在阿尔卑斯山的边缘，罗纳河三角洲与阿尔卑斯山交汇。在这片岩石峰顶后面那遥远而肥沃的山谷里，开化的罗马人仿佛找到了他们记忆深处的安全而多山的家园。他们被这里的隐秘和静谧深深吸引，因而在此建造起一座名为格拉嫩的度假小城，用以祈求健康，并庆祝罗马精神的复兴。

10 世纪，为建造附近的圣雷米城，格拉嫩城遭遇洗劫成为废墟，但这座山谷却再度焕发生机，这种重生力量体现在一个奇迹事件的报道（曾有施工队陷入地中，而后遇难地却开出一片花海）和由此建起的一座修道院中。怀着跨越千年的景仰之心，修道院的建设者们以光辉的古罗马遗迹为其命名，这处遗迹是一座高耸的葬礼纪念碑。在接下来的 800 年间，圣保罗修道院的教堂吸引了上千名朝圣者，尤其是那些想要让自己烦乱的内心和脆弱的精神得到救赎的人们。山地城堡很坚固，虽历经天灾和人为破坏，却最终得以保留下来，没像低地地区的建筑那样化为废墟。19 世纪初，宜人的气候、静谧的环境以及神奇的治愈能力让这座古老的修道院发展成庞大的建筑群，最终成为精神病人的精神病院。

圣保罗修道院，圣雷米

圣保罗的天主教遗迹很可能曾让文森特和提奥犹豫不决。但精神病院的宣传册（兄弟二人都阅读过）很少提及宗教，更多的强调了在仿佛“宝石上了釉的天空”下，树木、丛林和山间的空气对人的救赎和对异教徒的治疗作用：

> 天空、阳光、空间、高大而壮美的树木、饮用水——自山间流出的清新、充足而优质的泉水——以及对于人口聚集的中心区的远离：这些都是有经验的建造者选址的理由。

在圣保罗罗马式拱门下祈祷的修道院（奥古斯丁修会、本笃会、方济各会），保留下来的只有修女（她们也是这里的工作人员）、晨祷和晚课这样的有条不紊的日常事务，以及弥漫四周的超脱世俗的宁静。实际上，乘火车从阿尔出发经过难熬的两小时车程，爬过自但丁时期就被称为鬼门关的骇人峡谷之后，文森特一定看到了这个低洼的精神病院。树木林立的入口、悉心侍弄的花园，还有青翠的田野，这一切与之前众多朝圣者欣赏到的风景并无二致：在这崎岖陡峭、危险丛生的环境中却自有一片宁静平和的天地。

圣保罗修道院传承了格拉嫩的复兴精神，它不像是精神病院，更像是度假圣地。除了遵守共同进餐和沐浴的修道院例行规则之外，这里的住宿者基本自主生活，但会被远距离地密切监督。圣保罗不再由教堂资助，而是吸引了较为富裕的中产阶级为其提供资金——他们不想让亲属住进拥挤肮脏的公共精神病院，这里可以保证清洁的卫生条件、健康的食品（食材充足、多样、稀有）、经常的外出散心、如画的风景、散热器取暖以及现代医学治疗（秉持“温和而仁慈”的管理手段，也就是说，不会让病人戴手铐脚镣或穿上紧身拘束衣），还提供一系列的“手工制作和娱乐活动”。

当然，住宿条件“根据住宿者所处的社会阶层”而有所差别，不过这里饲养的瑞士奶牛保证了所有人都可以平等地享用“充足的天然奶制品”。另外，这里还设有供妇女从事手工活动（缝纫）的房间以及供男士娱乐（台球）的房间。图书馆里有带插图的杂志、书籍以及供娱乐的各种游戏。供病人弹琴、写作和画画的设施也应有尽有。有用来接待探亲家属的客厅。“社会阶层更高”的人士享有单独的公寓房，有“用人为其提供服务”，上门照顾他们。

圣保罗鼓励病人尽可能多地到户外走动，病人可以沿着林荫小径散步，小径两边都是高大而盘根错节的松树，它们在风的吹拂下变成了形状优雅的单引号。病人也可以在沿途开满蝴蝶花和月桂花的小路上踱步，或者就坐在拱形庭院里的一条石凳上，聆听喷泉沙沙的水声，或者观察燕子在古老的拱门下筑巢。

即使有这些设施，圣保罗也没有住满，所有的床铺都是历史上的某一时期遗留下来的，其时所有的支出都由慈善机构独立承担，病人的心理疾病也由牧师而不是医生来治疗。只有不到一半的房间住了人。文森特 5 月 8 日来到这里，便加入了由 10 位男病人和约 20 位女病人组成的小组（那个时代人们普遍认为精神病患者以女性为主）。收入的缩水让宣传册中描述的“优质食物”和“维护良好的花园”大打折扣。文森特发现餐厅提供的每日伙食“有点发霉”——肉很少，豆子很多，“像一家蟑螂肆虐的巴黎餐馆或寄宿公寓提供的食物”。“疏于照料的花园”数月里无人修剪和除草，给这座古老的石头建筑带来了颓败的气息，很难想象它是能让人精神焕然一新的静养之所。

主管一切的是泰奥菲尔·佩宏医生，他是个体态臃肿的鳏夫，戴着眼镜，脾气急躁，一条腿还有点痛风。法律规定主管事务的应为医生而不是牧师，但还没有完全承认“心理隔离法”的科学性，也就不要求主管医生接受这方面的特殊培训。从职业来看，佩宏是一位眼科医生，从经验来讲，他是一名海军军医。对他来说，这是一份退休后的闲职，他对药品有着大致的了解，对秩序有着军人特有的狂热，对经费像会计那样精打细算。他要求对所有来访和离院进行严格的记录，还经常无情地降低预算。病人如果突然有不当行为，便立即被草率地隔离到一个偏僻的院子里，或者被关进远离其他“寄宿者”的禁闭室一般的病房里。

在这个缓慢而有节奏、被监视、有秩序的世界里，文森特生活得很惬意。“我觉得我选择来这儿是个很好的决定，”落脚没几日，文森特就这样写道，“我从来没有感觉到这样平静。”他向提奥详细描述了这里干净、明亮的空间，他已然把这里当成自己的家。“我有一个小房间，墙纸是灰绿色的，两幅海绿色的窗帘上有浅色的玫瑰图案，”他写道，“非常漂亮。”他对那张古旧的扶手椅赞不绝口，甚至觉得那就是专门为他准备的，“椅子上铺着一张挂毯，上面的图案像迪亚兹或蒙提切利的作品，点缀着棕色、红色、粉红色、白色、乳白色、黑色，还有勿忘我花的蓝色以及深绿色”。当然，窗户都被围了起来，但站在窗前就可以看到大片被圈起的麦田——“这儿的景色宛如范·戈因的风景画”，房间朝东，所以“早上我可以欣赏到太阳在万丈光芒中冉冉升起”。

精神病院有着与世隔绝的宁静，不会被警察、债主、房东、街上的男孩或者窥视的邻居打扰，在这里文森特找到了渴望已久的平静。“这里的一切都有章可循，”他写道，“我内心十分平静。”虽然伙食质量欠佳，但他可以有规律地进餐，适度饮酒，不需要再面对加雷咖啡馆的诱惑。白天他可以在庭院里散散步，欣赏芳香的植物，呼吸新鲜的空气（“和家里相比，这里的空气更好，能看得更远”），或者就是坐在那里观赏美景。“这里的蓝天让我永远也看不厌。”他写道。

每周文森特都会洗两次澡，每次洗两小时——这是一种带有治疗作用的仪式，“能使我镇定下来”。晚上，他就会坐在蒙提切利式的扶手椅上，读书或看报，安静地抽烟。墙上没有盯着他看的画——没有来自过去的鬼魂。过去的一切都留给了提奥或丢在了阿尔。他如释重负，不再有雄心壮志和高远抱负带来的负担。“我不用再为伟大的念头而活，”他写道，“相信我，现在我只关注小事情。我找到了那种愉快的解脱感。”由于不必经手管理自己的生活费，他可以暂时避开“谋生带来的烦恼”——甚至“由负债和感觉自己一无是处引发的幻灭感”。即使是西北风也不再让人烦恼。“因为附近有山峦阻挡，”他赞叹道，“这里比阿尔有趣多了，你总是能亲身体验这儿的一切。”

其他方面也让文森特十分顺心。与阿尔人相比，圣保罗的病友们都非常文明和富有同情心。“他们说我们应该包容别人，这样别人才能包容我们，”文森特说道，“我们相互理解。”作为艺术家的文森特第一次可以在公共场合作画，而不受讥讽与骚扰。在以高贵礼仪而著称的海牙，人们朝他吐唾沫；在纽南，人们驱逐他；在阿尔，人们向他扔石头。然而在他度过了大部分时光的圣保罗修道院的拱顶花园里，他找到了创作和康复所需的宁静。

浴室，圣保罗修道院的精神病院

在附近，玩滚球游戏或跳棋的人都不会受到打扰。行人也许会驻足观看，但会礼貌地保持适当的距离。文森特在观察这些寄宿者时说道，这些人不像“阿尔的那些健康人”，“他们谨慎礼貌，让我能享受独处的自由”。实际上，文森特面对他们对自己的那种单纯的关注，颇为乐在其中：“为那些不会欣赏一幅画的艺术性的人作画，一直是我的一大心愿。”

正如文森特提到的那样，圣保罗的病人总体来说是一群彬彬有礼、教养良好的人。文森特作画时有个在他旁边玩滚球游戏的人，有时在食堂就餐时也坐在他身边，这人很有可能是个饱受家庭纠纷之苦的精神病患者（按文森特的说法，是“一个被毁掉的有钱人”），也可能是个遭人误解、坚持在睡觉时也要穿着旅行服（帽子、手杖以及外套）的怪人。根据精神病院的记录，其中有一位受挫的法律系学生，因为准备考试而“耗尽脑力”，还有一位是受到指控的恋童癖者。在这些病人中，至少有一位病人因为只会咕哝和点头而被诊断为“痴呆”。文森特发现他是一个很好的倾听者，“我可以跟他说话，因为他不怕我”。当然也有大喊大叫的人，晚上也会有人号叫。有些人会像文森特那样突然陷入妄想和幻觉中的恐慌。但是当他们发作时，其他病人会冲上去设法让他们镇定下来（而不是在惊恐中逃走），直到工作人员赶到。“人们彼此了解，”文森特写道，“有人病情发作的时候，大家都会伸出援手。”

文森特坚信，即使是病情最严重的病人也会受到这样的关心，他举了一个例子，有个新来的年轻人，“见什么砸什么，日夜号叫，狂暴地将自己的紧身约束衣撕个粉碎，打翻食物，把自己的床和屋子里的其他所有东西彻底破坏掉”。文森特写道，这是个“令人悲伤”的病例，但是他知道他的同伴，尤其是经验丰富的老病号，会在这个年轻人每次发病的时候“出手相助，确保他不会伤害到自己”。“他们会帮他恢复正常。”文森特自信地预测道。

按照同样的奇怪逻辑，每一次病发、每一次狂躁症的爆发、每一次夜晚的咆哮，都平复了文森特对自己未来的焦虑。“亲眼目睹了这个牢笼里各色疯人的现实生活，”他写道，“我逐渐摆脱了若有若无的恐惧感和对事物的担忧。”每当他的同伴伸出援手时，他都能体会到一种集体归属感，就像十年前在博里纳日，受伤的矿工互相照顾时那样：这不是一个疯人和痴人的团体，而是充满真情实意和相互慰藉的集体。“虽然不时有人哀号和咆哮，”他写道，“但这里不乏真挚的友谊。”

圣保罗令人习以为常的循规蹈矩，将秩序强加于文森特的日常生活，与佩宏医生的谈话也驱除了他脑中的阴影。他刚来这里时，从阿尔带来了医院对他的官方诊断：“狂躁症，并伴有普通的精神失常。”他的入院报告下的结论是，文森特正是在12月病情发作时割掉了自己的耳朵。不过雷医生之前曾向佩宏表达了自己的意见，认为文森特的病症是“一种癫痫”。不是自古以来为我们所熟知的、使羊羔抽搐以及使身体瘫倒的那种癫痫（有时被称作“晕倒症”的传统癫痫），而是一种精神癫痫——大脑运转的突然失灵：大脑中的思想、感知、推理及情感上的突发性崩溃，并由此引发奇怪而夸张的行为。这个古老而恐怖的疾病的变异类型刚刚被认定，在阿尔医治过文森特的医生中，只有年轻的实习医生雷对此较为了解。

50年来，法国以及其他地区的医生们对非惊厥性癫痫的存在都有所了解，但仍然难以识别病因和难以察觉的症状。医生对这种病的命名也暴露了在给它下定义时遇到的困难。他们称其为“潜伏性癫痫”或者“隐性癫痫”，因为这种疾病每次发作会间隔很长的潜伏期，其间病人过着相对正常的生活，并没有意识到梦魇正在脑中形成。由于发作原因不明且病症形式多样，它还被称为“隐蔽性癫痫”。由于症状模糊不定，有些医生甚至不把它当作癫痫。此病会无情地干扰更高级的大脑运转功能，因而有的医生还称其为“智力疾病”，但却试图将“大发作”和“小发作”的说法强加于隐性的病症上，而这种等级本来只适用于显性病症。有的医生（比如雷）干脆称之为“一种癫痫”，来弥合这种最为外显性的精神疾病同其最为含糊的称谓之间的概念差异。

在阿尔的时候，雷就已经和文森特讨论过他的诊断（文森特担心外籍军团可能不会接收“癫痫患者”入伍），甚至就广义上的癫痫疾病的普遍性和良性向文森特提供了宽慰人心的数据。“法国有 5 万例癫痫病人，”文森特在 5 月兴冲冲地把这个消息告诉弟弟，“只有 4000 例患者的生活受限，所以也没什么大不了的。”雷还解释了潜伏性癫痫的心理发作是如何产生幻觉的——听觉、视觉和嗅觉上的幻觉，从而引发病人绝望的自残行为，比如咬舌或者割耳。

如果雷像前两辈的法国医生那样向文森特描绘“癫痫病的典型特征”，那么毫无疑问，文森特会在镜中看到似曾相识的身影。潜伏性癫痫具有“烦躁或易怒的倾向”，患者情绪多变，容易激动，工作中容易狂躁发怒，“心理活动过分夸张”，会给家人及朋友带来惊吓和恐惧。即使是鸡毛蒜皮的琐事也会激起潜伏性癫痫患者的不快——甚至引起“癫痫性狂怒”，一位法国的著名心理学家在 1853 年将其形容为“浓缩成可怕行为的电闪雷鸣”。潜伏性癫痫患者总是四处奔波，个人生活和思想状态都极不稳定，从不会在某地停留太久，因为他们狂野而无法预知的发作最终会刺激、疏离和激怒周围的所有人。

佩宏很有可能事先就从雷那里了解到了对癫痫的描述，这种描述和文森特的病情十分吻合，他立即称赞了这位年轻实习医生的诊断，在文森特到达精神病院不到 24 小时的时间里，他就记录道：“考虑到各方面的因素，我认为，梵高先生不时遭受到了癫痫的困扰。”（文森特向提奥汇报道：“据我所知，这里的医生倾向于把我的病认定为某种癫痫。”）接下来的几周内，佩宏与文森特进行了面谈，详细了解了他的个人经历以及家族史。作为一个审慎而客观的观察者，佩宏认同了雷的说法。“我完全有理由相信，”他 5 月末写信给提奥道，“文森特病发时处于癫痫状态。”根据一位同事的说法，佩宏虽然是一名接受过培训的眼科医生，但他“却能紧跟潮流，获取时下精神疾病研究的最新动态和信息”。再加上与文森特的谈话，他毫不怀疑地认为，文森特完全吻合雷医生所描绘的潜伏性癫痫患者的典型“类型”。

这种疾病的症状通常在童年时期就有所显现，根据19世纪80年代该研究领域的一位权威人士所说，此病的表现为“非常淘气，坐立不安且易怒”。过度暴晒、酗酒以及情绪紊乱，尤其是罪恶感，都会导致病情的发作。根据记载，饱受“深度精神折磨”是最常见的发病前奏。有的病人描述这种感觉就像陡然陷入醒着的梦魇中，或像“堕入深谷”。良知上的极度不安会带来疾病的发作，尤其是当病人感到无法摆脱难以解释或无力克服的厄运时。伤痛的回忆和宗教的狂热，尤其是无法得到宽恕的罪恶感都会引起病情的发作。

病人发病时通常伴有魂游体外的感觉，仿佛灵魂已游离于身外，或投射到其他实体上——那些实体有时会自言自语。病人会胡言乱语，并产生“不自觉的”行为——行动不受理智甚至是意识的控制。这意味着病发的初始阶段，也是对于病人来说最危险的时期。病情的标志性特征为暴力倾向和突发性狂怒。杀人和自杀行为都有可能发生。病情的发作几乎总是伴随着意识的丧失：病人仿佛从困扰的深眠中醒来，对刚刚发生的事情全无记忆。接下来的几周里，病人会遭受“癫痫性僵持”——脾气暴躁，麻木萎靡，漫无目的，极度懊悔，精神恍惚。

在文森特透露家中其他人也有癫痫病史时，佩宏更是坚定了自己的判断。研究潜伏性癫痫的专家在很多方面都有分歧，但在一点上却观点一致：无论是何种形式、何种病因的癫痫，都具有遗传性。文森特的叙述提供了一段名副其实的精神病家族史。一份非常真实的家史记录显示，文森特的外祖父威廉·卡本特斯“死于精神疾病”。文森特的姨妈克拉拉终身未婚，一生深居简出，饱受癫痫的困扰。他的一位舅舅是自杀而亡。他的伯伯海因在35岁时，也就是文森特现在的年纪遭遇了第一次“癫痫发作”。据他妹妹所述，这位伯伯因癫痫屡次发作而处于“半瘫痪”状态，因而提前退休，最后英年早逝，家人对此达成了保持缄默的共识。另外一位叫简的伯伯是一位海军上将，40岁时经历了不明疾病的“发作”。伯伯森特也有很多健康问题，其中之一就是“癫痫发作”。文森特至少有两位堂兄弟有精神疾病。按照文森特父亲的说法，海军上将简的儿子亨德里克曾“遭受某种严重的癫痫性发作”，后来进了精神病院，可能是自杀身亡。佩宏在文森特的住院记录中总结道：“这位病人所遭受的仅仅是其家人曾遭受的痛苦的延续。”

佩宏的发现与他的同行——以及他的时代——的观点完全一致，即遗传是理解人类行为的关键。1857年，也就是达尔文发表《物种起源》之前的两年，研究潜伏性癫痫的领军人物，法国专家本尼迪克·莫瑞尔，发表了一篇关于精神疾病的论文，把达尔文之前的进化论理论引向了一个更为黑暗的方向。他声称，不仅仅是癫痫，所有的心理疾病，从神经衰弱症到白痴症（以及生理缺陷和人格偏常），都是由基因的逐渐衰退引起的，这个过程被称为“退化”。一个家族的命运——或整个种族的命运——可能会受到这些基因污染物的积累性效应的支配，这些污染物强大到足以改变人体构造。

在世纪末的法国，莫瑞尔的理论具体阐释了1000年来的悲观情绪。在人们经历了一个世纪数次代价惨重的革命、失败的帝国和普法战争屈辱的失败后，莫瑞尔的发现——我们的敌人原来来自自身，即一种残弱和缺陷的毒瘤正腐蚀着一个民族的活力——支配和吸引了公众的想象力。佩宏和多数法国精神病学家以及精神病院主管一样，完全支持莫瑞尔的理论，因为这不但巩固了他们的职业地位（使他们成为民族基因传承的保护者），还帮助他们在漫长的斗争中从牧师、颅相学者和半吊子的催眠师的手中夺回了关于人类心智研究的最终权威。“过去我关注的是人的眼睛，”曾是眼科医生的佩宏有一次这样说，“我现在关注的是灵魂之眼；工作没有太大变化。”

莫瑞尔的退化理论——本世纪的人们（包括文森特）痴迷于“类型”，该理论给予了这种痴迷危险的支持——对下个世纪造成了可怕的影响：从绝育运动到死亡集中营。但对文森特来说，这个理论却意味着一种解脱。通过为文森特头脑里的风暴找到一个医学解释，佩宏减轻了文森特的过去带来的负担。“我的人生从来没有像现在这么平静，”文森特在到达精神病院的当晚便写下这样的感慨，“所有苦涩的失望、困境和变故都阻碍了我的艺术事业充分而自然地发展。”现在，除了帮助文森特从不得不自谋出路的需要中解脱出来（他承认这是一个自己“无能为力”的任务），佩宏的诊断给了文森特重新掌握自己命运的感觉——他称之为“自我控制”，自圣诞节之后他就丧失了这种感觉。“一旦你知道那是什么，”他对提奥解释道，“你就可以保护自己，不会毫无防备地被痛苦和恐惧裹挟。”

这一切也让文森特——至少是暂时地——摆脱了伴其一生的罪恶感。如果他的画卖不出去或者他无法养活自己，那也不是他的错，只是因为他得了病。“不幸的是，我们不得不屈服于周遭的环境以及所处时代的弊病，”文森特在认同地回应莫瑞尔的观点时写道，“不管我们愿意与否。”文森特坚持认为，他的病和其他疾病一样平常，就像“肺痨或梅毒”一样不应受到过多谴责。如果要谴责谁，那也该怪罪于家族的过去，而不是他自己的过去：这一切责难不该落在他的头上——他的缺陷，他的失败，而且也不该责备他的不足，而是该责备他不可饶恕的家庭。

为了支撑自己关于救赎的全新观念，文森特在脑海中拼凑了一个虚拟的收容所——一个只存在于想象中的专为艺术家设立的精神病院，和他一样，这些艺术家所遭遇的并非失败、屈辱或者疯癫，他们经历的仅仅是“时代的弊病”。文森特总结出一个长长的名单，列出了曾遭受不公待遇的人——特罗荣、梅尔咏、马夏尔、詹德特和马蒂斯·玛丽斯，当然还有蒙提切利。他坚信自己会像他们一样，最终必然会重新回到富有创造力的宁静状态。“虽然很多艺术家会不时遭受神经疾病或癫痫症发作的折磨，但他们仍然勇往直前，”他写道，“对于画家来说，一生只需专注作画足矣。”

一旦负罪感的枷锁被解除，文森特就可以拥抱他的新生活。他一直都对收容机构十分着迷，或是在海牙的孤儿院和救济院里寻找模特，或是想象他自己在中央高原找到了具有现代艺术风格的修道院。（1882 年，他提到这些“康复中的病人”聚集在一起的场景“非常动人”。）他四处收集描绘医院场景的版画，也很乐于描述自己去医院就医的经历，哪怕治疗过程很可怖。他总是抓住一切机会陪别人去医院，甚至陌生人也不例外。其实早在阿尔的时候，他就考虑过做一名医院护理员。“也许正是从病人那里，”有一次文森特说，“我们才学会了如何活下去。”

文森特曾极力反对把自己送到吉尔的计划，但仅仅因为这是他父亲的提议。现在既然这位可憎的牧师已经归天，医学也将自己的心魔驱净，文森特终于可以享受僧侣般有秩序的、斯巴达式的简单生活了，这种生活是他一直憧憬的。他的“治疗”过程包括服用少量的溴化物（一种镇定剂），长时间在石制浴缸里泡澡，饮食规律（只能摄入极少量肉，因为肉被视为刺激物），饮酒适量（只饮规定剂量的葡萄酒），以及置身于迷人山谷中过着舒缓而有规律的日常生活。正如文森特所钟爱的小说中的男女主人公那样，在这个与世隔绝的精神病院里他找到了在外边的世界里从未有过的宁静，和小说中的人物一样，他越来越觉得外面的世界才是真正的疯人院。

几天以后文森特开始给提奥写信，汇报自己最新的康复进展、“静谧”和“内心的平和”。“我的胃已经舒服很多了，”他宣布说，“我的身体现在很好，至于大脑，假以更多的时日和耐心，也很快会好起来，让我们充满希望吧。”文森特以一种颇为漫不经心，甚至是诙谐的态度汇报了这些令人振奋的消息。他把阴雨天里精神病院那无风、沉闷的大厅比作“某个落后村庄的三等候车室”，还恶作剧式地调侃这里的菜单，说鹰嘴豆、扁豆以及兵豆造成了某种“消化困难”，导致很多病人“以一种令人厌烦而花费低廉的方式度日”。他把这种集体的胃部不适称为精神病院基本的“日常消遣之一，同滚球游戏以及跳棋并列”。

5月底，距离文森特到来还不到一个月，他就作出决定：“我觉得这就是适合我的地方了。”他觉得自己至少可以再待上三个月。此时，他设想着在清新的空气中度过一个慵懒的夏日，他无法想象离开会怎样。“我来到这里快一个月了，”他写信给提奥说，“从来没有再动过去其他地方的念头，只是创作的意愿越来越强了。”

文森特重拾的宁静在他的绘画中也得到了表达。在到达精神病院后的几天内，文森特就获准在底层的一个大房间里设立了自己的画室，这是入住率只有一半的病院里大量的闲置空间之一。画室的位置靠近大门，这使得文森特去花园很方便，便于他在阳光和风中把画晾干。

在门外杂乱的地面和蜿蜒的小路上，文森特立即重新开始创作他早在阿尔就已开始创作的“花园角落”。但唯有此时他才能轻松自在地运用手中的画笔。现在他只是去观察，并没有像之前他的画所表现的那样，激烈地辩解自己处于平静（和心智健全）的状态。一幅幅素描和油画应运而生。他在大幅的纸张上画满绿色植物的花饰图案，这些图案透露出了画者那慵懒、倦怠的视角。他详细地记录下常青藤爬上树枝的过程、被高高的草丛包围住的长凳和地面上格子形状的阴影。一丛脏脏的灌木就可以占据整张画纸，体现出文森特对于纹理、特征、光线以及天空不知疲倦的观察。他像日本僧侣，觉得一只单独的蛾也值得着墨，一丛丁香中蕴含着的美足可以铺满整张巨大的画布。

文森特越是着眼于“未经修饰的自然”中的景色，他的想象力就越是追溯到了最早的源头。他想起了阿方斯·卡尔的《花园徜徉》，这幅作品是他童年时期的向导，指引他步入鲜花和花园的神秘世界，更想起了巴比松画派的画家第一次向他展示了，仅仅在低矮的灌木丛中也可以发现魔力。“多么可爱的绘画，”文森特感叹道，“也许没有人能画得比这更好了，另外也没有必要画得更好。”他还提醒提奥，多比尼与卢梭如何“表现了所有自然的亲切感”，以及自然“广袤的平和与崇高”，与此同时“还增添了一种如此个人化的、如此令人心碎的感觉”。

与他在圣保罗破旧花园中看到的图像世界相比，巴黎的抗争如今显得遥远且荒谬。“我们应该一直对印象派保持某种热情，”他写道，“但是我觉得自己越来越多地拾起了巴黎之前的那些想法。”他不仅没有收到高更或者贝尔纳的信，也没有问起过关于他们的消息。当得知那年夏天高更计划在巴黎的世界博览会上举办一场颇具反叛意味的画展时，文森特也表现得兴趣索然。“所以我觉得又一个新的派别形成了，”他叹息道，“并不比那些现存的流派高明多少……无非是小题大做罢了。”后来他承认整个夏天他都在“描绘自然中的细碎小事，根本没思考过印象派或其他任何东西”。

这些“细碎小事”之一就是一片鸢尾花。蜷缩在丁香花丛旁，这丛紫色的花朵仅到文森特的膝盖。他一定是俯下身去观赏的：从左到右，画布上布满了一片片尖尖的叶子和高耸的花朵。没有天空，仅仅有少许背景和一角前景，这张大画记录了春天的繁茂和生机勃勃，将一切浓缩在十几株不协调的根茎、闪闪发光的叶子以及两朵球根状的花朵的海洋中。若隐若现的小花显示出文森特以往所有的艺术热忱——印象派的笔法、分离主义的轮廓，以及寥寥几笔色度对比强烈的金盏花。“我没什么想法。”文森特承认。既不争辩，也不过度思考，他倾向于“走出去看看青草、冷杉树枝、麦穗，以此获得内心的平静”。

鸢尾花宣告了文森特重新得到的平静的颜色：紫罗兰色。他的人生仿佛一幅画作，在阿尔被暴晒的日子里，黄色贯穿于他的创作的始终，黄屋子时期的争吵与绝望同现在山谷隐居生活的宁静和满足形成鲜明的对比。还有什么比紫罗兰色、薰衣草色、丁香花的淡紫粉色，或是纯紫色更能烘托出这种对比呢？

在文森特于门廊晾干的第一批画中处处可见这些变化的影响。在临摹卧室窗外的景色时，他看到的是一片淡紫色的天空、淡紫色的山峦以及青翠的麦田——这是蓝色的另一种变调。他告诉提奥，这幅画开阔的远景和冷色调的调和感，恰与之前那幅《卧室》构成了绝佳搭配，后者描绘了文森特在阿尔的家，色彩浓郁，完全沉溺于个人世界。“在我最好的时光里，我的梦想，”他话锋一转，写道，“并不是追求色彩鲜明的效果，而是再次使用半色调。”无论是凝视深邃的灌木丛还是仰望天空，他看到的都是红、蓝混合而成的各种舒缓的渐变色。在信中，他费力地将这些颜色区分开：“紫罗兰色”、“紫蓝色”、“丁香紫”、“浅丁香紫”、“柔丁香紫”、“不均匀丁香紫”、“素淡丁香紫”、“灰白玫瑰色”、“黄玫瑰色”、“绿玫瑰色”、“紫玫瑰色”。

为了搭配这些经过精细划分的半色调，文森特从过去的图像中找到了完美的互补色。“我觉得还是该从简单色开始，”他写信给提奥说，“比如说赭色。”回顾数十年甚至数百年前的艺术家们，他十分推崇黄金时代的艺术巨匠扬·范·戈因那深褐色的风景画，及他一直钟爱的乔治·迈克尔使用的各种玉米色和浅黄褐色色调，这两位画家都将“浅紫色天空”和赭色的强光转化为具有崇高宁静感的作品。为实践这一创作理念，文森特画了花园小径的风景图，小径通向赭色的精神病院正门，赭色的叶子在其上形成一道华盖，与深紫色的天空背景形成对比。在佩宏允许文森特穿过花园（但还不允许他走出精神病院的围墙）后，文森特在卧室窗户外的封闭空间内支起画架，只为了及时捕捉到青绿色的麦田变成金黄色的场景。在写给妹妹的信中，文森特难掩喜爱之情地描述说，带着“面包屑的温暖色泽”的深褐色成熟麦田，如何“在远处紫色山峦和勿忘我颜色的天空”的映衬下显得格外醒目。

《山地上的橄榄树》，1889年6月，纸上铅笔和墨水，18 $^{1}/_{2}$英寸× 24 $^{5}/_{8}$ 英寸。

由于整个疗程中的密切看护，以及色彩带来的镇定作用，到了6月初，文森特获准走出精神病院，去外面的世界寻找作画素材了。“我发现他完全安静下来了，”佩宏告诉提奥，“我答应他可以到外面去取景。”当然文森特只能在白天出去，而且需要一名监护陪同。即便是这样有限的自由也给了他的画笔更大的发挥空间。文森特在墙外的果园和田野中散步，这使他能以另外一种视角去探索锯齿状的地平线，而从卧室窗外的静止画面或花园小径中是无法获得这种视角的，因为视野都被建筑物遮挡住了。

随着步伐的移动，附近的阿尔皮勒山在眼中的形状会发生改变。崎岖的石灰岩岩壁披着绿色的外衣，直入云霄，形成奇妙的形状和背离地心引力的曲线。山下的地面绵延起伏。小树林和草地与荒芜的岩地、山谷和山丘相互交替，相映成趣。

这安静舒适的山谷远离巴黎的喧嚣，被阿尔皮勒山奇妙而绵延的山脉环绕。文森特有了一个关于线条和形式的新观点。“当一个事物被描绘出来时与其本身的特点一致，这难道不是艺术品质的保障吗？”他在第一次远足后就有了这样的想法。不仅颜色要表现出事物的实质（泥土色调表现出纽南的农民，红色和绿色代表了夜晚咖啡馆里孤独的顾客），而且形状也应该反映出事物真实的特征，而不仅仅是表象。什么可以比夸张的形状和幽默的线条更能“别无二致地”表现这迷人的山谷和恰似童话世界的山峦呢？

一直以来，夸张都是新派艺术必然会使用的手法，文森特离开巴黎后从同一派别的贝尔纳的作品中体会到了这一点。但是高更给黄屋子带来了不同的观点：线条细致，形式理想化，文森特不羁的手无法画出。在这澄净而安宁的高山隐居地中，文森特可以丢掉无用的透视框，毫无束缚地让画笔描绘出最真实的景象。他写道：“在户外，可以发挥到最好，可以无所顾忌地填满画布。这样就可以描绘出事物的实体和本质——这是最重要的。”

文森特在一个意料之外的地方为自己宁静的绘画艺术找到了支持的力量。在阅读了一篇关于国际博览会展览的文章后，他认为古埃及人——另一个“原始”的种族，像日本人一样——一定找到了真正艺术的秘诀，他在中央高原的山谷里发现了这一秘决。文森特回忆了自己在卢浮宫见到的花岗岩图画，想象古埃及人“凭借感受和直觉创作”，他们可以通过“具有一定比例的已知曲线”表现出君主的“耐心、睿智以及沉静”。文森特在夏尔丹的静物，黄金时代的哈尔斯、伦勃朗和维梅尔的作品中也发现了这种“和谐”。但是他向提奥表示，他怀疑印象派或者任何这一派别吵吵闹闹的继承者们是否能取得类似的成就。

同时，在文森特小小的世界里，他发现和谐无处不在。画布上，山谷的矮护墙栩栩如生，文森特画出巨大的卵石，它们危险地堆叠在一起，令人难以置信地垂悬着。走近观赏，大地像一片起伏的海面。远处，堆叠着无数令人眩晕的地平线。云朵不像是空气或是光，倒像是具体的物体，和底下的山石一样坚硬，呈现出漂浮的球的形状。月亮是一轮巨大的新月，在有限的天空中出奇的庞大和明亮。地面上橄榄树放开了弯曲的枝干，像是要获得新生，就像安徒生童话里的角色。叶子颤巍巍的，根茎弯弯曲曲，从地面生长出来，像是一缕轻烟。

这迷人的山谷里，一切皆有自己的生命。甚至是文森特窗外围起来的石墙也像是融入到了这鲜活的景色里。墙角变得很平缓，生硬的角落都被模糊了。石墙不是直直的一条线，而是像乡间小道一样顺着波状的地面蜿蜒起伏，和田野一样，石墙也是这乡间自然的一部分。文森特坚信高更和贝尔纳也会赞赏这种新的、“更即兴的创作”。“他们根本不会苛求完全正确的树的形状。”他坚持说。事实上，无论是高更对德加的追随，还是贝尔纳深思熟虑的装饰主义，都不如文森特描绘出的安静、孩童般的另一个世界能带给人更遥远的感觉。

没有特定的笔法是画不出那样的世界的。“画风、笔法真是奇妙。”文森特惊奇地写道。他发现，通过改变笔法，“使之与素材搭配”，“毋庸置疑，效果果然更和谐，看上去也更愉悦，可以加入任何我们感受到的宁静与快乐”。文森特摆脱了已经束缚他很久的各种“主义”，又回到了在海牙的探索（在素描和草图中一直没有停过），以寻找最佳的素材、线条、纹理和情绪。他向伟大的雕刻师菲利克斯·布拉克蒙以及朱尔斯·雅克马尔学习，他们将艺术的媒介进行了从一种（油）到另一种（铜版）的转换，并在这一发展过程中达到了尽善尽美。文森特也用同样的手法刻画自然，他的独树一帜的媒介就是笔法。

为了实践这种“笔法”，他在观察过无数次的普通场景中找到了理想的创作主题：丝柏树。

山谷里到处都是丝柏树，有的可以追溯到古罗马时期。它们发挥着防风林和墓地标志的作用；它们生长在路边作为界限标志；它们排成树林，仿佛孤独的哨兵。文森特一看见它们，就被它们紧凑的、“深绿色的”叶子以及普通的锥形形状所吸引。他把“线条和比例都十分优美的”丝柏树比作埃及的方尖塔。“丝柏树总是占据着我的思绪，”他写道，“我觉得应该画点什么，就像画向日葵一样。它们让我惊讶不已，可我还没画过它们。”

文森特眼中的丝柏树，不是简单的圆锥体（“阳光和煦的风景中的黑色斑影”），而是由笔画连成的星座。像透过望远镜观察的天文学家一样，他看得越仔细，看到的东西就越多——他的画笔记录的也就越多。从远处看，密集的树枝都朝向同一个尖尖的点弯曲，像火焰一样摇曳闪烁。但是当他靠得越来越近时，每一根颤动的树枝都变成了带有颜色、运动着的小螺旋体。有的朝上卷，使整棵树都耸入天空，有的则向外伸展和挥动。文森特从每一根树枝和每一个螺旋着手，耐心地将它们堆叠起来，将大自然的千年杰作变换为不朽的画作。

《丝柏树》，1889年6月，纸上墨水，24 5/8英寸× 18 1/2 英寸。

月底的时候，文森特同时在十几张画布上创作——几乎都以丝柏树为主题。另外十几幅画被放在宿舍的走道里，6 月的热浪将把它们晒干。其中有一幅画描绘的是星夜背景下一棵树的轮廓。“最终，”他写信给提奥说，“我对星空有了全新的观察。”

文森特对于如何表达宁静感受的探索不可避免地将他带到这熟悉的图像面前。对于自己去年（1888 年）9 月在高更到达前夕于罗纳河上创作的夜景，他颇引以为傲，提奥也很喜欢那幅画。5 月底，他的弟弟赞扬了那幅画之后仅仅一周，文森特提出将画提交给《独立艺术家评论》的9月展览——“不能展出太疯狂的东西”。要不是因为阿尔医院的限制——只有白天放行，隔离房间没有窗户以及禁用颜料和画笔，文森特本可以早点回归到这个创作主题上。

圣保罗精神病院的限制并没松懈多少。文森特还是不能如他所愿在天黑以后出去并直接站到星光下。画笔和颜料都放在楼下的画室里，他只能白天到那里去。为了描绘星夜，他只能等到精神病院熄灯以后，在天色渐暗群星闪烁的时候，隔着卧室窗户的栏杆向外观察。当他透过狭小的窗棂观察那一小片东方天空的时候，他也许画了些草图——尝试一些其他的、更为深入的创新。晚上，文森特看到了一轮残月以及白羊星座低垂于东方天际，小山顶之上，白羊星座的四个闪亮的恒星形成一个大致的弧形，分布在银河系那微弱的光晕上。黎明前，早晨的金星最先出现在地平线上，明亮洁白——它是早起的清晨或无眠的夜晚最完美的陪伴。文森特长时间地凝视着每一道闪亮的光线以及周围若隐若现的黑暗。

所有这一切都在帮助文森特在白天作画。为了使天空有视觉支点，他在画中的中景位置加进了一座沉睡的村庄。早在6月，文森特花了一天的时间去圣雷米走了走，这座小镇距离圣保罗精神病院大概有一英里远。通过这次拜访，抑或是在俯瞰小镇的山上的其他几次散步，文森特对这座著名的山区度假胜地作了细致的观察，古老密集的中世纪街区被现代的林荫大道围绕：这里是著名占星家和预言家诺斯特拉德马斯的出生地，而且仍然是经过此地的众多名人畅饮几杯的地方，比如弗雷伊德里克·米斯特拉尔以及爱德蒙·德·龚古尔。

但是在文森特的画作中，6000位居民的喧嚣小镇变成了只有几百住户的沉睡村庄——和津德尔特或赫尔瓦特一样小。有着让人生畏的尖顶钟楼的12世纪的圣马丁大教堂在画作中也变成了一座简陋的乡村教堂，针一样的尖顶几乎够不到地平线。最后，他把这座小镇从精神病院以北的谷底位置挪到东部，正位于他的卧室窗户和熟悉的锯齿状阿尔皮勒山脉之间——这个地点便于在天文奇观开始的时候进行观察。

一旦想象世界中有了所有这些元素——丝柏树、城镇风景、山峦、地平线，文森特的画笔就开始伸向天空。不受素描和眼前素材的约束，没有透视框的限制，也不被艺术热情左右，他的目光可以无拘无束地聚焦在光线上面——一直以来在夜空看到的深不可测却又安抚人心的星光。他看到星光折射开——弯曲、放大、分散，透过由他所有的过去构成的棱柱：从安徒生的童话到凡尔纳的科幻之旅，从象征主义诗歌到天文学发现。文

《星夜》，1889年6月，纸上墨水，$18\,^1/_2$英寸×$24\,^5/_8$英寸。

森特年轻时崇拜的偶像狄更斯，曾经写过“在闪烁的星体上”可以看到“整个世界的伟大和渺小”。和他同时代的英雄左拉，曾描绘过夏日夜空“点缀着几乎不可见的星球所形成的闪烁星尘”。

> 在数以千计的繁星背后涌现着更多的繁星，在浩瀚无边的夜空中永不停息。就像燃烧的灰烬里持续不断绽放和散开的火花，无数个世界闪烁着平静的宝石般的光辉。银河系已经是银白色的，把无数个太阳向远处投射，无穷而遥远，仿佛圆形的苍穹中延展的光带。

文森特的理解、思考和观察已经超越了“现实的”夜空——他不喜欢夜空绘画中都是渺小的静态斑点以及灰暗的灯光，他要探寻无限的可能性以及永不熄灭的星光背后更真实的东西——最终极的宁静，这也是他在左拉绽放、散开、闪烁的星空中体会到的。

为了记录下这一景象，文森特启用了紫罗兰色和赭色、山顶自然的曲线、丝柏树枝干形成的旋涡，还运用奇妙的笔法“加进了任何他所感受到的宁静和快乐”。就像古埃及人一样，他只跟着“直觉和感受”走，勾画了一个完全不同于普通人眼中所见的夜空：搏动的灯光组成的万花筒、繁星汇聚成的旋涡、光芒四射的云朵，还有像太阳一样明亮的月亮——只存在于文森特脑海中的、充满宇宙星光和能量的焰火盛宴。

《星夜》创作完成一个世纪后，科学家发现“潜伏性”癫痫发作类似于脑电波激起的火花。威廉·詹姆斯称其为“神经风暴”——由少数“癫痫性神经”引发的非正常神经元放电的“爆炸”，而大脑是由几十亿个神经元构成的。这些非正常神经元的大量爆发通常源于或者危害大脑中最敏感的神经部位，尤其是颞叶和大脑边缘系统：产生直觉知觉、注意力、理解力、人格、表达能力、认知力、情感以及记忆的部位。一次癫痫性“轰炸”可能会动摇这些掌管意识和认知的神经基础。

研究者发现大脑可以挺过风暴，但很难完全康复。每次攻击就会降低下一次攻击的门槛，也会永久性改变已经被动摇的神经运作功能。（对于另一次攻击的）恐惧以及大脑受伤区域潜在的神经变化会共同导致一种行为模式——一种综合征，与后来被称作“颞叶癫痫”的病症密切相关。

疾病的突然发作之后是一段极其消极的时期——一种心如死灰的消沉状态，病人对外部世界或自己所处的环境没有任何兴趣。性欲会减退。不明真相的人，甚至包括病人自己会误把这种消极情绪当成宁静状态的恢复。渐渐地，消极会屈从于它的对立面：高度兴奋的状态。病人对外部世界极度警觉，并可能会受制于强烈的情感、剧烈的情绪波动（兴高采烈和异常亢奋或沮丧和妄想症），以及高涨的热情。这种高度超现实的状态——很容易被酒精刺激——很多情况下会使病人产生宏大的宇宙观和宗教狂热。当大脑变得越来越亢奋时，易怒、冲动和攻击性——潜伏性癫痫的征兆——会再次出现。情绪的紊乱会不可阻挡地导致暴力行为——疾病发作的“阵发性暴力”，这个循环会再次开始。

至于发病的根本原因——大脑中机能失调的“癫痫”神经产生的根源——一直是个谜。早在文森特的时代，一些科学家认为，原因可能在于大脑损伤、肿瘤或者生育缺陷。遗传因素也继续受到怀疑。医学研究已在辨识发病的直接原因上取得了成就——在距离上次发作一年、一个月或一天的时间段里，刺激病人从消极转向极度兴奋、妄想症、焦虑、暴力状态的因素。

压力、酒精、不良饮食、维生素不足、情感冲击都可能提高大脑受脑电风暴袭击的可能性。癫痫大脑的激烈情绪会麻痹大脑，使之产生固定观念——侵入病人意识的寄生性想法将其他所有想法都排除在外，扭曲知觉、记忆，并让病人疏远周围的人，冲突、关系恶化以及发起攻击的前兆都不可避免。任何对大脑受损区域的过度刺激——对感觉、认知或情感的干扰——都可能为神经元的“电流”打开一条通道。各种视觉冲击（包括透过树叶的光斑、眼皮的眨动，甚至是书中某一段落唤起的图像）都可能会刺激病人的突然发作。生动的梦境、意外事件、爱人的拒绝、陌生人的诋毁、深埋的记忆以及对某种“强烈意义”的爆发式领悟（出于宗教思索或形而上学的沉思），都会让受伤的大脑再次发作。

文森特笔下旋转的、给人以精神错乱之感的、宇宙形成的亢奋画面表明，他的防御机制已被攻破。

虽然被关在安静的隐蔽之所里，文森特还是无法逃开各种刺激——尤其是他自己头脑中的刺激。文森特定期会收到来自巴黎和荷兰的信，信中满是家人对他态度含混的惦念和关心。提奥在信中贴心地提到兄弟俩共同喜爱的艺术和艺术家，也表达了对文森特遭遇的苦难的挂念（“每天和一群疯子待在一起很难开心”）。但是婚姻的压力让提奥来信的频率越来越低，也让他对圣保罗精神病院额外的开支颇为焦虑。

同时，他还是对文森特在阿尔的作品很冷淡。“随着时间的推移，它们会越来越美的，”他在信中推诿地写道，“终有一天它们会得到人们的欣赏。”他称《摇篮曲》这样的画作“十分奇妙”，并只能用“有力的”和“耀眼的”这样的辞藻来形容它们的笔法和色彩。当 6 月文森特那些怪异、夸张的风景画陆续从圣雷米寄来时，提奥实在难以掩饰他的不解，不明白这些画为什么要“将形状扭曲”到如此程度，然后他似乎在哥哥的精神疾病中找到了答案。“你最后几幅画让我认真思考了一下你作画时的精神状态，”他写道，“你一定是绞尽脑汁、用脑过度，凡事都做到极限，因此眩晕感是必然的。”

乔也给文森特写信，有时适时地写在提奥的信中，有时单独写信，试图走进文森特那脆弱的黑暗世界。“亲爱的哥哥，”5 月初她写了第一封信，“你的新妹妹该单独和你聊聊天了……我们现在是真正的兄妹了。”她没想到，以“梵高夫人”称呼自己，以及提及与提奥幸福的家庭生活，给文森特带来了伤害。她写道：“我们几乎无时无刻不在一起，提奥每天 12 点回家吃午饭，晚上 7 点半回家吃晚饭。”她还说，朋友们包括家人，晚上经常过来做客。到了周日——“非常舒适愉悦”，他们整天都在一起，就他们两个人，有时去画廊看看，有时就待在家“按我们自己的方式”享受生活。她用女学生爱用的暗示来描述夫妻之间的亲密关系（“总的来说我们晚上很累，很早就上床了”），这动摇了文森特的兄弟情义和男子气概的基础。她说起了“我们没有一天不提到你”，这激起了文森特的焦虑和罪恶感。

妹妹惠尔也表达了对文森特的异常关心，尽管这种关心是欠考虑的。在文森特众多的弟弟妹妹中，这位最小的妹妹有着和他最为相似的曲折的人生轨迹。惠尔从来没有过追求者，未来似乎也不会有追求者，像文森特一样，似乎注定要度过孤独和内省的一生。文森特在精神病院的经历似乎让他们有了共同语言。“为什么有那么多的人总是想有所成就？”她想知道她和文森特是不是都是某种“致命疾病”的受害者，因此无法享受“正常的人生”。关于失败的恋情和捉摸不定的幸福的讨论，自然牵出了提奥和他作为丈夫和父亲的新生活这样的话题。为了配合她提出的问题，惠尔送了一本《生命的意义》给文森特，这是埃都阿·罗德的感伤作品，讲述了一位丧失灵魂的资本家从“贤惠的妻子和可爱的孩子”身上找到了满足感和人生的意义（正如文森特以嘲弄的口吻总结的那样）。文森特的母亲也给他写信，还在信中兴高采烈地提到了提奥最近的成功，这简直是近乎残酷的迟钝。

书籍中也潜藏着很多危险。也许科学会指责文森特的家庭，但是在文学中，文森特感觉到针对自己的指责无处不在。尽管他继续承认“无尽地崇拜”左拉和龚古尔等自然主义作家的作品，然而在圣保罗精神病院，他显然还是放弃了这些书，担心书中太真实的诱惑和赤裸裸的自我揭露会导致病发。他选择了厄内斯特·勒内的哲理情节剧《阿尔修道院的院长》，该剧讲述了命运多舛的爱人、隐忍的痛苦和只为尽义务而无爱的婚姻。要想不那么心烦意乱，有什么比讲述一位还俗的修女如何奋力克服恐惧的夸张戏剧更好的呢？

即便是面对这样的文学作品，刺激还是无处不在。和罗德那平淡乏味的讲述资产阶级的循规蹈矩和幸福婚姻的道德小说一样，勒内的戏剧将母性神圣化，并将孤独刻画得比死亡更糟糕。“作者在妻子的陪伴中找到了安慰，”文森特遗憾地总结罗德的小说和勒内的戏剧，“这不太令人高兴……而且它们并没有教会我什么是‘生命的意义’，无论这个意义指的是什么。”

像在博里纳日时一样，文森特逃避到莎士比亚遥远的世界里，这个世界已经因为时间和语言而变得越发抽象。他专注于历史戏剧——这位诗圣的作品中唯一一个他还没有探索过的类别，他说自己读了《查理二世》、

《亨利四世》、《亨利五世》以及《亨利六世》，在这几部作品中找到了安慰，学习了如何勇敢地面对不幸。但是他也在这些故事中看到了邪恶的种子和家族的堕落，手足相残和不孝，继承权的篡夺和滥用，以及被无法克服的缺陷毁掉的英雄。

面对这些无意的指控及刺激的严酷考验，文森特以愤怒和否定来疯狂地为自己辩护。“我现在采取了很多预防措施，”他安慰提奥，“我的病是不太可能复发的。”最重要的一个预防措施就是避免巴黎的来信给他带来的令他精疲力竭的负罪感，这种负罪感几乎要将他吞噬。他回避提奥的财政焦虑，再次保证会努力工作，计划创作一些更容易畅销的作品（尤其是鲜花和风景画），并精心策划如何恢复在英国和荷兰的生意关系。为了减轻乔讲述的亲密关系所带来的伤害，他只把她视为一个甜美但是轻浮的乡下姑娘。

面对提奥对自己画作的轻描淡写的赞许，他同样回之以对乔的不温不火的赞赏（“我觉得她会找到一些法子让生活更愉快的”），他在信中写道的无不是私密的笑话、专业的艺术话题，以及对巴黎的赞歌（他知道乔肯定不喜欢），这一切都是在强调自己在提奥生命中的特殊位置——这个位置是提奥的妻子，“大胆而活泼”的乔永远无法取代的。他回避了妹妹惠尔的挂念之情，尖刻地讥讽了她无知的阅读品味（“好女人和好书完全是两回事。”他以不屑的态度对提奥说），并认为对于绝望，我们只能报之以妥协的态度。“我们必须臣服于这个时代顽固的麻木并接受自己的孤独。”文森特在信中这样说道，并预言惠尔和他一样，都将度过“贫穷、多病、衰老、疯狂而又放逐”的一生。

通过阅读“强大的”伏尔泰的作品，文森特开始反对莎士比亚深不可测的宿命论。他写道，伏尔泰“至少保留了一点人生有意义的可能性”。但没有什么可以让文森特免受从母亲的喜悦中遭受到的折磨。“我在之前任何一封信中都没见到母亲发自内心的平静知足——很多年都没见过，”他向提奥坦白道，“我觉得这是因为你的婚姻。人们说取悦父母会让父母长寿。”

津德尔特牧师公馆的鬼魂又回来了。

6月中旬，危险的画面从四面八方涌入文森特的想象中。由于对母亲为提奥的成功而欣喜这件事念念不忘，他的思绪又回到了《摇篮曲》，它象征了母性，也见证了他在阿尔的所有苦难。通过深爱的《摇篮曲》，文森特的思绪回到了他对人物和肖像长期受挫的爱以及在中央高原与漂亮朋友未完成的梦里。他写道：“如果我遇到一个像《摇篮曲》的模特那样的人，我绝对会做些完全不同的事情。”不久，关于创作“有生命力的人物画”的熟悉的呼声又在他脑中响起——“明亮、宽慰、宁静、纯洁”的肖像人物，就像奥诺雷·杜米埃尔的画、左拉的小说以及莎士比亚的戏剧里的人物。“母亲为你的婚事开心不已，”文森特写道，又重新体会到最初的伤痛，“这是多好的事啊。”

很快这些往日的渴望就跃然于画布之上，文森特画了卧室窗下一片与世隔绝的麦田，画中金光闪耀的天空下，一位身形修长的收割者在采摘着金色的麦穗。他将这个闪亮的人物置于一种莎士比亚式的冥想气氛中，透露出更黑暗的思想以及更深不可测的危险在他的想象中已经如脱缰的野马：

> 我们这些以面包为生的人，在某种程度上，难道不像小麦吗？至少我们被迫像植物一样生长，没有移动的力量，我的意思是我们的想象力是如何驱动我们的？难道我们像小麦一样，熟了之后就要被割掉吗？

刚到圣雷米的时候，文森特很藐视宗教（他称其为“某种不入流的佛教”），他决定不再执迷于颠倒他的精神世界并在阿尔造成灾难性后果的宗教。但是他写的信以及作的画仍然摆脱不掉一个追求，即“证明某种特别的东西的存在”，他仍然含混地思考着“生命的另一个世界”。渐渐地，他用昔日福音中弥赛亚的口气来谈论艺术。他说，艺术家的存在，就是为了“给予安慰或者创作一幅能提供更多安慰的画”。他徒劳地抗议说这些想法并不代表“回归浪漫或是宗教思想，绝对不是”。可是他的艺术眼光和他的想象力表现出来的却与此相反。

在提奥不经意地赞扬了伦勃朗的天使画之后，文森特开始到处看到宗教意象：从墙上德拉克洛瓦的《圣母怜子》，到记忆中伦勃朗描绘的其他圣经场景。无论是勒内矫揉造作的情节剧、罗德感性而哗众取宠的情感小说、伦勃朗神秘的宗教形象，还是莎士比亚有着致命缺陷的英雄人物，文森特都从中感受到了一种“令人心碎的脆弱和超人类的无穷感”，这种感觉不可避免地让人产生死亡和超越现世之类的想法。当提奥又一次失误地提及德拉克洛瓦的《圣母受教》的时候，文森特想起了自己的彩陶圣母：《摇篮曲》。对家庭的渴望以及对意义的追寻交织成绝望的旋涡，最终只能通向一个地方。在惠尔面对她的危机时刻时，文森特给她的建议也透露了他对于如何处理自己的危机的想法：“我觉得妹妹你特别勇敢，在面对耶稣的蒙难地客西马尼园时没有退缩。”仿佛要去考验那片神圣的土地，文森特冒险走进了精神病院附近的橄榄林，把空无一人的景象描摹了一遍又一遍，尽管他承认这片景色“美得让人不敢下笔且无法想象”。

最后，到了6月中旬，他将视线从树林里那些不真实而又危险的形象转移到空中，开始画起了头顶上的星空。他提醒提奥还有他自己，这么做可能会“招致眩晕”以及带来“痛苦和绝望的泛滥”。

文森特脆弱的抵抗（他向提奥吹嘘的“预防措施”）招架不住头脑中四处出没的威胁。面对现实世界中的侮辱和冷漠，这些抵抗毫无作用。6月初，第一次远足去圣雷米小镇的时候，他头脑中昔日的可怕幽灵像身边的监护一样紧紧地跟随着他。“单是看见那些人和事就会让我眩晕并且感觉自己要病倒了，”他在出行之后告诉提奥，“我觉得我内心一定有很强烈的情绪让我坐立不安，我不知道是什么原因引起的。”

当佩宏和他的同事看到文森特在底层画室里不紧不慢地忙活着，或是在白天背着画具匆忙穿过病院大门徒步走进田间的时候，他们并没有发现什么可怕的事情。因此，当6月6日文森特找到佩宏请求第二天去阿尔的时候，这位医生并没有找到什么反对的理由，只要求有监护陪同。文森特提出要把他的家具搬到精神病院，他计划把这儿当成他的新家并要住上更久——显然是默许了佩宏提出的延长住院时间的建议。“我觉得还需要一年才能治愈，”他写信给提奥说，“因为一件极小的小事就可能导致疾病的再次发作。”

佩宏不知道的是，那件“小事”已经发生了。就在文森特请求去阿尔的同一天，他收到了来自巴黎的信，获知了一个惊人的消息：乔怀孕了。“亲爱的哥哥，”乔写道（第一次用法语），“我要告诉你一个很重要的消息……我们马上就会有一个宝宝了，是个漂亮的小男孩，如果你愿意做他的教父的话，我们决定给他取名叫文森特。”

乔欢欣鼓舞的信件并没有立即掀起波澜。文森特让自己振作起来，在同一天里回了封热情洋溢的信给他“亲爱的弟弟和弟妹”。“祝贺你们，”他写道，“听到这个消息我真是太高兴了，而且你们的想法让我深受感动。”但是在愉快的宽慰以及由衷的感谢之余，潜伏着阴沉的乌云。他抱怨自己“虚弱的健康状况”、沉重的债务以及罪恶感——这些与过去相比毫无改善；他抱怨自己还是戒不掉对酒精的强烈渴望，身边无人陪伴，并仍怀有对死亡的恐惧。乔的消息不仅驱使文森特改变了在精神病院作短暂停留的计划——他同意佩宏的建议至少再住一年，还改变了文森特此行去阿尔是为了办理家务杂事（给提奥拿几幅画）的初衷，让他为新生活发起了孤注一掷的一搏——尝试着改变似乎已成定局的将被抛弃的命运。

但是他没有时间也没有制订计划。他坐着驶过峡谷的颠簸的火车到了阿尔，发现那里几乎没什么朋友。他又去了牧师萨勒斯的家中，但是被告知牧师度长假去了。文森特又冒险去了一次主宫医院，希望能找到雷医生，他曾在那里度过了很多狂风暴雨般的夜晚，但雷也已经离开了。有人说他通过了考试，搬去了巴黎，但是医院的门房认出了文森特，不肯告诉他任何有关雷的信息。他整天就待在咖啡馆或者妓院里，和一群他含糊地描述为“以前的邻居”的人混在一起，这说明他也没看到纪诺一家（他的家具还留在阿尔），只有那些他不敢向提奥说起的妓女和酒鬼愿意和他待在一起。由于病院的监护还在身边，文森特只能用渴望已久的酒精减轻他的无法言说的孤独感。

即使是冷漠的佩宏也发现了文森特从阿尔回来后的变化。他焦虑的状态以及他在外过度荒淫的行为都让佩宏决定，应该减少文森特的肉和酒的供应量，这样可以让他更平静。更可怕的是佩宏没有发现的危险迹象：在阿尔的失败之旅之后，文森特的各种憧憬、悔恨与自责交织在一起，诉诸笔下。乔宣布怀孕的消息更加深了文森特对母性情感的痴迷，这种痴迷从7月初母亲在信中为提奥的婚事兴奋不已的时候就开始了。在给乔的祝贺中，文森特勉强地安慰着乔，因为乔担心提奥一直以来欠佳的身体状况会影响到孩子的健康。文森特提醒她说，鲁林夫妇的孩子马赛莱（她的肖像就挂在提奥的新公寓里）“就是在他们夫妇面临困境时微笑着健康地来到他们身边的”。

关于孩子以及母性形象，尤其是《摇篮曲》的模特鲁林夫人的讨论，会让文森特更深地陷入渴望母性关怀和认同的痴迷中。他将亲子关系的培养过程当成一种艰巨的考验，认为亲子关系具有“爱抚、关怀和净化心灵”的作用，并预测成为孩子的伯伯可能会让他“重新找回生命的乐趣”。这么多年来第一次，他给自己的母亲写了一封冗长和言辞亲密的信（“我看到那封信别提有多高兴了。”安娜告诉提奥）——信中洋溢着他的思乡之情以及想象中的没有真正体验过的童年。沉溺在回忆中的他提到了荷兰布满青苔的小屋、橡树林、山毛榉树，以及“美丽的纽南桦树”（他知道母亲最喜欢这种树）。最小的儿子科尔即将远走他乡去南非的德兰士瓦金矿上工作。借这个安慰母亲的机会，文森特触碰了所有话题中最敏感的一个，即母子之间长期的疏离，以及对和解所抱的幻想。他心痛地提醒母亲，“分离和丧失”的“痛苦”，“让我们重新找到和认识彼此”。

但是无论他面向何处，他听到的都是幽灵般的陌生人的指责：乔担心提奥糟糕的身体，并害怕这种健康的衰退会遗传给他们的后代；母亲则对提奥虚弱的体质，以及过去和将来由此而造成的沉重负担更为担忧。文森特用潘格罗斯式的过于乐观的万能疗法（“疾病有时会治愈我们”）和关于耐心及平静的箴言来保护自己：“患病的状态只是自然治愈、努力矫正自身的结果。”但是没有语言可以安慰他，也没有辩词可以为他开脱。在母亲对提奥的关心中，他听到的是对他的死敌古庇尔的辩护；在弟弟提出的要他做孩子教父的请求中，他看到的是不愿施予宽恕的牧师的最终胜利。当 7 月初得知一幅米勒的画作以 50 万法郎的惊人高价卖出时，文森特感受到的不是无罪的解脱，而是深深的痛苦。他承认由于自己一贯的贫穷和默默无闻，这桩交易给他带来了更多的折磨，“这种黑暗的需求也曾一直折磨着米勒”。

很多天以来，文森特处于自我毁灭和罪恶感的危险边缘。他从夜晚窗外尖锐的蝉鸣中都能听到控诉的声音。它们似乎在向他诉说，告诉他过去和将来如今都不复存在了，因为“微小的情感才是我们生命的伟大主宰，我们毫无察觉地听命于这个主宰”。一想到提奥抛弃他或者会死去，他就感到黄屋子里的恶魔复归了。他的思绪再次回到蒙提切利，他曾宣称自己就是这位疯了的马赛画家的转世。他发现一位精神病院的医生知道蒙提切利，并仅仅当他是“一个古怪的人”——只是“快到生命结束的时候……有一点点发疯”，文森特觉得这种说法很奇怪地令人感到宽慰。“想到他最后几年所经历的所有苦难，”他写道，仿佛看到了自己以及自己无计可逃的命运，“他不堪重负，选择了屈服，还有什么值得奇怪的呢？”

他给高更写了封信，再次请求他的原谅，想要和他恢复正常关系，高更是他的种种罪行的唯一见证者。他为提奥画了一幅花园小图，他知道弟弟一定会喜欢：树荫下有一片小角落，覆盖着常青藤，阳光洒落在上面，不仅让人想起了昔日他最喜欢的巴比松画派的艺术家，比如迪亚兹，还因其浓重的颜料和不可思议的拼色效果让人想起了疯人蒙提切利。在画室里，文森特从阿尔带来的画中挑出一些寄给提奥，还将自己的挫败与他从窗外看到的收割人经受的严酷考验相提并论。“犯了那么多错，要我再度鼓起勇气的确很难。”他在随画附上的一封信中坦言。

最终，面对各处的责难，文森特允许提奥离开他。在告别信中他心潮澎湃，几乎无法理清思绪，他对弟弟说：“如果你觉得自己也要担起沉重的责任……说真的，我们还是不要太关心彼此了。”他极度沮丧地表示，接二连三的事件已经让他们“距离年轻时对艺术家生活的憧憬越发遥远”，而现在提奥需要照顾自己的家庭。在让他心碎的告别信的最后，他幻想着一种坚不可摧的关系。文森特把提奥描述成和他一样的“流放者、陌生人和贫穷的人”，神化了他们在荒野上共同度过的童年（“这段珍贵无比的记忆仍然存于我们心中”），以及他们在巴黎“无忧无虑”的伙伴关系。那是一段“只能存放在记忆中”的生活，他承认。过去的已成为过去。“接受我们的命运”的时刻到了。

在写那封信的几天而不是几小时里，文森特的病又一次发作。这次爆发是在7月中旬的一次外出写生时发生的。就像他与自然的任何一次接触那样，这些出行总是危险重重。“我面对自然时爆发出的感情太强烈了，以至于失去了意识。”文森特后来承认。在这方面他曾被警告过。一两天前，他画了一幅崎岖的阿尔皮勒山，“山脚下橄榄树丛中有座黑色的木屋”。当他创作的时候，罗德的《生命的意义》中的一个场景浮现在他脑海中：罗德笔下的主人公和他的妻儿在山中小木屋里找到了幸福——小木屋被文森特称为“迷人的收容所”。继而在文森特的想象世界里又危险地浮现出提奥和乔的形象，还有他们“即将出生的孩子”，以及他们共度的平静生活——这幅图景“总是萦绕在我脑海中挥之不去”。

但不久，也许是第二天，他发现自己又得面对大自然令人惧怕的孤独。他漫步时甚至走到更远的地方，以寻找“比较荒凉原始的地方，在那里需要把画架插在石头里，否则所有东西都会被风吹走”。他走到一个旧采石场，地面上形成一个凹凸的洞，荒废了几个世纪——即使在明亮的夏夜也是一个偏僻的地方。

文森特固定好画架开始创作后不久，一阵狂乱的风像炮轰一样席卷而来，吹散了他的画布、画架还有颜料。文森特脑海中顿时闪过一个比喻，他眼前这写生的废墟就像他残破的人生。头顶是大自然无情的冷酷，脚下是采石场无穷的深渊。文森特回忆，“很容易让人找到维系纽带”的、安抚人心的大自然突然变得残酷起来，“一阵可怕的孤独感将我吞没”，接下来是一阵眩晕。然后黑暗降临了。

第四十章　孤独的灵魂

这次是长达一个多月的黑暗。

从7月中旬到8月底，文森特的疯病一次次地发作——“就算没有阿尔时的情况糟，也差不多了。”他后来回忆道。一阵阵恐怖的幻觉袭来，紧接着是头晕目眩（“那时我都不知道自己在哪”），然后他便失去了意识。每次他醒来都想不起发生了什么，只是感到很痛苦。“我的情绪太低落了，”他说，“我都不想再见到朋友，也不想工作。”

每次他都希望这是最后一次发作。“要是再来一次厉害的发作，”他担心，“我可能就再也不能画画了。”可是，发病的时间越来越长，程度越来越厉害，而间隔却越来越短；他的行为也变得更古怪、更暴力。有一次在花园里，他一把抓起地上的土就吃。还有一次，他对护理人员大打出手，说他是秘密警察的间谍。

随着病情越来越严重，间隔时的痛苦一次次加深，对他的看管也越来越严。他被严格限制了活动区域，先是精神病院，然后是他的宿舍楼，然后是他的房间，最后只能在床附近活动。将近两个月，他都不能去“室外”。他的喉咙肿痛得厉害，他很少吃东西，也很少说话，连信都不写了。有时，他渴望死亡，一心想着下次是最后一次发作该多好。“想到自己恢复健康，我就觉得厌恶，”他后来回忆说，“那样的话我总是生活在害怕复发的恐惧中……我倒更希望不要再发展下去，就这样了结算了。”

有一段时间，院方允许他在发作间隙工作。他完成了之前不幸被北风吹走的采石场的画作。可是，他不得不每次都请求“允许作画”——多么屈辱的规矩。后来监护人员发现他喝灯油，还吃颜料管里的颜料。因为担心他中毒，他们不得不强行控制住他，给他喂解毒剂。医生认定这次是自杀未遂，院长佩宏也将这些如实告诉了提奥。他们拿走他的颜料和画笔，并把他的画室锁起来，不让他进去。“无法进入他们让我画画的房间，真让人受不了。”他写道。8月下旬，他已从那场黑暗的风暴中走出来很长一段时间，终于可以写信给提奥诉说自己的委屈了，此时，他用一支粉笔写信，他们还是不放心让他用尖锐的东西。

反复发病使文森特陷入了记忆的深渊。“我已经彻底疯了。”他写道。幻觉中都是他以前去过的地方和见过的画面。至少有一次，他想象自己故地重游黄屋子，却被凶狠的暴徒追赶。他听到也看到了那些他认识的、书中读到的或是画中看到的人（可能还与之交谈了）——比如伦勃朗的肖像画总是令他回想起家乡和家人。大量人物涌入他的幻觉——现在的、过去的、现实的、虚构的全都交织在一起。由于深切的思乡之情，以及渴望被陪伴的需要未被满足，这些人物的形象变得越发鲜活起来。他把病友和护工错当成了死人和虚幻的人。“发作的时候，”他说，“我看到的人与现实中的他们完全不同，我眼中的他们似乎与我在别的时间、别的地点认识的人有着令人愉快或不愉快的相似之处。”

值得一提的是，宗教人物在他的脑海中挥之不去。“我的病很荒诞地转向了宗教方面，”他在9月时提到，“我脑海中尽是关于宗教的、扭曲的、可怕的想法。”文森特未曾描述过这些幻影和一阵阵歇斯底里的感觉，但整个夏天，有两个画面一直萦绕在他狂热的脑海中。

7月，他将卧室墙上德拉克洛瓦的《圣母怜子》画作取下，钉在画架旁，仿佛要在他的脑海里钉上这样一幅画面：慈爱的母亲抱着起死回生的儿子。在接下来的创作尝试中，德拉克洛瓦的母亲形象取代了下落不明的《摇篮曲》。发作间隙，他快速翻阅杂志，寻找其他慈祥的母亲形象，还唱起了童年时的儿歌。他一度在非常清醒的时候写信给鲁林一家，《摇篮曲》画作中的现实原型，将回忆、画像和幻觉融合成救赎的幻想。

在被锁在画室外以前，他试图将德拉克洛瓦那不可言喻的安详景象画出来，决心要为“圣徒和圣母画肖像”。然而，不知怎的，文森特“不太走运”——可能又发病了，这幅宝贵的画作和其他画作都被他“掉到了油彩和颜料里”，大部分都毁了。“这事让我很难过。”他沮丧地说。

那年夏天在他脑海中挥之不去的另一个形象是一位天使。提奥6月说起了这幅画，触动了文森特内心的自责和忏悔。7月下旬，文森特在饱受一次次疯病发作的折磨时，收到了弟弟送来的礼物：一幅伦勃朗画的大天使拉斐尔——展现出仁爱和光明，与文森特描绘的任何一幅中央高原的太阳一样光芒四射，不仅宣告了圣母玛利亚的奇迹诞生，更是对天下所有人的充满母性的慰藉。然而，提奥并不知道，在文森特看来，伦勃朗的天使不仅给他“破碎沮丧的心”（他十年前曾这样写道）捎来了可喜的安慰，更像极了他严苛的父亲（他布道时的“脸庞像极了天使”），告诫他最终审判即将来临。

9月，当文森特再次获准作画时（在监护的监视下），他从残破的记忆和画室中，第一眼看到的画面就是德拉克洛瓦的《圣母怜子》和伦勃朗的天使——小幅灰色印刷画的大幅油画版本，在这无止境的风暴中安慰又折磨他的两个形象：慈祥的母亲和庄严的教廷大天使。在画这两幅画时，他从升天的耶稣脸上看到了自己的容貌，还给颜色暗淡的天使画上了和自己一样的晒黄的头发。这两幅画——创作于半明半暗之中——贴切地记录了那年夏天在他脑海中肆意蹂躏他的那些画面。

8月下旬的文森特瑟瑟发抖，担惊受怕，孤身一人。疯病突然停止发作了。“发作间隔”变得越来越长，先是好几天，后来又是好几周。他谨慎地告诉提奥，但是“一切都无法确认”，“我还期待着再次发作”。复发的可能一直萦绕在他的心头。他仍会时不时地头晕，一阵阵的恐惧令他动弹不得。他说他的生活中仍充满“孤独和痛苦”，睡梦里充斥着“可怕的噩梦”。虽然他内心孤寂而空虚，可他不敢见任何人，不敢去任何地方。那样太冒险了。医生已再次允许他出门，可他一直躲在禁闭他的安全港湾里，虽然感到孤寂。连去画室的路程都让他觉得充满危险。“我努力逼迫自己下楼，”他坦言，“可就是做不到。”

文森特现在开始害怕他的病友了。他曾为这些“不幸的同伴”而感到心有戚戚，可几个月的幻觉和妄想粉碎了这份怜悯。如今，接近这么多“古怪的灵魂”使他坐立不安，他还怀疑他们“植物人”一般无所事事，不利于他的康复。他把这些人比作将他从黄屋子中赶出来的“眼神呆滞的傻子”，还指责他们私下对画家怀有迷信思想，给他造成了“无尽的痛苦”。他发誓“要减少与他们来往，免得再次发病”。他的这种妄想还延伸到了工作人员身上。他怀疑他们对他的账单做了手脚，在他的食物里下毒，责怪他们散布谣言，说他夏天发病时行为古怪，也指责他们对画家有固执的偏见。他把他们比作是拼命搜刮钱财的地主——最低贱的人，理应遭人咒骂，“回到地狱去”。

过去对罗马教廷的反对又涌上心头，文森特暗指经营这家精神病院的不是佩宏医生而是天主教会，还指出在里面工作的一些修女是黑暗控制势力的代理人。“我心神不宁，”他写道，“我经常看到这些善良的妇女，她们既相信卢尔德的圣母显灵，又做出了这样的勾当。”他开始觉得自己是个囚犯，被关在一个致力于“培养不健康的宗教狂热”，而不是纠正这种失常现象的机构里。他指出今年夏天发病时的宗教色彩证明了这种邪恶的影响。不然一个拥有“现代思想”的人——一个崇尚左拉，憎恶宗教虚夸的人——怎么会有一个迷信的农民才有的“反常可怕的想法”？他责问道。

他的确“对周围环境太敏感”，所以他认为，在圣保罗住了这么久（之前在主宫医院），“足以解释我的发病原因”。最终，他的妄想不仅针对精神病院的患者和工作人员，还覆盖到了附近的乡村乃至整个区域。他到处都能看到潜伏着的“普遍的邪恶力量”伺机抓住他，哪怕在花园散步时也一样。9月中旬，他最终鼓足勇气重新走进了他的画室，随即将身后的门锁上。

逃跑似乎是文森特唯一的答案。甚至在那年夏天发病期间，他仍想着要逃离圣保罗。几周没有复发后，他便接二连三地考虑躲过看守“偷偷溜走”。“我们必须和这个地方断绝关系，”他在写给提奥的信中焦急不安地说，“长此以往，我一定会失去作画的能力，我要跟这里划清界限。”佩宏医生“直截了当地”拒绝带他去巴黎（“这太突然了。”佩宏告诉他），于是他开始精心策划逃跑方案。

提奥有次和文森特提到卡米耶·毕沙罗的不幸遭遇，这人已搬到巴黎附近的乡村。文森特便抓住了这个机会，提出想搬去和这位老人及他泼辣的妻子同住。他辩解说，提奥的钱与其赞助修女，还不如“供养画家”。当提奥告诉他“现在还不是”接近毕沙罗的“好时机”时，他便将他的计划告诉了所有进他房间的人。他赌气说，当然“总有一个缺钱的艺术家会同意把房子借给我住的”。他列了一张候选人名单，其中有些是他几乎不认识的，有些是他非常熟悉的。“你说的那些高更的情况让我非常感兴趣，”他难以置信地大胆提起了这个话题，“我仍告诉自己我和高更有可能再次合作。”

他威胁说，如果没人肯带他走，他就去任何地方——监狱、军队、街上，以逃避精神病院带给他的恐惧。

但是，离开同样让他感到恐惧。再次面对现实世界，以及担心在公共场合发病的想法，都把他牢牢钉在原地。“现在就离开，”他在9月初写道，“可能太过鲁莽了。”他放弃了那些精心策划的逃跑方案，推托要“再等几个月”，告诫自己外面的世界有难以忍受的危险等待着他。“总之，”他总结道，“我宁愿现在这样病着，也比在巴黎疾病酝酿着复发要好。”似乎是为了记录他所承受的折磨，对于发病与不发病的恐惧所带来的折磨，他一回到画室便开始画自画像。他说这幅画上的人“面容消瘦，死一样的惨白”，脸颊凹陷，眼神焦虑不安。他那一头黄发在散发出深紫色光线的黑暗中显得尤为醒目，整张脸笼罩在阴森的绿影之下。

这幅画是绝不能给提奥看的。他承认因为提奥的孩子即将出世，回巴黎也就“不太可能了”。他现在对弟弟首要的也是仅有的责任就是不让弟弟担心自己。他尽可能地把夏天发病的消息瞒了起来，可能还说服了佩宏帮他瞒着。他 8 月写的第一封信是用粉笔写的，他在信中一开始便道歉说：“我希望告诉你这些详情不会显得我抱怨得太多。”总之，他想尽办法要淡化他的痛苦。“自从上次给你写信以后，我感觉好多了。”他在第二封信中这样开头。

每次不由自主地抒发痛苦（“我心情很糟糕，一切都不太顺利”）之后，他都会紧跟着安慰说情况有所改善（“我的力气一天天地恢复了”），甚至还期望着最后能获得成功（“可能这次南行之旅会让我有所收获”）。当他听说佩宏要回巴黎拜访提奥时，便开始紧张地辩解说医生所述不实，否认佩宏可能带去的任何坏消息。“尊敬的佩宏先生会告诉你很多事情，”文森特告诫说，“但都是些可能性和概率。很好，要是他说得更准确些，我根本不会相信。”

为了让这一说法更为可信，文森特画了第二幅自画像。这幅自画像中的他泰然自若，容光焕发得像彩釉雕像，身穿挺括的灰绿色亚麻新西装，粉蓝色旋涡状的背景如星夜般宁静。“工作进展得很顺利，”他边画边写，

> 我发现了苦苦寻找多年却一无所获的东西，而且我意识到，我时常回想起和你谈到的德拉克洛瓦，他在生命快终止，连牙都没了的时候才发现了绘画的真理。

这两幅自画像的区别——一幅用于共赏，一幅只可隐藏——透露出了文森特与弟弟之间越来越深的隔阂。甚至在文森特 7 月发病之前，提奥已经开始不太上心。他的信总是来得很迟，经常对文森特信中的内容不作回应，有时言语伤人。他谈论在乡村度过的愉快周末、家里的装修、乔的晨吐。直到几周后文森特没再写信，他才发现圣雷米那边的沉寂。画廊的问题（成名后的莫奈找了别的画商）、对新婚妻子的照顾，以及对即将诞生的孩子的担忧，都将提奥的注意力转移到了其他方面。

9 月初，文森特写了封好几页的长信，此信详细得和日记一样，试图

重获提奥的注意，但弟弟的回信一封比一封慢。几周后，他吵着要逃离精神病院，甚至威胁一定要来巴黎。但是提奥堵住了每一条去路。他告诉文森特，没有一个画家有多余的房间给他，或愿意和他同住。毕沙罗直接拒绝了他的提议。布列塔尼在宗教方面比中央高原更狂热，所以和高更会合也不太可能。事实上，法国北方没有一处适合他，因为“你知道你忍受不了寒冷”。提奥不让文森特一个人生活，而且认为不管谁的陪伴都有可能“消耗”他“太多精力”。最终，提奥用命令的口吻结束了这个话题的讨论：“不要轻举妄动……乖乖让医生看着你吧。”

其他家人也一如既往地听从提奥的意见。母亲和妹妹惠尔在他被关进精神病院后对此令家人蒙羞之事采取了几乎无视的态度，几个月后，她们从布雷达市搬到了莱顿，离开了他童年生活的布拉班特省。几乎在提奥在巴黎成家的同一时间，弟弟科尔去了非洲（没有告知文森特），津德尔特牧师公馆最后残留的凝聚力也瓦解了。文森特竭力想让家人凝聚在一起，他给他们寄出了他的画作和（母亲70岁生日的）问候信，苦苦强调彼此坚不可摧的亲情。“我感觉有股难以遏制的冲动，一定要把我的作品寄到荷兰，”他在写给惠尔的信中说道，“这个人依恋着他的过去。”他在家人和老朋友（包括玛戈特·贝格曼）中仔细地分配他的画作，还强烈要求他们“好好保管”，好像他能用他的艺术连接过去。“我当然有权利，”他说，承认他们疏远了他，“是的，我有权利时不时地为朋友工作，那些离我太远，可能无法再相见的朋友。”

被家人抛弃，害怕精神病院的员工，又害怕接触其他人，文森特用作画来逃避这一切。如往常一样，他相信只有埋头苦干才能恢复内心平静，不让病魔靠近他。“比起其他事情，工作更能极大地转移我的注意力，”他写道，“工作令我的意志更坚强，不再轻易受到精神折磨的影响。”一打开画室的门，他便“全力以赴地”投入创作。第一周里，他画了十几幅画。他一开始画的都是长期孤独时萦绕在他脑海里的形象：圣母怜子、天使、镜中的面容，尤其是在卧室铁栏窗外看到的风景。

只要监护允许，他就一直工作。“早上，中午，晚上。”他告诉提奥——他把发病前开始画的画重新拿出来看，还对一些完成的画作进行润色。他看见了新的黎明和成熟的庄稼，于是开始画另一个版本的《收割者》，描绘夕阳下一个很小的人影在他的窗外不知疲倦地劳作。他用了一块同样大的画布，几天之内就完成了。在他饱受煎熬的那个时期，那幅阿尔的卧室一直放在他的画室里。就在文森特发病前，提奥把这幅画送回来修补，但他一直没打开它，害怕刺激到他已经混乱不堪的大脑。现在，他毫无畏惧地打开它，开始在另一块大的画布上创作新的版本。

这幅画也在第一周完成了，他随即计划重画在黄屋子时他喜爱的画面：葡萄园、克劳平原，还有“最重要的，夜间咖啡馆”。他订了许多新的绘画材料，想把他所有“最棒的画”画成小画，寄给家人，然后开始新一系列的“秋色”之作——所有这一切都在这个月底前完成。这只是他灵感迸发创作大量画作的开始——在接下来的八个月里，他几乎每隔一天完成一幅画，抓紧时间让他的手忙起来，分散他的注意力。“我像着了魔似的工作，”他写道，“而且从未这样如痴如醉地工作，我肯定这能把我的病治好。”

他还是最渴望画肖像画。但是被关在精神病院意味着他只能找病友做模特（“不太可能。”他承认），或者找工作人员。他似乎成功说服过一个神志不清、眼神空洞的病人穿着病服摆姿势让他快速画几笔肖像。不过他能找到的、能真正坐下来给他画的也就只有两个监护了，他们拿着工资来监视他作画。其中一位叫让－弗朗索瓦·波利特，这位年轻人经常陪着他出院远足。另一位年纪大的叫查尔斯·特拉比克，他是监护长，和妻子就住在精神病院附近。

文森特把这两个人画成不同的类型，概括了陪伴他的小小的人类世界：波利特是头戴草帽、身穿花衬衫、面带笑容的当地农民小伙，身后的背景是户外，他总把户外称为家；特拉比克（人称“头儿”）则表情严峻，没有一丝笑容，像个有权有势的大公爵，身穿正式的黑白条纹外套，严肃又古板，在文森特朴素的肖像画中，特拉比克象征着那家精神病院、那座教堂、那片地区和那种生活的刻板和沉闷。“他有一种军人的威严，黑色的小眼睛炯炯有神，”文森特写道，“简直就像一只猛禽……非常典型的南方人。”

特拉比克肖像画中有限的色调、细腻的表现手法，以及传达出的要统领众人的雄心壮志，表明了文森特工作计划的另一个领域：过去。他从那个夏天走出来，从疯病中走出来，“如雪崩一样被回忆淹没”。这些幻觉和现实生活中各奔东西的家人，令文森特的思绪沉浸在过去中。他说他“思念家乡”，“心中郁积着忧伤的怀旧之情”。为了抚慰这些幽灵，他再次将自己沉浸在过去的剪贴簿中：他的画作收藏。德拉克洛瓦的《圣母怜子》和伦勃朗的天使打开了一扇通向曾经的痴迷的门，一个可以逃跑的舱口，抚慰了他在圣保罗被隔离时的孤寂，就像在海牙时一样。9月的第一周，他决定大干一场，把他收集的心爱之作都画成油画，装满整间画室。如果他无法从整天在他身边晃悠的陌生人中找到模特，他就从他幻想的博物馆中寻找。

文森特从他的艺术之路开启的地方开始：米勒。十年前，他从博里纳日逃离、一心想成为插画家的时候，正是从临摹米勒著名的系列作品《地里的劳作者》开始的。在奎斯梅的小房间里，他坐在摇摇晃晃的折椅上，膝头放着速写板，孜孜不倦地临摹了一幅又一幅，从樵夫到剪羊毛的人，从打谷者到捆麦子的人。如今，他再次转向米勒那来自黑乡深处的质朴形象。

阿德里安·拉维勒，仿让-弗朗索瓦·米勒，《午憩》，1873年，版画，$5\,{}^{5}/_{8}$英寸×$8\,{}^{3}/_{4}$英寸。

他利用在巴黎运用于日本版画上的网格和放大技巧，在那些小小的黑白图片上画网格，然后搬到大画布上。每幅画他都毫不吝啬地用上对比色——主要是深浅不一的黄色和蓝色——和成片的厚涂。他的画尺寸不一，从最小的$15\,{}^{1}/_{2}$英寸×$9\,{}^{1}/_{2}$英寸到最大的3英尺×2英尺（和《卧室》一样大），但从来不受米勒统一比例的约束。他煞费苦心地填充背景，刻画人脸。

两周内，他完成了10幅米勒人像画中的7幅，并开始画第八幅。月底时，他画尽了米勒的《地里的劳作者》系列，开始转向其他画家的版画——虽然他求提奥给他寄更多米勒的作品，特别是《一天中的四小时》。未来的几个月他都规划好了——画更多的德拉克洛瓦和更多的伦勃朗，然后画多尔和杜米埃尔，直到他积攒的整个系列“够大、够完整，可以构成一个流派”。然后他将攻克版画外的世界：素描。米勒画的素描从没被搬上画布。他憧憬着，把它们画出来“可能让米勒的作品更易于被普通群众所接受”，“比起画我自己的画，可能这样做更有意义”。

对于这个古怪、保守、无底洞一般的项目，文森特给出了各种各样的解释。起初，他将它归因于一次幸运的“意外”，因为他弄坏了一些版画，需要有替代的装饰品。（“我不是特别喜欢在我的卧室里看自己的画。”他解释说。）画得多了以后，他又以天气不好或找不到模特为由继续临摹。有时，他还会辩解这对他的康复至关重要。他告诉提奥，临摹训练可以保证他“头脑清醒”、“手指稳健”。有一天，他说这是一种必要的磨练——就像他在博里纳日苦练素描一样，是弥补流逝的时间和以往失败的唯一办法（“十年不幸的学习并没有换来成功”）。但过一天，他又称这一新转向是为了更崇高的艺术目标。他称那些人像远不仅仅是过去艺术的遗迹，而且指明了印象派的未来，他的辩解达到了雄辩的高度，并充满了在海牙时的传道热忱。通过将对比色的新手法运用到这些受人推崇的原始画作中，他可以像莫奈画风景一样画人物了。

为了给这种想象力的大倒退，这种绝望的“依恋过去”的行为寻找合理的依据，文森特坚称他不是在临摹这些画，而是“将它们翻译成另一种语言”——和乔把英语书籍翻译成荷兰语差不多。他并不是简单地再现原作的色彩，而是“即兴”地上色，以求找到“颜色上模糊的调和，至少是感觉比较对的调和”。所以，他强调，一幅新作成了“我自己的诠释”。“是不是有点像演奏音乐呢？”他问道，想为他的临摹找出更精辟、更诗意的理由，“当一个人在演奏贝多芬的时候，他会加入自己的诠释。”乔为提奥弹钢琴的时候不就是这样的吗？他表示，作画对他来说也是如此，“画笔在我的指间就像是琴弓在小提琴上的跳动一样，给我带来莫大的愉悦”。

但真正的原因很明显，文森特最后也承认了。“因为我现在还在生病，我想努力做点事情，好让自己平复下来，”他写道，“我发现这么做不仅能教会我一些事，更重要的是能给我带来宽慰。”十年前在博里纳日——提奥上次给他寄《地里的劳作者》的时候，文森特从黑暗中爬出来，在“绘画的世界”里憧憬着与提奥的兄弟情义。如今，只有兄弟团聚的幻想才能拯救他。不停地重画米勒是这一幻想最明显的体现。在寻求安慰时，他的思绪将他带回亨德里克·康西安斯，一位兄弟俩都很喜欢的比利时作家。他说，康西安斯所描绘的原野生活“令我振奋”。他计划搬去农场住一年，“和普通的农民一起生活”。在纽南时，他追求“有男子气概而又完整的”生活。

这样的生活只有在乡村才有。

提奥把文森特的那些乡村幻想看作是康复的迹象，并通过推荐其他类似作品来对此加以鼓励，比如另一位比利时画家康斯坦丁·莫尼耶画中的那些高尚的矿工和搅炼工人，还有“如小奶牛般鲜嫩”的村姑和“新鲜健康的黑面包”。利用这些意象，文森特编织了一幅令他兴奋和宽慰的画面。因此，他的生活就是弟弟的镜面反射：乡土气息的赤子之心对应提奥的都市优雅（“木鞋”对应提奥的“漆皮靴”），艺术家对应画商，苦行僧对应已婚男人，创造者对应他的资助者。在他神秘的记忆原野上，他每天辛勤地劳作，创造出像米勒的农民那样“带有泥土气息”的画作。他知道他想过的这种乡村生活，也是提奥在内心深处同样渴望的，因为他早已厌倦了巴黎的喧嚣与纷杂。他想着他要为“他俩”活下去，感受他俩共有的“更淳朴、更真实的大自然”——在艺术和思想领域达成共鸣，而这是乔无法涉足的领域。“哦，我亲爱的弟弟，”他写道，“这样的事情绝不是随随便便就能感受得到、发现得了的。”

十年前，文森特曾以巴比松式的幻想想象着自己摆脱黑乡，想象着在通往赖斯韦克之路上散步时的约定（“兄弟俩……惺惺相惜，仿佛合为了一体”）。在圣保罗精神病院里，他对手足情义的新的憧憬——有着比任何婚姻都要完美的默契——带领他走出了黑暗。9月中旬，他称“感觉完全正常了”，“胃口非常大”。在画室里，他全身心扑在画布上，一幅又一幅的画堆在精神病院的门口准备晾干。他求提奥寄许多新的绘画材料过来，同时又把一捆捆的画寄给提奥，表示他重新恢复了元气。他从安全的画室里冒险走出来，开始在室外作画：先是精神病院的花园，然后是窗外封闭的田地，最后在10月初，走向围墙外的世界。“我尽情享受着山上和果园里的空气。”他得意洋洋地说。

他出来的时候正是秋高气爽的日子。“我们这里的秋天美极了，”他写道，“我得好好利用这美景。”他就像长时间航行后好不容易上岸休假的水手，恣意挥舞着画笔描绘这个季节丰富绚丽的色彩。他画路边的两棵白杨树，画得就像两束直入紫色云霄的火焰。他把一棵普通的桑树——和灌木差不多高——画得像橘红色的美杜莎，一头枝繁叶茂的鬈发占据了整幅画面。他尝试了以往所有的绘画手法，从薄涂和巴黎流行的散涂到蒙提切利式具有雕塑感的厚涂，从印象派的笔触到日本画的色调。他用尽可能轻的笔触涂抹颜料——寥寥几笔颜色——来展现落叶，然后用画笔蘸上厚重的颜料来描绘残留下的光秃秃的树枝编织而成的弯弯曲曲的网。他的色调也折射出了他过去的狂热：从纽南的半调与静谧的协调，到大碗岛的淡彩幻境，再到阿尔灼热的黄色和深不可测的蓝色。

他考验了自己的技巧，也考验了自己的精神。早前在一次到精神病院的围墙外远足期间，他大胆地走进了一片橄榄树林，所见的景象充满了危险，像耶稣的蒙难地。可他不仅画出了好几排婀娜多姿的树和银白的树叶，还找到了可以坐下来让他画肖像的人。住在小树林旁的精神病院监护长特拉比克和他的妻子珍妮，在文森特的一再要求下同意做他的模特。自《摇篮曲》的灵感源泉鲁林夫人之后，他一直都没有找到女模特。文森特现在有自信了，就在几周前这都是不敢想象的，凭借着这股自信，他非常仔细地画出了她那"疲倦、憔悴、晒黑的脸庞"：与真人很相像，用的是嵌板而不是画布，就和蒙提切利常用的一样。

不久以后，他胆子更大了——走到了阿尔皮勒山脚下，此时冬季的风已经开始咆哮。自西北风吹走他的画架和神志之后已经过了三个月了。"但是没关系，"他在写给妹妹惠尔的信中说道，"现在我的健康状况非常好，我的身体将战胜这一切。"他向下走到了一条"非常荒芜的山沟"，在一条流淌在山沟里、布满礁石的溪流边上支起了画架。画中的峭壁若隐若现，"都是紫色的"，两个强健的登山客在峡谷的山荫处前行。文森特对成果很满意，他觉得自己精力充沛，可以画一系列"险峻"的阿尔皮勒山景，夸口说："对此我已经游刃有余了。"

接下来，他踏入了采石场，此处距离他7月崩溃的地方不远。他用石头把画架固定住，在画布上画出了华丽肆意的光线与色彩。中央高原耀眼的太阳将石头照出一条条粉色和一笔笔蓝色。光线能触及山洞的最深处，洞里满是丁香花与薰衣草般的紫色。在崎岖的洞口，有一个人无畏地大步向前，不受孤独与晕眩的困扰。

随着每次探险成功，每次安全回来，每一幅新的画作在画室外架起晾干，他对自己信心大增，再次发病的担忧渐渐退去。"我能更好地管住自己了，"他得意地说，"健康状况稳定下来了……没再发软了。"他的医生也在隧道的尽头看见了亮光。佩宏在9月下旬拜访提奥时，惊叹他的病人看上去"完全健康"——虽还不能出院，但已朝着这个方向发展了。能给弟弟带来好消息让文森特欢欣鼓舞，他不禁畅想起了未来。提奥还有一个消息让他更为兴致高涨，那就是毕沙罗推荐了一位医生，这位医生住在巴黎北部的田园式小镇奥威尔，他愿意在合适的时候接纳文森特。"我满心期待你说的奥威尔，"文森特回信说，"我们必须把这事定下来。"

在同一封信中，提奥对最近一批从圣雷米寄来的画作大加赞扬，这是文森特康复的成果。提奥说，它们“拥有不可撼动的特质，这是大自然所拥有的，即使在她最狂暴的时候”。他还告诉了文森特一个有意思的消息：他的朋友约瑟夫·艾萨克森打算为荷兰艺术评论杂志《作品集》写一篇关于文森特的文章。但是，提奥说，还有更好的事呢。巴黎有越来越多的人来找文森特，要求看他的画作。有人在秋天举办的《独立艺术家评论》的展览上看到了他的第一幅《星夜》——在阿尔所作——和5月的《鸢尾花》，它们与修拉、西涅克和图鲁斯－劳特累克的画作挂在同一面墙上。也有人在唐吉的店里看到他的作品。有人听说文森特受邀参加比利时团体“二十人展”1月的画展——这是在巴黎之外展示前卫艺术的绝佳机会。就在前一年，受邀参展的人中有高更，但没有文森特。

提奥与佩宏的好消息让文森特又再次雄心勃勃。就在一个月前，他还笼罩在连续好几周发病的阴影下，差点退出了“二十人展”。他当时写道，“我感到自卑”，他悲痛地怀疑画展的主办方是否还记得邀请过他参展，而且的确，“也许他们忘记我会更好”。在避开了同伴几个月后，他大胆地写信给高更和贝尔纳：责备他们又讨好他们，对他们恩威并施，就仿佛夏天的那场暴风雨从未发生过。“我打算再努力一把。”他告诉贝尔纳（他已有一年没给贝尔纳写过信了）。他重申了他在新艺术中应有的前卫地位，提议与两位艺术家互换最新的作品，还询问了近作的情况。他们都致力于追求原始美与日本画风的真谛，对此他夸奖了一番，又拿此事开玩笑，并重新作出了肯定。他对夏天发生的灾难性事件只字不提，且强烈告诫他们不要在绘画中运用宗教意象，呼吁他们如兄弟般团结一致，追求更深层次的真理——“让人坚信不疑的东西”，是他在米勒的作品中而不是《圣经》里找到的真理。

昔日的期许在重拾了信心的文森特的心中又复活了。“如果我再次去卖画、去参展、去交流作品，也许我就能稍微取得一点成功，这样就能减轻你的负担。”他在写给提奥的信中说道，画展的消息以及和老朋友的联络鼓舞了他。为了证明他也有经商的头脑，他立即开始创作“秋色”系列，画的都是一些常规的景色（枝繁叶茂的树冠，两侧树木成排、落叶满地的小径），色调柔和，笔触老练沉稳。那些描绘爬满常青藤的花园一角的俯视图并没有展现太多无拘无束的想象力或夸张的笔触，也不像那些描绘阿尔皮勒山或夏夜星空的画作，可提奥非常喜欢。在这位画商弟弟看来，这样的画有销路。提奥在10月下旬的信中写道，“你画真实事物的时候更厉害”，并指出他特别喜欢“爬满常青藤的矮树丛”。

为了多卖些画，文森特最终放弃了创作夏景的计划。提奥在建议中还特别批评了6月画的那幅最新的《星夜》。他写道，“追求风格不利于真情实感的流露”，认为所有这些“刻意”的形象都是“关注对象”偏离正轨的产物。高更近期的作品也同样有抽象的趋势，提奥叹惜地指出那些都是现实中不存在的形象。结果，夹层画廊的储藏室里放满了高更的画作，“没去年卖得好”。提奥还不太赞成文森特画让他感到害怕的圣经场景，更不赞成文森特自以为是地运用象征主义。“最让人满意的画作，”他说，“不是运用各种流派和抽象概念，而只是描绘美好而真实的事物。”

文森特总体上同意弟弟的观点（“用简洁的手法描绘事物要比追求抽象更好”），他坦言在过去的画作中犯了错误，比如《摇篮曲》和第二幅《星夜》，这两幅画他都觉得很“失败”。“我误入了歧途，把星星画得太大，”他写道，“连我自己都不太能接受。”为了向提奥证明他改变的决心，他画完秋景后立刻又制订了一个更为了不起的商业计划。莫奈在昂蒂布、高更在布列塔尼做的事，他现在要在法国南方做。他将这个了不起的创作系列称为“普罗旺斯印象”，他要捕捉乡村最本质的东西——“真正的土壤”。

在这个系列中，有日出和日落，有“橄榄树和无花果树，葡萄园和丝柏树”，有“骄阳下飘着百里香迷人气息的田野”，还有“太阳和蓝天”映衬下的阿尔皮勒山——每幅画都“遒劲有力，色彩明艳”。他想用这些画来“挖掘这个地方的内在特质”，不用抽象而用简洁的手法，不用“意义含混”的象征符号而用“情感和爱”。他对这个庞大的系列充满必胜的信心，甚至写信给提奥的朋友艾萨克森，劝他等自己完成了新的系列作品之后再写文章。文森特坚持认为只有在那个时候他才能“感受到整个乡村”，还援引了新艺术的教父来为自己辩护：“塞尚不就是因此而与众不同的吗？”

他以描绘橄榄树林开始了他庞大的新计划。提奥赞同了这个题材。9月下旬，文森特宣布他打算“将它们画出自己的印记，就像那批向日葵”。他用这几棵有着银色树叶的多节瘤的大树来证明他有能力与过去的恶魔斗争，并同时也能满足提奥的商业要求：艺术应该具有“完整性”，“流露真情实感”——毫不做作。

在11月的第一周，文森特画了一幅又一幅油画，一共四大幅，每幅画都从不同的角度、在一天中不同的时间、以不同的氛围展现了古老的树林：或以日出或日落为背景，或是在黄色、绿色和淡蓝色的天空下。他给这些画配上时而红绿色、时而蓝橘色的大地，映衬着紫黄色的群山景色。在他的笔下，绿宝石般的树叶像他的丝柏树一样形如火焰，银色的腹叶有

《橄榄林》，1889年6月，布上油彩，28 3/8英寸× 36 1/8 英寸。

如星星般闪亮。他没有采用在阿尔时所用的笔触（提奥不太赞成他的厚涂手法），而是用松散的短笔触表现出修拉的韵味和高更的画风。他向提奥描述这些画时，强调它们根植于“残酷而艰辛的现实”——“它们散发着泥土的气息”，不是在画室里编造出来的。

但是，没有人物他又该如何捕捉普罗旺斯真正的精髓呢？高更在信中谈起的他最近的研究对象——在大麻田里耕作的布列塔尼农妇和收海藻的农妇——非常吸引他。高更炫耀计划画 50 幅画，“在这些落寞的人物中倾注一种我在她们身上，也在我身上感受到的狂野气质”。没有人物，文森特该如何挖掘出原始的真相，赢得弟弟的肯定，让这些画一样在商业上取得必然成功？没有模特又怎么画人物？还有什么比血肉之躯更真实的呢？画室里成排的米勒农民画在嘲笑印象派的理想。“‘喂，看这里，’”他觉得它们在嘲笑他，“‘我们什么时候能看到你自己的乡村男女？’”“而我自己，”他在回信中非常难过地说，“我觉得很丢脸，很失败。”

受到这些想法的驱使，文森特燃起新的自信，踏上了一段两个月前根本难以想象的旅程：去阿尔。

但是要获得去阿尔的准许可没那么容易。佩宏还在抱怨文森特去年 7

月的阿尔之行“诱发”了夏天的疯病。10月时，他告诉提奥，文森特仍需要“通过各种测试”才能获准再次远行。但是，没有复发的日子越来越长，拒绝文森特的恳求也变得越来越难。10月下旬，提奥额外寄来了用于旅途的费用。几天后，佩宏终于批准了。“他说我的情况有相当大的改善，”文森特告诉弟弟，“他祝我一切顺利。”两周后也就是11月中旬，文森特踏上了旅程，似乎也证实了佩宏的乐观判断。这次，一切都按计划发展。文森特见到了牧师萨勒斯，拿回了牧师替提奥存放的钱。他大胆地买了“一堆颜料”，用于接下来的更为冒险的尝试。

但是，最重要的是，他见到了纪诺夫人。

7月没能见到她后，文森特一直希望还能再见到这位加雷咖啡馆的老板娘，就在一年前她为他和高更当过模特。提奥的朋友艾萨克森看了文森特给她画的肖像画后连连称赞。“我很高兴听你说别人看出了那位女性身上的特质，”文森特在6月的信中写道，“但我认为这要归功于模特本身，而不是我的绘画。”从此以后，他时常想起这位身材高挑挺拔、披着一头乌黑的鬈发、散发着地中海气息的阿尔人。10月，他写给提奥的信中含糊地提到在阿尔“有些人，我过去觉得，现在仍然觉得有必要去看望一下”——这种含糊其词或许是为了掩盖对这位女性突如其来的渴望或长久以来的迷恋，尽管他对她不甚了解。

此类事件以前也发生过，提奥太了解了：孤独和对母爱的渴望夸大了一张友善的女性面孔，文森特幻想能获得对方的爱恋甚至建立亲密关系——可这样的妄想只会导致过度热情和心碎。两年前在巴黎时，当提奥搬出勒皮克路上的公寓去追求乔•邦格时，文森特正在与另一位咖啡馆老板娘打得火热，她叫安戈斯蒂娜•塞加托丽，她有着杏仁般的大眼睛，性感而迷人。这段感情以悲剧而告终。为了避免触碰那些回忆，文森特和以前一样，一次次将他的热情藏匿于艺术创作中。“我对找模特感到绝望了，”他听说艾萨克森的称赞时苦恼地说，“啊，如果今后能找到像纪诺夫人那样的模特……我就能画出与众不同的东西。”

在11月的旅途中，文森特不仅找到了他的模特，还显然说服了她再次为他当模特。她可能站了一会儿给他画素描，或仅仅忙着自己的活儿，让他画了两笔。但是两天后，文森特回到精神病院时，立刻坐下又画了一幅橄榄树林，画中他的梦中情人站在最显眼的树前，双臂向上采摘着古老的果实，他以此来纪念这段旅行。他不敢将这次愉快的经历与提奥分享，仅在字里行间透露了蛛丝马迹：“时常到那露个脸是件好事，”他在信中谈到阿尔时说，“他们很友好，甚至还很欢迎我。”

在他回来的日子里，一切似乎都变得可能了。文森特谨慎地向提奥说出自己的乐观想法。“我们先等一段时间，看看这次旅行会不会再次引起发作，”他写道，“我几乎有信心不会发病了。”截至这次成功的旅行，几个月的健康早已坚定了他的信心，将他的思绪投向了未来。他憧憬着离开精神病院回到阿尔，他说那里“目前没人对我有反感”。他说自己“痊愈”了，要在春天来北方，他估计到那时“我们连奥威尔的医生和毕沙罗都不需要了”。他还在脑海中构思起了回到巴黎后要创作的画面，那时的他能将重新聚集的力量、讲述真实的画笔和南方纯净的色彩运用到这座诞生了新艺术的灰色城市上。

他规划着未来，也重拾了曾经的理想。他计划在英格兰卖画（“我非常清楚那儿的人喜欢什么样的画”），还大胆写信给“二十人展”的奥克塔夫·毛斯，列出他希望在即将举办的布鲁塞尔画展上展出的六幅作品——比每位画家限定展出的作品数量多了不止一倍。他憧憬着一个让艺术接近普通大众的世界，所用颜料没有油画颜料那么昂贵，也不像“大型画展”那样拒人于千里之外。他写道：“哦，我们必须发明一种更快速有效的绘画方式。”就和在海牙时一样，他带着提奥一起憧憬有这样一个世界，“画就像布道一样司空见惯”，连最卑微的工人“都能在家里挂上图画或复制品”。他想要将自己的油画制作成平版印刷品，从而“更接近大众”——就像他画的米勒系列，将版画画成油画，重新幻想着艺术的普及。

曾经的理想和热情唤醒了曾经的愤怒。文森特从阿尔回来后发现两封信正等着他，一封来自高更，另一封来自贝尔纳。两封信都带来了惊人的消息。高更说最近完成了一幅客西马尼园中的耶稣。“我觉得你会喜欢，”他写道，“我用了朱红色的头发。”贝尔纳则谈到自己填满了整个画室的圣经画，包括他自己诠释的客西马尼之景。提奥拜访过他在巴黎的画室，在信中向文森特详细描述了他的那幅画。提奥在信中说，那幅画画的是“一个跪着的人被天使围绕着”，“非常难以理解，而且过于追求某一风格，导致人像非常荒诞”。听了提奥对贝尔纳作品的描述，文森特很生气。他立刻回信，赞同弟弟的批评，藐视贝尔纳的画风。“我们的朋友贝尔纳可能从未见过一棵橄榄树，”他嘲讽地说，“他现在对可能的或现实中的事物都没有最基本的了解，不能这么胡乱编造——绝不能。”

几天后，贝尔纳寄了几张画作的照片过来，文森特看了气急败坏。他抨击道，“你的这些圣经画毫无希望”，“虚假”、“错误”、“无法直视”——是个“噩梦”，更糟的是“太俗套”了。他的语气在兄弟间的推心置腹和怒不可遏的讥讽之间摇摆，在你和您之间转换，他要求贝尔纳放弃他的“中世纪挂毯”，在唯一真正的上帝——掌管“一切可能”的上帝——面前“颤抖”。他怎么敢用获得真理的“精神极乐”去交换异想和梦境中的人像？“那真的是你本来想画的吗？”他呵斥道，“不！”在写给安东·范·拉帕德的信中，文森特曾为《吃土豆的人》竭力辩护，言辞犀利。这次他同样用不留情面的言辞劝贝尔纳从“危险的抽象派”中回头，再次“沉浸”在现实中——正如他自己那样。“我最后一次要求你，”他怒斥道，“用我最大的嗓音呼喊：请努力做回你自己！”

这封信，和前一封信一样，终结了这段友情。两人再没有通过信。但是文森特根本没有对他的暴怒后悔，还立刻写信同样斥责了高更。随后，他写信给提奥，为自己两度抨击迷信和抽象派而深感得意。“我写信给贝尔纳和高更，说我们的责任是思考而不是做梦，”他在信中自豪地说，“他们那样放纵自己让我感到非常震惊。”他坚称，艺术家必须“不带艺术成见”，在巴黎的评论文章和咖啡馆里激烈的派系斗争中，他坚定地站在弟弟一边。他们一起捍卫过去的艺术，反对象征主义的鲁莽和诡辩，反对这类人假装看见他们不能看见的，知道他们无从知道的东西。“他们不仅不能打动我，”他气急败坏地说，“他们给了我一种崩溃而不是进步的痛苦感觉。”

然而，他的头脑中——他的画板上——正在展开一场更微妙、更具探索性的辩论。在整个秋冬季节，文森特都在尝试用象征派的手法创作，但他没有给提奥看过这些画，也没有在两人的通信中提及。他画的地平线飘忽不定，山峰是卷曲的，月亮很大，云也像充了气似的，文森特正在一步步接近现实与虚构之间的界限。在追求“真实与本质”的过程中，夸张与简化迅速滑向了完全不同的手法。

画多石的峡谷时，他把天空画成了一条条的绿色，把山坡涂成了潦草几笔的橙色，把若隐若现的山脉画成了大笔触的紫色和白色。从悬崖向下看，他根本看不到天空，只有波浪形的垄沟地，参差不齐的绿色树林的顶部被东一处西一处喷射的黄色打断——那是秋天的悬铃木。他画了太多次枝干弯曲的橄榄树，它们让人感觉像速记一样简洁：山坡上黑色和绿色交织的笔触变成了大量的彩色光线和紫蓝色的阴影。这种极大的简化形成了由纯粹的形状、色彩和质感构成的画面——下一代人用这样的一个词来称呼这样的画面，而这个词让提奥非常不屑：抽象。

在无穷无尽的鼓励中，提奥不自觉地助长了文森特偏离现实的画风。“我们容许一个人把大自然描绘得与自己所见的完全一样，”他在 12 月初的信中写道，“正是艺术家对特定线条和特定颜色的感受反映出了他的灵魂。”文森特在阿尔的用色方式不受现实要求的束缚，并且融入了个人的理解——在圣雷米时他将这一方式用在了形状上。虽然他一再宣称他忠于现实，为米勒的农民着色，要画出欢快的秋“色”，但是他那反差强烈的画笔不停地试探着他所谴责的自由作画的限度，探索着如何用狂野、非现实的方式描绘现实世界，如何将艺术从大自然中连根拔起。

沉浸在圣保罗精神病院清新的空气和与世隔绝的静谧之中，文森特可能已经沿着纯粹抽象的道路一路猛进——下个世纪的艺术可能在这条道路上一直前进。但是，在阿尔，黑暗令他却步了。

文森特从未说起导致1889年12月的再次复发的原因。但是对他来说，就算在一年前的黄屋子黑暗事件之前，都没有哪个时间比圣诞节更危险重重了。文森特自己其实预见到了这一危险。9月刚刚从上一次发病中康复过来，他就十分肯定地预见了下次发病的时间:“我要一直不停地工作，如果我在圣诞节再次发作，我们再看吧，发作结束后……”他说，现在为其他结果作准备，“还太草率”。

在谈及那个可怕节日的信中，我们可以窥探到恶魔。愈发恶劣的天气和冬天越来越短的白天迫使他在精神病院里待得更久，无所事事和绝望的感觉萦绕着整座精神病院。他说自己“无聊得快死了”，有时感到“极度忧郁”。11月正是树叶凋零的时节，光秃秃的乡村和阴冷潮湿的空气令他更多地回想起“北方”和他见不到的人。“我时常想起你和乔，”他在写给提奥的信中说，“感觉这里和巴黎隔着千山万水，我已经好几年没见过你了。”这样的距离令他感到孤独和无助。他埋怨“对未来毫无憧憬”，并且“觉得自己对此无能为力”。有时，他还怀疑他的自信是否仅仅是“自以为是”，是否“命运就是和我们过不去”。

随着圣诞节的临近，他的脑海里涌现了家和回家的画面。他给母亲和妹妹惠尔寄了许多画作，当作礼物送给她们，让她们用以装饰莱顿新家的墙面，他还寄了一幅描绘自己新家的油画分享给家人，这也是家族的传统，画的内容是画室窗外的风景。他把沉闷的宿舍压到画的边缘，以便更多地展示精神病院公园般的花园，展示在阳光明媚的花园中盛开的花朵和翠绿的树冠。前景中有一棵硕大的老树，粗壮的树干刚被锯掉，裸露着伤口。他称它为“闷闷不乐的巨人，带着受伤的骄傲”，还解释了“这棵被闪电劈过的大树”为何“给人一种痛苦的印象”。

他开始画新一批的米勒画，它们让他回想起过去。尤其是《傍晚》，拨动着他回忆与忏悔的心弦。画中描绘了一对年轻的农民夫妇坐在炉边，俯身照看着摇篮里的婴儿。精神病院渐渐充满了圣诞节的气氛，到处可见神圣家族的画像。就在这个时候，提奥来信说乔的肚子“越来越大了”,“已经能感觉到肚子里的小生命”。文森特重画了米勒那幅歌颂家庭生活的小画，把它画在了大幅画布上，打算将它作为圣诞礼物寄到巴黎。同时，他还写信给母亲，乞求她原谅他在过去这么多年的圣诞节里给弟弟——还有家人——造成的痛苦和麻烦。“我当然同意你的观点，”他写道，“提奥现在的情况比以前好多了。”

内心的愧疚从未消失。文森特提到“我们内心积聚的悲伤就像沼泽里的水”。从巴黎传来的预示着未来成功的消息只是强调了过去的失败。“我越是头脑正常，”他在10月下旬的信中写道，“我就越觉得自己愚蠢，不顾一切的作画让我们付出了太多代价，却一无所获。”提奥没有帮上忙。他的信写得很少，很勉强，常常谈到钱，总是谈及画的出售情况——不管是好消息还是坏消息。这样一来，文森特再次坚信只有取得成功才能博得弟弟和家人的好感。

《圣保罗修道院的花园》，1889年11月，布上油彩，$28\,^{7}/_{8}$英寸× $36\,^{1}/_{8}$英寸。

每一次收到从巴黎寄来的颜料和画布，每一次带着歉意计算开支，每一次谈起提奥越来越糟糕的身体（“他还在咳嗽——该死，完全无法让我安心”），文森特都在一步步深陷泥沼。“如果有一天我能证明我没有拖累家人，”他在圣诞节期间写道，“我才感到安心。”最终，他连写信的勇气都快没有了。因内疚而无言以对，很多信他只写了开头，却坦言“无法写完”。

没过多久，恐惧、渴望和悔恨混合成的毒液汇成了绝望的旋涡。在圣尼古拉斯节的前一周，文森特收到了一个包裹，提奥寄了件毛呢大衣给他。

这是一份贴心又实用的礼物。圣雷米山谷的冬日比阿尔的更恶劣。文森特抱怨过这里的寒冷，提奥就问他：“你需要保暖的东西吗？”但是这件普通的外套激发了内心所有的愧疚和过去的挫败感。“你对我真是太好了，”文森特立即回信感谢他，“我多么希望自己也能为你做些事，向你证明我不是那么没有良心。”

12 月的前两周，出于极度歉意和信心崩溃，他完成了一幅充满自责的自画像，将自己带上了一条不归路。他对艾萨克森的称赞抱以谦卑甚至不解的态度（“我目前的作品不值一提”），与此同时他对即将举办的“二十人展”也慌乱地表示了自谦——几乎对认可产生了恐惧。“我们必须像农民一样辛勤劳作，不要自以为是，”他劝告提奥和他自己，“画得慢些、久些是唯一的办法，所有想要炫耀的想法和渴望，都是错的。”尽管气温降至冰点，“扰人的冬风令人难以忍受”，他仍加倍地努力作画，带着苦修的热忱将自己置身于严酷的环境中。这样一来，提奥觉得有必要多出点钱给他的画室生火，以便吸引他从严寒走进室内。

就在几天前文森特还说没有必要再找奥威尔的医生或去别的地方，憧憬着春天回到巴黎，如今却写信要求在精神病院至少再待一年。“我们不必操之过急，”他说，“毕竟巴黎只会使我分心。”他一再保证今后会画得更好——比他寄出的“僵硬”、“粗糙”、“丑陋”的东西要好很多，并恳求提奥让他完成他的“普罗旺斯印象”，这是他给南方画的肖像画，他要再次“描绘丝柏树和山脉”。他冒着凛冽的寒风徒步采风，构思了许多可用于春天描绘的题材。“美好的想法已经开始发芽。”他想让弟弟安心。他说，留在这里不仅对他的艺术更有利，对他的健康来说也是绝对必要的，而且花销更小。“如果我离开这儿，我想从花销的角度来看几乎没有任何优势，”他辩解道，“如果我离开了，我能否取得成功就更不确定了。”

或者他可以完全放弃作画。正当他憧憬着用艺术的手法再现阿尔皮勒的美丽山谷，列出送往布鲁塞尔参展的画作时，他怀疑“如果我安静地待在布拉班特北部，我的人生是否会变得更简单”。他还短暂地设想过：“如果我放弃作画，必须过艰苦的生活，比方说，去东部当兵，那么也许这样就能治愈我。”随着那个致命的节日越来越近，他在脑海里设想了各种没有走过的路。“我常想，如果我和你干同一行，”他写给提奥的信中满是悔意，“如果我留在古庇尔，如果我还是逼着自己去卖画，我也许能过得更好些。”

圣诞节的前一周，文森特开始陷入恐惧中。“就在一年前的此时，我的病发作了，”他在黎明时写道，“恐怕这个病随时都有可能复发。这让我的大脑总是处于潜在的敏感状态。”在巴黎、荷兰，甚至南非之间来来往往的书信仿佛是为了检验他的神志，此时的梵高家族成员纷纷开始互相问候、互送礼物，这是他们过节的习俗，也表达了家人的团结友爱。妹妹惠尔热情地介绍了她的新家，还透露了打算1月去巴黎帮助提奥和乔照顾新生儿。母亲安娜不假思索地谈及与家人在一起的喜悦，还打算去布雷达看望生病的妹妹。但没有人计划来南方，而是打算在一个月后一同在巴黎庆祝这一神圣的节日——圣诞节期间是家庭团圆和信仰团圆的最佳时机。“我们收到了许许多多可爱的婴儿用品，”提奥在信中兴高采烈地说，“你一来这就能给我的孩子画肖像。”

乔与儿子文森特，1890年

文森特孤独地坐在被铁栏围起的卧室里，尽力融入到节日的欢乐中。他答应惠尔为莱顿的新家画一幅画，撮合她与他那位年轻的画家朋友贝尔纳——“人很好，很优雅，是非常典型的巴黎人。”这份送给家人的礼物也许可以与提奥添丁的喜悦相媲美。他向母亲询问弟弟科尔的消息，科尔告诉了其他人他已抵达德兰士瓦，唯独没告诉他。但是他所有的情感最终化为了苦闷（“我想您应该时常挂念提奥和乔吧。”他说）。此时，他在画室里奋笔作画，用夕阳下枯瘦的松树剪影描绘他眼中节日的忧伤。

自从 11 月去过阿尔以后，文森特就一直痴痴地计划在圣诞节再回去一次，特别是再会一会玛丽·纪诺。他只对提奥隐晦地谈起过她，提起了两人在巴黎一起看过的那幅皮埃尔·德·夏凡纳的肖像画，他还将此画与米什莱的《爱》中他最喜爱的片段相联系，这本书曾经是兄弟之情的福音书：“没有女人应该老去。”和以前一样，他将玛丽的话“把你当朋友，会一直把你当朋友”理解成了口号“除了她没有别人”或“依然爱你”（均出自米什莱）。纪诺夫人在前年的圣诞节期间“病倒了”，文森特也在那时发病，他觉得这样的巧合预示着两人注定要在一起。随着这个圣诞节的临近，他把那位迷人的阿尔女人看作奥古斯汀·鲁林，他心中的母性形象，几个月后，他坦言经常在梦中见到她。

为了在绘画中庆祝自己那个只有可怕的回忆、受挫的爱情和迷茫的渴望的圣诞节，文森特又重新画起了橄榄树林。不管是冒着严寒和孤独把画架搬到室外作画，还是在画室里继续画之前的习作，这些都是危险时刻的危险意象。在节日来临的那几天，他不停地画了一幅又一幅女人采摘“圣树”的大幅油画——其中一位永远有着阿尔人特有的黑色鬈发。

为了让提奥喜欢，他避开了过去所有的造作和夸张，每幅画的笔触都短促而谨慎，颜料轻薄。（“我不会再用厚涂作画了，”他发誓，“我没有那么狂热。”）他的脑海中浮现出他能想象到的最柔和的对比色——粉色或柠檬黄的天空映衬着银绿色的树叶，认为只有如此“温和”、轻柔的色彩才能赢得女人的芳心或家人的好感。他放弃了在黄屋子时所用的粗糙的互补色和原始的题材，要在“精致的蕾丝”中运用“细腻的色彩”。在写给妹妹的信中，他描述自己的这幅画作是“我画过的最精致的一幅”。在写给提奥的信中，他保证这幅画能采用彩色平版印刷，就像蒙提切利的场景画一样——而且最终，能赚到钱。他觉得再铁石心肠的人也会被打动的。就在圣诞节前的几天，他写信给母亲：“我还为您开始了另一幅大作，是采摘橄榄的女人们。”

和《摇篮曲》一样，这幅令他感到慰藉的画被画了一遍又一遍，带领他走出了黑暗：向前走也向后走。“你让我不要太过担心，好日子终会来的，”他在写给提奥的信中说道，此时他正开始为母亲和妹妹再次临摹一幅画，“当我预见我能完成饱含深情的普罗旺斯印象系列作品，并把它们寄给你的时候，我想我的好日子就会来了。我希望这一系列作品能与我们在荷兰时的青葱岁月相联系。”

但是画作与回忆的安慰从来都不够。平安夜前一天，文森特坐下来写信给母亲。信中他时而愧疚地哭喊，时而恳求原谅，时而热情赞美母爱，坠入了自我毁灭的深渊：

> 我常对过去的事感到自责，我的病多多少少都是由我自己造成的，我不知道我是否还能弥补我的过错。但是有时思考这些事，思考它们为什么会发生实在很困难，有时愧疚压得我喘不过气。然后脑海中都是您和过去的事。您和父亲对我的疼爱多于对弟弟妹妹们的疼爱。可是你们如此疼爱我，我却似乎仍没有一个开朗的性格。

他不仅自责自己生了病，还自责自己没有及时寻求治疗，没有更快地康复。他承认在纽南时对父亲不好，在巴黎时令弟弟误入歧途，没有生个孩子而令母亲失望了。他最后一次努力让母亲喜欢他的艺术，但又承认自己“无能”，无法用别的方式作画。对于过去的所有过错，他只是简单、谦逊地辩护说：“孰能无过？”

就在同一天——黄屋子可怕事件一周年的那天，他又病倒了。对周年临近的恐慌无疑令1889年圣诞节再次发病的预言应验了。黑暗降临时他正在画另一幅橄榄树林。“我当时在很平静地作画，”他在1月时回忆说，“突然，无缘无故地，就神志不清了。”

经历了一周的“亢奋和呓语”，狂暴和迷失之后，又一个发病周期开始了。和往常一样，文森特躲在阴影里发抖、发狂，“极为沮丧”。他清醒后发现自己的颜料都被拿走，因为他又一次企图吃颜料自杀。一整周他只能回忆起一件事，而且可能还是梦中之事。“我在生病的时候看到下了湿湿的雪，但很快就融化了，”他写道，“我夜里起身想看看这乡村。哦，大自然从来、从来都没有这么动人，这么多情。”

和过去一样，他立即着手新的创作系列，让弟弟放心风暴已经过去，他这艘小船完好无损。“别太担心我，”医生刚刚放心把笔给他，他就立刻写信，“让我们继续尽力工作，就像什么也没发生过一样。”他发誓很快将恢复到“我的正常状态”。他固执地将复发归咎于他身边的“迷信思想”和大多数画家都会遭遇的困境，他又将自己投身到绘画中，虽然院方还没把颜料归还给他，他还用终有一天他的病能“完全康复”的幻想来安慰弟弟。

和过去一样，他突然觉得自己被囚禁，便计划要逃跑——至少去一个可以让病人在田野里作画还可以为他当模特的精神病院。或者去布列塔尼与高更会合。又或者去巴黎。和过去一样，在为新开销发愁时，一阵愧疚袭来，他空想着自己能做个画商，“做点生意”或“找别的活干”。“让我们接受残酷的现实吧，”他在1月中旬时写道，“如果我必须放弃绘画，我想我会这么做的。”

提奥也扮演着他熟悉的角色。文森特圣诞节发作的消息令他再次震惊。一改这几个月内的拖拉，他急切地写了一封又一封信，信中满是对哥哥的关切、各种注意事项、愉快的消息，还有头头是道的称赞。（“最近的这些作品更有神韵了……因为你没有到处都用上厚厚的颜料。”）他邀请文森特来巴黎，但言语含糊而仓促（“我们总是欢迎你来我们这儿”），后来一想，又取消了邀请或者准备再缓一缓。当文森特提出要搬去一座能让他更自由地作画的精神病院时，提奥无意中提到了吉尔，他们的父亲在十年前曾想把他送进这家比利时的公立精神病院。

圣诞节发病的几周里，圣保罗精神病院的院长也重复了他的角色。文森特第一次病倒时，佩宏焦急地写了封信给提奥，称他的哥哥最近又吃颜料企图毒死自己。在新年假期外出期间，这位医生还匆忙地回复了文森特的信，禁止他再次作画。几乎有一周的时间，他消失不见了——可能生病，可能度假，可能只是不想让人打扰。当他再次出现时，他发现文森特已大体康复，迫切要求“取消”上周的禁令。

佩宏还和往常一样马虎和不专心，极易被他的病人说服。佩宏曾对提奥预测过病情的发展，现在立刻收回了那骇人的预判，回到了常规的治疗——尽是些老套又没用的疗法。“他对我说：‘让我们希望不再复发。’”文森特写道，“和以前那套一模一样。”佩宏对文森特的病情犹豫不决，监管也很松懈（文森特早在医生解除禁令前就开始作画了），只有提奥一人劝诫他的哥哥远离“危险”的彩色颜料，至少远离一段时间，用素描来代替。文森特则照样不听劝。“我为什么要改变我的表达方式？”他反驳，“我要一如既往地画。”

回到画室后不久，就在圣诞节的这场风暴过去后几周，他的幻想又开始酝酿由孤独和渴望引起的下一次危机。外面的天气连他都觉得太冷，他只能把自己关在画室里，于是他又开始临摹米勒的作品。提奥称赞了他画的《傍晚》，画上年轻夫妻紧挨摇篮的场景，让文森特的思绪再次被拉回到即将在巴黎出生的孩子身上。提奥写信谈起乔的身孕时格外紧张，文森特回信说：“要是什么都不在乎，那生命也就没有意义了。只有这样大家才会严肃对待。”与此同时，他在画室里仔仔细细地打着方格，将米勒的那幅年轻农民夫妇带孩子学步的画搬上大画布。他的笔下只有蓝色和绿色——犹如一支柔和、温馨的幻想曲，他回想起了“荷兰，我们的青葱岁月”，还憧憬着回巴黎见证幸福时刻。

但是同样的想法还转向了阿尔。1890年初，刚刚摆脱病魔的文森特已经盼望着回到那位眼睛乌黑的阿尔女人的身边。起初，他没有料到他能去，以为直到2月才有可能。在写给提奥的信中，他隐晦地提到有必要“再去看一看我的朋友，他们总能让我精神更好些”。他作了精心的规划，其中包括他存放在加雷咖啡馆的家具，这些规划都需要他本人在阿尔。与之前一样，他暗示自己迫切渴望找位模特。他提议这次旅行仅仅是“测试我是否有能力冒险去巴黎”。但是画架上快乐父母的形象已经出现，巴黎的事占据了他的脑海，他等不及了。1月19日，买了套新西装后，他再次踏上穿越悬崖、通往阿尔的危险旅程。

他没有受到他所渴望的热情欢迎。纪诺夫人又病倒了——一个不祥之兆。她可能病得太重，无法见他。短暂逗留后他就回到了精神病院，而停留的那段时间他也没怎么留在纪诺家，而是在别的地方，寻求其他形式的安慰。家具还是老样子。他回来后正好用充足的时间写了两封悲悯的长信：一封写给纪诺夫妇，一封写给妹妹惠尔。起初，他用热情的关切伪装自己的感情。后来他不停地将玛丽·纪诺的流感与自己更悲惨的疾病相联系，他鼓励她“早日痊愈，从病床上下来”。就像在海牙见到怀孕的西恩，或在纽南见到步履蹒跚的母亲，见到他那位生病的梦中情人也为他带来了宽慰。“疾病的存在提醒我们，我们不是木头做的，”他写道，安慰她也安慰自己，“对我来说这似乎具有积极的一面。”

但是在写给妹妹的信中——他知道母亲也会读到，文森特没有找到慰藉，看不到任何积极的一面。他在信中说“我的生命逝去得更快了”，还谈到要赶紧“弥补损失的时间”。“未来变得更神秘，”他说，“而且，我的天啊，还变得有一点阴暗了。”他凭空幻想仍然健在的母亲垂死时的画面，而且一想到母亲对他的拒斥再也改变不了，他就绝望地呐喊：“我总是深深地叹一口气想，我应该比现在过得更好。”他试着让自己不这么想——“我得赶紧打住，不能再说下去了，不然这样下去我可能就意志消沉了。”但他没能做到。“人不能重走自己走过的路。”他沮丧地结束了这封信。

两天后，暴风再次来袭。提奥一周后才收到佩宏迟迟写来的信：“我写信来告诉您文森特先生的病又发作了……他现在完全不能工作，问他问题也是答非所问。”看似平静的信其实隐藏了更残酷的事实。文森特不仅不能作画，甚至都无法读书写信。一个见过他的人说，每当有人靠近他，或试图和他讲话，他都紧紧地蜷缩起来，“好像别人会伤害到他一样”。

他日复一日地整天坐在被铁栏围起的冰冷卧室里，“双手抱着头”，不是对自己叫喊着“悲伤忧愁的过去”，就是陷入深不见底的孤寂中。

在巴黎，就在佩宏寄来坏消息的同一天，乔安娜·梵高（邦格）写了封信给远方的文森特。在提奥精心布置的公寓里，她坐在餐桌边写信。当时是午夜，但她不是一个人，提奥、他的母亲和妹妹惠尔都在身边。还有一位医生也在家里过夜，孩子很快就要出世——可能就在当晚。疲惫的提奥坐在她旁边的椅子上打盹。在她面前，有一本巴黎的杂志《法兰西信使》放在餐桌上，是提奥从工作的地方带回来的。上面登了一篇有关文森特的文章。乔在信中写道，餐桌边的每个人都读了这篇文章，还“谈论了你很久”。

事实上，在巴黎，每个人都看了这篇文章，开始议论纷纷。

这篇文章是一个系列报道的开篇，题目叫《孤独的灵魂》。

第四十一章　“堕落的孩子”

1889 年圣诞节期间，为节日采购的人们经过朱利安·唐吉老伯的画材商店时，在橱窗中看到了一件奇怪的东西：两束巨大的向日葵。橙色和黄色花瓣独特的光晕与巴黎灰暗的街道形成强烈对比。但是令行人震惊的不仅仅是这反季的花束，还有它那硕大的花朵、傲挺的姿态以及最重要的，强烈的色彩。一束硕大的向日葵贴在明亮、泛着珠光的绿松石色的背景上；另一束则贴在黄色背景上，明亮得让人睁不开眼。有些人在阴冷的冬日看到这一夏日的景象大吃一惊，有些人感到困惑茫然，很多人则感到了惊愕。“向日葵散发出耀眼的光芒，”一位行人后来回忆道，“真是太可怕了。”

但还是不断有人前来观看。他们读了约瑟夫·艾萨克森 9 月发表在《作品集》中的文章或者同月《时尚》杂志上的简介，或者已经看过了笔名为“闲逛者”的专栏作家 4 月在《现代主义者画报》上吸引人的神秘评论，该评论让读者前往唐吉的商店，在那里他们可以找到“生机勃勃、浓烈和充满阳光的绘画”。艾萨克森和“闲逛者”仅提到了神秘画家的名字——文森特，但有人从提奥的众多熟人中获知了内幕消息。有些人已经听说了在巴黎的艺术圈中流传甚广的故事，即一年前高更与一位现已南下的荷兰疯子之间的血腥故事。

唐吉橱窗里的画作似乎进一步证实了这一切和其他更多的事情。

来到唐吉的商店、想要解开谜团并了解艺术的人中有一位年轻的艺术评论家，他叫“艾尔贝·奥里耶”。正如文森特·梵高（即奥里耶在《法兰西信使》第一篇评论的主人公）一样，24 岁的奥里耶也紧跟历史潮流，经历了初露锋芒、英年早逝，最终名垂千古。与文森特不同的是，他预见了这一切。1883 年，他作为一名法律系毕业生来到巴黎，很快便沉溺于世纪末波西米亚式奢华堕落的生活。奥里耶在各个领域都有所涉猎，独独缺少法律领域——诗人、评论家、小说作者、编剧、画家。他欣然接受在知识的大熔炉中翻滚、酝酿并最终形成的每一个新的“主义”，甚至还开创了一个主义：“感觉主义”。他的第一部小说模仿了巴尔扎克的野心和自然主义。但是于斯曼的《逆流》让他异常激动——整整一代的年轻诗人、思想家和艺术家也深有感触。20岁后，他选择了颓废主义，宣布波德莱尔的《恶之花》是他的“精神向导”，将不受世人认可的情侣魏尔伦和兰波视为英雄，将离经叛道（“奇特的观点”）视为艺术和生活的最高目标。

初到巴黎时，奥里耶是一名少年得志的作家和评论家。他年仅19岁就出版了首本期刊，20岁时便为《黑猫》写作，并在21岁时获得马拉美的注意。他声名鹊起之时，恰逢评论的地位获得了提高，而那是艺术界唯一最具说服力的声音。1881年，巴黎的沙龙失去了政府赞助，各个领域的艺术家都必须面对由私人画商、画廊和拍卖行组成的拥挤嘈杂、竞争激烈的世界。随着沙龙奖影响力的逐渐减小，评论家和评论都蜂拥至鉴定这一空白领域，想要吸引眼花缭乱的资产阶级买家的注意力。

沙龙倾向于主推某些画作，而新的评论家与私人画商结盟，不再重视个别作品，而是着重推广画家甚至其所在的流派。单幅作品不能让评论家享有盛誉、使杂志获得赞助或供养画商一家。买家必须相信，一幅画若是出自得到认可的艺术家或流派，那么肯定优于不知名的艺术家或随便什么流派的画作。艺术结盟的时代已然到来了。其中的典型范例当属乔治·修拉，他别具特色的点彩派作品得到了评论家费利克斯·费内翁的支持。费内翁不仅将修拉的作品视为魅力十足的装饰品和工艺杰作，而且还称其是时代精神的真实表达。费内翁在《独立艺术家评论》中不遗余力的赞赏催生出了一批新印象派的画家和收藏家。只有艺术还不够。在一种充斥着文字和时尚的文化中，艺术需要获得支持，才能得到推广和流传；艺术家则需要流派才能获得成功。这两者评论家都能提供。

高更和贝尔纳都见证了修拉令人惊讶的崛起，并且学到了新时代的精髓。为了提高公众知名度，艺术家们必须频频参加画廊展览；为了参加画廊展览，必须有人在杂志中讨论他们。在一个以自我利益为基础的不稳定的联盟关系（之后可能在恶意逐名时瓦解）中，两位艺术家开始为了前卫艺术中的一席之地而不择手段。贝尔纳在参与艺术评论的朋友中寻觅潜在的赞助人。在1888年漫长的夏天，当文森特写信给同住在遥远的布列塔尼的两位朋友，谈论日本的新艺术时，贝尔纳在阿旺桥的度假人群中借用文森特的思想甚至书信片段和绘画，向有影响力的评论家古斯塔夫·热弗卢瓦“兜售”他的新流派。他还确定了另一个目标，就是又高又瘦的23岁新星艾尔贝·奥里耶。

当艺术圈在秋季回到巴黎后，贝尔纳的宣传活动也开始了。由于高更准备前往阿尔，贝尔纳就催促奥里耶前往唐吉的画材商店、古庇尔夹层，甚至是提奥·梵高的公寓，以欣赏吉约曼、高更、文森特，当然还有他自己的作品——这些都是令人激动的新流派的代表，现在只缺推广了。

与此同时，高更计划以自己的方式吸引最关键的注意。在黄屋子生活期间，他就试图对前卫艺术发起攻击，正如25年前印象派画家在著名的落选沙龙上所做的那样。他采取大反转策略，在展示尚未命名的流派的同时，又在《独立艺术家评论》上对“新主义者”先发制人，因为他们在1月展览的准备过程中共谋反对他。1889年5月巴黎即将举办国际博览会，还有其他地方比这儿更适合上演这次反转吗？正如贝尔纳的画廊巡展一样，高更的展示活动会囊括大量的同伴画家（“一群志同道合的朋友。”他后来这样描述他们），以展现新流派的强大实力和活力，给奥里耶等评论家留下深刻印象。“文森特有时候称我为来自远方又要远行的人，”他支持贝尔纳说，“但是我们必须合作，共同成功。”

仅仅数天后，1888年平安夜，高更离开了黄屋子。无须惊讶，他到达巴黎后就立即联系了贝尔纳，而且贝尔纳将这个可怕的故事第一个告诉了艾尔贝·奥里耶。

> 我很难过，需要有一个可以倾听并且理解我的人。我的挚友，亲爱的文森特已经疯了。因为我已经发现了这件事，我自己也要疯了。

贝尔纳向高更讲述了一则爱伦·坡式的故事，其中充满了象征主义的意义、宗教寓意和哥特式的恐怖。贝尔纳写道，文森特相信“从某种意义上说，他是救世主，是个神”，“是来自另一边的存在”。文森特“强大绝妙的头脑”和“偏激的人性”已被这些奇怪的想象逼疯了。他控告高更试图“谋杀”他——这种疯狂的指控令忠诚的朋友远离了他，因为可怕的罪行已经被人揭发。“‘阿尔的所有居民都来到我们的屋子前，’”贝尔纳写道，用高更的语气转述，“‘在那个时候，宪兵逮捕了我，因为屋子里都是血迹。’”他们本以为是高更杀死了文森特！贝尔纳的描述具有极大的暗示性。但事实上，是文森特自己割掉了自己的耳朵，并将血迹斑斑的证物交给了一个妓女。

高更以这封信为证明，四处辩白自己是文森特残忍的疯狂行为的无辜受害者，而非罪孽深重的煽动者。这件事也获得了影响力日渐衰退的评论界的注意力。仅仅六个月前，奥里耶还就犯罪人类学在《理发师》上进行了一场争辩。文章引述了杰出象征主义者的作品（这些作品的标题具有极大的争议性，如《谋杀：一门艺术》），将谋杀视为一种自然的本能，而不是一种令人憎恨的行为。

通过辩论，奥里耶评论了当时巴黎报纸上骇人听闻的故事：风流倜傥的路易斯·卡洛斯·普拉多被控割开了一个巴黎妓女的喉咙。和高更一样，普拉多曾住在秘鲁并在股市工作。“普拉多事件”将象征主义者对于异常行为，尤其是犯罪行为的迷恋，置于公众视野之下，而且奥里耶的观点证明了当时在公众中流行的对于“有同情心的杀手”的着迷。高更已经利用新的流行趋势，将他的自画像画得如同雨果作品中的冉·阿让——法国文学作品中最知名的犯罪英雄。高更住在黄屋子期间，媒体标题再次渲染有关审判的谣言，正如残忍的公众倒数普拉多执行死刑的日子。（实际上，高更返回巴黎后，及时参加了他的死刑公众听证会。）

但是这封信却使高更弄巧成拙。高更为自己脱罪的做法反而没能赢得大众的青睐。忠实信徒奥里耶一直支持社会弃儿和叛逆者，他从贝尔纳的叙述中认定文森特·梵高才是更纯正的艺术家，而非保罗·高更。对奥里耶而言，文森特轻率的愤怒——无论是指向高更（正如高更后来承认的那样）还是他自己——准确地表达了屈服于灵感的极端经历，于斯曼在《逆流》中也赞扬了这一点。还有什么比该隐对亚伯的谋杀冲动更简单、更基本的呢？难道暴力不都是最终拒绝资产阶级的习俗，并通向艺术的最真实的路径吗？

文森特继续在阿尔医院，后来是圣保罗精神病院中受到监禁，这正好强化了奥里耶、于斯曼高度赞扬的备受折磨的天才形象。伟大的意大利犯罪学家恺撒·隆布罗索不是最近才揭露出癫痫症、神经错乱、犯罪行为和天才之间的关系吗？根据隆布罗索的理论，历史上许多最伟大的艺术家——莫里哀、彼特拉克、福楼拜、陀思妥耶夫斯基和龚古尔兄弟——都经历过癫痫发作。如果高亢的感情和感知没被扭曲并脱离正轨——发病，怎么会有“创造性天才”？这与伟大的神秘主义者和先知看到神迹后传达上帝的话时的兴奋感受难道不是一样的吗？隆布罗索将圣保罗视为“癫痫症天才”之一，并认为这类天才和天生的杀手普拉多一样，有“退化性精神病”——这可以从他们“凶残的”面容上看出端倪。

1889 年全年，高更和贝尔纳争相以笔下的基督形象争取信奉天主教的评论家的好感，而奥里耶关心的始终是一个被锁在中央高原精神病院里的孤独人物。当年 4 月，他使用匿名“闲逛者”首度描绘了南方太阳下的神奇景象。即使高更随后一个月在国际博览会上举办的奇怪、即兴的展览也无法长时间地吸引奥里耶。高更为了获得绝佳的展览地点，租了宽敞、落魄的佛尔比尼咖啡馆，这家咖啡馆正好在官方艺术展览馆入口的对面。他和贝尔纳的绘画作品数量都超过了 12 幅，与石榴红的墙壁和一支俄国女性乐队竞争展览会参观者的注意力。高更邀请提奥展出文森特的作品。但是提奥在展览开幕前将他哥哥的作品撤出，认为艺术品在宽敞、简陋的小餐馆展出会显得很寒酸。奥里耶来了，但是没有发现这个奇怪疯狂的荷兰人的个人绘画作品，所以就简单应付了展览会。

他再次回到唐吉的商店和提奥家，想看看打破现实错觉和直指人类经历核心的艺术家的作品。对于在 1890 年 1 月迎接新年和未来十年的新杂志《法兰西信使》的创刊号而言，还有什么更好的题材呢？还有什么比一个被北部社会和前卫艺术遗弃的人的简介更能集中艺术界的注意力并保障他本人的声誉的呢？由于公众对路易斯·普拉多砍下的头颅仍饶有兴趣，还有哪个更好的英雄能将象征主义者宣传的直觉带入新千年呢？不是这个疯狂的荷兰人，这个出于对生活和艺术的激情而割掉自己耳朵的褊狭的性情中人，这个中央高原的被诅咒的诗人，这个先知和传教士，这个预言家和怪人，又能是谁呢？

自奥里耶年底开始下笔，他便已深陷赞美的兴奋之中了。

他以简单介绍波德莱尔开始，援引了象征主义者在 19 世纪最深刻的思想——《恶之花》：

> 任何事物，甚至是黑色，
> 似乎都变得鲜丽、明亮、灿烂；
> 液体包围它的光晕
> 用这结晶的光线……

从头至尾，奥里耶的文章因发现而充满兴奋之情。他已经发现了一个天才——一个“令人激动和强有力的”、“渊博和复杂的”艺术家，“热情和异想天开的画家，宝石和黄金的研磨者”，“大师和胜利者”——“精力充沛、崇高、冷酷、热情”，“令人难以置信地耀眼”。象征主义者赞扬无度放纵，奥里耶一边展示一边叙述。在散文和诗歌冗长、强烈、错乱的融合中，他试图在字里行间抓住看到他所描述的画面——新发现的大师的作品——时的感觉。他积累了大量数百字的描述、撩人的想象、语法和词汇的奇怪用法、坚持的规则、权威的声明、认可的呼吁以及令人惊喜的感慨。在文森特·梵高的绘画中，他表示他已经发现了一种艺术：

> 完全是现实的且几乎是超自然的，在极度的自然中，任何事物——存在和东西、光和影、形状和色彩——随着愤怒的意志逐渐形成并上升，通过最强烈和激烈尖锐的音色唱出关键的歌曲……这非常重要，而且自然的一切都发疯般地发作，到了激怒的程度；这是形式，变成噩梦；这是颜色，变成火焰、熔岩和宝石；光变成大火；生命在发热……哦！我们离得多么远——难道不是吗？——距离艺术的美丽、伟大的传统。

在文森特的绘画中，奥里耶看到了“沉重的、激昂的、燃烧的气氛……从奇妙的熔炉中逐渐升起”，“辉煌的国家、火红的太阳和炫目的色彩的国度”，“像猛犸象一样拱起后背”的山，摇摆着“粗糙威武的枝干……对肌肉组织和血热的树液感到骄傲的扭曲的树木”，以及“由水晶和太阳形成的伟大耀眼的墙壁”。

这些奇怪的“激昂景象”从何而来？奥里耶援引了仍引领前卫派的伟人左拉，要求文森特揭下自然主义磨损的面纱。他写道，没有人可以质疑文森特“对自然和真理伟大的爱”，“他可以意识到物质实体，意识到它的重要性和它的美”。但是文森特已经走得太远了，奥里耶说。他已经揭露了“迷人女子”的真实面目——这位迷人的女子通过“一种非凡的语言”让凡人都生活在她的符咒下。这种语言只有像文森特这样的艺术家才可以理解。而且他只用一种可行的方式与世界沟通：符号。“梵高是，而且几乎总是一个象征主义者，”奥里耶表示，认为他是独一无二的，“一个感觉到需要不断通过世俗和物质，用准确的、有价值的、有形的形式包装其思想的象征主义者。”

为了支持这一特别的断言，他将文森特的绘画描述成梦一般的景象，他笔下的风景画是“自然美丽的惊世之作”，他笔下的花朵如同“炼金术士恶魔般的炉缸”中的魔法一样。他笔下的丝柏树“表现了可怕的、火焰般的黑色轮廓”，他的果园让人联想到“少女理想的梦境”。奥里耶表示，从来没有一位画家的艺术如此直接地指向感官：从他真诚的“莫名的香气”

到绘画中的“血肉和实质”，从颜色“辉煌和光芒四射的和谐”到线条“热情的感官享受”。除了象征主义者的野心，还有什么可以解释这些绘画处处洋溢着的生气和“近乎狂野的铺张”呢？“他是一个狂热分子，”奥里耶总结道，“资产阶级的克制和细节的反对者，是一个喝醉酒的巨人……其作品的特点就是过度，过度的力量、过度的紧张，强烈的表达。”

每每提到狂野的过度和资产阶级的愤怒，奥里耶都会援引于斯曼的《逆流》，这是当时的艺术家和作家公认的权威著作。对很多人而言，于斯曼书中堕落的英雄——埃桑迪斯——指向了未来的新千年。现在奥里耶已经找到了真实生活中的那个他。“最终，”他写道，“梵高是一位亢奋的唯美主义者……他感知到异常的，也许甚至是痛苦的强烈感”——“肉眼无法看到的”和“远离所有平庸道路的……他的大脑处于高潮状态，难以抵抗地将熔岩倒入艺术的深谷中；他是一个可怕的、发狂的天才，通常很高雅，有时行为怪诞，总是处于病态的边缘”。

对于部分人听到的谣言，他含糊地谈论了“不可避免的返祖规律”，并在谈及文森特“令人不安和麻烦的天性”与“粗鲁明亮的前额”时援引了隆布罗索的犯罪学。奥里耶写道，任何人都可以主张象征主义的观点和意向，将严酷的考验推向任何一位像文森特那样的艺术家。但是只有享有特权的少数人才能主张真正的象征主义性情。这些人都是出于天生的本能。只有少部分人——天才、罪犯和疯子，我们周围的野蛮人——能够从资产阶级自鸣得意的平庸表象中看到“事物普遍的、疯狂的和令人目眩的光芒”。这就是“怪诞、热情和狂热”的文森特·梵高远远超出他人的地方。奥里耶称他为“强健的、真正的艺术家，具有巨人般强悍双手的天才，具有歇斯底里的女性的神经和神秘主义者的灵魂”。

其实，奥里耶认为文森特值得最高的荣誉——《杰作》的桂冠。自左拉的这部巨著于1885年面世后，在文森特到达巴黎的前夜，它对于新时代的新艺术的呼吁未得到任何响应。从那时起，派系之间激烈的暗斗令每位艺术家看起来都非常渺小。虽然左拉小说中发疯的天才克劳德·朗捷自杀身亡，对声势浩大的现代艺术的期望却并未消亡。现在，在这不断的、热情的颂扬声中，一位激情昂扬的年轻评论家吹捧文森特是朗捷的继承人。

和朗捷一样，梵高已经过于长久地沉浸在对正午的太阳的研究里了——“傲慢地迎面对抗太阳。”奥里耶写道，文森特为了得到启发而前往阳光灿烂的南部，这是他作为象征主义者的任务，“天真地开始探索所有这些新的感觉，这些感觉非常原始，距离如今我们可怜的艺术环境很远”。

像朗捷一样，文森特是“一个梦想家，一个狂热的信徒，一个美丽乌托邦的吞噬者，他凭借思想和梦想生活着”。而且，和朗捷一样，他也为此付出了巨大的代价。其实，每个人在追求真理的过程中都会如此。将文森特与“萦绕在他大脑中”的主题——米勒的《播种者》——相比，奥里耶代表文森特提出了救赎的根本“观念”，这是文森特或整个世纪都无法逃脱的：“一个人、一个救世主、一个真理的播种者必将到来，他将革新艺术过时的部分，也许还有我们这个愚笨的工业社会。”

正如奥里耶期望的那样，他的文章如同一颗无政府主义者的炸弹，在艺术界引起了轩然大波。几乎同时，这篇文章令他陷入了评论的旋涡中，令他的新杂志声名鹊起，并令“文森特”这个名字耳熟能详。欣赏过他的艺术的人很少，仍然关注他的艺术的人就更少了。对很多人而言，在这篇文章问世后仅仅数周便在布鲁塞尔开幕的“二十人展”给了他们一个一睹奥里耶笔下的新“天才”的机会。为了延长公众的兴趣，奥里耶撰写了一篇精简版的赞歌，题为《文森特・梵高》。此文刊登在“二十人展”在比利时的官方刊物《现代艺术》上，于展览开幕前一天，即1月19日发表。

在美术馆富丽堂皇的展厅中，文森特的向日葵、麦田、果园和葡萄园首次被放置在塞尚、雷诺阿、图鲁斯－劳特累克、西涅克和皮埃尔・德・夏凡纳的作品旁边。但是大家对奥里耶文章的关注令其他作品都黯然失色了。传统评论家仍未原谅在1887年向世人介绍修拉的圆点的“二十人展”——他们毅然宣称违背沙龙传统的任何行为都是“疯狂”的，在看到文森特疯狂的图像后都目瞪口呆。

但是前卫艺术家和评论家却倍加称赞。他们赞扬文森特“浓烈的厚涂法”和“强烈的效果”。“多么伟大的艺术家啊！”他们纷纷叫喊道，“天性使然……天生的画家。”人们的情绪过于激动，争论之声四起。在“二十人展”的正式晚宴上，一位参观者称文森特是“江湖术士”，这令图鲁斯－劳特累克迅速跑到这个五短身材的人面前喊道“这是诽谤！这是污蔑！”并要求他收回这句话。为了捍卫“伟大的艺术家”文森特的荣誉，他要和这个诽谤者决斗。争吵平息（迫使持怀疑态度的人顺从）后，“二十人展”的创办人奥克塔夫・毛斯给提奥写信，告诉他文森特的作品已经引起了许多“热烈的讨论”，并且在布鲁塞尔成功赢得了“强烈的艺术共鸣”。

但是在对文森特来说非常重要的地方——巴黎和荷兰，所有人都关注着一个迥然不同的文森特·梵高：提奥刚出生的儿子。这个消息几乎在奥里耶的文章发表的同时传到了圣保罗。在文森特1月前往阿尔并发病之后，信件一直堆着没看。他清醒后看到乔在分娩前的午夜写下的那封伤心欲绝的信，信中吐露了她对遥远的文森特的极度恐惧。“如果事情不顺利，”她写道，“如果我本应离开他，那么你就必须告诉他——因为他在这个世上最爱的人是你，他不能后悔和我结婚，因为他，啊，他让我如此幸福。”仅仅一天以后，提奥就寄来了欢欣鼓舞的消息。“乔已经生下了一个漂亮的男婴，他哭声响亮，非常健康。”这些信诉说了个人的焦虑和被避免的悲剧——情绪的突变让人几乎忘记了奥里耶的赞誉。

长久以来厌恶（和不习惯）被奉承，文森特以害羞的惊讶和谦虚的否认首次对这篇文章进行了回应。“我不是这样作画的，”他立即写信给提奥，似乎是为了避免所有过高的期待，“我的后背不够宽广，无法承担这么伟大的事业。”他重新强调奥里耶的评论，将其作为对所有艺术家的一般性激励，而不是对某一个艺术家的赞赏。“至于需要完善的地方，这篇文章的观点非常正确，”他澄清道，“作者的观点不仅给我也给其他印象派画家提供了指导。”他没有理会奥里耶的赞美之词，就像他没有理会艾萨克森的赞美之词（还有之前高更的赞美之词）一样，他认为它们太夸张，太言过其实了。他将文章中激动人心的辞藻和理想的愿景与政治赞歌进行了对比：更像是战斗口号而不是严肃的批评。“奥里耶指出的是需要达到的状态，而不是已经做到的事情，”他反对道，“我们还远未达到。”

虽然文森特表现得很谦卑，但这篇文章已经引发了文森特对未来最深层次的思考。（“当我不再那么惊奇的时候，”他后来承认，“我偶尔会对此感到非常开心。”）就像因长期干旱而枯萎的树木的绿色新梢一样，以前的梦想又复苏了。在奥里耶洪水般的赞美之词中，他看到的不是一个人的成功，而是对兄弟俩在夹层上共同完成的事业的迟到的肯定——一个面向整个世界的宣言。他说道：“目前，艺术家已经放弃了争吵，一场重要的运动在蒙马特林荫道的小商店里悄悄地开始了。”他立即开始想方设法将奥里耶言过其实的议论转换成销量和交易。他写信给提奥说，文章“将为我们带来真正的好处，以防我们将来会像别人一样，不得不试图收回画作本身的成本”，“除此以外的任何事都不能打动我”。他指出在中央高原因为看到一幅代表希望的旧肖像画而重新燃起了对绘画的兴趣，现在这幅画有了新的含义，这幅画就是米勒的《播种者》。

文森特催促弟弟将奥里耶的文章寄给英国画商亚历山大·里德和阿姆斯特丹的叔叔科尔——甚至也许还有他的宿敌泰斯提格——以便“利用这篇文章来卖掉一些画作”。他在沉寂了几乎两年之后又开始和以前科尔蒙工作室的同学约翰·彼得·拉塞尔通信。“我的目的，”他附上了奥里耶的文章，并大胆地写道，“就是让你想起我和我的兄弟。”他诱惑这个富有的澳大利亚人到提奥的画廊来，承诺要给他一幅画（暗示但没有明说是一桩交易），并试图重新恢复一个昔日的计划，让拉塞尔为澳大利亚的新艺术收藏一批新作——这桩巨大的买卖需要提奥的机智和文森特的艺术。文森特鼓励道，从挂满夹层储藏室的高更的画作中购买一幅是最好的开始方式。他写道，“我向你保证，在绘画知识方面，我应该好好感谢高更”，由此将奥里耶的赞美转移到他之前的室友身上。

在数天内，这篇文章令文森特展开了想象，比如在黄屋子里实现团聚。高更近来写到了在布列塔尼的糟糕状况，甚至暗示要放弃绘画。他含糊地谈论说要到外国（这次是到法国在越南的殖民地）旅居，但在勒普尔迪却憔悴起来，日渐穷困、绝望。早在1月，他就已经拒绝了文森特邀请他和自己一起住在海边的建议。但是几天之后，无疑是在读过奥里耶的文章后，他居然提出了两人在安特卫普共同成立一个画室的建议，声称“印象主义在从国外返回之前将不会受到法国人的认可”，这个建议让文森特很惊讶。

尽管文森特对和解和重叙旧情的前景感到欣喜，但同时也对“像知名的荷兰画家一样”在安特卫普装修一间新的画室的巨额费用感到害怕，他迫切要求高更回到南部。“他没有在这里再多住一些时间，我感到很可惜，”他在写给提奥的信中幻想着那些“如果”，“本来今年我们合作会好过我一个人努力。现在我们应该拥有一座可供我们生活和工作的小房子，甚至可以将他们所有人都聚集起来。”

在力求重新实现中央高原之梦的过程中，文森特着手写信给可以实现这一切的那个人：艾尔贝·奥里耶。“非常感谢你发表在《法兰西信使》上的文章，”他谦卑地开始写道，“我觉得你是在用文字绘画。其实，我在你的文章中看到了自己崭新的画布，但是却比现实中的画布更加精致、更加丰富、更有意义。”文森特没有讨论奥里耶极端的评论，也未否认他“几乎一直是一个象征主义者”这样奇怪和毫无根据的说法。

相反，他认为奥里耶漏掉了故事最重要的两个部分：首先是他在南部坚不可摧的艺术根源，其次是他从高更那里学来的东西。他一次又一次地提到已故的马赛大师蒙提切利，强调了他的色彩“有金属感、宝石般的品质”，和他给人的感觉是那么“孤独”（“一个忧郁、听天由命、不幸福的人……一个孤独的人”）。至于高更——“求知欲强烈的艺术家，奇怪的人”，没有人可以实现他的艺术的真实性和“品德”。文森特写道，他和高更已经“在阿尔合作了数月”，“直到我因疾病而住进了精神病院”。

他又将奥里耶的文章称为对“‘热带地区艺术’未来问题的研究”，他坚称这两位艺术家——蒙提切利和高更——应该是所有此类研究的主要焦点，而他的作品最多只能作为次要焦点。他只希望成为一名引导者、一位追随者、一个见证人——重新扮演他在阿尔宝贵的两个月中所扮演的角色。如果奥里耶摒弃“宗派思想”，那么他也将看到重新回归的必要性。那时回到完美伙伴身边的优秀的艺术家高更，在文森特的鼓励下而与文森特在理想的地方——蒙提切利的南部——一起合作。如果奥里耶有疑虑，那么他可以参观夹层上提奥的画廊，亲眼看看三人在南方太阳下短暂合作的成果。在夹层画廊中，一幅描绘丝柏树的新画作——“带有普罗旺斯风景的特色”——作为礼物正在等待着他。

写完信后，文森特抄了一份给高更并将原件寄给提奥，让提奥转交给评论家。他随信写了一张便条，写下了他的愿望：奥里耶的文章和他的回复可能会说服高更“回这里来一起工作”。他极其兴奋地期待着，如果这个愿望实现了的话，他很可能会成为奥里耶描述中的艺术家。他想象着，“那将鼓励我去尽情做自己想做的事情，并且更加大胆地尝试”，甚至“抛却现实，用颜色描绘音乐”。

如果奥里耶的文章可以让他重新与高更合作，也许就可以疗治更多往昔的伤痛。从文森特收到文章的第一份副本和提奥儿子出生的消息时开始，他就已经将两个成功合二为一了。“你给我寄来的好消息和这篇文章让我很开心。”他在写给弟弟的信中这样写道。他骄傲地预计奥里耶的赞扬将会为他们俩都带来“一些声望”，并且在一份酣畅淋漓的贺词中赞美道：“太棒了——母亲将会多么高兴啊。”他开始将评论家的赞美和提奥儿子的出生，视为自己浪子回头的契机。“我渴望重新生活，还要向别人道歉。”他在给妹妹惠尔的信中写道，当时这篇评论文章已经在所有家庭成员中传开，就和提奥喜获儿子的消息一样。

家庭救赎和母性渴望的梦想之后，必然就是巴黎一间公寓中哺乳婴儿的画面。“乔在照顾孩子，她的奶水充足，”提奥在2月初描述道，“有时小家伙躺在那里，眼睛睁得大大的，拳头紧贴着脸。一副健康、幸福的模样。”文森特陶醉于初生婴儿的消息里，用荷兰语写了一封信给乔——以一种他一贯傲慢地克制着的亲密，署名为“你的哥哥文森特”。提奥通过对新生命慈爱的描述（“他有一双蓝色的眼睛……脸颊又大又圆”），以及坚持给孩子取名为“文森特”这一动人的行为满足他哥哥充满向往的心灵，他说道：“我衷心希望他可以像你一样百折不挠、英勇无畏。”文森特看到了提奥作为父亲所承担的新的任务——“在他心中升起了一轮新的太阳”，并计划在“重获自由后”前往巴黎。

同时，他的心却飞向了一个截然不同的方向：阿尔。1月他想看望她却未能成行，他一直在身边保留着阿尔人玛丽·纪诺的肖像：不仅在他的想象中，而且在一年多前高更为她创作的绘画中。文森特已与勒普尔迪恢复了通信，并一厢情愿地预期高更会返回南部，于是他创作出了一幅巨大的木炭画。如果奥里耶的赞美可以吸引这位“漂亮朋友”回到中央高原，那么就肯定能说服不情愿的阿尔人回到他身边，这是文森特能想象到的完美结局之一。他寄出的头几封宣扬评论文章的信件中，有一封是寄往加雷咖啡馆的。“已经有数篇有关我的绘画的文章同时在比利时和巴黎发表，”他像一个骄傲但羞怯的孩子一样写道，“他们的赞美之词已经远远超过了我自己的预期。”他说，其他画家则急不可待地想要拜访他，但是最近只有“保罗先生”来信了，“我应该可以很快见到他”。

仿佛是为了预演双重幻想，他仔细地在画布上描摹了高更的玛丽·纪诺。通过人物脸部轮廓的每一个复杂线条，他画下了似乎与他的命运交织在一起的两个人：骄傲的老板娘纪诺，她分发方糖时克制着自己的喜爱之情；还有变色龙高更，他以邀请的方式作出拒绝。文森特将最柔和的粉色和绿色用于人物的五官部分，却在他自己的画像中用干燥的画笔仔细地涂抹——这是对过去的幻想和对重建南部画室的预想。他曾在描绘圣诞节期间的橄榄树时使用过这种粉红色——那是他专为母亲和妹妹绘制的作品，颜色非常漂亮，对比柔和精致，没有哪个女人可以抵抗其中的魅力。他完成之后，就开始创作另一个版本，采用更饱满的颜色和更浓重的笔触：通过对脸部表情的特殊处理表现了喜爱和坚持，将高更画作中的傲慢自大转变成和蔼的微笑。

同样的坚持改变了她面前桌上的书本。文森特没有使用空白填充色，而是描绘了自己儿时最爱的几本书：狄更斯的《圣诞故事》和斯托夫人的《汤姆叔叔的小屋》。他用处理安妮·斯莱德–琼斯的留言簿时怀有的小心谨慎，描绘了封面和书脊。第二幅作品完成后他就马上开始创作第三幅作品。然后是第四幅作品，这幅作品采用了清新的色调——粉红色的连衣裙、香橼色的围巾和饰有颜料厚重的碎花的浅黄色墙纸——作为他想象中女性气质的全新标志，介于都市化的性感女子和散发母性光芒的温柔女子之间。

正如反复描绘的、在他眼中富有多重意义的、母性的《摇篮曲》一样，性感的咖啡馆老板娘慢慢占据了他的画室。经过不分昼夜地工作，他完成了第五幅作品，兴奋地准备他所预料到的双重团聚，丝毫不顾这件事背后的危险。艾尔贝·奥里耶的赞赏令这一切成为了可能。

但是一切都是谎言。

几乎在第一次阅读奥里耶的文章时，文森特就感觉陷入了一个谎言之中。“我应该变成那样，”他说道，“而不是悲伤地感到自己就是如今这样了。”当他向家人和朋友炫耀自己新的成功时，他身上背负的谎言的重担也越来越重。“骄傲就像酗酒一样，正令我越陷越深，”他坦言，“一个人得到赞美并随意挥霍完这种赞美时，他会感到难过。”他那“虚弱、疾病和颠沛流离”的一生是对奥里耶的溢美言辞的嘲弄，并且似乎造成了一种糟糕的看法。“我带着疑虑看完这篇文章后，”他后来回忆道，“突然非常害怕我会为此而受到惩罚。”

无论他看什么，他看到的都是失败和欺骗：堆在画室里未售出的画作中，有大量重复秘密绘制的纪诺夫人的画像，她优雅的德加式线条还有她迷人的目光，都不再属于他。当他画架上的《播种者》拒绝“被完成”时，他对自己“翻译”米勒的整个项目有了“道德顾虑”。想要将这些杰作介绍给普通大众的雄心壮志突然开始越来越像简单的剽窃。现在他已经把精力投入到另一个人为他的情妇创作的肖像画中——一种心灵的剽窃。难以捉摸的夫人自己呢？难道她不是代表了一段虚幻的爱情吗？这种亲密关系难道不是和他为了去阿尔看望她而谎称或夸大的病痛一样虚假吗？厌倦了他永无休止的爱情宣言后，她禁止他再来看望她，甚至不再收他的信了。

文森特自童年时期就有对审判的恐惧。在津德尔特的牧师公馆，他的母亲告诉过他，命运总是会报复浪费和谎言。文森特已经得到了教训。“我害怕在享受了所有的阳光后，”20 岁的他在伦敦写道，“马上就会有狂风暴雨降临。”1890 年 2 月，他的信中充斥着由于享受了名不副实的赞美而将要付出代价的不祥预感。“就像我一样，”他第一次读到奥里耶的文章后在给提奥的信中写道，“你可以像我那样预见到这种赞扬必定有其对立面，就是事情的另一面。”同样的恐惧令他强烈地反对提奥将新生婴儿取名为“文森特”。文森特担心孩子的家族遗传了——文森特一定有而且提奥可能也有——堕落的种子。为什么要冒险让另一个文森特来遭受这些命运的打击呢？所以他建议为孩子取名为“提奥”,“为了纪念我们的父亲”。他还十分关心有关孩子的低落情绪和“神经质倾向”的每一个消息。

随着时间的流逝，文森特看到最后的审判到来了。提奥给家人和朋友邮寄了这篇声名狼藉的文章的副本，但是有意地隐瞒了评论或祝辞。(“一夜成名是非常必要的。”他拐弯抹角地说道。）他称文森特的疾病“是我们幸福天空中唯一的一朵乌云”，并且抱怨道，“乔和我经历了太多苦难，因为我们都知道你生病了”——这种同情则加重了文森特已背负的沉重的内疚。

奥里耶的文章——和必然伴随而来的谣言——造成了新的恐慌：尴尬。如果文森特过去的“罪行”和在圣保罗的所作所为开始被人们公开谈论，那么他的家人将会如何承受这样的痛苦呢？他们会慢慢熬过公众嘲笑的“伤害”吗？他妹妹的婚姻前景会一片昏暗吗？新生婴儿将会遭受怎样的痛苦呢？“你必须小心，不要让你的小家庭过多地置身于艺术环境中。”文森特提醒他的弟弟。但是有什么用呢？在文章问世后的第一个月中，一笔赚钱的交易也没做成，也没有人来拜访他。一位马赛艺术家的拜访（提奥安排的）也被神秘地取消了，证实了文森特对“自负”的代价的最大恐惧。贝尔纳依然保持沉默，而不诚实的高更则隐藏了对于奥里耶的忽略的愤怒。

感觉到周遭的冷漠，文森特退回到画室，继续描绘虚幻爱人的神秘画像,并拒绝了提奥又一次让他去巴黎的邀请——“别着急。”他说道，认为没有人真正需要他。“毕竟我的绘画几乎都是痛苦的呐喊。”他用一种恳求的语气写信给惠尔，希望母亲能听到，“我觉得自己已经变成一个堕落的孩子了。”

在痛苦中，文森特求助了唯一可以扭转这一切的人。他写信给母亲，并开始创作一幅新的作品：“在蓝色的天空下，有几根开满花朵的树枝，与天空形成强烈的对比。”

他的文字和画笔都恳求能得到宽恕。他再次为提奥给儿子取名为文森特而道歉。“我更倾向于他用父亲的名字给他命名，”他写道，“这些天以来，我也一直在思念他。”他用大量绝望的语言一一列出自己的罪过：从童年时在荒野里跑得太远到堕落、悲痛和如今疾病缠绕的一生。他承认他打破了“骄傲和古怪的界限”，“在与生活的抗争中被腐蚀了”。

他的目光随着思绪回到了纽南和“像农民那样”生活的日子。在屋外散步时，他看到了一棵杏树——粉色和白色的花朵在初春的花期热烈地绽放。一根很老的树干吸引了他的目光：一根粗糙多节、濒临死亡的树枝歪歪扭扭地伸向天空。在他受伤的心灵中，突然开出了一簇簇花朵。

自文森特在荒野和布拉班特的小屋中生活后，大自然充满救赎的图像抚慰了他。为获得这一切，他重新创作了在克基拉岛画室里描绘过的那些感情真挚的图画——鸟窝和破旧鞋子的画面。在他创作的所有油画和素描中，他母亲真正喜欢的是她在纽南牧师公馆康复时他描绘的周围熟悉的自然景色——尤其是悲伤的、骄傲的、修剪后的桦树。现在，他可以通过一支油画笔而不是一支铅笔将狂热的目光集中在对大自然成功的幻想中。

在一块巨大的画布上，他直接作画，描绘球状树枝及其柔弱的新生命：每一朵含苞待放的花朵、每一个斜逸旁出的嫩芽、每一个粉红色的花蕾，在此之前他甚至都没有费心画上背景色。树枝遍布整个画面，包括每个角度——甚至是最年老、最谦卑、最弯曲和有病害的树枝也可以长出果园中最漂亮的花朵。

同时，他用言语为这种重生的愿景辩护着。面对已经看过奥里耶评论文章的母亲，文森特坚决否认各种指责——他头脑里指责的声音最响亮，对自负、欺骗和堕落的指责。他援引了一群狂热的艺术家，他们致力于研究爱、灵性和心智的极限：乔托在作画的时候会流泪，弗拉·安吉利科跪着画画，德拉克洛瓦创作的时候“充满伤悲”，但同时又“几乎面带微笑”。可以肯定的是，没有人比热爱农民的米勒更真诚，米勒创作了著名的《晚祷》，他在“田野安静的犁沟中”发现了神性。“哦，米勒！米勒！”他喊道，“他是多么擅长表现人性和‘高尚的情感’啊。”

他的母亲怎么会不欢迎崇高、虔诚和谦卑的典范呢？安娜·卡本特斯因为儿子没有成为“好伙伴”而一直批评他。还有什么比新兴艺术中虚构的伙伴——“我们这些印象派画家”——更好呢？这些崇高的追随者、真理的讲述者和带来抚慰的人，不亚于他的牧师父亲，还有什么比这些人更能反驳奥里耶对他的孤立和绝望的指责呢？

为了显示重新投入这一崇高事业的决心、对“除了我们自身以外”的其他事物的信仰、对死后最终会得到宽恕的共同信念，他将目光转向天空，在万里无云、清澈湛蓝的天空中画上了复活的杏树枝干：比精神病院的墙壁更高，比四周环绕的山丘更高，比任何地平线更高——朝向“生活的另一面”，在那里，艺术、宗教和家庭重新融为一体。经过反复调配，他重新调出了超脱尘世的蓝色，在每一根饱经风霜的树干和勇敢的花朵周围涂色，用热烈的浓重笔墨在每处参差不齐的空隙、每个丑陋的裂隙里都涂上他称为“蔚蓝色”的颜料。

出于对母性的渴望，文森特在颜料还未干的情况下，第二天就要前往阿尔。他带着一幅截然不同的充满了抱负和渴望的画像，纪诺夫人的肖像画。他可能想要通过布鲁塞尔传来的令人兴奋的消息来赢回他的模特：他在“二十人展”上的一幅作品已经售出。比利时艺术家尤金·宝赫曾在阿尔为文森特做过模特，尤金的姐妹安娜·宝赫花了400法郎买下了他的一幅描绘葡萄丰收的作品，即《红色葡萄园》。（“与其他价格相比，”他表示歉意，“这个价格算低的。”）但在收到提奥的消息后，他仍然离开了精神病院，无疑希望打动世俗、拮据的纪诺。

但是在途中发生了一些事。“开始进行得很顺利，”他一个月后回忆道，“但是突然却一落千丈。”文森特从未说过，是什么将和解的美梦变成了噩梦。但一个月之前，他曾写信给高更，表示前往阿尔的旅行总是“饱受记忆的困扰”。“我的疾病令我现在变得非常敏感。”他向提奥承认。尽管继续抱怨在疾病发作后出现“神经衰弱”和“思维古怪”，他视旅行为一次测试。“我应该努力将再次前往阿尔的旅行当作一种考验，”出发前一天他在给惠尔的信中这样写道，“以便看看在没有再次发作的情况下，我是否可以承受正常旅行生活中的压力。”

可是他无法承受。第二天早晨，他就被人发现在阿尔街道上漫游，非常茫然，而且已经迷路了，想不起来自己是何人，身处何地以及为何在那里。他随身携带的两幅画和珍贵的信件都不见了。联系到相关机构后，精神病院派出工作人员用四轮马车将他带回去了——一段漫长而危险的旅程。纪诺从未说过他是否带着礼物到过加雷咖啡馆。

他回去后的第二天，佩宏医生就写了一封信给提奥，安慰他说：“他只需数天便可恢复健康，就像以前一样。”

但是这次不一样。这次，恶魔没有放过他。他日复一日地坐在房间里，心中充满着恐惧和幻想的狂热。一波又一波的绝望涌进了他的脑中。他无法阅读或写信。没有人敢接近他，也不敢给他钢笔或铅笔。佩宏禁止他回到画室和使用颜料。他扣下了所有寄给文森特的信，担心它们可能会包含新的煽动性言辞。偶尔，病情似乎有所好转，伴随着令人惶惑的“麻木”、寂寞感和冷酷的自责——在此期间，文森特可以连贯地详述他的噩梦。但是此后黑暗突然间再次笼罩着他，并且“病人再次变得沮丧和多疑，而且对遇到的问题也无法回答”（佩宏如是报告）。

近一个月后，文森特才可以写一封信，而且这封信还需要经过数次努力才能完成。“别担心我，”他在 3 月 5 日写给提奥的信中写道，“我可怜的兄弟，接受所有发生的一切吧，不要为我感到悲伤，让我知道你把家庭经营得很好，这将更能鼓励和支持我。”在这封简短的信中，他在头脑清醒的时候还提出了“平和的日子很快就会再次到来”这样无力的希望，并作出了“明天或后日再写信”的承诺。但是接下来他却没有再写信，他的头脑不清醒了。他陷入了黑暗中。

在另一次短暂的好转中，他说服护理人员给他带去了画室的画板、粉笔和铅笔。因为没有模特和思维受到记忆的破坏，他在一张张画纸上画满了人物素描——在田野里挖掘和劳作的农民、带着孩子的父母、舒适的农舍。这些对过去和未来的残缺遐想，出自一个内心害怕的孩子颤抖的手，画中人物的姿势怪异而笨拙，和他最早在黑乡努力呈现的形象如出一辙。仿佛是想记录下那些折磨着他的幻象，他画出了播种者、流浪者、空空的鞋子、带着婴儿的父母、围坐在餐桌旁吃饭的农民和火炉旁空荡荡的椅子，他为这些画面创作了无数个版本。

然后他又再次陷入黑暗中。

甚至 3 月下旬来自家人的关注——在他 37 岁的生日前后——都无法将他从数月的打击中拯救出来。北方的来信却触动了他的思乡情绪，进而引发了新一轮的病发。“所有勾起他往昔回忆的事情都让他悲伤和忧郁。”提奥向他母亲这样描述。无论有没有得到佩宏的许可，文森特利用短暂的头脑清醒状态创作了少量的肖像画，这些画详细地描绘了萦绕在他黑暗世界里的回归景象。他将自己在布拉班特的早年时光画进了理想化的安徒生童话中：到处都是布满青苔的农舍、安静的乡村和如画的夕阳，这些都用了《吃土豆的人》中的“绿皂”色。他将这些思乡的妄想称为“北方的追忆”，并为更大的绘画系列制订了创作计划，包括重新创作“晚餐中的农民”和纽南古老的教堂塔。“根据记忆，我现在可以画得更好。”他想象道。但是他想用油画重新勾勒过去的努力则触发了他心中的内疚感，无情地将他重新推入深渊。

最终，在4月底，就在提奥生日的前夜，他摆脱了长期笼罩在他周围的黑暗，写了另一封信——这是他两个月以来的第二封信。他谦和地感谢亲爱的兄弟“对我的所有仁慈”，并且只对自己的健康提出了一个慎重的希望（“我刚才感觉好多了”），然后就表达了自己的绝望。“我该对过去的这两个月说点什么呢？根本就没有好转。我的悲伤和可怜无法用言语表达，而且我也不知道已经严重到什么程度了。”

两周后，他永远地离开了精神病院。

到底发生了什么？到底什么发生了改变？什么令文森特（和提奥）有信心在经历了两个月残酷、灾难性的疾病发作后，放弃了相当安全的圣保罗修道院，令长期恢复的希望破灭了呢？

文森特像以往那样从漫长的噩梦中醒来：偏执、愤怒、执意离开。“我真的不走运，”他在给提奥的生日祝辞中悲叹，“我必须要离开这里。”他重复了之前对工作没有完成（果园的花季已经过了）的抱怨，提议去阿维尼翁或巴黎的精神病院，并重新开始考虑像疾病发作一样反复无常的逃跑计划。“我认为自己不能被关在精神病院里，像犯人一样，他们不会给你自由，”他怨恨地提到了在圣保罗“自愿”的监禁生活，“一个人在这里必须要忍受的事情是难以容忍的。”他责骂提奥，因为后者没有按照之前的约定让他离开，并且提出了一个荒谬的理论——根据“对其他病人的观察”，他认为他很年轻，精力充沛，至少在一年中不会遭受任何发作。

在数天内，这种不再受到疾病折磨的幻想令他重新考虑了提奥早先提出的计划：搬到巴黎外的乡村，与志同道合的艺术家一起住，或单独住在毕沙罗推荐的医生保罗·加歇的附近。这个计划曾经被抛弃，不料在3月提奥写信叙述与加歇见面的情景时又重新被提起。“他给人的印象是善解人意，”提奥曾写道，“当我告诉他你的疾病是如何产生的时候，他告诉我，他认为这与疯狂的行为没有任何关系，而且如果真是这样的话，他可以保证让你恢复健康。”文森特直到5月初才读到提奥的这封信，坚定了他想要离开的决心。“我几乎可以肯定，我在北部会恢复得更快，”他写道，将解决困扰的希望放在巴黎北边的小镇奥威尔，加歇就住在那里，“我敢说，我会在北方找到自己的平衡。”他想要在“两周内”离开，他不耐烦地说道：“虽然一周内离开的话我会更高兴。”

但是这些话提奥早就听了无数次。他一直关注文森特疾病的起伏变化，并且经历了每次疾病发作后不可避免的紧急呼救。他已亲眼多次目睹，起初最强烈的乐观情绪如何变成恐惧，然后是沉默。为了防止文森特提出释放的要求，他主张要谨慎并提出要进行各种“测试”，但是文森特都没能通过。由于害怕再次发生在黄屋子里发生过的公共事件，提奥温和地主张哥哥继续处于“医生的监督下”——这是阻止他仓促离开的另一个手段。为了让文森特至少住在精神病院附近，他试图（却失败了）找到一位愿意在冬季租下一间圣雷米画室的画家。他多次邀请文森特来巴黎，但总是附加了一些条件。（一年前，他要求五个月没有发作才可视为恢复健康。）

到3月中旬，在收到佩宏骇人的消息后，提奥陷入了长期的沉默。他只能妥协，承认文森特疾病的必然恶化，并要求母亲和妹妹也如此。“既然文森特已经备受疾病困扰这么久了，”他在写给她们的信中提到，“要让他恢复健康就更加困难了。”他说，文森特将永远不会回到“真正的自己”了，让他离开精神病院是“不负责任的”行为。

但是到5月上旬，一切都变了。

到5月，文森特的近况不再只是一种“悲伤的状况”——而是家庭的羞耻，最好交给遥远机构中的医生处理，廖廖几封信件的慰藉中也充满了真诚但空洞的鼓励。（“坚信事情会很快好转。”提奥在3月这样写道。）

到了5月，文森特已经名声大噪了。

奥里耶的文章点燃了导火索。真正的爆发发生在3月，当时一年一度的独立艺术家沙龙在香榭丽舍大道巴黎展览馆的璀璨光芒中开幕。文森特因病无法参加，提奥选择了他的十幅作品，与修拉、劳特累克、西涅克、安克坦、毕沙罗、吉约曼等人的作品一同展出。3月19日，法国总统主持了开幕仪式，在接下来的数周中，巴黎艺术界的所有人都蜂拥穿过展览馆的大门。很多人想看看奥里耶笔下饱经磨难的天才。很少有人会带着失望离开。“你的画摆放的位置很好，取得了良好的效果，”提奥写道，文森特直到5月才读到这封信，“很多人来拜访我们，请我们转达对你的问候。”

文森特的作品被称为展览的“明星”——甚至令修拉的新作都黯然失色。收藏家与提奥搭讪，并“在我没有吸引他们注意力的情况下就讨论你的绘画”，提奥对此深感惊讶。艺术家们一次又一次地回来拜访他，很多人提出交易的价格。画家在街上拦住提奥，向他的哥哥表示祝贺。“告诉他，他的画非常精彩。”其中一个人说道。另一位艺术家前往提奥的公寓表达了他对文森特所绘图像的“心醉神迷”。“他说要是没有自己的风格，”提奥转达道，“他将改变方向，然后追随你的画法。”甚至印象派领袖克劳德·莫奈也表示文森特的绘画是“展览中的最佳作品”。

评论界一致给予了好评。乔治•勒孔特在《艺术与批评》上称赞文森特作品中“毫不吝啬的厚涂颜料”达到了“极具冲击力的效果”，给人以“明艳生动的印象”。在奥里耶的杂志《法兰西信使》上，朱利安•雷克莱为文森特大声喝彩，称他有“无与伦比的表现力”，将象征主义炉火纯青地运用到自己的画作中。“他的作品热情洋溢，大自然通过这些画作表现出来，如同在美梦中一般，”雷克莱写道，“或者说在噩梦中。”他强烈推荐读者们亲眼去看看这些“难以置信”、“美妙无比”的新画：“十幅画，见证一个罕见天才的诞生。”

其他评论再天花乱坠，对文森特来说，都没有当初黄屋子同伴的评论来得重要（高更的信件和提奥的汇报一样，都放在佩宏的办公室里，没有被阅读）。“我写信给你，以表达我最诚挚的赞美，”高更写道，“参展的画家中，你是最出色的。”他称文森特是“唯一一个思考着的参展者”，并向他的画作致以最崇高的敬意：“其中有一些东西，如同德拉克洛瓦的画一样，能让人产生情感共鸣。”高更也要求与文森特交换作品。

为了躲避尘世的侮辱和公众的嘲弄，让一位麻烦不断的家人隐居在圣雷米的休养所是一回事，但是把一个全巴黎前卫派公认的天才艺术家监禁起来就是另一回事了。赞誉和工作邀约源源不断，文森特第一次真正有钱汇入提奥的账户里（3 月提奥把安娜•宝赫为《红色葡萄园》支付的钱款存了起来），但是出现了一个令人尴尬的问题。文森特不能随心所欲地自由画画了——这多可惜啊，简直就是犯罪！为什么不让他进画室，还没收他的颜料？为什么像对待一个表现不好的孩子一样对待他，而不把他当作伟大的画家？

各种问题和疑问接踵而至，使得提奥很快屈服了。就在几周前，他还想让文森特顺由天命。“如今他的事业如此成功，真是太可惜了。”4 月中旬他在给母亲的信中写道。但是 5 月 10 日，距离文森特最近一次“康复”还不到两周，提奥就给他寄去了北上之旅所需的 150 法郎。文森特声名鹊起。作为一个实用主义者，提奥从哥哥身上看到了商业价值，也清楚地知道对他的隔离阻碍了他的成功。长期监禁和无法自由作画给文森特带来了不小的挫折，提奥都能理解。生意虽然不好做（全面的经济衰退让整个艺术品市场都在走下坡路），但如今哥哥终于眼见着能自力更生了。

但提奥还是个具有浪漫情怀的人。就在他已最终接受文森特必须被放逐这个残酷的事实时，文森特在独立展上取得的成功，把提奥从宿命论的边缘拉了回来，他开始想象哥哥漫长又悲惨的人生终于能有幸福的结局。"我希望你能感觉好一点，"他在一封给文森特的信中写道，怀着单纯的期待，"希望你的悲伤能消失。"

5月的前半个月里，提奥没能保持行事谨慎，而是变得鲁莽冲动起来。他坚持，文森特既然决定离开圣雷米，就要为自己负责（文森特本来觉得北上是提奥的计划），并告诫文森特不要对"北方的生活抱有太多幻想"。他只要求文森特能"遵循"佩宏的意见"行事"——但佩宏认为文森特出院还为时过早，没有提奥的同意他是不会赞成文森特出院的。尽管文森特激烈反对，但提奥要求精神病院派人护送文森特坐火车去巴黎，指出文森特2月独自去阿尔旅行由于无人陪伴而演变成一场灾难。他们不停地争吵，其中夹杂着否认和幻想、迂回和防卫，最后也没有达成一致。

但是文森特丝毫没有浪费时间。他相信，自己保持"完全平静"的时间并不多（就在大家在为是否出院争吵时，已经从一年减少到"三四个月"了），马上投身于绘画中。每次发病后，他的能量都会疯了似的爆发出来，他便开始大胆肆意地作画，好像要将精神错乱期间没能画的画画出来一样。灵感的蓄水池从来都没这么满过。"脑海中的想法太多，我都没法一一画出来，"他写道，"画笔就像上了发条一样。"

他先从花园里画起，早春即将离去，只剩几处提奥中意的"绿意盎然的角落"：未经修整的草坪如同旋涡一般，蒲公英铺就的地毯上有多节的树干。虽然他已经打包好行李，希望能尽快离开，但是他在画室里待的时间却越来越久，灵感喷涌而出。他一心只画各种花朵寂静的生命，他从医院花园里采来鸢尾花和玫瑰——它们是春天最晚盛开的花朵。他把这些花插在陶瓷器皿中，用临近终点线般的激情作画——"就像处于狂躁状态之中"。他画了一幅又一幅，表达出他内心的冲动和对未来的希望。

他并不根据季节或环境选择作画主题。他去年春天画的鸢尾花自从1889年第一次在《独立艺术家杂志》的展览上亮相，就大获好评——弟弟提奥尤其喜欢。这些不起眼的小花虽然有些扭曲畸形，但在短暂的生命中也盛开得轰轰烈烈，还有什么能比这样的画法更能体现出他的感激之情——更能表现成功呢？在静谧的山中疗养所，他飞快地画画，手腕灵活，毫不吝惜地厚涂颜料。他曾以这样的画法画过阿尔的向日葵——他画得既急促又细心，既在深思熟虑，又在随心所欲（“对我来说打包比绘画难多了。”他说）。现在他又将圣雷米的鸢尾花幻化成淡紫色的繁星，融合了紫色、紫罗兰色、洋红色和“纯正的普鲁士蓝”。

他画了两次鸢尾花：一次是以阿尔的电光黄为底色，对比非常强烈，如同他在中央高原艳阳下创造出的对比一般；另一次是以静谧的珠光粉色为底色，画面闪闪发光，颜色如宝石一般，形状非常经典，受到了奥里耶的赞赏。他也用相同的手法画了玫瑰。第一次，他把玫瑰都插到一个朴素的水壶里，水满得都要溢出来了。白色的花朵上沾染了些许红色和蓝色，背景是起伏的灰橄榄绿；第二次，他画了一大捧繁茂的玫瑰，颜色是最浅的粉色，后面的墙是嫩绿色的——代表新生的颜色，画面太美，让人心疼。

到最后，文森特的绘画只剩下一个主题。他已经打包好行李箱，给纪诺一家写了一封告别信，把大部分家具都留在了加雷咖啡馆，一半是为了留个纪念，一半是希望以后再回来。但是他留下了很多油画布、颜料和画笔，还安排了人把当时尚未干透的画随后给他运来。这样他只随身携带了几幅已完工的画，准备当礼物送人，再加上一些版画。5 月初的时候提奥应他的要求给他寄了几幅画作过来，文森特已经将其中的两幅画成了颜色丰富、意义深远的大油画：一幅是德拉克洛瓦的《好撒玛利亚人》，另一幅是伦勃朗的《拉撒路升天》。文森特最害怕无所事事，他在精神病院的最后几天把最后一幅画作“翻译”成了有色彩的画，其间还时不时和提奥讨论路上的具体安排。他选取的主题既不是救赎意象，如撒玛利亚人；也不是重生意象，如拉撒路。他最后选择的是 1882 年他自己在海牙创作的一幅平版印刷画。画上一个老人坐在火边，脸埋在手里，满满的都是生命的哀痛与徒劳。题目是《永恒之门》。八年前文森特也写下过同样的题目，当时他幻想拥有的画室和家庭都化作云烟了。虽然大家断言他将身体健康，前程似锦，他收到了很多赞誉，也制订了康复计划，但他始终无法消除恐惧，无法摆脱过去。他评价南方之旅时说：“我觉得这就像一次毁灭。”

带着绝望的屈辱感，文森特把令人怜悯的自画像精心画成了一幅大油画，用了很多橙色、蓝色和黄色——这些颜色象征了他在中央高原受挫的事业。“说实话，我是抱憾离开的，”他写信给弟弟，“哦，如果我没有得这倒霉的病——那我将会有什么样的成就啊。”

第四十二章　花园与麦田

1890年5月16日，医生佩宏在文森特的病历上写下了“治愈”一词。第二天早晨，文森特乘火车到达巴黎宏伟的里昂车站，提奥在月台上接他，他们已经两年多没见面了，上次见面还是在阿尔的医院里，那时两个人也只是匆匆见了一面而已。他们雇了一辆马车，穿过豪斯曼用明亮的石灰岩堆砌而成的如峡谷一般的市区，来到提奥的新公寓——皮加勒区8号。一个女人在窗边向他们挥手，那是提奥的新婚妻子乔·邦格。乔到门口迎接他们，那是文森特和乔第一次见面。后来乔写道：“我原以为他会一脸病态，但眼前的文森特体格强健，肩膀宽阔，脸色健康，面带微笑，看起来非常结实。”

进门后，房间里的布置勾起了文森特的回忆，过去的点滴像幽灵一样袭来：餐厅里挂着他在纽南创作的《吃土豆的人》，起居室里是克劳的风景画和在阿尔画的《星夜》。卧室里，一棵中央高原的果树在提奥和乔的床头开枝散叶，一小棵盎然绽放的梨树俯看着饰有蕾丝边的摇篮，摇篮里睡着文森特三个半月大的侄子。乔回忆说，兄弟俩凝视着摇篮里的孩子，默默不语，直到泪如泉涌。

在接下来的两天里，文森特忙于参观各种画廊：小到日本绘画展，大到战神广场大厅的春季沙龙展。文森特已经太长时间没有看到自己画架以外的作品了，他被皮埃尔·德·夏凡纳巨大的壁画《艺术与自然之间》吸引，皮埃尔将“原始的”古风与现代的简洁性完美结合，令文森特震撼不已。文森特欣喜若狂地写道：“这幅画看久了，仿佛看到一切你所坚信的事物、希望出现的事物重获新生，这种新生是彻底的，但也是仁慈的。”

不仅公寓的墙壁上挂满了文森特的画作，壁橱和抽屉里也塞满了他的画——这些都是文森特寄给提奥的，有时甚至颜料还未干就寄了出去。乔写道："备用小房间的床下、沙发下、壁橱下，到处都是一摞摞没有裱起来的油画，这对我们家庭主妇来说简直让人绝望。"乔回忆说，文森特把画卷拖出来，放在地板上，在灯光下"聚精会神地"研究。他去了唐吉的储藏室，查看一堆堆他熟悉的积满灰尘的画像，还前去参观了其他画家的画廊。

文森特来的时候承诺只是短暂停留，但心里却希望能在这里待得久一点。为了不让提奥太担心他在发作时缺乏医务人员的照料，文森特刚到巴黎时就提出要"尽早"赶去奥威尔，他甚至把行李都存放在了车站。但他心里盘算着要在巴黎待"两周"，这样至少能有足够的时间与他亲爱的弟弟和仅从照片上见过的这一家人团聚。他在两周前写信给提奥说："让我感到慰藉的是我非常非常想要再见到你，见一见你的妻子和孩子……因为我真的从未停止过想念他们。"

从他背来的东西中就可以看出他的渴望：画架、画布、油画框、颜料和画笔。他打算把这些装备搬到街上去——从"抵达巴黎后的第一天"开始勾画巴黎"真正现代的事物"，这些事物是他在此次出院期间所感受到的，一直挥之不去。他说："是的，有一个方法可以看到巴黎的美。"他可能还会给乔画一张肖像画。他坚持认为，除了"和你待在一起"，没有什么对他更有好处，没有什么能更好地保护他，让他不陷入外界的危险。

但 5 月 20 日——就在到达巴黎后的第四天，文森特突然收拾行李回到了车站。他登上了北行的火车，除了他背来的行李外，还带上了几幅他在圣雷米创作的作品。他的颜料箱从未打开过。大概一个小时后，他到达了奥威尔。火车离开后，文森特又变成了孤身一人。在巴黎的数日如同酒后狂欢，又犹如一个美梦：数月以来的渴望换来了数小时的相聚。文森特忽然感到孤独，他写信给提奥："希望一段长久离别后再次见到我时，你不要不高兴。"

如从前一样，文森特将匆匆离开巴黎的原因归罪于巴黎这座城市。"我很强烈地感觉到那里的噪音不适合我，"他在到达奥威尔后说，"巴黎对我产生了不利的影响，为了让我的头脑清醒，我必须到乡下去。"但是他在巴黎是否受到了欢迎，现在已经无人知晓，而他到巴黎的意图也众说纷纭。他曾恳求提奥，"坚持"要求奥里耶不要再写关于他的画作的文章。他在离开精神病院的前夜写道："我悲痛不已，无法面对公众。作画让我分心，但如果听到有人谈论我的画作，那给我带来的痛苦远超出他的想象。"他原本计划在巴黎约见高更和贝尔纳，但得知这两位虽然身在巴黎却都不愿意见他后，他非常失望。

提奥热心地去接他，甚至泪流满面，但数年的辛劳和病痛给提奥的身体造成了很坏的影响，文森特看到的提奥面庞消瘦，面色苍白，还不停地咳嗽。（后来乔也承认，当文森特和提奥站在一起时，她大为吃惊，因为她发现文森特比提奥看起来健康很多。）尽管与文森特分别数年，但在文森特在巴黎短暂停留期间，提奥大部分时间都在古庇尔画廊工作，当时画廊的夹层在举办拉法埃利画展，同时提奥满脑子都在想如何重新争取到莫奈这个客户。

然而，时间不足以抹掉过去的污点。文森特感到在弟弟的工作场所也不受欢迎，他没有参观拉法埃利的画展，也没有看到高更在布列塔尼创作的新画。提奥在巴黎的新生活似乎都在责骂或是驱逐他：从提奥孱弱的身体，到床下和唐吉生虫的储藏室中一堆堆尚未卖出的画；从具有鲜明资产阶级特点的皮加勒区公寓（文森特承认：“这个公寓的确比之前的那个好很多”），到乔坚持说的荷兰语。就连从孩子的哭闹声中，文森特也听出了他的家人和过去的评判。“对于我的疾病，我已经无能为力。”他逃到奥威尔后愧疚地写道，

> 我并不是说我的画很好，但我已经作出了最大的努力。对我来说，处理人际关系是次要的，因为我没有这个天赋。我无能为力。

当文森特从巴黎三天的梦中醒来，一切都变了，但一切又未曾变化。他可以自己一人在奥威尔大街上散步，但周围全都是陌生人，大家还是用怀疑的目光看着他。他可以买想吃的食物，住想住的旅店，但提奥仍然要为他支付账单。在他到达奥威尔的当天，他已身无分文，他写信给提奥：“周末给我寄些钱来。我身上的钱只能支撑到那个时候了。”他离开巴黎时太过匆忙，没来得及和他的弟弟商量新的“条款”，因此他的第一封信就让他重新面对了依赖他人的折磨。他不得不在信中问道：“还是和从前一样，每个月150法郎，分三次付给我吗？”

在奥威尔，文森特终于找到了一个懂画家的医生。保罗·加歇从医40年，已经习惯了前卫派艺术家的生理和心理病痛，莫奈、雷诺阿、塞尚，以及梵高的同伴毕沙罗和吉约曼等都接受过他的医治。但文森特到达奥威尔当天见到加歇时，他发现这个61岁的医生像眼科医生佩宏一样心不在焉。加歇染了一头金发，被一屋子猫猫狗狗包围着，院子里鸡

鸭成群，一见到文森特便向他抱怨医疗行业和激励疗法（“他说我必须继续工作”）。他还对文森特说，如果文森特感到抑郁或“有什么事情让我无法忍受”，他会给文森特提供神秘的“刺激”疗法。在提奥看来，文森特对加歇能提供任何有意义的治疗不抱希望——但文森特最初是抱着能从加歇这里得到治疗的希望来的。“我们绝对不能指望加歇医生了，”文森特写道，“首先，我觉得他比我病得还重……当一个盲人引导另一个盲人时，他们俩肯定会一起掉进沟里。”

在奥威尔，文森特可以随意认识朋友，他已经好几年没有这样了——四处逛逛，重新开始，不像在阿尔时那样到处都有可怕的谣言跟随他。直线距离仅 20 英里（约 32 公里）外就是巴黎，农舍林立的街道上满是忙忙碌碌的外地人——退休老人、度假游客，甚至还有周末到这里玩儿的人，这些人完全不知道将文森特驱逐到乡下的谣言和偏见。（夏季，奥威尔的人口会从 2000 人激增到 3000 人。）但文森特是带着被驱逐的心情来到这里的。尽管景色优美（“这里充满色彩。”他如是描写这个风景如画的河畔小镇），他计划把自己关在旅店房间里，重新勾勒巴尔格的《练习》。

文森特有用不完的笔和纸，他可以写信给任何人。但他的思绪徘徊不前，始终动不了笔。很多次，他提起笔开始写信，但写好的草稿都没有寄出去。在创作上，自由也使他下不了决心。他模糊地表达说想要多画一些作品来“解释”他之前的旧画，或许“画一些肖像画”。“有些画在我看来表达得太模糊了，我需要花时间表达得更清晰些，但要一点一点来。”他无精打采地说。

在奥威尔，他终于可以透过不设栅栏的窗户看夜空了。但星星还是让他感到孤独，让他想起了远方亲爱的人。文森特独自坐在空荡荡的旅店房间里（他的行李箱还没有寄到），没有人陪伴，甚至没有人注意到他，他的思绪又无可避免地回到巴黎那一家人身上。他在到达奥威尔后不久写道：“我常常会想起我的小侄子。”

> 他好吗？我很关心我的小侄子，担心他的身体。你们以我的名字给他命名，我希望他的性格不要像我这样安静，我太沉默寡言了。

怀着这样的坦白和忏悔，文森特开始了人生中最后一次尝试。虽然在巴黎的时间不长，仅仅只是匆匆见了弟媳和孩子，但却让文森特产生了一种强烈的渴望，这种渴望超越了一切。在奥威尔孤独狭小的旅店房间里，文森特怀着渴望盘算着他的大计划——最后一个“白日梦”。他要把提奥一家接到奥威尔来，让他们成为他的家人。

他在离开巴黎时就有了这个想法，甚至可能在此之前就有了。他在荒芜的德伦特时曾大声说出了这个团圆的愿望，当时他要求提奥——和他的情人——“和我”一起搬到荒野的农舍里，组成“画家家庭”。1887 年，当提奥第一次向乔·邦格求婚时，文森特也曾因此倍感欣慰，他幻想他们三个人可以一起住在“乡村小屋”里，有孩子和自己的画陪伴。也是为了同样的愿望，他曾经用语言和图画向提奥提出，在南方的黄屋子安家，这样他们就可以一起在这里培养下一代印象派画家了。

但这一次，这个家是真实的，而不是想象中的。就在几天前，文森特还把这个孩子抱在怀中，而这个孩子还是以他的名字命名的。

文森特刚到奥威尔的那几天非常孤独，这个一厢情愿的梦想变成了执念。当他在 5 月 24 日写信给提奥和乔第一次提到这件事时，他并不是在恳求，而是在控诉。他在信中责备他的弟媳：“我感觉，虽然现在孩子还不到六个月，但你的奶水已经不多了。这说明你——和提奥一样——太累了……这太让人担忧了，这和在荆棘中播种没有什么区别。”他责备这对年轻的父母，说在城市里他们三个人“生活局促并且疲惫不堪”，这样对孩子不够尽责。如果他们继续这样不顾后果地生活下去，文森特警告他们：“在我看来，这孩子肯定会因为在城市里长大而备受痛苦。”总之，他们可能会让儿子的一生充满“痛苦”和“毁灭”——就像他的伯伯一样。

这封信文森特从未寄出。无疑，他觉得这封信用词太尖锐，太诚实，于是他把信放在了一旁，起草了另一封读起来不那么悲惨的邀请函：“常常，我常常想起你的小儿子，然后我就开始幻想他快快长大到乡下来。因为这里是最适合他成长的地方。”但在接下来几周的书信中，这种偏执并没有减弱。“奥威尔真的非常漂亮，”他写道，“真的非常非常美丽……绝对很美。”他称其为“真正的乡村，独具特色，风景如画……离巴黎很远，是真正的乡村……富饶的乡村，空气清新”。他把奥威尔比作皮埃尔壁画中安静、古典、一尘不染的伊甸园，有些类似荷兰的花园，不是左拉尚未开发的乐园——“没有工厂，只有一片片保存完好的绿地。”

他向乔保证，这里能够让她远离城市污浊的空气和嘈杂的噪音，减轻她丈夫的工作压力，让他们获取更多“真正的营养”，有利于所有人——尤其是孩子——的健康。他写道：“我坚信，如果乔来这里，她的奶水会是现在的两倍。”文森特一次次地提醒乔她作为母亲对宝宝的责任。“乔，我经常想起你，还有孩子，我发现在这个空气清新的地方长大的孩子看起来非常结实。”他对在城市里抚养孩子的“可怕难题”表示同情：“要在巴黎的四楼保证孩子的安全和健康，真不容易。”他曾听到过侄子大声哭个不停，也看到过乔对孩子的大哭表示不满，说这孩子“是个急性子”：他“哭起来就像有人在杀他一样”。文森特坚持说，孩子需要的是乡下的空气和更好的奶水，有动物和鲜花陪他玩耍，“还需要乡村里其他小朋友的陪伴”。

对于提奥，文森特就不需要向他介绍奥威尔了。这座塞纳河支流瓦兹河河畔的中世纪小镇早在19世纪50年代就令法国人神往，当时查尔斯·多比尼在河畔停下他的船舶画室，开始记录这座小镇最原始的魅力。坐落在河流与平原之间，奥威尔坐拥肥沃的土壤和鱼虾富饶的瓦兹河，这座小镇如同葡萄藤一样沿河攀爬，并没有向周围的平原扩张。

奥威尔只有几条街宽，数英里长，两侧是小茅屋和有围墙的农场，葡萄园和花园市集随处可见，这里是明信片最理想的取景地，曾在怀旧之情盛行时被一次次绘入画中，但随之而来的也有工业对美景的掠夺。铁路开通后，这种狂热带来了成群结队的巴黎人，他们来这里寻找过去的痕迹。柯罗、塞尚和毕沙罗追随多比尼的脚步，来到这里捕捉小镇淳朴的乡村风景，打开自己画作的销路，而提奥·梵高这样的经纪人也在那时卖掉了大批描绘农舍、乡村小路和乡民的画作，这些画作大肆宣传乡村生活的复原力量。

但文森特给提奥的承诺更加具体。与加歇医生的第一次碰面让他倍受打击，他甚至对加歇有些不屑。但他对家庭的新幻想改变了这一切，因为现在这个古怪的医生能帮他说服提奥到奥威尔来。有什么能够比一位名声大噪、富有同情心、细心（而且有钱）的医生更能吸引病弱的弟弟的呢？于是，文森特赶紧把他对加歇不满的书信（“一个盲人引导另一个盲人”）收了起来，开始描述他和加歇之间的友情。“他对我表现出极大的同情，”文森特写道，“我可以随时到他家去。”的确，文森特觉得这个奇特的医生有点像自己的弟弟。“加歇跟你和我非常非常像，”他一边写一边回想以前的兄弟“情义”，“我感觉他非常懂我们，他会不遗余力地帮助你和我，就是因为热爱艺术，全都是为了艺术。”

为了向弟弟证实这个诱人的愿景，文森特带着自己的画架来到加歇在山脚下的大房子，在养着鸡、火鸡和鸭子的小花园中开始为加歇作画，现在这个陌生的男人已经不仅是文森特抵挡风暴的壁垒，还是他组建家庭最好的机会。文森特为思考中的加歇画了一幅画：坐在桌边，一只手撑着头，头偏向一侧，好像在晚宴上倾听邻座的声音。他小心谨慎的态度、开朗的脸庞、大大的蓝眼睛和好像在思考什么的神情，让人非常愿意相信他，无论是他的身体还是他的灵魂。

保罗·加歇医生

文森特在加歇面前的桌子上放了一束毛地黄，既象征着加歇独特的顺势疗法，也代表着大自然的治愈力量。在花瓶旁，文森特画了两本书，书名显然是向提奥传递信息的:《杰米尼·拉舍特》和《玛奈特·萨洛蒙》——都是艺术家兄弟的伟大代表龚古尔兄弟的著作。一本讲述了一则关于城市疾病和死亡的警世故事，另一本讲述了通过艺术而取得的救赎。这两本书都是为了让提奥确信，这个戴着滑稽的白色帽子、在夏季穿着厚衣服的古怪医生非常喜欢现代思想，尽管他的工作是治疗这个时代不可避免的疾病。

加歇医生的肖像画引发了关于奥威尔绘画的争论。在德伦特，文森特曾寄杂志插图，邀请提奥分享荒野“冷峻的诗意”。在阿尔，他还叫他的朋友来参观中央高原原始的色彩和光线。现在，在旅店后面房间的简易画室里，他向他的弟弟（还有乔）大肆宣传这里健康、幸福、宜居的生活，这种生活只有在奥威尔的乡村才能找到。

文森特通常每天清晨 5 点就开始工作，往往留下一堆尚未完成或粗略起草的画作和书信，他为整个村庄的上上下下作画，画了无数幅古雅的小茅屋，这种茅屋在大陆几乎已经消失了，但却代表着那个更加简单、稳定的时代。他为奥威尔的乡村和村庄作画。奥威尔地形狭长，因此没有真正的中心；两条主街上房屋与葡萄园、花园交错排列。到处都可以看到大自然。他所画的每一座房子都有自己的花园，周围绿树成荫——房门外不远处就是休闲放松的好去处。

在奥威尔，就连文森特嗤之以鼻的中产阶级的新式“别墅”都好像被大自然施了魔法一样，变成了“美丽的乡间小屋”。他也为这些别墅作画：房屋庄严大方，看起来中规中矩，窗子敞开通风——这些都是富裕的巴黎人建造、购买或出租的房屋，非常适合杰出的画商和他的家人居住。文森特描绘了奥威尔的每一条街道和背后崎岖的小路，好像是在带着他的弟弟参观一样。他还画了街边肉店旁的栗子树、当地名人的宅邸和曲折蜿蜒到河边的人行道（道路两边绿树成荫，有开满鲜花的小树、灌木丛和野花）。

他走到河流的上游，向提奥展示蜿蜒的瓦兹河和河上通铁路的大桥，通过这座大桥就可以轻松到达巴黎了。在这里，他只要一转身就能看到法兰西岛肥沃的平原。从河岸向平原过渡的景色非常壮观：从这里望过去，满眼看到的是郁郁葱葱的溪谷、连绵不断的庄稼、犁沟、耕地和田园。文森特画出了类似克劳的马赛克般壮观的全景。他在一幅幅画中所承诺的一切都是要与提奥分享的。

不可思议的地方就会有与众不同的居民，文森特也把这里的居民绘入画中：他们或撑着阳伞或戴着草帽，沿着林荫小路散步，徜徉在绿草如茵的小径和安静无车的街道上。他们几乎都是女人，或是女孩，两两一对，靠在一起聊天——向被困在巴黎的荷兰女孩乔承诺，在这里不用担心无人陪伴。在文森特的印象中，奥威尔如同梦幻仙境一般，在这里没有人需要工作。人们会到小花园或是葡萄园区，但从来看不到他们弯下腰、蹲下身或拿着工具干活。在这里，没有繁重的农活，只有美丽的田园，即便是最忙的收获季节，也是如此。

文森特还画了一个坐在成熟麦田中的当地女孩。画中她只是安静地坐在那里，身上穿着波尔卡圆点裙，腰间系着干净的围裙，草帽上的丝带打着蝴蝶结。女孩的脸颊绯红，胸部饱满，说明她不需要辛苦劳作，而且在这里生活得很健康，有营养丰富的牛奶喝。文森特还画了很多小孩子：胖乎乎的孩子们一脸笑容，在大自然中玩耍，身体健康，逗趣好笑。他还画了一个精力旺盛的年轻小伙子，头发和提奥一样是金红色的。他潇洒地在嘴上叼着一支矢车菊：血气方刚、富有活力的少年的标志。

不过，就像文森特之前对团圆的幻想一样，他对奥威尔过去的描绘更多地是在表达过去而不是未来。他画中瓦兹河流域的小茅屋并不太像他在村落中看到的房子，反而更像他春天在圣雷米因怀旧而画的故事书中的卡通形象："记忆中的北方"。那时，他打算重画过去暗色系的肖像画，甚至包括《吃土豆的人》，用南方的色彩改画成新时代的肖像画。在奥威尔，他对画作进行了修改，履行了自己的诺言。他在一幅幅油画中添上熟悉的乡村生活——让人想起了布拉班特，用新艺术的颜色和形式绘画：莫奈明亮的深红色田园、雷诺阿欢快的河边和皮埃尔甜蜜的家园。他发现了一座现代别墅，看起来很像纽南的牧师公馆，便把它画了下来，又为它添上了中央高原的星空——就像他打算画黄屋子时那样。

为了履行4月向提奥作出的承诺，文森特带着画架来到俯瞰奥威尔小镇的哥特式教堂，开始重画最难的作品：纽南肃穆的教堂，他的父亲就在那里安息。文森特改用了更大的油画布，把从前暗灰色的石头教堂改画成了色彩绚丽的玻璃宫殿。在开着零星野花的草地上矗立着一座老教堂，教堂的墙壁具有明显的12世纪的特点，周围还有很多紫罗兰和赭石。教堂忙碌的耳堂、半圆形的后殿和塔楼与"简单的深蓝色"天空形成鲜明对比。明亮的橙色屋顶让老教堂看起来充满生机。下方"映着粉色阳光"的沙石小路环绕整座教堂。

画好后，文森特立刻对他回忆过去和感化弟弟的所有努力作出了成功的宣言。"这和我在纽南为老塔楼和墓地所画的作品一样，"他写道，"只不过现在的颜色更加具有表现力、更奢华。"

提奥听到也看到了哥哥的请求。但与之前一样，文森特的要求太多了。他在离开巴黎后的第一天还只是理智而简单地说："你要是能在周日和你的家人一起来我这里坐坐就太好了。"但很快，他的期望就升级了，变成"在乡下待上一个月"。然后，他又要提奥在三周的例行休假时不要去荷兰过夏天，改来奥威尔。他承认他们的母亲可能会看不到小梵高，但是"她能够理解，这样做都是为了孩子好"。最后，他又幻想"永远在一起生活"。和以前一样，提奥回避了哥哥疯狂的计划，但也从不会完全回绝他。提奥直到6月才给文森特回信，但也只是模糊地回复了文森特提出的来奥威尔待几周的邀请。他写道："有时间我会去的，听到你说邀请乔和小梵高去做客，我非常高兴。"他在考虑有没有可能把很久之后的夏季假日分成两部分（在去荷兰前先在奥威尔作短暂停留），但其实他什么也没有承诺。

不久后，提奥突然提出要去看文森特。虽然文森特作出了很大的努力，但最后是加歇在参观巴黎艺术馆时很随意地邀请提奥来奥威尔，才使这件本不可能的事情成为了可能。“他告诉我，你已经完全康复了，”提奥描述与加歇的短暂会面，“而且他觉得不会复发。”但尽管提奥接受了邀请，他在约定日期前仍没有作出“绝对承诺”，而且如果不是因为那天天气晴朗，他是不会去的。

6月8日是一个周日，阳光明媚，文森特和弟弟一家在奥威尔的伊甸园里度过了一个美妙的下午。文森特到火车站迎接他们，手里拿着一个鸟巢，送给四个月大、和他同名的小侄子。他们在加歇家的露台上共用午餐，从那里可以俯瞰瓦兹河。文森特坚持要抱着他的小侄子到院子里去，让他亲密接触长满羽毛的朋友，“向他介绍动物世界”（乔回忆道）。公鸡、母鸡和鸭子在他面前走来走去，显得非常慌张，也吓到了孩子。文森特模仿公鸡打鸣——“喔喔喔”——试图安抚小侄子，但却让孩子哭得更厉害了。他带着弟弟一家四处逛逛，向他们介绍他常在油画和梦中向他们展示的世外桃源。然后他们把婴儿车放上火车就离开了。

毫无疑问，提奥希望这次短暂的拜访能够平息哥哥强烈的渴望，但却恰恰起了反作用。这次拜访让文森特更大胆地幻想他的新家，一家人永远居住在宁静的瓦兹河畔。文森特在弟弟一家离开之后写道：“周日给我留下了美好的回忆，你们必须赶紧回来。”他立刻开始幻想弟弟一家会接连不断地来拜访他，因为“我们现在住得更近了”。他甚至大胆地用语言表达自己最美好的愿望：“我非常希望你们俩能够和我一起在乡下买个小公寓住。”

和在德伦特时一样，文森特用尽一切办法，让他的梦想成真。

为了不让提奥担心他会随时复发，他逮到机会就向弟弟表示自己非常健康。由于加歇健忘且总是对文森特的病情持乐观态度，文森特感觉在这里比前两年过得轻松，就像最终从噩梦中惊醒。他写道，“我的大脑受噩梦压迫”，再次将病痛归咎于“南方的疾病”，并保证“回到北方会让我免受病痛”。他说，“疾病的症状”——尤其是噩梦——已经“基本消失了”。他写信给医生佩宏，似乎是要解雇他（“我永远不会忘记他的”），然后又告诉母亲和妹妹自己已经康复了。妹妹利兹写信给提奥说：“我好开心，文森特的精神又恢复正常了，可以更自然地享受生活了。”

在所有正常人中，给提奥留下最深印象的是保罗·加歇。提奥有些嫉妒地写道：“我希望你们俩能成为好朋友，我非常希望和医生做朋友。”作为回应，文森特更加高调地汇报他与这位医生朋友的关系。他写道：“加歇是我真正的朋友，就像另一个兄弟一样，我们在身体和心理上都有很多相似之处。”

他说，加歇对他的工作“非常同情”，每周会到旅店的画室参观两三次，“每次待几个小时，看看我在做什么”。文森特写道：“这位绅士很懂油画。他非常喜欢我的作品。”加歇还邀请文森特到自己的别墅花园作画，如果文森特愿意还可以在那里过夜。他经常在加歇家享用美味（“四到五个菜吧。”文森特嘟囔说），在那里他还认识了这个单身爸爸的两个孩子：一个是 16 岁的儿子，叫保罗，一个是 21 岁的女儿，叫玛格丽特。文森特还向提奥提起他在这个别墅里度过的傍晚：“这种家庭晚餐我们都很熟悉。”

文森特用油画来将这个诱人的、已经不复存在的家庭时光定格，开始为“父亲”加歇画像，把他塑造成医生、充满同情心的父亲和富有的新艺术赞助人。6 月末，文森特似乎在宣称，他可能与这个家庭建立了更直接的联系，说他已经为加歇的女儿玛格丽特画了一张像。文森特选用了一张很大的画布，仔细描画，勾画出一个衣着得体的年轻女孩在弹钢琴的样子，这引起了人们的猜测（可能当下就有了质疑，至少此后肯定有人质疑），人们认为一方暗恋另一方。

但文森特画中的玛格丽特并不是他表达欲望的对象，而是像妹妹一样：一个真诚、有教养的钢琴演奏者，就像他的弟媳乔一样，是贝多芬四手联弹的好搭档——一种非同寻常但有力的表示，保证这里有家庭团聚和开明的文化。文森特写道：“我想，乔会很快和她成为好朋友的。”就在这幅画画好后不久，文森特又向提奥发出了邀请：“我想，你带着小孩来这里生活，和加歇相处，是非常好的。”

加歇的房子有一切美妙的东西，这里不仅舒适，还能让文森特小住，甚至还有懂艺术的人陪伴——这里有城市里的一切高档设施，当然还有令人赞叹不已的河滨美景。古斯塔夫·拉乌的家则完全不同，代表了理想的田园生活。由于价钱比较便宜，文森特从镇公所附近搬到了拉乌旅店。但在他对这一绝佳的隐居地的描述中，拉乌一家——最近从市里搬来的避难者——证明了“乡村空气的影响很大”。“住在旅店里的人以前都住在巴黎，他们身体一直都不好，无论是父母还是孩子，”他指的就是提奥，“但在这里，他们没有任何问题。”

文森特特意强调：拉乌襁褓中的小儿子“在两个月大时来到这里，当时他的妈妈没有足够的奶水，但来到这里之后一切都好了”。为了进一步说明他的观点，文森特还画了两幅肖像：一幅是拉乌13岁大的女儿艾德琳——绯红的脸颊，梳着马尾辫，用能调出的最深邃、最静谧的蓝色来表现；另一幅是她的妹妹杰曼，一个有着淡黄色头发的两岁小女孩，手里拿着一个新鲜的橘子。最后，文森特说："如果你带着乔和儿子来这里，在这个旅店生活是最好不过的了。"

《弹琴的玛格丽特·加歇》，1890年6月，布上油彩，40 1/4英寸× 19 3/4 英寸。

文森特画的奥威尔的男人、女人和孩子与他画的瓦兹河风景一样，都是为了邀请弟弟来到这里。"我期待着在户外给你们一家画像，"他满怀期待地写信给提奥，"给你、乔，还有你们的孩子画像。"就像他一直想着要给自己的父亲和母亲画像一样，即便是在德伦特和纽南最黑暗的时期他也想过，但却从未画过，他在奥威尔作画时，总是想着要为弟弟一家作画，但却始终没有画成。在写给惠尔的信中，文森特解释了自己对肖像画的由

拉乌旅店前的拉乌一家

衷喜爱，他说他既要追求艺术上的完美，也渴望与人建立关系：

> 最能激起我的热情的——远甚于其他任何方面——就是肖像画……我想画肖像画，一个世纪后，人们可以看到以前生活在这里的人的样子。我的意思并不是要画得很像，而是要通过富有激情的表达——也就是说，用我们的知识和对颜色的品味进行表达——凸显人物特征。

文森特画室中越来越多的肖像画也宣告着他想重获商业成功的雄心——没有这些肖像画，世外桃源就是不完整的。他在6月初时写道："要想找到肖像画的客户，就必须能画出一些与之前的画作不一样的作品。我认为这是打开销路的唯一途径。"在接下来的一个月中，尽管文森特一直在为展示乡间乌托邦作准备，但他发出了向商业进军的信号：画花朵（一直都是好卖的题材），计划在巴黎举办咖啡馆展览，写推销广告给评论家，幻想向新媒介（比如海报和出版物）进军，商谈复杂的作品交换细节（交换其他画家的作品以及相应的服务）。但他始终没有放下自安特卫普时就有的想法：他可以靠画他最喜爱的画——肖像画——赚钱。

这样的想法让他不得不回想起保罗·高更，他在中央高原时的漂亮朋友，当时他希望高更能带来“肖像画的伟大变革”。全世界都亲眼目睹了文森特的画作自 1 月起发生的变化，其中高更尤为看好《阿尔的女人》——文森特根据高更所画的纪诺夫人画成的肖像画。文森特仍然相信他在商业方面的成就与高更和他们一起创作的“南方”肖像画有关，因此文森特主动联系他的这位老室友，毕恭毕敬地赞扬他（“亲爱的管家”），表达了依恋之情（“自我回来后每天都会想到你”），急切地恳请缓和关系。他甚至提出到布列塔尼与高更同住，他严肃承诺在那里，“我们要试着做些比较严肃的事情，要有目的性，比如，我们继续之前的工作”——之前，指的是在阿尔。

文森特在白天做白日梦，晚上就不停地抽烟，一直在思考肖像画和模特的问题，回忆起黄屋子，他就忍不住再次想找一个画室。拉乌已经同意让他使用小旅店后厅外的一个小房间，这样他就不用搬着细长的画具爬到楼上去了。他们甚至还在马厩里给他腾出一块地方，让他风干油画。但是，直到 6 月初提奥和他的家人来看文森特时，文森特还在说要在村里租个房子。

他写信给纪诺一家，请他们把屋子里的两张床寄给他，这两张床还放在咖啡馆的阁楼上，他还开始要回唐吉和提奥公寓里胡乱堆着的画作。他说他必须要有个画室，以免这些作品被毁掉，他还要重新联系曾经想要这些画作的人。“如果能保存好这些画，将来肯定会从中获利。”他提醒提奥，为自己也是为画作恳求。“如果不管它们，”他气急败坏、满怀愤怒地控诉道，“那就是导致我们贫穷的原因之一了。”

到 6 月中旬，就在提奥拜访他后不久，他就找到了一处房子（一年 400 法郎），并开始了漫长的游说：“我每天花 1 法郎睡觉，一年就是 365 法郎，但如果我有自己的家具，400 法郎相比 365 法郎并不算贵。这就是我为什么要找房子的原因。”在游说的过程中，他已经不止希望拥有画室了，还希望拥有家庭和家人。他希望能够找到一处房子作画室，同时可以与家人一起住在里面。他立刻开始想怎样装修这个画室和家——这是他离开施恩韦格后的第一个家——并通过想象画了出来。

但即便是最大的画布也无法同时画出这两个梦想。他需要一种新的、更大的画布，才能画下他新的、比生命还重要的家和家人。这几年来，他见过很多大的全景画，但与皮埃尔·德·夏凡纳在巴黎沙龙展出的壁画《艺术与自然之间》相比都相形见绌。为了达到同样的效果——拥有并超越那样的画作，文森特开始在 3.5 英尺宽、0.5 英尺高的画布上作画：这是他能在画架上完成的最大的尺寸了。

在如此巨大的画布和其他画布上，文森特在奥威尔作出了最后的、最热情的邀请。

没有什么场景能像瓦兹河外沿的田园那样适合这种新的绘画方式了。提奥和乔都非常赞赏文森特在阿尔所画的克劳美景——他们非常喜欢这幅画，把它挂在了巴黎公寓的起居室里。还有什么能比成熟的黄色麦子及绿色土豆秧中的整齐田地、草堆和刚翻好土的犁沟更适合放入全景图中的呢？文森特在画布上填满了花朵（主要是罂粟），用色充满激情，下笔轻松自如，就像洪水下泄一般。他用粗画笔在画布上方勾勒出窄窄的一道晴空。

然后，他把广角转向森林地面。他所画的并不是野花丛生、灌木尚未修剪的森林的原始模样，而是排列整齐的白杨树——可能是当地比较整齐的一种树木。他把目光集中在下方如地毯一般的野花上：在这片丛林里，"绿地上有着粉色、黄色、白色的小花和各种各样的植被"。金色的阳光透过层层叠叠的树叶洒在这个画面上，但却看不见。画中只能看到树木的枝干——一排排的紫罗兰色向森林深处蔓延，消失在黑暗的森林中。在这片有人培育的、如同舞台布景一样井井有条的小树林中，文森特画了一对夫妻在林中亲密地散步。与大自然交流的亲密时光就在瓦兹河畔等着提奥和乔。

文森特在另一张画布上画了他们从外面回到家的场景。泥泞的小路蜿蜒伸向一座乡村小屋，房子隐藏在树林中，坐落在花园般的峡谷和绿色的麦地之间。房子后面，夕阳将天空映得美轮美奂。夕阳照在附近的一对梨树上，显出深蓝色的阴影，呈现出一派风景如画的景象，这种绝美的景色总会让多洛斯·梵高和安娜·梵高在津德尔特周围散步时驻足静静欣赏一番。远处，文森特画了奥威尔最著名的城堡，它坐落在丛林中。但在文森特的梦中，这座城堡——修建了 200 余年的巨大的建筑物，带有花园和露台——被缩小成一个用勿忘我的蓝色来表现的侧影：水平线上的小屋坐落在旅途的尽头，既有资产阶级宅邸的舒适，又有乡村小屋的朴实，正在向弟弟招手。

如果提奥年轻的家庭没有在这些乡村生活的风景画中出现，那么他们也没有必要出现。提奥和文森特一样，也在沙龙上看到过皮埃尔的画作，而文森特所画的画作让他想起了那幅画。在写给惠尔的信中，文森特描绘了皮埃尔在阿卡迪亚的家庭生活的幸福场景：

> 一边有两个身穿简单长款礼服的女人在聊天，另一边是一位有

艺术家气质的男人；在画的中间位置，一位抱着孩子的妇女正在从开满花朵的苹果树上摘花。

7月初，文森特把这个家庭和艺术相结合的场景变成了自己的愿景，又画了一幅诱人的全景图。这次，他选择的对象不是迈克尔那样的高原全景，不是高更那样的神秘的树林，也不是柯罗那样的梦幻般的乡村的夕阳西下。他带着画架、颜料和丑陋的画布来到了距离拉乌旅店不远的地方：查尔斯·多比尼的家。

除了米勒，没有哪个画家能像多比尼那样在文森特的一生中触动他的心情或塑造他的艺术构思：多比尼是巴比松的英雄，是户外绘画的冠军，是将画笔从沙龙中解放出来的人，是印象派的教父，是杜雷、柯罗、塞尚和毕沙罗等诸多自然画家的朋友和导师。他曾带他们当中的很多人来到奥威尔：先到他的船舶画室"波丹"里，然后去他在郁郁葱葱的河畔盖的一系列房子中。最后也是最壮观的一座房子是一座细长狭窄的建筑，墙壁是粉色的灰泥，屋顶是蓝色的，俯瞰瓦兹河和公园般美丽的花园。

在这个山坡边的人间仙境里，有成排的果树和成片的鲜花，有两边长满紫丁香和玫瑰的小路，但多比尼还没来得及享受这些就去世了。这个悲剧传到了阿姆斯特丹，在那里有一个牧师的儿子，24岁的小伙子，刚刚成为田园画的落选者，正在等着命运的下一个转折。1878年文森特听到多比尼去世的消息后写道："我听到这个消息的时候非常悲伤，如果一个人在死的时候知道自己已经做了一些真正的工作，知道自己因此会留在很多人的记忆中，那就好了。"

12年过去了，多比尼的遗孀仍然住在车站附近的粉色房子里——她的忠贞超越了文森特的想象。他刚到奥威尔，听到这个动人的故事时就想要画她守护的花园了。公众可以随时进入花园，仍可以看到身穿黑色衣服的苏菲·多比尼-卡尼尔。文森特已经研究过这个花园。他太想画这个花园了，虽然没有找到油画布，但他找了一块亚麻布作画。

这次，他带来了两块正方形画布拼成的大画布，把他一生见过的花园全都画在了上面：曾经为高更画过一次的埃滕牧师公馆的蜿蜒小径、奥威尔镇外橄榄树林中摇摆的树叶、客西马尼园夜空中的旋涡。在梵高的幻想中，这是各种植物开花的季节。每棵树上的每一片叶子都在阳光下闪烁。春天黄色的野花点缀的绿地、盛开的花圃与鲜艳的薰衣草交相辉映。单调的灌木丛在各种颜色和阴影变化下显得生机勃勃。酸橙树并排生长，一直排到远方的房子附近，树枝非常纤细，成片的树叶好似云朵一般。

如同黄屋子外“诗人的花园”一样，这个花园也有它的鬼魂，彼特拉克和薄伽丘。文森特在背景中画了如幽灵一般的多比尼夫人，她身穿丧服，凄凉地站在空桌子和椅子旁——又一次呼应了之前的牧师公馆花园。不仅如此，他还画了逝去的画家，可以从草坪上的空椅子和画前跑过的神秘的猫“看出来”，但主要还是由四处的生命力表现出来的：大自然的喜悦，这是多比尼的画中经常出现的，直到现在也在记忆中将他唤醒。

文森特在奥威尔承诺，这里“富饶的乡村”和“可爱的绿地”“就像皮埃尔·德·夏凡纳的画一样安静”，文森特的这幅画向提奥发出了有深意的信号。多比尼的最后几年不仅是在妻子和孩子的陪伴下度过的，还有他的好友，画家奥诺雷·杜米埃尔。杜米埃尔是油画家，也是不朽的漫画家，老年时失明。他们三个人一起坐在爬满藤条的凉棚下的花园桌子旁，多比尼的房子充满了艺术气息和笑声。在这个梦中，他们三个人都活到了生命的尽头——丈夫、妻子和友爱的同事：表现了家庭与画室、亲情与兄弟情义。文森特幻想提奥和乔能一起来到瓦兹河伊甸园中，他们三个人能这样生活。

这是一个美丽的、引人入胜的愿景——是要用油画和语言描述的。但文森特在奥威尔的真实生活一点也不田园。他 5 月来到这里，为了不充分的理由坚持下来：害怕可能再次发作，因从提奥的新家要钱而心怀愧疚，担忧巴黎成堆的画作卖不出去。他把所有的失望情绪都写在信里，但又因为内容太过悲凉始终不敢寄出去：“我远达不到平静的心态……我感到很失败……我承受的太多了，这一切不会改变……前面的路越来越黑暗，我一点快乐也看不到。”

过去并不会留在过去。就连从阿尔搬回自己的家具都是对记忆的折磨。尽管文森特多次请求，提出自己支付运费，并威胁说耽误的话后果会很严重。纪诺一家仍然用可笑的故事来搪塞（纪诺先生被一头牛撞了），表现得非常漠然（“他一直这么懒。”文森特嘟囔道）。

高更也不会让他忘记。他拒绝了文森特的邀请，没有去布列塔尼，认为那是“不现实的”，因为他的画室“距离镇中心太远了，而且对于一个患有疾病、有时还需要看医生的人来说，这太冒险了”。另外，高更又开始关注异国他乡了——这次是马达加斯加（“原始人就该回归野外。”他解释说）。贝尔纳打算陪他去。文森特曾想过自己可以加入他们（“因为你们必须有一两个同伴”），但很快在现实面前投降了。他写信给提奥说：“显然，油画的未来在热带地区，但我不认为你、高更还有我属于那个未来。”

他自身的情况也让他作出了这个让步。他说，他年纪太大了，不仅不能去马达加斯加，连妻子和孩子都不能有了。他承认：“我年纪太大了，没有办法走过去的老路，也不能有其他的欲望了，至少我感觉是这样的。虽然那种欲望离我而去，但它给我留下了精神上的折磨。”他越来越多地抱怨自己时间有限，工作受限，精力有限，常常为了精神和生活的不安而烦恼。他常常幻想如果重新活十年，会有什么不同——他的整个艺术生涯会有什么不同。“现在我知道我的能力了。”他为自己野心的消失而悲伤，也为自己的男子气概而悲伤，他曾经像比他年龄大一倍的人那样为“现代生活的匆匆流逝”而大哭。他看着镜子，看到的是“忧郁的表情”，他称之为“我们这个时代心碎的表情”，并把它比作伊甸园中基督的脸。

6月，他的母亲给他带来了一个来自过去的晴天霹雳。她刚从纽南回来，因为丈夫五周年的忌日，她去纽南祭拜。她的纽南之行给文森特带来的消息是毁灭性的（“我满怀感激地又看了一遍所有的东西，那些东西曾经都是属于我的”），让文森特充满内疚和自责。文森特写信安慰她，他用了《圣经》中的一个章节，《哥林多前书》中提到的只要坚守最终的目的，所有负担都可以承受，这段话更适用于他自己难言的感觉和难以逆转的命运。他写道：“穿过黑暗的玻璃，一切犹在镜中；生命，就是离别、逝去和不断动荡——除此之外，我们不知道生命的其他含义。”他说：“对我来说，生命会继续孤独。除了穿过黑暗的玻璃，我从未感觉我更依赖任何人。”

这段关于孤独的话是对过去的评判，也跟随文森特来到了奥威尔的花园河谷。尽管他的画室墙上挂满了美丽的风景和一张张的笑脸，但这些都难以掩盖他没有朋友的事实。7月，他和加歇医生的友情也陷入了熟悉的旋涡——疏远和怨恨。文森特总是需求不断，而加歇医生经常离开奥威尔，他们之间产生了冲突。加歇总是离开奥威尔，让文森特认为在危机时刻是指望不上他的。而文森特奇怪的行为举止和对艺术的狂热（可能还有他对玛格丽特·加歇的关心）使加歇一家上下发生了骚乱。加歇禁止他在房子里作画，文森特扔下餐巾，离开了饭桌。两人最后闹僵，是因为加歇拒绝为一幅吉约曼的画作装框。

加歇自己也是一个精神古怪的人，因此，他对文森特行为和衣着的古怪表示同情。但其他人就无法忍受他了。年轻的保罗·加歇后来评价文森特的“漫画式油画”时说：“他看起来非常奇怪，他每次把画笔放在画布上时都会先把头往后靠，半闭着眼睛向上看……我从没见过别人画画是这个样子。”玛格丽特·加歇推脱了一个月才同意为文森特当模特，最后也只是答应在她弹钢琴时让文森特看着她作画。后来文森特又要求了一次，但始终没有得到玛格丽特的回应。文森特在画架后的专注也让艾德琳·拉乌困惑和害怕。她后来对采访者说，“他的暴力作画方式让我害怕”，而且她对肖像画的评价是“令我失望，因为那根本不是真实的生活”。她也拒绝再次为文森特当模特。

实际上，圣保罗精神病院的日子给文森特的举止留下了挥之不去的印记——对于崩溃状态的警觉，这在他茫然的表情和转瞬即逝的目光中可以看出来，不仅让年轻的小姑娘害怕，也让成年人紧张。“当你和他面对面谈话时，”奥威尔的一个目击者回忆说，

> 有人从另一侧走近他，他不仅会把眼睛转向那个人，而且会把整个头都转过去……如果你和他聊天时飞过一只鸟，他并不是仅仅看它一眼，而是抬起头仔细看这是什么鸟。他的目光是固定的、机械的……就像车前灯一样。

安东·何西格是一个年轻的荷兰画家，他在6月中旬到达拉乌旅店，是提奥让他来的，让他作为自己的替身，给哥哥做伴，让哥哥在与同胞的相处中获取安慰。23岁的何西格发现文森特是一个非常紧张、纠结、易受惊吓的人——“一场噩梦”、“一个可怕的蠢人”，他的精神是不正常的。“我还看到他坐在小咖啡馆窗前的长凳上，”何西格后来写道，“他的耳朵被砍掉了一片，眼神充满野性，那种神情我是不敢看的。”

在拉乌旅店用餐的西班牙画家对文森特的印象也不好（“是哪只猪画的？”他第一次看到文森特的画作时说）。在奥威尔工作的另一个荷兰人也不喜欢他。住在隔壁讲英文的一家人提起文森特时说：“他从白天到晚上，一直在画画。”还有一个法国画家到奥威尔参观，故意避开文森特。即便是住在六英里外、勒皮克路上的旧友毕沙罗也从不来看他。文森特确实与一个邻居做过很短时间的朋友，那是一个名叫沃波尔·布鲁克的人，但很快布鲁克就像何西格一样消失了，对于他，文森特写道：“他仍然对他看事物的独特方式抱有很多幻觉……我觉得他不会有什么出息。”

当地人更是无法忍受这个来客怪诞的绘画方式。在咖啡馆里，人们故意避开他，他求别人为他做模特时，人家会立刻逃走。有个人曾在文森特遭受拒绝时听到他喃喃自语道："不可能，不可能！"小镇上的人大都不知道文森特在阿尔的事情，也不知道圣保罗精神病院的事情，但看到他残缺不全的耳朵就足以明白一切了。其中一个人说："那是你看到他第一个会注意的地方，非常恐怖。"有些人把它比作"大猩猩的耳朵"。奥威尔的居民可能并不会像阿尔人那样迷信或对画家怀有偏见，但看到文森特，他们还是会避而远之：流浪汉一样的装扮、蓬乱的胡子、自己修剪的发型、含糊不清的口音——他们猜是德语或英语，浑身上下都表明他的生活漂泊不定，艰辛寒酸。和在阿尔——还有其他任何地方——一样，文森特总是吸引小男孩的注意。穿着破旧的乡下人衣服，手里提着装满画具的奇怪袋子，文森特看起来"很像稻草人"（后来一个人告诉采访者）。当地的流氓追着文森特满街跑，在后面喊他："傻子。"但奥威尔的一些小男孩要比阿尔的"街头流氓"更世故。他们很多是从巴黎的学校来这里过暑假的学生，父母都是资产阶级成员，正在这里度假。他们对付流浪汉的方式要比扔烂蔬菜有创意多了，也更加残酷。

他们假装和他做朋友——给他买喝的，请他出去玩，完全是为了拿他开玩笑。他们在文森特的咖啡里加盐，在他的画具箱里放蛇。（文森特看到蛇的时候差点昏了过去。）他们发现文森特有吮画笔的习惯，就引开文森特的视线，在他的画笔上抹上红辣椒，然后边笑边看着他被辣到抓狂。"我们太喜欢看可怜的 Toto 抓狂了。"后来一个小男孩说。Toto 是当地方言，是他们给这个画家起的绰号——"疯子"的另一种说法。

16 岁的雷内·萨克里顿是这群孩子的头儿，他是从巴黎来的富裕的药剂师的儿子。萨克里顿家在这里有度假的房子，每年 6 月捕鱼季节一开始就会来这里。雷内·萨克里顿是一个喜欢往外面跑的人，在久负盛名的中学上学时他就经常逃课去打猎或是钓鱼，他唯独喜欢的油画就是裸体女人的画像，如果不是因为他有一个艺术家哥哥加斯顿，他是不会和文森特·梵高扯上关系的。19 岁的加斯顿是一个敏感、富有诗意的男孩，和他的弟弟完全不同，他发现了关于文森特新的艺术和巴黎艺术圈的故事，他所从事的工作是雷内无法理解的，而雷内则希望当局有一天能够把文森特拖走，"因为他的想法太愚蠢，他的生活一团糟"。

在孤独的时候，文森特为了换取加斯顿的陪伴，甘心接受弟弟雷内对自己的无礼。他给雷内起了一个绰号，叫“水牛比尔”，一方面是因为雷内走路虚张声势的样子很像牛仔，另一方面是因为他在1889年巴黎世界博览会比尔·科迪的“狂野西部展”买了一套套装，他会搭配长靴、流苏外套和牛仔帽穿着。但文森特把这个绰号错读成了“衰牛屁尔”，这让雷内更加放肆地嘲讽他，无所不用其极地捉弄他。为了更有架势，他还添了一支左轮手枪，是380口径的老款“玩具枪”。“想打的时候就能打。”雷内回忆道。

虽然雷内答应至少为文森特当一次模特（在河边钓鱼），但其实他是想利用他和文森特的“密友”关系，借机变本加厉地取笑和挑衅文森特。雷内说：“我们最喜欢的游戏就是让他生气，这非常简单。”雷内是个体格健壮的酒鬼，他在当地偷猎人酒吧一次又一次给文森特买法国绿茴香酒，他在发现文森特对他和他的朋友买来的色情小说感兴趣后，故意在文森特面前挑逗、亲吻他的法国女友们，折磨可怜的Toto，还让女孩们（有些是红磨坊的舞者）挑逗、折磨文森特，假装对他感兴趣。

《头戴宽边帽的男孩》（疑似雷内·萨克里顿），1890年6月—7月，纸上粉笔，5 $^3/_8$英寸× 3 $^3/_8$ 英寸。

但小孩子的恶作剧和性侮辱都比不上7月初从巴黎寄来的一封信给文森特带来的伤害。在文森特与提奥长久以来的通信中，这次提奥第一次描述了他生活得多么糟糕。孩子病了——“白天、晚上不停地哭。”“我们不知道该怎么办，”他写道，“而且不管我们做什么，好像都是在增加他的痛苦。”乔也病了——担心得生病了：她害怕孩子会死，“睡觉时啜泣”。

提奥知道这些悲痛都是一个原因造成的：缺钱。他说：“我白天努力赚钱，但乔还是会担心钱的问题。”他埋怨自己的雇主，他已经为这个雇主工作了 17 年——“那些老鼠”给他的钱特别少，“就好像我刚开始给他卖命一样”。但他主要还是怪自己。在男子气概的最终测验中——养活妻子和孩子，他输得很悲惨。这种耻辱再一次让他想要辞职：“冒险”做一个独立的画商。这对于不喜欢冒险的提奥来说，相当于是自杀。

听了提奥的抱怨，文森特感觉是在控诉自己。当看到提奥把自己列在要供养的名单上，或形容自己是一匹拉着一辆重重的马车的筋疲力尽的老马，而文森特就坐在车上，或说“自己像穷困潦倒的乞丐一样混日子”时，文森特就会内疚不已。提奥的整封信都在讲不公平的家庭和兄弟责任(“我从不多花钱，但我的钱还是不够”)。提奥甚至提到了最敏感的话题，他的健康每况愈下，他非常希望能看到自己的儿子“长大成人”——不像他病弱的父亲和精神失常的伯伯那样。

在痛苦和绝望同时爆发的时候，提奥不能让哥哥继续抱有可怜的家庭幻想。他写道：“我真心希望有一天你也能有一个妻子。”只有这样，才能让文森特真正“成为一个男人”，了解作为父亲要肩负的重任和喜悦。提奥肯定自己对乔的爱是他幸福生活的关键，是他的家庭成长的源头。这个信息已经再明确不过了：如果文森特想要有一个家庭，他就要自己去建立。

在奥威尔，这封信给文森特带来了前所未有的打击。无论是内容还是语气都给文森特敲响了警钟。乔可能不知道提奥得病的实情，但文森特知道，而且他比其他人更了解疾病对人的精神和身体造成的打击。他也发现，提奥离开古庇尔的计划威胁到了他的奥威尔团聚梦。没有工作，没有夹层画廊，提奥就得凑集资金去做独立画商，那样就没有钱回到乡下隐居了——也不会有放松的周末和漫长的假期。

收到信后，文森特原本想赶第一班去巴黎的火车。“我非常想见到你，”在收到提奥的信的当天文森特写道，“但我担心立刻过去会让你更加窘困。”因此，他又写了一封恳请提奥来乡村的信——言辞极为迫切，让他在这里“至少待一整个月”，呼吸新鲜的空气，充分感受乡村对他的影响。文森特随信寄去了很多最吸引人的画作，并提出与乔和孩子交换房间。他们可以住在拉乌旅店文森特的房间里，而文森特则去巴黎，他安慰提奥道：“这样你应该不会太孤单。”

但几天后，文森特已经等不及了，他太害怕了，因此决定“破坏”弟弟糟糕的决定。文森特急忙赶往巴黎。在没有通知任何人的情况下，文森特到达了皮加勒区。

在阻止这个灾难发生时，文森特引发了另一个大灾难。

在提奥的公寓里，灾难随时可能爆发。提奥寄出那封焦虑的信后的五天内，危机一直在升级。他决定给老板下最后通牒：要么给他加薪，要么他就辞职。他最近的销售情况很好，乔的哥哥安德里斯也答应要帮提奥弄点资金，让他做独立画商。这让提奥放大了胆子。孩子的哭闹和乔的担忧让他非常绝望。

但执拗的乔对这种冒险的最后通牒更加担忧。提奥辞掉工作，“鲁莽地进入未知世界”，这样会不会威胁到这个年轻的家庭？他确定能够成为一个成功的独立画商？如果他们“一分钱的收入都没有”，那该怎么办？文森特到达后发现，这对夫妻“忧虑”而“烦恼”，他们为了一个赌注很高的决定而争吵——为文森特也为他们自己。“有一天我们发现生计受到了影响，那并不是一件小事，”文森特回忆起那次争执，他很快也加入进去，“我们认为我们的生活方式岌岌可危。”再加上文森特的脆弱和反复无常，这场争执很快就升级了。他后来说他们都很“暴力”。

安德里斯·邦格来到之后，怨恨又转向了他。文森特带有攻击性地质疑他为提奥的生意提议提供的赞助，因为之前他没能信守同样的承诺。他当时都想要提奥和这个小舅子“断绝关系”了，但后来妥协了，因为他看到了一个巨大的威胁：提奥打算搬到一楼公寓，与安德里斯和他的妻子住在同一栋大楼，共享一个花园。这个计划拒绝了文森特关于在乡村安家、在大自然中恢复健康的所有恳求。有了户外花园，提奥和他的家人就完全没有必要去文森特在画中描绘的奥威尔了。他眼睁睁地看着自己的团圆梦想破灭了。

在接下来的争吵中，文森特开始表达对乔作为失职的母亲的不满（因为她在城市抚养孩子），而乔也痛恨提奥为了他这个游手好闲的哥哥花了很多钱，他们开始恶言相对。后来乔写道：“他和我们在一起的时候，我对他更好一点就好了。我非常后悔，当初对他太没有耐心了。”最后，哥哥和弟媳最激烈的争吵是关于一幅画到底该挂在哪里。

文森特走出了公寓，当天就离开了巴黎。他的老朋友吉约曼本来说好要来拜访他的，但他却匆匆地走了。“我和你们在一起的几个小时对我来说太难熬了，太让人烦躁了。”他后来写道。他用一个词形容这次到巴黎的短暂——也是最后一次——的拜访："痛苦。"

7月6日的争吵太激烈了，后来所有关于那天的详细记录都丢失或毁掉了。根据乔的叙述，那天他们一起享用了一顿快乐的午餐，然后来了几位声名显赫的朋友，文森特"非常疲劳、非常兴奋"——第一次（也是唯一一次）暗示了三周后可怕的结局。但文森特的叙述与乔的截然不同。他离开巴黎，感到非常受挫。他后来写信给提奥："我担心自己作为你的负担，你宁可我是让你害怕的东西。"

回到奥威尔，文森特的生活发生了变化。巴黎之行像"暴风雨"一般突然，让他"悲伤不已"，他感到危机四伏。他沿河岸爬到田野上向下看，发现原来风景如画的田园变成了冷酷无情、空旷黑暗的荒野。所有让人感到欣慰的景色都不见了，第二次机会和救赎的前景也随之逝去。

他笨手笨脚地把两倍宽的大画布搬到山上，记录眼前这片崭新的、充满危机的自然景色。之前，他画的是一幅波澜起伏的马赛克风景画，现在他画的是"阴郁天空下的大片麦田"——一大片光秃秃的、孤寂的麦田，毫无特色，如荒野一般。远方地平线上什么也没有——没有树木、房子或尖塔。画中央有一点突起，但那并不是小山，只不过是地面的弧度罢了。天空不再是水晶般的蓝色，也没有光芒四射的太阳，这幅画将天空描绘成象征凶兆的黑色，上面飘浮着大片深蓝色的乌云。

在另一张画布上，他画的是随风摇摆的麦田，收割机在路面压出的凹痕指向田野中央树立的耙子。风吹过成熟的麦田，产生大大的旋涡，呈现出不同的颜色和条纹——风力非常大，乌鸦从隐藏的地方飞起。它们突然猛扑，惊恐地蹿上天空，要逃离这片无情的大自然。在这两幅荒凉的全景画中，他完全没有画田园家庭生活；数英里之内都看不到任何人或房子。这次，他没有宣传乡村生活给人带来的安慰，他用画笔诉说了"悲伤和极度孤单"。"我的生命遭到了彻底的威胁，"他回到从前的乐园几天后写道，"我步履维艰。"

7月15日，提奥带着他的家人从巴黎前往荷兰。他认为，只有真正家乡的空气才能让妻子和孩子恢复健康。他们并没有在奥威尔停留，之前提奥曾这么提过。乔和孩子会在荷兰待一个月。几天后提奥离开，绕道回巴黎，在海牙、安特卫普和布鲁塞尔停下做生意，但没有去奥威尔。文森特寄出了一封表示抗议的信，再一次对7月6日发生的事情发出警告。他是在发脾气，又是在恳求（"我有做错什么吗？"），他放下内心深处的恐惧：

担心他在提奥与乔的“争吵”中扮演了不好的角色，他在如此困难的时候还不停地要钱，担心他到处看到的“危险”。

7 月 14 日法国国庆日，提奥宣布要去荷兰。就在几天前，文森特收到母亲和妹妹的来信，她们非常高兴，因为提奥要带着妻子和孩子去荷兰了。毕竟他们要在老家团圆了。“我经常想起你们俩，”他孤苦伶仃地回信道，“非常想再见到你们。”文森特的母亲建议他去花园里走走（“去看看盛开的鲜花”），这对健康有好处，文森特却表现出对大自然相反的看法：“我自己很喜欢广阔无垠的麦田，不喜欢高山和无边无际的大海。”

提奥能在花园里帮母亲干活，但文森特命中注定是在花园中散步的。他在给母亲和妹妹的信里最后写道：“今天就写到这里了，我要去画画了。”

他其实只需要走出拉乌旅店，就能找到一个表现孤独和遗弃的场景。街对面就是奥威尔镇公所，这里装饰着彩旗、花环和中国灯笼，晚上要举行一年一度的国庆烟花燃放和庆祝活动。但现在，广场上空无一人，露台上也非常萧条。文森特照实画了出来——没有人群，没有钢管乐队，没有烟花，也没有舞蹈。镇公所——石头堆砌的建筑——孤独冷漠地坐落在那里，周围没有灌木，悲伤地等待着欢宴，而镇公所本身和文森特都与这场欢宴无关。画中的镇公所很像津德尔特市集的镇公所，那个镇公所就坐落在文森特童年住的牧师公馆对面。

7 月 18 日，提奥回到巴黎的公寓，他没有邀请哥哥来，但文森特曾邀请过提奥。他甚至一周多都没有写信。最后他决定给文森特写信，用不解的感叹来消除文森特的担忧（“你从哪里看到了激烈的家庭冲突？”），他想要否认哥哥的噩梦，称那只是“不起眼的小事”。

提奥工作上的冲突结果是可以预料的，但文森特不敢问——提奥也没有提。提奥的老板们并不理会他的最后通牒，拒绝给他涨工资，对他的辞职也不闻不问。由于家人不在身边非常寂寞（他每天写信给乔），加上对自己的未来——事业和身体——感到悲哀，他打算给极度悲伤的哥哥断奶。但和以前一样，责任让他感到痛苦。“他工作这么努力，画得这么好，这种时候是不能放弃他的，”他写信给乔，愤愤不平地说，“他什么时候才能得到幸福呢？”

文森特寄给提奥一份画作清单，当然是希望提奥能自己送过来，因为奥威尔距离他那里只有 20 英里。提奥好心建议哥哥：“如果有什么事情让你烦恼，或者有什么感觉不对的……就去找加歇医生，他会让人好受些。”文森特暗示希望得到更多信息（“我希望你已经找到了对你很好的伙伴”），他的好多信都没有写完，也没有寄出去。在其中一封信中，他写道：“我有很多事情想告诉你，但我觉得没有用。”提奥总是保持沉默。文森特一定感觉他们之间仿佛隔着一片大陆。

没有什么比提奥的退出会对文森特的安定生活——头脑清醒——造成更大的威胁了。从巴黎回来后，那天发生的事情一直萦绕在文森特的心头。他还有其他的担忧，尤其是提奥的病情越来越重——他自己的也是。距离上一次病情发作已经快一年了，那还是去年夏天在圣雷米的事情，他感觉下一次发作也是难以避免的，而且随时可能发生。“我在拿自己的生命冒险，”他在扔掉的一封信的草稿中写道，“而我这样做的原因已经有点站不住脚了。”他抱怨在预想未来时觉得“非常害怕”。有时他害怕到剧烈地颤抖，都没有办法写字，连笔都拿不住了。

为了平复心情，文森特会喝酒（或跟雷内·萨克里顿在偷猎人酒吧喝法国绿茴香酒，或和当地警官在路边酒馆喝苦艾酒）。但要彻底驱赶恶魔，就只能通过画画分散注意力了。他写信给提奥：“我把所有的精力都放在画画上。”加歇医生也让他这样做（“他告诉我，对我来说，画画是让我保持平衡的最好办法……我要尽全力画画”）。风暴对他造成的“影响”越大，他就越要疯狂地作画。到7月的第三周，他开始画一批新画，其中大部分都是在双倍大的画布上完成的，这种画布的尺寸能承载他的幻想。只有这么大的画布才能让他忘掉自我——被吞噬，沉浸在绘画和欣赏的喜悦中。

他画了所有能画的东西，从无际的天空——晴天及雨天——和农舍的乡村风景，到简单的几束麦穗（很像纽南修剪过的桦树，像士兵一样排列整齐）。他画了干草堆，看起来像是被乡村魔法由房屋变成的干草堆，还画了农舍，与周围的田野几乎融为一体的农舍。他死死地盯着一棵树暴露的树根，终于找到一张巨大的画布，画下了这个场景的一角：一片秘密生长的、发育不全的树根，和整片树林一样大。他把视线紧紧放在多瘤的老树根、藤条和新长出的嫩芽上——去掉了天空，大地，甚至树木本身，这样的形状和颜色与现实无关，就像文森特一样，它们进入了一个遥远深邃的世界，非常抽象，引人入胜。

在新一轮的狂热创作中，旧有的幻想重生了。这些巨大的乡村生活图景、诱人的农舍、与纽南和荒野的作品遥相呼应的风景、郁郁葱葱的一角，都在暗示文森特重燃了在奥威尔与提奥团聚的希望。文森特被弟弟独自坐在巴黎公寓中的画像感动了，他放下了最近他们之间的不快。他丢掉了反驳提奥关于7月6日事件的叙述的信（“我自己知道好坏”），寄出了一封希望“重新开始”的信。为了避免提奥的冷漠让自己失望，他把自己的困境说成是所有画家的困境。他似乎是在认命地写道，“画家们都在背水一战”，画家和画商的“联合”是注定要失败的。他安慰弟弟道，市场让所有印象派画家失望，让最真诚的“个人计划”“变得无力”，比如提奥的计划。

《树根》，1890年7月，布上油彩，19 3/4英寸× 39 1/4 英寸。

他随信寄出了几幅充满激情的速写，表示希望重新过上乡村生活，与弟弟团聚。他把纸对折，粗略地用画表达了他对提奥加入这种新生活的邀请：《多比尼花园》。文森特从7月初开始画这幅图景，其间几次来到拉乌旅店几个街区之外的花园。同时，他还在另一张双倍大的画布上重新画了这个花园。毫无疑问，文森特听说了多比尼在奥威尔另一处画室中的壁画。多比尼的家人都参与了绘画——呼应了文森特在德伦特时的愿景，在荒野的农舍里住着“画家一家人”。实际上，根据文森特7月的幻想所画的作品原本也可以有乡村房屋和美丽的乡村风景。

文森特喜欢系列画——修拉和莫奈的一系列“装饰画”。对文森特来说，这些无缝隙的全景图就像一个画作合唱团一样。他画了一幅又一幅双倍画幅的油画后，写信给提奥：“我力求画得与我爱戴和敬佩的画家一样好。”他最爱戴和敬佩的画家是查尔斯·多比尼，而最吸引他的是多比尼画的花园，这是多比尼与他的妻子和朋友杜米埃尔共同完成的。“你可以看看多比尼花园的素描，”他在信中暗示说，并附上了那幅画，“那是我目标最明确的油画。”

他在第一次写这封信时，又一次向弟弟提起了18年前他们在通往赖斯韦克的路上承诺对方的合作伙伴关系。“我一直都觉得你绝不仅仅只能做一个画商，”他写道，暗指德伦特的约定，“你实际参与了我的作画过程，即使在灾难时刻画作也能得以保存。”但在他实际寄出的信（他写给亲爱的提奥的最后一封信）中，他改成了恳请的语气，并配上了美丽的花园。“真相是，”他解释道，“我们只能让我们的作品说话。”

《多比尼花园》，1890年7月，信中速写，钢笔，3英寸× $8\,^{5}/_{8}$ 英寸。

四天之后，也就是 7 月 27 日周日，文森特完成早上的写生后回到拉乌旅店吃午饭。用餐完毕后，他拎起装满颜料和画笔的袋子，把画架扛在肩上，又重新开始创作，过去数周里他每天如此。他有可能去了附近的多比尼花园或者更远一点的乡间，在已经笨重不堪的随身物品中添加了一张双倍画幅的画布。

数小时后，太阳落山，他跌跌撞撞地返回拉乌旅店，他的布袋、画架和画布统统消失不见了。在炎夏傍晚的室外，拉乌一家和其他住客刚刚享用了晚餐，正在小餐厅的平台上踱步。他们看见文森特从黝黑的街道上走来，越来越近。“他手捂着腹部，走路似乎一瘸一拐，”其中一人后来回忆道，“他的外套纽扣都紧紧扣着。”——在如此炎热的夜晚这么做有点奇怪。他一语不发地穿过人群，径直走向自己的房间。古斯塔夫·拉乌对客人的古怪举止十分担心，他在楼下仔细倾听着上面的动静。当听到呻吟声时，他上楼来到文森特的阁楼房间里。他发现文森特躺在床上，身体因为痛苦而蜷缩成一团。他问他发生了什么事情。

“我受伤了，”文森特答道，说着他掀起了衬衫，给拉乌看了看自己肋骨下的一个小弹孔，“我弄伤了自己。”

第四十三章　幻觉消逝，崇高永存

7月27日周日那天，从文森特在拉乌旅店吃完午餐到那天晚上腹部中弹回来之间的五六个小时内，到底发生了什么事，没有人知道。* 无论在当时，还是后来，流传着种种的揣测。警察简单地调查过此事，但对于那天文森特的活动，没有任何人曾站出来充当证人。没有人能够确定事故发生时他的行踪。他的画架、画布和绘画工具全都消失不见，而那把枪也从来没有被找到。

文森特时而清醒时而昏迷，在疼痛和震惊中恍恍惚惚，最初他对到底发生了什么事似乎感到迷惑不解。他请求医疗救助，仿佛觉得他是一个意外事件的受害者。多年以后，一个目击者回忆了他当时所说的话："我是在田野中自杀的，我用左轮手枪向自己开的枪。"一名医生被请了来。文森特对于他为什么有一把枪，或是他是如何用手枪开枪自杀的，没有进行任何解释。

这是不是一个意外事故依然真相不明，直到第二天早上警察到此来调查中枪的流言。当听说文森特是自杀时，他们立即进行了盘问："你想自杀？"文森特茫然地回答："是的，我认为是这样的。"警察提醒他自杀是一种罪——既违反了国家的律令，又违背了上帝的意志。文森特以一种奇怪的激烈反应，坚持这一切是他一个人所为，他说道："不要指控任何人，是我自己想要自杀的。"

在几个小时之内，这种不连贯的断言拼凑成了一个故事。"文森特去了他以前画过的那片麦田，"艾德琳·拉乌后来告诉一位来访者，回忆了

---

*　关于中枪那天发生了什么，详细的讨论请参见本书的附录"关于文森特致命伤的说明"。

她父亲拼凑起来的、在文森特床边所听到的只言片语，

> 下午时分，在那条沿着城堡围墙的蜿蜒幽深的小路上（我父亲是这样认为的），文森特开枪自杀并昏了过去。夜晚的寒冷使他苏醒了过来。他在地上爬行，寻找那把枪想要结束自己，但是却没能找到。后来他挣扎着站起来，蹒跚走下了山坡，回到我们的旅店中。

这段叙述说明了失踪的几个小时内的一些不寻常之处，但并没有全部解释清楚。文森特在黑暗之中没能找到那把枪来“结束自己”，但这把枪是怎么掉得那么远的呢？为什么没人在第二天白天找到它——从没有人？那些失踪的画架和画布又下落如何？他又是怎么能够不省人事地躺在那里如此之久却又流血很少？处于那种受伤且半昏迷的状态，他又是如何能够在黑暗中爬下从拉乌旅店到麦田之间的那片陡峭的树林山坡的？为什么他要试图向自己开枪？为什么他瞄准的是心脏而不是头部？为什么他没有打中？

文森特以前并非没有想过自杀。早在 1877 年在阿姆斯特丹的绝望低谷期，他就曾热切地深思着死亡带来的宁静和逃离——“远离尘世间的一切”会是怎样的感觉？他偶尔对此也开过玩笑(背诵狄更斯的自杀“食谱”)。偶尔他也威胁过会这么做。在博里纳日的那段低谷期，他向提奥承诺，他会“了断自己”，如果他感到“对于你或是家人来说是负担或是累赘——对别人没有任何用处的话”。

但通常,他对自杀是激烈反对的。他称自杀是“邪恶”而“可怕”的，是“道德上的懦夫行为”——一种违反生命之美和艺术之高尚的罪行，也背离了基督的典范。他引用了米勒的名言“自杀是不诚实的人的行为”，并强烈地坚持认为,“我真的不认为我是一个有自杀倾向的人”。他说是的，他是有过“极度忧郁”、“空虚”以及“无法言诉的痛苦”的时候——就像提奥那样。但他否认任何自我毁灭的意图，并规劝容易忧郁的弟弟也应当这样做。“听我说，”他从德伦特写信道，“就避世消失而言，无论是现在还是将来，你和我永远不该那样做，更不该自杀。”

在阿尔所发生的事情和疾病的发作都曾考验了这份勇敢的意志，而且没有将其攻破。无论是经历了精神还是肉体上的折磨——孤立和拘禁，梦魇和幻觉，他都守住了对提奥的承诺。佩宏医生认为他从文森特吮吸画笔的行为中看到了自杀的企图，而且文森特一旦觉得弟弟的爱在悄然逝去，他就会猛烈地发出绝望的威胁。“如果我没有了你的友谊，我会被无情地

逼得自杀，”1889 年 4 月他写道，“而我是一个懦夫，最后一定会自杀而亡。”

曾经有几次他欢迎死亡——甚至是热忱地期盼着死亡：当“恐惧感”和“对生活的憎恨”吞没他的时候，他就会欣然拥抱死亡。“我宁愿去死，”在阿尔医院的病房中他写道，“也不愿意忍受这些痛苦烦恼。”在圣雷米他画了一个散发着光芒的、“优美的”、宛如拯救天使的收割者，他向提奥解释道：“死亡中并没有悲伤。”磨难已使他成熟，随时准备被收割——甚至是渴望着那把大镰刀。他承认，连续不断的打击早已将他击碎，“总是生活在对旧病复发的恐惧之中”：“我经常对自己说我宁愿一切不要再继续，这就是结束。”然而，尽管他欢迎死亡的到来，但是他还不敢亲自去实践。在黄屋子那些饱受折磨的夜晚里，在圣雷米孤独的漫步中，文森特都信守承诺。他没有在罗纳河溺水自沉，没有跳下阿尔皮勒山的悬崖，也没有在开往巴黎的火车下卧轨。

事实上，他将自己描述为这样一种人：距离这种不可饶恕的懦弱行为已经十分接近，却不敢再靠近。“我试图苏醒过来，”他写道，“就像那些打算自杀的人却挣扎着游向岸边，因为他发现水太冷了。”

无论是在圣雷米的山谷或是博里纳日的黑乡，还是在黄屋子或是施恩韦格的画室，只要自杀的念头冲破意念的羁绊，闯入文森特的想象，它们只会以一种形式呈现：溺水淹死。1882 年当凯·沃斯拒绝他的求爱时，他曾考虑过在绝望中“跳入水中”。其后，他曾不那么认真地对待米勒反对自杀的规定：“我能够理解溺水自杀的人。”一年之后，他警告提奥，西恩·霍尼克也许会跳水自杀，如果他抛弃她的话。在安特卫普，他对一位无名的、在病死之前就有可能溺水自杀的肺痨者表示了同情；而在阿尔他对镇长和聚集在一起的指控者坦白地宣称他“如果能一劳永逸地让大伙儿满意，我已经准备好去做任何事，比如一头扎进水里淹死”。

在文森特的想象中，艺术家和女人总是溺水自杀，因为他们有着同样的智力，“脆弱”且“对自己的痛苦非常敏感”。他在安特卫普写道，艺术家“死亡的方式和女人的一样”，“就像那些深爱着生活却被生活所伤害的女人”。玛戈特·贝格曼就服了马钱子碱，而且他还知道生活中或小说里的一些人也服毒自杀。（事实上，他对毒药颇有了解，可以很有效地用在自己身上。）但是这样的人不像艺术家那样拥有“自我悟性”。他们与他不同，他们蔑视生活。

他曾读过巴尔扎克的小说《幻灭》，也听过小说中沮丧的诗人吕西安·查尔顿沉思着自杀的方法和严肃性。巴尔扎克写道，“作为一个诗人，他想有个诗意的结束”，因此他沿着河边挑选了一个“美丽的地方”，准备在自己口袋里装上石头。当然，文森特也曾读过一些关于从高处跳下来的故事，过去的有米什莱的《圣女贞德》，最近的有龚古尔兄弟的《杰米尼·拉舍特》。福楼拜的小丑主人公布瓦尔和皮丘切特计划上吊自缢——当然是一起上吊，但是失败了。左拉的朗捷却成功了："他在他未完成，也不可能完成的杰作前的一张大梯子上吊死了。"左拉的《妇女乐园》中的一个角色自己撞向公共汽车，被压死了。都德的福音传道者则选了火车。

在文森特的阅读中，诉诸枪支的那些行为总是结局不佳——而且经常是失败的。在左拉的《家常琐事》中，放荡的律师杜威利耶就试图用一把小左轮手枪自杀，结果却让自己终生毁容。莫泊桑的《皮埃尔和让》里，一次意外的枪击造成了“可怕的”腹部伤口，“肠子都流出来了”。在文森特的生活中，枪是一种奇异而陌生的器械，只限于野外探险和战斗之用。当弟弟科尔于1889年来到德兰士瓦时，提奥描述了这一带乡间的“荒凉野蛮”，说“一个人四处游荡时必须整天带着一把左轮手枪在身边”。

在奥威尔，没有人（当时）记得见到过文森特带一把枪，而且也没有人承认曾赠予、卖过或是借过他一把枪。毕竟谁会相信一个疯疯癫癫的荷兰佬会带着一把左轮手枪呢？这在当时的法国乡村依然是件新鲜事。而且后来发生了什么事？在后面的几年中，文森特失踪的武器之谜引发了一系列没有根据的说法：他从旅店店主拉乌那里把枪借来，是为了“吓退田间的乌鸦”；他用同一把枪威胁过别人；早先，他挥舞炫耀过类似的武器。

但是第一个到达现场的医生，一位叫马泽瑞的医生不需要看到武器就知道这是一把小口径的手枪。伤口就在文森特的肋骨下方，“大约有一个大豌豆那么大”，血流如细线一样。在一小片暗红的范围内形成了一个紫色的环。马泽瑞得出结论，这颗子弹没有击中主要的器官和血管。医生检查了文森特的身体，这是一个痛苦的过程，他认为他在腹腔的背后找到了子弹。这意味着子弹穿过了肺，擦伤了一条动脉，或是打中了脊椎——这些都是致命伤。

子弹经过了一条奇怪的路线。如果文森特本来是对着心脏开枪的，那么伤口离目标太远了，这难以解释。枪被拿得太低了，向下指着，迫使那颗小小的子弹打进了危险的位置，却离预期的目标太远了。这看上去像是一个疯狂的意外中弹的角度，而不是有意的笔直的角度。另外一个奇怪之处在于：通常一颗如此近距离射击的子弹，如果没有打中骨头，就会穿过中间的软组织从另一边射出。但子弹留在他体内的事实不仅说明他用的是一把火力有限的小口径手枪，而且说明枪是从较远的地方射击的——“太远了”，根据医生的报告来看，有可能远在文森特可以够到的范围之外。

加歇医生在某一时刻赶到了。他和他的儿子去钓鱼，从一个路人那里听说了枪击事件——说明消息传得非常快。作为文森特在奥威尔名义上的监管人，加歇有很多事情要负责。他冲到了拉乌旅店，毫无疑问地想到了最糟糕的情况。他发现文森特令人吃惊地神志清醒——吸着他的烟斗，但是要求有人把子弹从他的腹部取出。“有人会为我切开腹部吗？”一位在场者回忆了他的请求。

加歇亲自检查了他的伤口并和马泽瑞医生在一旁商议。两人都不敢冒险做手术。马泽瑞医生是一位来此度夏的巴黎产科医生，加歇是一位营养和精神科专家，而不是枪伤专家。将文森特转移到一家巴黎的医院要冒更大的风险。由于没有什么需要治疗的症状，他们用了绷带给伤者包扎，其他的就听天由命了。尽管文森特强烈反对，加歇还是起草了一封信给提奥，但只是说文森特“弄伤了自己”。“我不会就此认为要告诉你去做什么，”他谨慎地写道，“但我相信你必须要赶来，以防任何复杂的情况可能发生。”

为了避免电报引起的惊吓，加歇打算寄信。但当他向文森特要提奥的地址时，文森特拒绝给他。加歇决定派年轻的荷兰画家何西格第二天早上去巴黎将信亲手交给在画廊的提奥，加歇曾经在画廊拜访过提奥。此后，两位医生离开了小阁楼。文森特抽着烟斗，等待着。他的身体不时因痛苦而变得僵硬，他咬紧了牙。那天晚上，何西格就住在文森特房间的隔壁，听到了“高声的尖叫”。

到了第二天早上，前一天夜里发生的非同寻常的事件在奥威尔流言四起。有些人在黄昏的时候看见文森特走进一座就在大路旁边的农场——远离小镇上面的田野。他看上去似乎藏在一个粪堆的后面，似乎在等一个约会，或许是被某个没被看见的同伴留在了那里。流言说就是在这里开了致命的一枪。文森特可能是拖着受伤的身体走过了粪堆和拉乌旅店之间的这片平地——半英里不到，一条远比河岸陡峭复杂的斜坡好走很多的路线。他的画架、画布和枪都有可能被处理掉了。

左轮手枪在奥威尔很罕见，而就在枪击发生之后的几天里，当地人给每把枪都作了详细登记。只有一把枪失踪了——连同它的拥有者。雷内・萨克里顿和他的“水牛比尔”“玩具枪”都离开了小镇——在枪击发生之后和哥哥加斯顿被他们做药剂师的父亲在盛夏的时候偷偷地带走了。兄弟俩最终返回了奥威尔，但没人再见过手枪。几十年后，雷内・萨克里顿主动站出来进行了解释。在近半个世纪的沉默之后，他告诉一位来访者是文森特从他那里偷走了手枪。“我们过去一直把枪放在钓鱼工具的旁边，”他说道，“就是在那里文森特发现了手枪并把它拿走了。”

但是起于流言的判断长期以来被加以渲染。20世纪30年代，伟大的艺术史学家约翰·雷华德造访了奥威尔，并对那些见证了1890年盛夏夜事件的仍然健在的人进行了采访，人们告诉他说一些“年轻的男孩”意外地打中了文森特。他听说，因为害怕被控谋杀，这些男孩从来没有主动站出来过；而文森特选择了保护他们，作为最后的一种牺牲行为。

提奥在28日的中午到达，在何西格出现在画廊之后的几个小时之内。尽管过去有过种种晴天霹雳，奥威尔传来的消息仍然令人震惊。他前一周都在检查房子一楼的公寓，梦想着在8月和荷兰的妻子以及孩子团聚，而且同时计划周末短途旅行去帕西——巴黎城外一个夏天游水的地方，和奥威尔类似。他着急时，也不是为了文森特，而是为了他的工作。自从他撤回了最后通牒之后，他就听到了流言，公司在巴黎的两个分部要被关闭，其中之一就是他的。

加歇的来信打断了这一切。在去往奥威尔的火车上，过去的恐惧涌上心头。就在一周前，他曾在信中写下这种焦虑，当火车离开巴黎时，这种焦虑肯定又萦绕在他心中。“只要他不是犯忧郁和危机临头，一切就会好起来。”7月20日他安慰乔说。加歇医生来信谈到文森特“把自己弄伤了”。上一次提奥接到类似的消息后抵达阿尔时，发现哥哥躺在医院的床上，身体受伤，精神涣散。在奥威尔，什么样的新恐惧在等待着他？何西格也许已提到了企图自杀的可能——加歇医生谨慎地在信中省略掉的一个令人震惊的指控，招来了另一个恐惧的幽灵折磨着提奥，一个小时的旅程看似永无尽头。

艾德琳·拉乌回忆道，当他到达拉乌旅馆的时候，他的脸“因悲痛而扭曲”。他冲到楼上文森特的房间。但是并没有看到令他害怕的弥留情形，他看到文森特坐在床上，抽着烟。“我发现他比我预期中的要好得多，”那天后来他写信给乔，“虽然他的病情的确很严重。”根据艾德琳的回忆（她跟着提奥和她父亲上楼去了文森特的房间），兄弟俩拥抱了之后立即用荷兰语进行了长谈。拉乌父女退了出来。

那天一直到晚上，他们一直在谈话：文森特躺在低矮的铁床上，提奥则坐在那把拖到床边的麦杆椅上。文森特时而烦躁不安，时而萎靡不振，他呼吸短促，因为疼痛而面部抽搐，对于弟弟的到来，文森特表示感谢，这样他们俩有了一个能“一直共处”的机会。他询问了乔和孩子的情况。他说道：“他们对生活中一切的悲哀没有丝毫的察觉，这是多么甜蜜啊。”如果文森特宣布了一个自杀企图——就像他对拉乌或是其他人宣称的，提奥肯定会提出问题。为什么他没有发出警告？他最近的一封信中还充满了欢快的情绪（“祝生意顺利……在头脑中和你握手”）和对喧闹的乡村生活的速写——甚至还提出了要更多的颜料。环顾房间四周，提奥没有看到任何为死亡作准备的迹象——没有把物件整理好，也没有辞别信。废弃的草稿和从来没有打算让人读到的那些撕碎的信件的碎片散落在桌子上。

文森特在拉乌旅店的卧室

在休息的间歇——可能是当文森特试图睡着、进食，或是陷入无意识状态时，提奥提笔写信给乔。他没透漏关于自杀的任何信息，只提到了文森特的屈服。“可怜的家伙，他没有享过多少福，”他写道，“他不再抱任何幻想。他太孤独了，有时这些根本不是他所能承受的。”他用文森特过去受伤和痊愈的回忆来安慰乔，也安慰自己。“不过是和过去一样疯狂，”他充满希望地写道，“医生们都为他强健的身体状况惊讶不已。”他承诺“如果他今晚就好起来的话”，他第二天就回巴黎。

然而文森特的伤不会痊愈了，并且只有一种治疗方法。提奥总结道，他已经丧失了“对生活的信心”。命运给了他这次机会——无论出自他自己之手还是另一人之手，他选择了死亡。“我不会特意寻死，”文森特在纽南的时候就曾这样写道，“不过一旦死亡降临，我也不会逃避。”

太阳落山之后，阁楼开始变得凉起来，谈话和休息都很困难。文森特的呼吸变得更浅更急促。他的心脏在快速跳动。皮肤失去了颜色和温度。提奥回忆道，有那么几次他看上去几乎要“窒息”了。到了黄昏时分，最后的时刻似乎已经临近。发作越来越频繁。他们的交谈减少了。

随着每次痛楚的呼吸、每段珍爱的回忆和每次汹涌的泪水，死亡这一主题越来越近。这些年来，兄弟之间很少谈及自杀这个话题——除了否定自杀，但是死亡从一开始就一直存在于文森特的信中。1876年他从英格兰写信道：“死亡的想法令我温暖，让我的心中洋溢着激情。”他在墓园徘徊而且渴望去画尸体。他十分珍视葬礼、瘟疫以及死神的意象。面对亡者，他看到了他们脸上的静谧，妒忌他们摆脱了“生活的重担而从此获得自由，而我们生者却不得不继续负重前行”。在他父亲的葬礼上他曾这样斥责一个哀悼者：“死很难，但活着更难。”

这些年的失败、贫穷、内疚、孤独和最后的疯狂为他展现了死亡不同的面相。1885年父亲的死让他再也得不到宗教的慰藉，打那之后他再也没能将这个空洞填满。他作了各种尝试，从托尔斯泰的虚无主义到伏尔泰对于神学世界观的批判，却发现它们都不合用。最后，只有艺术可以慰藉他。“我人生的目标就是画画，尽可能地画最多、最好的画作，”他写道，“在人生的最后时刻，我希望在离开人世之际，以一种爱意和温柔的遗憾回顾过去，想道：‘噢，我本该完成的那些作品啊！’”

但是只有这些画是不够的。“通过艺术家们的作品，我对他们未来的生活评价不高，”他在阿尔写道，“是的，艺术家们因传递艺术的火种而不朽……但这就是一切吗？”离开超越现实世界的可能性，他无法生活——他要借此摆脱“生活中无谓的愚蠢和空洞的折磨”。为了获得对第二次机会或是重新开始的希望——对他来说，即宗教必不可少的抚慰功能，他花了很长时间构建自己对死后情境的想象：遥远的星球以及“无形的半球”的光辉景象——驶向群星的火车和宇宙中行星一样的无穷无限的一生。就如他的绘画，这些经过深思熟虑的狂想描绘了自然的美丽、科学的魅力、“令人深感悲哀的《圣经》”，以及超验的艺术力量。“幻觉或许会消逝，”他在安特卫普写道，“但崇高永存。”

在所有这些令人安慰的幻象中——其中一些幻象无疑是在他感到生命将尽时掠过他的脑海的——没有一个比他1888年在阿尔的黄屋子里等候高更时所怀有的幻象更光辉灿烂，更充满希望和安慰：

我越来越感到我们不应当在这个世界判断上帝。这不会成功。方法已经错了，你还能够做些什么？如果你喜爱艺术家，你不会发现有很多东西要批判——你会三缄其口。但是你有权利去追寻更好的事物。我们应该去观看出于同一人笔下的其他作品；这个世界很显然是上帝在他糟糕的日子里匆忙拼凑出来的，有时艺术家也不知道他在做什么或是毫无灵感。据说这个慈悲的年迈的上帝对于这个世界也弄不明白……

我更倾向于认为这个传说是真的，然而这样的话这个世界观就在诸多方面被毁了。只有这样的主才会捅下这个大娄子，这也许是我们从中可以得到的最大的安慰，因为在那样的情况下，我们有权利去希望，我们将看到同样的创造之手去自我修补。尽管在这个世界上的生活饱受批评，我们还是完全有理由，甚至是高尚的理由，去坦然接受这一切，然后继续期盼在另外的世界可以见到比这个世界更好的生活。

在7月29日午夜之后的12点半，文森特在他弟弟的怀抱中勉力呼吸，他对他亲爱的提奥说的最后一句话是："我想就这样死去。"他又在那里躺了半个小时，一条手臂搭在床的一边，手搁在地板上，他张大了嘴，呼吸急促。凌晨1点刚过一会儿，他睁大双眼，那颗狂热的心脏停止了跳动。

"他已经找到了他所渴望的安宁，"提奥在给母亲的信中写道，"对他而言，生命不堪重负……哦母亲！他真是我的，我亲爱的哥哥。"

那天早晨的晚些时候，提奥暂时抛却悲哀，投入到新的使命中：在文森特去世时，给予他在活着的时候从来没有得到过的尊严。他专注和高效地展开了行动，去镇公所办理了所有官方的文件。他安排了一个印刷工将死亡通知书和葬礼邀请在几小时之内就印了出来。这些葬礼邀请必须要在当天或是第二天也就是7月30日——举行葬礼的那天——一早就及时寄到巴黎。他列出了火车出发时间表来保证尽可能多的人来出席葬礼。仪式将在奥威尔教堂下午两点半"准时"开始，整个过程包括"送葬，祷告和下葬"。同时，他雇了一个木匠做了一口棺材，还雇了一个殡仪执事在挥汗如雨的夏日热浪中保持尸身不腐。

当殡仪执事在文森特过去用来当画室的一间后屋里做着令人悚然的

工作时，提奥正忙于将旅店两间公共房间中的一间以鲜花和绿枝叶布置成荷兰风格的葬礼礼堂。他们的同胞何西格熟知他们的传统风俗，在附近搜罗来合用的材料。但提奥想要以艺术作品装饰为先。他以坚定的勇气搜寻了画室和后面用来存放文森特近期作品的小屋，心中一边痛苦地计算着，一边挑选了一小部分画作。

他将这些画布——有些画还未展开，有些颜料还没有干——一张一张地钉在用作棺材架的台球台的周围：艾德琳·拉乌的肖像、奥威尔的镇公所、孤独的麦田、多比尼的神奇花园。他刚刚做完这些事，殡仪执事和他的跟班就把棺材费力地拖了进来，抬到了台球台上，并用裹尸布盖了起来。拉乌已经把百叶窗都关了起来，房间中充满了一股石炭酸和尸体防腐剂的味道。提奥在履行他的职责时不受任何干扰，他用绿枝叶和鲜花——特别是黄色的花——覆盖了棺材。他将房间周围放满蜡烛，最后将文森特画室中的画架、调色板和凳子放在了棺材脚下。

但即使是文森特已经死了，他还是让提奥面临了难题。当地的教区神父不允许葬礼在奥威尔的教堂里举行。提奥的葬礼邀请太匆忙。不管是因为文森特是一个外国的新教徒还是因为怀疑他死于自杀，修道院院长特西尔都不许他们使用教区的灵车。提奥巴黎式的教养或是加歇医生的影响力都无法令他改变主意。特西尔对提奥最大的让步就是允许他在镇里高原上人烟稀少的新公墓中买一小块墓地，那里距离文森特曾经画过的教堂很远。这是一块荒僻之地——和贫瘠的不毛之地差不多。对于乔和自己，提奥尽量把最后的拒绝往好处想。他将这块墓地称之为“麦田中一块充满阳光的地方”。

第二天，即7月30日早上，宾客开始陆续稀稀落落地到场。头发灰白的老商人和巴黎公社的拥护者唐吉到得很早——他一向如此。吕西安·毕沙罗来了，但他的父亲卡米耶因为年龄和健康原因没有来。爱弥尔·贝尔纳带着高更的追随者查尔斯·拉瓦尔，代替高更本人而来，尽管高更本人欠提奥很多，却声称在布列塔尼没有及时收到邀请。（事实上，他后来告诉贝尔纳，让他自己和疯子文森特扯上关系是“愚蠢”的行为。）贝尔纳走进临时的停灵间，立刻就开始重新布置这些画作。加歇医生带来了一些当地人，包括一些在文森特活着的时候躲着他的艺术家。安德里斯·邦格也来了——如果不是为文森特而来的，就是为他的妹妹和提奥而来的。除了提奥之外，文森特其他的家人都没有来。

哀悼者一个接一个列队缓缓经过棺材。有些人带了鲜花。唐吉哭了。提奥作为主人十分称职。拉乌旅店在餐厅提供了午餐。在大约3

点的时候，身强力壮的人将棺材抬到了何西格和小保罗·加歇从附近教区找来的灵车上，送葬的队伍在炽烈的夏日骄阳下出发前往墓地。安德里斯·邦格和提奥走在这一小队人的最前面。

在坟墓边，老加歇在提奥的请求下为这个他几乎不太了解的人低声说了一些含糊的赞誉之词（“一个诚实的人，一位伟大的艺术家”）。他因为天热而头晕，加上眼泪的干扰，多数人都不知道他在说什么。提奥“衷心”向他表示感谢，但因为情绪激动而哽咽起来，因而未能致辞。棺材被放入了地下。提奥和邦格撒下了第一铲土。小小的人群开始散开：巴黎来的人慢慢走向火车站或是回到了旅馆，当地人则消失在乡间。

提奥站在荒野上临风啜泣。

后记

长眠于此

文森特的苦痛终于结束了，但提奥的才刚刚开始。在哀愁和惋惜的猛击下，他原本就脆弱不堪的身体终于垮了。多年来，梅毒感染使他的肺充血，脚也跛了，现在已经蔓延到他的脑部。他日渐虚弱的大脑只能记着一句话:“他不能被遗忘。”他说，全世界已经太久无视文森特的画作了——都是“大师级的杰作”。人们必须明白他是个伟大的艺术家，子子孙孙必须尊敬他纪念他，全世界“都要因为他过早离开我们而哀痛不绝”。这是提奥新的任务。“如果我不用尽全力促成这件事，”在后知后觉的内疚中，他写道，“我会自责不已，永远不会原谅自己。”

没有其他任何事能安慰他。陆续有人前来吊唁，这几乎让他立刻羞愤不已。生前无视甚至嘲笑文森特的艺术家和同事都敦促他在他哥哥死后遗留下的作品中寻找安慰。“总是这样，”他怨恨地写道，“一到这时候，每个人都来说好话了。”每封吊唁信都有相同的弦外之音，这让他很不舒服：提奥没有文森特这个麻烦可以过得更好。就连梵高一家面对文森特的逝世都不加掩饰地松了口气。意在安慰的话，比如惠尔的话，却直戳提奥的心脏。“真是奇怪的巧合，”惠尔写道，“他一直都希望像正常人一样生活、存在，现在却离你如此之近。”

葬礼后几周，提奥心中的内疚变成了执念。“哦，空虚无处不在，”他从巴黎写信给乔，“我好想他，不管什么都让我想起他。”他的话题只有文森特。8月初他来到荷兰，连续好几天都和母亲、惠尔深入地谈论文森特。在阿姆斯特丹，他终得与妻儿团聚，但是他承认，每当夜幕降临，奥威尔的鬼影一直追随他到睡梦中。当提奥回到巴黎后，他只想去见认识文森特的人。他邀请这些人共进晚餐，聊到深夜，“而文森特便是交谈中唯一的话题”（提奥带点自豪地宣布）。他尤其喜欢缠着保罗·加歇，文森特最后日子里的医生，尽管他和文森特认识的时间不长。但这位老人一想起那位他不怎么认识的病人就泪水涟涟，这不禁让提奥也湿了眼眶，提奥的执念如此之深，以至于觉得全世界都开始将他哥哥遗忘了。

提奥·梵高，1890年

提奥把文森特的信件和其他信件一起全部塞在餐厅橱柜里。他好几个小时都埋首于文森特成堆的信件中——通常这时他会安心一点。他此时仿佛又和哥哥单独在一起，重温多年来经受的考验和磨难，并暗暗下定决心。“我发现文森特的信里有很多有趣的东西，”他写信给母亲，“如果能将他的书信出书，大家就能知道他思考得有多深，怎样挣扎着保持自我，这该是多么精彩的一本书啊。”为了完成这本“不得不写的书”，提奥先是请求保罗·加歇执笔，后来他把目标设定得更高远：想请评论家艾尔贝·奥里耶。数量极少且简短潦草的讣告让他很是光火（特别是其中一篇将文森特的艺术称为“病态心理的表达”），他觉得奥里耶声名显赫，可以让一位生前几乎从未获得名利垂青的艺术家流芳百世。“您是第一个欣赏他的人，”他写信给这位评论家，“您对他的欣赏说明您真正看懂了他。”

从这件事还有其他所有事中都能看出，提奥一心追寻远大梦想，以此纪念哥哥。他一生都在谨慎地策划，他希望能有一个全面的纪念仪式：在前卫印象派画商杜兰-鲁埃的画廊中举办展览，并将文森特的平版印刷画和书信节选结集成内容丰富的画册。他严格按照文森特的愿望和做法设计这次综合展览——“大家必须看到大量作品在一起展示，才能更好地了解它们”，并用文森特传教士般的热情推进这个项目。当杜兰-鲁埃回避提奥要求（“这是他应得的”）的“大片展出空间”时，提奥的反应和文森特的一模一样——他变本加厉地将要求翻倍，详尽阐述这样做的理由，辅以具体的核算、大量的细节，并作出不现实的承诺。若是有人胆敢说不，他就开始猛烈抨击对方——文森特一直就是这样的。“他对哥哥的追忆像幽灵一样缠着他，”安德里斯·邦格说，“已经到了一有人和他意见相左他就怨恨对方的程度。”

回忆的狂热让他愈加坚持。提奥似乎也被一个“不幸的兄弟，被阴郁裹挟/仿佛正从墓穴探首而出”追赶，就像文森特在阿尔时一样。到了9月，他大声抱怨古庇尔的上司，抱怨他们企图将整个艺术界组成一个乌托邦式的“艺术家协会”，同时策划在杜沙莱饭店开办画展，虽然已废弃多时，但这儿是兄弟俩一起住在勒皮克路时，文森特1887年第一次办展的地方。提奥蔑视一切，怒火冲天——有时还指向了自己的妻儿，时不时偏执发作，否认一切，胡思乱想，他还忽视自己的健康、睡眠甚至穿着。提奥为了哀悼哥哥，索性将自己变成了哥哥。

10月初，这种转变达到了灾难性的顶点，提奥离开了古庇尔——文森特一直劝说他这么做。他在公司里以文森特的方式大喊大闹，用力摔门，释放出几十年来郁积的不满。他离开了自己少年时就效力的公司，做的最后一件事是给高更发了一封疯狂的、充满挑衅意味的电报：“确定前往热带，钱随后就来，提奥，主管。”

短短几天，提奥完全崩溃了。1890年10月12日，提奥住进了巴黎的一家医院。两天后，他被转院到帕西的一家私人精神病院，该院地处树叶繁茂的郊区，他去年夏天还来度过假。此后，他的人生轨迹大都追随了文森特的脚步。不过仍有些许不同。提奥的生理疾病比哥哥放弃自由时的生理疾病严重许多。现在，他已经全身麻痹。有时他完全没法走路。提奥的身心都比文森特的虚弱得多，他精神错乱发病时更加疯狂、更加危险。他乱扔家具，用力撕扯衣服，由于他过于狂暴，医生不得不用氯仿麻醉他，让他无法抵抗。文森特是由菲利克斯·雷这样的年轻实习医生治疗的，而提奥有全巴黎最好的医生为他会诊。安托万·布兰奇医生的私人精神病院是温泉胜地，而过去文森特一直希望圣保罗精神病院也是这样的地方；帕西是迷人的度假胜地，而格拉嫩也曾如此。精神病学家布兰奇医生不仅是一位著名艺术家的父亲，也是法国神经学巨匠、弗洛伊德的老师让-马丁·沙可的同事。

不同于文森特在阿尔和圣雷米的孤独寡欢，提奥被禁闭后有许多家人朋友来到他的病榻前看望他。惠尔从莱顿赶来，带着母亲对他无法形容的担心，要知道母亲是把这个儿子当作家中的“荣耀和欢乐”的。文森特不共戴天的仇敌泰斯提格从海牙赶来。只有高更仍然冷淡疏离——可能害怕梵高兄弟俩的疯病会玷污自己的名声以及正在努力筹划的活动。他向贝尔纳抱怨提奥的精神病对他来说是个“极糟糕的变化”，并开始从别处寻找赞助，以完成他最近的热带题材的创作：塔希提岛。

但是贝尔纳对此持不同看法——作为提奥的朋友，文森特的拥护者，以及兄弟俩的传记作者。他计划以提奥的名义举办一场文森特作品的回顾展，但却遭到勒普尔迪的强烈斥责（“愚蠢至极！”），导致这两位艺术家后来一直都在事业上互相攀比。前卫艺术圈内其他认识提奥的人与卡米耶·毕沙罗一致，既震惊又哀痛：“没人能代替可怜的梵高……这对我们大家来说是个巨大的损失。”

提奥除了有人同情，还有文森特从来都没有的一位体贴又坚忍的伴侣。乔·邦格为丈夫的健康和名誉而战，比其他人更努力、坚持得更久——即便丈夫逝世以后，她也在继续斗争。她不相信布兰奇精神病院的医生，因为他们说提奥的身体麻痹和痴呆都是由同一种病根——梅毒——引起的。她不仅不相信这些诊断，还拒绝让丈夫接受医生的治疗。“乔难以接受已经发生的事，”她哥哥安德里斯悲痛地说，“她始终觉得是别的原因，因为她相信她是最了解提奥、最清楚他的需求的人。”各方面都在劝她放弃，对她说提奥是无药可救的，她还在毅然斗争。她坚信，提奥的哀痛，如他所说，是由于“神经”敏感以及失去哥哥的悲伤引起的。她猜想催眠疗法也许能救提奥。她成功说服荷兰作家，心理学家弗里德里克·范·埃顿来精神病院看望提奥。范·埃顿年轻又富有魅力，他讲了一则福音，宣传兄弟情义能为背信弃义的世界带来希望，非常具有象征意义。文森特在生命快走到尽头时也曾被这种布道所吸引。

提奥只在帕西住了一个月，乔就在范·埃顿的祝福下，安排提奥转到荷兰乌特勒支的一家精神病院。在漫长的火车之旅中，提奥身穿拘束衣，在看守的陪同下，一路无眠——这也算完成了文森特发誓要回北方的夙愿。乔带着尚在襁褓中的儿子搭同一列火车回家。几个月内，她就要安顿在乌特勒支以北 20 英里远外的小镇比瑟姆，范·埃顿也住在这儿，后来他还在此建立了一个乌托邦公社。11 月 18 日提奥抵达精神病院，“情况十分糟糕”：喋喋不休地说着含混的语言，衣冠不整，大小便失禁，几乎不能行走。他答不出你是谁、你在哪儿以及今天是几号之类的问题。

之后两个月，提奥在乌特勒支过上了禁闭生活，和当时文森特在阿尔和圣雷米经历过的一样。长日漫漫，他一直处于妄想、精神分裂和药物引发的昏迷状态；长夜漫漫，他在睡梦中也焦躁不安，受噩梦困扰，后来干脆失眠。他好几个小时就坐在病房里，语无伦次、激动地自言自语或和自己辩论——用多种语言。根据精神病院的报告，提奥情绪波动极大，在"兴高采烈"和"心灰意冷"之间摇摆。其他时候，突如其来的怒火会占据他病弱的身体。麻痹发作时，他从头到脚都会不停地颤抖，和癫痫发病时的情况很像，难以区分。他的眼神、他的音色、他的整个性格都变了——好像被什么控制了一样。在这些转变中，原来那个涵养良好、善解人意的画商，现在却紧紧扯着自己的贴身衣物，撕破床单，扯出床垫里的稻草。看守必须费好大劲才能给他穿上拘束衣，让他安定下来。

说话和行走对他来说越来越难了，因为他身体的每个部分都在震颤。他的脸部肌肉不受控制地抽动，连吞咽都有问题。吃饭就是折磨，而且吃下去的大部分东西都让他给吐了。他肠道运行不良，排尿时疼痛难忍，试图插入导尿管也失败了。有一次他在浴缸里睡着了，从此以后他被禁止独自洗澡，以免意外溺亡。晚上，他一定得被关进包好衬垫的"栏杆小床"里，以免误伤自己。

无疑是为了顺从乔的意思，医生在提奥的病历里写下了良性诊断，称提奥的病痛是由于"遗传性慢性疾病、过度劳累以及悲伤"造成的——这样的断言在兄弟俩身上都很适用。但当乔要求把丈夫带回家时，他们不约而同都表示反对。"以他身体的整体情况，我们认定他绝对不适合正常交流或私人看护。"他们在提奥的病历中这样写道，用"令人震惊"、"十分糟糕"、"各方面都令人惋惜"这样的字眼来描述提奥的情况。

到最后，就连提奥也和她对着干。她去看望他的时候，他要么沉默以对，要么怒气爆发，就好像她冒犯了他，但怎么冒犯的，他无法用语言表达。他只好乱扔椅子，推翻桌子。圣诞节的时候，她给他带来鲜花，而他却一把抢过来把花全部撕成了碎片。每次她来访后，提奥好几天都闷闷不乐地沉思，最后院方认定她出现在提奥面前太容易刺激到病人了。

有位医生听说提奥有个画家哥哥，便为他阅读荷兰报纸上有关文森特的报道，试图打破他与世隔绝的孤僻状态。但当提奥听到那个熟悉的名字被不停重复时，他的眼神变得空洞，注意力游离到内心某处。"文森特……"他喃喃自语，"文森特……文森特……"

和哥哥一样，提奥最后的死亡也是迷雾重重。就连死期都不确定。

有报告说是 1891 年 1 月 25 日，但是医院记录上显示他的尸体 1 月 24 日就被搬走了。有种说法是，他是在乔又来看望他之后去世的。乔到最后都不相信医生，所以拒绝验尸。四天后，提奥被埋葬在乌特勒支的一块公共墓地里，连葬礼都没有。梵高家族以沉默面对这种耻辱，完全不理会乔的反对。

提奥被埋葬将近 25 年后，文森特之星才冉冉上升，梵高家族的其他成员也渐渐消失于悲剧的旋涡之中。1891 年 12 月，提奥逝世十个月后，利兹妹妹嫁给了她的老板，老板的原配妻子死于癌症。其实五年前，利兹已经为这位丈夫秘密生下了一个孩子，她把孩子遗弃给了诺曼底的一个农夫家庭。直到去世，她都一直受到愧疚感的困扰。幸存下来的弟弟科尔从来没从德兰士瓦回来过。结束了一场短暂又不幸的婚姻后，1900 年他加入抵抗英国的布尔战争。之后不久，在一次热病发作时，他开枪自杀了，年仅 32 岁。两年后，妹妹惠尔住到了精神病院里，度过了她一生中大部分时光——长达近 40 年。在此期间，她几乎一言不发，吃饭需要强制喂食。她还好几次自杀未遂。

每次打击，母亲都以无敌的信念面对。“要相信全知全能的神，”她一直信仰坚定直到 1907 年去世，“虽然他的答案可能悲伤无比。”至少有一个悲伤无比的答案从未引起她的注意。1904 年，西恩 · 霍尼克，文森特在海牙时的妓女情人，差不多也算半个妻子，跳下运河并溺亡了，履行了她 1883 年对文森特许下的誓言：“是的，我确实是个妓女，而我唯一的归宿就是淹死自己。”

之后乔 · 邦格改嫁了，但 1914 年又一次成为了寡妇。文森特书信的首次出版以及作品的大卖，使世界的目光都聚焦在她身上。为了证明她和亡夫是正确的，毫无疑问也为了彻底抹去兄弟俩相继去世的那六个月内在巴黎和荷兰发生的可怕事件，乔将提奥的尸骨从乌特勒支迁走。她将他葬在文森特的旁边，俯瞰奥威尔的麦田。她在这两个并排的墓前安放了一对相同的墓碑，刻有相同的铭文：“文森特·梵高长眠于此”和“提奥多洛斯·梵高长眠于此”。

文森特与弟弟终于在石楠丛生的荒野上团聚了。

文森特·梵高与提奥·梵高之墓，奥威尔

附录

关于文森特致命伤的说明

出人意料的是，人们对导致文森特·梵高在37岁就英年早逝的这一影响如此深远且后果可怕的意外事件所知甚少。

总的说来，可以肯定的是他死于1890年7月27日在巴黎以北20英里外的奥威尔镇或是附近所受的枪伤。他是在所居住的旅店吃完午饭后，带着绘画工具外出去画画的某个时间受的伤。在晚饭刚过的时候，他回到了拉乌旅店，上腹部中弹。他请了医生来治疗，但他的伤口却是致命的。大约在30个小时之后，文森特离开了人世。

当时照顾他的两个医生检查了伤口，并动手仔细探查了他的上腹部。他们所得出的结论是：首先，子弹并没有穿过身体而是停留在脊柱附近；第二，造成伤口的枪是一把小口径的手枪；第三，子弹从一个罕见的倾斜角度射入体内（不是一直向前的）；第四，枪是从距离身体较远的地方开的，而不是从很近的地方开的。[1]

关于枪击没有任何物证。没有发现任何枪支。文森特在离开拉乌旅店时所带的那些绘画工具——画架、画布、颜料、画笔、素描本——一件都没有被找到。枪击发生的地点从来没有被最终确认过。没有进行过尸检，那颗致命的子弹没有被取出来。没有找到任何关于枪击的目击证人。事实上，没有任何人可以站出来确证文森特在枪击发生期间（大约五个小时）的行踪。

在文森特返回拉乌旅店之后的数小时内，关于他是如何受此重伤的各种流言开始满天飞。这些流言迅速地整合成为一个故事，描述了在7月27日所发生的状况。根据这个故事（被几乎所有后来的记述所采用），文森特从他所住的旅店的老板古斯塔夫·拉乌那里借了一把左轮手枪，并在那天下午他通常外出作画的时候带上了这把手枪。随后，他爬上了河岸，步行了一段路程之后，来到了位于镇外上方的那片麦田。就在这片麦田里，他放下他所带的画具，开枪自杀。这一枪未能致死（子弹没有射中心脏），但却使他失去了意识。等到他重新苏醒的时候，夜幕已经降临，所以他无法找到那把枪。他只好从陡峭的河岸上蹒跚而下，回到拉乌旅店去寻求医疗救护。

无论是过去还是现在，这都是一个令人满意的故事。它给一段不可否认的悲剧人生加上了一个合适的悲剧性结尾：一位痛苦而不被赏识的艺术家为了逃避世人的漠视而结束了自己的生命。这个故事不仅很早就出现了，而且很快吸引了人们的关注。在梵高死后的数十年中，他很快声名鹊起，享誉四方，这个故事当然起到了重要的作用。到了 1934 年，这个故事已经被欧文 · 斯通永远地写进了他的畅销小说《渴望生活》，文森特在麦田里自杀的故事永久地成为这位艺术家传奇人生的一部分。20 年后，在上世纪 50 年代，文森特 · 梵高的声誉又上升到了新的高度，1953 年是他诞辰 100 周年纪念，[2] 三年后由《渴望生活》改编而成的奥斯卡获奖影片上映后，他的传奇声誉成为了永远的神话。

然而，当我们回顾已有的证据时，我们会发现可以证明这个故事的可信和可以被证实的证据几乎没有。这一附录的目的，就是给出一段更为符合 7 月 27 日事件的已知情况和当事人的记载，仔细找出传统叙述版本的来源，并且解释为什么在我们看来那个记述远不够可信。[3]

在电影《渴望生活》上映的同一年——1956 年，一位名叫雷内 · 萨克里顿的 82 岁的法国人站了出来，他讲述了关于 1890 年他在奥威尔所认识的一个奇怪的画家的故事。雷内是一位富有的药剂师的儿子，他在巴黎郊区长大，文森特去世的时候他 16 岁。[4] 他在巴黎最著名的公德赛中学上学，保罗 · 魏尔伦和马塞尔 · 普鲁斯特也曾在这所中学学习，斯蒂芬 · 马拉美和让–保罗 · 萨特曾在这所中学任教。[5]

雷内和哥哥加斯顿每年夏天都会到奥威尔的瓦兹河畔父亲的别墅旁垂钓和打猎。[6] 雷内是一个好动而有探索欲望的少年，比起他就学的那所负有盛名的学校，他更喜欢到户外活动（上学期间他经常逃课）。在这方面，他和加斯顿截然不同。加斯顿是个敏感的 18 岁少年 [7]，与钓鱼和射击相比他更喜欢艺术和音乐。通过加斯顿，雷内认识了文森特 · 梵高。在 1956 年法国作家维克多 · 杜瓦托进行的一系列访谈中，雷内告诉杜瓦托，加斯顿和文森特围绕艺术话题多次交谈过，最终文森特主动找加斯顿陪他聊天。[8]

雷内自认为是一个不爱好艺术的俗人，[9]所以对于他们的艺术讨论很是鄙视，但迫于要陪伴哥哥，他花了好多时间来观察这个奇怪的荷兰人。在与杜瓦托的访谈中，他描绘了自己印象中的梵高，所展示的细节证明了他们的关系曾经很亲密并有过多次的接触。他的描述与他所不知道的其他描述基本相符，但和《渴望生活》中宣传的理想化的梵高形象却不尽相同。（“他把文森特割坏的耳朵比作愤怒的猫的耳朵，或是大猩猩的耳朵。”[10]）雷内描述了文森特的衣着、眼睛[11]、嗓音[12]、步态、对于烈性酒的品味[13]，还有与他共坐在一个咖啡间里的情形。[14]

尽管如此，但是雷内依旧不承认自己是这位著名画家的朋友。事实上，恰恰相反。当雷内不和哥哥在一起的时候，他会和另一群喜爱吵闹的男孩待在一起：他们中的大多数都像萨克里顿兄弟一样，在巴黎上学，夏天的时候在奥威尔度假。因为雷内有着爱冒险和爱探索的天性，同时又喜爱恶作剧，所以这些男孩都喜欢跟着雷内。作为一个高明的神射手，他带着他们去狩猎探险。他们去捉松鼠、兔子或者是他们能在树林和田野中找到的一切。他带他们到瓦兹河畔鱼最多的地方捕鱼。他还带他们参与到带有色情意味的冒险中。[15]通过与主管儿子的关系，他经常从红磨坊带女人过来（雷内称她们为我们的“餐厅女郎”），同时为了让他的同伴和女朋友们高兴，他还组织划船和野餐。[16]

雷内还从巴黎带了一些其他的东西：一套牛仔服，这是前一年（1889年）在参加世界博览会时，他观看水牛比尔表演牛仔戏时买的。[17]它包括一身有流苏的鹿皮束腰外衣、一双靴子，还有一顶帽檐外凸的牛仔帽。它的放荡不羁正好符合雷内傲慢的精神、对冒险的喜爱和对寻欢作乐的热爱。[18]为了增加这身行头的可信度（毋庸置疑，也是为了真正对别人构成威胁），他还为这身衣服搭配了一把真枪。雷内对杜瓦托这样描述了那把枪：那是一把老式的380口径的手枪，已经散架，只能在某些情形下使用。[19]但它还是很好用的。当他不去表演水牛比尔抵抗印度人的入侵时，他就用这把枪打松鼠、鸟，还有游到他的船附近的各种鱼。无论他是否穿着牛仔服，他永远都把枪放在他的帆布背包里。所以那不是一个玩具，无论他在何种程度上把它只当作玩具。

据雷内所说，这把枪是古斯塔夫·拉乌卖给（借给）他的。古斯塔夫·拉乌是旅店老板。[20]

在镇上的时候，雷内和他的追随者有另外一种他们喜欢的消磨时光的活动：捉弄加斯顿的朋友，就是那个奇怪的、叫文森特的荷兰人。[21] 他们把盐放在他的咖啡里，然后在远处看着他把咖啡吐出来再生气地咒骂。雷内回忆说他们把一条蛇放在他的颜料盒里，当他发现这条蛇的时候，他几乎要晕了过去。雷内注意到文森特有时在思考的时候会吮吸干的画笔，所以在文森特没看到的时候，雷内就用红辣椒擦拭画笔。雷内承认这些行为都是为了"使文森特发狂"。[22]

文森特面对这些捉弄选择了不生气。逐步升级的捉弄也没有让雷内成为他的敌人。文森特给这个16岁的少年起了一个绰号"恐怖的熏鲱"，以玩笑的方式赞扬雷内是个天生的捕鱼者。文森特经常看到他穿着那套狂野的西部行头，所以也叫他"水牛比尔"。但据雷内所说，因为文森特有很"奇怪的口音"，所以他说出的名字是"衰牛屁尔"[23]，每次他说这个名字的时候都会引起人们的嘲笑。

虽然文森特避免和跟着雷内的那伙人接触[24]（就像在任何他居住过的地方，他都避免和让他烦恼的人接触一样），但他承受着雷内的戏弄却从不抱怨，甚至脾气很好（他在写给提奥的信中从没提过被戏弄）。这两个人继续在拉乌旅店里喝酒，也在古老的瓦兹河畔的偷猎人酒吧里喝酒，这个酒吧距离小镇有一英里远——雷内称这里是"我们最喜欢的酒吧"。[25] 文森特原谅喜欢恶作剧的雷内，部分是因为他想与加斯顿保持少见的良好友情，据雷内所说，文森特认为加斯顿在绘画方面的想法是超前的。[26] 当然他也很感激这对兄弟经常为他支付酒吧的账单。[27] 萨克里顿兄弟对他而言也是极好的陪伴——他们来自一个极受尊重的资产阶级家庭，在文森特吸引提奥和他的家人到奥威尔来的虚妄计划中，这对兄弟可以起到重要的作用。[28]

而且雷内·萨克里顿也为文森特提供了他在别处无法获得的东西：女人。（奥威尔没有妓院。）[29]

雷内发现，当文森特看到那些来自巴黎的餐厅女郎时，他的目光充满渴望。当雷内和他的同伴在河畔亲吻并抚摸自己的女朋友时，文森特在远处看着，既兴奋又羞怯。雷内对杜瓦托说："梵高会很谨慎地看向另一边，对于我们这些小孩来说真是很有趣。"[30] 雷内总是在找新的办法来折磨哥哥的朋友，他鼓励这些女孩用诡计去引诱这位谨慎的画家——"让她们卖弄风骚来吸引他的注意力。"[31]

当这些吸引注意力的行为对梵高没有起到明显的效果时，[32] 雷内开始设想"他被割掉的可能不仅仅是耳朵"，[33] 但是之后他发现梵高的口袋里装满了色情图片和图书。[34] 一次，雷内发现他在树林里手淫。[35] 这件如此丢脸的事给了雷内新的机会变本加厉地嘲笑和作弄文森特。雷内还给他起了个新绰号："寡妇手腕的忠实情人"。[36] 想要把文森特逼疯变得越发容易。雷内回忆道，逐渐地"他难以忍受这一切"，"有一天他气得满脸通红甚至想杀了所有人"。[37]

这就是 1890 年 7 月间文森特和雷内 · 萨克里顿之间的恶意关系。

在梵高百年诞辰纪念后的第十年，另一个目击者站了出来。这位女士的父亲 1878 年曾住在梵高在奥威尔最喜爱的作画地点附近，[38] 那儿也是伟大的法国巴比松画派名家查尔斯 · 多比尼过去的住所和花园。20 世纪 60 年代，当她接受梵高的传记作者马克 · 特拉包特的专访时，只用了她婚后的名字，利贝热夫人。1890 年时她快有 20 岁了。[39]

利贝热夫人并不接受梵高在奥威尔公墓上的麦田里受了致命伤这一传统说法。她告诉特拉包特：

> 我不知道为什么人们不说出真相。并不是在那里，什么公墓旁边……梵高离开拉乌旅店，去往夏彭瓦尔村。在布歇街他走进了一个小农场。在那儿他躲在了粪堆后面。然后他做出了几小时后导致死亡的行为。[40]

利贝热夫人说她的父亲是个杰出的公民，很多年前他就告诉了她这些。"这都是我父亲的亲口所言，"她说，"为什么他会想要编这样一个荒诞的故事来伪造历史呢？任何认识我父亲的人都会告诉你他从来都是让人信任的。"[41]

数年后，另一个奥威尔居民，贝斯夫人证实了利贝热夫人的故事。她告诉一个记者说她祖父"那天看见文森特离开拉乌旅店去往夏彭瓦尔村"。[42] 这位目击者说，她祖父看见梵高走进了布歇街的一个小农场，然后听到一声枪响。贝斯夫人说等过了一会儿，"他又自己走进了那个农场，但那儿看不见其他任何人。没有手枪也没有血，只有一堆粪"。

夏彭瓦尔村和公墓后的那片麦田处于完全相反的方向——前者在拉乌旅店的西边，而后者在它的东边。贝斯夫人提到的布歇街和通向夏彭瓦尔村的路相交，就在拉乌旅店西边不到半英里外的地方。当时，通向夏彭瓦尔的路（现在叫卡诺街）两旁是带着围墙的农场，正和两种说法里描述的一样，而这两种说法时隔近 30 年。粪堆是这种农场的一个普遍特征。文森特经常沿着通往夏彭瓦尔的路步行去往四英里外的蓬图瓦兹，在那儿他能享受到更好的火车邮递服务，收取巴黎寄来的物资或者寄送他自己的作品。[43]通往夏彭瓦尔的路还直接通向瓦兹河的一个河湾，此处位于奥威尔和蓬图瓦兹中间，在那儿经常能找到雷内·萨克里顿，[44]一来那里是垂钓的好地方，二来那儿有他最爱的酒吧。[45]雷内总以这儿为起点开始他的冒险旅途，沿着通往夏彭瓦尔的路进入奥威尔镇。

夺去文森特·梵高性命的那次枪击可能并不是发生在麦田，而是在通往夏彭瓦尔的路上的某个农场的里面或附近，就像利贝热夫人和贝斯夫人所叙述的那样。另外，射出致命子弹的那把枪或许并不是文森特·梵高带进农场的，他对枪支一无所知也根本不需要它，带进那把枪的也许就是去哪儿都带着380口径小手枪的雷内·萨克里顿。他俩可能是在通往夏彭瓦尔的路上偶遇对方的，或者是一起从他们最爱的酒吧回来。几乎确定无疑的是加斯顿和他俩在一起，因为文森特会尽可能地回避雷内，不论是当雷内独自一人还是和他那帮小跟班们在一起时。

一直以来雷内都刻意地激起文森特的怒火来戏弄他。文森特也有过暴力发泄的历史，尤其是在酒精的刺激下。一旦雷内帆布包里的枪被掏了出来——无论是蓄意还是意外，在任性妄为、对西部荒原充满幻想的少年，对枪支一无所知的酒醉画家，[46]和一把年久失修、随时可能走火的老枪之间，任何事都可能发生。

在受伤的状况下，文森特一定是扔下了所有随身携带的画具，踉踉跄跄地冲上街道，向拉乌旅店走去。起先，他可能不清楚自己伤得有多重。伤口没有大量出血。[47]但最初的冲击一过，腹部伤处传来的疼痛一定令他极其痛苦。[48]萨克里顿兄弟很可能是被吓坏了。他们是否试图救助文森特也不得而知，但显然在匆忙冲入无尽暮色中之前，他们还有时间且足够镇定地收走了那把手枪以及文森特的所有随身物品——这样，当贝斯夫人的祖父紧接着去查看（如果他确实做了）的时候，就只发现空空的农场和粪堆了。

对1890年7月27日系列事件的这个假设性重构解开了许多矛盾，也填补了很多缺口，并将自枪击发生那天起就主导着梵高神话的传统自杀说法中杂乱的碎片拼凑在了一起。

· 它解释了为什么即使有一名警察第二天就着手调查此事，发生地附近的所有证据仍消失得如此之快而且再不见踪影。以当时的伤势，文森特根本无法事后清理得如此干净，除了有罪的共犯，没人有理由将他遗留下的不值几个钱的大部分画具拿走、藏起来或是处理掉。萨克里顿兄弟在暮色中匆匆掩盖此事时，或许也漏掉了些什么——一滴血或者一个废弹壳，但警察永远也不会找到，因为他们其时正在搜查的是远处的麦田，而不是通往夏彭瓦尔的路上的那些农场。

· 它解释了检查文森特伤口的医生在报告中提到的奇怪之处：首先，枪击是在腹部而不是在头部；其次，子弹是以一种不一般的倾斜角度射出的——而自杀时子弹通常是直射进去；再者，子弹显然是从距离文森特“很远的”地方射出的，远到他根本不可能扣动扳机。[49]

· 它解释了文森特是怎样在负伤的情况下从枪击现场到达拉乌旅店的，尽管腹部中弹，每走一步疼痛就更为剧烈。即使是从布歇街到旅店这样一段相对较短的半英里路程——一段平缓道路上的直线路程——也必定让人耗尽了力气。在逐渐昏暗的暮色下，顺着一条陡峭崎岖的小路，沿着森林密布的河岸从那片麦田走下来（后来的传说是如此描述的），在他当时的状况下几乎是不可能的。

· 它解释了分别有两个目击者在事件发生当晚看到文森特走在通往夏彭瓦尔的路上。据目前所知，没有目击者看见文森特出现在传统说法中的开枪自杀的麦田（在小镇的另一头）附近。也没有任何人能证明他出现在从麦田到拉乌旅店必经的长路的任何一处。因为在 7 月的温夏夜，许多村民在日落后出来吃饭喝酒、抽烟聊天（拉乌一家也是如此）。文森特可能走的所有从麦田到拉乌旅店的道路都是热闹的公共街道，并且他那样明显地步履蹒跚，总会有人在那晚看到他经过那条传说中的路。

· 它解释了为什么文森特自杀后没有留下遗书，也解释了为什么提奥在枪击发生后的数天内整理文森特的房间和画室时并没有发现任何“道别”的痕迹。它解释了为什么那天文森特在远足时还费劲地拿着一堆画布、颜料和其他必需品——如果他根本不打算回来的话，他不太可能这么做。

· 它解释了为什么当他第一次（而且是唯一一次）枪击失误后，没有“彻底解决自己”，反而选择了一条小路，痛苦而尴尬地回到他在拉乌旅店的阁楼小屋中。[50]

·它解释了关于梵高的自杀叙述中提及的一垛干草堆的神秘消失。最初一则有关枪击的书面记录（在一个参加葬礼的追悼者的信中）说文森特“在开枪自杀前将他的画架靠在了一垛干草堆上”。[51]但是后来对故事的复述中就省略了这一细节,大概是因为在许多人误认作梵高最后的画作《有乌鸦的麦田》中，没有干草堆出现。实际上，经后来的目击者回忆，最早报道中的“干草堆”几乎可以肯定是“粪堆”。

·它解释了为什么带来致命一击的枪的来源在70年后才被揭露，即使在枪击发生时应该有不少人认识这把枪。奥威尔是一座小镇，在法国乡间左轮手枪还是件稀奇物，[52]古斯塔夫·拉乌的生活十分公开，而雷内·萨克里顿又喜欢带着枪到处公开炫耀，所以两人的许多朋友肯定对这位旅店店主的罕见武器十分熟悉。拉乌的女儿艾德琳在其早先关于梵高之死的叙述中没有提及任何她父亲和致命武器之间的关系。直到20世纪60年代她最终承认父亲拥有武器时，她却将雷内·萨克里顿从她的叙述中省略掉，声称文森特是为了驱散乌鸦才向她父亲提出请求，并直接从她父亲手中拿到枪的——显然这是一个经过改编的说辞（很可能是她父亲的意思），目的是向警方解释他的手枪是如何被卷入了这场致命的枪击案中，也掩饰了他自己将枪交给一个臭名昭著的好斗少年的过失,同时让萨克里顿兄弟(他们的父亲是富有和显赫的主顾）免于接受令人尴尬的漫长调查——甚至是审讯。这一切都基于拉乌几乎肯定地认为这是一个不幸的意外，或充其量只是一个不幸导致了严重后果的青少年的恶作剧。

·最后，这个重构解释了为什么根据当时的目击者的说法，文森特对自杀行为的“忏悔”是那么犹豫，言不由衷，以及躲躲闪闪。当警方直接询问文森特说:“你是不是想要自杀？”时，他不太确定地回答说:“是的，我认为是这样的。”[53]当他们告诉他企图自杀是一种罪行时，他似乎更关心其他人会不会被问责,而不是他自己是否会被定罪。“不要指控任何人,”他回答说，“是我自己想要自杀的。”[54]我们可以自然而然地推论，任何自杀都本应包含个人的动机和单独的行动，既然如此，为什么文森特还要竭力地主动声称这件事是他独自一人所为？为什么他力劝警官不要因枪击“指控任何人”，并坚持独自承担所有责任？文森特早前辩解说没有其他人参与此事，令人颇为费解，这种辩解表明了一个意图——实际上，是一种决心，他想保护萨克里顿兄弟，不让他们和此次事件有任何牵连。[55]

但是为什么文森特会如此大费周章地保护萨克里顿兄弟，尤其是折磨他的雷内，使他们免于警方的调查甚至是起诉呢？为什么明明他是一场可怕事故或更糟糕状况的受害者，却还反复“坦白”说是自己想自杀才开了枪？

我们相信答案是因为文森特渴望死亡。“可怜的家伙，他没有享过多少福，”提奥在文森特临死之际的床边如是写信给他的妻子，“要是我们能让他更相信生命的意义就好了。”[56]来奥威尔参加葬礼的爱弥尔·贝尔纳描述说文森特曾表达了“求死的欲望”。[57]另一名文森特临终之际的见证者保罗·加歇医生仅仅在葬礼两周后就写信给提奥，表达了对“文森特对于生命的不折不扣的蔑视”的敬慕，[58]并将文森特的结局与拥抱死神的殉道者相比较。正如文森特自己曾写过的(且在下面加了醒目的下划线)：“我不会特意寻死，不过一旦死亡降临，我也不会逃避。”[59]

实际上，不论是意外、疏忽，还是恶意所为，雷内·萨克里顿可能带给了文森特一种他期待已久却不愿或不能自己实施的解脱，因为文森特终其一生都将自杀贬作“道德上的懦夫行为”和“不诚实的人的行为”。[60]在结束了糟糕透顶的巴黎探访之后，文森特痛苦地意识到自己给提奥和他的小家庭施加了多重的负担，毫无疑问他觉得自己“抽身离开”的机会到了——正如他1888年从巴黎离开一样，再不让弟弟继续为他头痛（见第二十九章）。

达到了这些目的，文森特再将萨克里顿兄弟——即便是淘气、粗心的雷内——拉进来接受公众质问和忍受羞辱就没有必要了。

我们的重构很大程度上依托于维克多·杜瓦托在1956年和1957年对雷内·萨克里顿的采访，同一年雷内就在83岁的高龄去世了。[61]而他的爱好艺术的哥哥加斯顿[62]后来则成为一名颇有些名气的夜总会驻唱，给一些二三十年代的电影写歌[63]，甚至在其中一些电影中出镜，[64]雷内的生活则和艺术圈毫无关系。在度过了喧闹骚动的青少年时期后，他安定下来，成为了社会上一个富有而受人尊重的人士。在漫长而杰出的职业生涯中，他当过银行家、商人和射击冠军。[65]

高龄的雷内仍是一个极好的证人。经常见他并与他通信的杜瓦托说他一直保持良好的身体和心理状态，直到去世。[66]不同于许多其他的证人，雷内是在文森特死后并成名很久之后，才第一次作出了他对文森特最后日子的讲述。他站出来说话不是为了将自己和大师扯上关系或赞美他的不朽，而仅仅是为了让记录更为真实。他曾在《巴黎竞赛》上看到了一篇关于电影《渴望生活》上映的报道。这篇报道特别刊载了一张演员柯克·道格拉斯扮成文森特·梵高的剧照。道格拉斯英俊健康的形象与真实情况不符，激发了雷内对于真相的责任感，以至于他再也无法继续隐瞒事实。他对杜瓦托说，这张照片“和我们那看起来更像是穿着鞋的流浪汉的朋友没有半点相似之处”。[67]总体来说，雷内对杜瓦托的叙述不但与主导整个时代的斯通和好莱坞对于梵高形象的设定截然不同，而且详尽，有说服力，有内在的连贯性，经得起核查，没有蓄意夸大事实或有失偏颇，没有加入他自己的主观臆断。实际上，他的叙述常常在有意或无意间流露出一种自责的意味。

然而，尽管雷内以惊人的坦诚透露了他对文森特的侮辱和挑衅行为，但他却从来没有承认过他在1890年7月27日画家的致命枪击事件中起到的任何直接的作用。关于那天的事件，雷内告诉杜瓦托，文森特之前就已经从他的帆布背包中偷走了枪。他不确切地回忆说，在当年7月的某个时间他和加斯顿动身前往诺曼底的家族别墅。他是在巴黎的一份主要日报上最先知道了梵高的死讯，[68]虽然他已经不记得那份报纸的名字，也找不到当时那篇关于死讯的报道。但是他的否认却与他接下来的叙述并不一致。因为他的这部分回忆表现得如一个在为案宗辩护的律师一般谨慎。比如他告诉杜瓦托无论去哪儿他都会带着他的帆布背包——但是他却直到去了诺曼底才发现包里的枪不见了。另外，他暗示文森特在自杀那天就已经从他那儿把手枪偷走了，这说明雷内本人当时仍在奥威尔。[69]

在他情绪高涨的自白和支支吾吾的否认之中，我们听到的是一个终其一生对真相守口如瓶的人发出的声音，然而不说出真相——或者说至少大部分真相，他无法安然死去。

文森特之死是由一次未遂的自杀导致的，这种传闻流传了70余年。对于枪击最早的报道——事发之后的几天内立即写成的——没有提到过自杀。文森特的主治医生之一保罗·加歇7月28日写信给提奥让他来奥威尔时，[70]对于文森特伤势的具体情况和性质都只字未提，只是说他“弄伤了自己”。[71]

在提奥守候在文森特病榻旁边给乔作的那些汇报中，他也没有暗示说他的哥哥曾试图自杀——或提奥自己怀疑哥哥意图自杀。[72]他把哥哥描绘成一个虽然悲伤（“可怜的家伙，他没有享过多少福”）[73]但没有自杀倾向的人。他的房间或画室里没有什么东西表明他有自杀的意图。他没有留下遗书。连画室他都没有整理一下。[74]他最近的信中充满了轻松愉悦的情绪，[75]以及对奥威尔的新家引人入胜的描绘。[76]事实上，在事发前几天他订购了大量的新颜料和其他一些生活用品——这些行为完全不像一个打算要结束生命的人会做的事，尤其是一个对花弟弟的钱如此敏感的人。

另外，提奥清楚地知道，文森特向来都用极其激烈的言辞来反对自杀行为。他将其称为“可怕的”或“邪恶的”行为[77]。在他看来，自杀是懦夫的行为[78]和不诚实的人的行为[79]。因此，哪怕1881年在博里纳日时他已经处在绝望的边缘，但他依然向提奥保证：“我真的不认为我是一个有自杀倾向的人。”[80]德伦特时期也一样，在他的另一个情绪的低谷期，他依然清楚地明白他对自杀的感受。他说：“就避世消失而言，无论是现在还是将来，你和我永远不该那样做，更不该自杀。”[81]

提奥足够了解哥哥，因此提奥知道如果哥哥想自杀的话，他不会选择枪这种他几乎完全不了解的自杀工具。[82]而且，他很懂毒药，所以如果他想自杀，他大可以利用他对毒药的了解来减少自杀带来的麻烦以及要承受的痛苦。[83]文森特认为，在各种不同的自杀方式中，溺亡是最“富有艺术性的”，[84]也是他唯一曾经威胁过要使用的方法（只在生气的时候提过一次）。[85]

第一个提出文森特可能试图自杀的评论家既没有亲眼目击他中枪，而且在文森特去世时也不在场。7月30日，爱弥尔·贝尔纳来到奥威尔参加文森特的葬礼。两天后，他写了一封信给批评家艾尔贝·奥里耶——两年前在阿尔，贝尔纳曾给他写过一封信，信中以耸人听闻的方式戏剧化地讲述了割耳事件。[86]这封信包含了中枪事件的第一个记录以及表明梵高试图自杀的第一个证据——“周日晚梵高走进奥威尔的乡间，他把画架倚在干草堆上，然后走到别墅后面拿一把左轮手枪朝自己开了一枪。”[87]

这一解释的根据是什么呢？贝尔纳称，他从镇上的人特别是文森特去世的那家旅店的老板古斯塔夫·拉乌那儿了解到了一些细节。但是贝尔纳是一个极其擅长杜撰的人，[88]拉乌也没有留下任何解释，因此直到葬礼举行时，奥威尔仍然充斥着毫无根据的谣言。警方开始调查中枪事件并讯问目击者。很快，那些知道文森特曾暂住精神病院和那些见过他的畸形耳朵的人将梵高的自残行为和自杀行为联系起来——这种联系被之后的调查推翻了。[89]人们越来越怀疑文森特死于自杀，以至于当地的修道院院长不允许用教区的灵车运走文森特的尸体，也不答应将他葬在教堂附近。[90]

一周后（8月7日），当地报纸《蓬图瓦兹报》上的一篇报道反驳了耸人听闻的自杀谣言，并且直截了当地将这次事件报道为一场意外，这一观点明显地由文章的开头体现出来：

> 7月27日周日，正暂住奥威尔的37岁荷兰画家梵高在田间被左轮手枪射中，但万幸只是受伤，之后他回到自己的房间，两天后在那儿去世。[91]

事实上，在调查这起案件时，警方开始肯定并认为他们处理的是一起意外中枪事件。[92]从多方面的访谈中，他们很快了解到文森特不习惯使用枪支（从来没有人见过他拿枪），[93]他有时会酗酒，甚至在外出作画时也随身带着酒，他的举止笨拙而又鲁莽，因此警方倾向于认为这是一场意外。[94]

根据后来的调查所显示的结果，他们肯定知道：在所有开枪自杀的案例中，绝大多数人（98%）都会朝自己的头部而不是胸部或腹部开枪。[95]而且梵高在中枪后立刻就医的行为也表明他是意外中枪。一个真正下定决心要自杀的人会再开一枪来结束自己的生命，而不是像梵高那样在腹部中枪后艰难地冒险回到拉乌旅店去。[96]显然再开一枪要轻松得多，承受的痛苦也要少得多。文森特的主治医生或许已经告诉过负责这个案件的警察，致命的一枪是“从远处”[97]一个奇怪的角度射出的，前者说明是枪意外走火了，后者说明扣动扳机的另有其人。

事实上，警察所面临的主要问题不在于枪击是自杀或是意外，而在于有没有其他人牵涉其中——手枪和文森特所有画具的不翼而飞使得这个可能性很高。白天的全面搜索没有找到任何失物（当地人也没有上交任何东西），我们不得不得出这样的假设：无论是在枪击发生的当时或是之后，有人马上藏起了证据，或是将证据给处理掉了。

但是贝尔纳杜撰的艺术家被迫自杀的戏剧性故事，已在文森特传奇里埋下了种子，任何合情的推理或证据的缺乏都无法将其根除。即使是那些有1890年7月27日事件的第一手资料的人们，也被这一杜撰的魅力深深影响。在文森特受伤的当天，23岁的荷兰艺术家何西格恰巧在拉乌旅店投宿。1912年，当何西格在22年后第一次回忆起他在1890年的那个晚上的所见所闻时，他并没有提到自杀。他只记得文森特说：“去帮我找个医生……我在野地里把自己弄伤了……我用左轮手枪向自己开了一枪……”[98]——这和加歇的表述一样，既适用于一次存心的意外事件，也适用于企图自杀的行为。

直到1934年——这一年欧文·斯通通过《渴望生活》一书将贝尔纳所描述的悲剧故事定格了，何西格才证实了文森特在44年前，即1890年7月那天的自杀企图。“我看见他躺在那狭小阁楼的小床上，攥紧拳头，十分痛苦，”他告诉一位来访者，“‘我实在受不了了，于是我朝自己开了一枪。’他说。”[99]

由贝尔纳的那封信而开始的故事——企图在麦田里自杀的故事——直到20世纪50年代才得以变得更为翔实，因纪念文森特诞辰100周年而触发的长达十年的画家生平及作品的庆典也由此开始。将贝尔纳单薄的故事变成对文森特最后日子的明确叙述主要是由艾德琳·拉乌完成的，她是旅店老板古斯塔夫·拉乌的女儿，枪击发生时她13岁。在五六十年代，艾德琳不断地接受关于文森特之死的采访，并为其添枝加叶，每次讲述都会提高故事的戏剧化程度。[100]

艾德琳的描述与贝尔纳的故事大致相同。如贝尔纳那样，艾德琳表示她的父亲古斯塔夫是她信息的根本来源。至于旅店老板没有亲眼所见的那部分——如枪击过程本身，艾德琳声称，文森特在临终前的几个小时里，向她父亲道出了真相。就这样，被迷雾笼罩了长达60年的事件瞬间变成了内容丰满翔实的记录。例如，以下是艾德琳在1956年对枪击当天的描述——这是她的第一次讲述：

> 文森特走向他之前画过的奥威尔城堡后的麦田。住在巴黎墨西拿街的戈瑟兰先生是这座城堡的主人。城堡离我们家有500米的距离。爬过一段边上有大树遮阳的但相当陡峭的山坡，就能到达那里。我们不知道他距离城堡有多远。那天下午，就在沿着城堡外墙铺就的路上——按照我父亲的理解，文森特向自己开了枪，然后昏了过去。直到夜晚的凉意袭来，他才苏醒。他趴在地上想要找到枪结束自己的生命，但是却怎么也找不着。（即使第二天也没有找到。）后来，他站起来爬下山回到屋子里。”[101]

艾德琳·拉乌的表述之所以难以让人信服，原因有这样几点：(1)根据她自己说的，她的自述大部分都是传闻：[102]这些表述都是对她父亲的所见所闻的回忆，而非她的亲身经历。(2)她许多的讲述经常有内在的矛盾，不同的讲述之间也存在矛盾。[103](3)由于艾德琳决心要证明她父亲与知名艺术家关系亲密（这一计划也成了她的终身事业），她的讲述被扭曲了。[104]（4）她后期的描述比前期的要详细得多。尤其是她经常增加对话来增加故事的戏剧性，[105]有时甚至出人意料地描述整个场景。[106]（5）她似乎时常调整以往的讲述，以便回应评论家的说法，或者纠正自己描述中的矛盾之处。[107]

艾德琳常常顺应不同时间和场合改变她的描述，而其中最为典型的就是在最后几次的采访中（20 世纪 60 年代）惊人地承认了杀死文森特的那把左轮手枪属于她的父亲[108]——这是在过去的 70 余年里，无论是艾德琳还是她父亲都从未主动承认过的事实，尽管人们对文森特获取这一致命武器的地点和动机展开过深入调查。[109]

艾德琳的新描述证实了雷内·萨克里顿的故事中手枪属于艾德琳父亲的部分，但并没有证实雷内所说的文森特从他的帆布背包里偷走手枪这一不在枪击现场的证明。反而，她告诉采访者（特拉包特），文森特向她父亲借手枪"为的是吓走乌鸦"——这显然是在说谎，因为文森特并不怕鸟，他尤其认为乌鸦是好征兆。[110]然而在她讲述这一故事的时候，人们普遍认为文森特的最后一幅画是《有乌鸦的麦田》，[111]这样的认识给艾德琳的故事增添了可信度，同时也为这幅画增加了深度。如今我们知道《有乌鸦的麦田》绘于 7 月 10 日左右，也就是致命枪击的两周前。[112]

我们对于 1890 年 7 月 27 日事件的复原，基于对所有公共记录里直接证据和间接证据的分析，同时也是在比对了所有与当天事件有关的证词后得出的，其中涵盖了从艾德琳·拉乌的多次讲述到雷内·萨克里顿的临终坦白。

我们重构的事件经过也正是约翰·雷华德在 20 世纪 30 年代采访文森特死后一直居住在奥威尔镇的居民时所听到的故事。雷华德是一位无与伦比的、正直而缜密的学者，最终成为了印象主义和后印象主义的终极学术权威。他著有两份权威研究报告和许多其他书籍，其中包括有关塞尚和修拉的书。他所听闻的故事是"年轻小伙子意外地射中了文森特"，"由于害怕被指控谋杀，他们不愿意说出事实，文森特决定为保护他们而牺牲自己"。[113]

50 年以后（1988 年），雷华德向一位叫威尔弗雷德·阿诺德的年轻学者详细讲述了这个故事，后者将其写入了于 1992 年完成的《梵高：化学品、危机和创造力》一书中。阿诺德公开声明这一故事应归功于雷华德，后者于两年后去世。除了明显没有“纠正”阿诺德的报道以外，据我们所知，雷华德从未直接证实或者质疑他在奥威尔听说的关于文森特之死的讲述。然而，雷华德的确曾修订了他那本有着巨大影响力的后印象主义的概述，在书中他引用了维克多·杜瓦托对雷内·萨克里顿的访谈，第一次披露了那把杀死文森特的手枪是年轻的雷内从古斯塔夫·拉乌那里得到的。[114] 雷内·萨克里顿谈到他如何戏弄甚至是“折磨”这位画家，并给了他那把置他于死地的枪(无论是否有意)。作为一位一丝不苟的学者，雷华德意识到，这个负罪感深重的故事恰恰证实了雷华德20年前曾听到的关于两个年轻人无意间造成了文森特·梵高之死的流言。

注释*

1. 所有关于文森特伤势的报告，参见第四十三章。

2. 斯加尔·范·休顿，《作为小说主人公的文森特·梵高》，选自小寺助笠和伊薇特·罗森伯格编辑的《文森特·梵高的神话》，第162页。

3. 本注释中的大部分材料在正文的其他几处都出现过（主要是在第四十三章，“幻觉消逝，崇高永存”中），在这几处，这些材料都和叙述内容相关。我们现在把它们集中在一起，以便能更清晰而中肯地呈现它们。

4. 雷内·萨克里顿生于1874年1月。维克多·杜瓦托，《梵高的两个鲜为人知的朋友：加斯顿·萨克里顿和雷内·萨克里顿兄弟，他们眼中的梵高》，《艾斯库累普》第40期，1957年3月，第57页。

5. 杜瓦托，第39页。

6. 保罗·加歇，《提奥多洛斯·梵高和文森特·梵高的医生》，《艾斯库累普》第40期，1957年3月，第38页。

7. 加斯顿生于1871年12月18日。杜瓦托，第57页。

8. 引自杜瓦托，第40页。

9. 杜瓦托，第40页。

10. 引自杜瓦托，第50页。

11. 杜瓦托，第55页—第56页。

12. “他说法语的时候总是带着模糊的口音，我说过带这种口音的人都是居无定所的。”引自杜瓦托，第56页。

13. 特别是72度的法国绿茴香酒。杜瓦托，第41页。

14. 引自杜瓦托，第40页。

15. 杜瓦托，第42页。

16. 引自杜瓦托，第39页。

17. 根据雷内的说法，水牛比尔在当时的年轻人中间很时髦。

18. 引自杜瓦托，第45页。

19. 杜瓦托，第46页。

20. 杜瓦托，第46页。

21. 杜瓦托，第56页。

---

* 此注释部分涉及的图书和文章可参见网站 www.vangoghbiography.com。

22. 引自杜瓦托，第 42 页。
23. 引自杜瓦托，第 45 页。
24. 引自杜瓦托，第 41 页。
25. 引自杜瓦托，第 41 页。
26. 杜瓦托，第 56 页。
27. 同上。
28. 参见第四十三章。
29. 杜瓦托，第 44 页。
30. 引自杜瓦托，第 42 页。
31. 引自杜瓦托，第 47 页。
32. 杜瓦托，第 44 页。
33. 引自杜瓦托，第 42 页。
34. 杜瓦托，第 42 页。
35. 引自杜瓦托，第 44 页。
36. 引自杜瓦托，第 42 页。
37. 引自杜瓦托，第 41 页。
38. 参见第四十三章。
39. 马克·埃多·特拉包特，《文森特·梵高》（纽约：维京出版社），1969 年，第 326 页。特拉包特说利贝热夫人“和玛格丽特·加歇年纪相仿”，在文森特去世时是 20 岁。
40. 引自特拉包特，第 326 页。
41. 引自特拉包特，第 326 页。特拉包特评论说：“这个谜仍然没有解开：为什么这个流传了 90 余年的说法从来没有出现在文森特的任何一部传记里？”（第 326 页）。
42. 引自肯·威尔基，《寻找梵高》（罗克林，加利福尼亚：普锐马出版社，1991 年），第 124 页。
43. 在 1911 年写给普拉斯哈尔特的信中，何西格汇报了一次陪伴文森特踏上这样的蓬图瓦兹之旅的情况（b3023V/1983 年，“何西格”致“普拉斯哈尔特”，1911 年 9 月 8 日，部分发表于扬·范·克里姆潘，《友人 1912 年追忆的文森特》，国际研讨会，东京，1988 年），第 86 页。
44. 杜瓦托，第 42 页—第 43 页。
45. 杜瓦托，第 41 页。
46. 文森特知道雷内将左轮手枪放在他的帆布背包里。他过去经常在雷内的背包里看到它。
47. 杜瓦托和埃德加·勒罗伊，《文森特·梵高和割耳的故事》，《埃斯库累普》，1936 年，第 280 页。参见第四十三章。
48. “何西格”致“布雷迪乌斯”（发表于《老荷兰》，1934 年）。引自特拉包特，第 328 页。参见第四十三章。
49. 杜瓦托和勒罗伊，第 280 页。参见第四十三章。
50. 艾德琳·拉乌在后来一次对自己叙述的补充里，坚持说文森特从昏迷中苏醒以后，的确曾试图再次朝自己开枪，但是没找到枪。艾德琳·卡莉-拉乌，《对文森特·梵高在瓦兹河畔的奥威尔停留期间的回忆》，摘自 1956 年的《梵高笔记》，摘自《梵高回忆录》，由苏珊·艾莉森·斯泰因编辑（纽约：休·劳特和麦克米伦出版社，1986 年），第 214 页。这种说法可能是真的，萨克里顿兄弟可能已经把枪拿走了。
51. 引自罗纳德·皮克旺斯，《在圣雷米和奥威尔的梵高》（纽约：大都会博物馆出版社，1976 年），第 40 页。
52. 欧根·韦伯，《从农民到法国人：法国农村的现代化，1870 年—1914 年》（斯坦福：

斯坦福大学出版社，1976 年)，第 40 页。

53. 引自卡莉-拉乌，摘自斯泰因，第 215 页。

54. 同上。

55. 有趣的是，当警察就枪击中是否有其他人参与的问题继续逼问文森特时，古斯塔夫·拉乌站出来阻止了这种盘问。根据他女儿的讲述，在文森特告诉他们“不要指控任何人，是我自己想要自杀的”时，她父亲“祈求警察不要再坚持问下去了，言辞有些严厉”。引自卡莉-拉乌，摘自斯泰因，第 215 页。按照艾德琳的意思，这种干预可以看作是她父亲对文森特的关心的一个例证——或者，也可看成是努力确保文森特在神志昏迷时不会不小心说出萨克里顿兄弟在枪击事件中扮演的角色。

56. b2066 V/1982 年，“提奥 · 梵高”致“乔 · 梵高-邦格”，1890 年 7 月 28 日。

57. b6918 V/1996 年，“爱弥尔 · 贝尔纳”致“艾尔贝 · 奥里耶”，引自贝尔纳，《在文森特的葬礼上》，引自斯泰因，第 220 页。

58. b3266 V/ 1966 年，“保罗-费尔南丁·加歇”致“提奥·梵高”，约 1890 年 8 月 15 日。

59. 乔安娜 · 梵高-邦格，《文森特 · 梵高书信全集》(波士顿：小布朗出版社，1978 年，信件 355a, 1885 年 1 月之后，BVG)。利奥·简森、汉斯·路伊藤和尼恩科·巴克，《文森特·梵高：书信集、插图和注解全本》：“如果我突然暴毙——我不会特意寻死，不过一旦死亡降临，我也不会逃避——你会坐立不安的——而且——那会是一个极不安全的立场”(伦敦：泰晤士和哈德逊出版社，2009 年，信件 474, 1884 年 12 月 10 日，JLB)。

60. 文森特在一封于 1882 年自海牙寄给提奥的信中引用了他的偶像米勒的一句格言：“我一直认为，自杀是不诚实的人的行为。”BVG 212，1882 年 7 月 6 日 (JLB 244, 1882 年 7 月 7 日)。参见第十五章。

61. 杜瓦托，第 57 页。

62. 加斯顿 · 萨克里顿于 1943 年去世。

63. 《全速中的维塔斯》，拍摄于 1927 年的《棕红色月亮》，http://100ansderadio.free.fr/HistoiredelaRadio/Radio-Vitus/RadioVitus-20. html。

64. “他很有魅力”(1932 年)，“带着微笑”(1936 年)，“绿衣服”(1937 年)，“穷途末路”(1939 年)，http: //www.omdb. si/index.php/ooseba/?i=636527。

65. 杜瓦托，第 57 页—第 58 页。第 22 页。参见第四十二章。

66. 杜瓦托，第 57 页。

67. 引自杜瓦托，第 57 页。

68. 杜瓦托，第 47 页。

69. 显然是在提到一次河中游泳时，雷内告诉杜瓦托：“我们把枪放在我们放渔具和背包的地方……甚至还把裤子也放在那儿了……像是命运的安排，就在梵高拿到这把枪的那一天，枪居然能正常使用了”(第 46 页)。

70. 保罗 · 加歇医生给提奥的信，1890 年 7 月 27 日，引自迪斯特尔和斯泰因的《从塞尚到梵高：加歇医生全集》(纽约：大都会博物馆出版社，1999 年)，第 265 页。另外参见邦格，《回忆录》，第 lii 页，BVG。参见第四十三章。

71. “我带着极大的歉意，不得不打扰您的休息。然而我认为自己有义务立即给您写信……您的哥哥文森特要求立即见我。我赶到那儿 [拉乌旅店] 发现他病得很重。他弄伤了自己。”引自 BVG，第 lii 页。

72. “文森特的确病得很重。我不想说得太具体，这太令人悲伤了，但是亲爱的，我必须提醒你，他可能危在旦夕。”b2066V/1982 年，“提奥 · 梵高”致“乔 · 梵高-邦格”，1890 年 7 月 28 日，选自《短暂的幸福》，由利奥 · 简森和扬 · 罗伯特编辑 (兹沃勒：瓦德尔斯出版社，1999 年)，第 269 页。

73. b2066V/1982 年，“提奥 · 梵高”致“乔 · 梵高-邦格”，1890 年 7 月 28 日，选自简

森和罗伯特，第 269 页。这可能是提奥在试图保护年轻的母亲乔，怕令人痛苦的真相会伤害到她——或是在保护家族的名声，避免尴尬。但是他对于文森特伤情的描述，和已在奥威尔街头流传的关于自杀未遂的陈旧说法相比，更令人信服（而且听起来更符合文森特的情况）。

74. 在文森特案头的纸堆中，有一些是他丢弃的信件草稿和碎片，这些显然是他不想让提奥读到的。参见第四十二章。

75. 参见第四十二章。

76. 特拉包特，第 337 页—第 340 页。

77. “难道我万念俱灰时就该一头跳到水里吗？上帝不允许我们这么做——如果我是个邪恶的人我可能会去寻死”（BVG 193）。参见第四十三章。

78. 同上。参见第四十三章。

79. BVG 212（1882 年 7 月 6 日）。参见上面的注释 6。参见第十五章。

80. 同上。参见第十五章。

81. BVG 337（1883 年 10 月 31 日）。参见第四十三章。

82. 尽管后来人们几次试图认定文森特是在自杀之前拿到了枪——哈特里克，《一个画家跨越 50 年的朝圣》（剑桥：剑桥大学出版社，1939 年），第 42 页，保罗·高更，《亲密日记》，范·威克·布鲁克斯译（布卢明顿：印第安纳大学出版社，1963 年），第 126 页—第 127 页，以及加歇一家的说法（参见注释 93），文森特在寄自圣雷米的一封信中明确表示了他对枪械的不了解（以及蔑视）：“我应该更好地保护好自己的画室……换作其他人可能就会用左轮手枪了”（BVG 605，1889 年 9 月）。参见第四十三章。

83. 参见注释 48。

84. 参见第四十三章。

85. 在阿尔时，文森特的邻居们曾请愿要将他交送给精神病院，文森特对此提出抗议，他对镇长说：“如果能一劳永逸地让大伙儿满意，我已经准备好去做任何事，比如一头扎进水里淹死。”参见第三十八章。

86. 参见第四十一章。

87. 引自皮克文斯，第 216 页。不可避免的是，贝尔纳讲给奥里耶的故事很大程度上夸大了自杀事件的戏剧性。贝尔纳在去世前写道，文森特曾说过“他的自杀绝对是经过精心策划的，他神志非常清醒”，并表达了“他求死的欲望”。根据贝尔纳的说法，文森特实际上还颇富戏剧性地表示，如果伤势恢复，他还要“再试一次”。引自贝尔纳，选自斯泰因，第 219 页—第 220 页。这种令人难以抗拒的不实说法后来被特拉包特这样的编年史作者予以采用（第 328 页）：“加歇告诉文森特说他仍希望治好他。文森特立即回答说：‘我会再试一次的。’”

88. 在对奥里耶的讲述中，贝尔纳给他的故事添加了基督教殉道的色彩：“强烈的冲击力（子弹穿过心脏下方）让梵高倒下了，但是他连续三次站起又倒下，并回到他住的旅店……对任何人都没提起他的伤。”引自贝尔纳，选自斯泰因，第 220 页。参见第四十三章。贝尔纳对割耳事件也同样赋予了基督教的色彩，参见第四十一章。

89. 罗斯和麦凯，《自残行为》（列克星敦，马萨诸塞：列克星敦图书出版社，1979 年）。根据罗斯和麦凯的研究，“自残者的行为中鲜有求死的倾向，冒险求死的概率也很小。尽管自残者可能通过自己的某种行为导致死亡，然而绝大多数情况下，这种事情不会发生。自残者的行为非但不是自杀性的，且是反蓄意自杀性的”（第 15 页）。另外还可参考巴伦特·沃尔什和保罗·罗森在《自杀行为：理论、研究和治疗》一书中关于这个问题的重要讨论（纽约和伦敦：吉尔福德出版社，1988 年，第 3 页—第 53 页）。沃尔什和罗森认为：“自杀和自残行为之间的相似性可能是具有误导性的。两种行为模式都是指向自身的，并且都会导致具体的身体伤害。”然而，如果以施耐德曼的十个共性为框架对两种行为进行分析会发现，二者在很多层面上都大不相同，在某些方面甚至是完全相反的。

90. 特拉包特，第 335 页。参见第四十三章。

91. 参见特拉包特，第 333 页。

92. 即便是贝尔纳颇富戏剧性的夸张叙述也承认了这一点："旅店老板将意外事件的所有细节都告诉了我们，"他在给奥里耶的信中写道（b6918V/1996 年，"爱弥尔·贝尔纳"致"艾尔贝·奥里耶"，引自贝尔纳，摘自斯泰因，第 219 页—第 220 页）。

93. 在"加歇医生的奇怪病例"中（第 278 页—第 279 页），杜瓦托汇报了医生的儿子保罗后来于 1957 年讲述的一个故事：文森特曾经因为医生收藏的一幅未镶框的画而与医生发生争吵，之后他曾用枪威胁过保罗的父亲。这种说法试图根据不久之后发生的枪伤，别出心裁地将那次争吵和文森特之死联系起来，我们对这种过于大胆的推测不予考虑。

94. 文森特在圣保罗精神病院曾提到，他的不少画作都掉进了颜料里，或者颜料被溅到了画作上，因此有些自己最钟爱的作品被毁掉了。参见第四十三章。

95. 迪·马尤在对 464 起持枪自杀的案例进行分析后发现，仅有 8 例（2%）枪伤是在胸部或腹部。文森特·迪·马尤，《枪伤：火器、弹道学和法医技术之实践指南》（博卡拉顿，佛罗里达：CRC 出版社，1999 年），第 14 章，见表格 14.I，第 358 页。

96. "爬上树荫遮蔽的陡峭斜坡就到了麦田"。卡莉-拉乌，摘自斯泰因，第 215 页。

97. 保罗·加歇，引自杜瓦托和勒罗伊，第 169 页—第 192 页，引自特拉包特，第 327 页。参见第四十三章。

98. "去帮我找个医生……我在野地里把自己弄伤了……我用左轮手枪向自己开了一枪……""何西格"致"布雷迪乌斯博士"，1911 年 8 月，b3032V/1983 年，部分发表于扬·范·克里姆潘，《友人 1912 年追忆的文森特》，第 86 页。我们在评价何西格的回忆时，必须要考虑到他那远近闻名的被艾德琳·拉乌称为"滑稽可笑"的蹩脚法语（卡莉-拉乌，引自斯泰因，第 211 页—第 212 页），也要考虑到艾德琳完全相反的叙述，即那晚文森特走进旅店时未发一语（同上）。

99. "何西格"致"布雷迪乌斯博士"（发表于《老荷兰》，1934 年），引自特拉包特，第 328 页。

100. 可在以下三处文献资料中比较艾德琳对于同一事件（枪击后文森特返回拉乌旅店）的不同叙述：（1）马克西米利安·戈蒂耶，《蓝衣女士向我们提起一只耳朵被割掉的男人》，摘自《新文学》，4 月 16 日，1953 年；（2）卡莉-拉乌，摘自斯泰因，第 211 页—第 219 页；以及（3）特拉包特，第 325 页—第 326 页。

101. 卡莉-拉乌，摘自斯泰因，第 214 页。

102. 艾德琳声称自己仅仅出现在她所叙述的"大多数"事件的现场。"显然，"她对一位采访者说道，"我没有亲眼目睹梵高的痛苦。"卡莉-拉乌，摘自斯泰因，第 215 页。传闻证供在法庭上通常被视为是不可靠的，因此不会被采纳。此法则也有例外情况，例如临终声明和不利于供述人的供述，但我们认为这些例外均不适用于艾德琳掺杂着道听途说的叙述。其中一例就是她对于警察和文森特面谈情况的叙述。尽管她逐字逐句地对谈话内容进行了再现，却没提到自己当时也在房间里，而且作为一个年仅 13 岁的小女孩，她不太可能受邀出现在此类场合。

103. 比如，在第一次（1953 年）讲述中，艾德琳提到文森特步入旅店，径直朝他的房间走去，"未发一语"。在第二次（1956 年）讲述中，她回忆起文森特在上楼时曾和她的母亲有过短暂的交谈。而在第三次（20 世纪 60 年代）讲述中，她又为文森特走进房间的过程添加了戏剧性的插曲："为了保持平衡，他在台球桌旁斜倚了几分钟，并低声回应道：'哦没什么，我受伤了。'"还有一例：在艾德琳的第一次讲述中，是她父亲首先听到了文森特房间里传来的呻吟声。而在之后的讲述中，又变成是艾德琳自己先听到呻吟声，然后她把父亲叫过来对文森特进行救助。

104. 在艾德琳的叙述里，关于她父亲如何在画家垂死挣扎时对他关怀备至并对他进行善意保护的事例无处不在。比如：当警察就枪击事件对文森特进行盘问时，她父亲"赶在警官之前走进房间，并向文森特解释说，这样的调查按照法国法律是必须执行的，警官来这里的目的就是开展调查”。当警察以“不太友好的语气”和文森特讲话时，她父亲还“恳求他态度缓和一些”。

105. 在第一次（1953 年）叙述中，警察和文森特的谈话是枪击案调查的一部分，艾德琳只对谈话进行了简略的概述。然而在第二次（1956 年）讲述中，她大篇幅地、逐字逐句地引用了在场参与者的谈话内容。

106. 根据艾德琳的第一次（1953 年）讲述，她父亲来到文森特的房间并发现他受伤了，当时“文森特给他看了自己的伤口并说，这次他真的希望自己没有射偏”。在第二次（1956 年）讲述中，她又把这次谈话的内容进行了扩充：“‘发生什么事了？’父亲问道，‘你病了吗？’文森特则掀起衬衫，露出心脏附近的一个小伤口。父亲惊叫道：‘可怜的人啊，你都干了些什么？’‘我想给自己一个了断。’文森特答道。”到第三次也是最后一次（20 世纪 60 年代）讲述时，这次谈话演变为完全戏剧性的一幕：“房间门没锁，我父亲走进去看见文森特先生躺在他狭窄的铁床上，脸对着墙。我父亲轻声轻语地请他下楼吃东西。没有应答。‘你到底怎么了？’我父亲接着问道。然后文森特先生小心翼翼地转过头来，脸对着我父亲。‘看啊……’他开始说着，并拉住我父亲的手，给他看自己的胸部下方一处流血的伤口。我父亲再次问道：‘你到底做了些什么啊？’这次文森特先生回答说：‘我朝自己开了一枪……只希望自己别搞砸了。’”

107. 比如，在第二次（1956 年）讲述中，艾德琳增加了一个细节，即那把枪失踪的时候文森特昏过去了，这显然是为了解释为什么他意欲自杀却没能给自己补上一枪。当他苏醒时已是夜幕降临，黑暗中他无法找到那把枪——尽管他的确“趴在地上”找了一阵，她澄清道，他仍希望“结束自己的生命”。

108. 特拉包特，第 325 页—第 326 页。

109. 在后来的访谈里，艾德琳解释了为何之前没有和盘托出她父亲和那把枪之间的联系，开始她说父亲只是忘记了这把枪是自己所有，比如他“如此难过以至于没立刻想起来是他把枪借给了文森特先生”（引自特拉包特，第 326 页），之后又说她父亲实际上当时就向警方吐露了枪的归属：当警察盘问文森特“这支枪来自何处？”时，她父亲“急忙解释说是自己把枪借出去的”。根据艾德琳的叙述，文森特对此既没承认也没否认（引自特拉包特，第 329 页）。

110. 在 1877 年画田园风光时，文森特曾不无赞许地提到，罗马人相信，如果一只乌鸦“落在某人头上，这代表着老天的青睐和祝福”（BVG 114，1887 年 11 月 24 日）。要了解文森特对于鸟类的无惧和热爱，以及他关于鸟类的知识，请参见第三章。

111. JH2117。

112. 在新版的《文森特 · 梵高书信全集》中，文森特在一封信中提到自己完成了麦田乌鸦的创作（JH2117），这封信的日期是 1890 年 7 月 10 日（JLB 书信 898, 注释 4）。参见第四十二章。

113. 威尔弗雷德·阿诺德，《梵高：化学品、危机和创造力》（波士顿：博克豪埃斯出版社，1992 年），第 259 页。

114. 参见约翰 · 雷华德，《从梵高到高更的后印象主义》，第三版（纽约：大都会博物馆出版社，1978 年），第 403 页，注释 35。注释文本出现在第 380 页。

致谢

我们要对梵高博物馆的诸位朋友深表谢意，梵高博物馆是整个艺术界研究水平最高、专业水准最高的学术机构之一。他们欢迎我们进入这里，让我们既兴奋又受益匪浅。没有任何一位艺术家的专题研究能像文森特·梵高的专题研究那样受惠于这家专门的科研机构，其规模堪比美国的总统图书馆。没有博物馆的杰出工作人员数十年间日积月累的档案整理、调研和学术研究工作，本书的完成几乎是不可能的。

在此我们要特别感谢利奥·詹森，他是《文森特·梵高书信全集》的策划人兼编辑，他在极其繁忙紧张的日程中拨冗阅读了本书的大部分原稿，并挑出了事实方面的一些差错和出入。博物馆的档案管理员费埃克·帕布斯特和莫尼克·哈格曼慷慨地和我们分享了他们关于梵高的百科全书似的丰富知识，热情地把我们作为朋友相待。费埃克花费了大量精力阅读原稿，指出了错误，提出了改进方面的意见，甚至指导我们找到了一些鲜为人知的照片，有些在本书中是第一次公开发表。（有了这样的专业帮助，显而易见——然而仍值得强调的是——任何谬误的出现应归咎于我们自身的疏忽。）博物馆的开发部主任莱恩·诺巴特经常热情地鼓励我们，并时常给予我们睿智的建议和至关重要的支持。最后还要感谢博物馆馆长阿克塞尔·鲁格，从他继任博物馆的领导职位到这一漫长项目的结束，他一直给予我们宝贵的支持和友谊。利奥、费埃克、莫尼克、莱恩和阿克塞尔还拜访了我们在南卡罗来纳州艾肯的家（并不是旅游胜地），并在我们于阿姆斯特丹逗留期间向我们展示了他们的热情好客。

博物馆策展人斯加尔·范·休顿、路易斯·范·提尔波和克里斯·斯托维克的专业知识让我们收获颇丰，这三人均是梵高艺术和生平研究领域的重要学者。我们永远难忘和斯加尔在博物馆“保险库”里共度的时光，我们打开一个又一个索兰德标本盒，里面装满了文森特创作的最美丽的图画。博物馆的公关部主任海蒂·范达姆以及知识产权和许可部的玛丽·史密斯及范克·格特都给予了我们巨大的支持，没有他们就没有本书如此丰富多彩的内容。

利奥·詹森在书信部的同事汉斯·路坦和年克·巴克尔也让我们感激不尽。由于他们对梵高书信卓越的长达15年的重新翻译和注释，梵高研究的历史被他们永久地改写了——一部六卷本的里程碑式的学术研究成果，被英国《卫报》称为名副其实的“十年佳作”。在我们撰写本书的十年里，我们的工作进度只是略微超过他们伟大的学术项目一点点，这一直让我们战战兢兢，诚惶诚恐。好在编辑把他们的网站早早告诉了我们，在最后几年里，他们的工作进度赶超了我们，这使得我们有机会充分利用他们绝佳的资源以最终完成本书。

如果不对提奥·梵高和他妻子乔安娜·邦格表示谢意的话，这份致谢清单就不够完整。所有关于梵高的学术研究都得益于提奥保存的文森特的大量信件（还有其他家庭成员的书信），还得益于乔安娜对这份财富的守护，是她承担起了文森特书信的首次出版和翻译工作。她的英译版本，尽管不是亦步亦趋地字句转换，也不那么学术化，但却吻合文森特所处的维多利亚时期的节奏和韵律，也因她与文森特的熟稔而使我们获得了真实的第一手材料。乔和提奥的与文森特同名的儿子，也是文森特的教子，继承了父母的遗志，慷慨地将这些书信连同许多艺术作品捐献给了荷兰，供全世界的人欣赏和学习。

还有另外几位朋友也阅读了我们的书稿，我们要在此一并谢过。马利昂、乔治·内依法和伊丽莎白·图米·西布鲁克阅读了我们的初稿。对于他们的各种建议我们深表谢意，同时我们也对史蒂文的父亲乔治、格雷戈里的双亲威廉姆·史密斯和凯瑟琳·史密斯，以及利兹·西布鲁克在世时，没能目睹自己对本书不可估量的贡献开花结果而深感悲痛。卡罗尔·萨瑟恩是我们在撰写杰克逊·波洛克传记时的编辑，这次她也同样参与了校稿，并给出了和前一本书一样使我们受益良多的睿智指导。

本书的完成建立在一个庞大的基础之上——一座由大批杰出学者和具有献身精神的艺术爱好者用著述和文章搭建起来的虚拟图书馆，这些人在不同程度上将自己的一生献给了文森特·梵高。没有这个超凡的，有时甚至是令人震惊的研究体系作保障，如此细致地讲述梵高的一生将会是不可能完成的任务。过去数年里，我们有幸与梵高博物馆之外的一些学者会面并建立了牢固的友谊，这些学者为梵高研究的知识库作出了非凡的贡献，其中包括道格拉斯·德鲁伊克、安·杜马斯、科妮莉亚·洪堡、克尔塔·艾维斯、黛博拉·西尔弗曼、苏珊·斯泰因和朱蒂·桑德。对他们的友情、鼓励和支持我们表示感谢。

过去的经历让我们不太熟悉存在于大多数梵高爱好者社团中的团队精神——我们相信，这种精神直接来源于梵高本人、他兼容并包的艺术，以及将他的艺术火炬传递下去的博物馆。（对梵高文献及本书有着重要贡献的学者的完整名单，请参见在线参考文献，网址是 www.vangoghbiography.com。）我们有幸结识了大卫·布鲁克斯，他不仅是一位认真负责的梵高研究者，也是一位艺术家生平和作品的孜孜不倦的宣传者。

我们还想感谢纽约谢泼德画廊的罗伯特·凯什、伊丽莎白·凯什、大卫·沃伊切霍夫斯基和约瑟夫·吉本，他们教给我们很多有关 19 世纪艺术界的知识，这是一个梵高曾经珍视并超越了的世界。我们的好朋友格雷戈里·格列柯医生，给我们讲了很多有关割耳事件和文森特的致命伤的事情，让我们能在少量书面记录的基础上，从医学层面更好地重构这些事件。两位与我们相识几十年的律师朋友约瑟夫·哈茨勒和布拉德·布莱恩（他们分别是原告律师和被告律师），翻阅了“关于文森特致命伤的说明”的手稿，并在一个充满历史敏感性和取证复杂性的话题上给我们提供了极富智慧的建议。

为本书作调研时的最大障碍之一就是我们都不懂荷兰语。不过我们最终借助 11 位译者非凡的努力解决了这个大问题，他们是坎普·安德里噶、卡桑德拉·柏克奇、扬·克里斯蒂安楠、伊莎贝尔·达姆斯、弗兰克·加贝尔、布拉吉托·冯·巴尼赛特、诺力·尼詹休斯、赫伯·范·欧斯哈特、梅尔·奥珀曼、简·索耶和英奇·德·塔耶。多亏了他们过硬的本领和全身心的投入，我们才能大量吸收一手和二手资料来源的荷兰语文献，而之前它们从未被译成英语。特别要感谢我们的主要译者坎普·安德里噶和英奇·德·塔耶，他们花费大量时间和我们一起钻研著作、文章和其他资源，帮助我们敲定哪些材料需要翻译。至于德文材料的英译，我们要感谢艾德里安·戈佛雷。尽管我们能大致读懂法文，但当原文比较难懂（比如古体词）或需要相对正式的译文时，我们还需要求助于法文译者让-帕斯卡尔·波索、彼得·菲尔德、凯瑟琳·莫兰、克里斯蒂安·纪略特和凯伦·斯托克斯。（我们所有的译文可以通过梵高博物馆的档案馆查到。）

我们也要向一群研究者和事实核查者致敬，多亏了他们，我们才能将可能是一部传记所附带的最为广泛的注释和笔记整合起来。整个团队由能力超群的伊丽莎白·珀蒂和她富有才华的同事贝丝·费德烈领导。协助他们的还有克里斯汀·巴伦、布拉德·珀蒂、劳拉·斯托里、欧内斯特·威金斯和热内·扎德，他们所有人都在两年的时间里和我们合作，共同为研究笔记的在线出版而准备着。对我们有帮助的还有德安德里亚·尤曼丝和丹尼尔·卢茨。尽管我们的住址距离主要的调研图书馆较远，我们还是能从世界各地借到图书和文章，这要感谢馆际图书互借项目的奇迹以及布里奇特·史密斯的协调工作，布里奇特是南卡罗来纳大学艾肯分校的图书管理员。

在本书撰写计划的起始阶段，为了调查我们承担的整个项目的规模，我们借助了特殊的研究管理软件系统，此系统模拟了我们过去在撰写几本书时都用到的研究方法。这项特别的应用系统——能将我们的原始资料文库数字化，创建数字“索引卡片”，再将这些卡片编成互动的概略图——是史蒂芬·格迪斯和杰里米·休斯在菲利普·格里尔和基斯·贝克曼的协助下为我们建立的。此书的撰写过程离不开一个将参考文献、文本注释、插图和照片融合在一起的天衣无缝的网站，这一任务由杰里米·休斯、伊丽莎白·珀蒂和贝丝·费德烈负责协调和指挥，协助他们的还有南卡罗来纳大学数字人文中心的詹妮弗·朱利亚诺博士、周军、艾丹·桑德斯和肖恩·梅贝。这项神奇的技术让我们有机会接触并吸收了比杰克逊·波洛克传记高出十多倍的信息量，将本可能耗费 30 年的工程仅仅压缩到 10 年完成。

这种省时的做法比我们预想中的重要得多。整本书的写作数次被突发的身体状况所打断。其中有几次格雷戈里似乎冲不到我们十年奥德赛之旅的终点线了。他罹患了一种棘手的脑瘤，很长时间生死未卜，不得不离开电脑暂停工作。当我们在加州大学洛杉矶分校开始为期两个月的放射治疗时，有关梵高的研究工作也正式开始。当梵高短暂艺术生涯的轨迹逐渐被描画出来时，我们经历了主要的脑部手术、肾脏手术，以及受体介导的放射治疗过程。当我们接受一系列的尖端化疗法时，写作进行到文森特去世的阶段。没有这些以及其他医生的努力，本书根本不可能完成。我们要特别表达对以下医生的不尽感激，他们是杜克大学医疗中心普雷斯顿·罗伯特·蒂施脑瘤中心的詹姆斯·弗里登伯格和迈克尔·莫斯，以及我们家乡艾肯的医生弗朗西斯·帝博纳和达沃尔·斯克利泽维克。

我们也要感谢威廉·莫里斯奋进经纪公司的出色代理人梅尔·博格，在长期的努力中一直给予我们耐心和大力的支持。

最后，兰登出版社给予了我们巨大而全面的支持，是我们在近 30 年的写作生涯中几乎还从未遇到过的。我们的编辑苏珊·波特容忍着我们的拖沓，为我们的稿件设计框架，始终用她的热情、宽容和睿智引导我们顺利完成复杂的出版流程，我们管理编辑组的成员文森特·拉·斯卡拉、本杰明·德雷尔、丽贝卡·博兰特和文字编辑埃米莉·德哈夫共同让内容庞博的书稿具有了明晰性和连贯性。艺术总监罗宾·希夫、设计师安娜·鲍尔和芭芭拉·巴克曼创造出了这本精美的书。制作组的桑德拉·苏尔森和丽莎·弗埃将设想转化为现实，肯·沃赫勃赋予了它数字生命。同时，市场营销总监阿维德·巴什拉德和宣传总监莎莉·马文创造了奇迹，使我们所有努力的最终结果进入了公众的关注视野。从我们辛勤的编辑助理普里扬卡·克里希南到发行人汤姆·佩里、苏珊·卡米尔和吉娜·森特雷洛，所有人以及更多的人都在这次广泛的合作中发挥了富有意义的作用，而合作的成果就是您手中的这本书。

资料来源说明

我们本来想在这本书中加上一整套的注释内容，这样读者能够准确识别所有文本中使用过的事实类材料的来源，也可以和我们共享额外的相关信息。我们之前撰写的杰克逊·波洛克传记有近100页这样的辅助性材料，包含在篇幅大致相同的原始资料和注释说明里。

然而此书开始撰写之后不久，我们意识到，和杰克逊·波洛克相对较少的生平记录相比，文森特·梵高的一生异常丰富，由此产生的文献浩如烟海，对于下决心对其作全面记录的传记作者来说是一个更为令人生畏的挑战。（另外上本传记的大部分调研都是对于熟识艺术家本人的人的采访。）

之所以说挑战更大，是有很多原因的。首先，当然是文森特著名的数千封书信。这些书信对于本书（以及所有的传记）都具有不可估量的价值，但同时它们也带来了十分棘手的研究难题。其中最主要的就是翻译问题，至少对不懂荷兰语的传记作者来说是个难题。直到最近，文森特书信的权威英译本只有一份：是由他的弟媳，提奥的妻子乔安娜·邦格完成的。她的翻译是英语读者最为熟悉的，也是英语世界的图书馆里最容易找到的。正是通过邦格的这份译作，我们才得以完成了本书的大部分写作。

不过最近，梵高博物馆刚刚完成了一个重译文森特书信的15年计划，成果就是出版于2009年的《文森特·梵高书信全集》，这部著作具有里程碑的意义和无可争议的权威性，并可以在线阅读，网址是www.vangoghletters.org。

两个译本的存在——一个更为现代且具有学术性，另外一个是我们更熟悉的——对一系列的注释内容有着实质性的影响，这些注释的目的就是为了确保全书的完整性。每当我们从书信中引用一小段内容时（或者有时仅仅是一个单词），我们觉得有责任给出一个更为全面的注释段落，目的是让读者了解所选部分的前后语境。两个译本，一个着眼于过去，一个面向未来。我们觉得有必要把两个译本的段落语境都囊括到注释中来。这么做的直接结果就是使注释的长度增加了一倍。

比翻译问题更复杂的是阐释问题——即使信件原本是用英语写成，这个问题仍然会呈现出来。我们的传记与以前的诸多传记最重要的不同就在于：我们并未把梵高的信件当成其生活事件甚至是想法的可靠记录——至少没有直接这样来阐释。这些信件并非日记或日志中的简短记录，尽管它们常被当成这类内容。它们不是只供作者自己倾诉内心烦恼的媒介。文森特的文集主要包括他写给家人和朋友的信件。这些信绝大部分是写给他弟弟提奥的。

提奥在文森特的生命里占有独一无二的位置。在他们的大部分通信里，他不但是文森特唯一的朋友，还是他唯一的资助者和支持者。作为文森特的弟弟，提奥有着更为成功的人生：当弟弟被家人（尤其是他富有的伯伯和叔叔们）宠爱、祝福、拥抱和喜欢的时候，文森特得到的却是遗憾、责备、回避和排挤。在我们看来，文森特在信中同弟弟分享的所有信息和想法都必须透过有可能产生扭曲效果的各种棱镜来加以审视。有时这需要我们去质疑文森特叙述的准确性，甚至是真实性；有时，我们需要在信的字里行间探寻被隐匿或间接表露出来的真相：引人注意的沉默、耐人寻味的不合理推论，或是闪烁其词的省略（“等等”是他喜欢用的词），都是他用以掩饰痛苦、憎恨、屈辱和挫败感的手段。

文森特在信中向提奥倾诉了多少心里话，他同时也就在内心隐藏了多少真实想法，他害怕弟弟疏远他，进而威胁到弟弟对自己的经济资助，或是证实家人对他的言之凿凿的绝望判断。同时他可能利用敏感而棘手的问题作为要挟的利器：比如，威胁会采取一些影响兄弟情义或让家人尴尬的行为，从而迫使提奥拿出更多的钱；或者先主动提出某种不计后果的鲁莽做法，然后再将其弃之一边，这样来诱使提奥赞成他一直以来真正想做的事情。通过这些和无数类似的策略，文森特用他的信左右着弟弟的意见，以不易察觉的方式控制着他的反应。至少有那么几次，我们有非常具体的证据证实，文森特为他的信草拟了好几稿，有广泛的、基于合理推理的证据表明，这是比较常见的做法，尤其是当讨论的话题比较重要或敏感时。

当然从人性的角度来看，文森特无法坦率而自然地与唯一真正关心他内心感受的人推心置腹，这一点是极其令人痛惜的。这种迂回婉转（有时是欺骗）对传记作者提出了特别大的挑战。忽视甚至是完全质疑文森特对提奥的叙述（我们有时这样做）需要充分的解释——即使仅仅是因为为了让读者（还有学者）能够理解我们的推理，以及对我们的推理提出异议（如果他们有兴趣的话）。最重要的是，我们试图让我们对文森特信件的解读更明白易懂，而正是这种需要对本书的注释产生了巨大的影响。

我们对注释的使用当然也出于传统的目的：(1) 让过去的传记作者和学者参与到文献中争议问题的讨论，注释的规模部分地反映了之前有关梵高的学术研究的数量和质量；(2) 在我们的立场和梵高的经典研究相左时，提醒读者注意，并详细解释我们为何采取这样的立场；(3) 用有关次要人物、场所、艺术史运动、艺术家、艺术作品等等的额外信息来进一步阐述主体文本的内容；(4) 为一些有趣的话题作补充说明，这些话题主体内容虽有所涉及但对于讲述梵高的故事来说却是次要的。

综合考虑了以上这些因素，注释部分于是激增到大概 5000 页——这个长度是单单一本传记处理不了的，而且也有违我们出书既要面向普通读者也要面向专家的本意。我们能想到的妥协办法就是把注释部分从文本中抽离出来放到免费网站 www. vangoghbiography. com 上去。

这个解决办法让任何人都能够在网上免费浏览额外的材料，通过关键词搜索，或直接进入书中某一页的相关注解中去。它还让我们能够以数百张附加的插图和照片来丰富注释的内容，通过超链接还可以实现交叉访问，获取读者的评论。

由于注释还能为广大普通读者发挥另外一个更广泛的作用——寻找构成本书基础的研究体系，引导感兴趣的读者获得主要的资料来源，我们的网站中也囊括了参考文献目录。里面列出了所有文本中引用过的专著、展览图录、期刊文章以及论集中的文章。文本中引用过的额外资料来源的相关信息，包括档案材料、论文、报刊文章以及网站都可以在每章的在线文献目录中找到，网址是 www. vangoghbiography. com。大量注释而不是正文中所引用的额外的资料来源也可以在以上网站中找到。

译后记

> “梵高先生！该醒醒啦！”
>
> 文森特甚至在睡梦里也期待着厄休拉的声音。
>
> “我醒着，厄休拉小姐。”他高声应道。
>
> “不，你没醒，”姑娘笑着说，“现在是醒了。”……

然后是文森特起床、剃须、梳头、穿衬衫、戴领结的描写。再然后是他下楼去吃早饭。又是各种对话。当然是虚构的。

这是风靡一时的畅销书《渴望生活》的开篇。30 年前，当我第一次读到此书时，跟那时的许多美术爱好者一样，立刻就被梵高的英雄形象，以及欧文·斯通的生花妙笔吸引住了。当年如痴如醉、如梦如电的光景，至今还在记忆深处闪烁。要为《梵高传》的中译本写个“译后记”，我情不自禁就想到了重读此书。然而时过境迁，物是人非，面对这样的开篇，只读了两页，我就读不下去了。于是，我翻到了这本书的结尾，也就是欧文·斯通定格“梵高自杀”的那个高潮迭起、惊心动魄的时刻。我读道：

> 他把脸仰向太阳。把左轮手枪抵住身侧。扳动枪机。他倒下，脸埋在肥沃的、辣蓬蓬的麦田松土里——生生不息的土地——回到他母亲的子宫里。

我合上了整本书。

必须承认，几十年以后，我对这本书的失望大大超出了预期，正如我必须承认，如果没有包括我在内的四位译者，奋战 18 个月完成了《梵高传》的翻译的话，我仍然会认为《渴望生活》是世上最好的梵高传记。事实上，《梵高传》并没有数典忘祖，它在介绍里说“尽管关于梵高已有无数著述，他那悲剧人生的模糊面目也已长期流行于大众文化中，但是在过去的70余年里，还没有一部书像此书这样，对这位艺术家的一生做出了如此严肃而又野心勃勃的探索”。显然，《渴望生活》是70余年前的一座里程碑。而如今，梵高传记，再宽泛一点讲，整个梵高研究的地平线，已经被改写。

我该如何将这部一言难尽的巨著相对客观地介绍给中文读者？在它已经获得无数的赞美和荣誉之后，难道我还能增加些什么吗？我认为与其夹缠于国外早有定评的大量评论中，还不如干脆将这些信息分门别类，与我国读者一起分享，从而将这个译后记的写作，当作一次本雅明所说的“以引文代撰述”的实践机会。

先看这部巨著的写作机制。此书作者虽然只署名“史蒂文·奈菲、格雷戈里·怀特·史密斯”，真正的研究工作却是由一个庞大的团队完成的。这个团队至少涉及8位研究者和18位翻译者。正是他们的有效合作，保证了这本书的学术质量。这一点诚如书评家所说：

> 此书在任何一个意义上，都是纪念碑式的：《梵高传》的写作过程耗时十载，而史蒂文·奈菲和格雷戈里·怀特·史密斯甚至发明了特别的软件来交叉研究他们多达10万张数码卡片的数据库……他们还拥有一个由8位研究者和18位翻译者组成的团队。谦虚地说，这不是传记写作的常规模式……从这种异乎寻常的资源重组中浮现出来的梵高家族……比以往的任何版本都要全面、充分得多。（迈克尔·普劳杰，《伦敦星期日泰晤士报》）

这则评论提到作者“发明了特别的软件来交叉研究他们多达10万张数码卡片的数据库”，这一点值得大书特书。它将传记写作和艺术史研究带进了数码时代。利用当代计算机技术对多达10万张卡片所作的数据处理，让这项本来有可能耗时30年的工作，得以在10年内完成。另据作者所说，他们为此书所做的注释多达28000条，打印稿达到了5000页。这对于一部既为专家，也为普通读者而写的传记来说，显然是过于庞大了。因此，他们明智地将这部分从学术研究的角度来说也许是最为重要的注释和参考文献，置于为此书专门开设的网站上。对此，有评论家如是说：

> 在《梵高传》里，史蒂文·奈菲和格雷戈里·怀特·史密斯为我们的时代带来了一个新的梵高。他们书里的那位文森特也反映了我们自己的时代：充满了冲突、困惑，现在还有数码技术。在梵高研究中，《梵高传》作为新的重量级冠军而独占鳌头，同时既为梵高研究，也为一般意义上的传记写作，确立了新的标准。然而，如果没有一种小说家的笔法，所有这些传记研究都将一钱不值。最后，使得《梵高传》真正能够代表当今这个时代的，是它如何将传记导向数码技术……与此书相伴的网站对未来的学者和传记作家来说，既是一种邀约，也是一种挑战……《梵高传》作为文森特·梵高新的权威传记脱颖而出，也将参与塑造下一代眼中的文森特。（鲍勃·杜甘，《大思想》）

此书的海量信息受惠于当代这个资讯爆炸的时代，而前辈传记作者要么还处于与农耕文明相当的个人写作时代（例如欧文·斯通的《渴望生活》），要么只是利用了现代工业社会的便利［比如上世纪七八十年代两次重要的梵高回顾展及其图录——当然包括重要论文：Susan Alyson Stein, *Van Gogh: A Retrospective* (1986)；Bogomila Welsh-Ovcharov, *Van Gogh in Perspective* (1973)］。而眼下这部书，却是建立在信息技术之上，建立在个人之间、个人与机构之间、机构与机构之间大规模的合作之上。除了动用乔·邦格（提奥的妻子，梵高的弟媳）亲自翻译的经典《亲爱的提奥：梵高书信》外，本书还大大得益于世上最好的梵高研究机构——阿姆斯特丹梵高博物馆——的一项重大出版计划，那就是花了15年时间才编撰完成的《文森特·梵高书信全集》。如果没有这一点，眼下这部书也许根本不可能如此不同凡响，诚如论者所说：

> 令人着迷……1991年普利策奖得主以其高嗓门的权威声音，以及无穷无尽的智慧，写出了对于这位荷兰画家绝对迷人的诠释之作。利用梵高几乎可以说是举世无双的大量书信，作者生动地重建了梵高的生活及艺术，将他刻画为“他本人狂热心灵的牺牲品”……以如此丰富而又迷人的手法，他们呈现了梵高的故事……这部优美的书，不仅将增强长期以来大众对梵高的广泛兴趣，而且必将为整整一代新人带来艺术史上最令人惊叹、最富有创造力的心灵的新启迪。

（乔纳森·洛佩兹，《华尔街日报》）

除梵高本人的书信外，这本书还利用了许多未经整理、从未出版过的他人的书信，特别是梵高的家人（他的父母、除提奥外的弟弟妹妹）之间的通信，从而更为客观，也更为完整地呈现了梵高的生平：

> 这一巨大的成就，由将近1000页经过仔细研究的细节构成；两位美国人花了十年时间才写成……他们还发现了之前未曾用过的材料（例如有关梵高的书信，而不是他本人收到或发出的信），从而对他生命中的某些关键时刻做出了不一样的解读……显然它将成为未来传记的标准。（《伦敦星期日泰晤士报》）

这一点远不止是研究资料数量上的更新，更是质的变化。由于有了更多旁人的书信作为佐证，这些书信就与梵高本人的书信构成了某种意义上互相交叉、互相关联、互相引证，同时也彼此质询、彼此驳诘、彼此映照的效果。本人认为（如果说本人毕竟还有一得之见的话），此书最大的贡献之一，便是对梵高书信本身的性质做出了新颖而独特的阐明。从交互的书信往来中，两位作者发现梵高的书信并非句句真实，里面充斥着夸大、隐瞒、说服，甚至欺骗（多半是针对提奥）。因此，本人从全书中得到的印象之一是：它改变了我以前脑海中的梵高是上帝派到人间来受苦的先知或天使的形象。梵高确实是天使，但是，在生活里，他更多的时候是一个黑天使。

再看这部巨著的写作思路。读者也许还记得欧文·斯通的《渴望生活》是以梵高在伦敦古庇尔画廊的工作，以及结识房东的女儿厄休拉，作为小说的引子的。而《梵高传》在写到1873年梵高前往伦敦时，早已有了整整五章作为铺垫。这部分就算是梵高的“前史”，也绝不是可有可无的（更何况它还大量描绘了梵高最初的生活、学习和工作的经历）。正是在这个过程中，梵高形成了他的个人人格。这部前史还交代了他的母系和父系血统及家族的编年史，这也绝不是可有可无的。梵高遗传了整个家族的气质，以及，最终导致了他悲剧性命运的疾病。这部前史还交代了19世纪下半叶欧洲的社会状况，特别是与梵高家族的命运息息相关的荷兰社会和历史的背景。正如论者所说：

他们的传记丰富了我们的视野，其洞见和详赡的信息让读者跃入梵高及其同时代的艺术家们的作品里，深化了人们观看艺术的经验……一部充满了生动而具体的细节的书……作者将梵高置于宗教传统、政治、家庭史的背景之下，他们最富有戏剧性地打破了有关梵高死亡的习见……然而，奈菲与史密斯并没有嘲弄流行的梵高传奇，他们重新阐明并解释了这一传奇的种种构成要素。（大卫·达克，《圣弗朗西斯科编年报》）

马丁·赫伯特则在《伦敦每日电讯报》上直截了当地指出了它在"心理描绘方面"的功力：

精妙绝伦……史蒂文·奈菲和格雷戈里·怀特·史密斯真是现代艺术史的大玩家……《梵高传》冲在了研究浪潮的最前沿……在心理描绘方面堪称巨著……《梵高传》吞下了全部档案，来论证我们心中的那个狂暴、悲剧、浪漫的艺术家的形象确实是正确的，唯一的差别在于：他的流放或许与他那悲惨的、不可思议地多产的30余年尘世生活大体相吻：他无法控制自己。因此，此书立刻就成为学术研究和大部头圣徒传奇的典范。（马丁·赫伯特，《伦敦每日电讯报》）

最后看这部巨著的写作风格。对此，媒体基本上众口一辞，交声称赞。大体上则可分为三个具体的方面。第一，此书写作风格方面的巨大优势，得益于两位作者的具体分工。有位评论家已经指出了这一点：

书名是大胆的。规划的方案似乎也不可能实现……《梵高传》却设法达到了令人屏息的成功，它通过以下事实，重建了主题，创造了这位艺术家的生平：写作这本书的团队，构造了某种类似格式塔的整体，一个大脑的左半与右半，能够恰当地拼合并重建那些值得大书特书的人们的生活。史蒂文·奈菲是位研究者，观察者，他负责记录事实，并把它们交给格雷戈里·怀特·史密斯，一位擅长讲故事的人……因此，既然他们所作的努力以及高超的技艺已经在这里得到展示，人们就可以有把握地说，此书在文风上堪与该主题的最佳作品相媲美。（里克·克莱费尔，Bookotron.com）

顺便解释一下为什么说“书名是大胆的”。原版书的书名是 *Van Gogh: The Life*，而不是 *Van Gogh: A Life* 或 *Van Gogh: A Biography*。后者的意思是“这是一部梵高传，是我们写出的梵高传，当然不可能是唯一的一部梵高传”。而前者却拥有“这就是梵高的生平”的那种唯一性和权威性的意涵。这种权威性，恰恰也是众口一辞的评论所提到的。《纽约时报》书评专栏的首席评论员角谷美智子说：

> 在其权威性的新传记《梵高传》里，史蒂文·奈菲与格雷戈里·怀特·史密斯提供了对这位荷兰画家的个人生活及其作品的一幅导游图，对其艺术的发展做出了崭新的读解……奈菲先生和史密斯先生如此强有力地捕捉到了的东西，乃是梵高异乎寻常的学习意志、与陈规陋习不懈斗争的精神，以及，即使当早期的老师们蔑视其画作，当绘画天赋似乎有意回避他，当他的作品始终卖不出去时，仍然坚持作画的勇气。（角谷美智子，《纽约时报》）

《洛杉矶时报》的评论显得更加热情洋溢：

> 史蒂文·奈菲和格雷戈里·怀特·史密斯写出了最全面的梵高传记。一部始于其家族族谱，终于谁开了那致命一枪的推测的杰作，这是一项巨大的成就……阅读这部传记就像坐上了一辆无休无止的过山车……一本彻底权威、丰富多彩得令人瞠目结舌的书。（苏姗娜·麦凯尼克，《洛杉矶时报》）

第二方面是对作者深入的研究功夫和高超的写作技术的叹服，特别是对其细节处理的赞美。在这方面，评论者们的赞辞也毫不吝惜笔墨：

> 这部由史蒂文·奈菲和格雷戈里·怀特·史密斯撰写的、错综复杂而又全方位的《梵高传》，乃是一部有关这一狂人及其艺术的充满了挑战的著作……奈菲和史密斯用令人惊叹的细节来处理“生平”，尽管有着令人叹为观止的长度，这本书的叙事却无比流畅。……这是一部新见迭出而又极其重要的著作，无疑将成为未来最重要的传记。（彼特·吉亚诺蒂，《纽约每日新闻报》）

《经济学人》则毫不犹豫地将这部传记标举为“年度书籍”：

> 在一部新的梵高传记里，这种魔力在细节里……正如这部卷帙浩繁、巨细无遗的新传记所显示的那样，对于冲突的渴望是梵高的所有渴望中最强烈的。这部书就像一幅点彩派绘画，由成千上万个真实的细节构成。没有任何东西因为篇幅的缘故而被割舍……故事本身足以说明讲述它所需要的时间是正当的。(《经济学人》)

第三方面是对流畅文风和叙事能力的赞美：

> 史蒂文·奈菲和格雷戈里·怀特·史密斯的大型传记的写作手法尤其值得称道，在此书中，海量的信息被塑造成一个可读性很强，甚至引人入胜的故事。它包含了每一件事，每一本书，每一位友人，每一天，每一个小时，但是两位作者却总是以一种极其流畅的手法加以呈现，有时甚至像电影一样栩栩如生。[科恩·克莱因，Groene Amsterdammmer（荷兰）]

譬如，在对梵高割耳事件的描绘中，此书就充满了跌宕起伏的细节和急转直下的情景。“他回到黄屋子，摇摇晃晃地爬上了血迹斑斑的床，躺在猩红色的床单上，头晕目眩。他闭上双眼，等待——甚至期待——最坏的结果降临。”这是第三十六章的结尾。下一页的第一个句子是：“提奥简直不敢相信自己的好运。乔最终答应了他的求婚。”这简直是戏剧。在这里，顺便说一句，作者仿佛有意要模仿梵高深深折服并身体力行的绘画中的补色对比理论，有意将文森特灾难性的病发，与提奥欢天喜地的婚事并置在一起。整部传记到处都是这样处心积虑的安排和考量。因此，评论家们对其叙事的赞美几乎达到了空前一致的程度：

> 尽管有着穷奢极欲的长度，这部书却写得才华横溢，富有吸引力，它呈现了这位艺术家立体的、充满了英雄色彩的一生。(《柯克斯书评》)

> 谈到学术性和可读性，这部巨著令人印象深刻。它充满了细节，而它的叙事却从不沉闷……一个完全立体的形象从这一神话的阴影中浮现出来。(英国《地下铁》)

现在，让我做个总结，看一看梵高研究专家更为专业的评论。他的评论好像有意要将我前面提到的这部巨著的三个方面（它的工作机制、写作理路、行文风格）全面地总结在一起。他说：

> 史蒂文·奈菲和格雷戈里·怀特·史密斯写出了文森特·梵高的权威传记。阿姆斯特丹的梵高博物馆称之为“未来数十年间权威的梵高传记”。《华尔街日报》称之为“迷人的作品”。类似的赞美纷至沓来。我敬佩早先的许多传记作者，但是奈菲和史密斯的作品，对从事梵高研究的学者和梵高的仰慕者来说，是脱颖而出的、唯一的传记。这本书花了十年时间写作与研究，而且，在这样一部大规模的著作中，人们很容易假设，他们的努力其实超过了20年甚至30年。《梵高传》是对文森特·梵高及其作品绝对令人惊叹的探索。其中的材料，正如我已经提到的，在之前已经有所涉猎，但是从未被如此彻底而又富有洞察地探讨过。奈菲和史密斯将陈旧的神话和错觉彻底推翻了，从而以崭新和令人震惊的洞见呈现了梵高的生活。除此之外，之前的不少梵高传记（以及一般意义上的梵高研究文献）在写作风格上多有干涩之弊。《梵高传》在写作手法上却拥有立刻就抓住读者的优点。一部有如此深度的传记作品在以巨细无遗的翔实来探索主题的同时，还能做到如此赏心悦目，实在是一种罕见的盛举。因此，史蒂文·奈菲和格雷戈里·怀特·史密斯的《梵高传》是一部绝对不同寻常、令人惊叹的书。无疑，这是迄今为止已经写出的最杰出的梵高传——事实上，是迄今为止已经出版的所有传记中最杰出的传记之一。[大卫·布鲁克斯（梵高专家），www.vggallery.com]

回到本文开头导致我合上《渴望生活》整本书的真正原因：对《渴望生活》里“梵高自杀”的那段著名描绘的不满。在欧文·斯通那尽人皆知的描写后，特别是在根据这部小说改编的好莱坞电影（巨星道格拉斯出演文森特）风靡世界后，后世的人们终于在梵高的自杀中将一个现代先知和艺术家的浪漫形象推向了极致。然而，本书作者经过深入而细致的研究，几乎彻底推翻了这一梵高传奇。这一推翻的意义非同小可，人们必然会问，流行了将近一个世纪的梵高神话还能存在下去吗？正如朱丽娅·弗雷在《华盛顿邮报》上所写的那样：

至于梵高的死，奈菲和史密斯认真地查阅了证据，得出结论：梵高几乎可以肯定地说不是自杀的。他是在一个院子里被枪杀，而不是在一片田野上；被几个调皮捣蛋的少年弄伤，也许是出于意外。尽管子弹以不大可能的角度，从太远的地方射入身体，但梵高却宣称“我弄伤了自己”，这样那几个孩子就不会受到指控。“不要指控任何人。是我想自杀。”如果是不可治愈的癫痫导致他发疯，他并没有为了一个妓女割下自己的耳朵，他是被几个小流氓枪杀的，那又会怎样？全部有关梵高的文化工业——展览、学术研究、咖啡杯、摇滚乐——还能保留下来吗？（朱丽娅·弗雷，《华盛顿邮报》）

我认为这正是这一新的梵高研究工程最值得重视的贡献之一，其意义远远超出了澄清梵高死因本身（澄清这一点当然已经意义非凡）。由于梵高的死关乎他的整个人生、他的人格、他的艺术，关乎已经流行了近百年的浪漫形象，因此尽可能合理地还原历史真实，其意义将是全方位的。正如论者所说：

他们挑战了他自杀的习见，提出梵高很可能是被一个来自巴黎富裕家庭的下流少年枪杀的；这个下流胚的恶劣行为包括折磨那古怪、衣冠不整的特立独行者，也包括玩弄枪支。他们的证据，就像他们那一点点削弱一直以来受人尊敬的传说的修正论观点一样有说服力。（大卫·达克，《圣弗朗西斯科编年报》）

当然，梵高不是死于自杀，而是死于他杀（尽管可能出于意外），这一观点并不是本书作者第一次提出的。第一次指出这一点的，是著名艺术史家，印象派和后印象派运动史专家约翰·雷华德。只不过雷华德的观点来自他在奥威尔听到的梵高死亡的另类版本，而且他并没有深入考究。而本书作者则对这一另类版本详加研究，他们对梵高死因的重新描述和推理，达到了最精明的法医、最高明的侦探所能达到的程度。几乎所有论者都对这一点津津乐道，例如：

他们以令人震惊的细节，讲述了梵高那充满了惊厥的生活中的熟悉故事……也许，他们最大胆的推理（以“没有人知道究竟发生了什么事”作为开端的免责声明）就是，梵高并不是自杀的。他们驳斥了当时的人们那些前后矛盾、自私自利的解释，相反却依赖于关于伤者弹道的医学分析，以及一个承认自己当年在奥威尔拥有一支手枪的少年数十年之后的自白性声明……他们得出结论认为，梵高……选择了“像一个殉道者”那样死去，而不愿将折磨他的年轻人卷入案件中。(凯瑟琳·朗，《达拉斯晨报》)

除了历史学家的严谨，这一点当然也得益于他们毕业于哈佛大学法学院的教育背景。他们对法律的熟悉，无疑强化了描述和推理的合理性和可信性。他们甚至还咨询了两位职业律师(一位被告律师，一位原告律师)，重点查证了当年的警察局（包括梵高本人在内）的笔录。他们对梵高及其他人的笔录的探究，堪称司法鉴定的奇迹。所以，不奇怪的是，我所看到的书评，高度一致地认为他们的结论是可信的：

在对梵高的品行作出解释后，奈菲和史密斯的理论——文森特不是死于自杀，而是被一个法国少年枪杀的——似乎非常合情合理。他们指出了一些令人感兴趣的异常现象（特别是枪支神秘消失，从未找到)。(马文·盖福德，《每日电讯报》)

在其权威性的新传记中，史蒂文·奈菲和格雷戈里·怀特·史密斯戏剧性地改写了最后一幕。在对与艺术家之死相关的证据和证词做了一丝不苟的查阅之后，他们得出结论认为，梵高可能是被两个他认识的兄弟俩当中的一个枪杀的——很有可能是一次意外……我觉得他们的论述令人信服，无懈可击……（爱德华·苏赞斯基，《费城询问报》)

因此，当我读到欧文·斯通在《渴望生活》的“跋”中所作的声明时，我先感到有些吃惊，随后又无可奈何地微笑起来：“除了这些写作技巧上的自由外，本书是完全真实的。”当然，我得立刻补充说，这决不表明我对此书失去了尊敬。远不是这样。而是，它确实是农耕时代最好的梵高传，是那个年代的里程碑。但里程碑的意思是：道路总要向前延伸。

对于这样一部几乎举世称誉的杰作，译林出版社果断引进，确实是有远见卓识的。我感谢他们邀请我迻译此书的信任和美意。不过，如果没有我的三位合作者，要想在短短的一年半时间里完成这部卷轶浩繁的巨著的译事，是完全不可想象的。在此，我要特别感谢浙江理工大学外语学院的宋倩女士、何卫华先生，以及同济大学外语学院的匡骁老师。本书的翻译分工如下：

第 1—13 章，及序言，宋倩译；

第 14—26 章，何卫华译；

第 27—36 章，沈语冰译（宋倩帮助翻译了第 35 章和第 36 章初稿）；

第 37—43 章，及后记、附录、致谢、资料来源说明，匡骁译。

最后由我通读了全部译稿。对现代艺术，特别是梵高艺术的热爱，使我们的合作卓有成效。可是，版权交易合同惯例所容许的出版期限（包括翻译、编辑、印刷等），留给我们的时间实在太紧张了。我们做了很大的努力，但译文仍不免留有遗憾，希望读者诸君包容海涵，批评指正。

沈语冰

2014 年 8 月 31 日初稿于海德堡

2014 年 12 月 10 定稿于杭州